Querverlag

Out im Kino!

Das lesbisch-schwule Filmlexikon

Axel Schock und Manuela Kay

© Querverlag GmbH, Berlin 2003

Erste Auflage Februar 2003

Lektorat: Sudabeh Mohafez, Bernd Gutberlet
Fachlektorat: Frank Noack

Umschlag und grafische Realisierung von Sergio Vitale
Gesamtherstellung: Druckhaus Köthen
ISBN 3-89656-090-5
Printed in Germany.

Bitte fordern Sie unser Gesamtverzeichnis an:
Querverlag GmbH, Akazienstraße 25, D-10823 Berlin
http://www.querverlag.de

Inhaltsverzeichnis

Vorwort

Wir sind traurig dreinblickende, tragische Gestalten und sexlüsterne, unmoralische Triebwesen. Wir sind sadistische Satansweiber, heimtückische Stricher, mordende Psychopathen, blutsaugende Vampirinnen, selbstzerstörerische Tunten, bigotte Nonnen, drogensüchtige Kleinkriminelle, depressiv-todessehnsüchtige Intellektuelle, feindliche Agentinnen, gescheiterte Möchtegern-Künstler, dekadente Lebefrauen und todkranke Opfer. Wir sind Mordende und Ermordete, Todgeweihte und aus der Gesellschaft Verstoßene – und alles, wovor dich deine Eltern immer gewarnt haben.

Wir sind Schwule, Lesben, Bi- und Transsexuelle, die seit mehr als hundert Jahren auf die Leinwand projiziert werden. Mal um abzuschrecken, mal, um billige Effekte zu erzielen. Mitunter lässt man uns in einem Film erscheinen, um ganz versteckt ein kleines bisschen Toleranz zu fördern, oft aber nur, um extreme Dramatik zu transportieren. Immerhin tauchen wir neuerdings manchmal auf, um zu zeigen, dass das (Film-)Leben mehr bietet als nur raubeinige Helden, abgemagerte Sexbomben oder glückliche Mann-Frau-Paare, die nach Moralvorstellungen des vorletzten Jahrhunderts leben.

Der Weg von der ersten Filmlesbe Gräfin von Geschwitz über das Mädchen Manuela, Schwester George hin zu Corky und Brandon Teena war weit und voller Entbehrungen. Bevor in *Beautiful Thing* (1996) Jamie und Ste ein zwar nicht ganz einfaches Coming-out erlebten und ihre Liebe und ihr Glück allen auch tatsächlich zeigten, konnten sich Generationen von Schwulen lediglich mit verhuschten oder unmoralischen Gestalten wie in Veit Harlans *Anders als du und ich* (1957) oder dümmlichen Klischeetunten wie in *Zwei irre Typen auf heißer Spur* (1982) identifizieren.

Viele Jahrzehnte hatte ein schwules und lesbisches Publikum meist wenig Spaß im Kino. Entweder sah man seinesgleichen überhaupt nicht repräsentiert, oder in einer Weise, dass man lieber darauf verzichtet hätte.

Seit etwa 25 Jahren aber gibt es auch emanzipatorische Ansätze im Film und damit die Möglichkeit, schwule, lesbische, bisexuelle und transidentische Lebenswelten auf der Leinwand unverstellt und mehr oder weniger authentisch widergespiegelt zu sehen. Es gibt in vielen Teilen der Welt schwul-lesbische Filmfestivals, es gibt offen lebende und entsprechend arbeitende Filmemacher und -macherinnen, es gibt schwul-lesbische Filmpreise und einige – immer noch wenige – offen homosexuelle Filmstars. Trotz aller Erfahrung war es auch für die Autorin und den Autor dieses Lexikons eine Überraschung, dass dennoch rund 1000 Filme zusammengekommen sind. Und dies, obwohl wir uns mittlerweile den Luxus leisten konnten, nicht jeden Film als schwul-lesbisch relevant anzusehen, in dem jemand mit abgespreiztem Finger an der Teetasse einen abgegriffenen Schwulenwitz reißt. Die Filme, die in die Auswahl dieses Lexikons kamen, sind nicht alle gut, und schon längst nicht alle beinhalten eine positive Darstellung schwul-lesbischen Lebens. Doch alle sind zumindest in ihrer Deutlichkeit, in der mit Homosexualität umgegangen wird, prägnant. Darüber hinaus gibt es einige Klassiker, die aufgrund ihrer historischen Bedeutung – auch im negativen Sinne – für das schwul-lesbische Kino wegweisend waren. Aus Platzgründen haben wir in unserer Auswahl generell auf Kurzfilme und reine Fernsehspiel-Produktionen verzichtet und uns auf Spiel- und Dokumentarfilme beschränkt, die in Deutschland einen deutschen Verleih gefunden haben und somit offiziell bis zum Jahresende 2002 bei uns im Kino zu sehen waren. Zwar werden weltweit insbesondere seit den neunziger Jahren lesben- und schwulenrelevante Filme produziert, doch lediglich etwa die Hälfte davon findet den Weg in unsere Kinos – und damit in dieses Lexikon. Nur wenn uns ein Film von besonderer Bedeutung erschien, haben wir dieses einschränkende Kriterium ausnahmsweise außer Acht gelassen.

Das Verhältnis zwischen schwulen und lesbischen Filmen ist etwa sechs zu eins. Das entspricht der gesellschaftlichen Realität von Lesben, weniger sichtbar zu sein und weniger Zugang zu Medien und Öffentlichkeit zu haben. Gerade im lesbischen Bereich war es schmerzlich, auf viele Filme aufgrund ihrer völligen Unbekanntheit in Deutschland zu verzichten. Einige wenige Fernsehproduktionen, die nicht im Kino liefen, wurden deshalb ihrer Wichtigkeit wegen aufgenommen. Die vielen Filme, in denen nur eine „intensive Frauenfreundschaft" im Mittelpunkt steht sowie solche, die nur mit geringsten Andeutungen auf eine eventuelle lesbische Veranlagung schließen lassen oder in denen von einer ursprünglich lesbischen Figur bloß eine „starke Frau" übrigblieb, sind bewusst – bis auf wenige exemplarische Werke – weggelassen.

Für ihre Unterstützung bei diesem Projekt danken wir Ulf Meyer, Dieter Pallul, Frank Noack und vor allem unseren mutigen Verlegern Jim Baker und Ilona Bubeck, die dieses in Umfang und Vollständigkeit bislang europaweit einmalige Projekt riskiert und ermöglicht haben.

Manuela Kay, Axel Schock

Wegweiser für die Nutzung

Alle im Lexikon aufgenommenen Filme sind alphabetisch nach ihrem deutschen Verleihtitel sortiert. Gibt es mehrere, voneinander abweichende Titel (z.B. für die Fernsehausstrahlung), wird letzterer darunter genannt. Sofern der Originaltitel nicht zugleich auch der deutsche Verleihtitel ist, wird der Originaltitel in Versalien aufgeführt.

Beispiel:

Fögi ist ein Sauhund (deutscher Verleihtitel)
TER FÖGI ISCHE SOUHUNG (ORIGINALTITEL)
Deutscher Fernsehtitel: Der Traum vom schlafenden Hund

Alle Titelvarianten werden im gemeinsamen Filmregister aufgeführt. In der alphabetischen Anordnung der Filmtitel sind bestimmte und unbestimmte Artikel in allen Sprachen nicht berücksichtigt, d .h. *Der Traum vom schlafenden Hund* findet sich im Register unter dem Buchstaben T.

Stab und Besetzung
Die Filmografie am Ende jedes Lexikoneintrages umfasst in der Regel

Regie ☺
Drehbuch ☺
Kamera ⊕
Musik ☺
Darsteller ☺
Filmlänge ☺
Farbig oder schwarz-weiß

Alle im Lexikon auftauchenden Personen werden im Namensregister zusammengefasst.

Zur weiteren schnelleren Einordnung wurden den Filmen Signets für häufig auftauchende Themen und Genres zugeordnet und die betreffenden Filme im Themenregister zusammengestellt.

Aids (Ⓐ)

Die Immunschwächekrankheit hat beginnend Mitte der achtziger Jahre das schwule Leben und Bewusstsein radikal verändert. Bereits sehr früh wurde Aids im Film thematisiert: Schwule Regisseure schilderten die Veränderungen der schwulen Community, das Leiden und Sterben der Betroffenen, die Trauer der Hinterbliebenen, sowie die Wut gegenüber Staat und Gesellschaft. Fast zehn Jahre dauerte es, bis mit *Philadelphia* (1994) erstmals ein großes Hollywood-Studio sich mit dem Thema auseinandersetzte. Bis dahin waren die Filme allesamt frei produziert und vor allem von schwulen Regisseuren für ein weitgehend schwules Publikum gedreht worden.

Anti-homosexuelle Gewalt (Ⓖ)

Psychische wie physische Gewalttaten, z.B. Pöbeleien, Diskriminierungen, Einschüchterungen, Erpressungen, aber auch Diebstahl, Raubüberfälle, Vergewaltigungen bis hin zu Mord entsprechen der Lebensrealität von Schwulen und Lesben. Im Film werden diese zumeist auch deutlich als zu verachtende Gewaltverbrechen dargestellt. Glücklicherweise dienen sie nur selten dazu, die Täter als männlich, stark oder cool erscheinen zu lassen.

Aufklärungsfilme (ⒶⒻ)

Im Zuge der Sexwelle der frühen siebziger Jahre sorgte eine stattliche Reihe von Aufklärungsfilmen für großes Zuschauerinteresse in den deutschen Kinos. Einige wenige widmeten sich auch der Homosexuellenproblematik. Zunehmend wurde das Genre dazu benutzt, unter dem Deckmantel der Aufklärung juristisch problemlos Softpornoszenen zeigen zu können.

Bisexualität (ⒷⒾ)

Die wenigsten Filme, in denen bisexuelle Figuren vorkommen, handeln tatsächlich von Bisexualität. In den meisten Fällen dient sie lediglich dazu, die Darstellung schwuler oder lesbischer Charaktere abzumildern und damit etwas salonfähiger zu machen. In vielen Filmen bezeichnen sich die Figuren (auffallend viele weibliche) selbst als bisexuell, da eine ausschließlich homosexuelle Orientierung offensichtlich aus kommerziellen Gründen für den Film nicht akzeptabel scheint.

Coming-out (ⒸⓄ)

Das Coming-out ist als eine wichtige Phase im Leben eines jeden homosexuellen Menschen und als einer der großen Unterschiede zur Erfahrungswelt Heterosexueller ein zentrales Moment in vielen Filmen. Mittlerweile ist ein emanzipiertes und souveräneres schwul-lesbisches Publikum der Problematik etwas müde geworden, will man doch andere Dinge auf der Leinwand sehen als immer wieder die Schwierigkeiten des ersten Mals und die damit verbundenen sozialen Komplikationen.

Bei lesbischen Figuren wird häufig die Konstellation gewählt, in der eine „gestandene" homosexuelle Figur eine bis dahin heterosexuell lebende verführt und damit das Coming-out einläutet, beispielsweise in *Desert Hearts* (1985).

Dokumentationen (Ⓓ)

Dokumentarfilme sind im schwul-lesbischen Bereich leider ebenso unterrepräsentiert wie im gesamten Kinogeschehen. Vor allem um die noch junge und kaum aufgezeichnete Geschichte der homosexuellen Emanzipationsbewegung der letzten 100 Jahre zu bewahren bzw. Selbstbilder von Schwulen und Lesben festzuhalten, fällt dem Dokumentarfilm eine besondere Aufgabe im schwul-lesbischen Kinoschaffen zu. Nur wenige RegisseurInnen widmen sich kontinuierlich diesem Arbeitsfeld (etwa Rosa von Praunheim, Robert Epstein und Andrea Weiss). Auffallend viele Dokumentationen entstanden als direkte Reaktion auf die Aidskrise Mitte/Ende der achtziger Jahre.

Drag/Travestie (ⒹⓉ)

Männer in Frauenkleidern und Frauen in Männerkleidern wurden im Film bereits seit den zwanziger Jahren zur Unterhaltung des Publikums eingesetzt. Der Rollentausch bzw. die Verkleidung dient in Filmen wie *Charleys Tante* (1956), *Manche mögen's heiß* (1959) oder *Unsere tollen Nichten* als Mittel zum Klamauk und Grundlage von Verwechslungskomödien. Männer im Fummel empfand man insbesondere in den sechziger und siebziger Jahren als lächerlich und damit per se als komisch. Das homoerotische Potenzial spielt dabei keine oder kaum eine Rolle. Erst seit den späten siebziger Jahren tauchen in Filmen verstärkt auch selbstbewusste Tunten oder Drag Queens auf, die das Spiel mit der Geschlechterrolle als Teil ihrer Identität bzw. als einen Bestandteil homosexueller Lebensweisen und Kultur präsentieren. Schlüpfen hingegen Frauen in Anzug und Jackett, gelingt ihnen damit meist ein höherer gesellschaftlicher Status, die neue Rolle eröffnet ihnen Möglichkeiten, die ihnen zuvor als Frau in Frauenkleidern verwehrt geblieben sind (z.B. *Yentl*, 1983).

Frauenfreundschaften (ⒻⒻ)

Wenn sich Regie oder Produktion nicht traut, eine lesbische Beziehung beim Namen zu nennen oder gar zu zeigen, wird das Verhältnis zweier Frauen zueinander gerne auf eine platonische Freundschaft reduziert, wie beispielsweise in *Die Farbe Lila* (1986) oder *Grüne Tomaten* (1991). Diese Art Filme bilden gewissermaßen das weibliche Pendant zum „Buddy-Film". Miteinander leidenschaftlich und sexuell umgehende Frauen bilden nach wie vor die Ausnahme im Film.

Frauengefängnis-Filme (WP)

Der Frauengefängnisfilm, als Genre „Women in Prison"-Film oder kurz WIP-Film genannt, scheint der Schoß vieler lesbischer Leinwandfiguren zu sein. Meist kommt ein junges, unschuldiges Mädchen zu Unrecht ins Gefängnis, in ein Straflager oder eine Besserungsanstalt und wird dort von lesbischen, sadistischen Aufseherinnen gequält und charakterlich verdorben. Im Pool der Mitgefangenen finden sich häufig weitere Lesben – erstaunlich oft solche, die dies nicht nur in Ermangelung von Männern sind, was nahe liegen würde. Die Grenze zwischen sozialkritischen Filmen, denen es um unrechtmäßige Strafsysteme und Frauensolidarität geht – der Gefangenenaufstand ist ein inhaltliches Muss! –, und platten Softpornos ist fließend.

Hayes-Code (HC)

Um staatlichen Repressionen gegen den vermeintlich sündigen Hollywood-Film zuvorzukommen, schlossen sich 1922 Verantwortliche der US-amerikanischen Filmindustrie zusammen, um eine Art Selbstzensur einzuführen. 1926 entstand daraus Hayes Office, in dem neben den meisten Produzenten, Verleihern und Kinobesitzern angeschlossen waren. U.a. wurde ein Regelwerk erarbeitet, das unzüchtige und unmoralische Darstellungen im Film verhindern sollte. Geregelt wurde, wie und wie lange sich Paare auf der Leinwand küssen durften, aber auch, dass jegliche Hinweise auf „gleichgeschlechtliche Perversionen" verboten waren. Dazu gehörten auch Schlüsselwörter wie „lavendel", „pansy" und „fairy", die umgangssprachlich schwul bedeuteten.

1961 trat der Hayes-Code in gelockerter Version in Kraft. Nunmehr durften sexuelle Abartigkeiten gezeigt werden, sofern dabei „Vorsicht, Diskretion und Zurückhaltung" geübt und Homosexualität als nicht erstrebenswert gezeigt wurde. Seit 1968 ist die Selbstzensur neu geregelt. Jeder Film wird nach freiwilliger Überprüfung einer bestimmten Altersfreigabe-Klasse zugeordnet.

Homophobe Filme (HP)

Was vor einigen Jahrzehnten noch sensationell war und für Schwule und Lesben zumindest die Möglichkeit bot, ihresgleichen auf der Leinwand zu sehen, kann heute mit klarerem Blick als homophob enttarnt werden. Die Meinungen darüber, was lediglich eine noch so bittere Wirklichkeit abbildet und dem, was eine schwulen- und/oder lesbenfeindliche Darstellung ist (oft unter Benutzung abgegriffener und überstrapazierter Klischees), gehen natürlich auseinander. Nicht jeder schwule Mörder kennzeichnet ein homophobes Machwerk, aber auch nicht jedes glückliche Lesbenpaar zeigt, bei genauerem Hinsehen, vom Fehlen einer homophoben Darstellung.

Kloster und Mädchen-/Jungeninternate (Ⓚ)

Das Kloster oder Internat ist die softe Variante des beliebten Themas Gefängnis. Zwang, räumliche Enge und das quälende Wissen, seine Umgebung nicht verlassen zu können, führen zu emotionalen Verwicklungen und aufgestauter Sexualität. Das sexuelle Erwachen Jugendlicher in Internaten tut ein Übriges. Eine leichte SM-Komponente des klassischen Paares Nonne-Novizin oder Lehrer-Schüler gibt dem Genre seinen besonderen Reiz. Oft wird schwärmerische Jugend, wie in *Mädchen in Uniform* (1931 und 1958) thematisiert, oft aber auch blanker Sadismus und Unterwerfung wie in *Der junge Törless* (1965).

Lesbische Vampirfilme (Ⓥ)

Neben der fiesen lesbischen Gefängniswärterin ist die lesbische Vampirin das meistbemühte Klischee, wenn es um Lesben auf der Leinwand geht. Das Genre scheint geradezu prädestiniert für die versteckte Darstellung von Lesben. Die Vampirin ist ein sexueller, widernatürlicher Outlaw mit oftmals romantisch-lockenden Kräften, der durch seine Alterslosigkeit zudem besondere erotische Ausstrahlung besitzt. Dabei fußen Dutzende von Filmen hauptsächlich auf nur zwei Vorlagen: der Erzählung „Carmilla" von Sheridan Le Fanu, in deren Mittelpunkt tatsächlich eine lesbische Vampirin steht, und der Legende um die ungarische Gräfin Elisabeth Báthory, die um die Wende des 16. zum 17. Jahrhundert mehrere hundert junge Mädchen gekidnappt und ermordet haben soll, um in deren Blut zu baden. Die lesbische Vampirin entspricht meist einer wüsten Männerfantasie und enthält alles, was Männern bei Frauen in der Regel Angst macht. Zudem ist die lesbische Vampirin, wie viele andere Filmlesben auch, eine Mörderin und kann noch leichter und skrupelloser als andere, nicht ganz so monströse lesbische Wesen, mit dem Tod bestraft werden.

Lesbischer Softporno (Ⓢ)

Sex unter Frauen gehört zum festen Repertoire heterosexueller Männerfantasien, weshalb er weder in Hardcore-Pornos noch in softeren Varianten fehlen darf. Regisseure und Drehbuchautoren haben sich, vor allem während der Hochphase dieses Genres in den siebziger Jahren, einiges einfallen lassen, um Frauen sowohl in die Betten von Männern wie auch von Frauen legen zu können. Fast ausnahmslos handelt es sich um schlichte Machwerke, die intelligente Geschichten oder tiefergehende Charakterzeichnungen erst gar nicht beabsichtigten, weshalb die Figuren (ob nun lesbisch oder hetero) entsprechend banal und flach geraten.

Männerfreundschaften/Buddy-Filme (ⓂⒻ)

Durch die gesamte Filmgeschichte zieht sich das Motiv der (platonischen) Männerfreundschaft, sei es unter Soldaten, Cowboys, Gefangenen oder Kriminellen. Das US-amerikanische Kino prägte dafür den Begriff des „Buddy-Movie". Insbesondere zu Zeiten des Hayes-Codes wurden ursprünglich homosexuell gedachte Beziehungen auf eine „reine" Männerfreundschaft reduziert, wobei in vielen Fällen dennoch homoerotische Momente erhalten geblieben sind.

Männergefängnis-Filme (MP)

Gefängnisse gehören, neben militärischen Einrichtungen, zu jenen Orten, in denen Männer mal mehr, mal weniger freiwillig ganz unter sich sind. Homosexuelle Handlungen aus Mangel an Frauen gehören deshalb zur Tagesordnung. Der Sex unter diesen Männern wird im Film dabei jedoch weitgehend als einseitige Lust gezeigt: zwischen Vergewaltiger und Vergewaltigtem (etwa in *Im Netz der Gewalt*, 1977, und *Die Verurteilten*, 1994).

Mord und Freitod (T)

Um vermeintliches Unrecht zu rächen, moralische Ordnung wiederherzustellen und um das Unmögliche – ein homosexuelles Leben – zu verhindern, bzw. zu beenden, müssen Schwule und Lesben im Film in unerträglich großem Maß einen gewaltsamen Tod erleiden: durch eigene oder fremde Hand. Auch war es lange Zeit für die Filmindustrie scheinbar nicht vorstellbar, ein aus schwul-lesbischer Sicht gelungenes Happy End zu präsentieren. Dies hätte wohl einem homosexuellen Publikum zu viel Mut gemacht und die Heteronorm zu sehr hinterfragt. Erst seit Ende der achtziger Jahre hat sich das deutlich verändert.

Neue Deutsche Komödie (DK)

Mitte der neunziger Jahre setzte im Fahrwasser von Erfolgen wie *Abgeschminkt!* (1992) und *Der bewegte Mann* (1994) eine Welle mit deutschen Filmkomödien ein, die sich um Zeitgeist bemühten, in der Qualität ihres Humors oftmals aber von der Komödienwelle der sechziger Jahre nicht sehr weit entfernt waren. Hauptthema war das Verhältnis zwischen Mann und Frau. Schwule Männer durften das Beziehungskarussell um eine Nuance bereichern (z.B. in *Echte Kerle* und *Stadtgespräch*, beide 1995).

New British Cinema (BC)

1982 wurde in Großbritannien, mit großer staatlicher finanzieller Unterstützung und dem Ziel, eine „innovative, originelle" Programmgestaltung zu gewährleisten, der staatliche Fernsehsender Channel Four gegründet. Damit wurde eines der größten Filmförderungsprogramme des Landes losgetreten, das nachhaltigen Einfluss auf die britische Fernseh- und Kinolandschaft hatte. Regisseure wie Stephen Frears, Mike Leigh, Hal Hartley und Ken Loach konnten sich international mit gesellschaftskritischen und zugleich auch publikumswirksamen Filmen etablieren. Es entstanden dabei auch eine ganze Reihe bemerkenswerter schwuler Filme, wie *Mein wunderbarer Waschsalon* (1985), *Prick up Your Ears* (1987) und *The Fruit Machine* (1988).

New Queer Cinema (ⓆⒸ)

Filme junger, offen homosexueller und künstlerisch ambitionierter Regisseurinnen und Regisseure, zumeist aus den USA, die verstärkt seit Anfang der neunziger Jahre lesbisch-schwule Geschichten erzählten, wurden sehr bald unter dem Schlagwort „New Queer Cinema" zusammengefasst. Eine bedeutende Rolle spielt dabei die Produzentin Christine Vachon, die viele dieser Arbeiten möglich gemacht hat. Zu den wichtigsten Regisseuren und Regisseurinnen in diesem Zusammenhang gehören Rose Troche, Todd Haynes, Gus Van Sant und Tom Kalin.

Oscargewinner/-nominierung (Ⓞ)

Für die immer als gewagt geltende Darstellung von Minderheiten werden gerne Preise vergeben, wie diese höchste Auszeichnung des US-amerikanischen Filmschaffens, der Preis der „Academy of Motion Picture Arts and Sciences". Als würde ein außerirdisches Wesen dargestellt werden müssen, werden Schauspieler und Schauspielerinnen, die Schwule, Lesben oder transidentische Menschen darstellen (wie Tom Hanks in *Philadelphia*, 1997, oder Hilary Swank in *Boys Don't Cry*, 1999) ausgezeichnet oder dürfen sich berechtigte Hoffnungen auf Oscars machen.

Pädophilie/Päderastie (ⓅⒶ)

Die gleichgeschlechtliche Liebe bzw. sexuelle Verhältnisse zwischen Erwachsenen und Kindern oder Pubertierenden sind recht selten Hauptthema von Spielfilmen (etwa *Der verlorene Soldat*, *Gossenkind*, beide 1992), ebenso der sexuelle Missbrauch von Minderjährigen. Wesentlich häufiger taucht hingegen das Motiv des Knaben oder Jugendlichen auf, der aus eigener Initiative Sex mit einem Mann sucht, also nicht Verführter oder Missbrauchter, sondern selbstbewusst Handelnder ist.

Prostitution (ⓅⓇ)

Will ein Film demonstrieren, wie lieblos und unglücklich das Leben eines Schwulen ist, fehlt nur selten die Begegnung mit einem Stricher: Schwule, zumal ab einem gewissen Alter – so will es das Vorurteil –, können Sex nur noch gegen Bezahlung haben. Erst die Innenschau, der Blick von selbstbewusst schwulen Regisseuren auf die Prostitution, macht differenziertere, weniger klischeehafte Auseinandersetzungen möglich (wie *Er Moretto - von Liebe leben* 1985; *Bishonen*, 1995.) Auch lesbische Prostituierte tauchen vergleichsweise häufig auf, wie in *Working Girls* oder *Mona Lisa* (beide 1986). Weil Schwule und Lesben gewohnt sind, sich mit sexuellen Normen auseinanderzusetzen, sind sie im allgemeinen auch der Sexarbeit gegenüber aufgeschlossener, was sich häufig in Filmen widerspiegelt.

Sadomasochismus (ⓈⓂ)

SM wird gerne bemüht, um die Abartigkeit von Schwulen und Lesben zu verdeutlichen. Selten geht es in Filmen darum, die Befindlichkeiten von SM-Fans aufzuzeigen wie in *Verführung: Die grausame Frau* (1985). Eher wird diese sexuelle Spielart effekthascherisch benutzt, um beim Publikum Distanz zur Materie zu erzeugen und Schwule und Lesben in einem schlechten Licht erscheinen zu lassen wie in *Cruising* (1979).

Schwule Mörder und lesbische Mörderinnen (Ⓜ)

Der oder die Homosexuelle an sich mordet gern und viel. Zumindest im Film. Bisweilen wird dies als Verzweiflungstat erklärt, meist aber als Konsequenz einer durch und durch verderbten, unmoralischen Seele. Als vermeintlich sexuell Perverse haben sie keinen Platz in der Gesellschaft verdient. Sind sie auch noch im juristischen Sinne, z.B. als Mörder oder Mörderinnen, straffällig, ist es um so folgerichtiger, sie einer entsprechenden Strafe zuzuführen – seien es Folter, Gefängnis, Straflager, Hinrichtung oder Meuchelmord.

TEDDY-Gewinner (Ⓣ)

Der schwul-lesbische und transidentische Filmpreis der Berlinale ist der einzige seiner Art, der offiziell bei einem Festival der Kategorie A vergeben wird. Der TEDDY soll die Sichtbarkeit schwul-lesbischen und transidentischen Filmschaffens sowie seiner Inhalte sichtbar machen und den Filmen helfen, mehr Öffentlichkeit, Verleihe und stärkere Präsenz zu erhalten. Seit 1987 vergibt eine unabhängige Jury, bestehend aus Kuratorinnen und Kuratoren schwul-lesbischer Filmfestivals oder anderen Filmschaffenden den Preis in den Kategorien Spielfilm, Dokumentar-/ Essayfilm und Kurzfilm. Die Filme sind stets Bestandteil des offiziellen Programms der Berlinale.

Transgender (Ⓣ)

Machte man sich früher gerne über kreischende Tunten im Film lustig, so hat das Moment der Hinterfragung von Geschlechtsidentitäten inzwischen Einzug im Film gehalten. Auch wenn immer noch die meisten Transvestiten, Transsexuellen oder transidentische Menschen im Film irgendwann als Leichen enden, so gibt es in den letzten Jahren doch eine leichte Trendwende hin zur ambitionierten Darstellung des Themas (*Boys Don't Cry*, 1999; *Mein Leben in rosarot*, 1997; *Paris brennt*, 1990).

0

1 Berlin-Harlem

Der afro-amerikanische, ehemalige GI John (Jennings) erlebt in Berlin verschiedenste rassistische Situationen. Vermieter überlassen ihm wegen seiner Hautfarbe keine Wohnung, dafür wollen ihm Schwule, die ihn als exotisches Sexobjekt betrachten, sehr gerne bei sich aufnehmen. Als er wegen eines Vergewaltigungsdeliktes schuldlos vor Gericht gerät, erreicht sein Anwalt zwar einen Freispruch, erwartet dafür als Gegenleistung aber auch sexuelle Dienste. Angeekelt erwürgt John ihn und muss aus Berlin fliehen. Realistisches Sozialdrama mit – für die damalige Zeit – sehr deutlichen (schwulen) Sexszenen.

BRD 1974 ◉ ☺ Lothar Lambert, Wolfram Zobus ◉ Reza Dabui, Skip Norman ◷ Jan Berger, Bob Burrows ◙ Claudia Barry, Conrad Jennings, Ingrid Caven, Dietmar Kracht, Rainer Werner Fassbinder, Günther Kaufmann. Sylvia Heidemann, Peter Chatel, Hansi Jochmann, Evelyn Künneke, Y Sa Lo, Cullen Maiden, Alexander McDonald, Brigitte Mira, Vera Müller, Tally Brown, Sabine Buschmann, Ortrud Beginnen, Beate Kopp ◷ 97, s/w
Ⓟℝ

100 Tage, Genosse Soldat!
STO DNEI DO PRIKASA

Hussein Erkenovs Spielfilmdebüt kommt mit wenig Dialog aus. Er erzählt in elegischen, an Andrej Tarkovski und Sergej Paradshanow erinnernden Bildern von fünf jungen Männern, die ihren Militärdienst in der sowjetischen Armee nicht überleben. Einem unbarmherzigen Kreislauf alltäglicher Gewalt ausgesetzt, versuchen sie sich gegen die fortwährenden Demütigungen und Verletzungen ihrer Würde verzweifelt zu wehren. Doch der Kampf ist aussichtslos. Sie werden zu Opfern eines hierarchischen Systems, dessen Fortbestand die Soldaten letztlich selbst sichern. Lange Kamerafahrten während des Appells, durch die spartanischen Schlafsäle, beim Wettschwimmen in voller Montur oder beim gegenseitigen fast zärtlichen Waschen. Auf Handlung wird verzichtet, die Spannung entsteht aus der ständig kippenden Atmosphäre zwischen Angst und Momenten der Ruhe. Mal scheint Erkenov eine erbitterte Anklage gegen den Militarismus zu liefern, dann wieder widmet er sich in langen Einstellungen den gestählten, nackten Männerkörpern. Ein leiser Film, der die homoerotischen Spannungen unter den Soldaten keineswegs ausklammert.

UdSSR 1990 ◉ Hussein Erkenov ☺ Jurij Poljakov, Vladimir Cholodov nach einer Erzählung von Jurij Poljakov ◉ Vladislav Menschikov ◷ Jogan Bak ◙ Oleg Vasikov, Aleksandr Tschislov, Vladimir Samaski, Armen Dshigarchanjan, Oleg Chusainov, Roman Grekov ◷ 70, farbig
ⓌⓅ

101 Reykjavik

„Der einzige Grund, warum Leute in Reykjavik wohnen, ist der, dass sie hier geboren wurden", meint Hlynur (Gudnason) aus eigener Erfahrung. Der arbeitslose 28-Jährige lebt noch immer bei seiner alleinstehenden Mutter und beschäftigt sich am liebsten mit Pornos, One-Night-Stands oder Partys. Das Leben dieses mitleiderregenden chauvinistischen Verlierers scheint keine Höhepunkte mehr bereitzuhalten – ganz anders dagegen bei seiner Mutter Berglind (Karlsdóttir). Diese fängt überraschenderweise eine leidenschaftliche Beziehung mit der spanischen Flamenco-Lehrerin Lola (Victoria Abril aus *Kika*) an. Der spießige Hlynur kann es nicht fassen, dass seine Mutter plötzlich ein aufregendes Liebesleben hat, und dazu noch mit einer Frau.

Die lebenslustige Lola bringt den trotteligen Sohn mehr als einmal aus der Fassung, und in einer durchsoffenen Nacht verführt sie ihn sogar und vögelt sich quer durch die ganze Wohnung mit dem Ahnungslosen. Der gute Hlynur ist nun voller Schuldgefühle seiner Mutter gegenüber, die längst in den Plan eingeweiht war: Die beiden Frauen wollten nämlich ein Kind und Hlynur musste lediglich als Samenspender herhalten. Ob dieser Erkenntnis dreht der einfältige junge Mann durch, doch ein ziemlich hilfloser Selbstmordversuch klappt natürlich nicht. Als das Baby zur Welt kommt, erfreut sich Hlynur dann doch an der Vaterrolle, sucht sich sogar einen Job, und wir haben es mit einer wunderbaren modernen Regenbogenfamilie mit zwei glücklichen lesbischen Müttern und einem treusorgenden Vater zu tun.

Auch wenn die Geschichte aus Sicht des heterosexuellen Mannes erzählt wird, so handelt es sich um eine vergnügliche, unverkrampfte und durchweg positive Darstellung einer lesbischen Beziehung vor ungewöhnlicher Kulisse.

Dem isländischen Schauspieler Baltasar Kormákur standen für sein Regiedebüt nicht nur hervorragende Darsteller zur Verfügung, sondern auch die namhaften Musiker Einar Ørn Benediktsson (Ex-*Sugarcubes*) und der *Blur*-Sänger Damon Albarn. Mit letzterem besitzt Kormákur gemeinsam eine Bar, die auch als einer der Hauptdrehorte diente – schließlich legt die Komödie immer wieder Wert darauf, aufzuzeigen, welch wichtige Rolle Alkohol im isländischen Leben spielt.

Island/DK/N/F 2000 ⊕ Baltasar Kormákur ☺ Hallgrímur Helgason, Baltasar Kormákur ✳ Peter Steuger ♪ Damon Albarn, Einar Ørn Benediktsson ⓫ Hilmir Snær Gudnason, Victoria Abril, Hanna María Karlsdóttir, Berglind Baltasar Kormákur, Ólafur Darri Ólafsson ⓧ 100, farbig
ⓒⓞ

der Wärter und den Verfall der Persönlichkeit der Gefangenen. Selbst Vergewaltigung und Mord sind an der Tagesordnung. Hayes gelingt nach fünf Jahren die Flucht. Der Fall ist authentisch; Hayes selbst machte ihn in einem erfolgreichen Buch öffentlich. Darin schildert er u.a. auch seine homosexuelle Beziehung zu einem Mitgefangenen. Oliver Stone (Drehbuch) und Alan Parker (Regie) machen daraus jedoch eine nicht-sexuelle Freundschaft. Lediglich in einer Duschszene wird Hayes (Davis) von einem Mitgefangenen (Weisser) berührt, doch er weist zwar zärtlich, aber bestimmt die Anmache zurück. Der erfolgreiche Film wurde wegen seiner kompromisslosen Schilderung von Gewalt, aber auch wegen seiner indifferenten Darstellung der Türken als das an sich Böse zum Teil heftig kritisiert. Nichtsdestotrotz erhielt er Oscars für das beste Drehbuch (nach einer Vorlage) und für die Musik von Giorgio Moroder. Dessen Soundtrack gilt als wegweisend, da hier erstmals für einen Mainstream-Film der Score ausschließlich auf einem Moog-Synthesizer produziert worden ist. Seine sparsam, aber effektvoll eingesetzten Sounds dienten in den achtziger Jahren für die Vertonung einer ganzen Generation von Actionfilmen als Vorlage.

„Ich wünschte, sie hätten den Dampf in der Dusche hochsteigen lassen und den Akt verborgen, anstatt Zurückweisung zu zeigen." Der reale Bill Hayes über die Filmversion

GB 1978 ⊕ Alan Parker ☺ Oliver Stone, nach dem autobiografischen Buch von Billy Hayes und William Hoffer ✳ Michael Seresin ♪ Giorgio Moroder ⓫ Brad Davis, Randy Quaid, Paul Smith, John Hurt, Irene Miracle, Mike Kellin, Norbert Weisser ⓧ 121, farbig
ⓌⓅ ⓞ

12 Uhr nachts – Midnight Express
MIDNIGHT EXPRESS

Der US-amerikanische Student William Hayes wird 1970 wegen versuchten Drogenschmuggels in Istanbul zu dreißig Jahren Haft verurteilt. *Midnight Express* schildert die unmenschlichen Bedingungen im Gefängnis, den Sadismus

Die 120 Tage von Sodom
SALÒ O LE CENTOVENTI GIORNATE DI SODOMA/SALO OU LES 120 JOURNÉES DE SADOME

Ein Richter, ein Bischof, ein Bankier und ein Herzog lassen für eine dreitägige, menschenverachtende Lustorgie von SS-Leuten und italienischen Faschisten eigens hierfür entführte junge Männer und Frauen in eine Villa am Gardasee bringen. Die

Opfer durchleiden streng durchkomponierte Akte der Gewalt: dem „Höllenkreis der Leidenschaft" folgt der „Höllenkreis der Scheiße" und abschließend der „Höllenkreis des Blutes". Die zum menschlichen Material degradierten Gefangenen werden zunächst sexuell erniedrigt. Sie müssen ihren Kot sammeln und gemeinsam verspeisen und werden am Ende von den Herren qualvoll zerstückelt.

Pasolini hat den monströsen, Fragment gebliebenen Roman de Sades in das faschistische Italien des Jahres 1944 verlegt. Er zeigt eine hedonistische Gesellschaft am Rande der Apokalypse – was durchaus als Kommentar auf die Konsumgesellschaft der Nachkriegszeit zu verstehen ist.

Der Film ist kompromisslos und streng in seiner Konstruktion. Er ist schonungslos in seiner Darstellung von Sexualität, Perversion und Gewalt und liegt an der Grenze dessen, was Zuschauer physisch und psychisch zu ertragen bereit sind. Erotik als Stimulans, Sinnlichkeit oder Mitleid existieren nicht. Der Film kam im Erscheinungsjahr 1975 in Italien und vielen weiteren Ländern verspätet ins Kino und ist zum Teil auch heute noch verboten. In Deutschland wurde er 1976 beschlagnahmt und von der Bundesprüfstelle für jugendgefährdende Schriften trotz des zugestandenen Kunstcharakters als „schwer jugendgefährdend" eingestuft.

„Ich bin vollkommen davon überzeugt, dass es nicht das Objekt der Lust, sondern die Idee des Bösen ist, die uns erregt." Regisseur Pier Paolo Pasolini

I/F 1975 ⦿ Pier Paolo Pasolini ⦿ Pier Paolo Pasolini, Sergio Citti nach dem Roman *Die 120 Tage von Sodom* des Marquis de Sade, zusätzliche Texte von Roland Barthes, Maurice Blanchot, Pierre Klossowski ⦿ Tonino Delli Colli ⦿ Frédéric Chopin, Carl Orff, Ennio Morricone, Arnold Schönberg ⦿ Paolo Bonacelli, Aldo Valletti, Giorgio Cataldi, Umberto Paolo Quintavalle, Sonia Saviange, Caterina Boratto, Sergio Fascetti, Bruno Musso, Giuliana Melis, Dorit Henke ⦿ 117, farbig
ⓦⓟ ⓢⓜ ⓟⓐ

14 Tage lebenslänglich

Anwalt Konrad von Seidlitz (Wiesinger), arrogant und selbstbewusst, zieht aus PR-Gründen 14 Tage Knast einer Geldstrafe vor. Doch kurz vor der Entlassung wird er Opfer eines Komplotts und ihm wird in der Zelle Kokain untergeschoben. Nun beginnt der Gefängnisaufenthalt für ihn zum Martyrium zu werden. Die Gewalt und die Unterdrückung durch die Mithäftlinge gipfeln unter anderem in einer analen Vergewaltigung in der Gefängnisschreinerei. Routinierter Thriller.

„Es war mir vorher komplett unvorstellbar, dass ein Mann überhaupt von einem Mann vergewaltigt werden kann. Ich dachte: Dazu kann mich niemand gegen meinen Willen zwingen.

Seit dieser Szene weiß ich, dass dies geht. Man wird einfach nur noch ein Opfer, ein Objekt, lässt es dann ganz einfach über sich ergehen, wenn man völlig machtlos ist." Schauspieler Kai Wiesinger

D 1997 ⦿ Roland Suso Richter ⦿ Holger Karsten Schmidt ⦿ Martin Langer ⦿ Ulrich Reuter, Christoph Gracian Schubert ⦿ Kai Wiesinger, Michael Mendl, Katharina Meinecke, Sylvia Leifheit, Marek Wlodarczyk, Axel Milberg, Axel Pape ⦿ 105, farbig
ⓦⓟ

2 by 4

Johnny Maher, Vorarbeiter in der Baufirma seines Onkels (O'Neill) lebt im irischen Viertel der nördlichen Bronx von New York. Die scheinbare Ordnung seines Lebens wird zunehmend von einer für ihn unerklärlichen inneren Unruhe zerstört. Seine Freundin schafft es kaum noch, hinter die Mauer des Schweigens zu dringen. Als Johnny mit seinen neuen Lederhosen wieder einmal im Drogen- und Alkoholrausch nachts durch die Straßen streunt, erregt er bei einigen Nachtschwärmern besonderes Aufsehen, das seine Verwirrung nur noch verstärkt. Als er seinen Onkel beim Sex mit einem Mann auf der Baustelle beobachtet, ist dies nur ein weiterer Baustein im langsamen Erwachen seiner eigenen homosexuellen Sehnsüchte.

Co-Autor, Hauptdarsteller und Regisseur Smallhorne, der viele Rollen mit Laiendarstellern besetzt hat, gelingt mit seinem Regiedebüt eine verblüffend authentische Darstellung dieser schwierigen schwulen Selbstfindung, die sich erst in der Auseinandersetzung mit dem eigenen sexuellen Missbrauch als Kind für Johnny ihre Bahn brechen kann.

Irland/USA 1997 ⦿ Jimmy Smallhorne ⦿ Terry McGoff, Jimmy Smallhorne, Fergus Tighe ⦿ Declan Quinn ⦿ ⦿ Jimmy Smallhorne, Kimberly Topper, Marian Quinn, Bradley Fitts, Chris O'Neill, Joe Holyoke ⦿ 90, farbig
ⓒⓞ ⓟⓐ

3 Steps to Heaven

Der mysteriöse Tod des bisexuellen Sean, dessen Leichnam in der Themse aufgefunden wurde, lässt seine naive Freundin Juliette in einen gefährlichen Strudel aus politischen Intrigen, Kriminalität und Selbstsucht geraten. Sie beginnt seinen letzten Abend zu rekonstruieren, recherchiert unter falscher Identität in der Londoner Halbwelt und in einer schwulen Diskothek und verstrickt sich dabei immer tiefer in die Machenschaften eines bizarren Trios. Mit einer Waffe in der Hand sprengt sie schließlich die brüchigen Karrieren des jungen Drogendealers Angel (O'Neill), des schwulen Politikers Harry (Fleet) und Andreas (Barber), der lesbischen Moderatorin einer TV-Partnerverkuppelungs-Show.

Kleine experimentelle Spielereien und erlesene Bildausschnitte lassen Constantine Giannaris' Vergangenheit als bildender Künstler erkennen. Sein Film bewegt sich etwas unausgewogenen zwischen doppelbödigem Krimi, schwarzer Komödie sowie Liebes- und Trauermelodram. Erst im letzten Filmdrittel bringen Überraschungen Spannung in die Geschichte.

GB 1995 ⊙ ⊙ Constantine Giannaris ⊕ James Welland ♪ John Eacott ⊛ Katrin Cartlidge, Stuart Lane, Frances Barber, James Fleet, Paul-Mark Elliott, Con O'Neill, David Cardy ⊙ 90, farbig ⓑⓘ ⓣ ⓜ

491

Stockholm 1963. Sechs schwer erziehbare jugendliche Straftäter beteiligen sich an einem Resozialisierungsprogramm und leben mit einem Erzieher in einer gemeinsamen Wohnung. Doch das Experiment misslingt.

Der naive und gutgläubige Krister (Lind), den die Jungen mit Diebstahl und Betrug provozieren, ist den Jugendlichen nicht gewachsen. Er muss aus eigener Schwäche ihre Spielregeln anerkennen. Der Jugendamtsleiter (Lundström) missbraucht die Jungen sexuell. Vom Pastor bekommen sie die Warnung mit auf den Weg, dass man das Bibelwort, dem Menschen stünden nicht nur sieben, sondern sieben mal siebzig Sünden (also 490) frei, nicht auf die Probe stellen solle.

Ein ambitionierter gesellschaftskritischer Film, der allerdings die Figuren, insbesondere den Pfarrer und den Amtsleiter, derart klischeehaft und karikiert zeichnet, dass die Glaubwürdigkeit der Aussage damit zunichte gemacht wird.

In Schweden sorgte das mit Laiendarstellern gedrehte Drama in den sechziger Jahren für einen lang anhaltenden Skandal, insbesondere wegen seiner drastischen schwulen Sexszene. Der Film wurde in Schweden wie in Großbritannien und Norwegen zunächst ganz verboten, in Schweden konnte er später lediglich in einer gekürzten Fassung aufgeführt werden. Auch in Deutschland gelangte eine abgemilderte Version in den Verleih.

Schweden 1963 ⊙ Vilgot Sjöman ⊙ Vilgot Sjöman, Lars Görling nach seinem gleichnamigen Roman ⊕ Gunnar Fischer ♪ Georg Riedel ⊛ Lena Nyman, Bo Andersson, Mona Andersson, Lars Lind, Leif Nymark, Frank Lundström, Åke Grönberg, Jan Blomberg ⊙ 101 (gekürzte Fassung 88), s/w ⓚ

666 – Traue keinem, mit dem du schläfst

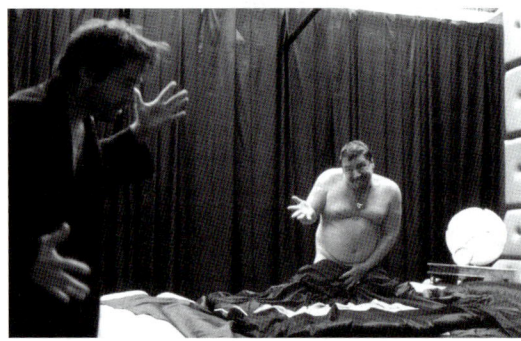

Frank Faust (Liefers) ist der geborene Versager, dem zuletzt auch noch seine langjährige Lebensgefährtin Jennifer (Floethmann) davonläuft. Zu diesem Zeitpunkt tiefster Depression taucht Mephisto II (Rohde) bei ihm auf, und des Teufels Sohn bietet ihm einen Pakt an: die Seele dafür, dass er ihm hilft, die Geliebte zurückzugewinnen. Dazu verwandelt sich Mephisto II in die Gestalt diverser Promis (u.a. Heiner Lauterbach, Verona Feldbusch, Iris Berben, Henry Maske), an deren Seite nun Faust in der Öffentlichkeit erstrahlen soll. Ein unerwartetes Problem ergibt sich, als sich Mephisto in seinen Schützling verliebt und ihn (in weiblicher Gestalt) zumindest als Sexpartner bekommt. Vater Teufel (Zischler) ist wenig erfreut über die Entwicklung seines Sohnes. Neue Turbulenzen entstehen, als auch noch ein Gehilfe des Teufels (Jürgens) in ewige Liebe zu einem Mann versetzt wird.

Routinierte Verwechslungskomödie, deren meist flacher Witz zum Fäkalhumor neigt und die erwachende Homosexualität Mephistos lediglich als Vehikel für abschätzige Pointen nutzt.

D 2002 ⊙⊙ Rainer Matsutani ⊕ Hans-Günther Bücking, Dieter Deventer ⊛ Jan Josef Liefers, Armin Rohde, Sonsee Ahray Floethmann, Ralf Bauer, Thure Riefenstahl, Hanns Zischler, Claudia Schiffer, Boris Becker, Stefan Jürgens, Heiner Lauterbach ⊙ 90, farbig ⓗⓟ

8 Frauen
8 FEMMES

Auf einem abgelegenen Landsitz in Frankreich, irgendwann in den fünfziger Jahren, kommt eine illustre Familie zusammen, um Weihnachten zu feiern. Doch am Morgen wird das Familienoberhaupt, der Industrielle Marcel, erstochen in seinem Zimmer gefunden. Die acht im Haus anwesenden Frauen sind allesamt verdächtig: die dominante Ehefrau Gaby (Deneuve), die jungen und überaus attraktiven Töchter Suzon (Ledoyen) und Catherine (Sagnier), die geizige Schwiegermutter Mamy (Darrieux), Marcels Schwägerin, die alte Jungfer Augustine (Huppert), seine überraschend aufgetauchte und

angeblich mit ihm zerstrittene Schwester Pierette (Ardant), die treusorgende Köchin Chanel (Richard) sowie das laszive und unverschämte Hausmädchen Louise (Béart). In Agatha-Christie-Manier sind die acht Frauen aufgrund eines Schneesturms von der Außenwelt abgeschnitten und können weder telefonieren, noch das Haus verlassen. Ein bunter Reigen von Verdächtigungen und Enthüllungen beginnt.

François Ozon (*Sitcom*, 1997, und *Tropfen auf heiße Steine*, 1999) hat mit der weiblichen Bundesliga des französischen Films als Traumbesetzung ein Kammerspiel inszeniert, das an messerscharfen Dialogen, Schauspielkunst bis hin zu überraschenden Gesangseinlagen alles zu bieten hat, was Spaß am Kino macht. Das Frauenbild, das wohl nur ein schwuler Regisseur so entwerfen kann, ist genauso witzig und respektvoll wie auch klischeebehaftet, überzeichnet und sehr divenhaft geraten. Ozons Hommage an George Cukors *Die Frauen* (1939) kommt ebenso wie sein Vorbild ohne männliche Darsteller (von der Leiche abgesehen) aus, ist aber dankenswerterweise circa 50 Jahre Emanzipationsgeschichte weiter.

Interessant sind die unterschiedlichen Sichtweisen des Publikums: Für Schwule ist die Komödie zumeist aufgrund ihrer starken Frauenfiguren und des bitterbösen, fast zynischen Humors unterhaltsam. Viele Lesben sehen vor allem die lesbische Erotik, die zunächst unterschwellig, später sehr offen zwischen den Protagonistinnen ausgetragen und thematisiert wird, als wichtigstes Element. Tatsächlich gibt es nicht nur eine

Raufszene zwischen Catherine Deneuve, der Jung-Witwe, und ihrer verhassten Schwägerin, gespielt von Fanny Ardant, die in einen leidenschaftlichen Kuss mündet und zeigt, dass die Feindschaft der beiden ganz andere Wurzeln hat. Eine Szene, die mit Sicherheit in die Filmgeschichte eingehen wird. Auch tritt zu Tage, dass die Schwester des Verstorbenen neben der verborgenen Leidenschaft zu dessen Ehefrau ein heimliches Verhältnis mit der Köchin Chanel hat. Außerdem macht das ohnehin undurchsichtige Hausmädchen Louise einige Andeutungen über mögliche bisexuelle Vorlieben.

Wenn jede einzelne Schauspielerin den Film nicht schon sehenswert macht, so tut es die grandiose Kussszene zwischen Deneuve und Ardant allemal.

Das Schauspielerinnenensemble des Films erhielt auf der Berlinale 2002 den Preis für die beste künstlerische Leistung. Darüber hinaus erhielt *8 Femmes* 2002 den Europäischen Filmpreis und wurde für den Oscar 2003 als „bester ausländischer Film" nominiert.

F 2002 ⊕ François Ozon ⊕ François Ozon und Marina de Van nach einem Bühnenstück von Robert Thomas ⊕ Jeanne Lapoirie ⊕ Krishna Levy ⊕ Catherine Deneuve, Danielle Darrieux, Isabelle Huppert, Emmanuelle Béart, Fanny Ardant, Virginie Ledoyen, Ludivine Sagnier, Firmine Richard, Dominique Lamure ⊕ 111 (103 gek. Fassung), farbig ⓜ ◎

99 Frauen
99 MUJERES
Alternative Titel: 99 Women, Der Heiße Tod, Sex im Frauengefängnis

Ausgerechnet Maria Schell spielt in diesem Trashwerk von Jess Franco eine Gefängnisinsassin unter vielen, die im Frauenknast irgendwo in einem Urwald nach allen Regeln des Genres unter sadistischen Mitgefangenen und Aufseherinnen leiden muss. Bis auf den impotenten Gefängnisarzt (Lom) und die butchige Wärterin Thelma (McCambridge) – eine Mischung aus Sister George und Rosa Klebb aus *Liebesgrüße aus Moskau* – beteiligen sich alle am wilden lesbischen Treiben, sobald das Licht im Knast ausgeht. Nicht nur wüste Orgien werden hier gefeiert, auch eine lesbische Vergewaltigung mit erotischer Ekelfaszination gibt es zu sehen. Weitere ungewohnte Zutat: ein reines Lesbenbordell. Als zwei Häftlingen ein Fluchtversuch gelingt, beginnt eine grausame Verfolgungsjagd durch das Wachpersonal und unangenehme, ausrastende männliche Häftlinge. Trotz vieler unschöner Geschmacklosigkeiten gilt der Film als einer der „WIP"(„Women-in-Prison")-Filme mit besonders vielen souveränen lesbischen Figuren und nicht nur notgedrungen ausgeführtem lesbischen Sex.

Der spanische Filmkomponist, Schauspieler und Regisseur Jesús Franco Manera, bekannter unter seinem Künstlernamen Jess Franco machte an die 150 Filme, in den meisten davon spielte er selbst mit. Von Hardcorepornos bis hin zu anspruchsvolleren Produktionen ist alles in seinem Werk vorhanden. Doch vor allem seine immer wieder mit lesbischen Figuren und lesbischer Erotik durchwobenen Trashfilme aus dem Vampir- und „WIP"-Genre, wie beispielsweise *Vampyros Lesbos* (1970/71) oder *Greta – Haus ohne Männer* (1977), machten ihn gleichermaßen zum Kultregisseur wie zum verrufenen „Sexploitation"-Feindbild.

BRD/I/Spanien 1968 ⊕ Jess Franco ⊕ Carlo Farda, Milo G. Cuccia, Javier Péres Grober, Jess Franco ⊕ Manuel Merino ♪ Bruno Nicolai ⊛ Maria Schell, Mercedes McCambridge, Luciana Paluzzi, Herbert Lom ⊕ 94, farbig
Ⓦ Ⓟ

A

Abarten der körperlichen Liebe

Pseudowissenschaftlicher, spekulativer Aufklärungsfilm von Franz Marischka, dem wir Höhepunkte des erotischen wie *Zum Gasthof der spritzigen Mädchen* (1979) und des heimatverbundenen Filmschaffens wie *Mandolinen und Mondschein* (1959) verdanken. Er klärt uns in diesem Episodenfilm u.a. über weibliche und männliche Homosexualität, Transvestitismus und Sadomasochismus auf. Die schlecht inszenierten „Fallbeispiele" werden seriös von dem echten Münchner Universitätsprofessor Fritz Leist kommentiert. Marischkas Film ist einer von Dutzenden, die sich in der Nachfolge von tatsächlichen Aufklärungsfilmen wie Oswald Kolles *Helga – Vom Werden menschlichen Lebens* (1967) lediglich des Deckmantels der Aufklärung bedienten, um Sex auf der Leinwand zeigen zu können, ohne Probleme mit der Filmzensur zu bekommen.

BRD 1970 Ⓡ Franz Marikschka Ⓒ Fritz Leist Ⓚ Gunter Otto Ⓙ Dieter Reith Ⓓ Christine Schuberth, Carmen Jäckel, Evelyn Döhring, Beatrice Kotter, Heinrich Kiefer, Elfi Jannik, Werner Röglin, Günter Backes Ⓛ 97, farbig
ⒶⒻ

Abendanzug
TENUE DE SOIRÉE

Die Beziehung zwischen Antoine und Monique ist auf einem Tiefpunkt angekommen, da platzt der bullige Kleinkriminelle Bob (Depardieu) in ihr Leben. Der ist forsch, ein bisschen gewalttätig, hat Grips und zeigt, wo es langgeht. Gemeinsam brechen sie in Luxusvillen ein und machen es sich in den leerstehenden Wohnungen gemütlich. Recht schnell finden sie sich in einer Menage à trois wieder und sind emotional wie sexuell miteinander verstrickt. Selbst Antoine (Michel Blanc) hat inzwischen den Avancen Bobs nachgegeben und wird mit Pumps und Damenwäsche beschenkt (wie man dies unter Männern eben so macht), während Monique, zur Haushälterin und Prostituierten degradiert, mehr und mehr zur persönlichen Sklavin wird.

Weniger die homosexuelle Liebesgeschichte als das Fehlen jeglicher Moral sowie das abschätzige Frauenbild waren neben dem offenherzigen Umgangston die Gründe, weshalb die französische Kritik den Film anfeindete. Gleichwohl erhielt Michel Blanc 1986 in Cannes den Preis als Bester Darsteller in dieser respektlosen melodramatischen Tragikomödie, deren Handlung vor allem durch die Dialoge vorangetrieben wird. Zotiger, derber und frivoler Schlagabtausch stehen poetischlyrischen Sentimentalitäten gegenüber.

> „Filme über Homosexualität haben meist den Beigeschmack eines psychologischen Zusammenbruchs. Nicht jedoch Abendanzug. Der ist voller Leben – und gesund." Schauspieler Gérard Depardieu

F 1986 Ⓡ Bertrand Blier Ⓚ Jean Penzer Ⓙ Serge Gainsbourg Ⓓ Gérard Depardieu, Michel Blanc, Miou-Miou, Bruno Cremer, Jean-Pierre Marielle, Jean-Yves Berteloot, Michel Creton Ⓛ 84, farbig
ⒹⓉ ⒷⒾ

Die Abgründe
LES ABYSSES

Eine der ersten von vielen Verfilmungen von Jean Genets Bühnenstück von 1947, das auf dem wahren Mordfall um die Schwestern Papin basiert, die durch den brutalen Doppelmord an ihrer Arbeitgeberin und deren Tochter im Jahre 1933 großes Aufsehen in Frankreich erregten. (Mehr über die Geschichte siehe auch *Die Zofen*).

In dieser Verfilmung arbeiten die beiden Schwestern Michèle und Marie-Louise (gespielt von den tatsächlichen Schwestern Francine und Colette Bergé) als Dienstmädchen auf dem Gutshof der Familie Lapeyre in der französischen Provinz. Als die Familie beschließt, den Hof aufzugeben und in eine Stadtwohnung zu ziehen, flippen die Schwestern – ohnehin seit Jahren nicht bezahlt – mit der Aussicht auf den Jobverlust aus. Was zunächst in blinder Zerstörungswut am Haus und seiner Einrichtung beginnt, endet im brutalen Mord an der Madame und ihrer Tochter. Der Ehemann wird zum machtlosen Zeugen, der nicht mehr eingreifen kann.

Obwohl sowohl eine erotische Zuneigung zwischen der Tochter Elisabeth (de Boysson) und der jüngeren der Schwestern wie auch die inzestuöse Beziehung der Dienstmädchen untereinander angedeutet wird, steht der lesbische Aspekt doch sehr im Hintergrund. Vor allem im Vergleich zu den späteren Verfilmungen der Geschichte. Dennoch hat der psychologisch einfühlsam vorgehende und für seine Zeit sehr unverhohlen brutale Film bei seiner Aufführung bei den Filmfestspielen in Cannes für einen großen Skandal und ein bestürztes Publikum gesorgt.

Weitere Filme, die auf dem Mordskandal der inzestuösen Schwestern basieren, sind der dänische TV-Film *Stuepigene* (1962), die Kinofilme *Die Zofen* (1974), *Sister, My Sister* (1994), *Les Blessures assassins* (2000) sowie der Dokumentarfilm *En quête des soers Papin* (2000).

F 1962 ⊜ Nico Papatakis Ⓘ Jean Vauthier nach Jean Genets Bühnenstück „Les Bonnes" ⊛ Jean-Michel Boussaguet ♫ Pierre Barbaud ⊕ Francine Bergé, Colette Bergé, Pascale de Boysson, Paul Bonifas, Jean Legoff ⊙ 93, s/w
Ⓜ

Abschiedsblicke
PARTING GLANCES

Bill Sherwoods Debütfilm war einer der ersten Spielfilme, die sich mit Aids auseinander setzten, und ist sicherlich auch immer noch einer der besten. Das liegt einerseits an der realistischen Figurenzeichnung und der schauspielerischen Leistung, aber auch daran, dass Sherwood Aids (wie auch Homosexualität) beiläufig und als Teil des Alltags darstellte. Er vermeidet zudem, anders als vergleichbare Filme, nahe liegende Klischees, Mitleid oder vereinfachende Darstellungen und setzte der damals grassierenden Aids-Hysterie Gelassenheit, ja sogar eine Spur Optimismus entgegen.

Robert (Bolger) und Michael (Ganoung), zwei arrivierte Parade-Yuppies in New York, verbringen ihren letzten gemeinsamen Tag miteinander. Robert wird die Stadt wegen eines Jobs bei der UNO in Kenia verlassen. Der Film zeigt sie beim Joggen, Kofferpacken, beim Streiten und im Bett. Am Abend schließlich steigt eine große ausgeflippte Überraschungsabschiedsparty, die eine Freundin zu Ehren Roberts organisiert hat. Für Regisseur Sherwood eine ideale Gelegenheit für eine ganze Reihe prägnanter Nebenrollen, die den Zeitgeist der achtziger Jahre authentisch widerspiegeln. Für Michael mindestens ebenso wichtig wie Lover Robert ist seine Freundschaft zu dem aidskranken Rockmusiker Nick, um den er sich fürsorglich kümmert. Steve Buscemi begründete mit dieser Rolle des in Zynismus flüchtenden Nick seine Karriere im US-amerikanischen Autorenfilm.

USA 1985 ⊜Ⓘ Bill Sherwood ⊛ Jacek Lascus ⊕ Richard Ganoung, John Bolger, Steve Buscemi, Adam Nathan, Kathy Kinney ⊙ 90, farbig
Ⓐ

Absolut Warhola

Er besaß ein halbes Dutzend Mal die gleiche blonde Perücke und malte Dutzende Male immer die gleichen Motive: Suppendosen, elektrische Stühle, Porträts von Marylin Monroe – und wurde so zu einem der bedeutendsten US-amerikanischen

Künstler des zwanzigsten Jahrhunderts. Seine Familie stammt aus einer ganz anderen Ecke der Welt, dem kargen, armen Landstrich Ruthenien im Dreiländereck Slowakische Republik, Polen und Ukraine. Dort, in den Dörfern Medzilaborce und Miková kennt man ihn noch als Andrew Warhola, und seine Verwandten wussten bis zu seinem Tode nicht so genau, was er da in den USA eigentlich so trieb. Zimmeranstreicher, dachte die Kusine. Und eine Freundin habe ihn angeschossen, weil er sie nicht heiraten wollte, weiß die Tante. Stanislaw Mucha hat sich in die Einöde begeben und in den ärmlich-erbärmlichen Wohnküchen die letzten Verwandten Andy Warhols interviewt. Es sind zum Teil groteske, urkomische und zugleich todtraurige Gespräche. Pop-Art hat in dieser verlassenen Gegend keinen rechten Platz. Im Museum zu seinen Ehren tropft Wasser durch die Decke. Die Einwohner haben andere Sorgen, als sich gemalte Suppendosen anzuschauen. Dass er „so einer" gewesen sein soll, will man nicht glauben. Homosexuelle aus Miková, wird eindringlich versichert, das gibt es nicht. Als Warhol noch Werbegrafiker und Stöckelfetischist war, hat er paketeweise edelstes Schuhwerk in die alte Heimat geschickt. Das wurden auch stolz aufgetragen, bis die Sohlen durchgelatscht waren. Mit seinen Bildern hingegen konnten sie hier nicht so viel anfangen. Weil sie so schön bunt waren, haben sie aus den Originalen (!) Trompeten für die Kinder gebastelt. Der Rest vermoderte auf dem Dachboden.

D 2001 ⊜ Stanislaw Mucha Ⓘ Stanislaw Mucha ⊙ 80, farbig
Ⓓ

Absolutely Positive

In einem ethnographischen, schlichten Dokumentarstil der „Talking Heads", den er bereits in *Word is Out* (1977) mit Interviews mit Schwulen und Lesben in den USA anwandte, hat Peter Adair für *Absolutely Positive* HIV-positive Männer und Frauen zwischen 17 und 60 Jahren und unterschiedlichster Religionen, Lebensweisen und Aids-Risikogruppen porträtiert. Mit 120 HIV-Positiven wurden Vor-Interviews geführt, elf wurden ausgewählt, deren Geschichte Adair, selbst HIV-infiziert, in diesen Film erzählt. Die eines jungen, lebenslustigen schwulen Medizintechnikers, eines schwarzen schwulen Filmemachers, einer ehemals drogenabhängigen Lesbe. Die eines jungen heterosexuellen Latino-Paares, das zur einer neuen Sensibilität findet angesichts der Diagnose des Mannes, und eines älteren weißen Ehepaares, das bei einer Bluttransfusion infiziert wurde. Als sensibler, bisweilen auch sehr forscher Interviewer gelingt es Adair, seinen Gesprächspartnern intime, aufrichtige Statements zu entlocken, die zu thematischen Blöcken zusammengestellt sind.

USA 1991 🎬 Peter Adair 📝 Peter Adair, Janet Cole, Veronica Selver 🎬 Peter Adair, Janet Cole 🎵 Michael Becker ⏱ 90, farbig Ⓓ

Abuse – Missbraucht
ABUSE

Um eine pädophile Liebesgeschichte als Idylle zeigen zu können, stellt ihr Regisseur Arthur J. Bressan die elterliche Gewalt der betroffenen Jungen gegenüber. Der 32-jährige Filmstudent Larry arbeitet an seinem Abschlussfilm, der sich mit dem Thema Kindesmisshandlung auseinandersetzt. Im Rahmen seiner Recherchen lernt er Thomas im Krankenhaus kennen, in das der 14-Jährige nach der brutalen Misshandlung durch seine Eltern eingeliefert wurde. Larry bietet ihm an, in seinem Film mitzuwirken. Die beiden lernen sich näher kennen, auf einer Klappe kommt es zum ersten Mal zum Sex.

Bressan erzählt diese autobiografische Geschichte als süßlich-verklärte Lovestory, bei der die Liebe zwischen dem Mann und dem Jungen in direkten Kontrast zur Lieblosigkeit der Eltern gestellt wird. Dabei allerdings wird er beiden Tabuthemen keineswegs gerecht, vielmehr widmet er sich im zweiten Teil des Films etwas selbstverliebt einem Porträt des Filmemachers bei der Arbeit. Die seelischen Nöte des Jungen hingegen werden kaum behandelt. Damit verspielt Bressan nicht nur sein sensibles Thema, sondern muss sich auch den Vorwurf gefallen lassen, dass er es sich mit einem heiklen Stoff allzu einfach gemacht hat.

USA 1982 🎬🎬 Arthur J. Bressan jr. 🎬 Douglas Dickinson 🎵 Shawn Philips 🎭 Richard Ryder, Raphael Sbarge, David Schachter, Steve W. James, Kathy Gerber, Jack Halton ⏱ 94, s/w Ⓟ̄Ⓐ̄

Adele Spitzeder

Im Frühjahr 1870 macht sich Adele Spitzeder (Drexel) mit ihrer Geliebten Emilie Stier (Strätz) auf den Weg nach München. Sie sind beide mittellos und können die armselige Pension nur bezahlen, nachdem Adele einen Kredit aufgenommen hat. Das bringt Adele auf eine Idee: Sie leiht von anderen Leuten Geld, für das sie höhere Zinsen zahlt als die Banken. Schon

bald ist Adele Spitzeder bekannt im ganzen Land und wird vor allem von den einfachen Leuten als „Engel der Armen" gefeiert, weil sie für deren Einlagen bereits bei der Einzahlung einen ersten Abschlag auf die Zinsen zahlt. Sie kann sich vor dem Zustrom kaum retten. Ihr Ansehen beim Volk steigt so sehr, dass sie ihr Unternehmen „Dachauer Volksbank" tauft. Unterdessen gibt sie das Geld mit vollen Händen aus. Doch die Rechnung der Spitzeder geht logischerweise nicht auf. Das Schneeballsystem kommt zum Erliegen. Als sie zahlungsunfähig ist, bringen die großen Banken sie zu Fall. 80 000 Kunden sind um ihr Geld gebracht worden. Vor Gericht verteidigt sie sich lapidar: „A Frau hat koane andere Möglichkeiten."

Ruth Drexel zeigt in diesem Film, der neben *Die Ahnfrau* (1971) und *Heute spielen wir den Boß* (1981) die einzige Regiearbeit des Fassbinderarbeiters und Komponisten Peer Raben darstellt, eine bemerkenswerte Einfühlungsgabe in die historische Person der Adele Spitzeder, die das Kredit- und Zinswesen der damaligen Zeit zu ihren Gunsten auf den Kopf stellte. Offensichtlich hat sich auch Francis Girod vom Fall Adele Spitzeder für seinen Film *Die Bankiersfrau* (1980) mit Romy Schneider inspirieren lassen.

BRD 1972 🎬 Peer Raben 📝 Peer Raben, Martin Sperr 🎬 Michael Ballhaus 🎵 Peer Raben 🎭 Ruth Drexel, Ursula Strätz, Peter Kern, Monika Bleibtreu, Rosemarie Fendel ⏱ 95, s/w

Affengeil

Die jüdische Tänzerin und Schauspielerin Lotti Huber hatte ein bewegtes Leben hinter sich, als sie Mitte der achtziger Jahre als Szenediva in Berlin zu Ruhm gelangte. Die Nazis hatten sie wegen Rassenschande ins KZ gesperrt, sie überlebte als Tänzerin in Palästina, heiratete einen englischen Major und eröffnete ein Hotel auf Zypern. Nach dem Krieg finanzierte sie sich in der Bundesrepublik als Lehrerin für Ausdruckstanz und Übersetzerin von Kitschromanen.

Rosa von Praunheim, der sie u.a. in *Unsere Leichen leben noch* (1981) und *Anita – Tänze des Lasters* (1986) besetzt hatte, begann 1998 ein Videoprojekt mit Lotti Huber. Eine Komödie über das Filmemachen sollte den Rahmen für eine Rück-schau auf Hubers Leben abgeben. Man verkrachte sich zwischendurch. Die Dreharbeiten wurden zwei Jahre später wieder aufgenommen und nun auf 16mm-Material weitergeführt. Zentrales Thema dieser Montage aus Showauftritten, Interviews und Alltagsszenen ist nun das Verhältnis Praunheims zu seiner Muse. Hubers Schicksal im Dritten Reich beispielsweise wird ausgespart. Praunheims wie Hubers Reflexionen und Gefühlsausbrüche halten die locker aneinandergefügten Szenen zusammen. Unter anderem unterhält sich Lotti Huber mit Praunheims Mutter Gertrud Mischwitzky über die Homosexualität ihres Sohnes und lässt sich auf dem Balkon ihrer Berliner Wohnung von der vorbeiziehenden Christopher-Street-Day-Parade feiern.

D 1990 ⊕⊕ Rosa von Praunheim ⊕ Klaus Janschewsky, Mike Kuchar ⊕ Maran Gosov, Thomas Marquard ⊕ Lotti Huber, Rosa von Praunheim, Helga Sloop, Gertrud Mischwitzky, Thomas Woischnig, Frank Schäfer, Hans Peter Schwade ⊕ 87, farbig ⊕

Die Affenmaske
THE MONKEY'S MASK

Eine der wenigen Verfilmungen des massenhaften Angebots an lesbischen Krimis (neben *Gaudi Afternoon*), die leider gründlich daneben gegangen ist. Die frustrierte und stark untervögelte lesbische Privatdetektivin Jill (Porter) erhält den Auftrag, die spurlos verschwundene Studentin Mickey zu suchen. Dabei trifft sie auf deren Professorin Diana – grauenhaft geliftet: Kelly McGillis – und fängt eine leidenschaftliche, obsessive Affäre mit der Bisexuellen an. Schon bald wird Mickeys Leiche gefunden und Diana steht unter Mordverdacht. Während Jill versucht, das Durcheinander von Mickeys viel sagenden, vor Sex triefenden Gedichten, rätselhaften Hinweisen in Versform und schrägen Zufällen zu entwirren, kann sie sich der Faszination von Diana, die ihrerseits Jills devote Art ausnutzt, nicht entziehen. Zwischendurch gibt es immer wieder deftige Sexszenen, die, bedenkt man Kelly McGillis' Starstatus und fortgeschrittenes Alter, wenn auch nicht schön, so doch bemerkenswert sind. Auch vor einer folgenschweren sexuellen Begegnung mit Dianas dauergeilem Gatten schreckt die toughe Detektivin auf ihrem Weg durch diesen unlogischen Krimi nicht zurück.

Trotz des klassischen Krimistrickmusters kann der Film an keiner Stelle überzeugen, ist aber aufgrund der interessanten lesbischen Hauptfigur sicherlich ein Vertreter einer neuen Art von Filmen, die keinerlei Berührungsängste mit lesbischen Figuren oder mit der Darstellung lesbischer Sexualität haben.

USA 2000 ⊕ Samantha Lang ⊕ Anne Kennedy nach dem gleichnamigen Roman von Dorothy Porter ⊕ Garry Phillips ⊕ Antho-ny Partos ⊕ Susie Porter, Kelly McGillis, Marton Csokas, Abbie Cornish, William Zappa, Brendan Cowell ⊕ 93, farbig ⊕⊕

Die Ahnungslosen
LE FATE IGNORANTI

In seinem ersten Film *Hamam – Das türkische Bad* (1997) unternahm Regisseur Ferzan Ozpetek den Versuch, seine türkischen Wurzeln von seiner Wahlheimat Italien und der neuen, italienischen Identität aus zu ergründen. In *Die Ahnungslosen* zeigt er seinen Blick auf das heutige Italien, auf sein Stadtviertel in Rom, das Quartiere Ostiene. Bei einem Verkehrsunfall kommt der Geschäftsmann Massimo (Renzi) ums Leben. Die hinterbliebene Ehefrau Antonia (Buy), mit der er seit 15 Jahren verheiratet war, muss feststellen, dass ihr Mann über lange Zeit ein Verhältnis hatte – mit einem Mann. Den unbekannten Geliebten, Obsthändler Michele (Accorsi), spürt sie in einer bunt gemischten WG im besagten Arbeiterviertel Ostiene auf: Schwule, Lesben, Transsexuelle, Heteros, Lebenskünstler und ein Aidskranker leben gemeinsam in der großen, malerisch-unordentlichen Dachgarten-Wohnung. Nach anfänglichem Misstrauen verfliegen Antonias Vorurteile. Der Zusammenstoß der unterschiedlichen Welten: heterosexuelle Mittelklasse versus multikulturelle Wohnküche mündet in Versöhnung, Freundschaft, Solidarität und Verständnis.

Ozpeteks Bild einer pittoresken, idyllischen Wahlfamilie (im Gegensatz zur Blutsfamilie) beruht einerseits auf entwaffnend direkt ausgestellten Klischees, andererseits auf einer allzu überdeutlichen Idealisierung. Die Sympathien sind klar verteilt, was zu guter Letzt auf Kosten der Dramaturgie und Spannung geht. Einzig die unspektakulär präzisen schauspielerischen Leistungen bewahren den Film davor, in den Kitsch einer Daily Soap oder ins missionarisch-pädagogische Werben für Minderheiten abzugleiten.

„Der traditionellen Kernfamilie wird eine großzügigere Vorstellung von Familie entgegengestellt, die dem oberflächlichen Betrachter vielleicht als ‚alternativ' oder ‚revolutionär' erscheinen mag. Eine offene Gemeinschaft, die sich aus Freunden, Liebhabern, Zimmergenossen und vorübergehenden Besuchern zusammensetzt, aus Wahlverwandten eher denn aus Blutsverwandten, aus Menschen unterschiedlicher Hautfarbe und sexueller Neigung, die trotz verschiedener Sprachen zu einem gegenseitigen Verständnis finden.“ Regisseur Ferzan Ozpetek

I 2000 ⊕ Ferzan Ozpetek ⊕ Gianni Romoli, Ferzan Ozpetek ⊕ Pasquale Mari ⊕ Andrea Guerra ⊕ Margherita Buy, Stefano Accorsi, Serra Yilmaz, Andrea Renzi, Gabriel Garko, Erica Blanc, Rosaria de Cicco ⊕ 105, farbig ⊕⊕

Die Ahnungslosen

AIDS – Die schleichende Gefahr

Ein klassischer Schnellschuss. Peter Grandls handwerklich wie inhaltlich und dramaturgisch missratener Film geht allenfalls als der wahrscheinlich erste deutsche Spielfilm über die damals gerade in die Schlagzeilen geratenen Seuche Aids in die Filmgeschichte ein. Der als Aufklärungsfilm verbrämte Episodenfilm nutzt die Sensationsgier der Zuschauer und will zugleich Angst und Entsetzen schüren. Unter anderem erliegt der schwule Bruder eines Transvestiten der Immunschwächekrankheit.

BRD 1985 ⊜◻ Peter Grandl ⊕ Siegfried Krauss ⊘ Harry Wing, Buddy J. Raindom ⦿ Birgit Winter, Nina Cronjäger, Frank Garbo, Monic Creip, Johannes Jecloss ⊙ 86m farbig
ⒽⓅ ⒶⒻ

Aids ist nicht gleich Tod – AIDS ≠ TOD

Gunnar aus Köln will mindestens 40 Jahre alt werden. Jetzt ist er Anfang 20 und ziemlich aufgedreht, ein fanatischer Fan von Horrorstreifen und auch ein wenig naiv. Und Gunnar ist HIV-infiziert. Aids, das ist für ihn wie einer seiner Splatterfilme. Diese Sichtweise erleichtert ihm den Umgang damit. Ronald und seine Ehefrau schlafen miteinander ohne Kondom, trotz seiner Infektion. Auch wenn sie noch negativ sein sollte, will sie mit ihrem Mann alles teilen: die Liebe und den Virus. In einer Jugenddisco fragt der Filmemacher Claus Constantin-Rüttinger, selbst sichtbar an Aids erkrankt, Jugendliche, wie sie sich vor einer Infektion schützen. Gummis seien lästig, und wenn's einen doch erwischt – „Dann hab' ich eben Pech gehabt."

Aids =/= Tod porträtiert sieben in ihrer Sozialisation, sexuellen Orientierung und Lebensauffassung völlig unterschiedliche Menschen, die mit HIV leben, und beobachtet ihren Alltag in der Familie, bei der Arbeit und in ihrer Freizeit. Sie erzählen freimütig und unverstellt, und irgendwann tauchen bei allen Widersprüche auf, die jedoch nicht schulmeisterlich und pädagogisch geklärt oder geglättet werden. Die beiden Autoren des Films beschäftigen sich weder mit der Frage nach Verantwortung oder gar Schuld, noch präsentieren sie Patentrezepte im Umgang mit der Infektion und der Erkrankung. Vielmehr zeigen ihre Porträts exemplarisch, wie HIV Lebenswege verändert und wie ein Weiterleben mit dem Virus möglich ist, ohne in Resignation zu versinken.

D 1996 ⊜◻ Claus Constantin-Rüttinger, Thees Klahn ⊕ Peter Dörfler ⊙ 98, farbig
Ⓓ Ⓐ

Die Aids-Trilogie

SIEHE POSITIV, SCHWEIGEN = TOD, FEUER UNTERM ARSCH

Ⓓ Ⓐ

Aimée & Jaguar

Eine dramatische Liebesgeschichte, basierend auf den Erinnerungen der Lilly Wust, die zunächst in Romanform in Erica Fischers Aufsehen erregendem gleichnamigen Bestseller erschien. In Berlin im Jahre 1943 entwickelt sich zwischen der Jüdin Felice Schragenheim (Schrader) und der nationalsozialistischen Mitläuferin und vierfachen Mutter Lilly Wust (Köhler) eine innige Liebesbeziehung. Nachdem Lilly, die „arische" Hausfrau und Gattin eines Soldaten (Buck), der an der Front kämpft, der jungen, ungestümen Felice zunächst mit viel Skepsis begegnet, entwickeln beide Frauen intensive Gefühle füreinander, die sie schließlich auch heimlich ausleben. Zunächst verheimlicht Felice Lilly gegenüber ihre jüdische Herkunft. Als die Wahrheit ans Licht kommt, ist Lillys Liebe bereits nicht mehr aufzuhalten und die „gute deutsche Mutter", die bis dahin mit den Nazis sympathisierte, macht eine radikale Kehrtwendung durch. Lilly versteckt ihre Geliebte, die zudem riskanterweise in einer Widerstandsgruppe arbeitet, vor den Nazis. Auch der illustre Freundinnenkreis der beiden hilft und organisiert bereits die Flucht aus Nazideutschland, die allerdings misslingt. Kurz vor Kriegsende wird Felice entdeckt, enttarnt und ins Konzentrationslager Theresienstadt gebracht, wo sie schließlich ermordet wird.

Der Film, der wohl als erste lesbische Liebesgeschichte eine Berlinale eröffnete, machte aufgrund seiner unverkrampften Darstellung der Liebe zwischen den beiden Frauen Furore. Für ihre wahrhaft glänzenden schauspielerischen Leistungen wurden Maria Schrader als Felice und Juliane Köhler als Lilly mit dem Silbernen Bären als beste Darstellerinnen ausgezeichnet.

Vielen war die Geschichte jedoch zu kitschig gezeichnet und dabei gerade wegen der äußeren Umstände zu unpolitisch geraten. Aus schwul-lesbischer Sicht allerdings dürfte der Film seinesgleichen in Bezug auf positive Darstellung einer lesbischen Beziehung im deutschen Mainstreamkino suchen.

D 1999 Ⓡ Max Färberböck Ⓢ Max Färberböck, Rona Munro nach dem gleichnamigen Roman von Erica Fischer Ⓚ Tony Imi Ⓓ Maria Schrader, Juliane Köhler, Johanna Wokalek, Heike Makatsch, Elisabeth Degen, Detlev Buck, Inge Keller Ⓛ 126, farbig Ⓣ

Die Akte Romero

THE BIG BRASS RING
Deutscher Fernsehtitel: Die Macht der Lüge

Der parteilose Politiker Blake Pellarin (Hurt) steckt mitten im Wahlkampf für den Gouverneursposten in Missouri. Als ihm dabei die ehrgeizige Reporterin Cela Brandini (Jacob) mit unangenehmen Fragen nach seiner Vergangenheit zu Leibe rückt, versucht er zunächst auszuweichen. Im Zuge ihrer Recherchen stößt die Journalistin auf einige Ungereimtheiten in Pellarins Leben. Eine Schlüsselrolle spielt sein Ziehvater, der wegen Homosexualität in Ungnade gefallene Ex-Senator Kim Mennaker (Hawthorne). Es scheint sogar, dass Pellarin nicht der ist, der er vorgibt zu sein. Als der Gegenkandidat Homer Dix (Harrell) alte pornografische Fotos zugespielt bekommt, die seinen politischen Widersacher in eindeutigen Posen zeigen, ist Pellarin gezwungen, das Geheimnis um seinen ihm zum Verwechseln ähnlich sehenden Halbbruder zu lüften. Der hatte sich als junger Mann als Aktmodel für schwule Magazine verdingt.

Der zweistündige Versuch, die Spannung des Films auf einem lächerlichen Geheimnis aus der Vergangenheit Pellarins aufzubauen, scheitert kläglich. Regisseur George Hickenlooper verlässt sich auf die recht brave Erzählung der Geschichte, ohne aus den Charakteren bzw. dem Geflecht aus Lügen, Erpressung, Machtgier und letztlich Mord im Dunstkreis der Politik zusätzliche Spannung zu entwickeln. Der Film basiert auf einem unrealisierten Drehbuch von Orson Welles, der ursprünglich die Rolle des Mentors Kim Mennaker spielen wollte.

USA 1999 Ⓡ George Hickenlooper Ⓢ F. X. Feeney, George Hickenlooper, Orson Welles, Ojar Kodar Ⓚ Kramer Morgenthau Ⓜ Thomas Morse Ⓓ William Hurt, Nigel Hawthorne, Irene Jacob, Miranda Richardson, Ewan Stewart, Gregg Henry, Ron Livingston, Jefferson Mays, Jim Metzler Ⓛ 98, farbig Ⓖ

Alexandria – Treibhaus der Sünde

JUSTINE

Im Alexandria des Jahres 1938 plant Justine (Aimée), die Frau eines Millionärs, Waffenlieferungen nach Palästina, um dort die jüdischen Siedler im Kampf gegen die Araber zu unterstützen. Die konventionelle Literaturverfilmung wird der komplexen Handlung der Roman-Tetralogie nicht gerecht und schafft es kaum, die vielen Handlungsstränge um politisches Ränkespiel, Schmuggelei und Liebesdramen für den Zuschauer klar zu erzählen. Cliff Gorman spielt hier, wie auch in *The Boys in the Band* (1969), eine bösartige Tunte. In diesem Film muss sie zuletzt mit einer Hutnadel im Hals sterben.

USA 1968 ⊛ George Cukor ☺ Lawrence B. Markus nach der *Alexandria-Tetralogie* von Lawrence Durrell ⊕ Leon Shamroy ♪ Jerry Goldsmith ⊕ Dirk Bogarde, Michael York, Cliff Gorman, Anouk Aimée, John Vernon, Philippe Noiret, Jack Albertson, Robert Forster ⊙ 116, farbig
Ⓜ

Alexandria … warum?

ISKANDERIJA … LIH?/ASKNDRIE … LIE?

Ägypten 1942. Im Land sind britische Truppen stationiert, Rommels Armee ist im Anmarsch. Ein 18-jähriger Junge aus einer ärmlichen Familie erträumt sich eine Karriere als Hollywood-Filmstar. Er versucht mit Schulaufführungen auf sich aufmerksam zu machen, bewirbt sich um ein Schauspielstipendium in den USA – und verliebt sich in einen britischen Soldaten. Parallel zu dieser „unmöglichen Liebe" wird die ähnlich tabuisierte Affäre einer jüdischen Frau zu einem muslimischen Mann erzählt. Autobiografisches zeitkritisches Drama über den gesellschaftlichen Umbruch Ägyptens, 1978 bei den Internationalen Filmfestspielen Berlin mit dem Silbernen Bären ausgezeichnet.

Ägypten/Algerien 1978 ⊛ Youssef Chahine ☺ Youssef Chahine, Mohsen Zayed ⊕ Mohsen Nase ♪ Fouad El Zaheri ⊕ Naglaa Fathi, Ezzat el Alayli, Gerry Sundquist, Mohsen Mohiedline, Farid Chawky ⊙ 130, farbig

Ali Zaoua

ALI ZAOUA, PRINCE DE LA RUE

Ein Gruppe von marokkanischen Jungen versucht, ihrem ums Leben gekommenen Freund Ali Zaoua (Zhayra) eine Beerdigung „wie für einen Prinzen" zu finanzieren. Tragisches Melodrama über das Leben der Straßenkinder Nordafrikas. Schon früh mit Drogen und roher Gewalt konfrontiert, müssen die Kids Tag für Tag aufs Neue ums Überleben kämpfen. Dennoch bewahren sie sich ihre Kinderseelen voller Träume, Sehnsüchte und Fantasien. Authentisch ist der Film vor allem dort, wo er die doppelte Demütigung zeigt: Die Jungen werden einerseits von der Gesellschaft verachtet und andererseits von ihrem Bandenchef als Diebe und Sexualobjekte missbraucht.

F/Marokko/B 2000 ⊛ Nabil Ayouch ☺ Nabil Ayouch, Nathalie Saugeon ⊕ Vincent Mathias, Renaat Lambeets ♪ Krishna Levy ⊕ Mounim Khab, Mustapha Hansali, Hicham Moussoune, Abdelhak Zhayra, Said Taghmaoui ⊙ 95, farbig
ⓟⓇ

Alice & Martin

ALICE ET MARTIN / ALICE Y MARTIN

Nach einem verhängnisvollen Streit mit seinem Stiefvater verlässt Martin (Loret) fluchtartig das Familienhaus. Mittellos landet der Zwanzigjährige schließlich bei seinem schwulen Halbbruder Benjamin (Amalric) in Paris, der sich die Wohnung mit der Violinistin Alice (Binoche) teilt. Alice und Martin werden ein Paar, ihre Liebe nimmt bald obsessive Züge an. Doch die Schwangerschaft von Alice bringt bald Martins unterdrückte Vergangenheit wieder ans Tageslicht: Er glaubt, seinen Vater ermordet zu haben. Benjamin, der Rebell der Familie, versucht am Ende die verlogene Fassade der Familie zu bewahren. Psychologisch überkonstruierte Versuchungsanordnung über ödipale Konflikte, Schuld, Sühne und Verantwortung.

F/Schweden 1998 ⊛ André Techiné ☺ André Techiné, Gilles Taurand ⊕ Caroline Champetier ♪ Philippe Sarde ⊕ Juliette Binoche, Alexis Loret, Carmen Maura, Mathieu Amalric, Jean-Pierre Lorit, Marthe Villalonga, Laurent Cirade ⊙ 126, farbig

Alive & Kicking – Jetzt erst recht!

INDIAN SUMMER

Jack hat ein Problem. Er hat sich in den Tänzer Tonio verguckt. Der aber ist nicht nur eine ziemliche Diva, selbstverliebt und egozentrisch – was Männer angeht, steht er außerdem eher auf Waschbrettbauch und Schönling, und nicht so sehr auf Jacks kleinen Rettungsring um die Hüften und den leichten Anflug von Glatze. Tonio (Fleming) kämpft mit den Proben für die letzte Premiere seiner Tanzkompanie, bevor die sich auflösen wird (die Chefin der Truppe leidet an Alzheimer), mit dem Schmerz um seinen verstorbenen Lebensgefährten und der eigenen HIV-Infektion. Jack (Sher) hadert als Aids-Therapeut mit den frustrierenden Kürzungen im Gesundheitswesen.

Ganz ohne heterosexuelle Identifikationsfiguren à la *Philadelphia* (1993) ausgestattet, rückt Mecklers Film den Blick auf die erschwerten Bedingungen schwulen Liebesalltags im Zeichen von Aids. Der US-Dramatiker Martin Sherman (*Bent*, 1997), der damit sein erstes Originaldrehbuch vorlegte, wollte allerdings nicht erneut die Geschichte von Leiden, Siechtum und sozialer Ausgrenzung erzählen. Tonio wehrt sich energisch, als Opfer betrachtet zu werden. Die Konflikte sind vorprogrammiert, und Sherman liefert dazu sehr überzeugende und dramatische Dialoge. *Alive & Kicking* (1996) wird damit in seinem wesentlichen Kern auch zu einem Film über schwule Beziehungen. Wut, Verzweiflung, Lebensangst und Liebessehnsucht, Resignation und Hoffnung sorgen für ständige Stimmungswechsel und Konfliktpotenzial. Das macht den Film zu einem zwar sehr konventionellen, aber vor allem auch schauspielerisch überaus überzeugenden Kammerspiel, das seine optimistische und mitfühlende Grundhaltung gar nicht erst zu leugnen versucht.

„Auch wenn es inzwischen eine ganze Reihe von Filmen gibt, die sich um Aids drehen, gibt es immer noch Millionen Geschichten zu erzählen. Jeder Autor hat seine eigene Befindlichkeit, Gefühle und Erfahrungen. Für mich ist es sehr wichtig zu zeigen, dass das Leben weitergeht, selbst angesichts einer solch furchtbaren Krankheit." Drehbuchautor Martin Sherman

GB 1996 ⦿ Nancy Meckler ☺ Martin Sherman ⦿ Chris Seager ♪ Peter Salem ⦿ Jason Fleming, Antony Sher, Dorothy Tutin, Anthony Higgins, Bill Nighy, Philipp Voss, Diane Parish ⦿ 95, farbig
Ⓐ

All of Me

Ein Spielfilmprojekt der schwulen Chanson-Ikone Georgette Dee mit deutlich autobiografischen Zügen. Orlanda (Dee), ein androgyner Chansonnier, verspürt bürgerliche Ambitionen und heiratet seine biedere Sekretärin (Mechthild Grossmann aus *Verführung: Die grausame Frau*, 1985). Die Flitterwochen verbringen sie auf einer Konzertreise nach Warschau, wo sich der schüchterne Fan Hubert (Baka) erst in Orlanda und schließlich auch in die Ehefrau Elisabeth verliebt. Es kommt zu hitzigen Eifersuchtsdramen, bei denen die unterschiedlichen Bedürfnisse der Jungvermählten ausgesprochen werden. Der sich zwischen naiver Melodramatik und Kitsch bewegende Filmerstling von Bettina Wilhelm über Liebesleid und Selbstfindung ist erfreulicherweise gut bestückt mit Gesangsnummern von Georgette Dee.

D/CH 1990 ⦿ Bettina Wilhelm ☺ Georgette Dee, Bettina Wilhelm ⦿ Frank Grunert ♪ Terry Truck ⦿ Georgette Dee, Mechthild Grossmann, Michoslaw Baka, Terry Truck, Tadeusz Lomnicki, Anna Romantowska, H. H. Müller ⦿ 76, farbig
Ⓣ Ⓡ

All over Me

Claude (Folland) mit den feuerroten Haaren schaut immer ein bisschen traurig, aber dafür ist ihr zaghaftes Lächeln um so herzlicher. Ihre beste Freundin Ellen (Subkoff) ist fast schon wie eine Schwester. Aber seit die von diesem dämlichen Mark (Hauser) und ihrer ersten gemeinsamen Nacht schwärmt, fühlt sich Claude entfremdet, denn sie spürt: sie ist in Ellen verliebt.

Claude fühlt sich zerrissen. Ellens derzeitiger Freund Mark ist ein Macho, Schwulenhasser und Dealer. Ellen scheint ihm verfallen und wird mit ihm und durch die elende Kokserei zugrunde gehen. In Lucy (Hailey), der Gitarristin mit den pinkfarbenen Haaren, findet Claude schließlich eine Person, die ihre erste, erfüllte Liebe werden könnte – wenn sie sich von Ellen endgültig lossagt. Als Mark schließlich ihren schwu-

len Freund Luke (Briggs) aus der Nachbarschaft niedersticht, muss sie sich entscheiden. Die ewige Freundschaft zu Ellen ist nicht mehr möglich. Nun gehen beide ihren eigenen Weg.

All Over Me, der Debütfilm der Schwestern Alex und Sylvia Sichel, erzählt diese Geschichte um erste Lieben und die damit verbundene Trauer, den Schmerz und auch die Glückseligkeit so ungefiltert und ehrlich quasi aus dem Bauch, dass es kaum jemanden unberührt lassen dürfte.

Der Film hat viele kleine, beiläufig erzählte, durch ihre Einfachheit und Wahrhaftigkeit berührende Momente. Ein Beispiel dafür ist der Blick, den Jesse Luke zuwirft, als der ihn fragt, ob er schon einen Freund habe, nichts ahnend, dass Jesse von ihm fasziniert ist und ihn mit der Offenheit seiner Frage völlig überfordert. Ein anderes ist die nächtliche Szene, in der Claude schlaflos neben Ellen liegt, sie nicht zu berühren wagt. Bei den Internationalen Filmfestspielen Berlin 1997 wurde *All over Me* mit dem TEDDY als bester Spielfilm ausgezeichnet.

USA 1996 ⦿ Alex Sichel ☺ Sylvia Sichel ⦿ Joe DeSalvo ♪ Miki Navazio ⦿ Alison Folland, Tara Subkoff, Cole Hauser, Pat Briggs, Leisha Hailey, Wilson Cruz ⦿ 90, farbig
ⒸⓄ Ⓣ Ⓓ Ⓣ

All Stars – Der Sonntagsclub
ALL STARS

Die Jungsclique um Hero, Bram und Johnny spielt bereits seit ihrem siebten Lebensjahr zusammen Fußball. Jetzt, mit 25 Jahren, wird es immer schwieriger, jeden Sonntag zusammen auf dem Fußballplatz zu stehen. Mit einem gehörigen Maß an Humor zeigt der in einer urtypisch holländischen Umgebung angesiedelte Film das Erwachsenwerden der Freunde: Schwangere Freundinnen, verständnislose Ehefrauen, Fremdgehen, Homosexualität, Karrierepläne und das Abnabeln vom Elternhaus droht die gemeinsame Liebe zum Fußball zu verdrängen. Am Vorabend ihres historischen 500. Spiels stellt sich im besonderen Maße die Frage nach dem Wert ihrer Freundschaft, denn Hero (Kamerling), der Star der Mannschaft, offenbart den Mitspielern sein Schwulsein.

Die Coming-out-Komödie lockte in den Niederlanden rund 300 000 Besucher in die Kinos und wurde zur Grundlage für eine 13-teilige Fernsehserie.

NL 1997 Ⓔ Jean van de Velde Ⓓ Jean van de Velde, Mischa Alexander Ⓚ Jules van de Steenhoven Ⓜ Fons Merkies Ⓑ Antonie Kamerling, Peter Paul Muller, Danny de Munk, Isa Hoes, Daniel Boissevain Ⓣ 115, farbig
ⒸⓄ

Alles über meine Mutter
TODO SOBRE MI MADRE

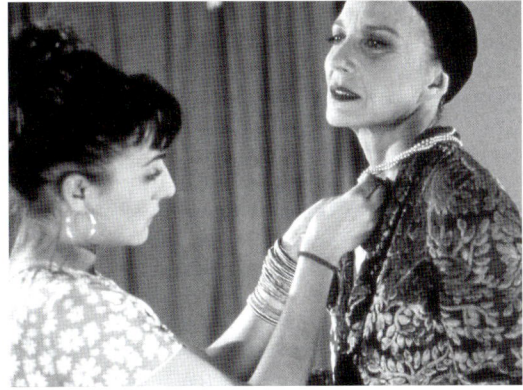

Wie immer bei Almodóvar stoßen in dieser Geschichte viele schillernde Figuren und verkrachte Existenzen aufeinander. Im Mittelpunkt steht die Krankenschwester Manuela (in einer Paraderolle: Cecilia Roth), deren 17-jähriger Sohn nach einem Autounfall stirbt. Ihr Leben gerät aus der Bahn, und sie macht sich auf die Suche nach dem leiblichen Vater des Jungen, der in Barcelona als Transe auf dem Strich arbeitet. Unterstützung dabei erfährt sie von der berühmten Schauspielerin Huma (Paredes), die ihrerseits unglücklich mit der drogensüchtigen Nina (Peña) zusammenlebt – eine schwierige und aussichtslose lesbische Beziehung, die aber von großer Leidenschaft geprägt ist. Außerdem gerät Manuela noch an die schwangere und HIV-positive Nonne Schwester Rosa (Penélope Cruz, die wohl nie schöner anzusehen war als in dieser skurrilen Rolle), die das Kind zwar noch gebärt, dann aber stirbt. Manuela nimmt Rosas Sohn daraufhin zu sich und kann damit wieder in ihre Mutterrolle zurückkehren, die ihr durch den Tod des Sohnes genommen wurde.

Starke Frauenfiguren im Strudel schwerer Schicksalsschläge und unerfüllter Liebe. Lesben, Transen, HIV-Positive, Drogensüchtige und unkonventionelle Nonnen stellen den schrillen Mix der verschiedenen Charaktere dar – und doch wird das alles für Almodóvarsche Verhältnisse fast schon leise erzählt. Das Schauspielerinnenensemble ist atemberaubend

und spielt die anspruchsvollen Rollen meisterhaft. Der Film hat eine ganz besondere Kraft und lebensbejahende Aussage, die ihm große Sympathie beim Kinopublikum verschafften. Im Jahr 2000 erhielt er den Oscar für den besten Auslandsfilm.

Spanien/F 1999 ⒺⒹ Pedro Almodóvar Ⓚ Affonso Beato Ⓜ Alberto Iglesias Ⓑ Cecilia Roth, Eloy Azorin, Marisa Paredes, Penélope Cruz, Candela Peña, Antonia San Juan, Rosa Maria Sarda, Toni Canto Ⓣ 101, farbig
ⓉⓇ ⒻⒻ Ⓐ ⓅⓇ Ⓞ

Alles wird gut

Für die ARD-Fernsehreihe „Wilde Herzen" gedrehte, romantische, lesbische Liebeskomödie, die sich überdies mit Rassismus und dem Leben Afrodeutscher satirisch auseinandersetzt.

Die 23-jährige afrodeutsche Nabou (Kati Stüdemann) wird von ihrer Freundin Katja (Aglaia Szyszkowitz), einer ehrgeizigen jungen Karrierefrau, verlassen. Nabou möchte Katja unbedingt zurückgewinnen. Um ständig in ihrer Nähe zu sein, sie zu überwachen, aber auch zufällige Begegnungen zu provozieren, nimmt sie einen Putzjob bei der ebenfalls aftrodeutschen Kim (Chantal de Freitas) an, die im gleichen Haus wie Katja wohnt. Die 32-Jährige erntet zunächst nicht viel Sympathie bei ihrer neuen Putzkraft, ist sie doch ähnlich karrieregeil wie deren Ex. Auch Kims Gefallen an der unangepassten Lebenskünstlerin Nabou ist eher gering, vor allem aufgrund der chaotischen und völlig unprofessionellen Art ihrer Haushaltsführung. Während sich die beiden noch kräftig auf die Nerven gehen, aber auch beginnen, Gefallen aneinander zu finden, gelingt es Nabou tatsächlich, Katja wieder ins Bett zu bekommen. Doch sie muss sich eingestehen, dass ihr Interesse mittlerweile anders gewichtet ist, denn sie hat sich in ihre Arbeitgeberin Kim verknallt. Diese lässt sich schließlich auch tatsächlich auf ein Abenteuer mit Nabou ein, ist aber hauptsächlich mit ihrem jung-dynamischen Werbeagenturchef Dieter (Uwe Rohde) liiert – wenn auch nur aus Karrieregründen. Während die beiden Frauen alllmählich zueinander finden – vor allem durch die zufällige Entdeckung gemeinsamer afrikanischer sprachlicher Wurzeln – schmiedet Dieter Heiratspläne. Bei einer großen Feier kommt es vor versammelter Firma und Familie zum Showdown mit lesbischem Happy End.

Autorin und Regisseurin Angelina Maccarone, die ihren Erfolg als Autorin des lesbischen TV-Films *Kommt Mausi raus? (1994)* begründete und später noch die Komödie *Ein Engel schlägt zurück* (1998) machte, gelang es, auf ausgesprochen lockere Art eine lesbische Komödie zu inszenieren. Wenn auch etliche Klischees bemüht werden, so ist die Mischung aus alltäglichen Liebesnöten junger Frauen, sozialkritischen Ansätzen zum Thema Fremdenfeindlichkeit in Deutschland und die Darstellung souveräner lesbischer Charaktere überzeugend gelungen. Der Fernsehfilm lief auf vielen schwul-lesbischen Filmfestivals und fand vor allem im Ausland starke Beachtung aufgrund der eher ungewohnten Protagonistinnen – nämlich schwarzer Lesben in Deutschland.

D 1998 ⊜ Angelina Maccarone ⓒ Fatima El-Tayeb, Angelina Maccarone ⊛ Judith Kaufmann ♪ Jakob Hansonis ⊛ Kati Stüdemann, Chantal de Freitas, Isabella Parkinson, Pierre Sanoussi-Bliss, Aglaia Szyszkowitz, Uwe Rohde ⊙ 90, farbig
ⓒⓄ ⒝⒤

Am Ende eines langen Tages
THE LONG DAY CLOSES

Der autobiografische Zyklus über die Kindheit des Regisseurs Terence Davies findet nach *Trilogie eines Lebens* (1984) und *Entfernte Stimmen – Stilleben* (1988) mit diesem Spielfilm erklärtermaßen seinen Abschluss. Die Grundthemen werden weiter ausformuliert: die Geborgenheit in der Familie und das Bedauern um deren Verlust, eine traumatische Beziehung zur schwulen Sexualität, Sehnsucht nach Fluchtstätten vor dem schalen Geschmack der Realität, die starke Rolle der Musik und der Populärkultur. Erzählt wird im langsamen Rhythmus die Geschichte des Jungen Bud im Alter zwischen sieben und elf Jahren. Der Vater ist verstorben, die uneingeschränkte Liebe gilt der Mutter. Zufluchtsstätte und Ort der Träume ist das Kino. Das Paradies der Kindheit endet mit dem Eintritt in die weiterführende Schule, wo die Lehrer ein hartes Regiment führen. Die erwachende (Homo-)Sexualität bereitet ihm zudem innere Konflikte.

GB 1999 ⊜⎘ Terence Davies ⊛ Michael Coulter ⊛ Marjorie Yates, Leigh McCormack, Anthony Watson, Nicholas Lamont, Ayse Owens, Jimmy Wilde ⊙ 84, farbig
ⓒⓄ

Am Rande der Stadt
APO TIN AKRI TIS POLIS
Internationaler Alternativtitel: From the Edge of the City

Vor ein paar Jahren sind sie aus Kasachstan nach Griechenland eingewandert. Nun leben sie in einem heruntergekommenen Viertel am Rande Athens und fühlen sich, trotz ihrer griechischen Vorfahren, als Außenseiter und ohne Heimat. Der 17-jährige Sasha (Papadopoulos) und seine Clique hängen in den Clubs herum, klappern Bordelle ab, machen Spritztouren mit ihrem Cabrio, kiffen und verdienen sich ihr Geld mit kleinen Diebstählen und als Stricher am Omonia-Platz. Ihr Sex mit Männern hat nichts mit Homosexualität zu tun, sondern mit sexueller Triebhaftigkeit und Geldbeschaffung. Schwule sind für sie „nutzlos, total krank" und passen nicht in ihr Männerbild.

Regisseur Constantinos Giannaris nutzt bei der Umsetzung seines aus Interviews mit seinen Laiendarstellern entwickelten Drehbuchs eine ganze Reihe filmischer Mittel, von virtuosen nächtlichen Kamerafahrten über braungetönte Erinnerungsfetzen und Traumsequenzen (goldgelbe Weizenfelder symbolisieren die Sehnsucht zurück zur geordneten, wohlbehüteten Kindheit) bis zu einem zwischengeschnittenen (fiktiven) Interview mit Sasha. Dies verleiht dem Film die nötige Intensität und zugleich durch die Darsteller höchstmögliche Authentizität.

> *„Manche schwulen Männer in diesem Film sind sich ihrer Homosexualität nicht von Anfang an bewusst und machen zunächst auch Erfahrungen mit Frauen. In ihrer Kultur in Kasachstan ist es nicht selbstverständlich, sich so einfach dem Schwulsein zu stellen. Für sich haben sie die Ausrede, wenn sie mit Männern schlafen, dass sie es für Geld tun." Regisseur Constantinos Giannaris*

Griechenland 1998 ⊜⎘ Constantinos Giannaris ⊛ George Argiroiliopoulos ♪ Akis Daoutis ⊛ Stathis Papadopoulos, Dimitris Papoulidis, Theodora Tzimou, Panagiotis Chartomatsidis, Anestis Polychronidis, Nicos Camondos ⊙ 92, farbig
⒝⒤ ⒫⒭ ⒢

Amazing Grace
CHESSED MUFLA

Der 18-jährige Jonathan (Heuberger) entschließt sich, mit seinem Freund Miki zusammenzuziehen. Das Glück währt allerdings nur kurz. Miki geht ständig fremd und wird dann auch noch vom Militär als Deserteur festgenommen. Doch schon gibt es einen anderen Mann in Jonathans Leben. Der Nachbarssohn Thomas (Alexander) ist aus den USA zurückgekehrt, um sich mit seiner Mutter und seiner Großmutter auszusprechen. Denn Thomas ist an Aids erkrankt und will Abschied nehmen.

Amazing Grace ist ein kammerspielartiges Psychodrama, in dem in wechselnden Konstellationen die Figuren auf engstem Raum aufeinandertreffen. Immer wieder gibt es Annäherungen sowie Versuche, das Gespräch auf das Eigentliche zu lenken, aber sie sind alle in sich und ihrer eigenen Trauer gefangen. Die Großmutter, eine Holocaust-Überlebende, hat dieses Trauma nicht verarbeitet; Thomas wiederum wagt nicht von seiner Krankheit zu sprechen. Einfache Konfliktlösungen hat Guttman nicht parat, so bleibt am Ende vor allem das Gefühl von Hoffnungslosigkeit und Beklemmung. Der Film war wegen der unverkrampften Darstellung der schwulen Subkultur in der bürgerlichen Presse Israels sehr umstritten. Amos Guttman starb im Frühjahr 1993 kurz nach der Premiere des Films an den Folgen von Aids.

Israel 1992 🎬👁 Amos Guttman 🎬 Amnon Zlayit 🎞 Arkady Duchin 🎵 Gal Heuberger, Sharon Alexander, Rivka Michaeli, Hinna Rozovska, Dvora Bartonov ⏱ 95, farbig
Ⓐ

American Beauty

In seinem Filmdebüt demontiert der bis dahin für seine Theaterinszenierungen gerühmte Brite Sam Mendes den all-american-dream von suburbaner mittelständischer Normalität einerseits provokativ und pessimistisch, andererseits amüsant und einfühlsam. Die nahe liegenden Klischees vermeidet er, sondern nutzt sie allenfalls als Grundlage für facettenreiche Charakterzeichnungen, um sie schließlich ganz unerwartet zu wenden.

Sein Anti-Held, der brave Mr. Nobody Lester Burnham (Spacey), bricht aus seinem Durchschnittsleben aus, kündigt seinen Bürojob und haut zu Hause einfach mal mit der Faust auf den Tisch. Das ist man von ihm, der bislang immer ganz artig spurt, nicht gewohnt. Zu Anfang sieht man ihn morgens unter der Dusche beim Wichsen. Sein einziges Vergnügen, wie

er aus dem Off erklärt. Nun verliebt er sich in die Schulfreundin seiner aufsässigen Tochter. Mit Ricky (Bentley), einem Nachbarjungen, fühlt er sich in alte Jugendzeiten zurückversetzt, wenn sie zusammen an einer Haschzigarette ziehen. Doch Rickys herrschsüchtiger, militaristischer Vater (Cooper) missversteht diese Freundschaft und zieht fatale Schlüsse: Lester sei ein schwules Schwein und Ricky ein verführtes Opfer. Am Ende gibt es ein überraschendes Coming-out von Ricks Vater gegenüber dem vermeintlich ebenfalls schwulen Lester. Als er den Irrtum erkennt, ermordet er seinen Nachbarn. Mendes legt Schicht um Schicht die Psyche seiner Figuren frei, liefert ständig neue Überraschungen und das ganz ohne sensationsheischende oder spektakuläre Aufdringlichkeit. Die einzigen, die in einer scheinbar spießigen Normalität leben, ist in *American Beauty* das schwule Pärchen, das in direkter Nachbarschaft zu Lester wohnt. Ausgezeichnet mit fünf Oscars, u.a. für die beste Regie, den besten Film und Kevin Spacey als besten Hauptdarsteller.

USA 1999 🎬 Sam Mendes 🎬 Alan Ball 🎞 Conrad L. Hall 🎵 Thomas Newman 🎭 Kevin Spacey, Annette Bening, Thora Birch, Wes Bentley, Chris Cooper, Peter Gallagher, Mena Suvari ⏱ 122, farbig
🅲🅾 Ⓞ Ⓣ

Die amerikanische Nacht
LA NUIT AMÉRICAINE / EFFETTO NOTTE

Bei den Dreharbeiten zu dem Spielfilm *Meine Ehefrau Pamela* in den Studios von Nizza geht es allzu menschlich zu: Regisseur und Produzent streiten sich über das Drehbuch, eine alternde Filmdiva tröstet sich mit Alkohol und der männliche Hauptdarsteller ist tief gekränkt, weil sich die Geliebte – eine Assistentin – mit einem Stuntman davongemacht hat. Ein schwuler Hauptdarsteller verunglückt bei einem Autounfall tödlich und hinterlässt einen jugendlichen Geliebten, den er gerade zu seinem Adoptivsohn hatte machen wollen. Zu den menschlichen Tragödien gesellen sich technische Pannen. Dem ganzen Projekt droht das Scheitern.

Der Film erhielt 1973 einen Oscar als „bester nicht-englischsprachiger Film". Der Ausdruck „amerikanische Nacht" bezeichnet übrigens eine bei Tageslicht gedrehte Filmszene, die über Filter so belichtet wird, dass sie wie eine Aufnahme bei Nacht aussieht.

F/I 1972 🎬 François Truffaut 🎬 François Truffaut, Jena-Louis Richard, Suzanne Schiffmann 🎞 Pierre William Glenn 🎵 Georges Delerue 🎭 Jacqueline Bisset, Valentina Cortese, Jean-Pierre Léaud, Jean-Pierre Aumont, Alexandra Stewart, François Truffaut, Nathalie Baye ⏱ 110, farbig
Ⓞ

Amorosa

Die schwedische Schauspielerin und Regisseurin Mai Zetterling (*Black-out im Höllenparadies*, 1982) machte bereits 1964 den Film *Liebende Paare*, der auf einem Romanzyklus von Agnes von Krusenstjerna (1894-1940) beruhte. In *Amorosa* erzählt sie die tragische Lebensgeschichte der skandalumwitterten schwedischen Nationaldichterin. In vielschichtiger Darstellungsweise wird fiktiv, aber auch anhand der Erzählungen und biografischen Aufzeichnungen von Krusenstjerna selbst der Lebensweg einer Frau beschrieben, deren Werk wie auch reales Leben von den Themen Erotik und Liebe dominiert wurden. Waren ihre freien erotischen Gedanken in literarischer Form Aufsehen erregend für die damalige Zeit, so stellte sich ihr privates Liebesleben umso chaotischer und unerfüllter dar.

Die Geschichte wird als Rückblick der Protagonistin erzählt, die 1935 nach einem Nervenzusammenbruch in einer katholischen Irrenanstalt in Venedig landet. Als idealistische 19-Jährige soll Agnes (Ekblad) verheiratet werden. Sie ist in den jungen Gerald verliebt, der sie aber zugunsten ihres Bruders zurückweist. Als sie versucht, sich ihrer besten Freundin Ava in mehr als nur freundschaftlicher Weise zuzuwenden, erlebt sie auch hier eine schmerzhafte Abfuhr. Zudem entdeckt die verstörte Agnes, dass ihre zukünftige Schwiegermutter eine Affäre mit dem Dienstmädchen hat. Sie flieht vor dem Chaos und der unerfüllten Liebe und landet bei dem sehr viel älteren David (Josephson), der sich aber als Fehlgriff entpuppt. Er gewinnt schnell die Oberhand über ihr Leben, das in Morphiumsucht und Wahnsinn abgleitet. Auch sexuell ist Agnes von den Wünschen Davids, der sie unter anderem in einen Dreier mit einem der Dienstmädchen verwickelt, überfordert.

Ihr Ende in der Nervenklinik ist somit nur die Folge einer langen Reihe von Fremdbestimmung, Erniedrigung und Unerfülltheit.

Auch wenn Lesbischsein in vielerlei Varianten im Film vorkommt, so doch immer mit negativer Konnotation. Einige erotische Szenen sind dennoch stark inszeniert. Das Hauptaugenmerk der Geschichte liegt aber auf dem „klassischen, tragischen Frauenschicksal".

Schweden 1986 ⊛⊙ Mai Zetterling ⊕ Rune Ericson, Mischa Gavrjusjov ♪ Roger Wallis ⊛ Stina Ekblad, Erland Josephson, Philip Zandén, Peter Schmidt, Olof Thunberg, Catherine de Seynes ⊙ 117, farbig
(BI)

An einem Morgen im Mai
WITHOUT A TRACE

Der sechsjährige Alex wird in New York auf seinem Weg zur Schule Opfer einer Entführung. Der Film schildert die Veränderungen und psychologischen Krisen, die das bei der Familie und Betroffenen hervorruft. Als Kidnapper verdächtigt wird unter anderem der schwule Houseboy Philippe (McDermott).

USA 1983 ⊛ Stanley R. Jaffe ⊙ Beth Gutcheon nach ihrem gleichnamigen Roman ⊕ John Bailey ♪ Jack Nitzsche ⊛ Kate Nelligan, Judd Hirsch, David Dukies, Stockard Channing, Keith McDermott ⊙ 120, farbig

Der andere Blick
EGYMASRA NEZVE
Alternativtitel in der DDR: Oelekezö Tekintetek, Aus anderer Sicht

Wahrscheinlich der erste Film aus dem früheren Ostblock, der eine lesbische Liebe thematisiert. In der desillusionierten und deprimierenden Atmosphäre Budapests im Jahre 1956 nach der Niederschlagung des Aufstands begegnen sich Eva, engagierte und politisch nach wie vor unbequeme Journalistin und zudem Lesbe, und Livia, verheiratet mit einem Offizier der Armee. Im gemeinsamen Arbeitsalltag der Zeitungsredaktion kommen sich die Frauen näher. Livia gibt den offenen Avancen der resoluten Eva schließlich nach. Doch Livias Ehemann flippt aus, und so kann die labile Livia dem Druck nicht standhalten und auf Dauer nicht zu der Beziehung stehen. Eva, politisch wie nun auch emotional ohne jede Hoffnung, begeht einen Fluchtversuch über die Grenze, der vorhersehbar tödlich endet. Die verzweifelte Livia landet nach einer gewalttätigen Auseinandersetzung mit ihrem Mann gelähmt und wahnsinnig in einem Pflegeheim.

Trotz des für Filme mit lesbischem Inhalt üblichen schrecklichen und tödlichen Ausgangs der Geschichte erzählt der Regisseur die Liebe der beiden Frauen zueinander in romantischer, sehr intensiver und durchaus ernst zu nehmender Weise. Neben den starken Hauptfiguren und der ergreifenden Handlung beschreibt der Film auch eindringlich die politische Atmosphäre und die Lebensbedingungen im früheren Ostblock. Darüber hinaus wird die Situation von Lesben und ihre Perspektivlosigkeit zu dieser Zeit realistisch widergespiegelt.

Für ihre überragend gespielte Rolle der Eva erhielt Jadwiga Jankowska-Cieslak bei den Filmfestspielen in Cannes 1982 den Preis als beste Darstellerin.

Ungarn 1982 ⊜ Károly Makk ⊕ Károly Makk, Erzsébet Galgóczi nach einem Roman von Erzsébet Galgóczi ⊛ Tamás Andor ⊙ László Dés, János Másik ⊚ Jadwiga Jankowska-Cieslak, Grazyna Szapolowska, Gábor Reviczky ⊘ 107 farbig ⓒⓞ ⓣ

Anders als die Anderen

Neben Mauritz Stillers Bang-Verfilmung *Vingarna* (1916) gilt *Anders als die Anderen* als Einführung des Themas Homosexualität in die Filmgeschichte. Allerdings erlebte das Werk in seiner ursprünglichen Fassung gerade mal zwei Aufführungen. Regisseur, Co-Autor und Produzent Richard Oswald, der eine Reihe von Aufklärungsfilmen mit überwiegend sexuellem Inhalt eingeleitet hat, verstand sein Kinodrama auch als deutliche politische Meinungsäußerung. Im Schlußtableau streicht eine große Hand den Anti-Homosexuellen-Paragraphen 175 mit kräftigen Strichen durch. Damit war Oswald seiner Zeit weit voraus. Die Zensur verlangte deutliche Schnitte; die Kinoverbreitung wurde mit der Maßgabe stark eingeschränkt, „daß die Vorführung zugelassen wird vor bestimmten Personenkreisen, nämlich Ärzten und Medizinbeflissenen, in Lehranstalten und wissenschaftlichen Instituten". Im Sommer 1920 wurde der Film schließlich komplett verboten und sämtliche Kopien vernichtet. Durch einen Glücksfall blieb eine zerstückelte Exportkopie – mit ukrainischen Zwischentiteln – im Staatlichen Filmarchiv Moskau erhalten.

Oswald schildert das Schicksal des berühmten Geigenvirtuosen Paul Körner (Veidt), der aus Liebe das musikalische Talent seines Schülers Kurt Sievers (Schulz) fördert. Das sich anbahnende Idyll wird allerdings jäh zerstört, als der professionelle Erpresser Franz Bollek (Schünzel, der später als Regisseur u.a. von *Viktor und Viktoria,* 1933, berühmt wurde) Körner mit Geldforderungen unter Druck setzt. Als Körner nicht mehr weiter zahlt und stattdessen Bollek bei der Polizei anzeigt, revanchiert sich dieser mit einer Anzeige nach § 175. Körner nimmt sich daraufhin das Leben.

Bemerkenswert sind u.a. der Auftritt Magnus Hirschfelds, den man bei einem wissenschaftlichen Vortrag über menschliche Zwischenstufen und das „Dritte Geschlecht" sieht, wie auch Bilder aus der schwulen Szene; in diesem Falle eng umschlungen tanzende Männerpaare. Als diese auf der Leinwand zu sehen waren, soll es bei der Uraufführung zu einem Tumult gekommen sein.

D 1919 ⊜ Richard Oswald ⊕ Richard Oswald, Magnus Hirschfeld ⊛ Max Fassbender ⊚ Conradt Veidt, Anita Berber, Fritz Schulz, Wilhelm Diegelmann, Reinhold Schünzel, Clementine Plessner, Leo Connard, Ilse von Tasso-Lind ⊘ 75, s/w ⓣ

Anders als die Anderen
TEA AND SYMPATHY

Tom Lee (John Kerr) wird an seiner Internatsschule zum Außenseiter, weil er nicht die vermeintlich typisch männlichen Interessen der anderen teilt. Statt sich sportlich zu betätigen, liest er oder näht – ein Verhalten, das weder sein Vater noch sein Lehrer gutheißt. Der Druck, sich als wahrer Mann zu beweisen, wächst. Als der Besuch bei einer Prostituierten schief geht, will er sich das Leben nehmen. Die Ehefrau des Lehrers (Deborah Kerr) weiht ihn schließlich in die Geheimnisse der Sexualität ein.

Robert Andersons Bühnenstück wurde am Broadway über 700 Mal gespielt und galt als Beispiel dafür, dass die Liebe einer Frau einen Homosexuellen von seiner Verirrung heilen könne. Ein Missverständnis, da die Figur des Tom zwar als sensibel und dem Männlichkeitsbild nicht entsprechend, jedoch nicht unbedingt als homosexuell gezeichnet ist. Die Filmversion (mit der Original-Broadway-Besetzung) musste auf Betreiben der Zensur eine zusätzliche Rückblende enthalten, in der gezeigt wird, dass die Affäre das Leben des Lehrers zerstört hat und damit als unmoralisch beurteilt werden muss. Der deutsche Filmtitel lehnt sich stark an Veit Harlans antischwules Machwerk *Anders als du und ich* (1957) an. Gleichwohl ist Minnellis Film psychologisch weitaus tiefgründiger und frei von Harlans aburteilender Tendenz.

USA 1956 ⊜ Vincente Minnelli ⊕ Robert Anderson nach seinem Bühnenstück ⊛ John Alton ⊙ Adolph Deutsch ⊚ Deborah Kerr, John Kerr ⊘ 122, farbig ⓗⓒ

Anders als du und ich (§175)

Veit Harlan hat sich mit Werken wie dem antijüdischen Hetzfilm *Jud Süß* (1940) und dem Durchhalteepos *Kolberg* (1945) den Ruf eines Propagandisten des NS-Regimes eingehandelt. Dass ausgerechnet er sich als erster Regisseur in Deutschland (nach Richard Oswalds *Anders als die Anderen*, 1919) explizit mit einem homosexuellen Thema beschäftigte, bescherte ihm nicht nur große Medienaufmerksamkeit, sondern auch eine große Verantwortung bei der Umsetzung. Dass die deutsche Presse weitgehend einhellig mit Entrüstung reagierte, mag zu einem Teil in der grundlegenden Ablehnung der Person Harlans gelegen haben. Aber auch die Version seines Films, die in den Kinos schließlich gezeigt wurde, muss man immer noch als schwulenfeindliches Machwerk voll faschistoider Elemente aburteilen.

Die Mutter (Wessely) des Gymnasiasten Klaus Teichmann (Wolff) sorgt sich um ihren Sohn, hegt sie doch den Verdacht, er verkehre in homosexuellen Kreisen. Ihre Befürchtungen bestätigen sich: Klaus pflegt die Bekanntschaft mit dem schwulen Antiquitätenhändler Dr. Boris Winkler (Joloff), der allgemein als kultiviert und geistvoll gilt, in dessen Hause sich aber zwielichtige Gestalten herumtreiben: junge Männer, zum Teil Stricher, die disharmonische elektronische Musik hören, abstrakte Malerei lieben, moderne Lyrik produzieren oder eine Vorliebe für Freistilringen hegen. Die Eltern versuchen, ihren Sohn zu retten und ziehen einen Arzt und Jugendpsychologen zu Rate. Schließlich gewinnt die Mutter ihr Hausmädchen Gerda dafür, Klaus zu verführen und ihn so zur Heterosexualität zu bekehren. Als Lohn soll sie ein wertvolles Schmuckband erhalten. Ihre Verführungskünste haben Erfolg. Der Antiquitätenhändler Winkler wird wegen Verführung Minderjähriger angezeigt. Er rächt sich aber, in dem er die Mutter ihrerseits wegen Kuppelei einer Abhängigen anzeigt. Nach einer dramatischen Gerichtsverhandlung wird sie zu einem halben Jahr Gefängnis auf Bewährung verurteilt.

Die erste Fassung (mit dem Titel *Das dritte Geschlecht*) wurde von der Freiwilligen Selbstkontrolle nicht freigegeben – sie wurde lediglich in Österreich gezeigt –, denn derer homosexuelle Verführer durfte nicht straffrei davonkommen. In den nachgedrehten Szenen wird Winkler auf der Flucht am Berliner Bahnhof Zoo von der Polizei verhaftet, außerdem wurden einige Dialoge auf Drängen der FSK nachsynchronisiert. Auch wenn dieser Schluss nicht im ursprünglichen Sinne Harlans war, dient dies dennoch nicht zu seiner Ehrenrettung. Die Diffamierung abstrakter Kunst wie der Homosexuellen sind grundlegende Elemente des Films, bemerkenswert beispielsweise, wie die Figur des Dr. Winkler gefilmt wird: Gespenstisch ausgeleuchtet zeigt ihn die Kamera überwiegend von unten als beinahe teuflische, unheimliche Gestalt.

BRD 1957 ⊕ Veit Harlan ☺ Felix Lützkendorf ⊛ Kurt Grigoleit ☼ Erwin Halletz ⊚ Paula Wessely, Paul Dahlke, Christian Wolff, Ingrid Stenn, Hans Nielsen, Friedrich Joloff, Siegfried Schürenberg ⊙ 90, s/w
(HP)

The Angelic Conversations

In den grobkörnigen, flackernden, von Super-8- auf 35mm-Format aufgeblasenen Bildern klettern zwei junge Männer über Felsen, blicken durch Fenster, aalen sich im Wasser und bedecken sich mit Küssen. *The Angelic Conversation* erzählt keine Geschichte, sondern zeigt nur Gesten, Bruchstücke einer Handlung, Stimmungen, melancholische Träumereien von sexuellen Begierden. Aus dem Off erklingen, mit sonorer Stimme von Judi Dench vorgetragen, vierzehn Sonette William Shakespeares – Verse des Begehrens, des Liebesleids und Liebesglücks, vermischt mit dem Sound des Meeres, der kreischenden Möwen und dem Ticken einer Uhr. Poesie pur. Lyrik zum Anschauen.

> „Mein strengster Film und gleichzeitig der, der mir am meisten am Herzen liegt." *Regisseur Derek Jarman*

GB 1985 ⊕ Derek Jarman ☺ Derek Jarman basierend auf Sonetten von William Shakespeare ⊛ Derek Jarman ☼ John Balance, Peter Christopherson, Steven E. Thrower ⊚ Paul Reynolds, Philip Williamson ⊙ 78, s/w und farbig

Anita Berber – Tänze des Lasters

Anita Berber war im Berlin der zwanziger Jahre eine berühmte, skandalträchtige Tänzerin, die nackt auf der Bühne Laster, Horror und Ekstase darstellte. Die bisexuelle und kokainabhängige Berber galt als Frau ohne Moral, sorgte für Aufsehen wie für Triumphe und starb mit 29 Jahren an Tuberkulose.

Im Berlin der Gegenwart (gedreht in Schwarz-Weiß) wird eine alte Frau in die Psychiatrie gebracht, weil sie behauptet, Anita Berber zu sein. In grellen Farben schieben sich Visionen oder vielleicht auch Erinnerungen aus deren tatsächlichem Leben dazwischen. Aus dem behandelnden Arzt wird Berbers Tanzpartner Sebastian Droste (Honesseau), die Krankenschwester verwandelt sich in die junge Anita (Blum). Diese fotografisch sehr stimmigen Sequenzen, die Rückschau auf das Leben der Anita Berber, sind farbig, aber im Stil der Stummfilmgroteske gedreht, getragen allein von der expressiven theatralischen, plakativen Geste, der Musik und den Zwischentiteln. Sehr viele Details erfährt der Zuschauer allerdings nicht über Berbers Biografie, auch die Homosexualität von Berber und Droste bleibt vordergründig. Rosa von Praunheim hat einen Kurzauftritt als Pfarrer.

BRD 1987 ⊜ Rosa von Praunheim ⊚ Rosa von Praunheim, Hannelene Limpach ⊛ Elfi Mikesch ♪ Konrad Elfers ⊛ Lotti Huber, Ina Blum, Mikael Honesseau ⊙ 87, s/w und farbig
(BI)

Anna und Edith

Der Beitrag des ZDF zum Jahr der Frau 1975 war tatsächlich der erste deutsche Film, in dessen Mittelpunkt eine lesbische Liebesgeschichte stand, der auch eine feministische Perspektive hatte – und zudem landesweit ausgestrahlt wurde!

In einem miefigen Büro der BfA freunden sich die Bürokolleginnen Anna und Edith an. Anna, deren Ehe zerbricht und die stark unter ihrem Mann leidet, findet Verständnis und Zuflucht bei Edith. Die beiden verlieben sich ineinander und beginnen eine Beziehung. Zunächst sind die Außenwelt und vor allem die Kolleginnen im Büro schockiert. Das frisch verliebte Paar trotzt der Intoleranz mit Kampfgeist und Selbstbewusstsein. Als der Bürochef ihnen wirklich an den Karren fahren will und ihnen ihre berufliche Karriere zu ruinieren droht, findet eine Sinneswandlung im Büro statt. In einer Art Sekretärinnenaufstand solidarisieren sich die Kolleginnen mit dem lesbischen Paar und lassen den Chef auflaufen.

Wenn auch etwas unrealistisch von feministischem Wunschdenken getragen, ist diese Geschichte ansonsten durchaus realistisch inszeniert: Die Situation arbeitender Frauen im Behördenalltag, die Intoleranz der Gesellschaft und

schließlich die Stärke der Liebe, die Vorurteile überwinden kann – all das scheint wie aus dem Leben gegriffen. Aus heutiger Sicht ist vor allem der Siebziger-Jahre-Mief amüsierend, doch die Blümchenkleider und das glückliche Paar im VW-Käfer sind auch durchaus anrührend.

Ursprünglich sollte Drehbuchautorin Cristina Perincioli selbst die Regie führen. Doch wurde ihr schließlich ein Mann vor die Nase gesetzt, weil man doch Angst bekam, der Film könnte „zu lesbisch" werden. Trotz dieser Vorsichtsmaßnahme ist *Anna und Edith* erstaunlich tolerant, offen lesbisch und kämpferisch geraten und obendrein noch unterhaltsam.

BRD 1975 ⊜ Gerrit Neuhaus ⊚ Cristina Perincioli, Cäcillia Rentmeister ⊛ Nurit Aviv ⊛ Karin Siefark, Barbara Stanek ⊙ 74, farbig
(CO)

Anne Trister – Zwischenräume
ANNE TRISTER

Sexuelles Erwachen und Selbstfindung von jungen Mädchen und Frauen ist das Thema vieler Filme der in der Schweiz geborenen, kanadischen Regisseurin Léa Pool (*Emportemoi*, 1999, *Lost and Delirious*, 2001). In diesem Klassiker des feministischen Films zieht es die junge jüdische Künstlerin Anne aus der Schweiz ins kanadische Montreal, um den Tod ihres Vaters zu verarbeiten und zu sich selbst zu finden. Sie wohnt bei der Kinderpsychologin Alix, zu der sie sich mehr und mehr hingezogen fühlt. In einem Abbruchhaus kreiert Anne ein gigantisches Kunstwerk in Form einer alles bedeckenden Wand- und Deckenbemalung. Mit dem Fortschreiten des Werkes, dessen Entstehung sehr intensiv geschildert wird und das somit einen zentralen Punkt der Geschichte ausmacht, wächst auch Annes Liebe zu Alix. Anne gesteht ihre Gefühle schließlich, doch das große lesbische Finale, das der Film heraufbeschwört, wird vorenthalten. Zumindest verlassen beide Frauen ihre männlichen Lover, und das Ende bleibt offen.

Bei seinem Erscheinen galt der Film seinerzeit mangels anderer mehr oder weniger positiver Lesbenfilme dennoch sofort als künftiger Klassiker des lesbischen Kinos.

Kanada 1986 Ⓡ Léa Pool Ⓦ Marcel Beaulieu, Léa Pool Ⓕ Pierre Mignot Ⓜ René Dupéré Ⓓ Albane Guilhe, Louise Marleau, Lucie Laurier, Nuvit Ozdogru, Guy Thauvette Ⓣ 102, farbig ⒸⓄ

Another Country

Guy Bennett (Everett), ein englischer Spion, ist in den Osten übergelaufen. Einer US-amerikanischen Journalistin begründet er seinen Vaterlandsverrat und verweist auf seine Erlebnisse während der Internatszeit in den dreißiger Jahren. Die Erinnerungen führen ihn zurück an die Eliteschule, die ihm mit Drill Korpsgeist, Disziplin und Klassendenken als grundlegende Werte vermittelt. Homosexualität wird geduldet, solange die Affären diskret ablaufen und als vorübergehende Phase verstanden werden. Bennetts Klassenkamerad Martineau (Dupuy) zerbricht daran; er nimmt sich aus Verzweiflung das Leben. Auch Guy ist sich mehr und mehr bewusst, dass sein Verhältnis zu dem jüngeren Harcourt mehr als nur eine oberflächliche Liaison ist und sein Schwulsein nicht mit der Schulzeit zu Ende gehen wird. Guy erlebt die Doppelmoral der Mitschüler, die ihn verachten, als seine Beziehung zu Harcourt offenkundig wird. Dieser Gesellschaft muss er den Rücken kehren und so wird er Sowjetspion. „Wenn ich schon mein ganzes Leben damit verbringen muss, meine wahre Natur zu verbergen, dann will ich wenigstens jeden Vorteil wahrnehmen, der sich mir bietet."

Kanievskas Regiedebüt erhielt internationale Aufmerksamkeit, obgleich er sich inhaltlich zwischen schwuler Lovestory und kritischem Drama der britischen Erziehungsmethoden nicht zu entscheiden wusste. Für den herausragend agierenden Rupert Everett, der bereits die Hauptrolle der Londoner Bühnenfassung spielte, wird der Film das Sprungbrett zur Weltkarriere. Die Geschichte Guy Bennetts lehnt sich stark an den realen Spion Guy Burgess an, der sich 1951 aus dem britischen Außenministerium abgesetzt hatte.

GB 1984 Ⓡ Marek Kanievska Ⓦ Julian Mitchell nach seinem gleichnamigen Bühnenstück Ⓕ Peter Biziou Ⓜ Michael Storey Ⓓ Rupert Everett, Colin Firth, Michael Jenn, Robert Addie, Philip Dupuy, Rupert Wainwright Ⓣ 91, farbig ⒸⓄ Ⓑⓒ Ⓚ

Antonias Welt
ANTONIA'S LINE

50 Jahre Familien- und gleichzeitig Frauengeschichte werden in dieser märchenhaften Saga erzählt. Antonia kommt mit ihrer kleinen Tochter Danielle nach dem Ende des 2. Welt-krieg zurück in ein winziges niederländisches Dorf, um den geerbten Bauernhof zu bewirtschaften. Aus Sicht der jüngsten Nachkommin wird in Rückblicken die ungewöhnliche Geschichte einer unangepassten, allein von Frauen getragenen Familie erzählt. In den Reihen dieser eigenwilligen und ganz und gar unprovinziellen Familie ist es auch nichts Besonderes, dass die erwachsene Danielle (Dottermans) später eine Liebesbeziehung mit der Lehrerin des Dorfes hat.

Ein starker Frauenpowerfilm, der die lesbische Beziehung ganz selbstverständlich, allerdings nur am Rande, schildert. Die feministische Regisseurin Marleen Gorris (Zerbrochene Spiegel, 1984) bekam für ihren verträumten, romantischen und unterhaltsamen Film im Jahr 1996 den Oscar für den besten ausländischen Film.

NL/B/GB 1995 ⓇⓄ Marleen Gorris Ⓜ Ilona Sekacz Ⓓ Willeke van Ammelrooy, Els Dottermans, Veerle van Overloop, Thyrza Ravesteijn, Mil Seghers Ⓣ 102, farbig Ⓞ ⒻⒻ

Apartment Zero

Der schüchterne, introvertierte Adrian (Firth) nimmt den selbstbewussten Jack (Bochner) als Untermieter in seine Wohnung auf. Die Männerfreundschaft geht bald über eine WG-Beziehung hinaus. Als Adrian der Verdacht kommt, Jack könnte ein Auftragskiller des CIA sein, geraten seine Gefühle ins Wanken und er stürzt in eine tiefe Krise. Psychothriller mit überraschenden Wendungen in der Tradition von Polanskis Der Mieter (1976) und Lynchs Blue Velvet (1986).

Große Filmgesellschaften lehnten das Drehbuch wegen der latenten schwulen Zwischentöne ab, sodass Donovan seinen Film unabhängig produzieren musste.

„Apartment Zero ist ein Film über das Verlangen. Jeder im Film sehnt sich nach etwas – nach Liebe, nach Geborgenheit, nach Geld, nach sozialer Gerechtigkeit, nach Unterhaltung oder ganz einfach nach Sex." Regisseur Martin Donovan

GB 1988 Ⓡ Martin Donovan Ⓦ Martin Donovan, David Koepp nach einer Story von M. Donovan Ⓕ Miguel Rodriguez Ⓜ Elia Cmiral Ⓓ Hart Bochner, Colin Firth, Dora Bryan, Liz Smith, Fabrizio Bentivoglio, James Telfer Ⓣ 124, farbig ⓂⒻ Ⓜ

Ein Apartment zum Verlieben
IF YOU ONLY KNEW

Der angehende Autor Parker Concord (Schaech) sucht im teuren New York eine Wohnung, obgleich er sich wohl eigentlich keine leisten kann. Doch Parker hat Glück. Er kann als Untermieter bei der schönen Künstlerin Samantha (Eastwood) einziehen. Der Haken ist nur: Um libidinöse Komplikationen zu vermeiden, bevorzugt Samantha schwule Untermieter, und eine Fehlinformation ihres Freundes Tom (Markey) hat sie davon überzeugt, dass Parker diese Voraussetzung erfüllt. Weil er das Zimmer braucht und sich Sams Charme nicht entziehen kann, gibt der junge Mann sich als das aus, wofür sie ihn hält. Zunächst scheint alles ganz gut zu laufen, und die beiden werden die besten Freundinnen. Aber Sams beharrliche Versuche, den sensiblen Parker zu verkuppeln, machen sein Leben reichlich anstrengend. Noch komplizierter wird es, als das passiert, was er sich die ganze Zeit gewünscht hat. Samantha gibt ihrem eigenen untreuen Liebhaber Ben (Snedeker) den Laufpass und entdeckt ihre Gefühle für ihren Mitbewohner: Nach einem rauschenden Kostümfest landen die beiden im Bett. Parker ist selig, Sam aber traut dem Frieden nicht. Ist Parker nun schwul, bi oder überraschend zum Hetero mutiert? Hippe Beziehungskomödie, die auf amüsante Art mit Rollenklischees spielt.

USA 1999 Ⓢ David Snedeker Ⓒ Gary Goldstein Ⓟ Kristian Bernier Ⓜ Bill Meyers Ⓐ Jonathon Schaech, Alison Eastwood, James le Gros, Gabrielle Anwar, David Markey, David Snedeker, Frank Vincent, Lainie Kazan, Tiffany Fraser Ⓣ 106, farbig
ⓂⒻ

Armee der Liebenden
ARMY OF LOVERS OR REVOLUTION OF PERVERTS

Von Praunheims Dokumentation über die US-amerikanische Schwulenbewegung der siebziger Jahre, gedreht in den Jahren 1972-79, versteht sich als Fortführung von *Nicht der Homosexuelle ist pervers, sondern die Situation, in der er lebt* (1971). Er zeigt die bis dahin größte Gay Pride Parade in New York 1977 mit rund 250 000 Teilnehmern und Teilnehmerinnen, spricht mit Christopher Isherwood über James Deans und Montgomery Clifts Schwierigkeiten als Homosexuelle in Hollywood, zeigt Ausschnitte aus einem Musical der Theatergruppe Gay Sweatshop *Dear Darling Mr. Magnus* über Magnus Hirschfeld. Neben eher informativen und agitatorischen Momenten vergisst von Praunheim nicht, zu provozieren und die Grenzen auszuloten. Der schwule Neonazi, der vor der

Kamera den Hitlergruß ausführt, und radikale Tunten erregten ebenso Anstoß bei vielen deutschen Schwulen wie der Sex vor der Kamera.

Seinen erklärten Grundsatz, dass man privates Leben öffentlich machen müsse, setzt Praunheim in die Tat um und läßt sich von Filmstudenten des San Francisco Art Institute beim Sex mit dem Pornodarsteller Fred Halsted Filmen.

Der schwedische Popmusiker Alexander Bart benannte übrigens seine Band nach dem englischen Titel des Films: *Army of Lovers.*

> „Wer sich immer noch von meinem ersten Schwulenfilm Nicht der Homosexuelle ist pervers, sondern die Situation, in der er lebt *verschreckt fühlt, dem sei beruhigend gesagt, dass ich in meinem neuen Film versucht habe, konstruktive, positive Beispiele zu zeigen. Damals gab es ja noch keine Schwulenbewegung, wir konnten nur dazu auffordern. Inzwischen hat sich ja viel getan, auch in Deutschland. Ich glaube, dass jetzt der richtige Zeitpunkt da ist, dass wieder mal frischer Wind in die verschreckten Tuntenwohnungen streicht."* Regisseur Rosa von Praunheim

BRD 1979 ⊖⊖ Rosa von Praunheim ⊕ Rosa von Praunheim, Ben van Meter, Michael Oblowitz, John Rome, Werner Schroeter, Bob Schub, Nicolai Ursin, Juliane Wank, Lloyd Williams Ⓜ *Tom Robinson Band* Ⓐ Harry Hay, Grace Jones, Sarah Montgomery, John Briggs, John Rechy, Gordon Guy, Anita Bryant, Rainbow Silverfire, Arthur Bell Ⓣ 107 (TV-Fassung 52), farbig
Ⓓ

Asphalt-Cowboy
MIDNIGHT COWBOY

Der texanische Provinzler Joe Buck (Voight) kommt nach New York, um sich dort als naiver Möchtegern-Gigolo durchzuschlagen – mit wenig Erfolg. Die feinen Damen der besseren Gesellschaft stehen keineswegs wie erwartet bei ihm Schlange. Der heruntergekommene Kleinganove Enrico ‚Ratso' Rizzo (Hoffman) vermittelt Joe gegen Geld den Kontakt zu einem Zuhälter, doch dieser Mr. O'Daniel entpuppt sich als wirrer religiöser Fanatiker. Joe ist wütend und sucht Ratso, um sein Geld zurückzuverlangen, denn nun steht er mittellos auf der Straße. Als er Ratso wiederfindet, entwickelt sich zwischen den beiden Außenseitern eine Freundschaft. Ratso lässt Joe in seine Bleibe in einem Abbruchhaus einziehen. Joe sorgt sich um Ratsos zusehends schlimmer werdende Lungenerkrankung. Mit Schuhputzen und Ratsos kleinen Diebstählen halten sie sich über Wasser. Ratso fantasiert davon, seine Krankheit im sonnigen Miami auszukurieren. Auf einer wilden Party begegnet Joe zum ersten Mal einer Frau, die bereit ist, ihn für seine Liebesdienste zu bezahlen; doch Joe ist so in Sorge um seinen kranken Freund Ratso, dass er als Gigolo versagt. Verzweifelt raubt er den schwulen schuldgeplagten Towny (Hughes) brutal aus, um zwei Bustickets nach Miami kaufen zu können.

Asphalt Cowboy greift in seiner Konstruktion den US-amerikanischen „Buddy-Film" der sechziger Jahre auf. Eine Männerfreundschaft, deren Nähe sich niemals Homosexualität nennen würde. Vielmehr lässt der – selbst schwule – britische Regisseur John Schlesinger in seiner ersten US-Produktion kaum eine Chance aus, die Homosexuellenfeindlichkeit seiner beiden Antihelden zu demonstrieren. Als sich Joe einem Schwulen als Stricher anbietet und von ihm zusammengeschlagen wird, murmelt das Opfer „Es geschieht mir Recht". Bei der Oscar-Verleihung wurden die Hauptdarsteller nominiert, Oscars erhielt der Film für die beste Regie, als bester Film und für sein Drehbuch.

USA 1969 ⊛ John Schlesinger ⊙ Waldo Salt nach einem Roman von James Leo Herlihy ⊛ Adam Holender ⊙ John Barry ⊛ Jon Voight, Dustin Hoffman, Sylvia Miles, John McGiver, Brenda Vaccaro, Ruth White, Jennifer Salt, Gary Owens, Barnard Hughes ⊙ 113, farbig
Ⓜ︎Ⓕ Ⓖ Ⓟ︎Ⓡ Ⓞ

Asphalt-Haie
PIXOTE, A LEI DO MAIS FRACO

Der zehnjährige Pixote (da Silva) lebt in einer staatlichen Jugendanstalt für straffällig gewordene Minderjährige in der Metropole São Paulo. Dort gehören Streitereien, Schlägereien, Vergewaltigungen und die Gewalttätigkeit der Polizei zum Alltag. Nach einer Rebellion wegen des Todes eines Jungen entscheiden sich einige Kinder zu fliehen, unter ihnen Pixote. Doch außerhalb des Jugendheims wird das Leben nicht besser. Mit anderen Straßenkindern schlägt er sich mit Diebstäh-

len und Drogenschmuggel durch. Zwei der Jungs, der etwas ältere Macho Dito und der effeminierte Lilica, sind ein Liebespaar. Die alkoholkranke Prostituierte Cristal (Pera) wird zu einer Ersatzmutter. Babenco (*Kuss der Spinnenfrau*, 1985) zeigt ihr trost- und aussichtsloses Leben in harten, zum Teil schockierenden Bildern und erzählt ganz aus der Perspektive der Jungen.

Der durch diesen Film populär gewordene Hauptdarsteller Fernando Ramos da Silva wurde als 19-Jähriger von der Polizei ermordet, nachdem er sich angeblich einer Verhaftung widersetzen wollte. Das wirkliche Leben von Fernando Ramos da Silva lieferte den Stoff für einen späteren Film: *Quem matou Pixote?* (Wer hat Pixote umgebracht?).

Brasilien 1980 ⊛ Hector Babenco ⊙ Hector Babenco, Jorge Duran nach dem Roman *Infância dos Mortos* von José Louzeiro ⊛ Rodolfo Sanches ⊙ John Neschling ⊛ Fernando Ramos da Silva, Marila Pera, Jorge Juliao, Gilberto Moura, José Nilxon dos Santos ⊙ 127, farbig
Ⓟ︎Ⓡ Ⓟ︎Ⓐ

Auch Männer mögen's heiß
PÉDALE DOUCE

Adrian (Timsit) gibt sich im Büro als seriöser Manager, privat hingegen ist er eher tuntig. Als er für ein Geschäftsessen bei seinem Chef aus Imagegründen eine weibliche Begleitung braucht, um sich als glücklicher Familienvater ausgeben zu können, begleitet ihn seine beste Freundin Eva, Besitzerin einer schwulen Travestiebar in Paris (Ähnlichkeiten mit *La Cage aux Folles*, 1978, sind sicherlich nicht ganz zufällig). Beim Diner verliebt sich Bankboss Alexander in die schöne Eva (Ardant) und besucht sie daraufhin unangekündigt in deren Bar – und erlebt dort Adrian beim Strip. Und weil Alexanders Ehefrau ihren Gatten in diesem schwulen Etablissement ertappt, hält sie ihn fortan für homosexuell. Die Verwicklungen nehmen ihren Lauf. Allerdings auf sehr tiefgelegtem Humorniveau. Viel Fummel, viel Klischee, hölzerne Dialoge, abgestandene Kalauer. Der vermeintliche Tabubruch geht auf Kosten der Schwulen, die durchgehend als neurotisch, gefühlsarm und dumpf gezeichnet werden. Lediglich Fanny Ardants Eva hat einen vielschichtigen Charakter. Sie sieht das Leben an sich vorbeigleiten – obgleich sie eigentlich mitten im Leben steht, ist sie gefangen in ihrem selbstgewählten schwulen Ghetto. Hier findet sie zwar viel Spaß, aber keine erfüllte Liebe.

„Wir haben nicht eine Welt nachgeäfft oder karikiert, sondern versucht, mit unserer Geschichte ein Lebensgefühl möglichst genau zu treffen, ohne deshalb gleich Soziologen sein zu wollen. Die Gestalten wirken deshalb echt, weil die dargestellten Situationen glaubwürdig und aktuell sind." Schauspieler Patrick Timsit

F 1995 ⊕⊕ Gabriel Aghion ⊕ Fabio Conversi ♪ Philippe Chopin ⊕ Patrick Timsit, Fanny Ardant, Richard Berry, Michèle Laroque, Jacques Gamblin, Boris Terral, Yan Duffas ⊙ 100, farbig ⊙T⊙

Auf glühendem Pflaster
WALK ON THE WILD SIDE

In diesem trashigen Psychodrama, angesiedelt im New Orleans der dreißiger Jahre, wetteifern der zurückgekehrte Liebhaber Dove Linkhorn (Harvey) und die Bordellbesitzerin Jo (Stanwyck) um die Liebe des „gefallenen Mädchens" Hallie (Capucine). Stanwyck – trotz mehrerer Ehen berüchtigt in Hollywood für ihre lesbische Affären – spielt einmal mehr eine butche, angedeutet lesbische Figur, die natürlich nicht das bekommt, was sie will. Sie hat die verarmte Künstlerin Hallie in ihrem Bordell aufgenommen, um sie vor Obdachlosigkeit und totaler Armut zu retten. Doch natürlich muss die eher glamouröse Dame als Gegenleistung ihren Körper verkaufen und ist die Attraktion des Etablissements. Als der heterosexuelle Retter naht, entscheidet sich Hallie natürlich für ihn, obwohl sie zunächst zögert, denn der aufrechte Texaner würde sie wohl kaum heiraten, wüsste er um ihre wahre Beschäftigung. Der große moralische Zeigefinger ist allgegenwärtig!

Die Figur der Jo ist zwar ebenfalls verheiratet – mit einem Mann im Rollstuhl –, doch gibt es mehrere Dialoge, die andeuten, dass Jos Vorstellungen von Liebe eigentlich anders sind. Zu eindeutigen lesbischen Handlungen kommt es allerdings nicht.

Neben Barbara Stanwyck ist auch die Besetzung der Capucine in der Rolle von Hallie interessant, rankten sich doch Gerüchte um den französischen Star, sie sei transsexuell. Tatsächlich weiß man nur, dass sie sich in späteren Tagen zu einer Vorliebe für Frauen bekannte und mal als lesbisch, mal als bisexuell bezeichnet wird. Im Alter von 59 Jahren ereilte sie ein praktisch klassischer lesbischer Filmtod: Sie stürzte sich aus dem Fenster.

Außerdem bemerkenswert: In ihrer zweiten Filmrolle ist Jane Fonda als Kitty zu sehen, die Dove auf seiner Tour aus Texas begleitet und schließlich ebenfalls in Jos Bordell anfängt, als Prostituierte zu arbeiten.

USA 1961 ⊕ Edward Dmytryk ⊙ John Fante, Edmund Morris nach dem gleichnamigen Roman von Nelson Algren ⊕ Joe MacDonald ♪ Elmer Bernstein ⊕ Barbara Stanwyck, Capucine, Jane Fonda, Laurence Harvey, Anne Baxter, Joanna Moore, Richard Rust ⊙ 114, s/w ⊙R⊙

Aufstand der Frauen
WOMEN IN REVOLT
Alternativtitel: Andy Warhol's Women

Das bisexuelle, nymphomanische Modemodel Holly, die frustrierte lesbische Hausfrau Jackie und die reiche High-Society-Lady Candy (gespielt von den Transsexuellen Holly Woodlawn, Jackie Curtis und Candy Darling) versuchen, sich aus der Tretmühle des Frauendaseins zu befreien. Dafür gründen sie eine revolutionäre Feministinnengruppe namens „P.I.G.S. – Politically Involved Girls – unverkennbar eine Satire auf Valerie Solanas und ihrer Bewegung „SCUM – Society For Cutting Up Men", deren einziges Mitglied sie selbst war. 1968 verübte sie ein Attentat auf Andy Warhol, das er allerdings mit schweren Schussverletzungen überlebte.

Mit ihrer verqueren und endlosen Phrasendrescherei machen sich die drei Aktivistinnen in Paul Morriseys konsequent politisch unkorrektem Film nicht nur über die extremistische Einzelkämpferin Solanas lustig, sondern generell über die Frauenbewegung, und lassen sie doch gleichzeitig auch hochleben. Männer kommen nur als jämmerliches Hauspersonal, als unnütze Verwandte oder berechnende Stricher vor. Die Frauen erstreiten sich den Weg zu ihrer Befreiung, scheitern dann aber doch wieder an der Macht der Männer – oder finden den Weg zu ihnen. So beendet etwa Jackie ihre lesbische Phase, nachdem sie mit einem ehemaligen „Mr. America" im Bett gelandet ist und angeblich erstmals einen Orgasmus bekommen hat, um fortan als Hausfrau und Mutter in Jersey zu leben.

USA 1970 ⊕⊕ Paul Morrissey ⊕ Jed Johnson, Andy Warhol ⊕ Holly Woodlawn, Penny Arcade, Betty Blue, Jackie Curtis, Candy Darling, Jane Forth, Michael Sklar, Johnny Kemper, Martin Kove ⊙ 97, farbig ⊙I⊙

Die Auseinandersetzung
MASS APPEAL

Der trinkfeste Pater Tim Farley (Lemmon) leitet seine Gemeinde eher pragmatisch und nicht nach den üblichen Normen der Kirche und führt ein recht ausgelassenes Leben, wofür er von seinen Gläubigen geliebt wird. Ganz anders ist der hitzköpfige, von konzessionslosem Idealismus beseelte Seminarist Mark Dolson (Ivanek), der die Stelle des Diakons übernimmt. Zwei verschiedene Charaktere prallen aufeinander, und es bleibt nicht aus, dass es zu erbitterten Auseinandersetzungen kommt.

Als sich über zwei andere Diakone das Gerücht ausbreitet, diese seien homosexuell, werden sie vom intoleranten, konservativen Monsignor Burke (Durning) entlassen. Dolson ist außer sich und bezeichnet ihn öffentlich als homophob. Später gesteht er Farley, selbst bisexuell zu sein. Die Unfähigkeit, damit klarzukommen, habe ihn zur Entscheidung gebracht, das Leben im Zölibat zu verbringen. Burke erfährt davon und rächt sich für Dolsons Demütigung: Er entlässt ihn ebenfalls. Farley verweigert seine Hilfe, aus Angst, die Gunst seines Vorgesetzten zu verlieren.

Stark dialoglastiges Drama, das Fragen nach der Vereinbarkeit von priesterlicher und menschlicher Existenz sowie der verdrängten Homosexualität unter Priestern aufwirft, sie aber nicht sehr vertieft.

USA 1984 ⊛ Glenn Jordan ⊙ Bill C. Davis nach seinem Theaterstück ⊛ Donald Peterman ⊙ Bill Conti ⊛ Jack Lemmon, Zeljko Ivanek, Charles Durning, Louise Latham, James Ray, Talia Balsam ⊙ 99, farbig
(BI) (G)

Ausgeflippt
OUTRAGEOUS!

Die Geschichte des Films ist in Ansätzen auch die Lebensgeschichte des Hauptdarstellers: der Travestiestar Craig Russell. „An manchen Tagen denke ich, Robin Turner, das ist dein Leben – die nächsten 40 Jahre – ohne Höhepunkte". Turner, schwuler Friseur in Toronto, ist füllig, schwul und träumt von einem anderen Leben jenseits von Schaumfestiger und Lockenwickler. Statt Haare föhnen auf der Bühne stehen, um die geliebten Großen des Showbiz zu imitieren: Judy Garland, Peggy Lee und Dolly Parton. Seine beste Freundin ist die schizophrene Liza, die aus einer Klinik abgehauen ist und Stimmen hört. Als er als Bette Davis in seine Stammkneipe geht, wird er von einem Kunden des Friseursalons erkannt und bei seinem Chef verpfiffen. Robin verliert seinen Job, ergreift aber die Gelegenheit, um zusammen mit Liza nach New York zu gehen.

Outrageous!, 1978 bei den Internationalen Filmfestspielen Berlin mit dem Silbernen Bären ausgezeichnet, setzte sich erfolgreich vor allem in Programmkinos durch und machte Russell nicht nur in Nordamerika zum Star. 1987 folgte die Fortsetzung *Too Outrageous!*.

Kanada 1977 ⊛ Richard Benner ⊙ Richard Benner nach einer Geschichte von Margaret Gibson ⊛ James B. Kelly ⊙ Paul Hoffert ⊛ Craig Russell, Hollis McLaren, Richard Easley, Allan Moyle, Gerry Salzberg ⊙ 96, farbig
(DT)

Ausgemustert
LES DÉCLASSÉS

Mit *Le Normand*, dem Normannen, wie sie ihn in der Unterwelt zwischen Le Havre und Paris nennen, ist nicht zu spaßen. Der raubeinige Bandenchef alter Schule kann ungemütlich werden. Le Normand (Pillon) ist skrupellos und blutrünstig,

aber auch ein Philosoph. Ein kaltblütiger Killer, der Arthur Rimbaud und Hermann Hesse zitiert, ein Mann zwischen Schöngeist und *bad boy*, und dazu auch noch schwul (Jean Genet und *Querelle de Brest* lassen grüßen). Seine Jungs holt er sich vom Strich. Echte Männer müssen es sein, deren Muskeln von der Arbeit und nicht vom Fitnessstudio geformt sind.

Zwei Banden bekriegen sich. Es gibt einen Verräter, am Ende die große Rache und zwischendurch jede Menge Leichen. Wo bei Quentin Tarrantino das Blut spritzt, schaut Regisseur Baillargeat diskret weg. Er lässt den Sound uns Gruseln lehren: Im Hintergrund hört man die unappetitlichen Geräusche, die entstehen, wenn der Bohrer in eine Kniescheibe dringt oder ein Messer im Brustkorb an den Rippen kratzt. Andererseits malträtiert Baillargeat die Zuschauer in seiner hyperrealistischen Inszenierung mit ausgiebigen und auf Dauer recht langweiligen Dialogen. Soviel Belesenheit eines Mörders macht einfach müde, trotz einiger poetischen Momente. Dann nämlich, wenn der vermeintlich starke Held Schwächen zeigt.

„Ich will die Gewalt nicht verklären, sondern zeigen, warum meine Figuren überhaupt so gewalttätig werden." Regisseur Tony Baillargeat

F/D 1999 ⊛⊙ Tony Baillargeat ⊛ Guillaume Andrey ⊙ Philippe Rigal, Michael Aim, Ali Mitchell ⊛ Philipp Pillon, Tony Baillargeat, Enrico Mattaroccia, Eric Borras, Alain Naron, Sophie Gueydon, Jonathan Zaccai, Jo Prestia ⊙ 117, farbig
(M)

Der Außenseiter
LE MARGINAL

Jean-Paul Belmondo als raubeiniger Polizist, der auf eigene Faust einen Drogenboss (Silva) zur Strecke bringen will und dafür auch in der schwulen Leder- und SM-Szene recherchiert. Routinierter Serien-Actionkrimi, der an den Erfolg von *Der Profi* (1981) anzuknüpfen versucht. Der Ausflug in die Saunen, Darkrooms und Bars bleibt sensationslüstern und klischeehaft.

F 1983 ⊛ Jacques Deray ⊙ Jacques Deray, Jean Herman, Michel Audiard (Dialoge) ⊛ Xaver Schwarzenberger ⊙ Ennio Morricone ⊛ Jean-Paul Belmondo, Henry Silva, Carlos Sotto Mayor, Pierre Vernier, Maurice Barrier ⊙ 100, farbig
(SM) (HP)

B

B. Monkey

Ein schüchterner Grundschullehrer verliebt sich in B. Monkey (Argento), die ihrer Vergangenheit als Verbrecherbraut abgeschworen hat. Gestört wird das aufkeimende Glück durch das schwule Pärchen Paul (Everett) und Bruno (Meyers), zwei zwielichtige Ganovenfreunde aus B. Monkeys dunkler Vergangenheit. Die Verbindung von Liebesromanze und Thriller geht nur bedingt auf, zumal die Zuneigung B. Monkeys zu dem exzentrischen dandyhaften Paul und dessen jüngerem, pubertären Liebhaber und cholerischen Schläger nicht wirklich glaubhaft ist.

GB 1997 ⊜ Michael Radford ☺ Andrew Davis und Michael Thomas nach dem Roman *Ihr Name ist B. Monkey* von Andrew Davis ⊛ Ashley Rowe ⊜ Asia Argento, Jared Harris, Rupert Everett, Jonathan Rhys-Meyers, Tim Woodward, Ian Hart ☺ 94, farbig

Baby

In seinem zweiten Film nach dem gelungenen Debüt *Das Ende des Regenbogens* (1979) zeichnet Frießner das Porträt eines Rausschmeißers einer Berliner Disco. Der schwule Baby möchte sich den Traum eines eigenen Sportstudios erfüllen und gerät durch zwei zwielichtige Freunde, René und Pjotr, mehr und mehr in kriminelle Machenschaften. Gemeinsam leben sie bei Baby, der sich zu René hingezogen fühlt. Authentische sozialkritische Milieustudie, die schwule Ebene dieser Männerbeziehung bleibt allerdings auf Andeutungen beschränkt.

BRD 1983 ⊜☺ Uwe Frießner ⊛ Wolfgang Dickmann ☺ *Spliff* ⊜ Udo Seidler, Reinhard Seeger, Volkmar Richter, Andreas Adam, Steven Cotton ☺ 114, farbig
Ⓜ︎Ⓕ

Les Baiseuses
LES BAISEUSES/LES VIOLEUSES

Drei junge Heiminsassinnen können mithilfe eines Kriminellen der Erziehungsanstalt entkommen und schlagen sich mit Einbrüchen und Autodiebstählen durch. Wenn sie nicht gerade eine Villa ausrauben, nehmen sie jede sich bietende Gelegenheit wahr, mit Frauen und Männern ins Bett zu steigen. Öder Sexfilm mit noch langweiligerer Krimihandlung.

F/B 1975 ⊜ Guy Gilbert (Jacques Guy) ☺ Jacques Guy ⊛ Johan Vincent ☺ Alain Pierre ⊜ Bente Nielsen, Laura Viala, Monica Swinn Coppejans, Yves Collignon, Jacques Guy, Sam Marée ☺ 85, farbig
Ⓚ

Der Balkon
THE BALCONY

Während draußen auf den Straßen eines fiktiven Staates die Revolution tobt, geht im Bordell der Hauptstadt das Geschäft weiter wie bisher. In diesem „Haus der Illusionen" dürfen die Männer in ihre Traumrollen schlüpfen: ein Milchwagenfahrer wird zum Bischof, ein Buchhalter zum Richter und ein Gasmann mimt den General. Die Verfilmung des skandalumwitterten allegorischen Bühnenstücks von Jean Genet über Macht und Machtmissbrauch, Revolution und Unterdrückung, Realität und Illusion ist ein schlichtes Kammerspiel mit namhafter Besetzung, darunter *Columbo*-Star Peter Falk und Leonard Nimoy alias Mr. Spock. Die Puffmutter Miss Erma (Winters) kann mit Männern im Bett allerdings wenig anfangen und hat deshalb ein Verhältnis mit ihrer Buchhalterin Carmen (Grant), der sie immerhin (wir schreiben das Jahr 1963) einen Kuss auf den Mund geben darf. Das Spiel von Macht und Ausbeutung, wie es im Bordell und draußen bei den Revolutionären auf der Tagesordnung steht, wirkt sich aber auch auf diese wenig liebevolle Beziehung aus. Ermas Satz „Huren gibt es wie Sand am Meer, aber eine gute Buchhalterin ist schwer zu finden" kann man schwerlich als hochromantisches Liebesgeständnis deuten.

USA 1963 ⊙ Joseph Strick ☺ Ben Maddow nach dem gleichnamigen Theaterstück von Jean Genet ⊕ George J. Folsey jr. ♪
Igor Strawinsky ⊛ Shelley Winters, Peter Falk, Lee Grant, Ruby
Dee, Peter Brocco, Leonard Nimoy, Jeff Corey, Joyce Jameson
⊕ 84, s/w

Die Bankiersfrau
LA BANQUIÈRE

In diesem aufwändig gestalteten Sittenporträt spielt Romy
Schneider die eigenwillige Karrierefrau Emma Eckhart. Die
Frau aus kleinen Verhältnissen schafft es, im Frankreich der
zwanziger und dreißiger Jahre Präsidentin einer Bank und
angesehene Journalistin zu werden. Zu Beginn der Geschichte ist sie mit einer Frau liiert, und es gibt einige hübsche Szenen in lesbischen Nachtclubs und aus der farbenprächtigen,
glamourösen Subkultur-Szene der damaligen Zeit. Im weiteren Verlauf ihres Lebens zieht es die für Männer und Frau-
en gleichermaßen faszinierende Emma allerdings mehr zum
männlichen Geschlecht. Die verzweifelte Ex-Geliebte Colette
aber bleibt ihr ein Leben lang in inniger Liebe treu ergeben.

Eine Paraderolle für Romy Schneider, die hier eingerahmt
von vielen Stars des französischen Kinos eine starke, machthungrige, einflussreiche und skrupellose Frau in all ihren
Facetten darstellen kann. Die stilvolle Umsetzung des lesbischen Chics der Zeit ist sehenswert, auch wenn die schillernde
Hauptfigur den Frauen später den Rücken kehrt. Ein Film über
eine ungewöhnliche Frau, die nicht unbedingt sympathisch
gezeichnet wird, der etliche Längen hat und das Ziel, politisch
und gesellschaftskritisch zu sein, vor lauter Selbstverliebtheit in
den überbordenden Stil etwas verfehlt.

F 1980 ⊙ Francis Girod ☺ Georges Conchon, Francis Girod ⊕
Bernard Zitzermann ♪ Ennio Morricone ⊛ Romy Schneider,
Jean-Louis Trintignant, Marie-France Pisier, Jean-Claude Brialy, Daniel
Auteuil, Jean Carmet, Claude Brasseur ⊕ 124, farbig
Ⓑ Ⓘ

Bar Girls

Die Lesbenbar „Girl Bar" in Los Angeles ist der Mittelpunkt im
Leben einer Clique moderner Großstadtlesben in den neunziger Jahren. Stammgast inmitten aller das Etablissement fre-
quentierender Frauentypen von Leder- bis Lipsticklesbe ist die
Fernsehkartoonistin Loretta (Nancy Allison Wolfe), die verzweifelt auf der Suche nach der Frau fürs Leben ist. Als sie
der jungen Schauspielerin Rachel (Liza D'Agostino) begegnet, soll diese den Platz einnehmen. Ganz dem Klischee entsprechend, sind beide schon nach der ersten Nacht total verliebt ineinander, ziehen alsbald zusammen und leiden dann
schnell an einem Nähe-Distanz-Problem. Schließlich betritt die
butchige Polizistin J.R., eine bewusst überkarikierte Mischung
aus Arnold Schwarzenegger und einer Bulldogge, die Szenerie. Sie tut alles, um Rachel zu bekommen, sogar mit der ihr
verhassten Loretta zu schlafen, nimmt sie in Kauf, um die beiden schließlich erfolgreich auseinander zu bringen. Am Ende
siegt aber doch die „wahre Liebe" des im Mittelpunkt stehenden Paares.

Die Komödie, in den USA als die Fortsetzung von *Go Fish*
(1993/1994) – im Sinne von souveräner Darstellung lesbischen Alltagslebens und einer Vielfalt an lesbischen Charakteren – gefeiert, ging in Deutschland sang- und klanglos, und
ohne Filmverleih, unter. Dem Anspruch, an die kleine Welle
der lesbischen „feel good movies" anzuknüpfen und junge,
attraktive Lesben mit mehr Problemen als reinem Coming-
out zu zeigen, wurde der Film nur teilweise gerecht. Das lag
zum größten Teil am praktisch nicht vorhandenen Budget, das
leider an allen Ecken und Enden bemerkbar ist, sowie der
schlechten Schauspielerei. Die Klischees über lesbische Bezie-
hungsstrukturen sind zwar gut getroffen, bleiben aber sehr an
der Oberfläche hängen. Allerdings ist die Vielfalt an gezeigten
Lesbentypen – vor allem den damals in Deutschland als Phänomen eher unbekannten „Lipsticklesben" sowie den vielen
femininen und langhaarigen Frauen – bemerkenswert. Einen
Kurzauftritt als Bargast hat übrigens Chastity Bono, bekannt als
lesbische Aktivistin und noch mehr als Tochter ihrer berühmten Mutter Cher.

USA 1994 ⊕ Marita Giovanni ☺ Lauran Hoffman nach ihrem gleichnamigen Theaterstück ⊕ Michael Ferris ♪ The Ringling Sisters ⊛ Nancy Allison Wolfe, Liza D'Agostino, Camilla Griggs, Justine Slater, Lisa Parker, Michael Harris ⊙ 95, farbig ⓆⒸ

Barbarella
BARBARELLA: QUEEN OF THE GALAXY

Im Jahre 40.000 wird die Agentin Barbarella auf einen fremden Planeten geschickt, um einem Wissenschaftler eine Waffe abzujagen, die das Universum bedroht. Sie agiert wie ein weiblicher James Bond und überwältigt das Böse in Form von Robotern und Monstern mit Hilfe des schwulen, muskulösen Engels Pygar (Law). Zugleich belohnt sie völlig ungehemmt die gut aussehenden Männer, die ihr bei ihren Abenteuern zur Seite stehen.

Eine aufwändige, utopische Vision, reichlich gespickt mit Showeffekten und nicht immer gewolltem Humor. Die Pop-Art-Farben verstärken die grelle, oft ironisch gebrochene Erotik des Films. Weil von vorne gesehene Nacktheit damals nicht möglich war, behalf man sich in *Barbarella* immer wieder mit vielsagenden Andeutungen, u.a. auch zu sadomasochistischen und lesbischen Begegnungen.

Dino De Laurentis produzierte, mit der leichtbeschürzten Jane Fonda (die damalige Ehefrau von Regisseur Vadim) in der Hauptrolle. Die krude Mischung aus Science Fiction und Erotik wirkt aus heutiger Sicht recht einfältig und sexistisch – Fonda distanzierte sich deshalb später von diesem Werk –, hat jedoch, wenn auch unfreiwillig, einen gewissen Unterhaltungswert. Das Dekor ist fantastisch bis kitschig, vom mit Faserpelz ausstaffierten Raumschiff Barbarellas bis zu den Lichteffekten im Haus der Träume.

I/F 1968 ⊕ Roger Vadim ☺ Terry Southern, Brian Degas, Claude Brule, Clement Wood, Tudor Gates, Vittorio Bonicelli, Jean-Claude Forest, Roger Vadim nach dem gleichnamigen Comic von Jean-Claude Forest ⊕ Claude Renoir ♪ Maurice Jarre ⊛ John Phillip Law, Jane Fonda, Ugo Tognazzi, David Hemmings, Anita Pallenberg, Milo O'Shea ⊙ 98, farbig

Basic Instinct

Was einst *Cruising* bei den Schwulen auslöste, entzündete ein gutes Jahrzehnt später *Basic Instinct* bei Lesben: eine innige Hassliebe zu einem Film, der wirklich alle bösen Lesbenklischees auffährt und dabei so gut gemacht ist, extrem attraktive Darstellerinnen und so viel lesbische Erotik bietet, dass das lesbische Publikum leidenschaftlich gespalten war. In den USA liefen schwul-lesbische Gruppen Sturm gegen den Film, der politisch so unkorrekt ist, wie es nur eben geht, und Hauptdarstellerin Sharon Stone dennoch einen ewigen Platz in den lesbischen Herzen der Welt sicherte.

Der Thriller handelt von dem heruntergekommenen Kommissar Nick Curran (Michael Douglas), der Ermittlungen zu Serienmorden, ausgeführt mit einem Eispickel, anstellt. Haupttatverdächtige ist die Krimiautorin Catherine Trammell. Curran verfällt dem geheimnisvollen Vamp sofort, und es gibt einige deftige Sexszenen zwischen dem Hollywood-"Traumpaar" Douglas/Stone. Allerdings muss der verwirrte Detektiv feststellen, dass die wahrscheinliche Mörderin auch noch weibliche Geliebte hat. Eine davon ist die toughe Butch Roxy (Leilani Sharelle). Die andere ist, wie Curran mit Schrecken festellen muss, seine Freundin und Vertraute Beth (Jeanne Tripplehorn), die einst Kommilitonin und Daueraffäre der liebeshungrigen Catherine war. Ähnlich saftige Lesbensexszenen wie mit dem männlichen Lover wollte man dem Publikum wohl leider ersparen und lesbischer Sex wird – zumindest bildlich – ausgeklammert.

Ein bunter Reigen aus Eifersüchteleien und Mordversuchen beginnt, dessen Ende nicht wirklich verrät, wer nun eigentlich der Mörder ist, andererseits aber einige eindeutige Hinweise liefert. Das Ende bleibt in jeder Hinsicht offen, das Publikum, je nachdem, bestürzt und verwirrt oder auch erregt. Der niederländische Regisseur Paul Verhoeven, bekannt durch Actionfilme wie *Totale Erinnerung* oder *Robocop*), erfreute die schwullesbische Kinogemeinde allerdings noch mit anderen Filmen. Ein der *Basic-Instinct*-Hauptfigur ganz ähnlicher bisexueller Frauencharakter ist in *Showgirls* (1995), gespielt von der nicht minder als Sharon Stone bei Lesben zu Starruhm gelangten Gina Gershon, zu sehen. 1984 macht Verhoeven mit *Der vierte*

Mann einen Film über einen (überwiegend) schwulen Mann, der allerlei saftige schwule Sexszenen beinhaltet.

USA 1991 ⊛ Paul Verhoeven ☺ Joe Esterhaz ⊕ Jan de Bont ♪ Jerry Goldsmith ⊛ Sharon Stone, Michael Douglas, Leilani Sharelle, Jeanne Tripplehorn, George Dzundza, Denis Arndt ⊙ 127, farbig
Ⓜ ⒷⒾ ⒽⓅ

Basquiat

Der New Yorker Maler Julian Schnabel versucht in seinem um originelle Bildersprache bemühten Filmerstling, die Lebensgeschichte seines Freundes und Kollegen Jean Michel Basquiat von Mythen zu befreien. Und die hatten sich nach Basquiats frühem Drogentod (er starb 1988 27-jährig) schnell herausgebildet. Zu schön war die Geschichte von Aufstieg und Fall des Graffiti-Künstlers. Mit 19 Jahren wurde der Afroamerikaner über Nacht zum *everybody's darling* der Kunstszene. Soweit hatte es noch kein anderer Afroamerikaner im Galerienzirkus geschafft. Ohne die innige Freundschaft zu Andy Warhol wäre dieser rasante Aufstieg nicht zu schaffen gewesen. David Bowie durfte sich für diese Rolle als Warhol die originalen Blondhaar-Perücken aus dem Pittsburgher Andy-Warhol-Museum ausleihen und imitiert fast perfekt dessen Körpersprache und Akzent. Er spielt Warhols schwule Arroganz und verschnupfte Eitelkeit mit einer Glaubwürdigkeit weit ab von einer platten Karikatur.

> *„Es ist schwer für mich, zwischen meinem Intellekt und meinem Gefühl zu unterscheiden. Die Wahrheit setzt sich aus tausend kleinen Details zusammen. Allesamt subjektiv getränkt. Ich kannte Basquiat, Warhol kannte die Kunsthändler. Das sind alles Wahrheitsfarben, die es für diesen Film brauchte. Nur ging's mir nicht darum, sie in konventioneller Weise auf meiner „Leinwand" anzuordnen. Das Große am filmischen Medium ist ja, dass man zwei völlig verschiedene Welten, widerstreitende Welten, nebeneinander verfolgen kann. Gleichzeitig. Oder scheinbar gleichzeitig."* Regisseur Julian Schnabel

USA 1996 ⊛ Julian Schnabel ☺ Julian Schnabel basierend auf einer Story von Lech Majewski ⊕ Ron Fortunato ♪ Thomas Holman, John Cale ⊛ Jeffrey Wright, David Bowie, Dennis Oldman, Willem Dafoe, Courtney Love, Christopher Walken ⊙ 106, farbig

Der Bauer von Babylon – Rainer Werner Fassbinder dreht „Querelle"

Dieter Schidor, der 1982 Fassbinders Verfilmung des Romans von Jean Genet produzierte und selbst eine kleine Rolle übernahm, drehte mit *Der Bauer von Babylon* eine Dokumentation der Dreharbeiten, die weit über ein gewohntes Making-of hinausgeht. Schidor verheimlicht seine Ergebenheit und Ehrfurcht nicht, zeigt Fassbinder allerdings auch in all seiner herrschsüchtigen Art und seinen ständigen Stimmungsschwankungen. Unerwarteter Höhepunkt ist ein viertelstündiges Interview mit Fassbinder, das nur wenige Stunden vor dessen Tod geführt wurde. Fassbinders Mutter ließ diese Sequenz zunächst per Gerichtsbeschluss herausschneiden.

BRD 1982 ⊛ Dieter Schidor ☺ Dieter Schidor, Wolf Wondratschek ⊕ Rainer Lanuschay, Carl-Friedrich Koschnik ♪ Peer Raben ⊛ Rainer Werner Fassbinder, Jeanne Moreau, Brad Davis, Laurent Malet, Franco Nero, Burkhard Driest, Klaus Löwitsch (Sprecher) ⊙ 83, farbig
Ⓓ

be.angeled

Die Loveparade in Berlin 2000 liefert die Kulisse für einen Episodenfilm. Lucie und Rosie wollen ihr Idol, DJ und Produzent Mark Spoon, treffen. Robert versucht eine mit Drogen zugedröhnte Tänzerin zu verführen. Svenja will sich an Luc rächen, der sie letztes Jahr mit HIV infiziert hat. Der blinde Ilias streitet sich mit seinem Lebensgefährten und verliebt sich in Sundri. Im achten Monat schwanger und von ihrem Freund verlassen, begegnet Billa einer Art Engel.

Die Schicksale der acht Figuren sind durch die Megaparty eher holprig miteinander verbunden. Doch weil die Vielzahl der angerissenen Themen und Probleme – von Aids über schnellen Sex bis Drogen und der Suche nach der wahren Liebe – im Schnellverfahren abgehandelt werden und deshalb lediglich aufgesetzt wirken, ist von der angestrebten Authentizität nichts zu spüren.

D 2001 ⊛ Roman Kuhn ☺ Regine Bielefeldt ⊕ Jan Fehse ⊛ Anatole Taubman, Sólveig Arnarsdóttir, Martin Glade, Kathrin Kühnel, Marius Frey, Peter Stock, Wiebke Bachmann, Kirk Kirchberger, In-Sook Chappell, Joanne Grant ⊙ 110, farbig

Beau Travail
Deutscher Alternativtitel: Der Fremdenlegionär

Eine zerklüftete Lavalandschaft an der afrikanischen Küste. Hier trainiert in einem Soldatencamp ein verlorener Trupp Fremdenlegionäre. Sie spielen Krieg, stählen ihren Körper, gerade so, als wären sie nicht von dieser Welt. Claire Denis hat sich von Texten Herman Melvilles bzw. dessen Kurzroman *Billy Budd* inspirieren lassen. Ihr Thema: Männlichkeit und Homoerotik in einer reinen Männergesellschaft. Dialoge sind rar in ihrem Film, Handlung ebenso. In langen Einstellungen zeigt sie zunächst die tagtäglichen Verrichtungen dieser Soldaten. Unter praller Sonne robben sie durch den Staub, erklimmen Mauergerippe. Dazwischen werden Kartoffeln geschält, die Hemden auf Falte gebügelt und man tummelt sich zur Entspannung nackt im Meer.

Erst als ein neuer Schwung Jungs zur Truppe stößt, darunter der Rekrut Sentain (Colin), ein besonders mutiger und schöner Mann, gerät das austarierte Verhältnis von einfachen Soldaten und ihrer Führung ins Wanken. Kommandant Galoup (Lavant) ist von Sentain fasziniert, doch er kann es sich nicht eingestehen. Stattdessen rächt er sich an ihm für diese Gefühlsverwirrung, indem er ihn bis aufs Blut schikaniert und ihn zuletzt sogar in den Tod jagt.

Beau Travail ist ein ungewöhnliches Kammerspiel, getragen vor allem von seiner Bildästhetik. Die Vorwürfe, faschistischen Körperkult à la Leni Riefenstahl zu betreiben, sind jedoch abwegig. Der Militarismus dieser Fremdenlegionäre ist unpolitisch, letztlich sogar hohl und reine Fassade. Ihr ganzes Handeln läuft ins Leere und wirkt bisweilen gar absurd. *Beau*

Travail ist vielmehr ein meditatives Bildgedicht über männliches Verhalten in Extremsituation. Über Männer mit gestählten Körpern, in denen Gefühle keinen Platz haben dürfen.

F 1999 ⊜ Claire Denis ☺ Claire Denis, Jean-Pol Fargenaux nach *The Nightmarch* und *Billy Budd* von Herman Melville ⊛ Agnès Godard ♪ Eran Tzur ☻ Denis Lavant, Michel Subor, Grégoire Colin, Marta Tafesse Kassa ⏱ 90, farbig ⓦⓟ

Beautiful Thing
Deutscher Fernsehtitel: Die erste Liebe – Beautiful Thing

Eine triste Betonsiedlung im Südosten Londons. Drei Wohnungen nebeneinander, dreimal geballte Ladung privates Chaos, soziale Probleme, Liebe, Streit und Tumult. Die schwarze, ziemlich aufgekratzte Leah (Empson) lebt mit ihrer Mutter zusammen. Die Schule hat sie rausgeworfen, die Kerle öden sie an, da bleibt nur hin und wieder etwas Dope und der Traum, so zu werden wie Mama Cass von *The Mamas and the Papas*. Gleich nebenan: die Kellnerin Sandra (Henry). Mit 35 Jahren erlebt sie ihre zweite Liebe mit einem Jung-Hippie. Mit ihm würde sie gerne ihren Traum verwirklichen – ein eigener Pub. Ihr 15-jähriger Sohn Jamie (Berry), introvertiert, eine sportliche Null und nicht nur deswegen von den Mitschülern gehänselt, hat Schwierigkeiten, mit seiner sarkastisch gewordenen Mutter auszukommen. Eines Abends bringt sie seinen

Beautiful Thing

Mitschüler und Nachbarn Ste (Neal) mit, der wieder einmal zu Hause von seinem drogendealenden Bruder und besoffenen Vater verprügelt wurde. Die Nacht verbringen Ste und Jamie scheu und keusch gemeinsam im Bett. Doch mehr und mehr entdecken die beiden ihre Gefühle füreinander – und auch was es heißt, in der Schule als „faggot" und „queer" verschrien zu werden.

MacDonalds Filmdebüt erzählt keine neue Geschichte. Es ist die immerwährende Sache mit der Pubertät, den kleinen und großen familiären Katastrophen. Zusammen mit Drehbuchautor Jonathan Harvey (der auch das Libretto zum *Pet-Shop-Boys*-Musical *Closer to Heaven*, 2001, schrieb) gelingt ihr ein ehrlicher Film, der zwar keine problemlose, rosarote Lovestory erzählt, aber trotz aller Schwierigkeiten mit Familie und Freunden in diesem schwierigen Prozess des Coming-out Optimismus verbreitet.

Ein Film über die vielen ersten Male: Der erste Besuch in einer Schwulenkneipe, der erste zaghafte Kuss, die erste überschäumende Liebesnacht und die erste Schwulenzeitschrift, die aus Scham nicht gekauft, sondern ganz einfach geklaut wird. *Beautiful Thing* hat so viele kleine, oftmals ganz trocken und beiläufig erzählte Momente, die ihm Glaubwürdigkeit, aber auch ungemein viel Charme verleihen, nicht zuletzt durch den schönen Sixties-Sound von den *Mamas and Papas*, der die jeweiligen Liebessituationen kommentiert.

GB 1996 ◉ Hettie MacDonald ☺ Jonathan Harvey nach seinem Theaterstück ◉ Chris Seager ♪ John Altman ◉ Linda Henry, Glenn Berry, Scott Neal, Tameka Empson, Ben Daniels, Steve Martin, Andrew Fraser ◷ 91, farbig
ⒷⒸ ⒸⓄ

Because the Dawn

Ein Versuch, das lesbische Vampirgenre auf das Leben moderner Großstadtlesben zu übertragen. Die Werbefotografin Ari-

el (Gray) trifft auf einem ihrer fotografischen Streifzüge durch das pittoreske New York auf die geheimnisvolle Marie (Belmore). Durch Zufall hat sie sie im Hintergrund eines ihrer Fotos aufgenommen und stellt bei der Laborbearbeitung fest, dass das Gesicht der mysteriösen Frau nicht auf Fotos abbildbar ist. Auch ansonsten hat diese ungewöhnliche Erscheinung ihr Interesse auf vielfache Weise geweckt. Ariel macht sich auf die leicht obsessive Suche nach der schönen, verheißungsvollen Frau. Marie ihrerseits hadert mit ihrem Vampirdasein, das sie einsam macht und nicht am gesellschaftlichen Leben teilhaben lässt. Ihre Ausflüge ins New Yorker Nachtleben werden von ihrem Blutdurst gestört, den auch der kleine Flachmann mit Blut in ihrer Jackentasche nicht immer ausreichend stillen kann. Ihre Neugier auf das weltliche Leben und vor allem auf Ariel siegt schließlich, und sie gibt dem Werben der Fotografin nach.

Ein schöner, romantischer und zugleich düster-melancholischer kleiner Film, der das Genre neu interpretiert und liebevoll persifliert. Die nach modernem Leben und einer Frau dürstende schwermütige Vampirin, die von ihrem „Opfer", der verknallten Lesbe, in den Bann gezogen wird, ist eine nette Variante des sonst doch arg strapazierten Klischees.

USA 1988 ◉☺ Amy Goldstein ◉ Sandy Gray, Edwige Belmore, Gregory St. John, Cecilia Hartz ◷ 40, farbig, OmU
Ⓥ

Becket

Drama um den historischen Konflikt zwischen dem Erzbischof von Canterbury Thomas Becket (1118-1170) und seinem König, Heinrich II. von England. Dieser hatte seinen langjährigen Weggefährten Becket 1155 erst zum Kanzler und 1162 zum Erzbischof und damit Oberhaupt der englischen Kirche gemacht. Jedoch hatte der König nicht Beckets innere Wandlung vorhersehen können. Als Kirchenfürst beweist er Selbstständigkeit und setzt sich – ganz entgegen des Königs Pläne – gegen staatliche Übergriffe auf die kirchliche Hoheit zur Wehr. Die Konflikte werden häufiger. Der von Hass auf den Treulosen zerfressene König sieht sich gezwungen, ihn zu vernichten: So kann er seine Macht sichern und zugleich Becket wieder lieben, indem er ihn zum Heiligen erhebt. Becket, der um sein Leben fürchtet, flieht nach Frankreich.

Die Verfilmung hält sich wie die Dramenvorlage von Jean Anouilh dicht an die historisch überlieferten Vorgänge. Während es Anouilh aber vor allem um das Thema der Trennung von Kirche und Staat geht, hat Regisseur Peter Glenville noch eine weitere, psychologische Ebene in diesen Zwist zwischen Becket und Heinrich II. eingebaut: Subtil und von vielen Kritikern in den sechziger Jahren nicht beachtet, deutet der Film eine homosexuelle Beziehung zwischen den beiden Jugendfreunden an. Eine Szene zeigt sie gemeinsam im Bett.

Becket wurde für zwölf Oscars nominiert; Edward Anhalt erhielt ihn für sein Drehbuch. O'Toole schlüpfte 1969 für Anthony Harveys *Der Löwe im Winter* noch einmal in die Rolle des Königs Heinrich II.

GB 1964 ⊛ Peter Glenville ⊚ Edward Anhalt nach dem Bühnenstück *Becket oder Die Ehre Gottes* von Jean Anouilh ⊛ Geoffrey Unsworth ⊙ Laurence Rosenthal ⊛ Richard Burton, Peter O'Toole, Donald Wolfit, John Gielgud, Pamela Brown, Paolo Stoppa ⊙ 134, farbig
◉

Beefcake

Die Objekte der Begierde sind gut eingeölt und nur mit knappen Lendenschürzen verhüllt. Was vor 50 Jahren schwule Betrachter in erotisches Entzücken versetzte, sind heute Sammlerstücke und Ikonen des Homo-Kitsch. Der Fotograf Bob Mizer (MacIvor) produzierte mit seinem verschwiemelten Magazin *Athletic Models Guild* in den fünfziger Jahren eines der ersten schwulen Pin-up-Magazine. Unter dem wachsamen Auge von Mutter und Geschäftspartnerin Delia präsentierte er seine Muskelmänner darin in sportlichen Posen oder ließ sie kunstvoll antike Szenen nachstellen, aber letztlich interessiert er sich doch nur für die Bizepse und Waschbrettbäuche seiner Models. Dass die Jungs nebenbei auch noch ein paar Dollar für sexuelle Dienstleistungen einstrichen, zerstörte schließlich Mizers Ruf und bescherte ihm einen Gefängnisaufenthalt. Thom Fitzgerald versucht, auf humorvolle Weise die homoerotische Substruktur dieses fotografischen Genres aufzuarbeiten. Sein Film ist eine Kompilation von Archivmaterial, inszenierten Teilen und Interviews mit Männern, die damals vor wie hinter der Kamera standen.

Die nachgestellten Spielszenen haben in ihrer kitschigen Farbigkeit durchaus Camp-Charakter. Die Unentschiedenheit jedoch, ob Spielfilm oder Dokumentation, macht einen eher zwiespältigen, unausgegorenen Gesamteindruck. Überraschend aber das Interview mit Andy-Warhol-Star Joe Dal-

lesandro. Denn auch er war vor seiner Filmkarriere Nacktmodell für Bob Mizer.

Kanada 1998 ⊛⊚ Thom Fitzgerald ⊛ Tom Harting ⊙ John Roby ⊛ Michael Diabo, John Wesley Chisholm, Daniel MacIvor, Joshua Peace, Jonathan Torrens, Jack Griffen, Jim Lassiter, Joe Dallesandro ⊙ 93, farbig
⊙

Before Stonewall
Alternativtitel: Before Stonewall. The Making of the Gay and Lesbian Community

Schon lange vor „Stonewall" – dem legendären Homosexuellenprotest 1969 in der gleichnamigen New Yorker Schwulenbar und Wendepunkt in der Geschichte der Homosexuellenbewegung – gab es politisch und kulturell engagierte Gruppen. In dieser akribisch zusammengestellten und temporeich geschnittenen Dokumentation ergeben Interviews mit Zeitzeugen, historische Fotos und Filmaufnahmen ein unterhaltsames wie bedrückendes Bild der Pionierzeit der lesbischschwulen Befreiung. Von den extravaganten Lesben-Bars im Harlem der zwanziger Jahre, über die drastischen Erfahrungen der schwulen Soldaten im 2. Weltkrieg – bis hin zum Rassen- und Schwulenhass der sechziger Jahre. Zu Wort kommen nicht nur prominente Aktivisten, die beiden FilmemacherInnen befragten auch unbekannte Zeitzeugen zu ihrem Selbstverständnis. Privates und Politisches spiegelt sich dabei immer wieder auf informative wie faszinierende Weise.

USA 1983 ⊛⊚ Greta Schiller, Robert Rosenberg ⊛ Sadi Sissel, Jan Kraepelin ⊙ Lori Seligman, Roy Ramsig ⊛ Audre Lorde, Smilie Hillaire, Martin Duberman, Harvey Fierstein, Barbara Gittings, Ann

Begierde

Bannon, Allen Ginsberg, Rita Mae Brown (Stimme der Erzählerin)
🕐 87, s/w und farbig
ⓓ

Begierde
THE HUNGER

Catherine Deneuve, David Bowie und Susan Sarandon sind die Starbesetzung in diesem traumhaften Film, der einmal mehr das Genre über das Phänomen des lesbischen beziehungsweise bisexuellen weiblichen Vampirs bedient – hier auf besonders gelungene Weise inszeniert von Ridley Scotts (*Alien*, *Thelma und Louise*) kleinem Bruder Tony Scott.

Die französische Vampirin Miriam (Deneuve) lebt mit ihrem Geliebten John (Bowie) – mittlerweile in den USA – seit mehreren Jahrhunderten zusammen, als dieser schließlich unvorhergesehenerweise anfängt, rapide zu altern. Ersatz muss her. Er wird gefunden in Form der forschen Ärztin Sarah (Sarandon), deren Neugierde durch Johns Besuch in der Klinik, in der Hoffnung auf Heilung, geweckt wurde. In einer legendären Verführungsszene – in der sich die Deneuve hat doubeln lassen – verfällt Sarah der geheimnisvollen Schönen. Und da Sex

mit einem Vampir neben anderen Körperflüssigkeiten immer auch mit dem Austausch von Blut zu tun hat, wird Sarah eine des unsterblichen Vampirgefolges. Als sie hinter das grausame Geheimnis von Miriam kommt, macht sie ihr den Rang als „Chefvampirin" streitig. Das Ende des Films bleibt wie vieles andere auch geheimnisumwoben offen.

Atmosphärisch sicher einer der gelungensten Filme des Genres. Durch die prominente Besetzung und die moderne Inszenierung abseits spinnenwebenüberfluteter Spukschlösser ist *Begierde* ein Klassiker des Vampirfilms und des lesbischen Kinos geworden.

„Niemand muss betrunken sein, um mit Catherine Deneuve ins Bett zu wollen, egal welche sexuelle Orientierung man hat." Susan Sarandon über die Tatsache, dass man die lesbische Verführungsszene so anlegen wollte, dass die von ihr gespielte Figur Sarah betrunken ist, bevor sie den Avancen der schönen Vampirin nachgibt.

GB 1982 🎬 Tony Scott 📝 Ivan Davis, Michael Thomas nach dem gleichnamigen Roman von Whitley Strieber 🎥 Stephen Goldblatt, Tom Mangravite 🎵 Michel Rubini, Denny Jaeger 🎭 Catherine

Deneuve, David Bowie, Susan Sarandon, Cliff de Young, Beth Ehlers
Ⓒ 98, farbig
Ⓥ ⒷⒾ Ⓜ

Beim Sterben ist jeder der Erste
DELIVERANCE

Vier Großstädter (u.a. Voight und Reynolds) suchen das Wochenend-Abenteuer und befahren noch einmal einen abgelegenen Fluss in den Bergen. Der Ausflug gerät jedoch zur Katastrophe. Nicht nur, dass sich Stromschnellen als schwieriger zu befahren herausstellen als von den vier Männern gedacht. Probleme bereiten ihnen auch eine Gruppe degenerierter, unzivilisiert in den Bergen lebender Einheimischer. Sie stören das Idyll der Städter und vergewaltigen schließlich sogar einen von ihnen (Beatty) anal.

Diese Szene ging als erste auf der Leinwand gezeigte Männervergewaltigung in die Geschichte des US-amerikanischen Films ein.

Psychologisch interessant ist, dass die klassische homoerotische Konstellation der vier Ausflügler wie in fast allen „Buddy"-Filmen die sexuelle Komponente natürlich nie thematisiert und eine sexuell reine und unschuldige Kameradschaft zelebriert. Hier jedoch wird das – mögliche – homosexuelle Moment der Freundschaft von außen herangetragen und ist damit für die vier Städter nicht mehr zu ignorieren.

John Boormans Ausflug in die verlassen geglaubten Abgründe der US-amerikanischen Gesellschaft begründete ein ganzes Genre: die Backwood-Filme. Diese standen in der Folge nicht nur inhaltlich dem Horrorgenre sehr nahe (wie unter anderen Tobe Hoopers *The Texas Chainsaw Massacre*, 1974) und wurden aufgrund zunehmender Gewaltdarstellung in Deutschland beinahe durchgängig indiziert.

USA 1972 Ⓢ John Boorman Ⓒ James Dickey nach seinem Roman Ⓣ Vilmos Zsigmond Ⓙ Eric Weissberg Ⓜ Jon Voight, Burt Reynolds, Ned Beatty, Ronny Cox, Ed Ramey, Billy Redden, Seamon Glass Ⓒ 109, farbig
ⓂⒻ

Belle Epoque

Spanien 1931. Der junge, soeben desertierte Soldat Fernando gerät an Manolo, einen alten Mann, bei dem er für einige Tage unterkriechen kann und an dessen vier wunderschöne, lebensfrohe Töchter, die ihn allesamt im Laufe nur weniger Tage verführen. Besonders interessant ist die Figur der Violetta (Ariadna Gil), von ihren Eltern stets als Junge behandelt und deshalb burschikos, kettenrauchend, kurzhaarig und offensichtlich lesbisch. Zu einem Kostümball nimmt sie, als Mann verkleidet, den naiven Fernando, den sie zuvor als Frau angezogen hat, mit. Sie verführt den überforderten jungen Mann

– wobei sie die Rolle des dominanten Parts auch beim Sex spielt, während Fernando als „das Mädchen" eigentlich nur stillhalten muss. Eine perfekte Inszenierung dessen also, was man unter „gender fuck" versteht. Danach will sie nichts mehr von ihm wissen. Sowohl ihr Vater als auch ihre exzentrische Mutter, eine Operettensängerin, die samt Geliebtem anreist, wissen um ihre Orientierung, und die Mutter rät ihr, sich ein nettes Mädchen zu suchen, das ihr den Haushalt führt, so wie sie es doch gerne hätte.

Auch wenn der Film vornehmlich eine böse Persiflage auf das Spanien nach dem Bürgerkrieg an der Schwelle zur Republik ist, so ist die Darstellung der lesbischen Figur äußerst bemerkenswert, fantasievoll und durchweg positiv. Freie Liebe, emanzipierte Frauen und Toleranz sind die durch die sympathischen Protagonistinnen der unorthodoxen Familie transportierten Werte des Films.

Belle Epoque gewann 1993 den Oscar für den besten ausländischen Film.

Spanien 1993 Ⓢ Fernando Trueba Ⓒ Rafael Azcona Ⓦ José Luis Alcaine Ⓙ Antoine Duhamel Ⓜ Jorge Sanz, Ariadna Gil, Penélope Cruz, Maribel Verdú, Fernando Fernán Gómez, Gabino Diego Ⓒ 109, farbig
ⒹⓉ ◎

Ben Hur

Ein in jeder Hinsicht protzender Monumentalschinken über die Lebensgeschichte des reichen Juden Ben Hur, dessen Lebensweg sich schicksalhaft mit jenem von Jesus von Nazareth und dem römischen Tribun Messalla verknüpft ist. Für das Rekorde sprengende Leinwandspektakel – für die Massenszenen wurden nicht weniger als 50.000 Statisten eingesetzt – gab es elf Oscars. Der schwule Schriftsteller Gore Vidal, der das Drehbuch überarbeitet hat, verriet in einem Interview, wie er dem Regisseur bei einer entscheidenden Szene empfahl, homoerotische Untertöne einzubauen. Ben Hur (Heston) und Messala (Boyd) treffen nach vielen Jahren wieder zusammen und diskutieren über Politik in den Zeiten der römischen

Herrschaft. Vidal empfahl Wyler das eigentlich langweilige Gespräch dadurch mit Spannung aufzuwerten, dass es vordergründig nicht um Politik geht, sondern um den Versuch Messalas, Ben Hur zu umgarnen und eine Jugendliebe wieder aufleben zu lassen. Aus verständlichen Gründen erfuhr der bekanntlich schwulenfeindlichen Heston nichts von dieser neuen Interpretation der Szene. Wyler gestand Vidal nach Beendigung des Films: „Unser größter Fehler war die Liebesgeschichte. Hätten wir dieses Mädchen (gemeint ist Haya Harareet als Esther) ganz weggelassen und uns auf die beiden Männer konzentriert, wäre alles besser gelaufen."

USA 1959 ⊜ William Wyler ☺ Karl Tunberg nach dem Roman von Lewis Wallace ⊕ Robert L. Surtees ♪ Miklos Rosza ⊛ Charlton Heston, Stephen Boyd, Jack Hawkins, Haya Harareet, Hugh Griffith, Martha Scott, Cathy O'Donnell ⏱ 213, farbig ◎ Ⓜ

Benjamin Smoke

Unchronologische Dokumentation über den Sänger der Band *Smoke*, die sich seit den frühen neunziger Jahren in Atlanta mit ihrer innovativen Mischung aus Country, Punk, Blues und Jazz einen Namen machte und u.a. von Michael Stipe und Patti Smith unterstützt wurde. Der Plattenindustrie war allerdings der Lebenswandel des Sängers Benjamin, mit seinen kompromisslosen Performances, seiner Vergangenheit als Drag Queen und als HIV-Positiver, zu unsicher und sprunghaft. Einfühlsame Porträtcollage mit Interviews, Konzertausschnitten, die auch den sich verschlechternden Krankheitsverlauf Benjamins dokumentieren.

USA 2000 ⊜☺ Jem Cohen, Peter Sillen ⊕ Jem Cohen, Peter Sillen, Sarah Cawley ♪ Smoke ⏱ 68, farbig Ⓓ Ⓐ

Bent

Um das Unfassbare und das Grauen darzustellen, wählte Steven Spielberg in *Schindlers Liste* (1993) den Weg des möglichst

Authentischen. Seine Bilder von den Zuständen in den Lagern der Nazis waren beinahe dokumentarisch. Sean Martin hat von Derek Jarman (und zum Beispiel dessen *Caravaggio*, 1986, und *Edward II*, 1991) gelernt, bei dem er einige Zeit als Regieassistent arbeitete, und sich für Szenen an kunstvollen wie zeitlosen Schauplätzen entschieden. Der „Tanz auf dem Vulkan", das ausgelassene Feiern und Treiben in den Schwulenclubs im Berlin der dreißiger Jahre findet auf der Abbruchhalde eines alten Fabrikgeländes statt: mit viel Glitter, Tänzern, Feuerspuckern und nacktem Fleisch. Die Szenen im KZ Dachau, in dem Max (Bluteau) und Horst (Owen) „durch Arbeit vernichtet" werden sollen und sie sinnlos Steine von einem Haufen zum anderen schleppen, wurden in einem verlassenen Kalkbergwerk gedreht. Dieser Kunstgriff schützt vor der Banalisierung des Schreckens und möglichem Historienkitsch. Gefühlvoll und geradezu ergreifend bleibt die Geschichte dennoch.

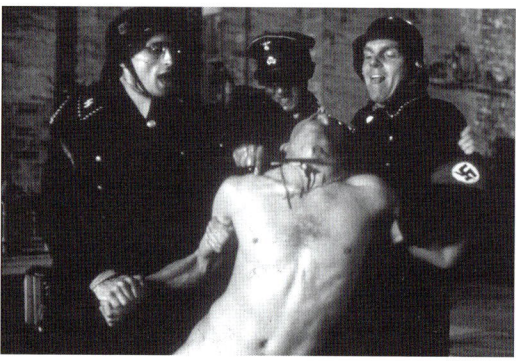

Max ist mit seinem Liebhaber auf der Flucht vor den Nazis, nachdem in ihrer Wohnung ein Günstling des SA-Führers Ernst Röhm von der SS aufgespürt und ermordet worden ist. Die Zeit dekadenter Feste ist vorbei. Das hat auch die Varieté-Drag Queen Greta (Jagger) erkannt und verbrennt all ihre Fummel, um künftig im Nadelstreifenanzug und als Georg weiterzuleben. Auch Max will überleben, um jeden Preis. Im Zugtransport ins KZ verleugnet er deswegen seinen Lebensgefährten. Mehr noch: er kommt der Aufforderung der Wachmannschaft nach und hilft dabei, ihn totzuschlagen. Als Beweis seiner Heterosexualität kommt er auch einer anderen Prüfung nach: Er penetriert ein gerade ermordetes junges Mädchen. Verstört und entsetzt über sich selbst kommt Max im KZ an und versteht nur schwer, weshalb der Mithäftling Horst seine Nähe sucht. Durch ihn lernt er wieder zu lieben und trotz all der widrigen Umstände zu Selbstachtung und Würde zurückzufinden, auch wenn die nur im selbstgewählten Tod zu finden sind. Martins Kammerspielfilm basiert auf dem 1979 uraufgeführten gleichnamigen Theaterstück *Bent* (zu deutsch etwa „unterworfen, gebeugt") des US-amerikanischen Dramatikers Martin Sherman, das in Europa und in den USA sehr erfolgreich inszeniert wurde.

„Theater ist kein realistisches Medium. Man kreiert im Theater eine eigene Welt. Die zweite Hälfte des Stücks handelt – objektiv betrachtet – davon, dass zwei Männer eine Stunde lang Steine von einer Ecke in die andere Schleppen. Auf dem Theater hat diese Szenerie eine eigene Magie. Wenn man dies in einem realistischen Spielfilm über ein KZ zeigen würde, ergäbe das überhaupt keinen Sinn. Daher musste ein Weg der Stilisierung gefunden werden, um diese andere Art der Realität darstellen zu können. Dies ist Sean meines Erachtens mit seiner Bildsprache sehr gut gelungen." Drehbuchautor Martin Sherman

GB 1997 ⊛ Sean Mathias Ⓦ Martin Sherman nach seinem gleichnamigen Theaterstück ⊕ Yorgos Arvanitis ♪ Philip Glass ⊛ Lothaire Bluteau, Clive Owen, Brian Webber, Ian McKellen, Mick Jagger. ⏱ 102, farbig
ⓦⓟ ⒷⒸ Ⓖ

Ein besonderer Tag
UNA GIORNATA PARTICOLARE / UNE JOURNEE PARTICULIERE

Stilistisch dem italienischen Neorealismus verpflichtet, führt Ettore Scola in *Ein besonderer Tag* zwei in ihrem Leben isolierte Menschen zusammen. Es ist der Mai 1938. Benito Mussolini empfängt in Rom Adolf Hitler, und die ganze Stadt ist auf den Beinen, um sich die Parade ihm zu Ehren anzusehen. Die Hausfrau Antonietta (Loren), die einen naiven Kult um den Duce pflegt und sogar ein Fotoalbum mit Zeitungsausschnitten angelegt hat, bleibt zu Hause, um die Hausarbeit zu verrichten. Ihre Familie macht sich ohne sie auf den Weg in die Innenstadt. In ihrem verlassenen Wohnblock, in dem unentwegt aus Radiogeräten die Übertragung der Reden und der Marschmusik schallt, trifft sie auf den Nachbarn Gabriele (Mastroianni). Er ist wegen seiner Homosexualität und seiner regimekritischen Einstellung als Rundfunkreporter geschasst worden. Sein Freund wurde wegen seines Schwulseins bereits in die Verbannung nach Sardinien geschickt; Gabriele trifft dieses Schicksal am Ende des Films.

Zwischen der einfachen Hausfrau und dem Intellektuellen entwickelt sich innerhalb weniger Stunden eine intensive Verbindung. Beide fühlen sie auf ihre Weise Verlorenheit, Angst und Verzweiflung. Zwischen diesen beiden Alleingelassenen, dem verängstigten, sich mit Todesabsichten plagenden Schwulen und der in ihrer armseligen Existenz ernüchterten Frau entwickelt sich sogar eine kurze Affäre: Antonietta nimmt sich von Gabriele jene Zärtlichkeit, die ihr der Ehemann seit Jahren nicht mehr gibt. Gleichwohl fügt Gabriele nach dem Sex hinzu: Es war schön, aber es ändert nichts. Für sein subtil und zartfühlend erzähltes Melodram wurde Scola für den Oscar des besten fremdsprachigen Films nominiert und erhielt u.a. den Golden Globe.

I/Kanada 1977 ⊛ Ettore Scola Ⓦ Ettore Scola, Ruggero Maccari, Maurizio Costanzo ⊕ Pasquale De Santis ♪ Armando Trova-

ioli ⊛ Sophia Loren, Marcello Mastroianni, John Vernon, Françoise Berd, Patrizia Basso 105, farbig
◎

Besser geht's nicht
AS GOOD AS IT GETS

Die Kellnerin Carol hat ein Problem, wenn nicht sogar mindestens zwei: zum einen hat sie keinen Kerl und zum anderen ist ihr Sohn schwer krank. Auch Simon hat so seine Last: Nicht nur, dass sich seine neuen Bilder überhaupt nicht verkaufen und er deshalb fast bankrott ist. Ein Stricher, den er sich als Modell engagiert hatte, lässt ihm zu guter Letzt von seiner Bande die Bude ausrauben und fast zum Krüppel prügeln. Was Carol (Helen Hunt) und Simon (Greg Kinnear) verbindet ist die unfreiwillige Bekanntschaft mit Melvin (Nicholson). Carol wird von dem Ekelpaket mit Waschzwang und eigenem Plastikbesteck im Restaurant genervt, Simon muss ihn als Nachbarn aushalten. Weil Simon Künstler, schwul und auch noch mit einem schwarzen Freund liiert ist, hat Melvin für ihn drastische Bezeichnungen parat: „kackedampfende Schwuchtel" und „schwanzlutschender Schwachkopf".

Wohin diese Geschichte läuft, ist allen einigermaßen Hollywood-geschulten ZuschauerInnen alsbald klar: Simon wird aus seinem Tief kommen und selbst die hässlichen Narben im Gesicht verheilen; Carols Junge gesundet, und Melvin, der Ordnungsfanatiker, wird Dank seiner Liebe zu Carol ein besserer Mensch. Das Mit- und Gegeneinander der vier Hauptfiguren hält Überraschungen parat, die es schwer machen, den Film eindeutig als schwarze Komödie, Psychodrama oder Liebesschnulze einzuordnen. Der Film wurde 1997 für sechs Oscars nominiert (u.a. Kinnear als bester Nebendarsteller), Hunt und Nicholson bekamen ihn schließlich. Letzterer für seine tatsächlich sehr beeindruckende Darstellung des verschrobenen tier- wie menschenhassenden Exzentrikers.

USA 1997 ⊛ James L. Brooks Ⓦ Mark Andrus, James L. Brooks nach einer Idee von Mark Andrus ⊕ John Bailey ♪ Hans Zim-

mer ◉ Jack Nicholson, Helen Hunt, Greg Kinnear, Cuba Gooding jr. ◷ 138, farbig
◉ ◉

Die Betörung der blauen Matrosen

Eine ironische, irritierende und durch künstlerische Brüche verfremdete Filmcollage, die mit allerlei mythischen wie poetischen Wesen und Szenen aufwartet. Tabea Blumenschein taucht gleich in vier wechselnden Erscheinungen auf und fantastischen Kostümen und strukturiert damit den Film: als mythische Gestalt, die auf Wüstensand mit Sirenengesang lockt, als ein Vogel, der getötet wird, als Hawaiimädchen und als Matrose. Während die Sirene, von asiatischer Musik begleitet, die Wüste entlangschreitet, werden Matrosen und Vögel die Opfer der pervertierten Naturhaftigkeit in Gestalt des wilden Hawaiimädchens. Weitere Figuren sind diverse, offensichtlich schwule Matrosen (u. a. gespielt von Rosa von Praunheim), eine Tunte als griechischer Gott, ein US-amerikanischer Altstar, eine russische Stummfilmmutter und eine Nymphe der deutschen Romantik.

BRD 1975 ◉ Ulrike Ottinger, Tabea Blumenschein ◉ Ulrike Ottinger, Tabea Blumenschein mit Texten von Guillaume Apollinaire ◉ Tabea Blumenschein, Rosa von Praunheim, Barry Tannenbaum, Jonathan Briel, Peggy von Schnottgenberg (Frank Ripploh), Valeska Gert, Gary Indiana, Joy Peters, Ula Stöckl, Wieland Speck, Alf Bold ◷ 50, farbig

Betragen ungenügend
ZÉRO DE CONDUITE

Jean Vigos Debütfilm sorgte nach seiner Uraufführung wegen seiner vermeintlich anarchistischen Grundhaltung für einigen Rummel und wurde danach bis 1945 verboten. Der damals revolutionäre Film über die Schülerrevolte in einem französischen Internat lässt heute leider nur noch wenig von seiner Fortschrittlichkeit erahnen. Regisseur Jean Vigo schildert den Alltag in einem Internat, als Schüler nach den Ferien zurückkehren und sich gegen die reaktionären Erzieher auflehnen. Vigo, der sich unter anderem auch surrealistischer Gestaltungsmittel bedient, nimmt eindeutig Partei für die Schüler, unter denen es auch homoerotische Beziehungen gibt.

F 1933 ◉◉ Jean Vigo ◉ Boris Kaufman ◉ Maurice Jaubert, Charles Goldblatt ◉ Jean Dasté, Robert Le Flon, Du Verron, Delphin ◷ 44, s/w
◉

Better than Chocolate

Einer der wenigen lesbischen „feel good"-Filme. Die Ausgangssituation ist ein Klassiker: Maggie (Dwyer) arbeitet in einem schwul-lesbischen Buchladen und hat sich gerade in die Künstlerin Kim (Cox) verliebt, als unerwartet Mutti (Crewson) einen längeren Besuch ankündigt. Mutti wurde in dem Glauben gelassen, dass Töchterchen brav studiert und heterosexuell ist. Die turbulente Komödie, mit leicht politischem Einschlag – so wird ausführlich gegen die Zensur schwul-lesbischer Medien in Kanada gewettert –, spinnt sich nun um die Erklärungsnot der Tochter und allerlei andere Verwirrungen. Am Ende siegt das Gute, und die Mutter hat viel Spaß mit dem von ihr zufällig entdeckten Sexspielzeug ihrer Tochter und versteht sich zudem prima mit den Freunden und Freundinnen aus der schwul-lesbischen und transgender Gemeinde.

Etwas zweidimensional wird hier gezeigt, wie schön doch alles sein könnte. Erfrischend anders ist *Better than Chocolate*, weil er auf die übliche Coming-out-Story verzichtet und voll und ganz in der Community spielt. Der gute Wille ging allerdings etwas zu Lasten der Tiefe der Charaktere.

Kanada 1998 ◉ Anne Wheeler ◉ Peggy Thompson ◉ Graeme Coleman ◉ Kathryn Dwyer, Christina Cox, Wendy Crewson, Peter Outerbridge, Anne-Marie MacDonald ◷ 102, farbig
◉ ◉

Die Bettlektüre
THE PILLOW BOOK

Eine sehr eigene Obsession bestimmt das erotische Verlangen der Japanerin Nagiko (Wu): Lust kann sie nur empfinden, wenn der Liebhaber ihren Körper über und über mit Schriftzeichen bedeckt. Weil fast nur alte Männer die Kunst der Kalligrafie beherrschen, ist sie um so beglückter, als sie den jungen britischen Schriftsteller Jerome (McGregor) kennen lernt. Der bepinselt sie gleich in mehreren Sprachen und inspiriert sie zudem dazu, die Rollen zu tauschen und ihn als Malgrundlage zu verwenden. Jeromes schwuler Verleger, der einst Nagikos Vater in sexuelle Abhängigkeit gebracht hatte, ist Jerome ebenfalls verfallen. Um den Verleger von Jerome abzulenken, beschreibt Nagiko die Haut anderer Männer mit ihrer Dichtung und schickt sie kapitelweise an den Verleger. Der lässt von seinen stoischen Sekretärinnen die Verse abschreiben und vernascht anschließend die nackte Schreibgrundlage.

Peter Greenaways Film ist überbordend exotisch und poetisch wie die meisten seiner großen Arbeiten. Er berauscht sich an der intellektuellen Idee, Schrift und Erotik sinnlich zu vereinen, Fleisch und Kunst eins werden zu lassen. Manchmal werden daraus tatsächlich erotische Bilder. Aber den Überschwang der Bilder, wie man ihn aus *Verschwörung der Frauen* (1988) oder *Ein Z und zwei Nullen* (1985) kennt, vermisst man. Das Ekstatische dieser Besessenheit, von der er erzählt, vermag er für den Zuschauer kaum nachvollziehbar umzusetzen. Irgendwie bleibt diese Obsession samt ihrer am Ende recht morbiden Folgen eine kopflastige Angelegenheit. Wie schon in *Prosperos Bücher* (1991) experimentiert Greenaway mit Bildeinkopierungen, Ein- und Überblendungen, die die vorherrschenden Konventionen des Kinos aber keineswegs mehr aus den Angeln heben.

GB 1995 ⬤⬤ Peter Greenaway ⬤ Sacha Vierny ⬤ Joe Delia ⬤ Vivian Wu, Ken Ogata, Ewan McGregor, Yoshi Oda, Judy Ongg, Hideko Yoshida ⬤ 123, farbig

Der bewegte Mann

Mit über sechs Millionen Kinobesuchern war *Der bewegte Mann* die Überraschung des Jahres 1995 und der viel gepriesene Retter des neuen deutschen Films. Mit seinem Timing setzte er damit einen Standard, den viele Nachzügler der neuen Komödienwelle nicht erreichen konnten.

Axel (Schweiger) wird von seiner Freundin Doro (Riemann) beim Quickie auf einem Kneipenklo erwischt. Sie hat die Schnauze voll und trennt sich von ihrem notorisch untreuen Macho. Auf der Suche nach einer neuen Bleibe

lernt Axel den Schwulen Walter (Beck) und dessen sanften und treuherzigen Freund Norbert (Król) kennen, bei dem sich Axel schließlich einnistet. Norbert verliebt sich in seinen neuen stockheterosexuellen Mitbewohner, bekocht und bemuttert ihn. Aber auch Walter hat ein Auge auf ihn geworfen. Als die schwangere Doro einen Neubeginn ihrer Beziehung wagen will und ihren verschollenen Geliebten sucht, entdeckt sie ihn in einer vermeintlich eindeutigen Situation – im Bett mit einem Mann. Die Verwechslungen und Katastrophen nehmen ihren Lauf.

Anders als in Königs Comicvorlagen verlagert Wortmanns zwischen feiner Subtilität und schrillem Klamauk schwankender Film den Schwerpunkt der Handlung von den schwulen Protagonisten auf das Heteropaar Axel/Doro und nimmt ihnen – im Unterschied zu den schwulen Charakteren – zugleich das Hysterische und Überzeichnete. Dieses Ungleichgewicht nimmt viel von Königs Humor und stellt die schwule Szene gleichzeitig sehr überzeichnet und schrill dar.

„Um für den Film zu recherchieren, bin ich zusammen mit Joachim Król, der auch nicht schwul ist, zusammen mit Ralf König durch die Kölner Schwulenszene gelaufen. Prinzipiell sind die Schwulen viel offener als die Heteros, was die Sexualität betrifft. Was ich in noch keinem Heterohaushalt gesehen habe, ist bei ihnen ganz offensichtlich, dass zum Beispiel Pornovideos offen im Regal stehen." Regisseur Sönke Wortmann

D 1994 ⬤ Sönke Wortmann ⬤ Sönke Wortmann nach Ralf Königs Comics *Der bewegte Mann* und *Pretty Baby* ⬤ Gernot Roll ⬤ Torsten Breuer ⬤ Til Schweiger, Katja Riemann, Joachim Król, Rufus Beck, Armin Rhode, Nico van der Knaap, Martina Gedeck ⬤ 90, farbig
ⒹⓉ ⒹⓀ

Beziehungsweise andersrum
A DIFFERENT STORY

Gleich ein doppeltes Coming-out, allerdings in umgekehrter Richtung, gibt den Plot dieses Films. Albert (King) lässt sich von einem berühmten Dirigenten aushalten und vertreibt sich ansonsten die Zeit damit, Männer in den Saunen aufzureißen. Stella (Foster) lebt in einer Beziehung mit einer neurotischen und eifersüchtigen Lehrerin, die von der Furcht zerfressen wird, es könnte jemand von ihrem Lesbischsein erfahren. Überraschend verlieben sich Albert und Stella, und gemeinsam beginnen sie ein völlig neues, heterosexuell-bürgerliches Leben. Selbst den Schnauzbart opfert Albert. Endlich kehren Ruhe und Frieden in beider Leben, und für den Dänen Albert löst sich mit der Heirat sogar das Problem der Aufenthaltserlaubnis. Doch dann ertappt Stella ihren Ehemann mit einer zweiten Person unter der Dusche. Doch wider Erwarten ist es kein Mann.

An dieser Stelle soll der Zuschauer aufatmen: Albert ist keineswegs rückfällig geworden, sondern ist – glücklicherweise – ein ganz gewöhnlicher heterosexueller Mann, der sich einen Seitensprung gönnt. Die eigentlich originell, weil gegen die herkömmliche Denkweise gestrickte Geschichte verrät an dieser Stelle die heimliche Botschaft: Homosexuelle können, wenn es die Betroffenen denn auch wirklich versuchen, ans rettende heterosexuelle Ufer gelangen.

USA 1978 ⬤ Paul Aaron ⬤ Henry Olek ⬤ Philip Lathrop ⬤ David Frank, Bob Wahler ⬤ Perry King, Meg Foster, Barbara Collentine, Guerin Barry, Doug Higgins, Lisa James, Linda Carpenter ⬤ 109, farbig

Big Daddy

Der Lebenskünstler Sonny Koufax (Sandler) hat sich in seinem Leben bisher jeder Verantwortung entzogen. Seine Freundin hat ihn deshalb gerade verlassen, als er unversehens zum Ersatzvater für den fünfjährigen Julian (gespielt von den Zwillingen Cole und Dylan Sprouse) wird. Zu Sonnys besten Freunden seit Collegezeiten gehört ein bürgerliches schwules Anwaltspaar, das bisweilen mit leicht anzüglichen Bemerkungen irritiert und in perfekter Partnerschaft dargestellt wird. Unspektakuläre Komödie, die dem Zuschauer durch sentimentale Klischees eine emotionale Reaktion abpressen möchte, und sich dabei selbst als synthetisches Konstrukt entlarvt.

USA 1999 ⬤ Dennis Dugan ⬤ Steve Franks, Tim Herlihy, Adam Sandler ⬤ Theo van de Sande ⬤ Teddy Castellucci ⬤ Adam Sandler, Joey Lauren Adams, Jon Stewart, Allen Covert, Rob Schneider, Josh Mostel, Cole Sprouse, Dylan Sprouse ⬤ 93, farbig

A Bigger Splash

Ein halbdokumentarisches Spielfilmporträt des 1937 geborenen britischen Pop-Art-Künstlers David Hockney. Der Film, stilistisch zwischen Fiktion und Cinéma-Verité einzuordnen, gibt Einblicke in Hockneys Arbeitsweise und zeigt Zusammenhänge zwischen seiner Homosexualität und seinen Bildmotiven auf.

A Bigger Splash war ein erstes Ergebnis der Phase der Technisierung seines Arbeitens. In diesem Dokumentarfilm, der von einem Freund des Künstlers gedreht wurde, wird der Betrachter Zeuge und Voyeur von Hockneys Lebens- und Arbeitsstil, seiner Umgebung wie seinen Träumen. Passend zu seinem Werk wird auch hier kein klares „Dokument" gezeichnet, sondern vielmehr einzelne Aspekte seiner Persönlichkeit und seines Lebens collagenartig inszeniert, die weniger Fakten als ein Gefühl für David Hockney als Künstler vermitteln. Zu Wort kommen Freunde, Sammler, aber auch sein langjähri-

ger Lebensgefährte Peter Schlesinger. Für den Film wurde die Trennung nachgespielt.

GB 1974 ⬤ Jack Hazan ⬤ Jack Hazan, David Mingay ⬤ Jack Hazan ⬤ Patrick Gowers, Greg Bailey, Batti Mamzelle ⬤ David Hockney, Peter Schlesinger, Celia Bitwell, Mo McDermott, Ossi Clark ⬤ 105, farbig ⬤

Bijou

8000 Dollar kostete den Fernsehschauspieler Wakefield Poole dieses Debüt in der Pornobranche und spielte nicht weniger als 400 000 Dollar ein. Pooles zweite Produktion, bei der er Regie, Buch, Kamera und auch eine Rolle übernahm, revolutionierte den pornografischen Film. Nicht nur, dass der Kinostart von einer großangelegten Werbekampagne flankiert wurde und Kritiken selbst in *Variety* und der *Sunday New York Times* erschienen. Neben der neuen Vermarktungsstrategie versuchte Poole auch künstlerisches Neuland, nämlich nicht weniger als einen abstrakten Porno. Die Rahmenhandlung ist schlicht. Ein Bauarbeiter findet in einer gestohlenen Handtasche ein Ticket für ein geheimnisvolles Theater „Bijou". Ob das, was er dort an sexuellen Ausschweifungen erlebt, nun Wunschtraum, Rausch im Rausch oder Realität ist, bleibt offen. Die ineinander übergehenden Szenen sind durchinszeniert und technisch aufwändig gefilmt. Poole verzichtet auf Dialoge und unterlegt stattdessen seinen Film mit schwerer klassischer Musik und psychedelischem Rock. Gegen Ende des Films mit einigen pseudomystischen Einsprengseln (einer der Darsteller verwandelt sich vom Teufel in Jesus) taucht der Regisseur selbst als eine Art Himmelsgestalt und Lenker der gesamten Orgie auf.

USA 1972 ⬤⬤⬤ Wakefield Poole ⬤ Bill Harrison, Peter Fisk, Bill Cable, Rocco Passalini, Robert Lewis, Michael Green, Tom Bradford ⬤ 77, farbig ⬤

Das Bildnis des Dorian Gray
THE PICTURE OF DORIAN GRAY

Oscar Wildes einziger Roman wurde bereits ein Dutzend Mal als Vorlage für einen Film verwendet. Die Geschichte: Der junge narzisstische Lord Dorian Gray steht dem Maler Hallward Modell. Er träumt davon, ewig jung zu bleiben und dadurch dem körperlichen Verfall zu entgehen. Diese Sehnsucht erfüllt sich tatsächlich: Stellvertretend für ihn nämlich altert das Porträtgemälde, welches Hallward von ihm angefertigt hat. Obsessiv lebt Gray nun die Laster und Freuden des Lebens aus. Die Spuren seines Lebenswandels zeigen sich lediglich im Gemälde. Als er den furchtbaren Anblick dieses „Spiegels seiner Seele" nicht mehr erträgt, sticht er auf das Bild ein und tötet damit sich selbst.

Richard Oswalds Stummfilm von 1917 gehört zu den frühesten Adaptionen dieses Stoffes. Bei ihm sind die sublimen, homoerotischen Bezüge noch am deutlichsten zu erkennen, was man von der künstlerisch und kommerziell erfolgreichsten, sehr werkgetreuen Verfilmung von Albert Lewin (zwei Oscar-Nominierungen, Oscar für die beste Kamera) aus dem Jahr 1945 nicht sagen kann.

Eine sehr freie Adaption stellt Massimo Dallamanos Film dar. Er hat die Handlung in die späten sechziger Jahre verlegt, wo sie nun in der Welt der oberen Zehntausend spielt. Dorian Gray (Helmut Berger in seiner ersten großen Rolle) ist ein bisexueller Playboy, der, unersättlich, jedermann und jedefrau zu befriedigen weiß. Er vergnügt sich auf der Klappe, mit Lord Henry (Lom) in der Sauna und unter der Dusche, züchtigt eine Lady mit der Peitsche im Reitstall. Sein ausschweifender Lebensstil führt ihn zuletzt in Opiumhöhlen und Sexclubs.

Der Geist Oscar Wildes ist hier kaum mehr wahrzunehmen. Im Vordergrund stehen die dramaturgisch teilweise unsinnigen, ganz der Sexwelle der sechziger Jahre verpflichteten Erotikszenen. Da fehlen dann auch die lesbischen Einlagen nicht, in diesem Fall finden sie bei der Party auf einer Luxusjacht statt.

D/I 1969 ⊛ Massimo Dallamano ⊙ Massimo Dallamano, Marcello Coscia, Günter Ebert frei nach dem gleichnamigen Roman von Oscar Wilde ⊛ Otello Spila ♪ Peppino de Luca, Carlo Pes ⊛ Helmut Berger, Herbert Lom, Marie Liljedahl, Richard Todd, Maria Rohm ⊙ 93, farbig
Ⓑ Ⓞ

Bilitis

Der Fotograf David Hamilton, berühmt für Fotos leicht bekleideter junger Mädchen in „Weichzeichneroptik", oft auch in angedeuteten lesbischen Posen, setzt seine unverkennbare Art zu fotografieren erstmals filmisch um. Die 16-jährige Bilitis (d'Arbanville) macht erste sexuelle Erfahrungen in einem Edel-Internat an der Côte d'Azur mit ihren Mitschülerinnen. In den Ferien besucht sie ihre ältere Freundin Melissa (Kristensen), zu der sie sich sexuell stark hingezogen fühlt. Auch als sie sich in den jungen Fotografen Lucas verliebt, zieht sie den Sex mit der vertrauten Freundin zunächst vor. Melissa, die eigentlich nichts von Männern wissen will, soll nach Bilitis' Meinung allerdings endlich den „Richtigen" bekommen. In Mikias (Mathieu Carrière) glaubt sie, ihn gefunden zu haben. Auf dem anstrengenden Weg des sexuellen Erwachens lässt sich Bilitis so auf diverse erotische Abenteuer mit Freundinnen, ihrer Stiefmutter und einigen Männern ein, ohne das Wesen der Liebe letztlich zu begreifen.

Bilitis wurde zum Klassiker des bisexuellen Softpornos und Vorbild für zahllose, künstlerisch weniger gelungene Nachahmer.

F 1976 ⊛ David Hamilton ⊙ Catherine Breillat, Robert Boussinot, Jacques Nahum nach dem Roman von Pierre Louys ⊛ Bernard Daillencourt ♪ Francis Lai ⊛ Patti d'Arbanville, Mona Kristensen, Bernard Giraudeau, Mathieu Carrière, Gilles Kohler ⊙ 95, farbig
Ⓑ Ⓢ

Billy Elliot – I Will Dance
BILLY ELLIOT – DANCER

Billy wächst mutterlos in einer Bergarbeitersiedlung im Norden Englands auf. Sein Vater drängt ihn zum Boxsport, heimlich aber nimmt Billy stattdessen im örtlichen Sportverein an den Ballettkursen teil. Billy (Bell) hält sein Hobby so lange wie möglich vor dem Vater geheim, weil dieser Tanz für „Schwulensport" hält. Tatsächlich schwul ist Billys bester Freund Michael (Wells). Mit Unterstützung der Lehrerin kämpft sich Billy gegen alle Widerstände durch und nimmt erfolgreich an der Aufnahmeprüfung für die staatliche Ballettschule teil. In der Schlussszene, 15 Jahre später, sieht man Billys Vater und seinen Bruder Tony im Publikum eines Londoner West-End-Theaters sitzen. Billy hat mit *Schwanensee* Premiere. Direkt neben Billys Familie sitzt Michael – als aufgedonnerte Tunte. Das aufwändig in Szene gesetzte, gefühlvolle Pubertäts- und Sozialdrama war an den Kinokassen äußerst erfolgreich. Julie Walters wurde für ihre Rolle als Ballettlehrerin Mrs. Wilkinson für einen Oscar als beste Nebendarstellerin nominiert. Der weltweite Erfolg von *Billy Elliot* verschaffte Regisseur Daldry den Einstieg als Regisseur in Hollywood. 2002 verfilmte er mit *The Hours* den Bestseller des offen schwulen US-amerikanischen Autors Michael Cunningham.

GB 2000 ⊛ Stephen Daldry ⊙ Lee Hall ⊛ Brian Tufano ⊛ Jamie Bell, Jean Heywood, Jamie Draven, Gary Lewis, Julie Walters, Mike Eliot, Billy Fayne, Stuart Wells ⊙ 112, farbig
Ⓞ

Biloxi Blues

Biloxi, Mississippi, 1945. In einem Camp werden Rekruten von dem sadistischen Sergeant Toomey (Walken) für den Kriegseinsatz in Europa ausgebildet. Harte Kerle, aber auch Intellektuelle wie Eugene (Broderick) oder der effeminierte, kränkliche jüdische Arnold (Parker) kommen ihrer patriotischen Pflicht nach. Ausgelöst vom gnadenlosen Drill entladen sich Aggressionen, entstehen Antipathien und Freundschaften.

Der schwule Hennessey (Dolan) versucht, sich möglichst dem Gruppenzwang unterzuordnen und nicht aufzufallen.

Als seine sexuelle Affäre mit einem jungen Mann von einer anderen Baracke herauskommt, wird er vor ein Militärgericht gestellt und vor seiner Überstellung ins Gefängnis von seinen Kameraden in einer gemeinschaftlichen Aktion erniedrigt.

USA 1988 Ⓔ Mike Nichols Ⓦ Neil Simon nach seinem gleichnamigen Theaterstück Ⓒ Bill Butler Ⓜ Georges Delerue Ⓓ Matthew Broderick, Christopher Walken, Matt Mulhern, Casey Siemaszko, Michael Dolan, Corey Parker Ⓣ 106, farbig Ⓜⓕ ⓌⓅ

The Birdcage – Ein Paradies für schrille Vögel
THE BIRDCAGE

Die französische Komödie *La Cage aux Folles* (1978) war über lange Zeit der kommerziell erfolgreichste europäische Film in den USA. Ein Remake lag daher nahe, allerdings verstaubte das Projekt zunächst fast 15 Jahre in der Schublade. Die Story wurde weitgehend übernommen: Armand (Lane) und Albert (Williams) teilen seit vielen Jahren Leben, Bett und Arbeitsplatz. Im Zentrum ihrer Beziehung steht das Revuelokal Birdcage, in dem Albert jede Nacht unter der künstlerischen Leitung Armands als Drag Queen Starina für Entertainment sorgt. Armands „Jugendsünde", der inzwischen 20-jährige Sohn Val (Futterman), will Barbara (Flockhart), die Tochter des sittenstrengen Senators Keeley (Hackman) und dessen Frau Louise (Wiest) heiraten. Die Keeleys haben ihren Besuch angesagt, um Vals Eltern kennen zu lernen. Weil ihnen weder ein schwuler Nachtclub noch ein schwules Paar zu vermitteln wäre, verwandelt sich Albert kurzerhand in eine treu sorgende Mutter, und das Chaos beginnt.

Mike Nichols hat das Tuntenspektakel von der Côte d'Azur der späten siebziger Jahre an den Miami Beach der Neunziger verlegt und dabei immerhin rund 80 Prozent der Dialoge der Originalvorlage übernommen. Der rechtskonservative Politiker (Hackman), der seine Tochter in die Hände eines von einem Schwulenpaar aufgezogenen Jünglings geben wird, wettert in der Neuverfilmung gegen Abtreibung und Homosexuelle beim Militär. Seine Gattin, dümmlich-naiv, aber nicht weniger reaktionär, wird dank Diane Wiest zu einem vielschichtigeren Charakter als im französischen Original. Auch Albin/Zaza (hier Albert bzw. Starina) gewinnt an Menschlichkeit. Er ist zwar eine kreischende, hysterische Tunte, doch Nichols interessiert sich weniger für das bösartige Gekeife, als vielmehr für die Verletzlichkeit, die tiefe Verbundenheit und tragische Größe von Armand und Albert. Wo *Ein Käfig voller Narren* politisch unkorrekt, subversiv und überschrill war, ist *Birdcage* versöhnlich und sicherlich auch harmloser, wenn auch kaum weniger unterhaltsam.

„Transvestiten sind Komödienvehikel, mit denen auch Heteros etwas anfangen können: weil alles so schrill und exotisch

ist. Ich glaube allerdings, dass solche Filme durchaus die Tür einen Spalt weit öffnen können für Filme, in denen das schwule Verhalten dann viel normaler daherkommt." Schauspieler Robin Williams

USA 1996 Ⓔ Mike Nichols Ⓦ Elaine May, basierend auf dem Bühnenstück *La Cage aux Folles* von Jean Poiret Ⓒ Emanuel Lubezki Ⓜ Jonathan Tunick Ⓓ Robin Williams, Nathan Lane, Gene Hackman, Diane Wiest, Calista Flockhart, Hank Azaria, Christine Baranski, Dan Futterman Ⓣ 118, farbig Ⓓⓣ

Birdy

In Rückblenden wird die intime, anrührende Freundschaft zweier Jungs in einem Vorort von Philadelphia in den sechziger Jahren erzählt. Al (Cage) ist der extrovertierte und sportliche Mädchenschwarm, Birdy (Modine) hingegen ist verschlossen und interessiert sich weder für die Baseball spielenden Nachbarskinder noch für Mädchen. Der Vietnamkrieg macht aus beiden Krüppel. Al wird schwer verwundet, Birdy hat die Kriegserlebnisse seelisch nicht verkraftet und kommt in eine geschlossene Anstalt. Durch seine liebevolle Zuneigung gelingt es Al nach und nach, seinen Freund aus der psychischen Isolation zu befreien.

USA 1985 Ⓔ Alan Parker Ⓦ Sandy Kroopf, Jack Behr nach einem Roman von William Wharton Ⓒ Michael Seresin Ⓜ Peter Gabriel Ⓓ Matthew Modine, Nicolas Cage, John Harkins, Sandy Baron, Karen Young Ⓣ 120, farbig Ⓜⓕ

Birthday
Deutscher Alternativtitel: Birthday – Mit 30 ist Schluss!

Dogma aus Deutschland. Fast zumindest. Stefan Jäger setzt statt auf perfekt ausgeleuchtete Bilder viel lieber auf die Spontaneität und Improvisation seiner vier Hauptakteure. Das

Drehbuch gab's nur als Skizze, die Dialoge entwickelten sich beim Dreh mit der Digitalkamera.

Vier Freunde treffen sich nach acht langen Jahren, um nacheinander jeweils ihren 30. Geburtstag zu feiern. Tamara (Simunovic), die es zur Geschäftsfrau und einem unsympathischen Mann gebracht hat. Der Italiener Claudio (Caiolo), der sie immer noch liebt und seine Verzweiflung nur noch in Aggression ausdrücken vermag. Und Harald (Koch), der mit Bibiana (Beglau) ein belastendes Geheimnis teilt: Sie will ihrem Leben mit 30 ein Ende setzen. Gefühle kochen hoch, Erinnerungen werden ausgegraben, die Freundschaft beschworen. Manchmal zwar etwas geschwätzig, entwickelt *Birthday* durch seinen authentischen Touch dennoch einen beachtlichen Sog. Auch, weil so vieles nicht erklärt und ausgedeutet wird. Nicht weitererzählt wird zum Beispiel Haralds Beziehung zu Bernd (Moss). Bei ihrem ersten Wiedersehen zu Haralds Geburtstag platzt unverhofft sein Lebenspartner in die Feier, wird zunächst noch als „ein Freund" vorgestellt, auf Drängen von Bibiana, die als Einzige von Haralds Schwulsein weiß, als „mein Freund". Doch die „Viererbande" will unter sich bleiben, und Bernd wird unhöflich hinauskomplimentiert. Als er sich weigert, wirft ihn Harald persönlich hinaus: „Hau ab, du Arschloch."

Das zentrale Thema des Films, der Freitod Bibianas, wird ärgerlicherweise nur als roter Faden und Spannungsmoment missbraucht, erfährt aber keinerlei angemessene Vertiefung.

D 2001 ⊛⊕ Stefan Jäger ⊛ Stefan Runge ♪ Angelo Berardi ⊛ Bibiana Beglau, Tamara Simunovic, Harald Koch, Claudio Caiolo, Bernd Moss, Wilfried Hochholdinger ⊙ 90, farbig

Bis das Blut gefriert
THE HAUNTING

Dieser echte Gruselklassiker hat neben den vielen Gespenstern auch eine bemerkenswerte lesbische Figur aufzuweisen: die selbstbewusste und butchige Thea (Bloom). Sie ist eine von vier Personen, die sich in einem angeblich von Geistern besetzten Haus in der Nähe von Boston für parapsycho-

logische Experimente zusammenfinden. Mit auf dem nervenzerfetzenden Höllentrip ins Reich des Unerklärbaren sind der skeptische Erbe des Hauses Luke (Tamblyn), der Versuchsleiter Dr. John Markaway (Johnson) sowie die spirituell veranlagte Eleonor (Harris). Zwischen Thea und Eleonor entwickelt sich bald, getrieben von Angst und Horror vor den sie umgebenden Schrecken des Spukhauses, eine intensivere Anziehung, die allerdings die Grenze der „Frauenfreundschaft" nicht überschreitet. Auch wenn beide – wohlgemerkt aus Angst! – das Bett teilen, negiert Eleonor ihre Gefühle, während Thea ihre Zuneigung vergleichsweise klar zum Ausdruck bringt. Obwohl Theas Lesbischsein deutlich herauskommt, muss Eleonor die Dinge noch einmal beim Namen nennen und Thea, um sich klar abzugrenzen, als „Fehler der Natur" bezeichnen.

Obwohl eher für seine Qualität als genial gemachter Gruselfilm bekannt, so beinhaltet die Geschichte auch eine, für ihre Zeit doch ungewöhnlich positive lesbische Figur.

Das US-amerikanische Remake wurde mit Lili Taylor und Catherine Zeta-Jones, als weitaus schwammigere, bisexuelle Variante der Thea, als *Das Geisterschloss* (1999) verfilmt.
ⒻⒻ

GB 1963 ⊛ Robert Wise ⓦ Nelson Gidding nach dem Roman *The Haunting of Hill House* von Shirley Jackson ⊛ Davis Boulton ♪ Humphrey Searle ⊛ Julie Harris, Claire Bloom, Richard Johnson, Russ Tamblyn, Lois Maxwell ⊙ 111, s/w

Bishonen – Beauty

Jet (Fung), ein Callboy mit langer schwarzer Mähne, ist gut im Geschäft, und fast jeder Freier verliebt sich in ihn. Aber er will einen richtigen Prinzen, und der muss ein Polizist sein. Als er tatsächlich mit Sam (Wu) auf den Mann seiner Träume trifft, zögern beide, ihren Gefühlen nachzugeben. In Rückblenden wird nun Sams geheimnisvolle Vergangenheit aufgeblättert und die Nebenfiguren, wie der junge Popstar K.S. (Yin) – ein Fotograf, vor dessen Kamera sich Polizisten als Pin-Ups ein Zubrot verdienen, und Stricher bei einem Callboy-Service – treten in den Vordergrund. Statt die Stränge zu einer Geschichte zusammenzuführen, springt Yonfan von Episode zu Episode und wählt als Finale den verzweifelten Freitod.

Yonfan arbeitete früher als Modefotograf, und dies hat offensichtlich auch Auswirkungen auf seine Arbeit als Filmemacher. Er interessiert sich statt für tiefer gehende Psychologie vor allem für die Oberfläche und das Setting und zeigt schöne Männer in schönen Posen (gleichwohl selbst bei Sexszenen und unter der Dusche die Unterhosen anbehalten werden.) Verwirrend sind für WesteuropäerInnen bisweilen die Verhaltensweisen: Männer, die sich verschämt Fächer schenken und sich dabei stumm anschmachten, wirken auf uns eher kitschig. Die Konfrontation von asiatischer Tradition mit westlichen Lebensweisen macht auch vor dem Umgang mit der Homosexualität nicht halt. Sex hat man in dieser Metropole auf Klappen, im Puff oder mit Callboys. Zuneigung zu zeigen schafft Konfusion, führt zu Lügen und zu einem schwierigen Doppelleben. In Hongkong sorgte Yonfans Film, der auf einer tatsächlichen Begebenheit beruht, für einen Skandal: zu viel schwuler Sex und nackte Männerkörper auf der Leinwand. In China wurde *Bishonen* (zu deutsch etwa „verliebte junge Männer") erwartungsgemäß gleich ganz verboten.

Hongkong 1998 ⊜☺ Yonfan ⊕ Henry Chung ♪ Chris Babida ⊛ Stephen Fung, Daniel Wu, Jason Tsang, Shu Qi, Ken Tsang, Chio Chio, Terence Yin ⊙ 101, farbig ℗Ⓡ ⓣ

Die bitteren Tränen der Petra von Kant

Schauplatz dieses auf dem gleichnamigen Fassbinder-Theaterstück basierenden Kammerspiels ist das Apartment der erfolgreichen Bremer Modeschöpferin Petra von Kant (Carstensen). Sie ist eine gebildete und exzentrische Frau, die zwei Ehen hinter sich hat und nun mit ihrer sklavisch unterworfenen, stumm liebenden Sekretärin Marlene (Hermann) zusammenlebt. Petra von Kant, eine nur scheinbar emanzipierte Karrierefrau, verliebt sich leidenschaftlich in Karin Thimm (Schygulla), eine jüngere, verheiratete und aus klei-

nen Verhältnissen stammende, schöne Frau. Petra möchte Karin ganz für sich haben, während Karin die vermögende Petra ausnutzen und ihre Freiheit bewahren will. Als ihr Mann, der in Australien war, sich überraschend meldet, kehrt sie zu ihm zurück. Die verlassene Egozentrikerin erleidet exzessive Qualen der Eifersucht und Verzweiflung. Allmählich aber beginnt sie zu verstehen: „Ich habe Karin gar nicht geliebt, ich habe sie nur besitzen wollen." Sie bietet ihrer Sekretärin Marlene, die sie bisher wie einen Gegenstand behandelt hatte, Zusammenarbeit und einen partnerschaftlichen Umgang an. Aber Marlene, die nie ein Wort sprach, packt wortlos ihren Koffer und geht. Gegenüber der Theaterfassung hat Fassbinder den Schluss wesentlich geändert. Im Stück bleibt die ergebene Marlene bei Petra.

Das Melodram wird durch die eiskalte Ausführung zu einer Studie über einen Raum und eine Frau, die ihn bewohnt, die ihn prägt und die, wie die Kamera, in ihm eingeschlossen ist. Alles ist stilisiert, vom Kalkül der nach und nach zerfallenden Sprache bis zum Arrangement von Figuren und Gegenständen im Zimmer, die sich bei näherer Betrachtung als Bestandteil ausgeklügelter Kompositionen erweisen. Margit Carstensen und Eva Mattes wurden 1973 mit Bundesfilmpreisen für ihre schauspielerische Leistung in dem Film geehrt, Michael Ballhaus erhielt ihn für seine Kameraarbeit.

Der Film ist „Gewidmet dem, der hier Marlene wurde". Gemeint ist damit der Fassbinder-Mitarbeiter Peer Raben, dessen Uraufführungsinszenierung im Rahmen der Frankfurter Experimenta 4 (1970) bei Presse und Publikum durchgefallen war. Irm Hermann und Margit Carstensen waren bereits in dieser Bühnenversion mit dabei. Mit *Die bitteren Tränen der Petra von Kant* hat Fassbinder das Ende seiner Beziehung zu dem Schauspieler Günther Kaufmann verarbeitet, der Fassbinder, durch die Rückkehr zu seiner Ehefrau, tief verletzt hatte.

> *„Marlene geht, weil sie ihre Rolle als Unterdrückte und Ausgebeutete akzeptiert hat und weil sie in Wirklichkeit vor der angebotenen Freiheit Angst hat. Freiheit bedeutet nämlich, sich Gedanken über sein Leben zu machen, und daran ist sie nicht gewöhnt. (...) Als sie zum Schluss Petra verlässt, geht sie meiner Meinung nach nicht in die Freiheit hinaus, sondern auf die Suche nach einer anderen Sklavenstellung." Regisseur Rainer Werner Fassbinder*

BRD 1972 ⊜☺ Rainer Werner Fassbinder nach seinem gleichnamigen Theaterstück ⊕ Michael Ballhaus ♪ Jerome Kern, The Platters, The Walker Brothers ⊛ Margit Carstensen, Irm Hermann, Hanna Schygulla, Eva Mattes, Katrin Schaake, Gisela Fackeldey ⊙ 124, farbig ⒷⒾ

Bitterer Honig
A TASTE OF HONEY

Die 17-jährige Jo (Tushingham) erwartet von einem farbigen Matrosen ein Kind. Der Geliebte hat sie längst sitzen lassen; von ihrer Mutter Helen (Bryan), einer Prostituierten, kann sie keine Unterstützung erwarten. Jo lernt den schwulen Kunststudenten Geoffrey (Melvin) kennen, mit dem sie zusammenzieht und der sich in der langsam entstehenden Freundschaft aufopfernd um die werdende Mutter kümmert. Die sich anbahnende Idylle der beiden, auf jeweils eigene Weise einsamen und gestrandeten Menschen wird jedoch jäh gestört, als Jos Mutter, die mit einem neuen Mann ein neues Glück versucht hatte, zur Tochter zurückkehrt. *Bitterer Honig*, in dem Rita Tushingham ihr Filmdebüt gab, entstand nach einem Theaterstück der damals 19-jährigen Arbeiterin Shelagh Delaney im Umland von Manchester. Regisseur Richardson bewahrte dabei die psychologischen Aspekte und die poetischen Akzente des Schauspiels, erweiterte sie aber um eine realistische Milieuschilderung. Der Film galt aufgrund dessen und des Engagements für Menschen am Rande der Gesellschaft als beispielhaft für das neue britische Kino der sechziger Jahre. Bei den Filmfestspielen in Cannes 1962 wurden sowohl Rita Tushingham als auch Murray Melvin als beste Darsteller ausgezeichnet.

GB 1961 ⬡ Tony Richardson ⬡ Tony Richardson nach dem gleichnamigen Bühnenstück von Shelagh Delaney ⬡ Walter Lassally ⬡ John Addison ⬡ Dora Bryan, Rita Tushingham, Murray Melvin, Robert Stephens, Paul Danquah ⬡ 100, s/w

Black and White – Leben ohne Graustufen
BLACK AND WHITE

„Was machst Du?" – „Nichts. Chillen. Irgendwelche Vibrations reinziehen." So klingt es, wenn Synchronautoren versuchen, US-amerikanischen HipHop-Slang ins Deutsche zu übersetzen. Wie authentisch wiederum die im Film gezeichnete weiße Hip-Hop-Szene ist, mag dahingestellt sein. Die Handlung kreist um einige schwarze Ex-Gangster, die nun als Hip-Hop-Sänger und Musikmanager in einen legalen Geschäftszweig wechseln wollen. Den Hintergrund dieses Films stellt das soziologische Phänomen dar, dass sich privilegierte Weiße aus reichem Elternhaus mit der schwarzen Hip-Hop-Kultur identifizieren, doch mehr als die Reproduktion von immer gleichen, rassistischen und sexistischen Klischees gelingt Regisseur und Drehbuchautor James Toback nicht. Die Dokumentarfilmerin Sam (Shields) zieht mit ihrer Kamera durch Partys, Konzerte und die Bronx, begleitet von ihrem schwulen, aufgesetzt tuntigen Ehemann Terry (Downey jr.). Auf einer Party baggert er plump und natürlich erfolglos mit dem Satz „Ich habe von dir geträumt!" Boxstar Mike Tyson an.

USA 1998 ⬡⬡ James Toback ⬡ David M. Ferrara ⬡ Erik Schrody ⬡ Robert Downey jr., Brooke Shields, Claudia Schiffer, Mike Tyson ⬡ 98, farbig

Black Dracula
BLACULA

Europa im 18. Jahrhundert. Ein afrikanischer Prinz sucht Verbündete gegen den Sklavenhandel und gerät dabei an Graf Dracula. 200 Jahre später erwacht er als Vampir Blacula im Los Angeles der Gegenwart. Einer seiner Opfer wird ein dekadenter schwuler Weißer. Das einzig Spannende: *Blacula* ist einer der seltenen Blaxploitation-Movies: Filme, die Anfang der siebziger Jahre von Schwarzen für Schwarze gedreht wurden. 1973 folgte die Fortsetzung *Scream, Blacula, Scream!*.

USA 1972 ⬡ William Crain ⬡ Joan Torres, Raymond Koenig ⬡ John Stevens ⬡ Gene Page ⬡ William Marshall, Vonetta McGee, Denise Nicholas, Thalmus Rasulala, Charles Macauly ⬡ 93, farbig ⬡

Black Emanuelle
EMMANUELLE NERA

Die dunkelhäutige bisexuelle Emanuelle (Gemser) bereist als Fotoreporterin Afrika und bringt dort das Liebesleben diverser Menschen durcheinander. So verführt sie nacheinander ein Ehepaar – erst den Mann, dann seine Frau (Pornoqueen Karin Schubert), dann seine Geliebte und schließlich seinen besten Freund –, vergnügt sich im Drogenrausch mit Eingeborenen, einem einheimischen Chauffeur und zu guter Letzt mit einer kompletten Hockeymannschaft. Der pseudofeministische Anstrich, den sich dieser Edel-Softporno bisweilen gibt, hält selbstverständlich keinem genaueren Blick stand. Immerhin ist das Ganze hübsch fotografiert. *Black Emanuelle* entstand im Zuge des großen Erfolges der französischen *Emanuelle*-Reihe und zog ebenfalls diverse Fortsetzungen nach sich, u.a. *Black Emanuelle 2* (1976) und *Black Emanuelle – Stunden wilder Lust* (1976). In allen Fortsetzungen spielt die aus Jakarta stammende Laura Gemser die Titelrolle. Insgesamt stand sie für rund drei Dutzend Sex 'n' Crime-Filme mehr oder weniger nackt vor der Kamera.

I 1975 ⦿ Adalberto Thomas (Adalberto Alberini) ☺ Adalberto Alberini, Ambrosio Molteni ✦ Carlo Carlini ♪ Nico Molteni ⦿ Laura Gemser, Karin Schubert, Angelo Infanti, Gabriele Tinti, Don Powell, Isabelle Marchall ⊙ 94, farbig
Ⓑ⒤ Ⓢ

Black Emanuelle 2
EMMANUELLE NERA ORIENT REPORTAGE

Die Reporterin Emanuelle (Gemser) macht sich für eine Reportage auf in den Orient, um dort einen Sultan zu interviewen und zu fotografieren. Der Prinz schleppt sie in Bangkok zu Sexpartys und in Massagesalons. Zwischendurch sägt er ein wenig am Thron des Königs. Das bringt Emanuelle in politische Zwistigkeiten, aber sie lässt sich zur Entspannung ausgiebig von einer Frau massieren, was logischerweise in ein zügelloses Liebesspiel entgleitet. Am Ende bleibt nur die Flucht nach Casablanca, wo sie sich bis zum nächsten Auftrag mit der Tochter des US-Konsuls vergnügt. Hingeschluderte Fortsetzung des Softsexspielfilms *Black Emanuelle* mit einer abenteuerlichen, abstrusen Story.

I 1976 ⦿ Joe d'Amato (Aristide Massaccesi) ☺ Maria Pia Fusco ✦ Aristide Massaccesi ♪ Nico Fidenco ⦿ Laura Gemser, Gabriele Tinti, Ely Galleani, Ivan Rassimov, Venantino Venantini, Giacomo Rossi, Koike Mahoco, Fausti Di Bella, Chris Avram, Debra Berger ⊙ 91, farbig
Ⓑ⒤ Ⓢ

Black Emanuelle in Africa
VIA DELLA PROSTITUTIONE /EMMANUELLE ET LES FILLES DE MADAME CLAUDE
Deutsche Alternativtitel: Sklavenkamp der wilden Mädchen; Sklavenmarkt der weißen Mädchen; Hemmungslose Emanuela

Die bisexuelle, dunkelhäutige Journalistin Emanuelle ist wieder unterwegs und recherchiert diesmal in Kenia für eine Reportage über Mädchenhändler. Um dem Thema auf den Grund zu gehen, schmuggelt sie sich als Mitarbeiterin bei einem Hostessenservice in San Diego ein, der sich natürlich als getarntes Bordell entpuppt und reichlich Softsexszenen möglich macht. Sie gelangt in das Bordell von Madame Claude, das als Nervenklinik getarnt ist. Hier werden tatsächlich zahlreiche als vermisst gemeldete junge Mädchen festgehalten. Mit Hilfe eines Transvestiten, den Emanuelle auf ihre Seite ziehen kann, versucht sie aus dem Sanatorium zu entkommen. Wie auch in den vorhergehenden Teilen der *Emanuelle*-Reihe kommt Darstellerin Laura Gemser kaum aus den Betten und sorgt sich gefühlvoll um Männer und Frauen.

I 1979 ⦿ Joe d'Amato (Aristide Massaccesi) ☺✦♪ Nico Fidenco ⦿ Laura Gemser, Gabriele Tinti, Gota Gobert, Venantino Venantini, Pierre Marfurt ⊙ 92, farbig
Ⓑ⒤ Ⓢ

Black Emanuelle – Stunden wilder Lust
EMMANUELLE IN AMERICA/EMMANUELLE NERA IN AMERICA
Deutscher Alternativtitel: Emanuelle in America

Die Reporterin Emanuelle (Gemser) ist in den USA auf der Suche nach heißen Stories. Ihre Recherchen führen sie unter anderem in das private Bordell eines reichen Schwulen, der allerhand exzentrische Sexspielchen im Angebot hat. Die Mädchen müssen nicht nur an Massenorgien teilnehmen, sondern auch ein Pferd befriedigen. Emanuelle beschränkt sich auf die Lustbefriedigung mit diversen Damen. Zu guter Letzt enttarnt sie Liebhaber von Hardcore-SM- und Snuff-Pornos aus der High Society. Sex und Horror ohne Sinn und Verstand.

I 1976 ⦿ Joe d'Amato (Aristide Massaccesi) ☺ N.N. ✦ Marco Dentici ♪ Nico Fidenco ⦿ Laura Gemser, Gabriele Tinti, Roger Brown, Lars Black, Riccardo Salvino, Maria Piera Regoli, Paola Senatore, Stefania Nocilli ⊙ 97, (gekürzt 95) farbig
Ⓑ⒤ Ⓢ

Black-Out im Höllenparadies
SCRUBBERS

Trotz des reißerischen deutschen Verleihtitels ist dieser „WIP"(„Women-in-prison")-Film alles andere als der genreübliche Mix aus Sadismus, Gewalt und fiesen Lesben. Lesben gibt es allerdings jede Menge in diesem sozialkritischen Werk über ein britisches Frauengefängnis. So beispielsweise die schwarze Carol (York), die kurz nach ihrer Entlassung bei einem neuen Coup zusammen mit Annetta (Cotterill) erwischt wird und zurück in den Frauenknast muss. Hier trifft sie auf ihre vormalige Geliebte, die mittlerweile eine Neue hat und auch vor der unglücklichen Carol die Offensichtlichkeit dieser neuen Affäre nicht scheut. Auch Annetta beschließt, Carol das Leben zur Hölle zu machen, hält sie sie doch für den misslungenen Überfall und ihre Gefangenschaft, die sie von ihrem Kind fern hält, verantwortlich. Nur in ihrer neuen Freundin Eddie (Ingram) findet Carol Kraft und Zuneigung.

Der harte Alltag, die unvermeidlichen Gemeinheiten der Gefangenen untereinander und das unmenschliche System sind, wie in allen Frauengefängnisfilmen, auch hier Thema. Allerdings weniger reißerisch und voyeuristisch angelegt, auch wenn die Zutaten lesbische Eifersuchtsdramen, aggressive Lederfrauen und sexuelle Belästigung die gleichen sind.

Der Film sollte das Comeback der schwedischen Schauspielerin und Regisseurin Mai Zetterling (*Liebende Paare*, 1964, *Amorosa*, 1986) sein, ging aber weitgehend unter.

GB 1982 ☺ Mai Zetterling ☺ Mai Zetterling, Roy Minton, Jeremy Watt ☻ Ernest Vincze ☺ Michael Hurd, Ray Cooper ☻ Amanda York, Chrissie Cotterill, Elizabeth Edmunds, Kate Ingram, Imogen Bain, Kathy Burke ☺ 89, farbig
ⓌⓅ

Die blaue Stunde

„Ich habe grüne Augen, bin groß, so richtig sportlich gebaut, hab einen knackigen Po und einen schönen großen Schwanz." Mit diesen Worten preist sich Theo (Herder) seinen potenziellen Freiern an. Theos Geschäfte als Callboy gehen gut, doch in seiner Freizeit fühlt er sich einsam. Er kümmert sich um die französische Nachbarin Marie (Leipzig), die Streit mit ihrem Freund, einem verkrachten Schriftsteller, hat. Probleme macht ihm auch einer seiner Stammfreier (Rattinger), der sich

in ihn verliebt hat und nun handgreiflich wird, weil Theo diese Gefühle nicht erwidert.

Marcel Gislers einfühlsame Studie über eine individuelle Entfremdung vermeidet Larmoyanz und Voyeurismus und kommt auch ohne die herkömmlichen (Bild)-Klischees von Berlin bzw. vom menschenunwürdigen Stricherleben aus. Wichtiger als der eigentliche Job des Sexarbeiters ist Gisler die Entfremdung und Einsamkeit in der Großstadt. 1992 mit dem Max-Ophüls-Preis des Filmfestes Saarbrücken ausgezeichnet.

> „Es gibt nichts Sensationelles an meinem Callboy. Er macht seinen Job wie andere auch." Regisseur Marcel Gisler

D/CH 1991 ☺ Marcel Gisler ☺ Marcel Gisler, Andreas Herder, Rudolf Nadler ☻ Ciro Cappelari ☺ Paul Bley ☻ Andreas Herder, Dina Leipzig, Cyrill Rey-Coquais, Christof Krix, Anton Rattinger ☺ 85, farbig
ⓅⓇ

Blick von der Brücke
VU DU PONT / A VIEW FROM THE BRIDGE

Der verheiratete New Yorker Dockarbeiter Eddie Carbone, ein italienischer Einwanderer, kämpft eifersüchtig um seine verwaiste Nichte Catherine, um die sich sein jüngerer Bruder Rudolpho bemüht. In seiner Verzweiflung denunziert er diesen als Homosexuellen und küsst ihn demonstrativ auf den Mund: „Das ist es, was du bist!"

F/USA 1961 ☺ Sidney Lumet ☺ Jean Aurence nach dem gleichnamigen Bühnenstück von Arthur Miller ☻ Michel Kelber ☺ Maurice le Roux ☻ Raf Vallone, Jean Sorel, Maureen Stapleton, Raymond Pellegrin, Morris Carnovsky ☺ 115, s/w
Ⓖ

Blind Rage
BLIND RAGE
US-amerikanischer Alternativtitel: The Boys Next Door

Die beiden US-amerikanischen Teenager Roy Alston (Caulfield) und Bo Richards (Sheen) sind durch ihre Erziehung sozial und seelisch geschädigt. Durch ihr destruktives Verhalten geraten sie sozial ins Abseits. Nach Abschluss der Highschool fahren sie für ein Wochenende nach Los Angeles, wo sie ihren aufgestauten Aggressionen freien Lauf lassen und zu Serienkillern werden.

Bereits in der einleitenden Szene mit einem Mitschüler beginnt die Regisseurin Penelope Spheeris vor allem Roy durch Andeutungen als einen verklemmt schwulen und dadurch homophoben sowie aggressiven Charakter zu entwickeln. Der homosexuelle Selbsthass gipfelt in einer Szene, in der die beiden einen Mann in einer Schwulenbar abschleppen, den Roy in dessen Wohnung brutal ermordet. Der verzweifelte Liebhaber (Cortland) des Ermordeten wird später in einer sehr berührenden Szene absichtlich unsensibel von einem offensichtlich schwulenfeindlichen Polizisten verhört.

Trotz einiger guter Ansätze gelingt es Spheeris allerdings nicht, bei ihren als Opfer einer lieblosen Gesellschaft gezeichneten Figuren einer allzu grob geratenen Typisierung zu entgehen.

„Als ich mit der Arbeit an diesem Film begann, kam mein schwuler Bruder bei einem Motorradunfall ums Leben. Als ich Kenneth Cortland anwies, was er bei dem Verhör durch den homophoben Polizisten fühlen sollte, versuchte ich, es mit dem zu verbinden, was der Freund meines Bruders empfand, als mein Bruder starb." Regisseurin Penelope Spheeris

USA 1986 ⊚ Penelope Spheeris ○ Glen Morgan, James Wong ⊕ Arthur Albert ♪ George S. Clinton ⊕ Maxwell Caulfield, Charlie Sheen, Christopher McDonald, Kenneth Cortland, Hank Garrett, Patti d'Arbanville ⊕ 87, farbig
Ⓖ Ⓜ

Blond bis aufs Blut

Charmant-süffisante Komödie und Psychothriller-Parodie des Berliner Underground-Filmers über Blondinen, Sammelleidenschaft und Leinwandheldinnen des Unterhaltungskinos der Adenauer-Ära. Holger (Marquardt), Ex-Schauspieler und verhinderter Künstler, lebt mit seinem Freund Dieter (Sittner) zusammen. Ihre gemeinsame Passion ist die Autogrammkartensammlung. Als eines Tages der einstige Kinostar Gloria Mundi (Meier) aus Hollywood nach Berlin zurückkehrt, will Holger sein Idol unbedingt treffen. Weil sie ihn zurückweist, heckt er einen Racheplan aus.

D 1997 ⊚☺ Lothar Lambert ⊕ ♪ Albert Kittler ⊕ Hans Marquardt, Erika Rabau, Michael Sittner, Evelyn Künneke, Marion Michael, Henrike Meier ⊕ 75, farbig
ⒹⓉ

Blood and Donuts

Der bisexuelle Vampir Boya (Currie) hat seit 1969 friedlich geschlafen und wird nun unsanft aus dem Schlummer geweckt: ein Golfball ist ihm an den Kopf geknallt. Wie seine Artgenossen lebt er zwar von frischem Blut, ist aber so menschenfreundlich, dass er sich mit Ratten und frischer Leber begnügt. Nun erkundet er neugierig das Toronto der Gegenwart, freundet sich mit dem Taxifahrer Earl (Louis) an, verschweigt diesem aber seine wahre Natur. Earl, der Donuts über alles liebt und sich in Molly (Clarkson), die Verkäuferin des Donutladens, verliebt hat, bekommt Schwierigkeiten mit der Mafia. Boya steht seinem neuen Freund bei, muss sich selbst aber auch noch mit Liebespartnern aus alten Tagen herumschlagen. Düsterer Horrorfilm mit selbstironischen Zwischentönen und Regisseur David Cronenberg in einer Nebenrolle als Mafiaboss.

Kanada 1995 ⊚ Holly Dale ○ Andrew Rai Berzins ⊕ Paul Sarossy ♪ Nash the Slash ⊕ Gordon Currie, Fiona Reid, Justin Louis, David Cronenberg, Helen Clarkson ⊕ 89, farbig
ⒷⒾ Ⓥ

Bloody Mama

Im Mittelpunkt dieses Mafia-Dramas stehen die vulgäre Kate „Ma" Barker (Winters) und ihre vier Söhne, die in den frühen dreißiger Jahren den Staat Arkansas mit Überfällen terrorisieren. Ihr jüngster Sohn Lloyd (De Niro) ist drogenabhängig. Beim Versuch, ein Mädchen zu vergewaltigen, scheitert er an seiner Impotenz. Freddie (Walden) landet im Gefängnis und beginnt dort mit dem Mithäftling Kevin Dirkman (Dern) eine sadomasochistische Beziehung. Auch nach ihrer Entlassung bleiben sie zusammen und schlafen im gemeinsamen Bett im Hause von Freddies Mutter. Diese beginnt – ohne dass die anderen Familienmitglieder davon Notiz nähmen – mit Kevin eine Affäre.

Bloody Mama entstand im Zuge des Erfolges von *Bonnie and Clyde* (1967) und griff ebenfalls auf einen historischen Stoff zurück, legte ihn aber weit subversiver aus. Die Mischung aus Gewalttätigkeit, Libertinage und Bigotterie, die Kate „Ma" Barkers Familie an den Tag legt, entsprach weniger den dreißiger Jahren, in denen die Handlung spielt, als vielmehr der aufgeladenen Atmosphäre der ausgehenden sechziger, in der der Film entstand.

USA 1969 ⊕ Roger Corman ⊕ Robert Thom nach einem Bericht von Don Peters und Robert Thom ⊕ John Alonzo ⊕ Don Randi ⊕ Shelley Winters, Pat Hingle, Don Stroud, Diane Varsi, Robert Walden, Robert De Niro, Bruce Dern ⊕ 90, farbig ⊛ ⊜

Blow

Biografischer Spielfilm nach einer tatsächlichen Geschichte über den realen Aufstieg und Fall von George Jung (Depp), der in den siebziger Jahren in Kalifornien mit Marihuana und schließlich Kokain zu einem der einflussreichsten und mächtigsten Drogenbosse der USA aufsteigt. Ausgangspunkt seiner Karriere ist die Zusammenarbeit mit einem schwulen Hippie (Reubens), der ihm zunächst die Ware für den Weiterverkauf besorgt. Reubens hat hier nach vielen Jahren seine erste Nebenrolle, nachdem er 1991 seinen Job als Moderator Pee-Wee Herman einer erfolgreichen US-Kinderserie verlor, weil er beim Sex in einem schwulen Pornokino erwischt worden war. Zugleich ist seine Rolle ein ironischer Querverweis auf seine Mitwirkung in Kiffer-Klamotten wie *Viel Rauch um nichts* (1978).

USA 2001 ⊕ Ted Demme ⊕ David McKenny, Nick Cassavetes nach dem gleichnamigen Roman von Bruce Porter ⊕ Ellen Kuras ⊕ Graeme Revell, Amanda Scheer Demme ⊕ Johnny Depp, Penélope Cruz, Franka Potente, Jordi Mollà, Ray Liotta, Ethan Suplee, Paul Reubens ⊕ 124, farbig

Blow Job

Andy Warhols frühe Filme wie *Empire* (1964) oder *Sleep* (1963) begnügten sich mit einer originellen Idee und statischen Bildern. Auch in dem Stummfilm *Blow Job* ist die Kamera unerbittlich, voyeuristisch und in Großaufnahme auf das Gesicht eines jungen Mannes gerichtet. Die entsprechende sexuelle Aktivität findet jedoch vollständig außerhalb des Bildrahmens statt. Sein Partner ihm zu Füßen wird nie gezeigt. Zu sehen sind die Backsteinwand im Hintergrund und das Auf- und Abschwellen der Lust, wie sie sich in seinem Gesicht bis hin zum Orgasmus abzeichnet.

USA 1963 ⊕⊝ Andy Warhol ⊕ N.N. ⊕ N.N. ⊕ 35, s/w

Blue

Derek Jarmans letzter Film und sein radikalster. Der Titel ist wörtlich zu verstehen. Die Leinwand bleibt durchgehend in gleichmäßiges, an Yves Klein erinnerndes Kobaltblau getaucht und liefert eine meditative Fläche, die den Zuschauer zum Zuhörer macht. Denn zu diesem eintönigen Farbbild sind Geräusche, Klänge und Musik zu hören. Stimmen, die Aufzeichnungen Derek Jarmans sprechen, seine Auseinandersetzungen mit der Aids-Erkrankung, der dadurch hervorgerufenen langsamen Erblindung, dem nahen Tod. Assoziative Notate über qualvolle medizinische Behandlungen, (schwulen-)politische Betrachtungen, Rückschau auf persönliche Erlebnisse und Fantasien. Ein Abschied und ein Vermächtnis. Blau wird zum Symbol der Hoffnung, der Spiritualität. Blau, so Jarman, sei „sichtbar gemachte Finsternis" und „ein offenes Tor zur Seele".

GB 1993 ⊕⊝ Derek Jarman ⊕ Simon Fisher Turner ⊕ Sprecher der Originalversion: John Quentin, Nigel Terry, Derek Jarman, Tilda Swinton, deutsche Version: Ulrich Matthes, Wolfgang Condrus, Sylvester Groth, Eva Mattes ⊕ 79, farbig ⊛

Blumen ohne Duft
BEYOND THE VALLEY OF THE DOLLS

Russ Meyers einzige große Hollywood-Studioproduktion beschert uns die Abenteuer der noch unbekannten Mädchenpopband *The Carrie Nations*. Als die Band im schicken Hollywood in die Szene drogen-, sex- und gewaltdominierter Partys des exzentrischen bisexuellen Z-Man (La Zar) gerät, scheinen die Mädchen verloren. Gitarristin Casey (Myers) interessiert sich nicht für Männer und gelangt auf sexuellen Umwegen an die offensiv-lesbische Modedesignerin Roxanne (Erica Gavin, bekannt aus *Ohne Gnade, Schätzchen*, 1968, und *Das Zuchthaus der verlorenen Mädchen*, 1974). Die beiden beginnen eine Affäre mit für Russ Meyer geradezu gefühlvoll inszeniertem Sex. Dennoch werden sie Opfer des durchgeknallten Z-Man und müssen einmal mehr das klassische Lesbenpaar-Schicksal des gewaltsamen Todes erleiden.

Im bunten Reigen wilder Sexualität, Drogenexzesse und brutaler Gewaltszenen – den üblichen lieb gewonnen Zutaten eines Russ-Meyer-Trashfilms – finden sich noch mehrere homosexuelle und bisexuelle Charaktere. Neben dem sehenswerten zeittypischen Ambiente – sowohl modisch wie auch musikalisch – ist das ausgewiesen lesbische Paar bemerkenswert, auch wenn es schließlich sterben muss. Eine Stimme aus dem Off lässt uns dann auch politisch korrekt wissen, dass nicht etwa das Paar selbst schlecht war. „Ihre Liebe war nicht des Teufels, doch des Teufels Werk entstand daraus." Schwacher Trost!

USA 1970 (Ⓡ) Russ Meyer (Ⓤ) Roger Ebert, Russ Meyer (Ⓟ) Fred J. Koenekamp (Ⓙ) Stu Philips (Ⓑ) Dolly Read, Cynthia Myers, Erica Gavin, Marcia McBroom, John La Zar, Michael Blodgett, David Gurian, Edy Williams (Ⓒ) 104, farbig
(BI) (T)

D/B/F 1970 (Ⓡ) Harry Kümel (Ⓤ) Harry Kümel, Manfred Köhler, Pierre Drouot, J.J. Amiel (Ⓟ) Eddy van der Enden (Ⓙ) François de Roubaix (Ⓑ) Delphine Seyrig, Andrea Rau, John Karlen, Paul Esser, Daniele Ouimet (Ⓒ) 89, farbig
(V) (M) (T)

Blut an den Lippen
LE ROUGE AUX LEVRES
Englischer Verleihtitel: Daughters of Darkness

Eine atemberaubende Delphine Seyrig – die bekannte französische Schauspielerin spielte in Ulrike Ottingers Filmen *Johanna d'Arc of Mongolia*, (1988/89), *Freak Orlando* (1981) und *Dorian Gray im Spiegel der Boulevardpresse* (1984) – ist als lesbische Vampirin Gräfin Elisabeth Báthory zu sehen. Sie und ihre bisexuelle Kammerzofe Ilona (wunderbar durchtrieben: Porno-Sternchen Andrea Rau) folgen nach einer Zugfahrt dem jungvermählten Paar Stephan (Karlen) und Valerie (Ouimet) in ein ausgestorbenes Luxushotel ins belgische Ostende, wo diese gedenken, ihre Flitterwochen zu verbringen. Schnell ist Stephan von den blutrünstigen Geschichten der Gräfin fasziniert – genauso wie von den Verführungskünsten Ilonas. Unbemerkt plant die Gräfin hinter seinem Rücken, die attraktive Valerie zu ihrer Vampirgespielin zu machen. Stephan wird von den Frauen geschickt aus dem Weg geräumt, und Valerie ist schließlich auf allen Ebenen überzeugt, dass die Gräfin die bessere Gefährtin und Geliebte ist. Leider muss sie allerdings am Ende den grausamen Vampirtod beziehungsweise den für überzeugende Lesben üblichen Filmtod erfahren.

Der Film des Belgiers Harry Kümel (*Monsieur Hawarden*, 1967/68) hat zu recht absoluten Kultstatus im strapazierten Lesbenvampirfilm-Genre erreicht. Wenn auch trashig und mit vielen Softpornoelementen inszeniert, so handelt es sich doch um eine erotische und packende Darstellung lesbischer Lust und geheimnisumwobenen, leicht gruseligen Vampirgehabes. Delphine Seyrig gibt der Figur der Gräfin Báthory die nötige aristokratische Würde und Laszivität.

Die reale ungarische Gräfin Elisabeth Báthory (1560-1614) ging als Massenmörderin junger Mädchen in die Geschichte ein. Um die 600 „Jungfrauen" sollen gekidnappt worden sein, um der Gräfin das Baden im jungfräulichen Blut zu ermöglichen, von dem sie sich einbildete, es würde ihr ewige Jugend verleihen. Natürlich rankte sich die Sage um die blutrünstige Gräfin als Vampir nur allzu leicht und sie ist neben Carmilla, aus der gleichnamigen Erzählung von Sheridan Le Fanu, die am häufigsten verwendete lesbische Vampir-Filmfigur. Im Gegensatz zum Film, in dem die Gräfin grausam umkommen muss, ist die tatsächliche Elisabeth Báthory trotz ihrer schweren Verbrechen dank ihrer Zugehörigkeit zu einer der einflussreichsten Familien Ungarns lediglich mit einer Kerkerstrafe bedacht worden, während der sie eines natürlichen Todes starb.

Der blutige Pfad Gottes
THE BOONDOCK SAINTS

Der schwule FBI-Agent Paul Schmecker (Defoe) ist ein unbarmherziger Kerl, der kein Mitleid kennt. Ein tougher Kerl, der es sich aber auch erlauben kann, mal in Kleid, Stöckelschuhen und Perücke aufzukreuzen, um sich überzeugend als Prostituierte getarnt Zutritt zu einem Unterschlupf von Mafiosi zu verschaffen. Sein Auftrag: das Zwillings-Killerpaar Connor und Murphy McManus (Flanery und Reedus) dingfest zu machen. Das Mörderduo aus irisch-katholischem Elternhaus hat es sich aus religiösen Motiven zur Aufgabe gemacht, das Böse in Boston zu vernichten. Die Bevölkerung haben sie auf ihrer Seite, wenn die selbst ernannten Kämpfer für Recht und Ordnung Drogendealer und Mitglieder der russischen wie italienischen Mafia im Namen des Herrn niedermetzeln. Auch Schmecker deckt das Duo, allerdings mehr aus erotischen Gründen: Er findet das Killerpaar schlicht sehr begehrenswert.

Boondock Saints ist blutrünstig, überzeichnet politisch unkorrekt und steht sichtlich in der Nachfolge von *Pulp Fiction* (1994), ohne aber dessen Humor oder Ironie zu erreichen. Stattdessen zelebriert Regisseur Duffy die Gewalt mit allerhand ungewöhnlichen Tötungsvarianten.

USA 1999 (Ⓡ)(Ⓤ) Troy Duffy (Ⓟ) Adam Kane (Ⓙ) Jeff Dana (Ⓑ) Willem Dafoe, Sean Patrick Flanery, Norman Reedus, David Della Rocco, Billy Connolly (Ⓒ) 110, farbig
(T) (G)

Boat Trip

Ob bei schwulen Kreuzfahrten der Käse am Frühstücksbüfett wirklich in Schwanzform geschnitten ist und die dekorativen Eisskulpturen zwischen den Nachspeisen als mächtige Dildos in die Höhe ragen? Man muss gestehen: Hollywood, wie auch die deutsche Film- und Fernsehproduktion, haben seit den achtziger Jahren gelernt über und mit Schwulen Witze zu machen, die tatsächlich komisch sind, ohne gleich diffamierend zu sein. Und die Homosexuellen können inzwischen eher über die eigenen Schwächen und Peinlichkeiten lachen, auch wenn es gerade mal Heteros sind, die schadenfroh darauf hinweisen. Bei *Boat Trip* gelingt dies allerdings nicht. In dieser Klamotte sind die Witze so flach und die Gags so alt, dass sie nicht einmal mit Ironie verpackt noch ein Schmunzeln hervorbrächten. Selbst das schlichte Handwerk beherrschen Regisseur Mort Nathan bzw. sein Kameramann in diesem Debütfilm. Nicht ständig hängt der Tonarm ins Bild. Das ist dann tatsächlich komisch, wenn auch unfreiwillig.

Zwei gestandene Heteros, gespielt von Cuba Gooding jr. (*Eine Frage der Ehre*, 2000) und Horatio Sanz (*Road Trip*, 2000) gehen auf Kreuzfahrt, um endlich mal wieder reihenweise die Weiber flachlegen zu können (schließlich ist an Bord die Fluchtmöglichkeit für die Frauen nur begrenzt). Aber eine böse Tunte im Reisebüro hat sie für einen schwulen Törn gebucht. Jedoch, welch Glück, ein Dutzend blonder schwedischer Models wird aus dem Meer gefischt und bringt den beiden US-amerikanischen Ballermännern wie auch dem offensichtlich angepeilten Kinopublikum die Hormone in Wallung.

Boat Trip ist deshalb so ärgerlich, weil Regisseur und Co-Autor Mort Nathan (der immerhin fünf Jahre lang Drehbücher für die US-Fernsehserie *Golden Girls* schrieb) so ziemlich jedes dumme schwule Klischee bedient. Selbst wenn die Schwulen rein zahlenmäßig an Bord in der Mehrheit sind: keine einzige Figur hat tiefer gehende Konturen und einem sympathischen Schwulen begegnen wir schon gar nicht. Dass sich sogar Roger Moore als aufdringlicher, abgehalfterter schwuler Dandy in diese Peinlichkeit verirrt, verwundert schon sehr. Und dass hierfür sogar deutsche Fördermittel versenkt wurden, lässt einen verzweifeln. Die Innenaufnahmen wurden in einem Kölner Studio gedreht. Ebenfalls dort wurden mit geschickter Hand sämtliche blondierte Szene-Huschen als

Statisten gecastet. Ihnen ist lediglich zu Gute zu halten, dass sie vermutlich nicht wussten, in welch einer reaktionären und homophoben Klamotte sie sich ein bisschen Hollywood-Ruhm zu ergattern erhofften.

USA/D 2001 Ⓡ Mort Nathan Ⓓ William Bigelow, Mort Nathan, Brian Pollack, Mert Rich Ⓚ Shawn Maurer Ⓜ Robert Folk Ⓑ Cuba Gooding jr., Horatio Sanz, Vivica A. Fox, Roger Moore, William Bumiller, Eddie Driscoll, Ken Hudson Campbell, Jennifer Gareis Ⓛ 93, farbig
ⒹⓉ ⒽⓅ

Boca a Boca
BOCA A BOCA
Deutscher Alternativtitel: Eine ganz heiße Nummer

Victor (Bardem), ein brotloser Schauspieler, wünscht sich nichts mehr, als berühmt zu werden. Bis es soweit ist, verdient er sich sein Geld als Pizzakurier und später als Angestellter einer Telefonsex-Agentur – ein Job, bei dem ihm sein schauspielerisches Talent zugute kommt. Eines Tages bricht er alle Regeln und verabredet sich mit einer der Anruferinnen (Sanchez-Gijon), in die er sich prompt verliebt. In ihn hat sich allerdings ein verklemmter Schwuler verliebt, der bislang nur seine Stimme von der Sexline kennt. Die Verwirrungen und Verwechslungen beginnen. Schlüpfrige Screwball-Komödie voll mit absurdem Klamauk, dramaturgischen Unstimmigkeiten und schwulenfeindlichen Späßen. 1996 ein großer Kinohit in Spanien. Bardem erhielt für seine Rolle in *Boca a Boca* („Mund zu Mund") den Goya-Preis, Spaniens wichtigste Filmauszeichnung.

Spanien 1995 Ⓡ Manuel Gómez Pereira Ⓓ Joaquin Oristrell Ⓚ Juan Armorós Ⓑ Javier Bardem, Aitana Sánchez-Gijón, María Barranco, José Maria Flotas Ⓛ 107, farbig
ⒽⓅ ⓅⓇ

Das Böse unter der Sonne
EVIL UNDER THE SUN

Langatmige Agatha-Christie-Verfilmung. Die Schauspielerin Arlena Marshall (Rigg) wird während ihres Urlaubs auf einer griechischen Insel tot aufgefunden. Zufälligerweise ist Hercule Poirot (Ustinov) vor Ort und übernimmt die Ermittlungen. Verdächtigt des Mordes an der Diva ist unter anderem auch der gehässige, tuntige Klatschkolumnist und Biograf Rex Brewster (McDowall).

GB 1981 Ⓡ Guy Hamilton Ⓓ Anthony Schaffer nach dem Roman von Agatha Christie Ⓚ Chris Challis Ⓜ Cole Porter Ⓑ Peter Ustinov, Diana Rigg, Jane Birkin, James Mason, Nicholas Clay, Roddy McDowall, Maggie Smith, Sylvia Miles Ⓛ 116, farbig
Ⓜ

Bonnie und Clyde
BONNIE AND CLYDE

Spielfilm über das Gangsterpärchen Bonnie und Clyde, das in dem von der Depression geprägten US-Amerika der späten zwanziger Jahre den Traum von Freiheit und Reichtum zu erfüllen versucht, indem es Banken überfällt. Die Bisexualität des realen Clyde wird in der Filmversion in Impotenz umgedeutet.

USA 1967 ⊚ Arthur Penn ⊚ Robert Benton, David Newman, Robert Towne ⊛ Burnett Guffey ⊚ Charles Strouse ⊛ Warren Beatty, Faye Dunaway, Michael. J. Pollard, Gene Hackmann, Estelle Parsons, Denver Pyle ⊚ 111, farbig
ⓣ ⒷⒾ

Boogie Nights

Pornoproduzent Jack Horner (Reynolds) hat ein Händchen dafür, zu erkennen, wo wirkliches Starpotenzial steckt. „Ich habe das Gefühl, unter deiner Jeans wartet etwas, ganz groß rauszukommen." Eddie (Wahlberg) lässt sich überzeugen. In seinem Jugendzimmer packt er sich vor dem Spiegel an die Beule und sagt zu sich: „Ich bin ein Star." Zwei Kinostunden später hat sich Eddie zu Dirk Diggler gewandelt, ist einmal die Hetero-Karriereleiter als Star-Ficker im Pornobusiness ganz hinaufgeschnellt – und auch wieder hinuntergepoltert. „Ich bin ein Star. Ein blühender strahlender Star", sagt er sich nun wieder beim Blick in den Spiegel und holt ihn zur Selbstversicherung noch einmal raus. Und dann, in dieser letzten Filmminute, bekommen die Zuschauer ihn endlich zu sehen. Das Ding, nach dem die Frauen lechzen, weswegen ein dicklicher Schwuler (Hoffman) sich den ganzen Film über zum Affen macht, und Dirk Diggler zur Branchengröße aufsteigen konnte: 33 Zentimeter Fleisch. Dass es nicht Mark Wahlbergs eigenes Organ ist, fällt allerdings recht schnell ins Auge. Was ihm die Maskenbilder da zurechtgebastelt haben, sieht dann doch etwas sehr leichenstarr aus.

Als Ausgangsgrundlage diente Paul Thomas Anderson die Lebensgeschichte der auch in zahlreichen schwulen Produktionen zum Einsatz gekommen Pornolegende „Long Ding Dong" Holms. Ohne dabei spekulativ zu werden, erzählt er mit unbändiger Liebe zum Detail von der Entwicklung der Branche Ende der siebziger Jahre bis Anfang der achtziger Jahre, als das Geschäft zu blühen begann, die Nachfrage ständig stieg, aber gleichzeitig mit Video ein radikaler Umbruch stattfand. Anderson lässt sich viel Zeit dabei und viel Raum, um seine Figuren zu entwickeln und ihre Lebensgeschichten zu entfalten. Da kämpft die Porno-Queen Amber (Moore) ums Sorgerecht für ihren Sohn, der eine oder die andere lässt Leben und Verstand im Drogenrausch, und manchen will der Absprung ins bürgerliche Leben nicht gelingen.

USA 1996 ⊚⊚ Paul Thomas Anderson ⊛ Robert Elswit ⊚ Michael Penn ⊛ Mark Wahlberg, Burt Reynolds, Julianne Moore, Don Cheadle, Heather Graham, Philip Seymour Hoffman ⊚ 135, farbig

Bootmen

Die 1995 von Dein Perry aus der Taufe gehobene australische Stepshow *Tapdogs* ist die Grundlage für dieses schlichte Sozial- und Tanzdrama. Arbeitslose Stahlarbeiter finden durchs Steppen zu neuem Mut, klacken hemdsärmlig mit ihren Stiefeln auf allem herum, was Krach macht, und werden zuletzt mit ihrer neuen Tätigkeit berühmt. Obwohl in der Dramaturgie deutlich an *Ganz oder gar nicht* angelehnt, ist *Bootmen* ungleich banaler und vorhersehbarer. Und hier wie dort gibt's den obligatorischen Schwulen in der Männertruppe, der – wieder einmal – außer des kleinen Überraschungsgags keine sonderliche Funktion hat.

AUS 2000 ⊚ Dein Perry ⊚ Steve Worland, Hilary Linstead, Dein Perry ⊛ Steve Mason ⊚ Cezary Skubiszewski ⊛ Adam Garcia, Sophie Lee, Sam Worthington, William Zappa, Richard Carter, Susie Porter, Anthony Hayes ⊚ 93, farbig

Borderline

Spielfilm des Gerichtspsychiaters und Regisseurs Allahyari nach einem authentischen Fall. Ein junger Mann wird in Österreich angeklagt, seinen schwulen Klavierlehrer ermordet zu haben. Als Motiv wird vermutet, dass sich der vermeintliche Mörder sexuell belästigt fühlte. Der Film stellt ausführlich dar, wie der Angeklagte durch ein abgestuftes Programm körperlicher Misshandlung und tiefster seelischer Entwürdigung zu einem Geständnis gebracht wird. Die wahren Täter, zwei Neonazis, werden jedoch durch die Bemühungen eines Arztes zu guter Letzt gefunden.

Österreich 1988 ⊚⊚ Houchang Allahyari ⊛ N.N. ⊛ Michael Lakner, Robert Hauer-Riedl, Trude Marlen, Michaela Scheday ⊚ 113, farbig
ⓣ

Bounce – Eine Chance für die Liebe
BOUNCE

Chaos auf dem von weihnachtlichem Schneesturm geplagten Chicagoer Flughafen. Buddy (Affleck) schenkt kurz vor dem Start sein Flugticket einem fremden Passagier und entrinnt dadurch einem Absturz. Nun plagen ihn Schuldgefühle, und so sucht er die junge Witwe (Paltrow) dieses Reisenden auf – und verliebt sich natürlich in sie. Konventionelles Rührstück ohne ironische Brechungen des offen schwulen Regisseurs Don Roos (*The Opposite of Sex*, 1998). An den Witz dieses Erstlingsfilms erinnert von fern die Nebenfigur Seth (Galecki), ein netter, gezähmt bissiger schwuler Arbeitskollege von Buddy.

USA 2000 ⊙⊙ Don Roos ⊛ Robert Elswit ⊘ Mychael Danna ⊛ Ben Affleck, Gwyneth Paltrow, Joe Morton, Natasha Henstridge, Tony Goldwyn, Johnny Galecki, David Dorfman ⊙ 131, farbig

Bound – Gefesselt
BOUND

Mit *Bound* begann eine neue Ära des Lesbenfilms, die leider kaum Nachahmer fand. Die Wachowski-Brüder haben einen spannenden Thriller inszeniert, in dessen Mittelpunkt wie selbstverständlich ein lesbisches Paar steht, das im Rahmen dieser Geschichte allerdings genau so gut hetero sein könnte. Kein umständliches Coming-out, sondern eine „normale Gangsterliebe" zwischen zwei Frauen wird am Rande der Story um Geld, Macht und Betrug erzählt.

Die toughe Butch Corky (Gershon) wird aus dem Knast entlassen und trifft bei einem Renovierungsjob auf die vermeintlich naive Femme und Mafiabraut Violet (Tilly). Sofort funkt es zwischen den beiden, und es kommt zu mehreren, vor allem für das lesbische Publikum genüsslichen Sexszenen. Violet verrät Corky, dass ihr Lover Cesar (Pantoliano) demnächst eine große Summe Mafiageld in der Wohnung haben wird. Die beiden beschließen, sich mit der Mafia anzulegen und das Geld zu stehlen. Der ursprüngliche Plan misslingt allerdings. Es gibt viele Pannen und etliche Tote (viele recht blutrünstige Szenen sind nichts für schwache Nerven), bis schließlich Violet über sich selbst hinauswächst und die tumbe Männergesellschaft so raffiniert an der Nase herumführt, dass es doch noch ein Happy End für sie und Corky gibt.

Hervorragend angelegt ist vor allem die Figur der Violet, die im Laufe des Films immer dann mit Raffinesse und weiblichen Waffen vorgeht, wenn ihr Pendant Corky mit Brutalität und Rohrzange nicht mehr weiterkommt. Das Image der nai-

ven, hilflosen Femme wird vollständig gebrochen. Die Darstellung durch Jennifer Tilly, die mit einem Augenaufschlag gleichzeitig raffiniert, lasziv und total naiv wirken kann, ist überzeugend und absolut glaubwürdig

Noch mehr zur Kultfigur wurde allerdings Corky, die von Lederjacke bis zur tätowierten Doppelaxt alles aufweist, was an gängigen Lesbenklischees existiert. Ihr Gang in eine Lesbenbar, kaum dass sie aus dem Gefängnis entlassen wurde, um, wie sie zur Barfrau sagt, „eine flachzulegen", zeugt von einem neuen lesbischen Selbstverständnis. Gina Gershon spielt ihre Rolle grandios und setzte ihren Triumphzug in die lesbischen Herzen, der mit ihrer bisexuellen Rolle in *Showgirls* begann, fort.

Für die beiden sehr expliziten Sexszenen zwischen den Frauen (ungewöhnlicherweise verzichtet der Film auf heterosexuelle Sexszenen als Ausgleich) stand niemand Geringeres als die US-bekannte Sexpertin Susie Bright als Beraterin zur Seite – was sich ganz offensichtlich ausgezahlt hat.

Bound, obwohl ein Mainstream-Hollywood-Thriller, gilt zu recht als absoluter lesbischer Kultfilm.

„Diese Rolle ist doch wirklich klasse: Ich bin der Held, ich kriege am Ende das Mädchen, einen Haufen Geld und ein nagelneues Auto." Gina Gershon über ihre Rolle als Corky.

USA 1995 ⊙⊙ Larry und Andy Wachowski ⊕ Bill Pope ♪ Don Davis ▥ Gina Gershon, Jennifer Tilly, Joe Pantoliano, John P. Ryan, Christopher Meloni ⊙ 108, farbig ⓂⓅ

Boys Don't Cry

Der Film basiert auf der wahren Geschichte des transidentischen Brandon Teena, der zusammen mit zwei Freunden im Jahr 1993 im US-amerikanischen Nebraska von seinen beiden Vergewaltigern erschossen wurde.

Die Regisseurin erzählt in ihrem Debütfilm allerdings mehr die Geschichte eines kriminellen Versagers inmitten eines des-

illusionierten Unterschichtmilieus in der Provinz, als dass es sich um ein sexualemanzipatorisches Manifest handelt.

Die als Mädchen geborene Teena Brandon (Hilary Swank) zieht es zu Frauen, sie fühlt allerdings nicht lesbisch, sondern eher als ein Mann. Als Konsequenz lebt sie in einiger Entfernung ihres Heimatdorfes ein Leben als junger Mann unter dem Namen Brandon Teena. Als Brandon und die naive Lana (Cloë Sevigny) ein Paar werden, scheint das Glück dem gebeutelten Brandon zum ersten Mal hold. Doch erneut gerät er durch Diebstähle und Betrügereien mit dem Gesetz in Konflikt. Dadurch fliegt seine Tarnung auf und in der Kleinstadt ist schnell herumerzählt, dass es sich bei ihm um eine biologische Frau handelt. In einer Suffnacht wird Brandon, gewissermaßen als Strafe, von zwei „Freunden" vergewaltigt. Obwohl Brandon die beiden anzeigt und damit auch die Wahrheit über sich selbst preisgibt, lässt der örtliche Sheriff die Vergewaltiger zunächst laufen. Aus Angst vor weiteren Aussagen suchen sie Brandon, der bei einer Freundin untergetaucht ist, auf und erschießen alle Anwesenden.

Trotz der vordergründigen Transgenderthematik ist der Film in erster Linie eine Milieustudie und eine traurige Darstellung herrschsüchtiger Männergewalt, die in ihrer Selbstherrlichkeit nichts akzeptiert, was anders ist. Brandons Motive bleiben – wie auch bei der realen Person – weitgehend im Dunklen. Die Frage, ob es sich lediglich um Angst vor Homophobie und nicht gelebtes Lesbischsein handelte oder um tatsächliche Transidentität, wird ebensowenig geklärt wie die Rolle der Freundin, die vorgibt, nicht gewusst zu haben, dass Brandon ein etwas anderer Mann war. Für die Dramatik und Eindringlichkeit der Geschichte spielt dies allerdings keine Rolle. Mit *Boys Don't Cry* kam immerhin das erste Mal die Problematik von Frau-zu-Mann-Transidentität auf die große Leinwand und ins öffentliche Bewusstsein. Dem Spielfilm ging der Dokumentarfilm *The Brandon Teena Story* voraus, der aber außer auf der Berlinale, wo er den TEDDY als bester Dokumentarfilm gewann (1997), nie in deutschen Kinos lief. Hilary Swank bekam im Jahr 2000 für ihre Rolle als Brandon Teena den Golden Globe und den Oscar als beste Hauptdarstellerin. In bewegenden Worten brach Swank bei der Oscar-Verleihung eine Lanze für Toleranz und Akzeptanz unterschiedlicher sexueller Befindlichkeiten und rückte das Thema somit ins Licht der Öffentlichkeit.

USA 1999 ⊙ Kimberly Peirce ⊙ Kimberly Peirce, Andy Bienen ⊕ Jim Denault ♪ Nathan Larsen ▥ Hilary Swank, Cloë Sevigny, Peter Sarsgaard, Alison Folland, Alicia Goranson, Matt McGrath ⊙ 118, farbig ⓉⓇ ⓉⒹ ⊚

Boys in the Sand

Das Erstlingswerk des Pioniers des schwulen pornografischen Spielfilms, das sich – auch wenn noch nicht so auffallend wie

Bijou (1972) – um eine eigene künstlerische Bildsprache bemüht. In drei Episoden lässt Wakefield Poole seinen Helden erotische Abenteuer am Strand von Fire Island erleben. Sein Hauptdarsteller Casey Donovan begann damit seine Karriere als Pornodarsteller und entwickelte sich zu einer schwulen Ikone der siebziger Jahre. 1984 drehte Poole eine Fortsetzung *Boys in the Sand II*, bei der auch der inzwischen 40-jährige Donovan wieder beteiligt ist.

USA 1971 ⊚⊚⊕ Wakefield Poole ⊛ Casey Donovan, Peter Fisk, Danny DiCiccio, Tommy Moore ⊙ 67, farbig

Braveheart

Aufwändiges wie langatmiges Schlachtendrama über den realen schottischen Freiheitskämpfer William Wallace (Gibson), der sich Ende des 13. Jahrhunderts gegen die Unterdrückung seines Volkes durch die Engländer wehrt. Mit den historischen Fakten wird dabei sehr frei umgegangen. Starke Proteste u.a. durch die US-amerikanische Organisation GLAAD (Gay and Lesbian Alliance Against Defamation) mussten Drehbuchautor wie Regisseur für ihre Darstellung des homosexuellen Königs Edward II. (Hanly) als „passive, weinerliche und dümmliche" Figur einstecken. Desgleichen für die – historisch nicht belegte – Szene, in der Edwards Liebhaber von dessen Vater Edward I. (McGoohan) aus dem Fenster geworfen und so zu Tode gebracht wird.

USA 1995 ⊛ Mel Gibson ① Randall Wallace ⊕ John Toll ♪ James Horner ⊛ Mel Gibson, Sophie Marceau, Patrick McGoohan, Peter Hanley, Catherine McCormack, Brendan Gleeson ⊙ 177, farbig
Ⓣ ⒽⓅ

Brille mit Goldrand
GLI OCCHIALI D'ORO/LES LUNETTES D'OR

Im Ferrara des Jahres 1938 wird eine Leiche am Ufer des Po angeschwemmt. Es handelt sich um den angesehenen Arzt Dr.

Athos Fadigati (Noiret). In Rückblende wird seine Geschichte bis zu seinem Freitod erzählt. Mit seiner Homosexualität geht er stets diskret um – bis er sich in den jungen Boxer Eraldo (Farron) verliebt und die Beziehung zu ihm während einer Urlaubsreise in einem kleinen Badeort vergleichsweise offen auslebt. Fortan wird Fadigati in seiner Heimatstadt mehr und mehr isoliert und geschnitten. Als ihn der skrupellose Eraldo bei einem Fest vor aller Augen verprügelt und bloßstellt, sieht Fadigati keinen Ausweg mehr.

Parallel zu seinem Schicksal wird die Liebesgeschichte zwischen den beiden jüdischen Studenten David (Everett) und Nora (Golino) erzählt, deren Beziehung am aufkommenden Faschismus zerbricht. Während diese Liebe psychologisch akzentuiert geschildert wird, bleibt das Verhältnis Fadigati/Eraldo aufgrund der vorsichtigen Andeutungen recht blass und unscharf. Dafür wird Fadigatis Schicksal symbolträchtig und bisweilen kitschverdächtig ausgemalt. Die titelgebende Goldbrille zerbricht beim Streit mit Eraldo, und nachdem alle Freunde ihn verlassen haben, läuft ihm auch noch der Hund davon.

> „Als ich das Drehbuch las, war ich sehr bewegt, denn die Geschichte des Dr. Fadigati ist vor allem die Geschichte einer großen Leidenschaft, ganz gleich ob für einen Mann oder für eine Frau oder ein Ideal. Dieser Mann lebt seine Leidenschaft bis zum bitteren Ende aus, selbst bis zum Tod, und ich finde, das ist ein schönes Gefühl." *Philippe Noiret über seine Rolle als Dr. Fadigati*

I/F 1987 ⊛ Giuliano Montaldo ① Nicola Badalucco, Antonella Grassi, Giuliano Montaldo nach dem gleichnamigen Roman von Giorgio Bassani ⊕ Armando Nannuzzi ♪ Ennio Morricone ⊛ Philippe Noiret, Rupert Everett, Valeria Golino, Nicola Farron, Stefania Sandrelli ⊙ 92, farbig
Ⓖ Ⓣ

Buddies

Für den 25-jährigen großbürgerlichen David ist sein Schwulsein Privatsache. In seinem Job als Schriftsetzer arbeitet er gerade an einer Aufklärungsbroschüre über Aids, die ihn dazu anregt, sich in einem Schwulenzentrum als Freiwilliger zu melden. Er wird *Buddie* eines Aidskranken. Sein erster Besuch im Krankenhaus verläuft allerdings befremdlich. Der 32-jährige Robert kompensiert seine Todesangst mit Zynismus, David ist irritiert durch seine offen sexuellen wie offensiven Sprachattacken. Allmählich kommen sich die beiden näher und es entwickelt sich eine tiefe Freundschaft, der jedoch kein langes Glück beschieden ist: Robert erliegt seiner Krankheit. In seiner Trauerarbeit findet David zu einer kritisch-kämpferischen Haltung seiner Homosexualität. Am Ende sieht man ihn in einer Demonstration vor dem Weißen Haus.

Buddies ist der erste Spielfilm zum Thema Aids. Bressan inszeniert sensibel, nüchtern und beinahe undramatisch. Selbst wenn er den todkranken Robert beim verzweifelten Masturbationsversuch zeigt, ist dies nicht spekulativ, sondern zeugt vor allem von Zuneigung und Mitgefühl.

Weil *Buddies*, 1985 von Kurator Manfred Salzgeber zu den Berliner Festspielen eingeladen, in Deutschland weder von einem Verleih noch von einer Fernsehanstalt gekauft wurde, gründete Salzgeber kurzerhand selbst einen Filmverleih: die Edition Salzgeber.

USA 1985 ⊕☺ Arthur J. Bressan jr. ⊕ Carl Teitelbaum ♪ Jeffrey Olmsted ⊛ Geoff Edholm, David Schachter, David Rose, Billy Lux ⊕ 81, farbig
Ⓐ

Die Büchse der Pandora

Der expressionistische Stummfilm nach den *Lulu*-Stücken von Frank Wedekind ging vor allem durch die „erste Leinwandlesbe aller Zeiten" in die schwul-lesbische Kinogeschichte ein. Ganz in Leder ist es die butche Gräfin von Geschwitz (Roberts), die ganz offen als Lesbe in diesem Drama gezeigt wird.

Die schöne Lulu verdreht den Männern und auch der lesbischen Gräfin den Kopf. Alle, die für sie entflammen und die dem Bann der geheimnisvollen Schönheit erliegen, sind dem Untergang geweiht. Auch die Gräfin opfert sich aus Liebe zu ihr. Lulu findet schließlich selbst ein tragisches Ende, als sie auf Londons Straßen von Jack the Ripper erstochen wird.

Die Rolle der Lulu war mit der damals „schönsten Frau der Welt" Louise Brooks genial besetzt. Brooks blieb immer eine unangepasste Frau, die sich weigerte, sich in den Mühlen Hollywoods zermalmen zu lassen. Die Tatsache, dass sie auf dem Höhepunkt ihrer Karriere immer für eine Lesbe gehalten wurde, amüsierte die heterosexuelle Brooks. Ganz offen schrieb sie in Briefen aber auch über einige kurze lesbische Affären in ihrem Leben.

Ein Remake des Films mit dem Titel *Lulu* entstand 1962 in der Regie von Rolf Thiele mit Nadja Tiller als Lulu und Hildegard Knef als Gräfin von Geschwitz.

D 1928/29 ⊛ Georg Wilhelm Pabst ☺ Ladislaus Vajda nach den Theaterstücken *Büchse der Pandora* und *Der Erdgeist* von Frank Wedekind ⊕ Günther Krampf ♪ Arthur Kleiner ⊛ Louise Brooks, Fritz Kortner, Franz Lederer, Alice Roberts, Daisy d'Ora ⊙ 131, s/w, stumm

Bugis Street

Bugis Street ist der erste Teil einer Trilogie des Modefotografen und Filmemachers Yonfan. Dreht sich in *New Park* alles um die Schwulen in Taiwan und in *Silver Screen* um Lesben in Hongkongs Filmindustrie, spielt dieser erste Teil ganz in der Welt der Transsexuellen und Transvestiten im Rotlichtbezirk vom Singapur der sechziger Jahre. Das Sin Sin Hotel ist Tummelplatz, Familienersatz, Arbeits- und Wohnstätte greller Paradetunten und Transen im Sexgewerbe. Sie gackern, kreisen, zacken, verlieben sich; der Colliergriff erweist sich wieder einmal als international. Mittendrin die 16-jährige Rezeptionshilfe Lian, die eine ganze Weile braucht, um zu kapieren, dass diese Damen im Haus zur Not auch im Stehen pinkeln können.

Yonfan hält sich lange mit den Porträts seiner Hausbewohner auf. Das ist mal schrill, mal tragisch und hat mit reichlich Sex und selbstverliebten Muskelboys zu tun, aber so richtig in Fahrt will die Geschichte nicht kommen, weil es eine vorwärtstreibende Handlung auch nur rudimentär zu erzählen gibt. Drago hat es als Drag Queen halbwegs zu einer Berühmtheit gebracht, schwärmt von Paris und verscherbelt luxuriöse Hautcreme. Und weil Mutter im Sterben liegt, schlüpft Drago tatsächlich für kurze Zeit in Anzug und Krawatte und sinniert über ein Leben mit Frau und Kind. Der nächste Anblick eines gutgebauten nackten Männeroberkörpers macht diesen Anflug von Bewusstseinswandlung rasch zunichte.

Singapur 1995 ⊕☺ Yonfan ⊕ Jacky Tang ♪ Chris Babida ⊛ Hiep Thi Le, Michael Lam, Greg-O, Ernest Seah, David Knight ⊙ 110, farbig
ⒹⓉ

Butley

Der britische Dramatiker Harold Pinter debütierte als Filmregisseur in den USA mit der Verfilmung eines erfolgreichen Bühnenstücks. Ein Tag im Leben des schwulen, von Selbsthass getriebenen Universitätsprofessors Ben (Bates). Unter seiner zynischen, menschenfeindlichen Art sowie unter seiner perfekten Rhetorik haben nicht nur seine Ex-Frau (Tandy), sondern auch sein junger, langjähriger Liebhaber (O'Callaghan) zu leiden. Die ehemalige Gattin teilt ihm mit, dass sie sich neu verheiraten wird. Sein Geliebter nutzt die Gelegenheit, um sich von Ben zu trennen und künftig mit einem Mann zusammenzuleben, der liebevoller und freundlicher ist, wenn auch etwas gewöhnlicher. Genau die Art Mensch, die Ben nicht ausstehen kann.

GB/USA 1974 ⊜ Harold Pinter ☺ Simon Gray nach seinem gleichnamigen Theaterstück ✦ Gerry Fisher ⦿ Alan Bates, Jessica Tandy, Richard O'Callaghan, Susan Engel, Georgina Hale, Simon Rouse, John Savident ☺ 127, farbig
Ⓑ︎Ⓘ︎

Butterfly Kiss

Eunice ist eine psychopathische Serienmörderin, die zudem auf der Suche nach einer nicht existierenden Frau ist. An einer Tankstelle lernt sie die etwas unterbelichtete Verkäuferin Miriam kennen. Diese erkennt ihre Chance und gibt sich kurzerhand für die Gesuchte aus – und entflieht mit Eunice ihrem drögen Leben. Zwischen beiden entwickelt sich eine heftige Liebesbeziehung. Eunice leidet mehr und mehr unter ihrer Psychose und ihrem zwanghaften Drang zu Morden. Miriam droht an Eunices Gewalt und den Umständen von Verbrechen, Mord und Flucht vor der Polizei zu zerbrechen. Schließlich fordert Eunice den ultimativen Liebesbeweis, indem sie Miriam bittet, sie umzubringen, um sie von der Qual zu erlösen. In einer ergreifenden Szene ertränkt Miriam ihre Freundin beinahe liebevoll.

Ein schräges Roadmovie über zwei Außenseiterinnen auf der Flucht durch ein trübes Nordengland. Glänzend besetzt mit Amanda Plummer als Mörderin und Saskia Reeves, die als naive Verkäuferin endlich zu Liebe und Erfüllung in sehr ungewöhnlicher Form findet. Alles andere als ein lesbischer „feel-good-film" und dennoch eine grandiose Liebesgeschichte.

GB 1994 ⊜ Michael Winterbottom ☺ Frank Cottrell Boyce ✦ Seamus McCarvey ♪ John Harle ⦿ Amanda Plummer, Saskia Reeves, Paul Brown, Freda Dowie ☺ 88, farbig
Ⓜ︎ Ⓣ︎

C

Cabaret

Mit *Cabaret* setzte der vor allem als Broadway-Regisseur bekannt gewordene Bob Fosse Maßstäbe für das Genre Filmmusical und wurde dafür immerhin mit acht Oscars belohnt (u.a. für beste Regie). Sein Film lieferte nicht nur Liza Minnelli ihre wohl eindrucksvollste Rolle, sondern festigte auch den weltweiten Erfolg der Bühnenvorlage. Der Stoff erlebte in seinen diversen Bearbeitungen einschneidende Akzentverschiebungen und Umdeutungen, gerade was die homosexuellen Momente betrifft. Christopher Isherwood beschreibt in seinen autobiografischen Erzählungen, die als Basis für den Film dienten, das Berlin der dreißiger Jahre aus der Sicht eines schwulen englischen Schriftstellers, der den aufkommenden Faschismus erlebt. Sowohl die Theaterbearbeitung von John van Druten als auch das Musical von Masteroff/Kander machten aus der Figur einen jungen heterosexuellen Mann. In einer billigen Pension lernt er die US-Amerikanerin Sally Bowles kennen, die in der Revuebar Kit-Kat-Club als Tänzerin und Sängerin auftritt. Sie verlieben sich, kehren aber der Stadt den Rücken, kurz vor Hitlers Machtergreifung 1933.

Fosses Verdienst ist neben der inszenatorischen Leistung, dass er der Atmosphäre des aufkommenden Faschismus größeres Gewicht verlieh und dem literarisch ambitionierten Studenten Brian (York) wenigstens bisexuelle Neigungen zugestand, der jedoch seine schwulen Gefühle zu unterdrücken versucht – bis auf einen Ausrutscher: Sowohl Sally als auch Brian verlieben sich in denselben Mann, einen deutschen Adligen (Griem).

Weil Berlin aufgrund der Kriegszerstörungen wenige historische Straßenzüge bot, wurde ein Teil der Außenaufnahmen in Wien gedreht. Die Episode in einem deutschen Landgasthof, in dessen Biergarten Hitlerjungen ein Volkslied singen, das sich in einen Marsch mit Hitlergruß verwandelt (*Tomorrow Belongs to Me*) sollte in der deutschen Kinofassung herausgeschnitten werden. Erst nach massiven Kritikerprotesten wurde die Szene wieder eingefügt.

> *„Ich hatte das Gefühl, dass seine homosexuelle Seite im Film als Tick gebracht wurde – wie Bettnässen – und dass er eigentlich von Grund auf heterosexuell sein sollte."* Christopher Isherwood über die Figur des Brian

USA 1971 ⊚ Bob Fosse ◌ Jay Presson Allen nach dem Bühnenstück *I Was a Camera* von John van Druten, Christopher Isherwoods *Leb' wohl Berlin* und dem Musical *Cabaret* von John Masteroff und John Kander ⊛ Geoffrey Unsworth ♩ John Kander ⊜ Liza Minnelli, Michael York, Helmut Griem, Marisa Berenson, Fritz Wepper, Helen Vita, Ralf Wolter, Sigrid von Richthofen, Joel Grey, Elisabeth Neumann-Viertel ⊙ 117, farbig ⑬ ⊚

Caligula

Dass Kaiser Tiberius sich in fortgeschrittenem Alter auf Capri ein exorbitantes Lustschloss eingerichtet hat mit inszeniertem Sodom und Gomorrha rund um die Uhr, ist eigentlich nichts weiter als eine infame Lüge des römischen Schriftstellers Sueton, dem einhundert Jahre nach Tiberius' Tod die Fantasie durchgegangen ist. Verbunden mit den Anekdoten über die ausschweifende Amtszeit von Tiberius' Neffen Caligula (37-41 n.Chr.) dienten sie Gore Vidal als Grundlage für sein Drehbuch, das immerhin noch um historische Einordnung bemüht war. In Tinto Brass' Film blieb davon nicht viel übrig. Herausgekommen ist ein eigenartiger Monumentalfilm, der ausschaut, als hätten sich André Heller und Federico Fellini zusammengetan und mit zu vielen Pornos zugedröhnt: Sex-Theater in garantiert allen Variationen.

Der als Busenfilmer berüchtigte Tinto Brass wollte sicherlich ein durchaus ambitioniertes Werk vorlegen, und mit Vidal als Autor und Schauspielern wie Malcolm McDowell und Peter O'Toole war die Seriosität vorab gesichert. Danilo Donati baute luxuriöse und pompöse Kulissen, die von einem Heer (von im Zweifelsfall nackten) Komparsen bevölkert wurden. Caligula, wie Tinto Brass ihn sieht, ist wie schon Tiberius sexsüchtig, den „Satyrn wie Nymphen zugeneigt", weil Einseitigkeit der Gesundheit schade. Ein perverser wie grausamer Lüstling, der mit seinem Pferd das Bett teilt, mit der Schwester Sex hat, sich in eine Frau verliebt, die er in einer Lesbenorgie unter Priesterinnen entdeckt, und der sein kaiserliches „Recht der ersten Nacht" auch auf einen angehenden Ehemann ausdehnt (und ihn, ohne große Umschweife, kurz mal fistet – mit Schlagsahne statt Crisco). Kurzum: ein Schlammbad aus Blut, Sperma, Wein und Gedärm. Denn auch gemetzelt wird in *Caligula* in Großaufnahme und mit lüsterner Wonne. Orgiastischer Kitsch, der seinerzeit rund 18 Millionen Dollar verschlang, als „Ben Hur der Pornografie" in die Filmgeschichte einging und von *Penthouse* mitfinanziert wurde. Wieviel davon Brass tatsächlich zu verantworten hat, ist schwer zu sagen. Denn er trennte sich im Streit von den Produzenten, die den Film daraufhin neu montierten und um zusätzliche Ekelszenen ergänzten.

I/USA 1979 ⊚ Tinto Brass ◎ Giancarlo Lui, Bob Guccione, Tinto Brass ⊕ Danilo Donati nach Gore Vidal ☷ Paul Clemente ⊛ Malcolm McDowell, Peter O'Toole, Teresa Ann Savoy, Helen Mirren, John Gielgud, Guido Mannari, Bruno Brive, Giancarlo Badessi ⊚ 150, farbig Ⓣ ⒝

Can't Stop the Music

Ende der siebziger Jahre waren die *Village People* mit Hits wie *Y.M.C.A.*, *In the Navy* und *Do You Wanna Spend The Night* auf dem Höhepunkt ihres Ruhms. Ihr Film erzählt verklärend die Geschichte ihrer Karriere. Jack (Guttenberg), ein erfolgloser Komponist, schafft mit einer neu gegründeten, bunt zusammengewürfelten Popgruppe (bestehend aus Ledermann, Cowboy, Bauarbeiter, Indianer, GI und Cop) den Durchbruch. Die Story ist dürftig, reichte aber aus, um die einzelnen Musiknummern locker miteinander zu verbinden. Obgleich das Image der *Village People* ganz gezielt auf deren schwuler Ausstrahlung und stereotyper Kleidung beruhte, vermeidet der Film mit großer Mühe jegliche Andeutung auf die Homosexualität der Protagonisten. Als während der Produktion die Presse berichtete, *Can't Stop The Music* sei ein Film

mit „schwuler Thematik", verlangte Produzent Alan Carr eine Gegendarstellung.

USA 1979 ⊚ Nancy Walker ◎ Bronte Woodward, Allan Carr ⊕ Bill Butler ☷ Jacques Morali ⊛ Village People (Alexander Briley, David Scar Bodo, Glenn Hughes, Randy Jones, Felipe Rose, Ray Simpson), Valerie Perrine, Bruce Jenner, Steve Guttenberg ⊚ 109, farbig

Car Wash

„Dee-Luce-Carwash" ist eine Autowaschanlage in Los Angeles, bei der noch von Hand gearbeitet wird. Das Personal besteht fast ausschließlich aus Schwarzen, die übertrieben stereotyp gezeichnet werden. Die Handlung ist schlicht, die Witze bewegen sich zwischen frischem Zynismus und blanker Klamotte; maßgeblich sind die Musikeinlagen – u.a. gibt es einen Gastauftritt der Pointer Sisters. Der schwarze Transvestit Lindy (Fargas) behauptet sich kampfeslustig und schlagfertig gegen die Anfeindungen seiner Kollegen. Als man ihm vorwirft, er sei ein lebendes Beispiel dafür, wie die Weißen den schwarzen Mann verdorben hätten, kontert er mit dem von Drag Queens immer wieder gerne zitierten Satz: „Schätzchen, ich bin mehr Mann, als du je sein wirst, und mehr Frau, als du je kriegen könntest." Das Drehbuch stammt von dem offen schwulen Hollywood-Regisseur Joel Schumacher (*Batman Forever*, 1995, *Batman und Robin*, 1998), der diesen Satz noch einmal in seinem eigenen Tuntendrama *Makellos* (1999) recycelte.

USA 1976 ⊚ Michael Schultz ◎ Joel Schumacher ⊕ Frank Stanley ☷ Norman Witfield ⊛ Antonio Fargas, Sully Boyar, Richard Brestoff, Franklin Ajave ⊚ 97, farbig ⒟

Caravaggio

Derek Jarmans stilsicheres wie stilisiertes Filmporträt des italienischen Renaissancemalers Michelangelo Merisi genannt Caravaggio (1571-1610) erhebt keinen Anspruch auf historische Wahrheit. Vielmehr schildert Jarman anhand griffiger Szenen ein Künstlerleben außerhalb gesellschaftlicher Normen – von den harten Jugendjahren bis zum frühen gewaltsamen Tod – wie die Wechselwirkung zwischen Kunst und Leben. Der homosexuelle Kardinal del Monte (Gough) hat Caravaggio den Auftrag erteilt, eine Kirche in Rom auszustatten. Als Modell dient ihm der verheiratete Straßenjunge Ranuccio (Bean), den Caravaggio (Terry) sexuell begehrt. Als die Leiche von Ranuccios Frau gefunden wird, gesteht Ranuccio, sie aus Liebe zu Caravaggio getötet zu haben.

Jarman stand nur ein sehr beschränktes Budget zur Verfügung; ein Historienfilm war damit nicht zu finanzieren. Also drehte er seinen Film ausschließlich in einer alten Lagerhalle in den Londoner Docklands und beschränkte sich in der Ausstattung und bei den Kostümen auf wenige Details, die er allerdings mit zeitgenössischen Momenten mischt – was das Ambiente zeitlos macht. Die Darsteller tragen zum Teil Jeans und Armbanduhren, und man hört bisweilen Autogeräusche im Hintergrund. Ein Klerikaler zückt einen goldenen Taschenrechner, ein Feind des Malers tippt wie Marat in der Badewanne sitzend auf einer alten Schreibmaschine eine Schmähschrift. Die Bilder, die Jarman findet, sind stets ausgesucht, kunstvoll und bis ins Detail arrangiert und stellen immer wieder berühmte Gemäldemotive Caravaggios nach. 1986 erhielt der Film bei den Internationalen Filmfestspielen Berlin den Silbernen Bären für „outstanding decoration".

GB 1986 ⊛⊡ Derek Jarman ⊛ Gabriel Beristain ⊙ Simon Fisher Turner ⊛ Nigel Terry, Sean Bean, Gary Cooper, Dexter Fletcher, Spencer Leigh, Tilda Swinton, Nigel Davenport ⊙ 93, farbig ⊤ ⓅⓇ

Carrington
Deutscher Fernsehtitel: Carrington – Liebe bis in den Tod

Die eigenwillige Malerin Dora Carrington (Thompson) und der exzentrische, dreizehn Jahre ältere Schriftsteller und überzeugte Pazifist Lytton Strachey (Pryce) lernen sich auf dem Landsitz von Virginia Woolf kennen und verlieben sich unerwartet ineinander. Und das, obwohl sie heterosexuell, er schwul ist. Mark Gertler, einen Maler-Kollegen (Sewell), der um Carrington wirbt, treibt ihre Ablehnung schier in den Wahnsinn und er versucht, eine Entscheidung zu erzwingen. Einig in der gleichzeitigen Furcht vor und Sehnsucht nach körperlicher Nähe verbringt das Paar siebzehn Jahre in platonischer Liebe miteinander. Während sie durch ihre androgyne Schönheit ihren Gefährten mit Liebhabern versorgt, stiftet Strachey ihre Ehe. Die Hochzeitsreise unternehmen sie gemeinsam – beide mit einem Geliebten – als eine Art Menage à quatre.

Das Regiedebüt Christopher Hamptons, der sich zuvor als Drehbuchautor (u.a. Oscar für *Gefährliche Liebschaften*, 1989) einen Namen machte, hat seine besonderen Qualitäten in der detaillierten Charakterisierung des Beziehungsgeflechts unter den Intellektuellen, Künstlerinnen und Künstlern der sogenannten „Bloomsbury Group". Die Intensität dieser außerordentlichen Liebe ist dank der beiden Hauptdarsteller mit jeder Einstellung unmittelbar nachzuerleben. Aber auch, weil Hampton nicht in erster Linie einen historischen Ausstattungsfilm gedreht hat, sondern sein Hauptaugenmerk auf das Verhalten der Charaktere richtete sowie deren Mut, aus vorgegebenen Bahnen auszubrechen, ohne sich permanent auf ihr Künstlertum berufen zu müssen. 1995 beim Filmfestival von Cannes mit dem Preis der Jury und dem Preis als bester Darsteller für Jonathan Pryce ausgezeichnet.

„Es geht um zwei Menschen, die ihre Freiheit finden, weil sie die Moral der Zeit ignorieren."   *Regisseur Christopher Hampton*

GB 1994 ⊛ Christopher Hampton ⊡ Christopher Hampton basierend auf dem Buch *Lytton Strachey* von Michael Holroyd ⊛ Denis Lenoir ⊙ Michael Nyman ⊛ Emma Thompson, Jonathan Pryce, Steven Waddington, Samuel West, Rufus Sewell, Penelope Wilton, Janet McTeer, Peter Blythe, Jeremy Northam, Alex Kingston, Sebastian Harcombe ⊙ 124, farbig ⒝Ⓘ

Casta Diva

Der schwule, belgische Experimentalfilmregisseur Eric de Kuyper (*Pink Ulysses*, 1990) hat in seinem Regiedebüt stumme Aufnahmen von Männern collagiert, die sie stets allein und in besonderem Verhältnis zu ihrem Körper zeigen – beim Ankleiden, beim Schwimmen oder auch im Badezimmer und beim Fensterputzen. Von Zeit zu Zeit wird die Stille von pathetischen Schreien oder Seufzern zerrissen: die Oper. Ihr theatralischer pathetischer Gesang steht im krassen Gegensatz zur gewollten Trivialität des Bildes.

Chained Heat II

NL 1983 ⊛☺ Eric de Kuyper ⊕ Michel Houssiau ⊛ Jack Post, Emile Poppe, Ben Kettenis, Paul Verstraten, Gerard Lemaitre, Paul Ruven ☺ 105, s/w

Chained Heat II
CHAINED HEAT

Die junge US-amerikanische Touristin Alex (Kimberly Kates), die eigentlich nur ihre Schwester besuchen wollte, landet unschuldig wegen angeblichen Drogenschmuggels in einem grausamen Frauengefängnis in Prag. Im „Raisik"-Gefängnis, in das sie für zehn Jahre gesteckt wird, erleidet sie Höllenqualen und ist sadistischen Aufseherinnen und lesbischen Zudringlichkeiten ausgesetzt. Das klingt bekannt. Ist es auch hinlänglich. Das Remake des „Women-in-Prison"-Klassikers *Das Frauenlager* (*Chained Heat*, 1982), der nur im deutschen Verleihtitel die Nummer zwei trägt, hat exakt die gleichen Zutaten wie sein Vorbild, nur sind Sex, Gewalt und Sadomasochismus auf die Spitze getrieben. Als Dreh- und Angelpunkt fungiert die Direktorin Magda, gespielt von niemand Geringerem als Brigitte Nielsen, die in ihrer Darstellung der bösen SM-Lesbe nicht nur absolut überzeugt, sondern für Fans des Sujets geradezu umwerfend agiert und aussieht. An ihrer Seite ist die nicht minder grausame Aufseherin Rosa, die sich, wenn sie gerade keine Insassinnen quält, mit Magda bei leidenschaftlichen SM-Spielen vergnügt. Ansonsten rekrutieren die beiden

ihre persönlichen Sexsklavinnen aus den Reihen der Häftlinge, die natürlich zumeist gering oder gar nicht bekleidet ihre Arbeit verrichten müssen. Zudem unterhalten sie ein illegales Bordell, in dem die Gefangenen anschaffen gehen müssen. Natürlich sind alle Insassinnen gut und unschuldig, und das Böse kommt in Form der Lesben daher, zumal wenn sie aus dem Ostblock kommen.

Obwohl der Film allgemein und sicher nicht zu Unrecht als erbarmungswürdig schlecht gilt, so ist er doch eine Perle des Genres und für Fans überladener Klischees und delikater SM-Szenen auf Softcorepornobasis ein Leckerbissen – nicht zuletzt wegen der offensichtlich mit Spaß agierenden Brigitte Nielsen.

Kanada 1993 ⊛ Lloyd A. Simandl ☺ Chris Hyde ⊕ Danny Nowak ☺ Braun Farnon, Robert Smart, Doug Johnson ⊛ Brigitte Nielsen, Kimberly Kates, Kari Whitman, Jana Svandová, Paul Koslo, Luci Benes ☺ 96, farbig
ⓦ

Changing Our Minds: The Story of Dr. Evelyn Hooker

Der Dokumentarfilm des Oscar-Preisträgers Schmiechen (*The Times of Harvey Milk*, 1984) schildert das Leben der Psychoanalytikerin Dr. Evelyn Hooker und deren langjährigen harten

Kampf gegen die Auffassung, Homosexualität sei eine Geisteskrankheit. In eindrucksvollen, teils schockierenden Dokumentarbildern – Ausschnitte aus psychologischen Lehr- und Propagandafilmen – zeigt er die Diskriminierungen und furchtbaren medizinischen Torturen wie Zwangskastrationen, Elektroschocks und gehirnchirurgische Eingriffe, denen Schwule und Lesben in der Vergangenheit ausgesetzt waren. Evelyn Hookers unermüdlicher Einsatz, der Ende der vierziger Jahre begann, führte 1974 endlich zur Streichung der Homosexualität aus der Liste der Geisteskrankheiten. Der Film lässt die humorvolle 86-jährige Wissenschaftlerin selbst über ihre Forschungen und Erlebnisse berichten. Die Erzählerstimme im Off gehört Patrick Stewart.

Changing Our Minds wurde beim San Francisco International Lesbian & Gay Film Festival 1992 als bester Dokumentarfilm ausgezeichnet und in der gleichen Kategeorie für den Oscar nominiert.

USA 1992 ⊜◉ Richard Kurt Schmiechen ⊕ Ken Rudolph ⊙ 77, s/w und farbig
Ⓓ ◎

Chasing Amy

Ein Film aus der Reihe „Wenn der Lesbe nur der richtige begegnet ..."

Der hübsche Ben Affleck spielt den Comiczeichner Holden, der sich in eine Lesbe verliebt (Joey Lauren Adams als Amy) und diese natürlich rumkriegt. Sie verlässt ihre Freundin und versucht ein glückliches heterosexuelles Paarleben. Das bringt aber den Mitbewohner des smarten Comiczeichners in Rage, der sich vernachlässigt fühlt und zum beliebten Mittel der Intrige greift. Am Ende sind alle Beziehungen zerrüttet, und man fragt sich, wo die eigentliche Botschaft der Geschichte ist. Endlose und vor allem sinnlose Dialoge von vermeintlich modernen Stadtmenschen ziehen sich durch den Film, und schnell wird deutlich, dass diese moderne Jugend mit im Grunde total überkommenen Moralvorstellungen nur versucht, das kleine Zweierglück zu finden. Die Figur der Amy bleibt oberflächlich und für das homosexuelle Publikum geradezu ärgerlich in ihrer Unentschlossenheit und beinahe dummen, mädchenhaften Hilflosigkeit.

Kein glorreicher Abschluss von Kevin Smith' New-Jersey-Trilogie, für die er zuvor die Filme *Clerks – Die Ladenhüter* und *Mall Rats* machte.

USA 1996 ⊜◉ Kevin Smith ⊕ David Klein ♪ David Pirner ⊛ Joey Lauren Adams, Ben Affleck, Jason Lee, Dwight Ewell, Jason Mewes ⊙ 113, farbig
Ⓑ Ⓗ

The Chelsea Girls

In dem unter Bohemiens seinerzeit beliebten New Yorker Chelsea Hotel gibt Andy Warhol seinen Musen, Freunden und Factory-Mitarbeitern jeweils eine Filmrolle á 35 Minuten Zeit, sich vor der Kamera zu verwirklichen. Eric Emerson wirft einen Trip ein und redet danach wirres Zeug, der Transvestit Mario Montez bringt einem Stricher und seinem Freier ein Ständchen und wird danach von den beiden mit Spott überschüttet. Mary Woronov tyrannisiert ein Zimmer voller ahnungsloser Fotomodels und das lesbische Fotomodel Brigid Berlin telefoniert und haut sich nebenbei eine Spritze mit Speed durch die Jeans direkt in den Hintern.

Warhol hat die Aufnahmen dieser Performances nicht geschnitten. Vorgeführt wurden die Filmrollen jeweils in beliebiger Reihenfolge in einem Doppelprojektor. Jeweils zwei Rollen wurden parallel vorgeführt, eine von ihnen dabei ohne Ton. Die einzelnen Akte waren ursprünglich nicht nur mit einem Titel, sondern auch mit der Zimmernummer versehen. Nachdem die Leitung des Hotels mit einem Prozess gedroht hatte, musste die Bezugnahme auf bestimmte Zimmer jedoch unterbleiben.

USA 1966 ⊕ Andy Warhol ☺ Andy Warhol, Ronald Tavel ⊕ Andy Warhol ♪ The Velvet Underground ⊛ Robert Olivio, Brigid Berlin, Susan Bottomly, Christian Aaron Päffgen, Ingrid von Scheven, Mary Woronov, Rona Schwarz, Mario Montez ⊙ 195 (Langfassung 210), s/w und farbig
ⒹⓉ

Chill Out

Johann lernt schwimmen, es wird eine Dusche installiert und ein Erbschaftsschwindel eingefädelt. Dazwischen gibt's eine Art Dreiecksbeziehung. Ansonsten passiert nicht wirklich viel. Es gibt jedoch auch sehr schöne gestylte Bilder vom Nachwende-Berlin des Bezirks Mitte; heruntergekommene Altbauwohnungen, in denen man die Tapete gleich weglässt und auf Matratzen schläft und die Zimmer nur spärlich mit Mobiliar aus dem Sperrmüll eingerichtet werden. Außerdem Glaspaläste vom Alexanderplatz bis zum Treptower Park. Da glitzert das Glas im Abendrot und überhaupt geht allenthalben der Mond über der Stadt auf. Berlin von Feierabend bis zum Morgengrauen. Man liebt, vögelt und redet wenig. Drei Menschen um die 30, die Freunde werden, sich wechselseitig als Liebhaber versuchen und daran scheitern: Großstadtmenschen, Tagediebe, Lebenskünstler. Man jobbt als Nachtwächter und DJ wie Max (Metschurat). Oder sieht Sex als Chance, verdient sich die Grundversorgung als Callboy und die Extras mit den geklauten Kreditkarten der Freier. „Andere arbeiten in Banken, ich in Hotelzimmern", sagt Johann (Blomberg). Anna (Blacher) arbeitet als Erbenermittlerin, fahndet nach Nachkommen verstorbener Personen und fädelt für Johann eine Gewinn bringende Erbschleicherei ein.

Chill out, der erste Langfilm von Andreas Struck, erzählt eine kammerspielartige Geschichte. Episoden aus dem Zusammentreffen, Zusammenleben und der Trennung dieser drei Personen, die ihr Leben so nehmen, wie es kommt, und sich zufällig über den Weg gelaufen sind. Keine Action, keine unnötige Hektik, *Chill out* wird seinem Titel tatsächlich gerecht: Dieser Film fließt gemächlich dahin. Eigentlich ist es wenig Story für eineinhalb Kinostunden, aber Struck gelingt es vor allem durch die ästhetisierten Bilder und seine lakonische Erzählweise.

D 2000 ⬤⬤ Andreas Struck ⬤ Andreas Doub ⬤ Erlandas ⬤ Tatjana Blacher, Sebastian Blomberg, Barnaby Metschurat, Werner Heinrichmöller, Horst-Günther Marx, Andreas Stadler, Jarreth Merz, Horst Markgraf ⬤ 88, farbig
Ⓑⓘ

Die Chorknaben
THE CHOIRBOYS

Eine desillusionierte, von der tagtäglichen Konfrontation mit dem Verbrechen abgestumpfte Truppe von Streifencops in Los Angeles begegnet ihrer Umwelt selbstherrlich, zynisch, brutal und schwulenfeindlich. Ihrem Frust versuchen sie mit Alkohol und Aggression zu begegnen. Zu ihrem Revier gehört auch der von Schwulen als Cruising-Areal genutzte MacArthur-Park. Eine ältere Tunte mit rosa Pudel muss sich üble Beschimpfungen anhören. Ein junger, durch seine gerade erst entdeckte Sexualität sichtlich verwirrter Schwuler (Wills), der von einem Polizisten (Young) dort aufgegriffen wird, soll versprechen „es nie wieder zu tun". Als er später versucht, einem durch ein Vietnam-Trauma verstörten, wild umherschießenden Polizisten zu helfen, wird er von einem tödlichen Schuss getroffen.

USA 1977 ⬤ Robert Aldrich ⬤ Christopher Knopf nach einem Roman von Joseph Wambaugh ⬤ Joseph Biroc ⬤ Frank DeVol ⬤ Charles Durning, Louis Gossett jr., Michael Wills, Perry King, Burt Young, Don Stroud, Robert Webber ⬤ 120, farbig
Ⓖ

A Chorus Line

Zwei Dutzend Tänzerinnen und Tänzer nehmen an einer schonungslosen Audition für eine neue Broadway-Produktion teil, bei der vier Rollen zu besetzen sind. Nach und nach erfährt man auch die Lebensgeschichten der Bewerber, darunter auch der beiden schwulen Tänzer Greg (Ross) und Paul St. Marco (English).

In der 1975 uraufgeführten Musicalfassung war Paul St. Marcos Monolog über sein Coming-out und sein Verhältnis zu seinen Eltern eine kleine Sensation, denn erstmals wurde die schwule Komponente der Unterhaltungsindustrie am Broadway auch dort thematisiert.

Richard Attenborough kürzte diesen Monolog für seine Filmfassung jedoch stark zusammen. Die Homosexualität Gregs ist nur noch für Eingeweihte zu erahnen. Die Rolle Pauls sollte ursprünglich mit Michael Jackson besetzt werden, der jedoch keinen Schwulen spielen wollte. „Die Leute glauben wegen meiner Stimme ohnehin, dass ich homo bin, aber ich bin es nicht."

> *„Sie nahmen mich bei den Proben beiseite und sagten mir ‚Deine Figur ist übrigens nicht mehr schwul, also versuche ihn so normal wie möglich zu spielen.' Als ich fragte, wie das gemeint sei, antworteten sie, ich solle einfach an Tyrone Power oder einen anderen charmanten Filmstar denken."* Schauspieler Justin Ross

USA 1985 ⬤ Richard Attenborough ⬤ Arnold Schulman nach dem gleichnamigen Musical von James Kirkwood und Nicholas Dante ⬤ Ronnie Taylor ⬤ Marvin Hamlish ⬤ Michael Belvins, Yamil Borges, Jan Gan Boyd, Cameron English, Justin Ross, Sharon Brown, Gregg Burge, Michael Douglas ⬤ 125, farbig
ⒸⓄ

Chuck Solomon: Coming of Age

Der Filmtitel ist zugleich Motto: *Coming of age* heißt *mündig werden*. Was es damit auf sich hat, erfahren die Zuschauerinnen und Zuschauer durch die zentrale Figur des Films, den kalifornischen Theatermann Chuck Solomon, der aidskrank vor der Kamera sein Leben skizziert. Sein 40. Geburtstag wird mit einer großen Gala gefeiert. Einer der Gäste spricht stellvertretend für ihn das Credo aus: Anstatt hinterher *Memorial Parties* (Erinnerungsfeiern) zu zelebrieren, solle man lieber vorher die Lebenden feiern.

USA 1986 ⬤⬤ Marc Huestis, Wendy Dallas ⬤ Fawn Yacker ⬤ Donna Visscuso ⬤ Chuck Solomon, Doris Fish, das Ensemble von *Unfinished Business: The AIDS Show*, Tom Ammiano, Mitglieder der San Francisco Mime Troup ⬤ 58, farbig
Ⓓ Ⓐ

Chucky und seine Braut
BRIDE OF CHUCKY

Für den vierten Aufguss der Trashhorror-Serie wird Chucky, die mörderische Puppe mit den fiesen Augen und den bösartigen Sprüchen, durch ein Voodoo-Ritual der heiratswilligen Tiffany (Tilly) wieder ins Leben zurückbeordert. Ihr Liebhaber ist ein ganzkörper-tätowierter und gepiercter Death-Metal-Fan (Alexis Arquette mal gegen sein herkömmliches schwules Image besetzt), der allerdings bald dahingemeuchelt ist. Längere Überlebenschancen hat hingegen der artige Schwule David (Woolvett), der schließlich gegen einen fahrenden Sattelschlepper knallt.

USA 1998 Ⓔ Ronny Yu Ⓒ Don Mancini Ⓟ Peter Pau Ⓙ Graeme Revell Ⓐ Jennifer Tilly, Katherine Heigl, Alexis Arquette, Nick Stabile, John Ritter, Gordon Michael Woolvett Ⓣ 89, farbig Ⓣ

Chutney Popcorn

Turbulente Komödie um die junge Lesbe Reena, die zwischen ihrer indischen Familientradition, Kinderwunsch, modernem lesbischen Leben und den üblichen Beziehungs- und Alltagssorgen Gefahr läuft, im Chaos zu versinken. Regisseurin Nisha Ganatra selbst spielt die orientierungslose Titelheldin Reena. Sie und ihre Schwester Sarita (Jaffrey) sind so ungleich, wie Schwestern es nur sein können. Während Reena Motorrad fährt, mit ihrer weißen Freundin Lisa (Hennessy) zusammenlebt und abgesehen von Henna-Tattoos nicht viel Bezug zu ihren indischen Wurzeln hat und stattdessen ein „normales" US-amerikanisches Großstadtleben lebt, ist Sarita bieder, angepasst, verheiratet und möchte Kinder. Als sich jedoch herausstellt, das Sarita unfruchtbar ist, stellt sich Reena als Leihmutter zur Verfügung, um einmal ihrer Familie etwas Gutes zu tun. Das Chaos ist nunmehr vorprogrammiert. Lisa flippt aus, weil sie keine Lust auf eine schwangere Freundin hat, und sucht zunächst das Weite. Im gleichen Maße wie Reena durch die Schwangerschaft einen tatsächlichen Kinderwunsch entwickelt, entdeckt Sarita die angenehmen Seiten des Lebens und will immer weniger die Mutterrolle erfüllen. Nach viel Durcheinander gibt es schließlich ein für alle zufriedenstellendes Happy End.

Ein gefälliger Film, der vielleicht zu viele Zeitgeistthemen auf einmal versucht anzugehen. In seinem Ansinnen, den Widerspruch zwischen indischer Kultur und modernem Lebenstil – von Frauen oder von Homosexuellen – darzustellen, erinnert er an *Mein wunderbarer Waschsalon* (1986), *Fire* (1996) oder an *Kick It Like Beckham* (2002). Als lesbische „Feel good"-Komödie schwimmt *Chutney Popcorn* im Fahrwasser von *Better than Chocolate* (1998) oder *Watermelon Woman* (1995).

USA 1999 Ⓔ Nisha Ganatra Ⓒ Susan Carnival, Nisha Ganatra Ⓟ Erin King Ⓙ Karsh Kale Ⓐ Jill Hennessy, Nisha Ganatra, Sakina Jaffrey, Nick Chinlund, Madhur Jaffrey Ⓣ 93, farbig ⓆⒸ

Claire Berolina

Diese Fernsehproduktion der DDR ist abgesehen vom hohen künstlerischen Standard vor allem in ihrem offenen Umgang mit der Homosexualität seiner Protagonistin bemerkenswert. Die Kabarettistin und Sängerin Claire Waldoff war im Berlin der zwanziger Jahre ein Superstar und prägte sowohl das Szeneleben wie auch das Kleinkunstgeschehen der Stadt entscheidend. Die offen lebende Lesbe – berüchtigt durch das damals noch verbotene Tragen von Männerkleidung auf der Bühne und durch ihre legendäre Kodderschnauze – war mit der in Lesbenkreisen nicht minder, vor allem durch die Organisation großer Tanzveranstaltungen bekannten Olly von Roeder liiert.

In der Filmbiografie werden Aufstieg und Fall der Künstlerin Claire Waldoff (überragend gespielt von Maria Malé) in politisch schwierigen Zeiten dokumentiert. Aber auch ihre zahlreichen Frauenaffären und ihre Dauerbeziehung zu Olly von Roeder (gespielt von Zuzana Koćuriková) kommen ganz selbstverständlich und ohne jede negative Konnotation ins Bild. Wenn auch nicht immer ganz historisch korrekt und etwas zu heroisierend – gerade was das innere Exil während der Nazizeit angeht –, ist der Film allemal sehenswert, zeichnet er doch ein positives Bild einer der ganz wenigen offen lesbischen deutschen Prominenten.

DDR 1985 ⊕◎ Klaus Gendries ⊕ Jerzy Stawicki ♪ Jürgen Ecke ⊛ Maria Mallé, Zuzana Koćuriková, Dorit Gäbler, Fritz Hille, Peter Buchheim ◎ 90, farbig

Claire of the Moon

In einem typisch US-amerikanischen Schreibworkshop treffen die bis dahin heterosexuelle Bestsellerautorin Claire (Todd) und die lesbische Psychologin Noel (Trumbo) aufeinander und müssen sich eher unfreiwillig ein Ferienhaus am Strand teilen. Die Abneigung der beiden zueinander verwandelt sich bald in brennendes, uneingestandenes Verlangen. Von der ersten Szene an vorhersehbar, lebt die Spannung des Films von dem Katz-und-Maus-Spiel der beiden, das natürlich darin mündet, dass sie sich schließlich doch kriegen. Bis dahin vergeht eine langatmige, fast vollständige Spielfilmlänge, in der das Publikum immer wieder mit komm-her-geh-weg-Spielchen gequält wird und sich etliche Male vor dem erlösenden ersten Kuss auf der Leinwand doch noch weggedreht, weggelaufen und dergleichen mehr geziert wird. Wenn dieser Kuss dann endlich stattfindet, gibt es nicht selten Gejohle und Szenenapplaus beim lesbischen Publikum, allerdings mehr aus Erleichterung als aus Begeisterung über den Film. Die vermeintlich knisternde Erotik wirkt oft unfreiwillig komisch. Die Darstellerinnen, bemüht mit bebenden Lippen und tiefen Blicken das große Begehren zu verkörpern, wirken plump, und die Handlung ist äußerst fantasielos und sehr dialoglastig. *Claire of the Moon* wurde der filmhungrigen lesbischen Kinogemeinde Anfang der neunziger Jahre als der legitime Nachfolger des Klassikers *Desert Hearts* angepriesen. Tatsächlich ist der Film ähnlich verklemmt und unent-

schlossen geworden wie sein Vorbild, doch filmisch bei weitem nicht so gelungen.

Überflüssigerweise gibt es übrigens das Video *Moments – The Making of Claire of the Moon* dieses gut gemeinten und doch so misslungenen Lesben-Erotikspielfilms ohne Tiefgang.

USA 1992 ⊕◎ Nicole Conn ⊕ Randolph Sellars ♪ Michael Allen Harrison ⊛ Trisha Todd, Karen Trumbo, Faith McDevitt, Caren Graham ◎ 108, farbig
ⓒⓞ

Der Clan
THE BETSY

Der Automobilindustrielle Loren Hardeman sr. (Olivier), Gründer eines riesigen Firmenimperiums, will sich mit seinen 90 Jahren ein Denkmal in Form eines revolutionären Wagens setzen. Die Familie jedoch wehrt sich gegen das Unternehmen. In Rückblenden werden der Aufstieg des Unternehmens und die damit verbundenen Familienintrigen geschildert. So hat sich Hardemans Sohn Loren II (Rudd), ein verheirateter homosexueller Familienvater, vermutlich das Leben genommen, nachdem er seine Frau mit dem Vater im Bett beobachtet hat. Den Geliebten von Loren II, Joe Warren (David), tötete Hardeman nach einer gescheiterten Erpressung. Aufwändig mit historischen Automobilen ausgestattete Familiensaga, die aber statt Glamour eher gepflegte Langeweile verbreitet.

USA 1977 ⊕ Daniel Petrie ◎ Walter Bernstein, William Bast nach einem Roman von Harold Robbins ⊕ Mario Tosi ♪ John Barry ⊛ Laurence Olivier, Robert Duvall, Katharine Ross, Tommy Lee Jones, Paul Rudd, Clifford David, Lesley-Anne Down ◎ 125, farbig
Ⓣ Ⓜ

Die Clique
THE GROUP

Die etwas lang geratene Verfilmung des Romans von Mary McCarthy erzählt die Geschichte von acht Studentinnen, die gemeinsam auf das noble Vassar-College in den USA gehen und dort „Die Clique" bilden. Der Film begleitet die ungleichen Frauen zehn Jahre lang von ihrem Schulabschluss 1933 bis in die Wirren des Zweiten Weltkriegs. Eine der zentralen Figuren der Gruppe ist die distanzierte und immer überlegen wirkende Lakey (die kühle Schönheit Candice Bergen in einer Glanzrolle). Sie reist gleich zu Beginn des Films nach Europa, um erst gegen Ende wieder im Schoße der Gruppe anzukommen – zur Überraschung aller mit einer Geliebten im Schlepptau. Eine besondere Beziehung hatte Lakey zu Kay (Joanna Pettet), deren Hochzeit sie stark emotionalisiert, und man ahnt, dass es dabei um mehr als nur Sympathie geht. In einer denkwürdigen Szene will Kays unsympathischer Ehemann von Lakey wissen, ob es je eine sexuelle Beziehung zwischen den beiden gab. In aller Überlegenheit gibt sich die selbstbewusste Lesbe kryptisch, nur um den Ehemann noch mehr auf die Palme zu bringen.

Auch wenn es hauptsächlich um die meist tragischen Schicksale heterosexueller Frauen geht, so ist am Ende die lesbische Figur doch eine der glücklichsten. Die positive Darstellung der lesbischen Lakey ist für seine Zeit durchaus erstaunlich.

USA 1966 ⊚ Sidney Lumet ☺ Sidney Buchman nach dem gleichnamigen Roman von Mary McCarthy ✤ Boris Kaufman ♪ Charles Gross ⊛ Candice Bergen, Shirley Knight, Jessica Walter, Joan Hacket, Elisabeth Hartman, Joanna Pettet, Kathleen Widdoes, Mary-Robin Redd ⊙ 152, farbig

Die Clique von Beverly Hills
WHEN THE PARTY'S OVER

Eine WG in Los Angeles. Amanda (Bullock) und ihre beiden Freundinnen lieben und streiten sich, haben Ärger mit Kerlen und reden ziemlich viel dummes Zeug. Der Vierte im Bunde ist Banks (Kramm), ein schwuler Schauspieler. Uninspirierte Teenagerkomödie mit nervend einfältigen Charakteren aus den Zeiten, als Sandra Bullock noch kein Star gewesen ist.

USA 1992 ⊚ Matthew Irmas ☺ Matthew Irmas, Ann Wycoff ✤ Alicia Weber ♪ Joe Romano ⊛ Sandra Bullock, Rae Dawn Chong, Fisher Stevens, Brian McNamara, Kris Kramm, Paul Johansson, Michael Landes ⊙ 115, farbig

Der Club der gebrochenen Herzen
THE BROKEN HEARTS CLUB: A ROMANTIC COMEDY

Die Schwulenbar „Broken Hearts" ist für eine siebenköpfige Freundesclique zum zweiten Wohnzimmer geworden. Dort jobben sie und treffen sich, dort verknüpfen sich ihre Leben miteinander. Junge, gutaussehende Mittelschichts-Schwule in

West-Hollywood, die ihren Weg ins Leben noch nicht wirklich gefunden haben und sich mit keinen allzu großen Problemen herumschlagen müssen. Dennis (Olyphant) ist 28 und sein nahender 30. Geburtstag stürzt ihn in eine Lebenskrise. Er nennt sich Fotokünstler, obwohl er nur ein bisschen herumknipst. Einen richtigen Job hat er ebensowenig wie die meisten seiner Freunde, und auch privat gibt es zwar immer wieder Affären und One-Night-Stands, aber keine ernst zu nehmende, dauerhafte Beziehung. Benji (Braff) verliebt sich konsequent in den Falschen, bei dem Schauspieler Cole (Cain) bleiben die Männer nur jeweils eine Nacht, Patrick (Weber) leidet unter seiner vermeintlichen Hässlichkeit. Sein zweites Problem: Seine lesbische Schwester Anne (McCormack) will mit ihrer Lebensgefährtin Leslie (Long) ein Kind und Patrick soll dazu den Samen spenden. Beim gemeinsamen Baseballspiel der schwulen Männertruppe, das regelmäßig von Jack (Mahoney), dem älteren Lokalbesitzer, organisiert wird, bricht dieser durch einen Herzinfarkt tot zusammen.

Drehbuchautor und Regisseur dieser leicht sentimentalen, durch einigen Wortwitz lebendig gehaltenen Beziehungskomödie Greg Berlanti ist Produzent der Teenie-Soap *Dawson's Creek*. Vielleicht wirkt deshalb sein Spielfilm auch wie ein Pilotfilm zu einer neuen Serie. Die Figuren sind grob skizziert und leicht einzuordnen, die Handlungsstränge überraschen nicht und sind klar erkennbar miteinander verwoben. Berlanti schwebte ein schwules Pendant zu Levinsons *Diner* vor. Geworden ist es ein programmatisch oberflächlicher Schwulenfilm für die breite Masse ganz ohne Aids, Coming-out-Drama und schrille Exzesse.

> „Ich wollte einen Film über Schwule drehen, der mehr dem Bild entspricht, das ich von der Szene habe – sehr Mainstream, normal eben. Ich wollte einen Film, der sich um Romantik dreht und nicht um Sex, etwas Universelles, das jeder versteht."
> Autor und Regisseur Greg Berlanti

USA 2000 ⊚☺ Greg Berlanti ✤ Paul Elliot ♪ Christophe Beck ⊛ Timothy Olyphant, Andrew Keegan, John Mahoney, Dean Cain, Zach Braff, Matt McGrath, Ben Weber, Billy Porter, Justin Theroux, Nia Long, Mary McCormack ⊙ 95, farbig

Cocktail für eine Leiche
ROPE

Cocktail für eine Leiche war für Alfred Hitchcock in mehrfacher Hinsicht eine Herausforderung: Es war sein erster Farbfilm, Hitchcock war zum ersten Mal sein eigener Produzent, und er stellte sich selbst eine besondere zusätzliche Herausforderung: Weil der kammerspielartige Thriller räumlich wie zeitlich geschlossen ist, wollte er ohne Schnitt drehen. Technisch konnte dies natürlich nicht wirklich funktionieren, weil die Länge der Filmrollen Schnitte vorgab. Hitchcock behalf sich, indem er vor dem Ende einer Rolle die Kamera auf einen Gegenstand schwenken ließ (meist die inhaltlich wichtige Truhe) und nach dem Wechsel die neue Rolle mit einer Rückwärtsfahrt begann.

In der Truhe liegt eine Leiche, ermordet von einem latent schwulen Studentenpaar (Granger und Dall), das aus einer Laune heraus einen Kommilitonen ermordet und in der Truhe versteckt hat. Sie fühlen sich den anderen intellektuell überlegen und deshalb gegenüber der Gesellschaft moralisch nicht verantwortlich. Der Mord erscheint wie ein Spiel. Zu ihrer am gleichen Abend stattfindenden Cocktailparty haben sie auch einen Universitätsprofessor eingeladen (Stewart), dem sie rätselhafte Hinweise liefern, die auf die geschehene Tat und das Versteck der Leiche hinweisen sollen. Die Homosexualität der beiden Mörder wird im Drehbuch zwar nie ausdrücklich benannt, aber als Folie für die Beziehung der beiden in der Inszenierung konsequent im Auge behalten. Ähnlich kryptisch und versteckte homosexuelle Charaktere finden sich auch in anderen Hitchcock-Filmen wieder, etwa Bruno Anthony (Robert Walker) und Guy Haines (Farley Granger) in *Strangers on a Train* (dt. *Der Fremde im Zug*, 1951).

Inspiriert wurde Hitchcock von einem tatsächlichen Kriminalfall. (Siehe auch *Swoon*, 1991, und *Der Zwang zum Bösen*, 1959).

„Der Film soll angeblich von Homosexuellen handeln, und man sieht nicht einmal, dass sich die Jungs küssen. Was ist das?" Jean Renoir über Cocktail für eine Leiche

USA 1948 🎬 Alfred Hitchcock 📝 Artur Laurents nach dem Stück von Patrick Hamilton 🎥 Joseph Valentine, William V. Skall 🎵 Leo F. Forbstein 🎭 James Stewart, Farley Granger, John Dall, Joan Chandler, Cedric Hardwicke, Constance Collier, Edith Evansson, Douglas Dick ⏱ 81, farbig
HC

Coconuts

Billige Abenteuerklamotte um den schwulen Kriminellen Bosch (Fendrich), der auf einer Jagd zwischen Österreich und dem Amazonas von Vera (Pascal) zur Heterosexualität bekehrt wird. Schwulenklischees werden auf längst überholt gedachte Weise für homophobe Witze unter der Gürtellinie verbraten. Trotz oder gerade wegen dieser Rückständigkeit zog der Film in Österreich ein großes Publikum ins Kino und zählt zu den erfolgreichsten Produktionen der achtziger Jahre.

Österreich/BRD 1986 🎬 Franz Novotny 🎥 Frank Brühne 🎵 Rainhard Fendrich 🎭 Olivia Pascal, Mario Adorf, Hanno Pöschl, Lou Van Burg, Rainhard Fendrich, Wilfried Baasner, Haymon Maria Buttinger, Joe Berger ⏱ 92, farbig
HP

Der codierte Mann
BREAKING THE CODE

Ein den historischen Fakten verpflichteter biografischer Spielfilm über den Mathematiker Alan Turing. Bereits als Jugendlicher fasziniert von Zahlentheorien und Chiffriertechniken denkt er nach dem frühem Tuberkulosetod seiner großen Jugendliebe Christopher Morcom (Ritson) über die Möglichkeit nach, das menschliche Denken mit einer Rechenmaschine zu simulieren. Bald schon zählt der junge Mathematiker zu den führenden Wissenschaftlern seines Fachs. Sein Ruhm dringt bis hinauf ins Kriegsministerium. Die „Government Code and Cipher School" (GCCS), eine Spezialeinheit des britischen Intelligence Service, bittet Turing (Jacobi) mitzuhelfen, den Code der deutschen Chiffriermaschine „Enigma", die eine entscheidende Rolle in der Kriegsführung der Nazis spielt, zu knacken. Zusammen mit der Mathematikerin Pat Green macht Turing sich an die Arbeit und konstruiert ein elektronisches Gehirn, die Vorform des heutigen Computers: Der „Enigma"-Code ist damit geknackt.

Doch Turing wird nicht nur als Held gefeiert. Auf Grund seiner allzu offen gelebten Homosexualität erteilt der Leiter von Betchley Park, Dillwyn Knox (Johnson), dem genialen Mathematiker einen Verweis. Noch zehn Jahre nach Kriegsende – Turing lehrt inzwischen an einer Universität – gilt der Geheimnisträger wegen seiner Homosexualität als Sicherheitsrisiko und wird vom Secret Service beobachtet. Die Affäre mit dem Stricher Ron Miller (Kerridge) wird Turing schließlich zum Verhängnis. Er wird wegen „grober Unzucht" angeklagt und fällt öffentlich in Ungnade.

GB 1997 ⊛ Herbert Wise ☺ Hugh Whitemores nach seinem gleichnamigen Drama und Andrew Hodges nach seinem Buch *Alan Turing: The Enigma* ☻ Rainer Gutjahr ☽ Robert Vidgeon ⊛ Derek Jacobi, Alun Armstrong, Blake Ritson, Prunella Scales, Julian Kerridge, Harold Pinter, Richard Johnson, Amanda Root ☺ 87, farbig
Ⓖ ⓅⓇ

Coming out

Die Ost-Berliner Lehrerin Tanja (Manzel) verliebt sich in ihren Kollegen Philipp (Freihof). Der versucht ihre Liebe zu erwidern, muss sich aber eingestehen, dass er schwul ist. Als er sich zu seinen Gefühlen für Matthias (Kummer) bekennt, ist der Zeitpunkt für ein Coming-out gekommen.

Carows Film ist der erste – und letzte – Spielfilm der DDR, der sich mit dem Thema Homosexualität beschäftigt. Es wurde ein moralisches Plädoyer für Toleranz und Individualismus, das seine aufklärerischen, didaktischen Motive durch die psychologisch feine Zeichnung der Charaktere jedoch gut aufzuheben weiß. Die Premiere des Films fand ausgerechnet am Abend des Mauerfalls statt. Er gelangte mit der ungewöhnlich hohen Zahl von 40 Kopien in die Kinos. Aufgrund der historischen Umstände fand er in der DDR kaum Publikum, schließlich hatte man Aufregenderes zu tun, als ins Kino zu gehen. Gedreht an authentischen Schauplätzen der Ost-Berliner Schwulenszene, z.B. in der früheren Schwulenkneipe *Burgfrieden* und dem Cruisingpark in Friedrichshain. Die damals lediglich Insidern bekannte Charlotte von Mahlsdorf hat in der Faschingsparty-Szene einen Gastauftritt. *Coming out* wurde so zugleich auch ein Dokument des homosexuellen Lebens in der Hauptstadt der DDR, zeigt aber auch weiter gehende Themen, wie sie in der DDR bis dahin nicht so einfach im Film behandelt werden durften: In der S-Bahn wird ein Schwarzafrikaner von Skinheads zusammengeschlagen. Ein alter Mann in der Schwulenkneipe erzählt von seinen KZ-Erlebnissen. Er bemerkt mit Verbitterung, dass man die Träger des rosa Winkel nach der Befreiung vergessen habe und macht damit deutlich, dass der Faschismus in der DDR keineswegs, wie die Propaganda vorgab, bereits abschließend bewältigt ist. *Coming out*

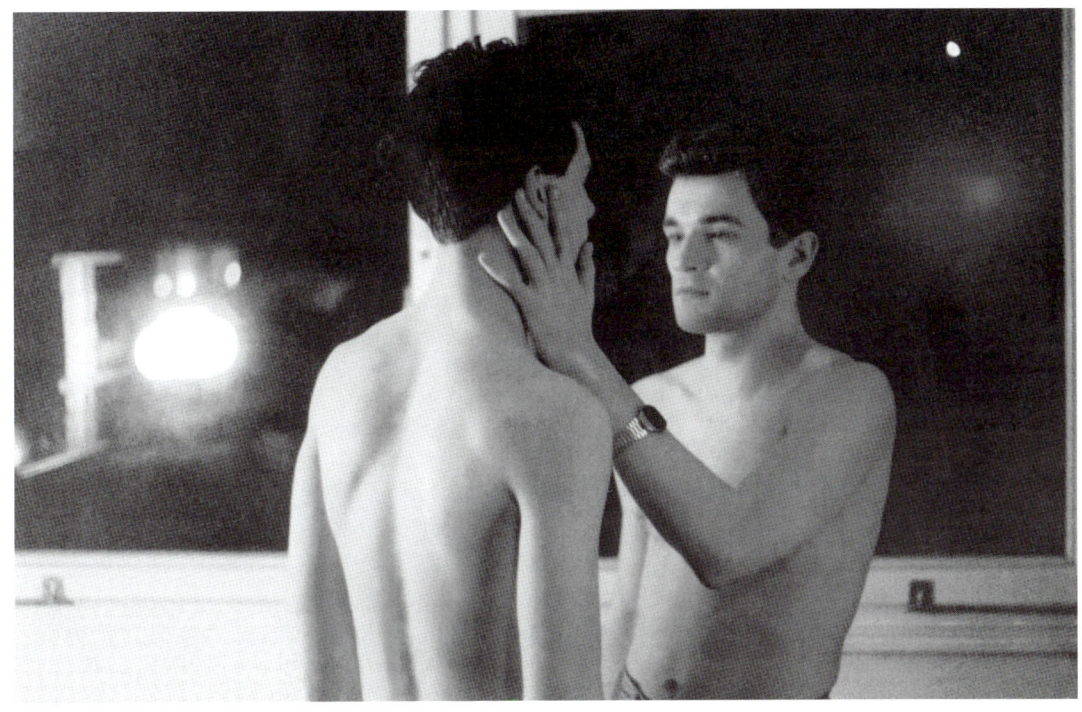

wurde 1990 bei den 40. Internationalen Filmfestspielen Berlin mit dem Silbernen Bären und dem TEDDY ausgezeichnet. Im gleichen Jahr erhielten Carow und sein Drehbuchautor Wolfram Witt den Konrad-Wolf-Preis der Akademie der Künste in Berlin.

„Wir haben versucht, einen Film für ein breites Publikum zu machen, nicht für die Schwulen und nicht gegen sie. Wir haben von Menschen erzählt."   Regisseur Heiner Carow

„Mit (diesem Film) würde ein notwendiges und sehr wichtiges Stück Aufklärungsarbeit in der DDR geleistet werden. (…) Eine filmische Umsetzung des Szenariums ‚Coming out' steht in der Tradition der revolutionären deutschen Arbeiterbewegung und trägt in diesem Sinne zur Verwirklichung der humanistischen Ideale deutscher Kommunisten in unserer Gesellschaft bei."   Dr. K.-H. Schöneburg in seinem offiziellen DEFA-Gutachten zum Drehbuch (1988)

DDR 1989 ⊕ Heiner Carow ☺ Wolfram Witt ⊕ Martin Schlesinger ♪ Stefan Carow ⊛ Matthias Freihof, Dagmar Manzel, Dirk Kummer, Michael Gwisdek, Werner Dissel, Gudrun Ritter ⊙ 112, farbig
CO T TD

Common Threads – Stories from the Quilt

„Erst mit Rock Hudson wurde die USA auf Aids aufmerksam", sagt Dustin Hoffmann aus dem Off. Robert Epstein und Jeffrey Friedman (*The Times of Harvey Milk*, 1984, *The Celluloid Closet*, 1995) widmen sich vor allem den unbekannteren Aids-Toten und ihren Angehörigen. Der Aids-Quilt, ein aus zehntausenden gleichgroßer, zur Erinnerung an Aidstote persönlich gestalteter Decken bestehender Monumentalteppich, ist Ausgangspunkt für diesen gefühlvollen Dokumentarfilm, der 1990 mit dem Oscar ausgezeichnet wurde. Er erzählt die Geschichten hinter den Namen auf diesen Quilts. So kommen die Eltern des kleinen David Mandell, der als Bluter mit dem HI-Virus infiziert worden war, zu Wort und die lesbische Sara Lewinstein, die mit dem schwulen Schriftsteller und Aktivisten Tom Wadell ein Kind hat und auch der Autor Vito Russo, der seinen Lebensgefährten Jeff Sevcik betrauert. Kurze Zwischentitel lassen die Geschichte der Epidemie wie die Versäumnisse der Gesundheitsbehörden Revue passieren.

USA 1990 ⊕ Robert Epstein, Jeffrey Friedman, Cindy Ruskin ⊕ Dyanna Taylor, Jean De Segonzac ♪ Bobby McFerrin and Voicestra ⊙ 79, farbig
Ⓐ Ⓓ Ⓞ

Complaints of a Dutiful Daughter

Die eindringliche und liebevolle Dokumentation einer lesbischen Tochter über ihre an Alzheimer erkrankte 84-jährige Mutter Doris gilt als eine der besten künstlerischen Auseinandersetzungen mit dieser Krankheit. Kamerafrau Frances Reid – die auch Kameraarbeit bei *The Times of Harvey Milk* (1984), bei dem die Regisseurin als Cutterin fungierte, sowie bei *Common Threads: Stories from the Quilt* (1989) machte – und Deborah Hoffman gelang ein ungewöhnlich dichter, gefühlvoller Film, ohne jede überhöhte Dramatik oder Selbstmitleid. Wenn die Mutter vor laufender Kamera die Tochter fragt: „Wie genau sind wir miteinander verwandt?", möchte das Publikum lachen und weinen zugleich. Zwischen den Zeilen lässt die Mutter immer wieder durchblicken, dass sie im Grunde mehr weiß, als sie zugibt, beziehungsweise, trotz der voranschreitenden tödlichen Krankheit, auch lichte Momente hat. Die lesbische Lebensweise der Tochter wird als ganz natürliches Element eingebracht und zeigt, dass ein lesbischer Film mehr kann, als nur um ein lesbisches Thema kreisen.

Der Film gewann den TEDDY für den besten Dokumentarfilm auf der Berlinale 1994.

USA 1994 ⊕☺ Deborah Hoffman ⊕ Frances Reid ♪ Mary Watkins ⊛ Doris Hoffman ⊙ 44, farbig
Ⓓ TD

Comrades in Arms

Sechs Lesben und Schwule, die während des Zweiten Weltkrieges als Soldaten der britischen Armee gedient haben, berichten in Interviews über ihr Leben als Homosexuelle beim Militär. Der Dokumentarfilm verbindet Archivaufnahmen und populäre zeitgenössische Songs mit Interviews mit den Zeitzeugen.

GB 1990 ⊕☺ Stuart Marshall ⊕ N.N. ⊛ Dudley Cave, Zena Eaton, Doris Higgins, Alec Purdie, Jocelyn Thomas, Bill Thorneycroft ⊙ 50, s/w und farbig
Ⓓ

Confessional
LE CONFESSIONAL
Deutscher Fernsehtitel: Der Beichtstuhl

Im Jahr 1952 inszeniert Alfred Hitchcock in Québec seinen Film *I Confess*. In der Kirche, in der er gerade dreht, erlebt die 16-jährige schwangere Rachel (Clement) ihr eigenes Drama. Verzweifelt sucht sie Trost in der Beichte und vertraut ihr Geheimnis dem jungen Priester Massicotte (Daneau) an. Im Jahr 1989 kommt Pierre Montagne (Bluteau) nach langer Abwesenheit nach Québec zurück, um seinen Vater zu beerdigen. Er trifft in einer schwulen Sauna seinen Adoptivbruder Marc wieder, den unehelichen Sohn von Rachel. Marc (Goyette) hat nie erfahren, wer sein Vater ist, er fühlt sich verloren und orientierungslos, will Klarheit über seine Wurzeln. Gemeinsam machen sich die Brüder auf die Suche nach dem unbekannten Vater – eine Suche, die ins Jahr 1952 und an die Drehorte Hitchcocks führt.

Theaterregisseur Robert Lepage erzählt seinen Erstlingsfilm mit ruhigen, exquisiten und mysteriösen Bildern. Fließend gleitet seine Geschichte in das Familiendrama im Québec der fünfziger Jahre zurück, verknüpft Vergangenheit und Gegenwart ständig miteinander und lässt sie miteinander verschmelzen. Marc findet den selbstgewählten Tod, wie seine Mutter. Ein Freier entpuppt sich als ein Geistlicher, der – vielleicht – sein Vater war. Marcs Sohn wird – vielleicht – genauso vaterlos aufwachsen, wie er selbst. Das Ende (das hier nicht verraten werden soll) stellt alles auf den Kopf und das Leben Pierres wie den Tod Marcs in Frage. *Confessional* ist, wie Lepages Bühnenarbeiten, ein ruhig dahingleitender Bilderstrom, durchsetzt von kafkaesken Einsprengseln, belebt von Menschen, die durch ihr Leben taumeln, immer Suchende bleiben und der Welt entrückt. Ein Film voller Rätselbilder, ein Vexierspiel, bei dem mit großem Formbewusstsein ständig mit Bildassoziationen, Symbolen und Zeichen gearbeitet wird.

Kanada/GB/F 1995 ⊛Ⓒ Robert Lepage ⊕ Alain Dostie ⊛ Lothaire Bluteau, Patrick Goyette, Kristin Scott Thomas, Ron Burrage, Suzanne Clement, Normand Daneau, Jean-Louis Millette Ⓒ 100, farbig

Costa Brava

Anna (Balletbò-Coll) ist eine quirlige lesbische Theaterautorin und Schauspielerin, die versucht, ihr Ein-Frau-Stück in einem Theaterfestival in San Francisco unterzubringen. Ihr Geld verdient sie sich als Fremdenführerin durch Barcelona, das als wunderbare Kulisse für die Geschichte dient. Eines Tages bei einer ihrer Touren an die Costa Brava lernt sie die attraktive Montserrat (del Valle) aus Israel kennen, die wegen eines Forschungsauftrags in der Stadt weilt. Schnell finden die beiden zueinander, doch Montserrat ziert sich noch, sich als Lesbe zu bezeich-

nen, und beharrt darauf, bisexuell zu sein. Während sich ein vor allem durch pointierte Dialoge ausgetragener Nähe-Distanz-Kampf der beiden dahinzieht, versucht Anna weiterhin, ihr Theaterstück unterzubringen. Dies zur Not auch mit Hilfe ihrer Ex-Freundin, der berühmten Diva Marta, zu der sie ein äußerst angespanntes Verhältnis hat. Auch Montserrat muss sich beruflich umtun, als ihr Auftrag ausläuft. Beide peilen die USA an, was eine gemeinsame Perspekive bedeuten würde.

Vor dem Hintergrund der spanischen Küste Costa Brava und der katalanischen Hauptstadt sieht man einen etwas mit Problemen überfrachteten kleinen Film, der in erster Linie die Personality-Show der Marta Balletbò-Coll ist. Dass die talentierte Spanierin ihren No-Budget-Film, der übrigens in Englisch gedreht ist, zu 80 Prozent allein gemacht hat, merkt man zwar an allen Ecken und Enden, dennoch kann man vor allem den trockenen Humor goutieren. Lesbischsein von einer Lesbe auf die Schippe genommen, das gibt es leider viel zu selten, weshalb diese beim lesbischen Festivalpublikum weltweit beliebte Komödie eine Bereicherung darstellt.

Spanien 1995 ⊛ Marta Balletbò-Coll Ⓒ Ana Sinon Cerezo, Marta Balletbò-Coll ⊕ Teo López García ♪ Miguel Amon, Emil Remolins Casas, Xavier Martorell, Ikal Sena ⊛ Marta Balletbò-Coll, Desi del Valle, Montserrat Gausachs, Josef Maria Brugues, Ramón Marí, Marel Malaret, Sergi Schaaff Ⓒ 90, farbig
ⒷⒾ

Cruising

Die New Yorker Schwulenszene wird von einem Sexualmörder in Angst und Schrecken versetzt. Die grausam verstümmelten Opfer gehörten allesamt zur SM- und Lederszene. Die Polizei setzt einen jungen Polizisten (Pacino) als verdeckten Ermittler ein, der in Lederkluft die Szene erkundet. Der fühlt sich bald in den diversen Cruising-Arealen bestens zu Hause.

Ausgangspunkt für die Geschichte war eine tatsächliche Mordserie Mitte der siebziger Jahre in New York. Der ehemalige Polizist Randy Jurgensen, der Friedkin beratend zur Seite stand, erlebte bei den damaligen Ermittlungen angeblich eine ähnliche sexuelle Identitätskrise wie Pacinos V-Mann Steve. Die Dreharbeiten fanden zum Teil unter starkem Polizeischutz statt, da sich die New Yorker Schwulenszene durch Friedkins klischeehafte und sensationsheischende Darstellung der Schwulenszene, die bedrohlich, sexbesessen und gewalttätig geschildert wird, diskriminiert sah. Auch die rund 1600 Statisten aus der Schwulen- und SM-Szene, die am Film mitwirkten, bekamen den Zorn der Demonstranten zu spüren und wurden als Verräter beschimpft. Trotz aller Boykottaufrufe spielte *Cruising* in den ersten fünf Tagen in den USA fünf Millionen Dollar ein, danach jedoch stockte der Zuschauerstrom, da die große landesweite Kinokette General Cinema Corporation sich wegen der expliziten SM-Sexszenen weigerte, den Film in ihren Häusern zu spielen.

„Dieser Film ist nicht als Anklage der homosexuellen Welt gedacht. Er spielt in einem kleinen Ausschnitt dieser Welt, der nicht stellvertretend für das Ganze stehen soll."   *Regisseur William Friedkin*

USA 1979 🖊 William Friedkin 📝 William Friedkin nach einem Roman von Gerald Walker 📷 James Contner 🎵 Jack Nitzsche 🎭 Al Pacino, Paul Sorvino, Karen Allen, Richard Cox, Don Scardino, Joe Spinell, Jay Acovone, Randy Jurgensen ⏱ 101, farbig Ⓖ Ⓜ SM HP

The Crying Game

Der IRA-Kämpfer Fergus (Rea) entführt den farbigen britischen Soldaten Jody (Whitaker), um mit der Erpressung die britische Regierung unter Druck zu setzen. Der Premierminister allerdings ist unbeeindruckt und Fergus erhält den Auftrag, die Geisel zu erschießen. Doch während der Gefangenschaft hat sich Fergus mit Jody angefreundet und lässt ihn laufen, wird jedoch von einem Armeefahrzeug überfahren. Fergus taucht ab und sucht Jodys Freundin Jil (Davidson) auf, von der dieser immer wieder begeistert erzählt hat. Er verliebt sich in die geheimnisvolle Nachtclubsängerin. Deren Wohnung gleicht einem Schrein für den toten Soldaten mit Dutzenden von Erinnerungsstücken. Als er mit ihr ins Bett geht, stellt sich heraus, dass sie ein Mann ist. Fergus, der in seiner Obsession für den Toten sich mehr und mehr in dessen Rolle begibt, muss erkennen, dass er den Platz seines Opfers an der Seite von Jil niemals ausfüllen kann. Ihm ist es zwar gelungen, seine politischen Ressentiments zu überwinden, er wird allerdings nie homosexuelle Gefühle entwickeln können.

Neil Jordans Film wurde für sechs Oscars nominiert (u.a. Jay Davidson als bester Nebendarsteller) und erhielt ihn für das beste Originaldrehbuch. Das Titellied stammt von Boy George.

GB 1992 🖊📝 Neil Jordan 📷 Ian Wilson 🎵 Anne Dudley 🎭 Stephen Rea, Forest Whitaker, Miranda Richardson, Jaye Davidson, Adrian Dunbar ⏱ 112, farbig TR Ⓞ

D

Dallas Doll

Die US-amerikanische Golftrainerin und selbsternannte Familientherapeutin Dallas Adair landet in Australien bei der bis dahin intakten spießigen Familie Sommers in einem Vorort von Sydney. Statt nur Golf zu lehren, macht es sich Dallas zur Aufgabe, allen in der Familie ihre Wünsche zu erfüllen. So krempelt sie die Bereiche Job, Karriere und vor allem die Sexualität der Familie komplett um. Nacheinander zieht sie Vater, Mutter und Sohn in ihren Bann, nicht ohne schamlos mit allen dreien sexuell zu verkehren. Ein Highlight stellt dabei die Verführungsszene von Mutter Rosalind mit einem Strip-Golfspiel zu den Klängen von Doris Days „A Woman's Touch" dar. Allein Tochter Rastus bleibt gegen den Eindringling resistent. Als das Treiben zu bunt wird und Dallas mit ihren bizarren Geschäftsplänen zu sehr über die Stränge schlägt, muss sie in einem ziemlich missglückten Ende das Land wieder verlassen.

Die turbulente, sehr an den Haaren herbeigezogene Komödie lebt vor allem von der Performance der offen bisexuellen Komödiantin und Schauspielerin Sandra Bernhard als Dallas. Sie spielt die Rolle ganz ihrem Image im richtigen Leben entsprechend.

Gerüchten zufolge soll sich Bernhard allerdings später von dem Film, der insgesamt beim Publikum kein großer Hit wurde, distanziert haben.

AUS/GB 1993 ⊜⊕ Ann Turner ⊕ Paul Murphy ♪ David Hirschfelder ⊕ Sandra Bernhard, Victoria Longley, Frank Gullacher, Jake Blundell, Rose Byrne ⊙ 105, farbig
BI

Die Damen aus Boston
THE BOSTONIANS

Vanessa Redgrave spielt die tragische Figur der gut betuchten (natürlich nicht praktizierenden) Lesbe und Frauenrechtlerin Olive Chanceller, die sich 1875 in einer politischen Gruppe in Boston für das Frauenwahlrecht einsetzt. Als sie der jungen Verena (Potter) begegnet, möchte sie sie für die Sache, aber auch für sich gewinnen. Zunächst sieht es viel versprechend für Olive aus: Verena wird immer vertrauter und scheint auch politisch Gefallen am Kampf für Gleichberechtigung zu finden. Dann taucht Olives Cousin Basil (*Superman*-Christopher Reeve), ein konservativer Anwalt aus den Südstaaten, auf und mit ihm Heterosexualität und das Ende der Träume. Verena zögert zunächst, wendet sich dann aber doch mehr und mehr von Olive ab und hin zu dem unangenehm gegen die Suffragetten agitierenden Basil. Am Ende heiratet er Verena, und Olive bleibt verlassen zurück.

Die traurige Geschichte um eine unglückliche lesbische Frauenrechtlerin soll von Autor Henry James nicht nur ein gezielter Schlag gegen die Frauenbewegung gewesen sein, sondern auch auf dem wahren Leben seiner lesbischen Schwester Alice James beruhen, die tatsächlich in dem berühmten feministischen Bostoner Kreis von Frauenrechtlerinnen verkehrt ist.

Inszeniert wurde der Film vom Erfolgstrio Ivory, Merchant und Jhabvala, die unter vielen anderen auch für Regie, Produktion und Drehbuch von *Zimmer mit Aussicht* (1985), *Maurice* (1987) und *Was vom Tage übrig blieb* (1993) verantwortlich zeichnen.

Für ihre Darstellung der verklemmten, unglücklichen und verlassenen (immerhin nicht sterbenden) Lesbe Olive Chanceller wurde Vanessa Redgrave für den Oscar nominiert.

GB 1984 ⊛ James Ivory ☺ Ruth Prawer Jhabvala nach dem gleichnamigen Roman von Henry James ⊛ Walter Lassally ♪ Richard Robbins ⊛ Vanessa Redgrave, Madeleine Potter, Christopher Reeve, Jessica Tandy, Nancy Marchant, Barbara Bryne, Wesley Addy ☺ 122, farbig
◎

Dark Prince – The True Story of Dracula

Blutrünstiges Actionspektakel um den rumänischen Prinzen Vlad Dracula, historisches Vorbild für die Legende des Vampir Dracula. Aus Rache für seinen ermordeten Vater und seinen kleinen Bruder, der vom türkischen Sultan Mohammed als Knabe entführt und als Sexsklave missbraucht wurde, überzieht Vlad „Der Pfähler" das Land mit Angst und Schrecken. Als er Jahre später seinen Bruder wiedertrifft, kämpft dieser auf der Seite der Türken. Vlad Dracula wirft ihm vor, Gefallen an den „Perversionen" des Sultans gefunden zu haben.

USA 2001 ⊛ Joe Chappelle ☺ Tom Baum ⊛ Dermott D. Downs ⊛ Rudolf Martin, Jane March, Roger Daltrey, Peter Weller ☺ 88, farbig
(PĀ)

Darling

Diana (Christie, die für diese Rolle einen Oscar erhielt) ist eine attraktive, junge und emanzipierte Frau, die sich im europäischen Jetset zuhause fühlt. Ihr Berufswunsch: Fotomodell. Auf dem beruflichen und gesellschaftlichen Karriereweg nach oben läßt sie sich mit diversen Männern ein. Ihr bester Freund ist der schwule Fotograf Malcolm (Curram), mit dem sie sich nach einem gescheiterten Beziehungsversuch für einen Urlaubstrip auf Capri begibt. Malcom knüpft dort diverse sexuelle Kontakte zu anderen Schwulen und sonnt sich mit ihnen am Strand.

GB 1965 ⊛ John Schlesinger ☺ Frederic Raphael ⊛ Kenneth Higgins ♪ John Dankworth ⊛ Julie Christie, Dirk Bogarde, Laurence Harvey, Jose Luis de Vilallonga, Roland Curram ☺ 124, farbig
◎

Ein Date zu dritt
THREE TO TANGO

Um seine Teilnahme an einem Architekturwettbewerb zum Bau des von Charles Newman gestifteten Kulturzentrums nicht zu gefährden, lässt sich Oscar Novak (Perry) vom eifersüchtigen Newman als Aufpasser für dessen Mätresse Amy (Campbell) anheuern. Was Oscar erst zu spät begreift: Newman hält ihn für schwul und nur deshalb für ungefährlich. Dummerweise hat sich Oscar bereits in Amy verliebt. Einzig seinem tatsächlich schwulen Geschäftspartner Peter Steinberg (Platt) kann er sein Dilemma gestehen. Denn bis der Auftrag unter Dach und Fach ist, dürfen weder Amy noch Newman von Oscars Heterosexualität erfahren. Zwangsweise fügt sich Oscar in seine neue schwule Rolle und wird zuletzt sogar zum „schwulen Geschäftsmann des Jahres" gekürt. Die Preisverleihung nutzt er zu seinem anderen Coming-out: als Heterosexueller.

Leidlich komische und vorhersehbare Komödie, die genau mit jenen Vorurteilen über Schwule arbeitet, die eigentlich angeprangert werden sollen, und in der die wirklich schwulen Charaktere (z.B. Oscars Kontrahentenpaar beim Architektenwettbewerb) als bloße Chargen auftauchen.

USA 1999 ⊛ Damon Santostefano ☺ Rodney Vaccaro, Aline Brosh McKenna ⊛ Walt Lloyd ♪ Graeme Revell ⊛ Matthew Perry, Neve Campbell, Dylan McDermott, Oliver Platt, Cylk Cozart, John C. McGinley, Bob Balaban ☺ 98, farbig

A Death in the Family

Der Neuseeländer Andy kehrt von Übersee in seine Heimat Auckland zurück, um dort an seiner Aidserkrankung zu sterben. Schwule Freunde nehmen ihn in ihr Haus auf und kümmern sich um ihn. Seine konservative und christliche Familie kommt aus ihrer Kleinstadt angereist, um ihn zu besuchen, hat aber Schwierigkeiten, mit der Situation, seiner Krankheit und seiner Homosexualität fertig zu werden. Die Handlung, die sich aus der Sicht des früheren Liebhabers Simon entwickelt, wird in dokumentarisch anmutenden Interviews mit den

Freunden vorweggenommen. Die beiden Regisseure Wells und Main stellen der leiblichen Familie die schwule Wahlfamilie und damit zwei gegensätzliche Lebensentwürfe und Grundhaltungen gegenüber. Mit schonungslosen Nahaufnahmen lassen sie die Zuschauer intensiv am Geschehen teilhaben, das über Strecken ganz ohne Dialog auskommt.

Neuseeland 1987 ⊜⊚ Peter Wells, Stewart Main ⊕ Alan Locke ⊘ Wayne Laird ⊛ John Watson, Jon Brazier, Ray Edkins, Nigel Harbrow, Bernadette Doolan, Nancy Flyger, Paul Gittens, Derek Hardwick © 50, farbig Ⓐ

The Deep End – Trügerische Stille
THE DEEP END

Max Ophüls hatte Elizabeth Sanxay Holdings Roman bereits für seinen Film *The Reckless Moment* (1949) als Vorlage verwendet. In der Neuinterpretation durch das Regie- und Autorenduo Scott McGehee und David Siegel wurde der kammerspielartige Thriller um entscheidende Details aktualisiert. Bei Ophüls sind es Liebesbriefe, die das Verhältnis einer Tochter zu einem älteren Mann belegen und zum Ausgangspunkt für eine Erpressung werden. In *The Deep End* sieht sich die Mutter damit konfrontiert, dass ihr Sohn ein Verhältnis zu einem Nachtklubbesitzer hat. Und hier ist es der Videomitschnitt einer heißen Sexnacht, den die Mutter teuer bezahlen soll.

Die Hausfrau Margaret Hall (Swinton), deren Mann Kapitän auf hoher See und deshalb ständig abwesend ist, muss sich nicht nur um den schwer kranken Schwiegervater kümmern, sondern auch die drei Kinder alleine erziehen. Zusammen leben sie in ihrem großen Haus am Lake Tahoe in Sierra Nevada. Dass ihr 17-jähriger Sohn Beau (Tucker) eine Affäre mit dem etwas älteren Barbesitzer Darby Reese (Lucas) hat, ist eine der ersten entscheidenden Störungen der Familienidylle. Margret versucht diese Beziehung zu verbieten. Als Reese den Sohn nachts heimlich besucht und Margaret am nächsten Morgen seine Leiche am Bootshaus findet, zieht sie ihre Schlüsse. Um ihren Sohn, den sie des Mordes verdäch-

tigt, vor Strafverfolgung zu schützen, versenkt sie den Toten im See. Nur wenig später tritt mit Alek (Visnjic) ein Erpresser auf den Plan, der 50.000 Dollar für das Sexvideo ihres Sohnes haben möchte.

The Deep End lebt von der atemberaubenden Atmosphäre des Drehorts und der stoischen Beharrlichkeit, mit der Tilda Swintons Margaret ans Werk geht. Dass sie sich in den Erpresser verlieben wird, erhellt sich für den Zuschauer leider ebenso schnell wie sich die Figurenkonstellation letztlich zu gradlinig entwickelt und daher Spannung vermissen lässt. Das Grundproblem dürfte hierbei die fehlende Tiefe der Charaktere sein. Der Mutter-Sohn-Konflikt in der Frage der Homosexualität wird in keinem Satz thematisiert. Verwunderlich, denn schließlich ist dies überhaupt der Ausgangspunkt für die Katastrophe.

USA 2001 ⊜ Scott McGehee, David Siegel ◎ Scott McGehee, David Siegel nach dem Roman *The Blank Wall* von Elisabeth Sanxay Holding ⊕ Giles Nuttgens ⊘ Peter Nashel ⊛ Tilda Swinton, Goran Visnjic, Jonathan Tucker, Josh Lucas, Peter Donat, Tamara Hope, Jordan Dorrance, Raymond Barry © 101, farbig Ⓣ

Defying Gravity

Der Student Griff (Chilson), der in einem Verbindungshaus auf dem Campus einer US-amerikanischen Universität lebt, wahrt aus Angst vor der latenten Homophobie seiner Kommilitonen nach außen hin seine Fassade als tougher Heterosexueller und verheimlicht seine Beziehung zu Pete (Handfield). Dieser steht offen zu seiner Homosexualität und fühlt ihre Liebe durch Griffs Verhalten und dessen Selbstbetrug verraten. In einem schwulen Café kommt es zu einer Aussprache, doch Griff will sein Leben nicht ändern. Sie trennen sich im Streit. Kurz darauf wird Pete schwer verletzt in eine Klinik eingeliefert. Militante Schwulenhasser haben ihn überfallen und niedergeschlagen. Griff, der mit seiner Zeugenaussage mithelfen könnte, die Täter zu fassen, findet nicht den Mut dazu. Es würde zugleich bedeuten, zu seinen Gefühlen für Pete und damit auch offen zu seinem Schwulsein zu stehen.

USA 1997 ⊜⊚ John Keitel ⊕ Jon T. Howard ⊘ Thomas Harting ⊛ Niklaus Lange, Daniel Chilson, Don Handfield, Lesley Tesh, Ryan Tucker, Linna Carter, Seabass Diamond © 93, farbig Ⓖ

Denkt bloß nicht, daß wir heulen
BLESS THE BEASTS AND CHILDREN

Sechs Jungen aus der Großstadt, die von ihren Eltern zwecks Ertüchtigung in ein Jugendcamp geschickt wurden, gelten dort als Weichlinge und werden verlacht. Bei sportlichen Wettkämpfen sind sie stets Verlierer. Vergeblich bemühen sie sich um Anerkennung, auch von den Betreuern werden sie gehänselt. Zu den Erniedrigungen durch den Rest des Camps kommen die Probleme der Pubertät. Goodenow (Glaser), der sich mit der Angst quält, schwul zu werden, versucht sich das Leben zu nehmen, wovon Cotton (Robbins) ihn abhält. Nachts schlafen sie eng umschlungen im Bett. Als ein Betreuer die gesamte Gruppe beim gemeinsamen Onanieren erwischt, werden sie dafür bestraft. Erst als sie eine Herde zum Abschuss bestimmter Büffel befreien, finden die Jungs Selbstbestätigung. Cotton jedoch wird dabei niedergeschossen.

USA 1970 ⊙ Stanley Kramer ☺ Mac Venoch nach einem Roman von Glendon Swarthout ✈ Michel Hugo ♪ Barry De Vorzon, Perry Botkin ⦿ Bill Mumy, Daryl Glaser, Marc Vanhanian, Barry Robbins, Miles Chapin ⏱ 102, farbig
Ⓚ Ⓖ Ⓣ

… denn sie wissen nicht, was sie tun
REBEL WITHOUT A CAUSE

Eine Clique aufbegehrender Jugendlicher vertreibt sich die Zeit mit Prügeleien, Liebesaffären und lebensgefährlichen Mutproben. Dann stößt der Außenseiter Jim (Dean) zur Gruppe und verliebt sich in Judy (Wood). Der sensible und vereinsamte Plato (Mineo) stammt aus reichem Elternhaus und findet in Jim einen mutigen Freund, den er vergöttert. Zwischen ihnen entwickelt sich eine platonische Beziehung, die jedoch durchaus homoerotische Momente hat. Jim setzt dem zu dieser Zeit vorherrschenden harten Machobild des Mannes eine andere Art männlichen Verhaltens entgegen, das auch Zärtlichkeiten gegenüber dem gleichen Geschlecht beinhaltet.

Ein Kultfilm der fünfziger Jahre, der die US-amerikanischen Teenager jener Zeit, ihre Zukunftsangst, Orientierungslosigkeit und Rebellion gegen die Selbstzufriedenheit ihrer gutbürgerlichen Elternhäuser zum Thema hat. James Dean wird durch diese Rolle zum Inbegriff einer Generation und begründet damit zudem seinen Weltruhm.

„Ich wollte unter anderem zeigen, dass es unter der ganzen beschissenen Machoschutzhülle einen reinen Drang nach

Zuneigung gab, und es spielte keine Rolle, wem sie galt. (…) Mein liebster Augenblick im Film findet nicht zwischen Jim und Plato statt, sondern zwischen Jim und Buzz, der bei der Mutprobe stirbt. Er war zärtlich und liebevoll, und der Tod des Jungen, den Jim ganze zwölf Minuten gekannt hatte, motivierte die ganze zweite Hälfte des Films." Drehbuchautor Stewart Stern

USA 1955 ⊙ Nicholas Ray ☺ Irving Shulman, Stewart Stern nach der Erzählung *The Blind Run* von Dr. Robert M. Lindner ✈ Ernest Haller ♪ Leonard Rosenman ⦿ James Dean, Natalie Wood, Sal Mineo, William Hopper, Jim Backus, Ann Doran, Rochelle Hudson ⏱ 106, farbig
Ⓜ🄵 🄷🄲 Ⓣ

Desert Hearts

Ende der fünfziger Jahre im Scheidungsparadies Nevada, USA: Die steife New Yorker Literaturprofessorin Vivian (Shaver) fährt in das Wüstenkaff Reno, um eine schnelle Scheidung hinter sich zu bringen. Wie andere Leidensgenossinnen auch hat sie sich bei der verhärmten Ranchbesitzerin Frances (Lindley) eingemietet. In der besten Szene des Films lernt Vivian gleich zu Beginn, auf dem Weg zur Ranch, Frances' temperamentvolle Stieftochter Cay (Charbonneau) kennen. Diese kommt mit ihrem Auto Frances und Vivian auf der Gegenspur des Highways entgegen und fährt dann auf gleicher Höhe mit ihnen und im gleichen Tempo rückwärts die Straße entlang, um ein Schwätzchen zu halten. Zum Ärger ihrer Stiefmutter lebt Cay offen lesbisch und macht Vivian unverhohlen Avancen. Die prüde Professorin ist zwar geschmeichelt, hält die junge Lesbe allerdings lange hin, bis es endlich in einem Hotelzimmer zu der – in der lesbischen Filmwelt wohl umstrittensten – Sexszene kommt. Die berühmte Szene, auf die man im Verlauf des Films sehr lange warten muss, sollte damals allen Ansprüchen an Lesbensex auf der Leinwand genügen: deutlich, aber nicht pornografisch; lustvoll, aber nicht zu geil, und schließlich leidenschaftlich, aber trotzdem ästhetisch anzuschauen. Das konnte natürlich nicht klappen. Im Endeffekt gibt es zwei verunsicherte Frauen, bei ziemlich verklemmtem Sex, in sehr wenig gewagten Bildern zu sehen und die Lesbennation kam zu dem vernichtenden „Das-soll-alles-gewesen-sein?"-Urteil.

Doch auch nach dem ersten Mal ziert sich Vivian gewaltig und kann sich trotz Liebesschwüren Cays, die glaubt, in ihr endlich, nach vielen oberflächlichen Affären, die Richtige gefunden zu haben, nicht ganz auf die Beziehung einlassen. Das Ende bleibt mehr oder weniger offen. Häufig wird es als Happy End verkauft; die Skeptischeren aber sehen es mehr als eine Abfuhr für Cay.

Desert Hearts sorgte bei seinem Erscheinen Mitte der achtziger Jahre als einer der ersten Mainstream-Lesbenfilme mit Hollywood-Anmutung für Furore: von den einen als „der" Lesbenfilm, auf den alle gewartet haben, gefeiert, von den anderen als prüdes, langweiliges Kitschdrama ohne heißen Sex und politische Ambitionen verdammt. Und immer wieder entzündeten sich die Gemüter an der Sexszene, die zwar mehr zeigt als beinahe alle Filme davor, aber dennoch verklemmt und äußerst unrealistisch daherkommt.

Der Film zeichnet sich in seiner Machart vor allem durch wunderschöne Landschaftsaufnahmen in tollem Wüstenambiente aus. Die Musikrechte für den schmissigen Soundtrack mit Originalstücken von Patsy Cline, Johnny Cash und Elvis dürften eine der teuersten Positionen im Budget gewesen sein.

Egal wie verklemmt oder inkonsequent der Film auch eingeschätzt wird, und wie schwach das Drehbuch letztendlich auch war, so galt er lange Zeit als „der" Klassiker des lesbischen Liebesfilms und war der Meilenstein, an dem sich alle folgenden zu messen hatten.

USA 1985 🎬 Donna Deitch 🖊 Natalie Cooper nach dem Roman *Desert of the Heart* von Jane Rule 🎥 Robert Elswit 🎵 diverse 🎭 Helen Shaver, Patricia Charbonneau, Audra Lindley, Alex McArthur, Andra Akers ⏱ 93 (orig. 96), farbig 🄯

Desperate Living

Die Geschichte dieses Films ist fast zu absurd, um sie wiederzugeben – ein klassischer John Waters eben, des „King of Puke", dem König des Kotzens. Und übergeben mussten sich so manche bei diesem kleinen Meisterwerk des schlechten Geschmacks – vorausgesetzt, sie waren lange genug im Kino, denn die wenigsten schafften es, bis zum Ende durchzuhalten.

Nachdem Peggy Gravel mit Hilfe ihrer sehr übergewichtigen Haushälterin Grizelda ihren Ehemann umgebracht hat – indem Grizelda mit ihrem gewichtigen Hinterteil auf dessen Gesicht den Erstickungstod verursachte –, müssen beide fliehen. Sie gelangen nach Mortville, einer Stadt, die ausschließlich Verbrechern und Perversen, Transvestiten, Lesben und Ähnlichem vorbehalten ist. Peggy und Grizelda geben sich als Liebespaar aus und werden freundlicherweise von dem Butch/Femme-Paar Mo und Muffy aufgenommen. Mortville wird von der tyrannischen Queen Charlotta regiert, die sich

eine schwule Leibgarde hält, die allerdings auch der Königin zu sexuellen Diensten zur Verfügung stehen muss. Eine Gruppe revolutionärer Lesben plant den Aufstand und gewinnt in der Prinzessin Coo-Coo eine Verbündete, die sich opfert und durch die Verbreitung von Syphilis ihre Mutter, die schreckliche Königin, schließlich zur Strecke bringt.

Eine Art Science-Fiction-Märchen mit vielen, sehr wegweisenden, natürlich sehr überspitzten und modernen schwullesbischen Charakteren und Einfällen. So beispielsweise der Konflikt zwischen Muffy, der Femme, und Mo, die darunter leidet, dass ihre Freundin vielleicht doch lieber einen richtigen Kerl hätte. Mit vorgehaltener Pistole zwingt sie einen Doktor, ihr einen Penis anzunähen, nur um zu erleben, wie Muffy sich bei dem Anblick direkt übergeben muss. Der lästige Schwanz wird flugs den Hunden zum Fraß vorgeworfen. Außerdem gibt es einen transsexuellen Dorfpolizisten und eine lesbische Klappe, in der – in Abwandlung der „glory holes", der Löcher in Klotrennwänden, durch die Schwule gern ihre edelsten Teile stecken – die Brüste durch Löcher in der Wand zur Nachbarkabine hin angeboten werden. Fäkalien, Blut und andere Körperflüssigkeiten sowie Gedärme und Gebein gehören auch in diesem Film zu den unverzichtbaren Zutaten des frühen John Waters. Obwohl ausgerechnet in diesem Film sein Dauerstar Divine nicht mitspielt, handelt es sich um den „queersten" Waters, der für viele Fans auch sein bester ist. Die wirklich fiesen Lesbenklischees und – wenn auch liebevollen – Verhöhnungen verlangen einem schwul-lesbischen Publikum doch starken Hang zur Selbstironie ab. Wer dann noch einen starken Magen hat, kann dieses Kleinod des Trashs durchaus genießen.

> *„Wir wissen nicht, wie wir mit dem Subjekt des beabsichtigten schlechten Geschmacks umzugehen haben!" John Waters' Lieblingsausspruch über seinen Film von der englischen Zensurbehörde, die dies an den zukünftigen britischen Verleih schrieb.*

USA 1978 🎬😊 John Waters 🎥 Thomas Loiseaux, William Platt, John Waters 🎵 Chris Lobinger 🎭 Liz Renay, Susan Lowe, Edith Massey, Mink Stole, Jean Hill, Mary Vivian Pearce ⏱ 91, farbig Ⓜ TR

Der Detektiv
THE DETECTIVE

Der homosexuelle Sohn eines bekannten Geschäftsmannes ist kastriert und ermordet worden. Der liberale Detektiv Joe Leland (Sinatra), der als Charakter an Raymond Chandlers Figur Philip Marlowe erinnert, soll den Fall aufklären. Der voreilig Verdächtige, ein schwuler Penner, erweist sich nach seiner Hinrichtung als unschuldig. Der wahre Täter (Windom) verübte die Tat, um das Geheimnis seiner eigenen Homosexualität zu wahren. Bei seinen Recherchen stößt Leland auf ein Geflecht aus Korruption, Heuchelei und Opportunismus. Die Polizei half, den Täter zu schützen, weil sonst die Homosexualität eines ehrbaren prominenten Bürgers der Stadt öffentlich geworden wäre. Durch sein beharrliches Vorgehen zieht er sich die Feindschaft seiner Vorgesetzten, der Politiker und auch seiner bestechlichen Kollegen zu. Am Ende sieht sich Leland gezwungen, den Polizeidienst zu quittieren, um auf eigene Faust den Fall abzuschließen. Auch in seinem Privatleben hat Leland ein schweres Problem: seine Ehefrau (Remick) ist nymphoman und betrügt ihn.

Mit einer moralischen Wertung der Themen Nymphomanie und Homosexualität hält sich der Film auffallend zurück. Gleichwohl dienen die Szenen in der New Yorker Schwulenszene, u.a. an Cruisingplätzen im Hafenviertel, überwiegend als spekulative Aufhänger einer routiniert geschriebenen Krimihandlung. Das Drehbuch mit seinen sozialkritischen Ansätzen verliert jedoch durch die allzu konstruierte und überfrachtete Handlung an Spannung und Glaubwürdigkeit.

USA 1967 ⊛ Gordon Douglas ☺ Abby Mann nach dem Roman *The Detective* von Roderick Thorpe ⊛ Joseph Biroc ♪ Jerry Goldsmith ⊛ Frank Sinatra, Lee Remick, Ralph Meeker, Jack Klugman, Horace McMahon, Lloyd Bochner, William Windom, Robert Duvall, Tony Musante, Al Freeman jr., Jacqueline Bisset ⊙ 114, farbig
ⓉⓂ

Deutschland im Herbst

Kompilationsfilm von neun deutschen Regisseurinnen und Regisseuren über das politische und geistige Klima in der Bundesrepublik im Herbst 1978. Rainer Werner Fassbinder spielt in seinem Beitrag noch einmal vor der Kamera durch, wie er die zugespitzte politische Situation nach der Schleyer-Entführung und den mysteriösen Toden der RAF-Terroristen Andreas Baader, Jan Carl Raspe und Gudrun Ensslin erlebt. Er zeigt sich selbst in seiner Münchner Wohnung bei Streitgesprächen mit seinem Lebensgefährten Armin Meier und seiner Mutter Liselotte Eder, bei der Arbeit am Drehbuch zu *Berlin Alexanderplatz* (1980) und beim Telefonieren. Am Morgen verlassen Fassbinder und Meier nackt das gemeinsame Schlafzimmer. Bei einem Streit zwischen den beiden wird Fassbinder handgreiflich. Tatsächlich löst Fassbinder unmittelbar nach den Dreharbeiten die dreijährige Beziehung auf. Im Juni 1978 nimmt sich Armin Meier im gemeinsamen Apartment mit einer Überdosis Schlaftabletten das Leben.

Fassbinders 20-minütiger Beitrag wurde nach der Uraufführung des Gemeinschaftswerks besonders heftig diskutiert. Dies vor allem, weil sich Fassbinder mit radikaler Offenheit präsentierte. Dazu gehören die Nacktszene, die unverstellte

Lässigkeit, mit der sich Fassbinder bei einem Telefonat am Sack kratzt und der unverblümte Gebrauch von Kokain.

BRD 1977/78 ⊛ Alf Brustellin, Rainer Werner Fassbinder, Alexander Kluge, Maximiliane Mainka, Edgar Reitz, Katja Rupé, Hans Peter Cloos, Volker Schlöndorff, Bernhard Sinkel ☺ Heinrich Böll, Peter Steinbach, die Regisseure ⊛ Michael Ballhaus, Jürgen Jürges, Bodo Kessler, Dietrich Lohmann, Colin Mounier, Jörg Schmidt-Reitwein ♪ Ennio Morricone ⊛ Mario Adorf, Hannelore Hoger, Heinz Bennent, Wolf Biermann, Rainer Werner Fassbinder, Dieter Laser, Werner Possardt, Vadim Glowna, Armin Meier, Angela Winkler, Walter Schmidinger ⊙ 134, farbig

Deutschland im Jahre Null
GERMANIA ANNO ZERO

Bilder von zerbombten Wohn- und Geschäftshäusern stehen neben Aufnahmen von der zerstörten Reichskanzlei, in der die Stimme von Adolf Hitler von einer Grammophonplatte noch einmal geisterhaft das „Tausendjährige Reich" beschwört. An Originalschauplätzen in der Trümmerlandschaft des zerstörten Berlin drehte Roberto Rossellini im Sommer 1947 ein ebenso unsentimentales wie verstörendes Nachkriegsepos, den dritten Teil seiner mit *Rom – offene Stadt* (1945) und *Paisà* (1946) begonnenen *Trilogie des Krieges*.

Im Mittelpunkt steht der zwölfjährige Edmund Koehler (Moeschke), ein schmächtiger, blonder Junge, der um seine Kindheit betrogen wird. Verzweifelt versucht er seine Familie mit Gelegenheitsarbeiten, Schwarzmarktgeschäften und sogar Diebstahl über Wasser zu halten. Sein Vater liegt schwer krank im Bett, sein Bruder, der bis zuletzt für Hitler gekämpft hat, hält sich aus Angst vor Repressalien bei ihnen versteckt. Nur Edmunds Schwester verdient nachts in Bars dazu und kümmert sich tagsüber um den Haushalt in der beengten Wohnung, welche die Koehlers mit vier anderen Familien teilen müssen. Den früheren Lehrer Herrn Enning (Gühne) zeichnet Rosselini nicht nur als päderastischen Schwulen, der den Jungen mit gierigen Blicken betrachtet und auch anderen Homosexuellen vorstellt, sondern gleich in mehrfacher Hinsicht moralisch verdorbenen Menschen. Enning bringt Edmund zudem dazu, auf dem Schwarzmarkt für ihn ein Grammofon samt Schallplatte mit einer Rede Adolf Hitlers an einen US-Amerikaner zu verkaufen und sich so in Lebensgefahr zu begeben. Er infiltriert seinen Schüler auch weiterhin mit nationalsozialistischem Gedankengut: Es sei ein Naturgesetz, daß die Starken überleben und die Schwachen untergehen müssen. Edmund setzt das in die Tat um, schüttet seinem Vater unbemerkt Gift in den Tee und berichtet dem Lehrer stolz von seiner vermeintlichen Heldentat. Vollständig isoliert von der Familie und von Gleichaltrigen irrt Edmund ziellos durch Berlin. Von einer Ruine aus beobachtet er die Beerdigung des Vaters und hört die Schwester nach ihm rufen. Und weiß keinen anderen Ausweg, als in den Tod zu springen.

D/I 1947 ⊛ Roberto Rossellini ☺ Roberto Rossellini, Carlo Lizzani ⊕ Robert Juillard ♫ Renzo Rossellini ☻ Edmund Moeschke, Ernst Pittschau, Barbara Hintz, Ingetraud Hinze, Franz-Otto Krüger, Eric Gühne ☺ 75, s/w
(HP) (PA)

Dialogues with Madwomen

Die offen lesbische Regisseurin gibt in sieben sensiblen Porträts, montiert aus Interviews, Archivmaterial und privaten Video- und Super-8-Aufnahmen, Auskunft über „Madwomen", darunter auch sie selbst. Sieben Frauen aus San Francisco, die die dunklen Seiten des menschlichen Geistes kennen gelernt haben – Schizophrenie, manische Depressionen, Persönlichkeitsspaltungen – und darüber offen und mit selbstironischer Distanz berichten. So auch Mairi, eine faszinierende multiple Persönlichkeit. Sie beschreibt schreckliche Episoden von sexuellem Missbrauch in ihrer Familie, der zu ihrer Erkrankung führte, spricht aber gleichzeitig auch mit Humor über ihrer Lebenssituation und den vielen verschiedenen Persönlichkeiten in ihrem Kopf. „Ich bin glücklich darüber, dass ich hübsch bin, dass ich eine Lesbe bin und dass ich eine gute Bibliothekarin bin." Die Regisseurin beschreibt in ihrem Dokumentarfilm durch die Visualisierung von Erlebnissen und Halluzinationen den Wahn als ebenso schön wie gefährlich, als autonomes Reich voll sinnlicher Wahrnehmung, das die Rückkehr in die „Realität" nicht einfach macht, und sieht dabei die Verrücktheit nicht als krankhafte Abweichung vom Normalgesunden, sondern als Möglichkeit, in einer sowieso „verrückten" Welt zu überleben. 1995 mit einem Emmy Award ausgezeichnet.

USA 1993 ⊛ Allie Light ⊕ Irving Saraf ♫ Rachel Bagby, Larry Seymour ☺ 90, farbig
(D)

Diamantenfieber
DIAMONDS ARE FOREVER

James Bond (Connery) auf den Spuren eines mächtigen Diamantenschmuggel-Rings. Der Auftrag führt ihn von London bis nach Las Vegas. Dort macht er die unliebsame Bekanntschaft eines Killerduos, das ihn im Auftrag unbekannter Hintermänner ins Jenseits befördern soll. Die schadenfrohen Auftragsmörder Mr. Wint (Glover) und Mr. Kidd (der Jazzmusiker Putter Smith) sind unzertrennlich, denn sie sind ein Paar. In der Romanvorlage gab es diese Figuren nicht. Im Drehbuch wird u.a. auch wieder einmal das Vorurteil bestätigt, dass Schwule in Sachen Frauen nur über eine eingeschränkte Urteilskraft verfügen: „Ich muss sagen, Miss Case ist sehr attraktiv, wenn man auf Frauen steht" (Mr. Kidd). Das Killerpärchen wirkt einerseits kaltblütig, gibt andererseits aber eine lächerliche Vorstellung ab.

USA 1971 ⊛ Guy Hamilton ☺ Richard Maibaum, Tom Mankiewicz, Ian Fleming nach seinem gleichnamigen Roman ⊕ Ted Moore ♫ John Barry ☻ Sean Connery, Jill St. John, Charles Gray, Lana Wood, Putter Smith, Bruce Glover, Jimmy Dean ☺ 119, farbig
(M) (HP)

Die alles zur Sau machen
VILLAIN

Melodramatischer, gewalttätiger Kriminalfilm um den homosexuellen, psychopathischen und sadistischen Bandenchef Vic Dakin (Burton), der eine rein sexuelle Liaison mit seinem Untergebenen Wolfe (McShane) und eine ungewöhnlich starke Bindung zu seiner Mutter (Nesbitt) pflegt. Burtons Figur ist angelehnt an den legendären Londoner Kriminellen Roy Kray (siehe auch *Die Krays*, 1990). Bob Matthews, Polizeiinspektor von Scotland Yard (Davenport), verfolgt bereits seit Jahren die Spur der Gang, die mit spektakulären und blutigen Taten für Aufregung sorgt.

GB 1971 ⊛ Michael Tuchner ☺ Dick Clement, Ian La Frenais nach dem Roman *The Burden of Proof* von James Barlow ⊕ Christopher Challis ♫ Jonathan Hodge ☻ Richard Burton, Ian McShane, Nigel Davenport, Donald Sinden, Catherine Nesbitt, Fiona Lewis ☺ 98, farbig
(M)

Diebe der Nacht
LES VOLEURS

Durch den Tod seines Bruder Ivan, eines einflussreichen Ganoven, muss sich der Polizist Alex mit seiner kriminellen Familie auseinandersetzen, von der er sich, unter anderem durch seine Berufswahl, stets distanziert hat. Nun aber muss er erkennen, wie eng Gefühle und Beruf miteinander verknüpft sind. Schwierigkeiten bereitet es ihm nicht nur, Justin, dem hinterbliebenen Sohn Ivans, Trost zu spenden. Ihm fällt es auch schwer, sein Verhältnis mit der unbeherrschten, orientierungslosen Studentin Juliette zu rechtfertigen, deren Bruder, Jimmy, Ivans rechte Hand war. Und wie soll er damit umgehen, dass Juliette ihn mit ihrer Philosophie-Professorin Marie (Deneuve) betrügt, die in ihm einen Rivalen sieht und die Tonbandaufzeichnungen der Gespräche mit ihrer Geliebten zu einem Buch verarbeitet?

Kriminelle und Philosophen sind sich in Téchinés kunstvoll verästeltem und aus unterschiedlichen Perspektiven erzähltem Melodram näher, als sie es selbst glauben. Allesamt sind sie Diebe: die einen stehlen Güter, die anderen Gefühle. Sein Film hat keinen klassischen Spannungsaufbau, sondern entwirft Fragmente einer Erzählung, die von Off-Stimmen und Zwischentiteln strukturiert ist.

F 1996 ⊛ André Techiné ⊙ André Techiné, Gilles Taurand, Michel Alexandre, Pascal Bonitzer ⊕ Jeanne Lapoirie ⊘ Philippe Sarde ⊛ Catherine Deneuve, Daniel Auteuil, Laurence Côte, Benoît Magimel, Fabienne Babe, Didier Bezace, Julien Rivière, Ivan Desny ⊙ 117, farbig

Der Diener
THE SERVANT

Der wohlhabende, psychisch labile Tony (Fox) sucht für sein neu erworbenes Haus in London einen Diener. Er findet ihn in der Person von Barrett (Bogarde), der ihm bald unentbehrlich wird. Eines Tages taucht dessen angebliche Schwester Vera (Miles) auf, die bald darauf mit Tony ein Verhältnis eingeht. Als dieser herausbekommt, dass sie in Wirklichkeit Barretts Geliebte ist, wirft er beide hinaus. Doch Tony fühlt sich einsam und hilflos. Er nimmt Barrett wieder bei sich auf und der Butler gewinnt zunehmend an Einfluss und Macht. Das Rollenverhältnis Herr und Diener ist längst gekippt. Tony ist zum Skla-

ven seines Dieners geworden. Ihre Beziehung gewinnt sadomasochistische und deutlich homoerotische Züge.

Der Diener war aufgrund der deutlich ausgeführten, sexuellen Tabuthemen (u.a. gibt es am Ende eine Orgienszene) für britische Verhältnisse ein gewagtes Unterfangen. Losey nannte seinen Film zwar eine „Studie über Diener und Herren" und tatsächlich ist *Der Diener* nicht zuletzt durch darstellerische Leistungen eine modellhafte überzeugende Psychostudie geworden, die in geschickter Weise mit beklemmenden Bildern die langsame Veränderung Tonys widerspiegelt. Doch neben diesem psychosozialen Aspekt drängt sich immer wieder der erotische Aspekt dieser außergewöhnlichen Beziehung zwischen den beiden Männern auf.

> „Der Diener *ist der einzige Film, den ich je gemacht habe, bei dem es von Anfang bis zum Ende keinerlei Einmischung gab, weder beim Buch, noch bei der Besetzung, bei der Montage oder irgendetwas anderem. Er ist gänzlich aus einem Stück."*
> *Regisseur Joseph Losey*

GB 1963 ⊛ Joseph Losey ⊙ Harold Pinter nach dem Roman von Robin Maugham ⊕ Douglas Slocombe ⊘ John Dankworth ⊛ Dirk Bogarde, James Fox, Sarah Miles, Wendy Craig, Catherine Lacey ⊙ 114, s/w
Ⓢ︎Ⓜ︎ Ⓜ︎Ⓕ︎

Dominique – Die singende Nonne
THE SINGING NUN

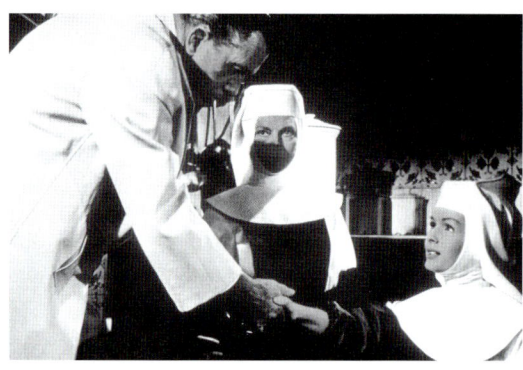

Die junge Ordensschwester Anne bereitet sich in Gent darauf vor, Missionsarbeit in Afrika zu leisten. Ihre Lieder zur Gitarre gefallen einem Pater so gut, dass er sie ermuntert, Plattenaufnahmen für andere Klöster zu machen. Der Erfolg ist enorm, als singende Nonne kommt Anne sogar in eine US-amerikanische TV-Show.

Henry Kosters schlicht gestrickter, gefühlsduseliger Film mit Debbie Reynolds in der Titelrolle ist im Stil der Hollywoodmusicals der vierziger Jahre inszeniert. Die schlichte Handlung orientiert sich an der Biografie einer belgischen Dominikanernonne, die bürgerlich Jeanine Deckers hieß und als Soeur Sourire 1963 mit „Dominique" die Charts eroberte. Als Koster ihr Leben verfilmte, stand sie im Zenit ihrer Popularität. Nicht mehr erzählt wird deshalb der weitere, tragische Verlauf ihres Lebens. 1966 legt sie nach einem heftigen Streit mit der Klosterführung um die Tantiemen ihren Schleier ab und versuchte als Luc-Dominique vergeblich ein Comeback. Völlig verarmt nimmt sie sich 1985 zusammen mit ihrer Partnerin das Leben.

USA 1965 ⊙ Henry Koster ☺ John Furia, Sally Benson ⊛ Milton R. Krasner ♪ Harry Sukman, Soeur Sourire, Randy Sparks ☻ Debbie Reynolds, Chad Everett, Ricardo Montalban, Greer Garson, Ricky Cordell, Agnes Moorehead, Ed Sullivan ☺ 98, farbig Ⓚ

Don's Plum

Wenn es nach Leonardo DiCaprio gegangen wäre, hätte dieser Film nie und nimmer das Licht eines Projektors erblickt. Angeblich aufgerüttelt durch seinen Kollegen Tobey Maguire fürchtete auch er, das bereits 1995 in sechs langen Nächten in einem Diner heruntergekurbelte Schwarz-Weiß-Werk eines Filmstudenten könnte die Karriere nachhaltig schädigen. Also erklärten die beiden, der Film sei lediglich als Schauspielübung und niemals für ein Publikum gedacht gewesen. DiCaprio ließ die Muskeln spielen – und erntete zumindest einen Teilerfolg. Don's Plum darf in den USA und Kanada nicht gezeigt werden.

Aber nicht, weil DiCaprio vielleicht unbedacht die Hosen heruntergelassen hätte. Zumindest nicht im wörtlichen Sinne. In Don's Plum wird nämlich vor allem gelabert. Acht Teenager sitzen um den Tisch, jammern, prahlen und keifen. Sie reden über Sex im Allgemeinen, über Masturbation, Dildos, schwulen und lesbischen Sex im Besonderen. Sie diskutieren über Musik, Freundschaft und Geflügelsalat. Über alles ein bisschen, aber niemals geht es in die Tiefe. Ein wenig gleicht Don's Plum der TV-Doku-Soap Big Brother, nur dass die Bilder in Schwarz-Weiß und ziemlich grobkörnig, schlecht ausgeleuchtet und unscharf sind. Low Budget eben. Als Befindlichkeitsstudie der Generation zwischen 15 und 25 Jahren, wie der Produzent den Film zu vermarkten versuchte, reicht dies nur bedingt.

Eigentlich könnte DiCaprio stolz auf Don's Plum sein, zeigt er doch hier, dass er noch eine ganz andere darstellerische Facette beherrscht als Everybody's Darling: nämlich den rundum unsympathischen und rassistischen, zudem frauen- wie schwulenfeindlichen Widerling. Ein bad boy der pubertärdümmlichen Sorte. Wovor also hatten Maguire und DiCaprio nun eigentlich Angst? Eine derartige Trash-Jugendsünde macht sich im Grunde in jeder Biografie ganz gut. Vielleicht liegt es daran, dass ein Großteil der Dialoge improvisiert und damit die Statements wesentlich persönlicher sind, als wir Zuschauer glauben sollen. Dann wäre DiCaprio also in Wirklichkeit das fürchterliche Arschloch und hätte der Öffentlichkeit über Jahre den smarten Jungen nur vorgespielt – was allerdings eine noch größere schauspielerische Leistung wäre.

USA 1995/2000 ⊙ RD Robb ☺ Dale Wheatley, RD Robb, Bethany Ashton ⊛ Steven Adcock ♪ Blake Sennett ☻ Amber Benson, Scott Bloom, Kevin Connolly, Leonardo DiCaprio, Tobey Maguire, Heather McComb, Meadow Sisto, Jenny Lewis ☺ 90, s/w

Das Doppelleben der Sister George
THE KILLING OF SISTER GEORGE
Alternativtitel: Sister George muss sterben

Ein bedrückendes Lesbendrama, meisterhaft und schonungslos erzählt von Robert Aldrich.

Die alternde Serienschauspielerin George (Reid), die sich nach ihrem TV-Charakter, der Dorfkrankenschwester George, nennt, wird nach Jahren aus der Serie „geschrieben". Damit gerät auch ihr Privatleben aus den Fugen. Die alkoholabhängige Butch lebt in inniger Hassliebe zusammen mit der jüngeren, naiven Femme Childie (York). Als die smarte Fernsehredakteurin Miss Croft (Brown) in ihr Leben dringt und Childie in einer wahrhaft fiesen Szene verführt, nimmt das Drama seinen Lauf.

Ein bisschen wie eine lesbische Version von *Wer hat Angst vor Virginia Woolf?* wirkt diese Dreiecksgeschichte zwischen der dominanten, aber letztlich hilflosen Butch, einer Femme, die nicht erwachsen werden will, und der kühlen Businesslesbe. So unerträglich die Charaktere mitunter auch erscheinen, so liebenswert sind sie im nächsten Moment. Vor allem Beryl Reids eindrucksvolle Darstellung der unangepassten, teils peinlichen, teils Mitleid erregenden, in sich selbst gefangenen Butchlesbe geht unter die Haut.

Aufgrund seiner häufigen Wiederholungen im Fernsehen war *Das Doppelleben …* für viele die erste Begegnung mit Lesben im Film. Oft ein traumatischer Einstieg, erträumt man sich die lesbische Welt doch ganz anders, als hier so abgrundtief verbittert und perspektivlos gezeigt.

Eine Szene wurde übrigens an einem Originalszeneschauplatz gedreht: dem legendären Londoner Lesbenclub „The Getaway". Damit dürfte es wohl der erste Mainstreamfilm gewesen sein, der in einem Lesbenlokal gedreht wurde. Die Szene bildet einen Höhepunkt des Films, bietet sie doch einen „wahren Blick" in die lesbische Welt. Dabei wird allerdings kein Klischee ausgelassen und man bekommt eine ebenso bittere wie lebensfrohe Realität von Lesben in den sechziger Jahren in Westeuropa zu sehen.

GB 1969 ⬛ Robert Aldrich ⬛ Lukas Heller nach einem Bühnenstück von Frank Marcus ⬛ Joseph Biroc ⬛ Gerald Fried ⬛ Beryl Reid, Susannah York, Coral Browne, Ronald Fraser, Patricia Medina ⬛ 138, farbig

Dorian Gray im Spiegel der Boulevardpresse

Ulrike Ottinger entfernt sich radikal von Oscar Wildes Vorlage „Das Bildnis des Dorian Gray" und kreiert die Figur des selbstverliebten Dandys neu. Frau Dr. Mabuse (Seyrig), Chefin eines internationalen Pressekonzerns, hat einen skrupellosen Plan: „Unser Konzern wird einen Menschen schaffen, den wir nach unseren Vorstellungen formen und nach unserem Belieben führen. Dorian Gray – jung, reich, schön. Wir werden ihn aufbauen, verführen, vernichten." In einer alptraumhaften Nachtfahrt durch die Großstadt zeigt sie dem androgynen Dandy (von Lehndorff) die Großstadt. In einer Opernpremiere begegnet der Narziss als Zuschauer seinem Spiegelbild auf der Bühne in der Zeit der spanischen Conquistadores

– und seiner großen Liebe Andamana (Blumenschein). Eine monströse, manchmal anstrengende, immer eigenwillig-fantastische, bisweilen opernhafte Bilderrevue über die Frage der Identität, über die Macht der Medien und die Möglichkeiten ihrer Manipulation.

„In der Komplexität entspricht der Filmtitel in seiner Bedeutung dem Film. Die naheliegendste Assoziation ist die zu Dorian Gray, also die literarische; zum anderen der Narzissmus, das Dandytum, fin de siècle. Im Spiegel der Boulevardpresse – zu Prousts Zeiten bereits als Gesellschaftsnachrichten bekannt – hab' ich als ein Beispiel genommen, um über eine neue Form von Machtausübung etwas zu sagen im Film, über die spezifischen Möglichkeiten eines Medienkonzerns." Regisseurin Ulrike Ottinger

BRD 1983/84 ⬛⬛⬛ Ulrike Ottinger ⬛ Peer Raben, Patricia Jünger ⬛ Delphine Seyrig, Tabea Blumenschein, Irm Hermann, Toyo Tanaka, Veruschka von Lehndorff, Barbara Valentin, Magdalena Montezuma, Gary Indiana, Joy Peters Josy, Ula Stöckl, Wieland Speck, Alf Bold ⬛ 150, farbig

Draculas Hexenjagd
TWINS OF EVIL

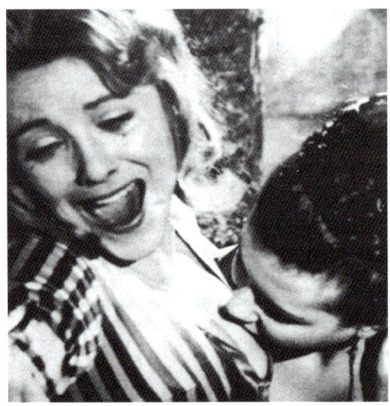

Die banale Story aus der unermüdlichen Vampirfilmschmiede Hammer Productions in England ist dritter und schwächster Teil einer Trilogie von lesbischen Vampirfilmen, zu denen Tudor Gates das Drehbuch, auf der berühmten Geschichte „Carmilla" von Sheridan Le Fanu basierend, geschrieben hat. Im Mittelpunkt steht das Zwillingspärchen Frieda und Maria Gellhorn (verkörpert von den tatsächlichen Zwillingen und zudem „Playboy Playmates" Madeleine und Mary Collinson) im Mittelpunkt. Auch Peter Cushing, der unermüdliche Vampirjäger, ist wieder dabei, hier als der despotische und stets konservative Hexenjäger Gustav Weil, bei dem das üble Zwillingspärchen aus familiären Gründen Unterschlupf findet. Eine der Schwestern freundet sich mit einem Vampir an und ist fortan – nunmehr selbst Vampir – der satanische Teil des Zwillingspärchens. Bei der Wahl der Opfer werden sowohl Frauen als auch Männer ausgesaugt. Die Frauen werden allerdings nicht nur in den Hals, sondern auch herzhaft in die Brüste gebissen …

Vampirtöter Weil verbrennt aus Versehen beinahe die „gute Schwester", doch am Schluss werden dann doch nur die wahren Untoten gepfählt und angezündet. Für das Genre ein fast „unlesbischer" Film, mit nur leisen und verklemmten lesbischen Anklängen und schwacher Story. Kein Vergleich zu den ersten beiden Teilen der Trilogie *Gruft der Vampire* (1970) und *Draculas Hexenjagd* (1971).

GB 1971 ⊜ John Hough ☺ Tudor Gates nach Motiven von Sheridan Le Fanus „Carmilla" ⊕ Dick Bush ♪ Harry Robinson ⊛ Madeleine Collinson, Mary Collinson, Peter Cushing, Kathleen Byron, Dennis Price, Harvey Hall, Isobel Black ⊙ 87, farbig Ⓥ Ⓜ

Drama in Blond

Der Bankangestellte Gerhard (Lambert), der unter der Kuratel seiner dominanten Schwester (Beiersdorf) steht, lernt durch die Bekanntschaft mit dem jungen, extrovertierten Kollegen Hans (Marquardt) die Welt der Travestie-Varietés kennen. Er entdeckt in sich den Wunsch, sich ebenfalls als Frau zu verkleiden, bereitet einen ersten Auftritt vor, den er allerdings verpatzt. Diese Niederlage, wie auch seine unterdrückten Gefühle für Reinhard (Menche), dem Techniker der Show, bringen Gerhard psychisch aus dem Ruder und er wird in die Nervenklinik eingewiesen. Nach der Entlassung beginnt er ein neues Leben.

Satirisch überzeichnete Selbstverwirklichungs-Komödie. Die Showsequenzen wurden im Berliner Travestie-Club *Dreamboy's Lachbühne* und mit deren Ensemble aufgenommen.

BRD 1984 ⊜☺ Lothar Lambert ⊕ Helmut Röttgen ⊛ Lothar Lambert, Dagmar Beiersdorf, Ulrike S. (Ulrike Schirm), Stefan Menche, Dorothea Moritz, Albert Heins, Dieter Schidor, Hans Marquardt ⊙ 77, farbig ⒹⓉ

The Dream Machine

Derek Jarman feiert in diesem experimentellen Episodenfilm mit Freunden den schwulen Schriftsteller William Burroughs, dessen Buch *The Soft Machine* Anregungen für den Film gab. Die Eindeutigkeit, mit der Sexualität als mechanisches, auch brutales, erschöpfendes Ritual dargestellt wird, führte zu Empörungen des co-produzierenden British Film Institute.

GB 1984 ⊜☺⊕ Derek Jarman ⊛ Derek Jarman, Michael Kostiff, Cerith Wyn Evans, John Maybury ⊙ 32, farbig

Drei Arten der Lust
TRE SLAGS KÆRLIGHED
Internationaler Alternativtitel: The Daughter; I, a Women 3

Der erfolgreiche Erotikregisseur Radley Metzger (*Therese und Isabelle*, 1968) spürte 1965 in Dänemark den Film *Ich, eine Frau* des Regisseurs Mac Ahlberg auf, ließ ihn marktgerecht umschneiden und brachte ihn als einen der ersten so genannten feministischen Erotikfilme auch in den USA auf den Markt. Erzählt wird die Geschichte der jungen Krankenschwester Siv Holm (Falck), die Männer kennen lernen möchte, um mit ihnen Spaß im Bett zu haben. Ahlbergs *Drei Arten der Liebe* wurde bisweilen unsinnigerweise als Fortsetzung dieses Kassenerfolges vermarktet.

Die minderjährige Birthe (Sundh) überrascht zu Hause ihre Mutter mit einem Mann im Bett und entdeckt bei dieser Gelegenheit auch noch freizügige Aktfotos mit Mama als Model. Das verstört Birthe derart, dass sie wegläuft und schließlich bei einem Mädchen Unterschlupf findet. Diese entpuppt sich zu ihrer Überraschung als lesbisch, hat aber einen Vetter, den Birthe am Ende heiraten darf.

DK 1970 ⊜⊕ Mac Ahlberg ☺ Peer Gulbrandsen ♪ Sven Gyldmark, Bertrand Bech ⊛ Gun Falck, Inger Sundh, Ellen Faison, Søren Strømberg, Klaus Pagh, Bent Warburg, Helli Louise, Benny Hansen, Tove Bang, Tove Maës ⊙ 81, farbig Ⓢ

Drei von ganzem Herzen
THREE OF HEARTS

Die lesbische Krankenschwester Connie (Lynch) wird von ihrer bisexuellen Freundin Ellen (Fenn) verlassen. Sie fasst den absurden Plan, einen Callboy zu engagieren, der es anstellen soll, dass Ellen sich in ihn verliebt. Ist es dann soweit, lässt er sie auftragsgemäß fallen und Ellen kehrt mit gebrochenem Herzen reumütig zu ihr zurück. Keine Überraschung: Der Plan schlägt fehl, denn der Callboy Joe (Baldwin) verliebt sich in Ellen. Es gibt einiges Hin und Her, doch am Schluss bekommt keiner von beiden die Begehrte. Allerdings bleiben Joe und die lesbische Connie dicke Freundinnen.

Klassische Dreieckskonstellation in glatter Hollywoodmanier dargereicht, die allerdings die lesbische Beziehung und die lesbische beziehungsweise bisexuelle Identität der Frauen in jeder Szene ernst nimmt. Die Lesbe wird als positive und sympathische Figur gezeigt, und auch der Callboy darf ohne moralische Appelle als angenehme Figur in diesem Film die Herzen erobern. Ein Happy End aus lesbischer Sicht wäre allerdings dann wohl doch zu viel erwartet gewesen.

USA 1992/93 ⊕ Yurek Bogayyevicz ⊙ Adam Greenman
⊕ Andrzej Sekula ♪ Richard Gibbs ⊛ Kelly Lynch, Sherilyn Fenn, William Baldwin, Joe Pantoliano, Gail Strickland ⊙ 105, farbig
Ⓑ Ⓟ Ⓕ

Du Elvis, ich Monroe

In einem Kreuzberger Hinterhaus verlieben sich die allein erziehende türkische Mutter Leyla Kormaz (Taifun) und der arabische Pathologiegehilfe und Hobby-Musiker Tarek (Baduri). Der neugierige Nachbar mit Blockwartallüren (Lambert) wittert Sodom und Gomorrha und wird nicht enttäuscht. Denn die bisexuelle Leyla möchte nicht nur den Geliebten am liebsten zu einer Elvis-Presley-Kopie umstylen. Aufgrund ihres besonderen Faibles für Marilyn Monroe findet sie in der blonden Karin (Schrader) zudem ein perfektes Objekt ihrer lesbischen Begierde. Die Dreierbeziehung wird blitzschnell zum vieldiskutierten Skandal des Hinterhofs.

Ein liebevoller, authentischer Kiezfilm mit Underground-Flair. Die Handkamera wackelt nervös, die Dialoge der Laiendarsteller sind improvisiert und stecken voll Mutterwitz. Lambert hat seinen Film „allen unmöglichen Lieben dieser Welt" gewidmet.

BRD 1989 ⊕⊙ Lothar Lambert ⊕ Albert Kittler ⊛ Dagmar Beiersdorf, Nilgün Taifun, Baduri, Lothar Lambert, Erika Rabau, Inga Schrader, Susanne Gautier ⊙ 68, s/w
Ⓓ Ⓑ

Durst

Der Schüler Artur (Vogel) bringt durch seine Provokationen, aber auch seine sexuelle Ausstrahlung den Alltag in seinem fränkischen Dorf durcheinander. So verfallen ihm nicht nur Mädchen wie die von sexuellen Neurosen geplagte Pfarrerstochter Sabine (Krebitz), sondern auch der introvertierte, scheue Ernst (Eisermann), der durch Artur lernt, sich selbst und sein Schwulsein zu bejahen. Durch die qualitativ sehr unterschiedlichen schauspielerischen Leistungen, die Ungeschlossenheit der überfrachteten Handlung und manch holprigen Dialog ist *Durst* eben doch nicht ganz die süddeutsche Variante von Pasolinis *Teorema* (1968) geworden. Ausgezeichnet mit dem Förderpreis der Jury beim Filmfestival Saarbrücken 1993.

D 1993 ⊕ Martin Weinhart ⊕ Klaus Eichhammer ♪ Hugo Seebach ⊛ Jürgen Vogel, Michael Greiling, Nicolette Krebitz, André Eisermann ⊙ 100, farbig
Ⓑ

E

E minha cara – That's My Face
É MINHA CARA
Deutscher Fernsehtitel: Das ist mein Gesicht

Der in der Bronx aufgewachsene schwarze Filmemacher Thomas Allen Harris begibt sich auf Empfehlung einiger Geister auf eine mystische Spurensuche nach Salvador de Bahia, wo sich Naturreligion und Katholizismus scheinbar glücklich vereint haben. Hier will der in Tansania aufgewachsene Harris die Wurzeln seiner spirituellen Identität finden.

Der Filmessay erkundet anhand Harris' eigener Biografie und der Geschichte seiner Familie die Facetten der afrikanischen Diaspora und der afroamerikanischen Kultur. Eine besondere Bedeutung kommt der Homosexualität des Filmemachers zu. Auf dem Karneval von Salvador de Bahia erlebt er eine offenere Form von Sexualität, die es ihm erlaubt, sein Schwulsein neu zu erfahren.

USA/Brasilien/Tansania 2001 ⊕ Thomas Allen Harris ☺ Thomas Allen Harris, Don Perry ⊛ Thomas Allen Harris, Albert Sidney Johnsin jr. ♪ Jason Stanyek ☺ 56, s/w und farbig Ⓓ

East Palace, West Palace
DONG GONG XI GONG

A-Lan (Han) streift durch die Gärten um den alten Kaiserpalast in Peking. Am östlichen und am westlichen Ende dieser Parks befinden sich die öffentlichen Toiletten, großzügig gebaute Häuser und Treffpunkt der Schwulen, die diese Klappen „East Palace" und „West Palace" nennen. Bei einer Razzia wird der junge Schriftsteller A-Lan festgenommen.

Der Polizist Shi (Jun) nimmt ihn mit auf die Wache zu einem intimen Verhör. Intim, weil die beiden ganz allein sind. Intim aber auch, weil der Polizist, fasziniert und angeekelt zugleich, A-Lan von seinem geheimen schwulen Leben erzählen lässt. Und A-Lan, erst ängstlich und verstört, nutzt schließlich dieses Verhör zu einer Art Lebensbeichte. Er erzählt von seinen ersten schwulen Erfahrungen, den Erniedrigungen, denen er durch seine Mitschüler ausgesetzt war. Und von seinen sexuellen Obsessionen: Als Kind hat ihm die Mutter immer gedroht, wenn er nicht artig sei, käme ein Polizist und würde ihn holen. Davon träumte der Junge, und davon träumt auch der erwachsene Mann. In dem Polizisten, der ihn mehr und mehr psychisch erniedrigt, erkennt A-Lan allmählich auch die Erfüllung all seiner sexuellen Träume und seine große Liebe.

Die Atmosphäre von Unterwerfung und Abhängigkeit, die komplexe Beziehung dieser beiden Männer zwischen Verlangen, Selbstsicherheit, Abscheu und Erniedrigung lassen bisweilen an Genets *Un chant d'amour* erinnern. Die Handlung dieses Kammerspiels bleibt räumlich konzentriert auf die Wachstube, blendet politische Bezüge gänzlich aus und bewegt sich ganz auf der psychologischen Ebene. Es entwickelt sich ein Machtkampf mit wechselnden Positionen. Der homophobe Polizist, angewidert und interessiert zugleich; der Schwule, verliebt und zunehmend forscher. Die Spannung zwischen den beiden entlädt sich schließlich in einem Gewaltausbruch des Polizisten. Er zwingt seinen Gefangenen Frauenkleider anzuziehen, um ihn schließlich mit Gewalt zu erniedrigen.

Als Zhang Yuans erlesen fotografierter Film 1996 zu den 50. Internationalen Filmfestspielen von Cannes eingeladen wurde, wurde dem Regisseur die Ausreise aus China untersagt. In seinem Heimatland, wo es für Homosexualität noch nicht einmal ein Wort gibt, durfte der Film nicht gezeigt werden. *East Palace, West Palace* wurde auch als Theaterstück adaptiert und u.a. in Belgien, Brasilien und Frankreich aufgeführt.

„Alle Geschichten, die ich bei meinen Recherchen über die Schwulen in China gehört habe, auch von Schwulen selbst, handelten von Unterdrückung, Diskriminierung und Kontrolle. Im heutigen China gibt es keine sichtbare schwule Kultur, und niemand versteht das Leben der Schwulen. Es ist sehr schwer, Schwule zu finden, die unter diesem Umständen ein glückliches Leben führen." Regisseur Zhang Yuan

China 1996 ⊛ Zhang Yuan ⊚ Zhang Yuan, Wang Xiabo ⊕
Zhang Jian ♪ Xiang Min ⊕ Si Han, Hu Jun, Liu Yuxiao, Ma Wen,
Lu Rong ☉ 90, farbig
Ⓖ

Echte Kerle

Der schnittige Hauptkommissar Christoph Schwenk (Ohrt),
gerade von seiner Freundin aus der Wohnung geworfen,
wacht nach einer durchzechten Nacht im Bett des schwulen Automechanikers Edgar (Bergmann) auf. Der bessert seine Haushaltskasse auf, indem er geklaute Autos frisiert. Der
Mann an seiner Seite bringt zwar Schwenks Gefühle mächtig
durcheinander, doch lernt er rechtzeitig seine neue Kollegin
Helen (Tietze) kennen. Was bleibt, ist Männerfreundschaft.

Echte Kerle steht ganz in der neuen deutschen Komödien-
tradition von *Der bewegte Mann* (1994), obgleich das Projekt schon einige Jahre vor Sönke Wortmanns Film in Arbeit
gewesen ist. Homosexualität bereichert die Dramaturgie um
eine weitere Variante, doch die Beziehungsklamotte, wenngleich flott inszeniert, wagt weder Zotiges noch Respektloses.
Sie bemüht sich mit Erfolg, niemandem wirklich weh zu tun
und versprüht so bisweilen einen Humor, der aus den fünfziger Jahren stammen könnte. In Zeiten der politischen Korrektheit mausert sich der Macho-Polizist zu einem Softie, der

Frauen wie Schwule akzeptiert und seinen intoleranten Kollegen auf der Wache auch noch eine entsprechende Moralpre-
digt hält. Immerhin gelingt es Regisseur Silber, gängige Film-
klischees von Schwulen wie die tölende Fummeltunte gänzlich
außen vor zu lassen und mit Vorurteilen zu spielen, ohne sie
doch nur wieder zu bestätigen.

*„Die wachsende Akzeptanz der Schwulen eröffnet dem Kino
neue Erzählmöglichkeiten, die Komödie erhält ein neues Betä-
tigungsfeld. Der Stoff für diesen Film entstammt meinen eigenen Erfahrungen in einer Schwulen-WG, in der ich fünf Jahre
als ‚Alibi-Hetero' lebte."   Regisseur Rolf Silber*

D 1995 ⊛ Rolf Silber ⊚ Rolf Silber, Rudolf Bergmann ⊕ Jürgen Herrmann ⊕ Christoph M. Ohrt, Tim Bergmann, Carin C. Tietze, Oliver Stokowski, Daniela Ziegler, Rudolf Kowalski, Dieter Brande-
cker, Manuela Riva, Ina Weisse ☉ 100, farbig
ⒹⓀ

Eclipse – Begegnungen
ECLIPSE

Toronto bereitet sich auf eine totale Sonnenfinsternis vor.
Inmitten des Trubels, den der Schüler Angelo (Ferguson) mit
seinem Camcorder für ein Schulprojekt festhält, finden und

Echte Kerle

trennen sich in einer Art Schnitzlerschem *Reigen* zehn Personen unterschiedlichster Herkunft und sexueller Vorlieben. Was sie verbindet, ist die Sehnsucht nach Nähe und Liebe oder auch einfach nur schnellem Sex.

Der Geschäftsmann Brian (Gilbert) trifft auf einer nächtlichen Fahrt durch die Stadt den asiatischen Stricher Henry. Tags darauf nimmt er seine Affäre mit der Hausangestellten Sylvie (Montpetit) wieder auf. Diese lernt bei einem Sprachkurs einen politischen Flüchtling aus Südamerika kennen. Der wiederum hat später ein heftiges Rendezvous mit einer Anwaltsgattin. Deren Ehemann Norman trifft sich tags darauf in einem Hotelzimmer mit dem androgynen, sexuell sehr erfahrenen Schüler Angelo, der Norman hilft, seine Ängste vor der eigenen Homosexualität zu überwinden. Angelo hat zudem noch eine weitere Begegnung mit dem zynischen, selbstverliebten Künstler Michael (Pastko). Als er ihn zu Hause besucht, muss Angelo allerdings feststellen, dass dessen Interesse rein sexuell war, was ihn verwirrt und verletzt. Michael wiederum erlebt bei einem gemeinsamen Wochenende mit seinem langjährigen Freund Jim (McIvor) eine bislang nicht gekannte erotische Anziehung. Daraufhin wagt Jim zu bekennen, dass er schon immer in Michael verliebt war. Mit apokalyptischer Erhabenheit verdunkelt sich zuletzt die Sonne und verleiht diesem Reigen im Ausklang ein mystisches Moment.

Eine realistische und metaphorische Annäherung an das Gefühl der Einsamkeit und Verlassenheit des Menschen der neunziger Jahre mit ausgefeilten Charakteren.

„Die sexuellen Momente sind mir nicht wegen der Sexualität an sich wichtig, sondern weil sie etwas vom inneren Leben der Personen zeigen, weil Menschen sich entblößen, verletzlich werden in diesen Momenten und auf einzigartige Weise miteinander umgehen." Regisseur Jeremy Podeswa

Kanada 1994 ⊜☺ Jeremy Podeswa ⊕ Miroslaw Baszak ⊙ Ernie Tollar ⓥ Von Flores, Manuel Aranguiz, John Gilbert, Pascale Montpetit, Maria Del Mar, Earl Pastko, Matthew Ferguson, Daniel MacIvor, Kirsten Johnson ⊙ 97, farbig
ⒷⒾ ⓅⓇ

Edge of Seventeen – Sommer der Entscheidung
EDGE OF SEVENTEEN

Sommer 1984 im US-amerikanischen Provinzstädtchen Sandusky, Ohio. Eric, Maggie und Rod haben einen Ferienjob in einem Schnellrestaurant. Eric ist mit Maggie befreundet und nachdem er sie geküsst hat, ist sie in ihn verliebt. Doch inzwischen hat Rod dem schüchternen siebzehnjährigen Eric (Stafford) den Kopf verdreht, und seit sie miteinander geschlafen haben, ist Eric erst recht verwirrt. Wie es Maggie (Holmes) sagen? Was will eigentlich Rod (Gabrych) von ihm? Und wie wird die Mutter reagieren, wenn sie die Wahrheit erfährt? Rat und Hilfe erhält er von der lebenserfahrenen lesbischen Kollegin Angie (die US-Stand-Up-Comedienne Lea DeLaria).

Edge of Seventeen ist ein Coming-out-Film, der die klassischen Stationen der Selbstfindung nacheinander abhakt und dennoch versucht, der bereits vielfach erzählten Story neue Aspekte abzuringen. Das gelingt Drehbuchautor Stephens und Regisseur Moreton in dieser autobiografischen Geschichte durch die authentische Verankerung in den Mittachtziger Jahren. Annie Lennox, *Bronski Beat* und Boy George liefern nicht nur den Soundtrack, sondern sind auch die modischen Initialzündungen für Erics Selbstfindung. Der Ausgang der Geschichte bleibt offen, ein kitschiges Happy End gibt es nicht. Dass trotz glaubwürdiger Story und eindringlicher schauspielerischer Leistung der Film keinen sehr bleibenden Eindruck hinterlässt, liegt vor allem an den etwas belanglosen Kamerabildern.

„Edge of Seventeen zeigt, was verloren geht im Bemühen um Aufrichtigkeit. Zu viele Coming-out-Geschichten geben vor, mit dem Coming-out würde alles gut. In diesem Film aber verliert Eric etwas, während er sich seiner Familie und seinen Freunden offenbart. Ja, Ehrlichkeit ist besser, aber man muss auch dafür bezahlen." Regisseur David Moreton

USA 2000 ⊜ David Moreton ⊙ Todd Stephens ⊕ Gina Degirolamo ⊙ Tom Bailey ⓥ Chris Stafford, Tina Holmes, Andersen

Gabrych, Stephanie McVay, Lea DeLaria, John Eby, Jeff Fryer, Mark Gates, Antonio Carriero ⊙ 100, farbig
ⓒⓄ

Edward II

Die Tragödie des Shakespeare-Zeitgenossen Christopher Marlowe ist das erste bekannte Theaterstück, das einen großen homosexuellen Bühnenhelden zeigt. Edward II. (Waddington), von 1307 bis 1327 König von England, vernachlässigt wegen der bedingungslosen Liebe zu seinem aus niederer Herkunft stammenden Liebhaber Gaveston (Tiernan) die Regierungsgeschäfte und bringt auch seine ungeliebte Ehefrau Isabella (Swinton) gegen sich auf. Als er Gaveston an den Hof holt und sich ohne Rücksicht auf Tabus seiner Lust und Liebe hingibt, bringt er nicht nur die eifersüchtige Gattin, sondern auch den Klerus sowie Vertreter des Adels gegen sich auf und löst damit einen Bürgerkrieg aus. Gaveston wird ermordet, Edward rächt sich und wird schließlich auch selbst getötet. Man rammt ihm einen glühenden Pfahl in den Hintern.

Ausgehend von der historischen Dimension dieser Liebesbeziehung zwischen dem schwachen König und seinem ihn bevormundenden, herrischen Geliebten entwickelt Regisseur Derek Jarman eine moderne, exzentrische und zugleich präzise und zeitlose Interpretation. Für die Elemente des elisabethanischen Theaters findet er immer wieder neue, plausible und aktuelle Entsprechungen. Inszeniert wurde in einer großen Halle. Das auf ein Minimum reduzierte, klare Szenenbild behält etwas Theaterhaftes. Einzelne Accessoires und Kostümversatzstücke verweisen auf das gegenwärtige Großbritannien des Jahres 1992. Isabellas Verbündeter Mortimer (Terry) erscheint als Offizier der British Army, Gaveston lässt in einem Darkroom einen Kleriker von Lederkerlen foltern, schwule Aids-Aktivisten stürmen das Feld mit Plakaten wie „Egalité, Fraternité, Homosexualité". Polizisten prügeln mit Schlagstöcken auf die Demonstranten ein. Jarman modernisiert den Plot, aktualisiert ihn und scheut auch Übertreibungen und Vereinfachungen nicht. Einen besonderen Auftritt hat Annie Lennox. Wenn sich Gaveston und Edward verabschieden, singt sie den Porter-Klassiker *Every Time We Say Goodbye I Die A Little*.

> „Natürlich sehe ich Marlowes Stück aus dem Blickwinkel der Gegenwart. Ich kann meine Assoziationen – die Diskriminierung von Schwulen, Vorurteile und Gewalt – nicht beiseite schieben. So habe ich Marlowes Text umgeschrieben und ich bin überzeugt, dass meine Interpretation interessanter ist als das Original aus dem 16. Jahrhundert. Aber wahrscheinlich wird man in hundert Jahren auch wieder darüber lachen."
> *Regisseur Derek Jarman*

GB 1991 ⊕ Derek Jarman ⊙ Derek Jarman, Stephen McBride, Ken Butler nach dem Theaterstück von Christopher Marlowe

⊕ Ian Wilson ⊙ Simon Fisher Turner ⊛ Steven Waddington, Andrew Tiernan, Kevin Collins, Tilda Swinton, Nigel Terry, John Lynch, Dudley Sutton, Annie Lennox ⊙ 90, farbig
Ⓖ ⒷⒸ ⒷⒾ ⒬Ⓒ

Eh' die Fledermaus ihren Flug beendet
MIELÖTT BEFEEJEZI RÖPTET A DENVER

Der Polizist László (Maté) macht sich an die alleinstehende Kassiererin Therese (Bodnár) heran, die auf die Avancen eingeht, bald aber merken muss, dass ihr Verehrer vielmehr an ihrem 15-jährigen Sohn Robert interessiert ist. Weil sie ohne László nicht mehr leben zu können glaubt, fleht sie ihren Sohn an, auf die Zudringlichkeiten einzugehen. Aus Ekel vor sich selbst nimmt sich die Mutter das Leben, der Sohn übt blutige Rache.

Der Experimentalfilmer Timár erregte mit seinem Film aus zweierlei Gründen gewisses Aufsehen. Zum einen durch die ausgeklügelten, bizarren Kamerawinkel, aus denen er seine zunächst rabenschwarze, später im Melodram versandende Kolportagegeschichte bebildert und die eine surrealistische Atmosphäre schaffen. Zum anderen, weil er zwei Themen anspricht, die bis dato im ungarischen Film kaum existierten: Zivilpolizei und Homosexualität. Allerdings setzt er sich mit dem Tabuthema Homosexualität nicht wirklich auseinander, sondern zeigt das Schwulsein ausnahmslos als unmoralischen, gefährlichen und heimtückischen Trieb.

Ungarn 1988 ⊛⊙ Péter Timár ⊕ Sándor Kardos ⊙ Zoltán Farkas ⊛ Erika Bodnár, Gábór Maté, Róbert Csontos, Erzsi Máthé, Dezsö Garas ⊙ 92, farbig
ⒽⓅ ⒫Ⓐ

Ehekrieg
ADAM'S RIB

Das Juristenehepaar Amanda und Adam Bonner lebt glücklich zusammen – bis sich beide eines Tages im Gerichtssaal gegenüberstehen: Adam (Tracy) vertritt die Anklage gegen Doris Attinger, die ihren Ehemann angeschossen hat, und Amanda (Hepburn) verteidigt sie. Ihrem Eheleben scheint die Schlacht im Gerichtssaal nichts anhaben zu können, doch als die Presse den Druck erhöht, indem sie die beiden gegeneinander auszuspielen versucht, beginnt ihr Privatleben zu leiden. Ihr Nachbar und Amandas bester Freund ist der sensible Kip (Wayne), eine – soweit dies in den vierziger Jahren möglich war – offensichtlich schwule Figur. Seine Homosexualität wird nie direkt, aber durch zahlreiche Zweideutigkeiten sehr vernehmlich thematisiert. Als sich Amanda und Adam getrennt haben, wirbt Kip um die Freundin, um ihr aus der Niedergeschlagenheit zu helfen. Amanda allerdings durchschaut das Manöver und sagt zu ihm: „Ich kämpfe mit meinen Vorurteilen, aber es ist klar, dass du nur so tust als ob. Es ist zwar schade, aber ich werde es wie ein Mann ertragen."

USA 1949 ⓔ George Cukor ⓒ Ruth Gordon, Garson Kanin ⓐ George J. Folsey jr. ⓓ Miklós Rózsa ⓑ Spencer Tracy, Katharine Hepburn, Judy Holliday, Jean Hagen, Hope Emerson, Tom Ewell, David Wayne ⓣ 101, s/w
ⒽⒸ

Einmal beißen bitte
ONCE BITTEN

Mark Kendall (Carrey) beobachtet frustriert, wie all seine Freunde bereits erste sexuelle Erfahrungen machen, nur ihm ist es noch nicht gelungen, eine Frau ins Bett zu kriegen. Als es dann doch endlich klappt, ist die Verführerin ein Vampir (Hutton). Klassische Teenager-College-Komödie mit einigen homophoben Szenen. Russ (Lackey) und Jamie (Ballatore) untersuchen ihren Freund Mark ausgerechnet beim Gruppenduschen nach dem Sportunterricht auf verdächtige Bissspuren. Die Szene wird als schwuler Sexakt missverstanden und löst eine Panik aus. In der Folge werden Jamie und Russ als Schwule gehänselt.

USA 1985 ⓔ Howard Storm ⓑ Lauren Hutton, Jim Carrey, Thomas Ballatore, Karen Kopins, Skip Lackey, Cleavon Little, Richard Schaal, Peggy Pope ⓣ 94, farbig
ⒽⓅ

Einmal Scheidung, bitte
THE LAST MARRIED COUPLE IN AMERICA
Titel in der DDR: Ehe mit Hindernissen

Dialoglastige, aber witzarme Komödie über ein Ehepaar mittleren Alters mit drei Söhnen, das sich seiner Bindung unsicher wird, als im Freundeskreis sexuelle Freiheit propagiert wird und sich die Scheidungen mehren. Das einzige perfekte Paar im näheren Umkreis sind zwei Schwule in der Nachbarschaft (Moss, Chester).

USA 1980 ⓔ Gilbert Cates ⓒ John Herman Shaner ⓐ Ralph Woolsey ⓓ Charles Fox ⓑ George Segal, Natalie Wood, Richard Benjamin, Valerie Harper, Bob Dishy, Allan Arbus, Steward Moss, Colby Chester ⓣ 103, farbig

Einsam, zweisam, dreisam
THREESOME

Drei Studenten müssen sich im Wohnheim ein Zimmer teilen. Ein Computerfehler will es, dass es zwei Jungs und eine junge Frau sind: die liebeslustige Alex (Boyle), der intellektuelle Austauschstudent Eddy (Charles) und der Macho Stuart (Bal-

dwin). Aus der Freundschaft entwickelt sich eine Dreiecksbeziehung: Alex will Eddy, Stuart will Alex, und Eddy will eigentlich Stuart, ist sich über seine homosexuellen Gefühle aber noch nicht so recht im Klaren. Man versucht es eine Zeit lang ohne Sex, bis beide Männer jeweils heimlich mit Alex ins Bett gehen und das Eis gebrochen, die Menage à trois eingeläutet ist. Eine Scheinschwangerschaft bringt das labile Gleichgewicht wieder zu Fall.

Für einen Collegefilm kommt Flemings flotte, mit viel Dialogwitz durchsetzte Komödie ohne platte Frivolitäten aus und transportiert stattdessen das unkompliziertere Lebensgefühl der Neunziger-Jahre-Generation. Fleming will aber mehr. Er zielt deutlich auf Truffauts Klassiker *Jules und Jim* (1961), der mit einem Kinobesuch der drei auch deutliche Erwähnung findet. Dessen brisante Steigerung und Dramatik ergibt sich hier jedoch nicht, und auch die Mischung aus ernsthafter Charakterstudie und Sexkomödie wirkt nicht immer glaubwürdig.

„Bei Einsam zweisam dreisam *geht es letzten Endes nicht um Angst vor Homosexualität oder gar Gruppensex oder überhaupt Sexualität, sondern nur um drei Menschen und wie ihre Beziehung als Freunde aussieht."* Regisseur Andrew Fleming

USA 1994 ⓔⓒ Andrew Fleming ⓐ Alexander Gruszynski ⓓ Thomas Newman ⓑ Lara Flynn Boyle, Stephen Baldwin, Josh Charles, Alexis Arquette, Martha Gehman, Mark Arnold, Jennifer Lawler, Jack Breschard, Michele Matheson ⓣ 93, farbig
ⒷⒾ

Der Einstein des Sex

Als kleiner Junge zeichnet er mit krakeliger Kinderhand kopulierende Hunde, als erwachsener Mann geht er mit ähnlich wissenschaftlicher Begeisterung daran, homosexuelle Männer nach körperlichen und charakterlichen Eigenschaften in ein eigens dafür entwickeltes Schema einzusortieren. Magnus Hirschfeld war nicht nur ein überaus kreativer und emsiger Sexualwissenschaftler, er begründete auch das Wissenschaftlich-humanitäre Komitee und damit die erste deutsche Schwulenorganisation, engagierte sich gegen den Paragrafen 175 wie für eine breit angelegte, sexuelle Aufklärung. Ein langes, ereignisreiches Leben und viel Stoff für einen biographischen Spielfilm.

Regisseur von Praunheim und seine Drehbuchautoren erlauben sich leider, die dürftigen Informationen über das Privatleben Hirschfelds auszuschmücken. Eine aufkeimende Liebe zu dem österreichischen Baron von Teschenberg (Storzer), einem seiner Mitstreiter im Wissenschaftlich-humanitären Komitee, wiegelt Hirschfeld (Kai Schuhmann als junger, von Wangenheim als älterer Mann) ab. Zu groß ist seine Angst, seine eigene Homosexualität offen zu leben und dadurch vielleicht seinen Ruf als Arzt zu verlieren. Auch sein Verhältnis zu Karl Giese (Drauschke), der ihn später im Institut für Sexualwissenschaft unterstützte, ist unklar. Praunheim gönnt ihm, zumindest für einige Zeit, eine glückliche und Kraft spendende Beziehung.

Der Einstein des Sex bewegt sich wie alle Biografie-Filme auf dem schwierigen Grat zwischen dokumentarischer Genauigkeit und künstlerischer Fantasie. Immer wieder bricht Praunheim ungestüm aus dem Korsett der nacherzählenden Biografie. Da operiert Hirschfeld einen Zwitter, eine orientalische Prinzessin wie aus Tausendundeiner Nacht. Sie ist ebenso erfunden wie die transsexuelle Haushälterin Dorchen (Tima die Göttliche), die ihn sogar ins Exil begleitet.

Der Etat war mit 1,8 Millionen DM zwar für Praunheim ungewöhnlich groß, aber für einen historischen Film an manchen Ecken doch zu gering. Für das Schlachtengetümmel in den Schützengräben des Ersten Weltkrieges und die Reichstagsdebatte (mit Andreas Meyer-Hanno als August Bebel) sind Praunheim leider nur schlichte Bilder eingefallen, die den Mangel an Etat zwar offenbaren, aber nicht (wie es etwa Derek Jarman oft gelungen ist) aus ihm eine kreative Tugend machen. Wer sich allzu gut mit Leben und Werk Hirschfelds auskennt, wird das eine oder andere Mal verdrossen aufstöhnen. Manche Holprigkeit und unfreiwillige Komik in der Regie und im Drehbuch verzeiht man gerne, bemüht sich von Praunheim doch möglichst viel Information auf möglichst unterhaltsame Weise in seinem Film unterzubekommen und

zugleich im Rahmen der beschränkten (finanziellen) Möglichkeiten ein authentisches Sittenbild der Jahrhundertwende zu schaffen. Sein Ziel, dieser wichtigen historischen Figur der Schwulenbewegung ein Denkmal zu setzen ist, hat er damit sicherlich erreicht.

> *„Der Film ist bewusst konventionell gemacht, damit ein größeres Publikum die historische Figur Hirschfeld wahrscheinlich erstmals überhaupt kennen lernen kann. Hirschfeld war immerhin eine der bekanntesten Persönlichkeiten zu seiner Zeit in Deutschland, und die Nazis haben es geschafft, ihn total aus dem Gedächtnis zu verbannen."* Regisseur Rosa von Praunheim

D 1999 ⊙ Rosa von Praunheim ⊙ Chris Kraus, Valentin Passoni ✳ Elfi Mikesch ⊛ Kai Schuhmann, Friedel von Wangenheim, Ben Becker, Tima die Göttliche, Gerd Lukas Storzer, Wolfgang Völz, Meret Becker, Olaf Drauschke, Monika Hansen, Andreas Meyer-Hanno ⊙ 102, farbig
Ⓖ

Einstweilige Verführung
CARUSO PASCOSKI DI PADRE POLACCO

Caruso Pascoski (Nuti) ist ein erfolgreicher Mailänder Psychoanalytiker und hingebungsvoller Ehemann. Das Glück zerbricht, als seine Frau sich scheiden lassen möchte und er erfährt, dass der Grund dafür Eduardo ist, einer seiner Patienten. Den allerdings hat er im Laufe der Therapie als latent homosexuell eingestuft. Der Ich-Erzähler aus dem Off hält die einzelnen Episoden zusammen, so etwa Carusos Absturz in Alkoholexzesse oder die Versuche sich seiner Frau Giulia (Ex-Fotomodel Clarissa Burt) erneut sexuell zu nähern (notfalls auch im Fummel auf der Damentoilette.) Am Ende kann er Eduardo (Tognazzi) davon überzeugen, es lieber mit Männern zu versuchen – und Eduardo verliebt sich in Caruso.

Derb-erotische Komik, die die homoerotischen Verwirrungen lediglich als schwüle Schwulitäten in der Witzdramaturgie einsetzt, gepaart mit flachen Albernheiten und eine nur notdürftig gekittete Story machen aus dieser Liebeskomödie nicht gerade ein Glanzlicht italienischen Filmschaffens.

I 1988 ⊙ Francesco Nuti ⊙ Giovanni Veronesi, David Grieco, Francesco Nuti ✳ Gianlorenzo Battaglia ♪ Giovanni Nuti ⊛ Francesco Nuti, Clarissa Burt, Ricky Tognazzi, Novello Novelli, Giovanni Nannini, Maurizio Frittelli ⊙ 103, farbig
ⒹⓉ ⒽⓅ ⒷⒾ

Eisenstein

Ein sehr unterhaltsamer biografischer Spielfilm über Aufstieg, Fall und die schicksalhafte Erlösung des revolutionären russischen Filmemachers Sergej Eisenstein (McBurney), der sich zugleich mit viel Humor und kunstvoll gestalteten Bildern zu einer modernen Fabel über den Kampf zwischen Kunst, Propaganda, Politik und Macht verdichtet. Eisensteins Homosexualität wird eher beiläufig durch die Schilderung seiner Freundschaft zu dem jungen Grischa Alexandrow (Coulthard) ins Spiel gebracht. Anfang der zwanziger Jahre teilt er mit ihm eine beengte Wohnung und muss mit ansehen, wie Grischa mit einer Frau Sex hat. Angedeutet wird auch, dass das Stalin-Regime Eisenstein aufgrund seiner Männerbekanntschaften unter Druck setzte. Er heiratet überraschend Pera Attaschewa (McKenzie), nachdem ein neues Gesetz beschlossen worden ist, das nicht nur homosexuelle Handlungen, sondern bloße homosexuelle Neigungen unter Strafe stellt.

Kanada/D 2000 ⊛⊙ Renny Bartlett ⊕ Alexej Rodionow ⊙ Alexander Balanescu ⊛ Simon McBurney, Raymond Coulthard, Jacqueline McKenzie, Jonathan Hyde, Barnaby Kay, Leni Parker, Sonia Walger ⊙ 96, farbig

Eiskalte Engel
CRUEL INTENTIONS

Eine sehr freie Adaption des französischen Romans *Gefährliche Liebschaften*. Die altbewährte Geschichte um Eifersucht, Intrigen und die Manipulation von Liebenden spielt hier allerdings unter verwöhnten Teenies der High Society Manhattans in den neunziger Jahren und will so auch ein eindringliches Zeitbild vom Werteverfall und Verlust der Moral in der Gesellschaft sein. Eine der Nebenfiguren ist der schwule Drogendealer Blaine Tuttle (Jackson), bester Freund des zentralen Charakters Sebastian Valmont (Phillippe). Tuttle hat eine Affäre mit einem Footballspieler – vor allem weil dieser so gut blasen kann. Aus Solidarität zu Sebastian verrät er seinen Lover und ermöglicht so, dass kompromittierende Fotos von dem Sportler entstehen können, die Sebastian für eine Erpressung benötigt.

USA 1999 ⊛ Roger Kumble ⊙ Roger Kumble frei nach dem Roman *Les Liaisons Dangereuses* von Choderlos de Laclos ⊕ Theo van de Sande ⊙ Edward Shearmur ⊛ Sarah Michelle Gellar, Ryan Phillippe, Joshua Jackson, Reese Witherspoon, Selma Blair, Louise Fletcher, Christine Baranski ⊙ 105, farbig

Das Ende des Regenbogens

Berlin, Ende der siebziger Jahre: Der 17-jährige Jimmi (Kufahl) lebt als Stricher und Kleinkrimineller auf der Straße. Immer wieder redet er davon, sich Arbeit suchen zu wollen. Doch wie geht man das an, wenn man es nie gelernt hat? In seinem plan- und ziellosen Leben ist alles dem Zufall überlassen. Ein

solcher führt ihn mit der drogenabhängigen Gabi zusammen, aber auch in eine Wohngemeinschaft von Studenten. Insbesondere der schwule Dieter (Samel) unterstützt ihn bei der Jobsuche. Doch was dem als selbstverständlich erscheint, z.B. einen Ausweis zu beantragen oder eine Steuerkarte zu besorgen, ist für Jimmi, der kaum lesen kann, eine unüberwindliche Hürde, endlos weit entfernt wie der Schatz am Ende des Regenbogens. Auseinandersetzungen und Misserfolge bleiben daher nicht aus. Am Ende ist Jimmi zu stolz, um in der Abhängigkeit von den Studenten zu verharren und es kommt zur Katastrophe.

Frießners authentischer, auf eigenen Erfahrungen beruhender Debütfilm wurde 1980 mit zwei Bundesfilmpreisen ausgezeichnet.

BRD 1979 ⊛⊙ Uwe Frießner ⊕ Frank Brühne ⊙ Alexander Kraut, Klaus Krüger, Michael Nuschke, Matthias Kaebs ⊛ Thomas Kufahl, Slavica Rankovic, Henry Lutze, Udo Samel, Heinz Hoenig ⊙ 107, farbig
⒫⒭

Endstation Sehnsucht
A STREETCAR NAMED DESIRE

Für die Verfilmung von Tennessee Williams' berühmtem Theaterstück wurde die Besetzung der Broadway-Uraufführung fast vollständig angeheuert. Blanche Dubois (Leigh) nistet sich bei ihrer in New Orleans verheirateten Schwester Stella (Hunter) ein. Sie ist von Stellas ungehobeltem Ehemann Stanley (Brando) gleichzeitig angezogen und angewidert. Als er ihre beginnende Liebe zu einem Verehrer (Malden) zerstört und sie zudem auch noch vergewaltigt, verliert sie ihren

Verstand und muss in die Nervenheilanstalt eingeliefert werden. Um den Zensurvorschriften gerecht zu werden, mussten für die Kinoadaption einige Änderungen vorgenommen werden. U.a. wurde aus der Homosexualität von Blanches erstem Ehemann eine „geistige Instabilität" gemacht. Tennessee Williams' schwül-fiebriges Psychogramm zerfallender Lebenslügen sorgte aber selbst nach den zahlreichen Schnitten auf der Leinwand noch für einen Medienskandal. *Endstation Sehnsucht* wurde für zwölf Oscars nominiert und erhielt vier, womit die Verteidiger des Films sich in ihrer Meinung bestätigt sahen, dass das Publikum weitaus reifer sei, als es die US-amerikanische Zensurbehörde einschätzte.

USA 1951 ⊛ Elia Kazan Ⓒ Tennessee Williams, Oscar Saul, nach dem gleichnamigen Bühnenstück von T. Williams ⊛ Harry Stradling Ⓓ Alex North ⊛ Vivien Leigh, Marlon Brando, Kim Hunter, Karl Malden, Rudy Bond Ⓒ 125, s/w
◎

Engel sind nackt am schönsten
AMANTI MIEI

Billige Softsexschmonzette. Barbara ist sauer, weil ihr Sergio es ständig mit anderen Frauen treibt, weshalb sie sich an ihm rächt, indem sie mit seinen Freunden und Bekannten ins Bett steigt, um schließlich die lesbische Liebe für sich zu entdecken.

I 1981 ⊛ Aldo Grimaldi Ⓒ⊛ John Brilon Ⓓ Pino Buricchi ⊛ Cindy Leadbetter, Vassili Karis, Maurice Poli, Anna Maria Clementi, Paolo Gozlino, Jane Morrison, Francesca Antonaci Ⓒ 93, farbig

Entfernte Stimmen – Stilleben
DISTANT VOICES; STILL LIVES

Nach seiner *Trilogie eines Lebens* (1984) setzte der britische Regisseur seine autobiografische Erkundung fort und verarbeitet in seinem zweigeteilten elegischen Drama auf berührende wie faszinierende Weise Konflikte und Wunden seiner Kind-

heit im Liverpool der vierziger und fünfziger Jahre. Er erzählt vom Sterben seines despotischen, prügelnden Vaters, dessen Tod wie eine Befreiung erscheint, und der intensiven Beziehung zur Mutter. Trost und Zuflucht findet der Heranwachsende in der Musik.

GB 1988 ⊛Ⓒ Terence Davies ⊛ Patrick Duval ⊛ Freda Dowie, Pete Postlethwaite, Angela Walsh, Dean Williams, Lorraine Ashbourne, Sally Davies. Nathan Walsh Ⓒ 84, farbig

Entfesselte Begierde
LA COMTESSE NOIRE
(ORIGINALTITEL DER GESCHNITTENEN VERSION)
Alternativtitel verschiedener Versionen: Les Avaleuses, Bare Breasted Countess, The Black Countess, La Comtesse aux seins nus, Erotic Kill (US-Titel), Female Vampire (Titel des Director's Cut und einer kanadischen Version), Insatiable Lust (französische Hardcore-Version), Jacula, The Last Thrill, The Loves of Irina, Sicarius – The Midnight Party, Yacula

Das Spannende an diesem Film ist sicher nicht sein Inhalt, sondern das Drumherum. Dieser Vampir-Softporno aus dem Hause Jess Franco, der zig grelle Filme zu unseren Lieblinggenres „Women-in-Prison", lesbische oder bisexuelle Vampire, SM oder Softerotik machte, hat allein so viele unterschiedliche Versionen, unter verschiedenen Titeln, dass ein Überblick schier unmöglich erscheint. Ebenso hat Jess Franco Dutzende von Pseudonymen, unter denen er als Regisseur, Schauspieler, Komponist oder Cutter fungierte. Er bescherte uns etliche Genre-Klassiker mit sadistischen Gefängniswärterinnen wie *Greta – Haus ohne Männer* (1976) oder den Klassiker *Vampyros Lesbos – Erbin des Dracula* (1970/71). Auch verschiedene Filme aus dem gleichen Material zu machen, oder gleich mehrere Filme am selben Set mit denselben Schauspielern zu drehen, gehört durchaus zu seiner Arbeitsweise. Allein dieser Film existiert in Hardcore-Versionen, als Horrorgeschichte mit weniger Sex und als beinahe vampir- und horrorfreie Erotikgeschichte – all das in diversen Längen und mit verschiedenen Produktionsjahren. Die in Deutschland erschienene Fassung beinhaltet sowohl relativ viel Sex als auch einen großen Teil der Vampirgeschichte. Nur eines lässt sich sicher über dieses Werk sagen: Es handelt sich um den Inbegriff von „Sexploitation", und Jess Franco ist der ungekrönte König dieser Spielart. (Siehe auch *99 Frauen*)

Die wesentliche Handlung von *Entfesselte Begierde* rankt sich um die schöne, französische Baronesse Irina von Karnstein (der Name wurde einmal mehr Sheridan Le Fanus „Carmilla" entlehnt), dargestellt von Francos Dauerdarstellerin Lina Romay, die auf der Insel Madeira ihr Unwesen als sexhungriger Vampir treibt. Obwohl auch Sperma beinahe den Stellenwert von Blut für sie hat, so hegt sie doch eine besondere Leidenschaft für die Prinzessin Rochefort (Swinn), mit der es

– je nach Version – eine leidenschaftliche Sexszene gibt, die jedoch im tödlichen Blutrausch endet.

Wie so oft muss die „ungewöhnliche Frau" sterben, hier besonders effektvoll in einer Badewanne voll Blut ihres letzten Opfers, in dem sie ertrinkt. (Gräfin Báthory lässt grüßen! Siehe *Blut an den Lippen*).

Spanien 1973, F 1977 ⊛⊚ J. P. Johnson (Jess Franco) ⊕ Johan Vincent ♪ Daniel J. White ⊛ Lina Romay, Jack Taylor, Monica Swinn, Alice Arno ⊙ 92 (geschnittene deutsche Version), farbig Ⓜ Ⓣ Ⓥ ⒷⒾ Ⓢ

Entre Nous
COUP DE FOUDRE
Englischer Titel: Between Us; deutscher Fernsehtitel: Entre nous – Träume von Zärtlichkeit

Eine der klassischen Lesbengeschichten, die eigentlich keine ist oder zumindest nicht eindeutig erzählt wird, so dass nur Eingeweihte wissen, dass es um mehr als nur Freundschaft geht. Dennoch gilt der französische Film mit Starbesetzung als wichtiger Beitrag über alternative Lebensentwürfe von Frauen.

Die von ihrer Ehe frustrierte Lena (Huppert) trifft in den fünfziger Jahren auf die lebenslustige, unkonventionelle Künstlerin Madeleine (Miou-Miou). Auch Madeleine ist wie Lena eine frustrierte verheiratete Mutter. Die beiden freunden sich an und verlieben sich ineinander – ohne dass es zum Äußersten kommt! Weibliche Einfühlsamkeit und Sehnsucht nach Freundschaft stehen im Vordergrund. Auf einer gemeinsamen Reise nach Paris beschließen sie, sich von ihren Männern zu trennen und gemeinsam ein anderes Leben zu beginnen. Trotz aller Widerstände finden die beiden Frauen zu sich selbst und zu einem neuen Lebensinhalt.

Obwohl Regisseurin Diane Kurys abstritt, dass der Film eine Liebesbeziehung von zwei Frauen behandelt, so ist doch klar, dass er starke Einflüsse der Lebensgeschichte ihrer Mutter enthält, die ihren Vater für eine andere Frau verlassen hat.

F 1983 ⊚ Diane Kurys ⊚ Diane Kurys, Alain Le Henry ⊕ Bernard Lutic ♪ Luis Enriquez Bacalov ⊛ Miou-Miou, Isabelle Huppert, Guy Marchand, Jean-Pierre Bacri, Patrick Bauchau, Saga Blanchard ⊙ 113, farbig ⒸⓄ ⒻⒻ

Entschuldigen Sie, sind Sie normal?
SCUSI, LEI E NORMALE?
Deutscher Alternativtitel: Das heiße Girl und der Staatsanwalt

Umberto Lenzi, eine Legende des italienischen Trash-Films, drehte unter einem Dutzend Pseudonymen (u.a. Bob Collins, Humphrey Humbert, Humert Humphry, Harry Kirkpatrick, Doo Yong Lee, Hank Milestone) seit Mitte der fünfziger Jahre vor allem Abenteuer-, Grusel-, und Actionstreifen, darunter den Edgar-Wallace-Streifen *Das Rätsel des silbernen Halbmonds* (1972).

B-Picture-Qualitäten weist auch diese Klamotte auf. Der schwule Franco lebt mit der Fummeltrine Nicole zusammen, verliebt sich aber plötzlich in das Fotomodell Anna, die sich ihr Geld mit halbpornografischen Fotolovestories verdient. Der eifersüchtige Nicole droht sich umzubringen, Francos spießiger Onkel wettert gegen das unzüchtige Leben seines Neffen, und ein Staatsanwalt ermittelt wegen Pornografie und verliebt sich schließlich selbst in Nicole.

I 1979 ⊛⊚ Umberto Lenzi ⊕ D. Mancorli ♪ Franco Micalizzi ⊛ Anna Maria Rizzoli, Renzo Montagnani, Ray Lovelock, Sammy Bardot, Aldo Maccione, Mario Gardini, Salvatore Jacono ⊙ 91, farbig

Die Equilibristen
LES EQUILIBRISTES

Franz-Ali (Dadi) ist Deutsch-Algerier und arbeitet als Manegendiener in einem Pariser Zirkus. Genaugenommen kehrt er die Kothaufen der Elefanten nach ihrem Auftritt zusammen. Mit seiner Mutter (Kunstmann), einer alkoholkranken ehemaligen Kunstringerin, lebt er in einem Wohncontainer am Rande der Stadt. Sein Traum: Ein berühmter Seiltänzer zu werden. Als er Spadice (Piccoli) trifft, scheint er sich zu erfüllen. Der schwule Schriftsteller macht ihn zu seinem Liebhaber, mietet ihm eine Wohnung, kleidet ihn ein, gibt ihm Bücher und trainiert ihn bis zur völligen Erschöpfung. Franz-Ali ist sein Geschöpf, pygmaliongleich. Bis dieser unerwartet ein Eigenleben und intellektuelle Ambitionen entwickelt und der Gewalt des Meisters entgleitet. Bis dahin ist Papatakis Film schlicht und präzise im Stil französischer Gangsterfilme inszeniert. Beim Showdown am Ende des Films gleitet das Drama jedoch in Kitsch ab. *Die Equilibristen* wurde vielfach als späte Rache Papatakis an Jean Genet verstanden. Unverkennbar ist die Figur des Spadice an Genet angelehnt. Papatakis hatte 1950 dessen einzigen Film *Un Chant d'amour* produziert. Fast berühmter als durch sein überschaubares filmisches Schaffen wurde Papatakis durch seine Partnerschaft mit der deutschen Sängerin Christa Päffgen. Sie wählte aus Liebe seinen Vornamen zum Künstlernamen: Nico.

F 1991 ⊚🙂 Nico Papatakis ⊕ William Lubtchansky ⊘ Bruno Coulais ⊚ Michel Piccoli, Lilah Dadi, Polly Walker, Doris Kunstmann ⊙ 120, farbig

Er Moretto – Von Liebe leben

Der römische Strichjunge Franco, der am Circo Massimo seinen Lebensunterhalt mit Sexarbeit verdient, erzählt in einem Interview seine Lebensgeschichte. Als er 13 Jahre alt ist, lernt er den Regisseur Bischoff kennen. Aus der flüchtigen Bekanntschaft wird ein Liebesverhältnis. Die beiden ziehen zusammen. Zwei Jahre später will Bischoff das Leben seines Geliebten zu einem Film verarbeiten, doch als die Finanzierung des Projektes endlich steht, hat sich Franco bereits einen 47 Jahre alten Krankenpfleger als neuen Liebhaber gesucht. Bischoff stellt nun mit einem Laiendarsteller Szenen aus Francos Leben nach, die oft akribisch authentisch inszeniert sind, dann wieder gezielt, Pasolini und Fellini zitierend, ins Surrealistisch-Opernhafte getrieben werden. Interview und Spielszenen ergänzen sich so zu einem sehr subjektiven Porträt.

Als der Film 1985 in der ARD gezeigt werden sollte, versuchte der CSU-Politiker Edmund Stoiber, Mitglied des Rundfunkrates des Bayrischen Rundfunks, eine Ausstrahlung zu verhindern.

„Francos Stricherleben war ihm auch möglich, weil keine sexuellen Tabus der Erziehung ihn daran hinderten, seinen Körper zu verkaufen. Wenn ein 13-jähriger Junge Halt und Liebe sucht, auch Sexualität, dann findet er dies nur in der sozialen Gruppe der Schwulen.“   *Regisseur Simon Bischoff*

CH/BRD 1984 ⊚🙂 Simon Bischoff ⊕ Raffaele Mertes ⊘ Teresa Gatta, Alberto Antinori ⊚ Alevino di Silvio, Franco Mazzieri, Vinico Diamanti, Ciro Cascina, Rosa Di Brigida, Renato Faillaci ⊙ 85, farbig
🅟🅡 Ⓓ

Erdbeer und Schokolade
FRESA Y CHOCOLATE

Der stramm-kommunistische Student David (Cruz) lernt in einem Eiscafé von Havanna den selbstbewussten Künstler Diego (Perugorría) kennen. Der ist nicht nur schwul, sondern auch ein schlagfertiger Systemkritiker. Es gelingt ihm, David nach Hause zu locken, wo er ihm ein privates kulturelles Paradies vorführt: Fotos von Verfemten und von Idolen des Klassenfeindes, verbotene Bücher, Kunst aus eigener und fremder Produktion, Kitsch und Nippes. Diego versucht den scheuen David zu verführen, doch dieser flüchtet wütend. Er erzählt seinem Freund und Parteigenossen Miguel (Gattorno) von dem verdächtigen Künstler, der eine Ausstellung plane und Kontakt zu einer ausländischen Botschaft habe. Der dogmatische Miguel stiftet David dazu an, als Spitzel zurückzukehren. Zwischen Diego und David entwickeln sich heftige Debatten um persönliche und politische Freiheiten. Der leidenschaftliche Kulturkenner Diego weckt Davids Interesse für Kubas vergessene Tradition und zeigt ihm, dass man seinem Land auch ohne Ideologie verbunden sein kann. David bekommt Selbstzweifel und ist bald von dem exzentrischen und sinnlichen Diego beeindruckt. Auch Diegos Nachbarin Nancy (Ibarra) hat ein Auge auf David geworfen. Sie fasziniert ihn durch ihre schillernde Persönlichkeit als Mitglied der Bürgerwehr. Eines Tages jedoch versucht sie sich das Leben zu nehmen. David rettet sie durch eine Blutspende. Während sich zwischen ihm und Nancy eine Liebesaffäre anbahnt, bekommt Diego immer größere Probleme. Er überwirft sich mit seinem Freund, dem Bildhauer Germán (Angelino), im Streit über eine politisch riskante Ausstellung und erhält Berufsverbot. Er beschließt, das Land zu verlassen.

Die Figurenkonstellation lehnt sich zwar stark an Hector Babencos *Kuss der Spinnenfrau* (1985) an, doch gelingt es dem Regieduo, eigenständige und liebenswerte Charaktere zu schaffen. Die politische Bedrohung bleibt dezent, die Systemkritik (etwa am unaufhaltsamen Zerfall Havannas und an der Mangelwirtschaft, die sich in subtilen Anspielungen und trockenem Wortwitz zeigt) ist für kubanische Verhältnisse ungewöhnlich. Soziale Anklage liegt dem leichtfüßig-unterhaltsamen Film fern, erzählt wird mit Tempo und zum Teil aggressivem Witz.

Erdbeer und Schokolade, u.a. mit allen acht großen Preisen der Internationalen Filmfestspiele in Havanna 1993 und auf der Berlinale 1994 mit dem Silbernen Bären, dem Spezialpreis der Jury sowie dem Publikumspreis des TEDDY Award ausgezeichnet, wurde ein weltweiter Erfolg beim Publikum und der Kritik. Allein in Deutschland wurden 250.000 Kinokarten verkauft. Zur Doppelregie war es gekommen, weil Alea während der Dreharbeiten erkrankt war. Tabío übernahm spontan die Regie und führte die Dreharbeiten zu Ende.

„Ich glaube, die Geschichte ist universell genug, um auf der ganzen Welt anzukommen. Das Problem, mit Homosexualität und Machismo umzugehen, die Intoleranz und das Unvermögen, dieses Problem zu verstehen, gibt es weltweit, nicht nur in den lateinamerikanischen Ländern. An manchen Orten wird mehr gegen diese Vorurteile gekämpft als an anderen. Es geht dabei um eine brennend lebendige Frage, um einen Konflikt, der jeden von uns emotional berühren kann." Regisseur Tomás Gutiérrez Alea

Kuba 1993 Ⓡ Tomás Gutiérrez Alea, Juan Carlos Tabío Ⓑ Senel Paz nach seiner gleichnamigen Erzählung Ⓚ Mario García Joya Ⓜ José María Vitier Ⓓ Jorge Perugorría, Vladimir Cruz, Mirta Ibarra, Francisco Gattorno, Joel Angelino, Marilyn Solaya Ⓛ 110, farbig
Ⓣ︎Ⓓ︎

Erlösung
LUNASTUS

Finnland 1918. Im Land herrscht Bürgerkrieg. Kommunistische rote Truppen liefern sich Gefechte mit zaristischen Weißgardisten, die von den Deutschen unterstützt werden. Der 40-jährige Vikar Patrik Sillman kümmert sich um die Bevölkerung in seinem kleinen Dorf. Während sein Bruder auf Seiten der Weißen sein Leben riskiert, versucht sich Sillman (Heiskanen) aus dem Bürgerkrieg herauszuhalten, aber damit auch jegliche Verantwortung und Stellungnahme abzulehnen – bis man ihm eines Tages einen russischen Gefangenen bis zu dessen Hinrichtung zur Überwachung übergibt. Was die deutschen Soldaten ihm hier abliefern, ist mehr ein verschüchterter Junge denn gefährlicher Mann. Siliman gerät zunehmend in innere Konflikte. Denn nicht nur, dass er den jungen Soldaten dem sicheren Tod übergibt, er muss zudem feststellen, dass ihn sein Anblick mehr und mehr verstört. Heimlich beobachtet er ihn beim Baden, liegt nachts schlaflos in seiner Kammer und weiß seine Gefühle kaum zu deuten. Es drängt ihn die Sehnsucht nach Zärtlichkeit, wie auch die Gier nach Sex. Der andere ist der Gefangene, wehrlos. Also nimmt er sich wortlos, was er auszusprechen nicht wagt. Die vermeintliche Intimität jedoch schafft ein falsches Vertrauen, das Sillman letztlich mit dem Leben bezahlt.

Ein schnörkellos erzählter, beklemmender Film in schönen, sepiafarbenen Bildern, der über weite Strecken ohne viele Worte auskommt. Die Frage nach der persönlichen Schuld und Verantwortung im Krieg, nach der Grausamkeit von Ideologien und politisch geschürtem Hass beantwortet er mit einer kalten Handlung, die Hoffnung nicht zulässt.

Finnland/Schweden 1997 Ⓡ Olli Saarela Ⓑ Olli Saarela, Heikki Vuento Ⓚ Antti Hellstedt Ⓜ Tero Malmberg Ⓓ Kari Heiskanen, Jussi Puhaka, Jussi Lethonen Ⓛ 72, farbig
Ⓦ︎Ⓟ︎

Ernesto

Triest im Jahre 1911. Der 17-jährige Ernesto (Halm) arbeitet im Kontor eines Getreidehändlers. Ihm ist die Aufgabe anvertraut, die Tagelöhner auszusuchen und ihnen Arbeit zu geben oder zu verweigern. Mit einem der Arbeiter (Placido) kommt es zu einer intimen Begegnung, bei der sich Ernesto von dem älteren, maskulinen Mann ficken lässt. Sie verabreden sich zu einem weiteren Rendezvous. Nun will Ernesto den aktiven Part übernehmen, doch der Tagelöhner verweigert sich: Sobald der Bart sprieße, solle ein Mann sich nicht mehr bumsen lassen. Ernesto fühlt sich beleidigt. Weil er sich seinen Berufswunsch erfüllen will, nämlich Konzertgeiger zu werden, kündigt er die Stellung und gibt einem 15-Jährigen Geigenunterricht, jedoch nicht allein, um Geld zu verdienen. Der Junge wird auch sein Geliebter. Als dies dessen Zwillingsschwester mitbekommt, lässt sich Ernesto von ihr zu Zärtlichkeiten erpressen. Er verrät schließlich seine tatsächlichen Gefühle, wie schon zuvor seine politische (nämlich sozialistische) Haltung, und heiratet sie. Der gesellschaftliche Aufstieg ist damit geschafft. Ein mit erlesenen Bildern illustriertes, ironisch leicht überhöhtes Melodram.

I/Spanien/BRD 1978 Ⓡ Salvatore Samperi Ⓑ Barbara Albert, Amadeo Pagani, Salvatore Samperi nach der gleichnamigen Novelle von Umberto Saba Ⓚ Camillo Bazzoni Ⓜ Carmelo Bernaola Ⓓ Martin Halm, Michele Placido, Turi Ferro, Virna Lisi, Lara Wendel, Francisco Marsò, Renato Salvatori, Concha Velasco Ⓛ 98, farbig
Ⓟ︎Ⓐ︎ Ⓑ︎Ⓘ︎

Erotische Geschichten aus 1001 Nacht
IL FIORE DELLE MILLE E UNA NOTTE

Der Abschluss von Pasolinis *Trilogie des Lebens* (nach *Decamerone* und *Tolldreiste Geschichten*). In fünfzehn miteinander verwobenen, in eine fortlaufende Handlung integrierte Episoden, die man in den für Kinder bearbeiteten Buchausgaben der *Geschichten aus 1001 Nacht* sicherlich nicht findet, schildert Pasolini mit fast technographischer Akribie Gesellschaft und Alltag einer vergangenen Epoche und eines exotischen Kulturkreises. Im Mittelpunkt: die frei ausgelebte Sexualität über Klassenschranken hinweg als anarchische, antiautoritäre Kraft. Dazu gehören auch homoerotische bzw. Sklave-Meister-Verhältnisse. Die zahlreichen Nacktaufnahmen wirken in ihrer direkten Art selbstzweckhaft, ermüdend und für heutige Betrachter alles andere als skandalös.

I/F 1974 ⓢ Pier Paolo Pasolini ⓒ Dacia Maraini, Pier Paolo Pasolin ⓜ Giuseppe Ruzzolini ⓔ Ennio Morricone ⓦ Ninetto Davoli, Franco Citti, Franco Merli, Margareth Clementi, Tessa Bouche, Ines Pellegrini ⓣ 110, farbig
ⓢⓜ

Escape to Life – Die Erika und Klaus Mann Story

Die Geschichte der Familie Mann bietet ein schier unendliches Reservoir an Geschichten voll Exzentrik, künstlerischer Ausbrüche und verkörpert zugleich die ganze Tragik der ersten Hälfte des 20. Jahrhunderts. Wieland Speck (*Westler*, 1985) und die US-Amerikanerin Andrea Weiss (*Before Stonewall*, 1983) konzentrieren sich auf zwei der fünf Kinder der Familie Mann: Klaus, der Schriftsteller und aktive Antifaschist, sowie Erika, die Kabarettistin, Weltreisende und später Sekretärin des weltberühmten Vaters. Zwei, die sich in frühen Jahren bereits mit ungewöhnlichem Selbstbewusstsein künstlerisch ins Rampenlicht stellen und später bewusst den politischen Veränderungen begegnen. Beide heiraten pro forma (Erika den Schauspieler und Regisseur Gustaf Gründgens, Klaus die Wedekind-

Tochter Pamela), leben aber auch weiterhin sehr ungezwungen ihre Homosexualität aus.

Die intensive Spurensuche von Speck und Weiss führt über die gemeinsamen künstlerischen Versuche von Klaus und Erika mit Inszenierungen eigener Theaterstücke wie etwa *Revue zu vieren*, als Weltreisende und Vortragskünstler auf Tour durch die USA bis zu ihrem Engagement im antifaschistischen Kampf. Sie verbinden dabei Dokumentarisches mit Spielszenen sowie Interviews mit Zeitzeugen, wie mit der jüngsten Schwester Elisabeth Mann Borgese, dem Schauspieler Igor Pahlen oder der Fotografin Marianne Breslauer. Bemerkenswert ein Ausschnitt von Erika Manns Auftritt in der UFA-Produktion *Mädchen in Uniform* (1931) sowie einer ihrer Radioreportagen aus dem US-amerikanischen Exil. Überhaupt war die Suche nach authentischem Material bei Erika ergiebiger. Deshalb hat man zum Ausgleich kurze Situationen aus Klaus Manns Werk szenisch umgesetzt: Szenen aus der Drogengeschichte *Speed* oder seinem Roman *Tanz auf dem Vulkan*. Leider gerieten diese Sequenzen trotz prominenter Besetzung sehr unbeholfen und dilettantisch.

> „Wir waren von diesem Projekt fasziniert, weil es Themen beinhaltet, mit denen wir beide selbst während eines Großteils unseres Lebens umgehen mussten: die scheinbar widersprüchliche Verpflichtung zu künstlerischem und politischem Handeln, ohne das eine dem anderen zu opfern; das Verantwortungsgefühl des Einzelnen gegenüber der Gesellschaft; die Versuche als schwule/lesbische Persönlichkeit einen eigenen Weg im Leben zu finden." Wieland Speck und Andrea Weiss

D/GB 2000 ⓢ Wieland Speck, Andrea Weiss ⓒ Wieland Speck, Andrea Weiss basierend auf ihrem gleichnamigen Buch ⓔ John Eacott ⓦ Conny Appenzeller, Albrecht Becker, Christoph Eichhorn, Cora Frost, Dorothee von Diepenbroick, Maren Kroymann, Coraly von Le Fort ⓣ 83, s/w und farbig
ⓓ

Even Cowgirls Get the Blues
Deutscher Alternativtitel: Cowgirl Blues

Sissy Hankshaw (Thurman) verfügt über einen überdimensionalen Daumen, der sie zur Königin der Anhalterinnen macht. Wenn sie nicht gerade auf der Landstraße unterwegs ist, jobbt sie als Fotomodell für weibliche Hygieneartikel und logiert bei ihrem Auftraggeber: der geschlechtlich indifferenten „Countess", einer exzentrischen Tunte mit Zigarrenspitze, zickigem Idiom und faltig bleichem Gesicht (Hurt), die ihr einen Job auf einer Schönheitsfarm vermittelt. Dort lernt sie eine Gruppe lesbischer Cowgirls kennen und verliebt sich in die raubeinige Bonanza (Phoenix). Die alternative Girl-Kommune hat gerade Probleme mit den Behörden, weil sie auf ihrem

Gelände lebende Kraniche mit Drogen daran hindern, in den Süden weiterzuziehen.

Die Romanvorlage von Robbins galt als Hymne auf den Feminismus und als unverfilmbar. Als Van Sants Film 1993 auf der Biennale in Venedig uraufgeführt wurde, fiel er gnadenlos durch und wurde vor dem Kinostart noch einmal radikal umgeschnitten, blieb aber trotzdem zerfasert und langatmig.

USA 1993 Ⓢ Gus Van Sant Ⓒ Gus Van Sant nach dem Roman von Tom Robbins Ⓙ k.d. lang, Ben Mink Ⓜ Uma Thurman, John Hurt, Rain Phoenix, Noriyuki „Pat" Morita, Lorraine Bracco, Keanu Reeves, Angie Dickinson, Udo Kier, Sean Young, Crispin Glover, Buck Henry Ⓣ 96 (Verleihfassung), farbig
ⒹⓉ ⓆⒸ ⒷⒾ Ⓣ

Ex und hopp – Die ihr Leben wegwerfen

Authentisches Dokument der Drogen- und so genannten „Gammler"-Szene im Berlin der siebziger Jahre, eingefangen mit erbarmungslosem Realismus. Zwei Drogenabhängige (Lambert, Breiter) entfliehen einer Berliner Nervenheilanstalt, streifen durch die Kneipen und finden bei einer Freundin Unterschlupf. Während der eine an einer Überdosis Heroin stirbt, tötet der andere im Affekt einen einsamen, arroganten Schwulen. Bemerkenswert: der spätere Star Klaus Nomi in einer Nebenrolle. Lambert spielt in diesem Film die erste und einzige Hetero-Sex-Szene seiner Filmkarriere. Bei der Uraufführung des Films beim „Forum des Jungen Films" der Berlinale rief Festivalmitarbeiter Manfred Salzgeber die Zuschau-

er auf, den Film zu boykottieren, da er die Berliner Schwulenszene falsch darstelle. 20 Jahre später sah Salzgeber das etwas gelassener und nahm Lamberts Gesamtwerk inklusive *Ex und hopp* in das Programm seines mittlerweile gegründeten Verleihs auf.

BRD 1972 (rekonstruierte Fassung 1981) ⓈⒸ Lothar Lambert, Wolfram Zobus Ⓒ Wolfram Zobus Ⓜ Lothar Lambert, Inge Bongers, Wolfgang Breiter, Klaus Nomi, Dagmar Beiersdorf, Heidi Nielsen, Karla Schilling Ⓣ 56, s/w
Ⓣ

Exhibition

Halbdokumentarischer Spielfilm über die französische Pornodarstellerin Claudine Beccarie. Als Mädchen wurde sie von ihrem Onkel missbraucht, im Mädchenheim machte sie erste lesbische Erfahrungen. Sie landet auf dem Strich, schließlich beim Pornofilm und darf am Ende sogar eine Rolle in einem beinahe seriösen Film spielen, nämlich in dem Softsexstreifen *Emanuelle – Dein wilder Erdbeermund* (1976).

F 1975 ⓈⒸ Jean François Davy Ⓒ Roger Fellous Ⓙ N.N. Ⓜ Claudine Baccarie, Benoit Archenoul, Frédérique Barral, Béatrice Harnois, Michel Dauba, Mandarine Didier, Patrick Segalas, Ellen Coupey Ⓣ 86, farbig
Ⓚ ⓅⓇ

Das Experiment

Basierend auf tatsächlich stattgefundenen Psycho-Experimenten über die fatale Eigendynamik sozialer Gruppenbildungen und Rollenzwängen (wie z. B. 1971 an der US-amerikanischen Universität Stanford) nehmen hier 20 freiwillige Versuchspersonen als Häftlinge bzw. Wärter eines simulierten Gefängnisses teil. In kürzester Zeit gerät der Versuch außer Kontrolle. Schneller und heftiger als erwartet steigern sich die zu Wärtern ernannten Testpersonen in ihre Rolle, misshandeln die Gefangenen, üben Gewalt und Psychoterror aus. Insbesondere der zunächst unscheinbar wirkende, verklemmt schwule Flugbegleiter Berus (Dohnányi) entwickelt einen gemeinbrutalen Charakter.

Düsterer, routiniert inszenierter Psychothriller, der sich leider mit unnötigen Nebenhandlungen (die Hauptfigur muss auch noch eine Liebesgeschichte durchstehen) selbst dramaturgisch lähmt.

D 2000 ⊖ Oliver Hirschbiegel ☺ Mario Giordano nach seinem Roman *Black Box*, Christoph Darnstädt, Don Bohlinger ⊛ Rainer Klausmann ☽ Alexander van Bubenheim ◉ Moritz Bleibtreu, Christian Berkel, Oliver Stokowski, Wotan Wilke Möhring, Justus von Dohnányi, Nicki von Tempelhoff, Timo Dierkes, Edgar Selge ☉ 120, farbig
(WP)

F

Der Fall des Generalstabs – Oberst Redl

Obgleich diese Verfilmung des Schicksals des vom russischen Geheimdienst wegen seiner Homosexualität erpressten Oberst Redl auf Egon Erwin Kischs Enthüllungsreportage basiert, erlaubt sie sich einige entscheidende dramaturgische Freiheiten gegenüber den tatsächlichen Geschehnissen Während Hans Otto Löwenstein in seinem Film *Oberst Redl – der Totengräber der Monarchie* (1924) die Homosexualität Redls völlig unter den Tisch kehrt und stattdessen eine verführerisch „schöne Sonja" erfindet, die dem Oberst zum Verhängnis wird, wagt es Anton wenigstens sehr verhalten, dessen Männeraffären zu thematisieren. Doch auch hier wird eine russische Geheimagentin (Dagover) hinzuerfunden, um vom eigentlichen anrüchigen Treiben Redls (Loos) abzulenken. Die eigentliche Ursache des Skandals – Redls Homosexualität – erhält so eine völlig untergeordnete, kaum wahrnehmbare Bedeutung. (siehe auch *Oberst Redl*, 1984, von István Szabó).

D 1931 ⊚ Karl Anton ☺ Alfred Schirokauer, Benno Vigny, Egon Erwin Kisch nach seiner dokumentarischen Novelle ⊕ Václav Vích, Eduard Hoesch ♪ Willy Engel-Berger ⊛ Lil Dagover, Otto Hartmann, Alexander Murski, Theodor Loos ⊙ ???, s/w ⓣ

Fame – Der Weg zum Ruhm
FAME

Der Film verfolgt das Schicksal von Studenten an der New Yorker Kunsthochschule von der Aufnahme- bis zur Abschlussprüfung. Darunter Coco Hernandez (Cara), die als Tänzerin Karriere machen möchte, Doris Finsecker (Teefy), die unter ihrer überfürsorglichen Mutter leidet und endlich erwachsen werden möchte. Montgomery MacNeil (McCrane), sensibel, strebsam und schwul (bemerkenswerterweise offensichtlich der Einzige an der ganzen Schule) und Sohn einer bekannten Schauspielerin, in deren Fußstapfen er treten möchte. Raul Garcia (Miller) will unbedingt auf diese Schule, weil sein großes Vorbild, der Komiker Freddy Prince, auch hier studiert hat.

Der Titelsong von Michael Gore und Dean Pitcher sowie Gores Originalsoundtrack wurden mit einem Oscar ausgezeichnet. Der große Erfolg dieses vor allem durch seine handwerklich perfekten Tanz- und Musikszenen beeindruckenden Films hatte zur Folge, dass nicht nur ab 1982 eine TV-Serie aus dem Stoff entwickelt, sondern 1988 auch ein Musical kreiert wurde. Die Charaktere wurden allerdings stark verändert. In der Bühnenversion verliebt sich die an Doris angelehnte Figur unglücklich in den vermeintlich schwulen Nick, der sich am Ende des Stücks als hetero entpuppt.

USA 1979 ⊚ Alan Parker ☺ Christopher Gore ⊕ Michael Seresin ♪ Michael Gore ⊛ Irène Cara, Lee Curreri, Maureen Teefy, Antonia Franceschi, Paul McCrane, Barry Miller, Gene Ray ⊙ 133, farbig
⊚

Familienfest und andere Schwierigkeiten
HOME OF THE HOLIDAYS

Die Kunstrestauratorin Claudia Larson (Hunter) reist aus Anlass des Thanksgiving-Festes nach Baltimore zu ihrer alles beherrschenden Mutter (Bancroft). Am Festtagstisch sitzen neben dem trägen Vater Henry (Durning) auch Claudias Schwester (Stevenson), ihr aufgedrehter schwuler Bruder Tommy (Robert Downey jr.) mit seiner unerträglich manischen Fröhlichkeit samt seinem neuen Lebensgefährten Leo Fish (McDermott), den Mama nur für einen „guten Bekannten" halten will, sowie ihre schrullige Tante Glady (Chaplin). Vor, während und nach dem obligatorischen Truthahn kommt es zu einem heftigen Meinungsaustausch. Der Dialog dominiert entsprechend, die Handlung ist spärlich; leider auch der Dialogwitz. An die Vorbilder Woody Allen oder Robert Altman reicht Jodie Fosters zweite Regiearbeit nicht heran.

USA 1995 ⊚ Jodie Foster ☺ W. D. Richter nach einer Kurzgeschichte von Chris Radant ⊕ Lajos Koltai ♪ Mark Isham ⊛ Holly Hunter, Anne Bancroft, Robert Downey jr., Dylan McDermott, Charles Durning, Geraldine Chaplin, Steve Guttenberg, Claire Danes, Cynthia Stevenson ⊙ 103, farbig

Der Fanatiker
THE FAN

Die gefeierte Schauspielerin Sally Roos (Bacall) bekommt von einem anonymen Verehrer Liebesbriefe, die bald jedoch bedrohliche Züge annehmen. Der Verfasser ist der introvertierte Schallplattenverkäufer und besessene Musicalfan Douglas Breen (Biehn), dessen unerwiderte Gefühle schließlich in Hass und Gewalt umschlagen. In einer Schwulenbar in Manhattan tötet er einen Schwulen, während er sich von ihm einen blasen lässt, und zündet ihn an. Der Film lässt ungeklärt, ob Breen bisexuell oder ein unter seiner Sexualität leidender Schwuler ist.

USA 1981 ⊚ Edward Bianchi ⊙ Priscilla Chapman, John Hartwell nach einem Roman von Bob Randall ✦ Dick Bush ♫ Pino Donaggio ⊕ James Garner, Lauren Bacall, Michael Biehn, Maureen Stapleton, Hector Elizondo ⊙ 95, farbig
ⒷⒾ Ⓣ Ⓜ

Der Fangschuß

Im Baltikum des Jahres 1919 herrscht Bürgerkrieg. Esten und Letten versuchen, die Herrschaft der Landbarone und Großgrundbesitzer zu brechen. In Westeuropa befürchtet man, der Bolschewismus könne übergreifen. Es werden Freiwilligenkorps gegründet, um die alte Ordnung zu retten. Auf dem baltischen Schloss Kratovice lebt die verarmte junge Adelige Sophie von Reval (Trotta). Mit einer Schar von Freiwilligen verschiedener Nationalitäten, die wie eine Besatzungstruppe einfallen, kommen Sophies Bruder Konrad (Kirschstein) und dessen Freund Erich von Lhomond (Habich) nach Kratovice. Obgleich freundschaftliche Kontakte zu einem jungen Kommunisten und die Lektüre marxistischer Literatur ihr klar gemacht haben, dass für ihre Lebensvorstellungen in der angestammten Klasse kein Platz ist, verliebt sie sich in den preußischen Offizier Erich von Lhomond. Doch dieser weicht vor ihrer demonstrativen Liebesbereitschaft zurück, denn er interessiert sich sexuell viel mehr für Sophies Bruder Erich. Um seine Unabhängigkeit von Sophies Gefühlen unter Beweis zu stellen, lässt er sich zwischen den Kriegshandlungen lustlos mit Mädchen eines Bordells ein. Erniedrigt und in ihrer Offenheit betrogen, nimmt Sophie sich nun wahllos Liebhaber unter den Offizieren und schließt sich den Kommunisten an.

„Der Film ist keine Auseinandersetzung mit unserer Gegenwart, sondern er handelt von dem problematischen Verhältnis zwischen Männern und Frauen, das uns überkommen ist und mit dem wir uns heute ebenso beschäftigen müssen wie

mit Polizei, Springer-Presse, Fragen der Justiz oder Strafrechtsreform." Regisseur Volker Schlöndorff

BRD/F 1976 ⊚ Volker Schlöndorff ⊙ Geneviève Dorman, Margarethe von Trotta, Jutta Brückner nach dem gleichnamigen Roman von Marguerite Yourcenar ✦ Igor Luther ♫ Stanley Myers ⊕ Matthias Habich, Margarethe von Trotta, Rüdiger Kirschstein, Mathieu Carrière, Valeska Gert, Marc Eyraud, Bruno Thost, Friedrich Zichy ⊙ 93, farbig

Fannys Farm
ÄNGLAGARD

In Änglagard, einem Provinznest in Südschweden, stirbt der alte Bauer Erik. Ein benachbarter Großgrundbesitzer hat schon ein Auge auf das Anwesen geworfen, als plötzlich auf einem Motorrad eine Erbin auftaucht: Fanny (Bergström), die Enkelin des Verstorbenen, mit ihrem bisexuellen Freund Zac (Wolff), einem Sänger. Deren großstädtischer, unkonventioneller Lebenswandel bringt das Dorf durcheinander und führt zu heftigen Feindseligkeiten, die ihren Höhepunkt erreichen, als Freunde von Fanny aus der Berliner Subkultur und Künstlerszene zu einer rauschenden Party eintreffen. Amüsante und unspektakuläre, am Ende versöhnliche Komödie, die vom britischen Humor des Regisseurs und dem Gegensatz der scheinbar unvereinbaren Welten lebt.

Schweden/DK/N 1991 ⊚⊙ Colin Nutley ✦ Jens Fischer ♫ Björn Isfält, Göran Martling ⊕ Helena Bergström, Rikard Wolff, Sven Wollter, Viveka Seldahl, Reine Brynolfsson, Per Oscarsson ⊙ 119, farbig
ⒷⒾ

Die Farbe Lila
THE COLOR PURPLE

Steven Spielbergs Filmdbüt – die Umsetzung des berühmten Romans von Alice Walker – erzählt die Geschichte einer schwarzen Familie im Süden der USA aus der Sicht der zunächst naiven und unterwürfigen, später sich selbst befreienden Celie, gespielt

von der jungen Whoopie Goldberg. Über viele Jahre voller Schmerz und Demütigung versuchen sie und ihre Schwester Nettie (Akosua Busia), sich gegen Gewalt und Unterdrückung durch die Männer ihrer Familie zu behaupten. Celie wird mit dem gewalttätigen, selbstherrlichen „Mister" (Danny Glover) verheiratet, dem sie wie eine Sklavin dient. Erst als Celie der vergleichsweise emanzipierteren und selbstbestimmten Nachtclubsängerin Shug (Margaret Avery) begegnet, die eigentlich die Geliebte ihres Mannes ist, kommt endlich ernsthafte Aufbruchstimmung auf. Sie verliebt sich in Shug, und es entsteht eine innige Verbindung zwischen den Frauen. Allerdings kommt es lediglich zu einigen harmlosen Küssen, in der entscheidenden Szene wird abgeblendet und das Publikum erfährt nie, ob nach den Küssen vielleicht noch mehr zwischen den Frauen passiert. Die Freundschaft zu Shug lässt Celie sich endlich aus der entsetzlichen Umklammerung ihres tumben, herrschsüchtigen Mannes befreien. An Tragik und tränenschwangeren Szenen kaum zu überbieten, ist diese in epischer Länge gezeigte Saga vorwiegend ein feministisch gemeinter Film. Die Männerfiguren sind eher zweidimensional und klares Feindbild, während die Frauen die ewig guten und gebeutelten Opfer sind. Das lesbische Element, in Alice Walkers Bestseller noch deutlich beschrieben, ist hier – ganz in üblicher Hollywoodmanier – zur Unkenntlichkeit verkommen. Whoopie Goldberg hatte mit ihrer grandiosen Verkörperung der Celie ihren großen Durchbruch. Der Film erhielt 1985 einige Oscarnominierungen: als bester Film, beste Hauptdarstellerin (Whoopie Goldberg) und beste Nebendarstellerin (Ophra Winfried).

USA 1986 ⓔ Steven Spielberg ⓦ Menno Meyjey nach dem gleichnamigen Roman von Alice Walker ⓒ Allen Daviau ⓙ Quincy Jones ⓜ Whoopi Goldberg, Danny Glover, Margaret Avery, Rae Dawn Chong, Oprah Winfrey, Wiliard E. Pugh, Akosua Busia ⓣ 153, farbig
ⓒⓞ ⓕⓕ ⓞ

Faustrecht der Freiheit

Der Jahrmarktschausteller Franz Biberkopf (Fassbinder) ist jung und schwul, doch leider weder reich noch sonderlich attraktiv und nur wenig gebildet. Erst als er im Lotto eine halbe Million Mark gewinnt, reißen sich die Männer in der Schwulenkneipe um ihn und machen ihm den Hof. Doch dieser Gewinn wird ihn nicht glücklich machen. Durch den Kunsthändler Max (Böhm), eine Klappenbekanntschaft, lernt er Eugen (Chatel) kennen. In dem Unternehmersohn glaubt er, die Liebe seines Lebens gefunden zu haben. Doch die Welten, die sie trennen, lassen sich nicht verleugnen. Eugen versucht, Franz Kleidungsstil, Umgangsformen und Kulturverständnis beizubringen. Er wird zum Erzieher, der jedoch mit seiner Erziehung scheitert. Franz merkt nicht, dass es Eugen nur auf sein Geld abgesehen hat und sich hinter seinem Rücken über ihn lustig macht. Als das Geld verprasst bzw. damit die bankrotte Firma von Eugens Eltern saniert ist, wird Franz fallengelassen. Eugen kehrt zu seinem früheren Liebhaber (Baer) zurück. Franz hat nicht nur seinen Anteil an der Firma, sondern auch seine Wohnung verloren und nimmt sich das Leben.

Faustrecht der Freiheit, zwischen Melodram und ironischer Dialektik schwankend, wird vielfach als Pendant zu *Die bitteren Tränen der Petra von Kant* (1972) bezeichnet und ebenso als Fassbinders Abrechnung mit der Schwulenszene wie autobiografische Geschichte gesehen. Auch er empfand sich nicht als begehrenswert und in der auf Äußerlichkeiten fixierten Szene ohne großen „Marktwert". Nach der Premiere wurde Fassbinder mit dem Vorwurf konfrontiert, einen schwulenfeindlichen Film gemacht zu haben, bei dem die Homosexuellen-Szene als unmenschlich gezeigt wird. Fassbinder selbst lag daran, mit seiner Geschichte vorzuführen, dass die verbindende gesellschaftliche Außenseiterrolle der Schwulen noch keine Basis für die Überwindung sozialer Schranken und die damit verbundenen Vorurteile darstellt.

Sein Alter Ego in dieser sarkastischen Parabel benannte Fassbinder nach der Hauptfigur in Alfred Döblins Roman *Berlin Alexanderplatz*, den er 1980 als TV-Serie verfilmte.

> *„Ich glaube, dass es zufällig ist und wurscht, dass die Geschichte unter Schwulen spielt. Sie könnte genauso gut unter anderen Leuten spielen. (…) Ich glaube, dass die Leute ab einem bestimmten Moment gar nicht mehr wahrnehmen, dass sie schwul sind, aber sie werden dann fragen: Was haben wir da eigentlich gesehen? Wir haben eine Geschichte gesehen, die unter Leuten spielt, die wir eigentlich für unnormal halten. Und durch eine solche Verblüffung, durch ein gewisses Schockelement, sieht man die ganze Geschichte auch anders."*
> *Regisseur und Hauptdarsteller Rainer Werner Fassbinder*

BRD 1974 ⓔⓦ Rainer Werner Fassbinder ⓒ Michael Ballhaus ⓙ Peer Raben ⓜ Rainer Werner Fassbinder, Peter Chatel, Karlheinz Böhm, Adrian Hoven, Ulla Jacobsen, Kurt Raab, Irm Hermann,

Harry Baer, Peter Kern, Barbara Valentin, Christiane Maybach
⏱ 123, farbig

Faux Pas de Deux

Lothar Lamberts erster Film in eigener Regie und zudem sein erster Farbfilm variiert die Themen von *Harold und Maude* (1971) und *Angst essen Seele auf* (1974). Wie auch *Die Alptraumfrau* (1980) wurde der Film inspiriert durch die reale Geschichte des Hauptdarstellers Uwe Sange. Sylvia Heidemann finanzierte den Großteil der Produktionskosten durch die Wiedergutmachungszahlung, die sie für ihre Internierung im KZ Theresienstadt erhalten hatte. Sie spielt die wohlhabende Witwe und ehemalige Schauspielerin Yvonne, die den Friedhofsgärtner und begabten Hobbykünstler Uwe (Sange) kennen lernt. Sie freundet sich mit dem jungen, sensiblen Mann an und holt ihn zu sich, um ihn fördern zu können. Doch ihre Liebe erdrückt ihn und er beginnt sich von ihr eingeengt zu fühlen. Als Yvonne wegen eines Sturzes ins Krankenhaus muss, nutzt Uwe die Zeit um seine schwulen Neigungen in der Subkultur zu erforschen. Als Yvonne davon erfährt, schaltet sie einen Privatdetektiv ein, um sich Klarheit über den Wahrheitsgehalt der Gerüchte zu verschaffen. Letztlich arrangieren sich die beiden: Yvonne bemüht sich, Uwes Homosexualität zu akzeptieren, und so beschließt das Paar, zusammenzubleiben. Bei einem schwulen Kostümfest, das sie gemeinsam besuchen, erleidet Yvonne einen Herzanfall und stirbt in Uwes Armen.

Wie erst nach Abschluss der Dreharbeiten bemerkt wurde, befanden sich unter dem billig eingekauften Filmmaterial einige Schwarz-Weiß-Rollen. Lambert ließ daher das belichtete Material in der Kopieranstalt unterschiedlich einfärben, um es so den Farbsequenzen anzupassen, was im Gesamten einen unvorhergesehenen, besonderen ästhetischen Reiz ausmacht.

BRD 1976 ⊙⊙ Lothar Lambert ⊕ Reza Dabui ⊙ Jan Berger ⊚ Sylvia Heidemann, Uwe Sange, Claudia Barry, Beate Hasenau, Anita Sander, Harry Puhlmann, Bernd Lubowski, Robert Cutts
⏱ 58, farbig
🄫

Felix
DRÔLE DE FÉLIX

Der zweite Spielfilm des französischen Regieduos Olivér Ducastel und Jacques Martineau ist ein sommerliches, leichtfüßiges Roadmovie, bei dem sich der Held allerdings Zeit lässt, von A nach B zu kommen. Dieser heißt Felix (Bouajila), also der Glückliche, und so unbeschwert und schwärmerisch, wie er mit beneidenswerter Gelassenheit die Welt und das Leben wahrnimmt, erscheint er beinahe wie ein Engel – nicht von

dieser Welt und über allem schwebend. In Dieppe verabschiedet sich der schwule Franzose arabischer Abstammung von seinem Lebensgefährten (Rajot) und reist nach Marseille. Dort will er seinen Vater finden, den er noch nie gesehen hat. Per Anhalter fährt er quer durch Frankreich und begegnet den unterschiedlichsten Menschen. Und jede Begegnung macht aus diesen Fremden Freunde, Mitmenschen. Oder in Felix' Sichtweise: Mitglieder seiner selbst erwählten Familie. Mal ist es der 17-jährige Schüler Jules, mit dem er zusammen für eine kurze Spritztour ein Auto klaut und dem er beibringt, dass Liebe nicht unbedingt mit Sex zu tun hat. Dann die alte Dame, die in Felix' Überschwang ein Stück ihrer eigenen Jugend wiedererkennt (Chanson-Altstar Patachou in ihrer ersten Kinorolle) und die ihn lehrt, dass es auch im Alter noch Begehren gibt. Er wird Zeuge eines rassistischen Mordes und entgeht nur knapp selbst den Häschern, doch ihm fehlt der Mut, zur Polizei zu gehen. Später begegnet er einer Mutter mit drei Kindern von drei verschiedenen Vätern, die ihm hilft, die eigene Angst zu überwinden und Anzeige gegen die Täter zu erstatten.

Die Leichtigkeit des Films, trotz seiner eigentlich schweren Themen, ist außer dem humorvollen Drehbuch vor allem auch dem Darstellerensemble zu danken, das in guter Eric-Rohmer-Tradition vermeintlich improvisierend und dabei höchst authentisch über die Leinwand kommt. Versiert gefilmt, mit ausgefeilten Bildeinstellungen, ausgiebigen Kamerafahrten und langen, spannungsvollen Dialogen. Bei den Internationalen Filmfestspielen Berlin 2000 mit dem Preis der TEDDY-Jury ausgezeichnet.

„Keiner würde dir in Frankreich ins Gesicht sagen, dass er etwas gegen Filme mit schwulen Themen hätte. Le Monde immerhin wagte es, sich in der Besprechung von Felix über die Küsse zu mokieren. Der Kritiker unterstellte uns, wir wollten austesten, was das Publikum erträgt. Als ob wir uns vorher überlegt hätten: OK, wir lassen die Jungs so oft wie möglich knutschen, um die Heteros in den Kinos mal ordentlich zu provozieren." Regisseur Olivier Ducastel

F 1999 ⊕☺ Oliviér Ducastel, Jacques Martineau ⊕ Matthieu Poirot-Delpech ⊛ Sami Boujila, Patachou, Ariane Ascaride, Pierre-Loup Rajot, Charly Sergue, Philippe Garziano, Maurice Bénichou ⊕ 95, farbig
Ⓐ ⓉⒹ

Fellinis Stadt der Frauen
LA CITTA DELLE DONNE
Englischer Titel: City of Women

Marcello Mastroianni als Weiberheld in einer Zukunft voller Frauen. Gejagt von der Frauenpolizei, die aus einer Meute wilder Lesben besteht, hetzt er durch eine skurrile Utopie einer Gesellschaft des absoluten Matriarchats. Trotzdem ist der Unverbesserliche auf der Suche nach der perfekten Frau. Ein abgedrehter, humorvoller Streifen, der trotz aller Frauenmacht immer noch den Mann und seine Sorgen und Nöte mit dem weiblichen Geschlecht zum Mittelpunkt hat. Wegen seiner gewagten Darstellung einer zukünftigen von Frauen regierten Welt, der vielen extremen Frauengestalten und der uniformierten Radikallesben aber auch ein Film, der viel Spaß macht.

I/F 1979 ⊕ Federico Fellini ☺ Federico Fellini, Bernardino Zapponi, Brunello Rondi ⊛ Giuseppe Rotunno ♪ Luis Enriquez Bacalov ⊛ Marcello Mastroianni, Ettore Manni, Bernice Stegers, Anna Prucnal, Donatella Damiani ⊕ 140, farbig

Female Misbehavior

Kompilation aus vier, mit kargen Bildern illustrierten Kurzporträts: drei Frauen und ein Transsexueller, die sexuell einen nicht-mehrheitskonformen Weg gehen bzw. eigene Ansichten über Sex und Feminismus haben.

Bondage (1983) porträtiert Carol Macho, eine (vorwiegend) lesbische Domina – was Anfang der achtziger Jahre vor der Welle der täglichen Talkshows noch etwas Besonderes war. *Annie* porträtiert Ellen Steinberg, besser bekannt als die Sexperformerin Annie Sprinkle. *Max* (1992) ist der Lebensgeschichte eines Frau-zu-Mann-Transsexuellen gewidmet. In *Dr. Paglia* (1992) ergießt die streitbare Kulturwissenschaftlerin Camille Paglia in einer Wortlawine ihre Anmerkungen zur eigenen Biografie, zu Homosexualität und Feminismus über den Zuschauer.

D/USA 1992 ⊕☺ Monika Treut ⊕ Elfi Mikesch, Steve Brown, Monika Treut ⊛ Carol Macho, Camille Paglia, Annie Sprinkle, Max Valerio ⊕ 80, farbig
Ⓢⓜ ⓉⓇ

Female Perversions

Das etwas versponnene Psychodrama zeigt eine brillante Tilda Swinton in der Rolle der unterkühlten Eve, einer angehenden Richterin, neurotisch und bisexuell, die versucht, mit ihren traumatischen Kindheitserinnerungen, Wahnvorstellungen und ihrer Sexgier fertig zu werden. Eves Fassade der Karrierefrau gerät ins Wanken, als ihre noch gestörtere Schwester

Madelyn (Madigan), eine feministische Wissenschaftlerin und zwanghafte Kleptomanin, beim Ladendiebstahl erwischt wird und in Polizeigewahrsam kommt. Natürlich ist Eve bei einer Psychotherapeutin (Sillas) in Behandlung, mit der sie auch eine unter vielen Affären hat. Im Grunde aber ist sie emotional wie sexuell unnahbar. Verwirrende Traumsequenzen beziehungsweise Fantasien, von denen der Film durchwoben ist, zeigen Bilder, die leicht an SM erinnern und nahe legen, was in Eve alles schlummert. Im Mittelpunkt dieses feministischen Films steht der Kampf, als fähige und erfolgreiche Frau in der Männergesellschaft zu bestehen, ohne sich selbst zu verleugnen. Als die beiden Schwestern über den Diebstahlsvorfall wieder zueinander finden und schließlich auch ihre Familiengeschichte aufarbeiten, eröffnet sich ein Weg zur Selbstfindung.

Obwohl der Film nicht viel Handlung bietet, verfügt er über eine große Spannung. Die überästhetisierte Ausstattung, brillante Kamera (auch wenn das Mikro andauernd im Bild ist) und die glanzvollen schauspielerischen Leistungen tun ein Übriges. Trotzdem ist der hoch gelobte Streifen aus lesbischer Sicht eher unbefriedigend und geht mit der Affäre zwischen Eve und der Therapeutin Renee ungenau und belanglos um. Die allem innewohnende Tiefenspsychologie ist darüber hinaus entnervend. Interessante Figur am Rande: die pubertierende und autoaggressive Edwina (Dale Shuger), genannt Ed, die offensichtlich gerade im lesbischen Coming-out steckt und sich in die durchgeknallte Madelyn verguckt hat.

USA 1996 ⊛ Susan Streitfeld, Julie Herbert ☺ Susan Streitfeld, Julie Herbert, nach dem gleichnamigen Roman von Louise J. Kaplan ⊛ Teresa Medina ♪ Debbie Wiseman ⊛ Tilda Swinton, Amy Madigan, Karen Sillas, Laila Robins, Frances Fisher, Dale Shuger, Clancy Brown ☺ 116, farbig
Ⓑ︎Ⓘ︎ Ⓒ︎Ⓞ︎

La Femme Normale

Die 20-jährige Französin Eva (Atkia) arbeitet als Stripteasetänzerin in einer Jahrmarktsbude in Barcelona. Unter dieses Leben will sie einen Schlussstrich ziehen und ganz normal leben. Inmitten der Pariser Bohème u.a. bei dem befreundeten schwulen US-amerikanischen Maler Peter (Bartlett) stellt sie fest: Künstler sind ihr nicht normal genug. Als Einstieg ins bürgerliche Leben nimmt sie einen Job als Haushaltshilfe bei einem älteren schwulen Paar an (Chabrol und Balmer), jedes neue Zertifikat, vom Führerschein bis zum Sozialversicherungsnachweis, hängt sie wie eine Insignie der Normalität gerahmt an die Wand. Als das Objekt von einer Galeristin zufällig gesehen wird, wird es zum Beginn einer unerwarteten Karriere als Künstlerin. Während sich ihre promiske Freundin Chichi (de Palma) mit HIV infiziert hat, ist Eva durch unsafen Sex schwanger geworden. Die letzte Szene verrät:

Peter wird die Vaterrolle übernehmen und auch Evas Ehemann werden.

F 1991 ⊛☺ Virginie Thévenet ⊛ J. F. Robin ♪ Keziah Jones ⊛ Aure Atika, Jean-François Balmer, Philip Bartlett, Claude Chabrol, Rossy de Palma, Marilu Marini, Bernadette Lafont ☺ 95, farbig Ⓐ︎

Das Fest
FESTEN

Vinterbergs Film gehört neben Lars von Triers *Breaking the Waves* (1996) zu den ersten der so genannten Dogma-Filme. Gemeinsam verpflichtete man sich 1995 zur Beschränkung der Mittel, das heißt u.a. nur Originalton, kein künstliches Licht, keine zusätzliche Musik, Dreh ausschließlich mit der Handkamera. Statt ärmliches oder gar langweiliges Kino ist im Falle von *Das Fest* ein sehr unmittelbarer, intensiver Film entstanden, der beim Filmfestival in Cannes mit dem Spezialpreis der Jury sowie mit dem Europäischen Filmpreis ausgezeichnet wurde.

Zu Helges (Moritzen) 60. Geburtstag kommt in einem kleinen dänischen Landhotel die ganze Familie zusammen. Die Idylle aber währt nicht lange. Zuviel verdeckter Familienstreit, zu viele kaputte Ehen, die für einen Tag notdürftig gekittet wurden. Zu viel Verschwiegenes. Weshalb etwa hat sich Christians Zwillingsschwester wirklich das Leben genommen? Christian (Thomsen) glaubt es zu wissen und platzt damit mitten in seiner Geburtstagsrede heraus: Weil Papa sowohl seine Schwester als auch ihn eine Kindheit lang sexuell missbraucht hat. Der Skandal ist perfekt, die Verwirrung groß, das Drama beginnt.

DK 1998 ⊛ Thomas Vinterberg ☺ Thomas Vinterberg, Mogens Rukov ⊛ Anthony Dod Mantle ⊛ Ulrich Thomsen, Henning Moritzen, Thomas Bo Larsen, Paprika Steen, Birthe Neumann, Trine Dyrholm, Helle Dolleris ☺ 105, farbig
Ⓟ︎Ⓐ︎

Feuer unterm Arsch – Vom Leben und Sterben schwuler Männer in Berlin

Der dritte Teil der *Aids-Trilogie* Rosa von Praunheims zeigt Reaktionen von Berliner Schwulen auf die Krankheit Aids. Herausgestellt werden in den Interviews mit und Porträts von Betroffenen und Aktivisten vor allem zwei konträre Positionen. Während die einen die Propagierung von Safer Sex als „Hetero-Terror" und Fortsetzung der Schwulenunterdrückung begreifen, geht es den anderen um Prävention und die Betreuung bereits Erkrankter. Praunheim zieht eine harte Grenze zwischen „guten" Schwulen, die sich im Sportverein oder Männerchor engagieren und den „Kriminellen", den „Schuldigen am Tod von vielen Unschuldigen", die ein Recht auf sexuelle Selbstbestimmung fordern. Ein polemischer Artikel, der rechtzeitig zum Kinostart im Mai 1990 im *Spiegel* erschien, heizte die Debatte innerhalb der Aids-Organisationen und unter Schwulen an. Vorgeworfen wurde Praunheim eine Denunziation von Schwulen, indem er eine „Partystimmung in der Schwulen-Hauptstadt Deutschlands" behauptet, sowie eine bewusst indifferente Darstellung der Arbeit der Aidshilfen. Ihnen wirft er vor, die Schwulen in den Massenselbstmord zu lenken, weil sie „offiziell das Recht auf unsafen Sex propagieren".

D 1990 ⊜ Rosa von Praunheim ☺ Rosa von Praunheim, Patrick Hamm ✺ Elfi Mikesch ♪ Melitta Sundström, Roland Ingolf ⌚ 30, farbig
Ⓐ Ⓓ

Feuerreiter

Der Dichter Friedrich Hölderlin kommt als Hauslehrer zur Bankiersfamilie Gontard nach Frankfurt und verliebt sich dort in die Herrin Susette (Denicourt). Bei den Gontards aufgenommen wurde Hölderlin auf Empfehlung seines Freundes und Gönners Baron Isaac von Sinclair (Matthes dämonisch hager und mit teuflischem langen schwarzen Haar). Die beiden verbindet eine mehr als homoerotische Beziehung, ab und an landen sie zusammen im Bett. Als Sinclair Hölderlins Empfin-

dungen für die verheiratete Susette bemerkt, verkompliziert sich ihre Freundschaft, die menage á trois ruft Gefühlsverwirrungen bis hin zur Raserei hervor. Als Susette stirbt, wird Hölderlin wahnsinnig. Die restlichen 37 Jahre wird Hölderlin bekanntlich eingesperrt in einem Turm in Tübingen verbringen.

Feuerreiter macht aus der Biografie Hölderlins ein sehr ausführlich, jedoch recht hölzern erzähltes, blutleeres Künstlerund Liebesdrama. Bisweilen über die Maßen kunstvoll und detailverliebt inszeniert, greifen die heftigen Emotionen trotz der großteils erstrangig besetzten Darsteller nicht über. Wirklich bemerkenswert allerdings ist dann doch, mit welcher Selbstverständlichkeit Nina Grosse und ihre Drehbuchautorin die (historisch nicht eindeutig verbürgte) Liebe zu Freund Sinclair erzählen und auch durch Bettszenen belegen.

> „Die merkwürdig geschlechtslose Aura, die Hölderlin interessanterweise umgibt, drehten wir um in eine Unentschiedenheit des Begehrens. Da ist auf der einen Seite die Liebe zu Isaac von Sinclair, dem großen Freund und Förderer, die für das Getriebensein, für Kreativität und Ehrgeiz, für die Sucht nach Ruhm steht. Ihr entgegen stellt sich die Liebesgeschichte mit Susette Gontard, die Ruhe, ein Zuhause, ein mögliches Ankommen bedeuten könnte." Regisseurin Nina Grosse

D 1998 ⊜ Nina Grosse ☺ Susanne Schneider ✺ Egon Werdin ♪ Biber Gullatz, Eckes Malz ⬤ Martin Feifel, Marianne Denicourt, Ulrich Matthes, Ulrich Mühe, Nina Hoss ⌚ 130, farbig

Finding North

Die 30-jährige Bankkassiererin Rhonda Portelli (Makkena), die ein Leben mit wenig Höhepunkten und äußerst dürftigem Sex fristet, beobachtet – wie viele andere Schaulustige auch – einen nackten Mann auf der Brooklyn Bridge. Doch während die anderen nur seinen Hintern bestaunen, rettet sie den Lebensmüden. Bei dem Nackten handelt es sich um Travis (Hickey), einen verklemmt schwulen Yuppie, der sich aus Verzweiflung über den Tod seines an Aids gestorbenen Lebensgefährten Bobby das Leben nehmen will. Als Rhonda Travis später zufällig wiederbegegnet, heftet sich die heillose Romantikerin an ihn und macht sich mit ihm auf eine Reise nach Texas, um damit den letzten Wunsch des verstorbenen Geliebten zu erfüllen. Begleitet werden sie von Bobbys Stimme. Kurz vor seinem Tod hat dieser als eine Art Testament heimlich Tonbänder für Travis besprochen. Noch ahnt Rhonda nicht, dass Travis schwul ist, und verliebt sich in ihn.

Unentschieden zwischen Romanze, Roadmovie, Drama und Komödie schwankend, versucht Tanya Wexler in ihrem Regiedebüt verschiedene Facetten des Lebens mit Aids einzufangen.

Fire – Wenn die Liebe Feuer fängt

USA 1998 ⊟ Tanya Wexler ☺ Kim Powers ⊕ Michael Barrett ☽ Café Noir ⊛ Wendy Makkena, John Benjamin Hickey, Angela Pietropinto, Molly McClure, Spiro Malas, Jonathan Walker, Anne Bobby ☽ 92, farbig
Ⓣ Ⓐ

Fire – Wenn die Liebe Feuer fängt
FIRE

Der erste Lesbenfilm aus Indien (allerdings in Kanada produziert) erzählt die Geschichte zweier Schwägerinnen, die frustriert in arrangierten Ehen leben müssen und, lieblos als Dienerinnen von ihren Männern behandelt, zueinander finden. Nach langsamer Annäherung gestehen sich beide ihre Liebe, werden aber dummerweise von einem ihrer Männer im Bett erwischt. Anders als in vielen anderen Filmen ziehen die beiden ihre Loslösung von überkommenen Familienstrukturen durch und fliehen entgegen aller Konventionen gemeinsam in einem fulminanten Finale von ihren Familien. Das traditionelle Feuerritual wird umgedeutet, und die Flammen des Großfeuers am Schluss der Geschichte dienen der Befreiung der beiden Liebenden.

Fire zeigt auf sensible Weise das Coming-out zweier Frauen in einer Gesellschaft, in der ausgelebtes lesbisches Leben undenkbar ist. Man gewinnt einen Eindruck von einer traditionellen indischen Realität, ohne dass dieses Leben verurteilt wird oder die selbstherrlichen Männer darin verdammt werden. Die leise Geschichte von Sitha (Nandita Das) und Radha (Shabana Azmi) ist ergreifend, teilweise sogar witzig, romantisch und trotzdem ohne Pathos erzählt.

Der Film entfachte bei seiner Aufführung in Indien schwere Tumulte und Proteste, die Filmemacherin erhielt sogar Morddrohungen.

Kanada 1996 ⊟☺ Deepa Mehta ⊕ Giles Nuttgens ☽ A. R. Rahman ⊛ Shabana Azmi, Nandita Das, Kulbushan Kharbanda, Jaaved Jaaferi, Ranjit Chowdhry, Kushal Rekhi ☽ 108, farbig
ⒸⒹ

Fireworks

Der 17-jährige Kenneth Anger provozierte mit diesem Film den ersten bedeutenden Skandal in der Geschichte des US-amerikanischen Avantgardefilms. Die surreale Szenenfolge ist ein offen sadomasochistisches und schwules Psychodrama mit Altarkerzen als Dildos und Toiletten voller Matrosen. Ein junger, schwuler Mann (Anger) träumt davon, von einer Gruppe Seemänner in einem gewalttätigen Ritual zu Tode gebracht zu werden, was er selbst als einen Akt der Erlösung und Selbstverwirklichung empfindet, der zuletzt in einem symbolischen Orgasmus des Opfers endet. Statt eines Samenergusses schießt ein Feuerwerk aus seinem Schwanz.

USA 1947 ⓜⓓⓐ Kenneth Anger ⓙ Ottorino Respighi ⓦ Kenneth Anger, Gordon Gray, Bil Seltzer ⓣ 15, s/w

Fistful of Flies

Die 16-jährige Maria Lupi (Walton), die allerdings lieber Mars genannt werden will, beginnt ihren Körper zu entdecken. Als Tochter einer italienischen Immigrantenfamilie hat sie da allerdings nicht viel zu lachen. Das strenge Regiment des Katholizismus reicht auch bis in ihr verschlafenes australisches Kaff. Allenthalben werden Kreuze geschlagen und Ave Marias gesungen. Ausgerechnet am Tag der Feier der unbefleckten Empfängnis wird Mars dann auch noch von der Mutter beim Masturbieren erwischt. Da bricht innerfamiläre Panik aus, nicht zuletzt, da Mars offensichtlich unersättlich ist und den von Papa auserkorenen Schwiegersohn beim arrangierten Rendezvous recht demonstrativ abblitzen lässt. Männer sind ihr ein Greuel. Daran hat auch ihr Gartenzwerge sammelnder und gewalttätiger Stiefvater seinen Anteil. Er verabscheut sie wegen ihrer starken Akne. Ihrem Martyrium scheint sie nur durch Selbstmord entgehen zu können, aber glücklicherweise trifft der Schuss eine Madonnen-Statue. Tochter und die sexuell frustrierte Mutter nehmen das Leben nun selbst in die Hand und starten einen Feldzug gegen das Patriarchat. Dem schließt sich gerne auch die lesbische Oma (Volska) an. Sie weiß über Männer am besten Bescheid: „Männer sind wie Klos. Entweder besetzt, versifft oder völlig beschissen." Ziemlich schwarzer Humor, eine ins surreale abschweifende, erschreckende wie schrecklich komische Pubertätsgeschichte und mächtig schöne, opulent gefilmte Bilder.

AUS 1996 ⓜⓐ Moncia Pellizzari ⓦ Jane Castle ⓙ Felicity Fox ⓦ Tasma Walton, Dina Panozza, John Lucantonio, Mara Venduti, Anna Volska, Giordano Michalak, Rachael Maza ⓣ 85, farbig ⓣ

The Five Senses

Die alltäglichen Schicksale der fünf Hauptfiguren, die alle in direkter Nachbarschaft in Toronto leben, verbinden sich durch ein kleines Mädchen, das in einem Stadtpark verschwindet. Der Augenarzt Richard (Volter) verliert langsam sein Gehör. Um mit diesem Wissen umgehen zu können, versucht er sich in seinem Gedächtnis eine „Bibliothek" an Geräuschen aufzubauen. Die Witwe Ruth (Rose) ist Massage-Therapeutin. Sie berührt tagtäglich Menschen und hat doch gleichzeitig Angst, selbst zu fühlen. Rona (Parker) verdient ihr Geld mit

dem Backen extravaganter Torten, doch der Geschmack ist ihr dabei ziemlich gleichgültig. Ihr bester Freund, der mit einem besonders ausgeprägten Geruchssinn ausgestattete, bisexuelle Robert (MacIvor), verdingt sich als professioneller Raumpfleger für gutsituierte Haushalte. Er trifft sich mit allen seinen Verflossenen, männlich und weiblich, stets auf der Suche nach dem Duft der Liebe.

Die Geschichten reflektieren die verlorene und wiedergefundene Bindung der Figuren an ihre Umwelt, Mitmenschen und Empfindungen, wobei die einzelnen Episoden jeweils an einen der fünf Sinne geknüpft sind. Das ergibt eine etwas gekünstelte und wackelige Konstruktion, mit der es dem Regisseur immerhin gelingt, wenn nicht gerade eine spannende Geschichte, dann aber interessante Persönlichkeiten zu schaffen. Stimmungsvoll fotografiert und gut besetzt mangelt es dem Film selbst jedoch an Sinnlichkeit.

Kanada 1999 ⓜ Jeremy Podeswa ⓦ Jeremy Podeswa nach einer Vorlage von Alex Pauk und Alexina Louie ⓐ Gregory Middleton ⓙ Alex Pauk, Alexina Louie ⓦ Mary-Louise Parker, Daniel MacIvor, Brendan Fletcher, Philippe Volter, Gabrielle Rose, Pascale Bussières, Marco Leonardi ⓣ 105, farbig ⓑⓘ

Die flambierte Frau

Die Studentin Eva (Landgrebe) ist in finanzieller Notlage. Sie wirft gesellschaftliche Normen und Moralvorstellungen über Bord und beginnt, als mondänes Edel-Callgirl und Domina zu arbeiten. Sie lernt den Dressman Chris (Carrière) kennen, der Männer wie Frauen zu sexuellen Diensten ist. Sie verlieben sich und arbeiten nun als Team zusammen. Doch die Beziehung zerbricht an der Unvereinbarkeit von Beruf und persönlichen obsessiven Leidenschaften. Chris' bester Kunde („Meine Goldader, meine Altersversicherung"), über die Jahre auch zum Freund geworden, ist der schwule Geschäftsmann Kurt (Zischler), der ihn vergöttert und zum Geschäftspartner eines Restaurants machen möchte. Evas Eifersucht wandelt Chris' Liebe in Hass: Er überschüttet sie im Streit mit Schnaps und zündet sie an. *Die flambierte Frau*, einer der größten kommerziellen Erfolge des deutschen Films der achtziger Jahre, machte Gudrun Landgrebe zum Star.

BRD 1983 ⊜ Robert van Ackeren ☺ Robert van Ackeren, Catharina Zwerenz ✈ Jürgen Jürges ♪ Peer Raben ☻ Gudrun Landgrebe, Mathieu Carrière, Hanns Zischler, Gabriele LaFari, Matthias Fuchs, Christiane B. Horn ⊙ 107, farbig
(BI) (PR)

Flaming Creatures

Der Filmemacher und Performancekünstler Jack Smith gilt als Ikone des US-amerikanischen Undergroundfilms und zählt stilistisch zur Pop-Art. *Flaming Creatures* ist einer seiner bekanntesten, und zwar auch in (homo)-sexueller Hinsicht. In einer losen Folge von zehn Szenen ist ein Harem von Frauen, Männern und Transvestiten in orientalischen Gewändern zu sehen, geschmückt mit Blumen, Ketten und Perücken. Einer der Tänzer kommt während der dionysischen Orgie gewaltsam zu Tode und wird in einer späteren Sequenz durch ein Ritual wiedergeboren. Susan Sontag beschrieb den Film 1964 als „brillante Parodie auf die Sexualität an sich, gleichzeitig zeigt er die Lyrik erotischer Triebe."

USA 1963 ⊜☺✈ Jack Smith ☻ Mario Montez, Joel Markman ⊙ 45, s/w
(DT)

Flesh

Mit *Flesh*, seiner 4000-Dollar-Low Budget-Produktion, abgedreht an zwei Wochenenden unter bewusstem Verzicht auf technische Perfektion, gelang Andy Warhol und seinem „Factory"-Team der erste Undergroundfilm, der es in einen kommerziellen europäischen Verleih schaffte. Alleine in Deutschland, wo der Film anstandslos ohne Schnitte in den Verleih gelangen kann, sehen ihn drei Millionen Zuschauer, und Joe Dallesandro wird beim Münchner Filmfest als bester Darsteller ausgezeichnet. In London wiederum stürmt die Polizei die Kinosäle, verhaftet die Besucher und beschlagnahmt die Kopien. Nicht nur die für damalige Verhältnisse revolutionären, weil ungezwungenen Nacktaufnahmen eines Mannes, sondern auch die vermeintlich unmoralische Handlung sorgten für Diskussionsstoff bei Zuschauern wie Zensoren.

Dallesandro spielt den verheirateten Stricher Joe. Mit seinem Körper verdient er den Lebensunterhalt für seine junge Familie. Für den Schwangerschaftsabbruch einer Freundin der Ehefrau soll Joe 200 Dollar auftreiben. Im weiteren Verlauf des Filmes erleben wir Joe bei der Arbeit. Er verdient sich sein Geld mal bei einem Blowjob, mal als Aktmodell und besucht junge Stricher auf einer Klappe. Die Kamera ist stets

fixiert auf Dallesandros makellosen Körper und sein ebenmäßiges Gesicht. Dessen Unisex-Glamour macht ihn durch diesen Film zu einer der wichtigsten Ikonen und Pin-Ups der Gay Community der späten sechziger Jahre. 1969 dreht John Schlesinger gewissermaßen als filmisches Äquivalent zu *Flesh* den Oscar-prämierten *Asphalt Cowboy*, die Geschichte eines Provinz-Cowboys, der sich in New York als Gigolo durchschlägt.

> „Ich weiß, das Licht ist schlecht, die Kamera ist schlecht, die Projektion ist schlecht. Aber die Menschen sind schön."
> Andy Warhol

USA 1968 ⊜☺✈ Paul Morrissey ☻ Joe Dallesandro, Geraldine Smith, Patti d'Arbanville, John Christian, Maurice Bradell, Candy Darling ⊙ 93, farbig
(PR)(BI)

Flirt

Drei Großstädte (Berlin, New York, Tokio), drei Dreiecksgeschichten über die Liebe im Allgemeinen und das Flirten im Besonderen. Jeweils neunzig Minuten bleiben den Figuren, sich für oder gegen ihre Beziehung zu entscheiden, und in allen drei Episoden kommen bei diesem Ultimatum unvorhergesehene Ereignisse dazwischen. In der Berliner Geschichte ist es der junge, flatterhafte Afroamerikaner Dwight, der vor der Entscheidung steht. Sein Lover Werner muss aus geschäftlichen Gründen für drei Monate nach New York gehen und fragt Dwight, ob sie die Beziehung dennoch weiterführen wollen. Werners Ehefrau ist aufgrund der Affäre ihres bisexuellen Mannes verzweifelt und hat Selbstmordgedanken. Es löst sich ein Schuss, bei dem Dwight verletzt wird – weshalb er nicht mehr rechtzeitig zum vereinbarten Treffen mit Werner kommt.

> „Die Geschichte, die Situation schienen mir universell gültig, und es war eine reizvolle Übung, darüber nachzudenken, wie sich die Dynamik verändern würde, wenn ich die Geschlechter tauschte und damit auch die sexuelle Orientierung."
> Regisseur Hal Hartley

USA/D/Japan 1993-1995 ⊜☺ Hal Hartley ✈ Michael Spiller ♪ Ned Rifle, Jeffrey Taylor ☻ Bill Sage, Parker Posey, Martin Donovan, Dwight Ewell, Geno Lechner, Maria Schrader, Miho Nakaidoh, Toshizo Fujisawa ⊙ 80, farbig
(BI) (T)

Flirting with Desaster

Der Insektenforscher Mel Coplin (Stiller) möchte seine leiblichen Eltern finden. Die Soziologiestudentin Tina Kalb (Leoni) hilft ihm bei den Nachforschungen. Gemeinsam mit seiner

Ehefrau Nancy (Arquette) machen sie eine Reise quer durch die Vereinigten Staaten und landen schließlich nach zahlreichen Abenteuern und Missverständnissen in New Mexico bei den Gesuchten (Tomlin, Alda). Unterwegs hat sich dem Trio noch ein schwules Paar (Jenkins, Brolin) angeschlossen. Überdrehte Beziehungskomödie um Abstammung und Identität, die zwischen Parodie und Satire schwankt.

USA 1996 ⦿⦿ David O. Russell ⦿ Eric Alan ⦿ Stephen Endelman ⦿ Ben Stiller, Patricia Arquette, Lily Tomlin, Mary Tyler Moore, Josh Brolin, Richard Jenkins, Alan Alda, Téa Leoni ⦿ 92, farbig

A Florida Enchantment

Die Geschlechterverwechslungs- und Verwandlungskomödie ist wahrscheinlich der erste Film der Filmgeschichte mit einer lesbisch-schwulen Thematik. Lillian Travers (Storey) entdeckt eine alte Kiste, in der Samenkörner liegen, die eine Frau in einen Mann verwandeln können und umgekehrt. In einem Anfall von Groll nimmt sie, nach einem Streit mit einem Verehrer, eines dieser Körner ein und wacht am nächsten Morgen mit einem großen, schwarzen Schnurrbart auf. Zusammen mit einem Dienstmädchen, das auch einen Samen schluckt, stellt sie später die ganze Stadt auf den Kopf. Als heftige Schürzenjäger machen sie anderen Frauen den Hof und verursachen einen Sturm der Entrüstung, ernten aber auch bewundernde Blicke wegen ihrer Dreistigkeit. Als ein mit Lillian befreundeter Arzt ihre Geschichte hört und auch ein Samenkorn schluckt, kommt es allerdings unter der heteromännlichen Gemeinschaft des Ortes zum Eklat, da er mit lüsternen Blicken versucht, einige von ihnen zu verführen.

Sidney Drews Stummfilm ist im Zuge der ersten Frauenbewegung entstanden. Die Verwandlung von Frauen in Männer diente als ironischer Kommentar zu den Vorteilen, welche Männer in der männerdominierten Gesellschaft haben. Dass lesbische Lebensformen Alternativen eröffnen könnten, impliziert der Filme allerdings nur andeutungsweise. Die Rollen der schwarzen Hausmädchen und Butler sind allesamt mit weißen Schauspielerinnen und Schauspielern besetzt, deren Gesichter mit dunkler Farbe geschminkt wurden. Ihre Charakterisie-

rung entspricht jener aus der Vaudeville-Tradition entnommenen Minstrel Shows.

USA 1914 ⦿ Sidney Drew ⦿ Marguerite Bertsch, Fergus Redmund, Archibald Clavering Gunter, Eugene Mullin ⦿ Robert A. Stuart ⦿ Sidney Drew, Edith Storey, Charles Kent, Ada Gifford, Ethel Lloyd, Lillian Burns ⦿ 63 s/w
⦿

Flucht in den Norden
FLUCHT IN DEN NORDEN / PAKO POHJOISEEN

Die kommunistische Widerstandskämpferin Johanna (Thalbach) flüchtet im Sommer 1939 vor den Nazis zu einer Bekannten nach Finnland. Freunde und Familie und auch ihre Geliebte (Olin) bleiben in der Heimat zurück. Von schrecklichen Erinnerungen gequält und täglich bereit, dem Ruf der Kampfgenossen in den Widerstand nach Paris zu folgen, verwirren sie die Stille der finnischen Landschaft und der Frieden des Gutshofs, auf dem sie lebt. Johanna beginnt, ihre politischen Ziele, die ihr bisher Halt gaben, aus den Augen zu verlieren. Da lernt sie den Finnen Ragnar (Palo) kennen, der nach langem Aufenthalt in Deutschland ebenfalls zum kompromisslosen Gegner des Faschismus geworden ist. Beide stürzen sich in eine leidenschaftliche Liebe und reisen ziellos nach Norden. Die wenigen Nachrichten, die sie noch aus Deutschland erreichen, wirken in der Zeit- und Endlosigkeit der Landschaft zunehmend irreal. Am Eismeer, dem nördlichsten Punkt ihrer Reise, kommt es zu einer letzten Auseinandersetzung mit der fernen Wirklichkeit des drohenden Krieges.

D/Finnland 1985 ⦿⦿ Ingemo Engström nach dem gleichnamigen Roman von Klaus Mann ⦿ Axel Block ⦿ Johann Sebastian Bach, Jean Sibelius ⦿ Katharina Thalbach, Jukka-Pekka Palo, Lena Olin, Käbi Laretei, Britta Pohland ⦿ 117, farbig
⦿

The Fluffer

Der 22-jährige Sean (Cunio) entleiht in der Videothek durch ein Versehen statt *Citizen Cane* den schwulen Porno *Citizen Cum* und hat dabei eine Offenbarung. Der Hauptdarsteller Johnny Rebel (Gurney), ein idealtypisches Pornomodel – geil, muskulös, großschwänzig und dumm – verdreht ihm derart die Sinne, dass er sich unbedingt in dessen Nähe begeben will. Bei Rebels Produktionsfirma „Man of Janus" findet Sean einen Job als Kameramann, bald jedoch wird er zu dessen persönlichem „Fluffer". Wenn der Schwanz während des Drehs nicht stehen will, muss sich Sean persönlich um die Standfestigkeit kümmern. Was für Sean wie die Erfüllung eines Traumes erscheinen müsste, ist jedoch desillusionierend. Sein drogenabhängiger Schwarm liebt außerhalb des Studios ausschließlich Frauen und ist mit der Striptease-Tänzerin Babylon liiert. Ein Mordfall wirbelt die Beziehungs- und Arbeitskonstellationen durcheinander.

The Fluffer ist trotz seiner recht dünnen Story durch seine witzigen Dialoge und die ausgefeilte Kameraarbeit ein unterhaltsames Porträt der schwulen Pornoindustrie in West-Hollywood geworden, beschäftigt sich aber trotz aller Bemühungen nur oberflächlich mit den Schattenseiten des Business bzw. den Schicksalen von Models, Produzenten und Regisseuren. In seiner Herangehensweise ähnelt er dabei dem heterosexuellen Pendant *Boogie Nights* von Paul Thomas Anderson. Der Blick in die mythenumrankte Sexbranche bedient nur bedingt die Sensationslüsternheit der Zuschauer und zeigt statt unerreichbaren Sex-Idolen ganz gewöhnliche Sex-Arbeiter. Bemerkenswert besetzt ist die Nebenrolle der Chefin einer Table-Dancing-Bar. Sie wird von der Rocksängerin Debbie Harry („Blondie") gespielt. Pornoregisseur ChiChi laRue hat einen Gastauftritt. Während sich Richard Glatzer als Lowbudget-Filmer einen Namen gemacht hat, ist Co-Regisseur Wash West (d.i. Wash Westmoreland) als Produzent schwuler Pornos erfolgreich.

„Johnny Rebel ist für uns ein Beispiel für einen Mann, der in keine der herkömmlichen Definitionen sexueller Orientierung passt. Ist er bisexuell? Er braucht die Aufmerksamkeit, die ihm John gibt, aber würde er ihn sich außerhalb der Pornodrehs ins Bett holen? Gerade in der Pornoindustrie werden jeden Tag sexuelle Grenzen überschritten – ‚just for the money'. Homo bi, hetero – alles ist gleich, alles ist einfach nur Sex." Regisseur Richard Glatzer

USA 2000 🎬 Richard Glatzer, Wash West 🖊 Wash West 🎥 Mark Putnam 🎵 John Vaughn, Micko Westmoreland 🎭 Scott Gurney, Michael Cunio, Roxanne Day, Deborah Harry, Taylor Negron, Richard Riehle, ChiChi laRue ⏱ 98, farbig
ⓆⒸ ⒸⓄ

Der Fluss
HE LUI

Mit oft rätselhaften, ins Symbolische gleitenden Szenen erzählt der offen schwule taiwanesische Regisseur Tai Ming-

liang von einer entfremdeten Familie, die die Kommunikation verlernt hat, an der kranken Zivilisation zerbricht und die Sehnsucht nach Nähe und Zuwendung weder unter sich noch mit anderen Menschen wirklich stillen kann. Das Dasein dieser Familie hat sich auf sexuelles Begehren und auf die Einnahme von Mahlzeiten reduziert. Der quälend getragene Rhythmus, die langen, oft völlig dialoglosen und häufig seriellen Szenen geben den Geschehnissen die ihr angemessene Bedeutung.

Den Sohn Xiao-kang (Kang-sheng) plagen nach einem spontanen Einsatz bei Dreharbeiten als Wasserleiche in einem Fluss fürchterliche Nackenschmerzen, die selbst durch Weihrauch und Akupunktur nicht verschwinden wollen. Auch der Einsatz von Mutters Elektrodildo als Massagestab verschafft keine Linderung. Während sie sich von ihrem Liebhaber Pornovideos ausleiht, besucht der Vater (Tien) heimlich die schwulen Saunen von Taipeh – und wird dort am Ende auch seinem Sohn begegnen. Im anonymen Dunkel der Kabine geben sie sich gegenseitig jene körperliche Nähe, Zärtlichkeit und Wärme, zu der sie außerhalb der Sauna nicht (mehr) fähig sind. Als ein Lichtstrahl in die Kabine fällt, erkennt der Vater den Sexpartner als seinen Sohn. Er macht das Licht an und gibt dem Sohn eine Ohrfeige. Der eigentlich inzestuöse Akt ist vor allem ein Akt väterlicher Zärtlichkeit. Der von seiner geheimnisvollen Krankheit schmerzgeplagte und -verzerrte Sohn sinkt, wie bei der Píeta der vom Kreuz genommene Jesus, in die Arme des Vaters.

1997 auf der Berlinale mit dem Silbernen Bären ausgezeichnet, gelangte *Der Fluss* erst fünf Jahre später in die deutschen Kinos. *Der Fluss* ist der dritte Film einer Reihe, die Tsai Min-liang dem Leben seines jungen Helden Xiao-kang widmet. Nach *Rebels of the Neon God* (1992) folgte *Vive l'amour* (1994), in dem Xiao-kangs latent homosexuelle Neigungen bereits zu erkennen sind.

Taiwan 1996 🎬 Tai Ming-liang 🖊 Tai Ming-liang, Yang Pi-yang, Tsai Yi-chun 🎥 Liao Peng-jung 🎭 Lee Kang-sheng, Miao Tien, Lu Hsiao-ling, Chen Chao-jung, Chen Shiang-chyi, Lu Shiao-lin ⏱ 115, farbig
ⒸⓄ

Fögi ist ein Sauhund
TER FÖGI ISCHE SOUHUNG/FÖGI EST UN SALAUD
Deutscher Fernsehtitel: Der Traum vom schlafenden Hund

Martin Franks 1979 in Berner Mundart publizierter Roman *Ter Fögi ische Souhung* liefert die Vorlage zu dieser Geschichte einer ausweglosen Liebe. Der 16-jährige Beni Müller (Branchet) verliebt sich in Fögi (Andrau), den zehn Jahre älteren, charismatischen Sänger der heimischen Rockband The Minks. Er liebt ihn nicht nur, er verfällt ihm geradezu. Erst jobbt er als Roadie für die Band, dann zieht er bei Fögi in der Wohnung ein. Nach einer kurzen Zeit des Glücks realisiert Fögi die unterschiedliche Art der Liebe. Beni bleibt schwärmerisch, nie fordernd, das wirft Fögi um so mehr auf sich selbst zurück und liefert ihm die Offenbarung seines einst wilden Lebensgefühls. Das Ideal der absoluten Unabhängigkeit erweist sich durch Drogensucht wie durch seine Beziehung zu Beni als Utopie. Fögi löst nach einem Trip in den Libanon die Band auf, beginnt wieder zu dealen und verfällt mehr und mehr dem Heroin. Die Trennung von Beni gelingt nicht. Dieser lässt sich in seinem unterwürfigen Verliebtsein erniedrigen, geht schließlich für Fögi auf den Strich, um die Sucht zu finanzieren, und scheint in der sadomasochistischen Beziehung mehr und mehr aufzugehen.

Regisseur Gisler hat in Fréderic Andrau und Vincent Branchet zwei beeindruckende Darsteller für seine Hauptfiguren gefunden. Deren Abstieg und zunehmende Verwahrlosung schildert er zwar mit bisweilen hartem Realismus, und doch genauso unspektakulär wie zuvor ihre zärtlichen Bettszenen. Ohne allzu dramatische Bilder und nicht als Protokoll einer Selbstzerstörung, sondern vielmehr als Geschichte einer allzu großen Liebe. Schweizer Filmpreis 1998, Publikumspreis der 15. Schwulen Filmwoche Freiburg 1999.

„Der Film handelt von der ersten großen Liebe eines Heranwachsenden. Seine Liebe ist unschuldig und von der Fähigkeit zur absoluten Hingabe geprägt. Sie kennt keine Vorbehalte und kein Kalkül. Die Absolutheit dieses Gefühls haben wir alle erlebt, als wir uns zum ersten Mal verliebt haben. Es ist die Suche nach dem Absoluten, die zur sadomasochistischen Beziehung zwischen Beni und Fögi führt."
Regisseur Marcel Gisler

CH/F 1998 ⊛ Marcel Gisler ⌾ Marcel Gisler, Rudolf Nadler nach dem Roman *Ter Fögi ische Souhung* von Martin Frank ⊛ Sophie Maintigneux, Stephan Kuthy ♫ Peter von Siebenthal, Frank Gerber ⊛ Fréderic Andrau, Vincent Branchet, Urs Peter Halter, Martin Schenkel, Jean-Pierre von Dach, Jessica Frueh, Gilles Tschudi, Bettina Schulz ⌛ 92, farbig
ⓢⓜ

Die Försterbuben

Auf einer kleinen Eisenbahnstation in den steirischen Alpen steigen während eines Schneegewitters zwei Personen aus dem Zug. Der 17-jährige Gymnasiast Elias (Friedrich) und ein Fremder (Nero). Elias wird von seinem Vater, dem Förster Rufmann (Klaus), abgeholt, und der Unbekannte schließt sich den beiden auf dem Weg ins Dorf an. Mehr und mehr gerät Elias in dessen Bahn, und fühlt sich von ihm auch erotisch angezogen.

Die Romanvorlage des Heimatschriftstellers Rosegger wurde schon einmal 1955 von Robert A. Stemmle verfilmt.

Österreich/BRD 1985 ⊛ Peter Patzak ⌾ Peter Patzak nach dem gleichnamigen Roman von Peter Rosegger ♫ Ennio Morricone ⊛ Franco Nero, Heinz Moog, Tilo Prückner, Horst Klaus, Anja Jaenicke, Thomas Sigwald, Georg Friedrich ⌛ 89, farbig
ⓒⓞ

The Fox

Ein Klassiker des homophoben Hollywoodschaffens. Zwei Frauen – zwar ein lesbisches Paar, doch vermutlich in platonischer Beziehung lebend – bewirtschaften eine einsame Farm irgendwo im kanadischen Nichts. Symbolischerweise dringt des Öfteren ein Fuchs in das Hühnerhaus ein und tötet einige der Hennen. So taucht dann eines Tages ein menschlicher Fuchs im „Hühnerhaus" in Form des Seemanns Paul (Dullea) auf, der in männlich-selbstherrlicher Weise die beiden Frauen gegeneinander ausspielt, um die eine ehelichen zu können. Ungewöhnlicherweise ist es die femininere Jill, die von der ausdrucksstarken Sandy Dennis gespielt wird, die sich versucht zu behaupten, während die „Butch" Ellen (Heywood) sich von dem Mann einwickeln lässt. Jill kämpft verbissen um Ellens Liebe und wehrt sich gegen den Eindringling. Gerade als sie die Freundin doch so weit hat, zu ihr zu halten, muss Jill den üblichen Tod, der alle Homosexuellen in dieser Art Filme erwartete, sterben. Somit muss Ellen nun doch ein heterosexuelles Leben mit Paul führen.

The Fox muss immer wieder als düster leuchtendes Beispiel dafür herhalten, wie in den sechziger und siebziger Jahren das Thema Homosexualität im Film behandelt wurde. Die klassische Konstellation ist in der Regel die eines Paares, in dem nur eine Beteiligte oder ein Beteiligter tatsächlich homosexuell ist, während der andere Part durch die Begegnung mit einem heterosexuellen Partner oder einer Partnerin „auf den rechten Weg" gebracht wird. Am Ende bleibt für die Lesbe oder den Schwulen meist nur der Tod. In diesem Film besonders gut durch den umstürzenden – natürlich phallusförmigen – Baum, der Jill erschlägt, ins Bild gesetzt. Dieses bedrückende Kammerspiel ist aber sowohl filmhistorisch als auch wegen seiner schauspielerischen Leistungen sehenswert.

USA 1967 ⬡ Mark Rydell ⓒ Lewis John Carlino nach der gleichnamigen Erzählung von D. H. Lawrence ⬤ William Fraker ♪ Lalo
Schifrin ⬤ Sandy Dennis, Anne Heywood, Keir Dullea, Glyn Morris ⏱ 110, farbig
Ⓣ

Eine Frau für zwei
GAZON MAUDIT
Englischer Titel: French Twist

In Funktion der Autorin, Regisseurin sowie als Hauptdarstellerin in der Rolle der charmanten lesbischen Butch Marijo
ist Josiane Balasko eine leichtfüßige Komödie um eine klassische Dreiecksbeziehung gelungen. Die frustrierte Spanierin
Loli (Victoria Abril, die bereits in *Kika* und später in *101 Reykjavik* mitspielte) lebt mit ihrem etwas drögen, sie ewig betrü-
genden Ehemann Laurent in Südfrankreich. Eines Tages bleibt
ein bunter Campingbus vor ihrer Tür liegen, die Fahrerin Marijo ist eine klassische Bilderbuch-Butch – entsprechend darf
sie sich zunächst auch als Klempnerin verdingen, bevor sie
die Hausherrin verführt und endlich die sexuelle Frustration
von ihr nimmt. Die Ehekrise ist vorprogrammiert, zumal Loli
hinter Laurents Affären kommt und nun darauf besteht, dass
ihre neue Geliebte bei ihnen wohnen darf. Eine ungewöhnliche Wohngemeinschaft, in der es natürlich hoch hergeht, entsteht. Marijo hat in Loli ihre große Liebe gefunden, wird aber
von der Dreiecksbeziehung und Laurents Anfeindungen zer-
mürbt. Sie zieht mehrmals aus, kommt aber immer wieder
zurück, denn sie kann von Loli nicht lassen. Schließlich tun
sich der durchtriebene Laurent und Marijo zusammen um
einen Pakt zu schließen: Er schläft mit ihr, um ihr ihren größten Wunsch, nämlich ein eigenes Kind, zu erfüllen, sie verspricht im Gegenzug, für immer zu verschwinden. Natürlich
kommt alles anders, und am Schluss bilden die drei das, was
man heute unter einer klassischen „Regenbogenfamilie" verstehen könnte.
Ein amüsanter Film mit einer tollen lesbischen Hauptfigur, der fern von jeder Moralapostelmentalität und mit großer sexueller Freizügigkeit eine moderne Beziehungsgeschich-
te gekonnt erzählt.

F 1994 ⬡⬡ Josiane Balasko ⬤ Gérard de Battista ♪ Manuel
Malou ⬤ Josiane Balasko, Victoria Abril, Alain Chabat, Ticky Holga-
do ⏱ 95/107, farbig
Ⓑ Ⓘ

Frau Rettich, die Czerni und ich

Drei Frauen auf Autofahrt gen Spanien, wo die eine von ihnen
(Frau Rettich, gespielt von Iris Berben) in Barcelona ihren
Traummann ehelichen will. Die Hochzeit platzt am Ende,
davor passieren Pannen, Peinlichkeiten und Katastrophen.
Trotz bester Voraussetzungen, gerade auch in der Besetzung,
hangelt sich die Komödie mit lauen Witzen durch und bedient
sich längst überholter Klischees (von Linken, Ökos, Südlän-
dern, emanzipierten Frauen etc.) ohne weitere ironische Brechung. Das gilt auch für den Quotenschwulen Dickie (Bach),
der für einige witzlose Gags mit seinem Lover am Strand des
schwulen Urlaubsortes Sitges entlangtuckt.

D 1998 ⬡ Markus Imboden ⓒ Simone Borowiak nach ihrem
gleichnamigen Roman und Hans Kantereit ⬤ Benedict Neuen-
fels ♪ Stefan Zacharias ⬤ Iris Berben, Martina Gedeck, Jeanette
Hain, Olli Dittrich, Thomas Heinze, Gisela Schneeberger, Dirk Bach,
Badesalz ⏱ 102, farbig
Ⓓ Ⓚ

Frauengefängnis
CAGED
Alternativtitel: Verlorene Frauen; englischer Titel: Locked In

Dieser ambitionierte, sozialkritische, frühe „WIP"(„women-in-
Prison)-Film erzählt die Geschichte der 19-jährigen Marie Allen
(Parker), die bei einem Raubüberfall geschnappt wird (und
damit ausnahmsweise mal nicht zu Unrecht, wie üblicherweise
in Filmen des Genres) und in ein Frauengefängnis nach Illinois
kommt. Durch die unmenschlichen Zustände und das sadistische Aufsichtspersonal wird aus dem unbedarften und sensiblen Mädchen bald eine harte und skrupellose Gewohnheits-
verbrecherin. Vor allem die maskuline Wärterin Evelyn Harper
(Emerson) zeichnet sich durch grausame Methoden und ein
starkes Interesse an „ihren Mädchen" aus – auch wenn das
„L-Wort" nicht direkt fällt. Sie schlägt die Frauen und belästigt sie sexuell. Die Häftlinge versuchen sich zwar unterein-
der zu solidarisieren, scheitern aber an den unmenschlichen
Zuständen und Methoden im Gefängnis. Mehrere Mitinsassinnen werden ebenfalls als Lesben dargestellt. So zum Beispiel
Kitty (Garde), die Marie erklärt, dass man nach einer Weile im
Frauenknast die Männer völlig vergisst. Sie macht Marie Avancen, wird aber ebenso von der überzeugten Hete abgewiesen
wie Elvira (Patrick), die sie gerne in ihre Frauenbande aufnehmen würde. Bei Maries Entlassung scheint klar, dass sie nicht
das letzte Mal im Gefängnis gesessen hat.

Die lesbischen Figuren sind allesamt als schlechte oder gewalttätige Frauen gezeichnet. Lesbischsein wird wie so oft als Umstand gezeigt, der aus der Not heraus geboren wird. Dennoch gibt es natürlich aus heutiger Sicht einige vergnügliche Szenen. Wie beispielsweise die „Bestrafung" des Kurzhaarschnittes für die Frauen, der erst die richtige lesbische Optik ins Spiel bringt.

Hope Emerson bereitete in ihrer Darstellung der lesbischen Gefängnisaufseherin den Weg für alle ihre späteren lesbischen, sadistischen Kolleginnen in „WIP"-Filmen.

Der Film an sich gilt als einer der besten seines Genres, was vor allem an den immer wieder hoch gelobten schauspielerischen Leistungen liegt. So wundert es nicht, dass Eleonor Parker und Hope Emerson für den Oscar als beste Hauptdarstellerin beziehungsweise beste Nebendarstellerin nominiert wurden. Des Weiteren gab es eine Nominierung für die beste Drehbuchvorlage.

Als freundliche, aber machtlose Gefängnisdirektorin sehen wir übrigens die lesbische Schauspielerin Agnes Moorehead, die trotz einer erfolgreichen, seriösen Filmkarriere den meisten wohl als die Hexenmutter Endora aus der US-TV-Serie *Verliebt in eine Hexe* (*Bewitched*, 1964) bekannt sein dürfte.

USA 1950 ⊛ John Cromwell ⊙ Virginia Kellogg, Bernhard Schoenfeld ⊛ Carl Guthrie ⊛ Eleanor Parker, Agnes Moorehead, Ellen Corby, Hope Emerson, Betty Garde, Lee Patrick ⊙ 96, s/w
(WP) ⊙

Das Frauenlager
CHAINED HEAT

Wahrlich nichts für schwache Nerven ist dieser klassische Frauengefängnisfilm, der trotz aller Klischees und Schwächen Kultstatus erreichte. Linda Blair, bekannt als das Mädchen aus *Der Exorzist* (1973), ist hier in einer von vielen Rollen zu sehen, in denen sie die von Lesben verfolgte Gefängnisinsassin spielt. Ein Filmkritiker drückte das Phänomen so aus: „Wenn Linda Blair dachte, es wäre schon hart, vom Teufel besessen zu sein, so hat sie noch nie Zeit in einem Frauengefängnis verbracht!"

An ihrer Seite spielt Sybil Danning die böse Mitgefangene Erika, die sie unter der Dusche sexuell belästigt. Die in Österreich geborene Danning erreichte ähnlichen Kultstatus wie Blair und wurde von *Entertainment Tonight* als der „weibliche Actionstar Nummer eins" bezeichnet. Sie ist ebenfalls in dem „WIP"-Film *Reform School Girls – Pridemoore* zu sehen.

Die Handlung von *Das Frauenlager* spielt eigentlich nur eine untergeordnete Rolle, wesentlich sind vor allem die Ansichten von prallen Brüsten, knappen T-Shirts und Unterhöschen sowie die vielen Massenduschszenen. Neben der allgegenwärtigen Drogendealerei der üblichen sadistischen Auf-

seherinnen geht es im grausamen Gefängnisalltag immer wieder um Sex, Gewalt und Vergewaltigung. Ein Haufen brutaler Lesben macht den anderen Insassinnen das Leben zusätzlich zur Hölle. Aber nachts nimmt es keine der verzweifelten Häftlinge so genau, und reges lesbisches Treiben in den Gängen und Stockbetten ist zu verzeichnen. Ein Film, für den der Begriff „Sexploitation" hätte erfunden werden können. Ein kanadisches Softporno-Remake und gleichsam brutales Trashwerk firmiert in Deutschland unter dem Titel *Chained Heat II* und hat eine atemberaubende Brigitte Nielsen in der Hauptrolle.

Nachdem Linda Blair dem *Exorzist*-Alter entwachsen war, wurde sie noch häufiger unter der Dusche von Lesben belästigt, wie beispielsweise in dem Fernsehfilm *Born Innocent* (1974).

D/USA 1982 ⊛ Paul Nicolas (Lutz Schaarwächter) ⊙ Vincent Mengel, Paul Nicolas ⊛ Mac Ahlberg ⊙ Joseph Conlan ⊛ Linda Blair, Sybil Danning, Tamara Dobson, Stella Stevens, John Vernon ⊙ 95, farbig
(WP)

Freiheit für die Liebe

Eine typische Dokumentar-Spielfilmproduktion, wie sie im Geiste des kulturellen und politischen Umbruchs nach 1968 Jahre zuhauf entstanden. Dazu gehört das offene Bekenntnis zu triebhaftem, lustvollem Sex und das Recht auf Pornografie. *Freiheit für die Liebe* war nicht nur in Deutschland, sondern auch in anderen europäischen Ländern an der Kasse erfolgreich. In damals unerhört freizügiger Weise wurden Paare bei der Liebe in allen möglichen Variationen gezeigt. In der Form eines Aufklärungsfilms sollten nicht nur diverse Spielarten der Erotik vorgeführt, sondern – geradezu revolutionär – auch für ein fortschrittlicheres Sexualgesetz plädiert werden. Gemeint sind damit Themenkomplexe wie gleichgeschlechtliche Beziehungen, Prostitution, Abtreibung, Gruppensex, Zensur und Sex mit Minderjährigen. So kommt *Playboy*-Chef Hugh Hefner zu Wort, es sind Ausschnitte einer Münchner Inszenierung der Hetärengespräche mit nackten Schauspielerinnen und aus dem Stück *The Geese* in New York mit zwei lesbischen und zwei schwulen Darstellern zu sehen. Der Kommentar fordert, Begriffe wie „normal" und „unnormal" abzuschaffen.

BRD 1969 ⊛⊙ Eberhard Kronhausen, Phyllis Kronhausen ⊛ Paul Grupp, Heidrun Bergthold ⊙ N.N. ⊛ Marie Antoinette, Paula Shaw, Gaby Esche, Margit Mecklenburg, Kenneth Carr, Dr. Wardell Pomeroy, Harriet Pilpel, Betty Dodson, Alan Guttmacher ⊙ 83, farbig
(AF)

Der Fremde im Zug
STRANGERS ON A TRAIN
Deutscher Alternativtitel: Verschwörung im Nordexpreß

Während einer Zugfahrt trifft der draufgängerische Tennisstar Guy Haines (Granger) auf den ihm unbekannten, boshaft-zynischen Bruno Antony (Walker), der ihm nach einem offenen Gespräch ein makabres Geschäft vorschlägt: Beide sollen jeweils für den anderen einen Mord begehen. Bruno will Guys untreue Frau töten, die von einem anderen ein Kind erwartet und sich nicht scheiden lassen will. Guy soll dafür Brunos verhassten Vater ermorden. Ihre Begegnung inszeniert Hitchcock als einen Akt der Verführung. Die unterschwellig angedeutete Homosexualität Antonys tritt in einer Weise zu Tage, wie sie für das Hollywood der fünfziger Jahre typisch war. Der kultivierte, aber weichliche Antony zeichnet sich durch eine perverse Fantasie, elitäre Überheblichkeit und menschliche Kälte aus.

> *„Die Homosexualität zwischen den beiden Männern steht nicht im Drehbuch, aber sie ist da. Farley Granger sagte mir einmal, es sei Robert Walkers Idee gewesen, Bruno Antony als Homosexuellen zu spielen."* Arthur Laurents, Drehbuchautor von Hitchcocks Cocktail für eine Leiche

USA 1951 ⊙ Alfred Hitchcock ⊙ Raymond Chandler, Czenzi Ormonde nach dem gleichnamigen Roman von Patricia Highsmith ⊙ Robert Burks ⊙ Dimitri Tiomkin ⊙ Farley Granger, Ruth Roman, Robert Walker, Leo G. Carroll, Laura Elliott ⊙ 101, s/w ⊙

Ein Freund zum Verlieben
THE NEXT BEST THING

Die Yoga-Lehrerin Abbie (Madonna) und der Landschafts-designer Robert (Everett), beide charmant, durchtrainiert und witzig, sind beste Freunde. Weder sie noch er haben bis jetzt den richtigen Partner fürs Leben gefunden. Weil Robert schwul ist, können weder Sex, noch Lust oder Liebe ihre langjährige Beziehung zerstören. Nach einer alkoholisierten Nacht finden sie sich dennoch am nächsten Morgen gemeinsam im Bett wieder. Als Abbie schwanger wird, schließen sie daraus, dass ihre Nacht nicht ganz unkeusch verlaufen sein kann, und sie entschließen sich, ein neues Leben zu zweit als unkonventionelles Elternpaar zu beginnen. Gemeinsam erziehen sie ihren Sohn Sam und für ein Privatleben mit neuen Männern bleibt keine Zeit. Dann lernt Abbie aber eines Tages doch den Geschäftsmann Ben (Bratt) kennen und will künftig mit ihm und Sam zusammenleben. Es kommt zum Streit um das Sorgerecht samt Kidnapping und jeder Menge Anwaltstermine.

Ein Freund zum Verlieben ist ein gut gemeinter, aber nicht wirklich gelungener Film, der am Beispiel des hetero-homosexuellen Paares Abbie und Robert die Diskussion um moderne Patchwork-Familien, Single-Leben und die Rechte homosexueller Eltern abhandeln möchte. In der ersten Hälfte ist dies eine lässige, beinahe altmodische Komödie über das Single-Dasein mit viel Wortwitz. Als Konterpart zu Abbie und Robert gesellt sich ein altes schwules, völlig dem Musical verfallenes Paar, das unentwegt die Idealbesetzungen längst vergangener Broadway-Produktionen diskutiert. Danach kippt *Ein Freund zum Verlieben* um in einen psychologisch wenig plausiblen Thesenfilm, aus dem Schlesinger sich mit unglaubwürdigen Wendungen wieder herausmogelt, ohne ein befriedigendes Ende zu finden. Vor allem aber, ohne zuvor ernsthaft die politischen oder sozialen Implikationen seines Themas angegangen zu sein.

> *„Es ist keineswegs üblich, wie unverkrampft wir mit schwulen Themen umgehen. Wird normalerweise im Kino kein Gedanke ans Privatleben homosexueller Charaktere vergeudet, so lernen wir in* Ein Freund zum Verlieben *Roberts Freundeskreis kennen und sehen ihn auch hin- und hergerissen zwischen der Verantwortung für seinen Sohn und einem neuen Mann in seinem Leben."* Regisseur John Schlesinger

USA 2000 ⊙ John Schlesinger ⊙ Thomas Ropellewski ⊙ Elliot Davis ⊙ Gabriel Yared ⊙ Rupert Everett, Madonna, Benjamin Bratt, Michael Vartan, Malcolm Stumpf, Josef Sommer, Neil Patrick Harris, Mark Valley ⊙ 98, farbig

Freunde für immer
VENNER FOR ALTID – FRIENDS FOREVER

Kristian (Mortensen) kommt neu an eine Schule und sucht Anschluss bei seinen Mitschülern. Er sieht sich vor die Entscheidung gestellt, zwischen zwei rivalisierenden Jungen und deren Clique entscheiden zu müssen: Henrik (Elholm), der sich in seiner Freizeit mit dem Universum beschäftigt, Tai-Chi-Übungen macht und von allen als „anders" also „schwul" betrachtet wird. Zum anderen Patrick (Sigsgaard), dem Anderssein eine stetige Provokation ist und der sich selbst so auffallend lässig bewegt, dass dies beim Zuschauer schnell

Argwohn erregt. Kristian schließt sich Patrick an und erlebt mit ihm eine homoerotische Jungenfreundschaft.

Henszelman drehte sein Erstlingswerk mit 26 Jahren. Ein authentischer, unspektakulärer Film über das Erwachsenwerden und erste sexuelle Erfahrungen mit einfühlsam gezeichneten Figuren und überraschenden Wendungen in der Handlung.

DK 1986 ⊕ Stefan Christian Henszelman ⊕ Stefan Christian Henszelman, Alexander Korschen ⊕ Marcel Berga ⊕ Morti Vizki, Christian Skeel, Kim Sagild ⊕ Claus Bender Mortensen, Thomas Sigsgaard, Christine Skou, Thomas Elholm, Claus Bender Mortensen, Morten Stig Christensen, Rita Angela ⊕ 95, farbig
(CO)

Die Freundin meiner Frau
SOTTO … SOTTO STRAPAZZATO DA ANOMALA PASSIONE

Oscar (Montesano), ein heißblütiger römischer Tischler, ist mit der hübschen Ester (Lario) verheiratet. Die junge Frau hegt zärtliche Gefühle für ihre schöne Freundin Adele (de Santis). Als Ester eines Nachts Adele mit deren Liebhaber beobachtet, überkommt sie heftige Leidenschaft. Oscar gefällt das nicht, desto heftiger trifft ihn am nächsten Morgen Esters scheues Geständnis, sie glaube, in jemand anderen verliebt zu sein. Zunächst betrinkt er sich, dann setzt er Himmel und Hölle in Bewegung, um herauszubekommen, wer Esters heimlicher Liebhaber ist. Die Versicherung, ihre Liebe existiere nur in der Fantasie, glaubt er ihr natürlich nicht. Als sie schließlich gesteht, sie liebe eine Frau, rastet Oscar aus. Die zentrale Thematik der italienischen Regisseurin Lina Wertmüller – Liebe, Sex und die nicht immer einfachen Beziehungen zwischen den Geschlechtern – bestimmen auch hier das häufig turbulente Geschehen, wobei das Thema der Bisexualität in dieser tragikomischen Eifersuchtsfarce sensibel und humorvoll zugleich durchgespielt wird.

I 1984 ⊕ Lina Wertmüller ⊕ Lina Wertmüller, Enrico Oldoini ⊕ Dante Spinotti ⊕ Paolo Conte ⊕ Enrico Montesano, Veronica Lario, Luisa de Santis, Massimo Wertmüller, Mario Scarpetta, Isa Danieli, Elena Fabrizi, Antonia Dell'Atte ⊕ 101, farbig
(BI)

Frida

Die vor allem künstlerisch gelungene Filmbiografie der unkonventionellen, mexikanischen Malerin Frida Kahlo zeichnet ein heroisierendes Bild einer anbetungswürdigen Künstlerin und in jeder Hinsicht atemberaubenden Frau. Salma Hayek, selbst Mexikanerin, spielt die Titelfigur virtuos und überzeugend.

Frida Kahlo wird in früher Jugend in einen schweren Verkehrsunfall verwickelt, unter dessen Folgen sie ein Leben lang

schmerzhaft, bis hin zur Bewegungsunfähigkeit, leidet. Über 25 Jahre lang ist sie mit dem mexikanischen Starmaler Diego Riviera (Alfred Molina) verheiratet, der notorisch Verhältnisse mit anderen Frauen hat. Auch Kahlo hat Verhältnisse – mit Männern und Frauen. Ihre künstlerische Karriere steht im Schatten ihres berühmten Ehemanns, und erst nach ihrem Tod wird Frida Kahlos wahres Talent wirklich entsprechend gewürdigt.

All das ist spannend, wenn auch zum Ende hin etwas gehetzt, in der brillanten Regie von Julie Taymor umgesetzt. Im Mittelpunkt steht zwar die Ehe der beiden exzentrischen Künstler, aber auch Frida Kahlos Verhältnisse mit Frauen werden in wenigen, sehr gelungenen, erotischen Szenen gezeigt. Wenn auch ihre Leidenschaft Riviera gehört, so wird ihre Bisexualität zumindest als stetiger, nicht ganz unwichtiger Faktor glaubhaft dargestellt.

USA 2002 ⊕ Julie Taymor ⊕ Clancy Sigal, Diane Lake, Gregory Nava, Anna Thomas nach Hayden Herreras Biografie Frida ⊕ Rodrigo Prieto ⊕ Elliot Goldenthal ⊕ Salma Hayek, Alfred Molina, Ashley Judd, Geoffrey Rush, Antonio Banderas, Edward Norton ⊕ 118, farbig
(BI)

Friends & Lovers

Eine Clique befreundeter junger Leute will Weihnachten auf einer Hütte in den Bergen verbringen, zu der sie der Vater von Ian (Newbern) eingeladen hat. Unter den Beteiligten entstehen unerwartete Offenbarungen, Affären und Eifersuchtsdramen. David (Nucci) hat sein Coming-out und möchte zum ersten Mal mit einem Mann schlafen. Doch die erste Nacht mit dem hierfür auserkorenen hünenhaften Schwarzen wird zum Flop. Eine wenig originelle Twentysomething-Komödie im Stile von Reality Bites (1994, und Einsam, zweisam, dreisam (1994), die auch durch die Besetzung mit Stars wie Robert Downey jr. als Freak und Claudia Schiffer nicht wesentlich interessanter wird.

USA 1999 ⊕ George Haas ⊕ George Haas, Neill Barry ⊕ Carlos Montaner ⊕ Emilio Kauderer ⊕ Stephen Baldwin, Danny Nucci, George Newbern, Claudia Schiffer, Alison Eastwood, Suzanne Cryer, David Rasche, Neill Barry, Leon, Robert Downey jr. ⊕ 99, farbig
(CO)

Frisk

Der US-amerikanische Autor Dennis Cooper hat eine ganze Reihe kühl und emotionslos geschriebener Romane veröffentlicht, die sich stets um Sex, Gewalt, SM-Fantasien bis hin zu Mord und Kannibalismus bewegen. Frisk ist sein bekanntestes Buch, dessen literarischem Konzept und mutiger Kompromisslosigkeit die Verfilmung allerdings nur ansatzweise gerecht wird.

Als Kind bekommt Dennis (Ewert) in einem Pornoladen ein Snuff-Foto zu sehen, das Bild eines vermeintlich beim Sex zu Tode Gefolterten. Als er erfährt, dass die Szene gestellt war, ist er enttäuscht, seine sexuelle Phantasie allerdings ist entfacht. Als inzwischen herangewachsener junger Mann versteigt sich Dennis (Gunther) in den Wahn, einen Sexpartner zu zerstückeln, um ihn im wahrsten Sinne des Wortes von innen heraus begreifen zu können. Seine sexuellen Rituale steigern sich von gebräuchlichen SM-Praktiken bis zu Verstümmelungen und schließlich zur Leichenschändung. Die Erlebnisse schildert er seinem Freund Julian (Laplante) in Briefen, der diese Geschichten allerdings nicht glaubt. Ob und wie viele Jungs Dennis tatsächlich getötet hat, wo die Realität endet und der Irrsinn beginnt, bleibt auch für den Zuschauer offen.

Verow inszeniert den Weg in den Wahn mit nüchternen, bisweilen scheinbar dokumentarischen Bildern, durchsetzt mit gefundenen Bildern und Pornofilmszenen. Wortloser Gruppensex hier, Blut und Sperma dort. Über die Genregrenzen hinweg ist dies mal Porno, mal Thriller oder Psychostudie, Letzteres aber zu wenig. Jenseits aller Moral zelebriert Verow in seinem Erstlingsfilm eine nihilistische Gewaltorgie und vergisst dabei, seinen Figuren zumindest ansatzweise so etwas wie Charakter und Kontur zu geben. Damit bleibt vieles vage und ungeklärt, vielleicht sogar beliebig. Bei der Uraufführung auf dem International Gay & Lesbian Film Festival in San Francisco 1995 verursachte *Frisk* einen Skandal, bei den Internationalen Filmfestspielen Berlin 1996 rief er Unverständnis und Hilflosigkeit hervor.

USA 1995 ⊚ Todd Verow ☺ Jim Dwyer, George LaVoo, Todd Verow nach dem gleichnamigen Roman von Dennis Cooper ☻ Greg Watkins ☻ Michael Gunther, Craig Chester, Parker Posey, Alexis Arquette, Mark Ewert, Jaie Laplante, Raoul O'Connell ☺ 83, s/w und farbig
ⓉⓈⓂⓆⒸ

Die Frucht des Tropenbaums
THE TAMARIND SEED

Schwulen Spionen ist nicht zu trauen. In der etwas ernst geratenen romantischen Spionagekomödie, in der sich die britische Botschaftsbeamtin Judith Farrow (Andrews) in den sowjetischen Geheimdienstler Feodor Sverdlov (Sharif) verliebt, hintergeht natürlich ein versteckt schwul lebender Gesandter seine britische Regierung. Seine treue Ehefrau (Syms) erträgt geduldig ihr Schicksal.

GB 1974 ⊚ Blake Edwards ☺ Blake Edwards nach einem Roman von Evelyn Anthony ☻ Freddie Young ☺ John Barry ☻ Julie Andrews, Omar Sharif, Anthony Quayle, Sylvia Syms, Daniel O'Herlihy ☺ 123, farbig
Ⓑⓘ

Früher Frost – Ein Fall von Aids
AN EARLY FROST

Der junge Anwalt Michael Pierson (Quinn) erfährt durch eine ärztliche Untersuchung überraschend, dass er an Aids erkrankt ist. Sein Leben verändert sich durch diese Nachricht einschneidend. Sein Freund Peter (Moffett) scheint zwar verständnisvoll, aber es wird schnell klar, dass die Partnerschaft den Druck nicht aushält. Die Karriere will und kann Michael nicht mehr weiterverfolgen, vor allem aber muss er seine verbleibende Zukunft neu überdenken. Er zieht zurück zu seiner Familie nach New England, die bislang weder von seiner Homosexualität noch von der HIV-Infektion wusste. Die Konflikte innerhalb dieser mustergültigen US-amerikanischen Durchschnittsfamilie sind vorprogrammiert. Der geschwächte, verängstigte junge Mann sieht sich plötzlich stigmatisiert und sozial isoliert. Seine schwangere Schwester Susan (Sydney Walsh) fürchtet sich anzustecken, und Vater Nick (Gazzara), der über die sexuellen Präferenzen seines Sohns nicht einmal nachdenken mag – „so habe ich ihn nicht erzogen" – reagiert autoritär und gefühllos. Die Krise spitzt sich zu, als Michael mit einer Infektion ins Krankenhaus eingeliefert wird. Denn nun beginnt seine Familie zu begreifen, dass er sterben wird. Die Problemgestaltung und Entwicklung gehen entsprechend der genreüblichen Dramaturgie des Fernsehspiels weitgehend oberflächlich und sentimental vonstatten. Gleichwohl kommt dem Film eine besondere Bedeutung zu, war er doch die erste US-amerikanische Fernsehproduktion, die sich mit Aids unter schwulen Betroffenen auseinander setzte. Regisseur John Erman (*M*A*S*H*, 1972; *Roots*, 1977) drehte sein TV-Drama zu einer Zeit, als der HI-Virus noch kaum erforscht war. Bemerkenswert ist vor allem, dass er die Krankheit bereits in ihrer gesellschaftspolitischen Dimension ausleuchtet – die Stigmatisierung der Opfer, ihre Isolation und soziale Verelendung –, und nicht als trauriges Einzelschicksal versteht.

USA 1985 ⊕ John Erman ☺ Ron Cowen, Daniel Lipman nach einer Geschichte von Sherman Yellen ⊕ Sherwood Woody Owens ♪ John Kander ⊛ Aidan Quinn, Ben Gazzara, Gena Rowlands, Sylvia Sidney, John Glover, D.W. Moffett, Sydney Walsh ⊙ 92, farbig
Ⓐ

The Fruit Machine

Die beiden 17-jährigen Jungs, der naiv-unschuldige Träumer Eddie (Charles) und Michael (Forsyth), haben in ihren Familien nicht viel Freude zu erwarten. Als Michael genug davon hat, sich vom Vater verprügeln zu lassen, reißt das Freundesduo von zu Hause aus. Sie landen in der Liverpooler Schwulendisco *Fruitmachine*, die von der warmherzigen Drag Queen Annabelle (Der später in der TV-Serie „Fitz" zu Ruhm und Ehren gekommene Robbie Coltrane) geführt wird. Die Musik für die Disco-Szenen wurden übrigens eigens vom Komponistentrio Atkin, Stock, Waterman geschrieben. Weil die beiden Kids unfreiwillig Augenzeuge eines brutalen Auftragsmordes an Annabelle werden, müssen sie vor dem Killer (Payne) fliehen. Sie landen auf der Luxusparty eines alternden Opernstars, der sie zu einem noblen Ausflug nach Brighton mitnimmt. Was Eddie nicht weiß: Michael muss dafür mit Sex zahlen. Nach dem Besuch einer schäbigen Delfinshow beschließt Träumer Eddie, die Tiere zu befreien. Bei seiner nächtlichen Aktion überrascht ihn ausgerechnet der mysteriöse Killer Echo.

The Fruit Machine entstand unter dem Eindruck der Diskussionen um den Antischwulenparagraphen Clause 28 im Großbritannien unter Margret Thatcher während der Aids-Hysterie. Obgleich Regisseur Saville (*Metroland*, 1997), der seit den sechziger Jahren kontinuierlich vor allem fürs Fernsehen arbeitete, bereits ein betagter Mann war, fügte sich sein Film bestens in die Arbeiten seiner jüngeren Kollegen des New British Cinema wie *Brief an Breshnew* (1985) (das Drehbuch schrieb ebenfalls Frank Clarke) oder *Mein wunderbarer Waschsalon* (1985). Die Gegenwelt, die *The Fruitmachine* zur eher traurigen Lebenssituation der Schwulen entwirft, ist kitschverdächtig bonbonfarben und poetisch bzw. surreal überhöht. Die Geschichte versucht Traumfluchten, realistische Gegenwartsschilderung und Kinospannung zu einem Teppich zu verweben, der nicht nur bunt ist – mit dem Resultat allerdings, dass der Film thematisch etwas überfrachtet daherkommt.

> *„Der Killer Echo ist der Exterminator des homosexuellen Lebens. Er steht für Aids, für die geistigen Attacken unserer moralisch bankrotten Regierung auf die Schwulen, für die neue Angst. Die Delfine dagegen sind die guten Engel, sie stehen für die Hoffnung."* Drehbuchautor Frank Clarke

GB 1988 ⊕ Philip Saville ☺ Frank Clarke ⊕ Dick Pope ♪ Hans Zimmer ⊛ Emile Charles, Tony Forsyth, Robert Stephens, Clare Higgins, Bruce Payne, Robbie Coltrane ⊙ 102, farbig
ⒷⒸ ⒸⓄ Ⓖ ⒹⓉ

Fucking City

Vier Menschen, die der Liebe hinterherjagen und dabei an ihren sexuellen Begierden scheitern. Das Ehepaar Helga und Rüdiger sucht per Kontaktanzeigen junge Ausländer für Sexspiele und Filmaufnahmen. Der schwule Fleischer Kurt schlüpft in Lederuniformen, um im Park beim flüchtigen Sexabenteuer seine Erfüllung zu finden. Seine Schwester Klara soll einen Asylanten heiraten, damit Kurt auch künftig mit ihm seinen Spaß haben kann. Die Arrangements scheitern und enden in verschiedenen Katastrophen. Eine grelle, düstere Groteske zwischen brutalem Realismus und verzweifeltem Melodram. Lamberts zehnter Film komprimiert seine bis dahin entwickelten Stoffe und technischen Mittel.

> *„Wenn ich mir meine frühen Filme wie* Fucking City *nochmal ansehe, bin ich immer wieder überrascht, dass da fast nur Sex drin ist. Aber in den Siebzigern gehörte das einfach zu einem Großstadtfilm dazu. Aber ob es in einem meiner Filme Sex gibt, hängt auch davon ab, ob die Darsteller dazu bereit sind."* Regisseur Lothar Lambert

BRD 1981 ⊕☺⊕ Lothar Lambert ⊛ Ulrike S. (Ulrike Schirm), Stefan Menche, Turgut Karatekin, Dagmar Beiersdorf, Kwadwo Sarfo, Ayla Algan, Hans Marquardt, Pia Lau, Erika Rabau, Mustafa Iskandarani, Robert Cutts ⊙ 87, s/w

Für Ehre und Vaterland
MARCIANO NEL BUIO

Der 20-jährige Saro Franzese (Albanese) leistet seinen Militärdienst bei einem Hubschrauber-Bataillon in einem Provinzstädtchen ab und freundet sich dort mit seinem Vorgesetzten Gianni Tricario (Kretschmann) an. Als dieser sich ihm sexuell nähert, ist Saro schockiert und läuft davon. Damit beginnt für Saro eine Spirale aus Demütigung, Gewalt und Vergewaltigung, der er sich durch Tricario und den ebenfalls homosexuellen, die Tugenden des antiken Sparta beschwörenden Offizier Roatta (Barr) ausgesetzt sieht. Saro zieht vor Gericht, um seine Vergewaltiger zur Rechenschaft zu ziehen. Drama um Machtspiele, Gewalt und Doppelmoral beim Militär.

I 1995 ⊕ Massimo Spano ☺ Daria Lucca, Massimo Spano ⊕ Bruno Cascio ♪ Pino Donaggio ⊛ Flavio Albanese, Thomas Kretschmann, Jean-Marc Barr, Roberto Citran, Massimo Dapporto, Mariella Valentini, Emilio Bonucci, Antonella Fattori, Ottavia Piccolo,

Nicola Russo, Franco Interlenghi, Fabrizio Pioda, Lorenzo di Pasqua, Riccardo Babbi, Bruno Corazzari ⊙ 109, farbig
⊛ Ⓖ

Fun Down There

Der arbeitslose junge und naive Buddy (Waite) zieht aus der Provinz nach New York. Der Film zeigt tagebuchartig eine Woche im neuen Leben: Housepartys, Küchengespräche, Sexerlebnisse und verliebte Spaziergänge durch Chinatown. Dramaturgisch eher schlicht versteht sich *Fun Down There* mehr als unterhaltsame, fast dokumentarische Milieuschilderung, die das Leben der selbstbewussten Gay Community zeigt; auch ihren selbstverständlichen Umgang mit Safer Sex im Zeichen von Aids.

USA 1989 ⊛ Roger Stigliano ⊚ Roger Stigliano, Michael Waite ⊕ Eric Saks, Peggy Ahwesh ⊗ James Baker, Wayne Hammond ⊛ Michael Waite, Nickolas Nagurney, Gretchen Somerville, Martín Goldin ⊙ 89, farbig
ⓒⓄ

Fun – Mordsspaß
FUN

In Rückblenden erzählen die 14-jährigen Mädchen Bonnie (Witt) und Hillary (Humphrey) einem Journalisten und einer Psychologin die Geschichte ihrer nur eintägigen und dafür umso intensiveren Freundschaft, die die beiden aus Langeweile und anderen, eher unklaren Motiven zum Mord an einer alten Frau führte. In einem Vorort von Los Angeles begegnen sich die zwei unter verständnislosen Eltern und der Pubertät leidenden Jugendlichen und stellen allerlei Späße an, in deren Verlauf sie sich offenkundig ineinander verlieben. Sexuell findet zwar keine Annäherung statt, doch die starke emotionale und obsessive Bindung wird in den Interviews im Jugendgefängnis thematisiert. Nach der lesbischen Natur ihres Verhältnisses gefragt, streiten es beide vehement ab, obwohl sie einander nach eigenen Aussagen „alles" bedeuten. Genauso

unklar wie das Wesen ihrer Beziehung bleibt der Grund für den spontan verübten Mord.

Die vermeintliche Sozialkritik des Films, der wohl auf das Unverständnis der Umwelt für heranwachsende Mädchen abzielt, bleibt zu sehr an der Oberfläche, obwohl das Gespann Bonnie und Hillary durchaus interessant inszeniert ist.

In der Reihe von Filmen, die ein hysterisches und mordendes lesbisches Teenagerpaar im Mittelpunkt haben, wie *Heavenly Creatures* oder *Only the Brave*, handelt es sich um den schwächsten Film seiner Art.

USA 1994 ⊛ Rafal Zielinski ⊚ James Bosley ⊕ Jens Sturup ⊗ Marc Tschanz ⊛ Renée Humphrey, Alicia Witt, William R. Moses, Leslie Hope, Ania Suli ⊙ 103, s/w und farbig
Ⓜ

Funkelnder Stern
KIRA KIRA HIKARU

Um den gesellschaftlichen Pflichten gegenüber den Eltern und den Kollegen Genüge zu tun und der eigenen Karriere nicht zu schaden, ist der schwule Arzt Mutsuki (Toyokawa) mit der jungen, einsamen Alkoholikerin Shoko (Yakushimaru) eine Zweckehe eingegangen. Dieses Bündnis wird jedoch zu einem Problem, als sich die Gefühle anders als geplant entwickeln. Shoko verliebt sich in ihren Ehemann und fühlt sich zudem auch zu dessen Liebhaber Kon (Tsutsui) hingezogen. Dieser versteht sich mit seiner Rivalin besser, als er erwartet hatte. Mutsuki wiederum ist mit seinem Karriereplan und den beiden Liebenden vollends überfordert, zumal sich Shoko von beiden ein Baby wünscht. Nach einigen Verwirrungen sind die drei endlich in der Lage, sich einander ihre Gefühle einzugestehen, und können somit ehrlicher und direkter miteinander umgehen.

Unbeschwert und mit Leichtigkeit beschreibt der in Japan tabubrechende Film die Situation Homosexueller, die sich in ihrer Entfaltung durch die althergebrachten Lebensformen gehindert fühlen und sich neue Wege des Zusammenlebens eröffnen. Die Hauptdarstellerin Hiroko Yakushimaru war in den achtziger Jahren ein japanisches Jugendidol.

Japan 1992 ⊛⊚ George Matsuoka ⊕ Norimichi Kasamatsu ⊗ Masamichi Shigeno ⊛ Hiroko Yakushimaru, Etsuji Toyokawa, Michitaka Tsutsui ⊙ 100, farbig
Ⓑ Ⓘ

Furyo – Merry Christmas, Mr. Lawrence
MERRY CHRISTMAS, MR. LAWRENCE

Java 1942. In einem japanischen Kriegsgefangenenlager stehen sich der britische Eliteoffizier Jack Celliers (Bowie) und der junge Kommandant Yonoi (gespielt vom japanischen Sänger und Komponisten Ryuichi Sakamto), ein Abkömmling alter Samurais, als Vertreter zweier Kriegskasten und zweier Kulturen gegenüber. Vergangene Schuld, militärischer Ehrenkodex und homoerotische Anziehung bilden die Spannung in diesem psychologischen Thriller. Cellier wird durch einen Schuldkomplex aus Kindertagen in den Kampf und das Risiko getrieben. In der Tapferkeit sucht er Erlösung. Da der Kommandant seinen Gefühlen für den Gefangenen nachgibt, verliert er seine Glaubwürdigkeit als militärischer Führer. Um eine Exekution aufzuhalten, der die Gefangenen als Zuschauer beiwohnen müssen, tritt Celliers vor versammelter Mannschaft vor und küsst seinen Verehrer auf beide Wangen. Dieser fällt vor Glück oder Überraschung in Ohnmacht. Die Tat hat unausweichliche Folgen: Celliers wird auf besonders grausame Weise hingerichtet; er wird lebendig bis zum Hals eingraben. Für den Kommandanten bleibt nur der Freitod. Zuvor hat er dem toten Celliers eine Locke abgeschnitten, die er als Zeichen ewiger Verbundenheit im Schrein seiner Vorfahren aufbewahrt.

Die deutsche Fassung wurde erheblich, u.a. um eine wichtige Rückblende, gekürzt. Außerdem ist die Zweisprachigkeit – zentrales Thema im Film – durch die Synchronisation zunichte gemacht worden.

GB/Japan/Neuseeland 1982 ⊜ Nagisha Oshima ☺ Paul Mayersberg, Nagisha Oshima nach dem Roman *The Seed and the Sower* von Laurens van der Post ⊕ Toichiro Narushima ♪ Ryuichi Sakamoto ⊕ David Bowie, Ryuichi Sakamoto, Tom Conti, Beat Takeshi, Jack Thompson, Johnny Okura ☺ 122 (deutsche Fassung 113), farbig
ⓌⓅ Ⓖ Ⓣ

G

Der ganz normale Wahnsinn
INSIDE MONKEY ZETTERLAND

Monkey Zetterland (Antin) lebt im ganz normalen Wahn-sinn. Seine Karriere als TV-Autor ist alles andere als furios, seine Freundin Daphne hat ihn sitzen lassen, und sein Bru-der Brent hat ihm auch noch einen grässlichen Haarschnitt verpasst. Mutter Honor, eine mittelmäßige Schauspielerin, ist nur schwer zu ertragen und nun zieht kurzerhand auch noch seine lesbische Schwester Grace (Arquette) bei ihm ein, weil sie sich von ihrer schwangeren Freundin Imogene (Bernhard) getrennt hat. Als dann auch noch jemand die einzige Kopie seines Drehbuches über eine umweltfreundliche Straßenbahn in Los Angeles stiehlt und der Terrorist Sascha (Everett) sei-ne Schwester zu gemeinsamen Untergrundaktionen überre-det, fällt es Monkey schwer, besonnen und normal zu blei-ben. Als jedoch ein Mordanschlag auf Honor vereitelt wird, entsteht immerhin viel nützliche Publicity, die den brachlie-genden Karrieren Auftrieb geben könnten. Quirlige Tragiko-mödie, die vor allem von der gelungenen Besetzung (Sandra Bernhard! Rupert Everett!) lebt.

USA 1993 ⊕ Jefery Levy ⊚ Steven Antin ⊕ Christopher Taylor ⊛ Steven Antin, Patricia Arquette, Sandra Bernhard, Sofia Coppola, Tate Donovan, Rupert Everett, Katherine Helmond, Bo Hopkins, Debi Mazar, Martha Plimpton ⊙ 89, farbig

The Garden

Beschrieb Jarman in seinem Film *The Last of England* (1987) seine Heimat als postsoziale Apokalypse, so geht er in die-sem Film den umgekehrten Weg und erträumt sich einen Garten Eden, fernab von den fragwürdigen Errungenschaften der Moderne. Sein eigenes Grundstück in dem südenglischen Fischerdorf Dungeness, eine baumlose flache Gegend voller Hochspannungsmasten unweit eines Kernkraftwerkes machte Derek Jarman zum Schauplatz einer sehr freien eigenen Inter-pretation des Lebens Jesu Christi. Eine apokalyptische Bilder-welt zwischen Horror und Humor, in der Vergangenheit und Gegenwart miteinander verzahnt sind und sich die verschie-denen Motivketten und skurrilen Details erst nach und nach verbinden und entschlüsseln. Der an Aids erkrankte Jarman setzt sich mit der eigenen Sterblichkeit ebenso auseinander wie mit dem Kampf gegen die britischen antihomosexuel-len Paragrafen Section 28. Die öde Landschaft ist Garten Eden und Garten Gethsemane gleichermaßen – Orte des Verrats und des Sündenfalls. Hochartifiziell verknüpft Jarman in die-ser Collage das Thema des verlorenen Paradieses und seine eigene homosexuelle Außenseiterrolle mit der Passion Jesu. In dieser assoziationsreichen Bilderfolge ist Christus schwul und hat einen Partner. Das Paar (Mills, Collins) erlebt die Demüti-gungen der Gesellschaft als Martyrium. Sie werden von Män-nern in Nikolausmänteln gefoltert; ein Transvestit küsst ihnen am Kreuzweg die Füße. Judas erhängt sich in Ledermontur, erwacht wieder zu Leben und wirbt im Fernsehen für eine Kre-ditkarte. Maria (Swinton) posiert gemeinsam mit dem Jesus-kind und Glitzerkrone für Fotografen, die mit ihren Strumpf-masken und Kampfkleidung wie Terroristen aussehen. Ein Punker wird gekreuzigt, an der Tafel des letzten Abendmahls sitzen Frauen, die Gläser singen lassen.

GB 1990 ⊕⊚ Derek Jarman ⊕ Christopher Hughes ⊚ Simon Fisher Turner ⊛ Tilda Swinton, Johnny Mills, Kevin Collins, Peter Lee-Wilson, Jody Graber, Michael Gough, Roger Cook, Jessica Mar-tin, Philip MacDonald ⊙ 92, farbig ⊛ ⊕⊚

Gas Food Lodging – Verlorene Herzen
GAS FOOD LODGING

Gefühlvolles Frauendrama um eine Mutter und ihre beiden herangewachsenen Töchter, die in einem trostlosen Wohn-wagenpark eines Provinzstädtchens in der Wüste Neu-Mexi-kos leben. Die Suche des (Anti-)Heldinnen-Trios nach sozialer Integration wird dabei immer wieder durch humorvolle Ein-schübe aufgelockert. Alle drei sind sie von Männern bislang enttäuscht worden und versuchen neue Beziehungen. Eine der beiden Töchter wird von dem androgynen Darius (Leitch) umworben, obgleich der zurückgezogen lebende Olivia New-ton-John-Fan sehr offensichtlich schwul ist.

USA 1991 ⊕ Allison Anders ⊚ Allison Anders, Richard Peck nach seinem Roman ⊕ Dean Lent ⊚ J. Mascis ⊛ Brooke Adams, Ione Skye, Fairuza Balk, Donovan Leitch, Robert Knepper, Chris Mul-key, Jacob Vargas ⊙ 102, farbig

Gastmahl der Liebe
COMIZI D'AMORE

Der Schriftsteller und Filmemacher Pasolini befragt italienische Bürger auf der Straße zu Liebe, Erotik und Sexualität. Die Ant-

worten sind überraschenderweise sehr mutig und direkt. Ihre Äußerungen, zum Teil ausgesprochen humorvoll und unterhaltsam, diskutiert Pasolini mit Intellektuellen wie Alberto Moravia, Giuseppe Ungaretti und Oriana Fallaci. Diese Passagen sind in Ausschnitten zwischen die Interviews gestellt. Ein Kapitel widmet sich den „sexuellen Perversionen" und der Homosexualität. *Gastmahl der Liebe* wirkt wie ein Vorbild für die erst später in Mode gekommenen Fernseh-Umfragen.
Ⓓ

I 1963 ⊜☺ Pier Paolo Pasolini ⊕ Mario Bernardo, Tonino Delli Colli ⊙ 90, s/w

Gaudi Afternoon

Zusammen mit *Die Affenmaske* (2000) die erste heiß ersehnte Verfilmung eines Lesbenkrimis. *Gaudi Afternoon,* nach dem Buch von Erfolgskrimiautorin Barbara Wilson, wartet mit großem Staraufgebot auf: Die Rolle der unkonventionellen lesbischen Übersetzerin Cassandra Reilly, die nebenbei (meist unfreiwillig) Detektivarbeiten erledigt, spielt Judy Davis. Marcia Gay Harden ist ihre geheimnisvolle Auftraggeberin Frankie, eine Femme Fatale, die sie verzweifelt bittet, gegen Geld ihren Ehemann Ben zu suchen, der auf mysteriöse Art und Weise verschwunden ist. Cassandra, die mit der Übersetzung eines südamerikanischen Romans ins Englische kämpft, leidet unter

Frauenmangel, dem Lärm ihrer spanischen Nachbarn in ihrem derzeitigen Wohnort Barcelona und ist zudem mit der Miete im Rückstand. Sie willigt schließlich in den folgenschweren Auftrag ein. Die Spur führt in Barcelonas berühmtestes Wohngebäude, das atemberaubende Gaudi-Meisterwerk „La Pedrera". Dort verstecken sich Ben, die New-Age-Hippiebraut April und Töchterchen Delilah sowie der reiche Hausherr Hamilton Kincaid. Schon bald muss Cassandra feststellen, dass nichts so ist, wie es scheint – und vor allem niemand das Geschlecht hat, das er oder sie vorgibt zu haben, und die Familienverhältnisse zwischen Ben, Frankie, April, Hamilton und Delilah alles andere als übersichtlich sind. Denn die transsexuelle Frankie ist in Wahrheit der biologische Vater von Delilah und Ben (in einer von vielen lesbischen Rollen einmal mehr Lili Taylor) ihre lesbische Mutter, die sich als Mann tarnt, aber in lesbischer Beziehung mit April (Lewis) sowie dem schwulen Zauberer Hamilton zusammenlebt. Und das sind noch längst nicht alle Überraschungen, die Cassandra nach viel verwirrendem Hin und Her in der Aufklärung des Fall enthüllen kann – nicht ohne selbst einmal mehr in existenzielle Schwierigkeiten zu geraten.

Der Film ist zwar so „queer", wie es nur geht, voll von lesbischen und transgender Figuren, doch mangelt es leider an einem starken Drehbuch. Die Geschichte ist unlogisch inszeniert, wirkt flach und an den Haaren herbeigezogen, was auch die berühmten Darstellerinnen leider nicht ausgleichen können. Nur der zusätzliche Hauptdarsteller, die Stadt Barcelona, die eine grandiose Kulisse für die verworrene Geschichte bietet, lässt Versöhnungsstimmung aufkommen. Die Romanvorlage, eigentlich ein gut inszenierter Krimi, macht allemal mehr Spaß als die zu bemühte Verfilmung von Susan Seidelman (*Susan, verzweifelt gesucht*, 1984).

USA 2002 ⊜ Susan Seidelman ⊙ James Myhre nach dem gleichnamigen Krimi von Barbara Wilson ⊕ Josep M. Civit ♪ Bernardo Bonezzi ⊛ Judy Davis, Marcia Gay Harden, Lili Taylor, Juliette Lewis, Christopher Bowen, María Barranco, Courtney Jines ⊙ 97, farbig
ⓉⓇ

Gay West

Überdrehte Westernparodie, gefilmt im Allgäu, bei der sämtliche Klischees des Genres konsequent schwul umgedeutet werden. Die Cowboys liegen nachts aneinandergekuschelt ums Lagerfeuer und lecken sich gelegentlich auch ergeben die Stiefel. Gejagt werden keine Büffel, sondern eine Herde Hausschweine.

BRD 1974 ⊜☺ Walter Bockmayer ⊕ Rolf Bührmann ⊛ Walter Bockmayer, Rolf Bührmann, Peter Danzmayr, Wolfgang Jahns, Helmut Kuhn, Jürgen Lehmann, Tim Schikorra, Andreas Wagenbach, Heribert Westermann ⊙ 90, farbig

Geboren in Queens
QUEENS LOGIC

Nach langem Zögern entschließt sich der talentierte Maler Ray (Olin), seine langjährige Geliebte Patricia (Webb) zu heiraten. Aber vollkommen sicher ist sich Ray noch immer nicht. Um herauszufinden, was er wirklich will, lädt Ray seine besten Freunde ein, mit denen er im New Yorker Stadtteil Queens die beste Zeit seines Lebens verbracht hat. Lautstarker und impulsiver Wortführer der Clique war seinerzeit Al (Mantegna), der aber kein guter Ratgeber in Beziehungsfragen ist. Al durchlebt mit seiner Frau Carla (Fiorentino) wieder einmal eine Ehekrise. Während sie mit den beiden Kindern Zuflucht bei ihrer besten Freundin Patricia sucht, bespricht Al sich mit seinem Freund Eliot (Malkovich), mit dem er einen Fischhandel betreibt. Eliot hat herausgefunden, dass er schwul ist, bringt aber noch nicht den Mut auf, sich auf eine sexuelle Beziehung mit einem Mann einzulassen. Prominent besetztes, dialoglastiges Drama um Erinnerungen, verlorene Träume, Reifeprozesse und Lebenslügen.

USA 1991 ◉ Steve Rash ◎ Tony Spiridakais ✦ Amir Mokri ♪ Joe Jackson ▣ Kevin Bacon, Linda Fiorentino, John Malkovich, Joe Mantegna, Ken Olin, Tom Waits, Cloe Webb, Jamie Lee Curtis ◷ 106, farbig
©O

Gefahr für die Liebe – Aids

1985 wurde die neue Bedrohung durch Aids zum Gegenstand der Massenmedien. Produzent Atze Brauner wollte den Wettlauf gewinnen und den ersten deutschen Film zu diesem brandaktuellen Thema in die Kinos bringen.

Der Taxifahrer Frank (Cat) war früher mal Seemann und wie sein kleiner Bruder Ritchie ein Junkie. Nun plagen ihn die Sorgen, weil Ritchie (Rohrbeck) wieder an der Nadel hängt und von Dealern wegen seiner Schulden bedroht wird. Frank vertraut dem schwulen Fahrgast Georg (von Arnim) seine Probleme an, der sich um Frank bemüht und ihm anbietet, Geld zu leihen. Frank geht auf das Angebot ein, weicht den Verfüh-

rungsversuchen Georgs aber aus. Der fühlt sich bald ausgenutzt. Als Frank mit der Diagnose Aids ins Krankenhaus eingeliefert wird, hält Georg dennoch zu ihm und steht dem Sterbenden gemeinsam mit Franks Geliebten Jessica bei.

Ein schwaches, schlecht konstruiertes Drehbuch, das auf Ressentiments und Vorurteilen aufbaut, sowie untalentierte Darsteller ergeben ein dilettantisches, übles Machwerk, das es trotz allem sogar in die französischen Kinos schaffte (*AIDS – Trop jeune pour mourir*).

Regisseur Hans Noever distanzierte sich nach der Fertigstellung vom Endergebnis und beschwerte sich über die massiven Eingriffe durch den Produzenten Brauner. Der 24-jährige Hauptdarsteller Fritz Cat (alias Friedrich Graner und Musiker der österreichischen Band *Zigzag*) bewarf, erbost über das entstellte Endprodukt, in der NDR-Sendung *Kino-Werkstatt* seinen Regisseur vor laufender Kamera mit einer Torte.

BRD/F 1985 ◉ Hans Noever ◎ Paul Hengge ✦ Hans-Günther Bücking ♪ Francis Lai, Roland Romanelli ▣ Fritz Cat (Friedrich Graner), Geraldine Jessica, Piero von Arnim, Oliver Rohrbeck, Claudia Arnold, Oliver Pascalin ◷ 88, farbig
Ⓐ ⓗⓟ

Gefangen in der Traumfabrik – The Celluloid Closet
THE CELLULOID CLOSET

Vito Russos 1981 erschienenes Buch *The Celluloid Closet* (deutsch *Die schwule Traumfabrik*) über Homosexualität im (Hollywood)-Film ist längst ein Standardwerk. Eindrucksvoll recherchiert, zeigte es auf, wie Schwule und Lesben im Kino – wenn überhaupt – eindimensional oder diskriminiert dargestellt wurden. Die Oscar-prämierten Dokumentarfilmer Epstein und Friedman (*The Times of Harvey Milk*, 1984; *Common Threads: Stories from the Quilt*, 1990) haben Russos Studie zu einer einmaligen und spannenden Analyse von Sexualmoral und Geschlechterkonstrukten auf der Leinwand werden lassen. Was theoretisch und langweilig klingt, ist in Wirklichkeit jedoch zum Brüllen komisch, wenn auch das Lachen stets einen bitteren Nachklang hat. Durch ihre geschickte Collage aus unzähligen Filmen – von einem ganz frühen Edison-Testfilm mit zwei tanzenden Männern über die gesamte Palette der Filmgeschichte vom Stummfilm bis in die achtziger Jahre – zeigen die beiden Filmemacher, wie Produzentenwillkür, Zensur, öffentliche Moral und (heterosexuelle) Zuschauerinteressen das Bild der Homosexuellen auf der Leinwand bestimmten. Intelligent geschnitten und ergänzt durch Interviewsequenzen mit Drehbuchautoren, Regisseuren und Schauspielern (u.a. Harvey Fierstein, Susan Sarandon, Tom Hanks und Armistead Maupin) ist daraus ein überaus unterhaltsamer Film geworden, der seine Ideologiekritik an Hollywood mit Witz verpackt und den Blick schärft für die

Darstellung von Homosexuellen auf der Leinwand – und eine ganze Reihe klassischer Streifen mit ganz neuen Augen sehen lässt. 1996 gewann der Film den TEDDY für den besten Dokumentarfilm.

USA 1996 Robert Epstein, Jeffrey Friedman Robert Epstein, Jeffrey Friedman, Sharon Wood Nancy Schreiber Carter Burwell Gore Vidal, Harvey Fierstein, Susan Sarandon, Tom Hanks, Armistead Maupin, Quentin Crisp, Susie Bright, Tony Curtis, Richard Dyer, Farley Granger, Barry Sandler, Arthur Laurents, Paul Rudnick, Shirley McLaine, John Schlesinger, Harry Hamlin, Daniel Melnick, Ron Nyswaner, Mart Crowley, Whoopi Goldberg 100, farbig
D TD

Die Gefangene
LA CAPTIVE

Körnige Super-8-Bilder zeigen junge Mädchen, die am Meer in den Wellen spielen. Die Kamera schwenkt auf zwei Mädchen, die eine flüstert der anderen etwas zu. Ein junger Mann erscheint im Bild und spult die Stelle immer und immer zurück, um zu verstehen, was gesagt wird. „Ich liebe dich", entschlüsselt er schließlich.

Simon und Ariane verkörpern ein Paar frei nach Marcel Prousts *Die Gefangene* (dem fünften Band von *Auf der Suche nach der verlorenen Zeit*) und ihren „Vorbildern" Marcel und Albertine. Chantal Akerman verlagert die Erzählung in die Gegenwart. Hier leben Ariane (Testud) und Simon (Merhar) in einem großen Pariser Appartement. Ariane schläft nicht im selben Zimmer wie Simon, aber sie stattet ihm hin und wieder nächtliche Besuche ab. Während er arbeitet, ist sie unterwegs, immer in Begleitung ihrer Freundin Andrée (Bonamy). Getrieben von seiner krankhaften Eifersucht folgt Simon Ariane überall hin. Er sucht ihre Freundinnen auf, will wissen, ob Ariane auch Frauen liebt, will verstehen, was Frauen an Frauen begehren. Die Frage nach der Andersartigkeit der Liebe zwischen Frauen treibt ihn immer mehr in die Besessenheit, zu immer wahnwitzigeren Unternehmungen und Nachforschungen. Die Erkenntnis, dass Männer und Frauen nie gänzlich verschmelzen können, bringt Simon dazu, sich von Ariane zu trennen. Er löst damit eine Tragödie aus.

„Doch nicht allein Arianes Bisexualität, geschweige denn der bloße Geschlechtsunterschied stehen Simons unstillbarem Verlangen im Wege: Seine Gier nach vollständiger Verschmelzung, seine Sucht, in das Innere eines anderen eindringen zu wollen, sind schlicht dadurch unmöglich, dass ein anderer Mensch eben ein anderer Mensch ist. Unumstößlich ein anderer. Und ein anderer ist ein Fremder, und deshalb werden sie nie eins sein. Dieser Film erzählt somit die tragische Geschichte von zwei Liebenden, deren Bedürfnisse, wenngleich sie sich miteinander vereinbaren lassen, dennoch völlig gegensätzlich bleiben." Regisseurin Chantal Akerman

F/B 2000 Chantal Akerman Chantal Akerman, Eric de Kuyper frei nach Marcel Prousts *Die Gefangene* Sabine Lancelin Stanislas Merhar, Sylvie Testud, Olivia Bonamy, Liliane Rovère, Françoise Bertin, Aurore Clément
BI

Das Gegenteil von Sex
THE OPPOSITE OF SEX

Dedee (Ricci) ist 16 Jahre jung, blond und böse, mit einem boshaften Mundwerk ausgestattet und hinterhältig dazu. Sie lästert über Schwule, Frauen und den Rest der Bevölkerung und nimmt sich, was sie will. Zum Beispiel den gut aussehenden, wenn auch etwas einfältigen Lover Matt (Sergei) ihres Halbbruders Bill (Donovan). Ihn bequatscht sie so lange, bis er an seine Bisexualität fast schon glaubt, gibt sich über Nacht als schwanger aus und brennt mit der neuen Liebe durch. Im Gepäck: die Ersparnisse ihres Bruders samt der Urne von dessen verstorbenem Ex-Lover. Als wäre das für Bill nicht schlimm genug, taucht auch noch eine alte, zu Hysterie neigende Liebschaft seines untreuen Matt auf, dem er dessen spurloses Verschwinden nun gar nicht erklären kann.

Und schon sieht sich der artige Highschool-Lehrer Bill einem fiesen Racheakt ausgesetzt: Er soll einen Mitschüler unsittlich berührt haben.

Das Regiedebüt des bis dahin nur als Drehbuchautor (*Love Field*, 1992; *Weiblich, ledig, jung sucht...*, 1992) hervorgetretenen Don Ross spielt unverfroren mit der Prüderie der US-Gesellschaft und deren scheinheiliger Doppelmoral in Sachen Sex. Seine bittere Satire funktioniert nach den Mechanismen der klassischen Screwball-Komödie. Sie ist schnell, pointenreich und verschont niemanden. Ganz gleich wer mit wem, ob hetero oder homo – jede und jeder ist der Häme und dem Sarkasmus von Deedee ausgeliefert.

> *„Ich bin selbst schwul und hoffe, dass der Film richtig interpretiert wird. Jeder hat Vorurteile. Solange die nicht in Gewalt münden, ist das okay. Meine Protagonistin hat etwas gegen Frauen, Erwachsene, Heteros und Schwule, eigentlich gegen den Rest der Welt. Der Zuschauer kann sich zurücklehnen und ihre Tiraden anhören. Das gibt ihm die Gelegenheit, vielleicht doch einiges in seinem Hirn zu revidieren."* Regisseur Don Ross

USA 1998 🎬☺ Don Ross 📷 Hubert Taczanowski 🎵 Mason Daring 🎭 Christina Ricci, Martin Donovan, Lisa Kudrow, Lyle Lovett, Ivan Sergej, William Lee Scott ⏱ 94, farbig
BI

Geheimring 99
THE BIG COMBO

Polizeileutnant Leonard Diamond ist besessen davon, den Gangsterboss Brown (Conte) unschädlich zu machen. Doch alle bisherigen Versuche schlugen fehl. Erst als Browns Freundin Susan einen Selbstmordversuch begeht und in eine Klinik eingeliefert wird, wittert Diamond seine Chance. Inzwischen hat Brown seine Killer Fante (Van Cleef) und Mingo (Holliman) auf Diamond angesetzt, doch die erschießen versehentlich dessen Freundin Rita und stehen nunmehr selbst auf der Abschussliste. Klassischer Krimi der „Schwarzen Serie". Bemerkenswert ist, dass – für diese Zeit ungewöhnlich – das Killerduo Fante/Mingo sehr deutlich als schwules Liebespaar gezeigt wird. In mehreren Szenen sieht man sie sich berühren, und sie schlafen in einem gemeinsamen Bett. Als Fante niedergeschossen wird, weint Mingo um ihn, schwört Rache und läuft zur Polizei über.

USA 1955 🎬 Joseph H. Lewis 📖 Philip Yordan 📷 John Alton 🎵 David Raksin 🎭 Jay Adler, Richard Conte, Ted de Corsia, Brian Donlevy, Lee Van Cleef, Earl Holliman, Robert Middleton ⏱ 89, s/w
M

Das Geisterhaus
THE HOUSE OF SPIRITS

Bei dieser Besetzung und einer so berühmten Romanvorlage könnte es fast gleichgültig sein, ob der Film eine homosexuelle Relevanz hat oder nicht. Tatsächlich enthält die Verfilmung des Schicksals der chilenischen Familie Trueba im Zeitraum von 1920 bis 1970 eine interessante lesbische Figur, deren lesbische Tendenzen im Film sogar stärker betont werden als im Bestseller Isabel Allendes. Glenn Close spielt Ferula, die altjüngferliche Schwester des Familienoberhauptes Esteban Trueba (Irons), die bei ihm und seiner Frau Clara (Streep) einzieht. Ferula, die bisher keine Liebe oder Aufmerksamkeit im Leben genossen hat, verliebt sich leidenschaftlich in Clara, zum Äußersten kommt es jedoch nicht. Immerhin scheint sich Ferula der Tatsache bewusst und beichtet ihre „Sünde" sogar dem Priester. Sie wird schließlich herzlos von Esteban vor die Tür gesetzt, weil dieser die beiden Frauen – wenn auch nur angezogen und einander freundschaftlich zugetan – im Bett erwischt. Später spricht die sterbende Ferula aus Rache einen Fluch gegen ihren grausamen Bruder aus.

Wenn auch nur in einem von vielen Handlungssträngen der unübersichtlichen und ausufernden Geschichte, die schier unmöglich zu verfilmen war, beteiligt, ist Ferula doch eine positiv gezeichnete, allerdings nicht in letzter Konsequenz offene lesbische Figur.

D/DK/Portugal 1993 🎬 Bille August 📖 Bille August nach dem gleichnamigen Roman von Isabel Allende 📷 Jörgen Persson 🎵 Hans Zimmer 🎭 Meryl Streep, Jeremy Irons, Winona Ryder, Glenn Close, Antonio Banderas, Vanessa Redgrave, Armin Mueller-Stahl, Jan Niklas, Joaquin Matinez, Teri Polo ⏱ 146, farbig

Das Geisterschloss
THE HAUNTING

In seinem Kassenhit *Twister* (1996) hatte Jan de Bont schon einmal vorgeführt, was seine computertechnische Trickkiste so alles drauf hat, und ließ nicht nur Kühe fliegen. *Das Geis-*

terschloss, basierend auf einem 1963 bereits unter dem Titel *Bis das Blut gefriert* verfilmten Roman, glänzt vor allem durch eine aufwändige Kulisse. Der Designer Eugenio Zanetti klaute bei *Citizen Kane* (1941) und *Addams Family* (1993) und macht alles einfach nur noch etwas größer. In diesem Riesenlabyrinth verläuft sich nun eine kleine Gruppe Freiwilliger, die eigentlich nur übers Wochenende einen Psycho-Workshop an abgelegenem, exklusivem Schauplatz verleben wollten. Die Geister des Hauses aber geben keine Ruhe und haben es vor allen Dingen auf Nell abgesehen. Lili Taylor, spätestens seit *I Shot Andy Warhol* (1995) und *Pecker* (1998) lesbisches Leinwandidol, gibt sich hier als ganz zerbrechliches, neurotisches Wesen. Eine vollkommen verhuschte Frau, scheinbar ohne jegliche Sexualität, die natürlich völlig aus dem Häuschen gerät, als die langhaarige, butche und selbstbewusste Theo (Zeta-Jones) sie unmissverständlich anbaggert. Aber um keine falschen Hoffnungen zu schüren: Jan de Bont lässt die beiden Frauen nicht miteinander anbändeln. Sie sind viel zu sehr damit beschäftigt, nicht in mysteriöse Blutspuren zu tappen oder herabsenkenden Decken auszuweichen. Bonts Trickkiste ist nach *Twister* noch voller geworden und so rumpelt und rappelt es die letzte halbe Filmstunde unentwegt in Haunting Hill aus allen dunklen Ecken.

USA 1999 ⊕ Jan de Bont ☺ David Self nach dem Roman *The Haunting of Hill House* von Shirley Jackson ⊛ Karl Walter Lindenlaub ♪ Jerry Goldsmith ☻ Liam Neeson, Catherine Zeta-Jones, Lili Taylor, Bruce Dern, Todd Field, Marian Seldes, Owen Wilson, Alix Koromzay ⊙ 112, farbig

Der Gesang der Meerjungfrauen
I'VE HEARD THE MERMAIDS SINGING

Polly ist die klassische verschusselte, leicht naive, aber liebenswerte Tagträumerin. Als sie einen Bürojob in einer Kunstgalerie in Toronto anfängt, ist sie mehr und mehr von ihrer distinguierten und selbstsicheren lesbischen Chefin Gabrielle (Baillargeon) fasziniert. Diese ist mit der schönen Mary (MacDonald) liiert, und für Polly stellen die beiden ein perfektes und unerreichbares Paar dar. Gabrielle und Mary allerdings belächeln die unsichere Polly nur. Polly, die sich in ihrer Freizeit als Hobbyfotografin betätigt, beschließt, ihre besten Fotos anonym an die Galeriechefin zu senden. Doch der Versuch geht nach hinten los, mehr als Spott und anschließendes Wegwerfen löst ihre anonyme Sendung nicht aus. Die unverstandene Polly wird langsam sauer, aber leider auch immer verliebter in Gabrielle. Eine Lösung ist nicht in Sicht, am Schluss verliert sich Polly in romantische Tagträume, und es gibt – zumindest in ihrer Fantasie – ein zartes Happy End für alle drei.

Die Komödie um ein gestandenes Lesbenpaar und seine naive Bewunderin wird vor allem von Sheila McCarthys genialem Spiel in der Rolle der Polly getragen. Die Geschichte wird aus Pollys Ich-Erzählerin-Perspektive geschildert. Zum Teil benutzt Polly ihre Videokamera als eine Art Tagebuch, was dem Film beinahe einen Homevideo-Touch gibt. Gekonnt wird zwischen der Realität und Pollys versponnenen Fantasien gewechselt, wobei die Grenzen immer mehr verschwimmen und klar wird, dass es sich im Grunde um ein modernes Märchen handelt.

Ein zu recht sehr beliebter Film, der trotz der offensichtlichen Probleme der Hauptfigur mit ihrem Selbstverständnis und auch mit ihrem Coming-out auf das sonst übliche Psychologisieren und Dramatisieren verzichtet. Humor und Lebensfreude sind die Elemente, auf denen die liebevoll von Patricia Rozema (*When Night Is Falling*, 1995) inszenierte Geschichte basiert, und deshalb macht sie auch beim wiederholten Anschauen noch Spaß.

Kanada 1987 ⊕☺ Patricia Rozema ⊛ Douglas Koch ♪ Mark Koven ☻ Sheila McCarthy, Paule Baillargeon, Anne-Marie MacDonald, John Evans ⊙ 81, farbig

Geschlecht in Fesseln
Deutscher Alternativtitel: Geschlecht in Fesseln: die Sexualnot der Gefangenen

Der arbeitslose Ingenieur Franz Sommer (Dieterle) versucht, sich als Fotograf und Vertreter über Wasser zu halten. Seine Frau Helene (Johnson) ist Kassiererin in einem Gartenlokal. Als ein Gast sie belästigt, greift Franz ein. Im Verlauf der tätlichen Auseinandersetzung stürzt der Grabscher zu Boden und stirbt. Sommer wird wegen Totschlags zu eineinhalb Jahren Gefängnis verurteilt. Dort lernt er den Fabrikanten Steinau kennen, der wegen einer Denunziation in Untersuchungshaft sitzt. Sommer quält sich mit Gedanken an seine Frau. Steinau verspricht ihm, für Helene zu sorgen, sobald er aus der Untersuchungshaft entlassen wird. Unter dem Eindruck des Gefängnislebens und der Nöte der Einzelnen, nicht zuletzt auch ihrer sexuellen Nöte, sieht

Steinau nach der Entlassung seinen Lebensinhalt darin, sich der Erniedrigten anzunehmen. Er stellt Helene in seiner Firma ein und empfindet große Zuneigung zu ihr. Helene liebt ihren Mann, doch in einer schwachen Stunde gibt sie Steinaus Liebeswerben nach. Der Unternehmer möchte, dass sie sich scheiden lässt, muss aber feststellen, dass Helene seine Zuneigung nicht erwidert. Sommer erliegt im Gefängnis dem jungen, homosexuellen Mitgefangenen Alfred (Twardowski), der ebenso schuldbewusst wie er die Strafanstalt verlässt. Als Sommer seiner Frau gegenübersteht, erkennen beide, dass sie sich noch lieben, doch die Verfehlungen stehen zwischen ihnen. Verzweifelt begehen sie Selbstmord. Eine Zeitungsnotiz berichtet von der Tragödie zweier Menschen, die durch das Gesetz schuldig wurden.

Wilhelm Dieterles Stummfilm verstand sich als Plädoyer für die sexuellen Rechte von Strafgefangenen, deren unmenschliche Bedingungen auch das Leben der Angehörigen beeinträchtigen. Er setzte für die Wirkung auf das Melodram, die darstellerische Leistung seiner Schauspieler und die Hintergrundinformationen. Das homosexuelle Verhältnis zwischen Franz und Alfred ist recht zaghaft angedeutet, doch für den Zuschauer als solches klar zu erkennen. Der Zensur zum Opfer fiel eine Szene, in der ein Mitgefangner in sexueller Absicht zu einem anderen Häftling ins Bett schlüpft. Trotz Antrag der bayerischen Regierung gestattete hingegen die Film-Oberprüfstelle Berlin die so genannte Kirchenszene. In ihr schreibt Alfred Sommers Namen in ein Gesangbuch und umschließt ihn mit einem Kreis, was symbolisch eine homosexuelle Bindung ausdrücken sollte.

D 1928 ⊜ Wilhelm Dieterle ☺ Herbert Juttke, Georg C. Klaren ⊕ Walter Robert Lach ♪ Pasquale Perris ⬤ Wilhelm Dieterle, Gunnar Tolnaes, Hans Heinrich von Twardowski, Mary Johnson ☉ 95, s/w
ⓌⓅ Ⓣ

Das Gesetz der Begierde
LA LEY DEL DESEO

Dem *Gesetz der Begierde* kann sich keine der Figuren in Almodóvars kitschigem, zwischen Farce, Thriller und Parodie angesiedelten Melodram entziehen. Filmregisseur Pablo Quintero (Poncela) beispielsweise, der gerade seinen neuen Film *Das Paradigma der Muschel* beendet hat, ist mit Juan (Molina) liiert. Der verbringt seine Ferien am Meer und schickt statt der erhofften leidenschaftlichen Briefe gerade mal eine Postkarte. Also schreibt sich Pablo die schmachtenden Liebesbriefe gleich selbst, die Juan einfach nur noch unterschreiben muss. Pablo beginnt eine Affäre mit seinem Verehrer Antonio (Banderas), doch bald will der mehr als nur eine harmlose Sexgeschichte. Das wird Pablo lästig und er will den Jungen wieder loswerden. Mit dem untrüglichen Gespür des abgewiesenen

Liebhabers bekommt Antonio Wind von der Existenz Juans. Er reist ihm hinterher und stürzt ihn von den Klippen.

Auch Pablos Schwester Tina hat Probleme. Vor 20 Jahren war Tina noch Tino und wurde vom Vater sexuell missbraucht. Jetzt lebt sie in einer zerstörerischen lesbischen Beziehung mit einer dominanten Frau, deren Tochter sich – vergeblich – um ihren Onkel Pablo bemüht. Als Antonio die engen Geschwisterbanden zwischen Pablo und Tina bemerkt, will er Pablo auch diesen Menschen entreißen.

Almodóvar scheut in seinem in der Madrider Künstlerbohéme angesiedelten Film weder Kolportage noch Ungereimtheiten und Schwülstigkeiten, solange er seiner wilden Fabulierlust nachgeben kann. *Das Gesetz der Begierde*, sein sechster Spielfilm, war der erste, den Almodóvar komplett selbst finanzierte und produzierte, und auch der erste, der den Weg in die deutschen Kinos schaffte. Bei den Internationalen Filmfestspielen Berlin 1987 wurde er mit dem erstmals verliehenen TEDDY als bester lesbisch-schwuler Spielfilm ausgezeichnet.

„Ein Schlüsselfilm in meiner Karriere. Er handelt von meiner Sicht der Begierde, etwas, das zugleich sehr hart und sehr menschlich ist. Ich meine die absolute Notwendigkeit, sich begehrt zu fühlen, und dass es in diesem Reigen der Begierden sehr selten ist, dass zwei Begierden einander begegnen und entsprechen." Regisseur Pedro Almodóvar

Spanien 1986 ⊜☺ Pedro Almodóvar ⊕ Àngel Luis Fernández ♪ Bernardo Bonezzi, Pedro Almodóvar (Songs) ⬤ Eusebio Poncela, Carmen Maura, Antonio Banderas, Miguel Molina, Manuela Velasco ☉ 96, farbig
Ⓣ Ⓓ

Get on the Bus

Eine Gruppe schwarzer Männer im Autobus unterwegs in Richtung Washington. Ihr Ziel: der „Million Man March", der 1995 von Louis Farrakhan organisiert wurde. *Get on the Bus* ist eine Mischung aus Kammerspiel und Roadmovie, ein filmischer Laborversuch, in dem unterschiedlichste Charaktere aufeinanderprallen, deren einzige Gemeinsamkeit die Hautfarbe ist. Da gibt es den hoffnungsvollen schwulenhassenden Schauspieler mit Profilneurose, einen Filmstudenten, der ständig mit seiner Videokamera zugange ist, einen Polizisten oder einen zum Islam konvertierten Gangsta. Und ein junges Männerpaar – der eine offen, der andere versteckt schwul – im Trennungsstreit. Die Probleme und Geschichten löst Spike Lee zum Ende des Filmes auf wundersame Weise in einem belehrenden Happy End auf.

USA 1997 Ⓢ Spike Lee Ⓦ Reggie Rock Bythewood Ⓚ Elliot Davis Ⓜ Terence Blanchard Ⓓ Richard Belzer, Andre Braugher, Ossie Davis, DeAundre Bonds, Harry Lennix, Bernie Mac Ⓣ 120, farbig

Get Real – Von Mann zu Mann
GET REAL

Steven (Silverstone) ist 16 und hauptsächlich damit beschäftigt zu verbergen, dass er schwul ist. Oder vor der Klappe in einem Park auf der Lauer zu liegen. Ausgerechnet hier trifft er den begehrtesten Jungen der Schule, John alias „Sex on legs". Der Sportstar und Mädchenschwarm stellt sich dabei

nicht nur als schwul, sondern auch noch als ziemlich verklemmt heraus. Bei der ersten Knutscherei überfällt ihn die Panik und auch ansonsten kriegt er sein Gefühlsleben zwischen Verleugnung und Lüge nicht auf die Reihe. Ihre Liaison muss folglich geheim bleiben, nicht einmal reden will John mit seinem Lover auf dem Schulgelände. Und dabei würde Steven so gerne ein Ende machen mit all dem Versteckspiel und der Heuchelei.

Get Real versammelt die klassischen Zutaten des Coming-out-Films: die verständnisvolle Mutter, die prolligen, schwulenfeindlichen Mitschüler, der erste leidenschaftliche Kuss, die beste Heterofreundin (pummelig, verständig, aber leider auch in Steven verliebt), die große, öffentliche Bekenntnisrede. Gleichwohl bemüht sich Simon Shore in seinem Debüt weitgehend erfolgreich, nicht in großes Drama oder Aufklärungskitsch abzurutschen, sondern er bleibt überwiegend auf dem Boden der Realität und hält nicht einmal ein perfektes Happy End bereit. Bei allem Sprachwitz und den immer wieder überraschenden Wendungen schafft er es, die kleinen Tragödien des Alltags, die Verletzungen und Enttäuschungen nicht einfach mit einer Pointe zu übergehen, sondern mit viel Ehrlichkeit spielen zu lassen.

Get Real – Von Mann zu Mann

GB 1998 ⊛ Simon Shore ☺ Patrick Wilde nach seinem Theaterstück *What's Wrong with Angry?* ⊛ Alan Almond ♪ John Lunn
⊛ Ben Silverstone, Brad Gorton, Charlotte Brittain, Tim Harris, Stacy Hart, Kate McEnery, James D. White, Patrick Nielson, Louise J. Taylor ☉ 110, farbig
ⓒⓄ ⒷⒸ Ⓖ

Gewalt und Leidenschaft
GRUPPO DI FAMIGLIA IN UN INTERNO / VIOLENCE ET PASSION

Ein alternder, humanistisch gebildeter, US-amerikanischer
Professor und Kunstsammler (Lancaster) lebt in seiner
römischen Villa mit antiken Büchern, Handschriften und
Gemälden strikt abgeschieden von der grellen und politisch
verworrenen Gegenwart des Italiens der siebziger Jahre. In
seine leblose Idylle dringt mit Marchesa Brumonti (Mangano) und ihrer Familie eine lärmende Gruppe in sein Leben
ein. Sie nisten sich in einem der leerstehenden Räume über
der Wohnung des Professors ein, der sich im Laufe der Zeit
mit den ungebetenen Gästen zu arrangieren beginnt. Mehr
noch: Insbesondere Marchesas zwielichtiger Geliebter, der
deutsche Student und APO-Aktivist Konrad (Berger), beginnt
ihn mehr und mehr zu faszinieren. Der unterhält, neben der
Beziehung zu Marchesa, auch noch eine zu ihrer Tochter Lietta (Marsani) und hat außerdem auch ein Verhältnis
mit deren Verlobtem. Ungeniert feiern sie in der Wohnung
des Professors eine Orgie. Nachdem Konrad von Radikalen
zusammengeschlagen worden ist, pflegt ihn der der Professor und genießt die Ungehemmtheit, mit der dekadente und
dreiste Konrad sich nackt in seiner Wohnung bewegt. Konrad wird zu einem Spiegelbild seiner eigenen verlorenen
Jugend, seines nicht gelebten Lebens und zu einem erotisch
begehrten Objekt.

Visconti beschreibt den Zustand einer Generation bürgerlicher Intellektueller, die ihre Menschlichkeit und Kultur
gegen den Faschismus und gegen die Sünden der Moder-
nität verteidigt, jedoch den Zugang zur Gegenwart verloren
hat. Die Wertvorstellungen des Professors vermögen nicht,
ihn beim jähen Zusammenstoß mit seiner Zeit zu schützen. Visconti veranschaulicht die Tragik dieser Konfrontation, denunziert nicht die Melancholie seines Helden, sondern setzt sich kritisch mit dessen resignativer Haltung auseinander.

I/F 1974 ⊛ Luchino Visconti ☺ Suso Cecchi d'Amico, Enrico
Medioli, Luchino Visconti nach einer Idee von Enrico Medioli
⊛ Pasquale De Santis ♪ Franco Mannino ⊛ Burt Lancaster, Silvana Mangano, Helmut Berger, Claudia Marsani, Stefano Patrizi, Elvira Cortese, Philippe Hersent, Jean-Pierre Zola ☉ 121, farbig

Gezeichnet: Lino Brocka
SIGNED: LINO BROCKA

Porträt des philippinischen Filmemachers, der zum Zeitpunkt
dieses Dokumentarfilms bereits rund 50 Filme produziert hatte. Gezeigt werden u.a. die Dreharbeiten zu seinem Spielfilm
Macho Dancer (1988) über die Unterwelt der schwulen Sexclubs in Manila. Blackwood zeigt Brocka als politisch engagierten, rebellischen Regisseur und lässt ihn ausführlich über seine Kompromisse als Filmemacher, über seine Homosexualität und die gesellschaftliche Situation seines Landes nach der
Absetzung des Diktators Marcos und den ungebrochenen
Kreislauf von Armut, Verzweiflung und Gewalt sprechen.

USA 1987 ⊛☺ Christian Blackwood ♪ Michael Riesman ☉
83, farbig
Ⓓ

Giarres

Peter und der jüngere Dieter haben sich im Zug kennen gelernt
und gestehen sich in langen Beschwörungen immer wieder
gegenseitig ihre Liebe, als müssten sie sich ihrer Gefühle selbst
stets erneut versichern. Ihre gegenwärtige Seelenlage ähnelt
sich: Sie träumen vom Selbstmord und so wird der gemeinsame Freitod immer mehr zur Idee der größtmöglichen Vereinigung. Eine Clique junger Männer wird als Verfolgergrup-
pe imaginiert, die den Tod wie ein Verbrechen erscheinen lassen soll. Der Wahn der beiden Todessehnsüchtigen zeigt sich
in immer konkreteren, aber auch irrationaleren Bildern. Realität
und Traum verschwimmen. Der Film endet in einem vampiristischen Mord. Ausgangspunkt für den künstlerisch ambitionierten Erstlingsfilm war eine Zeitungsnotiz über den Doppelselbst-
mord eines schwulen Paares im sizilianischen Giarres.

BRD 1983 ⊛☺ Reinhard von der Marwitz ⊛ Wolfgang Pilgrim
♪ Peer Raben ⊛ Peter Schmittinger, Hieronymus Blösser, Ger-
hard Hoffmann, Beate Kopp, Dietrich Kuhlbrodt, Wolfgang Schlüns,
Dieter Gärtig, Christoph Eichhorn, Peter Gente ☉ 90, s/w
Ⓜ Ⓣ

The Gift – Die dunkle Gabe
THE GIFT

Annie Wilson (Blanchett), eine stadtbekannte Hellseherin, wird bei einem Kriminalfall zu Rate gezogen. Mit ihrer Hilfe kann die Leiche einer verschwundenen Frau entdeckt und der Täter gestellt werden. In einer Nebenhandlung hilft sie dem psychisch labilen Buddy (Ribisi) durch ihre Gespräche beim Kartenlegen, sich den Ursachen seines Traumas zu nähern: Als Kind wurde er von seinem Vater sexuell missbraucht. Buddy rächt sich gewaltsam an ihm und nimmt sich daraufhin das Leben. Trotz des wenig originellen Mystery-Plots eine spannende Mischung aus Horrorfilm, Kleinstadtdrama und Gerichtskrimi.

USA 2000 ⊛ Sam Raimi ☺ Billy Bob Thornton, Tom Epperson ⊛ Jamie Anderson ♫ Christopher Young ⊛ Cate Blanchett, Giovanni Ribisi, Keanu Reeves, Katie Holmes, Greg Kinnear, Hilary Swank, Michael Jeter, Kim Dickens, Gary Cole ⊙ 107, farbig Ⓟ

Gilda

Die Rolle der Gilda markiert Rita Hayworths Durchbruch zum Superstar und verschaffte ihr das Image als Sexgöttin. In extravaganten Abendkleidern durchschreitet sie als Ehefrau des impotenten Casinobesitzers Mundson (Macready) die Räume und verdreht den Männern den Kopf. Mundson kompensiert seine fehlende Männlichkeit durch ein phallisches Schwert, das er unentwegt mit sich herumträgt. Sein ebenfalls verheirateter Sekretär und Freund Johnny (Ford) steht ihm verdächtig nahe. Bei genauerer Betrachtung lässt sich in den zweideutigen Dialogen und Blicken eine heimliche schwule Liaison erkennen; die beiden Männer sind ganz offensichtlich nur zum Schein mit ihren Frauen liiert. In einem Interview hat Glenn Ford einmal bestätigt, die beiden männlichen Hauptdarsteller hätten beim Dreh gewusst, „dass wir Homosexuelle spielen sollten".

Auch wenn die Geschichte reichlich konfus ist, erlangte der Film durch seine exzellenten Darsteller bald Kultstatus. Nur vordergründig handelt es sich um einen durchschnittlichen Krimi im Stile der Schwarzen Serie samt der dazugehörigen Klischees. Weitaus wichtiger sind die disparaten Gefühle wie Liebe und Hass, Männerfreundschaft, Leidenschaft und Treue, die in den Figuren brodeln.

USA 1946 ⊛ Charles Vidor ☺ Marion Parsonnet, nach einer Originalstory von E. A. Ellington ⊛ Rudolph Maté ♫ Morris Stoloff ⊛ Rita Hayworth, Glenn Ford, George Macready, Joseph Calleia, Steven Geray ⊙ 110, s/w ⒷⒾ ⒽⒸ ⓂⒻ

The Girl

Eine heißblütige lesbische Affäre – ohne Fragen, ohne Verbindlichkeiten, ohne Erklärungen. Sex um des Sex willen. Für Lesbenfilme eine eher ungewöhnliche Haupthandlung. Zwei attraktive junge Frauen beginnen irgendwo in Paris, in klassischer Großstadt-Nachtlebenkulisse, eine Affäre. Die eine ist die femmige Nachtclubsängerin (Claire Keim), die andere eine butchige Malerin (Agathe de la Boulage). Sie lernen sich im Nachtclub kennen, gehen zur Sängerin ins Hotel, und fortan können sie nicht mehr voneinander lassen. Obwohl die Sängerin offensichtlich mit dem Clubbesitzer liiert ist und jede Menge Schwierigkeiten bekommt, streift die Malerin immer wieder um ihr Hotel und wird auch jedesmal schließlich aufs Zimmer gebeten. Um den Charakter der Affäre trotz wachsender Leidenschaft beizubehalten, sind beide immer nur „die Sängerin" oder „die Malerin". Namen spielen genauso wenig eine Rolle wie Zukunftsperspektiven oder die reale Welt außerhalb des liebesnestigen Hotelzimmers. Plötzlich befindet man sich jedoch in einem Krimi, denn Gewalt, Verbrechen und Mord in Form der Männerwelt aus dem Nachtclub halten Einzug in die Idylle.

The Girl ist lesbische Erotik pur, in ungewohnt unverschämten Bildern wird die Lust an der Lust zwischen zwei Frauen gezeigt. Dialoge und Handlung sind nebensächlich, obwohl das Drehbuch von der französischen lesbischen Autorinnenlegende Monique Wittig mitgestaltet wurde. Der Traum einer sexuellen Begegnung, die keine Grenzen zu kennen scheint, endet aber schließlich im Alptraum.

Der gewagte Film fiel allerdings trotz oder gerade wegen der vielen, teils unmotiviert wirkenden Sexszenen und seiner dürftigen Handlung beim lesbischen Publikum durch.

USA 1999 ⊛ Sande Zeig ☺ Sande Zeig, Monique Wittig ⊛ Georges Lechaptois ♫ Richard Robbins ⊛ Claire Keim, Agathe de la Boulage, Cyril Lecomte, Sandra Nkake, Ronald Guttman ⊙ 84, farbig (O.m.U.) Ⓢ ⒷⒾ

The Girl

Glitterbug

GB 1994 ⬚ Derek Jarman, David Lewis ⬚⬚ Derek Jarman
♪ Brian Eno ☺ Tilda Swinton, William S. Burroughs, Genesis P.
Orridge, Marianne Faithfull ⏱ 60, farbig
ⅅ

Go Fish

Eine von Derek Jarman autorisierte Zusammenstellung aus seinen tagebuchartigen Super-8-Arbeiten der Jahre 1971 bis 1986. Es handelt sich weitgehend um Momentaufnahmen aus seinem Privatleben. Darunter sind Szenen von den Dreharbeiten zu *Sebastiane* (1975), *Jubilee* (1978) und *Caravaggio* (1986) und Aufnahmen in Rom und auf Sardinien, außerdem ein Spaziergang durch London, die Wahl der alternativen Miss World; Jarmans *Broken English*-Clips mit Marianne Faithfull (1972), eine Lesung von William S. Burroughs in der Disco *Heaven* sowie Tilda Swinton auf einer Blumenwiese hüpfend. Den Final Cut konnte der am 19. Februar 1994 verstorbene Jarman nicht mehr selbst durchführen.

„Ich mag die Tatsache, dass jeder in diesem Film lächelt. Sie schauen nicht so aus, als seien sie unter einem bestimmten Druck, etwas zu leisten oder nicht."   Regisseur Derek Jarman

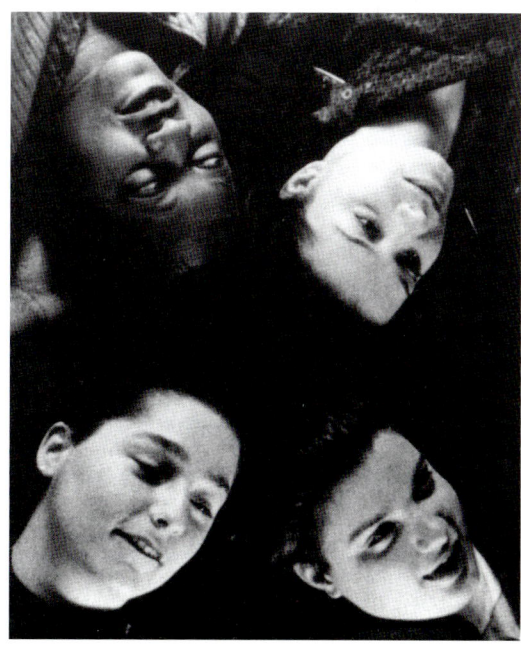

Dort, wo andere Filme aufhören, fängt *Go Fish* erst an. Modernes lesbisches Leben in Chicago in den neunziger Jahren: eine Clique junger Lesben im Spannungsfeld zwischen Sex, noch mehr Sex, Liebe, Trennung und neuer Liebe. Das alles ohne Coming-out-Problematik oder Identitätskrisen. Im Mittelpunkt stehen Max (Turner), die nach vielen Versuchen die große Liebe sucht, und Ely (Brodie), die dafür ausgesuchte Kandidatin. Allerdings ist Ely ein etwas spröder Alt-Hippie, die so gar nicht zu der lebensfrohen Gruppe um Max passt. Drumherum gibt es viele lustige Szenen aus der lesbischen Subkultur und viele WG-Diskussionen über den Sinn des lesbischen Lebens an sich. Auch schockierende „Ausrutscher" wie Sex mit Männern und andere Dinge werden vergnüglich in dieser Gruppe besprochen, oder es wird sich heftig gestritten und dann wieder versöhnt.

Go Fish gilt in seiner Bedeutung für die lesbische Kinowelt als *Desert Hearts* der neunziger Jahre. Dieser kleine schwarzweiße Low-Budget-Film hat es geschafft, ein authentisches und lebensbejahendes lesbisches Lebensgefühl auf die Leinwand zu bringen, auch wenn manches stark vereinfacht scheint oder gar zu US-amerikanisch. Co-Autorin und Hauptdarstellerin Guin Turner in der Rolle der Max begann mit diesem Film eine steile Schauspielerinnenkarriere, in der sie als eine der ganz wenigen sowohl „normale" Hollywoodrollen als auch immer wieder Figuren in kleinen lesbischen Independent-Produktionen spielte. Sie gilt damit sozusagen als „unser" Star in Hollywood.

Go Fish wurde mit dem TEDDY der Berlinale 1994 als bester schwul-lesbischer Spielfilm ausgezeichnet.

> *„Es geht um Dinge in der Art: Mädel trifft Mädel, Mädel bekommt Mädel, Mädel hat Sex mit Mädel auf der Leinwand … Wir leben ein totales Lesbenleben. Unser Leben ist so normal für uns und so fremd für andere."*
> *Hauptdarstellerin Guinevere Turner.*

USA 1993/94 ⊛ Rose Troche ☺ Rose Troche, Guinevere Turner ⊕ Ann T. Rossetti ☺ Brendan Dolan, Jennifer Sharpe ⊛ Guinevere Turner, V. S. Brodie, T. Wendy McMillian, Migdalia Melendez, Anastasia Sharp, Scott Aldrich ☺ 85, s/w
ⓆⒸ ⓉⒹ

Gods and Monsters

Mit Filmen wie *Frankenstein* (1931), *Das Haus des Grauens* (*The Old Dark House*, 1932), *Der Unsichtbare* (*The Invisible Man*, 1933) und *Frankensteins Braut* (*Bride of Frankenstein*, 1935) schuf der britische Regisseur James Whale Klassiker des Genres und machte Boris Karloff zum Star.

Gods and Monsters erzählt die letzten Tage des in Vergessenheit geratenen Whale (1896-1957), der sich in seiner Villa in Hollywood ganz seiner Malerei widmet und sich ansonsten am Anblick junger Männer erfreut. Anders als beispielsweise sein Kollege George Cukor, dessen Gartenparty er in einer Episode des Films besucht, hat Whale seine Homosexualität stets offen gelebt und sich dafür den Argwohn der feinen Gesellschaft Hollywoods gefallen lassen müssen. Nach einem Schlaganfall wird sich Whale (McKellen) bewusst, dass seine Tage gezählt sind. Seinen Tod will er ebenso perfekt inszenieren wie seine Filme. Ohne dass dieser es ahnt, hat er sich seinen zunächst zunehmend homophoben jungen Gärtner Clayton Boone (Fraser) zum Todesengel erwählt. Er engagiert ihn zunächst zusätzlich als Modell und erzählt ihm Episoden aus seinem Leben. Die Rückblenden offenbaren dabei, daß seine Horrorfilme über unverstandene Monster im Subtext sehr viel von Whales eigener, durch gesellschaftliche Zwänge erzeugten Einsamkeit erzählen. Sein Plan: Er möchte Clayton glauben lassen, dass er ihn verführen will, um ihn so zu einem Mord an ihm zu bewegen. „Ich weiß, dass ein echter Mann wie du mir das Genick brechen würde, wenn ich Hand an ihn legen würde."

Gods and Monsters ist einerseits eine feinsinnige Auseinandersetzung mit Homosexualität und Alter, die erfreulicherweise ohne Klischees und Larmoyanz auskommt. Zum anderen schildert Regisseur Bill Condon einfühlsam, aber auch mit Ironie und Witz, die Begegnung zweier höchst unterschiedlicher Männer. Der offen schwule Sir Ian McKellen und Lynn Redgrave, die Darstellerin der Haushälterin, wurden für einen Oscar nominiert. Bill Condon erhielt einen Oscar für das beste Drehbuch nach einer Vorlage.

Für das auf dem biografischen Roman *Father of Frankenstein* des schwulen Autors Christopher Bram basierende Drama war es zunächst schwierig Geldgeber zu finden. Treibende Kraft war schließlich der ebenfalls offen schwule Horrorautor und -regisseur Clive Barker (*Hellraiser*, 1986), der das Projekt als Co-Produzent in die Wege leitete.

> *„Ich sehe diesen Film als einen ehrlichen Film über das Schwulsein. Gods and Monsters hat einige wenige heitere Momente, gerade wenn es um zentrale Fragen von Lust, Begehren und Tod geht. Das machte viele Leute, die gerne fröhliche, positive Filme über Schwule drehen wollten, nervös."*
> Regisseur Bill Condon

USA 1998 ⊜ Bill Condon ⓦ Bill Condon nach dem Roman *Father of Frankenstein* von Christopher Bram und der Biografie *James Whale – A New World of Gods and Monsters* von Hames Curtis ⓐ Stephen M. Katz ♪ Carter Burwell ⓦ Ian McKellen, Brendan Fraser, Lynn Redgrave, Lolita Davidovich, David Dukes, Pamela Salem, Amir Aboulela ⏱ 105, farbig
ⓠⓒ Ⓖ Ⓞ

Gonin

Gonin bedeutet im Japanischen „fünf". Fünf unterschiedliche Männer bilden hier eine Art Notgemeinschaft. Zusammen will man durch einen Überfall an das Geld einer mächtigen Yakuza-Gang (das Pendant zur italienischen Mafia) gelangen. Ausgeklügelt hat diesen Plan der hoffnungslos verschuldete Discothekenbesitzer Bandai (Sato). Zum Quintett gehören außerdem ein Ex-Cop, ein arbeitsloser Familienvater, der punkige Zuhälter Jimmy, der einer Sexsklavin hörig ist und ihre Freiheit erkaufen will, sowie der junge Stricher Mitsuya (Motoki), der seine Freier ausnimmt und sich in Bandai verliebt.

Autorenfilmer Takashi Ishii ist in Japan mit seinen vornehmlich sadomasochistischen und pornografischen Stories zum Star der Manga-Szene (*Angel Guts*) populär geworden. Sein Film weist ebenfalls stark comic-hafte Züge auf. *Gonin* erschüttert nicht nur durch die Härte seiner Gewaltdarstellungen, sondern fast noch mehr durch seine beklemmend aggressive, bisweilen sehr sadistische Grundstimmung. Jimmys Geliebte wird zu Tode vergewaltigt. Der auf die fünf angesetzte Killer Kyoya beschimpft und verprügelt seinen Bettgefährten, bevor er über ihn herfällt. Kommuniziert wird mit Fäusten und Waffen, seltener mit Worten. *Gonin* ist ein bizarrer Abgesang auf die japanischen Männlichkeitsideale, der die Gefühlswelt der Männer zwischen Gewalt, Hoffnungslosigkeit und Zärtlichkeit auslotet. Insbesondere bei der schmerzlichen Liebesbeziehung zwischen Bandai und Mitsuya gelingen Ishii sehr berührende Momente. 1996 drehte Ishii *Gonin II*. Fünf Frauen haben beim Shopping zu viel Geld ausgegeben und holen es sich gewaltsam von den Männern zurück.

Japan 1995 ⊜⊜ Takashi Ishii ⓐ Yasushi Sasahikibara ♪ Goro Yasukawa ⓦ Koichi Sato, Masahiro Motoki, Jinpachi Nezu, Kipp-

ei Shiina, Naoto Takenaka, Beat Takeshi (Takeshi Kitano) ⏱ 109, farbig
Ⓣ ⓟⓡ

Gossenkind

Der 14-jährige Schüler Axel (Kellermann) lebt in schwierigen Verhältnissen. Die Mutter (Alphons) ist Alkoholikerin, ihr Freund ein brutaler Schläger (Siegenthaler), der den Jungen misshandelt und unverhohlen auf den Strich schickt. Dort lernt Axel den Familienvater Karl Heinz Brenner (Glatzeder) kennen, der bislang seine Liebe zu Jungen eher verdrängt denn ausgelebt hat. Mit Axel beginnt er eine vorsichtige Beziehung und nimmt ihn bei sich auf. Doch die Nachbarn zeigen ihn an. Statt der Vorladung der Polizei Folge zu leisten, löst er sein Konto auf und brennt mit Axel durch. Das gemeinsame Glück währt nur kurz. Axel kehrt zurück zum Strich am Düsseldorfer Hauptbahnhof, Brenner bleibt nach einem missglückten Freitodversuch mit großer Sehnsucht und dem Gefühl der Ausweglosigkeit allein.

Kerns temporeiches und milieusicheres Melodram um Prüderie, Doppelmoral, Gewalt in der Familie, sexuellen Missbrauch, Armut, Kriminalität und der Sehnsucht nach Liebe ist trotz seiner Problemlastigkeit bemerkenswert unterhaltsam geworden. Es ist weniger Plädoyer für päderastische Beziehungen als dokumentarische Bestandsaufnahme sozialer Verhältnisse. Der Gefahr dröger Sozialkritik begegnet Kern mit Ironie und feinfühliger Charakterzeichnung.

D 1991 ⊜⊜ Peter Kern ⓐ Manfred Scheer ⓦ Winfried Glatzeder, Max Kellermann, Daniel Aminatey, Nicole Weber, Manuela Alphons, Peter Siegenthaler, Renate Krößner ⏱ 87, farbig
ⓟⓐ Ⓣ

Gott ist ein toter Fisch

In einer schmuddeligen Münchner U-Bahn-Einkaufspassage kreuzen sich während einer Nacht die Schicksale verschiedener Menschen rund um die junge Kiosk-Inhaberin Sofia (Peren), deren Mutter zwei Wochen zuvor gestorben ist. Um ihre Trauer zu überwinden, lässt sie in ihrem Kiosk Freunde und Kunden Geschichten zum Thema Glück vor der Videokamera erzählen. Ihr Ex-Freund, der Wachschutzmann Lukas (Clemens), versucht ihre Liebe zurückzugewinnen. Ihre Freundin Mandy (Radebold) will den Jackpot bei einem Radiogewinnspiel knacken. Lukas' machohafter Kollege Mark (Wnuk) braucht allen Mut, um sich einzugestehen, dass er sich in Lukas verliebt hat.

Leichthändig inszenierter Ensemblefilm mit klugen Dialogen über Menschen um die 30 auf der Suche nach dem Glück. Der auf Mini-DV gedrehte Debütfilm liefert zwar keine Happy Ends, bietet dafür aber Hoffnungen auf einen Neuanfang für die Charaktere.

D 2001 ⬛ Wolfram von Bremen ☺ Maggie Peren ⊕ Nathalie Wiedemann ♪ Marius Ruhland ⬛ Oliver Clemens, Sabine Radebold, Oliver Wnuk, Sissi Perlinger, Doris Kunstmann, Maggie Peren ⊙ 86, farbig

Greta – Haus ohne Männer
GRETA – LA TORTIONNAIRE
Alternativtitel: Ilsa – The Wicked Warden; Greta, the Torturer; Greta, the Mad Butcher; Greta, the Sadist; Ilsa: Absolute Power; Wanda, the Wicked Warden

Jess Franco ist einer, wenn nicht der am meisten genannte Regisseur von Sexploitation- und Trashfilmen mit lesbischen Figuren. Egal ob es dabei um Vampire, Frauengefängnis oder Softporno geht, Franco machte in über 150 Filmen jedes Genre unsicher. (Vergleiche *99 Frauen*, 1968, *Vampyros Lesbos*, 1970/71, oder *Entfesselte Begierde,* 1973

Mitte der siebziger Jahre machten die in Kanada für wenig Geld entstandenen *Ilsa*-Filme Furore. 1974 inszenierte Don Edwards in den Kulissen der grauenhaften Naziverulkungs-Fernsehserie *Hogan's Heroes* den ersten Teil *Ilsa – She Wolf of the SS*, mit dem damals 42-jährigen Busenwunder Dyanne Thorne in der Titelrolle der sadistischen KZ-Kommandantin. Der extrem geschmacklose und gewalttätige Streifen wurde prompt ein Kulthit und zog 1976 und 1977 die Fortsetzungen *Ilsa – Harem Keeper of the Oil Sheiks* und *Ilsa, the Tigress* nach sich.

Jess Franco holte Dyanne Thorne 1977 nach Europa, um seinen eigenen Beitrag zu diesem Thema zu leisten. Eigentlich wollte er nicht direkt einen weiteren *Ilsa*-Film machen, doch die Parallelen waren so offenkundig, dass den internationalen Verleihern fast gar nichts anderes übrig blieb, als den Streifen als Teil der Serie zu vermarkten.

In einem Frauenstraflager eines nicht näher bezeichneten südamerikanischen Staats, vor romantischer Dschungelkulisse, geht es mit der ersten großen gemeinsamen und in diesen Filmen unvermeidlichen Duschszene los. Was danach

folgt, spottet im Grunde jeder Beschreibung: Folter, Massenvergewaltigungen und andere Bluträusche, in deren Mittelpunkt die mehr oder weniger lesbische Oberaufseherin Greta steht, die je nach Verleihtitel und -land mal Ilsa oder Wanda heißt. Von mit Nadeln gespickten Frauen bis zu Kannibalismus bietet Franco alles auf, was eine kranke Fantasie sich nur ausdenken kann. Darüber hinaus sind diverse Extravaganzen in die unübersichtliche Handlung eingewoben, wie beispielsweise die Erzählung von „Nr. 14", einer Insassin der Horrorklinik, die einer der Schauplätze der Geschichte ist: Früher war sie ein schwuler Mann, unterzog sich dann einer Geschlechtsumwandlung, hat geheiratet, nur um schließlich herauszufinden, dass der neue Göttergatte selbst schwul ist, worauf sie ihn ermordete und in die Klinik eingewiesen wurde.

Dass es zudem Anspielungen auf die SS und auf deutsche Konzentrationslager gibt, macht den Film zum Gipfel der Geschmacklosigkeit. Der Kultstatus bleibt somit fragwürdig.

D/CH 1976 ⬛ Jess Franco ☺ Jess Franco, Manfred Gregor (Erwin C. Dietrich) ⊕ Ruedi Küttel ♪ Walter Baumgartner ⬛ Dyanne Thorne, Tanya Busselier, Eric Falk, Lina Romay, Jess Franco, Arcos Howard Maurer, Esther Moser, Sandra L. Brennan ⊙ 94, 86 (geschnittene deutsche Version), farbig
Ⓜ Ⓢ ⒝Ⓘ

Grief – Nur das Leben ist schlimmer
GRIEF

Fünf Jahre lang produzierte Richard Glatzer die TV-Serie *Divorce Court*. Die Arbeit an dieser trashigen Gerichtsserie hat ihn ganz offenbar zu seinem ersten Spielfilm inspiriert. Handlungsort ist die Produktionsfirma einer Soap Opera. Mark (Chester), ein talentierter und ehrgeiziger Drehbuchautor, schreibt die Skripte für *The Love Judge*, und selbst abstruseste Storys über schizophrene Operndiven und Zirkuslesben werden tatsächlich umgesetzt. Als sich der Todestag seines Lebensgefährten Kenny jährt, beginnt für ihn eine Woche voller Kummer. Nicht nur, dass die Produzentin Jo (Beat)

ihren Job kündigt und er ihren Platz einnehmen soll. Der junge Mann vom Kopierservice, Bill (Arquette), macht ihm Avancen und Mark weiß nicht, ob er sich darauf einlassen soll. Eine Reihe von Verwicklungen machen den Alltag dieser Fernsehcrew bald selbst zu einer Soap Opera.

Glatzers Film, mit geringem Budget in gerade einmal zehn Tagen abgedreht, ist selbstironisch, bonbonfarben und voller schwachsinniger Dialoge und Details, die den Aberwitz der TV-Serien mit dem Alltag der Figuren fast deckungsgleich verschmelzen lassen. Gleichwohl bleibt der melancholische Unterton des Filmtitels (zu deutsch: Trauer) und damit auch ein entscheidender Rest von Ernsthaftigkeit trotz aller Turbulenz in der Handlung erhalten. Beim Sundance Filmfestival 1994 erhielt *Grief* den Publikumspreis. Gemeinsam mit dem Pornoregisseur Wash West drehte Glatzer 2000 *The Fluffer*.

„Ich hatte die Zutaten für eine gute Komödie, aber ich wollte mehr als das. Ich wollte einen Film für meinen Lebensgefährten Donald Berry machen, der vor fünf Jahre zuvor starb. Und ich wollte am Beispiel einer Bürowoche mein Gefühl, ihn überlebt zu haben, überprüfen.“ Regisseur Richard Glatzer

USA 1994 ⊙⊙ Richard Glatzer ⊙ David Dechant ⊙ Tom Judson ⊛ Craig Chester, Jackie Beat, Illeana Douglas, Alexis Arquette, Carlton Wildborn, Robin Swid, Bill Rotko. Shawn Hoffman ⊙ 90, farbig
Ⓐ ⓆⒸ

Der große Arztreport
INFRASEXUM

Der Millionär Peter Allison hat ein Problem: Er ist impotent. Indem er sich als Spanner und Voyeur betätigt, hofft er wieder Leben in seinen Schwanz zu bekommen. Ein Psychiater klärt ihn schließlich darüber auf, dass Impotenz weit verbreitet ist und meist seelische Ursachen hat. In Deutschland wurde der mit reichlich lesbischen Sexszenen durchsetzte Softporno völlig umgeschnitten und um zusätzliche Szenen ergänzt, um daraus einen Film für die damals erfolgreiche Welle der „Aufklärungsfilme" zu stricken.

D/USA 1969/1971 ⊙ Carlos Tobalina ⊙ Carlos Tobalina, Claus Muras ⊙ William Larrabure, Michael Goritschnig ⊙ N.N. ⊛ Erroff Lynn, Carlos Tobalina, Marsha Jordan, Maria Pia, Sharon Matt, Janette Waas, Anita De Moulin, Rolf Mamero, Aranke Jaenke, Gertrud Prey, Claus Muras ⊙ 74, farbig
Ⓢ

Grosse Freiheit – kleine Freiheit

Inge Viett und María Barhoum: Zwei Frauen, die Ende der sechziger Jahre überzeugt und kompromisslos für eine revolutionäre Veränderung der Welt kämpften. Inge Viett in Deutschland, Maria Barhoum in Uruguay. 1999, zehn Jahre nach dem Zusammenbruch der sozialistischen Welt, treffen sie sich auf Kuba; ein dritter, fremder Ort – und doch auch ein Spiegel für einige ihrer Fragen, Hoffnungen, Befürchtungen. Der Film erzählt vom Leben der lesbischen Inge Viett – einst Mitglied der „Bewegung 2. Juni" und der RAF – in der BRD und in der ehemaligen DDR. Dort war Viett untergetaucht. Volker Schlöndorff hatte ihre Lebensgeschichte als Vorlage für seinen Spielfilm *Die Stille nach dem Schuss* (2000) verwendet. Inge Viett besucht das Dorf, in dem sie aufgewachsen ist, und sieht auch das Haus, in dem sie vergewaltigt wurde. Weitere Stationen dieser Reise in die Vergangenheit, die Inge Viett gemeinsam mit der Dokumentarfilmregisseurin Kristina Konrad unternimmt, sind Hamburg, ihre Zeit in der „Rote Armee Fraktion" und schließlich das Exil in der DDR. Auf einer Kuba-Reise führt die Regisseurin Viett mit María Barhoum zusammen, die als Terroristin in Uruguay kämpfte und dann ebenfalls ins Exil ging. Dabei entsteht jenseits von Verherrlichung oder Verdammung ein Doppelporträt der beiden Frauen und ihrer Lebensumstände.

D 2000 ⊙⊙ Kristina Konrad ⊙ Andreas Bolm, Kristina Konrad ⊙ Gato Leiras Wenczel ⊛ Inge Viett, María Barhoum, Gisela Kuehl, Ralf Reinders, Ronald Fritzsch ⊙ 83, farbig
Ⓓ

Grüne Tomaten
FRIED GREEN TOMATOES AT THE WHISTLE STOP CAFÉ

Parallel erzählt werden zwei Geschichten, die jeweils eine „Frauenfreundschaft" im Mittelpunkt haben, auch wenn es zumindest bei einer dieser „Freundschaften" offensichtlich um mehr geht. Die frustrierte Endvierzigerin Evelyn – grandios gespielt von Kathy Bates – trifft in einem Altersheim die alte Dame Ninny (Jessica Tandy). Die beiden freunden sich an und Ninny erzählt ihr im Laufe vieler Besuche die lange Geschichte des „Whistle Stop Cafés" in Alabama und seiner Betreiberinnen Idgie und Ruth. Als Idgies Bruder, der eigentlich mit Ruth liiert war, tödlich verunglückt, entsteht eine innige Bindung zwischen den beiden Frauen. Die zwei eröffnen das berühmte „Whistle Stop Café" und müssen sich in den dreißiger Jahren im Süden der USA allerlei Kämpfe mit verständnislosen Männern liefern. Natürlich sind die beiden nicht nur Freundinnen, sondern Geliebte, was aber praktisch ausgeklammert wird. Während Ninny der faszinierten Evelyn die Geschichte erzählt, wird Evelyn, die in einer unglücklichen Ehe lebt, zusehends radikalisiert und bricht – als Amazone „Towanda" – schließlich aus der Enge ihres eigenen Lebens aus. Am Ende ist natürlich klar, dass Ninny selbst die Protagonistin der Geschichte war und seit dem Tod ihrer geliebten Freundin im Altersheim lebt.

Die romantisch sehr verklärte Geschichte um Frauenfreundschaften teilte die Gemeinde: Einigen war der Film zu inkonsequent und an den Stellen zu verlogen, an denen es eigentlich um eine lesbische Beziehung geht, bei anderen wurde genau das Bedürfnis nach Romantik, Frauenpower und sanftem Erzählkino bedient. Tatsächlich ist der gleichnamige Roman von Fannie Flagg sehr viel expliziter, wenn es um die eigentliche Beziehung zwischen der zarten Ruth und der resoluteren, butchigen Idgie geht. Wie so oft wurde der Film für Hollywood-Zwecke „enthomosexualisiert". Trotz aller Kritik machen ihn vor allem die herausragenden Leistungen der vier Hauptdarstellerinnen – allen voran Mary Stuart Masterson als burschikose Idgie – sehenswert. Mary-Louise Parker spielte 1994 in *Kaffee, Milch und Zucker* noch einmal das Objekt lesbischer Begierde in der Femme-Rolle an der Seite von Whoopi Goldberg.

„Sie können es sehen, wie Sie wollen. Ich hatte kein Interesse daran, ins Schlafzimmer zu gehen."   Regisseur Jon Avnet über die mangelnde sexuelle Komponente zwischen den beiden Frauen im Film.

USA 1991 ⊛ Jon Avnet ☺ Carol Sobieski, Fannie Flagg nach ihrem gleichnamigen Roman ⊕ Geoffrey Simpson ♪ Thomas Newman ⊛ Mary Stuart Masterson, Mary-Louise Parker, Kathy Bates, Jessica Tandy, Stan Shaw, Cicely Tyson ☉ 130, farbig
Ⓕ Ⓕ

Gruft der Vampire
THE VAMPIRE LOVERS

In der schier unüberschaubaren Flut von Vampirfilmen, die an Sheridan Le Fanus Erzählung „Carmilla" angelehnt sind, ist diese Produktion der für ihre vielen Dracula-Filme bekannten Hammer Film Studios in England eine der lesbischsten. Ingrid Pitt spielt die blutrünstige und ausgewiesen lesbische Vampirin und Verführerin Gräfin Mircalla von Karnstein. (Die aber eigentlich Carmilla ist, denn ein wesentlicher Bestandteil der Geschichte, der auch in viele Filmen aufgenommen wurde, ist das Spiel mit den Buchstaben des Namens Carmilla, aus dem die Vampirin – wohl eher als Spiel denn aus Gründen der Tarnung – den Namen Mircalla bastelt, der praktisch für ihre „weltliche" Identität steht.) Carmilla trifft im Haus einer reichen Familie die unschuldige Emma (Smith) und entreißt sie in einer dramatischen Szene den Armen ihres Lovers in die eigene Umarmung. Nicht nur Emma, sondern auch ihre Hauslehrerin Mademoiselle Perrodet (O'Mara) gerät in den Bann der schönen, lasziven und geheimnisvollen Gräfin. Auch der Vampirjäger vom Dienst, wie immer von Peter Cushing gespielt, ist wieder dabei und macht sich gemeinsam mit Emmas verstoßenem Lover auf die Jagd, die wie immer tödlich für die Lesbe im Allgemeinen – und mit einem Pfahl im Herzen für die Vampirin im Besonderen – endet.

Der Film besticht durch seine relativ offenherzigen lesbischen Verführungsszenen und ein ausgesucht kitschiges Ambiente und gilt damit als Highlight im Segment des Lesbenvampirfilms – natürlich nur mit gesunder Distanz zur immanenten Frauen- und Lesbenfeindlichkeit. *Die Gruft der Vampire* wurde ein großer Erfolg beim Publikum – man darf annehmen, eher beim männlich-heterosexuellen – und bekam zwei schwächere Nachfolger von Hammer Productions verpasst, die ebenfalls Blut saugende Lesben beinhalten: *Nur Vampire küssen blutig* (1970) und *Draculas Hexenjagd* (1971), für die sich Drehbuchautor Tudor Gates jeweils erneut Abwandlungen der „Carmilla"-Geschichte ausdachte.

GB 1970 ⊛ Roy Ward Baker ☺ Tudor Gates, Harry Fine, Michael Style nach der Erzählung „Carmilla" von Sheridan Le Fanu ⊕ Moray Grant ♪ Harry Robinson ⊛ Ingrid Pitt, Madeleine Smith, Kate O'Mara, George Cole, Peter Cushing, Ferdy Maine ☉ 91, farbig
Ⓜ Ⓥ Ⓣ

Gut drauf, schlecht dran

Episodenfilm aus kurzen, recht düsteren Geschichten mit zumeist improvisierten Dialogen aus dem Nachwende-Berlin. Eingerahmt werden die Szenen durch zwei tratschende Hausfrauen (Beiersdorf, Moritz), die sich am Rande der Christopher-Street-Day-Demo nicht nur über Schwule und Lesben das Maul zerreißen. Dokumentarischen Charakter hat der Blick in Lothar Lamberts Wohnung samt Schneideraum, die ihm vom Vermieter gekündigt worden ist.

D 1993 ⊛☺ Lothar Lambert ⊕♪ Albert Kittler ⊛ Dagmar Beiersdorf, Dorothea Moritz, Stephanie Hofmeister, Lothar Lambert, Doreen Heins, Stefan Menche, Bernd Lubowski ☉ 70, farbig
Ⓓ Ⓣ

H

Ein Haar in der Suppe
NEXT STOP: GREENWICH VILLAGE

Der 22-jährige Larry Lapinsky (Baker) zieht in den fünfziger Jahren von zu Hause aus, um Schauspieler zu werden, was seiner Mutter das Herz bricht. Im Village spielen er und seine Mitkünstler das Leben der Boheme, die periodischen Selbstmordversuche der Malerin Anita werden zelebriert und der Brotjob am Entsafter eines Saftladens ausgehalten. Nur ab und an bricht Larrys Mutter in die Idylle ein, um sich vom Untergang des einzigen Sohnes zu überzeugen. Autobiografisch inspiriert, zeugt die Story von genauer Insiderkenntnis, ist erfrischend realistisch mit ironischem Unterton inszeniert. Einer von Larrys engsten Freunden ist der schwule Schwarze Bernstein (Fargas), der zwar als klassisches Stereotyp dargestellt wird, jedoch durch einige sehr eindringliche Szenen dennoch einen positiven und markanten Charakter erhält.

USA 1975 ⊜☺ Paul Mazursky ⊛ Lenny Baker, Shelley Winters, Christopher Walken, Dori Brenner, Antonio Fargas, Ellen Green, Lou Jacobi, Jeff Goldblum ☉ 111, farbig

Hamam – Das türkische Bad
IL BAGNO TURCO – HAMAM

Istanbul wie aus dem Fremdenverkehrsprospekt. Der in Italien lebende türkische Autor Ferzan Ozpetek macht in seinem Erstlingsfilm nicht die lärmende Metropole, sondern die morbid-malerische Altstadt mit ihrem orientalischen Flair zur Kulisse. Die Aura der Stadt, die Herzlichkeit der Menschen sind es, die die Veränderungen bei den Protagonisten überhaupt erst auslösen und möglich machen. Der römische Architekt Francesco (Gassman) wollte eigentlich nur für ein paar Tage nach Istanbul kommen, um das unerwartete Erbe seiner verstorbenen Tante zu veräußern. Die Familie, mit der seine Verwandte gelebt hatte, nimmt ihn auf wie einen eigenen Sohn. Sonderliches Interesse hat er an dem Wohnhaus dennoch nicht. Auch das angrenzende ehemalige traditionelle Badehaus mit seiner prachtvollen Kuppel, den Hamam, will er mitverkaufen. Zu Hause in Rom warten die Frau, die Karriere, der Beruf. Bald aber ist ihm dies alles nicht mehr wichtig. Er hat erfahren, welche traditionelle Stellung der Hamam hat: ein Ort der sozialen wie der erotischen Begegnung. Francesco entschließt sich, das Bad zu renovieren und neu zu eröffnen, lernt Türkisch und freundet sich mit den Bräuchen wie mit den Menschen an. Der Überraschungsbesuch seiner Ehefrau Marta (D'Aloja) kommt ihm gar nicht gelegen. Die Entfremdung der beiden, die zuvor durch die Arbeit überdeckt war, wird hier, inmitten der anderen Kultur, unübersehbar. Während sie ihm eigentlich beibringen will, dass sie schon seit langem ein Verhältnis mit einem anderen Mann hat, kann er schon sich selbst kaum erklären, geschweige denn seiner Frau, warum sie ihn mit dem Sohn seiner Gastfamilie im Dampfbad beim Sex überraschen konnte.

Ozpetek (*Le Fate ignoranti*, 2001) schildert diese langsame Annäherung und das Verlieben in die Stadt und ihre Menschen gefühlvoll und unaufdringlich. Auch die Liebe zu dem jungen Mehmet (Gunsur) entwickelt sich ohne große Dramatik und Erklärungen. Das hat eine gewisse Romantik, Ozpetek mogelt sich allerdings auch um eine Stellungnahme herum. Ihre Liebe füreinander passiert; was sie bedeutet in der islamischen Gesellschaft, wie Familie oder Nachbarn darauf reagieren würden, käme sie ans Tageslicht, spart Ozpetek aus.

I/Türkei/Spanien 1997 ⊜ Ferzan Ozpetek ⊜ Stefano Tummolini, Ferzan Ozpetek ⊕ Pasquale Mari ♪ Pivio, Aldo De Scalzi ⊛ Alessandro Gassman, Francesca D'Aljola, Carlo Cecchi, Halil Ergun, Serif Sezer, Mehmet Gunsur ☉ 94, farbig ⓒⓞ

Eine Handvoll Vergnügen – Crazy Boys
Deutscher Alternativtitel: Crazy Boys

Der Hamburger Travestie-Nachtklub „Pulverfaß" steht vor der Pleite. Was tun? Da taucht die rettende Idee auf, mal anstelle der Mädchen ein paar strippende Gigolos auf die Bühne zu stellen und nunmehr Frauen als Publikum ins Lokal zu locken. Auf die Anzeigen in den Tageszeitungen melden sich jede Menge schmucke bis schräge Jungs, und eine weibliche Jury entscheidet mehr amüsiert als geniert, wer auf die Bühne darf. Die „Crazy Boys" sind geboren, und Elvira Baldrian (die transsexuelle Hamburger Szenediva Angie Stardust) bringt dem bunt zusammengewürfelten Haufen die Tanzschritte bei. Auch wenn sich Peter Kern rühmen darf, die Welle der „Chippendales" und ähnlich gearteter Männerstrip-Truppen vorweggenommen zu haben, ist seine Komödie eine wenig inspirierte, selten erotische Klamotte.

„Ich liebe Transis, die Gigolos und den Kiez. Diese Menschen wollte ich mit meinem Film umarmen." Regisseur Peter Kern

BRD 1987 Ⓢ⑩ Peter Kern ⊕ Eberhard Geick ⑪ Franz Plasa Ⓑ Barbara Fenner, Udo Schenk, Zacharias Preen, Mechmed Yandirer, Marianne Sägebrecht, Axel Tudsen, Albert Heins, Isolde Barth, Angie Stardust, Domenica Creco, Hans Eppendorfer ⑩ 90, farbig

The Hanging Garden

Vor zehn Jahren hatte der übergewichtige William (Leavins) genug von all den Hänseleien, von seiner durchgeknallten Familie, von der Psychofolter seines Vaters: Er erhängte sich im so vorbildlich gepflegten Garten. Nun kommt William anlässlich der Hochzeit seiner Schwester plötzlich wieder zurück – rank, schlank, gut aussehend und offen schwul. Keiner in der Familie fragt nach, wo er denn geblieben war in all der Zeit, und dass William auf seine eigene Leiche im Garten stößt, muss man einfach mal so hinnehmen. Der US-Amerikaner Thom Fitzgerald (*Beefcake*, 1998) bedient sich in seinem Debütfilm eines magischen Realismus und hebt Gegenwart, Zukunft und Vergangenheit kurzerhand auf. In bisweilen surreal anmutenden und mit Blumenmetaphern geschmückten Bildern erzählt er die Geschichte einer Familie, die aus dem Ruder gelaufen ist. Dass der zukünftige Gatte seiner Schwester ausgerechnet seine große Jugendliebe Flechter (Keller) ist, irritiert den Heimkehrer. Damals wurde er mit ihm beim Sex erwischt und von seiner Mutter als Strafe zu einer Dorfprostituierten geschleppt. Kuriert hat in dieses Erlebnis von seiner Homosexualität nicht. Aber mehr als diese wieder aufkeimende Scham verwirrt ihn, dass Flechter ihn offenherzig anhimmelt, selbst in Gegenwart seiner zukünftigen Ehefrau Rosemary (Fox). Diese sieht das überraschenderweise recht locker und ermutigt ihren Gatten sogar, das einst gestörte Rendezvouz erneut aufzunehmen und nun zu einem befriedigenden Ende zu bringen. Der Trip nach Hause hält für William noch andere Überraschungen bereit, absurde und komische wie schmerzhaft-dramatische.

Kanada 1997 Ⓢ⑩ Thom Fitzgerald ⊕ Daniel Jobin ⑪ John Roby Ⓑ Chris Leavins, Kerry Fox, Seanna McKenna, Peter MacNeill, Christine Dunsworth, Troy Veinotte, Sarah Polley, Joel S. Keller, Joan Orenstein ⑩ 90, farbig Ⓖ ⓒⓞ

Hans Eppendorfer: Suche nach Leben

Ein Film als Freundschaftsdienst. Der Schauspieler und Filmemacher Peter Kern porträtiert den vom Krebs gezeichneten Autor Hans Eppendorfer. Ständig zwischen Dokumentation und Fiktion pendelnd, versucht Kern, den Lebenslauf des Freundes nachzuzeichnen und Eppendorfer zugleich Raum zur Selbststilisierung zu geben. Die Kulissen der TV-Sex-Show *Peep!* nutzt Kern als Drehort für eine fiktive Talkshow, in die Eppendorfer eingeladen ist. Er begleitet ihn außerdem auf eine Reise nach Ägypten, interviewt ihn in seiner Hamburger Wohnung. Gesprochen wird dabei auch über Eppendorfers Mord, den er mit 17 Jahren an einer befreundeten Frau begangen hat und der durch Hubert Fichtes Buch *Der Ledermann spricht mit Hubert Fichte* in die Literaturgeschichte eingegangen ist. Eppendorfers Homosexualität allerdings wird im Interview weitgehend ausgeklammert.

„Silvester 1997/98 feierten wir gemeinsam mit etwa 30 anderen Gästen, und ich hatte meine DVD-Kamera dabei und filmte für mich das Fest. Mehr und mehr fokussierte sich mein Blick auf das Gesicht des schon todkranken Eppendorfer. Es war diese Trauer und Verzweiflung in seinem Gesicht, und das Funkeln der Lebenslust in seinen Augen, was mich faszinierte. Irgendwann sagte ich ganz spontan: Ich mache einen Film über dich." Regisseur Peter Kern

D 1998 Ⓢ⑩ Peter Kern ⊕ Sven Kierst ⑪ Hamid Baroudi Ⓑ Hans Eppendorfer, Peter Kern, Evelyn Künneke, Fabian Oscar Wien, Josef Bierbichler, Trudeliese Schmidt, Hennes Hellmann, Andrea Ferreol ⑩ 86, farbig Ⓓ

Happiness

Ein Dutzend Figuren bevölkert *Happiness*: ein russischer Emigrant, der die Frauen verführt und letztlich doch nur benutzt. Ein einsamer Spanner, der am Telefon die Nachbarinnen belästigt und, wenn's drauf ankommt, zu doof zum Vögeln ist. Ein Familienvater, der davon träumt, in einem Park unter den Spaziergängern mal ein richtig großes Massaker anzurichten.

Was Regisseur Todd Solondz aus dem Alltag seiner Charaktere in scheinbar banalen Szenen zeigt, wirkt beiläufig, fast zufällig. Erst nach und nach begreift man die Zusammenhänge und blickt hinter die kunstvoll errichteten Fassaden bürgerlicher Artigkeit. Im Mittelpunkt stehen drei Schwestern: Joy (Adams) will nicht recht erwachsen werden und sucht vergeblich nach dem Märchenprinzen, Helen (Boyle) ist Bestseller-Autorin und verzweifelt an ihrem Erfolg und Trish (Stevenson) führt eine Ehe, die nur noch eine Farce ist. Denn ihr Mann Bill (Baker) schläft nicht mehr mit ihr. Was sie – noch – nicht weiß: Bill steht auf heranwachsende Jungs. Im Supermarkt kauft er sich ein Teenie-Magazin, dass noch auf dem Parkplatz als Wichsvorlage dient. Als ein Schulfreund seines Sohnes in ihrem Haus übernachtet, versetzt er die ganze Familie mit Schlafmittel in Tiefschlaf, in der Hoffnung, sich so dem Jungen nähern zu können.

Solondz (*Willkommen im Tollhaus,* 1995) erzählt seine Demontage der US-amerikanischen Familie in kurzen Episoden, die sich mehr und mehr zu einem geschlossenen Ganzen fügen. Bill genießt für einen kurzen Moment das Glück, bis er selbst über seine Tat erschrickt und sich doch nicht zu helfen weiß. Als der Missbrauch zu Tage tritt, bricht alles über ihm zusammen. Berührend der Versuch seines Sohnes Billy (Read), im Gespräch mit dem Vater verstehen zu lernen. Er stellt ihm immer deutlichere Fragen und entfremdet sich mit jeder Antwort mehr und mehr von ihm. Immerhin gelingt dem Teenie einige Zeit später endlich das, was er sich seit Monaten ersehnt hat: der erste Orgasmus. Stolz platzt er in Muttis Kaffeekränzchen, um freudig sein Spermadebüt zu präsentieren. Solche Szenen sind eigentlich komisch, aber immer öffnen sich zugleich auch Abgründe. Das Tragische, das Verzweifelte steckt in allen Dingen. Das Glück, zumindest bei Todd Solondz, bleibt Illusion. Der Film erhielt den Preis der Internationalen Kritik beim Filmfest in Cannes 1998 und wurde 1999 für einen Golden Globe für die beste Regie nominiert.

„Ich glaube, was Bill getan hat, ist vollkommen gefühllos und absolut unverzeihlich. Aber zu erkennen, dass dies ein Mensch mit Herz und Verstand ist, zu erkennen, dass er einer von uns ist, darum geht es. Ich meine, der Mann ist eine tragische Figur – nicht, weil er diese Neigung hat, sondern weil er ein großartiger Vater ist, der seine Familie wirklich liebt. Er ist kein Monster, aber er kämpft mit dem Monster in sich."
    Todd Solondz über die Figur des Päderasten Bill

USA 1998 ⊚ Todd Solondz ⊚⊕ Maryse Alberti ♪ Robbie Kondor ⊛ Jane Adams, Elizabeth Ashley, Dylan Baker, Rufus Read, Cynthia Stevenson, Lara Flynn Boyle, Jane Adams, Jared Harris, Philip Seymour Hoffman, Jon Lovitz ⊙ 134, farbig ⒫Ⓐ

Happy, Texas

Die Kleinkriminellen Harry und Wayne sind aus dem Gefängnis ausgebrochen und haben ein Wohnmobil geknackt. Aber erstens gehört der Wagen einem schwulen Paar, zweitens verdienen sich diese ihr Geld ausgerechnet damit, Schönheitswettbewerbe für kleine Mädchen auszurichten und drittens werden sie in der texanischen Kleinstadt Happy auch schon mit Aufregung erwartet. Weil sie der örtliche Sheriff etwas argwöhnisch beäugt, bleibt Harry (Zahn) und Wayne (Northam) nur die eine Wahl: Bloß nicht auffallen. Also geben sie genau jenes schwule Paar, das alle in diesem Kaff erwartet haben, und Wayne (der Dümmere von beiden und mit schlichtem Gemüt) muss mit der nervigen Heerschar kreischender Mädchen zurande kommen, ihnen mit wachsendem Ehrgeiz Kostüme schneidern und Choreografien beibringen. Währenddessen versucht Kumpane Harry mit der Bankbesitzerin (Walker) anzubändeln und einen Überfall auf deren Tresor zu planen. Das vermeintliche verliebte Männerpaar bringt den ruhigen Trott des Städtchens Happy für wenige Tage aus dem Takt. Für die Provinzler sind die beiden Schwulen Exoten, wenn auch gern gesehene. Endlich etwas Glamour und große Welt in der kleinen Stadt. Man fragt sie um Rat in Liebesdingen – und sie lösen sogar noch ein spätes Coming-out aus. Ausgerechnet der leicht ergraute Sheriff (Perlman) verliert sein Herz an Harry. Das ist anrührend und am Ende beinahe tragisch.

Happy, Texas spielt mit Klischees: mit jenen von Schwulen und deren Vorlieben und Eigenheiten, aber auch mit jenen von tölpelhaften texanischen Landeiern.

Regisseur Mark Ilsley zeichnet seine Figuren liebevoll mit ihren Eigenheiten und Schwächen und erzählt seine anfangs sehr ironische, am Ende, nach dramatischen Einlagen, recht turbulente Komödie, ohne ein größeres Risiko einzugehen. Das Texas von Mark Illsey ist ein Hort der Toleranz, der Schwulenfeindlichkeit offenkundig nicht kennt. So wird die Chance, das bedrohliche Potenzial der konservativen Provinz zu entfalten, leider verschenkt.

USA 1998 ⊕ Mark Illsley ⊕ Ed Stone, Mark Illsley, Phil Reeves ⊕ Bruce Douglas Johnson ⊕ Peter Harris ⊕ Jeremy Northam, Steve Zahn, William H. Macy, Ally Walker, Illeana Douglas, M. C. Gainey, Ron Perlman ⊕ 104, farbig
(DT) (CO)

Happy Together
Deutscher Fernsehtitel: Glücklich vereint

In den ersten Bildern des Films fallen Ho Po-Wing (Cheung) und Lai Yiu-Fai (Leung) voller Lust übereinander her und absolvieren einen schnellen, aber heftigen Fick. Bis dahin sind keine drei Filmminuten vergangen. Was danach folgt, ist der Schmerz eines Paares, das sich nicht eingestehen will, dass seine Beziehung auseinander bricht. Als Liebespaar sind sie von Hongkong nach Argentinien gezogen, dann trennten sie sich. Während Ho sich als Türsteher einer Tango-Bar über Wasser hält, genießt Lai für einige Zeit das Boheme-Leben eines Strichers. Eines Tages taucht er schwer verletzt wieder auf. Ho pflegt ihn, aber eine sexuelle Beziehung will er zu seinem Freund nicht mehr aufnehmen.

Happy Together wurde 1997 bei den Filmfestspielen in Cannes uraufgeführt. Es war der erste schwule Wettbewerbsbeitrag in der 50-jährigen Geschichte des Festivals. Die Jury zeichnete ihn mit dem Preis für die beste Regie aus. Eine Entscheidung, die zwar überraschte, aber kaum Widerspruch erregte. Denn Wong Kar-Wai (*In the Mood for Love*, 2000)

hat sich eine eigene Filmsprache geschaffen und weiß mit ihr Stimmungen und Gefühle in direkte Bilder umzusetzen. Die Sequenzen wechseln von grobkörnigem Schwarz-Weiß zu Aufnahmen in den kalten Farben der nächtlichen Großstadt. Für kurze Momente werden die Szenen in Slow-Motion oder im Zeitraffer verfremdet, irritieren den Zuschauer durch ihre Unruhe und vermitteln mit schleichender Intensität die Melancholie und Sehnsüchte der Figuren viel deutlicher, als es je ein Dialog könnte. Kar-Wai zeigt ein Männerpaar jenseits der Liebe, wo sich Sexualität nur noch als Machtspiel und latenter Hass zeigt und zu einer gefährlichen Waffe wird. Ihr gemeinsames Zimmer in einer heruntergekommenen Absteige wird zu Käfig und Austragungsort ihrer subtilen Machtkämpfe. Den anderen nicht mehr ertragen, aber ihn weder freigeben noch ihn wieder lieben zu können: Der eine geht daran zugrunde und bleibt als psychisches Wrack in Argentinien; der andere stürzt tiefer und tiefer in seine Einsamkeit und Traurigkeit, treibt sich in schwulen Pornokinos und Klappen herum – Orte, die er zuvor verabscheut hat. Die Einsamkeit, sagt Lai, macht uns allen gleich. Um eine Zukunft für sich zu sehen, bleibt ihm nur die Flucht zurück nach Hongkong.

Honkong 1997 ⊕⊕ Wong Kar-Wai ⊕ Christopher Doyle ⊕ Danny Chung ⊕ Leslie Cheung, Tony Leung, Chang Chen. ⊕ 93, s/w und farbig
(PR)

Harlis

Harlis (Rabben) und Pera (Larifari) sind ein Liebespaar und treten als Revuetänzerinnen in einem zweitklassigen Nachtclub auf. Eines Abends kreuzt dort Raymond (Lommel) auf, der von Harlis fasziniert ist. Seine Hoffnung, sie für sich gewinnen zu können, erweist sich als begründet, obwohl Harlis eigentlich eher Frauen liebt. Pera ist eifersüchtig, will aber nicht wahrhaben, dass Harlis Gefühle für einen Mann empfinden kann. Für einen Mann zudem, der mehr als nur geschäftliche Beziehungen mit der Geschäftsfrau Ria unterhält. Auch die attraktive Ria will von Raymond nicht lassen. Die junge Metzgerin hat

Raymond bisher ausgehalten und ist noch nicht geneigt, sich mit seinem Bruder Prado zu begnügen, den Raymond gerade aus der Wohnung geworfen hat, weil er gegen ihn und Harlis intrigiert. Raymond leidet sehr, als ihn Harlis mit Pera betrügt, und versucht einen möglichst stilvollen Selbstmord.

Robert van Ackeren spielt in dieser Komödie gekonnt mit einer erlesenen Künstlichkeit, die sich unversehens als überscharfes Abbild der wirklichen Welt entpuppt, auch wenn sie das große Kino-Gefühl in keinem Augenblick verleugnet. Nicht von ungefähr gleicht Raymond dem legendären Hollywoodstar Rudolph Valentino und kann ebenso schön schmachten wie dieser. Auch sonst bedient sich der Regisseur mit unverhohlenem Vergnügen des Kinos als einem Arsenal erprobter Emotionen und Leidenschaften, die in ironischer Brechung ein Stück alltäglicher Exzentrik preisgeben.

BRD 1972 ⊙ Robert van Ackeren ⊙ Robert van Ackeren, Joy Markert, Iris Wagner ⊛ Dietrich Lohmann, Lothar Stickelbrucks ♪ Gustav Mahler ⊜ Gabi Larifari, Ulli Lommel, Mascha Rabben, Rolf Zacher, Heidy Bohlen ⊙ 86, farbig
BI Ⓣ

Die Harten und die Zarten
THE BOYS IN THE BAND

Michael (Nelson) hat sechs Freunde eingeladen, um gemeinsam eine Party zu Harolds 32. Geburtstag zu feiern. Zusammen bilden sie ein komplettes schwules Typenkabinett: die Tunte und der Hysteriker, die Klemmschwester, der Stricher und der Aufreißer. Donald (Combs), der die halbe Woche beim Psychiater verbringt, der Innenausstatter Emory (Gorman) und sein schwarzer Liebhaber Bernard (Greene). Hank (Luckinbill), der Ehefrau und Kinder verlassen hat, um mit dem Modefotografen Larry zusammenzuleben. Überraschenderweise meldet sich beim Gastgeber per Telefon sein alter, scheinbar heterosexueller Studienfreund Alan (White), der dringend seine Hilfe braucht und deshalb sofort bei ihm vorbeikommen möchte. Michael gelingt es nicht, den Familienvater abzuwimmeln. Ein weiterer unerwarteter Gast ist der Stricher Cowboy (La Tourneaux) – das Geschenk Emorys für das Geburtstagskind. Als Harold (Frey) endlich eintrifft, hat sich das schwüle Sommerwetter in einem Gewitter entladen – und der aufgestaute Selbsthass, die Selbstzweifel und gegenseitigen Quälereien münden in eine Prügelei unter den Geburtstagsgästen. Michael schlägt der Runde ein ungewöhnliches Spiel vor. Jeder solle den am meisten geliebten Menschen anrufen und ihm seine Liebe gestehen. Das Spiel wird für viele zu einem psychischen Offenbarungseid, und die aufgestauten Gefühle kochen über.

The Boys in the Band basiert auf einem seinerzeit erfolgreichen Broadway-Stück, dessen bissige Dialoge glücklicherweise nicht entschärft wurden. Das komplette Ensemble der Büh-

neninszenierung ist auch in der Leinwandversion zu sehen. Regie führte William Friedkin, der 1979 wegen seines umstrittenen Films *Cruising* der Schwulenfeindlichkeit bezichtigt wurde. *The Boys in the Band* gilt als der erste US-amerikanische Film, in dem ausschließlich Schwule auftreten und Homosexuelle als komplexe Figuren gezeigt werden. Was jedoch nicht verhinderte, dass einige der Charaktere, insbesondere durch die theatralische Spielweise, als schwule Stereotype erscheinen. Der Schlusssatz des Melodrams gehört Michael und gibt die Selbsteinschätzung der Homosexuellen jener Zeit in den USA wieder: „Zeig mir einen glücklichen Schwulen, und ich zeige dir eine warme Leiche!"

USA 1969 ⊙ William Friedkin ⊙ Mart Crowley nach seinem gleichnamigen Bühnenstück ⊛ Arthur J. Ornitz ⊜ Kenneth Nelson, Frederick Combs, Cliff Gorman, Laurence Luckinbill, Keith Prentice, Peter White, Leonard Frey, Robert La Tourneaux, Reuben Greene ⊙ 119, farbig
PR

Das Haus der tausend Perversionen
THE CORPORATE QUEEN

Die in die Jahre gekommene Chefin eines New Yorker Massagesalons erzählt vom Aufstieg ihres Etablissements, dessen Kunden mit ausgefallenen Wünschen besonders zuvorkommend bedient werden. Ob Lesben, Bisexuelle, Fetischisten, Voyeure – sie alle werden „mit raffinierten sexuellen Befriedigungsinstrumenten und ausgefallenen Pornospielen… beglückt und befriedigt." (Verleihmitteilung)

USA 1970 ⊙⊙ John Amero, Lem Amero ⊛ John Amero ♪ Firth De Mule (Lem Amero) ⊜ Alon d'Armand, Tony Vito, Alice Ottawa, Ula Kopa, Renay Clair ⊙ 82, farbig
BI

Havanna – Stadt unserer Träume
COSAS QUE DEJE EN LA HABANA

Nena (Rodríguez) will Schauspielerin werden. Aber in Kuba stehen die Chancen dafür denkbar schlecht. Zusammen mit ihren beiden Schwestern Rosa (Santos) und Ludmila (Hernández) wandert Nena illegal nach Spanien aus. Die drei finden Unterschlupf bei ihrer Tante Maria, einer Kürschnerin, die eine kleine Boutique für Pelzwaren führt. Maria ist hilfsbereit, fordert aber auch Gegenleistungen: Als sie eine ihrer Nichten an den homosexuellen Sohn einer Geschäftspartnerin verkuppeln will, kommt es zu Spannungen. So haben sich die drei Schwestern die „freie Welt" nicht vorgestellt. Auch Nena macht bittere Erfahrungen: Sie übernimmt eine Rolle in einem Stück des kubanischen Regisseurs Migue (Jimenez), der zu Hause in Havanna noch leidenschaftlich gegen die Zensur gekämpft hat und nun aus freien Stücken die Nöte der kubanischen Flüchtlinge als seichtes, folkloristisches Spektakel verkitscht. Ohne erhobenen Zeigefinger wirft der mit leichter Hand inszenierte Film Blicke auf die Nöte, Hoffnungen und Träume der Emigranten, die zwischen den falschen Versprechungen der „freien Welt" und ihrer Sehnsucht nach Havanna hin- und hergerissen sind.

Spanien 1997 ⊚ Manuel Gutierrez Aragon ⊚ Senel Paz, Manuel Gutiérrez Aragón ⊛ Teo Escamilla ⊙ José María Vitier ⊜ Jorge Perugorría, Broselianda Hernández, Violeta Rodríguez, Daisy Granados, Isabel Santos, Alejandro Jimenez ⊙ 104, farbig

Head On
Deutscher Fernsehtitel: Kopfüber

Ari ist immer gut drauf: Tanzen und Feiern, Drogen, Sex und Spaß. Ari wird nie müde und seine Energiereserven scheinen unendlich. Ari steht so sehr unter Strom, dass die Kamera ihm kaum durch die nächtlichen Straßen, in die überfüllten Clubs oder zurück in den Mief des Elternhauses zu folgen vermag, dann aber doch immer wieder im ausdrucksstarken Gesicht von Darsteller Alex Dimitriades landet: einem Gesicht, das Lebensfreude und Verstörung, Selbstbewusstsein und Verwirrung gleichermaßen zeigt. Denn der 19-Jährige weiß nicht so recht, wohin mit sich. Zu Hause nerven die

Eltern mit ihrer griechischen Tradition, aber jetzt leben sie alle gemeinsam hier in Australien. Alex will leben, und Leben heißt auch Sex, den er mit Männern hat. Schnelle Affären kann er ständig haben, aber eigentlich will er mehr. Doch dazu fehlt ihm der Mut.

Regisseurin Ana Kokkinos (*Only the Brave*, 1994) erzählt in diesem Film eigentlich ein klassisches Gastarbeiter- und Coming-out-Drama. Und doch entfernt sie sich weit von allen denkbaren Vorbildern, vor allem vermeidet die Regisseurin ein allzu aufgesetztes sozialkritisches Lamento. Lösungen kann und will sie nicht bieten. Dem ruhelosen Alex, den der Zuschauer mit dem Ende des Films rund 24 Stunden durch sein Leben begleitet hat, bleibt am Ende nur ein selbstzerstörerischer Monolog aus dem Off: „Ich bin eine Hure, ein Hund, eine Fotze. Ich gleite in die Gosse. Ich kämpfe nicht." Davor zeigt Ana Kokkinos in schnellen Szenen den Seelenzustand ihres trotzigen und energischen Anti-Helden und sein Verhältnis zu den Communitys: zu den Schwulen, zu denen er sich nicht wirklich zählt, und zu Griechen, deren Traditionsbewusstsein und Konservativismus ihn nerven – und doch lässt er sich immer wieder fangen vom Gefühl der Heimat und der Geborgenheit. Die Handkamera saust zwischen den Dialogpartnern hin und her, intelligent eingesetzte Zeitraffer- bzw. Schwarz-Weiß-Aufnahmen unterbrechen den Rhythmus, den immer wieder die Musik vorgibt.

„Der Film erzählt von Familie, Jugend, Konfusion, dem Aufbegehren gegen die Welt, davon, einen Platz darin zu finden, einen Sinn zu finden, von der Lust, etwas auszuprobieren, Verantwortung zu übernehmen, Risiken einzugehen. Jeder von uns hatte derartige Erlebnisse. Und ich denke, wir haben es erreicht, dass sich das Publikum mit dem Film und seiner Hauptfigur identifizieren kann." Regisseurin Ana Kokkinos

AUS 1997 ⊚ Ana Kokkinos ⊚ Andrew Bovell, Ana Kokkinos, Mira Robertson nach dem Roman *Unter Strom* von Christos Tsiolkas ⊛ James Grant ⊙ Ollie Olsen ⊜ Alex Dimitriades, Paul Capsis, Julian Garner, Tony Nikolakopoulos, Elena Mandalis ⊙ 102, s/w und farbig
Ⓟ Ⓒ

Heavenly Creatures

Im Neuseeland der fünfziger Jahre entwickeln die beiden pubertierenden Teenager-Mädchen Juliet Hulme (Kate Winslet) und Pauline Parker (Melanie Lynskey) eine intensive Freundschaft zueinander. Diese wird bald zu einer Art besessener Liebe – durchaus auch mit sexuellem Gehalt. Von ihren Eltern unverstanden und mit den üblichen Nöten junger Mädchen behaftet, flüchten sich beide in eine fantastische Traumwelt, die vor allem vom Fanatismus für den italienischen Opernstar Mario Lanza dominiert wird, dessen Musik die Geschichte auch an vielen Stellen untermalt. Die ignoranten Eltern sind besorgt; Juliets Mutter geht mit ihr zum Psychiater, der eindringlich vor Homosexualität warnt. Die Lage ist zusätzlich kompliziert, da Pauline an Bulimie leidet und Juliet sich mit Lungenproblemen plagt. Als die Eltern die Mädchen schließlich trennen wollen, beschließen die beiden, Paulines Mutter umzubringen, und erschlagen sie während eines Spaziergangs mit einem Stein.

Der Film basiert auf dem wahren, in Neuseeland Aufsehen erregenden Mordfall Hulme/Parker und zeigt, dass die lesbische Leidenschaft der beiden Mädchen füreinander mehr oder weniger als Grund für das Verbrechen angesehen wurde. Die Verbindung zwischen obsessiver lesbischer Teenagerliebe in der Enge spießiger Elternhäuser und grausamer Verbrechen ist komischerweise ein beliebtes Thema mehrerer Filme wie *Fun – Mordsspaß*, *Only the Brave* oder *Sister, My Sister*. Allerdings ist *Heavenly Creatures* mit Abstand der künstlerisch und erzählerisch raffinierteste unter ihnen.

Mit der Veröffentlichung des Films wurde übrigens die tatsächliche Juliet Hulme als die in Schottland lebende Erfolgsautorin Anne Perry geoutet. Perry/Hulme behauptete danach in Interviews, dass der Film fernab der tatsächlichen Ereignisse spiele und vor allem die lesbische Beziehung eine reine Erfindung des Regisseurs gewesen sei.

In *Heavenly Creatures* ist erstmals die junge Kate Winslet – lange vor *Titanic* – in ihrer ersten großen Rolle zu sehen.

Neuseeland/D 1994 ☺ Peter Jackson ☺ Peter Jackson, Frances Walsh ☺ Alun Bollinger ☺ Peter Dasent, Mario Lanza, Giacomo Puccini ☺ Kate Winslet, Melanie Lynskey, Sarah Peirse, Diana Kent, Clive Merrison, Simon O'Connor ☺ 98/109, farbig Ⓜ

Hedwig and the Angry Inch

Mitte der neunziger Jahre probiere Autor und Schauspieler John Cameron Mitchell zusammen mit seinem Songtexter Stephen Trask erstmals ihr Solomusical im schwulen New Yorker Club *Squeeze Box* aus. Die Underground-Produktion

entwickelte sich zu einem überwältigenden Off-Broadway-Hit und wurde bald von einem größeren Theater übernommen. Mitchell spielt auch in der Filmversion die Hauptrolle seines „Post Punk Neo Glamrock Musical" und tritt zudem als Regisseur und Co-Produzent in Erscheinung.

Hansel (Mitchell) lebt in Ostberlin. Er ist in einen US-amerikanischen GI verliebt, doch um die DDR als Angetrauter des Amis verlassen zu können, muss aus Hansel Hedwig werden. Von der verpfuschten Geschlechtsumwandlung bleiben anderthalb Zentimeter übrig – der „angry inch". In der US-amerikanischen Provinz lässt ihr Geliebter sie jedoch sitzen. Allein und desillusioniert erlebt sie den Mauerfall im Fernsehen. Dann kommen Lover Tommy und ein hoffnungsvoller Neustart als Sängerin. Doch auch Tommy verschwindet und avanciert mit dem geklauten Liedgut zum Star. Stattdessen tourt Hedwig durch schäbige Restaurants.

In grellen Bildern erzählt Mitchell diese versponnene Geschichte. Bei der europäischen Erstaufführung auf der Berlinale 2001 wurde er mit dem TEDDY Award als bester Spielfilm ausgezeichnet und als legitimer Nachfolger der *Rocky Horror Picture Show* (1974) gefeiert. Hier wie dort stehen Helden jenseits der klassischen Geschlechterdefinition und Rock'n'Roll im Mittelpunkt eines überschwänglich für gute Laune sorgenden Musicalfilms.

„Während meiner Jugend im West-Berlin der achtziger Jahre gab es einige Ost-Berliner Frauen, die US-Amerikaner heirateten, um in den Westen zu gelangen, nur um dann in irgendeiner bekloppten Stadt zu landen, wo sie von ihren Ehemännern im Stich gelassen wurden. Ich kannte eine Frau in Kansas – auch eine ehemalige Soldatenfrau –, die genau das hinter sich

hatte. Sie war der Babysitter meines Bruders, hatte aber auch
als Prostituierte gearbeitet. Ich freundete mich mit ihr an. Sie ist
die reale Inspiration für die Figur der Hedwig."
Regisseur John Cameron Mitchell

USA 2000 ⊛ John Cameron Mitchell ☺ Stephen Trask, John
Cameron Mitchell nach seinem gleichnamigen Musicalstück
⊕ Frank G. DeMarco ♪ Stephen Trask ⊛ John Cameron Mit-
chell, Andrea Martin, Stephen Trask, Miriam Shor, Theodore Liscinski,
Ben Mayer-Goodman, Rob Campbell ⊗ 88, farbig
ⒹⓉ ⓉⓇ ⓉⒹ

Heimliche Freundschaften
LES AMITIES PARTICULIERES

Im spartanisch geführten, französischen Jesuiteninternat Saint-
Claude herrschen Sittenstrenge und Ordnung. Die Padres sorgen dafür, dass die Knaben ganz im Geiste der katholischen
Kirche und der religiösen Ehrerbietung aufwachsen. Georges
(Lacombrade), Kind aus bestem Hause und mit seinen 15 Jahren bereits ein belesener, kunstinteressierter Schöngeist, vermisst die Geborgenheit der Familie, die Zuneigungen und Zärtlichkeiten der Mutter. Eines Tages erblickt er unter den jüngeren
Internatszöglingen Alexander (Haudepin), der ihn betört und
verstört. Sie freunden sich an, schreiben sich leidenschaftliche
Liebesbriefe. Der Padre (Bouquet) versucht Freundschaften
unter den Jungen mit rigiden Mitteln zu unterbinden, Sex mit
dem Lehrer hinter verschlossenen Türen wird allerdings geduldet. Georges und Alexander zerbrechen an der Doppelmoral
und den Einschüchterungen der Erzieher. Auf der Fahrt in die
Ferien stürzt sich Alexander verzweifelt aus dem Zug.

Zum Kitsch tendierende Verfilmung des Romanklassikers
von Roger Peyrefitte. Regisseur Delannoy gelang es nicht, der
Kolportagehaftigkeit der Geschichte um diese stark idealisier-
te, erotische Jungenfreundschaft psychologische Glaubhaftig-
keit entgegenzusetzen.

F 1964 ⊛ Jean Delannoy ☺ Jean Aurenche nach dem gleichnamigen Roman von Roger Peyrefitte ⊕ Christian Matras ♪ Jean
Podromides ⊛ Francis Lacombrade, Didier Haudepin, Michel Bouquet, Louis Seigner ⊗ 97, s/w
ⒸⓄ Ⓣ

Heißblütig
NYMPHS ANONYMOUS

Eine Gruppe lüsterner Ehefrauen in Hollywood gründet einen
privaten Sexclub und lockt Lesben, Nymphomaninnen, Fetischisten und Voyeure in ihre Villa. Den Ehemännern bleibt das
Treiben nicht verborgen. Sie schalten nach und nach ihre Kon-
kurrentinnen und Konkurrenten aus. Low-Budget-Sex-Action-
Komödie, die zum Ende hin immer blutiger wird.

USA 1968 ⊛ Gregory Sandor (Manuel S. Conde) ☺⊕ Gregory Sandor ⊛ Lois Kane, Karen Lee, Michele Angelo, Betty Boppo,
Banana Peel, Barbara Dooley ⊗ 76, s/w
Ⓑ Ⓘ

Heißes Blut
BLOODBROTHERS

Melodram über die italo-amerikanische Einwandererfamilie
De Coco in New York und deren von Männlichkeitswahn, Doppelmoral und Besitzansprüchen geprägten Konflikte. In einer
Nebenhandlung gesteht ein Barkeeper (Finnegan) Onkel
Chubba (Sorvino), dass er drei Jahre zuvor seinen Sohn Paulie aus dem Haus geworfen hat, weil dieser schwul ist. Inzwischen bereut er sein Verhalten. Chubba versucht, zwischen
Vater und Sohn zu vermitteln, doch Paulie (French) lehnt es
ab, sich zu versöhnen.

USA 1978 ⊛ Robert Mulligan ☺ Walter Newman nach einem
Roman von Richard Price ⊕ Robert Surtees ♪ Elmer Bernstein
⊛ Richard Gere, Paul Sorvino, Lelia Goldoni, Kenneth McMillan,
Tony LoBianco, Robert Englund, J. P. Finnegan, Bruce French, Marilu
Henner ⊗ 117, farbig
Ⓖ

Ein heißes Dach
A HOT ROOF/GYAE-GOT-UN-NALUI OHU

Seoul leidet unter einer Hitzewelle. Chong-Hee rettet sich vor
ihrem prügelnden Ehemann auf die Straße. Frauen aus der
Nachbarschaft eilen zu Hilfe und setzen dem Übeltäter derart zu, dass er stirbt. Als die Polizei eintrifft, flüchten die Frau-
en zusammen aufs Dach eines Wohnhauses und verbarrika-
dieren sich dort. Eine mehrtägige Belagerung beginnt, während der sich die Frauen mit Witz und vielen Ideen wehren
und dadurch landesweit die Sympathie ihrer Geschlechtsge-
nossinnen erlangen. Mit zur Schicksalsgemeinschaft gehört
auch ein schüchterner Transvestit. In einer Nebenhandlung
dieses sehr unterhaltsamen und treffsicheren Sozialdramas
über das Unverhältnis zwischen den Geschlechtern sind zwei
tollpatschige Einbrecher zugange, die sich als schwules Paar
entpuppen.

Korea 1995 ⊛ Min-Yong Lee ☺ Kyong-Sik Lee, Min-Ho Cho, Jin
Chang, Min-Yong Lee ⊕ Jung-Min Seo ♪ Young-Hoon Lee
⊛ You-Mi Ha, Sun-Koung Jung, Sook Son, Bo-Yun Kim, Ok-Sook
Song, Bo-Suk Jung ⊗ 108, farbig
ⒹⓉ

Henry & June

Die Geschichte der amourösen Dreiecksbeziehung zwischen den damals noch unbekannten Schriftstellern Henry Miller, seiner Frau June und der jungen Anaïs Nin im Paris der frühen dreißiger Jahre. Maria de Medeiros spielt die unerfahrene Anaïs Nin, die sich zunächst in Henry Miller (dargestellt von Fred Ward) und dann in seine bisexuelle Frau June (lasziv: Uma Thurman) verliebt. Es gibt viele erotische und sexuell eindeutige Szenen, auch zwischen anderen Frauen – beispielsweise in einem Bordell –, doch die Rolle der dominanten und schwerwiegenderen Sexualität in diesem langatmig geratenen Streifen gehört eindeutig der Heterosexualität. Im Vordergrund der Geschichte stehen die Selbstfindung und das Streben nach absoluter Selbstbestimmung und befreiter Sexualität – auch um dadurch zu künstlerischer Kreativität zu gelangen.

USA 1990 ⊛ Philip Kaufman ⊙ Philip Kaufman, Rose Kaufman nach den Tagebüchern von Anaïs Nin und den Romanen von Henry Miller ⊛ Philippe Rousselot ⊙ Rose und Alan Splet ⊛ Maria de Medeiros, Uma Thurman, Fred Ward, Richard E. Grant, Kevin Spacey, Jean-Philippe Ecoffey ⊙ 136, farbig
ⒷⒾ

Herr der Gezeiten
PRINCE OF TIDES

Nachdem Savannah Wingo (Dillon) sich bereits zum zweiten Mal das Leben nehmen wollte, bittet die behandelnde Psychiaterin Dr. Susan Lowenstein (Streisand) den Bruder Tom Wingo (Nolte), nach New York zu kommen, da sie die Gründe für Savannahs Verzweiflung in ihrer gemeinsamen Kindheit und Familie vermutet. Sie trägt zu Tage, dass die Zwillingsgeschwister als 13-jährige gemeinsam wie auch ihre Mutter von entlaufenen Häftlingen vergewaltigt worden sind. In einer eindringlichen Szene wagt Tom zum ersten Mal darüber zu sprechen.

Die einzige Figur im ganzen Film, die nicht mit psychischen Problemen belastet zu sein scheint, ist Savannahs warmherzi-

ger, freundlicher schwuler Nachbar Eddie (Carlin). Streisands hart am Kitsch vorbeischrammendes Melodram wurde für sieben Oscars nominiert, ging aber leer aus. In einer Nebenrolle ist übrigens Streisands schwuler Sohn Jason Gould als frustrierter Teenager in seinem ersten großen Leinwandauftritt zu sehen.

USA 1991 ⊛ Barbra Streisand ⊙ Becky Johnston, Pat Conroy nach ihrem gleichnamigen Roman ⊛ Stephen Goldblatt ⊙ James Newton Howard ⊛ Barbra Streisand, Nick Nolte, George Carlin, Blythe Danner, Jason Gould, Kate Nelligan, Jeroén Krabbé, Melinda Dillon
ⓅⒶ

Herr Schmidt und Herr Friedrich

Herr Schmidt und Herr Friedrich lieben sich und deutsche Schlager. Diese Leidenschaft führt die beiden 1976 zusammen. Doch ihre Liebe scheint unerreichbar: Herr Friedrich lebt jenseits des Eisernen Vorhangs. Erst als Herr Friedrich die DDR verlassen kann, beginnen sie ein Leben zu zweit in einem Reihenhäuschen in einer norddeutschen Kleinstadt. Mit großer Offenheit berichten sie über ihre Vergangenheit, ihre Zukunftpläne und ihren Umgang mit den Sorgen der Gegenwart. Der Film zeigt eine geradezu symbiotische Beziehung und blickt in ihre kleinbürgerliche Welt, in der der Kitsch des Schlagers und die Liebe für das Triviale vorherrschen. Diese Liebegeschichte mit ihren kleinbürgerlichen und trivialen Erscheinungen hätte schnell zu einem einzigen Kuriositätenkabinett werden können. Die Dokumentarfilmer Ulrike Franke und Michael Loeken zeigen das Männerpaar jedoch ohne Voyeurismus oder hämische Ironisierung, stattdessen herrscht ein subtiler, verschmitzter Humor vor und manche Szene ist geradezu anrührend. Die Regisseure hatten das Paar bereits als Interviewpartner für ihren Film „Und vor mir die Sterne" (1998) über die Schlagersängerin Renate Kern interviewt.

„Bei der Bearbeitung des F. muss davon ausgegangen werden, dass er homosexuell ist. Durch diese abnorme Entwicklung der Persönlichkeit ging F. seit früher Jugend dazu über, persönliche Befriedigung in postalischen Kontakten zu Schla-

gersängern und Filmstars aus dem nichtsozialistischen Wirt-
schaftsgebiet zu finden, um durch Bettelbriefe an Autogramme
und Schallplatten zu kommen. Durch einen Schlagerclub lern-
te der F. 1977 den gleichgesinnten BRD-Bürger Kurt Schmidt
kennen. Zwischen ihnen entwickelte sich eine intensive Verbin-
dung."   *Aus den Stasiakten von Wilfried Friedrich*

D 2001 ⊙ Ulrike Franke, Michael Loeken ⊙ Jörg Adams
Ⓜ Wilfried Friedrich, Kurt Schmidt, Lena Stolze (Sprecherin im Off)
⊙ 72, farbig
Ⓓ

Hey, Happy!

Wenn das Filmdebüt des Kanadiers Noam Gonick bei den
ZuschauerInnen starke Erinnerungen an die frühen, über-
drehten Trashfilme des John Waters (*Pink Flamingos, Des-*
perate Living) wachruft, so mag daran vielleicht Berlin einen
maßgeblichen Anteil haben. In den achtziger Jahren nämlich war der damals 18-jährige Gonick mit einer Punk-Perfor-
mancetruppe zu Gast in Berlin und verbrachte mangels Schlaf-
gelegenheit eine Nacht kurzum in einem Kreuzberger Kino.
Dort wurden bis zum frühen Morgen drei Waters-Filme nacheinander gezeigt. Dieses Erlebnis hat offensichtlich nachhalti-
ge Spuren hinterlassen. Denn Gonicks überdrehte Komödie
aus der kanadischen Provinz hat nicht nur eine ähnlich anarchische Grundstimmung wie Waters' Filme aus Baltimore, es
geht in ihr auch genauso bunt, schrill und abgedreht zu. Eine
Horde skurriler Typen bereitet sich auf eine kommende Flut-
katastrophe vor, die ihr Provinznest am Rande Winnipegs platt
machen soll. Auf einer stillgelegten Müllkippe, wo ansonsten
von einem windigen Geschäftsmann gebrauchte Pornos ver-
hökert werden, soll mit einem Techno-Rave der Untergang
gefeiert werden: mit Sex und Drogen dem Ende entgegen.
Sabu (Yuen), der schwule DJ des Happenings, steigt derweil dem unbedarften, „ufo-gläubigen" Naturburschen Hap-

py (Aftanas) nach, denn der soll sein zweitausendster Sexu-
alpartner werden. Ein eifersüchtiger, diabolischer Punkfriseur
(Godson), dem man bei gutem Verstand niemals seine Haare anvertrauen würde und der stets von drei dicken Lesben
als persönliche Bodyguards begleitet wird, entführt jedoch
das Objekt der Begierde und macht es zu seinem persönlichen Sexsklaven.

Bizarr und krude wie diese schwule Eifersuchts- und Welt-
untergangsstory sind auch die Ausstattung und die grotesk-
schrägen Kostüme. Sie leuchten vor den trostlosen öden
Landstrichen und alten Industrieanlagen ganz besonders.
Und wenn dann der weite Himmel im Abendrot herrlich kitschig leuchtet, bringt *Hey, Happy!* tatsächlich trotz all seiner
bizarren Underground-Ästhetik einige beeindruckende Cine-
mascope-Bilder zu Wege.

Kanada 2001 ⊙⊙ Noam Gonick ⊙ Paul Suderman Ⓜ Clayton Godson, Craig Aftanas, Chelsey Perfanick, Dita Vendetta, Conrad Merasty, Sylvia Dueck, Lola Wong, Jeremie Yuen, Zane Procyk,
Canon Beardy, Terrance Thompson ⊙ 75, farbig
ⒹⓉ ⓉⓇ Ⓠⓒ

High Art

Syd (Mitchell), die junge Redaktionsassistentin eines New Yorker Fotomagazins, lernt eines Tages ihre Nachbarin Lucy Berliner (Sheedy) kennen. Syd ist fasziniert von Lucy, die mit
ihrer langjährigen deutschen Freundin Greta zusammenlebt. Die beiden führen ein dekadentes Leben, sind drogen-
süchtig und werfen mit Geld nur so um sich. Die naive Syd ist
magisch angezogen von dieser Welt. Vor allem aber haben es
ihr die grandiosen Fotos der exzentrischen Künstlerin angetan, die, wie sie herausfindet, einst ein gefeierter Fotografie-
Star war. Syd und Lucy beginnen eine stürmische Affäre, die

ihrer beider Leben total durcheinanderbringt: Während Greta Sturm läuft, trennt sich Syd von ihrem Freund und möchte, dass Lucy wieder beginnt zu fotografieren. Sie überredet sie schließlich, ein paar Bilder zu machen und bringt diese tatsächlich auch in ihrem Magazin unter. Doch das erhoffte Glück bleibt aus, zu tief hängt Lucy in ihrer Beziehung und an den Drogen – was sie schließlich das Leben kostet. Syd bleibt desillusioniert zurück, einzig das Foto, das Lucy in den wenigen glücklichen Momenten von ihr aufnahm, bleibt und ziert das Zeitschriftencover.

Deprimierender Film, der eine von vornherein zum Scheitern verurteilte Liebesaffäre zwischen zwei sehr ungleichen Frauen beschreibt. Die Figur der Fotografin Lucy Berliner ist stark an Nan Goldin angelehnt. Die abgefuckte Kunst- und Drogenwelt der Fotografin wird etwas unrealistisch dargestellt und teilweise unangenehm glorifiziert. Die schauspielerischen Leistungen, vor allem von Radha Mitchell als Syd und Patricia Clarkson als die ehemalige Fassbinder-Schauspielerin Greta, sind leider nur mittelmäßig.

USA 1998 ⊛⊙ Lisa Cholodenko ⊕ Tami Reiker ⊙ Shudder to Think ⊛ Ally Sheedy, Radha Mitchell, Patricia Clarkson, Gabriel Mann, William Sage, Tammy Grimes ⊙ 101, farbig (O.m.U.) ⊤ ⓒⓄ

Hippolytes Fest
AU PETIT MARGUERY

Das traditionsreiche Restaurant *Au Petit Marguery* in Paris wird geschlossen. Hippolyte (Aumont), der Besitzer und Meisterkoch, hat seinen Geruchs- und Geschmackssinn verloren und muss den Beruf aufgeben. Zum Abschied lädt er Freunde zum letzten gemeinsamen Bankett ein. Beim ausufernden Gelage werden auch Leidenschaften gestanden und Streitigkeiten ausgetragen. So ist Danielle (Côte), die frisch gebackene Ehefrau, doch reichlich irritiert, dicht an dicht neben dem ehemaligen Lebensgefährten ihres bis vor kurzem noch ziemlich schwul lebenden Mannes zu sitzen. Denn deren Liebe zueinander

ist ganz offensichtlich noch nicht verglüht, und überhaupt will niemand in der Runde so ganz glauben, dass Danielles Verführungskünste so lang anhaltend überzeugend sein können, um einen Schwulen zur Heterosexualität zu bekehren.

F 1995 ⊛ Laurent Bénegui ⊞ Michel Field, Olivier Daniel, Laurent Bénegui nach seinem Roman ⊕ Luc Pages ⊙ Angélique und Jean-Claude Nachon ⊛ Michel Aumont, Stéphane Audran, Jacques Gamblin, Laurence Côte, Agnès Obadia, Alain Fromager, Mimi Felixine, Gérald Laroche ⊙ 95, farbig
ⒷⒾ ⒸⓄ

The Hitler Gang
Spielfilm über den Aufstieg Adolf Hitlers (Watson) von einem radikalen politischen Außenseiter zum Diktator. Bis auf wenige künstlerische Freiheiten beruht dieser in den USA mit einer Vielzahl deutscher Emigranten gedrehte Film auf historischen Fakten. Zaghaft werden bei Hitler homoerotische Neigungen angedeutet.

USA 1944 ⊛ John Farrow ⊞ Frances Goodrich, Albert Hackett, Kurt Neumann ⊕ Ernest Laszlo ⊙ David Buttolph ⊛ Robert Watson, Roman Bohnen, Victor Varconi, Alex Pope, Luis Van Rooten, Leo Reuss, Sig Rumann, Felix Basch, Alexander Granach, Fritz Kortner ⊙ 101, s/w

Hitlerjunge Salomon

Als der jüdische Junge Salomon (Hofschneider) in Russland von einer deutschen Patrouille aufgegriffen wird, rettet er sich mit der Behauptung, er sei ein von den „Bolschewiken" verschleppter „Volksdeutscher". Unter dem Namen Josef Perel tritt er in den Dienst der Wehrmacht und wird zum Liebling seiner Vorgesetzten. In der HJ-Akademie entwickelt er sich zum Musterschüler und schließlich zum Kriegshelden wider Willen. Bis Kriegsende lebt er in ständiger Furcht vor der Entdeckung seiner wahren Identität. So ist er immer bemüht, in der Truppe allein zu duschen, damit die Kameraden seinen beschnittenen Schwanz nicht sehen können. Lediglich ein schwuler Soldat, der sich an ihn herangemacht hat, weiß davon. Beide bewahren jedoch ihr jeweiliges Geheimnis.

Das breit angelegte, hoch pathetische Filmgemälde setzt auf die groteske Zuspitzung der Kriegsschrecken und in vielen Figuren an eine bis an die Grenze der Karikatur gehende Charakterzeichnung. *Hitlerjunge Salomon* wurde 1990 zum Politikum, weil er, trotz begeisterter Aufnahme im Ausland, von der deutschen Oscar-Auswahlkommission nicht für die Kategorie „bester nicht englischsprachiger Film" vorgeschlagen wurde und sich Produzent Artur Brauner deshalb um seine Oscar-Chance und die Krönung seines Lebenswerkes gebracht sah. In den USA wurde *Europa, Europa*, so der dortige Verleihtitel, mit einem Golden Globe ausgezeichnet.

D/F 1989 ⊜ Agnieszka Holland ⊙ Agnieszka Holland, Solomon Perel nach seinen Lebenserinnerungen *Ich war Hitlerjunge Salomon* ⊕ Jacek Petrycki, Jacek Zaleski ♪ Zbigniew Preisner ⦿ Marco Hofschneider, René Hofschneider, Klaus Abramowsky, Michèle Gleizer, Julie Delpy, Hanns Zischler ⊙ 113, farbig
ⓅⒶ ◎

Die Hochzeit meines besten Freundes
MY BEST FRIEND'S WEDDING

Schon einmal filmte P. J. Hogan ganz in Weiß. In *Muriels Hochzeit* (1994) bescherte er einem australischen Pummelchen den ABBAesquen Traum einer white wedding. In seinem Hollywood-Debüt stellt er erneut eine Hochzeit in den Mittelpunkt. Die Restaurantkritikerin Julianne (Roberts) ist panisch. Ihr bester Freund Michael (Mulroney) will heiraten, allerdings eine andere Frau. Vier Tage bleiben ihr, ihrem über Jahre heimlich Angebeteten die Verlobte Kimmy (Diaz) madig zu machen. Schwieriges Unterfangen, ist die Braut doch nicht nur liebenswürdig und gut aussehend, sondern auch noch steinreich und aufopfernd. Julia Roberts versucht sich zwar als schamlose Intrigantin, aber dennoch ist das Mitleid des Publikums ganz auf ihrer Seite, schließlich tut sie es ja auch aus Liebe. Allerdings verharrt der Film in einer gefühlsduseligen Atmosphäre, die man nur selten als wahres Gefühl, sondern eher als inszenierte Kitschvariante denkbar möglicher Emotionen und Reaktionen Liebender serviert bekommt. Ein bisschen Pfeffer und Elan bringt daher mit recht einfachen Mitteln Rupert Everett in die Sache. Er ist der Mann, dem Julianne vertraut, und noch dazu ihr bester Freund, allerdings schwul und damit als möglicher Heiratskandidat ausgeschlossen. Julianne zuliebe schlüpft er in die Rolle ihres Verlobten – ihr krampfhafter, aber erfolgreicher Versuch, Michael eifersüchtig zu machen – und George (Everett) spielt diesen Part besser, als ihr lieb ist. Nicht nur, dass man Everett als Dionne-Warwick-Imitator erleben kann; mit seinem Sex-Appeal, Witz und seiner Ausstrahlung schlägt er alle in

seinen Bann (wie Schwule eben so sind). Allerdings wird ihm, wie es bei (heterosexuellen) romantischen Hollywood-Komödie üblich ist, weder ein eigenes Liebes- noch Sexleben zugesprochen. Everett bescherte der Überraschungserfolg jedoch einen hohen Marktwert in Hollywood und diverse – schwule – Rollenangebote, nachdem seine Karriere zuvor einige Jahre lang eher dahindümpelte.

USA 1997 ⊜ P. J. Hogan ⊙ Ronald Bass ⊕ László Kovács ♪ James Newton Howard ⦿ Julia Roberts, Dermot Mulroney, Cameron Diaz, Rupert Everett, Philip Bosco, M. Emmet Walsh, Rachel Griffiths ⊙ 105, farbig

Das Hochzeitsbankett
THE WEDDING BANQUET

New York 1992. Der Immobilienspekulant Wai Tung (Chao) wird aus dem fernen Taiwan von seinen Eltern bedrängt, endlich zu heiraten, damit der Fortbestand der Familie gesichert ist. Sein Problem: Er ist nicht nur längst US-amerikanisch assimiliert, sondern auch bereits seit fünf Jahren mit dem Arzt Simon (Lichtenstein) liiert. Die Lösung: Die Malerin Wei-Wei (Chin), Mieterin in Wai Tungs Haus, braucht bald eine Greencard und hat sich zudem in ihn verguckt. Eine Scheinhochzeit wird arrangiert, zu der auch Wai Tungs Eltern anreisen. Die Zeremonie fällt zu deren Entsetzen glanzlos aus, also wird ein großes traditionelles Hochzeitsbankett ausgerichtet. Im Strudel des Rituals gerät das falsche Spiel außer Kontrolle und alle Beteiligten müssen viel über das Leben und seine Wertverluste lernen.

Ang Lee (*Der Eisturm*, 1997, und *Tiger & Dragon*, 2000) inszeniert seine Liebes- und Familienkomödie über den Zusammenprall von Kulturen mit US-amerikanischem Tempo und westlicher Erzählweise, humorvoll und trotzdem nicht oberflächlich. Statt beißender Satire setzt die Gesellschaftsstudie auf sanft-heitere Ironie. Geschickt verpackt er in seine unterhaltsame Story Statements zum modernen Selbstverständnis der chinesischen Frau, zum Generationenkonflikt und kontrastiert die traditionelle Haltung zur Homosexualität mit westlicher Offenheit. Er zeigt keine Prototypen, sondern lebendige Zeitgenossen: strebsame Yuppies, konservative Eltern, ausgeflippte Künstler, die er statt sie zu denunzieren mit ihren Eigenheiten liebenswürdig zeichnet. 1993 bei den Internationalen Filmfestspielen Berlin mit dem Goldenen Bären ausgezeichnet.

„Es ist nicht ausschließlich ein Film über Homosexualität. Es ist vielmehr ein humorvoller Kommentar über die in Konkurrenz und bisweilen auch in Widerspruch stehenden Forderungen nach Respekt für Familie wie für Tradition." Regisseur Ang Lee

USA/Taiwan 1993 ⊛ Ang Lee Ⓒ Ang Lee, Neil Feng, James Schamus ⊕ Jong Li Ⓓ Mader ⊛ Winston Chao, May Chin, Ah-Leh Gua, Sihung Lung, Mitchell Lichtenstein Ⓒ 102, farbig ©O

Hollow Reed – Lautlose Schreie
HOLLOW REED

Ein Ehepaar ist geschieden, der Mann hat seiner Frau jahrelang die eigenen homosexuellen Gefühle verschwiegen und zuletzt auch heimlich ausgelebt. Nun leben beide in neuen Partnerschaften, beide mit einem Mann. Das Sorgerecht für den gemeinsamen Sohn bekam die Mutter Hannah (Richardson), die immer noch mit Groll und leichtem Hass auf ihren Ex-Ehemann Martyn reagiert. Ihr neuer Lover Frank (Fleming) allerdings misshandelt den kleinen Oliver körperlich. Der Junge aber verschweigt, woher die Verletzungen kommen, denn er möchte das neue Liebesglück seiner Mutter nicht gefährden. Martyn, der mit seinem Lebensgefährten Tom (Hart) zusammenlebt, sorgt sich und ahnt die Ursachen, aber Hannah vermutet lediglich eine bösartige Intrige ihres Ex-Mannes. Die Situation spitzt sich zu. Ein Gericht muss schließlich klären, ob der Mutter das Sorgerecht wieder entzogen werden soll und ob ein schwules Paar einen Jungen erziehen darf.

Die Konstellation wie die Charaktere scheinen zunächst eindeutig: Hannah ist die gekränkte Frau, die in inniger Liebe zu ihrem neuen Gefährten verblendet ist. Oliver ist das Opfer, das geduldig erträgt und sich tiefer und tiefer vergräbt. Martyn hingegen ist der wahrhaft liebende, sorgende Vater. Die scheinbare Eindimensionalität der Figuren verwandelt sich später allerdings zu recht komplexen Gestalten in noch komplexeren Beziehungsgeflechten. So verschwindet der anfängliche Eindruck eines politisch wie moralisch allzu korrekten Dramas und es entsteht ein Psychothriller, der trotz Problemballung (Scheidungskinder, Homosexuellendiskriminierung, Gewalt in der Familie, schwule Partnerschaften) weder oberflächlich noch allzu konstruiert erscheint.

„Ich wollte nicht nur über Schwule nachdenken oder nur über Kindesmisshandlung. Mir ging es darum, das weite Feld menschlicher Beziehungen zu beleuchten. Die Story ist so vielschichtig wie der Mensch an sich, der ja stets immer alles in sich trägt, das Gute und das Böse. Deshalb ist es mir auch wichtig, alle Figuren komplex zu gestalten, nicht Schwarz-Weiß."
Regisseurin Angela Pope

GB 1995 ⊛ Angela Pope Ⓒ Paula Milne, Neville Bolt ⊕ Remi Adefarasin Ⓓ Anne Dudley ⊛ Martin Donovan, Joely Richardson, Ian Hart, Jason Fleming, Sam Bould, Edward Hardwickke Ⓒ 106, farbig ⓅA

Homo Promo

Kompilation aus Kinotrailern für Hollywoodfilme mit lesbischen und schwulen Inhalten. Werbeclips von 1956 bis in die neunziger Jahre hinein zeigen die Homosexualität, wie sie Produzenten und Verleiher ihren potenziellen, durchschnittlichen heterosexuellen Kinobesucherinnen und -besuchern präsentieren wollten. In Jenni Olsons Zusammenstellung offenbart sich dabei eine ebenso überraschende wie erschreckende Kontinuität über die Jahrzehnte hinweg.

USA 1992 ⊛ Jenni Olson Ⓒ 92, s/w und farbig Ⓓ

Honigmond 67
THE FAMILY WAY

Anrührende Komödie über ein junges kleinbürgerliches Ehepaar in einer nordenglischen Industriestadt, das im Rahmen seiner Hochzeit allerlei Durcheinander erlebt. Die Hochzeitsnacht wird zur Pleite, weil der sensible Ehemann Arthur (Bennett), ein Filmvorführer und Musikliebhaber, durch einen Schock Potenzprobleme bekommt, und dann platzt auch noch die Hochzeitsreise.

Bemerkenswert ist die Debatte der Eltern des Bräutigams, die diskutieren, weshalb ihr Sohn bei der Hochzeitsnacht versagt haben könnte. Ohne es direkt anzusprechen, ziehen sie die Möglichkeit homosexueller Neigungen in Betracht. Dabei stellt sich heraus, dass der Vater (Mills) selbst einst den besten Kumpel, zu dem er offensichtlich eine tiefer gehende emotionale Beziehung hatte, auf die eigene Hochzeitsreise mitnahm. Die Ehefrau (Rhodes) nimmt die Erinnerung daran nun zum Anlass das mögliche Schwulsein des Sohnes zu verteidigen. „Muss man das dem Jungen vorwerfen? Dann ist die Natur daran Schuld. Ein Vater sollte so einem Jungen helfen und ihn schützen – sich nicht auf ihn stürzen wie der Mob, wenn er sieht, dass jemand anders ist."

GB 1966 ⊚ Roy Boulting ☺ Bill Naughton nach seinem Theaterstück *Honeymoon Deferred* ✆ Harry Waxman ♪ Paul McCartney ⊛ Hayley Mills, John Mills, Hywel Bennett, Marjorie Rhodes, John Mills ⊙ 116, farbig

Horror Vacui

Madame C (Huber) ist Besitzerin eines magischen Cabarets, in dem sie die Zukunft voraussagt, welche allerdings in ihren Visionen meist negativ ausfällt. Ihr zur Seite steht ihr Ehemann Friedrich (Steinhauer), der als Sänger auftritt. Madame C ist aber auch die Gründerin einer Sekte, die den „Optimalen Optimismus" lehrt. Nur der „OO" vermag es, so ihre Lehre, jedes Schicksal wieder zum Guten zu wenden. Zwei sich liebende Studenten, Frank (Milster) und Hannes (Vogt), geraten in das Cabaret von Madame C. Der verträumte, künstlerisch ambitionierte Frank verfällt deren Charisma, verlässt den Geliebten und schließt sich der Sekte an. Dort empfängt man den Neuen mit viel Aufmerksamkeit. Bald jedoch muss er erfahren, dass sich innerhalb der Sekte alle gegenseitig bespitzeln und hassen.

Hannes, der seinen Geliebten nicht einfach aufgeben will, versucht mit Hilfe einer Journalistin (van Bergen), das Doppelleben der Madame C und ihren Sektenterror aufzudecken. Als sich die Lage für Madame C zuspitzt, weil Presse und Politik sich für die Geschichte zu interessieren beginnen, antwortet sie mit ihrem letzten Trumpf: Madame C verordnet einen Massenselbstmord der Sektenmitglieder.

Von Praunheims *deutscher Gruselfilm, angeregt von Caligari, Mabuse und Bhagwan* (so der Untertitel), wurde fast ausschließlich im Studio gedreht und zwar wie *Das Cabinet des Dr. Caligari* (1920) vor expressionistisch-theaterhaft gemalten Bühnenprospekten. Dramaturgisch holprige Farce, die an den hohen inhaltlichen Ansprüchen ihres Regisseurs und den eingeschränkten schauspielerischen Fähigkeiten der Laiendarsteller scheitert. Was bleibt, ist eine aufgedrehte, um Stil ringende Monsterschau, die allerdings nur noch bedingt eine Provokation darstellt.

BRD 1984 ⊚ Rosa von Praunheim ☺ Rosa von Praunheim, Marianne Enzensberger, Cecil Brown ✆ Elfi Mikesch ♪ Maran Gosov ⊛ Lotti Huber, Ingrid van Bergen, Friedrich Steinhauer, Volker Milster, Thomas Vogt, Günter Thews ⊙ 85, farbig

Hotel New Hampshire
Deutscher Alternativtitel: Eine ausgeflippte Familie

Die Verfilmung eines Bestsellerromans besonderer Güte gelingt selten, und auch Tony Richardsons Verfilmung von John Irvings genialem Roman ging weitgehend schief. Weil sich der Film stark an die Vorlage hält und die Besetzung einfach klasse ist, bleibt der Film dennoch sehenswert.

Eine unkonventionelle amerikanische Familie versucht an verschiedenen Orten der Welt Hotels zu bewirtschaften. US-amerikanische Spießermoral wird aufs Korn genommen, und zwischen den Familiendramen um Todesfälle, Krankheiten und Selbstmorde geht es um politische Verwicklungen, Vergewaltigung, Inzest, Pornografie und jede Menge Sex. Der älteste Bruder Frank – gespielt von Paul McCrane, den wir schon als den Schwulen aus *Fame* kennen – ist schwul. Darum wird auch kein Aufhebens gemacht, doch ist Frank der farbloseste in dieser schillernden Familie und auch der Einzige, der am Ende des Films keinen festen Partner hat. Die älteste Tochter Franny – Jodie Foster, der die Rolle auf den Leib geschrieben scheint – hat eine kurze Affäre mit einem Mädchen, das sich selbst so hässlich findet, dass es sich als Bär verkleidet – niemand Geringeres als Nastassja Kinski. Leider ist die eigentlich hübsche Annäherung und Verführungsszene der beiden recht kurz und undeutlich geraten – wären Foster und Kinski doch zum lesbischen Filmtraumpaar prädestiniert gewesen. Ansonsten unterhält Franny eine intensive, inzestuöse Beziehung zu ihrem fast gleichaltrigen Bruder John (Rob Lowe), die auf wirklich ungewöhnliche Weise als liebevolle, körperliche Geschwisterliebe dargestellt wird.

Der bisexuelle Regisseur Tony Richardson, der 1991 an den Folgen von Aids starb, hat sich redlich Mühe gegeben mit seinem Film, doch weder er noch die besten Schauspieler konnten die fantastische Welt des John Irving aus der Literatur ebenso fantastisch auf die Leinwand bringen. Immerhin ist der Film genau wie die Buchvorlage ein Manifest für freie Liebe und gegen jedwedes Spießertum.

USA/GB 1984 ⊜ Tony Richardson ☺ Tony Richardson nach dem gleichnamigen Roman von John Irving ✇ David Watkin ♪ Raymond Leppard (nach Jacques Offenbach) ⊛ Jodie Foster, Rob Lowe, Beau Bridges, Lisa Banes, Nastassja Kinski, Paul McCrane, Richard Jutras, Jade Bari ⊙ 109, farbig
(BI)

The Hours and Times

Im Frühjahr 1963 fuhren John Lennon (Hart) und Beatles-Manager Brian Epstein (Angus) für ein paar Tage nach Barcelona, um sich dort von der Wintertournee der Beatles zu erholen. Doch Epsteins unterschwellige Versuche, seine Gefühle für Lennon erwidert zu bekommen, sorgen für ständig spürbare Spannung zwischen den beiden. Der Film zeichnet im Rahmen dieses kurzen Zeitabschnitts in recht unspektakulärer Weise Brian Epsteins unglückliche und traurige Liebe zu John Lennon nach.

USA 1991 ⊜⊜✇ Christopher Münch ⊛ David Angus, Ian Hart, Stephanie Pack, Robin McDonald, Sergio Moreno, Unity Grimwood ⊙ 60, s/w
(QC)

Houseboys – Mein schriller Sommer
LIE DOWN WITH DOGS

Der Collegestudent Tommy (Autor und Regisseur Wally White selbst) hat die Hitze und die schlechten Jobs in New York satt. Außerdem fühlt er sich sexuell seit langer Zeit nicht mehr richtig ausgelastet. Ein Freund weiß den passenden Rat. Tommy soll den Sommer im schwulen Urlaubsparadies Provincetown verbringen. Die Unterkunft vor Ort verdient er sich als Houseboy in einem Hotel. Die gesuchten sexuellen Abenteuer lassen nicht lange auf sich warten. Doch Tommy muss ziemlich bald zugeben, dass das lockere Leben nicht immer ganz so leicht ist. Entspannte Low-Budget-Komödie –, das Debüt des 1967 geborenen Wally White – die selbstironisch und mit parodistischen Einlagen dem schwulen Lebensstil den Spiegel vorhält und die Schwächen der Regie und des Drehbuchs durch schnoddrige Dialoge und eine frische Erzählhaltung wieder wettmacht.

USA 1994 ⊜☺ Wally White ✇ George Mitas ⊛ Wally White, James Sexton, Darren Dryden, Vann Jones, Bash Halow, Randy Becker ⊙ 81, farbig

Hundstage
DOG DAY AFTERNOON

Zwei Bankräuber in New York, Sal (Cazale) und Sonny (Pacino), müssen bei einem Bruch feststellen, dass sich gerade mal 1000 Dollar im Safe befinden. Doch bevor sie mit der Beute fliehen können, ist die Bank von der Polizei abgeriegelt. Aus Panik nehmen sie die Kunden und Angestellten der Bank als Geiseln und verschanzen sich in der Filiale. Der gesamte Stadtteil Brooklyn ist durch die Polizei, Massen von Schaulustigen und die sensationsgeile Presse lahm gelegt. Um die Verhandlungen voranzubringen, setzt die Polizei Sonnys Mutter und Sals Geliebten Leon (Durning) ein. Sal wollte mit seinem Anteil an der Beute die Geschlechtsoperation seines Liebhabers finanzieren. Leon weigert sich bei einem Telefonat, das die Polizei ihnen ermöglicht, mit Sal außer Landes zu gehen.

Im Laufe der dramatischen wie komischen Ereignisse wechseln die Fronten, aus den Tätern werden Opfer und sogar die Geiseln schlagen sich auf die Seite der dilettantischen Bankräuber. Lumet, der einen tatsächlichen Vorfall von 1972 für seinen Film verwendet hat, entwickelt ein komplexes Geflecht psychischer Motive, sozialer Abhängigkeiten und allgegenwärtiger Gewalttätigkeit.

Der wirkliche Täter John Wojtowicz alias Sonny verkaufte die Rechte seiner Story für 7500 Dollar an den Produzenten des Films. Sein transsexueller Freund Ernie Aron (alias Leon) versuchte vor Gericht vergeblich, den Film zu verhindern. *Hundstage* erhielt einen Oscar für das beste Drehbuch.

USA 1975 ⊕ Sidney Lumet ☺ P. F. Kluge, Frank Pierson, Thomas Moore ⊛ Victor J. Kemper ⊜ Al Pacino, Chris Sarandon, Charles Durning, John Cazale, James Broderick ☺ 130, farbig
◎ ⓉⓇ Ⓣ

Hustler White

In *Hustler White* dreht sich fast alles um schwulen Sex in jeder Spielart – je exotischer, desto besser. Ob Amputationsfetischisten oder Menschen mit Vorlieben für Strangulierung, Cowboyhüte, Tattoos, Leder oder SM – es gibt für jeden die passende Szene. Für die Rahmenhandlung bringt sich Co-Regisseur Bruce LaBruce (*Super 8 1/2*, 1994) selbst ins Bild. Er spielt einen deutschen Dandy, der nach Los Angeles kommt, um für ein Buch über die Stricherszene zu recherchieren, sich aber in einen der Jungs von der Straße (Profi-Model und Madon-na-Ex-Geliebter Tony Ward) verknallt und sich ganz der neu gefundenen Leidenschaft hingibt. Immer auf der Suche nach dem Angebeteten streift er den Santa Monica Boulevard hinauf und hinunter, mit jedem Meter Straße gibt es neue Stricher und entsprechende Geschichten. Mal gerät er in die Aufnahmen zu einem Pornofilm, mal wird ein angehendes Model (Pornostar Kevin Kramer) kurzerhand von einem knappen Dutzend Rammelwütiger auf Stoßfestigkeit durchgetestet. Selbstverliebt, zynisch, manchmal auch ganz keck spielt Ward vor allem sich selbst und dann auch ein bisschen von dem, was wohl im Drehbuch stand. In dem verstecke das Regieduo LaBruce/Castro eine Handvoll ironischer Filmzitate von *Was geschah wirklich mit Baby Jane?* (1962) bis zu *Tod in Venedig* (1970). Manchmal ist das tatsächlich so skurril und voll trockenem Humor, dass die von den Regisseuren gewünschte Genrebezeichnung „romantische Komödie" tatsächlich angebracht ist; dann aber will der Film wieder mehr, als er halten kann, und verliert sich im Nummernprogramm sexueller Abstrusitäten und Hochleistungen.

„*Es hat immer eine starke Übereinstimmung von Hollywood und der Pornoindustrie gegeben. Beide haben dasselbe Starsystem, die Leute fahren in Limousinen herum und so weiter. Wir wollten, dass diese Welten aneinanderprallen, die Welt der Stricher, die Pornoindustrie und die Zitate aus Filmklassikern.*" Regisseur Rick Castro

Kanada/D 1996 ⊕☺ Bruce LaBruce, Rick Castro ⊛ James Carman ⊜ Tony Ward, Bruce LaBruce, Kevin P. Scott, Ivar Johnsson, Kevin Kramer, Alex Austin ☺ 79, farbig
ⓅⓇ ⓈⓂ

I

I Shot Andy Warhol

Am1 3. Juni 1968 betritt Valerie Solanas die Räume von Andy Warhols „Factory" und schießt auf ihn. Warhol überlebte zwar schwer verletzt, verstarb aber schließlich zwei Jahrzehnte später an den Folgen des Anschlags. Solanas stellt sich der Polizei. In ihrem Kinodebüt zeichnet die Dokumentarfilmerin Mary Harron das Leben der lesbischen, radikalfeministischen Attentäterin nach. Solanas (Taylor) schlägt sich mit Gelegenheitsprostitution in New York durch. Sie ist Gründerin, Vorsitzende und einziges Mitglied von „SCUM – Society for Cutting Up Men". Ihr *Manifest der Gesellschaft zur Vernichtung der Männer* ist ein eigenwilliges Pamphlet und wird zum feministisches Grundlagenwerk. Männer sind für Solanas eine biologische Katastrophe, ein Betriebsunfall der Natur, eine wandelnde Fehlgeburt, die am besten flächendeckend ausgerottet werden sollte.

In szenischen Fragmenten umkreist der Film das unberechenbare Wesen der Solanas und versucht in einer losen Chronologie die Umstände der Tat nachzuzeichnen. Und immer wieder führen diese Wege in die „Factory". Warhols Künstler-WG ist ein gelangweilter, arroganter Haufen dummer, zugedröhnter Möchte-Gern-Starlets, nervender Transsexueller (u.a. Stephen Dorff als legendäre Candy Darling) und nölender Schwuler. Inmitten ein uncharismatischer Andy Warhol (Harris). Von Warhol fühlt Solanas sich hintergangen, betrogen und um ihre Ideen bestohlen. Zu Anfang noch findet er ihr spleeniges Wesen amüsant, zunehmend geht ihm die Querulantin aber nur noch auf die Nerven. Ihr rotziges Pornodrama *Up Your Ass*, das er inszenieren soll, findet keine Gnade vor ihm und wird dann auch noch von Warhol verschlampt. Der Verleger ihres Manifestes haut sie übers Ohr und auch von

Warhol fühlt sie sich in ihrer Paranoia schließlich bedroht und ausgebeutet. Also schießt sie auf ihn. Mitgefühl für ihr Opfer erzeugt der Film nicht, umso mehr aber für die von vielen Seiten ungerecht behandelte Solanas.

USA/GB 1996 ⊙ Mary Harron ☺ Mary Harron, Dan Minahan ⊛ Ellen Kuras ♪ John Cale ⊚ Lili Taylor, Jared Harris, Stephen Dorff, Martha Plimpton ⊙ 106, farbig Ⓜ

I'll Be Your Mirror

„Ich dachte immer, dass ich niemals einen Menschen verlieren könnte, wenn ich ihn oder sie nur oft genug fotografieren würde. Meine Fotos beweisen mir jedoch, wie viel ich verloren habe", erklärt die Fotografin Nan Goldin in ihrem Film. Sie ist Künstlerin und Überlebende einer Generation, die durch Drogen und Aids viele Tote zu beklagen hat. Ihre Fotografien zeichnen ihr Leben nach: ihre bürgerliche Erziehung in den USA, die wilden und befreienden Erfahrungen im New Yorker Untergrund der siebziger Jahre. Die Fotos dokumentieren ihren lesbisch-schwulen Freundeskreis weltweit und die jüngsten verheerenden Auswirkungen von Aids auf ihre Umgebung. Der in Zusammenarbeit mit Edmund Coulthard entstandene Film ist das intime Porträt einer der führenden Kunstfotografinnen und gleichzeitig eine eindringliche Darstellung der Erfahrungen einer Generation anhand von Interviews, Fotografien, Videoaufnahmen und speziell gedrehten Filmszenen. Nan Goldin erzählt ihr ungewöhnliches Leben und berichtet von der Entstehung einer einmaligen fotografischen Dokumentation ihrer Generation. 1996 gewann der Film den TEDDY für den besten Dokumentarfilm. Auf der Tonspur des Films sind Lieder

der jeweiligen Zeit versammelt, so z. B. von *The Velvet Underground*, Patti Smith, *Television* und Eartha Kitt.

„Unser Leben (…) bestand aus Drogen, euphorischen Krisen, Liebhabern und Kämpfen, Musik und Partys. Mitte der achtziger Jahre brach Aids über uns herein. Das war die Stunde Null, die Party war zu Ende. Der Glamour der Selbstzerstörung nutzte sich schnell ab, als der wirkliche Tod so früh in unser Leben trat."　Regisseurin und Fotografin Nan Goldin

GB 1995 ⊝☺ Nan Goldin, Edmund Coulthard ⊕ N.N.
Ⓑ Bruce Balboni, Sharon Niesp, Gotscho, Greer Lankton, David Armstrong Ⓒ 50, farbig
Ⓓ ⓉⓇ ⒹⓉ ⓉⒹ

Ich bin meine eigene Frau

Spielfilmdokumentation über den wohl bekanntesten Transvestiten der ehemaligen DDR, Lothar Berfelde, der sich nach dem Berliner Vorort Charlotte von Mahlsdorf nannte und 1992 mit dem Bundesverdienstkreuz am Bande ausgezeichnet wurde.

Unter einem tyrannischen Vater aufgewachsen, findet Lothar/Charlotte als Kind lediglich bei ihrer lesbischen Tante Luise (Kron) Verständnis. Charlotte trägt am liebsten Mädchenkleider und hilft gerne im Haushalt. Als sie von ihrem Vater (Krause) wieder einmal brutal gedemütigt und verprügelt wird, weiß das Kind keinen anderen Ausweg und erschlägt den Peiniger im Schlaf.

Charlottes Liebe und Passion gilt den Möbeln und dem Hausrat der Gründerzeit. Bereits während der Kriegswirren beginnt sie Stücke aus den Trümmern zu retten. Ihrer Sammelleidenschaft geht sie auch später in der DDR nach und gründet ein eigenes Museum. Den Schikanen der DDR-Bürokratie, der Charlotte als Transvestit wie auch als zentrale Figur der Ost-Berliner Schwulenbewegung ein Dorn im Auge ist, widersetzt sie sich.

Praunheim zeichnet ihre Lebensgeschichte anhand von Interviews mit Charlotte von Mahlsdorf sowie – zum Teil sehr dilettantischen – Spielszenen (Jens Taschner als junge bzw. Ichgola Androgyn als ältere Charlotte) nach. Schlusspunkt ist ein nachgestellter Überfall auf ein lesbisch-schwules Sommerfest im Garten des Gründerzeitmuseums durch rechtsradikale Skinheads.

Ich bin meine eigene Frau

D 1992 ⊕ Rosa von Praunheim ⓒ Rosa von Praunheim, Valentin Passoni basierend auf der gleichnamigen Autobiografie von Charlotte von Mahlsdorf ⊕ Lorenz Haarmann ⊕ Joachim Litty und die Cello Familie ⊕ Charlotte von Mahlsdorf, Ichgola Androgyn, Jens Taschner, Rainer Luhn, Utz Krause, Evelyn Kron, Beate Jung, Sylvia Seelow ⓒ 90, farbig

Ⓓ ⓉⓇ

Ich, die Unwürdigste von allen
YO, LA PEOR DE TODAS
I, the Worst of All

Im 17. Jahrhundert sorgt eine junge Frau für Aufsehen in Mexico. Die Karmeliternonne Sor Juana Inés de la Cruz bezaubert mit ihren außergewöhnlichen Versen die Masse. Im gleichen Maße allerdings verärgert sie die kirchlichen, männlichen Autoritäten, die es nicht ertragen, eine intelligente, hoch gebildete und selbstbewusste Nonne in ihren Reihen zu haben. Sor Juana ist nicht aus Frömmigkeit in das Kloster eingetreten, sondern lediglich um sich ihren literarischen und naturwissenschaftlichen Studien – die Frauen damals absolut unzugänglich waren – widmen zu können. Somit ist sie sicher nicht das, was sich die Herren damals als demütige, gottergebene und willenlose Dienerin wünschen. Im Vizekönig und seiner Frau hat sie machtvolle Beschützer, die ihre Sonderbehandlung im Kloster lange Zeit gegen alle kirchlichen Würdenträger durchsetzen können. Vor allem zur Vizekönigin hat die attraktive Nonne eine innige – man munkelt lesbische – Beziehung. Als der Vizekönig abgesetzt wird, sind auch Juanas Privilegien dahin. Sie versucht verzweifelt, sich an das übliche Klosterleben anzupassen und aus später Reue doch noch fromm zu werden. Während ihre Werke schließlich in Spanien veröffentlicht werden, siecht sie, genau wie ihre Mitnonnen, an der Pest dahin.

In eindrucksvollen Bildern hat die vielfach ausgezeichnete argentinische Regisseurin Maria Bemberg die Geschichte einer der größten Autorinnen der spanischsprachigen Literatur inszeniert und dabei sowohl die katholische Doppelmoral wie auch die selbstherrliche Männerwelt der damaligen Zeit entlarvt. Assumpta Serna spielt die unangepasste Nonne und

Dominique Sanda die ihr gewogene Vizekönigin. Auch wenn es diverse Anspielungen auf die Leidenschaft der beiden Frauen füreinander gibt, so bleibt die mögliche lesbische Affäre zwischen ihnen letztlich spekulativ. Lediglich die leidenschaftlichen Liebesgedichte der Nonne an die Königin lassen mehr vermuten, was durch die Empörung der mächtigen Männer nur bekräftigt wird.

Argentinien 1990 ⊕ María Luisa Bemberg ⓒ María Luisa Bemberg, Antonio Larreta ⊕ Félix Monti ⊕ Luis María Serra ⊕ Assumpta Serna, Dominique Sanda, Héctor Alterio, Lautaro Muuá, Graciela Araujo ⓒ 105, farbig

Ⓚ

Ich kann nicht schlafen
J'AI PAS SOMMEIL

Ein Mosaik kleiner Schicksale im Paris der neunziger Jahre, deren Wege sich bisweilen überschneiden, manchmal allenfalls streifen. Die Litauerin Daiga Bartas (Golubeva) kommt mit ihrem klapprigen Auto in die Stadt und begegnet einem schwulen Paar, das sich erst später als Mörderduo entpuppen wird. Daiga möchte als Schauspielerin arbeiten und verdient sich ihren Lebensunterhalt als Zimmermädchen in einem Hotel. Ihr Zimmernachbar ist Camille (Courcet) aus Martinique, einer der beiden Mörder. Er verdient sein Geld als Barsänger, Stricher und durch die Raubüberfälle mit seinem aidskranken Lebensgefährten Raphaël (Dupont). Ihre Opfer sind alte Frauen, die sie auf grausame Weise in ihren Wohnungen ermorden. Ein weiterer Erzählstrang zeigt Camilles Bruder Théo (Ducas), der mit seinem Kind und im ständigen Konflikt mit seiner Frau Mona (Dalle) lebt. Sie hasst Paris, will Théo aber nicht in seine Heimat Martinique begleiten.

Claire Denis nähert sich in konzentrischen Kreisen dem Lebensumfeld der Serienmörder und geht dabei betont unspektakulär vor. Nicht der Ursachenforschung, der atmosphärischen Auslotung gilt ihr Hauptaugenmerk. Die Mordgeschichte löst sich am Ende zwar auf, wichtiger sind ihr aber die Beschreibung von schwarzem Leben in weißer Gesellschaft. Ausgangspunkt für das Drehbuch war die authentische Geschichte des als „Bestie von Paris" in die Kriminalgeschichte eingegangenen Thierry Paulin, der zwischen 1984 und 1987 21 alte Frauen in Paris ermordet und im Alter von 25 Jahren an den Folgen von Aids im Gefängnis starb.

F 1994 ⊕ Claire Denis ☺ Claire Denis, Jean-Pol Fargenaux ⊕ Agnès Godard ⊛ Katerina Golubeva, Richard Courcet, Vincent Dupont, Laurent Gréville, Béatrice Dalle ⊙ 110, farbig ⊕

Ich küsse nicht
J'EMBRASSE PAS

Pierre (Blanc) hat sein Diplom als Krankenpfleger gerade in der Tasche, aber er möchte viel lieber Schauspieler werden. Er hat zwar noch nie etwas von Hamlet gehört, aber er glaubt in Paris sein Glück machen zu können. Aber statt auf der Bühne zu stehen, spült er in einem Krankenhaus die Teller und transportiert die Leichen. Immer wieder muss er auf seinem Weg nach unten Demütigungen aushalten. Die altjüngferliche Evelyn (Vincent), die ihn bei sich aufnimmt und mit der er aus Mitleid schläft, will ihm Geld zustecken. Das verletzt seinen Stolz. Auch bei dem väterlichen Schwulen Romain (Noiret) hält er es nicht lange aus. Als er sich in die Prostituierte Ingrid (Béart) verliebt, bekommt er es mit ihrem Zuhälter zu tun. Am Ende steht Pierre ohne Geld, Job und ohne Aussichten da und bietet sich aus Not im Bois de Bologne den Freiern an: „Ich küsse nicht. Ich blase nicht. Ich wichse nur."

André Techiné (*Wilde Herzen*, 1993; *Diebe der Nacht*, 1996) erzählt dieses existenzialistische Drama von der scheiternden Unschuld leicht stilisiert und mit einiger Distanz. Die Versuche Pierres, seinem Leben einen Sinn zu geben, bleiben zwar ohne Erfolg, doch immer wieder verdrängt er die Realität, bis sie ihn unerbittlich einholt. Debütant Manuel Blanc erhielt für seine Hauptrolle einen César, das französische Gegenstück zum Oscar.

F 1991 ⊕ André Techiné ☺ Jacques Nolot, Michel Grisolia, André Techiné ⊕ Thierry Arbogast ♪ Philippe Sarde ⊛ Philippe Noiret, Emmanuelle Béart, Manuel Blanc, Hélène Vincent, Ivan Desny, Christophe Bernard, Roschdy Zern, Raphaeline Goupilleau, Michelle Moretti ⊙ 105, farbig ℗ℝ

Ich liebe Dich, ich töte Dich

Als Ende der sechziger Jahre der deutsche Autorenfilm auch das Genre des Heimatfilms zeitkritisch ausleuchtete, erwei-

terte Uwe Brandner ihn in seinem Debüt um Science-Fiction-Elemente. Die Geschichte von *Ich liebe Dich, ich töte Dich* ist in einem idyllischen fränkischen Dorf in naher Zukunft angesiedelt. Die in romantischer Umgebung gelegene Gemeinde wird einmal jährlich zum Ort einer Wildjagd per Hubschrauber für die privilegierten Herrscher dieser Gesellschaft. Die Dorfbewohner werden mit Pillen und Spielen ruhig gestellt. Ein junger Lehrer (Fuchs), der ins Dorf zieht, wird zum Geliebten des ansässigen Jägers (Becker). Doch er verstößt gegen die strengen Konventionen der hinterwäldlerischen Dorfgemeinschaft, als er zu wildern beginnt. Nun muss sein Geliebter, der Jäger, ihn auftragsgemäß zum Jagdobjekt machen. Vor den Augen der Bewohner wird der Lehrer von den Polizisten erschossen. Der Jäger rächt sich und streckt die Polizisten nieder. Eine düstere Studie über Provinz und ländliche Lebenswelt, die durch die stilisierte Darstellung und die fremdartige, lähmende Atmosphäre einen leicht surrealen Einschlag erhält.

BRD 1971 ⊕⊕ Uwe Brandner ⊕ André du Breuil ♪ Uwe Brandner, Kid Olaf, Heinz Hötter ⊛ Rolf Becker, Hannes Fuchs, Nikolaus Dutsch, Thomas Eckelmann, Monika Hansen, Marianne Blomquist ⊙ 94, farbig ⊕

Ich will

Mit geringen Mitteln produziertes, autobiografisches Coming-out-Drama des damals gerade 18-jährigen Regisseurs Rüttinger, gedreht auf Super-8. Der 17-jährige Florian (Höhler), der sich in einen älteren Angestellten, René, im Friseursalon der Mutter verliebt hat, begehrt gegen das restriktive Elternhaus auf. Florian möchte mit seinem Geliebten zusammenleben, die konservativen Eltern fürchten jedoch um ihren guten Ruf.

D 1994 ⊕☺⊕ Claus Rüttinger ☺ Barbara Heller, Helge Rahn ⊛ Andreas David Balzar, Philip Höhler, Wolfgang Schnaufert, Inge Krasa Anode, Hansjörg Graf, Alain Louis ⊙ 86, farbig ℂⓄ

If ...

Das in den Zeiten der Studentenrevolte von 1968 angesiedelte, realistisch, jedoch auch mit symbolischen Einschüben inszenierte Internatsdrama handelt vom Kampf dreier Schüler (McDowell, Warwick, Wood) gegen geistige Unfreiheiten, überstrenge Reglementierung und sexuelle Unterdrückung. Homoerotische Freundschaften im Internat sind, wenn auch verboten, doch allgegenwärtig. Wallace (Warwick) gelingt es bei einer ausgefallenen Turnübung beispielsweise, den etwas jüngeren Bobby (Webster) sexuell zu verführen.

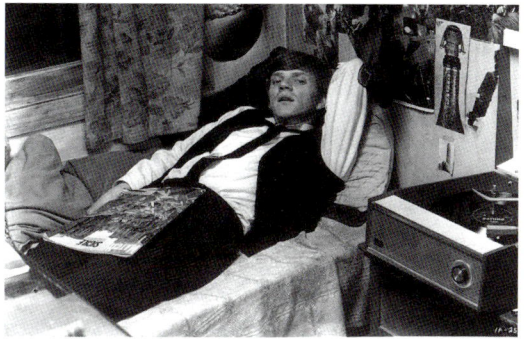

GB 1968 ⓔ Lindsay Anderson ⓒ David Sherwin ⓐ Miroslav Ondricek ♪ Mare Wilkinson ⓜ Malcolm McDowell, David Wood, Christine Noonan, Mona Washbourne, Mary MacLeod, Richard Warwick, Robert Swann ⓣ 111, farbig
ⓚ

Illuminata

New York zu Beginn des 20. Jahrhunderts. Bühnenautor Tuccio (Turturro) versucht, dem Theaterensemble seiner Freundin Rachel (Borowitz) ein neues, höchst kontroverses Stück mit dem Titel *Illuminata* zur Aufführung anzubieten. Die Mitglieder der Truppe weisen sein Werk jedoch zurück, was die Liebe zwischen Tuccio und Rachel auf die Probe stellt. Währenddessen entspinnt sich eine Intrige um den einflussreichen Kritiker Bevalaqua (Walken), ein exaltierter schwuler Dandy. Der hübsche Schauspieler Marco (Irwin) soll sich mit ihm privat verabreden, um damit dessen Kritikermeinung für das Ensemble günstig zu stimmen. Eine stimmige, wenn auch etwas lang geratene Komödie darüber, wie Kunst das Leben und das Leben die Kunst imitiert, über Intrigen, Machtkämpfe, Affären und Leidenschaften auf und hinter der Bühne.

USA 1998 ⓔ John Turturro ⓒ Brandon Cole, John Turturro nach dem Bühnenstück *Imperfect Love* von Brandon Cole ⓐ Harris Savides ♪ William Bolcom ⓜ John Turturro, Katherine Borowitz, Susan Sarandon, Christopher Walken, Beverly D'Angelo, Rufus Sewell, Bill Irwin ⓣ 119, farbig

Im Auftrag des Drachen
THE EIGER SANCTION

Kunstsammler Dr. Jonathan Hemlock (Eastwood) hat vor vielen Jahren für eine Geheimorganisation gearbeitet. Als deren Chef, genannt der „Drache", ihm 100 000 Dollar und ein wertvolles Gemälde für die Liquidierung zweier Killer bietet, nimmt Hemlock an, zumal das Opfer der Killer ein Freund aus alten Tagen war. Der erste Mörder ist schnell entdeckt und besei-

tigt. Es handelt sich um den tuntigen Schwulen Miles Mellough (Cassidy), der zudem noch einen Hund namens Faggot (zu deutsch: Schwuchtel) besitzt. Hemlock überlässt den Killer dem Tod in der Wüste. Sein Hund jedoch wird gerettet (damit dem Film nicht Tierquälerei vorgeworfen werden konnte). Vom zweiten Killer ist nur bekannt, dass er an einer Expedition zur Besteigung der Eiger-Nordwand teilnimmt. Hemlock muss in die Berge, um ihm auf die Spur zu kommen. Langweilendes Agentenabenteuer nach James-Bond-Muster, das außer einigen reißerischen Effekten und den üblichen Klischees nichts zu bieten hat. Einziger kurioser Lichtblick: die deutsche Schlagersängerin Heidi Brühl in einer Nebenrolle.

USA 1975 ⓔ Clint Eastwood ⓒ Hal Dresner, Warren B. Murphy, Rod Whitaker nach einem Roman von George Trevanian ⓐ Frank Stanley ♪ John Williams ⓜ Clint Eastwood, Vonetta McGee, George, Jack Cassidy, Heidi Brühl, Thayer David, Reiner Schoene, Michael Grimm, Jean-Pierre Bernard ⓣ 113, farbig
ⒽⓅ ⓣ

Im Dienste der spanischen Frau
AL SERVICIO DE LA MUJER ESPANOLA

Irene leitet die Ratgebersendung einer Rundfunkanstalt in der spanischen Provinz, bei der sich Hörerinnen und Hörer per Brief mit ihren Problemen melden können. Allerdings hat sie für die Rat Suchenden meist nur orthodox-konservative Anweisungen parat. Ein Mann schleicht sich in ihr Vertrauen, indem er vorgibt, Hilfe wegen seines Schwulseins zu benötigen. In Wirklichkeit ist er ein Zyniker, der die Frau lediglich demütigen will. Er hat sein Ziel erreicht, als sie sich in ihn verliebt.

Spanien 1978 ⓔⓒ Jaime de Armiñán ⓐ Domingo Solano ♪ Carmen Santonja ⓜ Marilina Ross, Mary Carrillo, Amparo Baró, Emilio Gutiérrez Caba, José Lifante, Félix Rotaerta ⓣ 99, farbig

Im Labyrinth der Sexualität
NEL LABIRINTO DEL SESSO
Internationaler Alternativtitel: Psychidion

Eine „Shockumentary", der sich als Aufklärungsfilm über sexuelle Perversionen gibt, um billig abgedrehte Episoden ausgiebig vorzuführen. Dem lüsternen Publikum werden so mit spekulativen und sensationsheischenden Bildern u. a. Homosexualität, Fetischismus, Sadomasochismus, Nymphomanie und Exhibitionismus „erläutert".

I 1969 ⓔ Alfonso Brescia ⓒ Giacinto Ciaccio, Massimo D'Avack, Giorgio Carlo Rossi ⓐ Fausto Rossi ♪ Italo Fischetti ⓜ Orchidea De Santis, Franco Ressel, Susy Anderson, Edgardo Stiroli, Susy Andersen, Gioia Desideri, Ilona Drahs ⓣ 75, farbig
Ⓢ ⓈⓂ

Im Netz der Gewalt
SHORT EYES
US-amerikanischer Alternativtitel: The Slammer

Sehr emotionale, sozialkritische und realistische Studie über den Alltag in einer US-amerikanischen Haftanstalt in Manhattan. Der neue, weiße Häftling Clark David ist wegen des Missbrauchs eines minderjährigen Mädchens verurteilt. Die Hautfarbe der Gefangenen bestimmt auch deren Stelle innerhalb der Hierarchie, weswegen Clark als Weißer inmitten der vornehmlich aus Schwarzen und Latinos bestehenden Mithäftlinge an unterster Stelle steht. Dies hat zur Folge, dass er physische wie psychische Erniedrigungen erleiden muss, vergewaltigt und misshandelt und schließlich in einem Akt der Selbstjustiz ermordet wird. Kurz danach wird seine Unschuld an dem ihm zur Last gelegten Verbrechen bekannt. Der bisexuelle Autor Piñero, ein ehemaliger Häftling, zeigt neben der Gewaltbereitschaft unter den Insassen auch sehr detailliert, wie selbstverständlich homosexuelle Handlungen zum Alltag der Häftlinge gehören. Leon Ichaso verfilmte 2001 mit *Piñero* die Lebensgeschichte des Autors.

USA 1977 ⊛ Robert M. Young ⊙ Miguel Piñeiro nach seinem Theaterstück *Short Eyes* ⊛ Peter Sova ⊙ Curtis Mayfield ⊛ Bruce Davison, Jose Perez, Nathan George, Don Blakely, Miguel Piñeiro ⊙ 93, farbig
(WP) (BI) (G)

Im tiefen Tal der Superhexen
BENEATH THE VALLEY OF THE ULTRA-VIXENS

Die Bewohner des kleinen texanischen Städtchens Small Town haben alle so ihre sexuellen Probleme und Eigenheiten. Lavonia (Nativitad) ist ständig geil, aber ihr Mann Lamar (Kerr) will nicht mehr so recht, allenfalls von hinten, und das gefällt ihr nicht. Also vergnügt sich Lavonia zwischenzeitlich mit anderen Männern und tanzt als Stripperin Lola Langusta in einer Bar Lamar sogar unerkannt vor der Nase herum. Gemeinsam besuchen sie den örtlichen Zahnarzt Asa Lavender (!!), der zugleich auch Eheberater ist, weil sie sich von ihm Hilfe erhoffen. Die Assistentin macht sich an Lamar heran, später teilt sie mit Lavonia einen Riesendildo, während der schwule Perücken tragende Lavender (Pearson) inzwischen Lamar nachsteigt. Der kann sich vor den Zudringlichkeiten nur noch durch Flucht in einen Schrank retten. Weitere Stadtbewohner sind der nekrophile Borgman sowie eine Rundfunkmoderatorin, die es nur in der Badewanne kann und wie alle Meyer-Protagonistinnen über eine Oberweite verfügt, die an das Resultat von Genversuchen denken läßt. Überdrehte, comic-hafte und obszöne B-Picture-Sexkomödie des Trashregisseurs (*Die Satansweiber von Tittifield*, 1966).

USA 1979 ⊛ Russ Meyer ⊙ B. Callum (Russ Meyer), R. Hyde (Roger Ebert) ⊛ Russ Meyer ⊙ William Tasker ⊛ Uschi Digard, Ann Marie, Kitten Nativitad, Ken Kerr, Don Scarborough, Robert Pearson, Aram Katcher ⊙ 93, farbig
(S)

Im Zeichen des Kreuzes
THE SIGN OF THE CROSS

Ein römischer Offizier wird zu Zeiten der Regierung Kaiser Neros unter dem Eindruck der Christenverfolgungen zum christlichen Glauben bekehrt. Ein an *Quo Vadis* angelehntes Historienspektakel mit ausladender Ausstattung und Massenszenen sowie diversen Frivolitäten (Orgien, Saufgelage, homosexuelle Spielereien unter Frauen wie Männern). Der wahnsinnige Kaiser (Laughton) hält sich beispielsweise einen Sklaven als Lustknaben.

USA 1932 ⊛ Cecil B. DeMille ⊙ Waldemar Young, Sidney Buchman nach einem Bühnenstück von Wilson Barrett ⊛ Karl Struss ⊙ Rudolph Kopp ⊛ Fredric March, Elissa Landi, Claudette Colbert, Charles Laughton, Ian Keith, Vivian Tobin ⊙ 124, s/w
(PA) (BI) (HC)

Immacolata e Concetta – Die andere Eifersucht
IMMACOLATA E CONCETTA – L'ALTRA GELOSIA

In diesem weitgehend unbekannten Kleinod aus den siebziger Jahren verlieben sich zwei neapolitanische Frauen aus der Unterschicht – die Metzgerin Immacolata (di Benedetto) und Concetta (Michelangli), eine schlichte Landarbeiterin – ineinander, als sie gemeinsam im Gefängnis sitzen. Auch nach der Haft führen sie ihre intensive Beziehung weiter und stoßen natürlich in der süditalienischen Provinz auf Unverständnis und patriarchale Wertvorstellungen, die nichts anderes als die klassische heterosexuelle Familienstruktur dulden. Der Druck auf das Paar scheint unerträglich zu werden. Immacolata, die zunächst konsequenterweise mit ihrem Ehemann gebrochen hat, nimmt ihre vorherige Affäre mit ihrem Verpächter – zum Teil aus materieller Abhängigkeit – wieder auf und wird zu allem Überfluss auch noch schwanger. Concetta, die mittlerweile bei Immacolatas Mann und Tochter eingezogen ist und natürlich für allerlei Chaos sorgt, sieht rot, und das tödlich endende Drama nimmt seinen Lauf.

Höchst ungewöhnlich für seine Zeit, zeigt einer der ersten Lesbenfilme aus Italien eine lesbische Beziehung als durchaus gleichberechtigte Daseinsform. In geradezu atemberaubend freizügigen Sexszenen wird dies unterstrichen, und lesbischer Sex wird lustvoll und befriedigend, neben dem ebenso unverklemmt gezeigten Heterosex, dargestellt. Allein das dramatische und brutale Ende dieses aus emanzipatorischer Sicht Aufsehen erregenden Films ist wohl seiner Zeit geschuldet, in der einer lesbischen Beziehung niemals ein Happy End vergönnt war.

I 1979 ⊜ Salvatore Piscicelli ☺ Salvatore Piscicelli, Carlo Apuzzo ⊕ Emilio Bestetti ♪ Rudy Beytelman ⊛ Ida di Benedetto, Marcella Michelangli, Tommaso Bianco, Lucio Allocca, Lucia Ragni ☻ 95, farbig
Ⓜ BI Ⓣ

In allen Stellungen
Alternativtitel: Perfekt in allen Stellungen; Scharf in allen Stellungen

Fritz Fronz versuchte in den sechziger Jahren unter dem Künstlernamen Frank Roberts, als Schlagerstar berühmt zu werden, was nur bedingt gelang. Auch als Filmemacher in den siebziger Jahren hat er sich nicht gerade mit Ruhm bekleckert. In den achtziger Jahren besann er sich offensichtlich und wurde einer der ersten Grünen-Politiker Österreichs.

In seinem Softporno-B-Picture *In allen Stellungen* findet ein unschuldiges Mädchen vom Lande eine Anstellung als Zimmermädchen in einem Hotel und muss erkennen, dass dort Sodom und Gomorrha herrschen. Nicht nur, dass sich hier Prostituierte ihr Geld verdienen und der Chefin und dem Geschäftsführer sexuell zu Diensten sind. Sadisten, Sodomisten, Homosexuelle beiderlei Geschlechts und Voyeure frönen ihren Lüsten. Als eine der Prostituierten ums Leben kommt, rettet ein mutiger Journalist die unbedarfte Heldin aus dem Sündenpfuhl.

Österreich 1971 ⊜☺⊕ Fritz Fronz ♪ Frank Neumann ⊛ Karen Thorsten, Peter Wolsdorff, Gary Corner, Werner Kos, Krista Wilk-Wanke, Sylvia Pabel, Phil Herb, Elfie Gerstel ☻ 75, farbig
Ⓢ

In einem Jahr mit 13 Monden

An einem Schwulentreffpunkt in der Nähe des Frankfurter Mainufers kommen zwei Personen wortlos zueinander. Nachdem die ersten Zärtlichkeiten ausgetauscht sind, bemerkt der eine, dass es sich bei seinem Sexpartner in Wirklichkeit um eine Frau handelt. Wütend wird Elvira Weishaupt (Sprengler) von den umstehenden Schwulen zusammengeschlagen. Die „Rote Zora" (Caven), eine Prostituierte, hat den Vorfall beobachtet und eilt zu Hilfe. Ihr erzählt Elvira, die eigentlich als Junge geboren und Erwin genannt worden war, ihre Lebensgeschichte. Als Erwin wuchs der Waisenknabe bei Klosterschwestern auf, lernte das Metzgerhandwerk, heiratete die Tochter (Trissenaar) des Meisters und wurde Vater. Dann aber lernt er den Kriminellen Anton Saitz (John) kennen und lässt sich von ihm aus Liebe für illegale Geschäfte einspannen. Erwin wird verhaftet, verrät aber den Komplizen nicht. Nach der Entlassung findet er Anton als Bordellbesitzer wieder. Als er ihm endlich seine Liebe gesteht, rät ihm Anton im Scherz, er könne wiederkommen, wenn er eine Frau wäre. Erwin nimmt den Satz ernst und lässt in Casablanca eine Geschlechtsumwandlung vornehmen. Wieder zurück, hat Anton nur Spott übrig. Auch die Beziehung zu dem erfolglosen Schauspieler Christoph Hacker (Scheydt) geht in die Brüche. Von allen verlassen, von der Exfrau und der Tochter verstoßen, bleibt Elvira nur noch der Freitod.

Fassbinder kontrastiert bei der Schilderung von Elviras allmählichem Untergang sentimentale Idyllen mit alptraumhaften Szenerien und heftigen Schockbildern. Diese sind auch der Grund, weshalb der Film bis heute keine Jugendfreigabe erhielt. Insbesondere eine äußerst suggestiv gefilmte Schlachthausszene bewog den Ausschuss der Freiwilligen Selbstkontrolle (FSK) auch bei der Wiedervorlage des Films Anfang der neunziger Jahre, eine Jugendfreigabe abzulehnen. Gleichwohl gehört *In einem Jahr mit 13 Monden* zu Fassbinders schönsten, radikalsten und ergreifendsten Filmen. Fassbinder hatte ihn als unmittelbare Reaktion auf den Freitod seines Lebensgefährten Armin Meier gedreht. Keinen anderen Film hatte Fassbinder künstlerisch so sehr in der Hand. Er schrieb nicht nur das Drehbuch, führte Regie und übernahm den Schnitt und die Ausstattung, sondern stand zum ersten Mal auch hinter der Kamera. Der Titel erklärt sich durch die Theorie, dass gefühlsbetonte Menschen in einem Jahr mit 13 Neumonden besonders gefährdet seien und sich persönliche Katastrophen häuften.

„Der Film spielt in Frankfurt, einer Stadt, deren spezifische Struktur Biografien wie die geschilderte fast herausfordert, zumindest aber nicht als ungewöhnlich erscheinen lässt. Frankfurt ist kein Ort des freundlichen Mittelmaßes, der Egalisierung von Gegensätzen, nicht friedlich, nicht modisch nett. Frankfurt ist eine Stadt, wo man an jeder Straßenecke überall und ständig den allgemeinen gesellschaftlichen Widersprüchen begegnet." Regisseur Rainer Werner Fassbinder

BRD 1978 ⊜☺⊕ Rainer Werner Fassbinder ♪ Peer Raben ⊛ Volker Sprengler, Ingrid Caven, Eva Mattes, Gottfried John, Elisabeth Trissenaar, Günther Kaufmann, Liselotte Pempeit, Walter Bockmayer, Karl Scheydt, Isolde Barth ☻ 124, farbig
TR Ⓖ Ⓣ

In Flammen geboren
BORN IN FLAMES

Dieser Klassiker des feministischen Kinos machte sich vor allem durch seinen Aufruf zur Gewalt unbeliebt. Für andere Teile des lesbischen und feministischen Publikums hatte *In Flammen geboren* genau die richtige Radikalität.

Der Film ist weitgehend wie ein Dokumentarfilm inszeniert, um somit noch stärker den Aspekt der Zukunftsvision herauszustellen. In einer fernen Zukunft, nach einer sozialistischen Revolution in den USA, kämpft eine von einer schwarzen Lesbe angeführte Gruppe von Anarchistinnen massiv für Frauenrechte. Denn das vermeintliche soziale und politische Paradies bezieht Frauen nur scheinbar mit ein. Die bunte Gruppe von Lesben und Radikalfeministinnen macht sowohl durch einen eigenen Radiosender wie auch durch Terroranschläge auf sich aufmerksam und ruft ungehemmt zu Terror und Gewalt zugunsten der Durchsetzung von Frauen- und Lesbenrechten auf.

Die Low-Budget-Produktion der heterosexuellen und feministischen US-Filmemacherin Lizzie Borden – die sich bewusst nach der gleichnamigen Axtmörderin nannte – ist durch ihre Radikalität und recht naive Zukunftsvision in die feministische Geschichte eingegangen.

In Nebenrollen sind unter anderem *Blue Steel*-Regisseurin Kathryn Bigelow sowie Sheila Mc Laughlin (Regisseurin von *Die Last der Gefühle* und Darstellerin in *Verführung: Die grausame Frau*) zu sehen.

USA 1982/83 ⚇ Lizzie Borden ☺ Lizzie Borden, Hisa Tayo ⚉ Ed Bowes, Al Santana, Phil O'Reilly ♪ The Bloods, The Red Crayola, Ibis, Johann Sebastian Bach ⚇ Honey, Jeanne Satterfield, Adele Bertei, Becky Johnston, Pat Murphy, Sheila McLaughlin, Kathryn Bigelow ⊙ 90 farbig

In Haßliebe Lola

Hasim (Baduri), ein junger Mann türkisch-arabischer Herkunft, möchte eine Gesangskarriere starten. Seine Schwester Fatima (Taifun) weiß, wer ihm dabei behilflich sein kann: der abgetakelte Travestie-Star Lola L. (Lambert). Den Schmeicheleien und

Liebesbezeugungen Hasims kann Lola nicht widerstehen und nimmt ihn mit offenen Armen auf. Doch durch den neuen Verehrer gerät der kleine Kosmos um Lola in ihrer Tingeltangel-Bühne durcheinander. Als Lola schließlich erkennen muss, dass Hasim sie nur als Sprungbrett benutzt hat, um selbst im Rampenlicht zu stehen, kommt es zu einem Rachefeldzug.

Die schwule Variation von Joseph L. Mankiewiczs *Alles über Eva* (1950) ist eine bewusst trashige und liebenswert unvollkommene Lowbudget-Produktion, die mit schlichten Mitteln, viel Improvisationstalent und rauem Charme die Grenzen zwischen Parodie, Klamotte und Tragikomödie verwischt.

D 1994 ⚇ Lothar Lambert ☺ Lothar Lambert, Dagmar Beiersdorf nach einer Idee von Bernd Lubowski ⚉ ♪ Albert Kittler ⚇ Lothar Lambert, Baduri, Nilgün Taifun, Erika Rabau, Dagmar Beiersdorf, Stefan Menche, Heiko Behrens, Ulrike S. (Ulrike Schirm), Hans Marquardt, Carl Andersen ⊙ 87, farbig ⒹⓉ

In & Out

Das idyllische Städtchen Greenleaf fiebert vor dem Fernseher. Ein Sohn ihrer Stadt hat es zu Hollywood-Ruhm gebracht und soll in dieser Nacht vielleicht sogar einen Oscar gewinnen – für die Rolle eines schwulen Vietnam-Soldaten! Tatsächlich kriegt Jung-Star Cameron Drake (Dillon) die Goldstatue überreicht – und dankt in seiner Ansprache seinem ehemaligen Literaturlehrer Howard Brackett (Kline). Auch dafür, dass er schwul sei. Brackett fällt zu Hause fast vom Sofa, und seiner Verlobten, die nach drei Jahren geduldigen Harrens in einigen Tagen endlich vor den Traualtar geführt werden soll, bleibt das Popcorn im Halse stecken. Jetzt herrscht in Greenleaf das Chaos, die Medien wittern ihre große Story – und Brackett ist auf der Flucht und weiß nicht, wie er die Welt von seiner Heterosexualität überzeugen soll.

Es musste erst *Birdcage* (1996) passieren, bis die großen Hollywood-Studios registrierten, dass man mit Schwulenkomödien tatsächlich das große Geld machen kann. Also bekamen der offen schwule Autor und Dramatiker Paul Rudnick

(*Addams Family*, 1993; *Jeffrey*, 1995), der schwule Produzent Scott Rudin „grünes Licht" für eine turbulente Coming-out-Komödie, die keinem wehtut. Tom Selleck, der in den achtziger Jahren nach einer Outing-Kampagne von Act-Up-Aktivisten mit einem Verleumdungsprozess drohte, darf sich hier vom arroganten TV-Journalisten zum knutschenden Schwulenaktivisten entwickeln. Der Film hat tatsächlich einigen Witz und Tempo, spielt gekonnt mit Klischees und macht – neben der Liebe zur Lyrik – allem voran die Kenntnis des Filmwerkes Barbra Streisands zum Indikator des Schwulseins. Aber ein Meilenstein ist das keinesfalls geworden. Noch immer wird unnötig Rücksicht aufs heterosexuelle Mainstreampublikum genommen (also „No Sex" und bloß keine schwule Liebesgeschichte), und man befolgt die klassische Hollywood-Dramaturgie bis hin zum unvermeidlichen moralischen Schlussappell. Wie es Brackett gelingen konnte, ein halbes Leben zu verbringen, ohne das eigene Schwulsein auch nur zu erahnen, erfahren die ZuschauerInnen nicht. Die Idee zum Film bekam Paul Rudnick übrigens während der Oscar-Verleihung an Tom Hanks für dessen Darstellung eines Aidskranken in *Philadelphia* (1997). Bei der Überreichung der Trophäe bedankte sich Hanks bei einem schwulen Schauspiellehrer.

> „Wir haben uns längst daran gewöhnt, dass Schwule in New York oder Los Angeles leben und dass sie sehr offensiv mit ihrer Sexualität umgehen. Aber Homosexualität gibt es überall – und so viele Geschichten warten darauf, erzählt zu werden. Also sagte ich mir: Lass uns zur Abwechslung mal einen Abstecher nach Greenleaf, Indiana statt nach Greenwich Village machen." Drehbuchautor Paul Rudnick

USA 1997 ⬤ Frank Oz Ⓒ Paul Rudnick ⬤ Rob Hahn ♪ Marc Shaiman ⬤ Kevin Kline, Joan Cusack, Tom Selleck, Matt Dillon, Debbie Reynolds, Wilfort Brimley ⏱ 90, farbig ⓒⓞ

In the Shadow of the Sun

Die Experimentalfilme der Jahre 1970-74 im Werk des damals vor allem als Maler tätigen Derek Jarman waren ein Versuch, die künstlerischen Möglichkeiten zu erweitern. Gedreht wurde *In the Shadow of the Sun*, der über keine nacherzählbare Handlung verfügt, mit Freunden und geringstem Budget auf Super-8. Jarman führte die Filme mit einer Bildgeschwindigkeit von drei bis sechs Bildern pro Sekunde vor und ließ in Ermangelung einer Tonspur Musikkassetten dazu laufen. 1981 wurde das Material auf 16 mm kopiert und von der britischen Industrial-Band *Throbbing Christle* mit einem bedrohlich klingenden Soundtrack unterlegt.

> „Es geht um die Entwicklung einer sehr persönlichen Bildersprache. Ich finde es schwierig, über diesen Film zu schreiben,

denn es ist unmöglich, seine Bilder in Prosa zu übersetzen. Haben Sie schon einmal einem Freund mit Erfolg einen Traum erzählt? Dies ist ein Film für Augen und Ohren."
> Regisseur Derek Jarman

GB 1971/81 ⬤⬤⬤ Derek Jarman ♪ Throbbing Christle nach Hector Berlioz' *Requiem* ⬤ Francis Wishart, Luciano Martinex, Lucy Su, Gerald Incandela ⏱ 60, farbig

Inauguration of the Pleasuredome

Kenneth Angers erster Farbfilm ist eine Eucharistie-Maskerade, basierend auf den Schriften über magische Rituale des berüchtigten englischen Mystikers Alister Crowley. Der Experimentalfilm zeigt Charaktere aus der klassischen Mythologie – eine groteske Orgie von Preziosen, Masken, Teufeln, Tunten –, die einen psychedelischen Hexentrank zu sich nehmen und sich in Psyche und Aussehen zusehends verändern. Das Werk existiert in zwei verschiedenen Versionen. 1958 fertigte Anger für das Brüssler *International Experimental Film Festival* eine Neufassung an, die speziell zum Genuss unter Einfluss von Rauschmitteln gedacht war und auf drei Leinwänden gleichzeitig gezeigt wurde.

USA 1954/1958 ⬤⬤⬤ Kenneth Anger ⬤ Sampson De Brier, Curtis Harrington, Marjorie Cameron, Katy Kadell, Renata Loome, Anaïs Nin, Kenneth Anger ⏱ 38 (Neufassung 41), farbig

Das indiskrete Zimmer
THE L-SHAPED ROOM

Die junge Französin Jane wurde von ihrem Liebhaber verlassen und strandet schwanger in einer heruntergekommenen Pension in London, unschlüssig ob sie das Kind abtreiben soll. Zu den Hausbewohnern gehören u.a. zwei Prostituierte, die lesbische Schauspielerin Mavis (Courtneidge) und der manisch-depressive, erfolglose Schriftsteller Toby (Bell), in den sich Jane unglücklich verliebt. Ein weiterer Mieter ist der schwule Musiker Johnny (Peters), der wiederum schon lange Zeit eine unerfüllte Liebe für Toby hegt. Die werdende Mutter erfährt durch die Schicksalsgemeinschaft dieser Pension unerwartete Unterstützung und Solidarität.

Für britische Verhältnisse der sechziger Jahre wagt *Das indiskrete Zimmer* sehr viel: einerseits die positive Darstellung homosexueller Charaktere, andererseits die Thematisierung einer unehelichen Schwangerschaft.

Leslie Caron wurde für ihre schauspielerische Leistung für einen Oscar nominiert.

GB 1962 ⬤ Bryan Forbes Ⓒ Bryan Forbes nach einem Roman von Lynne Reid Bank ⬤ Douglas Slocombe ♪ Johannes Brahms

Leslie Caron, Tom Bell, Avis Bunnage, Cicely Courtneidge, Brock Peters, Bernard Lee, Evelyn Williams ⊙ 123, s/w
◎

Infam
THE CHILDREN'S HOUR
Britischer Titel: The Loudest Whisper

William Wylers zweite Verfilmung des Bühnenstücks von Lillian Hellman. In der ersten Version von 1936 (*These Three/ Infame Lügen*) wurde der lesbische Inhalt total negiert und in eine unglaubwürdige Dreiecksgeschichte umgewandelt. Mit dem zweiten Versuch schuf Wyler tatsächlich den ersten großen Hollywood-Film, in dem es um Lesbischsein geht – auch wenn das „L-Wort" nicht ein einziges Mal fällt. Die panische Angst vor der damaligen strengen Zensur in den USA führte allerdings auch hier zu einem ängstlichen und verklemmten Umgang mit dem Thema.

Karen und Martha – überzeugend und herzerweichend von Audrey Hepburn und Shirley MacLaine gespielt – sind Lehrerinnen und leiten gemeinsam eine private Mädchenschule. Nachdem eine fiese Schülerin (die selbst angedeutete lesbische Tendenzen hat) eine Unterhaltung der beiden mithört und im falschen Zusammenhang zitiert, verbreitet sie damit das Gerücht, die Lehrerinnen seien ein lesbisches Paar. Der Skandal ist perfekt, egal, wie sehr die beiden samt Karens Verlobtem Joe (Garner) auch bemüht sind, die Unwahrheit der Behauptung zu beweisen. Sie müssen die Schule schließen. Durch das Chaos aufgerüttelt, wird Martha plötzlich klar, dass sie vielleicht doch ihrer Kollegin in lesbischer Weise zugetan sein könnte, und offenbart sich ihr in totaler nervlicher Auflösung. Diese mahnt zur Vernunft und übergeht das Geständnis. Später bei einem Spaziergang sehen wir Karen bei einer Art Geistesblitz – ob ihr nun auch ihre wahren Gefühle aufgehen, bleibt im Dunkeln –, und sie stürzt zurück ins Haus, wo sie Martha findet, die sich in ihrer Verzweiflung aufgehängt hat.

Tragisch, grausam und ohne jeden optimistischen Ausblick ist dieser Film ein typischer Repräsentant der Gattung „Die Lesbe muss immer sterben". Ähnlich wie *Das Doppelleben der Schwester George* ist *Infam* durch seine zahlreichen Fernsehaufführungen in den siebziger und achtziger Jahren oft der erste Film mit lesbischer Thematik, den junge Lesben zu sehen bekommen – kein guter Start.

Dennoch ein sehenswerter Film, vor allem wegen seiner überzeugenden und beeindruckenden Hauptdarstellerinnen.

Shirley MacLaine hat den Film später als die größte Enttäuschung in ihrem Leben bezeichnet und berichtete von der ängstlichen Atmosphäre während des Drehens, in der die eigentliche Thematik nicht angesprochen wurde. Sie bereute auch, dass sie sich nicht für ein positiveres Ende der Geschichte eingesetzt hat.

Das Leben der Autorin Lillian Hellman wurde übrigens 1976 von Fred Zinneman in *Julia*, nach deren Autobiografie *Pertimento* verfilmt. Jane Fonda spielt Hellman und Vanessa Redgrave ihre Freundin Julia – für die Rolle wurde sie mit einem Oscar ausgezeichnet. Die Beziehung der beiden wird allerdings nur als platonische Frauenfreundschaft dargestellt, was etwas fragwürdig scheint.

USA 1961 ⊙ William Wyler ⊙ John Michael Hayes nach dem gleichnamigen Bühnenstück von Lillian Hellman ⊕ Franz Planer ♪ Alex North ⊙ Audrey Hepburn, Shirley MacLaine, James Garner, Miriam Hopkins, Fay Bainter, Karen Balkin, Veronica Cartwright ⊙ 108, farbig
Ⓣ ⓒⓞ ⒽⒸ

Internal Affairs – Trau ihm, er ist ein Cop
INTERNAL AFFAIRS

Cop Raymond Avilia (Garcia) kommt neu in die Abteilung „Internal Affairs", die Sonderkommission für die Ermittlung „interner Angelegenheiten" der Polizei von Los Angeles. Naturgemäß ist er in dieser Funktion nicht sonderlich beliebt, muss doch jeder Polizist damit rechnen, dass Avilia ihn ausspioniert. Dennis Peck (Gere) hat berechtigten Grund zu dieser Befürchtung, macht sich der schmierige Cop doch durch einen für seine Verhältnisse recht aufwändigen Lebensstil verdächtig. Gemeinsam mit seiner Partnerin Amy Wallace (Metcalf) kommt Avilia Pecks Machenschaften auf die Spur. Einer der wenigen Filme der späten achtziger und frühen neunziger Jahre, in denen Richard Gere einmal nicht die Rolle des Lovers und Frauenhelden spielt, sondern eine auf Charakter angelegte actionlastige Figur, wenn auch in einem übertrieben brutalen Film.

In *Internal Affairs* spielt die *Roseanne*-Seriendarstellerin Laurie Metcalf eine lakonische, arbeitswütige, toughe Polizistin. Ihr Lesbischsein wird nicht direkt thematisiert, spielt aber unterschwellig immer wieder eine Rolle. Etwa wenn sie, gleichzeitig mit Avilia und deutlich länger als er, einer Frau auf der Straße hinterherschaut und bei dem Flirt von ihrem Kollegen ertappt wird. In einem Interview erklärte Regisseur Figgis, dass die Figur der Amy anfangs eher ein Comedy-Element in den Film einbringen sollte, er sich aber dazu entschloss, sie durch ihre Sexualität und Durchsetzungskraft zu einem positiv besetzten, starken Charakter zu machen.

USA 1990 ⊛ Mike Figgis ◎ Henry Bean ⊕ John A. Alonzo ♪ Mike Figgis, Anthony Marinelli, Brian Banks ⊛ Richard Gere, Andy Garcia, Nancy Travis, Laurie Metcalf, Richard Bradford, William Baldwin, Michael Beach, Ron Vawter ◷ 115, farbig

Interview mit einem Vampir
INTERVIEW WITH THE VAMPIRE

In einem Eckhaus im nächtlichen San Francisco der Gegenwart erzählt Louis Pointe du Lac (Pitt) einem Reporter (Slater) seine Geschichte, die nun als Rückblende gezeigt wird. Im ausgehenden 18. Jahrhundert ist Louis Besitzer einer Plantage in der Nähe von New Orleans. Als seine Frau stirbt, verliert er die Lebenslust. Der dandyhafte Vampir Lestat de Lioncourt (Cruise) machte ihm ein Angebot: Er will Louis zu einem Vampir machen und ihm so ewiges Leben verschaffen. Louis willigt ein. Zusammen mit der kleinen Waisen Claudia (Dunst), die ebenfalls zum Vampir wird, durchleben die beiden die Jahrhunderte als Untote.

Anne Rice, Autorin der Romanvorlage (der erste Band einer vierteiligen Chronik der Vampire) wie des Drehbuchs, protestierte zunächst gegen die Besetzung mit Tom Cruise, da sie ihm die für die Rolle notwendige Homoerotik nicht zutraute. Tatsächlich ist die Bisexualität Lestats und die sexuelle Spannung zwischen ihm und du Lac nur noch in Ansätzen zu spüren. Jordans Film ist zwar aufwändig, opulent und blutrünstig, aber auch über Strecken wirr und leidenschaftslos erzählt und wirkt langatmig und blutleer.

USA 1994 ⊛ Neil Jordan ◎ Anne Rice nach ihrem gleichnamigen Roman ⊕ Philippe Rousselot ♪ Elliot Goldenthal ⊛ Tom

Cruise, Brad Pitt, Antonio Banderas, Kirsten Dunst, Stephen Rea, Christian Slater ◷ 122, farbig
ⒷⒾ Ⓥ

Intimacy

Ein Paar beim Sex in einer heruntergekommenen Wohnung. Ein Mann und eine Frau wälzen sich ekstatisch auf dem Boden, gehen ineinander auf. So obsessiv, so verletzlich, dass man sich als Zuschauer tatsächlich unwohl fühlt: weil man sich unerlaubt in die Privatsphäre eingedrungen glaubt. Der Barkeeper Jay (Rylance) hat seine Familie verlassen, Claire (Fox) ist nicht sonderlich glücklich verheiratet. Jeden Mittwoch treffen sich Jay und Claire, um wortlos übereinander herzufallen. Als aus dem rein sexuellen Arrangement eine Liebesaffäre wird, beginnen die Probleme. Vor allem dem verwirrten und verliebten Mann ist nicht zu helfen; selbst dessen schwuler Kollege in der Bar, Victor (Galbraith), weiß da ausnahmsweise mal keinen Rat mehr.

Chéreau ist mit seinem ersten englischsprachigen Film ein Meisterwerk gelungen, das bei den Internationalen Filmfestspielen Berlin 2000 zu Recht mit dem Goldenen Bären prämiert wurde. Ein Film über verletzte Großstadtseelen und die Macht des Eros. Ein Film über Heteros im körperlichen Nahkampf – gefilmt mit schwulem Blick. Denn so, wie die Kamera die behaarten Beine, den vom Sex geröteten Körper, das kantige, jederzeit maskulin-unrasierte Gesicht abtastet, verrät sie auch die erotische Passion des Regisseurs. Weil die Sexszenen auch Bilder des ergierten Schwanzes und einen Blowjob beinhalten, wurde nach der Premiere unnötigerweise über vermeintliche pornografische Tendenzen des Films diskutiert.

„Homosexuelle Männer sind in manchen Dingen heterosexuellen in der Reife voraus. Der Barkeeper weiß, wie schwer man jemanden findet, der dasselbe will wie man selbst. Er weiß mehr über Notbehelfe, über provisorische Sachen. In meinen Augen sind heterosexuelle Männer manchmal sehr martialisch." Regisseur Patrice Chéreau

The Iron Ladies

F 2000 ⊛ Patrice Chéreau ◎ Anne-Louise Trividic, Patrice Chéreau basierend auf der Kurzgeschichte *Nachtlicht* von Hanif Kureishi ⊕ Eric Gautier ♪ Eric Neveux ⊛ Mark Rylance, Kerry Fox, Alastair Galbraith, Philippe Calvario, Marianne Faithfull ⊙ 119, farbig

The Iron Ladies
SATREELEX

1996 gewann bei den Nationalen Volleyball-Meisterschaften in Thailand eine Mannschaft, die – bis auf einen Spieler – sämtlich aus Schwulen, Tunten und Transsexuellen bestand und für eine entsprechende Sensation sorgte. Der Spielfilm *The Iron Ladies* erzählt die Geschichte von der Entstehung dieser Mannschaft bis zu ihrem phänomenalen Sieg.

Der unglücklich verliebte Mon und sein bester Freund Jung sind fantastische Volleyballspieler, werden aber von keiner Mannschaft aufgenommen, weil sie schwul sind. Ihre Chance kommt jedoch, als die Lesbe Bee zur neuen Trainerin eines Bezirksligateams wird. Etliche Hetero-Spieler verlassen aus Protest das Team. Nun gilt es für Mon und Jung, Spieler aufzutreiben. Sie entscheiden sich für Nong, einen schwulen Soldaten, Pia, den transsexuellen Star einer Kabarett-Show, Wit, der zwar verlobt ist, aber weder der künftigen Ehefrau noch seiner Familie etwas von seinem Schwulsein erzählt hat, sowie für die Tunten-Drillinge April, May und June. Nachdem sie sich in den Vorrunden bestens bewährt haben, beginnt das Training für die Endrunde. Es geht um die Meisterschaft. Sie kämpfen nicht nur gegen abgebrochene Fingernägel oder das Recht, geschminkt auf dem Spielfeld zu stehen, sondern auch gegen die Ressentiments anderer Spieler und der Sportfunktionäre, die sie kurz vor Anpfiff des Endspiels disqualifizieren wollen.

Auch wenn *The Iron Ladies* immer wieder und sehr betont das Recht auf Toleranz einfordert, hat der Film dennoch nichts aufdringlich Belehrendes. Der unaufhaltsame Aufstieg dieser ungewöhnlichen Mannschaft wird mit so viel Tempo, Witz und Gekreische erzählt, dass sich die Botschaft der „eisernen Ladies" fast unbemerkt zwischen den Lachern vermittelt.

Thailand 2000 ⊜⊚ Yongyooth Thongkonthun ⊕ Jira Malikul ⊙ Amornpong Methakunawut ⊛ Jesdaporn Pholdee, Sahaparp Virakamintr, Ekachai Buranapanich, Jojo Mioxshi, Chaichan Nimpool-sawasdi, Kokkorn Benjatikul, Sirithana Hongsophol ⊙ 104, farbig ⒹⓉ ⓉⓇ

Ist das Leben nicht wunderbar?
SIVOT E PREKRASEN, NALI?

Seit zehn Jahren bereits arbeitet der 23-jährige Alexander Ivan-chev als Hairstylist. Der Dokumentarfilm beobachtet ihn bei den Vorbereitungen zum alljährlichen internationalen Friseur-wettbewerb in Sofia und begleitet ihn bis zum Ende dieser Veranstaltung. Seine Mutter und der Stiefvater haben sich früh aufgegeben, verwahrlosen und sind dem Alkohol verfallen. Daher musste er bereits als Teenager die Elternrolle für sei-ne Geschwister übernehmen und die Schulausbildung abbre-chen. Zu sechst leben sie in der heruntergekommenen Woh-nung der Eltern. Der Friseur-Wettbewerb ist für den schwu-len, leicht femininen Alexander die Chance, ein Stückchen Anerkennung zu erhalten. Seine Smokingfliege, die goldenen Schuhe, die er trägt, sind der Versuch, ein bisschen Glamour in sein tragisches Leben zu bekommen.

> „Der Film will weder sentimental sein noch arrogant oder gar ironisch. Er erzählt ein außergewöhnliches Schicksal und bemüht sich um Solidarität mit Menschen, denen die wichtigs-ten Erfahrungen im Leben vorenthalten oder geraubt wurden, denen der Mut zum Erfolg, zum Weiterleben genommen wur-de, die aber nie ihre Würde verloren haben."
> Regisseur Svetoslav Draganov

Bulgarien 2001 ⊜⊚ Svetoslav Draganov ⊕ Plamen Bakardjiev, Svetoslav Draganov ⊛ Alexander Ivanchev ⊙ 74, farbig Ⓓ

It's in the Water
Deutscher Alternativtitel: Eine Stadt im Aufruhr

Der nationale Frauenwohltätigkeitsverband teilt seiner Orts-gruppe in der Kleinstadt Azalea Springs eine neue Aufgabe zu: Die Damen der besseren (konservativen) Gesellschaft sol-len sich ausgerechnet um Aids-Kranke in einem Hospiz küm-mern. Man verständigt sich darauf, das Personal und die Ange-hörigen moralisch zu unterstützen – sicherheitshalber in Plas-tikhandschuhen Die Widerstände gegen die neue Einrich-tung jedoch wachsen. Allein Alex Stratton (Chapman) und ihr schwuler Freund Spencer, deren Freund Bruce bereits schwer erkrankt ist, stehen auf der Seite des Hospizes. Gemeinsam unterstützen sie dort Grace Miller (Garrett), die gerade ihr les-bisches Coming-out durchlebt, und nun beginnt auch Alex an der eigenen sexuellen Orientierung zu zweifeln. Auf einem Gemeindeball foppt Spencer die Damen mit seiner Theo-rie, er sei wohl durch das heimische Trinkwasser homosexu-ell geworden. Seine vermeintliche Entdeckung tritt eine Lawi-ne los: Die Lokalzeitung wittert eine gute Geschichte, die Müt-ter meiden den Wasserhahn und horten Mineralwasser in Flaschen. Und weil einige Bewohner plötzlich ihre Homosexu-alität entdecken, bekommt die absurde Theorie täglich neue Bestätigung.

Kelli Herds Debütfilm verlässt sich darauf, Schwule und Les-ben insgesamt als Sympathieträger und alle Heteros als über-dreht, intolerant und hysterisch zu zeichnen. Mit der Folge, dass in dieser Farce die Homo- wie die Heterosexuellen auf Klischees reduziert sind.

USA 1997 ⊜⊚ Kelli Herd ⊕ Michael Off ⊙ Sara Hickman ⊛ Keri Jo Chapman, Teresa Garrett, Derrick Sanders, Timothy Vah-le, Barbara Lasater ⊙ 100, farbig ⒸⓄ

It's My Party

Randal Kleiser gehört zu den erfolgreichen Routiniers in Hol-lywood mit Gespür für den großen Publikumsgeschmack. Ihm verdankt die Filmgeschichte Kassenerfolge wie *Grease* (1979), *Die Blaue Lagune* (1980) und *Liebling, jetzt haben wir ein Riesenbaby* (1992). *It's My Party* sollte allerdings ein ganz persönlicher Film jenseits des Mainstreams werden und sei-ne persönlichen Erfahrungen als Schwuler in den Zeiten von Aids widerspiegeln. Nick ist ein attraktiver, beruflich erfolgrei-cher Mann, der von seinem Arzt erfährt, dass ein durch Aids verursachter Tumor in seinem Kopf ihn vielleicht schon in eini-gen Wochen zu einem senilen, dahinvegetierenden Greis wer-den lässt. Nick (Roberts) aber hat Courage und Entschlossen-heit. Er kommt dem Tod zuvor. Zwei Tage lang feiert er eine Abschiedsparty für Freunde und Familie, und am Schluss, so hat er beschlossen, beendet er selbst sein Leben. Die Aus-gangssituation ist Drama genug. Zündstoff aber bietet zudem der Besuch seines Lebensgefährten Brandon (Harrison), der ihn nach der HIV-Diagnose aus Panik auf üble Weise verlas-sen hat.

It's My Party hätte ein aufwühlender, streitsamer Film wer-den können – über Verantwortung, Freitod und Sterbehil-fe, über Abschied und Trauer, über Freundschaft und Liebe. Geglückt ist dies allerdings lediglich in einigen wenigen Sze-nen. Kleiser versucht ein nicht zu bewältigendes Spagat: einen Mainstream-kompatiblen, tränenrührigen Schwulenfilm, der sich großer Themen annimmt, aber auf keinem Fall verstören oder anecken will. So darf, anders als bei Tom Hanks in *Phila-delphia* (1993), geküsst werden, sogar mit Zunge. Das schwu-le Paar ist liebenswert, fast ohne Ecken und Kanten. Die Freun-de: adrett und politisch korrekt, gemischtrassig, inkl. Behin-dertenquote. Alle sind sie gut aussehend, reich, gepflegt, sorgenfrei und beruflich erfolgreich. Nur der Virus stört das Idyll. Zum Geburtstag schenkt man sich Pferde und dann reitet man auf die Hügel über die Stadt und dem Abendrot entgegen. Spätestens da zerknautscht man unruhig und genervt das Taschentuch in der Hand oder trocknet sich damit die Wangen.

> *„Man hat mir den Vorwurf gemacht, mein Film spiele in einer unechten Wirklichkeit der Reichen und Schönen. Die Geschichte basiert auf Leuten, die ich kenne. Und so sieht mein Umfeld nun einmal aus. Das ist die Welt, in der ich mich auskenne – und ich wollte den Film möglichst authentisch werden lassen, wenngleich das, zugegeben, nur meine Realität ist."*
>
> *Regisseur Randal Kleiser*

USA 1995 ⊜☺ Randal Kleiser ⊛ Bernd Heinl ♪ Basil Poledouris ⊜ Eric Roberts, Gregory Harrison, Marleen Matlin, Bronson Pinchot, Paul Regina, Olivia Newton-John, Lee Grant, George Segal ☺ 105, farbig ⓣ Ⓐ

Italienische Früchtchen
Alternativtitel: Angela

Die Ehefrau eines monegassischen Millionärs hat zwei Probleme: Sie ist reich und wird deshalb ständig gekidnappt. Und sie ist dauererregt und muss deshalb auf alles zurückgreifen, was sich ihr bietet. Ob Frauen oder Entführer, spielt dabei keine Rolle. Dilettantischer Sexstreifen mit albernen Dialogen.

BRD 1978 ⊜☺ Charlie Bundt ⊛ Horst Kähler ♪ Peter K. Seiler ⊜ Uschi Karnat, Bernd Böhm, F. C. Barn, Inge Binder, Helen Thomas, Silvana Biolzi, Alexander von Lieven, Roy Hohmann ☺ 101 (gekürzte Fassung 80), farbig Ⓢ

J

Jagdszenen aus Niederbayern

Der 20-jährige Flüchtlingssohn Abram (Sperr) kehrt nach längerer Abwesenheit in sein niederbayrisches Dorf zurück, in dem er mit seiner Mutter Barbara (Quecke) nach dem Zweiten Weltkrieg eine neue Heimat gefunden hat. Die Einheimischen betrachten ihn mit Argwohn. Es geht das Gerücht, er sei im Gefängnis gewesen, weil er sich an einem schwachsinnigen Jungen vergangen habe. „Gesessen soll er haben, weil er so Sauereien gemacht hat, mit Männern." Trotzig und stoisch lässt er die Hänseleien und hämischen Bemerkungen über sich ergehen. Einzig Hannelore (Winkler), die im Dorf als Nymphomanin und Hure betrachtet wird, sowie der geistig zurückgebliebenen Ernstl (Lang) begegnen ihm unvoreingenommen. Die Freundschaft der beiden Männer wird missgedeutet. Die Dorfgemeinschaft glaubt, Abram habe auch Ernstl verführen wollen. Zugleich behauptet Hannelore, dass sie ein Kind von Abram erwarte. Aus Panik ersticht Abrahm daraufhin Hannelore. Eine Hatz mit Knüppeln und Sensen beginnt. Abrams Versuch, mit dem Postbus aus dem Dorf zu fliehen, scheitert.

Die Verfilmung des 1966 uraufgeführten Bühnenstückes – der Autor Martin Sperr übernahm selbst die Hauptrolle – hält sich eng an die Vorlage. Regisseur Fleischmann greift das Genre des deutschen Heimatfilms der fünfziger Jahre mit seiner verlogenen Idylle auf und zeigt ein ins Groteske neigendes Milieu aus unbelehrbarer Engstirnigkeit und verlogener Moral. 1969 erhielt der Film den Bundesfilmpreis.

BRD 1969 ⊕ Peter Fleischmann ⊙ Peter Fleischmann nach dem gleichnamigen Theaterstück von Martin Sperr ⊛ Alain Derobe ⊕ Martin Sperr, Angela Winkler, Maria Stadler, Else Quecke, Hanna Schygulla, Ernst Wagner, Erika Wackernagel, Gunja Seiser, Michael Strixner, Johann Lang, Eva Berthold ⊙ 88, s/w Ⓖ

Ein Jahr in der Hölle
THE YEAR OF LIVING DANGEROUSLY

Mit seiner Rolle als der australische Auslandskorrespondent Guy Hamilton im von der Diktatur gebeutelten Indonesien des Jahres 1965 versuchte Mel Gibson von seinem *Mad Max*-Image wegzukommen. Guy lernt nach seiner Ankunft den kleinwüchsigen Fotografen Billy Kwan kennen, der ihm sogleich ein international Aufsehen erregendes Exklusivinterview mit dem Vorsitzenden der Kommunistischen Partei verschafft. Kwan wurde von Linda Hunt (*Warten auf den Mond*, 1987) gespielt, die für ihre Hosenrolle einen Oscar als beste Nebendarstellerin erhielt. Noel Ferrier ist ein britischer, immerzu betrunkener Journalistenkollege und, wie eine unauffällige Szene andeutet, mit einem jungen Asiaten liiert. Als seine Homosexualität herauskommt, packt er freiwillig die Koffer und quittiert den Job.

USA/AUS 1982 ⊕ Peter Weir ⊙ David Wiliamson, Peter Weir und C. J. Koch nach seinem Roman ⊛ Russell Boyd ♪ Maurice Jarre ⊕ Mel Gibson, Sigourney Weaver, Linda Hunt, Bill Kerr, Noel Ferrier, Michael Murphy, Joel Agona, Mike Emperio ⊙ 115, farbig Ⓖ Ⓞ

James Baldwin: The Price of the Ticket

Leben, Werk und Weltbild des schwarz-amerikanischen Schriftstellers und Bürgerrechtlers James Baldwin sind Zeugnis dafür, was es heißt, schwarz, in ärmlichen Verhältnissen, schwul und hochtalentiert geboren zu sein. In ihrem gesellschaftskritischen Dokumentarfilm lässt Regisseurin Karen Thorsen den afroamerikanischen Baldwin (1924-1987) großteils selbst seine Lebensgeschichte erzählen und präsentiert gleichzeitig selten veröffentlichtes Material, das sie mit persönlichen Interviews, öffentlichen Reden und Cinéma-vérité-Aufnahmen von Baldwin kombiniert. Bilder von den Schauplätzen seines Lebens geben Zeugnis über ein Leben auf drei Kontinenten. Außerdem enthält der Film eine Fülle von Interviews mit Freunden und Bekannten Baldwins.

USA 1989 ⊕ Karen Thorsen ⓒ Karen Thorsen, Douglas K. Dempsey ⊕ Don Lenzer ⓒ John Coltraine, Billy Strayhorn ⓒ 87, farbig
Ⓓ

Jay und Silent Bob schlagen zurück
JAY AND SILENT BOB STRIKE BACK

In Hollywood wird der Kultcomic *Bluntman & Chronic* verfilmt, für den Jay und Silent Bob die realen Vorlagen lieferten. Die beiden kiffenden Chaoten machen sich auf den Weg, um die Verfilmung zu verhindern. Pubertäre, wenig originelle, dafür reichhaltig zotengespickte Komödie. Auffallend die extreme Häufung von schwulenfeindlichen Witzen, die sich immer wieder um Oralverkehr drehen. Zwar wird an einer Stelle die Homophobie des Films vermeintlich selbstironisch thematisiert, ohne jedoch tatsächlich ernst gemeint zu sein. Regisseur Gus Van Sant hat einen Gastauftritt.

USA 2001 ⊕Ⓘ Kevin Smith ⊕ Jamie Anderson ⓒ James L. Venable ⊕ Jason Mewes, Kevin Smith, Jeff Anderson, Brian Christopher O'Halloran, Jason Lee, Ben Affleck, Shannon Elizabeth, Matt Damon, Gus Van Sant ⓒ 104, farbig
ⒽⓅ

Jean Genet Is Dead

Regisseur Giannaris (*Am Rande der Stadt*, 1998) verbindet Reflexionen über den Schriftsteller Jean Genet und seine Zeit in Tanger mit dem Sterben eines Freundes an den Folgen von Aids. Die zentrale Metapher in Genets Roman *Tagebuch eines Diebes*, den Giannaris als Ausgangspunkt gewählt hat, ist das Gefängnis. Dieses Motiv wird übertragen auf die isolierte Situation von Schwulen, die allgegenwärtige Bedrohung durch Tod und Verlust.

GB 1987 ⊕Ⓘ Constantine Giannaris ⊕ N.N. ⊕ Steven McLean, Rafael Penas ⓒ 40, farbig
Ⓐ

Jeffrey – It's Just Sex
JEFFREY

Wie leben als schwuler Mann in den Zeiten von Aids? Drehbuchautor Paul Rudnick antwortet auf diese Frage mit einer romantischen und auch berührenden Komödie, die satirisch, geist- und pointenreich und selbstironisch das absurde Dasein des Großstadtschwulen beleuchtet.

Jeffrey – It's Just Sex

Jeffrey (Weber), ein smarter, erfolgloser Schauspieler und daher zum Kellner-Dasein verdammt, hat genug von der omnipräsenten Aids-Gefahr. Er beschließt: „Nie wieder Sex!" Seine überschüssige Energie investiert er ins Sportstudio – und gerade dort läuft ihm mit Steve (Weiss) der Traummann schlechthin über den Weg. Aber Jeffrey bleibt eisern. Sein Mr. Adonis macht ihm den Hof und offenbart, dass er HIV-positiv ist. Da befällt Jeffrey erst recht die Panik, und er lässt Steve links liegen. So einfach geht es allerdings dann doch nicht. Er muss erst den Aids-Tod seines Freundes Darius (Batt) erleben und von dessen Lebensgefährten (Patrick Stewart, bekannt als Captain Picard aus *Raumschiff Enterprise*, als mondäne, lebensweise Designer-Tunte Sterling) den Kopf gewaschen bekommen, um wieder zur Vernunft zu kommen, der Wahrheit ins Gesicht zu schauen – und das Leben zu genießen.

Auch wenn es hier um Aids geht und sogar gestorben wird: Einen zweiten *Philadelphia* (1993) hat Christopher Ashley hier keineswegs gedreht. Ganz im Gegenteil: Hier wird wild geküsst und manches Mal die nackte (ordentlich durchtrainierte) Brust gezeigt. *Philadelphia* behauptete, von Schwulen zu handeln – *Jeffrey* ist durch und durch schwul. So schwul sogar, dass manche Pointe einem unbedarften Hetero schlicht verschlossen bleiben dürfte und schwule Stereotypen, wie man sie sonst im Hollywood-Kino findet (der schwuchtelige Innenausstatter, der trutschige Tänzer) gnadenlos ironisiert werden können. Zudem wird mit sarkastischen Witzen der Finger auf Wunden gelegt, wie es in einem „heterosexuellen" Film wahrscheinlich nie denkbar wäre.

Da wird die Verlogenheit von Aids-Benefiz-Veranstaltungen ebenso sarkastisch bloßgestellt wie das schon routinierte Trauerverhalten der schwulen Gemeinde. Andererseits plaudern hier Mütter am Telefon über Jeff-Stryker-Videos, schleppt ein katholischer Priester (Lane) seine Männer in der Kirche ab und dekoriert seinen Beichtstuhl mit Musical-Plakaten.

> *„Ich wollte den Part so exotisch wie möglich spielen, zugleich aber die typischen Tuntenklischees vermeiden. Wenn es ein Problem mit einer schwulen Rolle gibt, dann nur, sie unverantwortlich und unauthentisch zu spielen."*
>
> *Patrick Stewart über seine Rolle des Sterling*

USA 1995 ⊛ Christopher Ashley ⊕ Paul Rudnick nach seinem gleichnamigen Theaterstück ⊛ Jeffrey J. Tufano ♫ Stephen Edelman ⊛ Steve Weber, Sigourney Weaver, Patrick Stewart, Michael T. Weiss, Bryan Batt, Nathan Lane, Olympia Dukakis, Peter Jacobson, Tom Cayler, Lee Mark Nelson ⏱ 94, farbig
Ⓐ ⓆⒸ

JFK John F. Kennedy – Tatort Dallas
JFK

In seinem Politthriller wirft Oliver Stone die Frage auf, ob das Attentat auf den US-amerikanischen Präsidenten John F. Kennedy am 22. November 1963 in Dallas allein von Lee Harvey Oswald begangen wurde oder ein Komplott war. Durch seine Rekonstruktion schürt Stone den Verdacht einer groß angelegten Verschwörung. Als einen der möglichen Hintermänner präsentiert der Film einen halbseidenen homosexuellen Ex-Piloten David W. Ferrie, dessen Karriere wegen der „Sache mit einem 14-Jährigen" unfreiwillig beendet worden war. Um die Zwielichtigkeit der Person zu unterstreichen, muss Ferrie (Pesci) viel schwitzen und eine schlechte Perücke tragen.

USA 1991 ⊛ Oliver Stone ⊕ Oliver Stone, Zachary Sklar, basierend auf einem Buch von Jim Garrison ⊛ Robert Richardson ♫ John Williams ⊛ Kevin Costner, Sissy Spacek, Joe Pesci, Tommy Lee Jones, Gary Oldman, Jay O. Sanders, Michael Rooker, Laurie Metcalf, Garry Grubbs ⏱ 189, farbig
ⒽⓅ

Jill – Satan in Blond
JILL/CALIENTE Y CRUEL – CUENTO DE TORTURA

Spanisches Sex-B-Picture, das die sexuelle Freiheit feiert und für die damalige Zeit und für katalanische Verhältnisse sehr explizite Lesbensexszenen zeigt. Das sexy Ex-Starlett Jill Robinson (Evans) verdingt sich auf ihre alten Tage als Stripperin in einer billigen Bar und wird von ihrer Kundschaft wie auch von ihrer lesbischen Agentin (Ros) hart rangenommen. Da bleibt ihr als Ausweg nur der Freitod.

Spanien 1977 ⊛ Enrique Guevara ⊕ Enrique Guevara, Ricard Reguant, Andreu Martín ⊛ Alexandre Oset ⊛ Raquel Evans, Maximo Valverde, Miraya Ros, Daniel Martin, Emma Cohen, Lynn Enderson, Paule Bertrac ⏱ 81, farbig
Ⓢ ⒷⒾ Ⓣ

Johanna d'Arc of Mongolia

Die transmongolische Eisenbahn wird von einem Trupp mongolischer Amazonen gestoppt. Die Anführerin der Frauenbande, eine mongolische Prinzessin, nimmt einige der Reisenden gefangen. Vor allem die schöne Lady Windermere – gespielt von einer lasziven Delphine Seyrig – hat es ihr angetan. Die bunte Truppe der Touristen erlebt bereits im Zug allerlei Skurriles und später, in der mongolischen Steppe, weitere ausgeflippte Abenteuer in und zwischen den Filzzelten ihrer Kidnapperinnen. Natürlich kommen sich auch Lady Wintermere und die Prinzessin näher und werden ein Paar.

Die erste Hälfte des Films spielt komplett im Zug und führt die einzelnen Reisenden ein. Die zweite Hälfte spielt dann in der mongolischen Landschaft und versucht sich vor allem als ein ethnografisch angehauchtes Porträt der mongolischen Lebensweise.

In episch langen Bildern und in gewohnt fantastischer Weise erzählt die Berliner Künstlerin und Filmemacherin Ulrike Ottinger die asiatische Version ihrer Jeanne-d'Arc-Geschichte. Der Film, der zugegeben arg lang geraten ist, wurde auch als die lesbische Version von *Lawrence von Arabien* bezeichnet, was gar nicht so abwegig ist.

BRD/F 1988/89 ⊛☺⊕ Ulrike Ottinger ♪ Wilhelm Dieter Siebert ⊛ Delphine Seyrig, Irm Hermann, Gillian Scalici, Ines Sastre, Peter Kern, Xu Re Huar, Christoph Eichhorn ⊙ 165, farbig

Johnny Guitar – Wenn Frauen hassen
JOHNNY GUITAR
Alternativtitel: Johnny Guitar, gehasst, gejagt, gefürchtet

Allein der deutsche Titel ist schon kultverdächtig. Und tatsächlich geht es um die Hassliebe zweier Frauen im wilden Westen: Vienna – Joan Crawford in einer genialen Hosenrolle – und Emma – gespielt von Mercedes McCambridge – sind die unkonventionelle Salonbesitzerin und die selbst ernannte Kämpferin für „Recht und Ordnung", die darüber hinaus Anführerin eines Lynchmobs ist. Und dann wäre da noch der smarte Cowboy Johnny Guitar (Hayden), der ungewöhn-

licherweise eine Klampfe statt eines Colts trägt. Um seine Gunst werben die beiden Frauen natürlich erbittert, doch gibt es immer wieder Zwischentöne, die zeigen, wie sehr vor allem Emma damit hadert, sich von Vienna angezogen zu fühlen. Wie in jedem klassischen Western gibt es schließlich das große Duell – hier zwischen den Mädels. Natürlich bekommt nur eine den Cowboy und beginnt mit ihm dann leider ein langweiliges, rechtschaffenes Leben.

Neben einer wirklich einmalig guten Joan Crawford – über deren Lesbischsein die Gerüchte ja nie versiegen wollten – spielen die intensiven Farben des „True Color"-Verfahrens eine weitere Hauptrolle und malen die Stimmungen des Films erst richtig aus.

USA 1954 ⊛ Nicholas Ray ☺ Philip Yordan nach einem Roman von Roy Chanslor ⊕ Harry Stradling jr. ♪ Victor Young ⊛ Joan Crawford, Mercedes McCambridge, Sterling Hayden, Ernest Borgnine, Ward Bond, Scott Brady, Ben Cooper, John Carradine ⊙ 111/104, farbig

Jubilee

Derek Jarmans zweite Langfilmproduktion, mit wenig Etat, dafür mit um so mehr zeitgeistigen visuellen Reizen und Ideen vollgestopft. Der Hofmagier von Königin Elizabeth I. (Runacre) ermöglicht ihr, den Untergang Großbritanniens als eine Vision vorauszusehen: die Punk- und Schwulenszene hat die Macht übernommen. *Jubilee* ist eine direkte Umsetzung des Lebensgefühls der späten siebziger Jahre und der Punk- und Rockgeneration in Großbritannien. Viele der damals noch im Underground agierenden Musikstars, darunter Adam Ant (als Ariel) und Toyah Wilcox (als Mab Medusa), aber auch Richard O'Brien (*The Rocky Horror Picture Show*, 1974) als Dr. John Dee, haben mitgewirkt. Eine Geschichte wird nicht erzählt, vielmehr reiht Jarman eine Reihe von Szenen aneinander, die allein durch die Ästhetik und das vermittelte Lebengefühl zusammengehalten werden. Die Kreuzigung Jesu endet in der Orgie in einem Nachtclub, eine Ballerina tanzt um ein Freudenfeuer und wird von maskierten nackten Männern dabei beobachtet. Ein Polizeifahrzeug wird in die Luft gesprengt, brennende Kinderwagen rollen durch die Straße.

GB 1978 ⊚ Derek Jarman ☺ Derek Jarman, James Whaley ⊕ Peter Middleton ☺ Adam and the Ants, Suzi Pinns, Wayne County, Brian Eno ⊛ Jenny Runacre, Toyah Wilcox, Jordan, Little Nell, Orlando, Linda Spurrier, Ian Charleson, Richard O'Brien, Adam Ant ☺ 103, farbig

Julie Johnson

Zwei Proll-Ehefrauen, Polizistinnengattinen in einem öden US-amerikanischen Vorort, die viel mehr drauf haben, als man denkt, strampeln sich frei. Julie liest heimlich wissenschaftliche Journale und träumt davon zu studieren. Ihre zunächst skeptische Freundin Claire wird von der Aufbruchstimmung angesteckt, und als Julie ihren Mann schließlich vor die Tür setzt, verlässt auch Claire ihre Familie und zieht gleich bei der Freundin und deren Kindern ein. Eines Tages gestehen sich die beiden, dass sie eigentlich schon in der Schule ineinander verknallt waren, und beginnen eine rührende Liebesbeziehung. Im Mief ihres Milieus trauen sie sich natürlich nicht, dies offen zu leben. Eine der wohl stärksten Szenen der lesbischen Filmgeschichte zeigt Julie und Claire, wie sie auf einer Parkbank ohne jeden Körperkontakt miteinander reden und sich gegenseitig beschreiben, was sie in ihren Fantasien gerade miteinander tun. Eine gute Lösung, lesbische Erotik zu zeigen, ohne viel Sex im Bild zu haben, die man manch anderen nur verklemmt daherkommenden Filmen an vergleichbaren Stellen auch gewünscht hätte.

Das Glück zerbricht allerdings an der Ungleichheit der beiden. Für Julie ist die neu entdeckte Welt der Computer, Mathematik und Wissenschaft tatsächlich der Ausweg aus ihrem bis dahin jämmerlichen Hausfrauendasein. Claire findet keinen neuen Weg in der Freiheit und geht enttäuscht zu ihrem Mann zurück. Kein Liebesdrama, sondern

ein Film über den Wunsch auszubrechen und über ein spätes Coming-out in jeder Hinsicht. Die lesbische Geschichte kommt eher zufällig daher und ist ohne jede falsche Moral, trotz des traurigen Endes für das Paar, gefühlvoll und schön inszeniert. Besonders sehenswert macht diesen Film natürlich die Besetzung der Frauen, die von niemand Geringerem als Lily Taylor in der Titelrolle und Courtney Love als Claire gespielt werden. Wer hätte gedacht, Love einmal in einer anderen Rolle als der der drogensüchtigen Schlampe zu sehen – und das auch noch überzeugend!

USA 2001 ⊚ Bob Gosse ☺ Bob Gosse, Wendy Hammond ⊕ David M. Dunlap ☺ Angelo Badalamenti, Andrew Barrett ⊛ Lili Taylor, Courtney Love, Mischa Barton, Noah Emmerich, Bill Golodner, Spalding Gray ☺ 99, farbig ⓒⓞ

Der junge Törless
LES DESARROISSES DE L'ÉLÈVE TOERLESS

Österreich-Ungarn zu Beginn des 20. Jahrhunderts. Törless (Carrière) ist Zögling einer Militärschule. Als der Mitschüler Basini (Seidowsky) eines Diebstahls an einem Kameraden überführt wird, lassen sich die Anführer der Klasse, Beineberg (Tischer) und Reiting (Dietz), für den Täter eine besondere Strafe einfallen: Sie machen ihn zum Sklaven. Mit zunehmender Brutalität wird er gequält und erniedrigt. Während sich Reiting dabei als primitiver Sadist entpuppt, rechtfertigt Beineberg seine Misshandlungen als Teil einer wissenschaftlichen Untersuchung über den „Wert" Basinis. Törless beobacht die Vorgänge stillschweigend mit Ekel und Faszination und ist auch von den homosexuellen Spielen Reitings angezogen. Als ihm bewusst wird, dass es den beiden Mitschülern lediglich darum geht, ihre sadistischen Neigungen auszuleben, versucht er, Basini zu überreden sich selbst als Dieb bei der Schulleitung anzuzeigen. Währenddessen haben Beineberg und Reiting die anderen Schüler gegen Basini aufgebracht und dadurch einen Skandal ausgelöst. Während sich die beiden Urheber der Unruhen herausreden können, kann Törless seine Rolle in diesem Komplott nicht verständlich machen und wird von der Anstaltsleitung gedrängt, das Internat zu verlassen.

Das in kühlen, distanzierten Bildern erzählte Pubertätsdrama war das Spielfilmdebüt des damals 24 Jahre jungen Regisseurs Volker Schlöndorff und zugleich sein erster internationaler Erfolg. Der Film erhielt u.a. das deutsche Filmband in Gold und 1966 den Kritikerpreis in Cannes.

BRD/F 1965 ⓢ Volker Schlöndorff ☺ Volker Schlöndorff nach dem Roman *Die Verwirrungen des Zöglings Törless* von Robert Musil ⊕ Franz Rath ♪ Hans Werner Henze ⓜ Mathieu Carrière, Marian Seidowsky, Bernd Tischer, Fred Dietz, Barbara Steele, Hanna Axmann-Rezzori, Lotte Ledl ⏱ 87, s/w Ⓚ

Die Jungfrauenmaschine
Englischer Titel: The Virgin Machine

Die naive Hamburgerin Dorothee Müller macht sich auf nach San Francisco, um ihre Mutter zu suchen, aber viel mehr noch, um ihr frustrierendes Liebesleben im öden Hamburg auf Vordermann zu bringen. Auf ihrer Suche nach der „romantischen Liebe als Krankheit der Frau" gerät sie in die wilde Lesbenszene San Franciscos und entdeckt ihre lesbische Seite. Hier erlebt sie schnellen, pragmatischen Sex zwischen Frauen, aber mit romantischer Liebe hat das alles nichts zu tun. In einer legendären Szene erklärt ihr die berühmte US-Sex-Expertin Susie Bright alias Susie Sexpert verschiedene Dildos und ihre Funktion.

Vor der Kulisse der lebendigen Lesbenszene Kaliforniens lässt die Hamburger Filmemacherin Monika Treut ihre Heldin ein bisschen unbeholfen von Begegnung zu Begegnung tappen. Die Geschichte wird etwas unstrukturiert erzählt und in schönen, sehr künstlerischen Schwarz-Weiß-Bildern von

Kamerafrau Elfie Mikesch (*Verführung: Die grausame Frau*) festgehalten. In den achtziger Jahren aufgrund seiner desillusionierenden Sicht auf lesbischen Sex für deutsche Lesben schockierend, ist der Film heute ein gutes Indiz dafür, wie sehr sich die Zeiten in moralischer Hinsicht auf Sexspielzeug und den generellen Umgang mit lesbischer Sexualität geändert haben. Übrigens wohl die ersten Bilder von Drag Kings in den USA in einem deutschen Film, mit einem Ausschnitt eines damals in San Francisco durchaus üblichen Männerstrips einer Frau (hier der Performerin Shelley Mars), der hierzulande ebenfalls großes Erstaunen auslöste.

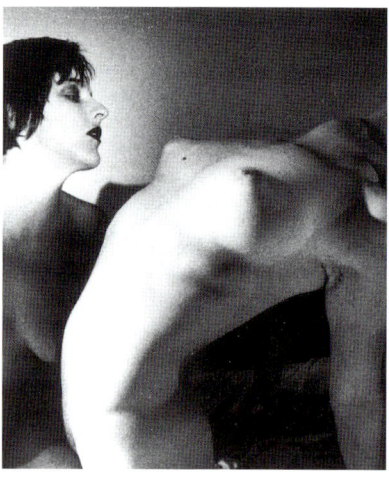

BRD 1988 ⓢ☺ Monika Treut ⊕ Elfi Mikesch ♪ Mona Mur, Laibach, Blazing Hearts u.a. ⓜ Ina Blum, Marcelo Uriona, Wolfgang Raasch, Fritz Mikesch, Gad Klein, Susie Bright, Rosanna Johnson, Shelley Mars ⏱ 85, s/w Ⓢⓜ ⓒⓞ ⓓⓣ

K

Ein Käfig voller Narren
LA CAGE AUX FOLLES

Seit zwanzig Jahren sind der Travestiestar Albin (Serrault, der diese Rolle auch schon in der französischen Bühnenfassung von 1973 spielte) und Renato (Tognazzi) ein Paar. Gemeinsam betreiben sie in St. Tropez einen Nachtklub, in dem Albin als Zaza Napoli große Bühnenerfolge feiert. Aus einer früheren Beziehung mit einer Frau hat Renato einen Sohn, Laurent, der bei dem Männerpaar aufwächst. Dieser verliebt sich in Andrea (Maneri), die Tochter eines sittenstrengen, konservativen Politikers Charrier (Galabru). Bei einem gemeinsamen Abendessen sollen sich die beiden Familien erstmals kennen lernen. Andreas Eltern allerdings wurde vorgeschwindelt, Renato sei Kulturattaché der italienischen Botschaft. Um der Ehe zwischen den Jungverliebten nicht im Wege zu stehen, schlüpfen Albin und Renato in die Rolle eines bürgerlich heterosexuellen Ehepaares und gaukeln den Schwiegereltern in spe eine gutbürgerliche Existenz vor. Die Maskerade fliegt auf, und die Verwirrungen spitzen sich zu, als das Wohnhaus von Journalisten umlagert wird. Denn ein Generalsekretär der „Union für Ordnung und Moral", der privat mit den schwulen Betreibern eines Travestieklub verkehrt, ist für die Paparazzi ein gefundenes Fressen.

Die ausgelassene Tuntenkomödie war lange Zeit der erfolgreichste fremdsprachige Film in den USA und wurde für drei Oscars nominiert (Regie, Drehbuch-Adaption und Kostüme). Sie zog nicht nur zwei Fortsetzungen (*Noch ein Käfig voller Narren*, 1980; *Ein Käfig voller Narren III – Jetzt wird geheiratet*, 1985) sowie das Remake *The Birdcage* (1996), sondern auch ein Musical nach sich.

Formal ist *Ein Käfig voller Narren* eine klassische Farce, die sich der konventionellen Form der Boulevardkomödie bedient und in der Serrault und Tognazzi ihre ausgefallenen Rollen mit hinreißender Komik spielen. Wortwitz, Detailgenauigkeit und eine überdrehte und doch sehr präzise Spielweise heben den Film dabei weit über das Mittelmaß hinaus. Auch wenn die Komödie fast ausschließlich auf der Ausbreitung sämtlicher Klischees über tuntige Homosexuelle aufbaut, so werden letztlich nicht die sehr menschlich und trotz ihrer Eigenheiten sympathisch gezeichneten Schwulen und Fummeltrinen, sondern die Moralapostel der Lächerlichkeit preisgegeben.

F 1978 ⊙ Edouard Molinaro ☺ Francis Veber, Edouard Molinaro, Marcello Danon und Jean Poiret nach dessen gleichnamigen Bühnenstück ⊛ Armando Nannuzzi ♪ Ennio Morricone ☻ Michel Serrault, Ugo Tognazzi, Michel Calabru, Claire Maurier, Rémi Laurent, Luisa Maneri, Carmen Scarpitta, Benny Luke ⊙ 85, farbig ⑪ ◎

Ein Käfig voller Narren III – Jetzt wird geheiratet
LA CAGE AUX FOLLES III

Nach dem achtbaren zweiten Teil von *Ein Käfig voller Narren* aus dem Jahre 1980 folgte fünf Jahre später eine weitere Fortsetzung der Travestiekomödie. Eduardo Molinaro hat hier die Regie an Georges Lautner abgegeben, der sich weniger erfolgreich abmüht, der arg konstruierten Handlung Drive zu verleihen. Auch das Autorenteam hat gewechselt, während die Stammbesetzung in der Darstellerriege gleich geblieben ist. Über alle Untiefen der Story hinweg, die vor allem Situationen konstruiert, in denen das Paar Albin (Serrault) und Renato (Tognazzi) Beziehungsstreiterein austragen können, sind die beiden Schauspieler durch ihre darstellerische Qualität die eigentlichen Stützen des Films.

Albin alias Zaza winkt eine beachtliche Erbschaft. Allerdings hat der verblichene schottische Erbonkel eine heimtückische Klausel ins Testament gesetzt. Albin muss binnen 18 Monaten heiraten und einen Erben zeugen, andernfalls fallen die Millionen Cousin Mortimer zu. Weil Renato (Tognazzi) in finanziellen Nöten steckt, macht er sich gezwungenermaßen auf Brautschau für seinen Lebensgefährten. Als wären dies nicht Sorgen genug, taucht in ihrem Nachtclub *La Cage aux Folles* der

Schwiegervater ihres Sohnes, Charrier (Galabru), auf. Der erzkonservative Abgeordnete ist aufgrund seiner schrägen Verwandtschaft aus der Partei ausgeschlossen worden und sinnt nun auf Rache.

F/I 1985 Ⓢ Georges Lautner Ⓓ Philippe Nicaud, Christine Carrère, Jacques Audiard, Georges Lautner, Gérard Lambelle Ⓚ Luciano Tovoli Ⓙ Ennio Morricone Ⓑ Ugo Tognazzi, Michel Serrault, Mark Bodin, Benny Luke, Marcel Bozzufi, Michel Galabru Ⓣ 95, farbig
ⒹⓉ

Kaffee, Milch und Zucker
BOYS ON THE SIDE

Ein weiterer und sicher gut gemeinter Versuch Hollywoods, sich diverser Minderheiten anzunehmen. Es geht um drei äußerst ungleiche Frauen, deren Freundschaft stärker ist als Liebe und Tod. Die weiße Mittelschichtlerin Robin (Mary-Louise Parker, die auch in *Grüne Tomaten* spielt) ist HIV-positiv und will noch einmal eine letzte lange Reise unternehmen. Per Zeitungsannonce sucht sie eine Mitreisende und gerät an die etwas abgehalfterte, schwarze, lesbische Sängerin Jane (Goldberg). Auf ihrer Reise stößt noch eine leicht nymphomanische, chaotische Freundin von Jane namens Hollie (wunderbar temperamentvoll: die bisexuelle Drew Barrymore) zu den beiden. Hollie hat soeben im Streit ihren brutalen Freund ermordet und ist nunmehr auf der Flucht. Die drei lassen sich in Arizona nieder, wo Robins Krankheit im gleichen Maße ausbricht, wie sich Janes Liebe zu ihr intensiviert. Die lesbische Figur der Jane – grandios dargestellt von Whoopie Goldberg – ist eine klare Sympathieträgerin, doch Sexualität, geschweige denn irgendein Liebesglück, ist ihr im Gegensatz zu ihren heterosexuellen Freundinnen nicht vergönnt. Am Ende, bevor Robin schließlich stirbt, gesteht sie Jane zwar ihre Liebe, aber es bleibt fraglich, ob sie mehr als Freundschaft damit meint. Ein schöner Frauenpowerfilm mit grandiosen Darstellerinnen, witzigen Dialogen und vielen, etwas

zu moralinsauren Aufrufen zu Toleranz und gegenseitigem Respekt. Das lesbische Publikum bleibt zwar, wie auch das restliche, mit Tränen in den Augen, aber unbefriedigt wie seine Heldin, zurück.

In einer Lesbenbar, in der Jane ihren Geburtstag feiert, gibt es übrigens einen kleinen Gastauftritt der *Indigo Girls*.

USA 1994 Ⓢ Herbert Ross Ⓓ Don Ross Ⓚ Donald E. Thorin Ⓙ David Newman Ⓑ Whoopi Goldberg, Mary-Louise Parker, Drew Barrymore, Matthew McConaughey, James Remar, Anita Gillette, Billy Wirth, Estelle Parsons Ⓣ 117, farbig
Ⓐ ⒻⒻ Ⓜ

Kalter Hauch
THE MECHANIC

Der Profikiller Arthur Bishop (Bronson), seines Jobs inzwischen überdrüssig, lernt bei der Beisetzung eines seiner Opfer dessen einzelgängerischen Sohn Steve McKenna (Vincent) kennen. Der entpuppt sich als eiskalter Zyniker, also ideal, um ihn als Mitarbeiter heranzuziehen. Der episodenhafte, mit genretypischen Gewalt- und Actionszenen durchsetzte und dennoch sehr langatmige Thriller wagt bisweilen sogar, die Psyche seiner beiden Hauptfiguren auszuleuchten, zumindest in Ansätzen. Das Verhältnis der beiden ist ganz offensichtlich bestimmt von einer latenten homosexuellen Anziehung. Ein sexuelles Erlebnis Bishops mit einer Prostituierten (Ireland) hat lediglich Alibi-Charakter.

Das Originaldrehbuch stellte die Liebesbeziehung zwischen Bishop und McKenna noch explizit dar. Weil jedoch mehrere Schauspieler die Rolle deshalb ablehnten, wurde die offene Homosexualität gestrichen, ganz verschwunden ist sie dennoch nicht.

„Ich wollte den Gebrauch menschlicher Beziehungen und sexueller Manipulation im Leben zweier Auftragskiller kommentieren. Es sollte ein Schachspiel zwischen dem alten Mörder und seinem jungen Lehrling werden. Der junge Mann merkt, dass er seine Sexualität für seine Zwecke benutzen kann. Niemand aber wollte das Thema anfassen. Kein Schauspieler wollte die Liebesszenen spielen. Männer wie George C. Scott oder Charles Bronson konnten solche Risiken unmöglich eingehen."
Drehbuchautor Lewis John Carlino

USA 1972 Ⓢ Michael Winner Ⓓ Lewis John Carlino Ⓚ Richard H. Kline, Robert Paynter Ⓙ Jerry Fielding Ⓑ Charles Bronson, Jill Ireland, Jan-Michael Vincent, Keenan Wynn, Linda Ridgeway, Frank de Kova, Lindsay H. Crosby, Takayuki Kubota Ⓣ 96, farbig
ⓂⒻ

Kamikaze Hearts

Ein Film im Film ist dieses ungewöhnliche Werk von Juliet Bashore, in dessen Mittelpunkt das lesbische Paar Tigr und Mitch stehen. Die beiden, die sowohl im richtigen Leben als auch im Film als Pornodarstellerinnen arbeiten, spielen sich selbst. Die coole, verruchte Mitch ist die Veteranin, die bereits in über hundert Sexfilmen mitspielte und gerade einen extravaganten neuen Streifen dreht, in dem sie auch viele lesbische Sexszenen hat. Tigr, der verletzliche Typ, kommt mit dem Arrangement nicht zurecht. Der Film, der von ihr eigentlich als Doku-Spielfilm über ihrer beider Liebe geplant war, läuft total aus dem Ruder. Tigr und Mitch trennen sich sozusagen vor laufender Kamera. Tigr verschwindet und gibt sich wieder völlig ihrer Drogensucht hin, während der Porno mit Mitch weiter entsteht.

In gewisser Weise einer der glaubwürdigsten Filme über lesbische Beziehungen überhaupt. Geprägt von exzessivem Drogenkonsum und dem menschenverachtenden Pornobusiness ist das Publikum live dabei, wie eine eigentlich romantische und hoffnungsvolle Liebesbeziehung in die Brüche geht. Hier wird nichts beschönigt und nichts verschwiegen, beide Protagonistinnen wechseln zwischen den verschiedenen Rollen als Pornostars und „dem ganz normalen Lesbenpärchen", das sie natürlich nie sein werden, nur um schließlich ganz die Masken fallen zu lassen. Der Umgang mit Sexualität ist dem Business gemäß unverklemmt und erfrischend, die Sprache ist authentisch, und man weiß, hier sieht man das richtige Leben. Das alles ist ohne voyeuristischen „Big-Brother"-Effekt gemacht, sondern im Einvernehmen mit den Darstellerinnen, und wird dadurch eindringlich, desillusionierend und beklemmend real. Ein außergewöhnlich guter Liebesfilm, der eigentlich alles andere als das ist und dessen Titel darauf hinweist, dass er die Antithese der Schnulze *Desert Hearts* (1985) bildet. In ihrer Eigenschaft als Pornostar ist Hauptdarstellerin Sharon Mitchell übrigens auch in einigen Lesbenpornos der Firma „Fatale Video", die extra für ein lesbisches Publikum gemacht wurden, wie beispielsweise *Suburban Dykes* (1990) zu sehen.

USA 1986 ⊜ Juliet Bashore ☺ Juliet Bashore, Tigr Mennett, John Knoop ⊕ David Golia ♪ Paul M. Young, Walt Fowler ⊛ Tigr

Mennett, Sharon Mitchell, Jon Martin, Sparky Vasque, Jerry Abrahams ☺ 90, farbig (O.m.U.)

Kampf der Hyänen
GIRLS IN PRISON

Klassiker der Gattung „Women in Prison"-Film. Die angeblich unschuldig als Bankräuberin verhaftete Anne (Taylor) findet sich im Gefängnis mir drei illustren Zellengenossinnen wieder. Alle sind scharf auf die versteckte Beute, die sie draußen zu finden hoffen, und natürlich auf die Neue, der sie auf allen Wegen versuchen, das Geheimnis zu entlocken. Vor allem Melanee (Gilbert) macht Anne heftige Avancen, die allerdings nicht zum erhofften Ziel führen. Zu allem Überfluss macht sich auch noch der Gefängnispfarrer an das Unschuldslamm heran.

1994 machte John McNaughton für das US-Fernsehen unter dem gleichen Titel ein grelles Remake des Films mit vielen Reminiszenzen an das Genre und die fünfziger Jahre. Diese TV-Version ist allerdings sehr viel lesbischer und lässt kein Klischee von heißen Duschszenen über messerwetzende Butches aus. Als durchtriebene Insassin ist hier auch Anne Heche zu bewundern.

USA 1956 ⊜ Edward L. Cahn ☺ Lou Rusoff ⊕ Frederick E. West ♪ Ronald Stein ⊛ Joan Taylor, Adele Jergens, Helen Gilbert, Richard Denning, Phyllis Coates ☺ 87, s/w
⑫

Katja – Alle brauchen Liebe
DADDY, DARLING

Die Halbwaise Katja (Louise) ist über beide Ohren in ihren Vater verliebt, der jedoch statt mit der Tochter mit der neuen Geliebten Svea (Petré) ins Bett steigt. Katja ist eifersüchtig und treibt es nun wahllos mit diversen Männern und Frauen – und legt letztlich sogar Svea flach. Banaler Sexfilm des überaus produktiven Softporno- und Pornoregisseurs Joseph W. Sarno.

DK 1969 ⊜☺ Joseph W. Sarno ⊕ Michael Salomon ♪ Tony Hazzard ⊛ Helle Louise, Gio Petré, Ole Wisborg, Lise Henningsen, Søren Strømberg, Lisa Thomson ☺ 90, farbig
Ⓢ ⑫

Die Katze auf dem heißen Blechdach
CAT ON A HOT TIN ROOF

Aus Anlass des 65. Geburtstages des Plantagenbesitzers Big Daddy (Ives) trifft sich die Familie auf dem ansehnlichen Grundbesitz. Dass der Patriarch an Krebs erkrankt ist, wird ihm von seiner Ehefrau (Anderson), dem ältesten Sohn Cooper (Carson) und dessen Gattin Mae (Sherwood) verheimlicht. Man nutzt vielmehr die Zeit, um sich das Erbe zu sichern. Der jüngere Sohn Brick (Newman) hingegen betäubt seinen Lebensekel mit Alkohol und wird von seiner Ehefrau Maggie (Taylor) drangsaliert.

Wie in den Verfilmungen von *Endstation Sehnsucht* (1951) und *Plötzlich letzten Sommer* (1959) wurden auch bei der Filmadaption von Tennessee Williams Stück *Die Katze auf dem heißen Blechdach* die homosexuellen Aspekte von den Drehbuchautoren und Produzenten mit der pauschalen Behauptung weitgehend eliminiert, sie seien dramaturgisch nicht notwendig. Weshalb Brick sich dem Alkohol hingibt und nicht mehr mit seiner Ehefrau schläft, bleibt deshalb im Film allenfalls angedeutet. Die Hinweise deuten hier auf ein gestörtes Verhältnis zum Vater hin. Im Theaterstück hingegen offenbart ein Vater-Sohn-Gespräch die verdrängte Homosexualität Bricks und dessen uneingestandene Liebe zu seinem bereits verstorbenen Jugendfreund Skipper.

Richard Brooks Verfilmung wurde für sechs Oscars nominiert, ging aber letztlich völlig leer aus. Zum Ausgleich wurde er der finanziell erfolgreichste Film des Jahres.

USA 1958 ⊕ Richard Brooks ⊙ Richard Brooks, James Poe nach dem gleichnamigen Bühnenstück von Tennessee Williams ⊕ William Daniels ⊕ Elizabeth Taylor, Paul Newman, Burl Ives, Jack Carson, Judith Anderson, Madeleine Sherwood ⊙ 108, farbig ⓗⓒ ⓞ

Keiner liebt mich

Fanny Fink (Schrader) steht kurz vor ihrem 30. Geburtstag und bekommt allmählich Torschlusspanik. Ihr Leben als Sicherheitsbeamtin am Flughafen ist ebenso trist wie ihre Behausung in einer anonymen Hochhausanlage. Der neue Hausverwalter Lothar Sticker (von Au) könnte ein Mann für sie sein, doch die Dinge laufen nicht so, wie sie es sich wünscht. Trost, Rat und traute Zweisamkeit bekommt sie von ihrem Nachbarn Orfeo de Altamar (Sanoussi-Bliss), einem schrillen Afrikaner. Ein Lebenskünstler, der sich auch auf Hellseherei versteht und ihr eine hoffnungsvolle Zukunft voraussagt. Orfeo selbst macht es die Liebe aber auch nicht leicht. Während eines Auftritts in einer Schwulenbar mit einer Nana-Mouskouri-Playback-Nummer sieht er, wie sein Geliebter Benno Kügler, ein aalglatter Fernsehansager, einen anderen küsst. Am Ende des Films feiern Fanny und Orfeo gemeinsam den 30. Geburtstag – und Orfeo wird von Außerirdischen entführt.

Das Drehbuch Dörries basiert auf einer Erzählung ihres Geschichtenbandes *Auf immer und ewig*. Dort ist der Charakter Orfeos wesentlich mehr vom Leben gebeutelt, seine Weltflucht wird in der Vorlage beispielsweise mit einer Aids-Erkrankung erklärt. *Keiner liebt mich* konnte an der Kinokas-

se längst nicht an Dörries großen Erfolg mit *Männer* (1986) heranreichen. Überzeugend wirkt ihr Film vor allem durch die schauspielerischen Leistungen. Sanoussi-Bliss hat hier seine erste und für lange Zeit einzige große und bedeutsame Kinorolle. Die von ihm selbst gespielte schwule Hauptfigur Sam in seinem Regiedebüt *Zurück auf los!* (2000) entwickelte er nach eigenen Angaben aus der Rolle des Orfeo.

„Orfeo ist jemand, an dem alles nur nachteilig ist. Er ist schwarz, schwul und hat kein Geld, aber trotzdem Power und so den Willen, sich immer neu zu erfinden, über sein eigenes Drama, seine persönliche Tragik hinwegzugehen und nicht darin zu baden (…) jemand, gegen den die ganze Welt ist und der es trotzdem schafft, vor allem in Deutschland, damit kreativ zu sein." Regisseurin Doris Dörrie

D 1994 ⊕⊙ Doris Dörrie nach Motiven ihres Erzählbandes *Für immer und ewig* ⊕ Helge Weindler ⊙ Niki Reiser ⊕ Maria Schrader, Pierre Sanoussi-Bliss, Steffen Bräbner, Michael von Au, Elisabeth Trissenar, Ingo Naujoks, Joachim Król, Peggy Parnass, Lorose Keller ⊙ 104, farbig

Die Keusche mit den feuchten Lippen
FLOSSIE – EN VENUS PÄ 15
Internationaler Titel: Swedish Sex Kitten

Die Werbetexter des deutschen Verleihs glaubten zu wissen, mit welchen Worten sie ihr männliches Publikum ins Kino bekommen: „Die totale Lust jungfräulicher Eros-Miezen und knackfrischer Betthäschen in einem Film ohne Tabu." Tabus gibt es tatsächlich keine, weitere Vorzüge oder Qualitäten allerdings auch nicht. Die 15-jährige Flossie entdeckt im Internat die lesbische Liebe und bändelt mit einer reichen Dame an, die aber auch von einem britischen Botschaftsangestellten im Bett versorgt wird. Weil sie glaubt, Flossies junge Lust nicht allein befriedigen zu können, verkuppelt sie sie mit ihrem Geliebten. Klassischer Bahnhofs-Sexkino-Streifen der siebziger Jahre. Ahlberg hat eine stattliche Zahl mal mehr, mal weniger anspruchsvoller Erotikfilme inszeniert, u.a. *Drei Arten der Lust* (1967).

Schweden 1974 ⊕⊙⊙ Bert Thorn (Mac Ahlberg) ⊙ N.N. ⊕ Maria Lynn (Maria Forssa), Anita Andersson, Jack Frank, Kim Frank, Lars Dahlgard, Marianna Larson, Gunilla Göranson ⊙ 93 (gekürzte Fassung 75), farbig ⓢ ⓚ

Kick It Like Beckham

Es ist praktisch unmöglich, einen Film über Frauenfußball zu machen, ohne das Thema Lesbischsein zu behandeln. Auch wenn sich die britische Komödie Mühe gibt, die Fußballerinnen so hetero wie möglich aussehen zu lassen, kommt man auch hier nicht ganz um die lesbische Angelegenheit herum.

Jessie (Nagra) ist die fußballbegeisterte Tochter indischer Einwanderer im Londoner Stadtteil Hounslow, die sich nicht um Tradition schert, sondern nur Fußball und ihr Idol David Beckham im Kopf hat. Als sie die ebenso fußballvernarrte Jules (Knightley) kennen lernt, verschafft ihr diese die Möglichkeit, in einem Frauenteam zu spielen – hinter dem Rücken der auf indische Tradition bedachten Eltern. Das Geheimnis macht allerdings schnell die Runde, und die beiden Mädchen, die eigentlich in ihren smarten Trainer Joe (in ungewöhnlich braver Rolle: Jonathan Rhys-Meyers, bekannt aus *Velvet Goldmine*) verknallt sind, kommen zu allem Überfluss auch noch in den Ruf, lesbisch zu sein. Das Missverständnis führt beinahe zum Platzen der Hochzeit der Schwester und allerlei anderen Verwirrungen. Sämtliche Vorurteile gegenüber fußballspielenden Frauen und Lesben werden durchgehechelt, nicht ohne sarkastisches Augenzwinkern. Es gibt viele schöne Fußballszenen mit tollen, souveränen Frauen, verschwitzt und leidenschaftlich bei der Sache, über sexuelle Identität aber wird nicht gesprochen. Als sich Jessie mit ihrem Sandkastenfreund Tony verloben will, um die Familie ruhig zu stellen, gibt dieser zu, schwul zu sein und ebenso wie sie auf David Beckham zu stehen.

Am Ende bekommen Jessie und Jules die Möglichkeit, Fußball in den USA zu spielen, und trotz der Romanze mit Joe sind die Freundschaft der Mädchen und die Liebe zum Fußball zunächst wichtiger.

In seiner erfrischenden Art, mit viel britischem Humor und der Problematik des Zwiespalts indischer Tradition und westeuropäischem, emanzipiertem Leben, erinnert die Komödie an *Mein wunderbarer Waschsalon*, *Fire* oder *Chutney Popcorn*, auch wenn Homosexualität nur am Rande eine Rolle spielt.

D/GB/USA 2002 ◉ Gurinder Chadha ◎ Paul Berges, Guljit Bindra, Gurinder Chadha ◉ Jong Lin ◉ Caig Pruess ◉ Parminder K. Nagra, Keira Knightley, Jonathan Rhys-Meyers, Anupam Kher, Archi Panjabi, Shaznay Lewis, Ameet Chana ◉ 115, farbig ⒡⒡

Kika

Die Maskenbildnerin Kika (Forqué) lebt mit dem verschlossenen Damendessous-Fotografen und heimlichen Voyeur Ramón (Casanovas), der immer noch unter dem Freitod seiner Mutter leidet, zusammen. Kika und Ramón lieben sich, aber sie verstehen sich nicht. Als Ramóns Stiefvater, der Schriftsteller Nicolas (Coyote) ins Haus zieht, beginnt sie mit ihm ein sexuelles Verhältnis, nicht ahnend, dass er ein gesuchter Serienkiller ist. Genauso wenig ahnt Kika etwas davon, dass Ramón früher eine geheimnisumwitterte Affäre mit ihrer narbengesichtigen Erzfeindin Andrea Caracortada (Abril), der Präsentatorin der Reality-TV-Show „Das Schlimmste vom Tage" hatte. Kikas schnurrbärtiges Hausmädchen Juana (de Palma) ist insgeheim in ihre Arbeitgeberin verliebt. Als ihr debiler Bruder, der ehemalige Boxer und Pornostar Paul Bazzo (Lajusticia), aus dem Gefängnis flieht, nistet er sich bei Juana ein. Seinen ungestillten Sextrieb reagiert er erst bei seiner Schwester ab und vergewaltigt schließlich auch Kika.

Kika war Almodóvars bis dahin teuerste und aufwändigste Produktion. Viel Geld wurde insbesondere in das Dekor investiert. Durchgehend wird in der Ausstattung und den – von Jean-Paul Gaultier entworfenen – Kostümen mit Farbsymbolen und symmetrischen Formen gespielt. Die vielen, kaum nacherzählbaren Handlungsfäden dieses sich schnell entwickelnden, zwischen Groteske und Tragödie bewegenden Films kreisen intelligent um die Motive des Beobachtens und Beobachtetwerdens, der Verkleidung und der Nacktheit sowie der Trennbarkeit von Wahrheit und Lüge.

> *„Mit Kika versuche ich mich in einer giftigen Komödie, einer scheinbar einfachen Geschichte, die unversehens ausrastet und entgleist. Kika kommt auf Himbeermarmelade daher, aber plötzlich stellt sich heraus, dass es eine Blutlache ist. Mit Frauen am Rande des Nervenzusammenbruchs verbindet Kika die ironische Erzählweise, die weibliche Perspektive und die städtische Atmosphäre. Aber während es mir in Frauen am Rande des Nervenzusammenbruchs um die idyllische Seite der Stadt ging, ist in Kika die Stadt eine aggressive Hölle, wo Männer die Frauen demütigen, sie anlügen, sie ausspionieren und, wenn es sein muss, sie sogar töten."* Regisseur Pedro Almodóvar

Spanien 1993 ◉◎ Pedro Almodóvar ◉ Alfred Mayo ◉ Jean-Paul Mugel ◉ Verónica Forqué, Peter Coyote, Victoria Abril, Rossy de Palma, Alex Casanovas, Anabel Alonso, Charo López, Bibi Andersen, Santiago Lajusticia, Francisca Caballero ◉ 117, farbig

Killing Mom

Hommage des Wiener Untergrund-Filmers an seinen Berliner Kollegen Lothar Lambert. Nicht nur, dass Lambert und seine StammdarstellerInnen mitwirken, das Drehbuch offenbart zudem etliche Insider-Querverweise auf seine Filme. Die Handlung ist ähnlich skurril und tragikomisch, wie man es von

Lambert gewohnt ist, allerdings ohne dessen pseudo-authentische Inszenierungsweise.

Die 16-jährige Stephanie (Hofmeister) plagt sich mit einer erzkonservativen Lehrerin, einer tablettensüchtigen Mutter (Moritz) und einem weichlichen Vater (Lambert) herum. Trost und Zuflucht findet sich in der WG einer lesbischen Freundin und in diversen, sehr direkt gezeigten Sexabenteuern.

D 1993/1994 ⬛⬛ Carl Andersen ✈ Albert Kittler ♪ Dull Schicksal ⬛ Stephanie Hofmeister, Dorothea Moritz, Lothar Lambert, Ulrike S. (Ulrike Schirm), Nilgün Taifun ⏱ 65, s/w und farbig

Kilometer 0
KILOMETRO CENTRO

Auf der Plaza del Sol im Herzen Madrids findet sich ein markanter Punkt: der „Kilometer Zero". Von hier aus werden die Entfernungen der Hauptstadt gemessen. Dieser Markstein ist auch ein beliebter Treffpunkt, was zu Problemen führen kann, wenn sich zur gleichen Zeit zu viele *Blind Dates* dort verabredet haben. Wie etwa der angehende Filmregisseur Pedro (Fuentes), eben erst am Bahnhof angekommen, um für einige Wochen an einem Workshop teilzunehmen. Er will hier die Freundin seiner Schwester treffen, bei der er vorübergehend wohnen kann. Die Hure Tatjana (Matilla) wiederum will den sexuell verklemmten Freier Sergio (San Juan) aufgabeln. Der junge Flamenco-Tänzer Bruno (Ullate jr.) hat sich in einem Internet-Chat auf einen Quickie verabredet. Und der Callboy Miguel (Cabrero) trifft eine Kundin. Sämtliche Verabredungen gehen durcheinander, die Paare fügen sich in unerwarteter Konstellation zusammen. Brunos potentieller Sexpartner Máximo (del Rio) geht mit Tatjanas Freier ein Bier trinken und hilft ihm im Laufe des Abends, seine sexuellen Verklemmungen zu lösen. Bruno wird stattdessen von Miguels Mitbewohner Benjamin (García) abgeschleppt, der sich prompt in Bruno verliebt. Pedro wird von Tatjana mit nach Hause genommen. Er ist in der Annahme, seine Mitbewohnerin kennen gelernt zu haben, sie wiederum will ihn auftragsgemäß sexuell zufrieden stellen.

Das Autoren- und Regieduo Juan Luis Iborra und Yolanda García Serrano hat den Mechanismus dieser erotischen Screwball-Comey gut geschmiert, und zunehmend kommt das Verwechslungskarussell in Fahrt. Homo- wie heterosexuelle Beziehungsprobleme werden dabei gleichermaßen abgehandelt. Harmlos, aber humorvoll, wobei sich Wortwitz und Situationskomik bestens verbinden, es gelingt den beiden Regisseuren trotzdem, in die Seelen der Figuren blicken zu lassen. Ein Sommerspaß mit gutem Timing und mit durchweg

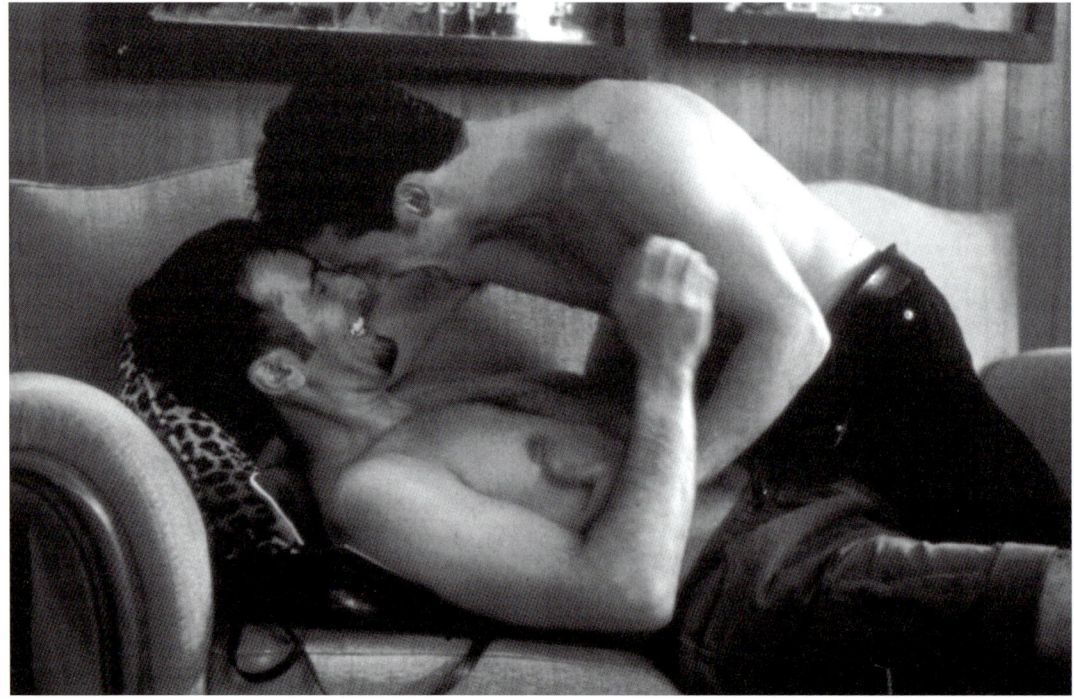

Kilometer 0

charmanten, liebenswürdigen Charakteren. Beim Miami Gay/Lesbian Film Festival im Mai 2001 wurde *Kilometer 0* mit dem Audience Award ausgezeichnet.

Spanien 2000 ⊜⊝ Juan Luis Iborra, Yolanda García Serrano ⊕ Àngel Luis Fernández ⊙ Joan Bibiloni ⊛ Concha Velasco, Gorge Corraface, Carlos Fuentes, Merce Pons, Victor Ullate jr., Alberto San Juan, Elisa Matilla, Miquel García, Armando del Rio, Jesus Cabrero, Tristan Ulloa, Cora Tiedra ⊙ 108, farbig
ⓒⓞ ⓑⒾ ⓟⓡ

Kismet
Deutscher Video-Alternativtitel: Black Souls

„Gib mir fünf Minuten und ich erklär dir alles." Der junge Türke Tony (Akin) hat das blutige Messer noch in der Hand, und Jan (Wink), der den Mord an der blonden Frau unfreiwillig im Park beobachtet hat, will schon die Polizei benachrichtigen. Doch er lässt sich auf den Handel ein. Aus den vereinbarten fünf Minuten wird eine ganze Nacht, und am Ende wird es noch ein paar Leichen mehr geben. Auch eine Teichente (Tod durch Steinschleuder) und ein Terrier (Genickbruch) müssen ihr Leben lassen. Tony, der Zuhälter und mutmaßliche Mörder, und Jan, der Jurastudent, stiefeln nun also gemeinsam durch das nächtliche Köln, von einer Dönerbude zur nächsten, gehen tanzen, landen zwischendurch sogar im Bett (genau genommen in dem der Toten) – nur zur Polizei kommen sie nicht.

Wie in Robert Altmans *Short Cuts* (1993), ohne jedoch dessen Tiefe zu erreichen, und Sönke Wortmanns *St. Pauli Nacht* (1999), ohne so glattpoliert zu erscheinen, überkreuzen sich hier ständig die Wege einer Handvoll Protagonisten und deren Kismet – zu deutsch: unausweichliches Schicksal. Der Film, mit den Gaststars Lilo Wanders als mondäne Puffmutter und Ingolf Lück als leidlich überzeugender Suffkopf, der Schwule im Park verprügelt, will über weite Strecken ein psychologischer Thriller sein und ein stets irritierendes Vexierspiel um Lügen, List und Manipulation. Zum anderen haben Thiel und Hensel manch satirischen Unterton, fast schon Comedyelemente, eingebaut – eine nicht immer überzeugende Mischung.

D 1999 ⊛ Kai Hensel, Andreas Thiel ⊜ Kai Hensel ⊕ Jan Fehse ⊙ Einheit/GRY ⊛ Steffen Wink, Axel Milberg, Fatih Akin, Jule Ronstedt, Ingolf Lück, Lilo Wanders ⊙ 102, farbig
ⓖ

Kiss

17 Küsse unterschiedlichster Paare, heterosexuelle wie homosexuelle, hat Andy Warhol in Großaufnahme jeweils für die Länge einer Filmrolle, also etwa vier Minuten lang, stumm gefilmt. Die unbewegte Kamera hält die Ereignisse in ihrer Vielfalt und Leidenschaft, aber auch Langeweile, ohne Schnitt und völlig teilnahmslos, fest, als handle es sich um eine anthropologische Dokumentation. Die Idee zum Film lieferte der alte Hayes-Kodex der Zensurbehörde, der es untersagt hatte, leidenschaftliche Küsse auf US-amerikanischen Leinwänden zu zeigen.

USA 1963 ⊜⊕ Andy Warhol ⊛ Naomi Levine, Pierre Restany, Gerard Malanga, Philip van Rensselaer, Charlotte Gilbertson, Jane Holzer, Andrew Meyer, John Palmer, Marisol, Harold Stevenson, Steven Holden, Ed Sanders, Rufus Collins ⊙ 68, s/w
ⒽⒸ

Kiss Me, Guido

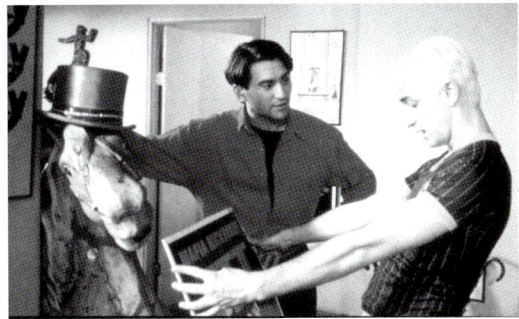

Der New Yorker Pizzabäcker Frankie (Scotti) möchte Schauspieler werden und braucht eine neue Wohnung, um seiner italienischen Großfamilie den Rücken kehren zu können. Da er das Kürzel „GWM" in einer Wohnungsanzeige (Gay White Male, sprich: weißer, schwuler Mann) als „Guy With Money" (Typ mit Geld) missversteht, landet er als Untermieter bei dem schwulen Schauspieler Warren (Barrile). Weil er nicht mehr nach Hause kann, lässt sich Frankie auf die ihm unangenehme Situation ein, und Warren verschafft ihm auch noch seine erste Rolle, allerdings in einem schwulen Theaterstück.

Die Komödie Tony Vitales, der sich zuvor als Drehbuchautor u.a. für Hal Hartley und Robert De Niros *A Bronx Tale* (1993) hervorgetan hat, bedient sich der gleichen Mainstream-tauglichen Ausgangssituation wie hier zu Lande *Echte Kerle* (1996) oder *Der bewegte Mann* (1994): Der Heteromann allein unter Schwulen. Dann schöpft er aus dem Spiel mit den Klischees und den wechselseitigen Vorurteilen. Warren versucht vergeblich, die Beziehung zu seinem Ex neu aufleben zu lassen und seufzt sich auf dem Sofa mit *The Sound of Music* den Weltschmerz von der Seele. Theaterschwule sind per se exaltierte Intellektuellentucken, und beste Homofreunde haben blondierte Haare und gebrochene Handgelenke. Für Heteros sind Schwule eine Gefahr für die eigene Männlichkeit, und umgekehrt halten Homos ihre Hetero-Artgenossen für prinzipiell unterbelichtet und geschmacklos. In *Kiss Me, Guido* gehen die Lacher vor allem auf Kosten der Machos: ganz gleich, ob die Kerle Männer oder Frauen lieben. In Sachen Männlichkeitswahn haben alle ihre Macken.

In jenen Momenten, in denen Drehbuchautor und Regisseur Tony Vitale die Klischees auf die Spitze der Groteske treibt, findet sein Film die besten Pointen. Doch die dramaturgischen Schwächen, manch stereotyper Gag und der leicht pädagogische Ansatz sorgen auch für Längen.

USA 1996 ⊛⊜ Tony Vitale ⊛ Claudia Raschke ♪ Randall Poster ⊛ Nick Scotti, Anthony Barrile, Anthony DeSando, Dominick Lombardozzi, Craig Chester, Molly Price ⊙ 86, farbig

Kiss or Kill

Die junge Nikki schleppt in Hotelbars Geschäftsmänner mit dem Versprechen für eine heiße Nacht ab. Außer einem dicken Brummschädel und leeren Brieftaschen bleibt ihnen nach dem bösen Erwachen allerdings nichts, wenn Nikki und ihr Lover Al ein Pülverchen im Whisky zur Wirkung kommen lassen. Bis eines Tages einer der schlüpfrigen Kerle unerwartet den Geist aufgibt. Die Polizei ist dem Verbrecherduo auf der Spur, und auf ihrer Flucht quer durchs Land pflastern auf mysteriöse Weise Leichen ihren Weg. Ob's daran liegt, dass sie bei ihrem Opfer eine Videokassette haben mitgehen lassen, die den legendären Ex-Footballstar Zipper Doyle beim Sex mit einem Jungen zeigt? Bennetts Roadmovie sticht im überlaufenen Genre des Serienkiller-Dramas durch seinen lakonischem Witz, origineller Schnitttechnik und überraschenden Wendungen hervor. Die Päderastie Zipper Doyles bleibt spekulatives Moment.

AUS 1997 ⊛⊜ Bill Bennett ⊛ Malcolm McCulloch ⊛ Frances O'Connor, Matt Day, Chris Haywood, Barry Otto, Andrew S. Gilbert, Jennifer Cluff ⊙ 95, farbig
ⓅⒶ

Kissing Jessica Stein

Mit Jessica Stein ist es gelungen, eine platte lesbische Version des US-amerikanischen Mainstream-Humors, wie wir ihn aus Fernsehserien über das Großstadtleben von Singles (*Ally McBeal* und *Sex and the City* lassen grüßen) kennen, ins Kino zu bringen. Die Story, ihre Umsetzung und die schauspielerische Leistung sind banal und unbeholfen.

Jessica Stein (Westfeld) ist eine gelangweilte, frustrierte Großstadt-Singlefrau, die schließlich auf eine „Frau-sucht-Frau"-Kontaktanzeige antwortet, obwohl sie eigentlich hetero ist. Die Inserentin, die eigentlich ebenfalls heterosexuelle Galeristin Helen (Juergensen), entflammt allerdings schwer

für Jessica, und beide fangen mehr oder weniger halbherzig eine Affäre an. Während Helen begeistert über die Neuentdeckung lesbischer Sexualität ist, bleibt Jessica eher kühl und unnahbar. Der Beziehungsversuch der beiden scheitert, nicht zuletzt an Jessicas Frigidität. Immerhin bleiben sie im Anschluss gute Freundinnen. Helen hält es sogar bei den Frauen, während Jessica zurück ins asexuelle Singledasein geht.

Der Film beruht auf einer New Yorker Sketchreihe, was bei der etwas holprigen Anneinanderreihung mehr oder weniger komischer Dialoge deutlich zu spüren ist. Dem gutgemeinten Versuch der beiden Drehbuchautorinnen, die gleichzeitig auch die Hauptdarstellerinnen sind, gelingt es immerhin, sexuelle Unabhängigkeit der Frauen und die absolut gleichwertige Daseinsberechtigung einer lesbischen Beziehung darzustellen.

USA 2001 ⊛ Charles Herman-Wurmfeld ⊜ Jennifer Westfeld, Heather Juergensen ⊛ Lawrence Sher ♪ Marcelo Zarvos ⊛ Jennifer Westfeld, Heather Juergensen, Tovah Feldshu ⊙ 96, farbig
ⒸⓄ ⒻⒻ

Das Kloster zum heiligen Wahnsinn
ENTRE TINIEBLAS
Deutscher Alternativtitel: In der Finsternis

Almodóvars erster großer Kinofilm ist auch sein erster Versuch eines Melodrams mit komischen Elementen – ein Modell, das er im Lauf seiner Karriere immer mehr verfeinerte – und zugleich eine Parodie auf das Genre des Nonnenfilms. Die drogenabhängige Nachtclubsängerin Yolanda Bell (Pascual) muss mit ansehen, wie ihr Geliebter Jorge an einer Überdosis Heroin stirbt. Sie beschließt unterzutauchen und sucht in einem Frauenkloster Zuflucht. Dort versuchen die „Gedemütigten Retterinnen" seit Jahren, gefallene Mädchen auf den rechten Weg zurückzuführen. Allerdings steckt die Gemeinschaft schon länger in der Krise: Nur sehr wenige Mädchen wollen heutzutage noch erlöst werden. Bald muss Yolanda feststellen, dass die kleine Nonnenschar sich fast ausschließlich ihren eigenen, sehr extravaganten Lastern widmet. Die Oberin (Serrano) ist eine drogensüchtige Lesbe, die an ihrer unerfüllten Liebe zu Yolanda zerbricht. Im Klostergarten wird ein Tiger namens Eros aufgezogen, und eine Schwester verfasst unter Pseudonym pornografische Romane, während eine andere im LSD-Rausch und verfolgt von neonfarbenen Visionen ihrem Sauberkeitswahn erliegt. Pedro Almodóvar ist in einem Cameo-Auftritt als Mann im Bus zu sehen.

„Kitsch gibt es in allen meinen Filmen, und er ist von der Religion, davon, wie sie praktiziert wird, nicht zu trennen. Ich bediene mich der Religion, um von rein menschlichen Gefühlen zu erzählen. Was mich an ihr interessiert, mich fasziniert,

das ist ihr Vermögen, eine Kommunikation herzustellen zwischen Menschen, auch zwischen zwei Liebenden." Regisseur Pedro Almodóvar

Spanien 1983 ◎◎ Pedro Almodóvar ⊕ Ángel Luis Fernández ♪ Morris Albert, Curel Alonso, Carlos Arturo Eritz, Cam España, Cheo Feliciano ⊛ Cristina Sánchez Pascual, Julietta Serrano, Marisa Paredes, Mary Carrillo, Lina Canajelas, Manuel Zarzo, Carmen Maura, Chus Lampreave, Laura Cepeda, Marisa Tejada, Cecilia Roth, Pedro Almodóvar, Agustín Almodóvar ⊙ 115, farbig Ⓚ

Die Klosterschülerinnen
LE CHATEAU

Ein „schockierender Bericht über verbotene Liebe hinter Klostermauern" verspricht die Verleihwerbung. Die Klosterschülerinnen sind frustriert und langweilen sich ebenso wie ihre Ordensschwestern und Lehrerinnen. Also studiert man heimlich Pornohefte, erprobt untereinander, wie das mit dem Sex so ist, und wagt sich schließlich an junge Männer heran, wie z.B. an den späteren TV-Star Sascha Hehn.

Softsex-Streifen des einschlägig erfahrenen Regisseurs Eberhard Schroeder (*Junge Mädchen mögen's heiß, Hausfrauen noch heißer*, 1973). Das Drehbuch basiert auf einer Illustriertenserie und gibt sich somit einen pseudodokumetarisch-aufklärerischen Anstrich. Die These: Das katholische Erziehungssystem und deren rückständige Moral führen zwangsweise zu lesbischem Sex, Frustration und Selbstmordversuchen.

BRD/F 1972 ⊛ Eberhard Schroeder ◎ Werner P. Zibaso, Michael Gast nach einer Illustriertenserie von Günther Hunold ⊕ Helmut Mewes ♪ Giorgio Moroder ⊛ Doris Arden, Ulrich Beiger, Astrid Boner, Felix Franchy, Ellen Frank, Philippe Dumat, Carina Kreisch, Enzi Fuchs, Sascha Hehn, Brigitte Knuth, Elisabeth Volkmann, Karin Wieland ⊙ 91, farbig Ⓚ Ⓢ

Knutschen Kuscheln Jubilieren

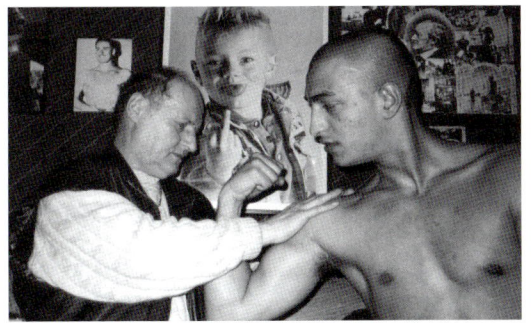

Sechs ältere, bürgerlich-gediegene Schwule haben ihr Stammlokal, die Stricherkneipe „Le Clou" im Düsseldorfer Rotlichtmilieu, zum Wohnzimmer ihrer Leidenschaften gemacht. Udo Jermann, den alle „Mutter Colonia" nennen, träumt davon, „einmal Prinz zu sein in Köln am Rhein". ‚Charlotte' alias Peter Jansen gesteht im 56. Lebensjahr seiner 80-jährigen Mutter: „Mami, ich bin schwul", während Wolfgang Bienat, genannt „Biene", erzählt, dass er in der Hochzeitsnacht von einem 16-jährigen Knaben verführt worden war. Der 78-jährige Hennes hat im Konzentrationslager Buchenwald gelernt, einsam zu leben, während ‚Mutter Wolf' nie allein zu Bett geht. Als die Kneipenclique bei einem Preisausschreiben gewinnt, treten sie gemeinsam eine Reise nach Venedig an. Peter Kern mischt Dokumentar- mit nachgestellten Spielszenen und formt daraus mit viel Sympathie für die Personen Porträts von Männern, die von lebenslanger Ausgrenzung und der Angst vor Einsamkeit und Alter geprägt sind und sich nichts sehnlicher wünschen als bürgerliche Normalität.

D 1997 ◎◎ Peter Kern ⊛ Sven Kierst ⊛ Udo Jermann, Wolfgang Rendat, Jürgen Wolf, Johann Jaqumont, Peter Jansen, Ronny Wanowski, Wolfgang Bienat, Peter Kern ⊙ 87, farbig Ⓓ ⓅⓇ

Der König tanzt
LE ROI DANSE

Wenn der König tanzt, herrscht ergriffenes Schweigen. Sein jugendlicher, glatter Körper ist über und über mit Gold bemalt. Der Blick starr und gebieterisch. Er ist die Sonne, und um ihn herum bewegt sich die Welt, drehen sich die Planeten. Seine Tanzschritte sind stampfend und verkünden mit jedem Schlag auf das Parkett: Ich bin der Herrscher. *„L'état c'est moi."* Bereits die Eingangssequenz von einer Aufführung am königlichen Hof des jungen Ludwig XIV. (Magimel) charakterisiert aufs Genaueste dessen Selbstbild. Der französische Herrscher liebt die Künste, aber noch viel mehr sich selbst. Und der Komponist Jean-Baptiste Lully (Terral) hebt dazu den Taktstock und liefert den Soundtrack zur Demonstration der Macht.

Gérard Corbiaus mit barocker Pracht umgesetzter Film rekapituliert die Geburt der Oper aus dem Geiste des Tanzes, beleuchtet das Verhältnis von Kunst und Politik und ist nicht zuletzt ein vielschichtiges Porträt Ludwig XIV. Insbesondere hat es Gérard Corbiau auf das wechselhafte Verhältnis zu Lully und auch Moliére (Karyo) abgesehen. Lully, der Italiener in Frankreich, ist ein exzentrischer, selbstverliebter Künstler. Er verlässt sich ganz auf sein Genie – und auf die Protektion seiner platonischen Liebe, des Sonnenkönigs: „Ich bin nichts ohne ihn." Solange ihm die Gunst sicher ist, sind auch seine homosexuellen Affären verziehen, hat er Narrenfreiheit in beinahe jeder Hinsicht. Corbiau hat seinen Film als klassisches Drama vom Aufstieg und Fall eines Anmaßenden gestaltet. Auf dem Totenbett liegend resümiert der vergessene, verarmte Lully sein tragisches Schicksal. Mitleid werden die ZuschauerInnen jedoch kaum empfinden. Dafür lassen die Intrigen am Hofe zu kalt und wirkt dies alles zu sehr wie ein musikalisches Märchen aus fernen Tagen – wenn auch sehr dramatisch und opulent.

„Dass Lully homosexuell war, ist eine Tatsache. Es ist allerdings nicht sehr viel Privates von ihm überliefert. Man weiß, dass er schwul war und zum Kreis der Libertins zählte, einer wichtigen Oppositionsbewegung gegen die Kirche und die herrschenden Machtverhältnisse. Er war verheiratet und hatte sechs Kinder, so dass man davon ausgehen kann, dass er auch gegenüber Frauen Zuneigung empfand. Das Gleiche sagt man übrigens auch über Moliére. Aber das habe ich im Film beiseite gelassen." Regisseur Gérard Corbiau

F/B/D 2001 ⊛ Gérard Corbiau ⊙ Gérard Corbiau, Eve de Castro, Andrée Corbiau basierend auf der Lully-Biografie von Philippe Beaussant ⊛ Gérard Simon ♪ Ludo Troch, Philippe Ravoet ⊛ Benoît Magimel, Boris Terral, Tcheky Karyo ⊙ 115, farbig

Königin Christine
QUEEN CHRISTINA

Greta Garbo, „die Göttliche", wie der größte weibliche Filmstar seiner Zeit zu Recht aufgrund ihrer Schönheit genannt wurde, setzte sich in diesem Film ihr eigenes lesbisches Denkmal. Die Verfilmung des Lebens der bekanntlich lesbischen Königin Christina von Schweden hält sich kaum an historische Fakten. Der opulente Kostümfilm lebt hauptsächlich vom überragenden Spiel seiner Hauptdarstellerin, die – selbst gebürtige Schwedin, bisexuell und ebenso wie die Königin nie verheiratet gewesen – die Traumbesetzung für diese Rolle war. Obwohl Hollywood eine heterosexuelle Liebesgeschichte einweben musste, gibt es etliche Szenen, in denen die Königin ihre Zuneigung zum eigenen Geschlecht zumindest andeutet. Vor allem der leidenschaftliche Kuss zwischen ihr und ihrer Zofe Ebba (Young) bleibt unvergessen. Zumeist in Männer-

kleidung, willensstark und dominant posiert die göttliche Garbo durchaus adäquat als die unangepasste Königin, der ihre Unabhängigkeit letztendlich wichtiger war als der Thron und die damit unumgänglich verbundene arrangierte Heirat. „Als Junggeselle soll ich sterben!" sagt die Königin dann auch konsequenterweise im Film.

USA 1933 ⊛ Rouben Mamoulian ⊙ Salka Viertel, H.M. Harwood, Ben Hecht nach einer Geschichte von Salka Viertel und Margaret P. Levine ⊛ William Daniels ♪ Herbert Stothart ⊛ Greta Garbo, John Gilbert, Elizabeth Young, Jan Keith, Lewis Stone ⊙ 100, s/w

Kommt Mausi raus?

Das Ungewöhnliche an dieser eher gewöhnlichen Coming-out-Komödie ist die Tatsache, dass sie vom deutschen Fernsehen (NDR/MDR) produziert und zur besten 20.15-Uhr-Sendezeit im Ersten ausgestrahlt wurde: Im Jahre 1994 diskutierte die deutsche Fernsehnation Mausis Coming-out flächendeckend.

Mausi alias Kathi (Richter) zieht aus der westfälischen Provinz in die Großstadt Hamburg. Schnell lernt sie die flotte Fotografin Yumiko (Wilcke) kennen und lieben und hat ihr lesbisches Coming-out. Nun bleibt nur noch das alte Problem: Wie sag ich's Mutti? Von der genervten Freundin überredet, reist Mausi zurück in die Heimat, um ihr Coming-out auch dort kund zu tun. Es wird ein Trip in ihre Vergangenheit mit allerlei Überraschungen, vor allem der einer verständnisvollen coolen Mutter. Die Darstellung des Konflikts „Heile-Welt-Heimat in der Provinz und homosexuelles Doppelleben in der Großstadt" ist realistisch und witzig gezeigt und bietet viel Identifikationspotenzial für ein breites Publikum. Aufgrund seiner frischen und positiven Art tourte der Mausi-Film durch allerlei schwul-lesbische Filmfestivals und kam somit sogar auf die große Leinwand.

Die lesbische Drehbuchautorin Angelina Maccarone schrieb nach diesem Erfolg weitere Drehbücher und machte Filme wie *Alles wird gut* und *Ein Engel schlägt zurück*.

D 1994 Ⓢ Alexander Scherer Ⓦ Angelina Maccarone Ⓚ Jochen Radermacher Ⓜ Paul Shigihara Ⓓ Julia Richter, Alexandra Wilcke, Nina Weniger, Inga Busch Ⓣ 89, farbig ⓒⓄ

Kondom des Grauens

Im New Yorker Stundenhotel „Quickie" kommt einem Mann beim Sex etwas Entscheidendes abhanden. Das Opfer erklärt, ein Kondom hätte ihm den Schwanz abgebissen. Inspektor Luigi Mackeroni (Samel) glaubt an diese Erklärung allerdings erst, als er selbst Opfer des bissigen Kondoms wird: Als er sich im selben Hotelzimmer mit dem jungen Stricher Billy (Richter) vergnügt und das Killer-Kondom Mackeroni selbst angreift – und ihm ein Ei abbeißt. Seine Kollegen halten seine Schilderung für Spinnerei, also ermittelt Mackeroni auf eigene Faust, derweil immer mehr Männer im „Quickie" ihr Gemächt verlieren. Die Spur führt zu einem Kondom-Großfabrikanten (Wolter), der in einem unterirdischen Geheimlabor die teuflischen Gummidinger entwickelt und zu einer durchgedrehten katholischen Weltverbesserin (Berben).

Schon einmal diente zuvor ein Comic Ralf Königs als Filmvorlage. *Der bewegte Mann* (1994) war zwar ein Publikumserfolg, dafür aber um alle kleinen Schrägheiten und Perversitäten bereinigt und des Charmes und der ursprünglichen Witze des Comics beraubt. Regisseur Martin Walz versucht einen anderen Weg, um die gezeichneten Knollennasenmännchen von echten Darstellern auf die Leinwand bringen zu lassen. Die Ausstattung erinnert an B-Pictures und betont die Kulissenhaftigkeit, statt sie zu verbergen. Die Schauspieler chargieren übertrieben, und Walz wagt Albernheiten und gezielte Geschmacksverirrungen. H. R. Giger durfte das Killerkondom entwerfen, Splatterregisseur Jörg Buttgereit sorgte für Spezi-

aleffekte, und so trifft Trash auf Slapstick und Nonsens. Während Samels Darstellung des Kommissars Mackeroni durchaus überzeugt, wirkt vor allem das Finale des Films wie eine laue, unüberlegt inszenierte Parodie auf Edgar-Wallace-Filme. Mit großem Werbeaufwand und 500 Kopien gelangte *Kondom des Grauens* in die deutschen Kinos – und floppte. Ralf König ist in einem Kurzauftritt als Tunte vor dem Hotel stehend zu sehen.

D 1996 Ⓢ Martin Walz Ⓦ Martin Walz, Mario Kramp, Ralf König nach seinem gleichnamigen Comicroman und dessen Fortsetzung *Bis auf die Knochen* Ⓚ Alexander Honisch Ⓜ Emil Viklicky Ⓓ Udo Samel, Peter Lohmeyer, Marc Richter, Leonard Lansink, Iris Berben, Henning Schlüter, Ralf Wolter, Evelyn Künneke, Gerd Wameling, Otto Sander, Hella von Sinnen, Ron Williams, Peter Krüger Ⓣ 118, farbig ⒹⓀ ⓅⓇ

Der Konformist
IL CONFORMISTA
Deutscher Alternativtitel: Der große Irrtum

Den renommierten Philosophen Marcello Clerici (Trintignant) quält eine Schuld aus Kindheitstagen. Als 13-Jähriger erschoss er den Chauffeur seiner Eltern, der ihn in die Wohnung gelockt hatte und verführen wollte. Diese Tat, die ihn von der Gesellschaft zu trennen scheint, versucht er zu kompensieren, indem er sich über die Maßen anpasst. Er heiratet, tritt der faschistischen Partei Italiens bei, wird Mitläufer und Denunziant und geht schließlich als Spion nach Paris. Dort begegnet er seinem ehemaligen Professor Quadri (Tarascio), der mit seiner Ehefrau Anna (Sanda) ins Exil gegangen ist. Anna und Marcellos Gattin Giulia (Sandrelli) beginnen eine Beziehung. In einer langen, grandios choreografierten Szene tanzen die beiden leidenschaftlich Tango. Marcello Clerici aber verrät das Ehepaar Quadri an die Gestapo, und sie werden auf einer Landstraße bestialisch ermordet. 1943 trifft Marcello bei einer faschistischen Siegesfeier in Rom jenen Mann wieder, den er als Kind erschossen zu haben glaubt. Sein Lebenskonzept bricht zusammen, die vermeintliche Schuld, der er sein bisheriges Handeln und seinen Zwang zur Normalität unterworfen hatte, entpuppt sich als grundlos. Mehr und mehr wird sich Marcello nun seiner latenten Homosexualität bewusst.

Bertolucci hat seine Charakterstudie durch komplizierte Rückblenden eng verschachtelt gestaltet und die Bilder streng und ausgefeilt durchkomponiert. Ihm gelingt mit dieser psychologisch nicht immer überzeugenden, sexualpathologischen Faschismusanalyse sein bislang größer Erfolg beim Publikum wie bei auch bei der Kritik.

I/F/BRD 1969 Ⓢ Bernardo Bertolucci Ⓦ Bernardo Bertolucci nach dem gleichnamigen Roman von Alberto Moravia

Vittorio Storaro ◉ Jean-Louis Trintignant, Pierre Clémenti, Stefani Sandrelli, Dominique Sanda, Enzo Tarascio ◉ 110, farbig
Ⓑ Ⓒ

Die Konsequenz

Der Schauspieler Martin Kurath (Prochnow) ist wegen Verführung Minderjähriger zu zweieinhalb Jahren Haft in einem Schweizer Gefängnis verurteilt worden. Der liberale Anstaltsleiter gestattet ihm, ein von einem Mithäftling geschriebenes Theaterstück zu inszenieren. Die Hauptrolle übernimmt der 16-jährige Sohn eines Aufsehers, Thomas Manzoni (Hannawald). Zwischen Kurath und dem Jungen entwickelt sich eine Liebesgeschichte, und nach Kuraths Entlassung ziehen die beiden zusammen. Unfähig, ihren Sohn zu begreifen, mobilisieren die Eltern die Justiz und erzwingen Thomas' Einweisung in eine Erziehungsanstalt. Dort wird er wegen seiner Homosexualität von der Gemeinschaft ausgegrenzt und von den Erziehern gedemütigt. Mit Hilfe von Kurath gelingt ihm zwar die Flucht, aber ihre Versuche, ein gemeinsames Leben zu führen, sind zum Scheitern verurteilt. Als mit Thomas' Volljährigkeit ein neues Leben beginnen könnte, ist dieser ein gebrochener Mann und wird nach einem versuchten Freitod in eine Nervenklinik eingewiesen.

Die Konsequenz, basierend auf Alexander Zieglers autobiografischem Roman, machte deutsche Fernsehgeschichte. Der Bayrische Rundfunk schaltete sich am 8. November 1977 bei der Ausstrahlung des TV-Films aus dem Gemeinschaftsprogramm der ARD aus und zeigte stattdessen den unproblematischeren Heimatfilm *Sternsteinhof* (1976). *Die Konsequenz*, so die Begründung, verstärke „die Vorurteile und Voreingenommenheiten gegenüber Homophilen" und verletze „sittliche Gefühle". Letzteres bezog sich auf eine angedeutete Vergewaltigung und einen heterosexuellen Porno, den sich die beiden Protagonisten auf Super-8 ansehen müssen. Der Skandal bescherte dem einfühlsamen wie drastischen Film anschließend einen erfolgreichen Kinoeinsatz. Durch die straffe Regie dieses emotionalen Plädoyers für Toleranz gegenüber Homosexuellen und aufgrund der überzeugenden darstellerischen Leistungen gelang es Petersen, weitaus besser als der Buchvorlage, Klischees zu vermeiden und die Melodramatik der Geschichte ohne Kitsch und Sentimentalität zu erzählen.

> *„Ich erzähle eine Liebesgeschichte zwischen zwei Menschen, die zufällig Männer sind und deren Beziehung von der Umwelt systematisch zerstört wird, denen man keine Chance lässt. Es war meine Absicht, dass die Zuschauer sich im Wesentlichen mit diesen beiden Figuren identifizieren sollen, das heißt, dass sie nach und nach vergessen, dass hier Männer agieren. Qualitativ unterscheidet sich diese Liebe in nichts von einer Mann-Frau-Beziehung."*   *Regisseur Wolfgang Petersen*

BRD 1977 ◉ Wolfgang Petersen ◎ Wolfgang Petersen, Alexander Ziegler nach seinem gleichnamigen Roman ◉ Jörg-Michael Baldenius ♪ Nils Sustrate ◉ Jürgen Prochnow, Ernst Hannawald, Walo Lüönd, Edith Volkmann, Erwin Kohlund, Erwin Parker, Hans Irle, Elisabeth Fricker, Alexander Ziegler ◉ 95, s/w
Ⓦ Ⓖ Ⓒ Ⓣ Ⓟ

Kopffeuer

Der Zufall führt vier sehr unterschiedliche junge Menschen in einer verlassenen Werfthalle an der Elbe zusammen. Ihre Behausung ist ohne Wasser und Strom, aber dafür haben sie ihre Ruhe. Das türkische Mädchen Alev ist vor einer Zwangsehe von zu Hause weggelaufen, der Japaner Yukio ist von seiner Musik besessen. Gerold, ein Stricher, der genug vom Leben in der Subkultur und auf der Straße hat, sowie der Autonome David suchen ein Leben ohne bürgerliche Normen. Sie alle ziehen sich von der Außenwelt zurück und nähern sich einander in einer Art Haß-Liebe. Realistisch inszenierte Milieu-Studie Großstadt-Jugendlicher, die den Ausstieg aus der Gesellschaft proben.

BRD 1988 ◉◎ Erwin Michelberger ◉ Jörg Schalk ♪ Cyan ◉ Nobuyuki Takayama, Klaus Pawelek, Seyran Ates, Peter Kern, Ameise ◉ 87, farbig
Ⓟ

Krámpack – Dani & Nino
KRÁMPACK

Sie haben die Ferienvilla ganz für sich allein und ein klares Ziel vor Augen: Dani (Ramallo) und Nico (Vilches) wollen in diesen Sommerferien zum ersten Mal Sex haben! Schluss mit dem gegenseitigen Herumgewichse, jetzt sollen Mädchen ins Bett. Als sie Berta (Nubiola) und Elena (Orozco) kennen lernen, scheint das Projekt „Ficken vor dem 17. Geburtstag" verwirklicht zu werden. Doch Dani muss feststellen, dass er eigentlich Nico mit niemandem teilen möchte.

Krámpack (was übrigens eine Masturbationsmethode bezeichnet, Näheres erklären die beiden überzeugenden jugendlichen Hauptdarsteller im Film) erzählt eine unter strahlend blauem Himmel platzierte Geschichte über die Wirren der Pubertät in einer Jungenfreundschaft, die durch das Coming-out auf eine harte Probe gestellt wird. Die Leichtigkeit des Sommers überträgt sich auf die humorvolle Inszenierung, die zum Glück aber auch einen Rest Melancholie und Ernst bewahrt, um nicht allzu harmlos zu geraten. Die Natürlichkeit, mit der Cesc Gay dabei die Widersprüche und Unsicherheiten des Lebens wie der Gefühle zelebriert und diese Initationsgeschichte jenseits von Tragik und Melodram inszeniert, erinnert in weiten Teilen an die Filme Eric Rohmers.

Spanien 2000 Ⓡ Cesc Gay Ⓓ Tomás Aragay, Cesc Gay und Jordi Sànchez nach seinem Theaterstück Ⓚ Andreu Rebés Ⓜ Joan Díaz, Jordi Prats, Riqui Sabates Ⓓ Fernando Ramallo, Jordi Vilches, Marieta Orozco, Esther Nubiola, Myriam Mézières Ⓣ 90, farbig Ⓒ◯

Die Krays – Zwei mörderische Leben
THE KRAYS

Die Zwillingsbrüder Ronald (Gary Kemp) und Reginald Kray (Martin Kemp) werden in den fünfziger und sechziger Jahren im Londoner East End durch ihre Brutalität zum Inbegriff des organisierten Verbrechens. Ihr Leben ist Vorlage für Peter Medaks Film, der die Lebensgeschichte jedoch auf ein vordergründiges Stationendrama und ein weitgehend oberflächliches und banales Gewaltspektakel reduziert, bei dem blutige Exzesse, Morde und ein Massaker in zerdehnten Zeitlupenpassagen ästhetisch aufbereitet und minutenlang ausgekostet werden. Medak zeigt zwar, wie der unberechenbare Choleriker Ronnie seine homosexuellen Neigungen entdeckt, wie dunkle Triebe in ihm erwachen und sich düstere Gewaltfantasien in seinem Kopf breit machen. Doch ein weiter gehendes Interesse an der Psyche seiner Figuren hat Medak nicht. Die Brüder, gespielt von Gary und Martin Kemp, Mitglieder der britischen New-Wave-Band *Spandau Ballet*, erscheinen

in der dem Horrorgenre entlehnten Bildsprache als begabte Monster und unnahbare Helden, die eine Aura von Kälte und Gefahr umgibt.

GB 1990 Ⓡ Peter Medak Ⓓ Philip Ridley Ⓚ Alex Thomson Ⓜ Michael Kamen Ⓓ Martin Kemp, Gary Kemp, Tom Bell, Susan Fleetwood, Billie Whitelaw Ⓣ 119, farbig Ⓣ Ⓜ

Kreuz und Queer
BEDROOMS AND HALLWAYS

Mit ihrem Erstling *Go Fish* (1994) schaffte Rose Troche einen Überraschungserfolg: Eine lesbische Lovestory, die vor allem durch die Bildgestaltung, wie auch durch ihre damals noch mutige Darstellung lesbischen sexuellen Selbstbewusstseins ausnehmend modern und stylish war.

Ihr zweiter Film will ähnlich „queer" sein und doch auch das Mainstream-Publikum bedienen. Also wohnen ihre Helden in schicken Londoner Lofts und schlafen quer durch alle Betten: Der ausgeflippte Darren (Hollander) treibt es in fremden Schlafzimmern, weil sein derzeitiger Lover, ein Immobilienmakler (Weaving), über die Hausschlüssel der schicksten Villen verfügt. Mitbewohner Leon (McKidd) verliebt sich beim Besuch einer Männer-Selbsterfahrungsgruppe (Callow als deren überzeichneter Ober-Guru) in Brendan (Purefoy). Und tatsächlich erwidert dieser Leons Gefühle. Aber weil Brendans Lebensgefährtin ausgerechnet eine alte Schulliebe von Leon ist, bleibt das Techtelmechtel nicht lange verborgen. Und nicht nur das. Leon fühlt sich auch zu ihr sexuell hingezogen.

So schön die Verwicklungen auch konstruiert sind, Rose Troches romantische Komödie erscheint doch sehr am Reißbrett erdacht und bei genauerer Betrachtung an vielen Stellen leider unglaubwürdig. Vor allem fehlt das anarchistische Potenzial, die Provokation ihres Erstlings. *Kreuz und queer* ist nett und unterhaltsam, aber durch seine Vorhersehbarkeit auch ungemein artig und letztlich langweilig. Inszenierung und Humor wirken bereits etwas antiquiert. Außerdem wird der spärliche Dialogwitz des Originals durch die deutsche Synchronisation erheblich reduziert.

GB 1998 ⊕ Rose Troche ⊙ Robert Farrar ⊕ Ashley Bridgland ♪ Alfredo D. Troche, Ian MacPherson ⊕ Kevin McKidd, Jennifer Ehle, Hugo Weaving, Tom Hollander, James Purefoy, Simon Callow, Harriet Walter, Julie Graham ⊙ 96, farbig
ⒷⒾ ⒷⒸ

Der Kuckuck
IL LUPO E L'AGNELLO/LE COUCOU

In seiner französischen Heimat war Léon (Serrault) ein bekannter Hundefriseur, in Rom muss er sich nun um den Damensalon der herrschsüchtigen Schwiegermutter kümmern. Weil die reichen Kundinnen des Luxussalons sich allerdings am liebsten einem schwulen Figaro anvertrauen, wird Léon dazu verdonnert, im Salon die Tunte zu mimen. Als er einen Bankräuber, genannt „der Kuckuck", kennen lernt, beschließt er, aus der familiären Tyrannei zu entfliehen, die Schwiegermama um ihren Schmuck zu erleichtern und ein neues Leben zu beginnen.

Michel Serraults Rolle ist sehr deutlich als Kopie seines Erfolges in *La Cage aux Folles* (1978) zu erkennen. Die Gangsterfilm-Parodie bleibt jedoch ohne Schärfe und kann an das Vorbild nicht heranreichen. Dazu fehlen ihr der Witz und eine genauere Charakterzeichnung. Was bleibt, ist platte Komik und ein schlichtes Drehbuch.

F/I 1980 ⊕ Francesco Massaro ⊙ Francesco Massaro, Enrico Vanzina, Michel Audiard ⊕ Armando Nannuzzi ♪ Giancarlo Chiaramello ⊕ Michel Serrault, Tomas Milian, Ombretta Colli, Cariddi Narduli, Laura Adani ⊙ 95, farbig
ⒹⓉ ⒷⒾ Ⓣ Ⓖ

Das Kuckucksei
TORCH SONG TRILOGY

Arnold ist schwul, jüdisch und eine Tunte aus Brooklyn noch dazu. Als ordinär glitzernde, männermordende Virginia Hamm steht Arnold abends auf der Bühne eines New Yorker Travestieclubs. Im wahren Leben sucht er eher schüchtern nach dem Mann fürs Leben und bekommt doch immer nur einen für eine Nacht. Die Beziehung zu dem bisexuellen Lehrer Ed (Kerwin) scheitert. Mit dem wesentlichen jüngeren Alan erlebt er die große Liebe, doch sie währt nur kurz: Alan (Broderick) wird Opfer einer Straßengang, die Jagd auf Schwule macht. Ihr gemeinsam adoptiertes Kind zieht Arnold nun alleine auf. Eine Aussprache mit seiner hysterischen Mutter (Bancroft), die dem Schwulsein des Sohnes ebensowenig Verständnis entgegenbringt wie dem ebenfalls schwulen Adoptivsohn David (Castrodad), eskaliert in einem furiosen Finale.

Schauspieler und Autor Fierstein, von dem u.a. auch das Libretto zum Musical *La Cage aux Folles* stammt, stand jahrelang selbst am Broadway in der Hauptrolle seiner erfolgreichen, zum Teil biografischen *Torch Song Trilogy* auf der Bühne. Sein in den siebziger Jahren angesiedeltes Drama bewegt sich immer wieder zwischen Melancholie und schrillem Witz, verbindet Tragik mit Komödie. Mit seiner an den großen Hollywood-Kitsch-Epen geschulten Melodramatik rührt er zu Herzen und liefert mit geschliffenen Dialogen, der entlarvenden Selbstironie der Charaktere und sprühendem Humor ein entscheidendes Gegengewicht. So vermeidet er den Absturz in flache Klischees und ins weinerliche Sozialdrama. Der aufklärerische Ansatz wirkt zwar bereits anachronistisch, dennoch ist die selbstbewusste, unterhaltsame Art und Weise, wie der Film schwules Selbstverständnis vermittelt, immer noch überaus sehenswert.

„Ich habe mich dazu entschlossen, über mein Sexualleben zu reden, und auch darüber, wie sich Homosexuelle verlieben. Die Leute denken doch: Homos, das sind Leute, die ziehen los und blasen jede Menge Schwänze – nie spricht jemand davon, dass Schwule ganz normale menschliche Sorgen und Probleme haben."   Autor Harvey Fierstein

USA 1988 ⊕ Paul Bogart ⊙ Harvey Fierstein nach seinem gleichnamigen Theaterstück ⊕ Mikael Salomon ♪ Peter Matz ⊕ Harvey Fierstein, Anne Bancroft, Matthew Broderick, Brian Kerwin, Karen Young, Eddie Castrodad, Ken Page, Axel Vera ⊙ 119, farbig
ⒹⓉ ⒸⓄ Ⓣ ⒷⒾ

Kühe vom Nebel geschwängert

Eine Schlossbesitzerin (Plate) lädt Berliner Obdachlose zu einer Therapie auf ihr Anwesen in Mecklenburg ein. Ihr Ziel: Sie will die Gescheiterten zur Normalität bekehren und wieder in die Gesellschaft zurückführen. Das Experiment samt seiner nutzlosen Therapien misslingt. Stattdessen proben die Obdachlosen den Aufstand, erobern das Schloss, nehmen die

Besitzerin als Gefangene und müssen sich bald dem Sturm der Dorfbevölkerung zur Wehr setzen. Zu den Schlossgästen gehört die junge lesbische Russin Natascha (Vasic), die im Laufe des Films ein Verhältnis mit einer anderen Obdachlosen beginnt, deren Heiratsantrag sie aber ablehnt: „Danke, aber ich kann nicht treu sein."

Regisseur Rosa von Praunheim hatte schon immer ein Händchen dafür, originelle Filme mit der Energie und Kreativität außergewöhnlicher Persönlichkeiten entstehen zu lassen. Für sein neues Projekt hat er sich aber weder mit exzentrischen alten Damen vom Schlage einer Lotti Huber, noch mit schrillen Tunten zusammengetan. Seine Muse ist diesmal das Ensemble des Berliner Obdachlosentheaters *Ratten 07*. Wo die Dokumentation aufhört und die Fiktion und das Spiel beginnen, lässt sich in *Kühe vom Nebel geschwängert* nicht immer genau sagen. Praunheim versucht in diesem mit einfachsten Mitteln digital gedrehten Film das Größtmögliche herauszuholen: einerseits ein Porträt dieses ungewöhnlichen Ensembles, in dem hinter jedem Mitglied sich eine ungewöhnliche Lebensgeschichte und ein bemerkenswerter Charakter verbergen, andererseits eine kleine Komödie wider die Anpassung und das Normierungsdenken von Therapeuten wie der Gesellschaft.

D 2002 ⊛⊜⊙ Rosa von Praunheim ⊛ Alexandra Kordes (Spielszenen), Lorenz Haarmann, Rene Krumenacher (Dokumentarszenen) ♪ Jürgen Kramlowsky ⊛ Abel vom Acker, Manfred Keil, David Zimmy, Dragan Vasic, Floria Teipen, Sven Hoffmann, Heinz Kreitzen, Thomas Porges, Uta Plate, Mariam Kurth ☺ 86, farbig Ⓓ

Der Kuss der Spinnenfrau
KISS OF THE SPIDER WOMAN / BEIJO DA A MILHER ARANAH

Ein Gefängnis in einem fiktiven lateinamerikanischen Land. Zwei Männer, die kaum gegensätzlicher sein könnten, müssen sich eine Zelle teilen. Zum einen der Journalist und idealistische Revolutionär Valentin (Julia), der sich für den Kampf sogar von seiner Freundin getrennt hat und wegen politischer Agitation verurteilt wurde, zum anderen der apolitische, empfindsame und tuntige Homosexuelle Molina (Hurt), der wegen Verführung Minderjähriger einsitzt. Um der tristen, aber auch beängstigenden Gefängniswelt zu entkommen, flüchtet sich der exzentrische und laszive Molina in die Erinnerungen an alte UFA-Filme und Nazipropaganda-Streifen, deren Geschichten er nacherzählt. Valentin verhält sich zunächst abweisend und desinteressiert. Als heterosexueller Mann und Revolutionär pflegt er seine Vorurteile. Nach und nach aber öffnet er sich seinem Zellengenossen und lässt sich auch von dessen Filmgeschichten gefangen nehmen. Eine der Filmgestalten, die Spinnenfrau (Braga), wird zu ihrer gemeinsamen Fiktion: für Molina ist sie weibliche und sexuelle Identität, für Valentin Traumbild der verlorenen Freundin.

Dass diese Nacherzählungen trivialen Filmstoffs in der beklemmenden, psychologisch dichten Verfilmung des argentinischen Regisseurs Babenco im Bild gezeigt werden, zeugt nicht unbedingt von Misstrauen in die Macht des Wortes, sondern verdeutlicht die Gleichwertigkeit der beiden Welten: Fantasie und Wirklichkeit sind qualitativ ebenbürtig. Als Valentin vergiftetes Essen bekommt, pflegt ihn Molina aufopferungsvoll. Im Auftrag der Polizei soll er Valentin aushorchen. Geschickt weiß er die geforderten Spitzeldienste zu hintertreiben. Behutsam entwickelt sich zwischen den beiden Gefangenen eine Art Liebesbeziehung. Als die beiden miteinander geschlafen haben, wird Molina vorzeitig entlassen. Valentin zuliebe nimmt er Kontakt zu dessen revolutionären Mitstreitern auf und wird dabei erschossen. Sein Leichnam wird auf einen Müllplatz geworfen. Er hat nicht, wie Valentin es sich gewünscht hätte, aus politischer Überzeugung, sondern aus Liebe gehandelt.

William Hurt erhielt 1985 für seine Leistungen die Goldene Palme in Cannes und 1986 den Oscar als bester Hauptdarsteller.

„Die Tatsache, dass einer der beiden homosexuell ist, spielt keine Rolle. In der modernen Zeit geht der Begriff der Freundschaft immer mehr verloren. Deswegen wollte ich einen Film über Menschen machen, die nichts haben, was sie einander geben können – außer sich selbst." Regisseur Hector Babenco

Brasilien/USA 1985 ⊛ Hector Babenco ⊙ Leonard Schrader nach dem gleichnamigen Roman und des Theaterstücks von Manuel Puig ⊛ Rodolfo Sanchez ♪ John Neschling ⊛ William Hurt, Raul Julia, Sonia Braga, José Lewgoy, Nuna Leal Maia, Denise Dumont ☺ 119, farbig
ⓌⓅ ⓉⓇ Ⓞ

L

„L" ist nicht nur Liebe
WINDOWS

Die junge, frisch geschiedene Corky Hollander (Shire) wird vor ihrem Apartment von einem Unbekannten mit dem Messer bedroht und vergewaltigt. Ihre Schreie nimmt der Täter auf ein Tonbandgerät auf. Was Corky jedoch nicht ahnt: Hinter der Tat steckt ihre psychotische, lesbische Nachbarin Andrea Glassen (Ashley), die dafür einen brutalen Taxifahrer angeheuert hatte. Sie hofft, Corky durch dieses Attentat ganz von Männern abbringen und so in ihre eigenen Arme treiben zu können. Doch der Plan misslingt. Corky findet nämlich Trost in den Armen des ermittelnden Polizeibeamten. Jetzt schreckt Andrea selbst vor Mord nicht mehr zurück.

In den USA kam diese abstruse Geschichte, die recht viel über die Hassfantasien heterosexueller Männer gegenüber Lesben verrät, beinahe zeitgleich mit *Cruising* (1979) und *Ein Mann für gewisse Stunden* (1980) in die Kinos. Dieser Trend homophober Darstellungen im Hollywoodfilm führte zu energischen, anhaltenden und zum Teil gewaltsamen Protesten von Lesben und Schwulen.

USA 1980 ⬤ Gordon Willis Ⓒ Barry Siegel ⬤ Gordon Willis Ⓙ Ennio Morricone ⬤ Talia Shire, Elizabeth Ashley, Joseph Cortese, Michael Gorrin, Kay Medford, Michael Lipton, Rick Petrucelli, Russell Horton, Ron Ryan Ⓣ 96, farbig
ⒽⓅ

Labyrinth der Leidenschaften
LABERINTO DE PASIONES

Sexilia (Roth) ist die nymphomanische Tochter eines Gynäkologen (Vivanco), der sich allerdings vor Frauen fürchtet. In Madrid begegnen sie Prinz Riza Nuro (Arias), Sohn eines entmachteten arabischen Herrschers, der sich allerdings weniger für Politik, dafür um so mehr für Männer und Kosmetik interessiert. Sexilia verliebt sich in den Prinzen und löst damit in ihrem Umfeld weitere Liebesverhältnisse und diverse Verwicklungen aus, die in wilden Verfolgungsjagden und verbalen Gewaltorgien enden.

Almodóvars anarchische Screwball-Sex-Komödie, ein Dokument des Erwachens der spanischen Kulturbewegung nach Francos Tod, ist grell wie ein Cartoon, hat genügend Tempo und ist ausreichend trashig, um für beste Unterhaltung zu sorgen. Antonio Banderas gab als Liebhaber des Prinzen sein Kinodebüt. Almodóvar hat selbst eine Rolle übernommen: Als transig geschminkter Punksänger einer Rockband gibt er zwei selbst geschriebene Songs (*Suck It To Me* und *Gran Ganga*) zum Besten. Das bizarre Frühwerk, das nach Jahren der kulturellen wie politischen Unterdrückung laut, bunt und schrill die Grenzen von Moral, Sitten und Anstand überschritt, kam in Deutschland erst 1990 in die Kinos, nachdem Almodóvar durch seine Nachfolgefilme wie *Frauen am Rande des Nervenzusammenbruchs* (1988)und *Fessle mich!* (1989) einen Namen erlangt hatte.

> *„Dieser ist von meinen Filmen am meisten der Pop-Art verpflichtet. Es ist reiner Pop, ein Loblied auf den schlechten Geschmack, auf den alltäglichen Schrott, der dadurch zur eigenen Kunstkategorie wird, also zum Pop."*
> *Regisseur Pedro Almodóvar*

Spanien 1982 ⬤Ⓒ Pedro Almodóvar ⬤ Àngel Luis Fernández Ⓙ Pedro Almodóvar, Bernardo Bonazzi, Fanny McNamara ⬤ Cecilia Roth, Imanol Arias, Helga Liné, Antonio Banderas, Marta Fernandez-Muro, Fernando Vivanco, Angel Alcazar, Ofelia Angelica, Fanny McNamara Ⓣ 97, farbig

Ladybugs

Chester Lee (Dangerfield) übernimmt für seinen Chef die Position des Coachs für das Mädchen-Fußball-Team „Ladybugs", weil er sich davon eine Gehaltserhöhung verspricht. Doch weil weder die Mädchen noch er selbst sonderlich große fußballerische Fähigkeiten besitzen, wendet er sich an seinen zukünftigen Stiefsohn Matthew (Brandis). Der verwandelt sich mit Fummel und Perücke in Martha und bringt das Team zum Sieg. Diese sexistische Komödie von Sidney J. Furie (*The Leather Boys*, 1963) fällt zudem durch die ungewöhnlich vielen schwulenfeindlichen Witze negativ auf.

USA 1992 ⬤ Sidney J. Furie ⬤ Rodney Dangerfield, Jonathan Brandis, Ilene Graff, Vinessa Shaw, Tom Parks, Nancy Parsons, Blake Clark Ⓣ 90, farbig
ⒽⓅ

Lamb

Der junge Priester Michael Lamb (Neeson), der in einem Heim für schwer erziehbare Jungen arbeitet, hadert mit seinem Glauben. Als eine Mutter ihren zehn Jahre alten, an Epilepsie leidenden Sohn Owen Kane (O'Conor) abliefert, leidet der Neuankömmling unter dem brutalen Regime des vom sadistischen Bruder Benedikt geleiteten Heims. Der Tod von Lambs Vater und die daraus resultierende Erbschaft sind Signale für ihn. Er flieht mit dem Jungen zusammen nach London. Als Vater und Sohn getarnt, tauchen sie unter, müssen aber bald entdecken, dass ihr Vorsprung schwindet und die Polizei ihnen auf den Fersen ist. Lamb kann den Gedanken nicht ertragen, dass Owen wieder in das Heim zurückgebracht wird.

Düster-deprimierendes Drama, das die Beweggründe für Lambs Handeln in der Schwebe lässt: Ist es pädophile oder väterliche Liebe? Oder will er dem Jungen jene Zuneigung geben, die er selbst als Kind nie erfahren hat?

GB 1986 ⊚ Colin Gregg ⊙ Bernard MacLaverty nach einem Roman ⊛ Michael Garfath ⊙ Van Morrison, Bill Whelan ⊛ Liam Neeson, Hugh O'Conor, Ian Bannen, Frances Tomelty, Dudley Sutton ⊙ 105, farbig
ⒷⒸ

Lantana

In dem in Sydney angesiedelten Psychothriller über die sexuelle Identitätssuche hadern vier Paare, deren Lebenswege sich zufällig (und in der Tradition von Robert Altmans *Short Cuts*, 1993) überkreuzen, mit der Liebe und verstricken sich allmählich in einem Dickicht von Verrat, Sex und Tod.

Die Beziehungen untereinander ändern sich dramatisch, als eine der Frauen, die Psychologin Valerie (Hershey), spurlos verschwindet. Sie hat den Mord an ihrer Tochter durch das Schreiben eines Buches zu überwinden versucht und damit einen Besteller gelandet. Ihre Ehe jedoch durchzieht ein tiefer Riss. Immer mehr Anzeichen verhärten Valeries Verdacht, dass ihr Ehemann John (Rush) jemand anderen liebt. Als eines Tages ein Schwuler zu ihr in die Sprechstunde kommt und von einem Verhältnis mit einem verheirateten Mann erzählt, verdichten sich in ihr Eifersucht, Verunsicherung und moralische Entrüstung und werden zu einer schrecklichen Ahnung. *Lantana* entwirft ein recht pessimistisches Bild von langjährigen Paarbeziehungen: die Figuren haben sich in ihren Partnerschaften verpuppt. Vertrauen steht Lüge gegenüber, Betrug dem Selbstbetrug. Leidenschaft ist längst nur noch eine Illusion.

„Im Verlauf unseres Lebens und unserer Beziehungen stellt sich bei den meisten von uns ein Gefühl ein, als würden wir allmählich unsichtbar werden. Ich glaube, dass die sexuelle Identität bzw. ihr Verlust hierbei eine wichtige Rolle spielt."
Regisseur Ray Lawrence

AUS/D 2001 ⊚ Ray Lawrence ⊙ Andrew Bovell nach seinem Theaterstück *Speaking in Tongues* ⊛ Mandy Walker ⊙ Paul Kelly

⊛ Anthony LaPaglia, Geoffrey Rush, Barbara Hershey, Kerry Armstrong, Rachael Blake, Vince Colosimo, Russell Dykstra, Daniela Farinacci, Peter Phelps, Leah Purcell ⊙ 120, farbig
ⒷⒾ

Die Last der Gefühle
SHE MUST BE SEEING THINGS

Für die achtziger Jahre eine revolutionäre, sensible, souveräne und zugleich selbstironische Darstellung einer lesbischen Beziehung und ihrer Schwierigkeiten.

Die brasilianischstämmige Anwältin Agatha (Dabney) und die Filmemacherin Jo (Weaver) sind seit langem ein Paar und leben gemeinsam in New York. Während Jo gerade einen durchgeknallten Nonnenfilm dreht und deshalb viel unterwegs ist, dreht die alleingelassene Agathe vor Eifersucht durch. Sie liest erotische Fantasien in Jos Tagebuch und missdeutet diese als eine heimliche Affäre mit einem Mann. Mit allerlei detektivischen und erotischen Tricks versucht sie Jo auf die Schliche zu kommen – nur um schließlich festzustellen, dass alles ein großes Missverständnis war. Der Film hat zwar nicht viel Handlung, zeigt aber die Liebe und Leidenschaft der beiden Frauen auf angenehme und überzeugende Weise. Die Geschichte wird in Fantasiebildern der Protagonistinnen, angedeuteten Gesten und vielsagenden Blicken erzählt, was manchmal etwas anstrengend ist und ein bisschen experimentell daherkommt. Dadurch werden aber auch atmosphärische Dichte und bestechende Sinnlichkeit erzeugt. Ursprünglich fürs Fernsehen gemacht und vom ZDF koproduziert, sind vor allem die erotischen Szenen überraschend gewagt.

Die Regisseurin Sheila McLaughlin ist übrigens als Darstellerin der Justine in Monika Treuts berühmt-berüchtigtem SM-Film *Verführung: Die grausame Frau* sowie in einer Nebenrolle in Lizzie Bordens *In Flammen geboren* zu sehen.

BRD/USA 1987 ⊚⊙ Sheila McLaughlin ⊛ Mark Daniels, Heinz Emigholz ⊙ John Zorn ⊛ Lois Weaver, Sheila Dabney, John Erdman, Kyle de Camp ⊙ 92, farbig

The Last of England
Deutscher Fernsehtitel: The Last of England – Verlorene Utopien

Nach seinem ersten internationalen Erfolg mit dem opulenten Bilderreigen *Caravaggio* (1986) lieferte Derek Jarman mit *The Last of England* nicht das erwartete, ähnlich publikumsfreundliche, neue Stück Erzählkino, sondern eine wüste Collage aus düsteren, allerdings auch lyrischen Bildern. Ein schockierender, radikaler Experimentalfilm, der mit seinen ruckelnden, grobkörnigen Schwarz-Weiß-Bildern und der befremdlichen Musik- und Soundcollage weder den Augen noch den Ohren Erholung gönnt. Vier Kameraleute haben, teilweise unabhängig voneinander, für diesen Film-Essay Bilder der Zerstörung und Visionen des Untergangs aufgenommen. Szenen und Bilder von Junkies und Punks, Abbruchhäusern, Terroristen, Erschießungskommandos, Fackelträgern in dunklen Grotten. Zwei Männer liegen auf der Nationalfahne Englands und haben Sex. Eine Braut (Swinton) zerschneidet am Ende der Hochzeitsprozession ihr Kleid. Dazwischen tauchen immer wieder bonbonfarbene Super-8-Aufnahmen aus Jarmans Jugend auf, die einst sein Vater gedreht hat. Ein idyllisches Gegenbild zu den alptraumhaften, hoffnungslosen Bildern während der Thatcher-Ära.

GB 1987 ⊜☺ Derek Jarman ✤ Derek Jarman, Christopher Hughes, Cerith Wyn Evans, Richard Heslop ♪ Simon Turner, Andy Gill, Barry Adamson, El Tito, Mayo Thompson ☻ Tilda Swinton, Spencer Leigh, Gay Gaynor, Matthew Hawkins, John Phillips, Gerrard McCarthur, Nigel Terry (Stimme) ⊙ 87, s/w und farbig Ⓓ Ⓖ

Last Supper – Die Henkersmahlzeit
LAST SUPPER

Sie sind jung, intellektuell, politisch korrekt und wollen Gutes tun. Denn die Welt ist schlecht, und das gilt es zu verändern. Woche für Woche laden die Studenten einen Gast zum Dinner in ihre WG, aber bis zum Nachtisch kommt der Geladene nie. Zuvor heißt es nämlich „Macht ihr den Abwasch, wir kümmern uns um den Leichnam." Ihre Opfer: u.a. ein bigotter Hitlerfan, der über „linke Jammerlappen" lästert und ein wohlbeleibter Reverend (Durning), der über Schwule herzieht und jedem von ihnen die von Gott gesandte „Schwulenkrankheit" an den Hals wünscht („Homosexualität ist die Krankheit und Aids die Heilung dafür"). Zynisch, voll schwarzem Humor und mit einem überraschenden Showdown hat Stacy Title einen Film gedreht, der sarkastisch mit der *Political Correctness* abrechnet.

USA 1996 ☻ Stacy Title ⊕ Dan Rosen ✤ Paul A. Cameron ♪ Mark Mothersbaugh ☻ Cameron Diaz, Ron Eldard, Annabeth Gish, Courtney B. Vance, Charles Durning, Bill Paxton, Jonathan Penner ⊙ 91, farbig

The Last Supper

Der junge Tänzer Chris (McDougall) liegt im Sterben. Statt sein Leiden künstlich zu verlängern und in der Überzeugung, dass die in seinen letzten Momenten empfundenen Gefühle ewig weiterleben werden, entscheidet er sich für einen perfekten Tod durch Sterbehilfe. Die letzten Tage seines Lebens umgibt er sich mit der Literatur, Musik und Kunst und den Erinnerungen, die ihm in seinem Leben am meisten bedeutet haben. Sein Geliebter Val (Nicholson) erfüllt ihm all seine Bedürfnisse und Wünsche. Während eines gemeinsamen, festlich zele-

brierten Abendessens lassen sie ihre gemeinsame Zeit Revue passieren und erinnern sich an die schönsten und wichtigsten Momente ihrer Beziehung. Mit Hilfe von Dr. Parthens (McIvor) wird Chris schließlich zum Hauptdarsteller und Inszenator seines letzten Kunstwerkes – seines eigenen Todes.

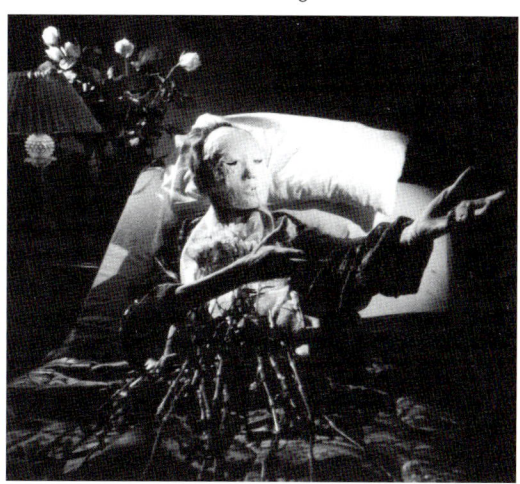

Cynthia Roberts' Film ist in seiner emotionalen Heftigkeit schwer zu ertragen. Nicht, weil er mitleiderregend oder kitschig-tränenheischend wäre. Es ist die extreme Authentizität, die diesem Film seine besondere Bedeutung verleiht. Ken McDougall, einer der wichtigsten Bühnendarstellers Kanadas in seiner Generation, war bereits im fortgeschrittenem Stadium an Aids erkrankt, als er das Angebot für diese Rolle annahm. Gedreht wurde in seinem eigenen Zimmer im Casey Aids-Hospiz. So geriet der sehr persönliche Film zu einer Mischung aus Fiktion und Dokumentation. 1995 gewann *The Last Supper* einen TEDDY für den besten Spielfilm.

> „Wäre The Last Supper *unter der Nutzung der üblichen Kanäle der Filmindustrie produziert worden, wäre der Film nicht zustande gekommen, oder schlimmer, zu einem „Krankheit-der-Woche"-Unfug verkommen, wie etwa* Philadelphia*, das auf moralisch und künstlerisch verwerfliche Weise falschen Trost bietet."* Regisseurin Cynthia Roberts

Kanada 1994 ☻ Cynthia Roberts ⊕ Greg Klymkiw, Hillar Liitoja, Cynthia Roberts nach Hillar Liitojas *The Last Supper* ✤ Harald Bachmann ♪ Nicholas Stirling ☻ Daniel MacIvor, Ken McDougall, Jack Nicholson ⊙ 96, farbig ⓉⒹ

Latin Boys Go to Hell

In *Latin Boys Go to Hell* liebt man sich im Kreise und im Zweifelsfalle aneinander vorbei: Justin (Ossa), der als Assistent bei einer weißen Fotografin jobbt, die ausgerechnet Aktfotos von jungen Latinos fotografiert, ist in seinen Cousin Angel (Davila) verliebt, der aber flirtet mit Andrea (Simard). Deren Freund Braulio (Artiles) hat ein Verhältnis mit Carlos (Ruiz), der wiederum am liebsten mit Justin ins Bett steigen würde.

Ela Troyanas Filmpersonal besteht aus nörgelnden Müttern, psychopathischen Killern, einsamen Herzen, unschuldigen, blutjungen Bengeln und durchtriebenen Kerlen mit großen Titten sowie kreischenden Mädels mit ebenso großem Busen. Außerdem wirken Seifenopern-Stars mit, die aus der Glotze heraus das Geschehen zu kommentieren scheinen. Und mittendrin eine Madonnenstatue, der vor lauter Sodom und Gomorrha echte Tränen kommen.

Nicht nur, dass die schwülstigen mexikanischen und brasilianischen Telenovelas eine maßgebliche Rolle in diesem schwulen Beziehungs-Durcheinander spielen, in Ela Troyanas erstem Spielfilm (*Carmelita Tropicana*, 1994) geht es auch genauso zu wie in einer TV-Soap: Chaotische Liebesverhältnisse werden kitschig aufbereitet, mit Übersinnlichem, Romantik und Dramatik vermengt. Aus Eifersucht wird da auch mal kurzerhand ein Schwanz abgeschnitten. Nicht immer kann Ela Troyana ihre Handlungsfäden zwischen Satire, haarsträubender Komödie und durchaus gesellschaftskritischem Anspruch aber auch wirklich zusammenhalten, und bisweilen merkt man dieser Low-Budget-Produktion an, dass sie mit wenig Geld auskommen musste. Doch wo das Drehbuch holpert, hilft der Charme der Inszenierung.

D/Spanien 1997, ⌾ Ela Troyana ⌾ André Salas, Ela Troyana ⌾ James Carman ⌾ Ari Gold ⌾ Irwin Ossa, John Bryant Davila, Jennifer Lee Simard, Alexis Artiles, Mike Ruiz ⌾ 75, farbig

Laurin

Das in einem Hafenstädtchen der Jahrhundertwende angesiedelte Erstlingswerk Robert Sigls, der später vor allem mit TV-Arbeiten im Bereich Science Fiction und Horror auf sich aufmerksam machte (*Lexx*, *John Sinclair*), erzählt in düsteren, impressionistischen und horrorträchtigen Bildern die Geschichte des Mädchens Laura, das dem geisteskranken Kindermörder Van Rees auf die Spur kommt. Motive der Gothic Novel vermischen sich mit dem *Erlkönig* und dem Mythos vom bösen schwarzen Mann. Der vergeht sich bei Sigls pathologischem Triebtäter an Knaben.

BRD 1988 ⌾ Robert Sigl ⌾ Robert Sigl, Adam Rozgonyi ⌾ Nyika Jancso ⌾ Jacques Zwart, Hans Jansen ⌾ Dora Szinetar, Karoly Eperjes, Hedi Temessy, Brigitte Karner, Barnabas Toth, Katalin Sir, Endre Kataly ⌾ 84, farbig ⌾ ⑰ ㉠

Lawrence von Arabien
LAWRENCE OF ARABIA

Kairo 1916. Der junge britische Offizier Thomas Edward Lawrence (O'Toole) wird nach Ägypten versetzt und gewinnt das Vertrauen der arabischen Fürsten. Sie stellen ihm Männer zur Verfügung, die er erfolgreich beim Sturm einer türkischen Festung einsetzt. Die arabischen Stämme haben allerdings andere Ziele als ihre Alliierten. Lawrence weiß, dass mit ihrer Einigung den Traum vom panarabischen Großreich verwirklicht wird. Daran ist allerdings Briten wie Franzosen wenig gelegen, die im arabischen Raum ihre eigenen kolonialen Interessen verfolgen.

David Lean setzte mit seinem gewaltigen Epos der historischen Figur des Lawrence ein filmisches Denkmal, das als seltener Fall eines monumentalen Ausstattungsfilms Geschichte schrieb, weil es sich nicht in der Zurschaustellung von Menschen und Material erschöpft. 1962 wurde der Film mit seinen atemberaubenden Bildern im 70-Millimeter-Format deshalb auch mit sieben Oscars (u.a. als bester Film) ausgezeichnet. Schon kurz nach der Premiere wurde er allerdings auf Druck des Produzenten um 20 Minuten gekürzt, bei der Wiederaufführung 1970 noch einmal um weitere 15 Minuten. Erst die restaurierte Fassung von 1990 präsentierte wieder den Originalzustand. Die längere Version enthält entscheidende Szenen, welche die charismatische, aber gebrochene Führerpersönlichkeit des T. E. Lawrence differenzierter und zwiespältiger darstellt. Sie zeigen ihn in der Rolle des eitlen Erlösers, in der des blindwütigen Rächers, aber auch als Mann, der seine homosexuellen Gefühle verdrängt und seine masochistischen Neigungen entdeckt. In der Kurzfassung ist eine Schlüsselszene – die Folterung und in seiner Autobiografie belegte Vergewaltigung von Lawrence durch seine türkischen Verfolger – nur schamhaft angedeutet. Die restaurierte Langfassung zeigt seine Lust an der Geißelung und die Entdeckung seiner wahren Sexualität. Dieses Moment ist zugleich aber auch die Geburt seines exzessiven Hasses auf die Türken.

GB 1962 Ⓢ David Lean Ⓒ Robert Bolt, Michael Wilson nach dem Buch *Die sieben Säulen der Weisheit* von T. E. Lawrence Ⓚ Freddie Young Ⓜ Maurice Jarre Ⓓ Peter O'Toole, Alec Guiness, Anthony Quinn, Jack Hawkins, José Ferrer, Anthony Quale, Arthur Kennedy, Donald Wolfit, Omar Sharif Ⓣ 193 (gekürzte Fassung), 222 (Originalfassung), farbig
Ⓞ Ⓢ Ⓜ

The Leather Boys

Der Mechaniker Reg (Campbell) heiratet das Schulmädchen Dot (Tushingham) viel zu früh, und beide merken bald, dass das eintönige Erwachsenendasein längst nicht so aufregend ist, wie sie es sich vorgestellt haben. Da sie außerdem mehr schlecht als recht zueinander passen, bricht die Ehe auseinander, und Reg lernt seinen neuen Freund Pete (Sutton) kennen.

Er schließt sich voller Begeisterung dessen Rockerbande an und bemerkt erst sehr spät, dass Petes Interesse an ihm selbst über eine bloße Freundschaft hinausgeht. Erst als er mit den Rockern eine Ledergang am Hafen besucht, fällt bei Reg der Groschen: Pete und seine Freunde sind allesamt schwul. Aufgrund seiner teilweise homosexuellen Thematik löste der Film im Entstehungsjahr Kontroversen aus.

GB 1963 Ⓢ Sidney J. Furie Ⓒ Gillian Freeman, Eliot George nach seinem Roman Ⓚ Gerald Gibbs Ⓜ Bill McGuffie Ⓓ Rita Tushingham, Colin Campbell, Dudley Sutton, Gladys Henson, Avice Landone, Lockwood West Ⓣ 108, s/w
Ⓜ︎Ⓕ︎

Das Leben – Ein Sechserpack
SIX DEGREES OF SEPARATION

Der liberale und reiche New Yorker Kunsthändler Flan Kittredge (Sutherland) und seine Frau Ouisa (Channing) bekommen überraschenden Besuch. Der junge schwarze Paul (Smith) steht verletzt vor ihrer Tür und bittet um Hilfe. Die Überraschung ist groß, als er sich als Kommilitone ihrer Kinder in Harvard und zudem als Sohn des Kinostars Sidney Poitier herausstellt. In kürzester Zeit hat er mit seinen Kochkünsten und seiner intelligenten Konversation das Ehepaar für sich eingenommen. Sie bieten ihm an, bei ihnen zu übernachten, werden nachts aber von Geräuschen geweckt, und überraschen Paul, wie er sich gerade mit einem Callboy vergnügt. Sie werfen ihn hinaus. Bei einer Cocktailparty einige Zeit später erzählen sie ihren Bekannten dieses ungewöhnlich Erlebnis und müssen erfahren, dass einigen anderen das Gleiche widerfahren ist. Stellt sich für die Betrogenen die Frage: Wer ist eigentlich Paul? Bissige, ironische Farce und das Leinwanddebüt des späteren Actionstars Will Smith (*Independence Day*), der bei den Dreharbeiten allerdings die geplanten Kussszenen verweigert hat.

USA 1993 Ⓢ Fred Schepisi Ⓒ John Guare nach seinem Bühnenstück Ⓚ Ian Baker Ⓜ Jerry Goldsmith Ⓓ Stockard Channing, Will Smith, Donald Sutherland, Ian McKellen, Mary Beth Hurt, Bruce Davison, Richard Masur Ⓣ 107, farbig
Ⓟ︎Ⓡ︎

Lebewohl, meine Konkubine
BAWANG BIEJI

Entlang der wechselhaften und spannungsgeladenen persönlichen Geschichte zweier Stars der Peking-Oper, die über Jahrzehnte hinweg in den klassischen Rollen von König und Konkubine auftreten, präsentiert Chen Kaige einen phantasievollen und in üppiger Bilderpracht inszenierten Bogen über ein halbes Jahrhundert chinesischer Geschichte von den zwanziger Jahren bis zur Kulturrevolution.

Lebewohl, meine Konkubine

Cheng Dieyi (Cheung) fühlt sich seit seiner Kindheit als Mädchen. Bereits während der überaus brutalen Ausbildung in einer Schule für Sänger der Peking-Oper, in der sämtliche Frauenrollen stets von Männern gespielt werden, lernt der Knabe Cheng seinen Mitschüler Duan (Fengyi) kennen und lieben. Gemeinsam machen sie Karriere, werden Stars und treten immer wieder in der traditionellen Oper *Lebewohl, meine Konkubine* auf. Hinter der Maske darf Cheng sein, was er gerne wäre: Die Geliebte von Duan, dem König. Doch die Bühnenwirklichkeit entspricht nicht dem realen Leben. Selbst nachdem Duan eine Prostituierte (Li) geheiratet hat, kann sich Cheng innerlich nicht von ihm lösen. Es entwickelt sich eine tragische Dreiecksgeschichte voller Liebe, Hass und Verzweiflung.

Chen Kaiges Film gelingt eine epische Darstellung des Wandels seines Landes, stimmig, prachtvoll und trotz der fast drei Stunden Dauer niemals langweilig. In China wurde der Kinostart 1994 kurz vor der Premiere von den Zensoren gestoppt. Missfallen hatte weniger die – für chinesische Verhältnisse sehr offene – Darstellung der Homosexualität hervorgerufen. Bereits während der Dreharbeiten stellte man sicher, dass es keine drastischen Sexszenen geben würde. Anlass des Verbots war vielmehr die ungeschminkte Auseinandersetzung mit der Kulturrevolution. Der Film wurde 1993 in Cannes mit der Goldenen Palme ausgezeichnet und im gleichen Jahr für den Oscar als bester ausländischer Film nominiert.

„Der Film dreht sich hauptsächlich um Cheng, weil er es ist, der die tiefsten und reinsten Gefühle hegt. Er ist ein Mann, der einen anderen Mann liebt, und zwar aus tiefstem Herzen und uneingeschränkt. Ich wollte die Schönheit dieser Liebe zeigen."
Regisseur Chen Kaige

Taiwan/China/Hongkong 1993 ⊕ Chen Kaige ☺ Lilian Lee, Lu Wie nach dem Roman von Lilian Lee ✸ Gu Changwei ♪ Zhao Jiping ⊚ Leslie Cheung, Zhang Fengyi, Ge You, Li Chun, Gong, Ying Da, Lu Qi, Lee Dan Li ☉ 170, farbig ⓉⓇ

Leichtes Fieber eines Zwanzigjährigen
HATACHI NO BINETSU

Tagsüber studiert der 19-jährige Tatsuru (Hakamata) an der Universität, abends verdient er sich seinen Lebensunterhalt gelegentlich als Callboy in einem schwulen Club. Ob er selbst schwul ist, weiß er nicht so genau. Gleich zwei Menschen verlieben sich in ihn: seine Kommilitonin Yoriko (Kataoka) und der Oberschüler Shin (Endo), der mit ihm im Club arbeitet. Eher halbherzig geht Tatsuru auf Yorikos Liebesschwüre ein, und ähnlich unentschlossen wehrt er Shins Gefühle ab. Erst als ein Freier Shin und Tatsuru zusammen ins Bett bestellt, ist Tatsuru gezwungen, sich über seine eigenen Wünsche klar zu werden.

Die Kamera in Ryosuke Hashiguchis sich zwischen Fiktion und Dokumentation bewegendem Film bleibt sehr lange auf Distanz zu den Figuren und zeigt deren unentschiedene Empfindungen. Mit Mut zur Tristesse hält er die deprimierende Scheußlichkeit von Schnellrestaurants, Studentenwohnheimen und schwulen Clubs im Bild fest. Mit Ironie, Humor und durchaus differenziert werden die komplexen Beziehungen unter den Jugendlichen, ihre gegenseitigen Verletzungen und ihre Auseinandersetzungen mit der Erwachsenenwelt dargestellt.

Japan 1993 ⊕☺ Ryosuke Hashiguchi ⊕ Junichi Tozawa
♪ Kohei Shinozaki, Akira Isono, Ryui Murayama ⊛ Yoshihiko
Hakamata, Masashi Endo, Reiko Kataoka, Sumiyo Yamada, Koichi
Sato ☺ 114, farbig
ⓒⓞ ⓟⓡ

Leidenschaften – The Berlin Affair
INTERNO BERLINESE/THE BERLIN AFFAIR

Berlin, 1938. Die Gattin eines hohen Nazi-Diplomaten Louise von Hollendorf (Landgrebe) verliebt sich in Mitsuko, die Tochter des japanischen Botschafters. Als sie erkennt, dass diese auch mit dem Kunstlehrer Benno ein Verhältnis hat und zudem noch ihr Ehemann Gefallen an der schönen Japanerin findet, kommt es zur erwarteten Katastrophe. Der aus Eifersucht geschasste Kunstlehrer beschuldigt Louise von Hollendorf öffentlich „sapphischer Umtriebe". Schauspielerisch wie inszenatorisch eine peinlich-lächerliche Angelegenheit.

I/BRD 1985 ⊕ Liliana Cavani ☺ Liliana Cavani, Roberta Mazzoni
nach einem Roman von Junichiro Tanizaki ⊕ Dante Spinotti
♪ Pino Donaggio ⊛ Gudrun Landgrebe, Kevin McNally, Mio
Takaki, Hanns Zischler, William Berger, Massimo Girotti, Philippe
Leroy, John Steiner ☺ 121, farbig
ⓑⓘ

Lesbos – Hohe Schule der Liebe
LESBO

Weil auf Lesbos bekanntlich die Urgründe der lesbischen Liebe liegen, findet die sexuell zu kurz gekommene Ehefrau eines impotenten Schriftstellers Befriedigung bei einer lesbischen Journalistin. Seichter Sexfilm.

I 1969 ⊕ Eric Andrews (Eduardo Multargia) ☺ Joseph Towers
(Edoardo Mulargia) ⊕ Constantin Durytrijk ♪ Francesco De
Masi ⊛ Steven Tedd, Carla Romanelli, Käthe Haak, Peter Howells,
Gisella Dalli ☺ 98 (deutsche Fassung 90), farbig
Ⓢ

Let's Do It
MARCHE PAS SUR MES LACETS
Deutscher Alternativtitel: Die kleinen englischen Girls

Der junge Rekrut Cri-Cri will vor seiner Einberufung zum Militär zusammen mit seinen Freunden noch einmal auf die Pauke hauen und legt in einem Ferienhotel eine Gruppe sexhungriger, britischer Sportlerinnen flach. Flache Teeniekomödie mit Sexfilmanleihen, deren dämliche Witze zum größten Teil auf Kosten von Schwulen gehen.

F 1977 ⊕ Max Pécas ☺ Claude Mulot, Didier Philippe-Gérard,
Max Pécas ⊕ Roger Fellous ♪ Georges Garvarentz ⊛ Sylvain
Green, Jean-Marc Jubelin, Dominique Longval, Catherine Mulot
☺ 89, farbig
ⓗⓟ

Let's Talk about Sex
EROTIQUE

In drei Geschichten geben drei Regisseurinnen aus drei Kulturkreisen – Monika Treut, Lizzie Borden und Clara Law – ein hocherotisches und feministisches Statement zum Thema Sex ab. In *Let's Talk about Sex* verdient sich eine Schauspielerin ihr Geld mit Telefonsex und gerät dabei eines Tages an einen Kunden, der sich ausnahmsweise mal für ihre sexuellen Fantasien interessiert. *Wonton Soup* schildert eine Affäre zwischen einer Chinesin und einem Australier. In Monika Treuts Beitrag *Taboo Parlor* schleppen Claire (Barnes) und Julia (Soeberg) einen Mann in einer Bar (Carr) für einen One-Night-Stand ab. Der weiß nicht, dass beide Lesben sind. Er darf zwar mit Claire schlafen, wird aber gleichzeitig von Julia mit einem Dildo vergewaltigt.

„Regisseurinnen, die mit erotischen Bildern arbeiten, bekommen oft Prügel von Presse und Publikum, Prügel nicht nur von Männern, die ihr Revier verteidigen, sondern nicht zuletzt auch von Feministinnen. Dabei ist Erotik aus weiblicher Sicht respektlos und humorvoll, experimentell und überraschend. Frauen

verfügen über ein großes Repertoire erotischer Fantasien, das sie gerade erst beginnen auszudrücken."

Regisseurin Monika Treut

USA/D/Hongkong 1994 ⊕ Lizzie Borden, Monika Treut, Clara Law ☺ Lizzie Borden, SusFrancinie Bright, Monika Treut, Eddie Ling-Ching Fong ⊛ Lary Banks, Arthur Wong, Elfi Mikesch ♪ Andrew Belling, Jon Baker, Taimie B., Tanita Tikaram, Joachim Witt, Rocco Boness ⊕ Kamala Lopez-Dawson, Bryan Cranston, Ron Orbach, Priscilla Barnes, Marianne Sägebrecht, Camilla Soeberg, Michael Carr, Tim Lounibos, Hayley Man, Choi Hark-kin ⊕ 83, farbig

Letzte Ausfahrt Brooklyn
LAST EXIT TO BROOKLYN

1964 erschien Hubert Selbys düster-apokalyptischer Episodenroman, der den New Yorker Stadtteil Brooklyn in einem Zustand der Ausweglosigkeit schildert. Die drastische Darstellung von Gewalt und Sex brachten dem Autor sogar eine Anklage wegen „Verbreitung obszöner Schriften" ein. Die Figuren klammern sich gierig und blind an jedes kleinste sich bietende Moment des Glücks. Es sind Verlorene, Alkoholiker, Verirrte und Verzweifelte. Halbstarke, streikende Arbeiter, Ein-Dollar-Huren und GIs vor dem Abtransport nach Korea. Im Zentrum steht Harry Black (Lang), Vertrauensmann der Gewerkschaft, der aus seinem tristen Leben ausbrechen will, dabei auf eine Transvestitenparty gerät und im Bett mit einem Mann landet. Langsam erst wird er sich seiner Homosexualität bewusst. Das ihm anvertraute Gewerkschaftsgeld macht aus ihm einen großzügigen Gönner. Doch er findet weder Freund-

schaft noch Geborgenheit. Auch die Tunte Georgette (Alexis Arquette in einer seiner ersten großen schwulen Rollen) findet bei ihrer Suche nach Liebe immer nur Demütigung. Sie wird am Ende von einem Auto überfahren (am Steuer: Autor Hubert Selby in einem kurzen Gastauftritt).

Stanley Kubrick und Brian de Palma hatten sich mit den Gedanken getragen, den inzwischen zum Klassiker gewordenen Roman zu verfilmen. Der deutsche Produzent Bernd Eichinger verwirklichte das Unternehmen schließlich mit Uli Edel (*Christiane F.*, 1981) und einem US-amerikanischen Team. Gedreht wurde in New York.

Die Kulissen in Uli Edels Film haben durchweg etwas Künstliches und versprühen ebensowenig Authentizität wie die ganze Inszenierung. Statt einfühlsamer Psychologie dominieren grelle Effekte, so dass sein Film teils zum pathetischen Requiem, teils zur lärmenden Massenszene versteigt.

„Während des Arbeiterstreiks merkt Harry, dass auch sein Körper, seine Sexualität zu streiken beginnt. Harry ist ein Gepanzerter, der an die eigenen Gefühle nicht herankommt, weil da ein Tor verschlossen ist. Er versucht, daraus einen Ausweg zu finden. Dass er mit einem Mann ins Bett geht, ist nur eine Möglichkeit von vielen. Sie ergibt sich einfach." Regisseur Uli Edel

BRD/USA 1989 ⊕ Uli Edel ☺ Desmond Nakano, Uli Edel nach dem gleichnamigen Roman von Hubert Selby ⊛ Stefan Czapsky ♪ Mark Knopfler ⊕ Stephen Lang, Jennifer Jason Leigh, Burt Young, Alexis Arquette, Peter Dobson, Jerry Orbach, Stephen Baldwin, Ricki Lake, Frank Military ⊕ 102, farbig
ⓒⓞ ⒹⓉ Ⓖ

Die letzten beißen die Hunde
THUNDERBOLT AND LIGHTFOOT

Der Tresorknacker John ‚Thunderbolt' Doherty (Eastwood) ist vom Pech verfolgt. Die vergrabene Beute eines Banküberfalls, die er vor seinen Komplizen versteckt hält, ist durch einen Neubau unerreichbar. Mit dem Herumtreiber Lightfoot (Bridges) und seinen ehemaligen Kumpanen will er den verpatzten Raub wiederholen.

Klassischer Buddy-Film. Die Freundschaft zwischen Thunderbolt und Lightfoot trägt überdeutliche homoerotische Züge. Frauen haben in ihrem Leben keinen Platz, stattdessen trägt Lightfoot schlechtsitzende Fummel. Gleichwohl, die Homosexualität bleibt unausgesprochen, auch wenn manche Dialogzeile unfreiwillig komische Direktheit aufweist: „Wir dürfen uns nicht mehr so treffen, hörst du. Wo Rauch ist, muss schließlich auch Feuer sein." Lightfoot stirbt in den Armen seines Gefährten und so bleibt ihre Liebe bis zuletzt „rein" und unerfüllt.

Das Regiedebüt von Michael Cimino (*Heaven's Gate*) brachte Jeff Bridges 1974 seine zweite Oscar-Nominierung ein.

USA 1974 ⊜☺ Michael Cimino ◉ Frank Stanley ⏱ Dee Barton
⊛ Clint Eastwood, Jeff Bridges, Catherine Bach, Geoffrey Lewis,
Gary Busey ⏱ 114, farbig
Ⓞ ⓂⒻ Ⓣ

Lianna

Der Klassiker unter den lesbischen Coming-out-Filmen. Die unglücklich verheiratete Lianna (Griffiths) entdeckt, dass ihr Mann eine Affäre hat. Als sie sich zudem in ihre Psychologielehrerin Ruth (Hallaren) verliebt, droht das beschauliche, brave Leben auseinander zu brechen. Begleitet von den üblichen Schwierigkeiten hat Lianna schließlich ihr Coming-out, verlässt ihren Mann und lebt mit der Freundin. Überraschenderweise nimmt der Film dann noch einen anderen Verlauf, als Lianna auch in dieser Beziehung nicht glücklich wird und sich schließlich mit einer anderen Frau, der lebhaften Thea (Wight-Mac-Donald), zusammentut.

Aus heutiger Sicht ein betulicher und um politische Korrektheit bemühter Film, der allerdings Anfang der achtziger Jahre nicht unwesentlich für das Coming-out vieler Lesben war. Damals wurde sogar noch kritisiert, dass der Film von einem heterosexuellen Mann gemacht wurde, der sich schließlich kaum mit der Materie auskennen könne. Doch John Sayles hat bewiesen, sehr wohl einfühlsam und durchaus realistisch mit dem Thema umgehen zu können. Auch wenn der Film Frechheit und Ironie vermissen lässt, wird die Geschichte nicht in althergebrachter Schwarz-weiß-Malerei erzählt, sondern plädiert in erster Linie für Toleranz und Selbstverwirklichung.

USA 1981 ⊜☺ John Sayles ◉ Austin De Besche ⏱ Mason Daring ⊛ Linda Griffiths, Jane Hallaren, Jon De Vries, Jo Henderson, Jessica Wight-MacDonald ⏱ 110, farbig
ⓒⓞ

Liebe in jeder Beziehung
THE OBJECTION OF MY AFFECTION

Der Grundschullehrer George Hanson (Rudd) wird von seinem Lebensgefährten auf die Straße gesetzt und fin-

det Unterschlupf bei seiner Freundin, der Sozialpädagogin Nina (Aniston). Auch die hat ein Beziehungsproblem: Sie ist sich mit ihrem Geliebten Vince (Pankow) nicht so ganz sicher und zieht deshalb vorerst nicht mit ihm zusammen. Je länger sie nun mit George die Wohnung teilt, desto größer wird ihr Wunsch, ihn zu ihrem Mann fürs Leben zu machen. Das Kind, das sie von Vince erwartet, möchte sie gerne mit George aufziehen. Dieser hat sich mittlerweile frisch in Paul (Gulinello) verliebt, der noch in einer lockeren Beziehung zu dem erheblich älteren und gut situierten Rodney (Hawthorne) steckt. Auch Nina ist von Rodneys Charme angetan. Das labile Beziehungsgeflecht zerbricht jedoch, obwohl Nina sich bemüht, den Ansprüchen aller Beteiligten gerecht zu werden.

Nicholas Hytners biedere und konturlose Adaption von Stephen McCauleys gleichnamigen Roman kennt nur Gutmenschen und tadellose politische Korrektheit. Erfreulich ist, dass die schwulen Figuren weniger über ihre Sexualität, denn durch ihre Charaktere definiert werden. Doch der konstruierte Plot wirkt in dieser klinisch sauberen Ausführung steril und zum Teil unglaubwürdig. Dass trotz all dieser Verwicklungen und Liebeskatastrophen keinerlei Spannungen oder seelische Tiefs bei den Protagonisten auftauchen, überrascht bei diesen Voraussetzungen nicht.

„Ich fand die Frage interessant, was für eine Art von Liebe eine langfristige Beziehung untermauert. Inwieweit hängt eine solche Beziehung von sexueller Anziehungskraft ab? Tatsache ist, dass die meisten funktionierenden Ehen dahingehend gereift sind, dass sie sich in intensive, romantische Freundschaften verwandelt haben."

Regisseur Nicholas Hytner

USA 1998 ⊜ Nicholas Hytner ☺ Wendy Wasserstein nach dem Roman von Stephen McCauley ◉ Oliver Stapleton ⏱ George Fenton ⊛ Paul Rudd, Jennifer Aniston, Tim Taly, Amo Gulinello, Nigel Hawthorne, Alan Alda, Allison Janney, Steve Zahn, John Pankow ⏱ 107, farbig

Liebe ist kälter als der Tod

Der kleine Zuhälter Franz (Fassbinder) weigert sich, einem Verbrechersyndikat beizutreten. Das Syndikat gibt scheinbar nach, setzt aber den schönen Bruno (Lommel) auf ihn an. Franz verliebt sich in Bruno und zieht mit ihm zusammen. Bei Franz lebt bereits seine Freundin Joanna (Schygulla), die für ihn auf den Strich geht. Im Auftrag des Syndikats begeht Bruno Morde, die Franz angelastet werden sollen. So soll dieser an das Syndikat gebunden und zur Mitarbeit gezwungen werden. Doch der Kommissar (Karsunke) hat keine Beweise gegen Franz. Schließlich planen Bruno und Franz einen Banküberfall. Joanna verrät sie an die Polizei. Im Durcheinander des Überfalls wird Bruno von der Polizei erschossen. Franz und Joanna können fliehen.

Die Lust Fassbinders und seiner Darsteller, mit den Mustern US-amerikanischer und französischer Gangsterfilme zu spielen, erschöpft sich nicht darin, die Handlung einige bekannte Stationen des Genres durchlaufen zu lassen. Vielmehr ist das Interesse auf die Pausen zwischen den Aktionen gerichtet, auf das „Atemholen", bei dem sich die Welt der Protagonisten entfaltet.

Der erste abendfüllende Spielfilm des damals 23-jährigen Fassbinder hatte bei der Uraufführung bei den Internationalen Filmfestspielen Berlin 1969 noch den Titel *Kälter als der Tod*. Ihm ist die Widmung „Für Claude Chabrol, Eric Rohmer, Jean-Marie Straub, Linio und Cuncho" vorangestellt. Linio und Cuncho sollen die Hauptfiguren in Damiano Damianis Film *Töte Amigo*, 1966) sein; nach Joe Hembus' *Western-Lexikon* heißen die Figuren allerdings Gringo und Chuncho.

„Was übrig bleibt, wenn man diesen Film gesehen hat, das ist nicht, dass hier jemand sechs Leute ermordet hat, dass es hier ein paar Tote gegeben hat, sondern dass hier arme Leute waren, die nichts mit sich anfangen konnten, die einfach so hingesetzt wurden, wie sie sind, und denen keine Möglichkeit gegeben wurde – die einfach keine haben."

Regisseur Rainer Werner Fassbinder

BRD 1969 ◉◎ Rainer Werner Fassbinder ◉ Dietrich Lohmann ♪ Peer Raben, Holger Münzer ◉ Ulli Lommel, Hanna Schygulla, Rainer Werner Fassbinder, Hans Hirschmüller, Peter Moland, Ingrid Caven, Ursula Strätz, Irm Hermann, Yaak Karsunke, Peter Berling ◷ 88, s/w
(BI)

Liebe ohne Skrupel
TWEE VROUWEN
Englischer Titel: Twice a Woman

Die in die Jahre gekommene Restaurateurin Laura (Bibi Anderson, die 1966 in Bergmans *Persona* glänzte) verliebt sich nach gescheiterter Ehe in die sehr viel jüngere, unkonventionelle Sylvia (Dumas), die sie auf der Straße aufliest. Sylvia zieht bei Laura ein, und die beiden beginnen eine leidenschaftliche Beziehung, in der sie allerdings mit vielen Schwierigkeiten wie dem großen Altersunterschied, ihrer unterschiedlichen sozialen Herkunft und der sie umgebenden Homophobie zu kämpfen haben. Als Lauras geschiedener Mann Alfred (Anthony Perkins spielt das homophobe Ekelpaket) die Szenerie betritt, wendet sich das Blatt abrupt. Nachdem er seinem Missfallen über das Coming-out seiner Exfrau Ausdruck verliehen hat, baggert er die junge Sylvia an. Diese gibt seinem Werben nach, verlässt Laura und beginnt eine Affäre mit ihm. Was weder Publikum noch Alfred und Laura ahnen: Sie will nur von Alfred geschwängert werden, um Lauras Kinderwunsch zu erfüllen, und danach zu ihr zurückkehren. Doch alles kommt natürlich ganz anders als geplant. Das tragische Ende sieht – wie so oft – den Tod für eine der Lesben vor. Obwohl der Film, wie auch schon seine Romanvorlage, sehr offen und progressiv mit dem Lesbischsein seiner Protagonistinnen umgeht und Anfeindungen und Intoleranz aus Sicht der Frauen darstellt, darf es kein lesbisches Happy End geben.

NL 1977 ◉ George Sluizer ◎ George Sluizer, Jurrien Rood, nach dem gleichnamigen Roman von Harry Mulisch ◉ Mat van Hensbergen ♪ Willem Breuker ◉ Bibi Andersen, Sandra Dumas, Anthony Perkins, Kitty Courbois, Tilly Perin-Bouwemeester ◷ 110, farbig
(T) (BI)

Liebe! Stärke! Mitgefühl!
LOVE! VALOUR! COMPASSION!

Eine Gruppe schwuler Männer trifft sich während der Feiertage an drei Sommerwochenenden in einem abgelegenen Landhaus am See eines gemeinsamen Freundes. Acht Männer reden über sich, ihre Beziehungen, ihre Ängste, ihre Einsamkeiten, über Klatsch und Tratsch, über das Leben und den Beruf, über Krankheit und Sterben. Acht Männer, die einem Bilderbuch schwuler Stereotypen entsprungen zu sein scheinen: ein

Tänzer, ein Kostümdesigner, ein Choreograf, ein leidenschaftlicher Musicalfan, ein misanthropischer Komponist. Buzz hat sich fast manisch das ganze Wissen über das nordamerikanische Musical angeeignet. Hinter der quirligen Fassade jedoch steckt ein einsamer Mann mit Angst um sein Leben. Buzz ist HIV-positiv. Auch James ist infiziert. Alle lieben ihn, den sanften, verständigen Mann, das Gegenteil seines Zwillingsbruders John (Glover in einer Doppelrolle), einem gescheiterten Musicalkomponisten. Auf andere Weise scheitert Gregory (Bogardus), der Gastgeber der illustren Schar. Sein Leben widmet er dem Tanz – und seiner großen Liebe Bobby (Kirk), einem Blinden. Gregory hat nur drei Orte, an denen er sich sicher fühlt: bei seiner Arbeit, in Bobbys Armen und in seinem Tagebuch. Dies alles wird er verlieren: Das Tagebuch bleibt nicht geheim, die Arbeit an seiner neuen Choreografie stockt; er wird sie nicht mehr selbst tanzen können. Und Bobby verliert er an den jungen sexy Tänzer Ramon (Becker).

Die Verfilmung des erfolgreichen Broadwaystücks (bis auf Nathan Lane spielt die Originalbesetzung) ist konventionell und schielt auch in der Machart aufs breite Publikum. Das hatte zur Folge, dass Sentimentales dominiert und manche der zahlreichen angesprochenen Themen nur oberflächlich abgehandelt werden und man sich mehr Tiefe und Schärfe in der Charakterzeichnung gewünscht hätte.

USA 1997 ⊕ Joe Mantello ⊕ Terrence McNally nach seinem gleichnamigen Bühnenstück ⊕ Alik Sakharov ♪ Harold Wheeler ⊛ Jason Alexander, Randy Becker, Stephen Bogardus, John Glover, John Benjamin Hickey, Justin Kirk, Stephen Spinella ⊙ 114, farbig Ⓐ

Liebe, Tod und kleine Teufel

Lothar Lambert recycelt eine TV-Produktion. Für den NDR verfilmte er erstmals ein fremdes Drehbuch. Der als schwarze Komödie angekündigte Wirtschaftskrimi *Gestatten, Bestatter* (1986) geriet allerdings recht fade. Lambert, der die Rech-

te an der Kinoauswertung behalten hatte, kürzte radikal und drehte eine neue Rahmenhandlung: Lambert im Tuntenfummel spielt den Kleindarsteller Kurtchen. Zusammen mit seinem Liebhaber, einer Altenpflegerin und einer etwas gestörten Busenfreundin, sieht er sich die Ausstrahlung von *Gestatten, Bestatter* an. Sie warten auf Kurtchens kleinen TV-Auftritt. Viel Gelegenheit zu selbstironischen Kommentaren, gegenseitigen Boshaftigkeiten und erotischen Spannungen innerhalb des Quartetts.

BRD 1989 ⊕ Lothar Lambert ⊕ Lothar Lambert, Karlheinz Freynik ⊕ Albert Kittler, Izzet Akay ⊛ Lothar Lambert, Dagmar Beiersdorf, Renate Soleymany, Mustafa Iskandarani, Axel Lutter, Friedrich Schoenfelder, Imke Barnstedt, Beate Hasenau ⊙ 80, farbig Ⓞ⒯

Liebe und andere Grausamkeiten
LOVE & HUMAN REMAINS

In seiner Jugend war der etwa 30-jährige David (Gibson) der Star einer TV-Serie. Nun ist er in seine Heimatstadt zurückgekehrt und arbeitet desillusioniert als Kellner. Vor seiner Umwelt schützt er sich mit kühlem Sarkasmus, seine Sehnsucht nach Geborgenheit stillt er mit flüchtigem Sex. Seine einzige wirkliche Vertraute ist seine Freundin und Mitbewohnerin Candy (Marshall), eine Literaturkritikerin. Doch Davids Zynismus ist für sie inzwischen unerträglich geworden. Während er längst das Vertrauen in die Liebe verloren hat, träumt sie vom großen Glück zu zweit, das sich aber mit ihrer jüngsten Bekanntschaft, der lesbischen Jerri (Vannicola), nicht einstellen mag. Auch ihr Abenteuer mit Robert (Roberts) endet unglücklich. Der suchte einfach nur Abwechslung von seinem Ehealltag. Davids Freund Bernie (Bancroft), ein Frauenheld und kleiner Beamter, ist ebenso auf der Suche, stürzt sich aber mehr und mehr in heftige Affären. Als er Davids esoterisch angehauchte Freundin Benita (Kirshner), ein Domina-Callgirl, bei einem Rendezvous angreift, kommt David ein schlimmer Verdacht. Seit Wochen berichten die Medien über die Morde eines Serienkillers. Aus der anfänglich leichtfüßigen Komödie entwickelt sich nun ein dichter Thriller.

Arcands geschickt verwobene schwarze Komödie über Großstadtsingles zwischen Bindungsangst und Sehnsucht nach Zweisamkeit in den neunziger Jahren mündet in ein stark konstruiertes glückliches Ende. Seine jungen Helden sind durchweg typisiert, was entsprechend zu Lasten ihrer Charakterzeichnung geht. Unter der glatten Oberfläche ist oft nicht mehr viel Spannendes zu entdecken. Wer mit wem schläft bzw. welche Geschlechter es sich dabei handelt, ist keine existentielle Entscheidung, sondern vielmehr Ausdruck eines augenblicklichen Empfindens und des Lebensstils.

Kanada 1993 ⊕ Denys Arcand ⊕ Brad Fraser nach seinem Theaterstück *Unidentified Human Remains and the True Nature of*

Love ⊕ Paul Sarossy ◐ John McCarthy ⊛ Thomas Gibson, Ruth Marshall, Cameron Bancroft, Mia Kirshner, Joanne Vannicola, Matthew Ferguson, Rick Roberts, Aidan Devine, Robert Higden ⊙ 100, farbig

ⒷⒾ Ⓣ Ⓜ Ⓖ

Liebe und andere Katastrophen
LOVE AND OTHER CATASTROPHES

Der Campus dieser Universtät in Melbourne ist ein reizend hübscher Ort, ein nettes Dorf, wo jeder jeden kennt, alle alle grüßen und man rundherum viel Spaß miteinander hat – bisweilen auch das eine oder andere Problem. Michael (Day) braucht eine neue Bleibe, um aus seiner verkeimten Heavy-Metal-WG herauszukommen, Alice (Garner) sollte endlich ihre Doktorarbeit (*Doris Day als feministische Kämpferin*) zu Ende kriegen und sich vielleicht doch mal einen Kerl suchen. Mia (O'Connor) hat Angst vor zuviel Nähe und trennt sich kurzerhand einfach von ihrer Freundin (um am Ende wieder reumütig zurückzukehren), der Computer der Unibibliothek fordert unbezahlbare Versäumnisgebühren, ein Dozent stirbt mit einem Doughnut im Mund. Ansonsten aber ist das Leben ganz normal und ohne besondere Vorkommnisse.

Regisseurin Emma-Kate Croghan war 23 Jahre alt, als sie diesen Film in gerade einmal 17 Tagen für 45 000 Dollar drehte. Bei den Filmfestspielen in Cannes wurde allein für die US-Verleihrechte eine Million Dollar bezahlt. Das riecht nach bekömmlicher, unkomplizierter Unterhaltung, und genau so ist dieses Regiedebüt auch ausgefallen: Lustig, gefällig, ein sonniger Tag auf dem Campus. Ein bisschen anarchistisch und frech, ein wenig romantisch und durchaus charmant, aber in der Hauptsache ganz brav und leicht verdaulich. Was den Film dennoch heraushebt, ist die Selbstverständlichkeit, mit der Croghan diesen konfusen Studentenalltag und das Glück und Leiden mit der Hetero- wie der Homosexualität im Stil der klassischen Screwball-Komödien erzählt. Sie wirft dabei einen leicht ironischen Blick auf die Generation der Twenty-Somethings, ohne gleich den überstrapazierten Begriff der „Generation X" zu bemühen.

AUS 1995 ⊖ Emma-Kate Croghan ◐ Stavros Kazantzidis, Yael Bergman, Emma-Kate Croghan, Helen Bandis ⊕ Justin Brickle ◐ Daryl McKenzie, Oleh Witer ⊛ Frances O'Connor, Alice Garner, Matthew Dyktynski, Matt Day, Radha Mitchell ⊙ 79, farbig

Eine Liebe wie andere auch

Ein Zitat von Klaus Mann lieferte den Filmtitel. Der Deutschlehrer Wieland (Adler) und der Buchhändler (und Klaus-Mann-Fan) Wolf (Wolfe) sind ein Paar. Die beiden Endzwanziger schneiden sich gegenseitig die Haare, streiten sich über Politik und Literatur, erörtern das Modell der offenen Beziehung, erläutern die Zubereitung einer perfekten Mousse au Chocolat. Wieland engagiert sich für die Bewohner eines von Schwulen besetzten Hauses. Als er Vertreter von ihnen zur Diskussion in die Schule einladen will, wird er vom Direktor verwarnt. Wolf bändelt in der Buchhandlung mit dem Kunden Paul (Lotter) an. Im Bett landen sie aber zu dritt, was Paul verärgert und wieder von dannen ziehen lässt. Die Film- und Literaturkritiker Martin Ripkens und Hans Stempel zeigen den Alltag einer unspektakulären Beziehung.

Eine Liebe wie andere auch ist ein Milieustück und Zeitdokument des schwulen Großstadtlebens der achtziger Jahre, das sich als Gegenstück zu larmoyanten Coming-out-Dramen und überzeichneten Leder- oder Tunten-Subkulturfilmen versteht. Seinerzeit mussten sich die beiden Filmemacher den Vorwurf gefallen lassen, heterosexuelle Kleinbürgerlichkeit und Spießigkeit als schwules Lebensmodell zu propagieren.

BRD 1982 ⊖◐ Martin Ripkens, Hans Stempel ⊕ Michael Teutsch ⊛ Klaus Adler, Stuart Wolfe, Christa Maerker, Dieter Bachnick, Klaus D. Lucas, Johannes Küster, Michael Föster, Thomas Böckler, Herta von Klewitz, Paul Lotter ⊙ 104, farbig

Liebe zwischen Tür und Angel – Vertreterinnen-Report

Pseudo-Sex-Dokumentation, diesmal nicht über Schulmädchen, sondern über Studentinnen, die an der Haustür Zeitschriftenabos verkaufen und von geilen Hausfrauen und alleinstehenden Männern sogleich ins Bett gezerrt werden.

BRD 1973 ⊖ Ilja von Anutroff (Ralf Gregan) ◐ Jan D. Lefpa, Ralf Gregan ⊕ Michael Marszalek ◐ Rolf Bauer ⊛ Holger Bernhard, Marina Blümel, Michael Büttner, Sandro Castell, Katja Dennemark, Angelika Duvier, Heidrun Hankammer, Günther Kieslich, Bianca Herr, Imgard Klück ⊙ 77 (gekürzte TV-Fassung 73), farbig Ⓢ

Liebende Frauen
WOMEN IN LOVE

Die beiden englischen Lehrerinnen Gudrun Brangwen (Jackson) und ihre Schwester Ursula (Linden) sind selbstbewusste, intelligente Frauen; Gudrun versucht sich auch als Bildhauerin, von der Ehe halten beide nicht allzu viel. Dennoch heiratet Ursula den progressiven Schulinspektor Rupert Birkin (Bates), nachdem dieser sich von der reichen Exzentrikerin Hermione Roddice getrennt hat. Er ist eng befreundet mit Gerald Crich (Reed), dem Sohn eines Bergwerkbesitzers. Dass ihre Freundschaft jedoch auch homoerotische Aspekte hat, wollen beide nicht wahrhaben. Gerald ist fasziniert von der extravaganten Gudrun und beginnt eine leidenschaftliche Beziehung mit ihr. Nach dem Tod seines Vaters reisen beide Paare in die Schweizer Alpen. Dort lernt Gudrun einen homosexuellen Bildhauer kennen und fühlt sich mehr und mehr zu ihm hingezogen. Gerald verzehrt sich in wütender Eifersucht und sucht den Freitod; an seinem Totenbett trauert Rupert nicht nur um einen guten Freund, sondern auch um eine Liebe, die er nicht auszuleben wagte.

Mit seinem dritten Kinofilm gelang Ken Russell ein bildgewaltiges Melodram und eine überzeugende Umsetzung des Romans von D. H. Lawrence (1885 – 1930), eines ihm geistesverwandten Provokateurs, der stets gegen erstarrte bürgerliche Konventionen angegangen war. Die Sexualität galt ihm als einzige noch ungebrochene Urkraft des Lebens; sein bekanntester Roman *Lady Chatterley's Lover* von 1928 durfte in England erst 1960 ungekürzt erscheinen. Auch manche freizügige Szenen von Ken Russells Verfilmung der *Women in Love* mit vielen ironischen Seitenhieben auf englische Sexualmoral fielen seinerzeit in England der Zensur zum Opfer. Drehbuchautor und Produzent Larry Kramer wurde später einer der prominentesten US-amerikanischen Schwulen- und Aidsaktivsten.

GB 1969 ⊛ Ken Russell Ⓒ Larry Kramer nach dem gleichnamigen Roman von D. H. Lawrence ⊕ Billy Williams ♪ Georges Delerue, Pjotr Iljitsch Tschaikowsky ⊛ Alan Bates, Oliver Reed, Glenda Jackson, Jennie Linden, Eleanor Bron, Alan Webb, Catherine Willmer, Sarah Nicholls, Sharon Gurney, Michael Gough ⊕ 131, farbig Ⓑ Ⓣ

Liebende Paare
ÄLSKANDE PAR
Englischer Titel: Loving Couples
Die schwedische Regisseurin Mai Zetterling hat in *Amorosa* (1986) das Leben der exzentrischen schwedischen Nationaldichterin Agnes von Krusenstjerna (1894-1940) inszeniert. Ihr früher Film *Liebende Paare* basiert auf einem Romanzyklus von Krusenstjerna aus den Jahren 1930-35, die damit einmal mehr ihrem Ruf als Tabubrecherin in Bezug auf Themen wie Geschlechterrollen, Liebe und Sex gerecht wurde.

Vor dem ersten Weltkrieg liegen drei sehr unterschiedliche schwangere Frauen gemeinsam in einer gynäkologischen Klinik in Schweden und lassen ihr Leben Revue passieren, was in Rückblenden dargestellt wird. Adele (Lindblom) ist die unglücklich Verheiratete, die eine Totgeburt hat. Agda (Andersson) ist die unkonventionelle, freigeistige Frau, mit einem eigenen Konzept von Liebe und Beziehungen. Der Vater ihres Kindes hat für sie eine Ehe mit einem Schwulen arrangiert, der auch bei der Hochzeit Händchen mit seinem männlichen Lover hält. Angela (Petre) schließlich ist lesbisch und will gemeinsam mit ihrer Freundin Petra ein Kind großziehen. Ungewöhnlicherweise wird das lesbische Paar als das glücklichste gezeigt. Nur die zwei Lesben sind einander liebend und zärtlich zugetan und sprechen positiv und hoffnungsvoll von „ihrem Kind".

Vor allem die schauspielerischen Leistungen der Hauptdarstellerinnen, bekannt durch ihre Arbeit in Filmen von Ingmar Bergman, machen den auch ansonsten „bergmanesk" anmutenden Film wertvoll.

Schweden 1964 ⊛ Mai Zetterling Ⓒ Mai Zetterling, David Hughes nach dem Romanzyklus *Die Fräuleins von Pahlen* von Agnes von Krusenstjerna ⊕ Sven Nykvist ♪ Roger Wallis ⊛ Gio Petré, Harriet Andersson, Gunnel Lindblom, Anita Björk, Eva Dahlbeck, Gunnar Björnstrand ⊕ 109, s/w

Liebesgrüße aus Moskau
FROM RUSSIA WITH LOVE

Der zweite James-Bond-Film, wieder mit einem vortrefflichen Sean Connery in der Rolle des britischen Superagenten, ist durch die Figur der russischen Agentin Rosa Klebb zum lesbischen Kult geworden. Niemand Geringeres als Lotte Lenya spielt diese toughe, herbe Klischeelesbe, die sich gleichermaßen wie Bond um die schöne Doppelagentin Tatiana Romanova (Bianchi) bemüht. Die Welt des kalten Krieges war damals noch in Ordnung, und so ist der russische Geheimdienst in Form der bösen Rosa Bonds Gegenspieler im Rennen um eine Dechiffriermaschine. Aus keinem Beispielwerk über Lesbenklischees im Film wegzudenken ist die Szene, in der Rosa Klebb – in voller sowjetischer Uniform – der erotischen Tatiana während eines Verhörs an die Bluse geht, um ihr die wichtigen Geheimnisse zu entlocken.

GB 1963 🎬 Terence Young ✍ Richard Maibaum nach dem gleichnamigen Roman von Ian Fleming 🎥 Ted Moore ♪ John Barry 🎭 Sean Connery, Daniela Bianchi, Lotte Lenya, Bernard Lee, Lois Maxwell, Pedro Armendáriz ⏱ 111, farbig

Die Liebesorgien des Heinrich VIII.
THE UNDERCOVER SCANDALS OF HENRY VIII.
Internationaler Alternativtitel: Royal Flesh

Billiger Sex-Historien-Trash. Der englische König Heinrich VIII. (Adams) lässt an seinem Hof die Betten quietschen. Gevögelt wird, was Beine hat: Tiere, Männer, Frauen. Lesbenspiele und SM-Exzesse vertreiben die Langeweile des Königs.

USA 1970 🎬 Charlton De Serge ✍ Lawrence Morse 🎥 Manuel Whitaker ♪ Jaime Mendoza-Nava 🎭 Lawrence Adams, Elizabeth Ada, Dee Lookwood, Whit Dickington, Forman Shane, William Keys, Lori Brown ⏱ 75, farbig
Ⓢ ⓈⓂ

Die Liebeswüste

Durch eine neu erdachte Rahmenhandlung versuchte Lothar Lambert bereits abgedrehtes Spielfilmmaterial, das größtenteils in der Kopieranstalt falsch bearbeitet und damit zerstört worden war, doch noch zu retten. Nun sitzt der Regisseur selbst am Schneidetisch und begutachtet gemeinsam mit seinen Darstellern und Darstellerinnen die erhalten gebliebenen Szenen seines als Reigen angelegten, derb-realistischen Episodenfilms über das Liebesleben des modernen Großstädters. Schwule, lesbische und heterosexuelle Paare erleben dabei gleichermaßen ihren sexuellen Frust. Gemeinsam diskutiert nun die Riege der Schauspielerinnen und Schauspieler, ob es sich noch lohnt, das sexuell überfrachtete Undergroundwerk zu vollenden.

BRD 1984 🎬✍ Lothar Lambert 🎥 Lothar Lambert, Eberhard Geick 🎭 Dagmar Beiersdorf, Ulrike S. (Ulrike Schirm), Stefan Menche, Dorothea Moritz, Friederike Menche, Doreen Heins, Dieter Schidor, Hans Marquardt ⏱ 61, s/w

Der Lieblingssohn
LE FILS PRÉFÉRÉ

Der Hotelier Jean-Paul Mantegna (Lanvin) hat sich finanziell übernommen und wird von einem Kredithai unter Druck gesetzt. Widerwillig bittet er seinen erfolgreichen Bruder Phi-

lippe (Barr) um Hilfe, doch es kommt zum Streit. Auch sein jüngerer schwuler Bruder Francis (Giraudeau) kann ihm mit seinem schmalen Lehrergehalt kaum helfen. Jean-Paul schließt eine Lebensversicherung auf seinen herzkranken Immigranten-Vater Raphaël (Herlitzka) ab. Als der plötzlich verschwindet, starten die drei sich fremdgewordenen Brüder eine Suchaktion. Dabei kehren sie nicht nur an die Orte ihrer Kindheit zurück, sondern auch in die dunklen Zonen einer verdrängten Vergangenheit und die Wurzeln ihrer Rivalität: vergilbte Fotos, Demütigungen und ein junger Boxer, der bei einem von Raphaël arrangierten Kampf starb. Plötzlich wird Jean-Paul schmerzlich bewusst, warum er Raphaëls Lieblingssohn gewesen ist.

Der Filmschauspielerin und Regisseurin Nicole Garcia (*Place Vendôme*, 1998) gelang ein subtiles Brüder-Drama, das eindringlich eine Atmosphäre der Einsamkeit und Erinnerung beschwört. Es ist zugleich das hervorragend gespielte Porträt einer zweiten Einwanderer-Generation, die sich für den gesellschaftlichen Erfolg so sehr angepasst hat, dass ihr die Vergangenheit zum Ballast geworden ist. Gérard Lanvin bekam 1995 den „César" als bester Darsteller.

F 1994 🎬 Nicole Garcia ✍ Nicole Garcia, François Dupeyron, Jacques Fieschi unter Mitwirkung von Jérôme Tonnerre 🎥 Eric Gautier ♪ Philippe Sarde 🎭 Gérard Lanvin, Bernard Giraudeau, Jean-Marc Barr, Karin Viard, Roberto Herlitzka, Pierre Mondy ⏱ 97, farbig

Like It Is

Der junge Craig (Bell) mit dem traurigen Blick weiß zwar, wie's in rauen Arbeitervierteln zugeht und wie man bei illegalen Kickboxwettkämpfen Geld verdienen kann. Doch die Schwulenszene mit all ihrem Glamour, ihrer Sex-Manie und Oberflächlichkeit kennt der Junge aus Blackpool bislang kaum. Seine Discobekanntschaft Matt (Rose) hingegen ist in den Clubs fast schon zu Hause. Sein Geld verdient er als Promoter zweitklassiger Popstars („Ich habe diesen Job, weil ich den richtigen Schwanz geblasen habe.") Das Musikgeschäft, das hippe Nightlife Londons und die stärkende Prise Kokain machen sein Leben aus. Ein naiver Boxer wie Craig passt da nur schwer hinein. Und weil das der Schwierigkeiten noch nicht genug ist, stört Matts Freundin Paula (Behr) eifersüchtig das junge Glück, und Matts schmieriger Plattenboss (Ex-*The Who*-Sänger Roger Daltrey) hat ein Auge auf Hintern und Waschbrettbauch von Craig geworfen.

Der ungeschminkte, detailgenaue Blick auf das Clubleben in Soho und den Zynismus des Popindustrie sind die Stärken von Paul Oremlands bisweilen etwas didaktisch geratenem Film. Nicht die böse schwulenfeindliche Gesellschaft, sondern die Schwulen und ihr oberflächliches Szeneleben sind es, die sich als Feinde erweisen. Die wahre Liebe aber hat dann sogar inmitten der abgefuckten Homo- und Clubberszene eine reelle Chance.

GB 1997 ⊜ Paul Oremland ⓘ Robert Gray ⊕ Alastair Cameron ♪ Don McGlashan ⓦ Roger Daltrey, Dani Behr, Ian Rose, Steve Bell, Jude Alderson, Emile Charles ⓒ 93, farbig ⓒⓞ

Lilies
Deutscher Alternativtitel: Lilies – Theater der Leidenschaften

Kanada 1952: Bischof Bilodeau (Sabourin) besucht ein Gefängnis, um dort dem todkranken Gefängnisinsassen Simon (Pallascio) die Beichte abzunehmen. Doch statt Sünden zu gestehen, erzählt ihm dieser die Geschichte seiner ersten Jugendliebe zu einem damaligen Mitschüler: Vallier, einem Sohn aus reichem, bürgerlichen Hause. Bilodeau ist in eine Falle gelaufen, denn er erkennt sich als Teil dieser Liebeserzählung, und mit einem Male ist er in dem Beichtstuhl gefangen. Verurteilt, sich durch die kleine Fensterluke des engen Kastens eine Theatervorstellung anzuschauen: Szenen aus seiner gemeinsamen Jugend mit Simon, sowie dessen Liebe zu Vallier, die er damals aus Eifersucht und falscher Moral zu zerstören suchte.

Filmrealität und Theaterspiel gehen (vergleichbar mit Peter Greenaways *Das Wunder von Mâcon*, 1992) ineinander über. Die Handlung verlagert sich von der Gefängnisbühne hinaus in die realen Spielstätten der Geschehnisse in Bilodeaus und Simons Jugend.

Greyson bleibt dabei konsequent artifiziell. Weil auch die Frauenfiguren aus des Bischofs und Simons gemeinsamer Vergangenheit von den Mitgefangenen gespielt werden, stecken so Männer in Röcken und Kleidern (die mit Drag-Queen-Shows allerdings so überhaupt nichts zu tun haben). Das schafft eine zusätzliche Distanz zum manch Weihevollen der Dialoge und unterstützt den erhabenen, feierlichen Ton des ganzen Films.

Lilies ist ein schwelgerisches, symbolbeladenes Bilder-Spektakel, das sich bewusst des Kitsches, Pomps und der Theatra-

lik der (katholischen) Kirche bedient, um sie zugleich ironisch zu brechen. *Lilies* ist auch ein Film über ein selbstbewusstes Coming-out zweier junger Männer, ein mutiges Auflehnen gegen die Familie wie die Kirche und eine Liebe, die mit dem Verlust aller gesellschaftlichen Sicherheiten bezahlt wird. Der Film wurde 1996 u.a. als bester kanadischer Film und bester Film des Festivals von Locarno ausgezeichnet.

> *„Für mich ist es ein Film, der die Phantasie gebraucht, um jeder Form von Bigotterie Herr zu werden. Es ist eine Geschichte, die mit Poesie arbeitet, um sich über die Einsamkeit zu mokieren."*
> Regisseur John Greyson

Kanada 1996 ⊜ John Greyson ⓘ Michel Marc Boucard basierend auf dem Theaterstück *Les Felluettes ou la Répétition d'un Drame romantique* ⊕ Daniel Jobin ♪ Mychael Danna ⓦ Brent Carver, Marcel Sabourin, Aubert Pallascio, Jason Cadieux, Matthew Ferguson ⓒ 95, farbig
ⓒⓞ ⓦⓟ

Liquid Sky

Ein Ufo landet auf dem Balkon eines Penthouses in New York, in dem Adrian, eine rücksichtslose lesbische Dealerin und das bisexuelle New-Wave-Mannequin Margaret wohnen. Auch deren schwuler, vom Drogenkonsum gezeichneter Freund Johnny arbeitet als Fotomodell. (Margret und Jimmy werden von der gleichen Schauspielerin, Anne Carlisle, gespielt.) Das Ufo ist ein Parasit, der die Liebhaber der Penthouse-Bewohner vertilgt, da er einen beim Orgasmus produzierten Stoff zum Überleben braucht.

Liquid Sky (der Begriff ist eine poetische Bezeichnung für Heroin), ist eine krude, zum Teil unterhaltsame Mischung aus Science-Fiction-Parodie und New Wave-Musikmärchen. Darüber hinaus will der Low-Budget-Film auch Porträt der desillusionierten, epikureischen Außenseitergesellschaft Anfang der achtziger Jahre sein, in der Androgynität die Geschlechterdefinitionen auflöste.

USA 1982 ⊜ Slava Tsukerman Ⓒ Slava Tsukerman, Anne Carlisle, Nina V. Kerova ⊕ Yuri Neyman ♪ Slava Tsukerman, Brenda I. Hutchinson, Clive A. Smith ⓫ Anne Carlisle, Paula E. Sheppard, Susan Doukas, Otto von Wernherr, Bob Brady ⊙ 90, farbig
ⒷⒾ Ⓜ Ⓣ ⓉⓇ

Little Big Man

Der 121-jährige Crabb (Hoffman) berichtet in einem Interview von seinem abenteuerlichen Leben: Seine Eltern wurden bei einem Indianer-Überfall getötet, und er wächst daraufhin bei den Cheyenne auf, die ihn Little Big Man nennen. Als Soldat, Falschspieler, Büffeljäger, Goldgräber und Trunkenbold durchstreift er später den Wilden Westen. Zu seinen zahlreichen Lebensstationen gehört die Begegnung mit dem Indianer Little Horse (Little Star), der als Homosexueller von seinem kulturellen Umfeld nicht ausgestoßen, sondern in seiner Andersartigkeit akzeptiert wird und in seinem Stamm eine herausgehobene, spirituelle Funktion einnimmt.

Arthur Penns 10-Millionen-Dollar-Produktion, eine eigentümliche Mischung aus epischem Drama und grotesker Komödie, hatte sich zum Ziel gesetzt, mit dem verklärten und romantisierten Bild von den Indianern im Western aufzuräumen und zeigt die US-amerikanischen Ureinwohner deshalb auch als unterdrückte, ausgebeutete Opfer der weißen Siedler.

USA 1970 ⊜ Arthur Penn Ⓒ Calder Willingham nach dem gleichnamigen Roman von Thomas Berger ⊕ Harry Stradling jr. ♪ John Hammond ⓫ Dustin Hoffman, Faye Dunaway, Martin Balsam, Richard Mulligan, Chief Dan George, Jeff Corey, Amy Eccles Kelly, Jean Peters, Carol Androsky, Ruben Moreno, Robert Little Star, Cal Bellini, Thayer David, Ray Dimas, Alan Howard ⊙ 135, farbig

The Living End

Sie haben beide nichts mehr zu verlieren. Luke, ein Punk ohne festen Wohnsitz, hangelt sich von Mann zu Mann und hatte ohnehin keine konkrete Lebensperspektive. Jon, linksliberaler Filmkritiker bei einem Stadtmagazin, vertraut seine dunklen Gedanken dem Diktiergerät an. Beide haben sie erfahren, dass sie HIV-positiv sind, und machen sich aus dem Staub, um ihr bisheriges Leben hinter sich zu lassen. Auf seiner ziellosen Autofahrt liest Jon am Straßenrand Luke auf. Sie verlieben sich und haben exzessiven Sex. Gregg Arakis Roadmovie schlachtet die Krankheit nicht für mitleidheischende Szenen aus, sondern zeigt die Wut und Verzweiflung wie den Lebenswillen der Akteure. Auf ihrer Reise begegnen sie u.a. auch Schwulenhassern mit Baseballschlägern. Luke, der zuvor schon unbeabsichtigt einen Polizisten getötet hat, legt einen der Widersacher um. Ein Lesbenpaar, das aus Spaß Männer mordet, hat es auf sie abgesehen, doch Luke entkommt mitsamt deren Auto, aus dem er mit hämischer Freude die k.d. lang-Kassetten auf die Straße wirft. Die Reise wird mehr und mehr zum alptraumhaften Todestrip, und zuletzt wendet sich Lukes zerstörerischer Trieb auch gegen den Geliebten.

USA 1991 ⊜Ⓒ⊕ Gregg Araki Ⓒ Cole Coonce ⓫ Mike Dytri, Craig Gilmore ⊙ 90, farbig
Ⓐ ⓆⒸ Ⓖ

Living with Aids

Deutscher Alternativtitel: Leben mit Aids

Der Dokumentarfilm erzählt die bewegende Geschichte des 22-jährigen Aids-Kranken Todd Coleman aus San Francisco und den Menschen, die ihm Beistand leisten: sein Lebensgefährte, die behandelnde Ärztin, Krankenschwestern und die Sozialhelferin sowie ehrenamtliche Helfer der Aids-Hilfe, die sich um seinen Haushalt kümmern. Indem der Film ausschnittsweise die letzten Monate von Todds Leben dokumentiert (mitten in den Dreharbeiten starb er), gibt er zugleich Einblick in die Arbeit des bekannten Aids-Unterstützungsnetzes *Shanti* von San Francisco.

USA 1986 ⊜Ⓒ⊕ Tina Di Feliciantonio ⊙ 24, farbig
Ⓓ Ⓐ

Der Löwe im Winter

THE LION IN WINTER

Das historische Drama schildert die hasserfüllten Kämpfe innerhalb der Familie um die Nachfolge von Heinrich II. von England (O'Toole). In der Ehe kennen Heinrich II. und seine Gattin Eleanore von Aquitanien (Hepburn) nur noch Verbitterung, Hass und den Wunsch nach Rache. Des Königs Favorit unter seinen drei Söhnen ist Richard Löwenherz (Hopkins), dessen bis dahin geheimgehaltene Homosexualität ihn allerdings um den Thron bringt. Seit seinem 16. Lebensjahr hat er ein Verhältnis mit dem französischen König Philip II. (Timothy

Dalton in seinem Kinodebüt). Während sich alle anderen charakterschwachen Familienmitglieder im Machtkampf mit Intrigen überbieten, scheint Richard außer seiner Liebe zu Männern keine Makel aufzuweisen. Dennoch wird er am Ende mit dem Rest der Familie von seinem Vater hingerichtet.

Der Löwe im Winter wurde in sieben Kategorien für den Oscar nominiert und gewann schließlich drei der goldenen Statuen: für die beste weibliche Hauptdarstellerin (Katharine Hepburn, die sich die Auszeichnung mit Barbra Streisand für *Funny Girl*, 1968, teilen musste), für das beste Drehbuch nach Vorlage und den besten Original-Soundtrack.

GB 1968 ⊚ Anthony Harvey ⊙ James Goldman nach seinem Bühnenstück ⊛ Douglas Slocombe ♪ John Barry ⊛ Katharine Hepburn, Jane Merrow, Fran Stafford, Peter O'Toole, Anthony Hopkins, Timothy Dalton ⊙ 130, farbig
◎ Ⓣ

Lola + Bilidikid
Internationaler Alternativitel: Lola and Billy the Kid

Weil der Vater des 17-jährigen Murat (Davrak) gestorben ist, hat nun sein älterer, sehr traditionsbewusster Bruder Osman die Rolle als Oberhaupt der Familie eingenommen. Murat fühlt sich nicht mehr zu Hause. Immer wieder zieht es ihn hinaus. Was er wirklich sucht, weiß er selbst nicht so genau. Im Park beobachtet er nachts die Schwulen bei ihrem Treiben. Bei einem seiner Ausflüge lernt er Lola (Mukli) ken-

nen. Lola ist eine selbstbewusste Tunte, der heimliche Star der türkischen Showtruppe „Die Gastarbeiterinnen". Lolas Lover Bili (Yildiz) hat ein Problem mit Lolas selbstverständlichem Umgang innerhalb der Schwulenszene. Einerseits lässt sich auch Bili gerne mal für ein paar Scheine auf dem Klo einen blasen, aber als schwul würde er sich nie bezeichnen. „Ein Mann ist ein Mann", bläut Murat Lola ein. „Ein Loch ist ein Loch. Egal, wo du ihn reinsteckst. Nur: Sei kein Loch." Bilis Wunsch: Lola möge sich einer Geschlechtsumwandlung unterziehen, ihn heiraten, in die Türkei zurückgehen, und dort „ganz normal leben."

Ein erfülltes (Liebes-)Leben haben die Figuren in Atamans düsterem Filmdrama kaum. Sie scheitern an den sozialen wie religiösen Konventionen, die sie nie ganz abzulegen geschafft haben. Der Sex – und er passiert ständig in diesem Film – hat immer etwas Rohes, Schmutziges und Verschämtes. Der schnelle Fick im Vorübergehen ist die Regel, Zärtlichkeiten, Innigkeit sind selten. Erstaunlicherweise scheint gerade die Beziehung des eher unfreundlichen Strichers Iskender (Yilmaz) zu dem schon etwas älteren Architekten Friedrich (Gerber) ein glückliches Ende zu nehmen. Selbst Friedrichs aristokratische greise Mutter (Keller) hat sich gelassen an diese Bindung gewöhnt. *Lola und Bilidikid* endet mit Leichen. Die Enthüllung eines fürchterlichen Familiengeheimnisses mündet in einen trashig geratenen Showdown und verzweifelten Racheakt. Trotz seiner Schwächen in der Inszenierung bleibt Ataman das Verdienst, als erster die Lebenswirklichkeit türkischer Schwuler in Deutschland in einem Spielfilm dargestellt zu haben.

> *„Ich bin nicht der Meinung, dass es bei* Lola + Bilidikid *in erster Linie um die schwule Subkultur geht. Es ist die Geschichte von Murat, der eine eigene Identität sucht, der sich selbst zu akzeptieren lernt und der von seiner Umgebung akzeptiert werden möchte. Dass das Ganze unter Schwulen spielt, ist nicht das Wichtigste an der Geschichte."*   Regisseur Kutluğ Ataman

D 1998 ⊚⊙ Kutluğ Ataman ⊛ Chris Squires ♪ Arpad Bondy ⊛ Baki Davrak, Gandi Mukli, Erdal Yildiz, Mesut Özdemir, Celal Perk, Hasan Ali Mete, Inge Keller, Michael Gerber, Murat Yilmaz, Jan Andres ⊙ 91, farbig
Ⓣ Ⓒ Ⓖ Ⓟ

Lonesome Cowboys
Der letzte Film, bei dem Andy Warhol noch selbst Regie führte. Im Juni 1968 entrinnt Andy Warhol beim Schussattentat durch die radikale Feministin Valerie Solanas nur knapp dem Tod. Wegen der bleibenden gesundheitlichen Probleme übernimmt fortan Paul Morrissey das filmische Ruder in Warhols Factory. In *Lonesome Cowboys* bringt Warhol seine damaligen Hausstars zum Einsatz. Für die in Arizona angesiedelte Groteske, die mit einem Minimum an Handlung auskommt,

genügt es ihm, die jungen Männer sich in einer staubigen Kakteenlandschaft lümmeln zu lassen, um Westernatmosphäre herzustellen. Hier lebt eine Gruppe bisexueller Cowboys und ein Sheriff mit transvestitischen Neigungen. Als eine Prostituierte in ihre Welt eindringt, zerbricht das Männerbündnis der Cowboys. Die Improvisationen der Akteure, sowie das ironische Spiel mit den Kulissen legen die Klischees des klassischen Hollywood-Westerns bloß.

Die deutsche Filmbewertungsstelle verlieh 1972 das Prädikat „besonders wertvoll" und begründete ihre Entscheidung u.a. folgendermaßen: „Was halbwegs realistisch ansetzt, wird sofort ins Komische, häufig Groteske aufgelöst, und die sogenannten Pornoszenen sind eine ironisch verdrehte Veralberung der Lüsternheit; insofern kann man den Film geradezu als Antisexfilm empfinden, der hinter einer erstaunlichen Leichtigkeit der Improvisation voller Tristesse ist. Wie das Komische ist allerdings auch das Traurige, das Hilfesuchende nur gespielt, und der ganze inhaltliche Schnickschnack des ‚Kampfes um die Rangordnung' in einer Gemeinschaft homosexueller Prärieburschen, die durch das Auftauchen eins (im zweifachen Wortsinn) extraordinären Girls ein wenig aufgescheut werden, zeigt nur den Grund der Tristesse – auf eine Entfremdung aller Wirklichkeit." Mit seiner Camp-Ästhetik bildete *Lonesome Cowboys* die Grundlage zu den nachfolgenden Filmen (u.a. *Andy Warhol's Dracula*, 1974), die Warhol nur noch produzierte und bei denen Paul Morrissey Regie führte.

USA 1968 ◉ Andy Warhol, Paul Morrissey ✪ Paul Morrissey ◉ Joe Dallesandro, Taylor Mead, Eric Emerson, Viva!, Tom Hompertz ◷ 110, farbig
ⒷⒾ

Longtime Companion
Deutscher Fernsehtitel: Freundschaft fürs Leben

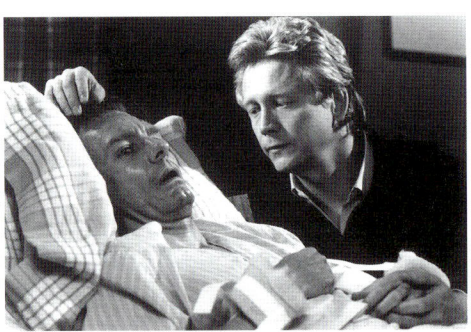

Bereits 1987 sollte *Longtime Companion* zunächst als Fernsehfilm produziert werden, doch für das Thema Homosexuelle und Aids war kein Geld aufzutreiben. Selbst Independent-Verleiher weigerten sich, in das Projekt einzusteigen. Ebenso schwierig war es, namhafte Schauspieler zu verpflichten. Mit der nichtkommerziellen New Yorker Filmgesellschaft American Playhouse konnte die Produktion dann doch noch realisiert werden.

Longtime Companion erzählt, bisweilen etwas didaktisch und betulich, publikumswirksam Humor und Emotionalität dosierend, in neun Kapiteln das Leben von acht New Yorker Mittelklasse-Schwulen in den achtziger Jahren. Sie sind weiß, wohlhabend, erfolgreich. 1981 verbringen sie den Sommer in Davids Strandhaus auf Fire Island. Dort lesen sie zum ersten Mal in der New York Times von der eigenartigen Krebserkrankung bei Homosexuellen, die später als Aids bezeichnet wird. Im Laufe des Films wandelt sich die lebenslustige, hedonistische Clique in eine unfreiwillige Therapiegemeinschaft, die ihre Zeit immer häufiger an Krankenbetten verbringt. *Longtime Companion* zeigt die Hysterie, Panik und Ohnmacht. Zunächst stirbt Paul, dann der Drehbuchautor Sean (Lamos). Bis zuletzt schreibt er beharrlich seine belanglosen Drehbücher für eine Soap-Opera und versucht, seine Krankheit geheim zu halten. David (Davison) ist sein „longtime companion", sein langjähriger Gefährte. Mit diesem Ausdruck mogeln sich US-amerikanische Zeitschriften in Nachrufen um das Wort „lover" herum. David unterstützt Sean, soweit dies möglich ist. Quälend lang die Sterbeszene, in der David mit sachlicher Unerbittlichkeit seinem Geliebten Beistand leistet: „Lass los. Lass dich fallen."

Longtime Companion wurde vielfach der Vorwurf gemacht, die Krankheit und ihre Folgen ausschließlich am Beispiel privilegierter Yuppies aufzuzeigen. Produzent Lindsay Law entgegnete der Kritik, dass in Hollywood das normale, langweilige Schwulenpaar bis dahin nicht existiert habe. Schwule waren Opfer, schrille Tunten oder perverse Mörder. Der Erfolg an der (amerikanischen) Kinokasse lieferte den Beweis, dass „endlich das Klischee gebrochen" sei, – und nachdem „man über Schwule keine erfolgreichen Filme machen kann", so Lucas. Dass damit sogar ein Oscar zu gewinnen ist, bewies einige Jahre später Jonathan Demme mit *Philadelphia* (1993).

„Das Drehbuch handelt von unserer Lebenskultur. Ich habe versucht, die Wahrheit zu sagen und keinen Propagandafilm zu machen. Ich wollte niemanden belehren. Ich wollte wie ein Zeuge berichten, was ich erlebt habe. Diese acht imaginären Leute, um die sich die Geschichte dreht, ähneln Leuten, die jeder kennt." Drehbuchautor Craig Lucas

USA 1989 Ⓡ Norman René Ⓒ Craig Lucas Ⓟ Tony Jannelli Ⓑ Stephen Caffrey, Patrick Cassidy, Brian Cousins, Bruce Davison, John Dossett, Mark Lamos, Dermot Mulroney Ⓛ 96, farbig
Ⓐ

Looking for Langston

Langston Hughes (1902-1967) lebte in Harlem, war Dichter, schwarz und schwul. Sein Leben und künstlerisches Werk in den dreißiger und vierziger Jahren während der Renaissance von Jazz und Blues steht exemplarisch für seine Identität. Obgleich seine Texte durch die Vertonungen berühmt wurden, erhielt er zeitlebens keinen einzigen Literaturpreis. Isaac Juliens Film ist keine Biografie, keine lineare Dokumentation, sondern er versucht Hughes' Traumwelten zu rekonstruieren, die Suche nach poetischer wie erotischer Perfektion. Dazu gehören auch seine Sehnsucht und seine Einsamkeit. Männerpaare, die in einem Jazzlokal tanzen, nackte Leiber, die sich malerisch auf dem Bett räkeln, Bilder von nächtlichen Straßen und geheimnisvollen Szenen auf einem Friedhof mit Hughes als gefallenem Engel.

Poetische Texte seines Dichterkollegen Essex Hemphill, die die Widersprüchlichkeiten des sexuellen Konflikts inmitten von Klassen- und Rassenschranken beschreiben, konterkarieren inszenierte Szenen und Archivmaterial, schaffen aber auch eine Verbindung zwischen den stilistischen Ebenen des Films. 1989 erhielt der Film einen TEDDY der Internationalen Filmfestspiele Berlin für besten Spielfilm.

GB 1988 ⓇⒸ Isaac Julien Ⓟ Nina Kellgren Ⓙ Blackberri, Wayson Jones Ⓑ Ben Ellison, Matthew Baidoo, John Wilson, Akim Mogaji, Dencil Williams, Guy Burgess, Simon Fogg, James Dublin Ⓛ 45, s/w
Ⓓ ⓉⒹ

Lorca – Mord an der Freiheit
MUERTE EN GRANADA / DEATH IN GRANADA

Spanien während der Franco-Diktatur. Der homosexuelle Dichter und Freidenker Garcia Lorca (Garcia) provoziert mit seinen Theaterstücken die Mächtigen der Militärherrschaft. Unter rätselhaften Umständen wird der beim Volk beliebte Kämpfer für die Freiheit von Francos Geheimpolizei entführt und ermordet. Zwanzig Jahre später folgt der idealistische, junge Schriftsteller Ricardo (Morales) den Spuren seines Idols aus den Jugendjahren, um die Hintergründe von Lorcas Tod zu recherchieren. Ein opulent ausgestatteter, aber nicht ganz klischeefreier Polit-Thriller, der sich als Spielfilmbiografie ausgibt und sich dabei recht viele historische Freiheiten erlaubt.

USA/Spanien/Portugal 1996 Ⓡ Marcos Zurinaga Ⓒ Marcos Zurinaga, Juan Antonio Ramos, Neil Cohen nach der Lorca-Biografie von Ian Gibson Ⓟ Juan Ruiz Anchía Ⓙ Mark McKenzie, Ángel „Cucco" Peña Ⓑ Andy Garcia, Edward James Olmos, Esai Morales, Jeroén Krabbé, Marcela Walerstein, Miguel Ferrer, Giancarlo Giannini, Jose Coronado Ⓛ 104, farbig
Ⓣ

Lost and Delirious

Die in der Schweiz geborene Frankokanadierin Léa Pool (*Anne Trister, Emporte-moi*) behandelt in ihrem ersten Film in englischer Sprache, wie auch schon in ihren früheren Arbeiten, die Suche junger Frauen nach sexueller Identität. Als Kulisse dient ein Mädcheninternat, dessen neueste Schülerin Mary (Barton) – genannt „Maus" – das Zimmer mit dem unzertrennlichen Duo Paulie (Piper Perabo aus *Freche Biester*) und Tory (Paré) teilen muss. Schon bald wird ihr klar, dass ihre zwei

Mitbewohnerinnen nicht nur das Bett, sondern auch eine heftige Leidenschaft füreinander teilen. Die tragische Liebesgeschichte der beiden wird aus Maus' unbeteiligter Beobachterinnensicht erzählt.

Als die zwei im Bett miteinander erwischt werden, will Tory ihr lesbisches Leben nicht wahr haben, streitet alles ab und angelt sich flugs den nächstbesten Jungen, um Lehrern und Familie ihre Heterosexualität zu beweisen. Die abgewiesene Paulie bläst zum Sturm und legt alles daran, um die Geliebte zu kämpfen. Derweil bleibt Maus die stille Observiererin und sieht tatenlos zu, als das Teenagerdrama seinen schrecklichen und dramatischen Lauf nimmt. Das pathetische Ende ist dann etwas sehr dick aufgetragen. Basierend auf dem Buch *The Wives of Bath* von Susan Swan aus dem Jahre 1963, erinnert Pools Drama durchaus gewollt an *Mädchen in Uniform* und verharrt ebenso wie sein Vorbild in sprachloser Ohnmacht und Ausweglosigkeit.

Kanada 2000 ⊕ Léa Pool ◌ Judith Thompsons nach einem Roman von Susan Swan ⊛ Pierre Gill ◷ Yves Chamberland ⊜ Piper Perabo, Jessica Paré, Mischa Barton, Jackie Burroughs, Mimi Kuzyk ◷ 100, farbig
Ⓣ ⒝Ⓘ Ⓚ

The Lost Son

Der ehemalige Drogenfahnder Xavier Lombard (Auteuil) schlägt sich nach seiner Entlassung als Privatdetektiv durch. Als er den Auftrag erhält, den verschollenen Sohn eines reichen Londoners aufzuspüren, gerät er an die Machenschaften eines Kinderpornorings. Als ihm sein Klient das Vertrauen entzieht, beschließt er, auf eigene Faust weiter zu ermitteln.

Chris Menges verpackt das schwierige Thema der Kinderpornografie in einen unbequemen, sensibel gestalteten Thriller, der die Klippen der reinen Sensationsgier umschifft und sich, ausgehend von seinem zerrissenen Antihelden Lombard, mit den Folgen von Vereinsamung und Isolation beschäftigt. Die Kinderprostitution stellt er als perfekt orga-

nisiertes Geschäft dar, dessen Drahtzieher ebenso wie Kunden gleich in der Nachbarschaft zu finden sind.

F/GB 1998 ⊕ Chris Menges ◌ Margaret Leclere, Eric Leclere nach ihrem gleichnamigen Roman, sowie Mark Mills ⊜ Katrin Cartlidge, Daniel Auteuil, Marianne Denicourt, Ciarán Hinds, Nastassja Kinski ◷ 102, farbig
⒫Ⓐ

Lot in Sodom

Einer der ersten US-amerikanischen Ton-Experimentalfilme. Ästhetisch inspiriert vom deutschen Expressionismus, gelangen den beiden schwulen Filmemachern Watson und Webber zum Teil sehr bedrohliche, aber auch sehr atemberaubende Bilder. Bemerkenswert sind ihr dramaturgischer Einsatz der Beleuchtung und die Verwendung von Überblendungen. Neu und originell war auch die Inszenierung „lebender Bilder". Thema ist die biblische Geschichte von der Zerstörung der Stadt Sodom. Der schwule Sündenpfuhl zeigt sich hier in einer Horde junger, sinnlich-halbnackter bzw. mit tuntigen Kostümen bekleideter Männer, die eine ausschweifende Orgie feiern. Ausschnitte des Films verwendete Barbara Hammer in ihrem Episodenfilm *Nitrate Kisses* (1992).

USA 1933 ⊕◌ James Sibley Watson, Melville Webber ⊛ James Sibley Watson ⊜ Melville Webber, Herbert Stem, Hildegarde Watson, Lewis Whitbeck, Dorthea House, Friedrich Haak ◷ 28, s/w
ⒽⒸ

Love & Death on Long Island
LOVE AND DEATH ON LONG ISLAND

Giles De'Ath (Hurt) ist ein verwitweter, angesehener englischer Schriftsteller, altmodisch in seinen Gepflogenheiten und auch ein wenig weltfremd. Alles Technische ist dem versnobten Aristokraten ein Gräuel, alles Moderne suspekt. Eher zufällig, weil ihn ein Regenschauer überrascht, entschließt er sich, im Kino eine E. M. Forster-Verfilmung anzusehen. Dummerweise gerät er in die falsche Vorführung und landet in einer stupiden College-Komödie mit dem schönen Titel *Hotpants College II*. Hier entdeckt er das US-amerikanische Teenie-Idol Ronnie Bostock (*Beverly Hills 90210*-Star Jason Priestley) auf der Leinwand, und dieser junge Filmstar wird über Nacht zu einer Obsession. Fortan durchblättert er im Zeitschriftenladen wie ein pubertierendes Girlie die entsprechenden Teenie-Magazine in der Hoffnung, neue Bilder oder gar Informationen über den Jungstar zu ergattern. Er fahndet nach früheren, noch schlimmeren Filmwerken Ronnies, kauft eigens einen Videorekorder und krempelt sein ganzes Leben um. Zuletzt reist er gar nach Long Island, um dort sein Idol – erfolgreich – aufzuspüren. Durch einen Trick lernt er ihn kennen, er prä-

Love & Death on Long Island

sentiert sich als sein Förderer, doch als Giles ihm seine Liebe gesteht, reagiert dieser abweisend. Giles wirkt zum ersten Male würdelos und ohne Kraft. Am Ende ist es aber trotzdem De'Ath, der die Oberhand hat und Ronnie glaubhaft suggeriert, klammheimlich schwul zu sein. Daraufhin ist Ronnie aus der Fassung, und De'Ath ist wieder lässig.

Love & Death on Long Island ist der erste abendfüllende Spielfilm des Briten Richard Kwietniowksi, der bis dahin vor allem durch seine zahlreichen schwulen Kurzfilme u.a. *Alfalfa*, 1987 (TEDDY 1988, bester Kurzfilm), *Flames of Passion*, 1989 bekannt wurde. Diese kleinen Versprechungen und großen Erwartungen hat er mit dieser leisen Komödie mehr als erfüllt. Ein lakonischer, hintergründiger Film voll bittersüßem Witz über den Zusammenprall von Hoch- und Trivialkultur und die falschen Versprechungen, die uns das Kino immer wieder macht und man nie für bare Münze nehmen sollte.

„Love and Death on Long Island handelt von der Macht des Kinos, unser Unbewusstes zu berühren, in diesem Fall mit unausweichlichen Konsequenzen. Es ist die Geschichte eines kulturellen Frontalzusammenstoßes."
Regisseur Richard Kwietniowski

GB/Kanada 1997 ⓢ Richard Kwietniowski ⓒ Richard Kwietniowski nach dem Roman von Gilbert Adair ⓒ Oliver Curtis

ⓒ Richard Grassby-Lewis ⓫ John Hurt, Jason Priestley, Fiona Loewi, Sheila Hancock. Maury Chaykin, Gawn Grainger, Elizabeth Quinn ⓒ 93, farbig

Love is the Devil – A Study for a Portrait of Francis Bacon

1971 feiert der britische Maler Francis Bacon (1909-1992) einen seiner bedeutendsten Triumphe: Der Pariser Grand Palais ehrt ihn als „den Größten unter den lebenden Künstlern" mit einer Retrospektive. Während Bacon der Eröffnung beiwohnt, nimmt sich in seinem Hotelzimmer sein Lebensgefährte und Modell George Dyer das Leben. Nach dieser Eröffnungsszene folgt in einer Rückblende die Geschichte einer sado-masochistischen, selbstzerstörerischen Beziehung, die von Anbeginn unter der Ungleichheit der beiden Beteiligten leidet: Hier der intellektuelle Künstler, dort der ungebildete Proletarier. Hier der leicht masochistische Bacon auf der Suche nach einem muskulösen, maskulinen Meister, dort der sich nach Liebe und Anerkennung sehnende Dyer, der mehr und mehr in die Rolle des Erniedrigten und Leidenden rutscht. Der kleine Ganove Dyer (Craig) geht daran zugrunde. Bacons Freunde machen sich über ihn lustig, Bacon betrügt ihn mit anderen Kerlen. Je mehr Dyer Zuflucht in Alkohol und Drogen sucht, desto mehr ist Bacon von ihm genervt. Ein Teufelskreis.

Maybury spart vieles aus. Dyer als Mensch bleibt merkwürdig im Hintergrund. Bacon (verblüffend authentisch bis in die Mimik dargestellt von Sir Derek Jacobi) dominiert selbst diesen Film. *Study for a Portrait of Francis Bacon* nennt Maybury, einst Mitarbeiter Derek Jarmans, seine kraftvolle filmische Annäherung an den Maler im Untertitel. Tatsächlich gelingt es ihm, Bacons komplexes Wesen und Denken begreiflich zu machen. Mehr noch: Er versucht gar, Bacons (künstlerischen) Blick auf die Welt mit der Kamera für die Leinwand zu übersetzen. Die stilbildenden Verzerrungen des menschlichen Körpers, die entstellten Gesichter, seine Faszination für rohes Fleisch, Wunden, Blut und Schmerz – Maybury löst dies alles in Filmbilder auf. Da werden, indem die Kamera durch Aschenbecher oder in Zimmerspiegel blickt, die Perspektiven und Formen verändert; überall finden sich Bacons Bildmotive in Zeitungsfotos oder Illustriertenbildern wieder. Das macht den Film letztlich sehr bedrückend und freudlos, aber zugleich auch (nicht zuletzt durch den Soundtrack Ryuichi Sakamotos) selbst zu einem in sich geschlossenen Kunstwerk.

„Ich habe die Francis-Bacon-Geschichte in ein universelles Thema eingebettet. Es ist eine sehr komplexe und gleichzeitig fast klischeehafte schwule Beziehung – die Geschichte einer tödlichen Anziehung zwischen Oberschicht und Arbeiterklasse."
Regisseur John Maybury

GB 1997 ⊜☺ John Maybury ⊕ John Mathieson ♪ Ryuichi Sakamoto ⊛ Sir Derek Jacobi, Daniel Craig, Tilda Swinton, Anne Lambton, Adrian Scarborough ⊕ 89, farbig

Love/Juice

Aus Asien kommen zu Beginn des 21. Jahrhunderts erstaunlich viele Filme mit lesbischer Thematik. Ein gewagtes Werk, das diesen Reigen miteröffnet ist die Geschichte von Kyoko (Fujimura) und Chinatsu (Okuno), die gemeinsam in einem winzigen und beengten Häuschen am Tokioer Stadtrand leben. Die lesbische Chinatsu ist schwer in ihre heterosexuelle Mitbewohnerin Kyoko verliebt. Diese will nicht so

recht, will aber auch nicht überhaupt nicht. Beide teilen ein kleines gemeinsames Bett, und in der Luft hängen Spannung, Misstrauen und verklemmte sexuelle Lust. Während Chinatsu immer verzweifelter wird und von Selbsthass aufgrund ihres Frau- und Lesbischseins geplagt wird, verliebt sich Kyoko einerseits in einen total desinteressierten Zierfischhändler und flirtet andererseits, so zum Spaß, auch mit ihrer Mitbewohnerin. Das „Komm-her-geh-weg-Spiel" zwischen den beiden wird unerträglich und ausweglos. Regisseurin Kaze Shindo verzichtet in ihrem Debütfilm beinahe völlig auf Dialoge und erzeugt die schwere, deprimierende Stimmung allein durch aussagekräftige Bilder. „In meinem ersten Film wollte ich etwas beschreiben, was mir vertraut ist. Deshalb wählte ich die einzigartige Atmosphäre, die nur zwischen zwei Frauen entstehen kann." Das ist gelungen, doch überaus anstrengend mit anzusehen. Das Ende der Geschichte bleibt offen und ist im Vergleich zum restlichen Handlungsverlauf beinahe positiv zu bewerten. Immerhin wird die lesbische Figur Chinatsu vielschichtig und – wenn auch verzweifelt – so doch positiv dargestellt. Schwer verdauliches Kino aus Asien, das für die lesbische Filmwelt Aufbruchstimmung verheißt.

Japan 2000 ⊜☺ Kaze Shindo ⊕ Koji Kanaga ♪ Keichiro Isoda ⊛ Mika Okuno, Chika Fujimura, Toshiya Nagasawa, Hidotoshi Nishijima ⊕ 78, farbig
Ⓑ🅸

Ludwig 1881

Im Sommer 1881 begibt sich König Ludwig II. (Berger) mit dem jungen, gefeierten Schauspieler Josef Kainz (Tidof) inkognito unter den Namen zweier Dramenfiguren von Victor Hugo auf eine Reise, um sich an Originalschauplätzen am Vierwaldstätter See Schillers *Wilhelm Tell* rezitieren zu lassen. Für Kainz wird die Reise zu einer Tortur, da der König von ihm verlangt, sich ganz in die Rolle hineinzuversetzen. So lässt er ihn allein über einen Pass wandern – zur Enttäuschung Ludwigs kehrt der Schauspieler auf halbem Wege erschöpft zurück.

Eine dokumentarisch nüchterne Parabel über Künstler und Macht, über Verwandlung von Natur in Kunst, über eine angestrebte Freundschaft (und wahrscheinlich auch Liebe von Seiten des Königs) über Klassenschranken hinweg. Der Film ist zugleich auch eine Reminiszenz an Viscontis *Ludwig II.*, in dem Helmut Berger schon einmal die Rolle des bayrischen „Märchenkönigs" spielte. Bei Visconti wurde diese historisch verbürgte Reise in einer etwa zehnminütigen Episode abgehandelt.

„Ziel des Experimentes von Ludwig II. ist eine ideale Symmetrie: zwei reale und zugleich durch Rang und Stand voneinander entfernte Personen, der König und der Schauspieler, müssen sich in literarischen Figuren verdoppeln, um die ideale brü-

derliche Vereinigung zu erreichen."   *Regisseure Donatello und Fosci Dubini*

D/CH 1993 ☻ Fosco Dubini, Donatello Dubini ✍ Fosco Dubini, Donatello Dubini, Barbara Marx, Martin Witz ⚄ Matthias Kälin ♪ Heiner Goebbels, Kronos Quartett ☻ Helmut Berger, Max Tidof, Nina Hoger, Michael Schiller, Dietmar Mössmer, Herbert Leiser ⏲ 90, farbig

Ludwig II.

Von 1864 bis 1886 erstreckte sich die kurze, aber bewegte Regierungszeit des „letzten absoluten Herrschers, der lieber mit der Kunst als mit der Politik regieren wollte", so Visconti. Gemeint ist der inzwischen legendäre Bayernkönig Ludwig II. Visconti schuf seinem damaligen Lebensgefährten Helmut Berger damit die Rolle seines Lebens. Der fast vierstündige Film beginnt am Vorabend seiner Krönung und reicht bis zu seinem mysteriösen Tod im Starnberger See. Er beschäftigt sich zunächst mit dem schwärmerischen Verhältnis zwischen dem König und dem zumindest menschlich umstrittenen Komponisten Richard Wagner (Howard). Die zweite Hälfte konzentriert sich auf die Beziehung zwischen Ludwig und seiner Kusine Elisabeth von Österreich, genannt Sissi (Schneider), und auf die Verschwendungssucht des Königs, der Bayern mit so vielen pompösen Schlössern schmückte, bis er seine Geldquellen völlig erschöpft hatte.

Visconti zeigt den König als zerrissenen Charakter: Ludwigs Inkompetenz und seine psychische Disposition sind früh auch ihm selbst bewusst. Anstatt nun ein kleiner, unauffälliger König zu werden, greift er nach den Sternen – und trägt so seine Schwäche noch deutlicher zur Schau. Der König wird jedoch nicht als unfähiger Staatsmann diffamiert. Es wird vielmehr deutlich, dass Ludwig nicht das eigentliche Übel ist: Er ist Symptom für die überkommene und dekadente monarchische Struktur. Anders als frühere Spielfilme über das Leben Ludwigs II. (wie etwa Helmut Käutners verkitschter und die historischen Fakten ignorierender *Ludwig II. – Glanz und Elend eines Königs*, 1955) verschweigt Visconti nicht die

homoerotischen Gefühle des Königs. Hier löst Ludwig II. seine aus Staatsräson eingegangene Verlobung mit Prinzessin Sophie (Petrova), weil er inzwischen weiß, dass er homosexuell ist. Seine Erkenntnis vertraut er lediglich seinem Beichtvater an. Der Pater (Fröbe) antwortet deutlich: „Wenn du anders sein willst als die anderen, werden sie dir das nie verzeihen." Also lebt Ludwig II. sein Begehren heimlich aus, beobachtet erregt seine Knechte beim Baden im See oder nutzt die Gelegenheit, sie beiläufig in ihrer Kammer berühren zu können.

Mit diesem Film lieferte Visconti nach *Die Verdammten* (1969) und *Tod in Venedig* (1971) den letzten Teil seiner „Deutschen Trilogie". Es entstand ein brillanter, subjektiver Monumentalfilm über die letzten Lebensjahre und die Ängste des nach wie vor rätselhaften bayerischen Monarchen Ludwig II. mit poetischen Bildern und einem herausragenden Ensemble. Visconti erlitt unmittelbar nach Drehschluss einen Herzinfarkt und stellte die Montage des Films als Schwerkranker fertig. In zermürbenden Verhandlungen mit MGM und der italienischen Produktionsfirma lenkte Visconti ein und kürzte seinen ursprünglich vierstündigen Film um rund 45 Minuten. Der deutsche Verleih kürzte seinerseits nach der Uraufführung der Dreistundenfassung noch einmal weitere 55 Minuten. Insbesondere alle Szenen, die Ludwigs Homosexualität thematisieren, fielen der Schere zum Opfer. Visconti hatte von Rom aus erfolglos Einspruch dagegen erhoben. 1979, zwei Jahre nach Viscontis Tod, kam schließlich die Drei-Stunden-Fassung in die deutschen Kinos, 1980 wurde beim Filmfest von Venedig die restaurierte Vier-Stunden-Fassung erstaufgeführt.

BRD/F/I 1972 ☻ Luchino Visconti ✍ Luchino Visconti, Enrico Medioli, Suso Cecchi d'Amico ⚄ Armando Nannuzzi ♪ Motive von Robert Schumann, Richard Wagner, Jacques Offenbach bearbeitet von Franco Mannino ☻ Helmut Berger, Romy Schneider, Trevor Howard, Sonia Petrova, Silvana Mangano, Helmut Griem, Nora Ricci, Gert Fröbe ⏲ 235 (gekürzte Fassung 190 bzw. 135), farbig

Ludwig – Requiem für einen jungfräulichen König

Ein fantasievoller und intelligenter Film über Aura, Gestalt und tragisches Schicksal des Bayernkönigs. Im Spiegel einer künstlichen, bombastisch inszenierten Scheinwelt, mit Wagnerschen Kompositionen, glossierenden und satirischen Zeitbezügen, werden Figur und Volkstümlichkeit gelegentlich am guten Geschmack vorbei entmythologisiert. Interessant, aber auch überladen bis zur Ermüdung des Zuschauers. Die Szenencollage ist durchmischt mit alpenländischem Folklore-Kitsch, bevölkert mit Zeitgenossen, aber auch Figuren, die in anderen Zeiten lebten, durchsetzt mit mythologischen Anspielungen und Allegorien, angereichert mit Auftritten anderer Mächtiger, begleitet von Kompositionen Richard Wagners und einer volkstümlichen Schlagermusik. Eingangs sehen wir den jungen Ludwig in Knabengestalt mit einem Spielzeug-Schwan, doch er trägt bereits jenen Bart, mit dem er später porträtiert wurde. Richard Wagner (März) erscheint als Zwerg und Hermaphrodit. Adolf Hitler und Ernst Röhm (Kern) schwingen als Paar zu Rumba-Takten das Tanzbein. Ludwig (Baer) jammert über den schlechten Zustand seiner Zähne und will gegen seine homosexuellen Gefühle ankämpfen. Lola Montez (Caven) tritt als germanische Schicksalsgöttin auf. Und der Märchenkönig stirbt schließlich drei verschiedene Tode.

Syberberg versucht nicht, das „Rätsel" Ludwig zu lösen – er will es mit allen Mitteln der Kunst paraphrasieren und arrangiert zu diesem Zweck ein Kaleidoskop bizarrer Bilder, die teils verschlüsselt, teils sehr leicht verständlich sind. Neben ironischen Momenten („Meine Schlösser und Seen vermache ich der bayerischen Verwaltung der Schlösser und Seen, damit das arm dotierte Denkmalamt die anderen Aufgaben bewältigen kann") stehen assoziative Verknüpfungen und kaum nachvollziehbare Verweise und Querverbindungen. Ansätze zu einer analytischen Betrachtung des Mythos vom Märchenkönig kippen unerwartet um in genüsslich betriebene Persiflage, eingebettet in das Werk Richard Wagners, dessen Inszenierungen auch die Architektur des Films mitbestimmen. Syberbergs Film war der erste in der umstrittenen wie gefeierten Trilogie über die Phantasmagorien und Mythen der deutschen Geschichte, die im Faschismus mündeten. Es folgten *Karl May* (1974) und *Hitler – ein Film aus Deutschland* (1997).

BRD 1972 ⊟🔲 Hans-Jürgen Syberberg ✴ Dietrich Lohmann ♪ Richard Wagner 🎵 Hanna Köhler, Harry Baer, Ingrid Caven, Peter Kern, Peter Mohland, Rudolf Waldemar Brehm, Gerhard März, Ursula Strätz ⏱ 134, farbig

Lulu

Der geheimnisvollen sexuellen Ausstrahlung der Kindfrau Lulu (Tiller) verfallen Männer wie Frauen. Zu ihren Liebesopfern gehören ein Arzt, ein Maler, ein Journalist und sogar ein Dompteur. Auch die lesbische Gräfin Geschwitz (Knef) lässt sich von ihr betören und opfert sich sogar für sie. Doch Lulus Fall ist unaufhaltsam. Sie wird schließlich eine Prostituierte, die sich in den Straßen Londons um Freier bemüht und am Ende selbst zum Opfer wird, immerhin das eines prominenten Mörders: Jack the Ripper (Régnier).

Wie bereits der Stummfilmklassiker *Die Büchse der Pandora* (1929) von G. W. Pabst, basiert auch *Lulu* auf zwei Theaterstücken des Naturalisten Frank Wedekind. Allerdings gerät Rolf Thieles Version verhältnismäßig prüde, und vor allem fehlt ihr die Atmosphäre von Verruchtheit, Verführung und Erotik der Vorlage.

Weitere *Lulu*-Adaptionen schufen Ronald Chase (USA 1978), Yvon Gérault gemeinsam mit Bernard Sobel (Alban Bergs Oper nach Wedekind, 1979) und Walerian Borowczyk (1980).

Österreich 1962 ⊟🔲 Rolf Thiele nach den Theaterstücken *Der Erdgeist* (1895) und *Die Büchse der Pandora* (1904) von Frank Wedekind ✴ Michel Kelber ♪ Carl de Groof 🎵 Mario Adorf, O. E. Hasse, Hildegard Knef, Nadja Tiller, Rudolf Forster, Klaus Höring, Charles Régnier, Sieghardt Rupp ⏱ 100, s/w
Ⓟ🆁

Lulu – Die Geschichte einer Frau
LAS EDADES DE LULÚ

Lulú (Neri) ist mit dem zwölf Jahre älteren päderastischen Pablo (Ladoire) verheiratet. Damit sie sexuell jünger wirkt, rasiert sie sich für ihn die Schamhaare. Sie ist ihrem Mann hörig und willig, wenn es darum geht, seine Obsessionen zu befriedigen. Die Spirale der Lust schraubt sich rasant nach oben. Er arrangiert einen Dreier, bei dem sie unwissentlich mit ihrem Bruder schläft. Sie haben Sex mit einem Transvestiten und Gruppensex in diversen, auch lesbischen Formationen. Dann verlässt Lulú ihren Mann und erfüllt sich nun selbst sexuelle Wünsche, zunächst mit Pornovideos und schließlich in Schwulenclubs. Dort findet sie die passenden Partner, die sie gegen Bezahlung befriedigen. Am Ende strandet sie in einer schwulen SM-Folterkammer, der sie nur knapp lebend wieder entrinnt.

Die Verfilmung des gleichnamigen Bestsellers bewegt sich auf dem schmalen Grat zur Pornografie und versucht, eine ernsthafte Auseinandersetzung mit weiblicher Sexualität: Lulú, die sich vom degradierten Lustobjekt zum sexuell selbst bestimmenden Wesen emanzipiert. Regisseur Luna gelingt dies jedoch nur bedingt. Die Charaktere bleiben blass, die diversen Sexvarianten sind spekulativ gefilmt und befriedigen vor allem die Sensationslust der Zuschauer. Insbesondere die Sexszenen mit den schwulen Protagonisten haben eher schockierende denn erotische Wirkung.

Spanien 1990 ⊜ Bigas Luna ☺ Bigas Luna, Almudena Grandes nach ihrem gleichnamigen Roman ⊕ Fernando Arribas ☼ Carlos Segarra ⊛ Francesca Neri, Oscar Ladoire, María Barranco, Fernando Guillén Cuervo ☉ 95, farbig
ⒷⒾ ⒽⓅ ⓈⓂ ⓅⒶ

M

M. Butterfly

Sowohl dem am Broadway erfolgreichen Theaterstück von David Henry Hwang wie auch dem Enthüllungsroman *Die unglaubliche Affäre des M. Butterfly* von Joyce Walder liegt derselbe authentische Fall zugrunde. Der französische Botschaftsbuchhalter Bernard Boursicot (der im Film René Gallimard heißt) verliebt sich in den sechziger Jahren in Peking zunächst in die Opernrolle der Madame Butterfly, schließlich in deren chinesische Darstellerin und wird dadurch zum Landesverräter. 18 Jahre währt ihre Affäre, aber erst während des Prozesses, den man ihm wegen seiner Spionagetätigkeit macht, offenbart sich Borusicot das Geheimnis seiner Geliebten – sie ist in Wirklichkeit ein Mann.

„Ich habe die vollkommene Frau geliebt", sagt Gallimard (Irons) am Ende des Films und schneidet sich mit einem rostigen Messer die Kehle durch. Cronenberg interpretiert die tatsächlichen Geschehnisse als vollkommenes Melodram. Gallimard liebt weniger die konkrete Frau, als vielmehr seine Vorstellung von ihr. Ihre Beziehung, so erfährt der Zuschauer, blieb geschlechtslos, seltsamerweise kann ihm Madame Butterfly vortäuschen, ein Kind zu erwarten. Cronenberg gibt sich von Anfang an nicht die Mühe zu verheimlichen, was sich hinter der Maske der Sängerin (der Schauspieler John Lone mit einem eher männlich-markanten Gesicht) verbirgt. Für Cronenberg ist Gallimard nicht Opfer eines Betrugs, sondern eines Selbstbetruges. *M. Butterfly* erzählt so mit leicht ironischer Distanz die Geschichte einer unerfüllten Männerliebe, weil sich beide Beteiligten hinter Masken und falschen Kleidern verbergen, da sie ihre wahren Gefühle verdrängen müssen.

USA 1993 ⦿ David Cronenberg ⦿ David Henry Hwang nach seinem Bühnenstück ⦿ Peter Suschitzky ⦿ Howard Shore

⦿ Jeremy Irons, John Lone, Barbara Sukowa, Ian Richardson, Annabel Leventon ⦿ 101, farbig
Ⓣ Ⓡ

Madagaskar Skin

Es beginnt wie ein ästhetisch-kühler Porno. Das rhythmische Gestampfe von House-Musik. Im Halbdunkel eines Disco-Darkrooms Männerkörper, die sich mit Leidenschaft gegenseitig erkunden, sich die Kleider vom Leibe zerren. Bis plötzlich das Licht angeschaltet wird und das Gesicht des einen preisgibt: Harry (Hannah) ist gezeichnet, ein Brandmal quer über seinem Gesicht in Form der Insel Madagaskar verpasst ihm ein Stigma, mit dem er in der er vom geleckten Schönheitsbild gezeichneten Schwulenszene nicht viel zu erwarten hat. Hier ist Harry unerwünscht, ein Fremdkörper, der sich in Scham ergeht und seine Wünsche nach Sex und Liebe als unerfüllbar erlebt.

Harry fühlt sich aus dieser Welt hinausgestoßen und bricht in ein neues Leben auf, zu einer ziellosen Fahrt an die walisische Küste. Dort stolpert er über den schon etwas älteren, bärbeißigen und bärtigen Gerüstbauer Flint (Hill). Ein Einzelgänger wie er, ein Außenseiter und Eigenbrötler. Dort, fern der großstädtischen Zivilisation und ihren eigenen Mechanismen, finden sie die Liebe, die ihnen unter den anderen Menschen nicht zugestanden ist. Ein seltsames Paar und ein Paar der Extreme. Der zuvor nur als Regisseur von Kurzfilmen bekannte Brite Chris Newby (*Relax*, 1991, TEDDY für besten Kurzfilm 1991) verschweigt mehr, was diese Männer im Innersten füreinander fühlen, als er verrät. Fragmentarisch, leicht verrätselt und etwas träge erzählt er diese Liebesgeschichte, vermischt sie mit Traumsequenzen und surrealen, die Wirklichkeit überhöhenden Szenen. Ein dialogarmes Kammerspiel voll Komik und Tragik, Hoffnung und Verzweiflung, deren dritte Hauptdarstellerin die ungestüme Natur dieser Küstenregion ist.

GB 1995 ⊛⊙ Chris Newby ⊛ Oliver Curtis ⊛ Bernard Hill, John Hannah, Mark Anthony, Mark Petit, Danny Earl ⊙ 93, farbig

Madame X – Eine absolute Herrscherin

Ulrike Ottingers international wohl bekanntester Film. Dieser Piratinnenfilm ist eine grotesk-fantastische Allegorie mit Tendenzen und Wunschträumen aus den frauenbewegten siebziger Jahren. Er zeigt ein halbes Dutzend ihres Alltags überdrüssig gewordener Frauen – darunter eine chinesische Köchin, ein US-amerikanisches Fotomodell, eine Förstersgattin aus Deutschland, eine australische Buschpilotin, eine Diplompsychologin – die dem Ruf einer geheimnisvollen Herrscherin des Chinesischen Meeres folgen. Diese Madame X (Blumenschein) verspricht ihnen, unter ihrer Anführerinnenschaft zu „Freibeuterinnen der Lüste" zu werden, und ihren bisher eintönigen Alltag einzutauschen gegen Liebe, Gold, Abenteuer und auch Selbstverwirklichung. Doch die Ideale von Leben und Selbstverwirklichung scheitern abrupt an den Intrigen der Herrscherin.

Für diese Satire auf die festgefahrenen Verhaltensposen der Frau in der Zivilisation, die pausenlos Absurditäten riskiert, grelle Farben, irrationale Utopievorstellungen, dicke Schminke, ironische Nacktheit verwendet, erklärte Ulrike Ottinger kurzerhand den Bodensee als Chinesisches Meer.

> *„In einem Buch stieß ich auf eine Fotografie, die mich sehr faszinierte. Sie zeigt die chinesische Piratenkönigin Lai Cho San an Bord ihrer Führerdschunke um 1930. Ich überlegte mir, ob ihre Dienerin, die neben ihr saß, wegen des sicher ungewohnten Fotografen so verschämt zur Seite blickt, obwohl sie ein Gewehr in der Hand hielt, oder aus Respekt vor Lai Cho San, die gerade mit entschlossener Geste nach ihrem Gewehr greift. Das Foto erzählte mir eine Geschichte, und je länger ich es ansah, um so mehr Fragen stellten sich mir."*
>
> *Regisseurin Ulrike Ottinger*

BRD 1977/78 ⊛ Ulrike Ottinger, Tabea Blumenschein ⊙⊛ Ulrike Ottinger ⊙ Archiv des Ethnologischen Museums Berlin-Dahlem ⊛ Tabea Blumenschein, Roswitha Janz, Yvonne Rainer, Monika von Cube, Claudia Skoda, Ulrike Ottinger, Hella Utesch, Irena von Lichtenstein ⊙ 130, farbig

Die Mädchen der Madame
Deutscher Alternativtitel: Teenager in heißen Betten

Vier Kriminelle flüchten aus dem Knast und suchen Unterschlupf auf dem Landsitz einer lesbischen Boutiquebesitzerin, die sich gerade ein erotisches Wochenende mit vier Freundinnen bereiten wollte. Die sexuell ausgehungerten Knackis

versuchen mit Gewalt und Peitsche, sich die Damen gefügig zu machen, werden aber letztlich mittels Pillen kampfunfähig gemacht. Dämlicher SM-Lesben-Krimi, der sich die althergebrachten Klischees von bösen Kriminellen und männerfeindlichen Lesben zunutze macht, um nacktes Fleisch zeigen zu können.

BRD 1969 ⊛ Günter Schlesinger ⊙ Horst Müller ⊛ Wolfgang Lührse ⊙ Bill Hartmeyer ⊛ Christine Daas, Gaby Herbst, Thomas Rau, Astrid Boner, Evelyn Künneke, Marie-Anne Libeau (Marianne Lebeau) ⊙ 76, farbig
⊛ ⊛

Mädchen, die am Wege liegen

Billig produzierter Porno- bzw. (in der gekürzten Fassung) Softsex-Episodenfilm über heterosexuelle Stellungen, weibliche Selbstbefriedigung, Girls, die sich mit ganzem Körpereinsatz durchs Leben schlagen und solche, die miteinander ins Bett gehen. Die Darstellung der Lesbenszene nimmt fast die Hälfte des Films ein.

BRD/CH 1976 ⊛ Joseph Shalbert ⊙ Peter Lorry ⊛ Peter Baumgartner ⊙ Walter Baumgartner ⊛ Miriam Lee, Monica Marc, Karin Hoffmann, John Dillinger ⊙ 93 (gekürzte Fassung 77), farbig
⊛

Mädchen hinter Gittern
THE CONCRETE JUNGLE
Videotitel: Frauenzuchthaus 2. Teil, Das

Bei diesem „Women in Prison"-Film handelt es sich um einen weiteren Aufguss des Klassikers *Frauengefängnis* (1950). Die junge Elizabeth (Bregman) wird von ihrem dealenden Freund unwissentlich als Drogenkurierin benutzt und landet im Gefängnis. Hier handelt nun sogar die fiese Anstaltsleiterin mit Drogen, und unsere Heldin gerät zwischen alle Fronten. Kein Klischee wird ausgelassen: sadistische Aufseherinnen, eine gewalttätige, lesbische Mitgefangene (Luna), die Intrigen spinnt und spitzelt, und natürlich jede Menge Gewalt, KZ-Methoden und Gefängnisaufstände.

Der schwule Regisseur Tom De Simone machte später auch den ebenso trashigen wie spaßigen „WIP"-Film *Pridemoore* (1986). Unter dem Pseudonym Lancer Brooks drehte De Simone viele schwule Hardcorepornos. Außerdem machte er einige Trash- und Horrorfilme wie beispielsweise *Paranoia* (1981) mit Linda Blair.

USA 1982 ⊛ Tom De Simone ⊙ Alan J. Adler ⊛ Andrew W. Friend ⊙ Joe Conlan ⊛ Jill St. John, Tracy Bregman, Barbara Luna, June Barrett, Peter Brown ⊙ 99, farbig
⊛

Mädchen in Uniform

Allein die Geschichte rund um diesen Film wäre genug Stoff für einen weiteren Film: Im Jahre 1931 wird in Berlin das Bühnenstück *Gestern und Heute*, geschrieben von der lesbischen Autorin Christa Winsloe, aufgeführt – mit großem Erfolg. Im selben Jahr verfilmt die Regisseurin Leontine Sagan den Stoff unter dem Titel *Mädchen in Uniform*. Damit eröffnete sie einen ganzen Reigen von Filmen, die in Mädcheninternaten spielen und unterdrückte lesbische Lust, gefängnisartige Enge und militärische Erziehungsmethoden mit leichten SM-Anklängen als Plattform für pathetische Mädchendramen haben. Der Film *Mädchen in Uniform*, der in dieser Form wohl nur in der kurzen Zeit während der Weimarer Republik entstehen konnte, wurde trotz oder gerade wegen seines sehr offenen lesbischen Inhalts ein Riesenerfolg. Er lief überall in Deutschland und Europa und fand sogar Verleihe in Mexiko und den USA (hier wurden allerdings viele „zu eindeutige" lesbische Szenen herausgeschnitten). Bemerkenswert übrigens auch, dass vor der Kamera nur Frauen standen und auch das gesamte Filmteam einen ungewöhnlich hohen Frauenanteil hatte.

Christa Winsloe allerdings war mit dem versöhnlichen Ende des Films, auch wenn es kein lesbisches Happy End war, nicht zufrieden und schrieb im Jahr 1933 einen Roman mit dem Titel *Das Mädchen Manuela*, der auf dem Bühnenstück basie-

rend um mehrere stark autobiografische Kapitel erweitert war. Hier ging es sehr viel mehr um Kindheit, Familie und schließlich das Coming-out der Titelfigur. Der Roman hat ein tragischeres Ende, um zu zeigen, wie das junge Mädchen durch Unverständnis und Intoleranz in den Tod getrieben wird. Das Buch durfte allerdings in Deutschland nicht mehr erscheinen, denn mittlerweile hatten die Nazis die Macht übernommen und nicht nur das Buch, sondern auch den Film verboten. *Das Mädchen Manuela* (heute wieder unter dem Titel *Mädchen in Uniform* erhältlich) wurde in Wien und Amsterdam veröffentlicht. Die Autorin ging 1938 mit ihrer Freundin ins französische Exil, wo sie unter äußerst mysteriösen Umständen im Jahr 1944 erschossen wurde.

Die Handlung des Films ist im Grunde ein lesbischer Coming-out-Klassiker: Junges Mädchen verliebt sich in seine burschikose Lehrerin. Vor dem Hintergrund eines strengen preußischen Internats für Offizierstöchter, das mehr an ein Militärcamp als an eine Schule erinnert, ist dies natürlich besonders verboten. Die schauspielerische Leistung der jungen Hertha Thiele als das verliebte, schwärmerische, pubertierende Mädchen Manuela ist genauso herausragend wie die Darstellung der zwischen ihren wahren Gefühlen und preußischer Disziplin hin- und hergerissenen Lehrerin Fräulein von Bernburg durch Dorothea Wieck. In einer Nebenrolle als Leh-

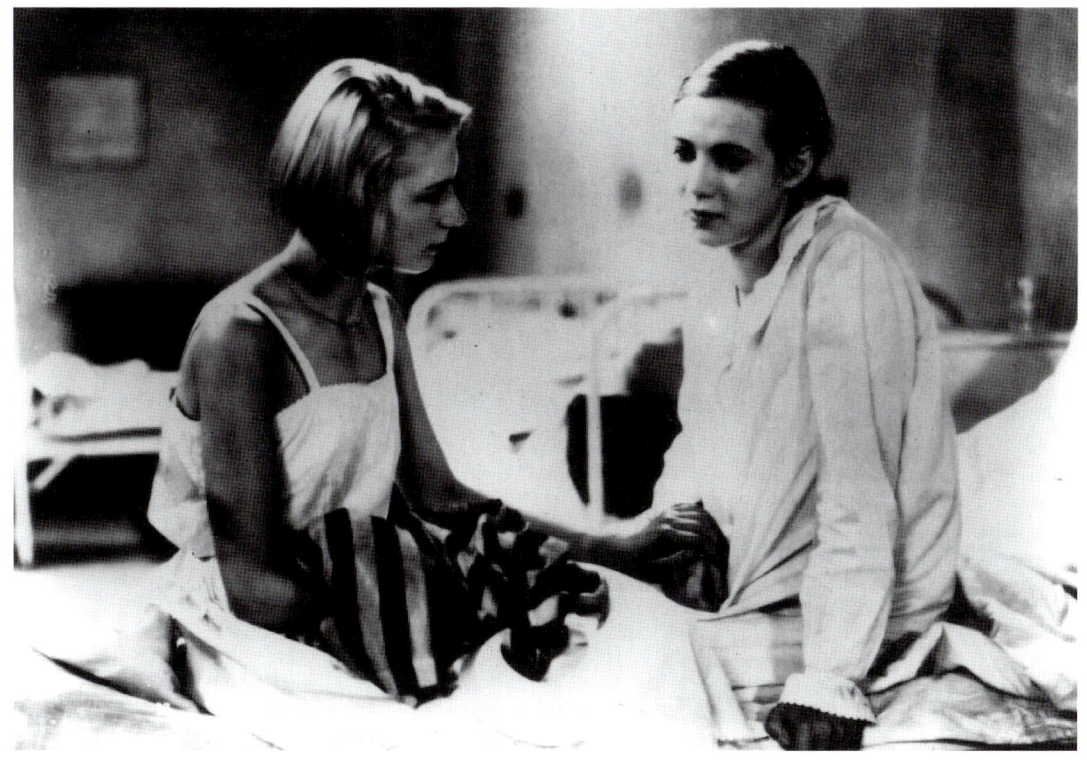

rerin ist übrigens Erika Mann zu sehen. Zu Recht kann man sagen, dass im Original – anders als in seinen vielen Remakes – der lesbische Inhalt der Geschichte sehr deutlich und unverhohlen gezeigt wird. Auch das Entsetzen der ebenfalls für Fräulein von Bernburg schwärmenden Mitschülerinnen und die Ausgrenzung der fortschrittlichen Lehrerin durch ihre Kolleginnen zeigen deutlich, dass es hier um die Diskriminierung von Lesben geht.

Das Fräulein entscheidet sich schließlich gegen Manuela, was diese zu einem Selbstmordversuch treibt, der allerdings glimpflich ausgeht. Das Ende bleibt zwar offen, doch ist klar, dass die beiden ganz sicher nicht zueinander finden werden.

Das Remake des Films aus dem Jahre 1958 mit Lilli Palmer und Romy Schneider ist sehr viel verklemmter und vorsichtiger mit den lesbischen Andeutungen, allerdings durch zahlreiche Fernsehwiederholungen ungleich bekannter als das Original. Weitere Remakes sind der mexikanische Film *Mädchen ohne Liebe* (1951), die japanische Verfilmung *Onna no sono* (1954) sowie der das Motiv zumindest stark zitierende kanadische Film *Lost and Delirious* (2000).

D 1931 Ⓢ Leontine Sagan Ⓓ F. D. Andam (Friedrich Dammann), Christa Winsloe nach ihrem Bühnenstück *Gestern und Heute* Ⓒ Reimar Kuntze, Franz Weihmayr Ⓜ Hansom Milde-Meißner Ⓔ Dorothea Wieck, Hertha Thiele, Ellen Schwannecke, Emilie Unda, Hedwig Schlichter, Erika Mann Ⓛ 88, s/w Ⓚ Ⓣ

Mädchen in Uniform

Das Fünfziger-Jahre-Remake des Klassikers aus dem Jahre 1931 ist sehr viel softer und unlesbischer als das Original. Der Druck der preußischen, militärischen Disziplin auf Mädchen und Lehrerinnen wird nicht so stark in den Vordergrund gestellt. Das Spiel zwischen der damals 19-jährigen Romy Schneider als das verliebte Mädchen Manuela und Lili Palmer als Fräulein von Bernburg ist aber auch aus heutiger Sicht noch atemberaubend. Allerdings hat sich dieses Fräulein von Bernburg sehr viel besser im Griff als, die 1931 von Doro-

thea Wieck dargestellte Lehrerin. Ihr Schwanken zwischen Pflicht und wahren Gefühlen zu den Mädchen wird nur angedeutet. Die berüchtigte Kussszene bringt aber auch hier einiges zu Tage.

Als besonderes Bonbon gibt es die lesbische Legende Therese Giehse in der Rolle der gestrengen Oberin des Mädcheninternats zu sehen. Wenn auch schwächer als das Original, ist *Mädchen in Uniform* von 1958 immer noch ein sehenswerter Film mit beeindruckenden schauspielerischen Leistungen aller Beteiligten und auch in der milderen Variante bedrückend und unter die Haut gehend.

BRD 1958 Ⓢ Géza von Radványi Ⓓ Franz Höllering, F. D. Andam (Friedrich Dammann) nach dem Bühnenstück *Gestern und Heute* von Christa Winsloe Ⓒ Werner Krien Ⓓ Peter Sandloo Ⓔ Romy Schneider, Lilli Palmer, Therese Giehse, Blandine Ebinger, Adelheid Seeck, Sabine Sinjen, Christine Kaufmann Ⓛ 95, s/w Ⓚ Ⓣ

Mädchen ohne Liebe
MUCHACHAS DE UNIFORME

In diesem ersten Remake von *Mädchen in Uniform* ist der Ort des Geschehen ein Klosterinternat für Töchter hochgestellter Familien. Nach strengen moralischen und religiösen Maßstäben sollen hier die vornehmen Mädchen zu Disziplin und Gehorsam erzogen werden. Aus Verzweiflung über die Grausamkeit und Härte stürzen sich die Schülerinnen in verbotene Beziehungen miteinander und natürlich in die Schwärmerei für eine ganz bestimmte Schwester. Das mexikanische Drama aus den fünfziger Jahren ist leider weitgehend unbekannt.

Mexiko 1951 Ⓢ Alfredo B. Crevenna Ⓓ Egon Eis, Edmundo Baéz nach dem Bühnenstück *Gestern und Heute* von Christa Winsloe Ⓒ Ignacio Torres Ⓓ Raúl Lavista Ⓔ Irasema Dillian, Marga López, Rosaura Revueltas, Alicia Caro, Patricia Moran Ⓛ 99, s/w Ⓚ Ⓣ

Mädchenhandel lohnt sich nicht
MASSACRE POUR UNE ORGIE
Internationaler Alternativtitel: Massacre de plaisir

Eine Kriminellenbande handelt mit Mädchen und Drogen, wobei sie beide Warengruppen gleichermaßen ausgiebigen Tests unterziehet. Dazwischen werden die Peitschen geschwungen und der eine oder andere niedergemetzelt. Im Wesentlichen aber geht es um heterosexuelle und lesbische Konstellationen. Handwerklich stümperhaftes Machwerk, das 1966 tatsächlich bei den Filmfestspielen in Cannes lief, was die Karriere Grosdards danach offenbar beendete. Immerhin, Hauptdarsteller Willy Braque brachte es später noch zu einer Karriere als Hardcore-Pornoakteur.

F 1966 ◉ Jean-Loup Grosdard ◌ Chris Pentel, Jean-Loup Grosdard ⊕ Jean-Jacques Renon ☺ Glenn Buschmann ◉ José Diaz, Willy Braque, Jean Dumaine, Valentine Pratz, Syd Phyllo, Pierre Cabanne, Jean-Pierre Pontier, Jean Tissier ☺ 82, s/w Ⓢ

Die Männer Ihrer Majestät
ALL THE QUEEN'S MEN

Der Brite Steven O'Rourke (Le Blanc) soll eine Kodiermaschine aus Nazi-Deutschland herausschmuggeln. Zur Tarnung soll das Unternehmen in Frauenkleidern ausgeführt werden. Ihm zur Seite stehen drei Mitstreiter. Gemeinsam werden der Überfall und perfektes weibliches Auftreten trainiert. Hilfe vor Ort erhalten sie von der deutschen Widerstandskämpferin Romy (Krebitz). Während sie sich in Steven verliebt, beginnt zwischen Tony (Izzard), einem schlechten Divine-Verschnitt, und seinem geschassten Ex-Liebhaber Franz (Korittke) eine alte Liebe wieder aufzublühen. Nichts weiter als eine Knallcharge ist auch der deutsche General Graf Landsdorff (Kier) mit masochistischen Neigungen.

Unentschlossene Militär-Klamotte, die zum Ende hin zu einem gewalttätigen und zunehmend abstrusen Action-Reißer mutiert.

USA/Österreich/D/Ungarn 2001 ◉ Stefan Ruzowitzky ◌ David Schneider, Jeff Stockwell ⊕ Wedigo von Schultzendorff ☺ Jörn-Uwe Fahrenkrog-Petersen ◉ Matt Le Blanc, Nicolette Krebitz, Udo Kier, James Cosmo, Eddie Izzard, Oliver Korritke, David Birkin ☺ 105, farbig ⒹⓉ

Magnolia

Ein episodisch strukturierter, eindrucksvoll gespielter Film, der eine Fülle von Geschichten verbindet, in deren Mittelpunkt die Frage nach der Schuld der Väter und die Kraft des Verzeihens der Kinder steht. Darunter auch Donnie Smith (Macy), der als Kind ein Quizshow-Star war, nun vereinsamt von diesem verblassten Ruhm zehrt und sich in einen jungen Barkeeper verliebt hat. Um ihm zu gefallen, will er eine aufwändige Kieferoperation durchführen lassen.

USA 2000 ◉◌ Paul Thomas Anderson ⊕ Robert Elswit ◉ Jason Robards, Julianne Moore, Tom Cruise, Philip Seymour Hoffman, Philip Baker, Melora Walters, John C. Reilly, William H. Macy ☺ 189, farbig

Makellos
FLAWLESS

Rusty Zimmerman lebt in derselben heruntergekommenen Absteige wie der frühpensionierte Polizeibeamte Walt Koontz (De Niro), ein Law-and-Order-Mann und ausgesprochen homophob. Als er einer Nachbarin bei einem Überfall zu Hilfe eilen will, erleidet er einen Schlaganfall. Ein Physiotherapeut hilft ihm, die Beweglichkeit wiederzuerlangen. Ausgerechnet Rusty (Hoffman), der in einer Tuntentruppe Shows absolviert, soll ihm mit Gesangsunterricht helfen, wieder das Sprechvermögen zurückzuerhalten. Die zwei ungleichen Nachbarn versuchen, miteinander auszukommen: Koontz, weil er sich vor Scham über seine Gebrechlichkeit nicht zur Behandlung aus dem Haus traut, Rusty, weil er das Geld für die gewünschte Geschlechtsumwandlung braucht. Nach anfänglichen Reibereien werden sie Freunde und lernen, sich gegenseitig mit Respekt und Toleranz zu begegnen. Zu diesem Zeitpunkt ist die tränenheischende Kitschgrenze bereits weit überschritten. In einem parallelen, sehr störenden Erzählstrang ist ein brutaler Drogendealer auf der Suche nach Geld, das bei einer Nachbarin versteckt sein soll.

Nach diversen Großprojekten (*Der Klient*, 1994; *Batman & Robin*, 1997; *Acht Millimeter*, 1999) habe er wieder einen kleinen, persönlichen Film drehen wollen, hatte der offen schwule Joel Schumacher im Vorfeld der Dreharbeiten zu *Makellos* erklärt. Als Drehbuchautor von *Car Wash* (1976) hatte er Jahrzehnte zuvor schon einmal einen tuntigen Schwulen und einen griffigen Satz kreiert („Ich bin mehr Mann als du je sein wirst und mehr Frau als du je bekommen wirst"). Den hat

Schumacher auch gleich für *Makellos* ein weiteres mal verwendet, darüber hinaus aber ist sein greller, eindimensionaler und vorhersehbarer Film über Tunten und Transen in New York wenig witzig, vor allem bedient er simpelste und haarsträubende Klischees, wie sie 1999 in Hollywood eigentlich bereits überwunden schienen. Ob Transsexuelle, Drag Queen oder Tunte – in *Makellos* ist alles irgendwie dasselbe. Chancen auf ein privates Glück ist diesen „queeren" Figuren ohnehin nicht gegönnt. Rusty kann seinen Liebhaber nur deshalb halten, weil er ihn finanziell aushält, und wird schließlich auch von ihm zusammengeschlagen.

Rusty und ebenso seine schwulen Freunde, allesamt aufgekratzte Tunten wie der tumbe Macho Walt, sind letztlich flache Figuren ohne psychologische Glaubwürdigkeit. Lediglich durch die schauspielerischen Leistungen der beiden Hauptdarsteller wird der Film vor dem völligen Absturz in die Peinlichkeit bewahrt.

USA 1999 ⊕⊙ Joel Schumacher ⊕ Declan Quinn ♪ Bruce Roberts ⊛ Robert De Niro, Philip Seymour Hoffman, Barry Miller, Wanda De Jesus, Skipp Sudduth, Wilson Jermaine Heredia, Nashom Benjamin, Daphne Rubin Vega ⏱ 112, farbig
(DT) (TR) (G)

Making Love

Einer der ersten US-amerikanischen Publikumsfilme mit großem Budget, die eine schwule Geschichte erzählen. Trotz der durchgehend positiv geschilderten Figuren (alle sind sie reich, weiß, gutaussehend) wurde der Film ein Flop. Zwei sich küssende Männer wollte zu dieser Zeit in den USA das breite Publikum offensichtlich nicht sehen.

Der Arzt Zack (Ontkean) gesteht seiner Ehefrau Claire (Jackson), dass er einen Mann liebt. Doch dieser, Bart (Hamlin), gibt seinem Geliebten zu verstehen, dass er keinerlei Ambitionen für eine monogame, häusliche Beziehung hat und stattdessen sexuelle Abenteuer suchen will. Daraufhin trennt sich Zack und findet einen anderen Liebhaber, einen – selbstverständlich gutaussehenden, wohlhabenden, weißen – Architekten.

Die Figurenzeichnung ist flach, die Dramaturgie und Darstellung entsprechen eher einer Soap Opera, denn einem Kinofilm. Gleichwohl bedeutete *Making Love* Anfang der achtziger Jahren einen Meilenstein in der US-amerikanischen Filmindustrie. Denn zum ersten Mal wurde in einem kommerziellen Film einem schwulen Paar ein Happy End zugestanden.

USA 1982 ⊕ Arthur Hiller ⊙ A. Scott Berg, Barry Sandler ⊕ David M. Walsh ♪ Burt Bacharach, Carole Bayer Sager, Leonard Rosenman ⊛ Michael Ontkean, Kate Jackson, Harry Hamlin, Wendy Hiller, Arthur Hill, John Dukakis, Nancy Olson ⏱ 113, farbig
(CO)

Mala Noche

Das gerade einmal 20.000 Dollar teure Debüt des Regisseurs Gus Van Sant (*Drugstore Cowboy*, 1989; *Forrester – Gefunden!, 2000*) erzählt in furiosen, halbdokumentarisch wirkenden Schwarz-Weiß-Bildern von zwei halbwüchsigen illegalen US-Einwanderern aus Mexiko, die es geschickt verstehen, die Gunst eines schwulen Ladenbesitzers in Portland/Oregon für ihren täglichen Überlebenskampf zu missbrauchen. Die einseitige Zuneigung dieses Mannes (Streeter) zu Johnny ist von Anfang an zum Scheitern verurteilt. Johnny nennt Walt schlicht eine „schwule Sau" und weigert sich auch, für 15 Dollar mit ihm ins Bett zu gehen. Pepper (Monge) denkt zwar genauso, aber er nimmt das Angebot an. Zu dritt hängen sie herum, trinken Bier, fahren mit Walts Auto durch die Gegend. Johnny wird einfach abhauen, Pepper durch die Kugel der Einwanderungspolizei sterben. Van Sants absichtsvoll im Fragmentarischen bleibender Film, mit wenig Geld und viel Zärtlichkeit sowie Liebe zum Detail gedreht, lebt von alltäglicher Ironie und Komik und vermeidet leidvolles Pathos.

USA 1985 ⊕ Gus Van Sant ⊕ Gus Van Sant nach einer Kurzgeschichte von Walt Curtis ⊕ John Campbell ♪ Creighton Lindsay ⊛ Tim Streeter, Doug Cooeyate, Ray Monge ⏱ 80, s/w
(PR) (PA)

Maldoror

Mit seinen poetischen, homoerotischen, die Sprache revolutionierenden *Gesängen des Maldoror* war der 1870 24-jährig verstorbene Comte de Lautréamont der Zeit voraus. Seine Verse waren moderne Horrorvisionen und Pulp Fiction, schöpften aus den schwarzen Fantasien der Romantik, den Fieberträumen von Wahnsinnigen und Berauschten und machten ihn zum Urvater der Surrealisten. Sein blutiger, sexlüsterner und gewaltstrotzender *Maldoror* ist somit die ideale Vorlage für ein wüstes Experimentalfilmprojekt. Das dienstälteste deutsche Super-8-Kollektiv, die Filmgruppe *Chaos* in Kiel, gab den Anstoß und lud befreundete Filmemacher aus London, Hamburg und München ein, jeweils ein Kapitel des Buches eigenständig umzusetzen. Tod, Irrsinn und Schrecken stecken schließlich in jeder Seite. Eine Bulldogge vergewaltigt ein Mädchen, ein Kloster wird zum Bordell. Weil schon Lautréamonts Vorlage kaum konkrete, realisierte Handlung aufweist, konnte umso ungezwungener drauflos gefilmt werden. Genutzt wird, was das Genre hergibt: Skurrile Stop-Motion-Puppen-Sequenzen folgen auf kunstvoll verfremdete und geschnittene Bildcollagen. Mal verharren die Bilder in der Trash-Ästhetik der Punk-Achtziger, mal wird kunstvoll die Stummfilmära heraufbeschworen. Am langweiligsten ist der Film, wenn er sich kindlich-peinlich mit einfallslosem Splatterhorror begnügt.

D/GB 2000 ⊙ Kerri Sharp, Filmgruppe *Abgedreht*, Caroline Kennedy, Filmgruppe *Chaos*, Jeniger Film, Paul Tarragó, Jennet Thomas, Häntfilm, Duncan Reekie, Steven Eastwood, Colette Rouhier ⊛ Patricia Geller, Sophia Max, Peter Arnold, Kelly Warman, Feridun Zaimgolu (Sprecher) ⊙ 95, s/w und farbig ⊗

Man of Ashes
Deutscher Alternativtitel: Aschenmann

Der junge tunesische Holzschnitzer Hachemi soll verheiratet werden, doch er will sich gegen diese arrangierte Hochzeit wehren – aus Angst, im Bett zu versagen. Die Gründe werden dem Zuschauer durch Rückblenden in Hachemis Kindheit angedeutet. Sein Lehrmeister hat ihn und seinen Freund Farfat sexuell missbraucht. Farfat wurde durch diese Vergewaltigung zum Außenseiter; die eigene Familie verhöhnt ihn, er sei kein Mann mehr, und hat ihn verstoßen. Gemeinsam mit Farfat will Hachemi aus dem gesellschaftlichen Korsett ausbrechen.

Der Filmemacher Nouri Bouzid, ehemals Mitarbeiter Steven Spielbergs, erlangte mit diesem sich behutsam aufbauenden Drama weltweiten Ruhm. Ihm gelang der erste Film aus dem Maghreb, der über die Landesgrenzen hinaus erfolgreich war, und dies, obgleich (oder gerade weil) er mit dem *Aschenmann* mehrere Tabuthemen anging: sexuellen Missbrauch, Homosexualität wie auch die sexuelle Doppelmoral innerhalb der tunesischen Kultur.

Tunesien 1986 ⊙⊙ Nouri Bouzid ⊕ Youssef Ben Youssef ⊙ Salah Mehdi ⊛ Yacoub Bchiri, Habib Belhadi, Mohamed Dhrif, Khaled Ksouri, Imed Maalal, Sonia Mansour, Mouna Noureddine ⊙ 109, farbig ⊙

Man of the Year

Eine fingierte Dokumentation, basierend auf den wahren Begebenheiten des Fotomodels Dirk Shafer, der 1992 vom *Playgirl Magazine* zum „Centerfold of the Year" gewählt wurde. Doch Shafer ist schwul, hat wenig Ahnung von Frauen und noch weniger erotisches Interesse an ihnen. Als „Playgirl-Mann des Jahres" muss er sich aber nicht nur vor der Kamera ausziehen, sondern auch als „idealer Typ für Frauen" präsentieren. In seinem Film schildert Shafer, wie er als erotischer Traum aller Frauen und heterosexuelles Sexsymbol sein Schwulsein aus Geschäftsgründen geheim halten musste. Als *Playgirl* von seinem „Geheimnis" erfuhr, war man nicht sehr erfreut und warf dem Model eine bewusste Täuschung der Leserinnen vor. Was in *Man of the Year* nachgestellt, was reales Material (u.a. TV-Talkshow-Auftritte) ist, lässt sich im Verlauf des Films nicht mehr eindeutig auseinanderhalten. Shafers Schwester, die als angebliche Verlobte herhalten musste, spielt beispielsweise sich selbst, andere Figuren, wie Shafers Liebhaber (der sich offiziell als Mitbewohner ausgeben muss) werden jedoch von Schauspielern verkörpert. Aus diesem perfekt inszenierten Vexierspiel entstand so eine intelligente, amüsante Lektion über Sein und Schein, Realität und ihre Darstellung in den Medien und zugleich auch eine leichtfüßige Satire über das Genre der Filmdokumentation.

USA 1995 ⊙⊙ Dirk Shafer ⊕ Stephen Timberlake ⊙ Peitor Angeli ⊛ Dirk Shafer, Vivan Paxton, Michael Ornstein, Thom Collins, Bill Brochtrup, Rhonda Dotson ⊙ 90, farbig

Mandragora

Die Goldene Stadt Prag erscheint in jeder Kameraeinstellung trist, schmuddelig und heruntergekommen. Wiktor Grodeckis *Mandragora* ist alles andere als ein bunter Werbeprospekt für die Metropole an der Moldau, vielmehr legt er mit seinem Spielfilm den Zeigefinger in eine offene Wunde, gegen die man in Prag mal halbherzig, mal mit restriktiver Härte ankämpft. Denn die Millionen Touristen, die in die Stadt strömen, kommen nicht alle nur wegen der pittoresken Altstadt, sondern oft auch wegen des großen Angebots an käuflichem Sex mit Minderjährigen.

Kaum ist Grodeckis 16-jähriger Ausreißer Marek (Caslavka) in Prag am Bahnhof angekommen, ist er bereits in den Fängen eines rücksichtslosen Zuhälters gelandet, und ein Martyrium beginnt. Und das ist nach über zwei Filmstunden ist es noch lange nicht zu Ende. Grodecki bietet weder ein Happy End noch irgendeinen Ausweg aus dieser Hölle aus Drogen, Gewalt und Strich, aus Abhängigkeiten und Widerlichkeiten. Der naive Junge vom Lande landet in einer in sich geschlossenen Welt, die aus Jugendlichen billige Ware, skrupellose Dealer, Kriminelle oder dem Tode geweihte Opfer macht. Schönfärberei kann man Wiktor Grodeckis Film wahrlich nicht vorwerfen und billigen Voyeurismus oder Skandalisierung um des reinen Skandals Willen ebensowenig. Ihm gelingt es, in seiner mit drastischen Bildern gezeichneten Unterwelt des gekauften Sex die ZuschauerInnen tatsächlich zu fangen. Das Entsetzen, die Fassungslosigkeit beim Betrachter sorgen für die Spannung. Das flaue Gefühl im Magen bleibt bis zur letzten Minute und verfliegt auch anschließend nicht so schnell. Das liegt an den intensiven Bildern, an den so authentisch wirkenden jungen Darstellern und wohl auch daran, dass Grodecki vermutlich sehr genau weiß, was er da vor der Kamera nachgestellt hat. Denn sein Drehbuch basiert in weiten Teilen auf seinen beiden Dokumentarfilmen *Not Angels but Angels* und *Body Without Soul* zum gleichen Thema. In *Mandragora* hat er alle Aspekte noch einmal zusammengefasst. Da geht es um Konflikte der Jungs mit dem Elternhaus, um Bandenkriege und Zuhälterei, um das schmutzige Geschäft der Prostitution und reiche, verabscheuungswürdige Freier aus Deutschland, England und den USA. Das alles bewegt, aber vergessen wurde dabei, das Innenleben, die Beweggründe und Konflikte dieses Marek auf seinem Weg abwärts in die Gosse und bis zum körperlichen Ruin tiefer gehend auszuloten.

Tschechien 1994 ⊕ Wiktor Grodecki ⊕ Wiktor Grodecki, David Svec ⊕ Vladimír Holomek ⊕ Wolfgang Hammerschmid ⊕ Mirek Caslavka, David Svec, Miroslav Breu, Jiri Kodes, Karel Polisensky, Pavel Skripal, Kostas Zendraloglu, Richar Toth ⊕ 130, farbig ⊕ ⓟⓡ

Manhattan

Woody Allens berühmte Liebeserklärung an seine Heimatstadt ist sicher nicht als Lesbenklassiker in die Filmgeschichte eingegangen. Dennoch ist der vom Regisseur selbst gespielte Held der Geschichte, der Fernsehautor Isaac, von seiner Ehefrau Jill wegen einer anderen Frau verlassen worden. Jill, gespielt von Meryl Streep, lebt mit ihrer Freundin Connie (Ludwig) zusammen, mit der sie ihren und Isaacs gemeinsamen Sohn aufzieht. Obwohl das lesbische Paar nur am Rande der Geschichte eine Rolle spielt, ist es stark, souverän und ebenbürtig in Szene gesetzt. Isaacs Probleme, mit der Situation und seiner Exfrau, von der wir erfahren, dass sie auch zuvor schon lesbische Tendenzen hatte, umzugehen, werden nur allzu deutlich.

USA 1978 ⊕ Woody Allen ⊕ Woody Allen, Marshall Brickham ⊕ Gordon Willis ⊕ George Gershwin ⊕ Woody Allen, Meryl Streep, Diane Keaton, Mariel Hemingway, Karen Ludwig, Michael Murphy, Anne Byrne ⊕ 96, s/w ⓑⓘ

Manji – Die Liebenden
MANJI

In einem für seine Zeit absolut spektakulären und unerklärlicherweise trotzdem nahezu unbekannten japanischen Film wird die dramatische Geschichte einer Viereckbeziehung erzählt. Im Mittelpunkt stehen Sonoko (Kishida), eine gelangweilte Haus- und Anwaltsehefrau und die attraktive, gutsituierte Studentin Mitsuko (Wakao), in die sie sich leidenschaftlich verliebt. Ein morbides Psychodrama beginnt, in das auch Sonokos Ehemann Kotaro (Funakoshi) sowie der impotente Liebhaber von Mitsuko Eijiro (Kawazu) eingewoben werden. Die alles dominierende Mitsuko manipuliert die drei anderen nach Herzenslust. Sie zieht bei dem Ehepaar ein und geht sogar soweit, Sonoko unter Drogen zu setzen und derweil ihren Ehemann zu verführen. Indessen versucht der verzweifelte Eijiro, einen Pakt mit Sonoko zu schließen, um die gemeinsame Geliebte zu halten. Andererseits versucht er aber auch, Kotaro zu erpressen. Die Spirale aus Intrigen, verzweifelter Liebe und psychischen Abgründen endet natürlich in einer großen Katastrophe.

Das sexuell freizügige Drama stellt das lesbische Paar klar in den Mittelpunkt, ohne zu werten. Die vier Protagonisten werden allesamt von Charakterschwächen, Ängsten und Unzulänglichkeiten geleitet. Die sexuelle Orientierung spielt dabei in dieser erstaunlich offenen und gewagten Geschichte eigentlich keine Rolle.

Japan 1964 ⊕ Yasuzo Masumura ⊕ Kaneto Shindo nach einem Roman von Junichiro Tanizaki ⊕ Setsuo Kobayashi ⊕ Tadashi Yamauchi ⊕ Ayaka Wakao, Kyoko Kishida, Yusuke Kawazu, Eiji Funakoshi ⊕ 74, farbig

Der Mann, der vom Himmel fiel
THE MAN WHO FELL TO EARTH

Thomas Jerome Newton (Bowie), ein rothaariges, androgynes Wesen von einem anderen Stern, kommt auf die Erde, um deren Wasservorräte für seinen Heimatplaneten zu nutzen. Doch das Leben auf der Erde bekommt ihm nicht. Das Problem sind allerdings nicht etwa Natur, Technologisierung oder Klima, sondern die menschliche Gesellschaft, deren Verhaltensweisen ihn verwandeln. Mit Hilfe technologischer Patente und dem schwulen Anwalt Oliver Farnsworth (Henry) baut er ein erdumspannendes Firmenimperium auf. Dabei bedient er sich aus dem Fernsehen erlernter

Regeln, um im Finanzzentrum New York aufzusteigen. Eine zum Symbol des Medienzeitalters gewordene Schlüsselszene zeigt ihn, wie er vor einer Wand eingeschalteter Fernseher sitzt und in immer schnelleren Sequenzen die Weltkultur verinnerlicht. Ein äußerst eigenwilliger und visuell überwältigender Science-Fiction-Film.

GB 1975 ⊙ Nicholas Roeg ⊙ Paul Meyersberg nach einem Roman von Walter Tevis ⊕ Anthony Richmond ⊙ John Phillips ⊛ David Bowie, Rip Torn, Candy Clark, Buck Henry, Bernie Casey, Jackson D. Kane, Rick Riccardo ⊙ 133, farbig

Ein Mann für gewisse Stunden
AMERICAN GIGOLO

Julian Kray (Gere) ist ein Edel-Gigolo, der die Frauen der oberen Gesellschaftsschichten für entsprechend großzügiges Honorar in Restaurants, Hotels und Betten begleitet. Durch eine seiner Kundinnen wird er in einen Mordfall verwickelt.

Anders als beispielsweise der Dressman Chris in *Die flambierte Frau* (1983) lehnt es Kray definitiv ab, auch männliche Kunden zu bedienen. In Nebenrollen tauchen verschiedene, negativ gezeichnete Homosexuelle auf, u.a. eine lesbische Kupplerin, ein Mörder, ein Zuhälter, sowie ein verklemmtschwuler Ehemann, der es zulässt, dass seine Gattin vor seinen Augen geschlagen wird.

USA 1980 ⊙⊙ Paul Schrader ⊕ John Bailey ⊙ Giorgio Moroder ⊛ Richard Gere, Lauren Hutton, Hector Elizondo, Nina von Pallandt, Bill Duke ⊙ 117, farbig
(HP) (PR) (M)

Der Mann ihrer Träume
YOUNG MAN WITH A HORN
Deutscher Alternativtitel: Rhythmus, Leidenschaft und Liebe, US-amerikanischer Alternativtitel: Young Man of Music

Der aufstrebende weiße Jazztrompeter Rick Martin (Douglas) lernt durch die Sängerin Jo Jordan (Day) deren Freundin Amy North (Bacall) kennen. Er verliebt sich in die coole, selbstbewusste Zynikerin und heiratet sie überstürzt. Das bereut er allerdings bald wieder und wendet sich nun doch der angepassteren Jo zu. Beziehungsunfähigkeit und ebenso Egoismus der intelligenten wie eleganten Amy erklären sich in Curtiz' Film als Symptome einer neurotischen Störung. In der Romanvorlage von Dorothy Parker ist die Figur stärker als lesbisch gezeichnet, womit Amys abwehrendes Verhalten gegenüber Rick wesentlich mehr Sinn macht. Immerhin: Im Film reist Amy am Ende mit einer jungen Künstlerin, als deren Mäzenin sie sich ausgibt, nach Paris. Ihr verlassener Ehemann Rick ruft ihr zum Abschied hinterher: „Du bist krank, Amy. Du solltest zum Arzt gehen."

USA 1949 ⊙ Michael Curtiz ⊙ Carl Foreman, Edmund H. North nach einem Roman von Dorothy Parker ⊙ Ray Heindorf ⊛ Kirk Douglas, Lauren Bacall, Doris Day, Hoagy Carmichael, Juano Hernandez, Jerome Cowan, Mary Beth Hughes ⊙ 112, s/w
(HC)

Der Mann mit der grünen Nelke
THE TRIALS OF OSCAR WILDE

Vom Marquis of Queensbury (Jeffries), dem Vater seines langjährigen Liebhabers Lord Alfred Douglas (Fraser), wegen homosexueller Handlungen angeklagt, muss sich der Schriftsteller Oscar Wilde (Finch) zwei demütigenden Gerichtsverhandlungen unterziehen, an deren Ende er zu einer Gefängnisstrafe verurteilt wird.

Wirkungsvoll und unterhaltsam inszeniertes Gerichtsdrama, das allerdings mit dem Dilemma zu kämpfen hat, ein Thema zu behandeln, das im Großbritannien der frühen sechziger Jahre nicht wirklich offen und ungezwungen dargestellt werden konnte. Dies hatte zur Folge, dass große Teile des eigentlichen Prozessgegenstandes im Vagen bleiben.

GB 1960 ⊙ Ken Hughes ⊙ Ken Hughes nach dem Buch von Montgomery Hyde und dem Bühnenstück von John Furnell ⊕ Ted Moore ⊙ Ron Goodwin ⊛ Peter Finch, Yvonne Mitchell, James Mason, Lionel Jeffries, James Mason, Nigel Patrick, John Fraser ⊙ 124, farbig

Ein Mann namens Herbstblume
UN HOMBRE ILAMADO „FLOR DE OTOÑO"

Der junge anarchistische Rechtsanwalt Lluis (Sacristan) kann seine Homosexualität nicht offen zeigen. Nachts aber wagt er in einem Kabarett unter dem Namen „Herbstblume" als Transvestit aufzutreten. Doch das Doppelleben kann er auf Dauer psychisch nicht durchstehen. In einen verzweifelten Attentatsversuch auf den Diktator Primo de Rivera versucht er, seinen Traum von der Revolution und damit von einem freien Spanien, in dem auch Homosexuelle akzeptiert sind, zu verwirklichen. Der Anschlag scheitert, und Lluis wird zum Tode verurteilt. In einer Nebenrolle ist der damalige Filmstudent Pedro Almodóvar zu sehen.

Spanien 1977 Ⓔ Pedro Olea Ⓦ Pedro Olea, Rafael Azcona Ⓚ Fernando Arribas Ⓙ Carmelo Bernaola Ⓓ José Sacristan, Carmen Carbonell, Paco Algora, Luis Ciges, Pedro Almodóvar, Roberto Camardiel, Antonio Corencia, José Franco Ⓒ 98, farbig ⓉⓇ Ⓣ

Ein Mann ohne Bedeutung
A MAN OF NO IMPORTANCE

Dublin 1963. Der in die Jahre gekommene, bescheidene und freundliche Busschaffner Alfie Byrne (Finney) ist ein leidenschaftlicher Verehrer Oscar Wildes. Während der Busfahrten rezitiert er seinen Passagieren aus Wildes Werken. Seine Homosexualität hält er geheim, auch seine Schwester Lilly (Fricker), bei der er lebt, ahnt nichts davon. Ebensowenig Alfies jüngerer Arbeitskollege Robbie (Sewell), den er mit „Bosie" anspricht (Oscar Wildes Kosename für seinen Geliebten Lord Alfred Douglas). Mit seiner Laientheatertruppe möchte Alfie *Salome* aufführen, Wildes skandalträchtiges Drama. Doch der Financier, ein örtlicher Fleischer (Gambon), ist über die sexuellen Anspielungen im Text empört und will die Aufführung verhindern. Alfie fühlt sich immer weiter unter Druck gesetzt und in die Enge getrieben. Eines Nachts wirft er alle Bedenken von sich, zieht – als Dandy à la Wilde gekleidet – in die Nacht hinaus und wagt es, einem jungen Mann in einer Kneipe Avancen zu machen. Alfie wird niedergeschlagen, verzweifelt springt er in den Fluss – doch der ist nur knietief. Der Skandal aber hält sich wider Erwarten in Grenzen. Die Theatertruppe steht auch weiterhin zu ihrem Leiter, und Alfies Arbeitskollege wird bei der Aufführung mitspielen. Für den Busfahrer wenigstens eine kleine Erfüllung seiner ungestillten Sehnsüchte.

GB 1994 Ⓔ Suri Krishnamma Ⓦ Barry Devlin Ⓚ Ashley Rowe Ⓙ Julian Nott Ⓓ Albert Finney, Brenda Fricker, Michael Gambon, Rufus Sewell, Tara Fitzgerald, Joe Pilkington Ⓒ 98, farbig ⒸⓄ

Der Mann ohne Gesicht
THE MAN WITHOUT A FACE

Der zwölfjährige Chuck (Stahl) wünscht sich, in derselben Kadettenschule wie damals sein Vater aufgenommen zu werden. Die Sommerferien nutzt er dazu, für die anstehende Aufnahmeprüfung zu lernen. Mit dem seltsamen Bewohner eines abgelegenen Hauses an der Küste findet er einen Nachhilfelehrer, der ihm zugleich zum wichtigsten Freund wird. Dieser ehemalige Lehrer Justin McLeod (Gibson) hat durch einen Unfall ein von Brandnarben entstelltes Gesicht. Weil er zurückgezogen lebt, entstehen Gerüchte über seine Vergangenheit. Er soll angeblich Pornografie schreiben und im Gefängnis wegen angeblichen Missbrauchs an einem Schüler gesessen haben. Es mehren sich im Dorf die Andeutungen, dass McLeod einmal zu einem Schüler eine homosexuelle Liebesbeziehung unerhalten habe und der am Tod dieses Jungen mitschuldig sei. Nun vermuten die Dorbewohner und die Lokalpolizei fälschlicherweise, dass McLeod sich auch an Chuck sexuell vergangen haben könnte. Mel Gibson inszeniert sein Regiedebüt recht einfühlsam und stellt sich nicht selbst als Star in den Mittelpunkt. Sein sensibles Melodram lebt von der sich zuspitzenden Pogromstimmung und dem intensiven Freundschaftsverhältnis zwischen McLeod und dem Jungen.

USA 1993 Ⓔ Mel Gibson Ⓦ Malcolm MacRury, Isabelle Holland nach ihrem Roman Ⓚ Donald M. McAlpine Ⓙ James Horner Ⓓ Mel Gibson, Nick Stahl, Margaret Whitton, Fay Masterson, Gaby Hoffmann, Geoffrey Lewis, Richard Masur, Michael DeLuise, Ethan Phillips, Jean De Baer Ⓒ 114, farbig ⓅⒶ

Ein Mann sieht rosa
LE PLACARD

Wenn es darum geht, schwule Charaktere als Ausgangspunkt für Komödiensituationen einzusetzen, so hat Francis Veber als Drehbuchautor viel Erfahrung. Nicht nur zwei der *La Cage aux Folles*-Filme (1978/1980) stammen von ihm, auch das US-Remake *Birdcage* (1996) und die Polizistenklamotte *Zwei irre Typen auf heißer Spur* (1982).

In *Le Placard* – was im Französischen „Wandschrank" bedeutet und sich in einer weiteren Bedeutungsebene auf die US-amerikanische Wendung „in the closet" bezieht – findet Veber einen neuen humoristischen Aspekt.

Der Buchhalter François Pignon (Auteuil), ein unscheinbarer Langweiler, von der Ehefrau verlassen, führt ein unauffälliges und monotones Leben. Als er zufällig erfährt, dass er seinen Job in einer Kondomfabrik verlieren soll, will er sich aus dem Fenster seiner Wohnung stürzen. Sein Nachbar Belone (Aumont), ein pensionierter schwuler Psychologe, hält ihn davon ab und schmiedet einen Plan, wie Pignon die Entlassung verhindern soll. Eine Fotomontage, die ihn als Lederkerl mit einem anderen Mann im Arm zeigt, wird anonym ins Büro geschickt. Wie geplant macht das Bild im gesamten Betrieb die Runde, Pignon ist als vermeintlicher Schwuler geoutet und die Geschäftsleitung hat ein Problem: ihn jetzt zu entlassen, könnte als schwulenfeindliche Handlung missverstanden werden. Probleme mit der neuen Situation hat auch Arbeitskollege und rauhbeiniger Trainer der betriebseigenen Rugby-Mannschaft Félix Santini (Depardieu), der bislang durch seine schwulenfeindlichen Sprüche auffiel. Auf Anraten der Kollegen macht er nun Pignon den Hof, um nicht als homophob zu gelten und damit seiner eigenen Entlassung zu zuvorzubeugen.

Vebers Film, der ohne jegliche Bilder tatsächlich gelebter Homosexualität auskommt, nutzt einen Plot, bei dem die sonst diskriminierte Minderheit nunmehr in der Lage ist, die Mehrheit moralisch zu erpressen, für eine letztlich sehr melancholische, subtile Komödie über politische Korrektheit. François, der sich nach dem Outing genauso farblos gibt wie zuvor, wird nun von allen völlig anders gesehen und so zur Projektionsfläche der Kollegen, sowie der Ex-Ehefrau und des eigenen Sohnes. In allem, was er tut, werden nun vermeintliche Belege für seine Veränderung und ein Beweis für seine Homosexualität erkannt. In Frankreich wurde *Le Placard* zu einem der größten Kinoerfolge des Jahres 2000.

> „Der pensionierte Psychologe Belone stellt nicht nur den einzigen Schwulen in meinem Film dar, sondern auch den stärksten, gefestigsten und klügsten Charakter. Ich wollte unbedingt vermeiden, Homosexualität als solche zum Anlass von Gelächter zu machen, denn Homosexualität ist nun einmal nichts genuin Komisches, auch wenn viele das glauben."
>
> *Regisseur Francis Veber*

F 2000 ⒼⒸⓄ Francis Veber ⓟ Luciano Tovoli ⓓ Vladimir Cosma ⓦ Daniel Auteuil, Gérard Depardieu, Thierry Lhermitte, Michel Aumont, Michèle Laroque, Jean Rochefort, Alexandra Vandernoot
Ⓒ 84, farbig
Ⓖ Ⓒⓞ

Ein Mann wie E.V.A.

Bald nach dem Tod von Rainer Werner Fassbinder entstand die vor allem durch die Besetzung der Hauptfigur interessante Auseinandersetzung mit der exzentrischen Persönlichkeit des Regisseurs und seinen Schattenseiten im Umgang mit den Menschen in seinem unmittelbaren Umfeld. Auch wenn das Drehbuch weitgehend auf tatsächlichen Episoden aus Fassbinders Leben zurückgreift, das Verhalten des Filmcharakters Eva also durchaus jenem des Vorbilds zu entsprechen scheint, empfanden Freunde und Mitarbeiter Fassbinders die Filmfigur als negativ und abstoßend gezeichnet.

Eva Mattes, durch die Maske optisch sehr eindrucksvoll auf Fassbinder getrimmt, spielt den Filmemacher E.V.A., der in einer Münchner Villa eine Verfilmung der *Kameliendame* umsetzt. Die Titelrolle hat die psychisch labile Gudrun (Kreuzer) übernommen, die sich in E.V.A. verliebt hat. Ihr Filmpartner vor der Kamera ist der junge Walter (Stocker), der ein Auge auf sie geworfen hat. Regisseur E.V.A. wiederum macht sich erfolgreich an Walter heran, den das erste homosexuelle Erlebnis aus der Bahn wirft. Er verlässt Frau und Kind. Innerhalb des Filmteams wachsen die Spannungen. Eifersucht, Abhängigkeiten, unerfüllte Begehrlichkeiten heizen die Truppe auf. E.V.A. schikaniert Gudrun und schickt sie sogar zusammen mit dem Scriptgirl auf den Strich, weil das Geld für die Produktion knapp wird. Andererseits erfüllt er ganz überraschend den Wunschtraum und heiratet sie – um sich anschließend mit Walter im Bett zu vergnügen. Ali (Huber), der mit E.V.A. ein Verhältnis hatte und ihn immer noch liebt, erträgt den Psychoterror innerhalb der Gruppe und das eigene Gefühl, von E.V.A. nur benutzt worden zu sein, nicht mehr und erhängt sich.

Die damals 29-jährige Eva Mattes spielt den Regisseur mit großer Zärtlichkeit und Hingabe: verwundbar, leidenschaftlich und schmerzerfüllt. Sie verwandelt sich dabei sehr glaubwürdig in die Fassbinder-Figur. Dreimal hat sie den wahren Fassbinder selbst bei Dreharbeiten erlebt: bei *Die bitteren Tränen der Petra von Kant* (1972), *Wildwechsel* (1972) und bei *In einem Jahr mit 13 Monden* (1978)

BRD 1983 ⊜ Radu Gabrea ◎ Radu Gabrea, Laurens Straub ⊕ Horst Schier ♪ Giuseppe Verdi ⊛ Eva Mattes, Lisa Kreuzer, Werner Stocker, Charles Régnier, Charly Muhammed Huber ⊙ 90, farbig

Mannstoll und gefährlich
REFORM SCHOOL GIRL

Vorbild für viele, viele Remakes ist dieser Film, in dem mal wieder ein junges naives Mädchen zu Unrecht in der unerträglichen Erziehungsanstalt landet. Hier herrschen Gewalt, Sadismus und – wir ahnen es – fiese Lesben. Wie der deutsche Titel allerdings nahelegt, geht es auch um jede Menge Heterosex. Allerdings: In der Rolle der mit Werkzeug behangenen, sadistischen Lederlesbe ist die später berühmte Schauspielerin Sally Kellermann (*M*A*S*H*) ganz am Anfang ihrer Karriere zu sehen. Eine Rolle, die sie lange bedauern sollte, denn sie bekam jahrelang keine neuen Filmangebote. Der Film, dessen Titel noch oft kopiert wurde, ist trotz aller Klischees und der üblichen billigen Zutaten allein wegen der lesbischen Figur von einiger historischer Bedeutung. Die wichtigsten Remakes waren *Pridemoore* (1986, *Reform School Girls*), *Pridemoore II* (1971, *Women in Cages*) sowie die Fernsehproduktion *Auf Bewährung* (1995, *Reform School Girl*).

USA 1957 ⊜◎ Edward Bernds ⊕ Floyd Crosby ♪ Ronald Stein ⊛ Sally Kellerman, Gloria Castillo, Ross Ford, Edward Byrnes, Nesdon Booth, Wayne Taylor ⊙ 70, s/w
(WP) (SM)

Mano Destra

Der Experimentalfilm der Schweizer Fotografin Cleo Uebelmann wurde in den achtziger Jahren mit großer Spannung von der Lesbenszene erwartet, sollte es doch – zusammen mit Monika Treuts *Verführung: Die grausame Frau* – der erste Film über lesbischen SM sein. Das war es dann auch, erfüllte allerdings doch die wenigsten Hoffnungen. Während eine hysterisch-prüde Anti-Porno-Fraktion erwartungsgemäß Sturm lief und den Film verteufelte, blieben auch viele wohlmeinende Zuschauerinnen unzufrieden oder ratlos zurück. *Mano Destra* ist eine Aneinanderreihung überästhetisierter Bilder, komplett ohne jede Handlung und dadurch zu einem sehr individuellen Kunstwerk der Regisseurin geraten. In den meisten Einstellungen sieht man die Künstlerin selbst als Domina mit einer Sklavin, die nach allen Regeln der Fesselkunst in asiatisches Bondage gelegt ist. Der gewissermaßen verfilmte Fotoband (ein solcher kam unter dem Titel *The Dominas* mit vielen Bildern aus dem Film tatsächlich später heraus) war nicht das flammende Plädoyer für befreite lesbische Sexualität, das viele erwartet hatten. Dennoch ein Meilenstein in der Abbildung variierender Spielarten weiblicher Sexualität und ein typisches Kind der Achtziger-Jahre-Aufbruchstimmung.

CH 1985/86 ⊜ Cleo Uebelmann ♪ The Vyllies ⊛ Cleo Uebelmann ⊙ 53, s/w
(SM)

El Mar – Das Meer
EL MAR

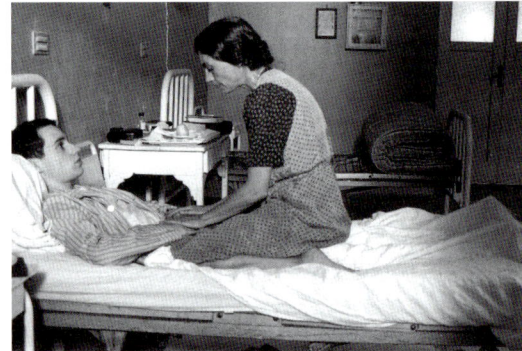

Ihre Kindheit während des spanischen Bürgerkrieges war alles andere als unschuldig. Sie erlebten Hinrichtungen, Verrat und einen Mord unter Kindern. Zehn Jahre später treffen sich zwei alte Freunde als tuberkulosekranke Patienten in einem Sanatorium auf Mallorca wieder. Ramallo (Casamajor) wird von einem homosexuellen Mafioso bedrängt, Manuel Thur (Bergonzini) von seinen sexuellen Wünschen und religiösem Fanatismus geplagt. Das endet bei Agustí Villaronga in einer wahren Orgie aus Blut. Der katalanisch-mallorquinische Regisseur kennt kein Erbarmen, nur gepeitschte Dramatik. Mit sorgfältig gestalteten Bildern illustriert er sein düsteres, konsequent ästhetizistisches Epos von Schuld, Eros und Gewalt. Schön drapierte Männerkörper, blitzende Messer und bedrohliche Kruzifixe sind Bildmotive, mit denen er die Neurosen seines Landes in griffige Symbole zu fassen versucht. *El Mar* wurde 2000 bei den Internationalen Filmfestspielen Berlin mit dem Manfred-Salzgeber-Preis ausgezeichnet.

> *„Die Zuschauer fühlen sich sichtlich unwohler bei der letzten Sexszene als bei der Szene, in der eine Katze getötet wird. Das hat mich sehr überrascht."* Regisseur Agustí Villaronga

Spanien 1999 ⊜ Augustí Villaronga ◎ Tony Aloy, Biel Mesquida, Augustí Villaronga nach einem Roman von Blai Bonet ⊕ Jaume Peracaula ♪ Javier Navarette ⊛ Bruno Bergonzini, Roger

Casamajor, Antònia Torrens, Simón Ramallo, Juli Mira, Angela Molina ⊙ 107, farbig

Marble Ass
DUPE OD MRAMORA

Im Land herrscht Krieg. Statt an der Front leistet der Transvestit Merlyn (Miladinovic) seinen Dienst fürs Vaterland zuhause: auf dem Straßenstrich. Im heruntergekommenen Belgrad absolviert er seinen ganz besonderen Beitrag, in dem er den heimkehrenden Soldaten seinen titelgebenden „Marmorarsch" zur Verfügung stellt. Merlyn, der so gerne Marilyn wäre, ist Belgrads Klagemauer, besänftigt mit rauem Ton waffengewaltige geile Proleten, Machos und gewalttätiges Nachtvolk, das sich nach Meinung Merlyn ansonsten an kleinen Mädchen und Müttern vergreifen würde. Merlyns Freundin Sanela (Milenkovic), auch sie/er transsexuell, will raus aus dem Milieu, aber prompt lässt der zukünftige Schwiegervater die Hochzeit mit ihrem Bodybuilder platzen.

Zelimir Zilniks bisweilen holprig inszenierter Undergroundfilm ist zynisch und grotesk, roh und direkt gespielt, und trifft deshalb wohl auch so gut den Zustand seines Landes. Ein eigenwilliges Dokument menschlicher Hilflosigkeit in Zeiten der Desorientierung. Den beschädigten Machismo der Soldaten lässt Zilnik auf geradezu groteske Weise auf diese Trümmerfrau mit ihrer Sehnsucht nach Glamour und Luxus treffen – und thematisiert ganz nebenbei den Zusammenhang von Sex, Krieg und Gewalt.

Serbien 1994 ⊛ Zelimir Zilnik ⊕ Miodrag Milosevic ♪ Dejan Kijevcanin, Love Hunters ⊕ Vjeran Miladinovic, Nenad Raćkovic, Nenad Milenkovic ⊙ 87, farbig
ⓉⓇ

Marmor, Stein und Eisen bricht

1967 war der Schlagersänger Drafi Deutscher wegen Exhibitionismus vor Kindern zu acht Monaten Gefängnis verurteilt worden. Er hatte nach einer Party vom Balkon seiner Woh-

nung gepinkelt und war dabei von Kindern beobachtet worden. Hans-Christof Stenzels Film greift diesen Vorfall auf, um daraus eine flaue Groteske zu machen, die statt bissiger Satire nur ärgerliche, klischeehafte Kalauer zu bieten hat. Der Arbeiter Hotte Bibermon (Spengler), der über eine gute Gesangsstimme verfügt, wird von dem schwulen Erwin von Borkowski (Schubert) entdeckt. Sie ziehen zusammen in eine Villa und produzieren den Hit *Marmor, Stein und Eisen bricht*. Der Erfolg ermöglicht den Umzug in ein neues Appartement. Das neunjährige Nachbarmädchen Rosalie sieht die beiden immer wieder nackt in der Wohnung oder lediglich mit Kapuzenbademänteln bekleidet herumtollen. Rosalie hält die beiden Männer deshalb für Zwerge aus dem Märchenreich. Drafi Deutscher selbst ist in einer kleinen Nebenrolle zu sehen.

BRD 1981 ⊛ Hans-Christof Stenzel ⊙ Hans-Christof Stenzel, Uve Schmidt, Gabriele Schmelz ⊕ Lothar E. Stickelbrucks ♪ Drafi Deutscher ⊕ Volker Spengler, Heinz Schubert, Eva-Maria Hagen, Lydia Kreibohm, Hermann Nietzsch, Drafi Deutscher, Peter Schamoni, Martin Rosenstil, Michael Stone, Sharon Brauner ⊙ 91, farbig
ⓅⒶ

Marokko
MOROCCO

Marlene Dietrichs erster Film in Hollywood begründete ihren Ruhm als Lesbenidol durch nur eine Szene in einer ansonsten durch und durch heterosexuellen Schmonzette. Die Nachtclubsängerin Amy Jolly tritt – sensationellerweise – im Frack und Zylinder auf und küsst in der legendären Einstellung eine Frau im Publikum in unübertroffener Butchmanier auf den Mund. Kaum zu glauben, aber das reichte, um Marlene in den Lesbenherzen unsterblich werden zu lassen. Im weiteren Verlauf des Films verliebt sich die Sängerin in einen armen Legionär – gespielt von Gary Cooper –, schlägt die Heirat mit einem reichen Schnösel aus und folgt ihrem Geliebten – in ebenfalls legendärer Szene – barfuß in die Wüste. Für diese Rolle erhielt Marlene Dietrich übrigens ihre einzige Oscarnominierung.

USA 1930 ⊜ Josef von Sternberg ⊙ Jules Furthmann nach dem Roman *Amy Jolly* von Benno Vigny ⊕ Lee Garmes, Lucien Ballard ⊙ Leo Robin, Karl Hajos, Millandy Crémieux ⊛ Marlene Dietrich, Gary Cooper, Eve Southern, Adolphe Menjou, Ullrich Haupt, Juliette Compton, Francis McDonald ⊙ 90, s/w
◎

Die Marquise von Sade
Deutsche Alternativtitel: Das Bildnis der Dorianna Gray; Doriana Grey

Mit de Sade, Oscar Wilde oder gar mit Yukio Mishimas Theaterstück *Die Marquise de Sade* hat dieses billige Sexfilmchen natürlich nicht das Geringste zu tun. Tatsächlich basiert der Film auf Schnittabfällen des Sex & Crime-Streifens *Die Sklavinnen* (1976).

Doriana Gray lebt in einem alten Kastell, das sie meist im roten Negligé durchstreift, und verlustiert sich ansonsten ausgiebig mit Männern wie Frauen, wobei die Bettgenossinnen und -genossen danach auf etwas unklare Weise ums Leben kommen. Derweil sitzt Dorianas Zwillingsschwester in einer Nervenheilanstalt und erlebt offensichtlich dank telepathischer Fähigkeiten das Treiben mit und muss sich, entsprechend dauererregt, ebenso dauerhaft fingerfertig Befriedigung verschaffen.

CH 1976 ⊜ Clifford Brown (Jesus Franco Manera, Jess Franco) ⊙ Jesus Franco Manera ⊕ Peter Baumgartner, Jesus Franco Manera ⊙ Walter Baumgartner ⊛ Lina Romay, Monica Swinn, Peggy Markoff, Renato Romando, Stewart Black, Raymond Hardy, Pamela Stanford, Olivier Mathot ⊙ 68, farbig
Ⓢ

The Mars Canon
KASEI NO KANON

Der 29-jährigen Kinuko (Makiki) wird klar, dass ihre „Dienstagsaffäre" mit dem älteren, verheirateten Kohei, der ihr einmal wöchentlich ein paar Stunden im Hotel Aufmerksamkeit schenkt, keine Zukunft hat. Ihre frühere Kollegin Hijiri (Mami), die sie zufällig wieder trifft, ist derweil hoffnungslos in Kinuko verliebt und versucht, sie für sich zu gewinnen. Immer wieder ist sie bemüht, die bis dahin heterosexuelle Kinuko davon zu überzeugen, ihre Affäre zu beenden und stattdessen lieber mit ihr zusammen zu sein. Ganz langsam gibt Kinuko dem Werben nach, und als sie schließlich mit Grippe daniederliegt, scheint der Widerstand gebrochen. Hijiri bekommt ihre Traumfrau, Kinuko kommt auf den Geschmack, und aus den beiden Frauen wird ein Liebespaar – aber gewiss kein Traumpaar. Zu groß sind die Schwierigkeiten und die Unfähigkeit, sich festzulegen auf beiden Seiten, vor allem aber bei Kinuko, die die Freundin vornehmlich benutzt, um über ihre gescheiterte Affäre mit Kohei hinweg zu kommen.

Mars Canon soll, wörtlich genommen, den Zwiespalt zwischen den Themen Liebe, Sex und Kampf, für die der Planet Mars steht, und dem Kanon-Gesang mit vielen asynchronen Stimmen versinnbildlichen. Langsamkeit ist der dominante Faktor in dem zweistündigen Beziehungsdrama, das ganz unvoreingenommen eine lesbische Beziehung in Japan zeigt. Damit liegt es in einem Trend asiatischer Filme aus der Zeit um die Jahrhundertwende, die sich dem Thema Homosexualität offen und vorurteilsfrei widmen. Nur mit dem Happy End hapert es noch; Schwere, Melancholie und Trübsinn sind oft der dominante Faktor im homosexuellen Beziehungsgeflecht, wie der asiatische Film es in Szene setzt.

Japan 2001 ⊜ Kazama Shiori ⊙ Tomoko Ogawa, Shôtarô ⊕ Isao Ishii ⊙ Masay Abe ⊛ Kuno Makiki, Nakamura Mami, Kohinata Fumiyo, Kee ⊙ 121, farbig, (O.m.U.)
ⒷⒾ

Das Martyrium des heiligen Sebastian
THE MARTYDOM OF SAINT SEBASTIAN

Die Geschichte des Heiligen Sebastian als ästhetizistisches, stark homoerotisch gefärbtes Kunstspektakel. Sebastian (Biehn), ein römischer Bogenschütze, betört durch seine männliche Schönheit den Kaiser (Clay) ebenso wie die Wachen des Palastes. Er widersteht jedoch allen Verlockungen, lobpreist zum Ärger des Kaisers den Messias, Jesus Christus (Coppola), und wird aus unerfüllter Sehnsucht und Rache zum Tode verurteilt. An einen Baum gebunden, durchbohren ihn die Pfeile der Schützen. Der Moment des Todes wird ihm zur höchsten Lusterfüllung und bedeutet zugleich, wie es die Chöre der Märtyrer verkünden, dass er ins himmlische Paradies eingegangen ist.

Petr Weigl (*Die Nacht aus Blei*, 1985) hat das Oratorium (die Musik wurde vom Orchestre National de France unter Sir

Colin Davis mit dem Choeurs de Radio France eingespielt) vor griechischen und türkischen Naturkulissen inszeniert.

BRD/F 1985 Ⓔ Petr Weigl Ⓦ Petr Weigl nach dem gleichnamigen Bühnenstück von Gabriele d'Annunzio Ⓐ Jiri Kadanka Ⓜ Claude Debussy Ⓑ Michael Biehn, Nicholas Clay, Franco Citti, Jana Hlavácová, Michael Gulyás, Lubomir Marinik, Andrea Coppola Ⓒ 82, farbig
Ⓣ

Massenmord in San Francisco
THE LAUGHING POLICEMAN

Ein Amokschütze richtet unter den Fahrgästen eines Busses in San Francisco ein Blutbad an. Jake Martin (Matthau) und Leo Larsen (Dern) werden mit dem Fall beauftragt. Bei der Identifizierung der Opfer stellt sich dann heraus, dass sich unter ihnen ein früherer Kollege von Jake Martin, Dave Evans, befindet. Dieser hatte den Mord an einer Prostituierten untersucht, die die Geliebte des bisexuellen Geschäftsmannes Camerero (Paulsen) gewesen sein soll. Die Ermittlungen führen nun auch in die Schwulenbars der Stadt – was das Drehbuch und die Regie zum Anlass nehmen, ausgiebig Klischees zu bedienen. Immerhin aber kommt Matthau ein entscheidender, liberaler Satz über die Lippen, als sein Kollege einen Verdächtigen nur deswegen festnehmen will, weil er schwul ist: „Du begreifst nicht. Das ist heute anders. Homosexuelle verstecken sich nicht mehr, sie demonstrieren." Es ist dies die erste Erwähnung der Schwulenbewegung in einem kommerziellen US-amerikanischen Film.

USA 1973 Ⓔ Stuart Rosenberg Ⓦ Thomas Rickman, Per Wahlöö, Maj Sjöwall nach ihrem Roman Den skrattande polisen Ⓐ David M. Walsh Ⓜ Charles Fox Ⓑ Walter Matthau, Albert Paulsen, Bruce Dern, Lou Gosset Ⓒ 96, farbig
Ⓑ︎Ⓘ Ⓜ

Matador

Der berühmte Stierkämpfer Diego (Martínez) muss sich nach einer schweren Verletzung aus der Arena zurückziehen und betreibt nun eine Torero-Schule. Seiner Leidenschaft fürs Töten frönt er nun im Bett: Er ersticht beim Liebesspiel die Liebhaberinnen. Als Diego seinem Schüler Ángel (Banderas) unterstellt, homosexuell zu sein, versucht der dessen Freundin Eva (Cobo) zu vergewaltigen, stellt sich aber der Polizei und gesteht aus Schuldgefühl auch sämtliche Mordtaten Diegos. Zwischen Ángels Verteidigerin und Diego entwickelt sich eine tödliche sexuelle Obsession, die in einem gemeinsamen gegenseitigen Mord endet.

Almodóvars Frühwerk, in dem er die Stierkampfregeln auf die Beziehungen der Menschen überträgt und die Mannbar-

keitsrituale des spanischen Machismo auf die Schippe nimmt, ist blutrünstig, farbenprächtig, bisweilen originell und skurril, zugleich aber auch sehr spekulativ. Der Themenmix aus Geschlechterkampf und Liebestod, Beichte und Psychoanalyse, Mutterkomplex und Onanie wird weitgehend oberflächlich abgehandelt. Ángel trägt seinen Namen zu recht. Er erscheint wie ein Wanderer zwischen den Geschlechtern. Den traditionellen Vorstellungen eines spanischen Mannes entspricht er schon deshalb nicht, weil er kein Blut sehen kann. Ihm verfällt der für die Mordfälle zuständige Kommissar (Poncela), eine bis zuletzt geheimnisvolle Figur. Dessen Homosexualität wird nie direkt ausgesprochen, seine Liebe für Ángel zeigt sich aber in seinen Blicken. In einer Einstellung auf der Polizeiwache verschmilzt für einen Moment das Spiegelbild des Kommissars mit dem Gesicht Ángels auf einer Glasscheibe.

Spanien 1986 Ⓔ Pedro Almodóvar Ⓦ Pedro Almodóvar, Jesus Ferrero Ⓐ Ángel Luis Fernández Ⓜ Bernardo Bomezzi Ⓑ Assumpta Serna, Antonio Banderas, Nacho Martinez, Eva Cobo, Julietta Serrano, Carmen Maura, Eusebio Poncela, Bibi Andersen Ⓒ 104, farbig
Ⓜ︎Ⓕ

Maurice

Insgesamt drei Romane des englischen Schriftstellers E. M. Forster dienten James Ivory und seinem Lebensgefährten, dem Produzenten Ismail Merchant, als Vorlage für einen Film: *Zimmer mit Aussicht* (1985), *Wiedersehen in Howards End* (1992) und *Maurice*. Forsters romantische Liebesgeschichte zwischen zwei englischen Internatszöglingen wurde auf Wunsch des Autors erst posthum 1971 veröffentlicht.

Die beiden Cambrigde-Studenten Maurice (Wilby) und Clive (Grant) verlieben sich ineinander. Doch Clive drängt darauf, ihre Zuneigung aus Angst vor der viktorianischen Moral nur platonisch auszuleben. Für Maurice jedoch ist seine Liebe fortan viel wichtiger als das Studium, und er brüskiert den Dekan durch mangelnden Respekt. Maurice muss das College verlassen. Statt einer akademischen Karriere schlägt er nun eine Laufbahn als Börsenmakler ein. Heimlich führen Clive und Maurice ihre Beziehung fort, doch Clives Mutter (Parfitt) drängt ihren Sohn in eine Ehe, und er selbst sieht dies selbst als einzige Chance an, als vollwertiges Mitglied seines gesellschaftlichen Umfeldes anerkannt zu werden. Der öffentliche Skandal um einen Staatssekretär, der sich mit einem Soldaten sexuell eingelassen hatte, verängstigt Clive und macht ihm deutlich, welche Gefahr auch ihm droht. Die Kluft zu Maurice wird immer größer. Dieser versucht, seine Homosexualität zu verdrängen, und begibt sich sogar in psychoanalytische Behandlung. Schließlich lernt er den Jagdaufseher Alec (Graves) kennen und findet den Mut, zu sich und seiner Liebe jenseits der viktorianischen Moralvorstellungen und Standesklassen zu stehen.

James Ivory (*Die Damen aus Boston*, 1984, *Was vom Tage übrig blieb*, 1993) erzählt diese melodramatische Liebesgeschichte stilsicher und ausladend als bedrückendes und beeindruckendes Sitten- und Seelengemälde der englischen Oberklasse zwischen Prüderie und Doppelmoral. Das schwelgerische Dekor jedoch droht immer wieder in Kitsch abzudriften und dadurch den Blick auf den gesellschaftskritischen Hintergrund des Stoffes zu verstellen.

Bei den Filmfestspielen Venedig 1987 mit dem Silbernen Löwen für die beste Regie sowie dem Darstellerpreis für die bis dahin unbekannten Schauspieler James Wilby und Hugh Grant ausgezeichnet.

„Niemand küsst wie James. Mit ihm gefällt es mir am besten. Was der alles mit der Zunge anstellen kann!"   *Hugh Grant über seinen Filmpartner James Wilby*

GB 1987 ⊛ James Ivory ☺ James Ivory und Kit Hesketh-Harvey nach dem gleichnamigen Roman von E. M. Forster ⊕ Pierre Lhomme ♪ Richard Robbins ⓦ James Wilby, Hugh Grant, Rupert Graves, Simon Callow, Ben Kingsley, Judy Parfitt, Denholm Elliott ⊙ 140, farbig
Ⓚ ⓒⓞ

Mein Leben in Rosarot
MA VIE EN ROSE

Ludovic liebt nicht nur die Show der bonbonfarbenen Fernsehfee Pam, die wie eine überlebensgroße Barbie ausschaut, sondern auch alles, was rosa ist. Rosa ist die Farbe der Mädchen und als solches fühlt sich Ludo. So steht er zur Begrüßungsparty seiner Familie im neuen Wohnviertel mit Kleidchen, Muttis Pumps und rotgeschminkten Lippen da. Noch denken die Nachbarn, dies alles sei ein lustiger Verkleidungsscherz. Aber Ludovic (du Fresne) glaubt fest daran, eines Tages ein Mädchen zu werden – und dann wird er auch seinen besten Freund Jêrome heiraten können. Vorsorglich üben sie schon mal die Trauung im Kinderzimmer, was Jêromes Mutter prompt in Ohnmacht fallen lässt.

Was wie eine poetische, in kitschigen Farben schwelgende Komödie beginnt, wird alsbald zu einem sozialen Drama. Die Nachbarn schneiden die Familie, Ludovic muss die Schule wechseln. Während der Vater (Ecoffey) eines Morgens an der Hauswand den Satz „Schwuchteln raus!" lesen muss, freut sich Ludo über sein Bauchweh: „Ich krieg meine Regel!" Das hält keine noch so geduldige Mutter aus.

Regisseur Alain Berliner liefert in seinem 1997 mit dem Europäischen Filmpreis (bestes Drehbuch) ausgezeichneten Debütfilm keine Erklärungen für Ludovics Verhalten und schon gar keine simple Lösung. Ob er eines Tages schwul sein wird oder transsexuell oder ganz etwas anderes – diese Fra-

Mein Leben in Rosarot

gen werden zwar von den Figuren im Film gestellt, aber nicht beantwortet. Ein Film voll märchenhafter Bilder und leichtfüßigen Humors, der sich auf unterschiedlichen Ebenen mit der Frage nach der sexuellen Identität beschäftigt.

F/B/GB 1997 ⊛ Alain Berliner ◉ Chris van der Strappen, Alain Berliner ⊕ Yves Capé ♫ Dominique Dalcan ⊛ Michèle Laroque, Georges du Fresne, Hélène Vincent, Jean-Philippe Ecoffey ⓉⓇ

Mein wunderbarer Waschsalon
MY BEAUTIFUL LAUNDRETTE

Der etwas flippige arbeitslose Punk Johnny (Daniel Day-Lewis) und sein einstiger Schulfreund Omar (Gordon Warnecke), ein Brite pakistanischer Abstammung, übernehmen gemeinsam den Waschsalon „Powders" und machen aus dem heruntergekommenen Laden ein buntes, florierendes Unternehmen. Die rosa-blinkende Leuchtreklame symbolisiert nicht nur das neue Leben in dem maroden Stadtviertel, sondern auch ihre sich langsam entwickelnde leidenschaftliche Liebesbeziehung. Die beiden Männer überwinden ethnische, politische wie sexuelle Barrieren, trotzen ausländer- und schwulenfeindlicher Attacken und sind am Ende das einzig glückliche Paar des Films, während die heterosexuellen Beziehungen allesamt am Druck der normierten Leistungsgesellschaft zerbrechen.

Stephen Frears Film war ursprünglich lediglich als Fernsehspiel für Channel Four produziert worden, wurde dann aber zu einem überraschenden Welterfolg und Aushängeschild des New British Cinema der achtziger Jahre. In der Tradition der *kitchen-sink-dramas* der sechziger Jahre stehend, gelang es Frears und seinem Drehbuchautor Hanif Kureishi, die Widersprüche des Großbritannien von Margret Thatcher ebenso realistisch, ironisch und komisch darzustellen, ohne dabei ausschließlich die Opferperspektive einzunehmen.

> „Tatsächlich stellen Omar und Johnny die beiden Seiten meines Selbst dar: Ein pakistanischer Junge und ein englischer Junge, weil ich eben halb pakistanisch und halb englisch bin. Und so habe ich die beiden Teile von mir selbst zusammengebracht, indem sie sich küssen." Drehbuchautor Hanif Kureishi

GB 1985 ⊛ Stephen Frears ◉ Hanif Kureishi ⊕ Oliver Stepleton ♫ Ludus Tonalis ⊛ Gordon Warnecke, Daniel Day Lewis, Saeed Jaffrey, Shirley Anne Field, Charu Bala Choksi, Roshan Seth ◷ 93, farbig ⒷⒸ ⒸⓄ ⓅⓇ

Men in Love

Steven (Self) erfüllt den letzten Wunsch seines an Aids verstorbenen Lebensgefährten Victor und bringt dessen Asche auf die paradiesisch gefilmte Insel Hawaii. Dort lernt er Peter (Tolbe) kennen und fühlt sich auch gleich von ihm angezogen. Durch seine Liebe und Zuwendung hilft er ihm, die Trauer über den Tod Victors zu überwinden. Esoterisch verkitschtes Melodram.

Die Auftragsarbeit für eine New Yorker New-Age-Gruppe hat neben schauspielerisch überforderten Laiendarstellern sehr viele romantische Sonnenuntergänge zu bieten.

USA 1990 ⊛ Marc Huestis ◉ Scott Catamas, Emerald Starr ⊕ Fawn Yacker ♫ Donald James Regal ⊛ Doug Self, Emerald Starr, Joe Tolbe, Kutira Descostered, Vincent Schwickert, James A. Taylor, Scott Catamas ◷ 87, farbig Ⓐ

Menmaniacs – The Legacy of Leather

1987 wurde der SM-Pornodarsteller und -produzent Thomas Karasch alias Tom of Hamburg als junger, muskelstrotzender Mann in Chicago zum Mr. Leather gekürt. 1994 besucht er, von seiner Aidserkrankung gezeichnet, in Begleitung des Regisseurs Jochen Hick erneut den Contest. Mit der Kamera durchstreift Hick die Gänge des Chicago Congress Hotels, einer nüchternen Messeherberge, in der Lederkerle aus aller Welt in Chaps, Harness oder Uniform vor der großen abendlichen Show schon mal ein bisschen cruisen.

Die Dokumentation, bei der ganz in der Tradition des US-amerikanischen „Direct Cinema" auf jeglichen Off-Kommentar verzichtet wird, zeigt die Riten dieser in sich geschlossenen, weltumspannenden Fetischgemeinde. Hick interviewt Besucher und Wettbewerbsteilnehmer, zeigt das choreografierte Ritual der Preisverleihung in Chicago, das sich auf den weiteren Stationen seiner Reise in San Francisco, New York und Amsterdam fast deckungsgleich wiederholt. Hinter der martialischen, hypermaskulinen Leder-Maske offenbaren sich in den Gesprächen freundliche, harmlose, alltägliche Männer, die ihren Fetisch zumeist auch mit entsprechendem Abstand betrachten können. Er habe sich zwar Nazisymbole auf die

Haut tätowieren lassen, erklärt beispielsweise ein Uniformfetischist, aber er sei deshalb keineswegs ein Nazi.

Das Thema seiner Dokumentation bietet einigen Stoff für reißerische Darstellung – Hick bleibt aber erfreulich gelassen und unspektakulär. Freundlich, sicherlich auch zu zaghaft, nähert er sich dem Phänomen und scheut dabei kritischere Fragen.

D 1994 ⊜⊙⊛ Jochen Hick ⊙ Charly Schöppner ⊛ Thomas Karasch, Marcus Hernandez, Kelly Regis, Chuck Renslow, Paul Smith, Michael Pereyra, Martijn Bakker, Hans-Gerd Mehrtens, Henri ten Have ⊙ 86, farbig
⊜⊙ ⊙

Das merkwürdige Verhalten geschlechtsreifer Großstädter zur Paarungszeit

Ein Dutzend Figuren auf Partnersuche im sommerlichen München, darunter auch Fitnesstrainer Jimmy (Korittke). Der hat sich in den Studenten Peter (Knüfken) verknallt und will unbedingt auf dessen Mambo-Party gehen. Dort sind aber nur Paare zugelassen, also sucht Jimmy händeringend eine Frau. Orientiert an Robert Altmans *Short Cuts* (1993), versucht Regisseur Marc Rothemund, einen Großstadt-Liebesreigen auf die Reihe zu bringen, scheitert aber an der klischeehaften Zeichnung und vor allem an dem altbackenen Humor. So verklemmt waren sicherlich selbst Münchner Ende der neunziger Jahre nicht.

D 1998 ⊜ Marc Rothemund ⓒ Peter Gersina ⊛ Hans-Günther Bücking ⊙ Reinhard Besser ⊛ Christoph Waltz, Heio von Stetten, Ann-Kathrin Kramer, Oliver Korittke, Gudrun Landgrebe, Markus Knüfken, Michaela May, Anica Dobra ⊙ 89, farbig
⊙⊛

Messidor

Klassisches Roadmovie, in dem zwei junge Frauen Marie (Rétoré) und Jeanne (Amouroux) durch die Schweiz reisen und auf der Fahrt zunehmend verzweifeln und verrohen, bis sie schließlich als Verbrecherinnen gesucht werden – eine filmische Vorstufe von *Thelma and Louise* gewissermaßen. Die Spießigkeit, geistige Enge und totale Unflexibiliät ihrer Umgebung und der Menschen, die sie unterwegs treffen, lassen die beiden Frauen gewalttätig und immer extremer werden. Als eine allerdings den Vorschlag macht, doch miteinander zu schlafen, zeigt sich, dass es so weit mit der Ausgeflipptheit der beiden nicht her ist. Die Freundin rennt entsetzt davon und erklärt die andere für verrückt. Obwohl sich Jeanne und Marie im Laufe des Films immer näher kommen und die Luft vom „Unausgesprochenen" erfüllt ist, ist dies die einzige Szene, in der die eventuelle Lust der beiden aufeinander zur Sprache kommt. Immerhin etwas eindeutiger als in vielen anderen Filmen um eine intensive Frauenfreundschaft.

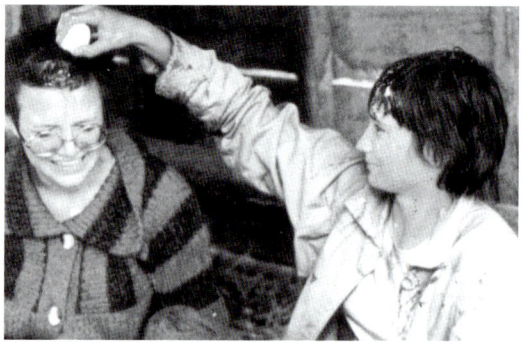

CH/F 1979 ⊜⊙ Alain Tanner ⊛ Renato Berta ⊙ Arié Dzierlatka ⊛ Clémentine Amouroux, Catherine Rétoré, Franziskus Abgottspon, Gerald Battiaz, René Besson ⊙ 123, farbig
⊛⊛

Metropolis 2000
I NUOVI BARBARI
Alternativtitel: The New Barbarians

Denunziatorischer und vorgeblich sozialkritischer Science-Fiction-Endzeit-Western. Nach einer Nuklearkatastrophe zu Anfang des 21. Jahrhunderts müssen die wenigen Überlebenden unter dem Terror und der Gewalt einer Bande von motorisierten Vandalen leiden. Die bewaffnete Gang tötet die Frauen und vergewaltigt die Männer. Wer sich der schwulen Meute anschließt und ihre sexuellen Vorlieben nicht teilt, wird niedergemetzelt. Vor unfreiwillig komischen Billigkulissen und mit infantilen Dialogen präsentiert sich ihr Anführer One (Eastman) als martialischer, schwuler Barbar: „Wir sind die Auserwählten, wir vollenden das apokalyptische Werk. Wenn wir unsere Aufgabe vollendet haben, werden die Menschen vom Antlitz dieser Erde verschwunden sein!"

I 1982 ⊜ Enzo G. Castellari (Enzo Girolami) ⓒ Lewis Taylor (Tito Carpi), Enzo G. Castellari ⊛ Roy Palmer (Fausto Zuccoli) ⊙ Claude King (Claudio Simonetti) Ⓜ George Eastman (Luigi Montefiori), Tymothy Brent (Giancarlo Prete), Fred Williamson, Anna Kanakis, Thomas Moore (Enzo Girolami) Ⓒ 84, farbig ⒽⓅ Ⓣ

Mexican

Der Mafia-Handlanger Jerry (Pitt) bei seinem letzten Auftrag, bevor er in Las Vegas ein neues Leben beginnen will. Er soll aus Mexiko eine angeblich mit einem Fluch belegte Waffe in die USA schmuggeln. Indessen wird seine Verlobte Samantha (Roberts) von dem Auftragskiller Leroy (Gandolfini) gekidnappt. In *Mexican* wird eine verworrene Geschichte mit Ironie, Humor und Gewalt serviert, um auf diese Weise wenigstens etwas Profil zu erlangen. Während die Beziehung zwischen Jerry und Samantha blass und auf der Leinwand wenig erotisch wirkt, gewinnt das sehr freundschaftliche Verhältnis zwischen Entführer und Entführter an psychologischer Tiefe. Der bärtig-bärige Leroy erweist sich als schwuler, sensibler Killer, der an seinem unerfüllten Liebesleben leidet, der sich still und höflich gegenüber seinem Entführungsopfer verhält, zwischendurch tötet und danach wieder ebenso gründlich über sein Leben sinniert.

Als er während der Irrfahrt mit der Geisel nach Las Vegas einen Postboten kennen lernt, entspinnt sich eine zarte Liebe zu dem Mann. Dieser wird jedoch von einem anderen Killer aus dem gemeinsamen Hotelzimmer vom Balkon in den Tod gestürzt.

USA 2001 Ⓢ Gore Verbinski Ⓒ J. H. Wymann ⊕ Dariusz Wolski ♪ Alan Silvestri Ⓜ Julia Roberts, Brad Pitt, James Gandolfini, Bob Balaban, J. K. Simmons Ⓒ 123, farbig Ⓜ Ⓣ

Michael

Bereits 1916 hat der schwedische Regisseur Mauritz Stiller mit *Vingarna* (Flügel) den Roman des dänischen Nationalschriftstellers Herman Bang als Vorlage für einen Film verwendet. Bekannter wurde jedoch Carl Theodor Dreyers Version die-

ser Künstlergeschichte, die in den zwanziger Jahren auch in Deutschland in hohen Auflagen verkauft wurde.

Der französische Maler Claude Zoret (Christensen) ist bereits ein alter, weltweit anerkannter Meister. Sein Modell ist Michael (Slezak), ein junger Adonis. Schon vor Jahren hat er ihn an Sohnes statt angenommen, halten kann er ihn jedoch nicht. Michael verliebt sich in die verarmte russische Fürstin Zamikow und zieht zu ihr. Glücklich wird er nicht. Ihr extravaganter Lebensstil bringt Michael, der heimlich Bilder seines Ziehvaters und Lehrmeisters verkauft, bald an den Rand des Ruins. Währenddessen leidet Zoret an seiner verlorenen Liebe und der menschlichen Enttäuschung. Die Qual der Einsamkeit lässt ihn im Fieberwahn mit den Worten dahinscheiden: „Jetzt kann ich ruhig sterben, denn ich habe eine große Liebe gesehen." Zuvor hat er den Geliebten noch testamentarisch zum Universalerben eingesetzt.

Die zaghaften homoerotischen Andeutungen Bangs kristallisiert Dreyer in seinem Stummfilm mit dramaturgischem Geschick heraus, indem er dieser enttäuschten Liebe zwischen Männern die Geschichte einer Ehekrise als Pendant gegenüberstellt. Bei der Premiere des Films 1924 spielte ein Salonorchester Werke von Tschaikowsky. Titel und Reihenfolge sind heute nicht mehr bekannt.

Als der Film 1926 in die US-amerikanischen Kinos kommen sollte, geschah dies unter merkwürdigen Bestimmungen der Zensurbehörden. Der Titel wurde geändert in *Chained: The Story of the Third Sex* und machte das homoerotische Thema damit nur noch deutlicher. Außerdem wurden die ZuschauerInnen im Vorspann mit wissenschaftlichen Hinweisen traktiert. Dreyers Name wurde hingegen bei der Aufzählung des Filmstabes herausgeschnitten. Gerade so, als wollte man ihn vor dem vermeintlich rufschädigenden Inhalt seiner Arbeit schützen.

D 1924 Ⓢ Carl Theodor Dreyer Ⓒ Thea von Harbou nach dem Roman von Herman Bang ⊕ Karl Freund, Rudolph Maté Ⓜ Claude Benjamin Christensen, Nora Gregor, Walter Slezak, Robert Garrison, Alexander Murski, Didier Aslan, Wilhelmine Landrock, Eugène de Klotz, Grete Mosheim, Karl Freund Ⓒ 74, s/w

Midnight Dancers
Internationaler Alternativtitel: Sibak

Junge Männer tanzen im knappen Tangaslip und schleppen in den schummrigen Stricherbars von Manila ihre Freier ab. Genüsslich streift die Kamera durch die schwule Subkultur der philippinischen Metropole und blendet auch während der langen, die Kunden animierenden Tanz- und den Sexszenen mit den Freiern nicht ab. Was zunächst wie ein Werbefilm für Sextourismus erscheint, entpuppt sich bald als eine diffizile Mischung aus Sozialdrama, Softporno und Krimi. Anhand dreier sich prostituierender Brüder versucht Mel Chionglo, das System sexueller Ausbeutung und die mafiose Verflechtung der Sexindustrie von innen zu beleuchten. Joel ist 23, verheiratet und teilt einträchtig mit Ehefrau und reichem Lover das Bett. Dennis lebt auf der Straße und liebt das Leben am Rande der Gesellschaft. Der introvertierte Sonny hat aus Geldmangel sein Studium abgebrochen und arbeitet nun als Tänzer, entdeckt seine homosexuellen Neigungen und geht mit einem Transvestiten eine Beziehung ein. Das Ende gestaltet Chionglo unnötig dramatisch und benutzt Mord und Totschlag als spekulatives Spannungsmoment. Die deutlichen, oft in rötliches Schummerlicht getauchten Bilder schwuler Prostitution haben dem Film ein Verbot der philippinischen Filmbehörde eingebracht.

„Mein besonderes Interesse galt der schwulen Subkultur Manilas – ihren Ritualen, ihrer Sprache, ihren Ausgeflipptheiten, ihrer Verzweiflung und ihrer Gewaltbereitschaft. Wir drehten in den Bars und auf den Straßen der Stadt. Dadurch bekam der Film eine Menge semidokumentarischer Bilder. Ein Menschenleben ist hier nicht viel wert. Solchen sozialen Dimensionen sind auch schwule Sexualität und schwule Beziehungen untergeordnet, und so ist gerade die Prostitution ein fester Bestandteil der schwulen Welt Manilas." Regisseur Mel Chionglo

Philippinen 1994 ⊛ Mel Chionglo ⊙ Ricardo Lee ⊕ George Tutanes ♪ Nonong Buenoamino ⊜ Alex Del Rosario, Gandong Cervantes, Lawrence David, Luis Cortez, Richard Cassity, Danny Ramos, John Mendoza, Leonard Manalansam ⊚ 115, farbig
(PR)

Miller's Crossing

Eine Stadt im Osten der USA während der Zeit der Prohibition. Gangster Leo (Finney) ist der Boss der Stadt. Ihm sind selbst Polizei und Bürgermeister ergeben. Doch Johnny Caspar (Polito), der ebenfalls Gangster-Ambitionen hat, neidet ihm seinen Erfolg. Zwischen den beiden steht Tommy (Byrne), Leos Assistent und Freund, der zu Caspar überläuft. Inmitten des dadurch ausgelösten Bandenkrieges findet sich in einer Nebenrolle der schwule jüdische Gangster Bernie (Turturro). Ein kaltblütiger Opportunist, der für seine Gewalttaten inmitten dieses sich immer mehr verwirrenden Spiels um Verrat und gebrochene Treue schließlich seinen Geliebten Mink (Buscemi) erschießen muss.

USA 1990 ⊛ Joel Coen ⊙ Joel Coen und Ethan Coen nach Motiven der Romane *Red Harvest* und *Glass Key* von Dashiell Hammett ⊕ Barry Sonnenfeld ♪ Carter Burwell ⊜ Gabriel Byrne, J. E. Freeman, Steve Buscemi, Marcia Gay Harden, Jon Polito, John Turturro ⊚ 122, farbig
(M) (T)

Mishima – Ein Leben in vier Kapiteln
MISHIMA: A LIFE IN FOUR CHAPTERS

Biografischer Spielfilm über den homosexuellen japanischen Schriftsteller Yukio Mishima (Ogata), der sich in seinem Streben nach Männlichkeit und absoluter Schönheit in faschistoiden Ästhetizismus verstieg und sich 1970 nach einem missglückten Militärputsch durch einen rituellen Selbstmord das Leben nahm. Drehbuchautor Leonard Schrader hatte in den sechziger Jahren Mishima selbst kennen gelernt und konnte für dieses Filmprojekt Mishimas einstigen Beraters Jun Shiragi als Mitarbeiter gewinnen.

Regisseur Paul Schrader gliedert seinen befremdlich kühlen Film in vier Kapitel, in denen verschiedene Schlüsselszenen aus Mishimas Leben und Episoden aus drei autobiografischen Romanen verwoben sind. Als Kontrast sind Schwarz-Weiß-Rückblenden vom letzten Tag im Leben Mishimas gegenübergestellt. Dadurch entsteht eine formal wie inhaltlich vielschichtige Collage aus fiktiven und biografischen Sequenzen, die zugleich eine Auseinandersetzung mit dem Verhältnis von Kunst und Leben, von uneingeschränktem Anspruch und Moral sowie von Männlichkeitskult und Homosexualität darstellt.

USA 1985 ⊛ Paul Schrader ⊙ Paul Schrader, Leonard Schrader, Chieko Schrader ⊕ John Bailey ♪ Philip Glass ⊜ Ken Ogata, Kenji Sawada, Yasosuke Otani, Go Riju, Sachiko Hidari, Junkichi Orimoto ⊚ 120, farbig
(T)

Miss Mona

Miss Mona (Carmet) ist eine alt gewordene Transsexuelle. Mit Wahrsagen und Kartenlegen versucht sie, ein bisschen fürs Leben zu verdienen. Für ihren großen Lebenstraum, die Operation zur Geschlechtsanpassung, reicht es allerdings nicht. In ihrem Wohnwagen am Pariser Stadtrand pflegt sie einen alten hilflosen Transvestiten. Auf einer Métro-Station lernt sie den illegalen arabischen Immigranten Samir (Smail) kennen. Der hat seinen Tagelöhnerjob in einer Näherei verloren, ein Freund ist im Wohnheim an einer Lungenentzündung krepiert und auf einer Müllkippe verscharrt worden. Samir hat weder Hoffnung noch Aussichten. Miss Mona bietet Samir Unterschlupf und wird sein Zuhälter. Sie weiß, wie das Geschäft funktioniert, er hingegen hat den marktfähigen Körper. Beide ertragen ihre Existenz nur, weil jeder für sich ein Ziel hat: Samir den französischen Pass, den ihr Mona besorgen will; Mona die ersehnte Operation.

Mehdi Charefs zweiter Film widmet sich wie bereits *Tee im Harem des Archimedes* (1985) den Ausgestoßenen von Paris. In knappen, präzisen Szenen schildert er das Zweckbündnis seiner beiden Protagonisten. Er vermeidet geschwätzige Sozialkritik und Kitsch, vielmehr gelingen ihm neben einigen sehr tragikomischen Szenen sensible und berührende Zwischentöne.

> *„Ich kannte mich nicht sehr gut mit dem Leben von Homosexuellen und Transvestiten aus, als ich Miss Mona geschrieben habe. Ich glaube, man mag diese Leute in meinen Filmen, weil ich gut über sie spreche und sie positiv darstelle. Aber man sollte ein Milieu nicht allzu gut kennen, wenn man einen Film darüber dreht. Man muss sich etwas ausmalen und vorstellen können, um ein Stück Kino zu schaffen."*
>
> *Regisseur Mehdi Charef*

F 1986 ⊕⊙ Mehdi Charef ⊕ Patrick Blossler ⊛ Jean Carmet, Ben Smail, Albert Delpy, Albert Klein, Hélène Cuc ⊙ 100, farbig ⓉⓇ ⓅⓇ

Miss Undercover
MISS CONGENIALITY

Die bärbeißig-burschikose FBI-Agentin Gracie Hart (Bullock), die nicht unbedingt die besten Manieren an den Tag legt, dafür aber im Zweikampf umso härter zuschlagen kann, soll undercover bei einer Miss-Wahl ermitteln, da ein Attentäter gedroht hat, einen Anschlag auf die live übertragene Veranstaltung zu verüben. Nun muss aus dem hässlichen Entlein Grace Hart eine Miss-America-taugliche Schönheit werden. Diese Aufgabe überträgt man dem grell überzeichneten schwulen Visagisten und Stylisten Victor Melling (Caine). Das unaufhaltsame Chaos nimmt in dieser Screwball-Krimi-Komödie seinen Lauf, nachdem sich die Wettbewerbsveranstalterin (Bergen) als rachsüchtiges, böses Weib entpuppt

und eine Miss-Anwärterin live im Fernsehen ihr lesbisches Coming-out hat.

USA 2000 ⊕ Donald Petrie ⊙ Mark Lawrence, Ginger Sledge ⊕ László Kovács ⊙ Edward Shearmur ⊛ Sandra Bullock, Benjamin Bratt, Michael Caine, Candice Bergen, William Shatner, Ernie Hudson, John DiResta ⊙ 110, farbig ⓒⓄ

Mit aller Macht
PRIMARY COLORS

Die Buchvorlage, 1996 zunächst anonym veröffentlicht, schildert satirisch überspitzt die Ereignisse um den Präsidentschaftswahlkampf Clintons im Jahre 1992. John Travolta als Präsidentschaftskandidat Stanton ist gewissermaßen die mimische und charakterliche Essenz des wahren Präsidenten: glatt, aufdringlich volksnah und nur vermeintlich souverän. Mit zunehmender Beliebtheit Stantons häufen sich die Probleme: Nicht nur, dass er in den Siebzigern bei einem Anti-Vietnam-Protest verhaftet worden war und den Vorfall aus den Akten hat streichen lassen, er kann auch seinen Schwanz nicht in der Hose halten. Schon meldet sich die minderjährige schwarze Babysitterin der Stantons, die von ihm geschwängert worden ist.

Für solche Probleme gibt es Libby Holden (Bates) eine resolute, lesbische Wahlkampfhelferin, die Belastungsmaterial aus dem Weg räumt und in der Vergangenheit der Gegner wühlt. Als sie herausbekommt, dass Stantons Kontrahent Pickler (Hagman) eine Kokser-Karriere hinter sich hat und seine Ehe wegen schwuler Affären in die Brüche gegangen ist, will Stanton aus diesem Detail, ohne mit der Wimper zu zucken, seinem Gegner einen Strick drehen. Für die moralisch aufrechte Libby bricht eine Welt zusammen.

Mit aller Macht erzählt vom menschlichen Trieb nach Macht. Wirkliche politische Überzeugungen und Ziele gibt es kaum mehr, nur noch den Drang nach einem Wahlsieg. Und so bekennen alle im Laufe der Zeit Farbe, verraten ihre Ideale und den letzten Funken Menschlichkeit. Regisseur Mike Nichols (*The Birdcage*, 1996) liefert ein ziemlich entmutigendes, aber keineswegs zynisches Bild von Politik, das seine Zuschauer mit Spannung unterhält.

USA 1998 ⊕ Mike Nichols ⊙ Elaine May nach dem Roman von Joe Klein alias Anonymus ⊕ Michael Ballhaus ⊙ Ry Cooder ⊛ John Travolta, Larry Hagman, Emma Thompson, Kathy Bates, Maura Tierny, Adrian Lester, Maura Tierny ⊙ 143, farbig

Mitternacht im Garten von Gut und Böse
MIDNIGHT IN THE GARDEN OF GOOD AND EVIL

Ganze 173 Wochen stand John Berendts mit dem auf einem tatsächlichen Vorfall basierenden illustren Gesellschaftspanorama von Savannah/Georgia auf der Bestsellerliste der *New York Times*. Die Filmfassung dieses mit journalistischem Blick erzählten Buches reduziert die Geschichten jedoch auf eine Ansammlung kurioser Exzentriker und ein Gerichtsdrama. Der arrogante, aber erfolgreiche Antiquitätenhändler Jim Williams (Spacey) wird angeklagt, während der alljährlichen Weihnachtsparty, dem gesellschaftlichen Ereignis der Stadt, einen jungen, etwas undurchsichtigen Mann erschossen zu haben. Ein Geheimnis umrankt diesen Mord, und der Zeitschriftenreporter John Kelso (Cusack) ist ihm auf der Spur. Nicht nur, dass dieser gutaussehende Billy Hanson (Law) sich als Prostituierter betätigte, er war auch Williams' Lover. Mord aus Eifersucht also? fragen sich die ZuschauerInnen und auch Kelso.

Dazu gibt eine schwarze Drag Queen (Lady Chablis), böse Zwischenbemerkungen, es führt ein greiser, schwarzer Hausdiener einen unsichtbaren Hund spazieren, und es werden auf dem Friedhof Voodoo-Rituale durchgeführt. Jede Menge seltsame Gestalten wohnen in diesem idyllischen Savannah, und die könnten diesem Kleinstadt-Epos zu viel Farbe und Esprit verhelfen. Regisseur Clint Eastwood aber, der die Geschichte der beiden Männer in Rückblenden erzählt, verliert immer wieder die verschiedenen Handlungsfäden, und so wird sein unentschlossener Mix aus Gesellschaftsporträt und Gerichtsdrama zäh und langatmig. Warum hat Jim Williams seinen Bettgefährten erschossen? Am Ende interessiert das eigentlich fast niemanden mehr. Denn selbst mit zweieinhalb Stunden Filmlänge (Gerüchten zufolge soll die erste Fassung über vier Stunden gedauert haben) bleiben die Charakteren blass. Vor allem aber die Beziehung des schwulen Paares zueinander bleibt undurchsichtig. Viel zu verklemmt wird ihre sexuelle Bindung umschrieben, statt sie offen auszusprechen oder gar zu zeigen.

USA 1997 ⊙ Clint Eastwood ⊙ John Lee Hancock nach dem gleichnamigen Buch von John Berendt ⊙ Jack N. Green ⊙ Lennie Niehaus ⊙ Kevin Spacey, Jude Law, Jack Thompson, John Cusack, Irma P. Hall ⊙ 150, farbig
Ⓣ

Die Möchte-Gern-Väter
LA FÊTE DES PÈRES

Thomas (Lhermitte) und Stéphane (Souchon) sind mit ihrer Beziehung rundum zufrieden. Sie haben sich ewige Treue geschworen, leben in einem luxuriösen Haus, sind wohlhabend und stehen als schwules Paar mitten im Leben. Nur eines fehlt ihnen zum Glück: ein Kind. Auf Martinique wollen sie für 5.000 Dollar ein Baby „adoptieren", doch sie werden übers Ohr gehauen. Auf der Insel lernen sie die junge, attraktive Carole (Karlzon) kennen, die gerade Krach mit ihrem Geliebten hat. Ihr bieten sie 20.000 Dollar an, wenn sie ein

Kind für sie austrägt. Weil künstliche Befruchtung für sie nicht in Frage kommt, müssen die beiden Männer den Zeugungsakt selbst vornehmen.

Fade Komödie, der nicht nur Tempo und Witz fehlen. Die Charaktere sind konturlos, die Dialoge holprig. Immerhin kommt man ohne Schwuchteleien und homophobe Späße aus und nimmt den Kinderwunsch des Männerpaares sogar halbwegs ernst.

F 1989 ⊙ Joy Fleury ⊙ Pierre Grillet, Joy Fleury ⊙ Manuel Terán ⊙ Bob Telson ⊙ Thierry Lhermitte, Alain Souchon, Gunilla Karlzon, Jean-Louis Foulquier, Rémi Martin, Michéline Presle ⊙ 83, farbig
Ⓗⓟ

Der Mörder lauert in der Sauna
THE RITZ

Der verhasste Schwiegersohn eines italo-amerikanischen Mafiapaten Proclo (Weston) wird von seinem Clan gejagt und soll ermordet werden. Er flieht nach New York und sucht Unterschlupf in einem Etablissement mit dem Namen „The Ritz", ohne zu wissen, dass es sich dabei um eine exklusive schwule Sauna handelt. Bald schon tauchen der zum Mord bereite Schwager und ein unterbelichteter Detektiv auf, so dass sich ihre Jagd in der Sauna fortsetzt.

Terrence McNally landete 1975 mit seiner Bühnenkomödie in New York einen großen Erfolg. Zum ersten Mal wurde schwule Subkultur in einem Broadway-Theater dargestellt. Die Filmversion weicht in der Grundausrichtung von der Stückvorlage ab: Bei McNally gerät ein biederer Mann in eine für ihn ungewohnte Umgebung, woraus sich der Witz entwickelt. Bei Regisseur Richard Lester (der auch die *Beatles*-Filme gedreht hat) sind alle Beteiligten von Anfang an außer Kontrolle und überdreht, so dass es nur noch zu einer klamaukigen Tuntenklamotte reicht, die auch auf schwulenfeindliche Kalauer nicht verzichtet. Tatsächlich witzig ist jedoch der Auftritt von Rita Moreno als unbegabte Sängerin mit einer puertoricanischen Gesangsnummer: eine Reminiszenz an jene Zeiten in den New Yorker Saunen, als dort zum Beispiel auch eine noch unbekannte Bette Midler ihre ersten Auftritte absolvierte.

USA 1976 ⊙ Richard Lester ⊙ Terrence McNally nach seinem Bühnenstück *The Ritz* ⊙ Paul Wilson ⊙ Ken Thorne ⊙ Jack Weston, Rita Moreno, Jerry Stiller, Kaye Ballard, Treat Williams, F. Murray Abraham ⊙ 91, farbig
Ⓓⓣ

Das Mörderspiel
DEATHTRAP
Deutscher Alternativtitel: Tödliche Falle

Ein ausgebrannter Autor von Kriminalstücken (Caine), der mit einer herzkranken Frau (Cannon) verheiratet ist, sieht seine Chance für den lang erwarteten neuen Bühnenerfolg, als ihm sein ehemaliger Schüler („Superman" Christopher Reeve) sein erstes eigenes Werk zeigt. Nun plant er, das Nachwuchstalent zu ermorden und dessen Stück als sein eigenes auszugeben. Doch der Plan misslingt. Eine Kette von überraschenden Wendungen machte Ira Lewins Theatervorlage zu einem anhaltenden Broadway-Erfolg. Die Pointe: Die beiden Dramatiker sind Liebhaber. Reeve und Caine legten ihre Rollen ohne klassische schwule Stereotypen an, was auch notwendig war, um nicht zu früh auf das überraschende Ende hinzudeuten. Ihre Liebesaffäre entschlüsselt sich durch einen leidenschaftlichen Kuss (den es in der Dramenvorlage Levins nicht gibt). Nach der Uraufführung 1982 gab es vom Publikum wie von angloamerikanischen Kritikern entsetzte Reaktionen. Die Presse ließ den Kuss in keiner Kritik unerwähnt und verriet dadurch automatisch das Ende des Films. Der Flop war vorprogrammiert.

> *„Ich hörte, dass ein Voraufführungspublikum in Denver bei dem Kuss buhte und das wurde von Times berichtet. Wir sprachen später vom „Zehn-Millionen-Dollar-Kuss" wegen des geschätzten Einnahmeverlustes."* Darsteller Christopher Reeve

USA 1982 ⊙ Sidney Lumet ⊙ Jay Presson Allen, Ira Levin nach ihrem Theaterstück ⊛ Andrzej Bartkowiak ⊙ Johnny Mandel ⊛ Michael Caine, Christopher Reeve, Dyan Cannon, Irene Worth, Joe Silver, Francis B. Creamer jr. ⊙ 116, farbig
Ⓜ Ⓣ

Mon beau petit cul – Mein süßer kleiner Arsch
MON BEAU PETIT CUL

Der Schweizer Jean Neuenschwander und seine Freunde erzählen offen, frei und mit großer Lust von ihren Sexaben-

teuern: Welchen der jungen Männer sie letzte Nacht im Bett hatten, wie groß deren Schwanz war und wie viel Dinar sie ihnen dafür gegeben haben. Der ehemalige Hotelier Neuenschwander hat sich wie einige andere schwule Pensionäre im marokkanischen Tanger für den Lebensabend eingerichtet. Der günstige Wechselkurs macht's möglich, dass auch eine schmalere Pension für ein luxuriöses Rentnerdasein mit Hausdiener und für regelmäßige sexuelle Erlebnisse reicht.

Der Dokumentarfilmer Simon Bischoff (*Er Moretto – Von Liebe leben*, 1985) ergreift weder Partei, noch bezieht er Position. Vielmehr lässt er seine Protagonisten scheinbar unbeschränkt gewähren. Und je mehr sie sich verbal entblößen, desto mehr verliert der Film seinen voyeuristischen Touch und entlarvt deren Sicht- und Lebensweise. Das ist manchmal sogar komisch, in einigen Punkten wirklich spannend, weil es dem Zuschauer ein doch sehr fremdes Lebenskonzept vorstellt. Aber je länger die alten Männer sich ihrer Potenz brüsten und die kleinbürgerliche Ordnung ihres Sexuallebens feiern, desto mehr Beklemmung und Befremden stellen sich ein.

> *„Ich identifiziere mich keineswegs mit deren Lebensstil. Es ist nun mal eine ganz andere Generation, aber es ist faszinierend, wie meine Interviewpartner ihre schwule Identität gefunden haben, wie sie mit Sex umgehen. Wie sie über Sex reden, spiegelt sehr viel von unserem generellen westlichen Verständnis von Sex wider."* Regisseur Simon Bischoff

CH 1997 ⊛⊙ Simon Bischoff ⊛ ⊙ Jilala Tanger ⊛ Jean Neuenschwander, „Le Docteur", John Lawrence, Patricia Mynott, Paul Bowles ⊙ 105, farbig
ⓅⒶ ⓅⓇ Ⓓ

Mona Lisa

In diesem erfolgreichen britischen Film versteht es Regisseur Neil Jordan, eine Geschichte ähnlich überraschend aufzulösen wie später in seinem Erfolgsfilm *The Crying Game* (1992). Bob Hoskins spielt den Kleinganoven George, der, aus dem Gefängnis entlassen, eine Stellung als Chauffeur bei der Edelprostituierten Simone (Tyson) annimmt und im Grunde das Herz auf dem rechten Fleck hat. Er verliebt sich hoffnungslos in die durchtriebene Simone und hilft ihr dabei, eine verschollen geglaubte Freundin zu finden. Die Londoner Unterwelt hält einige Überraschungen für das ungleiche Paar bereit, und der arme George muss jede Menge Rückschläge und Verwicklungen hinnehmen, um in Simones Freundin Cathy (Hardie) schließlich ihre Ex-Geliebte zu finden. So stellt der ewige Verlierer am Schluss auch noch fest, dass seine Angebetete lesbisch ist.

Die künstlerisch anspruchsvoll inszenierte Geschichte kreist um den heterosexuellen George, der in der Halbwelt aus Ganoven, Intrigen und Verbrechen agiert, und lässt dabei keinen der Protagonisten wirklich brillant aussehen. Die lesbische Simone ist dabei allerdings nur eine Enttäuschung für George, nicht aber für das Publikum.

GB 1986 ⊚ Neil Jordan ☺ Neil Jordan, David Leland ⊕ Roger Pratt ♪ Michael Kamen ☻ Bob Hoskins, Cathy Tyson, Kate Hardie, Robbie Coltrane, Michael Caine, Clarke Peters ⊙ 103, farbig ⓅⓇ

Mulholland Drive – Straße der Finsternis
MULHOLLAND DRIVE

Die Schauspielerin Rita (Harring) verliert bei einem Autounfall auf dem Mulholland Drive in Hollywood ihr Gedächtnis und streift anschließend orientierungslos durch Los Angeles. Sie landet schließlich in einer fremden Wohnung, bei der jungen Betty (Watts), die sich ihrer annimmt und versucht, ihr zu helfen. Gemeinsam machen sich Rita und Betty auf, das Geheimnis um Ritas wahre Identität zu entdecken. Dabei entwickelt sich zwischen den beiden Frauen ein prickelndes erotisches Verhältnis, das in einer Affäre mündet. Doch nach der ersten gemeinsamen Liebesnacht verschieben sich Ebenen, Abläufe und alle vermeintlichen Klarheiten der Geschichte. Denn aus Rita wird plötzlich Camilla und aus Betty Diane. Sie erwachen in einer anderen Realität, wo nichts mehr ist, wie es am Anfang des Films zu sein schien.

Bar jeglicher Logik erzählt David Lynch die mysteriöse Geschichte verschiedener Schauspielerinnen in Hollywood, von denen einige scheinbar Rita und Betty aus der ersten Filmhälfte sind, aber eben auch Camilla und Diane, die ebenfalls eine Affäre miteinander hatten. Scheinbar hat Camilla ihre Ex-Geliebte aus Eifersucht umgebracht, doch auch dieses Rätsel wird genauso wenig gelöst wie alle anderen. In diesem optisch und technisch perfekten Film gibt es alles außer einem klaren Erzählstrang. Wie ein Drogentrip scheint die Suche der Hauptfiguren nach der Wahrheit und wird dabei unvermittelt zur Suche nach dem Sinn der eigentlichen Handlung. Es gibt viele lesbische Affären und jede Menge knisternde Erotik, nur weiß man halt nicht immer, wer eigentlich wer ist, denn die meisten Protagonistinnen haben mindestens zwei Identitäten, die wechseln, je nachdem in welchem Raum-Zeit-Kontinuum sie sich gerade befinden. Naomi Watts und Laura Elena Harring spielen um ihr Leben und geben eine wirkliche Glanzvorstellung ab. Allein sie machen den Film sehenswert.

USA 2001 ⊚☺ David Lynch ⊕ Peter Derring ♪ Angelo Badalamenti, John Neff, David Lynch ☻ Laura Elena Harring, Naomi Watts, Justin Theroux, Ann Miller, Dan Hedaya, Mark Pellegrino, Robert Foster, Lee Grant, Billy Ray Cyrus ⊙ 152, farbig ⒻⒻ Ⓜ

MURDER and murder
Yvonne Rainers Film veranschaulicht das Vergnügen, die Unsicherheiten und Probleme einer späten lesbischen Liebesbeziehung, die in einer Gesellschaft ihren Platz finden muss, die Jugend und heterosexuelle Romantik glorifiziert. Eine mutige, emotionale und intellektuelle Herausforderung, die zugleich Soap Opera, schwarze Komödie, Liebesgeschichte und politische Meditation ist.

Mildred und Doris sind zwei weiße Frauen, die eine Mitte fünfzig, die andere Anfang sechzig, die zueinander finden und beschließen zusammenzuziehen. Mildred ist die jüngere von beiden; sie war ihr halbes Leben lang lesbisch und stammt aus „besseren Kreisen". Sie lehrt als Professorin am Institut für Frauenforschung einer großen Universität. Im Gegensatz zu ihr hat Doris nicht studiert, hatte nie einen festen Job oder ein regelmäßiges Einkommen; sie hat Flo, ihre inzwischen erwachsene Tochter, alleine großgezogen. Nun, da sie versucht, eine Performance-Künstlerin zu werden, entdeckt sie zum ersten Mal im Leben ihre Liebe zu einer Frau.

Überwiegend aus der Perspektive von Doris erzählt, entfaltet sich durch den eingesprochenen Kommentar und das Auftauchen von drei weiteren Figuren eine Parallelhandlung. Die Regisseurin selbst taucht gelegentlich im Film auf, um den Gang der Handlung durch die Asymmetrie ihres brustamputierten Oberkörpers und Fragen über die politische Dimension von Brustkrebs zu unterbrechen. Ihre Rolle entspricht der von Doris, der ebenfalls eine Brust amputiert wird. Jenny, die Mutter von Doris, und die junge Mildred, d.h. Mildred im Alter von achtzehn Jahren, sind Geister aus der Vergangenheit, die, unsichtbar für die Protagonisten, durch den Film spuken. MURDER and murder setzt mit der Thematisierung von lesbischer Sexualität, weiblichem Altern und Brustkrebs eine unheilige Anordnung in Bewegung, in der sich gängige Missverständnisse und medizinische Vorurteile über Krankheit spiegeln; dabei beschreibt der Film diese kulturell und wissenschaftlich bestimmten Vorstellungen und kritisiert sie gleichzeitig. 1997 gewann *MURDER and murder* einen TEDDY für besten Dokumentar-/Essayfilm.

USA 1996 ☻☺ Yvonne Rainer ✦ Stephen Kazmierski ⏲ Frank London, Aretha Franklin, Etta James, Lotte Lenya, Bob Dylan ☻ Joanna Merlin, Kathleen Chalfant, Catherine Kellner, Isa Thomas, Yvonne Rainer, Alice Playten, Kendal Thomas, Rod MacLachlan, Jennie Moreau, Sasha Martin, Barbara Haas, Rainn Wilson ⏱ 113, farbig
Ⓓ ⓉⒹ

Muriel treibt ihre Eltern zur Verzweifelung
MURIEL FAIT LE DÉSESPOIR DES SES PARENTS

Das Mädchen Muriel (Klein) verlässt ihre kleine französische Heimatstadt, um in Paris zu studieren. Hier erlebt sie ihr Coming-out und zögert auch nicht, ihre Eltern damit zu konfrontieren. Diese sind eher desinteressiert an Muriels Eröffnungen. Selbstbewusst nimmt die junge Frau ihr Leben in die Hand und macht sich in Paris auf die Suche nach der richtigen Frau. Eine kleine, etwas unspektakuläre und langweilig inszenierte Tragikomödie des französischen Fernsehens, die aber auch schon öfter in Deutschland lief. Allerdings ist die Titelfigur eine selbstbewusste junge Lesbe und wird ohne Wenn und Aber glaubwürdig und souverän in Szene gesetzt.

F 1995 ☻ Philippe Faucon ⓌⒸ Philippe Faucon, Catherine Klein ✦ Pierre Millon ☻ Catherine Klein, Dominique Perrier, Serge Gremany, Marie Rivière ⏱ 80, farbig
ⒸⓄ

My Father Is Coming

Die erfolglose Schauspielerin Vicky (Kästner) geht nach New York, auf der Suche nach einem besseren Leben. Hier gerät sie in allerlei sexuelles Durcheinander, sowohl mit Männern als auch mit Frauen. Als ihr Vater aus Deutschland seinen Besuch ankündigt, muss sie die ihm vorgelogene glückliche Ehe und steile Karriere inszenieren. Bevor der schon leicht

verbitterte und frustrierte Vater allerdings hinter die Scharade kommen kann, gerät auch er in das Labyrinth von absurdem Sex, amerikanischem Lifestyle und überwältigender Selbsterkenntnis.

In diesem schwächeren Film der Hamburger Filmemacherin Monika Treut (*Verführung: Die grausame Frau,* 1985) geht es, wie schon in ihren anderen Werken, um alle Spielarten von Sexualität und die Überschreitung ihrer Grenzen. Die Figur der Vicky erinnert sehr stark an Dorothee aus Treuts Film *Die Jungfrauenmaschine* (1988), ohne jedoch einen ähnlich starken Eindruck zu hinterlassen. Die Kameraarbeit von Elfi Mikesch überzeugt wie immer, die Story allerdings lebt zumeist von den sexuellen Überraschungen – allen voran Sexgöttin Annie Sprinkle, die sich selbst spielt und ihrer Rolle als Aufklärerin und Expertin für sexuelle Entdeckungsreisen im Umgang mit dem Vater voll gerecht wird.

D/USA 1991 ☻ Monika Treut ⓌⒸ Monika Treut, Bruce Benderson ✦ Elfi Mikesch ⏲ David van Tieghem ☻ Shelley Kästner, Alfred Edel, Annie Sprinkle, Michael Massee, Mary Lou Graulau ⏱ 82, farbig

My Private Idaho
MY OWN PRIVATE IDAHO

Bereits in seinem Erstlingsfilm *Mala Noche* (1985) hatte sich Gus Van Sant mit schwuler Prostitution beschäftigt, dort jedoch in einer eher kühl-realistischen Herangehensweise. Mit *My Private Idaho* widmet er sich dem Thema noch einmal von anderer Seite, nämlich literarisch überhöht und in sehr ausgestellter Bildsprache.

Mike (Phoenix) und Scott (Reeves) verdienen sich auf den Straßen von Portland ihren Lebensunterhalt als Stricher. Als Vaterersatz fungiert der Stricherkönig Bob. Mike, zerrütteten Familienverhältnissen entflohen, ist stets auf der Suche nach seiner Mutter, die er seit frühester Kindheit nicht mehr gesehen hat. Scott hingegen, in den sich Mike verliebt hat, entstammt einer wohlhabenden Familie. Sein Vater ist der Bürgermeister der Stadt. Für Scott ist das Leben auf der Straße eine Möglichkeit, der ständigen Kontrolle und Vereinnahmung durch den mächtigen Vater zu entkommen. Anders als Mike ist Scott nicht schwul. Trotzdem kümmert er sich liebevoll um seinen Gefährten, wenn dieser von seinen Narkolepsie-Anfällen heimgesucht wird. In Stresssituationen verfällt Mike urplötzlich in Tiefschlaf, und schwere Träume mit Erinnerungsfetzen an seine Kindheit überfallen ihn. Gemeinsam gelangen sie nach Italien. Dort verliebt sich Scott in die attraktive Carmella (Caselli). Damit zerbricht die Freundschaft zu Mike.

Van Sants Geschichte basiert im Kern auf dem Falstaff-Stoff von Shakespeare. Dort verstößt Prinz Hal seinen Vater, den König, um sich mit dem Trunkenbold Falstaff einzulassen.

Die großen US-amerikanischen Produktionsfirmen wollten den Film nicht produzieren, da er ihnen nicht verkäuflich und im Thema zu schwul und schmuddelig erschien. Sie täuschten sich. *My Private Idaho* war in den USA wie auch in Europa erfolgreich, und Gus Van Sant gelang mit dem Film der internationale Durchbruch. Bei den Filmfestspielen 1991 in Toronto erhielt er den Internationalen Kritikerpreis, River Phoenix wurde in Venedig als bester Darsteller ausgezeichnet.

„Die meisten Menschen stellen sich einen Film über Stricher immer sehr dekadent und kriminell vor, dabei geht es mehr um eine Geschichte wie bei Dickens. Die Oberfläche ist sehr unsentimental, aber ich glaube, dass die Zuschauer überrascht sind, wie zärtlich und liebenswert dieser Film ist."

Produzentin Laurie Parker

USA 1991 ⊕◎ Gus Van Sant ⊕ Eric Alan Edwards, John Campbell ◑ Bill Stafford ⊛ Keanu Reeves, River Phoenix, James Russo, William Richert, Rodney Harvey, Chiara Caselli, Michael Parker, Jessie Thomas, Udo Kier ◷ 104, farbig
℗Ⓠ

Myra Breckinridge – Mann oder Frau?
MYRA BRECKINRIDGE

Der schwule Myron (Reed) unterzieht sich einer Geschlechtsumwandlung und will als Myra (Welch) Hollywood erobern. Ihr ewig lüsterner Onkel (Huston), der dort eine Schauspielschule betreibt, soll ihr dabei helfen. Ihr Ziel: „Ich will die letzten verkümmerten Spuren traditioneller Männlichkeit in der menschlichen Rasse zerstören!" Um dies zu bewerkstelligen, greift Myra auch zu handgreiflichen Mitteln. Mit einem umge-

schnallten Dildo entjungfert sie einen jungen Cowboy, um damit stellvertretend ganz US-Amerika zu vergewaltigen. Sie bekommt einen Job als Lehrerin in der Schule des Onkels, wo sie sich erst in den Schauspielschüler Rusty (Herren) und dann auch gleich in seine Freundin Mary verknallt. Die Schlussszenen des Films lassen die Möglichkeit offen, dass die ganze Handlung nur ein wilder sexueller Traum Myrons gewesen gewesen sein könnte.

Bis Gore Vidals 1969 erschienene umstrittene Satire auf den „American Way of Life" tatsächlich verfilmt werden konnte, wurden nicht nur über zehn verschiedene Drehbuchfassungen verschlissen; der ursprüngliche Regisseur Bud Yorkin warf das Handtuch, und der noch recht unerfahrene Brite Michael Sarne übernahm das Projekt. Sein Werk gilt in manchen Kritikerumfragen als der „schlechteste Film aller Zeiten", womöglich, weil Sarne sich konsequent für viel Vulgarität und wenig Feinsinnigkeit entschieden hatte. Neben der Dildo-Sequenz wartet *Myra Breckinridge* mit Kastrations-, Sodomie- und Masturbationsszenen auf. Vidal bezeichnete das Resultat als „schlechten Scherz", das Time-Magazin schrieb, es sei „ungefähr so lustig wie ein Kinderschänder" und „eine Beleidigung für die Intelligenz, ein Affront wider alles Feingefühl und ein Greuel für die Augen".

Wenn die anarchische Respektlosigkeit heute kaum mehr als skandalös gesehen werden kann, ist Sarnes Film dennoch eine originelle Komödie und ein Camp-Klassiker geblieben – was vor allem an Mae West und ihren mit anzüglichen Zweideutigkeiten durchsetzten Dialogen liegt. Für West war dieser Auftritt ihr erster nach 26 Jahren Leinwandabstinenz.

USA 1970 ⊛ Michael Sarne ◎ Michael Sarne, David Giler nach dem Roman von Gore Vidal ⊕ Richard Moore ⊛ Mae West, John Huston, Rex Reed, Farrah Fawcett, Raquel Welch, Roger C. Carmel, Roger Herren, George Furth, Jim Backus, John Carradine ◷ 94, farbig
ⓉⓇ

N

Die Nacht des Leguans
THE NIGHT OF IGUANA

Der aus einer Familie von Geistlichen stammende Priester Lawrence Shannon (Burton) wurde wegen Unzucht mit einer Minderjährigen aus dem Kirchendienst entlassen. In Mexiko schlägt Shannon sich als Reisebegleiter durch. Zu seiner aus Lehrerinnen bestehenden Reisegruppe gehört die 17-jährige Charlotte Goodall (gespielt von Sue Lyon, die1962 mit der Titelrolle in Stanley Kubricks *Lolita* ihr Debüt gab), die von ihrer sittenstrengen Anstandsdame Judith Fellowes (Hall) beaufsichtigt wird. Selbst für ihre Mitreisenden ist offensichtlich, dass Fellowes eine mehr als nur platonische Leidenschaft für Charlotte hegt, wahrscheinlich sogar, ohne dass es ihr selbst bewusst ist. Mit argwöhnischen Blicken beobachtet Judith, wie Charlotte keine Gelegenheit auslässt, um sich an Lawrence heranzumachen. Eines Nachts erwischt Judith die beiden in Lawrences Hotelzimmer. Als Judith damit droht, den Reiseveranstalter über den Vorfall zu informieren, entführt Lawrence den Bus mit der ganzen Reisegruppe in ein abgelegenes Hotel, das seiner früheren Geliebten Maxine Faulk (Gardner) gehört. Lawrence hofft, die erzürnte Anstandsdame auf diese Weise zu besänftigen. Doch als er sehen muss, dass die Situation so verfahren ist wie sein gesamtes Leben, gibt er sich dem Alkohol hin. Im letzten Moment kann Maxine, die Lawrence trotz allem noch immer liebt, ihn daran hindern, sich das Leben zu nehmen.

Die Nacht des Leguan ist eine Verfilmung des gleichnamigen Theaterstücks von Tennessee Williams, das 1961 den New Yorker Kritikerpreis gewann und die Schuldgefühle, Selbstzweifel und sexuellen Frustrationen wesentlich düsterer darstellt als die Verfilmung. Hustons Regie gab dem Film eine leichtere Note, was sich an den Kinokassen auszahlte. *Die Nacht des Leguan* wurde für vier Oscars nominiert (beste Kamera und Garyson Hall als beste Nebendarstellerin).

USA 1964 ⊙ John Huston ⊙ Anthony Veiller, John Huston nach dem gleichnamigen Bühnenstück von Tennessee Williams ⊕ Gabriel Figueroa ⊙ Benjamin Frankel ⊛ Richard Burton, Ava Gardner, Deborah Kerr, Sue Lyon, Grayson Hall, James Ward ⊙ 113 (Originalfassung 125), s/w
◉

Nachtfalken
NIGHTHAWKS

Ein Meilenstein des britischen schwulen Kinos. Rund fünf Jahre benötigen Ron Peck und Paul Hallam, um die Finanzierung dieses recht unspektakulären Films auf die Beine zu stellen. Ein eher unauffälliger, stiller Lehrer (Robertson) zieht nachts ziellos durch schwule Bars und Discos Londons, um hier und da einen Mann abzuschleppen. Eine Nacht gleicht der anderen, die Begegnungen laufen mit der immer gleichen Routine ab. Als eine neue Lehrerin an seiner Schule auftaucht und sich für ihn zu interessieren beginnt, muss er Position beziehen und zudem einsehen, dass er zwei parallele Leben führt, die sich kaum mehr zu überschneiden scheinen.

Regisseur Ron Peck arbeitete ganz bewusst mit vielen Laiendarstellern, um damit den gewünschten Realismus zu unterstreichen. Das Leben des schwulen Lehrers wird sympathisch und liebevoll, oft ironisch, manchmal satirisch, vor allem aber frei von Larmoyanz dargestellt und wagt dennoch einen kritischen Blick auf das abgestumpfte, unpersönliche Fastfood-Sexverhalten des Großstadtschwulen.

1991 drehte Ron Peck mit dem Dokumentarfilm *Strip Jack Naked: Nighthawks II* ein Pendant zu seinem Spielfilm und reflektiert seinen eigenen Weg als junger Mann im London der späten siebziger Jahre, die Entdeckung seiner Homosexualität und seine Entwicklung zum schwulenpolitisch denkenden und handelnden Menschen.

GB 1978 ⊙ Ron Peck ⊙ Ron Peck, Paul Hallam ⊕ Johanna Davis ⊙ David Graham Ellis ⊛ Ken Robertson, Tony Westrope, Rachel Nicholas James, Maureen Dolan, Stuart Craig Turton, Clive Peters, Robert Merrick, Frank Dilbert, Peter Radmall ⊙ 113, farbig
⊙

Nachtvorstellungen

Ein junger Mann flieht aus der Wohnung, weil ihm seine altjüngferliche Schwester und seine extrovertierte Freundin mit ihrem Familienzwist die Nerven rauben. Er geht ins Kino, wo ihn der gezeigte Film *Der Türke war zu schön* über Erwarten fesselt. Er beginnt, sich mit der Hauptfigur zu identifizieren. Filmebene, Tagtraum und Wirklichkeit gehen ineinander über. Wie der Held im Film versucht er, seine Partnerschaftsprobleme dadurch zu lösen, dass er sich einem Mann zuwendet.

Als Film-im-Film verwendete Regisseur Lothar Lambert, der als Schauspieler eine Doppelrolle übernahm, Fragmente eines Films von Harry Puhlmann. Die Hauptrolle hatte Lambert zunächst Rosa von Praunheim angeboten, der jedoch ablehnte, weil ihm das Script „zu spießig" erschien und er sich einen revolutionären Schluss wünschte. „Außerdem wenn, dann will ich im Film auch ficken oder gefickt werden, ohne Sex geht es nicht, der Libanese ist ja sehr niedlich und der macht das sicher recht gern." (Praunheim in seinem Absagebrief an Lambert).

BRD 1977 ⊜◉ Lothar Lambert ◉ Reza Dabui ◉ Lothar Lambert, Dagmar Beiersdorf, Cihan Anasal, Beate Hasenau, Dorothea Moritz, Mustafa Iskandarani, Sylvia Heidemann, Erika Wilde © 60, s/w
Ⓒ̄Ⓞ̄

Nackt und heiß auf Mykonos

Das frisch verheiratete Paar Ginster (Geissler) und Tobias (*Traumschiff*-Star Sascha Hehn) hat den ersten Ehekrach und fährt getrennt in Urlaub. Beide landen, welch Zufall, im gleichen Hotel auf Mykonos und treiben es auch noch nacheinander mit derselben bisexuellen Reiseleiterin (Joy). Nach diversen Stellungswechseln ist das Ehepaar wieder glücklich vereint. Banales Softsex-Filmchen.

BRD 1979 ⊜◉ Claus Tiedemans (Claus Tinney) ◉ Franz Xaver Lederle ♪ Gerhard Heinz ◉ Sascha Hehn, Margit Geissler, Margit Man, Maritta Joy (Maritta Jödicke), Wolf Goldan, Carina Reymond, Anne F. Lear, Claus Obalski, Fernando Gómez, Nicos Doukas © 87 (gekürzte Fassung 81), farbig
Ⓢ Ⓑ̄Ⓘ̄

Néa – ein Mädchen entdeckt die Liebe
NÉA

Eine trotz prominenter Besetzung (Ingrid Caven, Heinz Bennent) eher langweilig geratene Verfilmung eines Romans der *Emanuelle*-Autorin Emmanuelle Arsan. Die 16-jährige Sybil (Zacharias) offenbart ihre erotischen Fantasien in einem Roman, der ein überraschender Erfolg wird. Sie beginnt ein Verhältnis mit ihrem Verleger Axel Thorpe (Fey), der sich aber bald mehr für Sybils Schwester (Caven) interessiert. Auch in der Ehe der Eltern steht nicht alles zum Besten: Die Mutter hat sich dem Mann ab- und einer Frau zugewandt.

F 1976 ◉ Nelly Kaplan ① Nelly Kaplan, Jean Chapot nach einem Roman von Emmanuelle Arsan ◉ Andreas Winding ♪ Michel Magne ◉ Françoise Brion, Ingrid Caven, Heinz Bennent, Ann Zacharias, Michéline Presle, Sami Frey, Nelly Kaplan © 106, farbig
Ⓢ

Neurosia – 50 Jahre pervers

Zu seinem 50. Geburtstag würdigte Rosa von Praunheim sein bisheriges Lebenswerk selbst mit einem fiktiven Nachruf. Anlass dazu gibt eine dünne Rahmenhandlung. Bei der Premiere eines neuen Films wird von Praunheim auf offener Bühne erschossen, die Leiche verschwindet. Zusammengehalten wird die lose Rahmenhandlung um die vermeintliche Ermordung und tatsächliche Entführung durch die „Rosa Armee Fraktion" durch die schrille, überkandidelte Fernsehjournalistin Gesine Ganzman-Seipel (Nick). Diese recherchiert für eine Serie des Lokalsenders Hau-TV über das Leben des Filmemachers und Schwulenaktivisten. Alle kommen noch einmal zu Wort und ins Bild: Weggefährten, Liebhaber, Darsteller und Freunde werden aufgesucht und über von Praunheim ausgefragt, darunter Lotti Huber und Evelyn Künneke, Praunheims Tante Luzi Kryn (Hauptdarstellerin u.a. in *Die Bettwurst*, 1970) und seine Mutter Gertrud Mischwitzky. Praunheim läßt ohne Scheu vor Peinlichkeiten sein Leben Revue passieren und macht auch vor eigenen Tagebucheintragungen und Heulattacken über einen verlorenen Liebhaber nicht Halt.

Das Durcheinander aus holprigen Spielfilmszenen mit zum Teil schlechtem Ton, Dokumentarsequenzen, Filmausschnitten aus Praunheims Werken (u.a. aus dem frühen Kurzfilm *Rosa Arbeiter auf goldener Straße*, 1968) und Interviews wird von der Rahmengeschichte nur notdürftig zusammengehalten. Die gespielten Interviews sind streckenweise durchaus kurzweilig, andererseits summieren sie sich zu einer peinlich eitlen wie handwerklich dilettantischen Selbstbeweihräucherung des Regisseurs. Mut zur kritischen Reflexion seiner Filme und politischen Statements aber fehlen. Vielmehr dient die Collage zur eitlen Selbstinszenierung und zeigt Holger Mischwitzky alias Rosa von Praunheim als Moralapostel mit Profilneurose. Diese Sicht bestimmt auch den Stil des Films, dessen ausgestellte Selbstironie letztlich zu selbstgefällig ist, als dass sie die Figur Holger/Rosa aufbrechen könnte.

Zu seinem 60. Geburtstag drehte Rosa von Praunheim im Auftrag des Fernsehsenders arte mit *Pfui Rosa!* (2002) ein weiteres Selbstporträt, das allerdings weitaus geschlossener und gereifter erscheint.

D 1995 ◉ Rosa von Praunheim ① Rosa von Praunheim, Valentin Passoni ◉ Lorenz Haarmann ♪ Alexander Kraut ◉ Désirée Nick, Lotti Huber, Evelyn Künneke, Luzi Kryn, Eva Ebner, Friedrich Steinhauer, Gertrud Mischwitzky, Ichgola Androgyn, Tima die Göttliche, BeV StroganoV, Volker Eschke, Rainer Kranich, Ursula Rollwage, Carsten Hädler, Vardis Marinakis, Brandon Judell, Mike Shepard © 93, farbig
Ⓓ

Nicht der Homosexuelle ist pervers, sondern die Situation in der er lebt

Der oftmals an frühe Aufklärungsfilme erinnernde Streifen schildert am Beispiel des 19-jährigen Daniel eine scheinbar typisch schwule Karriere innerhalb der Szene. Frisch nach Berlin gezogen, lebt er in einer spießigen Zweierbeziehung. Einige Monate später zieht er zu einem älteren, reichen Schwulen in dessen Villa. Seine nächste Station zeigt ihn als Kellner in einem Schwulencafé beim Smalltalk über Kultur und Körperpflege. Zwei Jahre nach seiner Ankunft in Berlin streift er als promisker Schwuler durch Klappen und Kneipen und tummelt sich im Park bei den Lederkerlen. Nachdem er auf der Straße von Passanten beschimpft worden ist, wird er in einer Kneipe von einem Gast in eine schwule Wohngemeinschaft mitgenommen. Dort sitzt man nackt zusammen und verkündet ein Manifest: „Wir schwulen Säue wollen endlich Menschen werden und wie Menschen behandelt werden, und wir müssen selbst darum kämpfen. Wir wollen nicht nur toleriert, wir wollen akzeptiert werden." Der Film endet mit der legendär gewordenen Parole „Werdet stolz auf eure Homosexualität! Raus aus den Toiletten, rein in die Straßen! Freiheit für die Schwulen."

Mit dem bewussten Dilettantismus im Drehbuch und der Spielweise, aber auch durch die gestelzten Texte aus dem Off mit ihrem aufklärerischen Impetus wirkt der Film unfreiwillig komisch. Im Jahr seiner Uraufführung 1972 sorgte diese Produktion im Auftrag des WDR jedoch für einen weitreichenden Skandal. Der Film lief nicht, wie ursprünglich geplant, in der ARD, sondern wurde lediglich im dritten Programm des WDR ausgestrahlt. Als er drei Jahre später dann doch in der ARD gezeigt werden sollte, klinkte sich das Bayrische Fernsehen während der Ausstrahlung aus. Umstritten war der Film aber nicht nur bei konservativen Pogrammchefs und Fernsehzuschauern, sondern auch bei den Schwulen, welche die Homosexuellen durch die im Film dargestellte Lebensweise denunziert sahen. Die Debatte wirkte als Initialzündung. Nach einer Aufführung im Berliner Kino *Arsenal* gründete sich die erste politische Schwulengruppe im Nachkriegsdeutschland.

„Der Anfang des Films ist eine Geschichte, die zur Identifikation mit dem Handelnden einlädt. Der Schluss ist plakativ. Er ist ein Aufruf zum Handeln. (…) Alle Eigentümlichkeiten des Films, die überzogene Sprechweise, die Asynchronität, das steife Herumstehen oder andächtige Schreiten der Laiendarsteller vor der Kamera verstehen sich aus dieser inneren Bewegung des Films: Von der Geschichte zur Parole." Produzent Werner Kließ

BRD 1970 Ⓡ Rosa von Praunheim Ⓓ Rosa von Praunheim, Martin Dannecker, Sigurd Wurl Ⓚ Robert van Ackeren, Rosa von Praunheim Ⓜ Bernd Feuerhelm, Berryl Bohlen, Dietmar Kracht, Steven Adamczewski, Manfred Salzgeber, Ernst Kuchling Ⓛ 67, farbig Ⓓ ⒶⒻ

Nights in Black Leather

Der Deutsche Peter Berlin verließ Anfang der siebziger Jahre die Bundesrepublik, um im schwulen Eldorado San Francisco eine für damalige Zeiten noch außergewöhnliche Karriere als Pornoregisseur und Aktmodel aufzubauen. Selbstverliebt zeigt er sich in übersteigerten Posen als Objekt der Begierde und der narzisstischen Selbstbespiegelung. In *Nights in Black Leather*, seinem ersten von zwei Filmen (1974 folgte *That Boy*), spielt er den deutschen Helmut, der nach San Francisco reist und dort diverse sexuelle Begegnungen erlebt. Für heutige Verhältnisse wirkt der Film in seinen (zum Teil gestellten) Sexszenen zurückhaltend, die filmischen Mittel schlicht. Der Erfolg jedoch war geradezu sensationell, so dass sich auch die seriöse US-amerikanische Filmkritik mit dem Werk auseinander setzte und der Film im regulären Kinoprogramm lief.

USA 1973 Ⓡ Ignatio Rutkowski Ⓓ Peter Berlin Ⓜ Peter Berlin, Reck Jedin, Tom Webb, Al Joffrey, Jeff Salem Ⓛ 105, farbig ⓈⓂ Ⓢ

Nijinsky

Künstlerisch ambitionierter, biografischer Spielfilm über das Leben des russischen Tänzers Vaclav Nijinski (1889-1950). Der 24-Jährige (De La Peña) lebt in einer vor der Öffentlichkeit kaum verborgenen Beziehung mit seinem Impressario, dem Direktor des „Ballet Russes" Sergej Diaghilev (Bates). Die Stationen dieses in der Ausstattung sehr um Authentizität bemühten Dramas sind u.a. ein gemeinsamer Urlaub in Griechenland, die heftig umstrittene, für damalige Zeiten zu avantgardistische Choreografie mit Nijinsky als Faun in Debussys *Prélude à l'Après-midi* in Paris, eine Erholungsreise nach Venedig und ein Gastspiel in St. Petersburg.

Die Beziehung zwischen Diaghilev und Nijinski ist geprägt von Eifersucht, Verlustangst und unterschiedlichen Ansichten über den Tanz. Als es zum Bruch kommt, sieht die ungarische Politikertochter Romola de Pulsky (Browne) ihre Stunde. Sie vergöttert Nijinski, und es gelingt ihr, ihren Mann der Träume zu verführen. Der willigt in eine Ehe ein, allerdings lediglich, um damit Diaghilev zu kränken. Nijinski wird gekündigt, eine Versöhnung wird von Diaghilev abgelehnt. Nijinski kann den Verlust des Freundes nicht verkraften und landet in der Irrenanstalt, wo er für den Rest seines Lebens dahinvegetiert.

USA 1979 (S) Herbert Ross (C) Hugh Wheeler nach dem Buch *Nijinsky* von Romola Nijinski und *Das Tagebuch* von Vaclav Nijinski, herausgegeben von Ramola Nijinsky (B) Douglas Slocombe (M) John Lanchbery (D) George De La Peña, Alan Bates, Leslie Browne, Carla Fracci, Alan Badel, Jeremy Irons, Colin Blakely, Janet Suzman (T) 124, farbig

Nitrate Kisses

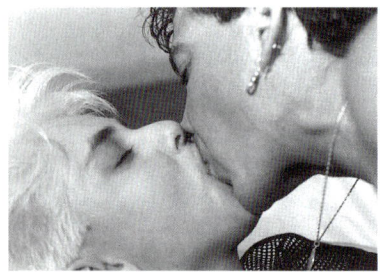

Barbara Hammer, die Pionierin des lesbischen Experimentalfilms, hat sich in ihrem ersten längeren Werk mit dem Verlust der eigenen schwul-lesbischen Geschichte befasst. Das Nichtvorhandensein historischer Bilder wird durch die Erschaffung neuer Bilder, die mit Ausschnitten alter Dokumentar- und Spielfilme durchbrochen werden, zum Ausdruck gebracht. Der Film besteht aus drei Episoden, die sich alle mit der Sexualität lesbischer und teils auch schwuler Paare beschäftigen. In der ersten geht es um die nicht bekannt gewordene Homosexualität der Schriftstellerin Willa Cather, die mit einer Frau zusammenlebte, oft Männerkleidung trug und kurz vor ihrem Tod alle Materialien und Aufzeichnung über ihr Privatleben zerstörte. Die nächste Episode zeigt tätowier-

te SM-Lesben beim erotischen Spiel, mit eingewobenen Bildern des frühen US-Schwulenfilms *Lot in Sodom*. In der als „schockierend" geltenden dritten Episode ist ein altes Lesbenpaar beim Sex zu sehen. Der Tabubruch, Menschen jenseits der 70 nackt und sexuell in Szene zu setzen, löste eine große Kontroverse aus. Verglichen mit den über 20 experimentellen Kurzfilmen von Barbara Hammer ist *Nitrate Kisses*, trotz ihrer gewohnten Handschrift, wohl ihr konventionellster und leicht verständlichster Film.

USA 1992 (S)(C)(B) Barbara Hammer (B) Sally Binford, Frances Lorraine, Jack Waters, Peter Cramer (T) 67, s/w (SM)

Nixon

Ein dramaturgisch sehr verschachteltes psychologisches Porträt des US-amerikanischen Präsidenten Richard Nixon (Hopkins), das die historischen Ereignisse eher für ein Charakterbild nutzt, als die politischen Umstände wie die weitreichenden Folgen seiner Politik insbesondere während der Kuba-Krise zu analysieren. Bei FBI-Chef J. Edgar Hoover (Hoskins), der Nixon im Wahlkampf 1968 gegen den Konkurrenten Bobby Kennedy unterstützte, werden auch dessen geheimes homosexuelles Privatleben und seine Kontakte zur Mafia dargestellt.

USA 1995 (S) Oliver Stone (C) Stephen J. Rivele, Christopher Wilkinson, Oliver Stone (B) Robert Richardson (D) John Williams (B) Anthony Hopkins, Mary Steenburgen, Bob Hoskins, James Woods, J. T. Walsh, Joan Allen, Ed Harris (T) 191, farbig (HP)

No One Sleeps

Ist das Aids-Virus vielleicht wirklich das Produkt eines Laborunfalls des US-Militärs, bei dem Häftlinge als Versuchskaninchen bei der Entwicklung biologischer Kampfstoffe missbraucht wurden? Derlei hat in der Tat der DDR-Wissenschaftler Jakob Segal in den achtziger Jahren immer wieder behauptet.

Ein Ostberliner Medizinstudent (Wlaschiha) macht sich in San Francisco auf die Suche nach Spuren dieser These und gerät mitten hinein in eine mysteriöse Mordserie an HIV-erkrankten Männern und in die schwule Sexclubszene der Stadt.

Die tausendfach gefilmten Postkartenmotive von Golden Gate Bridge und Cable Cars bleiben uns dieses Mal erspart, stattdessen bekommen wir ein eher marodes San Francisco abseits der Touristenpfade zu sehen. Hick schaut nicht aus der Warte des sensationsgeilen Voyeurs, sondern vielmehr aus der des szenekundigen Beobachters. Er erfindet das Thriller-Genre nicht neu, aber spielt, ihm Rahmen der Möglichkeiten eines Low-Budget-Unternehmens, versiert mit dessen Mechanismen, um seine Story samt der Aids-Mythen nach vorne zu treiben – und erfreulicherweise ohne dabei platt zu politisieren. Stattdessen gibt's heftige Bilder mit viel Sex und nacktem Fleisch für eine drastische Geschichte fast ohne Romantik. Und das, obwohl Puccinis schmachtende *Turandot* als musikalisches Leitmotiv die Story immer wieder kommentiert.

Wenn *No One Sleeps* letztlich doch etwas halbherzig daherkommt, so liegt es sicherlich an den zu vielen Handlungssträngen, die Jochen Hick (*Sex/Life in LA*, 1998) aufnimmt und auch geschickt miteinander verknüpft. Auch die abstruse Verschwörungstheorie plausibel erscheinen zu lassen, misslingt (und war wohl auch nicht Hicks Ziel). Wenn am Ende zum Politthriller und den Momentaufnahmen schwulen Lebensalltags im Zeitalter von Aids noch eine melodramatische Lovestory hinzukommt, gerät der bis dahin so angenehm beiläufige und pointierte Erzählfluss jedoch heftig ins Stocken.

„Die USA sind ein Land, in dem die Verschwörungstheorien nur so blühen. Tatsächlich haben mich immer wieder Leute bei ACT-UP-Gruppen oder Aids-Organisationen angesprochen: ,Toll, dass endlich mal jemand etwas darüber macht.' Entgegen meiner Erwartungen waren die Bedenken größer, die Schwulen könnten durch meinen Film als Sexsüchtige in Misskredit gebracht werden, als dass die Auseinandersetzung mit Segals These kritisiert worden wäre." Regisseur Jochen Hick

D 2000 ⊜⊙ Jochen Hick ④ Thomas M. Harting, Michael Maley ⊙ James Hardway ⊛ Tom Wlaschiha, Irit Levi, Jim Thalman, Richard Conti, Kalene Parker, Charles Shaw Robinson ⊙ 108, farbig
Ⓐ Ⓣ

No Ordinary Love – Lust und Laster in L. A.
NO ORDINARY LOVE

So sehr sich *No Ordinary Love* auch bemüht, voll im Trend der Zeit, den ausgehenden multisexuellen neunziger Jahren zu sein, wirken die Zutaten doch recht gewollt und wenig durchgearbeitet. Zu erleben ist eine in jeder Hinsicht gemischte sechsköpfige Hetero-/Homo-WG. In ihrem sexuellen Rei-

gen macht auch ein Hetero mal unbekümmert schwule Erfahrungen (und umgekehrt), die sexuelle Orientierung ist für die Beteiligten ohnehin eher nebensächlich, weil kaum festgelegt.

Als der unliebsame Mitbewohner Tom eines unnatürlichen Todes stirbt, bleiben als trauernde hinterbliebene Liebhaber sowohl der Hauseigentümer Kevin (Forté), als auch die Punksängerin Wendy (Klein) zurück. Sie muss zudem feststellen, dass sie von dem Verstorbenen schwanger ist. Bisexuell ist auch Andy (Pecora), der ausgerechnet mit der Mutter des Mitbewohners Ramon ein Verhältnis beginnt. Die junge Tunte Vince (Kuoch), der Schwulenklatschern in die Hände fällt, hat hingegen ein Auge auf Ramon geworden. Das Beziehungsdrama mit Komödieneinschlag entwickelt sich schließlich zu einer Krimigeschichte um einen Bankraub, die dann sehr schnell ihrer Lösung zustrebt.

USA 1994 ⊜⊙ Doug Witkins ④ Armando Basulto ⊙ The Waterlillies, Bob Christianson ⊛ Smith Forté, Ericka Klein, Smith Forté, Robert Pecora, Mark S. Larson, Koing Kuoch, Elizabeth Mehr, Antonio Rosas ⊙ 90, farbig
Ⓑ︎Ⓘ

No Sad Songs

Dokumentarfilm über den Umgang von überwiegend schwulen Betroffenen in Toronto mit HIV und Aids. Über ihre Hoffnungen und Erfahrungen im Zusammenhang mit der Krankheit berichten in den Interviews Erkrankte, Ärzte, Aids-Aktivisten und Beziehungspartner und auch schwule Barbesitzer.

Kanada 1985 ⊛ Nick Sheehan ⊙ Miume Jan ④ Paul Mitchnick ⊙ David Woodhead, Allen Booth ⊛ Ian Watson, David Roche, David MacLean, Henry van Rilk, David Sereda, Marta Cronen ⊙ 61, farbig
Ⓓ

No Skin off My Ass

Ein Punkfriseur (LaBruce) gabelt in einem Park einen jungen, brutal wirkenden Skin (von Brücker) auf, sperrt ihn in seinem Apartment ein und hat später mit ihm Bondage-Sex. Der Skin kann entkommen und fällt kurz darauf seiner militant-lesbischen Schwester (Jones) in die Hände, die ihn vor ihren halbnackten Kumpaninnen demütigt und als Darsteller für ihre Amateurfilme missbraucht. Er kehrt zu seinem Friseur zurück und lässt sich nun auf die Beziehung zu ihm ein.

Bruce LaBruces stilistisch in der Nachfolge von Andy Warhols Frühwerk stehender Undergroundstreifen will politisch provokant sein und versteht sich als freies Remake von Robert Altmans *Ein kalter Tag im Park* (1969).

„Ich wollte einen Film machen, der einen Skinhead wirklich verrückt macht – warum ihn also nicht anturnen?“

Regisseur Bruce LaBruce

D/Kanada 1990 ⊛⊙ Bruce LaBruce ⊛ Bruce LaBruce, Candy von Pauker, Su Rynard ⊛ Bruce LaBruce, Klaus von Brücker, J. B. Jones, Hannah Cooper-McLean, Kate Ashley, Laurel Purvis, Caroline Azar ⊙ 73, s/w
⊛ ⊛

No Way Out – Es gibt kein Zurück
NO WAY OUT

US-Marine-Offizier Tom Farrell (Costner) wird als Mitarbeiter des Verteidigungsministers David Brice (Hackman) ins Washingtoner Verteidigungsministerium versetzt und beginnt dort ahnungslos ausgerechnet mit der Freundin des Ministers eine Affäre. Als diese tot aufgefunden wird, gilt er als Verdächtiger und muss deshalb auf eigene Faust den wahren Mörder ausfindig machen. Brices Assistent (Patton) ist seinem Vorgesetzten in blinder Liebe ergeben und will sogar sein Leben opfern, als sich dieser als der Mörder herausstellt. Als er jedoch akzeptieren muss, dass er dessen Liebe niemals gewinnen wird, gibt er sich die Kugel. Routinierter, zynischer, im Handlungsablauf nicht immer logischer Politthriller über Macht und ihren Missbrauch.

USA 1987 ⊛ Roger Donaldson ⊙ Kenneth Fearing, Robert Garland nach einem Roman von Kenneth Fearing ⊛ John Alcott ⊙ Maurice Jarre ⊛ Kevin Kostner, Gene Hackmann, Will Patton, Iman, Sean Young, Howard Duff, George Dzundza ⊙ 114, farbig
⊛

Noch ein Käfig voller Narren
LA CAGE AUX FOLLES II

Nach dem umwerfenden Kassenerfolg von *La Cage aux Folles* (1978) musste unweigerlich eine Fortsetzung folgen. Ans Werk ging das komplett selbe Team. Weil der Witz der ungewöhnlichen Personenkonstellation bereits mit dem ersten Teil ausgereizt war, wurde nun eine Agentenstory konstruiert, die vor allem Michel Serrault als Albin alias Zaza in den Mittelpunkt rückt. Renato (Tognazzi) und Albin, die weiterhin ihren Travestie-Nachtklub betreiben, geraten unfreiwillig in eine Spionagegeschichte. Renato will seinem Lebensgefährten ausreden, in der abendlichen Show als Blauer Engel á la Marlene Dietrich aufzutreten. Stattdessen soll er die Nummer einem jüngeren, schlankeren Kollegen überlassen. Wutentbrannt stürzt Albin davon. Um den eigenen „Marktwert" zu testen, flirtet der als Frau aufgebrezelte Albin in einem Straßencafé mit einem jungen Mann – um tags darauf zu erfahren, dass er ermordet wurde. Gesucht wird eine Täterin, deren Beschreibung auf Zaza passt. Unversehens ist Albin zwischen die Fronten von Geheimdiensten geraten. Das Drehbuch lehnt sich in seiner Machart an Agentenfilm-Parodien wie beispielsweise *Der große Blonde mit dem schwarzen Schuh* (1972) an. Wenn auch im Vergleich zum ersten Teil deutlich schwächer ausgefallen, bietet der Film dennoch eine ganze Reihe origineller und grotesker Szenen und lässt insbesondere Serrault viel Raum, seine Figur mit all ihren Schrulligkeiten und ihrer liebenswerten Exzentrik auszuspielen. 1985 folgte eine weitere Fortsetzung mit dem dem Titel *Ein Käfig voller Narren III – Jetzt wird geheiratet.*

F 1980 ⊛ Edouard Molinaro ⊙ Francis Veber, Marcello Danon, Jean Poiret ⊛ Armando Nannuzzi ⊙ Ennio Morricone ⊛ Ugo Tognazzi, Michel Serrault, Stéphane Audran, Benny Luke, Michel Galabru, Antonella Interlenghi ⊙ 90, farbig
⊛

Die Nonne und das Biest
SUORE EMMANUELLE

Auf der Suche nach weiteren Möglichkeiten, ihre Serienheldin Emanuelle in aufregende, noch erotischere und vor allem lesbische Abenteuer zu stürzen, kamen die Produzenten am Kloster als Ort sexueller Ausschweifungen nicht vorbei. Laura Gemser spielt hier eine Nonne, die eine Tochter aus gutem venezianischen Hause in ihr Kloster aufnehmen soll. Diese triebhafte Monica (Zanchi) entfacht bei Emanuelle die unterdrückten lesbischen Leidenschaften. Emanuelle fällt in erotische Träume, um schließlich auch zu Taten zu schreiten. Der katholische *Filmdienst* war über eine solche Vermischung von Ordensleben und Sex nicht sehr erfreut: „Die Schwesterntracht (…) wird zur Reizwäsche degradiert, der Zuschauer soll zum Voyeur herabgewürdigt werden." Man hatte in der Redaktion den Sinn und die Funktionsweise des Films sehr gut erkannt.

I 1978 ⊚ Joseph Warren (Giuseppe Vari) ◯ Marino Oronati ⊕ Guglielmo Mancori ⊙ Stelvio Cipriani ⊛ Laura Gemser, Rik Battaglia, Monica Zanchi, Gabriele Tinti, Vinja Locatelli, Pia Velsi, Dirce Funari, Mario de Vico, Palmanbrogio Molteni ⊙ 100 (gekürzte Fassung 82), farbig
Ⓚ

North of Vortex

Der schmächtige Dichter (Zalmas) und ein trampender Matrose (Napper) gabeln in einem Drugstore das Mädchen Jackie (Drabla) auf. Zusammen fahren sie in einem Cabriolet in Richtung Mexiko. Aus der Zufallsbekanntschaft wird ein labiles erotisches Dreiecksverhältnis. Knutscht der Dichter mit dem Mädchen, ist der Matrose eifersüchtig. Geht er mit dem Matrosen ins Bett, fühlt Jackie sich zurückgewiesen. Das Trio sieht sich mit seinen unerfüllten Leidenschaften konfrontiert und ist dabei außerstande, sich den eigenen Gefühlen zu stellen. Als Ausweg bleibt nur Gewalt. Der Sex reduziert sich auf ein mechanisch gehandhabtes Instrumentarium der Unterdrückung.

Giannaris' Film, eine Hommage an den Punk-Pionierfilm *Vortex* (1983) von Scott und Beth B., ist eine strenge, fast dialogfreie Versuchsanordnung mit kunstvollen Schwarz-Weiß-Bildern aus ungewöhnlichen Perspektiven, unterlegt mit Cool Jazz und dem Kommentar des Erzählers aus dem Off (Sprecher Kevin Graal).

USA/GB 1991 ⊚◯ Constantine Giannaris ⊕ James Welland ⊙ John Eacott ⊛ Stavros Zalmas, Valda Drabla, Howard Napper, Kevin Graal ⊙ 62, s/w
ⓆⒸ Ⓑ①

Not Angels but Angels

Dokumentation über junge männliche Prostituierte in Prag, das sich in den frühen neunziger Jahren zu einem Eldorado des Sextourismus entwickelt hat. Wiktor Grodecki hat die porträtierten, meist minderjährigen Stricher selbst bestimmen lassen, in welcher Situation sie interviewt werden. So präsentiert sich der eine beispielsweise lasziv in einem Schaumbad räkelnd. Die Jungen geben Auskunft über ihre Preise, die

meist aus westlichen Ländern wie Deutschland und Großbritannien angereisten Freier, ihre Sexualpraktiken.

Die unterlegte elegische Musik, darunter Mozarts *Requiem* oder die Johannes-Passion, bewirkt ein stilisiertes, unechtes Pathos. 1997 dreht Grodecki mit *Mandragora* einen Spielfilm zum gleichen Thema, der zu weiten Teilen auf seinen Interviews und Erfahrungen aus der Prager Stricherszene beruht.

Tschechien/F 1994 ⊚◯ Wiktor Grodecki ⊕ Vladimír Holomek ⊙ 80, farbig
ⓅⓇ Ⓓ

Novembermond
Alternativtitel: Lune de Novembre, Novembermoon

Alexandra von Grotes zweiter Film nach dem deutschen Lesbenklassiker *Weggehen um anzukommen* ist ein aufwändiges und unter die Haut gehendes Drama um Kriegswirren, Verfolgung durch die Nazis und nicht enden wollende Intoleranz.

Die deutsche Jüdin November (Osburg) flieht aus Nazi-Deutschland nach Paris, wo sie den jungen Franzosen Lucien und seine Schwester Ferial (Millet) kennen lernt. Luciens Heiratsantrag lehnt sie ab, denn sie hat sich in Ferial verliebt und beginnt eine leidenschaftliche Liebesbeziehung mit ihr. Als die Nazis schließlich auch Paris erreichen, versucht sie, sich auf dem Land zu verstecken. Doch sie wird entdeckt, und eine grausame Gefangenschaft mit Zwangsarbeit im Bordell und eine nervenaufreibende Flucht zurück zur Geliebten folgen.

Wieder in Paris verstecken Ferial und ihre Mutter die nervlich zerrüttete November in ihrer Wohnung. Um möglichst unauffällig zu sein, kollaboriert Ferial zum Schein mit den Nazis und arbeitet für eine Propagandazeitung. Auch als der Krieg vorbei ist, gibt es kein Aufatmen: Nun wird Ferial als Nazi-Kollaborateurin verfolgt und öffentlich gedemütigt. Und auch die erhoffte Freiheit für ein offenes Leben bleibt aus, denn auch eine vom Naziterror befreite Gesellschaft toleriert noch lange keine lesbische Beziehung.

Ein Film, in dem sich eine Katastrophe an die nächste reiht und der damit nichts für schwache Nerven ist. Leider sind die schauspielerischen Leitungen in dieser ansonsten gut gemachten Tragödie alles andere als überzeugend. Der Durchbruch als großes lesbisches Gefühlskino, wie er beispielsweise *Aimée und Jaguar* gelang, blieb dem Film verwehrt.

BRD/F 1984 ⊚☺ Alexandra von Grote ⊕ Bernard Zitzermann ♪ Egisto Macchi ⊕ Gabriele Osburg, Christiane Millet, Danièle Delorme, Bruno Pradal, Stéphane Garcin, Louise Martini, Gerhard Olschewski, Robert Florent, Werner Stocker ⊙ 106, farbig

Now or Never

Lothar Lamberts erster Filmauftritt in Frauenkleidern. Eigentlich wollte Uwes Tante nach New York reisen, doch dann hat sie sich das Leben genommen, und nun reist ihr Neffe (Lambert) mit ihrem Ticket erstmals in die USA. In New York lässt er sich ziellos treiben, gerät in die Schwulenszene und macht Erfahrungen mit Prostituierten. Wieder in Berlin bei seiner Freundin geben ihm diese Reiseerlebnisse den Mut, mehr zu sich zu stehen und der Enge seiner bislang recht biederen Welt zu entkommen.

BRD 1979 ⊚☺ Lothar Lambert ⊕ Reza Dabui ♪ Jan Berger ⊕ Sylvia Heidemann, Uwe Sange, Tally Brown, Exuma, Ronald Perry, Dagmar Beiersdorf, Pat Evans, Lothar Lambert ⊙ 75, s/w

Nowhere

Gregg Araki, Regisseur mit Vorliebe für den nihilistisch-apokalyptischen Zeitgeist, entwirft in *Nowhere* eine visionäre, visuell bisweilen kunstvoll inszenierte Welt, in der eine eindeutige sexuelle Identität nicht mehr wichtig ist. Jeder ist irgendwie schwul, bi oder wenigstens etwas masochistisch veranlagt. Das macht das Leben zwar etwas reicher, aber nicht unbedingt einfacher. Der 18-jährige Dark (Duval) muss sich damit abfinden, dass seine Freundin Mel (True) nebenbei auch noch mit einer Freundin schläft, und, wenn sich die Gelegenheit bietet, auch mit zwei strohblonden Zwillingsbrüdern. Aber auch Dark muss sich in seiner Wichsfantasie unter der Dusche von wilden SM-Ladies überraschen lassen, wie auch von dem unschuldigen Gesicht des Blondschopfs Montgomery (Bexton).

Nowhere führt die ZuschauerInnen einen Tag lang durch das Leben dieser „Lost Generation". Ihre Welt: Abgefahrene Szenebars, wilde Partys, Sex und jede Menge Drogen. Irgendwo gibt es auch die Sehnsucht nach Liebe und Zärtlichkeit, aber die ist und bleibt am schwierigsten zu befriedigen. Alyssa treibt es mit einem masochistischen Tom of Finland-Biker; Cowboy (Diaz) kann die Drogenabhängigkeit seines Lovers nicht mehr ertragen und will ihn verlassen; Egg lernt auf dem Kneipenklo das Muskelpaket Jason (*Baywatch*-Darsteller Simmons als Jason Simmons) kennen, der sich erst als schüchtern verliebter Star ohne Allüren gibt, um sie schließlich brutal zu vergewaltigen. Und Dark muss erleben, dass Aliens den Planeten besetzt haben, um Menschen einfach aus ihrer Mitte zu entführen. Und keiner außer ihm scheint dies zu bemerken.

Bei Araki ist alles möglich: randalierende Punks und schleimige Wesen aus dem All. Wer sich auf dieses filmische Chaos einlässt, ist für knappe neunzig Minuten auf einem Ecstasy-Trip. Weltuntergangsstimmung pur. Erlösung gibt es nicht, Erklärungen ebensowenig. Sein Patchwork der Gefühle und Stimmungen kennt bloß den Abgrund, und auf den bewegt sich alles zu. Allerdings in ekstatischer Partystimmung. Mit *Nowhere* ist Arakis aus *Doom Generation* (1995) und *Totally F***ed up* (1993) bestehende Teen-Apokalyse-Trilogie abgeschlossen.

„Ich bin ein reines Produkt der Popkultur. Ich fühle mich wie ein Schwamm, der all die verschiedenen Aspekte unserer Kultur aufsaugt. Meine Inspiration ist dabei aber in erster Linie visueller Natur: MTV, Bilder, Fotos. Die Einflüsse von Bruce Weber, die Ästhetik Herb Ritts' sind offensichtlich in meinen Filmen genauso wie die von Regisseuren wie Godard oder eher zeitgenössischen Filmemachern wie Gus Van Sant, Todd Haynes, Rick Linklater." Regisseur Gregg Araki

USA 1997 ⊚☺ Gregg Araki ⊕ Arturo Smith ⊕ James Duval, Rachel True, Nathan Bexton, Chiara Mastroianni, Debi Mazar, Kathleen Robertson, Alan Boyce, Jordan Ladd, Mena Suvari, Guillermo Diaz ⊙ 85, farbig
⊚ᴄ

Nur Vampire küssen blutig
LUST FOR A VAMPIRE

Einer von vielen spaßig-trashigen Vampirfilmen der britischen Hammer Studios, die uns auch die Draculafilme mit Christopher Lee bescherten. Erneut handelt es sich um eine Verfilmung des „Carmilla"-Stoffes von Sheridan Le Fanu, der berühmten lesbischen Vampirgeschichte, die Vorlage für mindestens 20 Filme war.

Die lesbische Vampirin Mircalla steht aus dem Grab auf und treibt ihr blutiges Unwesen in einem Internat für höhere Töchter. Auch hier gibt es allerdings wieder einen männlichen Helden, der seine Freundin aus den Fängen der Bestie befreien möchte. Doch auch er erliegt dem folgenschweren Charme der bisexuellen Vampirin.

Nach dem Erfolg des ersten Lesbenvampirfilms *Gruft der Vampire* (1970), basierend auf der „Carmilla"-Geschichte, schob man zwei weitere Versionen, jeweils von Autor Tudor Gates ausgetüftelt, nach. *Nur Vampire küssen blutig* wurde noch im selben Jahr realisiert, ein Jahr später, 1971, folgte der schwächste Film der Trilogie *Draculas Hexenjagd*.

GB 1970 ⊙ Jimmy Sangster ☺ Tudor Gates nach der Kurzgeschichte „Carmilla" von Sheridan Le Fanu ✦ David Muir ⊙ Harry Robinson ◉ Barbara Jefford, Suzanna Leigh, Yutte Sensgaar, Ralph Bates, Michael Johnson ⊙ 94, farbig
Ⓥ ⒽⒾ

O

Oberst Redl
REDL EZREDES

Sehr freie Bearbeitung des historisch verbürgten und mehrfach literarisch verarbeiteten Falls des Spions Alfred Redl. Der Sohn eines armen Eisenbahners wird dank seiner Fähigkeiten zu einem angesehenen Offizier der österreich-ungarischen Armee und steigt zum Leiter des Wiener Evidenzbüros der Kundschafter- und Abwehrabteilung des Kriegsministeriums auf. Über ein Jahrzehnt liefert er allerdings auch dem zaristischen Russland geheime Informationen über die k.u.k. Armee – vermutlich, weil er wegen seiner Homosexualität dazu erpresst wird, aber auch, weil er seinen luxuriösen Lebensstil finanzieren muss. Als er schließlich enttarnt wird, drängt man ihn zum Freitod.

Istvan Szabós Oberst Redl (Brandauer) ist ein Aufsteiger, der in seiner verbissenen Streberhaftigkeit den Wandel der Zeit nicht zur Kenntnis nimmt. Während all seine Kameraden im Korps den Zerfall des Vielvölkerstaates herbeisehnen, bleibt Redl dem Kaiserhaus gegenüber loyal. In dieser Situation verrät er sogar seine große, unerfüllte Liebe, den Jugendfreund Christoph von Kibinyl (Niklas), dessen Sekundant er als junger Mann war. Mit Christophs Schwester Katalin (Landgrebe) beginnt er in der Rückblende eine intime Beziehung, die sexuell in Wirklichkeit nur ihrem Bruder gilt. Redl besucht mit ihm gemeinsam ein Freudenhaus und benötigt das Stöhnen Christophs im Zimmer nebenan, um überhaupt mit der Prostituierten schlafen zu können. Später lässt er sich von der anderen Hure schildern, welche sexuellen Vorlieben und Vorzüge Christoph hat. Trotz dieser recht deutlichen Details bleibt Redls Homosexualität verschwommen und nur angedeutet. Szabó nutzt vielmehr Versatzstücke des realen Redl für eine modellhafte, fiktive politischen Biografie, die ihm zu einem vielschichtigen politischen Diskurs über politische Moral, Karrieresucht, Macht, Identitätsverlust, Untertanengeist und Verrat unter den Bedingungen militärischer Hierarchien dient.

Szabó erhielt für Oberst Redl 1983 den British Academy Award und den Deutschen Filmpreis, außerdem wurde er in der Kategorie „beste Regie" für den Oscar nominiert. Oberst Redl bildet zusammen mit Hanussen (1987) und Mephisto (1981) eine Trilogie über deutsche Emporkömmlinge in autoritären Machtstrukturen, jeweils mit Brandauer in der Titelrolle.

Zum gleichen Stoff siehe auch Ein Sohn aus gutem Hause (1988) und Der Fall des Generalstabs-Oberst Redl (1931). 1955 drehte Franz Antel mit Spionage eine weitere Variante des Stoffs. Hier durfte Ewald Balser als Oberst Redl seinem Geliebten (gespielt von Oskar Werner) immerhin die Hand aufs Knie legen.

BRD/Ungarn/Österreich 1984 ⊙ István Szabó ○ István Szabó, Péter Dobai frei nach dem Bühnenstück *A Patriot for Me* von John Osborne ⊕ Lajos Koltai ♪ Zdenkó Tamássy ⊛ Klaus Maria Brandauer, Armin Mueller-Stahl, Gudrun Landgrebe, Jan Niklas, Dorottya Udvaros, Hans Christian Blech ⊙ 149, farbig ⊚ ⓣ

Oh, Tano!
TANO DA MORIRE

Der Mafia-Chef Tano wurde hinterrücks erschossen und ist ein Jahrzehnt später längst zu einer Volkslegende geworden. Seine in die Jahre gekommenen Schwestern haben endlich Ehemänner gefunden und kommen auch im wörtlichen Sinne unter die Haube. Mit hochtoupierten Haaren sitzen sie nebeneinander unter den Trockenhauben im grellrosa Friseursalon und singen, während die angefetteten Mit-Mafiosi in Hüfthosen und mit gefärbten Schnauzbärten ihrem Anführer noch immer dicke Tränen nachweinen, ihre schmalzigen Siebziger-Jahre-Haare streicheln und als ziemlich weichlich-homoerotischer Männerbund Schlagermelodien anstimmen.

Das burleske Filmmusical geht musikalisch quer durch Rap, Rock und Discosound, und nicht weniger durcheinander sind die filmischen Stile: Puppentrick, Pseudo-Dokumentaraufnahmen, Fake-Interviews, Showsequenzen – aus einem kleinen Etat ist da ziemlich viel Trash gezaubert worden, der entfernt an frühe Arbeiten von John Waters und Pedro Almodóvar erinnert.

I 1997 ⊙○ Roberta Torre ⊕ Daniele Cipri ♪ Nino D'Angelo ⊛ Ciccio Cuarino, Mimma De Rosalia, Enzo Paglino, Maria Aliotta, Ciccio Guarino ⊙ 80, s/w und farbig

Ohne Gnade Schätzchen
VIXEN

Ohne Gnade werden in diesem typischen Russ-Meyer-Streifen alle, die nicht schnell genug entkommen, kräftig durchgevögelt. Die Heldin des Films ist die nymphomanische Vixen Palmer, die mit ihrem Freund Tom (Pillsbury) in der kanadischen Wildnis lebt. Als sie eines Tages auf die junge Janet (Wallace) und ihren Mann trifft, sind auch diese beiden fällig.

Die unschuldige Janet findet schnell Geschmack an den Freuden des lesbischen Sex.

Wie immer bei Russ Meyer gibt es viel Titten, Vulgarität und triebhaften Sex, hier angereichert mit einigen sozialkritischen Anspielungen auf Themen wie Rassismus und Kommunismus.

Hauptdarstellerin Erica Gavin spielte später noch eine Lesbe in Russ Meyers' *Blumen ohne Duft* (1970) sowie an der Seite von Barbara Steele im „Women in Prison"-Klassiker *Das Zuchthaus der verlorenen Mädchen* (1974).

USA 1968 ⊕ Russ Meyer ☺ Robert Rudelson ⊛ Russ Meyer ☽ Igo Kantor ⊜ Erica Gavin, Vincene Wallace, Garth Pillsbury, Jon Evans, Harrison Page, Michael O'Donnell, Robert Aiken ⊙ 70, farbig
(BI)

Oi! Warning – Leben auf eigene Gefahr

Der Erstlingsfilm des schwulen Zwillingspaares Dominik und Benjamin Reding wurde bereits 1998 gedreht und musste einen langen (preisgekrönten) Weg über die Festivals von Los Angeles bis Montreal nehmen (u.a. Talentpreis der Directors Guild of America 1999), bis er einen deutschen Verleih fand. *Oi! Warning* ist die Geschichte einer Initiation, angesiedelt in der Skin- und Punkerszene. Janosch (Backhaus) entflieht seinem Elternhaus und fährt zu seinem alten Schulfreund Koma (Goerts). Der ist jetzt Skinhead, ein richtiger Mann und also ein Vorbild. Nun rasiert sich auch Janosch den Schädel kahl und vollzieht die Männerrituale zwischen Pogotanz, Saufgelage und Punkerverkloppen. Bis Janosch sich in einen solchen Chaoten verliebt: Ein Vagabund, der seinem Namen Zottel (Veith) frisurentechnisch sehr gerecht wird und reichlich versifft und verkifft in einem Bauwagen lebt. Ein Ausgestoßener, der sein Leben auf seine sehr individuelle Weise meistert und sich so gegen jede Form von Bürgerlichkeit wehrt. Aber ein Skin, der einen Gammler liebt, das darf nicht sein. Ganz klassisch spitzt sich das Drama zu und endet in einer Pietà mit totem Punk vor brennendem Bauwagen.

Oi! Warning ist, entgegen mancher Erwartung, kein vordergründig politischer Film über Ausländerfeindlichkeit und Rechtsradikalismus. Die beinahe dokumentarischen Bilder imitieren bisweilen die Ästhetik Leni Riefenstahls und zeigen die archaischen, gewalttätigen Rituale unter Skinheads, die am Ende in einen Mord münden. Es fließt viel Schweiß, Bier und Blut, man wälzt sich im Schlamm, gibt den starken Mann, ist aber im Herzen letztlich doch ein Spießer: Im trauten Heim wird bei Skins sonntags die Obsttorte mit Sprühsahne-Deko serviert. Gedreht wurde überwiegend mit Jungschauspielern bzw. Laien aus der Skinszene. Das gibt dem Film, bei allen dramaturgischen Unsicherheiten und manch zu aufdringlichen Überdeutlichkeiten, den Charme des Authentischen. Mit rasantem Schnitt und expressiven, bisweilen auch recht pathetischen Bildern, zeigt das Debüt zudem respektvollen Stilwillen.

> „Der Jugendkult der Skins ist sehr alt und hat genaue Regeln und Rituale. Eine intensive Auseinandersetzung mit der Szene ist unbedingt nötig, wenn man filmisch nicht lügen will. Der Film ist aber kein Film über Skinheads allein, sondern die Beschreibung der Suche eines Heranwachsenden nach männlicher Identität."
> Regisseure Dominik und Benjamin Reding

D 1998 ⊕ Dominik Reding, Benjamin Reding ☺ Dominik Reding, Benjamin Reding, Axel Henschel ⊜ Sascha Backhaus, Simon Goerts, Sandra Borgmann, Jens Veith, Britta Dirks ⊙ 90, s/w
(G)

Olivia
Englischer Titel: Pit of Loneliness

Vielleicht der einzige Film aus den fünfziger Jahren, der offen und relativ unvoreingenommen eine lesbische Liebe thematisiert. Die französische Regisseurin Jacqueline Audry, die auch mehrere Colette-Romane verfilmte, setzte einen Roman von Dorothy Bussy aus dem Jahre 1928 gefühlvoll in Szene. Um die Jahrhundertwende kommt das junge englische Mädchen Olivia (Olivia) in ein von zwei Schwestern geführtes Internat nach Frankreich. Mit Simone Simon und Edwige Feuillère als Julie ist dieses Schwesternpaar mit prominenten französischen Schauspielerinnen besetzt worden. Schon bald schwärmt die junge Olivia für Julie, eine der beiden Leiterinnen. Die Zuneigung beruht auf Gegenseitigkeit, und es erfolgt eine zärtliche Annäherung, die allerdings – und anders ging es wohl in den fünfziger Jahren nicht – tragisch endet.

In den USA und Großbritannien wurde der Film unter dem Titel *Pit of Loneliness* – eine bewusste Anspielung auf den leider nie verfilmten lesbischen Klassikerroman *Well of Loneliness* (*Quell der Einsamkeit*), von Radclyffe Hall – herausgebracht und reißerisch mit „Ein gewagtes Drama um eine unnatürliche Liebe" angekündigt. Viele der zärtlichen Szenen zwischen Lehrerin und Schülerin, wie beispielsweise eine Umarmung und ein Kuss auf den Mund, wurden herausgeschnitten. Leider fristet der Film völlig zu Unrecht ein Schicksal der Unbekanntheit im Schatten von *Mädchen in Uniform* und hatte nie einen deutschen Verleih.

F 1951 ⊚ Jacqueline Audry Ⓦ Colette Audry nach dem gleichnamigen Roman von Dorothy Bussy ⊛ Christian Matras ⊚ Claire Olivia, Edwige Feuillère, Simone Simon, Rita Roanda ⊚ 88, s/w

Der Olympische Sommer

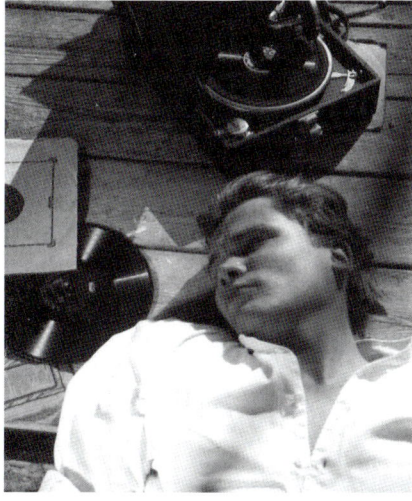

Im Sommer 1936 fährt ein 16-jähriger Fleischergeselle (Gerstein) aus Pommern in die Reichshauptstadt, um die Olympischen Spiele zu besuchen. Er lernt eine reiche, junge Witwe kennen, die ihm ihr Bootshaus am Rande Berlins als Unterkunft anbietet. Die anfänglich pubertäre Schwärmerei des Landburschen für die Frau (Plangger) entwickelt sich zu einer ernsthaften Liebe, an der er letztlich zugrunde geht. Nach dem Ende ihrer Affäre lernt der Geselle einen schwulen SS-Mann kennen, mit dem er sich sexuell einlässt, aber erwischt wird. Der SS-Mann wird auf der Stelle erschossen, und der Fleischergeselle landet wegen Unzucht mit einem Mann bis Kriegsende in einem Gefängnis.

Maugg hat seine Geschichte wie einen Stummfilm mit einer Askania-Kamera aus dem Jahr 1927 gedreht, was den Schwarz-Weiß-Bildern den unverfälschten Charakter jener Zeit verleiht. Unmerklich dazwischen geschnitten sind Originalaufnahmen aus den dreißiger Jahren. Die Erzählstimme aus dem Off gehört Otto Sander. Neben diversen internationalen Festivalpreisen erhielt *Der Olympische Sommer* 1993 einen Bundesfilmpreis.

D 1993 ⊚ Gordian Maugg ⓌGordian Maugg nach der Novelle *Der Geselle* von Günther Rücker ⊛ Andreas Giesecke ⊚ Heidi Aydt, Frank Will ⊚ Jost Gerstein, Otto Sander, Verena Plangger ⊚ 84, s/w

Only the Brave

Dieses Teenagerdrama mit den Zutaten Pubertät, lesbischem Coming-out, sinnloser Gewalt und obsessiver Mädchenfreundschaft erinnert stark an *Heavenly Creatures* oder *Fun – Mordsspaß*. Der Erstlingsfilm der griechischstämmigen Australierin Ana Kokkinos (die später großen Erfolg mit dem schwulen Film *Head on* (1998) hatte), ist einfühlsam, schockierend und zutiefst deprimierend.

Alex (Mandalis) ist in ihre beste Freundin Vicki (Kaskanis) verliebt, diese ist aber verrückt nach Jungs. Beide sind Kinder griechischer Einwanderer und ohnehin Außenseiter in der australischen Spaßgesellschaft, in einem Vorort Melbournes. Während sich Alex mit ihrem sexuellen Erwachen, ihrem Coming-out und außerdem noch der Schwärmerei für ihre Englischlehrerin herumquält, möchte die pyromanische Vicki ihrem schrecklichen, gewalttätigen Elternhaus entfliehen und zusammen mit Alex abhauen. Doch Alex hat andere Pläne, und die neurotische Vicki verbrennt sich schließlich selbst.

Wenn die Geschichte auch sehr drastisch und ohne einen Hauch von Optimismus in Szene gesetzt ist, so gelingt es doch, die Welt von pubertierenden Mädchen realistisch und in ihrer ganzen, oftmals brutalen Wahrheit zu zeigen. Kein ermutigender Coming-out-Film.

AUS 1994 ⊚ Ana Kokkinos ⓌAna Kokkinos, Mira Robertson ⊛ James Grant ⊚ Philip Brophy ⊚ Ellen Mandalis, Dora Kaskanis, Maude Davey, Helen Athanasiadis, Tina Zerella, Bobby Bright, Mary Sifarenos ⊚ 59, farbig
Ⓜ ⓒⓄ

Orangen sind nicht die einzige Frucht
ORANGES ARE NOT THE ONLY FRUIT

BBC-Fernsehverfilmung des autobiografischen Klassikers der lesbischen Starautorin Jeanette Winterson, die selbst das Drehbuch schrieb. Die etwas ausufernde und langatmige Geschichte der jungen Jesse (Coleman) zeigt den beschwerlichen Weg des Erwachsenwerdens und der Selbstverwirklichung, trotz starker psychischer und physischer Misshandlungen. Jesse wächst bei religiös fanatischen Pflegeeltern auf, denen die Ziele ihrer Sekte wichtiger sind als die individuelle Entfaltung ihrer Tochter. Mit zunehmendem Alter versucht sich Jesse den Zwängen daheim zu entziehen und gerät mehr und mehr in Konflikte. Als sie sich in eine Freundin verliebt und ihr klar wird, dass sie lesbisch ist, versuchen ihre Eltern es mit einer Teufelsaustreibung. Doch am Ende siegt das Gute, und Jesse wächst schließlich zu einer gestandenen Lesbe heran.

Die gefeierte Verfilmung des Romans ist atmosphärisch dicht und zeigt die bedrückende Enge von provinziellem, englischen Mief vor dem Hintergrund totaler Zwanghaftigkeit und dem Wunsch, auszubrechen.

Regisseurin Beeban Kidron machte im Anschluss an *Orangen …* eine steile Karriere und bescherte uns u.a. den grausamen *To Wong Foo* (1995).

GB 1990 🎬 Beeban Kidron 📝 Jeanette Winterson nach ihrem gleichnamigen Roman 🎥 Ian Punter 🎵 Rachel Protman 🎭 Charlotte Coleman, Geraldine McEwan, Catherine Bradshaw, Margery Withers ⏱ 240 (3 Teile), farbig
CO

Orlando

Die bildgewaltige Verfilmung von Virginia Woolfs Roman aus dem Jahr 1928 besticht vor allem durch Tilda Swintons überragende Darstellung des englischen Edelmanns Orlando, der, mehrfach das Geschlecht wechselnd, 400 Jahre lang von der Zeit Königin Elizabeth I. um 1600 bis ins London des 20. Jahrhunderts, ein stürmisches Leben durchleidet. Vor allem die Affäre mit der russischen Prinzessin Sascha (Valandrey), die auch plötzliche Über-Nacht-Geschlechtswechsel Orlandos durchhält, steht im Mittelpunkt des bewegenden Liebeslebens dieser Fabelgestalt. Der Charakter des Orlando ist angelehnt an Vita Sackville-West, die Dichterin, mit der Virginia Woolf einst eine Affäre hatte. Die Liebesgeschichte mit Sascha trägt Züge der dramatischen Liebesgeschichte zwischen Sackville-West und Violet Trefusis, die auch in *Porträt einer Ehe* (1989) verfilmt wurde.

Wenn auch durch die vielen Zeitsprünge und fantastischen Begebenheiten als Geschichte etwas unübersichtlich, gilt *Orlando* als gelungene Literaturverfilmung. In der Rolle der Königin Elizabeth I. ist übrigens die britische Ikone der frühen schwulen Emanzipation Quentin Crisp zu sehen.

F/GB/I/NL/Russland 1992 🎬 Sally Potter 📝 Sally Potter nach dem gleichnamigen Roman von Virginia Woolf 🎥 Alexej B. Rodionow 🎵 Sally Potter, Davod Morton 🎭 Tilda Swinton, Charlotte Valandrey, Billy Zane, Lothaire Bluteau, Heathcote Williams, Quentin Crisp ⏱ 94, farbig

Oscar Wilde

Ein treusorgender Familienvater zweier Söhne und zuverlässiger Ehemann: So wie Oscar Wilde in den ersten Filmminuten kennen zu lernen ist, entspricht er nur wenig dem gängigen Bild des Dichters und Dandys. Der Schriftsteller ist 1883 auf dem besten Weg, ein geachteter Teil der bürgerlichen wie feinen Gesellschaft zu werden – bis er dem jungen Kanadier Robert Ross (Sheen) begegnet und dieser Wilde dazu bringt, seine lange verdrängten homoerotischen Neigungen nun auch auszuleben. Nach einigen Affären trifft er in Lord Alfred Douglas (Law) schließlich jenen Mann, dem seine ganze Liebe gilt, für den er nicht nur sein Geld und seine öffentliche Anerkennung, sondern zuletzt auch seine Familie opfert.

Der britische Regisseur Brian Gilbert reduziert in seinem etwas gemächlich dahinplätschernden, dafür prachtvoll ausgestatteten Film die Lebensgeschichte Wildes auf die Skandalgeschichte seiner Homosexualität. Basierend auf Richard Ellmanns monumentaler Biografie, bemüht sich *Oscar Wilde* um ein möglichst authentisches, historisch genaues Bild. Ein Glücksfall für den Film ist die Idealbesetzung Stephen Frys als Oscar Wilde. Für ihn ist Wilde keineswegs der kämpferische, selbstbewusste Schwule, für den er im Laufe der Geschichte immer wieder gehalten wurde. Vielmehr erscheint er hier als pflichtbewusster Familienvater, der sich heimlich seinen Leidenschaften hingibt und den Geliebten Robert für die Neuerwerbung Alfred einfach links liegen lässt. Daraufhin wird er von Douglas in ein schwülstiges Männerbordell eingeführt, in dem Wilde seinen Spaß daran hat, seinem Geliebten beim Sex mit einem anderen Mann zuzuschauen.

Brian Gilberts Versuch einer möglichst sachlichen wie historisch zuverlässigen Darstellung ist überzeugend und gelungen. Oftmals genügen ihm nur nebensächliche Hinweise, um das gesellschaftliche Umfeld zu umreißen, beispielsweise um die aufgepeitschte Stimmung in der Öffentlichkeit darzustellen, die den Prozess gegen Wilde begleitete. Gilbert rehabilitiert allerdings auch Robert Ross, der von der Geschichtsschreibung gerne vergessen wird. Er, der von Wilde nach einer heftigen Affäre dann so eiskalt abserviert wurde, hielt ein Leben lang zu ihm und blieb ihm ein stets in Liebe ergebener Freund. Nach der Entlassung aus der zweijährigen Haft mit Zwangsarbeit lebte Wilde drei Monate mit Lord Alfred Douglas zusammen – länger hielt es Wilde mit dem jähzornigen und egozentrischen Geliebten nicht aus. 1950 wurde die Urne Robert Ross' in Wildes Grab umgebettet, als hätte man versucht, die beiden zu Lebzeiten miteinander so unglücklich Gescheiterten wenigstens im Tode zu einem Paar werden zu lassen.

„Es wäre unehrlich, Verführung und körperliche Leidenschaft nicht zu zeigen. Klammert man das aus der Beziehung aus, lässt man einen wesentlichen Moment weg. Menschen, die ihr Coming-out erst sehr spät erleben, so wie Wilde – er war Ende dreißig – geraten oft völlig aus dem Gleichgewicht, und ich vermute, dass das auch bei ihm der Fall war. Oscar war von Lord Alfred Douglas einfach überwältigt. Das ist wirklich eine der ganz großen Liebesgeschichten – die Zerstörung dieses wundervollen Menschen durch einen gepeinigten jungen Mann."
Drehbuchautor Julian Mitchell

GB/USA/Japan/D 1997 ⊕ Brian Gilbert ☺ Julian Mitchell nach der Biografie *Oscar Wilde* von Richard Ellmann ⊕ Martin Fuhrer ♪ Debbie Wiseman ⊕ Stephen Fry, Jude Law, Vanessa Redgrave, Jennifer Ehle, Gemma Jones, Judy Parfitt, Michael Sheen, Tom Wilkinson ⊙ 112, farbig
Ⓟ️Ⓡ Ⓖ

Out – Stories of Lesbian & Gay Youth
Deutscher Fernsehtitel: Out: Geschichten lesbischer und schwuler Jugendlicher

Ein erfrischend offener Film zum Thema Coming-out: Schwule und lesbische kanadische Jugendliche aus ganz unterschiedlichen sozialen Schichten werden durch ihren Alltag begleitet – im Kleinstadt-College, auf dem Straßenstrich oder in der lesbischen Aktionsgruppe an der Uni. Mit sechzehn Jahren aus dem Indianerreservat abgehauen, mit den Eltern aus Hongkong eingewandert oder seit jeher in der Provinz ansässig – sie alle sind den emotionalen, gesellschaftlichen und familiären Konflikten ausgesetzt, denen sich lesbische und schwule Jugendliche gegenüberstellt, die ihre sexuelle Orientierung, ihr sexuelles Anderssein öffentlich machen. Die unterschiedlichen ethnischen Wurzeln der Porträtierten machen deutlich, dass Homosexualität ein interkulturelles Thema ist, das als mögliche Lebensform im gesamten Erziehungsprozess eines Jugendlichen berücksichtigt werden muss.

Kanada 1993 ⊕ David Atkin ⊕ Joan Hutton, John Walker ♪ Aaron Davis ⊕ Jaffe Cohen, Bob Smith, Danny McWilliams ⊙ 79, farbig
Ⓓ Ⓒ️Ⓞ

P

Papillon

Der unschuldig verurteilte Papillon (McQueen) wird in das berühmt-berüchtigte Strafgefangenenlager in Französisch-Guayana gebracht. Die Gefangenen werden durch die unmenschlichen Haftbedingungen und Brutalitäten der Wärter seelisch gebrochen und körperlich verstümmelt. Papillon unternimmt mehrere Fluchtversuche; bei einem wird er aber wieder gefangen und auf die Teufelsinsel gebracht, von der bislang niemand entkommen konnte. Bei einem der Fluchtversuche bittet Papillon seinen schwulen Mitgefangenen Maturette (Deman), einem Aufseher sexuell willig zu sein, um ihn dadurch abzulenken.

USA 1973 ⊕ Franklin J. Schaffner ☺ Dalton Trumbo, Lorenzo Semple jr. und Henri Charrière nach dessen gleichnamigen, auf einem authentischen Fall beruhenden Roman ⊕ Fred Koenekamp ♪ Jerry Goldsmith ⊛ Steve McQueen, Dustin Hoffman, Robert Deman, Ratna Assan, Robert Deman, Victor Jory, Don Gordon, Anthony Zerbe, George Coulouris, Bill Mumy, Dalton Trumbo ⏱ 150, farbig
ⓌⓅ

Paragraph 175

Rund 100.000 Männer wurden nach Schätzungen während des Nationalsozialismus aufgrund ihrer Homosexualität verhaftet. Mehrere Zehntausend wurde in Arbeits- und Konzentrationslager gebracht, lediglich 4000 von ihnen überlebten. Epstein (*Times of Harvey Milk*, 1984) und Friedman (*Common Threads: Stories from the Quilt*, 1990 und *Gefangen in der Traumfabrik – The Celluloid Closet*, 1996) haben auf Anregung und unter Mitwirkung des deutschen Historikers Klaus Müller zehn Überlebende aufgesucht (u.a. Gad Beck, Heinz Dörmer, Pierre Seel, Heinz F., Albrecht Becker), die in diesem Dokumentarfilm ihre Geschichte erzählen – von dem Rosa Winkel, vom Terror in den Konzentrationslagern und vom versuchten Widerstand. Dazu kommen beeindruckende historische Filmausschnitte und Privatfotos, die *Paragraph 175* zu einem bewegenden zeitgeschichtlichen Dokument werden lassen. Die zügige Zeitreise stellt zwei Perioden schwul-lesbischer Kultur gegenüber: die Goldenen Zwanziger Jahre mit einer vielfältigen lebendigen Subkultur und die Jahre der Verfolgung ab 1933. Wie bereits in ihrem gemeinsamen Film *The Celluloid Closet* präsentieren Epstein und Friedman populäres US-amerikanisches Dokumentarkino: menschlich anrührend, handwerklich perfekt, politisch korrekt, ohne größere intellektuelle Herausforderungen an die Zuschauer. Die Erzählerstimme im Off gehört Rupert Everett. *Paragraph 175* wurde bei den Internationalen Filmfestspielen Berlin 2000 mit dem TEDDY für den besten schwul-lesbischen Dokumentarfilm ausgezeichnet.

USA 1999 ⊕ Rob Epstein, Jeffrey Friedman ☺ Sharon Wood ⊕ Bernd Meiners ♪ Tibor Szemzö ⏱ 81, farbig
Ⓓ ⓉⒹ

Das Parfüm von Yvonne
LE PARFUM D'YVONNE

Ende der fünfziger Jahre am Genfer See. In Rückblenden und knappen, erlesenen Bildern werden die Geheimnisse und Beziehungen von drei Menschen aufgeschlüsselt. Yvonne (Majani) ist eine ehrgeizige junge Schauspielerin, stets umgeben von dem alternden schwulen Grandseigneur René Meinthe (Marielle), der sich auch „Astrid, Königin von Belgien" nennt. Dritter im Bunde ist der junge Graf Victor Chmara (Girardot), der fürchten muss, in den Algerienkrieg geschickt zu werden, und vom Verkauf der Schmetterlingssammlung seiner Familie lebt.

F 1994 ⊕ Patrice Leconte ☺ Patrice Leconte nach dem Roman *Villa Triste* von Patrick Modiano ⊕ Edouardo Serra ♪ Pascal Esteve ⊛ Hippolyte Girardot, Richard Bohringer, Jean-Pierre Marielle, Paul Guers, Sandra Majani, Corinne Marchand ⏱ 89, farbig

Paris brennt
PARIS IS BURNING

Ihre selbstgewählten Ersatzfamilien tragen klangvolle Namen wie „House of Saint Laurent", „House of Ninja" oder „House of Chanel". Auf glamourösen Bällen lassen sie einmal die Woche die Roben rauschen und imitieren bei Laufsteg-Wettbewerben das Leben der Reichen und der Schein, Glamour und die Oberfläche der bürgerlichen Welt in einem choreografierten Ritual. Jennie Livingstons kurzweiliger Dokumentarfilm zeigt die schwule Subkultur Harlems der Schwarzen und Latinos, der Drags und Tunten aus neutraler Perspektive, jedoch mit viel Sympathie für ihr Leben. Sie schlüpfen hier bei ihren Bällen in jene Rollen, die ihnen draußen in der Gesellschaft verwehrt sind: Die Grenzen zwischen den Geschlechtern und die sozialen Schranken scheinen aufgehoben. Sie präsentieren sich in eleganter Abendgaderobe, als Banker und Wirtschaftsboss. Wichtig ist das Auftreten, das Outfit, die Attitüde. Der Schein, nicht das Sein. Hier entstand, was durch Madonnas „Vogueing" weltweit populär wurde. Livingstons Dokumentation wurde u.a. mit dem TEDDY 1991 und dem Großen Preis der Jury beim Sundance Filmfestival 1991 ausgezeichnet.

> „Man hätte annehmen können, dass die Menschen, die ich auf den Bällen filmte, gehässig, böse oder zurückhaltend sind. Sie haben sich jedoch für ein unabhängiges, kreatives Leben entschieden, in der Absicht, so intensiv wie möglich zu leben. Die Bälle sind eine Antwort auf Homophobie und Rassismus, aber eine Reaktion voller Optimismus und Mut."
>
> *Regisseurin Jennie Livingston*

USA 1990 ⊖⊙ Jennie Livinigston ⊕ Paul Gibson, Maryse Alberti ⊛ Paris Dupree, Dorian Corey, Andre Christian, Sol Pendavis, Avis Pendavis, Octavia Saint Laurent, Angie Xtravaganza, Sandy Ninja ⊙ 78, farbig
⒟ⓉⓇ ⒟ ⓉⒹ ⓆⒸ

Paris Was a Woman

Dokumentation über die weibliche Kunstszene bestehend aus Schriftstellerinnen, Journalistinnen, Fotografinnen, Designerinnen und Abenteuerinnen – allesamt Exilantinnen – im Paris der zwanziger und dreißiger Jahre. Von Gertrude Stein und Alice B. Toklas, über Djuna Barnes, Colette, Josephine Baker, Natalie Barney bis zu Giselle Freund, Berenice Abbott und vielen anderen nahmen Andrea Weiss und Greta Schiller (*Before Stonewall, Tiny and Ruby*) die Spur der zumeist lesbischen oder bisexuellen Ausnahmefrauen auf. In Interviews, historischen Filmaufnahmen, Fotos und Berichten von Zeitzeuginnen entsteht ein Bild dieser Zeit, das klar macht, dass intellektuelle Hochkultur kurz vor dem Zweiten. Weltkrieg eine weibliche, wenn nicht gar lesbische Zier in Westeuropa war.

Auch wenn am Rande männliche Protagonisten wie James Joyce, Ernest Heimingway, Henri Matisse oder Pablo Picasso, die mit den Damen oft eng befreundet waren, vorkommen, wird der Film in seiner durch und durch weiblich-lesbischen Sichtweise seinem Titel gerecht. Gelebter Feminismus, offenes und lustvolles lesbisches Leben – wenn auch nur in einer kleinen, privilegierten Gruppe – wird hier in seiner schönsten und überzeugendsten Weise, allerdings in konventioneller Machart, dokumentiert.

GB 1995 ⊖ Greta Schiller ⊙ Andrea Weiss ⊛ Nurit Aviv ⊙ Janette Mason ⊛ Janet Flanner, Giselle Freund, Catharine Stimpson, John Bernard, Sylvia Beach, Colette, Shari Benstock ⊙ 75, farbig

Paso Doble

Herr und Frau Dombromski (Heins, S.) stecken in einer tiefen Ehe- und Sinnkrise. Der gemeinsame Urlaub in Spanien bringt nicht die erhoffte Wendung. Zurück in Berlin beginnt Ehefrau Dombrowski eine Affäre mit einem persischen Masseur, während ihr Ehemann kurzschlosshalb zurück ins spanische Feriendomizil reist. Dort kommt er dem stummen Toilettenmann (Iskandarani) eines Restaurants näher. Spontan nimmt er den Liebhaber mit nach Deutschland. Doch die ungewöhnliche Wohngemeinschaft aus Ehepaar, Kindern und schwulem Lover scheitert. Frau Dombrowski erkennt, dass ihr neuer Liebhaber ähnliche Fehler aufweist wie ihr Gatte. Herr Dombrowski wiederum muss feststellen, dass sich eine Ferienromanze nur schlecht in den Alltag hinüberretten lässt.

Erstmals verfügte Lambert durch eine Koproduktion mit dem NDR über ein größeres Budget. Entstanden ist daraus eine leicht überzeichnete Komödie, bei der er ein besonderes Gespür für die unfreiwillige Komik des Zusammenlebens und die Peinlichkeiten des alltäglichen Lebens beweist. Während er seine Hauptcharaktere nie bloßstellt, sind die Nebenfiguren häufig zu groben Karikaturen geraten; etwa, wenn sich die deutschen Touristen über das ausgelassen im Swimmingpool herumtollende Schwulenpaar empören.

BRD 1983 ⊜ Lothar Lambert ☺ Lothar Lambert nach eine Idee von Albert Heins ✦ Helmut Röttgen ⊛ Albert Heins, Ulrike S. (Ulrike Schirm), Susanne Stahl, Christoph Wellemeyer, Mustafa Iskandarani, Morteza Ghazanfari, Stefan Menche, Dorothea Moritz ☺ 89, farbig
Ⓑ

Pasolinis tolldreiste Geschichten
I RACCONTI DI CANTERBURY

In den *Canterbury Tales* hielt der englische Dichter Geoffrey Chaucer (1340-1400) die mittelalterliche Welt in ihrer bunten Fülle fest. Pier Paolo Pasolini wählte acht dieser derb-komischen Episoden als Grundlage für den zweiten Teil seiner aus *Erotische Geschichten aus 1001 Nacht* (1974) und *Decamerone* (1971) bestehenden „Trilogie des Lebens". In der dritten Episode kauft der Teufel (Citti) die Seele eines Gerichtsboten (Buckler), der Homosexuelle erpresst. Pasolini spielt den schreibenden und über seine eigenen Geschichten lachenden Chaucer, der als Bindeglied zwischen den einzelnen Geschichten in Erscheinung tritt. Der Film wurde 1972 bei den Internationalen Filmfestspielen Berlin mit dem Goldenen Bären ausgezeichnet.

I 1971 ⊜☺ Pier Paolo Pasolini ✦ Tonino Delli Colli ⊛ Pier Paolo Pasolini, Derek Deadman, Daniel Buckler, Oscar Fochetti, Franco Citti, Tom Baker, Josephine Chaplin, Alan Webb, Hugh McKenzie, Martin Whelar, John McLaren, Peter Cain, Hugh Griffith ☺ 111, farbig

The Passion of Darkly Noon

Völlig erschöpft landet Darkly Noon (Fraser) in der Nähe einer kleinen Farm mitten im Wald. Das dort lebende junge Paar, vor allem die aufreizend blonde Callie (Judd), kümmern sich um ihn. Darkly ist ein seltsamer Vogel. Leicht stotternd, in einer religiösen Sekte aufgewachsen, sieht er überall die Versuchung und das Böse – und muss feststellen, dass

sich bei ihm unerträgliche sexuelle Triebe regen. Aber weil er nicht kriegen kann, was er möchte, und ohnehin der ganze Wald nur von Spinnern, schwulen schwarzen Laienpredigern und vermeintlichen Hexen bewohnt ist, fordert Gottes Wille Blut, und Darkly spielt den Rächer.

Philip Ridley bewies schon in seinem Erstling *Schrei in der Stille* (1990), einer ausufernden, aber stilvoll in Form gebrachten, wilden Fantasie, wie kunstvoll er Kindheitstraumata, (homo)sexuelle Lüste und Mythen des Alltags zusammenbringen kann. In *The Passion of Darkly Noon* löst sich dieses Spiel mit beeindruckenden, sinnfälligen Zeichen und Metaphern in platte Symbolik auf. Rot und Blut allerorten, und für Erotik sind allenthalben Ashley Judds lange Beine und Brendan Frasers nackter Oberkörper zuständig. Das wirklich Bemerkenswerte dieses Film ist, dass die tiefen Waldschluchten des ur-amerikanischen Settings nicht in den USA, sondern in der Sächsischen Schweiz gedreht wurden.

GB/D 1995 ⊜☺ Philip Ridley ✦ John De Borman ♪ Nick Bicât ⊛ Brendan Fraser, Ashley Judd, Viggo Mortensen, Loren Dean, Grace Zabriskie ☺ 100, farbig

Paulines Geburtstag oder: Die Bestie von Notre Dame

Dokumentarfilm über eine schwule Hamburger Laiendarstellertruppe, die im Kellertheater des Kneipiers und Szene-Originals Harry Pauly alias Pauline ihr selbstverfasstes Theaterstück *Die Bestie von Notre Dame* aufführen will. Der 60. Geburtstag von Pauly, der Seele der Truppe, fällt mit der Premiere zusammen . Sein Lokal *MC-Club* und seine Wohnung sind Anlaufstelle für junge Streuner und Stricher, die er bekocht und bemuttert. Er stirbt auf offener Bühne an Herzversagen. Die Kamera nimmt dies schonungslos auf und zeigt auch die Wiederbelebungsversuche des Rettungssanitäters.

BRD 1977 ⊜ Fritz Matthies ☺ Fritz Matthies, Heinz Bendixen unter Verwendung des Bühnenstücks von Harry Pauly ✦ Klaus

Pörtner, Fritz Seemann, Jochen Goritschnig 🎭 Harry Pauly, Jochen Pehrs, Rudi Schumacher, Michael Kohler, Werner Lux ⏱ 91, farbig
Ⓓ ⒹⓉ ⓅⓇ

Pecker

Fickende Ratten in der Mülltonne. Eine voluminöse Blondine, die sich im Bus die Beine rasiert. Ein Mann, der sich im Waschsalon beim Schleudergang einen runterholt – wohin der schlaksige Pecker (Furlong) mit dem entwaffnenden Lächeln in seinem Vorort von Baltimore auch schaut, überall findet er Motive für seine Fotokamera. Momentaufnahmen des täglichen Lebens, seiner Hässlichkeit und Banalität, aber auch seines ureigenen Charmes. Die große Leidenschaft des 18-Jährigen ist die Fotografie. Seine erste Ausstellung organisiert er in der Imbissbude, in der er jobbt. Als ihn die Kunsthändlerin Rorey Wheeler (Taylor) dort entdeckt und in die New Yorker Kunstszene einführt, wird er über Nacht zum Star und mit ihm all seine Models: die Mutter, die in ihrem Third-Hand-Klamottenladen Obdachlosen zu neuem Outfit verhilft, die zuckersüchtige Schwester, sein bester Freund und Kleptomane Matt (Sexton III), die ältere Schwester und Schwulenmutti Tina (Plimpton), die in einer schwulen Go-go-Bar arbeitet, wie auch die Lesben von der Stripshow. Mit einem Mal steht Peckers Leben Kopf und nichts ist mehr wie vorher.

Pecker ist zwar kurzweilig und unterhaltsam, aber auch ziemlich vorhersehbar, selbst die vielen schrillen Kostümdetails und Figuren-Exzentritäten bergen keine Überraschungen. Da ist dann sogar das Happy End, bei dem sich die Kulturschickeria aus Manhattan (u.a. der schwule Starfotograf Greg Gorman) und die Penner von Baltimore, die lesbischen Stripperinnen und die schwulen Table-Dancers in den Armen liegen, allenfalls nett und allzu versöhnlich.

USA 1988 🎭🙂 John Waters ✱ Robert Stevens ♪ Stewart Copeland 🎭 Edward Furlong, Christina Ricci, Lili Taylor, Mary Kay Place, Lauren Hulsey, Brendan Sexton III, Martha Plimpton, Greg Gorman ⏱ 87, farbig

Pepi, Luci, Bom und andere Mädchen aus der Clique
PEPI, LUCI, BOM Y OTRAS CHICAS DEL MONTÓN
Deutscher Alternativtitel: Pepi, Luci, Bom und andere Mädchen aus dem Haufen

Almodóvars mit minimalem Budget realisierter Erstlingsfilm ist eine Hommage an die exzessiven Zeiten der „movida", der kulturellen Revolution in Madrid nach dem Ende der Franco-Ära.

Pepi (Maura) bekommt Besuch von einem Polizisten (Rotaeta), der entdeckt hat, dass sie auf ihrem Balkon Marihuana anbaut, und wird von ihm vergewaltigt. Sie schwört Rache und lässt ihn zunächst von den Musikern der Punkrock-Gruppe ihrer Freundin Bom (Gara) verprügeln. Am folgenden Morgen muss Pepi allerdings feststellen, dass sie statt des Vergewaltigers dessen Zwillingsbruder erwischt haben. Als nächsten Schritt ihres Rachefeldzuges freundet sie sich mit Luci (Siva) an, der Frau des Polizisten. Schnell wird diese zum willigen Opfer der sadistischen Neigungen Boms. Gemeinsam besuchen Pepi, Luci und Bom wilde Konzerte und Partys der movida-Bewegung – auf einer der Partys organisiert Pedro Almodóvar in einem Kurzauftritt einen Erektionswettbewerb. Um Geld zu verdienen, nimmt Pepi einen Job in einer Werbeagentur an, schreibt aber auch an einem Drehbuch über das bewegte Leben ihrer Frauenclique. Luci verlässt ihren Mann und zieht zu ihrer Geliebten. Der verlassene Ehemann lauert ihr auf und schlägt sie krankenhausreif. Bei einem Besuch in der Klinik müssen Bom und Pepi feststellen, dass die masochistische Luci sich mit ihrem sadistischen Ehemann versöhnt hat.

Die in den Film integrierten Werbespot-Parodien gehen auf Kurzfilme zurück, die Almodóvar bereits während seiner Amateurzeit gedreht hat. Die ungekürzten Travestie- und Shownummern, die für die eigentliche Handlung nur eine bedingte dramaturgische Funktion haben, sind Geschenke Almodóvars an seine Freunde, die sich mit diesen Auftritten schauspielerisch erproben.

Spanien 1980 ⊕⊙ Pedro Almodóvar ⊛ Paco Femenia ⊕ Carmen Maura, Olvido „Alaska" Gara, Eva Siva, Félix Rotaerta, Kiti Manver, Cecilia Roth, Concha Grégori, Agustín Almodóvar ⊙ 80, farbig (DT)

Performance

Als der Londoner Gangster Chas (Fox) seinen Freund und Kollegen Joey (Valentine) erschießt, statt ihn nur zur Loyalität zu ermahnen, taucht er unter, um der Wut seiner Bosse zu entgehen. Er mietet sich in dem Haus des Popstars Turner (Jagger) in Notting Hill ein, wo dieser mit zwei jungen, bisexuellen Frauen (Pallenberg, Breton) haust. Chas geht in deren Bohémeleben auf. In einer verwickelten Abfolge von Umdrehungen, Verführungen und Tauschvorgängen beginnen die beiden Männer, ineinander zu verschwimmen und ihre Identitäten zu tauschen. Chas wird als Mann in einer psychosexuellen Krise geschildert: Nach außen hin ein Abbild der Maskulinität – der Gangster mit Anzug und Pistole – beginnt ihn innerlich eine latente, homosexuelle Desorientierung langsam aufzufressen. Schon in den ersten Einstellungen muss er sich selbst im Spiegel betrachten, um die Fellatio zu genießen. Turner enthemmt Chas' Coming-out und bietet sich förmlich für den Persönlichkeitstausch an. Eine Musicalsequenz, in der Turner mit zurückgekämmten Haaren und im Anzug vor Chas' Unterweltbossen ein aggressives Lied singt, entlarvt auch die „alten Herren" als verklemmte, dekadente Tunten, die sich schließlich entkleiden und tanzen.

Nicholas Roeg lieferte (mit dem Maler und Filmemacher Donald Cammell als Koregisseur) mit diesem sehr komplexen Werk, das in seiner Erzähl- und Schnitt-Technik an Methoden des Underground-Films erinnert, sein Debüt als Regisseur. Warner Bros. wollte diesen Popart-Gangsterfilm zunächst gar nicht in den Verleih bringen, weil er nicht für publikumswirksam erachtet wurde – trotz eines Mick Jagger in der Hauptrolle.

Performance erwies sich trotz seines schleppenden kommerziellen Erfolges als ein Schlüsselfilm bezüglich der sich langsam auflösenden Geschlechterrollen in den siebziger

Jahren. Er reflektiert auf experimentelle Weise Befindlichkeiten populärkultureller Strömungen der ausgehenden sechziger Jahre und enthält bereits viele Kennzeichen der späteren Werke Roegs: die rücksichtslose Verschachtelung von Zeiteinheiten, das damit einhergehende Aufbrechen einer linearen Dramaturgie, das Vermischen von Realitätsebenen, die unverblümte Darstellung sexueller und gewalttätiger Exzesse.

GB 1969 ⊕ Donald Cammell, Nicholas Roeg ⊚ Ronald Cammell ⊛ Nicholas Roeg ♪ Jack Nitzsche ⊕ Mick Jagger, James Fox, Anita Pallenberg, Michèle Breton, Stanley Meadows ⊙ 105, farbig (BI) (CO) (DT)

Persona – Geschichte zweier Frauen
PERSONA

Kaum einem Regisseur gelingt die Darstellung des Unaussprechlichen zwischen zwei Menschen so gut wie dem Schweden Ingmar Bergman. In diesem Beinahe-Kammerspiel in dichten Schwarz-Weiß-Bildern geht es um die bekannte Schauspielerin Elisabet Vogler, die eines Tages aufhört zu sprechen. Sie wird in eine Nervenklinik eingewiesen, wo sich die Krankenschwester Alma ihrer annimmt. Schon bald ist Alma verliebt und geradezu besessen von Elisabet, die noch immer nicht spricht. Alma, die die Situation als besondere Intimität missdeutet, offenbart der stummen Elisabet all ihre Geheimnisse. Doch sie findet heraus, dass Elisabet ihr Vertrauen missbraucht, indem sie dem behandelnden Arzt einen Brief schreibt, der Almas Beichten enthält. Aus der Freundschaft wird Konkurrenz, die aber auch nach wie vor sexuell aufgeladene Spannung, ein Komm-her-geh-weg-Spiel und eine starke Abhängigkeit voneinander beinhaltet. Vor allem befremdlich ist die immer stärkere Annäherung der beiden Frauen, die symbiotisch zu einer Person zu verschmelzen scheinen, und die an Wahnsinn grenzende Überidentifizierung miteinander.

Das Spiel der beiden Schauspielerinnen Bibi Andersson als neurotische Krankenschwester Alma und Liv Ullmann als die stumme Diva ist virtuos.

Harter Stoff, der unter die Haut geht und sowohl die oftmals symbiotische Beziehung unter Frauen wie auch die individuelle Entfremdung von sich selbst aufzeigt.

Schweden 1966 ⊕⊙ Ingmar Bergman ⊛ Sven Nykvist, Andres Bodin ♪ Lars Johan Werle, J.S. Bach ⊕ Liv Ullmann, Bibi Andersson, Gunnar Björnstrand, Margareta Krook, Jörgen Lindström ⊙ 84, s/w

Personal Best

Obwohl ein klassisches Beispiel von „Lesbischsein macht nicht glücklich", ist dieser Film doch zu einem Klassiker des lesbischen Kinos geworden. Anfang der achtziger Jahre, in einer

Zeit, in der es kaum Lesben auf der Leinwand gab, konnte das hungrige lesbische Publikum hier wenigstens ein bisschen lesbische Erotik und eine souveräne lesbische Figur bewundern.

Die Geschichte spielt in der US-amerikanischen Leichtathletik-Olympiamannschaft. Die erfolgreiche und offen lesbische Tori unterstützt das junge Talent Chris und beginnt eine Affäre mit ihr. Doch das Glück hält dem Druck von außen und auch dem Charme eines Teamkollegen nicht Stand, und Chris verlässt Tori zugunsten des Mannes. Am Schluss ist die mittlerweile erfolglose Tori Chris immer noch freundschaftlich zugetan und hat sich mit dem Verlust abgefunden. Absolut kein lesbisches Happy End, aber immerhin mit Tori eine interessante lesbische Figur, die von der offen lesbischen ehemaligen Leistungssportlerin Patrice Donnelly gespielt wird. Chris wird von Hemingway-Enkelin Mariel gespielt, die trotz ihrer unsympathischen Rolle lesbischen Kultstatus erreichte.

Der viel zu lang geratene Film strotzt vor Nahaufnahmen angespannter Muskeln, verschwitzter Körper und Zeitlupenstudien von Trainingsabläufen im Hochleistungssport. Ein toller Spaß für Muskel- und Sportfans und ein klassischer Vertreter verklemmter, moralinsaurer Hollywoodfilme mit lesbischer Thematik.

USA 1982 ⊜⊙ Robert Towne ⊛ Michael Chapman ⊙ Jack Nitzsche, Jill Fraser ⊛ Mariel Hemingway, Patrice Donnelly, Scott Glenn, Kenny Moore, Jim Moody ⊙ 125, farbig
(BI) (HP) (FF)

Peter's Friends – Freunde sind die besten Feinde
PETER'S FRIENDS

Eine sechsköpfige Gruppe einstiger Uni-Freunde, die sich auseinandergelebt haben, sieht sich nach zehn Jahren zu einem privaten Klassentreffen wieder, um gemeinsam bei Peter (Fry) Silvester zu feiern. Der hat das väterliche Schloss geerbt und die Freunde dorthin eingeladen. Das Wochenende wird zur nostalgischen Rückschau, aber auch zur persönlichen Abrechnung jedes Einzelnen mit sich selbst. Man offenbart sich

Probleme, Enttäuschungen und Fehler. Der alkoholkranke Andrew Benson (Branagh) beispielsweise wollte ein anerkannter Schriftsteller werden und hat es nur zum Drehbuchautor zweitklassiger Fernsehserien geschafft. Maggie (Thompson) sucht immer noch nach dem Mann fürs Leben und hofft, dies könne vielleicht Peter sein. Zum Finale offenbart der schwule Gastgeber den eigentlichen Grund seiner Einladung: Er teilt seinen Freunden mit, dass er HIV-positiv ist.

Hochgradig besetzter Ensemblefilm mit geschliffenen Dialogen, der sich geschickt zwischen Farce, Komödie und melancholischem Drama bewegt.

GB 1992 ⊜ Kenneth Branagh ⊙ Martin Bergman, Rita Rudner ⊛ Roger Lanser ⊙ Garin Greenaway ⊛ Kenneth Branagh, Hugh Laurie, Emma Thompson, Stephen Fry, Imelda Staunton, Phyllida Law, Tony Slattery ⊙ 101, farbig
(A) (CO)

Pforten des Paradieses
GATES TO PARADISE

Die erste Auslandsproduktion des polnischen Regisseurs Andrzej Wajda erzählt in einer düsteren Studie über Fanatismus und Autoritätsgläubigkeit und darüber, wie eine unerfüllte homoerotische Liebe zum Auslöser für einen Kinderkreuzzug wird. Durch den Grafen von Chartres (Mayne), der Jakob

(Fordyce) heimlich liebt und begehrt, angestiftet, ruft der Hirtenjunge im Jahr 1212 Tausende von Kindern auf, nach Jerusalem zu pilgern, um dort das Grab Jesu von der sarazenischen Herrschaft zu befreien. Ein Mönch (Stander), der die Pilgerschar begleitet, erfährt durch die Beichte, dass der wahre Grund für diesen Kreuzzug jedoch die – in Rückblenden gezeigten – Liebesverstrickungen sind. All seine verzweifelten Versuche, die irregeführten Kinder zur Heimkehr zu bewegen und damit vor dem Tod zu bewahren, scheitern.

GB 1967 ⊙ Andrzej Wajda ⊙ Jerzy Andrzejewski nach seiner gleichnamigen Novelle ⊙ Wieczyslaw Jahoda ♪ Ward Swingle ⊙ Lionel Stander, John Fordyce, Mathieu Carrière, Pauline Challoner, Ferdy Mayne ⊙ 89, farbig
ⓅⒶ

Philadelphia

Andrew Becket (Hanks) ist ein aufstrebender und dynamischer Anwalt einer renommierten Kanzlei, der für jedes Problem eine Lösung weiß. Nur eines ist für ihn unlösbar: Er hat Aids. Als er völlig überraschend die Kündigung erhält, angeblich weil er eine wichtige Akte verschlampt haben soll, in Wahrheit aber jedoch, weil seine Krankheit und seine Homosexualität bekannt geworden sind, gibt er sich nicht geschlagen. Becket will gegen die Diskriminierung klagen, doch er findet erst nach vielen Mühen in Joe Miller (Washington) einen Anwalt, der ihn in diesem Fall vertritt. Auch dieser muss sich erst mit den eigenen Vorurteilen gegenüber Schwulen (stellvertretend für die Zuschauer) auseinandersetzen. Der Prozess wird zum Wettlauf mit der Zeit.

Philadelphia ist ein ausgesprochen moralischer Film, der Toleranz und den uramerikanischen Grundsatz der Gleichheit beschwört (und deshalb auch in Philadelphia, dem Geburtsort der US-amerikanischen Verfassung, spielt). Beinahe zehn Jahre hatte Hollywood gebraucht, um sich mit einer starbesetzten Großproduktion des Themas anzunehmen und einen Spielfilm zu produzieren, der ein möglichst breites Publikum anspricht. Deshalb setzt Regisseur Demme (*Das Schweigen*

der Lämmer, 1991) vor allem auf Emotionen, sowie die Bestätigung von Klischees und Schwarz-Weiß-Malerei. Der Film weicht auf das klassische Genre des Gerichtsdramas aus, um möglichst wenig vom Privatleben des schwulen Becket zeigen zu müssen. Dieser lebt mit dem Maler Miguel (Banderas) zusammen, aber außer einem vagen Kuss am Sterbebett werden zwischen den beiden keinerlei Zärtlichkeiten oder gar Intimitäten gezeigt – aus Angst, das heterosexuelle Kinopublikum damit zu überfordern. Becket ist ein gutbürgerlicher, wohlanständiger, in monogamer Beziehung lebender Homosexueller, den ein einziger Fehltritt – der Besuch eines schwulen Pornokinos – nun das Leben kostet.

Der Film wurde 1993 für fünf Oscars nominiert; Bruce Springsteen bekam ihn für den Titelsong; Tom Hanks erhielt einen als bester Hauptdarsteller (wie auch den Silbernen Bären bei der Berlinale 1994). Bei der Überreichung des Oscars dankte er einem schwulen Schauspiellehrer und gab damit unbewusst die Initialzündung für die Outing-Komödie *In & Out* (1997).

USA 1993 ⊙ Jonathan Demme ⊙ Ron Nyswaner ⊙ Tak Fujimoto ♪ Howard Shore ⊙ Tom Hanks, Denzel Washington, Antonio Banderas, Jason Robards, Mary Steenburgen, Ron Vawter, Lisa Summerour, Robert Ridgely, Charles Napier, Joanne Woodward, Roger Corman, Paul Lazar, Bradley Whitford, Tracey Walter, John Bedford Lloyd ⊙ 125, farbig
Ⓐ Ⓞ

Pianese Nunzio – Vierzehn im Mai
PIANESE NUNZIO – QUATTORDICI ANNI A MAGGIO

Bis die Geschichte mal so richtig in Fahrt kommt, ist schon eine Stunde um, und wir haben bis dahin einen sehr detaillierten Blick in den Alltag im Armenviertel von Neapel gewonnen: Zerrüttete Familien, die Allmacht der Mafia, die allgegenwärtige Kriminalität. Hier lebt auch der 13-jährige Pianese (Gargiulo) und der junge, engagierte Priester Lorenzo (Bentivoglio). Der unterrichtet den Knaben, fördert ihn in seinen Bemühungen um eine Gesangskarriere und lässt ihn sogar bei sich im Pfarrhaus wohnen. Ihr Geheimnis: Beide verbindet mehr als nur eine Freundschaft, und diese Beziehung darf nicht sein. Doch erst, als die Camorra entsprechende Hinweise an die Justiz und das Jugendamt gibt, kommt der Stein ins Rollen. Ein perfider Plan: Statt den Priester wie andere Mafia-Gegner umzulegen, bringt ihn auf diesem Wege dessen Leidenschaft zum Schweigen. Jetzt erst findet *Pianese Nunzio* seinen Rhythmus und bewegt sich immer mehr in Richtung dramatisches Kammerspiel. Die Bedrohung von außen zwingt Vater Lorenzi dazu, seine Beziehung zu Pianese zu definieren. Ist es Liebe, Unzucht mit Abhängigen oder Ausnutzung des Liebesbedürfnisses des Jungen? Regisseur Capuano lässt die Beziehung des Mannes zum Jungen von beiden Seiten beschreiben und bewerten; das Urteil, ob es sich hier tatsächlich um sexuellen Missbrauch handelt, überlässt er den ZuschauerInnen. In Italien gelangte der Film wegen seiner brisanten Themenmischung nicht in die Kinos.

I 1996 ⊜☺ Antonio Capuano ⊕ Antonio Baldoni ♪ Tiziano Grotti ⓦ Fabrizio Bentivoglio, Emanuele Gargiulo, Manuela Martinelli, Toniono Taiutti ☉ 115, farbig
Ⓟ̲Ⓐ̲

Piccadilly Pickups

Tristam Handy-Shandy (Green) dreht einen Dokumentarfilm über die Sexindustrie. In einem Boxring interviewt er Dan (St. John), der ihm von Jake (Wallace) berichtet. In einem parallelen Erzählstrang wird dessen Geschichte aufgeblättert: Der schüchterne Junge aus der Provinz, der in London die Freuden des schwulen Sex entdeckt und bei einem Casting zu einer Pornoproduktion landet. Die Dreharbeiten dieses recht abstrusen Pornos sind nicht weniger abenteuerlich: Schwule Männer spielen in BHs bekleidete Lesben und mühen sich redlich, den Anforderungen eines pornografischen Streifens gerecht zu werden.

Low-Budget-Produktion, die Satire und Hardcore-Porno vereinen möchte, der aber beides nicht so recht gelingen mag. Komisch hingegen sind die im Stile von BBC-Nachrichten gesprochenen Off-Kommentare. Erstaunlich auch, dass Alexis Arquette (*Einsam, zweisam, dreisam*, 1994; *Letzte Ausfahrt Brooklyn*, 1989) auch in den Hardcore-Sexszenen – offensichtlich unbekümmert um seine Karriere in Hollywood – ganzen Einsatz beweist.

> „Um Aufmerksamkeit zu erregen, habe ich Piccadilly Pickups als eine leicht durchschaubare Satire über Ausbeutung in der Sexindustrie angelegt. Ich will dazu aufrufen, mit Geschlechtsidentitäten sexuell zu experimentieren und sämtliche Etiketten abzulegen, und möchte jedem die wahre Bedeutung von Drag in all seiner Herrlichkeit offenbaren." Regisseur Amory Peart

GB 1999 ⊜☺ Amory Peart ⊕ Jane Scanlen, Tom Yum, Steve Farrah, Mark Harriott, Alexis Arquette ♪ Stephen S., Jeffrey V. ⓦ Alexis Arquette, Chris Green, Spike St. John, B. J. Wallace, Jake Darby, Ryan Stone, Sean Stone, Rod Hunt ☉ 80, farbig
Ⓓ̲Ⓣ̲

Pie in the Sky: The Brigid Berlin Story

Die Dokumentation *Pie in the Sky*, der Erstling des Regiepaares Fremont, beschreibt das Leben von Brigid Berlin, einem der Stars aus der Andy-Warhol-Factory. Der Schwerpunkt liegt in der Darstellung ihres künstlerischen Werkes, ihrem schwierigen Verhältnis zu ihrer Familie und ihrem jetzigen Leben als Hausfrau und Ikone. Der Grat zwischen Wahnsinn und Genie, auf dem sie ihr Leben verbringt, ist schmal. Die Ordnungsfanatikerin fotografiert ihre Regale, damit nach dem Putzen jedes Detail wieder exakt an seinem Platz steht. Zudem führt sie überall ihr Tonbandgerät mit sich, um alle erdenklichen Gespräche aufzuzeichnen. Ihr Vater, Leiter der Hearst Corporation, und ihre glamouröse, in Schickeria-Kreisen verkehrende Mutter erwarteten von Brigid, dass sie in ihre Fußstapfen treten und ein perfektes Leben führen würde. Jahrelang rebellierte Brigid und rannte schließlich mit einem schwulen Schaufensterdekorateur davon. Sie bekam Kontakt zu Andy Warhol, der ihre Techniken – Polaroids und die Wiederholung von Motiven in unterschiedlicher Ausführung – für seine eigene Arbeit übernahm. Er machte sie mit dem Film *Chelsea Girls* (1966), in dem sie eine lesbische Tablettendealerin spielt, die sich eine Spritze mit Amphetaminen durch die Jeans stößt, zur Underground-Queen. *Pie in the Sky* zeigt zudem Ausschnitte ihrer Auftritte in den Warhol-Filmen *Bike Boy* (1967) und *Imitation of Christ* (1970). Die Originalmusik des Films stammt von *Blondie*-Gründer Chris Stein.

USA 2000 ⊜☺ Vincent Fremont, Shelly Dunn Fremont ⊕ Vic Losick ♪ Chris Stein ⓦ Brigid Berlin, John Waters, Patricia Hearst, Richard Bernstein, Larry Rivers, Bob Colacello, Taylor Mead, Paul Morrissey ☉ 75, farbig
Ⓣ̲Ⓡ̲ Ⓓ

Pierre & Gilles: Love Stories

Der Fotograf Pierre und der Maler Gilles haben mit ihren kitschig-bunten, erotischen, barock-überbordenden wie humorvollen Arbeiten die Popkultur seit den achtziger Jahren mitbestimmt. Mike Aho beobachtet das Künstler- und Liebespaar bei der Arbeit, zeigt sie mit prominenten Models und Freunden und gewährt so einen unterhaltsamen Blick in die Werkstatt und hinter die Kulissen.

F 1997 ⊜☺ Mike Aho ⊕ Pierre & Gilles, Catherine Deneuve, Nina Hagen, Rupert Everett, Jean-Paul Gaultier, Ethienne Daho, Sylvie Vartan ☉ 58, farbig
Ⓓ

Piñeiro

Als 1976 sein am Broadway gefeiertes Theaterstück *Short Eyes* über den Knastalltag in Sing Sing und das Schicksal eines von Mithäftlingen misshandelten Kinderschänders auch noch mit ihm selbst in der Hauptrolle verfilmt wurde, war Miguel Piñeiro auf dem Höhepunkt seiner Karriere. Ein puertoricanischer Krimineller, Junkie, Dealer und Knastbruder wird zur Latino-Ikone. Einer von ganz unten zeigt denen da oben, wie es sich so lebt im Dreck und ohne Zukunft. Seine Texte waren legendäre Vorläufer des Rap und der Spoken Poetry, sein Ruhm aber konnte ihm nicht aus dem Dreck heraushalten. Mit 40 Jahren gab die Leber auf, und der *Bad Boy* beendete sein exzessives Leben körperlich und existenziell ruiniert.

Benjamin Bratt hat sich zum Salon-Che Guevara stylen lassen und mimt diesen leidenschaftlichen Selbstzerstörer. Die Zeitebenen verschwimmen, Theatersequenzen, Kindheitserinnerungen, Rückblenden – alles geht in dem mit wilder Kamera fotografierten Film, in schnell geschnittenen Bildern, die zwischen Schwarz-Weiß und Farbe wechseln, durcheinander. Der Dreck der Slums bekommt mit dieser Ästhetik eine glattpolierte Oberfläche, und die Lebensgeschichte des Piñeiro gerät zur Anbetung eines Heiligen. Während all das Koks und Heroin samt ihrer Folgen bis in die letzte Hautfalte gezeigt werden, bleiben Piñeiros schwule Eskapaden dezent angedeutet. Als halbwüchsiger Strichjunge lässt er sich im Kino von einem älteren Mann die Knie betatschen. Als Erwachsener ist er der Aktive und fasst einem Jungpoeten im Striplokal in den Schritt. Eine Transe will von seinem Erfolg profitieren und ein Stück geschrieben bekommen; er will als Gegenleistung eine neue Leber. Dies alles sind Momentaufnahmen unter vielen, die vorbeirauschen wie die rezitierten Texte – und doch kein vollständiges Persönlichkeitsbild ergeben.

USA 2001 🖭🕮 Leon Ichaso 📷 Claudio Chea 🎵 Kip Hanrahan 🎭 Benjamin Bratt, Giancarlo Esposito, Nelson Vasquez, Michael Wright, Rita Moreno, Michael Irby, Jamie Sanchez, Rome Neal ⏱ 94, s/w und farbig
(BI) (WP)

Pink Flamingos

Mit diesem Werk ging John Waters (*Desperate Living*, 1978, *Pecker* 1998) als der „König des schlechten Geschmacks" oder auch der „King of Puke" („König des Kotzens") in die Filmgeschichte ein. Der „berühmteste Transvestit der Welt" Divine spielt Babs Johnson, die in einem Wohnwagen mit ihrer durchgeknallten Familie lebt und in einen Wettstreit um den Titel der verdorbensten Familie Baltimores tritt. Ihre Gegner,

die Familie Marble, halten in ihrem Keller junge Frauen gefangen, die zwangsgeschwängert werden und deren Babys dann an spießige Lesbenpaare mit verzweifeltem Kinderwunsch verkauft werden. Weitere Späße sind die legendäre Szene, in der Divine tatsächlich (denn alles ist ungeschnitten) Hundescheiße isst, ein Grillfest mit zwei Polizisten als Hauptgang und die Abschlachtung der Verliererfamilie. Ein Film, bei dem sich viele Zuschauer tatsächlich übergeben mussten und der alle nur möglichen und unmöglichen Tabubrüche beinhaltet. Absoluter Kult und ein Heidenspaß für Fans des absolut schlechten Geschmacks.

USA 1972 🖭🕮🕮 John Waters 🎭 Divine, Mink Stole, Edith Massey, David Lochary, Mary Vivian Pearce, Danny Mills ⏱ 100, farbig (M) (DT)

Pink Narcissus

Fast sieben Jahre lang arbeitete der New Yorker Fotograf James Bidgood an diesem auf Super-8 und 16 mm gedrehten Film. Das Wohnzimmer wurde zum Filmstudio, das er mit ständig neuen, prächtig-kitschigen Bühnenbildern ausstattete. Heute erinnert dieses überladene Camp-Dekor an die Bilderwelt des französischen Künstlerpaares Pierre & Gilles.

Die Handlung ist dabei eher peripher. Während der Stricher Pink Narcissus (Kendall) in einem Hotel am Times Square auf einen Freier wartet, begibt er sich auf eine surreale Traumreise und imaginiert sich in die verschiedensten Rollen und Welten hinein, mal in eine schwüle arabische Nacht, dann in die heroische Pose eines Toreros oder eines demütigen römischen Sklaven.

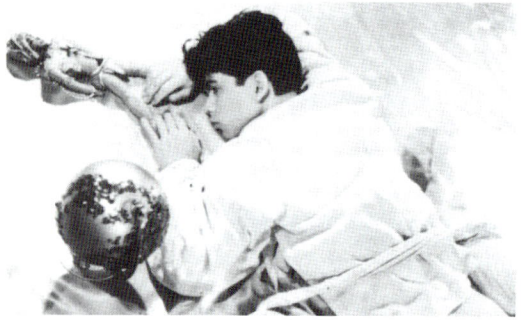

Als *Pink Narcissus* 1971 in den USA in die Kinos kam, wurde Bidgoods Name im Vorspann nicht genannt. Stattdessen stand als Autorenhinweis „made by Anonymus". Über Jahrzehnte – der Film hatte bereits den Status eines außergewöhnlichen Kultklassikers schwuler Erotik und künstlerischer Extravaganz erlangt – blieb der wahre Urheber unbekannt. Erst in den neunziger Jahren lüftete der inzwischen betagte und verarmte Bidgood das Geheimnis. Die Produktionsfirma hatte ihm den seines Erachtens noch nicht vollendeten Film entzogen und gegen seinen Willen herausgebracht. Aus Enttäuschung darüber distanzierte er sich von dem Werk und vernichtete das ihm noch verbliebene Material.

USA 1964-1971 ⊜⊚⊕ James Bidgood ♪ Martin Jack Sadof, Gary Goch ⊛ Bobby Kendall ⊘ 70, farbig ⓅⓇ

Die Piratin
LA PIRATE

In diesem düsteren französischen Drama spielen die beiden attraktiven Hauptdarstellerinnen Jane Birkin als Alma und Maruschka Detmers als die schöne Carol das unglückliche lesbische Paar. Carol macht sich auf die Suche nach ihrer mittlerweile verheirateten Ex. Sie findet sie, doch der Versuch, zusammen durchzubrennen, wird von Ehemann Andrew vereitelt, der den beiden durch ganz Frankreich hinterherreist. Auf einer gemeinsamen Schifffahrt der drei kulminiert das Drama in eine tödliche Tragödie, in der ein mysteriöses Kind eine Schlüsselrolle spielt. Ein Horrortrip der Gefühle, quälend für Protagonistinnen und Publikum.

F 1984 ⊜⊚ Jacques Doillon ⊕ Bruno Nuytten ♪ Philippe Sarde ⊛ Jane Birkin, Maruschka Detmers, Laure Marsac, Philippe Léotard, Andrew Birkin ⊘ 87, farbig ⒝Ⓘ Ⓣ

Plötzlich im letzten Sommer
SUDDENLY LAST SUMMER

Der 1958 uraufgeführte Einakter des schwulen Dramatikers Tennessee Williams besteht in seiner Struktur im Wesentlichen aus vier Monologen und erzählt eine schaurige Geschichte von Homosexualität und Kannibalismus. Der junge Millionärssohn und Dichter Sebastian benutzt im spanischen Feriendomizil seine gutaussehende, allerdings auch neurotische Mutter Violet Venable (Hepburn), um junge Männer anzulocken und sie schließlich sexuell zu verführen. Das geht so lange gut, bis eines Tages eine Horde Halbwüchsiger sich zusammenrottet, um sich an Sebastian zu rächen. Sie jagen und zerfleischen ihn förmlich. Diese Enthüllung steht am Ende des Films, nachdem zuvor das Geheimnis sehr langsam über Gespräche von Sebastians Mutter mit einem Gehirnchirurgen aufgedeckt wird, der die angebliche Lügengeschichte aus dem Gehirn der Augenzeugin Catherine (Taylor), Sebastians Cousine, herausschneiden soll.

Regisseur Mankiewicz hat sich entschlossen, das Gesicht Sebastians letztlich nicht zu zeigen. In den Rückblenden erscheint er deshalb noch dämonischer, unmenschlicher, als er durch die abstruse Geschichte ohnehin bereits gezeichnet ist. Die symbolhafte Personifizierung dieses homosexuellen und dekadenten Charakters zum Bösen und Perversen schlechthin wird dadurch noch verstärkt.

Für die Filmfassung hat Drehbuchautor Gore Vidal die kargen Handlungsfragmente des Bühneneinakters auf Spielfilmlänge erweitert. Die Einwände der katholischen „Legion of Decency" hatten zur Folge, dass alle deutlichen Hinweise auf Homosexualität wieder gestrichen wurden. Es blieben lediglich dezente Andeutungen.

GB 1959 ⊜ Joseph L. Mankiewicz Ⓒ Gore Vidal, Joseph L. Mankiewicz nach dem gleichnamigen Einakter von Tennessee Williams ⊕ Jack Hildyard ♪ Buxton Orr, Malcolm Arnold ⊛ Montgomery Clift, Elizabeth Taylor, Katharine Hepburn, Albert Dekker, Gary Raymond ⊘ 114, s/w Ⓣ

Poison

Drei in ihrer künstlerischen Gestaltung sehr unterschiedliche, parallel erzählte Geschichten über soziale Ausgrenzung, Leidenschaft und Tod: *Hero* ist eine fiktive Fernsehreportage über einen siebenjährigen Jungen, der seinen Vater getötet hat und daraufhin spurlos verschwunden ist. *Horror* erweist sich als deutliche Aids-Parabel und erzählt im Stil der klassischen, schwarz-weißen Horrorfilme der fünfziger Jahre von einem Wissenschaftler. Dieser hat ein für den Geschlechtstrieb verantwortliches Hormon entdeckt, das er sich im Selbstversuch injiziert, wodurch er einen leprösen Ausschlag bekommt. *Homo* ist ein in den vierziger Jahren angesiedeltes, homoerotisches Liebesdrama um einen athletischen Mann, das dessen Aufenthalt in einem Erziehungsheim, seine Erfahrungen im Gefängnis und die Entwicklung seiner Homosexualität rekapituliert. Alle drei Episoden arbeiten mit Querverweisen auf das Werk Jean Genets. Am deutlichsten geschieht dies bei der artifiziellen, sich mit ihrer künstlichen Farbigkeit dem Kitsch und Bildern des Künstlerpaares Pierre & Gilles nähernden Episode *Homo*. Genets Roman *Das Wunder der Rose,* aber auch sein Film *Un chant d'amour,* sind Inspirationsquellen für Haynes, der in seinem Drehbuch auch Dialoge aus einem SM-Porno mit lyrischen Off-Zitaten Genets montierte. 1991 gewann *Poison* einen TEDDY für den besten Spielfilm.

„Poison handelt von den Strukturen, die die Gesellschaft einsetzt, um Außenseiter fernzuhalten. Dies wird auf dreierlei Weise gezeigt, an drei verschiedenen Schauplätzen und in drei verschiedenen Stilen. Poison ist durch und durch homoerotisch und ein Versuch, die sexuelle Identität eines homosexuellen Protagonisten wieder geltend zu machen."

Regisseur Todd Haynes

USA 1991 ⊛ Todd Haynes ☺ Todd Haynes frei nach Jean Genet ⊛ Maryse Alberti ♫ James Bennett ⊛ Susan Gaile Norman, James Lyons, Rob LaBelle, Lydia Lafleur, Ian Nemser, Anna Giotta, Buck Smith, Scott Rendecker, Larry Maxwell, Edith Meeks ☺ 88, s/w und farbig
Ⓦ Ⓠ Ⓣ

Porno Baby

Eine Ehefrau ist mit dem Gesetz in Konflikt geraten und muss sich, um einer Gefängnishaft zu entgehen, in psychiatrische Behandlung begeben. Ihrem Therapeuten berichtet sie nun sehr ausgiebig und anschaulich von ihrem ausschweifenden und abwechslungsreichen Sexleben, in dem lesbische Affären, Sexpartys mit Live-Piano-Begleitung und Eskapaden in Pornokinos an der Tagesordnung waren. Schlichtes Sexfilmchen.

BRD 1970 ⊛ Wolfgang Frank (Erwin C. Dietrich) ☺ Gregor von Almassy ⊛ Andreas Demmer ♫ Walter Baumgartner ⊛ Renate Larsen, Claus Tinney, Michael Maien, Britta Aulin, Heidi Richter, Jocko Kannitzer, Jenny Jones, Terry Ricci, Hans Steiner, Raffael Britten ☺ 75, farbig
Ⓢ

Pornografie illegal?

Schlichter, schlampig produzierter Krimi über zwei in Hamburg-St.Pauli untergetauchte US-amerikanische Gangster. Deren kriminelle Aktivitäten dienen nur dazu, möglichst häufig Sexszenen einbauen zu können. Und Frauen sind ihnen viele willig, sogar einige lesbische. Regisseur Alois Brummer war in seinem vorherigen Leben Spediteur und entwickelte sich Ende der Sechziger zu einem der fleißigsten und erfolgreichsten Produzenten von Softsex-Spielfilmen wie *Graf Porno und seine Mädchen* (1969).

BRD 1971 ⊛ Alois Brummer ☺ N.N. ⊛ N.N. ♫ Fred Tornow ⊛ Milena Stipanicev, Bertram Edelmann, Johannes Buzalski, Elke Boltenhagen, Wolfgang Scherer, Milena Stipanicev, Josef Moosholzer ☺ 72, farbig
ⒶⒻ

Porträt einer Ehe
PORTRAIT OF A MARRIAGE

Die jahrelange Liebesaffäre zwischen den britischen Schriftstellerinnen Vita Sackville-West und Violet Trefusis zu Beginn des 20. Jahrhunderts ist der eigentliche Gegenstand des Films, der die Ehe zwischen der bisexuellen Sackville-West und ihrem schwulen Ehemann und Vater ihrer Kinder Harold Nicolson beschreibt. Während Harold als Diplomat gewissermaßen weltweit seinen Freuden unbemerkt nachgehen kann, verursachte die Beziehung der beiden Frauen mehr als nur einen Skandal. Auch als Violet heiratet, gibt es immer wieder Versuche der zwei, miteinander durchzubrennen und ein gemeinsames Leben zu beginnen. Das endgültige Glück bleibt ihnen jedoch aufgrund ihrer eigenen Unentschlossenheit und des sozialen Drucks verwehrt. Nur wenigen filmischen Darstellungen gelingt es, lesbische Leidenschaft und Freud und Leid vor dem Hintergrund einer spießigen Gesellschaft so realistisch und eindringlich zu zeigen wie dieser Fernsehproduktion aus Großbritannien. Vor allem Janet McTeer als Vita Sackville-West brilliert in der Rolle der intellektuellen Lebefrau, die immer wieder zwischen heilem Familienleben und wildem Begehren steht. Ihr gegenüber spielt Cathryn Harrison die laszive Violet, die Vita in Sachen Unentschlossenheit und ergebener Leidenschaft um nichts nachsteht. In vielen erotischen Szenen (die für das US-Fernsehen größtenteils herausgeschnitten wurden) ist die tiefe Leidenschaft der beiden Frauen füreinander glaubhaft und gut in Szene gesetzt. Der Fernsehfilm setzt sich über viele Tabus hinweg und zeigt schonungslos die Abgründe einer lesbischen Beziehung von sexueller Gewalt bis hin zu totaler Selbstaufgabe. Wenn auch eigentlich „nur" ein Fernsehfilm, so handelt es sich doch um ein herausragendes Stück lesbischen Films.

Porträt einer Ehe basiert auf dem gleichnamigen Buch vom Sohn Vita Sackville-Wests, der aufgrund von Briefen und Erinnerungen die Ehe seiner beiden nicht heterosexuellen Eltern im Buch heroisiert, nicht ohne die tiefgreifende und beileibe nicht einzige lesbische Beziehung seiner berühmten Mutter eindringlich darzustellen.

GB/Neuseeland/USA 1989 ⊙ Stephen Whittaker ⊙ Penelope Mortimer nach dem gleichnamigen Buch von Nigel Nicolson ⊛ David Feig ⊙ Barrington Pheloung ⊛ Janet McTeer, Cathryn Harrison, David Haig, Peter Birch ⊙ 180 (2 Teile, im deutschen Fernsehen 4 Teile), farbig
ⒷⒾ

Positiv – Die Antwort schwuler Männer in New York auf AIDS

Dokumentation über den politischen Kampf der Schwulen in New York gegen Aids. Rosa von Praunheims Interviewpartner sind Mitglieder von Aids-Organisationen und militanten Aktionsgruppen wie *ACT UP*, die die ignorante Haltung des Staates unter Ronald Reagan, aber auch des New Yorker Bürgermeisters Ed Koch in den ersten Jahren der Epidemie anprangern. Der filmtechnisch konventionelle und wortlastige Film zeigt die Fantasie und Vitalität, mit der die homosexuelle Subkultur auf diese Herausforderung reagiert – von militanten Kämpfern bis zu esoterischen Gesundbetern. *Positiv* ist der erste Teil von Praunheims *Aids-Trilogie*.

D 1990 ⊙ Rosa von Praunheim ⊙ Rosa von Praunheim, Phil Zwickler, Robert Hilferty, Steven Weiss ⊛ Mike Kuchar, Evan Estern ⊙ Diamanda Galas, Michael Callen, Ricky Ian Gordon, Jim Ferreras ⊛ Phil Zwickler, Larry Kramer, Michael Callen, Peter Staley, Gary Eller, Diamanda Galas, John Finch, Larry Maas, Jay Corcoram, Arnie Kantrowitz ⊙ 79 (Erstfassung 83), farbig
Ⓐ Ⓓ

Postcards from America

Ein Mann (Lyons) trampt durch eine US-amerikanische Wüstenlandschaft. Erinnerungen an seine Kindheit werden wach:

Der Vater (Ringer), ein Säufer, früh pensioniert und frustriert, prügelt seinen Sohn David halbtot. Der erträumt sich Wunscheltern, die ihn in den Arm nehmen und in einem Haus mit Garten leben. Erfüllt wird diese Fantasie von Männern, die den Knaben im Kino fragen, ob er sich nicht ein paar Dollar verdienen möchte. Später ist David ein gewöhnlicher Stricher, die Sehnsucht nach Geborgenheit jedoch ist immer noch unerfüllt. Was ihn treibt, ist eine andere Leere als die des Vaters, aber die Art, sie zu füllen, ist einer ähnlichen Sucht gewichen. Statt Alkohol ist es flüchtiger Sex: Mal im Darkroom, mal ein Quickie auf dem Highway mit einem Truck-Fahrer.

Regisseur McLean hatte zuvor lediglich Videoclips, vor allem für Jimmy Somerville, gedreht. Mit ihm und u.a. dem Regisseur Isaac Julien (*Young Soul Rebels*, 1991) gründete er die Produktionsfirma Normal Films, deren Aufgabe es werden sollte, anspruchsvolle schwule Filme zu entwickeln. *Postcards from America*, basierend auf autobiografischen Erzählungen des Künstlers David Wojnarowicz, erzählt keine durchgehende Geschichte, sondern verknüpft Episoden aus dem Leben Davids in scheinbar willkürlicher Reihenfolge. Die in den späten fünfziger Jahren angesiedelten Familienszenen sind ausschließlich im Studio gedreht. Die Kamera umkreist ruhig das Set, und jede Szene endet jeweils in Schwarz. Die brutale Vergewaltigung durch einen Lastwagenfahrer, die grotesken Versuche der jungen Stricherclique, sich in Kleinkriminelle zu verwandeln, der zärtliche Abschied eines an Aids sterbenden Freundes – all diesen Szenen haftet etwas Melancholisches an. David erduldet, aber leidet nicht. Er bleibt das Kind, das sich schützend die Hände vors Gesicht hält, aber weder ausweicht, noch sich wehrt.

USA 1994 ⊙ Steve McLean ⊙ Steve McLean nach Erzählungen von David Wojnarowicz ⊛ Ellen Kuras ⊙ Stephen Endelman ⊛ James Lyons, Michael Tighe, Olmo Tighe, Michael Imperioli, Michael Ringer, Maggie Low, Oona Brangham-Snell ⊙ 91, farbig
Ⓖ ⓅⓇ ⓆⒸ

Prick up Your Ears

Deutscher Fernsehtitel: Das stürmische Leben des Joe Orton

London während der *Swinging Sixties*. In Rückblenden erzählt die Agentin (Redgrave) des Dramatikers Joe Orton (Oldman) die authentische Geschichte der chaotischen Liebe zwischen dem jungen, sexbegierigen Arbeitersohn und dem etwas älteren, literarisch ambitionierten und aus guter Familie stammenden Kenneth Halliwell (Molina). Während Orton mit seinem Theaterstück *Seid nett zu Mr. Sloane* zum Star aufsteigt, muss sich der künstlerisch erfolglose Lebensgefährte mit der Rolle der Hausmannes begnügen. Ortons Erfolg, wie seine zunehmenden sexuellen Eskapaden auf Klappen und in den Parks erwecken in Halliwell, der ursprünglich Ortons schriftstellerischen Ehrgeiz geweckt und ihm den Zugang zur Londoner Kulturszene verschafft hatte, Neid, Eifersucht und Minderwertigkeitskomplexe. Längst schlafen sie nicht mehr miteinander, die gemeinsame Wohnung ist zur Manifestation ihrer zerrütteten Beziehung geworden. Als ihn Orton nach 16 gemeinsamen Jahren verlassen will, steht Halliwell vor einem Abgrund. Für ihn gibt es nur den Ausweg, den Geliebten zu vernichten, um ihn nicht für immer zu verlieren. Er erschlägt den Schlafenden mit einem Hammer und nimmt sich mit Schlaftabletten das Leben.

Prick Up Your Ears, im Ton und in den schnellen, witzigen Dialogen durchaus als schwarze, bizarre Komödie angelegt, rekonstruiert diese tragische Liebesgeschichte dennoch sehr ernsthaft, anrührend und spannend und verzichtet auf jegliche Art von sozialromantischer Fiktion. Frears' Film wurde zu seinem internationalen Durchbruch als Regisseur und zu einem wichtigen Beitrag des New British Cinema, der zugleich auch die Kommerzialität schwuler Themen bewies, selbst wenn, wie in diesem Falle, drastische, sexuelle Bilder nicht ängstlich vermieden werden.

GB 1987 ⊜ Stephen Frears ◎ Alan Bennett basierend auf der Orton-Biografie von John Lahr ⊕ Oliver Stapleton ⊙ Stanley Myers ⊛ Gary Oldman, Alfred Molina, Vanessa Redgrave, Wallace Shawn, Julie Walters, James Grant ⊙ 110, farbig
(BC) (T) (PR)

Pridemoore

REFORM SCHOOL GIRLS

Dieses Remake des Klassikers von 1957, der den unschönen deutschen Titel *Mannstoll und gefährlich* trägt, ist eine punkige, typische Achtziger-Jahre-Version mit den vielleicht meisten und eindeutigsten lesbischen Charakteren im Genre „Women in Prison". Der Regisseur zahlreicher schwuler und kultiger Pornos und B-Filme Tom De Simone (*Mädchen hinter Gittern*, 1982) inszenierte den schmissigen Film mit offensichtlich viel Spaß an der Übertreibung.

Die Story ist immer die gleiche: ein junges, naives Mädchen (Linda Carol als Jenny) kommt zu Unrecht in die Besserungsanstalt und sieht sich mit rauen Sitten, Sadismus und viel lesbischem Sex konfrontiert. Die lesbische Aufseherin Eddie (Ast) führt ein gewalttätiges Regiment über die durchweg nur mit knappen BHs und Stringtangas bekleideten Gefangenen. „Leader of the gang" ist Charlie – gespielt von der skandalumwobenen Punksängerin Wendy O. Williams der *Plasmatics*. Sie geht regelmäßig mit Eddie ins Bett, um ihre herausragende Position gegenüber den Mitgefangenen aufrechtzuerhalten. Außerdem gibt es noch das eher sympathisch angelegte Paar Nicky (Schwartz) – Sorte „Harte Butch mit Herz auf dem rechten Fleck" – und ihre feminine Freundin Kelly (Watkins), das Sensibelchen. Natürlich sind die Zustände in der Anstalt menschenunwürdig, und wenn die gefangenen Frauen gerade nicht miteinander prügeln oder vögeln, zetteln sie einen Aufstand an. In der Rolle der fiesen Gefängnisdirektorin ist Erotikfilm- und Actionstar Sybil Danning (Erika aus *Das Frauenlager*, 1983) zu bewundern. Definitiv einer der spaßigsten Filme des Genres mit einem tollen Soundtrack, zu dem Wendy O. Williams die meisten Lieder selbst beisteuerte, sowie die Kultband *Girlschool*. Lange bevor es den Begriff „Riot Grrrl" überhaupt gab, wurde das Konzept hier bereits erfolgreich umgesetzt.

USA 1986 ⊜◎ Tom De Simone ⊕ Howard Wexler ⊙ Tedra Gabriel, Martin Schwartz, Wendy O. Williams, Girlschool ⊛ Wendy O. Williams, Pat Ast, Linda Carol, Sybil Danning, Sherri Stoner, Laurie Schwartz, Robin Watkins ⊙ 92, farbig
(WP) (SM)

Pridemoore II

WOMEN IN CAGES

Englischer Titel: Women's Penetentiary III

Dieser völlig unbekannte „Women in Prison"-Film ist eigentlich kein Remake von *Pridemoore* (*Reform School Girls*, 1986) und hat deshalb zu unrecht den deutschen Titel *Pridemoore II*, zumal er 15 Jahre vor *Pridemoore* entstand. Angesichts der Vielfalt der Titel und Alternativtitel in diesem Genre, die sich zu allem Überfluss auch oftmals doppeln, wird klar, dass bewusst versucht wird, an andere Erfolge anzuknüpfen und das verwirrte Publikum nur noch mühsam weiß, um welchen Film es sich eigentlich handelt.

In *Women in Cages*, wie der ursprüngliche Originaltitel lautet, kommt einmal mehr ein junges, naives Mädchen (Gan) durch eine Lüge ihres drogenschmuggelnden Freundes unschuldig ins Frauengefängnis. Hier gerät sie in die sadistischen Fänge der lesbischen Aufseherin Alabama, in ihrem berüchtigten „Spielzimmer". Alabama wird von keiner Geringerem als Pam Grier, dem schwarzen Filmstar der siebziger Jahre und aus *Jackie-Brown* (1997), gespielt, und somit wird der bunte Klischeemix auch noch ein wenig mit „Blackploitation", der reißerischen und meist sexistischen Darstellung Schwarzer, als Zutat gewürzt. Die solidarischen Gefangenen planen einen Ausbruch, der auch gelingt. Auf der atemberaubenden Flucht wird die entmachtete Alabama mitgeschleift, und unterwegs geht die Spirale aus Folter, Psychoterror, Mord und Totschlag weiter.

Wegen seiner unverblümten Gewaltszenen und sexueller Offenheit ein besonders greller Vertreter des Genres.

USA 1971 ⊚ Gery de Leon ◎ David R. Osterhout, James H. Watkins ⊕ Felipe Sacdalan ⊚ Jennifer Gan, Pam Grier, Judy Brown, Roberta Collins, Sofia Moran, Charlie Davao, Bernhard Bonning ⊙ 78, farbig
ⓌⓅ Ⓜ Ⓣ ⓈⓂ

Der Priester
PRIEST

Pater Greg Pilkington (Roache) ist ein junger, katholischer, engagierter Geistlicher, der seine erste Stelle in einem Liverpooler Armenviertel antritt, und dort mit dem wirklichen Leben konfrontiert wird. Er muss feststellen, dass die sittenstrengen Vorschriften der Kirche und seine religiösen Ideale mit der Realität nur schwer in Einklang zu bringen sind. Sein Alt-68er-Pfarrerkollege Matthew (Wilkinson) hat ein Verhältnis mit der Haushälterin, und er selbst kann ebenfalls die eigene Sexualität nicht unterdrücken. Er lässt sich in einer Schwulenbar abschleppen, landet mit dem jungen Arbeiter Graham (Carlyle) im Bett und verliebt sich in ihn. Aber nicht nur diese privaten Probleme belasten Pater Pilkington, sondern auch der Umgang mit dem Beichtgeheimnis. Die 14-jährige Lisa hat ihm den Missbrauch durch ihren Vater anvertraut, der sich durch die priesterliche Schweigepflicht geschützt sieht. Als Greg mit Graham von der Polizei in eindeutiger Situation in einem Auto erwischt wird, brechen die Anfeindungen durch die Gemeinde und den Bischof über ihn herein. Er versucht, sich zu vergiften, wird jedoch gerettet und stellt sich, unterstützt von sei-

nem Kollegen Matthew, während einer Messe den Vorhaltungen und Vorwürfen der Gemeinde.

Dass der Film trotz all der Ernsthaftigkeit seiner Themen nicht allzu schwer, sondern ungewohnt unterhaltsam, warmherzig und kurzweilig daher kommt, liegt am spröden, ungeschminkten, mit Humor durchsetzten Realismus in der Tradition des New British Cinema und den gelungenen Charakterstudien.

Die Reaktionen der Kirche fielen unterschiedlich aus. Irische Geistliche empfahlen den Film derart überschwänglich, dass weitere Filmkopien eingeflogen werden mussten, um die Nachfrage zu decken. In den USA wurde er von Kirchensprechern öffentlich verdammt, in Frankreich zeigten sich die Bischöfe schockiert. 1995 gewann *Der Priester* einen TEDDY für den besten Spielfilm.

> „Ich wollte den Leuten eine schwule Sexszene zeigen, die sie als schön, natürlich und realistisch empfinden. Sie sollen sagen: Oh, da ist ja gar nichts Merkwürdiges daran. Die beiden lieben sich eben. Diese Szene inszenierte ich für Heterosexuelle, die womöglich meinen, an schwulem Sex sei etwas anstößig oder er würde sich von heterosexueller Liebe unterscheiden."
> *Regisseurin Antonia Bird*

GB 1994 ⊚ Antonia Bird ◎ Jimmy McGovern ⊕ Fred Tammes ♪ Andy Roberts ⊚ Linus Roache, Tom Wilkinson, Cathy Tyson, Robert Carlyle, James Ellis, Lesley Sharp, Robert Pugh, Paul Barber, Bill Dean ⊙ 103, farbig
ⒸⓄ ⒷⒸ ⓉⒹ

Prinz in Hölleland

Die Aussteigerszene aus Junkies, Punks und Anarchos in den heruntergekommenen Ecken von Berlin-Kreuzberg in den neunziger Jahren. Jockel (Stock) lebt mit seinem drogenabhängigen Freund Stefan (Laarmann) zusammen im Bauwagen auf einer Wagenburg. Um die Beziehung ist es nicht gut bestellt: Stefan ist eifersüchtig wegen Jockels sexueller Eskapaden. Mit dem naiv-verantwortungslosen Micha (Stadler), der auch Freundin und Kind hat, haben beide parallel ein Bettverhältnis.

Das Beziehungs- und Sexdrama umrahmt Michael Stock mit einem sehr dominant geratenen Puppenspiel. Bindeglied ist ein halbnackter, zerlumpter Hofnarr (Haack), der in seinem Puppentheater die grelle, überdrehte Geschichte von der Liebe zwischen dem Prinzen und dem Müllerburschen erzählt, die durch einen bösen Zauberer gestört wird. Der zieht den naiven Müller mit einem weißen Pulver (!) in seinen Bann.

Hauptdarsteller und Regisseur Stock, ehemaliger Assistent Rosa von Praunheims, war bei der Entstehung seines Debüts 25 Jahre alt. Die Dialoge sind rotzig, die Kameraführung ruhelos und doch präzise. Der Film leidet allerdings unter der aufgesetzten Symbolik und Anhäufung von Themen: Dealerkrimi, Nazischlägereien, Schwulenklatschen, Klappensex und Drogendrama.

D 1993 ⊛ Michael Stock ⊙ Michael Stock, Wolfram Haack, Stefan Laarmann ⊕ Lorenz Haarmann ⊙ Alexander Hacke, Tom Stern, Chrislo Haas ⊛ Wolfram Haack, Stefan Laarmann, Andreas Stadler, Michael Stock, Nils-Leevke Schmidt, Harry Baer, Simone Spengler ⊙ 89, farbig
Ⓑ Ⓖ

Prinzenbad

Die Gäste sind, bis auf einen Lendenschurz, unbekleidet. Die Kostümierungen des Alltags zählen nicht mehr. Der weitgehend genormte Alltag einer Männergesellschaft gerät hier in ein emotionales Fegefeuer, Konkurrenz und Feindschaft kommen zum Ausbruch: Servile Angestellte, die gegen ihren Chef rebellieren. Ein souveräner Richter, der von Eifersucht zerstört wird. Ein in die Irre geführter Liebhaber. Dunkle Geschäfte, betrogene Betrüger. Das historische Jugendstilbad im Budapester Gellértbau ist nicht nur ein Ort, um unter Männern Geschäfte zu verhandeln, Intrigen zu spinnen, zu schwitzen und zu saunieren. Es ist auch ein Treffpunkt der Schwulenszene. Unter den unübersichtlich vielen Charakteren in den parallel erzählten Handlungssträngen sind deshalb auch Männer zu finden, die sich zum Sex in Ruhekabinen zurückziehen.

Eine verschwommene Inszenierung, die zwar an allen Ecken allegorische feucht-neblig dampfende Bilder produziert und Ulrich Wildgruber als Verkünder der Apokalypse bedeutungsschwanger im Becken schwimmen lässt, aber bei weitem nicht an Vorbilder wie Peter Greenaway oder István Szabó heranreicht.

D/Ungarn 1993 ⊛⊙ Richard Blank ⊕ Horst Schier ⊙ Loek Dikker ⊛ Bernhard Wicki, Ulrich Wildgruber, Robert Alföldy, Ekaterina Strishenowa, Michael Mrakitsh, Sándor Szabó, Nicolas Lansky ⊙ 85, farbig

Priscilla – Königin der Wüste
THE ADVENTURES OF PRISCILLA, QUEEN OF THE DESERT

Die Transsexuelle Bernadette (Stamp) leidet am Tod des Lebensgefährten. Um sie auf andere Gedanken zu bringen, nehmen die beiden Travestiedarsteller Adam alias „Felicia" (Pearce) und Tick alias „Mitzi" (Weaving) Bernadette mit zu einem Gastspiel in einem Touristenhotel in Alice Springs. Auf der lange Reise in ihrem „Priscilla" getauften, klapprigen Bus kommt es zu Konfrontationen der drei Paradiesvögel mit Landbevölkerung und Ureinwohnern, aber auch zu Streitereien untereinander und zu unfreiwilligen Zwischenstopps durch Autopannen. Hilfe erhalten sie unterwegs von Bob (Hunter), der sich dem Trio gleich anschließt. In Alice Springs entpuppt sich die Hoteldirektorin als Ticks lesbische Ehefrau Marion (Chadwick), und die Begegnung mit seinem kleinen Sohn wird für ihn zu einer großen Aufgabe.

Elliott gelingen in seinem Roadmovie komische Dialoge voll harschem Tuntenhumor, aber auch einfühlsame Szenen, die die verdrängte Einsamkeit der drei Reisenden deutlich macht. Aufwändig und einfallsreich sind die Shownummern (u.a. zu Musik von *ABBA, Village People,* Carlene, *Paper Lace* und anderen Siebziger-Jahre-Hits). Für die Kostüme, die in den ersten Jahren nach der Uraufführung als Plagiat auf dem einen oder anderen CSD wiederzufinden waren, gab es 1994 einen Oscar. Der Erfolg an der Kinokasse (in Deutschland waren es rund 200.000 Zuschauer) führte zu einer weniger gelungenen Hollywood-Kopie des Stoffes, (*To Wong Foo, Thanks for Everything, Julie Newmar*, USA 1995).

AUS 1993 ⊛⊙ Stephan Elliott ⊕ Brian J. Breheny ⊙ Guy Gross ⊛ Terence Stamp, Guy Pearce, Hugo Weaving, Bill Hunter,

Sarah Chadwick, Mark Holmes, Alan Dargin, Julia Cortez, Regel Russel ⊛ 103, farbig
ⓉⓉ ⓉⓇ Ⓞ

Das Privatleben des Sherlock Holmes
THE PRIVATE LIFE OF SHERLOCK HOLMES

Fünfzig Jahre nach dem Tod seines Adlatus und Chronisten Dr. Watson (Blakely) kommen Manuskripte über einige Fälle Sherlock Holmes (Stephens) zutage, die delikate Einzelheiten aus dessen Privatleben preisgeben. So enthüllt die in Rückblende erzählte Kriminalkomödie, dass es nicht nur heftige Auseinandersetzungen zwischen Watson und Holmes gab, sondern dass dieser ein Problem mit Drogen wie auch mit Frauen hatte. Als ihn die russische Primaballerina Petrova (Toumanova) als Vater ihres noch zu zeugenden Kindes auserwählt, verspürt dieser keinerlei Lust, ihrer Bitte um Fortpflanzung nachzukommen, und bezichtigt sich kurzerhand, homosexuell zu sein. „Tja, ich hatte gehofft, das Thema zu meiden, aber sehen Sie…, Watson und ich sind schon mehrere Jahre lang Junggesellen und… Die Sache ist, dass Tschaikowsky kein Einzelfall ist." Dieses Coming-out verärgert Watson zutiefst, da nunmehr auch er ins Gerede kommt.

Die augenzwinkernde Entmystifizierung des Meisterdetektivs, der hier als latent überlastet und eben auch homosexuell dargestellt wird, fand 1970 beim Publikum ein eher verhaltenes Echo.

GB 1970 ⊜ Billy Wilder ⊙ Billy Wilder, I. A. L. Diamond nach Romanfiguren von Arthur Conan Doyle ⊛ Christopher Challis ⊙ Miklós Rózsa ⊛ Robert Stephens, Colin Blakely, Geneviève Page, Tamara Toumanova, Irene Handl, Christopher Lee ⊙ 120, farbig

Psycho Beach Party

Malibu Beach 1962: Eine unheimliche Mordserie erschüttert die örtliche Surfgang. Die 16-jährige Florence (Ambrose) wird Zeugin eines blutigen Mordes im Drive-In-Kino. Sie leidet unter einer gespaltenen Persönlichkeit: Immer, wenn sie Kreise sieht, verwandelt sie sich in eine SM-Domina. Und sie muss sich auch noch zum ersten Mal in ihrem Leben zwischen zwei Typen entscheiden – dem Surf-Ass Starcat und dem örtlichen Surfgott The Great Kanaka. Am Surf Point von Malibu Beach werden weitere Leichenteile gefunden. Ein Fall für Drag Queen-Police Officer Monica Stark (Busch). Ist Florence die Mörderin? Und was haben die beiden schwulen Surfer mit der Mordserie zu tun? Eine fern an John Waters erinnernde Trash-Parodie auf die US-amerikanischen Surf- und Strandfilme der sechziger Jahre und artverwandte B-Pictures, gespickt mit Filmzitaten u.a. aus *Psycho* (1960), *Vertigo* (1958), *Scream* (1996), *… denn sie wissen nicht, was sie tun* (1955) und *Serial Mom (1994).*

USA 2000 ⊜ Robert Lee King ⊙ Charles Busch nach seinem gleichnamigen Bühnenstück ⊛ Arturo Smith ⊙ Ben Vaughn ⊛ Lauren Ambrose, Thomas Gibson, Nicholas Brendon, Kimberley Davies, Danni Wheeler, Maatt Keeslar, Charles Busch, Beth Broderick ⊙ 95, farbig
ⓉⓉ

Psychologie des Orgasmus

Typische deutsche Produktion der siebziger Jahre, als man in Pseudo-Aufklärungsfilmen eine Möglichkeit sah, juristisch problemlos beliebige Softsexszenen aneinander reihen zu können. Hier spricht eine Psychotherapeutin mit acht Patientinnen und Patienten über Sexualität – u.a. über Inzest, Gruppensex, lesbische Liebe und Masturbation. Veranschaulicht wird das Besprochene mit zwischengeschnittenen „Spielszenen".

BRD 1970 ⊜⊙ Hermann Schnell ⊛ Jerzy Lipman ⊙ Ulrich Roever ⊛ Angelika Baumgart-Frey, Volker Baumgart, Wolfgang Blönau, Uta Bone, Luise Manz, Bernd Kummer, Luise Bergschmidt, Evelyn Traeger ⊙ 94, farbig
ⒶⒻ

Q

Querelle – Ein Pakt mit dem Teufel
QUERELLE

Der Marinezerstörer *Vengeur* geht für einige Tage im Hafen von Brest vor Anker. Der Matrose Querelle (Davis) besucht das Bordell *Feria* des Wirtes (Kaufmann), mit dem er ein Opiumgeschäft abwickeln will. Dort trifft er auf dessen Bruder Robert (Pöschl), der mit der Bordellchefin Lysiane (Moreau) liiert ist. Wer mit ihr ins Bett darf, entscheidet Nono beim Würfelspiel. Der Verlierer muss Nono zu Diensten sein. Querelle schummelt und gibt sich als Verlierer. Als Nono ihn vergewaltigt, empfindet er diesen Akt der Erniedrigung einerseits als Moment völliger Hingabe, aber auch der Sühne für den Mord an einem Matrosen, den er kurz zuvor begangen hat. Querelle verliebt sich in den engelhaften Maurer Gil (den Fassbinder symbolhaft mit dem gleichen Schauspieler wie Robert besetzt). Auch er hat einen Menschen getötet. Querelle, der Mörder ohne Gewissen und Gefühl, wird ihn am Ende an die Polizei verraten. Er fasziniert seine Mitmenschen sexuell, ohne

selbst zu wahren Gefühlen fähig zu sein. Begehrt wird Querelle auch von seinem Schiffsoffizier Seblon (Nero), der sich in Leidenschaft verzehrt und seine Gefühle als eine Art Tagebuch auf ein Diktiergerät spricht.

Fassbinders letzter Film ist zugleich einer seiner schwierigsten, da für die Umsetzung der literarischen Vorlage eine eigene Kunstwelt entwickelt werden musste, in der die eigentlich schlichte durch die besondere Ästhetik aber geradezu mythologisch überhöhte Handlung, angesiedelt wurde.

Fassbinder ließ sich von seinem Filmarchitekten Rolf Zehetbauer in den Berliner CCC-Ateliers eine surreale, meist in schummriges orange-rotes Dämmerlicht getauchte Landschaft errichten. Alle Handlungsorte – das Schiff, das Bordell, die Hafenanlage mit ihren phallischen Türmen – liegen wie auf einer Theaterbühne dicht beieinander.

Fassbinder starb unmittelbar nach den Dreharbeiten, sodass *Querelle* zu einer Art Vermächtnis wurde. Die Reaktionen auf das radikale Werk waren zwiespältig und bewegten sich zwischen Unverständnis und Empörung über die unvermittelte und vor allem gefühllos-harte Darstellung des schwulen Sex. Andy Warhol hatte bereits während der Dreharbeiten ein Plakat für den Film entworfen, das von Fassbinder allerdings abgelehnt worden war. Es gelangte dennoch mit hoher Auflage in den Handel und wurde in den achtziger Jahren zu einer Art dekorativem Kultobjekt nicht nur innerhalb der schwulen Szene.

„Querelle de Brest von Jean Genet ist vielleicht der radikalste Roman der Weltliteratur, was die Diskrepanz von objektiver Handlung und subjektiver Phantasie anbetrifft. Das äußerliche Geschehen, abgelöst von der Bilderwelt des Jean Genet, ergibt eine wenig interessante, eher drittklassige Kriminalgeschichte, mit der zu beschäftigen sich kaum lohnte. Was sich aber lohnt, ist die Auseinandersetzung mit der Erzählweise des Jean Genet, die Auseinandersetzung mit einer außergewöhnlichen Phantasie, die eine auf den ersten Blick fremdartige Welt entstehen lässt, eine Welt, in der eigene Gesetze zu gelten scheinen, die einer erstaunlichen Mythologie verpflichtet sind."
Rainer Werner Fassbinder in seinem Vorwort zum Drehbuch

BRD/F 1982 🎬 Rainer Werner Fassbinder ✍ Burkhard Driest, Rainer Werner Fassbinder nach dem Roman *Querelle de Brest* von Jean Genet 📷 Xaver Schwarzenberger 🎵 Peer Raben 🎭 Brad Davis, Franco Nero, Hanno Pöschl, Günther Kaufmann, Frank Ripploh, Burkhard Driest, Natja Brunckhorst, Jeanne Moreau ⏱ 108, farbig

R

Rat Race – Der nackte Wahnsinn
RAT RACE

Sechs zufällig ausgewählte Casino-Besucher werden zu Teilnehmern eines ungewöhnlichen Wettlaufs, den ein Multi-Millionär für besonders exklusiven Gäste veranstaltet. In einer Kleinstadt in Mexiko befinden sich zwei Millionen Dollar in einem Schließfach. Wer zuerst dort ankommt, erhält die Belohnung. Rasantes Roadmovie als klassische Screwball-Komödie. Wirklich komisch, weil Trash: ein Reisebus voll mit Fans der klassischen US-Serie *I Love Lucy*. Drei Dutzend als Lucy Ball verkleidete Hausfrauen gehen dem Busfahrer mit ihrem hysterischen Geschnatter auf den Geist. Darunter hat sich auch ein Schwuler geschmuggelt, der dem Fahrer Avancen macht.

USA 2001 ◉ Jerry Zucker ⓦ Andy Breckman ⊕ Thomas Ackerman ♫ Elmer Bernstein ⊛ Whoopi Goldberg, John Cleese, Cuba Gooding jr., Seth Green, Rowan Atkinson, Amy Stuart, Wayne Knight, Seth Gren, Dave Thomas ⊙ 111, farbig ⓓⓣ

Raus aus Åmål
FUCKING ÅMÅL
Englischer Titel: Show Me Love

Auch wenn man Coming-out-Filme leid ist, ist dies einer der erfrischendsten, anrührendsten und besten der neunziger Jahre. In dem schwedischen Kaff Åmål ist absolut nichts los. Kein Wunder, dass sich die 14-jährige Elin (Alexandra Dahlström) zu Tode langweilt. Die neu zugezogene Agnes (Rebecca Liljeberg) leidet unter ihrem Außenseitertum und ihrer Schwärmerei für ihre Mitschülerin. An ihrem sechzehnten Geburtstag kommt es zum Eklat, als einige Schüler mitbekommen, dass Agnes heimlich in Elin verknallt ist. Nach anfänglicher Ablehnung besinnt sich Elin und nähert sich Agnes. Ein Ausreißversuch der beiden misslingt zwar, doch immerhin kommt es zum ersten Kuss. Nachdem die beiden in ihrer Schule nun als lesbisches Paar verschrien sind und Spießruten laufen, kommt es schließlich zu einem tollen Happy End, das die ganze Schule und vor allem die dümmlichen Jungs verblüfft.

Die reale Darstellung der Nöte pubertierender Schülerinnen – zudem noch mitten oder kurz vor dem Coming-out –

Raus aus Åmål

ist dem jungen schwedischen Filmemacher Lukas Moodysson (*Zusammen*, 2000) in seinem Debütfilm grandios gelungen. Die beinahe universellen Erfahrungen lassen das Publikum abwechselnd lachen und weinen, so gut kennt wohl jede und jeder die großen Katastrophen im Teenagerleben zwischen Schulhof, verbotenen Partys und ersten heimlichen Küssen. Das junge lesbische Paar ist herzergreifend und überzeugend dargestellt, der Film mit einem modernen Soundtrack versehen und bewusst mit viel Handkamera beinahe in Videoclip-Optik gehalten. Ein Film, der Mut zum Coming-out und zudem einfach Spaß macht, auch für Post-Postpubertierende. Ausgezeichnet mit dem TEDDY der Berlinale 1999 als bester schwul-lesbischer Spielfilm.

Schweden/DK 1998 ⊜☺ Lukas Moodysson ⦿ Ulf Brantas ♪ diverse ⦿ Alexandra Dahlström, Rebecca Liljeberg, Erica Carlson, Mathias Rust, Stefan Hörberg ☺ 89, farbig
ⓒⓞ ⓣⓓ

Red Heat – Unschuld hinter Gittern
RED HEAT

Klassischer „Women in Prison"-Billigfilm mit äußerst illustrer Besetzung und sehr dick aufgetragener Story bestehend aus den üblichen Zutaten von Sex, Gewalt, Sadismus und fiesen Lesben. Linda Blair (bekannt aus *Der Exorzist,* 1973) spielt die unschuldige US-Amerikanerin Chris, die in einem DDR-Frauengefängnis der übelsten Sorte landet. Die lesbische Mitgefangene Sophia (Sylvia Kristel als Abziehbild aller bekannten Lesbenklischees dieses Genres) terrorisiert ihre Mitinsassinnen mit Hilfe der bösen, tätowierten lesbischen Gefangenen-Gang. Vor allem der konstruierte Zusammenhang zwischen Kommunismus und Lesbischsein dürfte aus heutiger Sicht viel Spaß an diesem rundum homophoben Trashwerk machen.

Nach ihrem immensen Erfolg mit *Der Exorzist* sollte Linda Blair noch öfter die Unschuldige in Frauengefängnisfilmen spielen, die von bösen lesbischen Mitgefangenen sexuell belästigt wird, so zum Beispiel in *Das Frauenlager* (1982, *Chained Heat*).

D/USA 1984 ⦿ Robert Collector ⊜ Robert Collector, Garry Drucker ⦿ Wolfgang Dickmann ♪ Tangerine Dream ⦿ Linda Blair, Sylvia Kristel, Elisabeth Volkmann, Albert Fortell, Sue Kiel, William Ostrander ☺ 94, farbig
ⓌⓅ ⓢⓜ

Red Ribbon Blues
Deutscher Fernsehtitel: Red Ribbon Blues – Geschäft mit dem Tod

Der Maler Troy (Mercurio), der zynische, heterosexuelle Ex-Junkie Darcy (Mazar) und der Galerist Harold (Epperson) sind HIV-positiv. Gemeinsam mit dem gesunden Duke (Drag Queen RuPaul Charles in einer Männerrolle), dem Liebhaber von Harold, arbeiten sie in einer Aids-Selbsthilfegruppe. Weil ein neues, den Krankheitsverlauf verlangsamendes und damit lebensverlängerndes Medikament für die meisten aber unerschwinglich ist, besorgen sie das Mittel auf andere Weise: Sie überfallen, mit Spielzeugpistolen bewaffnet, mit coolen Masken getarnt und flotten Sprüchen auf den Lippen systematisch Apotheken, um die Beute anschließend an Kranke zu verteilen. Natürlich vergessen die Guerilleros nicht, an ihren Tatorten rote Schleifen als Visitenkarten zu hinterlassen. Die Polizei tappt im Dunkeln, bis private Rivalitäten die modernen Robin Hoods spalten. Humanistische, lebensbejahende Actionkomödie, die versucht, einen ernsthaften, brisanten Stoff humorvoll aufzubereiten.

USA 1995 ⊜☺ Charles Winkler ⦿ Larry Blanford ♪ John Frizzell ⦿ Paul Mercurio, Debi Mazar, RuPaul Charles, John Epperson, Paul Bartel, David Spielberg ☺ 97, farbig
Ⓐ ⓆⒸ

Die Reise nach Kafiristan

Die lesbische Schriftstellerin und Freundin der Geschwister Erika und Klaus Mann, Annemarie Schwarzenbach (Hain) und die Ethnologin Ella Maillart (Petri) reisen 1939 mit dem Auto sechs Monate von Genf über die Türkei und Persien nach Afghanistan. Auf dem Weg nach Kabul meistern die beiden Abenteuerinnen eine außergewöhnliche Reise in den Orient – und ihre innere Suche nach Selbstfindung. Ihr Ziel ist das „glückliche Tal", in dem die Heilung der inneren psychischen und der äußeren politischen Zerstörung stattfinden könne. Ella Maillart rechtfertigt ihre Unrast, ihre Sucht nach Bewegung, nach Reisen mit einem wissenschaftlichen Vorwand: Sie möchte das geheimnisvolle Tal Kafiristan erforschen, um sich mit einem Buch über das archaische Leben der Nomaden einen Namen zu machen. Auf dem gemeinsamen Weg entwickelt sich eine zarte Liebesgeschichte, doch die beiden werden immer wieder von ihrer eigenen Vergangenheit und den sich überschlagenden politischen Ereignissen eingeholt. In Teheran eskaliert die Situation, als Annemarie sich zur Tochter des türkischen Konsuls hingezogen fühlt. Doch Ella möchte ihr Ziel unbedingt erreichen und drängt zur Weiterfahrt. Der Ausbruch des Zweiten Weltkrieges setzt ihrer Reise ein Ende.

Der Film der Brüder Dubini (*Thomas Pynchon – A Journey into the Mind*, 2001; *Ludwig 1881*, 1993) rekonstruiert die Reise mit beinahe dokumentarischer Genauigkeit. Neben den beiden Frauen spielt die Landschaft eine entscheidende Rolle. Kameramann Matthias Kälin ist ein auf Wüsten spezialisierter Dokumentarfilmer, der die karge Landschaft immer wieder in archaischen atemberaubenden Bildern inszeniert, zu denen Auszüge aus den Tagebüchern, Romanen und Reportagen der beiden Frauen aus dem Off zitiert werden. Minutenlang fahren die beiden Frauen in diesem meditativen Roadmovie schweigend durch die Hochebenen. Der Versuch, die äußere Landschaft in Kontrast zu und als Spiegel der Seelenzustände der beiden Protagonistinnen einzusetzen, wirkt allerdings häufig recht aufgesetzt

D/CH/NL 2002 Ⓡ Fosco Dubini, Donatello Dubini Ⓒ Fosco Dubini, Donatello Dubini, Barbara Marx basierend auf den Reiseberichten von Annemarie Schwarzenbach und Ella Maillart Ⓟ Matthias Kälin Ⓙ Wolfgang Hamm Ⓜ Jeanette Hain, Nina Petri, Katharina Schütz, Wolfgang Rau, Anika Unterburg, André Dahms, Monika Arnó Ⓒ 100, farbig

Remembrance of Things Fast

Vor malerischen Hintergründen – Berge, Wüsten, Meere, Städten der Zukunft, einer Mondlandschaft –, die zwar an Gemälde erinnern, tatsächlich aber dem Computer entstammen, begegnen sich unterschiedlichste Charaktere: Transvestiten, Terroristen, Narren, Teufel, Engel, Nachrichtensprecher, verschleierte Frauen, ein Mann auf einem Scheiterhaufen, hübsche junge Männer in nichts als weißen Tennissocken. Dazwischen erzählen die Hauptdarsteller sowohl ausgedachte als auch wahre Geschichten zumeist homoerotischen Inhalts – eine Dramaturgie, die sich der Cut-Up-Methode des Fernsehens (Werbeblöcke, Satellitenschaltung) bedient, wobei hier allerdings die poetische Struktur wichtiger ist als die Botschaft.

Der prominent und originell besetzte Film (u.a. auch mit dem Pornodarsteller Aiden Shaw) des Jarman-Schülers Maybury (*Love is the Devil – A Study for a Portrait of Francis Bacon*, 1997) ist eine Beschreibung und Gegenüberstellung von weltweiten Konventionen des Fernsehens und der Satellitenübertragungen, des fragmentarischen und chaotischen Wesens des Mediums und der dreiminütigen Aufmerksamkeitsspanne, wobei gleichzeitig der fade Inhalt der Main-

stream-Bilder durch dunklere, eher satirische Beobachtungen und Studien ersetzt wird. *Remembrance of Things Fast* erhielt 1994 den Preis der TEDDY-Jury.

GB 1993 ⒺⒸ John Maybury Ⓟ John Mathieson Ⓜ Rupert Everett, Tilda Swinton, Aiden Shaw, Eros Erosion, Mark Lawrence, Mary Martyr Ⓒ 60, farbig
ⓉⒹ ⓆⒸ Ⓐ

Revolte hinter Gittern
STIR

Weil die Zustände für die Häftlinge brutal und menschenunwürdig sind, kommt es in einem australischen Gefängnis zum Aufstand. Realistisches Drama über den Gefängnisalltag, basierend auf tatsächlichen Ereignissen, die der Autor, ein ehemaliger Geldschrankknacker, für sein Drehbuch verarbeitet hat. Gedreht wurde zum Teil mit Laiendarstellern und ehemaligen Häftlingen.

Thematisiert werden auch Vergewaltigungen unter den Gefangenen, ebenso wie homosexuelle Begegnungen, die auf beidseitigem Einverständnis beruhen.

AUS 1980 Ⓡ Stephen Wallace Ⓒ Bob Jewson Ⓟ Geoffrey Burton Ⓙ Cameron Allan Ⓜ Bryan Brown, Max Phipps, Dennis Miller, Phil Motherwell, Michael Gow Ⓒ 95, farbig
ⓌⓅ

Rights and Reactions – Lesbian and Gay Rights on Trial

Eine mit schlichten Mitteln produzierte Dokumentation des 15 Jahre währenden Kampfes um ein Gesetz gegen sexuelle Diskriminierung, das 1986 vom New York Council erlassen wurde. *Rights and Reactions* zeigt die Anhörungen zum Gesetzentwurf und die Reaktionen darauf – von Befürwortern der sogenannten „Gay Rights Bill" rebenso wie von Gegnern in Politik, Kirche und anderen Interessenvertretungen, die in dem Anti-Diskriminierungsgesetz den endgültigen Freifahrtschein zu einem New Yorker Sodom und Gomorrha sahen. Auch die Black Community verhält sich zunächst zurückhaltend, weil die Aktivisten der Lesben- und Schwulenbewegung meist weiß und gutverdienend sind. Der Film gibt nicht vor, objektiv-dokumentarisch zu sein, sondern bezieht deutlich Stellung für das Gesetz. Der Rhythmus ist schnell, Dramatik und Spannung entwickeln sich gewissermaßen auf direktem Wege durch die hitzigen Wortgefechte und Debatten. Gedreht wurde auf Video, das anschließend auf 16 mm aufgeblasen wurde.

USA 1987 ⒺⒸ Phil Zwickler, Jane Lippman Ⓟ Geoffrey O'Connor Ⓙ James Ferreras Ⓒ 56, farbig
Ⓓ

Rimbaud

Sensibles Filmporträt des französischen Schriftstellers Arthur Rimbaud, für das Regisseur Richard Dindo die Schauplätze von Rimbauds widersprüchlichem Leben aufgesucht hat und dessen Verwandte und Freunde in gestellten Szenen auftreten und zu Wort kommen lässt, darunter auch seinen Geliebten, Paul Verlaine (Dautremay). Der Regisseur rückt dabei weniger das literarische Werk, sondern den Menschen in den Mittelpunkt. Aus dem Off werden Briefauszüge und Gedichte den Äußerungen Rimbauds gegenübergestellt.

CH/F 1991 ◉◎　Richard Dindo　◉　Pio Corradi, Héléma Vagnières ◔　Philip Hersaut　◉　Bernard Block, Christiane Cohendy, Madeleine Marie, Jean Dautremay, Jacques Bonaffé
◷　141, farbig
◙

Rocco und seine Brüder
ROCCO E SUOI FRATELLI

Viscontis erster Kassenerfolg ist eine brillante Sozialstudie, angesiedelt zwischen Neorealismus und den späten, ausladenden Epen, und erzählt vom Schicksal einer süditalienischen Familie, die in der Industriemetropole Mailand auf Arbeit hofft. Die fünf Brüder gehen sehr unterschiedliche Wege. Der idealistische Rocco (Alan Delon, damals gerade entdeckt) versucht den sozialen Absturz seines Bruders Simone (Salvatori) aufzuhalten. Der hat sich in die Prostituierte Nadia (Giradot) verliebt und gerät dadurch auf die schiefe Bahn. Seine Karriere als Faustkämpfer scheitert an der fehlenden Disziplin. Aus Frust wird er zum Trinker und Dieb. Um seine Schulden abzutragen, steigt Rocco selbst in den Ring. Als sich Nadia in Rocco verliebt, wird Simone zum Mörder.

Gleich nach seiner Uraufführung bei den Filmfestspielen in Cannes, wo der Film zwar nicht den erhofften Goldenen Löwen, aber immerhin den Sonderpreis der Internationalen Jury erhielt, brach ein staatlich gesteuerter Proteststurm los. Die für damalige Zeiten skandalöse Darstellung von Homosexualität sowie eine zu realistisch geratene Vergewaltigungsszene hatte Kürzungen durch die Zensurbehörde zur Folge. Die ins Kino gelangte Fassung ist schließlich 22 Minuten kürzer als das Original.

> „Alles in meinem Film hebt auf jene Seite des südländischen Charakters ab, die wichtig für ihn erscheint: Gefühl, Gesetz und das Tabu der Ehre." Regisseur Luchino Visconti

I 1960 ◉　Luchino Visconti　◎　Suso Cecchi d'Amico, Giovanni Testori nach seinem Roman *Il ponte della Ghisolfa*　◉　Giuseppe Rotunno ◔　Nino Rota　◉　Annie Giradot, Alain Delon, Renato Salvatori, Claudia Cardinale, Katina Paxinou　◷　182 (Originalfassung), 166 (deutsche Fassung), s/w

Rock Hudson's Home Movies

Um die Diskrepanz zwischen Leinwandimage und Wirklichkeit im Leben von Hollywoodstar Rock Hudson aufzuzeigen, hat Regisseur Mark Rappaport Ausschnitte aus dessen Spielfilmen collagiert und mit Kommentaren des „wahren" Rock Hudson (dargestellt von Eric Farr) konterkariert. In einen neuen Zusammenhang gestellt, erhalten so selbst altbekannte Szenen einen unerwarteten Sinnzusammenhang und eine sexuelle Zweideutigkeit und werden als vermeintliche Belege für Hudsons Homosexualität entschlüsselt. Hudson, der sich immer wieder den Begehrlichkeiten der Frauen entzieht. Hudson in einem Nerzmantel gekleidet. Hudson, der Kochrezepte tauscht. Rappaports Film ist ein Spiel, das ironisch mit der von Hollywood verdrängten Homosexualität seines Stars spielt, sich aber nicht um die Tragödie kümmert, die sich hinter diesem Doppelleben verbirgt. Zugleich ist sein Film aber auch ein gelungenes Beispiel für die Manipulierbarkeit von Bildern, die durch Schnitt und Kommentar völlig neue Bedeutung erhalten.

USA 1992 ◉◎　Mark Rappaport　◉　Mark Daniels　◉　Eric Farr ◷　63, farbig

The Rocky Horror Picture Show

Das frisch vermählte Paar Brad (Bostwick) und Janet (Sarandon) finden nach einer Autopanne bei strömenden Regen im nahegelegenen Schloss Zuflucht und geraten dort in das bizarre Jahrestreffen der irdischen Agenten des Planeten Transexual aus der Galaxie Transsylvania. Hausherr ist der Transvestit Dr. Frank N. Furter (Curry), der das verwirrte Paar einlädt, einem besonderen Ereignis beizuwohnen: dem Erwachen seines von ihm selbst kreierten, künstlichen Menschen, einem blonden, geistig etwas schlichten Muskelpaket, Rocky (Hinwood), das sich der bisexuelle Frank N. Furter als perfekten Sexgespielen erschaffen hat. Es kommt zu sexuellen Ausschweifungen, bei denen auch Brad und Janet einbezogen werden, und einem Eifersuchtsdrama mit kannibalistischen Exzessen bis sich der Konflikt in einer Revue auflöst und das Schloss als Raumschiff in die ferne Heimat in einer anderen Galaxie aufbricht.

Der Kultfilm schlechthin. Richard O'Briens Musical lief erst auf einer kleinen Londoner Experimentalbühne, entwickelte sich dort zum Geheimtipp und wurde schließlich zum Welterfolg. Zunächst jedoch floppte die Filmversion bei der Premiere in Großbritannien und kam in den USA erst gar nicht in den regulären Verleih. Stattdessen wurde der Film Dank eines weitsichtigen Agenten Programmkinos für vorzugsweise Mitternachtsvorstellungen angeboten und eroberte sich so nach und nach sein Publikum. Der Film wurde zum Selbstläufer und zum Mitmach-Spektakel, bei dem die Fans aufs Stichwort mit Reis werfen, die Feuerzeuge glimmen lassen und die Dialoge mitsprechen. Die Münchner Museums-Lichtspiele wurden in den achtziger Jahren eigens hierfür umgebaut und filmgerecht als Spukschloss ausgestattet.

Der Hauptschauplatz im Film erinnert an James Whales *The Old Dark House* (1932) und ist damit nur eines von vielen Zitaten aus alten Science-Fiction-, Horror- und Monsterfilmen. *The Rocky Horror Picture Show* ist zum einen ein mitreißendes, weder Kitsch noch grelle Effekte scheuendes Musical, zum anderen eine anarchistische und subversive Satire, die sich der Angst vor dem Anderssein, wie sie in vielen B-Filmen formuliert wird, parodistisch bedient. Mit Brad und Janet geraten zwei harmlose Spießer in eine Welt, in der die Geschlechterrollen und gesellschaftlichen Vorstellungen von Sexualität aufgehoben sind. Lesbische, schwule, heterosexuelle, transvestitische Identitäten – im Reich Frank N. Furters ist alles möglich.

1981 folgte mit *Shock Treatment* eine Fortsetzung der Geschichte, in der Brad und Janet sich in einem Fernsehstudio verirren. Diese intelligente Mediensatire hatte an der Kinokasse allerdings keinen Erfolg. Richard O'Brien wurde 1988 für sein Lebenswerk mit dem Special TEDDY ausgezeichnet-

USA 1974 Ⓡ Jim Sharman Ⓓ Jim Sharman, Richard O'Brien nach seinem Bühnenmusical *The Rocky Horror Show* Ⓟ Peter Suschitzky Ⓜ Richard O'Brien, Richard Hartley Ⓜ Tim Curry, Susan Sarandon, Barry Bostwick, Richard O'Brien, Meatloaf, Jonathan Adams, Nell Campbell, Peter Hinwood, Patricia Quinn Ⓣ 97, farbig ⒹⓉ ⓉⓇ Ⓑ︎Ⓘ Ⓜ

Roommates – Bis ans Ende des Weges
ROOMMATES

Jim Riley (Quaid), ein Ex-Sträfling und Schwulenhasser, erfährt nach einer Schlägerei im Krankenhaus, dass er HIV-positiv ist. Er wurde vermutlich durch eine Blutkonserve infiziert. Sein Leben bekommt er nicht mehr in den Griff. Mit seinem

Vater verkracht er sich. Sein letzter Ausweg: Er zieht ins „Residence", ein Wohnheim der Aidshilfe. Sein Apartment muss er ausgerechnet mit dem schwulen und arroganten Bill Thomas (Stoltz), ein Sohn aus reichem Elternhaus, teilen. Auch Bill hat Stress, weil seine Familie sein Schwulsein nicht akzeptiert. Jim versucht den ungeliebten Mitbewohner hinauszuekeln, aber mit der Zeit kommen sich die beiden näher.

USA 1994 Ⓡ Alan Metzger Ⓓ Robert W. Lenski Ⓟ Geoffrey Erb Ⓜ Lee Holdridge Ⓜ Eric Stoltz, Randy Quaid, Elizabeth Pena, Frank Buxton, Jill Teed, Phil Hayes, Charles Durning Ⓣ 100, farbig Ⓐ

Der Rosenkönig

Albert (Djamdjam) ist Mitte Zwanzig und lebt mit seiner Mutter (Montezuma) auf einer Rosenfarm in Portugal. Er ist davon besessen, die perfekte Rose zu züchten. Als er den jungen Italiener Fernando (Orlando) in der Kirche beim Raub des Opferstocks überrascht, nimmt er ihn gefangen und sperrt ihn in die Scheune. Aus dem Wächter-Gefangenen-Verhältnis entwickelt sich ein Liebesverhältnis. Der Geliebte, sanftmütig wie Christus, wird von Albert gefüttert und gewaschen wie ein Opfertier, als sollte er für ein Todesritual vorbereitet werden. Unmerklich steigert sich das Liebes- und Todesspiel zu seinem grausamen Höhepunkt. Fanatisch treibt Albert das Okuliermesser in den Leib des Geliebten und pflanzt junge Rosentriebe in die Wunden. Den Leichnam bettet er in ein Rosenfeld und sich gleich mit dazu.

Liebeswahn, Todessehnsucht und das Verlangen nach Grenzüberschreitung gehen in Schroeters Drama, das zwischen hoher Kunst und banalem Kitsch pendelt, ineinander über. Das leidenschaftliche Pathos spiegelt sich auch in der Musikauswahl – Arien aus den großen Opern des 19. Jahrhunderts von Donizetti bis Verdi – wider. Die christliche Ikonografie, der sich Schroeter in vielen Motiven bedient, veranlasste den *Katholischen Filmdienst* von „kindischen Blasphemien" zu sprechen.

Schroeter widmete seinen Film der Darstellerin Magdalena Montezuma, mit der er über viele Jahre eng verbunden war, und die wenige Wochen nach Ende der Dreharbeiten an Krebs verstarb.

BRD 1984/1986 Ⓡ Werner Schroeter Ⓓ Werner Schroeter, Magdalena Montezuma Ⓟ Elfi Mikesch Ⓜ Antonio Orlando, Magdalena Montezuma, Mostéfa Djadjam Ⓣ 103, farbig

Rossini oder die mörderische Frage, wer mit wem schlief

Die selbstverliebte Filmschickeria in München hat das Restaurant »Rossini« zum Laufsteg ihrer Eitelkeiten auserkoren.

Abend für Abend wird es frequentiert und dominiert von einer Anzahl illustrer Stammgäste, die bei aller Verschiedenheit eines gemeinsam haben: Sie sind einsame Menschen, „Singles" im soziologischen und psychologischen Sinne, die ihr Lokal zum zweiten Zuhause machen. Jeder bewundert jeden – man stellt sich zur Schau. Doch bald merken die Zuschauer, dass alles nur eine Fassade ist, die nur allzu leicht zerbricht. Die junge, ehrgeizige Schauspielerin Schneewittchen (Ferres) hofft, inmitten der geschlossenen Gesellschaft, die das „Rossini" darstellt, eine Filmrolle zu ergattern. Dafür lässt sie vor dem Lokal dann auch ihre Geliebte Fanny Watussnik (Becker) sitzen, um sich dem abgewrackten Regisseur Uha Zigeuner (George) als Gespielin anzubiedern. Aufwändig und solide inszenierte Gesellschaftssatire.

D 1996 ⊕ Helmut Dietl ◯ Helmut Dietl, Patrick Süßkind ⊕ Gernot Roll ⊙ Dario Farina ⊛ Götz George, Mario Adorf, Heiner Lauterbach, Gudrun Landgrebe, Veronica Ferres, Joachim Król, Armin Rohde, Martina Gedeck, Meret Becker, Hannelore Hoger ⊙ 110, farbig

Rote Ohren fetzen durch Asche
Englischer Titel: Flaming Ears

Ein wahrhaftiger Undergroundfilm. Ein österreichisches Künstlerteam stellte einen Science-Fiction-Film in Eigenproduktion her, womit ein kleiner Geniestreich gelang. Dank geschickt eingesetzter und witziger Spezialeffekte und einer wirklich fantasievollen Story sieht man gern über manches schauspielerische oder filmtechnische Manko hinweg.

In einer fernen Zukunft, in der Fantasiestadt Asche begegnet man den drei Lesben Spy, Volley und Nun, die sich mit den üblichen Themen, Liebe, Lust, Eifersucht und Rache herumzuschlagen haben und versuchen, ihr Leben unter ungewöhnlichen Umständen bestmöglich auf die Reihe zu bekommen.

Ein Film, der seiner Zeit weit voraus war und weltweit Kultstatus erreichte. Eine der damaligen Regisseurinnen und Hauptdarstellerinnen Angela Hans Scheirl machte später noch als Hans Scheirl den grellen Transgenderfilm *Dandy Dust,* 1998.

Österreich 1991 ⊕◯⊕⊙ Angela Hans Scheirl, Ursula Pürrer, Dietmar Schipek ⊛ Angela Hans Scheirl, Ursula Pürrer, Susanne Heilmayr, Margarete Neumann ⊙ 84, farbig

Roy Cohn/Jack Smith

Filmversion eines Solostücks des schwulen New Yorker Theaterschauspielers Ron Vawters (*Philadelphia*, 1993), der die Lebensgeschichte zweier sehr unterschiedlicher Schwuler gegenüberstellt und dabei brillant in deren Charaktere schlüpft. Ihre Gemeinsamkeit ist, dass sie beide in den achtziger Jahren an Aids verstorben sind. Roy Cohn, konservativer Politiker und rechte Hand McCarthys, hält einen (authentischen) Vortrag vor der „Amerikanischen Gesellschaft zum Schutze der Familie" und wettert dabei gegen Homosexuelle. Der skandalträchtige Undergroundfilmmacher und Avantgardetheaterregisseur Jack Smith lümmelt derweil als Haremsdame kostümiert auf einem Diwan und unterhält mit Auszügen aus seinem Stück *What's Underground about Marshmallows*.

USA 1994 ⊕ Jill Godmilow ◯ Gary Indiana, Jack Smith ⊕ Ellen Kuras ⊙ Michael Sahl ⊛ Ron Vawter, Coco McPherson, Jack Smith ⊙ 90, farbig

Running out of Time
AUM JIM/AN ZHAN

Der bereits lebensbedrohlich an Krebs erkrankte Edel-Gangster Wah (A. Lau) plant den Coup seines Lebens. Aus dem Büro einer Finanzierungs-Gesellschaft will er Diamanten rauben. Sein seelenverwandter Gegenspieler ist der Polizeiinspektor Sang (C. W. Lau). Regisseur Johnnie To variiert das Thema der Männerfreundschaft und spielt selbstironisch auch auf die latente Homosexualität der beiden Kontrahenten an. Rasanter Thriller mit heiter-melancholischer Atmosphäre.

China/Hongkong 1999 ⊕ Johnnie To (Johnnie To Kei Fung) ◯ Laurent Courtiaud, Julien Carbon, Nai-Hoi Yau ⊕ Cheng Siu Keung ⊙ Raymound Wong ⊛ Andy Lau (Tak Wah Lau), Ching Wan Lau, Yo Yo Mung, Waise Lee ⊙ 93, farbig

S

Eine sachliche Romanze
AN AWFULLY BIG ADVENTURE

Liverpool 1947. Die 16-jährige Stella (Cates) träumt von einem Leben am Theater und wird Mädchen für alles bei einer kleinen Schauspieltruppe. Dort verliebt sich die unbedarfte, schüchterne Arbeiterin unglücklich und macht erste sexuelle Erfahrungen. Der Regisseur der Truppe Meredith Potter (Grant) ist selbstverliebt, arrogant und zynisch und lässt seine Launen am Ensemble aus. Stella verrennt sich in eine blinde Schwärmerei für ihn. Als Potter von einem der Schauspieler vor dem versammelten Ensemble als homosexuell geoutet wird, ist damit nicht nur dessen Ansehen empfindlich geschädigt, Stella ist durch diese Nachricht überfordert.

Mike Newells Film, direkt nach *Vier Hochzeiten und ein Todesfall*, 1994 (ebenfalls mit Hugh Grant) entstanden, wäre sicherlich nicht ohne diesen vorübergehenden Erfolg in die Kinos gelangt. Zwar gelingt es in diesem zwischen Tragödie, Melodram und Komödie unschlüssig hin- und herpendelnden Film, die Nachkriegsjahre atmosphärisch dicht darzustellen, die Figuren jedoch bleiben blass.

> *„Das einzige, was Hugh Grant von der Figur des Meredith unterscheidet: Hugh ist nicht schwul." Regisseur Mike Newell*

GB 1994 ⬤ Mike Newell ⬤ Charles Wood nach dem autobiografischen Roman von Beryl Bainbridge ⬤ Dick Pope ⬤ Richard Hartley ⬤ Alan Rickman, Hugh Grant, Georgina Cates, Peter Firth, Rita Tushingham ⬤ 110, farbig

Saint Jack

Singapore in den siebziger Jahren. Der US-amerikanische CIA-Agent Jack Flowers (Gazzara), der nach dem Korea-Krieg im Lande geblieben ist, hat ein Bordell eröffnet und bekommt deshalb Schwierigkeiten mit der chinesischen Mafia. Einer der Bordellbesucher, ein US-amerikanischer Senator (Lazenby), wird epresst, nachdem er sich mit einem Strichjungen (Tan) eingelassen hat.

USA 1979 ⬤ Peter Bogdanovich ⬤ Howard Thackler, Peter Bogdanovich und Paul Theroux nach seinem Roman ⬤ Robby Müller ⬤ Ben Gazzara, Denholm Elliott, George Lazenby, James Villiers, Joss Ackland, Mark Kingston, Peter Bogdanovich, Edward Tan, Rodney Bewes ⬤ 112, farbig

Salmonberries

Diese absurde Geschichte um eine androgyne junge Frau und eine in die Jahre gekommene exildeutsche Bibliothekarin im Nest Kotzebue im eisigen Alaska sollte ein großer Lesbenknüller werden – spielt doch niemand geringeres als der lesbische Superstar Nummer eins, k.d. lang, die Rolle des wortkargen

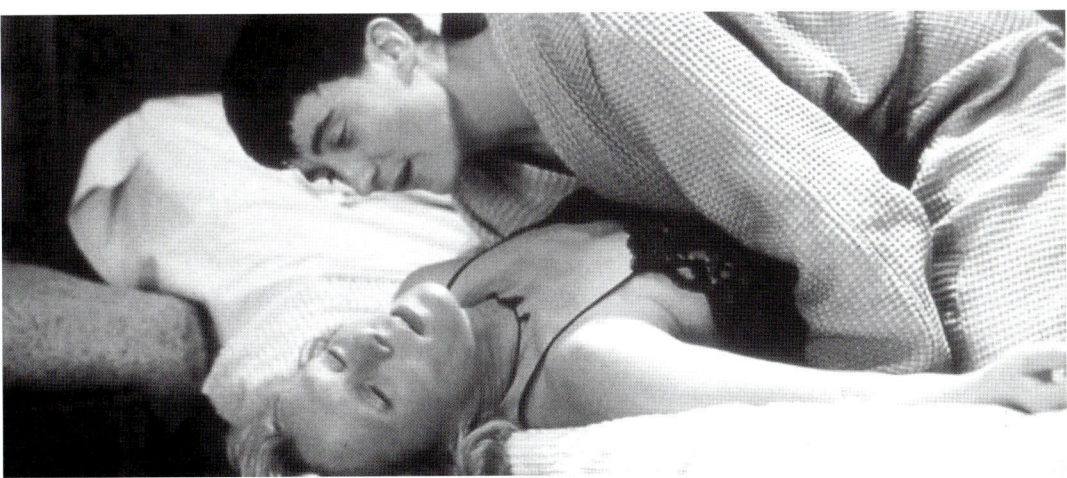

Salmonberries

Eskimo-Findelkinds. Doch der Film wurde alles andere als ein Erfolg aus lesbischer Sicht, was nicht zuletzt an der verklemmten und unbefriedigenden Darstellung der Beziehung der beiden liegt. Während Kotzebue – das Kind wurde der Einfachheit halber wie das Dorf benannt – ihre Identität sucht und sich dabei in die Bibliothekarin verknallt, hadert diese (dargestellt von Rosel Zech, bemüht auf den Spuren Marianne Sägebrechts wandelnd) mit ihrer ostdeutschen Vergangenheit. Die Suche nach sich selbst bringt beide nach Berlin, wo es auch zu einer körperlichen Annäherung kommt, die in letzter Konsequenz jedoch nicht stattzufinden scheint – zumindest nicht vor den Augen des Publikums. Man ertrinkt in Andeutungen und verliert schließlich ganz den Faden.

Percy Adlon bemühte sich, eine ähnlich skurrile Atmosphäre wie in seinem berühmten Film *Out of Rosenheim* (1987) zu kreieren und dabei eine ähnlich bedeutsame Frauenbeziehung, wie sie in seinem Erfolgsfilm gezeigt wird, einzubauen. Der Versuch scheiterte kläglich. Lediglich der Soundtrack mit dem k.d.-lang-Song „Barefoot" mag für Fans eine kleine Entschädigung sein.

D 1991 ⊚◔ Percy Adlon ⊕ Tom Sigel ♪ Bob Telson ⊛ k.d. lang, Rosel Zech, Chuck Connors, Jane Lind, Oscar Kawagley ⊙ 95, farbig

Salomes letzter Tanz
SALOME'S LAST DANCE

In einem mondänen Londoner Bordell wohnt 1892 Oscar Wilde (Grace) gemeinsam mit seinem Geliebten Lord Alfred Douglas (Hodge) einer von Huren, Strichjungen und Zuhältern einstudierten Aufführung seines biblischen Bühnenstücks *Salome* bei, das zu diesem Zeitpunkt in England durch Lord Chamberlain verboten ist. Der Bordellchef (Johns) spielt den Herodes, die Serviererin Rose die Salome und zu Wildes Überraschung wird sein Liebhaber als Johannes der Täufer eingesetzt. Man schlürft Champagner, Wilde vergnügt sich mit einem goldbemalten Lustknaben, bis am Ende zwei Polizisten eindringen und sowohl Wilde, als auch

den Bordellbesitzer und die Herodias-Darstellerin (Jackson) verhaften:

Ken Russel hat den Wilde'schen Text mit Zitaten aus seinem restlichen Werk ergänzt. Reizvoll ist, wie es höchstprofessionellen Darstellern meisterhaft gelingt, Laientheater vorzugeben. Doch der Versuch, Wildes tatsächliches Schicksal umzudeuten bzw. mittels dieser opulenten, grell-erotischen Inszenierung provozieren zu können, misslingt.

GB 1988 ⊚ Ken Russell ⊙ Ken Russel sehr frei nach Oscar Wildes Drama *Salome* ⊕ Harvie Harrison ⊛ Glenda Jackson, Imogen Millais-Scott, Stratford Johns, Nickolas Grace, Douglas Hodge ⊙ 89, farbig
ⒹⓉ

Satansbraten

Walter Kranz (Raab) ist ein neurotisch-hysterischer Poet, der seine besten Tage bereits hinter sich hat. Im Zuge der Studentenrevolution war er als „Dichter der Revolution" gefeiert worden, nun steckt er in einer künstlerischen Krise und lebt in engen, kleinbürgerlichen Verhältnissen. Das Geld ist knapp, er ist sexuell frustriert, die Ehefrau (Vita) nörgelt unentwegt und zu alledem muss er seinen debilen Bruder (Spengler) ertragen. Als er endlich wieder ein Werk präsentiert, entpuppt sich dies als Plagiat eines Gedichtes von Stefan George. Kranz steigert sich in den Wahn, tatsächlich George zu sein, und imitiert nicht nur sein Aussehen, sondern auch dessen Kult um Homoerotik und weihevolles Künstlertum sowie dessen Idee der Jüngerschaft. Statt aufstrebender Dichter schart er allerdings Strichjungen um sich. Mit Andrée (Carstensen) hat er eine tragische Gestalt an sich gebunden, die sich ihm in masochischer Lust unterwirft. Lange hält diese Farce jedoch nicht. Die Ehefrau stirbt, Andrée hat genug und als das Geld verprasst ist, bleiben auch die Jungs weg. Kranz wird zum Dieb und sogar zum Mörder. Als ihn Zuhälter verprügeln, findet er seine schriftstellerische Schaffenskraft wieder und schreibt einen

Roman mit dem Titel *Der Faschismus wird siegen oder: Keine Feier für den toten Hund des Führers*.

Satansbraten ist ein radikaler Rundumschlag gegen den Kulturbetrieb. Fassbinder formuliert seine Kritik an der Ausbeutung menschlicher Beziehungen durch Macht und Egozentrik, an der Moral des bourgeoisen Spießers und den verkommenen Idealen der 68er mit zynischem Humor. Er verzichtet dabei auf besondere ästhetische Raffinessen und agiert stattdessen mit einem anarchischen Spieltrieb, der von Ferne an Luis Buñuel, *Pulp Fiction* und die Marx Brothers erinnert.

BRD 1975/76 ⊕⊙ Rainer Werner Fassbinder ⊕ Jürgen Jürges, Michael Ballhaus ⊙ Peer Raben ⊛ Kurt Raab, Margit Carstensen, Volker Spengler, Helen Vita, Ulli Lommel, Katharina Buchhammer, Ingrid Caven, Marquard Bohm ⊙ 112, farbig
Ⓟ®

Die Satansweiber von Tittfield
FASTER, PUSSYCAT! KILL, KILL!

Sex-and-Crime-Fantasie in bester Russ-Meyer-Manier: Dralle, vollbusige Freizeit-Autorennfahrerinnen terrorisieren spießige heterosexuelle Provinzler. Die Dreiergang mit der lesbischen Anführerin Varla (stets in Leder: Tura Satana) gerät auf einem Streifzug zunächst an ein junges Paar, deren männliche Hälfte bei einer Schlägerei von der brutalen Varla getötet wird. Die drei nehmen die hysterische Frau (Bernard) mit und gelangen auf die Farm eines behinderten Vaters mit zwei Söhnen. Hin- und hergerissen zwischen ihren sexuellen Lüsten und der Angst vor den Mädchen, verzweifeln die Farmer an der Situation. Mehrere blutige Auseinandersetzungen folgen, bis schließlich doch ein paar heterosexuelle Gutmenschen die Satansweiber zur Strecke bringen.

Natürlich ein klassischer Trash-Kultfilm mit bösen, brutalen Frauenbanden, deren sexuelle Orientierung nicht ganz deutlich wird, eine mehr oder weniger lesbische Grundtendenz allerdings impliziert. Wie immer bei Russ Meyer ist das Ganze allerdings mehr darauf ausgelegt, die sexuellen Fantasien alter Hetero-Männer anzuregen. Politisch nicht ganz so korrekte Lesben können aber auch ihren Spaß daran haben.

USA 1966 ⊛ Russ Meyer ⊙ Jack Moran ⊕ Walter Schenck ⊙ Igo Kantor ⊛ Tura Satana, Lori Williams, Haji, Susan Bernard, Stuart Lancaster, Paul Trinka ⊙ 83, s/w
Ⓜ Ⓣ

Satyricon
Deutscher Alternativtitel: *Fellinis Satyricon*

Der junge Encolpius (Potter) rivalisiert mit seinem Freund Ascyltus (Keller) um die Gunst des schönen Knaben Gitone (Born). Der entscheidet sich für Ascyltus. Um seine Enttäu-

schung und seinen Schmerz zu verarbeiten, macht sich Encolpius zu einer Wanderung auf, die ihn als Erstes zu einem orgiastischen Festgelage im Hause des Emporkömmlings Trimalchio bringt. Er besucht Wirtshäuser und Bordelle, trifft auf einen verdorbenen Dichter und Damen der Gesellschaft, auf Sklaven, Bauern und Seeleuten, Huren und Hermaphroditen und lernt so den vulgären wie den verfeinerten Lebensstil kennen. Encolpius, Ascyltus und Gitone finden auf einem Sklavenschiff wieder zusammen, dessen Kommandant (Cuny) sich in Encolpius verliebt und ihn symbolisch heiratet.

Die antike Vorlage von Petronius setzt Fellini in ausladenden Dekorationen, Ausstattungen und Kostümen um. Seine Lust an schönen und hässlichen, boshaften und verkommenen Gesichtern, an manieristischem Dekor feiert hier fantastische Triumphe. In seinem monströsen wie pompösen Bilderbogen und locker gereihter Szenenfolge tummeln sich schönen Knaben, grazile Sklavinnen und fettleibige Frauen, grotesk deformierte Gestalten, Kleinwüchsige und Krüppel. Die Studiodekors deuten die klassischen Vorbilder nur an und verweisen zugleich auf die Gegenwart.

> *„Ich habe das alte Rom gezeigt, aber wenn sie in meinem Film ein Spiegelbild unserer Zeit sehen, widerspreche ich nicht."*
> Regisseur Federico Fellini

I 1969 ⊛ Federico Fellini ⊙ Federico Fellini, Bernardino Zapponi nach dem Roman von Titus Petronius Arbiter ⊕ Giuseppe Rotunno ⊙ Nino Rota ⊛ Martin Potter, Max Born, Hiram Keller, Salvo Randone, Capucine, Alain Cuny, Giuseppe Sanvitale, Hylette Adolphe ⊙ 138, farbig
Ⓟ®

Eine saubere Affäre
NETTOYAGE À SEC

Seit fünfzehn Jahren betreiben Jean-Marie (Berling) und seine Frau Nicole (Miou-Miou) in dem französischen Provinznest Belfort eine chemische Reinigung. Mit Fleiß und Zuverlässigkeit haben die beiden es zu einem bescheidenen Wohlstand gebracht. Der verdiente Urlaub blieb dabei ebenso auf der Strecke wie ihre Beziehung, die über die Jahre allmählich in ehelicher Routine erstickt ist. Zufällig landen Jean-Marie und Nicole in einen Nachtclub. Spontan begeistern sich die beiden für den Travestiedarsteller Loïc (Merhar), der dort mit seiner Schwester Marylin (Seigner) auftritt. Tags darauf bringt Loïc sein Kostüm in die Reinigung. Dabei entsteht wie selbstverständlich ein freundschaftlich-herzliches Verhältnis. Als Loïc seinen Job im Nachtclub verliert, bietet Jean-Marie ihm eine Arbeit in der Reinigung an. Dass sich dabei eine Liebesbeziehung zwischen Loïc und Nicole entwickelt, bleibt weder Jean-Marie noch den spottenden Nachbarn verborgen. Trotzdem nimmt Jean-Marie Loïc gegen alle Anfeindungen in

Schutz und bricht sogar mit seinen alten Freunden. Als Loïc auch Jean-Marie zu verführen versucht, schreckt der vor seinen unterschwelligen homosexuellen Neigungen zurück. Es kommt zu einer fatalen Kurzschlusshandlung.

Atmosphärisch dichte und intelligente Milieustudie, die sich zu einem erotischen Thriller entwickelt. Stanislas Merhar wurde für seine Rolle mit dem César als vielversprechendster Jungstar ausgezeichnet.

F 1997 ⊕ Anne Fontaine ◉ Anne Fontaine, Gilles Taurand ⊕ Caroline Champetier ♪ Krishna Levy ⊛ Miou-Miou, Charles Berling, Stanislas Merhar, Mathilde Seigner, Nanou Meister, Noe Pfleger, Michel Bompoil ⊙ 92, farbig
Ⓑ

Der Schakal
THE JACKAL

Der Profikiller mit dem Decknamen Schakal (Willis) wird für 70 Millionen Dollar angeheuert, eine der prominentesten Polit-Persönlichkeiten der Welt zu töten. Die Geheimdienste zweier Regierungen versuchen, ihn daran zu hindern. Actionreiche, aber ambitionslose und klischeehafte Neuverfilmung eines bereits 1972 von Fred Zinneman adaptierten Romans von Frederick Forsyth. Um sich zu tarnen, schlüpft der eiskalte Killer in wechselnde Identitäten, z.B. die des tumben Redneck, des Pauschaltouristen und des soften, blondierten Schwulen. Als solcher schleppt er in einer Schwulenbar einen vertrauensseligen, stark klischeehaft gezeichneten Mann ab, küsst ihn und nistet sich bei ihm ein, um ihn nach ein paar Tagen aus reinem Sadismus zu killen.

In Zinnemanns Verfilmung war der Schwule ein unscheinbarer Mann, der immerhin lediglich deshalb erschossen wurde, weil er im Fernsehen den Schakal auf einem Fahndungsfoto erkannt hatte.

USA 1997 ⊕ Michael Caton-Jones ◉ Chuck Pfarrer nach Kenneth Ross' Drehbuch *The Day of the Jackal* basierend auf Frederick Forsyths gleichnamigem Roman ⊕ Karl Walter Lindenlaub ♪ Carter Burwell ⊛ Bruce Willis, Richard Gere, Sidney Poitier, Diane Venora, Mathilda May, Jack Black, Stephen Spinella ⊙ 124, farbig
Ⓣ

Die Schamlosen
SERIOUS CHARGE

Aus Rache, weil ihm der örtliche Priester (Quayle) die Mitverantwortung am Tod seiner Freundin gibt, schmiedet ein junger Rowdie (Ray) mit seiner Motorradgang eine Intrige: Er beschuldigt den Geistlichen, ihn sexuell belästigt zu haben. Regisseur Terence Young, der später einige der legendären James-Bond-Filme drehte, setzte das für die späten fünfzi-

ger Jahre spekulative Drehbuch mit relativ viel Feingefühl um. In einer Nebenrolle (als Bruder des denunzierenden Rockers) ist der spätere Popsänger Cliff Richard mit seinem Leinwanddebüt zu sehen.

GB 1959 ⊕ Terence Young ◉ Guy Elmes, Mickey Delamar nach einem Theaterstück von Philip King ⊕ Georges Perinal ♪ Leighton Lucas ⊛ Anthony Quayle, Sarah Churchill, Cliff Richard, Andrew Ray, Lillian Brousse, Irene Brouwne ⊙ 100, s/w
Ⓖ

Der Schein trügt
DOING TIME ON MAPLE DRIVE

Der Student Matt (McNamara) besucht seine Familie, um dort seine Verlobte, die aus wohlhabendem Elternhaus stammende Allison (Loughlin), vorzustellen. Seine Mutter Lisa (Besch) bemüht sich, geordnete Verhältnisse zu präsentieren. Denn während Matt als perfekter Sohn gilt, haben alle anderen Familienmitglieder reichlich Probleme, die sich nur schwer kaschieren lassen. Und so bröckelt alsbald die notdürftig aufgerichtete Fassade. Matts Schwester Karen (Brook) führt eine problembeladene Ehe mit dem erfolglosen Fotografen Tom (Byron), sein Bruder Tim (Carrey) ist Alkoholiker. Aber auch Matt schleppt ein großes Problem mit sich herum, von dem alle anderen aber noch nichts wissen: Er ist schwul und konnte es sich bislang noch nicht eingestehen.

USA 1992 ⊕ Ken Olin ◉ James Duff ⊕ Bing Sokolsky ♪ Laura Karpman ⊛ William McNamara, Bibi Besch, Mark Chaet, David Byron, Jayne Brook, James B. Sikking, Jim Carrey, Lori Loughlin ⊙ 97, farbig
Ⓒ

Schlafes Bruder

In dem abgeschiedenen Alpendorf Eschberg wächst zu Beginn des 19. Jahrhunderts ein junges musikalisches Genie namens Elias Alder (Eisermann) auf, das sich in seiner virtuosen Beherrschung des Orgelspiels zeigt. Bereits als Knabe ist Elias ein Außenseiter. Er besitzt nicht nur ungewöhnlich gelbe Pupillen, sondern auch die Gabe, befremdliche Töne auszustoßen. In einer engen dörflichen Welt gibt es für ihn keinerlei Entwicklungsmöglichkeit. Seine große Liebe zu Elsbeth (Vávrová) scheitert vor allem auch daran, dass er sie seiner Angebeteten nie wirklich gesteht. Er selbst wird vom Bauernjungen Peter (Becker) geliebt, der als einziger in der feindlichen gesinnten Dorfgemeinschaft zu ihm hält. Doch Elias übersieht Peters Avancen mit ratlosem, abwesendem Blick. In einer seltsamen Verbindung von Selbstaufgabe und Selbstverwirklichung, aber auch als eine Art Liebesbeweis gegenüber Elsbeth, verweigert Elias schließlich den Schlaf bis zum Tode, denn: „Wer schläft, der liebt nicht". Peter, eifersüchtig auf seine Schwester Elsbeth, setzt das Elternhaus in Brand, als er erkennt, dass sie immer noch Gefühle für Elias hat. Sie verbrennt in ihrem Bett und die Flammen greifen auf das ganze Dorf über.

Robert Schneiders sprachlich manieristischer Romanerstling über Genie und Wahnsinn, Musik und neue Klangwelten war ein internationaler Bestseller. Vilsmaiers 15 Millionen DM teure Verfilmung wirkt protzig, steckt voller Pathos, inszenatorischem Fleiß und Bombast-Ästhetik, lässt aber die Subtilität der Vorlage vermissen.

D 1995 😊👥 Joseph Vilsmaier 😐 Robert Schneider nach seinem gleichnamigen Roman 🎵 Norbert Jürgen Schneider, Hubert von Goisern 🎭 André Eisermann, Dana Vávrová, Ben Becker, Detlef Bothe, Paulus Manker, Eva Mattes, Jochen Nickel 🕐 127, farbig

Schlaflose Nächte

Ziellos schlägt sich der junge Regieassistent Ludwig (Nadler) die Nächte um die Ohren. Mit seinen Freunden zieht er durch die Kneipen, Bars und Cafés von Berlin. Man säuft, kifft, kokst, ist auf der Suche nach neuem Glück, neuen Kicks und neuen Partnern des gleichen wie des anderen Geschlechts. Intellektuelle, postmoderne Großstadtmenschen ohne Orientierung und ohne eigentliches Ziel. Die aneinandergereihten Episoden ergeben keine durchgehende Handlung, sondern sollen vielmehr das Lebensgefühl einer bestimmten Generation während der späten achtziger Jahre in Berlin widerspiegeln.

CH/BRD 1988 😐 Marcel Gisler 😐 Marcel Gisler, Rudolf Nadler 🎭 Patrick Lindenmaier 🎭 Rudolf Nadler, Anna Knaack, Andreas Herder, Matthias Tiefenbacher, Dina Leipzig, Cordula Stepanek 🕐 105, farbig

Schöner Gigolo – armer Gigolo
Internationaler Alternativtitel: Just a Gigolo

Der Versuch, ein deutsches Pendant zum US-amerikanischen Erfolgsfilm *Cabaret* (1972) zu liefern, ging – trotz Starbeset-

zung – gründlich in die Hose. Das fahrige Drehbuch, die stümperhaften Schnitte, die mangelhafte Regieleistung machten aus der mit zwölf Millionen DM Budget teuersten deutschen Filmproduktion ein finanzielles Desaster. Tragisch, dass ausgerecht für diesen Film Marlene Dietrich ihren Schwur brach, nie wieder in einem Film aufzutreten. Sie spielt die Baronesse von Semering, die im Berlin der zwanziger Jahre ein halbseidenes Etablissement führt. Der aus dem Krieg heimgekehrte Paul (Bowie) versucht, in den Wirren der Weimarer Republik wieder Fuß zu fassen, und landet dabei mit diversen Damen im Bett.

Schlimm genug, dass die politische Situation des Berlins jener Tage grotesk vereinfachend skizziert wird. Der vergnügungssüchtigen Masse, die ihren Tanz auf dem Vulkan vollführt, stellt Regisseur Hemmings auch noch die Faschisten gegenüber – eine Horde homosexueller Rüpel. 1980 wurde für Großbritannien eine neue, 105 Minuten lange Schnittfassung gefertigt, die aber auch nicht besser war, und in Deutschland erst gar nicht aufgeführt wurde.

BRD 1978 😊 David Hemmings 😐 Ennio de Concini 🎭 Charly Steinberger 🎵 Günther Fischer 🎭 David Bowie, Sydney Rome, Marlene Dietrich, Kim Novak, Curd Jürgens, Maria Schell, David Hemmings, Evelyn Künneke, Erika Pluhar, Rudolf Schündler, Werner Pochath 🕐 98, farbig

Die schrecklichen Kinder
LES ENFANTS TERRIBLES

Seit dem Tod der Mutter haben sich die Geschwister Elisabeth (Stéphane) und Paul (Dermithe), die ein beinahe inzestuöses Verhältnis verbindet, in ihr kleines Reich zurückgezogen. Elisabeth vergöttert ihren Bruder, der aber leidet unter der unerfüllten Liebe zu dem schönen Jungen Gérard (Bernard), den er Dargelos nennt. Als Paul auf Agathe trifft, die dem Geliebten aufs Haar gleicht, verliebt er sich in sie. Elisabeth heiratet aus Eifersucht und Verzweiflung einen reichen US-Amerikaner, der kurz darauf bei einem Autounfall ums Leben kommt und sie vermögend macht. Paul heiratet Agathe, doch die ständigen Intrigen seiner Schwester bringen ihn zur Verzweiflung. Er nimmt sich das Leben.

Regisseur Melville besetzte in einem geschickten Kunstgriff die Doppelrolle Agathe/Dargelos mit einer Frau, um die uneingestandene Homoerotik im Verhältnis zwischen Paul und Dargelos zu verdeutlichen. Jean Cocteau, der selbst das Drehbuch zu seinem Roman verfasst hat, setzte gegenüber dem Regisseur seinen Wunsch durch, die Handlung in einem zeitlosen Rahmen stattfinden zu lassen. Melville wollte die Geschichte deutlich in den zwanziger Jahren ansiedeln. Auch die Besetzung der Rolle des Paul mit Edouard Dhermite war Cocteaus Wunsch, der hoffte, auf diese Weise seinem Geliebten zur Weltkarriere verhelfen zu können, wie ihm dies bereits bei seinem früheren Lebensgefährten Jean Marais gelungen war. Bei einigen Sequenzen, z.B. der Diebstahlsszene, übernahm Cocteau die Regie, da Melville krankheitsbedingt ausgefallen war. Die Erzählstimme aus dem Off gehört ebenfalls Jean Cocteau.

F 1949 ⊕ Jean-Pierre Melville ⊙ Jean Cocteau nach seinem gleichnamigen Roman ⊕ Henri Decaë ♪ Johann Sebastian Bach, Antonio Vivaldi ⊛ Nicole Stéphane, Edouard Dermithe, Renée Cosima, Jacques Bernard, Melvyn Martin, Maria Cyliakus, Adeline Auroc ⊙ 94 (deutsche Fassung), 107 (Originalfassung), s/w

Schrei in der Stille
REFLECTING SKIN

Beklemmend düsterer, bildgewaltiger und symbolträchtiger Debütfilm des britischen Dramatikers (*Die schnellste Uhr im Universum*, *Der Disney-Killer*), der die Schrecken einer Kindheit zwischen religiösem Wahn und surrealen Momenten aus der Sicht eines achtjährigen Jungen Seth im Idaho der fünfziger Jahre schildert. Farmerkinder verschwinden und werden ermordet aufgefunden. Verdächtigt wird Seths Vater, der schon einmal wegen eines sexuellen Vergehens an Junen vorbestraft ist. Obgleich unschuldig, nimmt er sich daraufhin das Leben, indem er sich mit Benzin übergießt und anzündet. Entsetzt schlägt Seth die Hände vors Gesicht und ist doch auch mehr und mehr vom Flammenspektakel fasziniert. Seths Bruder kehrt aus dem Krieg heim und beginnt eine Liaison mit einer junge Witwe, die Seth jedoch für einen Vampir hält. Um den Bruder vor der vermeintlichen Gefahr zu retten, liefert er die Frau dem tatsächlichen Kindermörder aus.

USA/Kanada 1990 ⊕⊙ Philip Ridley ⊕ Dick Pope ♪ Nick Bicât ⊛ Viggo Mortensen, Lindsay Duncan, Jeremy Cooper, Sheila Moore, Duncan Fraser ⊙ 95, farbig
Ⓟ̈Ⓐ

Schrille Nächte in New York
THE VELOCITY OF GARY

Der tuntige Gary (Jane) ist neu in New York. Seine Suche nach dem Traummann ist erfolgreich: Der charismatische und promiske Bisexuelle Valentino (D'Onofrio) ist groß, blond, durchtrainiert, ein ziemlicher Macho – und ein Ex-Pornostar. Teilen muss sich Gary den Geliebten allerdings mit dessen eifersüchtiger Lebensgefährtin Mary Carmen (Hayek). Als man bei Valentino Aids diagnostiziert, wird die Dreiecksbeziehung auf die Probe gestellt. Die Klub- und Schwulenszene New Yorks stellt die Kulisse dieses recht oberflächlich geratenen Films, der weder sonderlich spannend noch besonders erotisch ist

und auch die Beziehungskonflikte und die Aids-Problematik nur flüchtig behandelt.

USA 1998 ⊕ Dan Ireland ⊙ James Still ⊕ Claudio Rocha ♪ Peitor Angeli ♪ People ⊛ Salma Hayek, Vincent D'Onofrio, Thomas Jane, Chad Lindberg, Olivia D'Abo, Yvette Diaz, Ethan Hawke ⊙ 97, farbig
ⒷⒾ Ⓐ

Der Schuh des Manitu

Die aus einer Sketchserie in Michael „Bully" Herbigs TV-Comedy-Show *Die Bully Parade* hervorgegangene Westernparodie wurde zwar nicht zu Deutschlands erfolgreichstem Kinofilm aller Zeiten (*Grün ist die Heide*, 1951, hatte in den fünfziger Jahren beispielsweise rund 19 Millionen Zuschauer ins Kino gelockt; *Otto – Der Film*, 1985, rund 15,5 Millionen nimmt man die Zahlen für DDR und BRD zusammen), doch ist mit seinen rund zwölf Millionen Zuschauer *Der Schuh des Manitu* ein unerwarteter und herausragender Erfolg für eine deutsche Filmproduktion.

Eine karge Handlung gibt den Rahmen für eine klamaukige Sketchparade, die sich der klassischen Winnetou-Verfilmungen und sämtlicher Westernklischees bedient. Apachen-Häuptling Abahachi (Herbig) sorgt gemeinsam mit seinem Blutsbruder Ranger (Tramitz) für Recht und Ordnung im Wilden Westen. Als Abahachi für den Bau eines „Stamm-Lokals" einen Kredit aufnimmt, gerät er an den Gauner Santa Maria (Du Mont).

Abahachis schwuler und tuntig-näselnd gespielter Zwillingsbruder ist Winnetouch (ebenfalls Herbig), der – ganz in rosa gekleidet – auf seiner Ranch Puder Rosa eine Schönheitsfarm betreibt.

> *„Ich war selbst überrascht, aber ich stieß bei meiner Recherche auf etwas, dass man sich heute nicht vorstellen kann und auch in keinem Sergio-Leone-Film sehen kann: Es gab Homosexualität im Wilden Westen. Es wurde nur lange totgeschwiegen. Vielleicht hat John Wayne deshalb immer rosa Halstücher getragen."* Regisseur Michael „Bully" Herbig

D 2001 ⊕ Michael „Bully" Herbig ⊙ Michael „Bully" Herbig, Alfons Biedermann, Rick Kavanian, Murmel Clausen ⊕ Stephan Schuh ♪ Ralf Wengenmayr ⊛ Michael „Bully" Herbig, Christian Tramitz, Marie Bäumer, Sky Du Mont, Rick Kavanian, Hilmi Sôzer, Tim Wilde, Siegfried Teerporten ⊙ 87, farbig
ⒹⓉ

Die Schule des Begehrens
L'ÉCOLE DE LA CHAIR

Dominique (Huppert) weiß, was sie will. Sie ist Single, nicht mehr die Jüngste, aber immer noch attraktiv und vor allen

Dingen in ihrem Job in der Modebranche erfolgreich. Eine Geschäftsfrau wie Dominique bewahrt immer die Fassung und die Contenance. Fast immer. Bis ihr der junge Quentin (Martinez) über den Weg läuft, oder besser: sie ihm in die Arme. Sie will nur mit ihrer Freundin mal einen drauf machen, landet in einer Schwulendisco und da steht er hinter dem Bartresen: kesser Blick, charmantes Lächeln, hübsch und ein bisschen verwegen. „Vorsicht, passen Sie auf Ihr Geld auf!", wird sie von dem Transvestiten Chris (Lindon) gewarnt. „Ihm graut davor, verlassen zu werden", sagt ein älterer schwuler Mann. Beide offensichtlich bereits Opfer ihres Begehrens für Quentin. Dominique kauft Quentin kokett die Telefonnummer ab. Was folgt, ist der verzweifelte Versuch einer Frau – gewohnt das Leben nach ihren Vorstellungen ablaufen zu lassen –, auch hier die Oberhand zu behalten. Quentin ist ein Stricher. Für Geld geht er mit Männern und mit Frauen ins Bett. Sie lässt ihn bei sich einziehen, sie hält ihn aus und will sein Leben ordnen, in jene Bahnen bringen, die sie für richtig hält. Doch die Liebe lässt sich nicht planen wie ein Geschäftsabschluss. Und Quentins Gefühle und Selbstständigkeit lassen sich nicht kaufen. Der französische Regisseur Benoît Jacquot, ehemaliger Assistent von Marguerite Duras, setzt ganz auf seine Darsteller und die Dialoge. Herausgekommen ist ein intensives Kammerspiel, das seine Figuren nicht nur psychologisch bis ins Letzte ausleuchtet und erklärt, sondern in ihren widersprüchlichen Emotionen genauso unlogisch und paradox agieren lässt, wie Liebende und Verzweifelte manchmal eben sein können.

„So wie Dominique quasi maskulinisiert ist durch ihre Position, ist Quentin feminisiert durch die seine, ohne im übrigen irgend etwas Weibliches an sich zu haben. Ich denke, dass er zunächst einmal heterosexuell ist, aber das Leben hat ihm diesen weiblichen und homosexuellen Part gegeben, der seine einzige Möglichkeit darstellt, sich eine aussichtsreiche Zukunft vorzustellen, nämlich in dieser Objektposition zu sein."
Regisseur Benoît Jacquot

F 1998 🎬 Benoît Jacquot 📖 Jacques Fieschi frei nach einem Roman von Yukio Mishima 📷 Caroline Champetier 🎭 Isabelle

Huppert, Vincent Martinez, Vincent Lindon, Marthe Keller ⏱ 105, farbig
(BI) (PR)

Schwarz und weiß
NOIR ET BLANC

Der schüchterne, pflichtbewusste Buchhalter Antoine (Frappat), dessen einzige Passion die Proben mit einem Mozart-Chor sind, erhält den Auftrag, die Bilanzen eines Pariser Sportstudios zu überprüfen. Der Besitzer gestattet ihm zu seiner Überraschung, während der Prüfung die komplette Einrichtung zu nutzen, Massagen durch den schwarzen Dominique (Martial) inbegriffen. Diese Behandlungen haben bei Antoine einen psychologischen Dammbruch zur Folge. Je härter Dominique ihn durchknetet, desto mehr beginnt Antoine, das Gefühl der Unterwerfung und des Schmerzes zu genießen. Die sich langsam anbahnende sadosexuelle Beziehung endet für beide Männer tragisch.

Mit intellektueller Kälte beobachtet der Film die wechselseitig verhängnisvolle Beziehung, ohne jedoch der Komplexität des Themas gewachsen zu sein. Für die ausgefeilte visuelle Gestaltung erhielt die Regisseurin 1986 bei den Filmfestspielen in Cannes eine Goldene Kamera.

F 1986 🎬☺ Claire Devers 📖 Daniel Desbois, Christopher Doyle, Alain Lasfargues, Jean-Paul Rosa Da Costa 🎭 Francis Frappat, Jacques Martial, Joséphine Fresson ⏱ 81, s/w
(SM)

Die schwarze Witwe
BLACK WIDOW

Ein spannender Thriller, in dem ungewöhnlicherweise sowohl die Jägerin – Debra Winger als toughe FBI-Agentin Alex – als auch die Gejagte – Theresa Russell als verführerische männermordende Heiratsschwindlerin Catherine – weiblich sind. Alex entwickelt schnell eine Faszination für die Mörderin, die ihre reichen Ehemänner schon kurz nach der Trauung zur Strecke bringt. Ihrerseits flirtet auch Catherine mit ihrer Verfolgerin und nimmt es ihr nicht einmal übel, als diese sie endgültig ins Gefängnis bringt. Auch wenn es nur eine kleine Kussszene zwischen den beiden attraktiven Hauptfiguren gibt, so ist das Zusammenspiel von Catherine und Alex trotzdem voll prickelnder Erotik. Am Schluss gesteht Catherine in einer mehrdeutigen Szene, dass Alex die einzige Person sei, die sie je geliebt habe.

Auch wenn es nicht ganz zu einer lesbischen Story im klassischen Sinne gereicht hat, so ist Die schwarze Witwe immerhin ein Augenschmaus und ein erotischer Krimi mit ungewöhnlichen und faszinierenden Frauenfiguren, die, wäre der Film in den neunziger Jahren gedreht worden, mit Sicherheit eindeutig lesbisch gewesen wären.

USA 1986 ⊕⊙ Ronald Bass ⊕ Conrad L. Hall ⊙ Michael Small ⊕ Debra Winger, Theresa Russell, Dennis Hopper, Sami Frey, Nicol Williamson, Leo Rossi, Mary Woronov ⊙ 102, farbig Ⓜ

Das Schweigen
TYSTNADEN
Englischer Titel: The Silence

Im dritten Teil der Trilogie, der die Filme *Wie in einem Spiegel* (1961) und *Licht im Winter* (1962) angehören, inszeniert der schwedische Starregisseur Ingmar Bergman ein Inferno der Ängste und des Psychohorrors: Die Schwestern Anna (Lindblom, die auch in *Liebende Paare* spielte) und Ester (Thulin) sind unterwegs auf einer Reise mit Annas 9-jährigem Sohn Johan (Lindström). Sie kommen in eine fremde, vermutlich osteuropäische Stadt, in der die Menschen eine ihnen unbekannte Sprache sprechen und offenbar in einen Krieg verstrickt sind. Ester erkrankt an einer geheimnisvollen, namenlosen Krankheit, und das Trio bleibt vor Ort, total isoliert in einem riesigen Luxushotel. Im Laufe der Geschichte stellt sich heraus, dass die kranke und wahrscheinlich lesbische Ester in ihre Schwester verliebt ist. Die lebensfrohe Anna quält Ester mit wahllosen Heteroaffären, die sie vor deren Augen auslebt, um gemeinerweise Esters Eifersucht zu schüren und sich von der dominanten älteren Schwester endlich freizustrampeln. Die frustrierte, neurotisch wirkende Ester verbleibt im Hotel und vertreibt sich die Zeit mit Trinken, Rauchen und exzessivem Masturbieren.

Die Protagonistinnen verfallen schließlich in totale Kommunikationsunfähigkeit, in eisiges, dauerhaftes, totes Schweigen.

Dieses klassische, atmosphärisch dichte und überaus hoffnungslose, düstere Kammerspiel wirbelte in den sechziger Jahren eine Menge Staub auf. Aufgrund seiner expliziten Sexszenen wurde der Film in einigen europäischen Ländern verboten, beziehungsweise stark zensiert. In Deutschland sorgte *Das Schweigen* für die einzige Bundestagsdebatte, die sich je einem Film widmete. Und dabei ging es nicht um lesbischen Sex, der kommt schließlich nicht vor, sondern um drei Szenen, in denen freizügig mit Sexualität umgegangen wird, vor allem um die zweiminütige Einstellung, in der eine Frau sich selbst befriedigt. Der Skandal um den zuvor mit dem Prädikat „besonders wertvoll" versehenen Film brachte immerhin elf Millionen Menschen in Deutschland in die Kinos, wurde doch blanker Sex, nackte Frauen und lesbischer Inzest versprochen.

Schweden 1963 ⊕⊙ Ingmar Bergman ⊕ Sven Nykvist ⊙ Johann Sebastian Bach ⊕ Ingrid Thulin, Gunnel Lindblom, Jörgen Lindström, Hakan Jahnberg, Birger Malmsten ⊙ 95, s/w

Schweigen = Tod – Künstler in New York kämpfen gegen AIDS

Praunheims zweiter Teil seiner *Aids-Trilogie* versammelt Kurzporträts von New Yorker Künstlerinnen und Künstlern, die sich mit Aids und seinen Folgen auseinandersetzen. Angst, Wut, Verzweiflung und Trauer brechen sich in Gedichten, Bildern, Performances und Aktionen der Künstler vehement Bahn. Der Dichter Allen Ginsberg liest eine Hymne auf seinen Schließmuskel, die Performance des Multimediakünstlers David Wojnarowicz zeigt ihn äußerst realistisch, wie er sich in den Arsch schießt. Die Auswahl der Künstler und das montierte Material erscheint beliebig. Entscheidend scheint der provokante Charakter oder schrille Effekt gewesen zu sein. Auf der Strecke geblieben ist dabei eine tiefer gehende Auseinandersetzung mit dem Thema.

BRD 1989 ⊕ Rosa von Praunheim ⊙ Rosa von Praunheim, Phil Zwickler ⊕ Mike Kuchar, Evan Estern ⊙ *This is the Law of the Plague* von Diamanda Galas ⊕ David Wojnarowicz, Rafael Gamba, Peter Kunz, Paul Smith, Bern Boyle, Allen Ginsberg, Keith Haring, Emilio Cubiero, Don Moffet ⊙ 55, farbig Ⓐ Ⓓ

Der Schweinestall
PORCILE

Pasolini entwirft anhand zweier, paralleler Erzählstränge eine düstere Parabel über den Wohlstand in der kapitalistischen Moderne und das Unbehagen über die herrschenden Verhältnisse, zugleich über das Außenseitertum. In beiden Fällen erzählt er vom Ausstieg eines Mannes aus seiner gesellschaftlichen Position. In einem Falle ist es der deutsche Julian Klotz (Leaud), Sohn eines Industriellen, der mit den Machenschaften seines Vaters nicht fertig wird und die Studentenrevolutionärin Ida (Wiazemsky) aufgrund seiner homoerotischen Gefühle nicht zu lieben vermag. Stattdessen findet er in Schweinen die idealen Sexpartner. Seine sodomitische Neigung wird ihm schließlich zum Verhängnis. In der parallel erzählten Geschichte, die in einer archaischen Wüste in unbestimmter mittelalterlicher Vorzeit spielt, irrt ein junger Mann (Clémenti) ziellos umher, jagt Soldaten einer Burg und isst sie. Lange sitzt er vor dem Leichnam eines schönen jungen Mannes bevor er die Fleischeslust nicht sexuell, sondern kulinarisch befriedigt. Jünger scharen sich um ihn. Am Ende werden alle gefangen genommen und selbst den Hunden zum Fraß vorgeworfen.

In beiden Erzählsträngen schwingen zwar homosexuelle Gefühle mit, doch statt sie auszuleben, geben sich die Männer sodomitischen bzw. kannibalistischen Gelüsten hin. Pasolinis zum Teil in recht krassen Bildern umgesetzte, rätselhafte und schwer zugängliche Parabel fand in Deutschland zunächst keinen Filmverleih und wurde 1971 im ZDF erstaufgeführt. Erst 1990 kam sie regulär ins Kino.

I 1969 ⊛ Pier Paolo Pasolini ⓒ Pier Paolo Pasolini basierend auf seinem gleichnamigen Theaterstück ⊕ Tonino Delli Colli, Armando Nannuzzi, Giuseppe Ruzzolini ⊗ Benedetto Ghiglia ⊛ Pierre Clémenti, Jean-Pierre Léaud, Alberti Lionello, Anne Wiazemsky, Ugo Tognazzi ⊙ 98, farbig

Schwere Colts in zarter Hand
CALAMITY JANE

Dieses alberne Westernmusical mit einem saublöden deutschen Verleihtitel ist, sieht man von etlichen Geschmacklosigkeiten ab, ein Heidenspaß aus schwul-lesbischer Sicht. Doris Day spielt das toughe, butchige Cowgirl Calamity Jane fast durchgehend in Männerklamotten, scharf schießend und mit frechen Sprüchen – ein lesbischer Traum! Auch wenn die Figur kaum an der historischen Figur der Calamity Jane – die ähnlich burschikos und natürlich lesbisch war – orientiert ist, so gibt es doch Etliches in diesem Film zu entdecken, von dem man meinen könnte, hier hat sich ein homosexuelles Hollywoodteam einen köstlichen Spaß zwischen den Zeilen gegönnt. Vor der pittoresken Kulisse South Dakotas zieht die temperamentvolle Calamity Jane mit ihrer Freundin Katie in eine kleine Hütte, deren Eingangstür ein Herz mit den Namen beider ziert. Natürlich gibt es auch allerlei blöde klischeehafte Begegnungen mit Indianern und eine Drag-Einlage, in der sich toughe Cowboys als Indianersquaws verkleidet haben. Abgerundet wird der Spaß mit schmissiger Musik und Titeln wie „Secret Love", „Whip Crack away" oder „I've got a Hive full of Honey". Auch wenn sich Calamity am Schluss heterosexuell verlieben muss, meint man doch in den ersten 75 Minuten des Films, in einem Homomusical zu sein.

USA 1953 ⊛ David Butler ⓒ James O'Hanlon ⊕ Wilfred M. Klein ⊗ Ray Heindorf ⊛ Doris Day, Howard Keel, Philip Carey, Allyn McLerie, Dick Wesson ⊙ 83, farbig

Score

Radley Metzger war in den frühen siebziger Jahren einer der Pioniere des Hetero-Pornos, der gleichermaßen aufwändige Softcore- und Hardcorestreifen, aber auch gewöhnliche Spielfilme produzierte. Der 1972 in Jugoslawien gedrehte Score basiert auf einem im gleichen Jahr in New York uraufgeführten 5-Personen-Stück über ein Paar, das in seinem Apartment bisexuelle Spielchen treibt. In der Bühnenfassung war der damals noch unbekannte Sylvester Stallone in der Rolle des Handwerkers Mike zu sehen. In der Filmversion ist die Handlung in ein Küstenstädtchen verlegt. Hier suchen Elvira (Wilbur, die auch schon die Theaterrolle gespielt hatte) und Jack (Grant) nach sexuellen Abenteuern und verführen dabei auch das frisch verheiratete Paar Betsy (Lowry) und Eddie (Culver) zum homosexuellen Partnertausch.

Die Sexszenen sind explizit und in manchen Fassungen auch erheblich geschnitten. Es kam sowohl eine Hardcore- wie auch mindestens eine Softporno-Version in die Kinos, jedoch mit schwachem finanziellen Erfolg. Die Kameraarbeit ist für ein B-Picture dieser Art recht elegant, die darstellerischen Leistungen sind durchwachsen, was der Dialogwitz zum Teil wieder wettmacht.

Calvin Culver alias Casey Donovan hatte Regisseur Metzger in dem klassischen Schwulenporno Boys in the Sand (1971) entdeckt und später auch in anderen Filmen eingesetzt.

USA 1973 ⊛ Radley Metzger ⓒ Jerry Douglas nach seinem Theaterstück ⊕ Franjo Vodopivec, Radley Metzger ⊛ Claire Wilbur, Calvin Culver, Lynn Lowry, Gerald Grant, Carl Parker ⊙ 89, farbig Ⓢ

Scorpio Rising

Kenneth Anger hat sich sowohl durch sein zweibändiges Klatschbuch Hollywood Babylon in die Filmgeschichte eingeschrieben als auch durch seine Experimentalfilme, die zu den Klassikern des Genres zählen. In Scorpio Rising huldigt er dem Kult der Lederkerle und Motorradfahrer und dem Drang nach völliger (sexueller) Freiheit. Er montiert Bilder von Männern in Jeans und Leder, die dem Fetisch „Motorrad" erlegen sind. Dazwischen geschnitten sind Sequenzen, die Hitler und Männer in SA-Uniformen zeigen. Anger stellt die Verhaltensweisen der Biker und ihren Umgang mit den Maschinen ebenso ironisch wie poetisch dar. Grell und aggressiv geschnitten, verursachte der Film nicht nur wegen seiner unverkennbar schwulen Erotik sondern auch wegen seiner blasphemischen Motive Irritation und Skandal.

USA 1963 ⊛ⓒ⊕ Kenneth Anger ⊗ Little Peggy March, Bobby Vinton, Elvis Presley, Ray Charles, The Crystals, Kris Jensen ⊛ Bruce Byron, Johnny Sapienza, Frank Carifi, John Palone, Ernie Allo, Barry Rubin ⊙ 29, farbig ⓈⓂ

Sebastian

Die Eltern (Fröling, Jordal) des 16-jährigen Sebastian (Börck) meinen es eigentlich gut, als sie ihn fragen, ob er sich denn schon verliebt habe. Gerne würde er ihnen ehrlich antworten, doch er traut sich nicht. Er hat sich nämlich in seinen Mitschüler Ulf (Broch) verguckt. Als der ihn eines Tages besucht, verleben die beiden einen ausgelassenen Abend, der aber ein jähes Ende findet, als Sebastian seinen Freund im Überschwang der Gefühle küsst. An diesem Abend erzählt Sebastian auch den Eltern von seinem Schwulsein. Die reagieren äußerst verständnisvoll: „Sebastian, müssen wir das nicht feiern?" Ängstlich sieht Sebastian einer weiteren schweren Situation entgegen: dem Wiedersehen mit Ulf. Doch auch der reagiert gelassen. Er kann zwar die Liebe nicht erwidern, was aber an ihrer Freundschaft nichts ändern soll. Auch die Jungen und Mädchen aus Sebastians Clique haben mit seinem Schwulsein kein Problem.

Erwachsenen dürften die langen Passagen aus dem Off, in denen Sebastian seine Gedanken und Gefühle formuliert, ein wenig didaktisch erscheinen. Für Jugendliche in der Pubertät oder im Coming-out wird das warmherzige, wenn auch etwas konfliktscheue und deshalb eher unspektakulär geratene Drama durch seine humorvolle Leichtigkeit sicherlich sehr viel positive Identifikationsmöglichkeiten bieten.

N 1995 ⊜ Svend Wam ☺ Svend Wam nach dem Roman *Svart Cayal* von Per Knutsen ⊕ Per Källberg ♪ *Trencylvania*, Tom Colding ⊕ Hampus Björck, Nicolai Cleve Broch, Rebecka Hemse, Emil Lindroth, Lena Olander, Ewa Fröling, Helge Jordal, Mira Mandoki, Karin Hagas ⊙ 88, farbig
ⓒⓞ

Sebastiane

Freie und eigenwillige Interpretation der Leidensgeschichte des christlichen Heiligen Sebastian (Treviglio). Der Soldat im Heer von Kaiser Karinus steigt nach dessen Tod unter seinem Nachfolger Diokletian zur Palastwache auf. Es finden ausschweifende Orgien statt. Weil der von Kaiser Diokletian sexuell begehrte Sebastian nicht von seinem christlichen Glauben abschwören will, wird er an einen abgelegenen Posten in Sizilien versetzt. Die Truppe unter Leitung von Severus (James) entpuppt sich als homoerotisch-narzisstische Männergruppe, die schließlich auf Befehl Diokletians Sebastian in sadistischer Lust mit Pfeilen hinrichtet. Jarmans erster langer Spielfilm fällt als Heiligengeschichte nicht nur durch seine sehr deutliche erotische Bildsprache mit zahlreichen nackten Männerkörpern aus dem Rahmen, sondern überrascht auch wegen seiner Dialoge, die sämtlich in Latein gesprochen sind.

GB 1975 ⊜ Derek Jarman, Paul Humfrees ☺ Derek Jarman, Paul Humfrees, James Whaley ⊕ Derek Jarman ♪ Brian Eno ⊕ Richard Warwick, Neil Kennedy, Donald Dunham, Leonardo Treviglio, Barney James, Ken Hicks ⊙ 82, farbig
Ⓣ

Die Sehnsucht der Veronika Voss

Der Abschluss von Fassbinders Trilogie um die deutsche Nachkriegsgeschichte mit viel politischem Zynismus, aufgezeigt anhand von Frauenschicksalen (*Die Ehe der Maria Braun*, 1979, *Lola*, 1981), erzählt die tragische Geschichte der abgetakelten Filmdiva Veronika Voss, brillant gespielt von Rosel Zech. Der ehemalige UFA-Star lebt abgeschieden, ohne Rollenangebote und morphiumabhängig im Hinterzimmer der Praxis seiner sadistischen Ärztin Dr. Katz (Düringer). Mit ihr hat sie ein Liebesverhältnis, das allerdings beide nicht davon abhält, auch Affären mit Männern zu haben. Der abgewrackte Sportreporter Robert (Thate) verliebt sich in Veronika und versucht verzweifelt, sie vor dem Untergang zu retten. Doch seine von Liebe verblendeten Bemühungen, die böse Ärztin des Drogenmissbrauchs zu überführen und Veronika aus der devoten Abhängigkeit zu befreien, sind vergebens. Denn nicht nur Veronika ist unrettbar verloren und begeht am Schluss Selbstmord, auch Roberts Leben ist am Ende zerstört und seine Freundin Henriette (überzeugend gespielt von der jungen Cornelia Froboess) kommt um.

Bedrückendes Schwarzweiß-Drama mit großen schauspielerischen Leistungen und einer unerfreulichen lesbischen Beziehung, die an sadistische Gefängniswärterinnen und ihre drogenabhängigen Untergebenen erinnert. Die Figur der Veronika Voss ist an das wahre Schicksal des UFA-Stars Sybille Schmitz angelehnt.

BRD 1982 ⊜ Rainer Werner Fassbinder ☺ Peter Märthesheimer, Pea Fröhlich ⊕ Xaver Schwarzenberger ♪ Peer Raben ⊕ Rosel Zech, Hilmar Thate, Annemarie Düringer, Doris Schade, Cornelia Froboess, Armin Mueller-Stahl ⊙ 104, s/w
Ⓣ

Seid nett zu Mr. Sloane
ENTERTAINING MR. SLOANE

Kath (Reid) ist eine Frau in den mittleren Jahren, vollschlank und strotzend vor Selbstbewusstsein, aber nach Liebe hungernd. Bei einer Beerdigung spricht sie einen jungen, gutaussehenden Mann (McEnery) an, der sich halbnackt auf einem Grabstein sonnt. Sie nimmt ihn mit nach Hause. Auch ihr latent schwuler, lederfixierter Bruder Ed (Andrews) wirft ein Auge auf den mysteriösen jungen Mann namens Mr. Sloane. Zwischen den Geschwistern entbrennt ein subtiler Machtkampf um Sloanes Zuneigung, der, wie sich herausstellt, als Stricher seinen Lebensunterhalt verdient. Der Vater der Geschwister (Webb) erkennt jedoch in ihm den Mörder seines Chefs. Mit diesem

Wissen erpressen Kath und Ed nun Sloane: Künftig muss er den beiden sexuell zu Diensten sein.

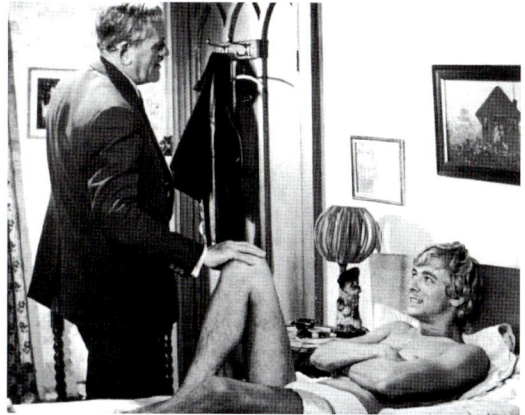

Joe Ortons schwarze Komödie mit ihrem makabren Witz gehörte zu seinen erfolgreichsten Stücken. 1964 erhielt er dafür den London Drama Critics Award. Die Verfilmung konnte jedoch wegen der vermeintlichen Amoralität und Frivolität des Stoffs erst realisiert werden, nachdem die Zensur in Großbritannien lockerer geworden war. Orton erlebte die Umsetzung nicht mehr, da er 1967 von seinem Lebensgefährten Kenneth Halliwell erschlagen wurde (vgl. auch Stephen Frears' *Prick up Your Ears*, 1987).

GB 1969 ⊛ Douglas Hickox ⊚ Clive Exton nach dem gleichnamigen Bühnenstück von Joe Orton ⊕ Wolfgang Suschitzky ♩ Georgie Fame ⊛ Beryl Reid, Peter McEnery, Harry Andrews, Alan Webb ⊙ 94, farbig
(PR) (BI)

Eine seltsame Liebesaffäre
A STRANGE LOVE AFFAIR

Der Filmdozent Michael (Hensel), der an einer Studie zum Liebesmotiv im US-amerikanischen Film arbeitet, findet sich unvermittelt in einem Film wieder. Seine eigenen Erlebnisse und Erinnerungen verschwimmen mit einer Leinwandgeschichte. In dieser verliebt er sich in seinen Studenten Chris (van Kampen) und muss bald erkennen, dass dieser nur der Schlüssel zu seiner eigenen Vergangenheit ist: Michael war 15 Jahre zuvor mit Chris' Vater Jim (Scheydt) durch eine heftige Liebesaffäre verbunden. Jim und Michael sehen sich wieder und die alten Gefühle leben erneut auf. Doch die Umstände sind heute andere, denn Jim lebt in einer Ehe mit Ann.

Die behutsam erzählte Liebesgeschichte ist zugleich eine Hommage an das klassische Hollywood-Melodram der großen Regisseure wie Douglas Sirk und Nicholas Ray und zitiert

u.a. Filme wie *Johnny Guitar*. Kameramann Henri Alekan arbeitete dazu mit einer sehr durchdachten Lichtsetzung. Schleier und Tücher vor der Linse erzeugten. besondere atmosphärische Stimmungen.

NL/B/GB 1985 ⊛⊚ Eric de Kuyper, Paul Verstraten ⊕ Henri Alekan ♩ Victor Young, Max Steiner ⊛ Howard Hensel, Karl Scheydt, Ann Petersen, Pascale Petit, Sep van Kampen ⊙ 91, s/w

Serenade zu dritt
DESIGN FOR LIVING

Im Zug nach Paris lernen der Schriftsteller Tom Chambers (March) und sein Freund, der Maler George Curtis (Cooper), die Französin Gilda (Hopkins) kennen, deren Charme sie sofort erliegen – und zwar beide, aber ohne dass der jeweils andere davon weiß. Durch Gildas eifersüchtigen Verehrer Max Plunkett (Horton) fliegt die Sache auf. Aber Gilda mag sich nicht entscheiden, wen von beiden sie lieber mag. Und so beschließen sie, dass sie friedlich zu dritt in derselben Wohnung leben wollen. Einzige Bedingung: Kein Sex.

Während die Bühnenvorlage von Noel Coward mit viel zweideutigem, aber elegantem Witz Chambers und Curtis als Bisexuelle zeigt, musste Regisseur Lubitsch mit Rücksicht auf die US-amerikanischen Zensurbestimmungen auf die homoerotischen Zwischentöne verzichten und es bei einigen sehr vertrackten Andeutungen belassen.

USA 1933 ⊛ Ernst Lubitsch ⊚ Ben Hecht nach dem Bühnenstück *Design for Living* von Noel Coward ⊕ Victor Milner ♩ Nathaniel Finston ⊛ Fredric March, Gary Cooper, Miriam Hopkins, Edward Everett Horton, Franklin Pangborn, Isabel Jewell ⊙ 90, s/w
(BI) (HC)

Der Sergeant
THE SERGEANT

Anfang der fünfziger Jahre. Der für seine Härte bekannte US-amerikanische Sergeant Callan (Steiger), der zu einer Militäreinheit nach Frankreich versetzt wurde, hat es sich zur Aufgabe gesetzt, die durch den alkoholkranken Kommandanten (Latimore) vernachlässigte Disziplin wiederherzustellen. Bislang genügte es ihm, sich in der Gesellschaft der Rekruten aufzuhalten, im Geheimen für sie zu schwärmen und sie im alkoholisierten Zustand wie zufällig zu berühren. Während seines Aufenthaltes entwickelt Callan Zuneigung zu dem gutaussehenden Gefreiten Swanson (Law). Seine Gefühle kann er weder äußern noch sich selbst eingestehen. In einem unkontrollierten Moment küsst er den Soldaten. Ihm bleibt nur ein Ausweg aus der für ihn hoffnungslosen Lage: Er nimmt sich das Leben.

Anders als in der Romanvorlage, in der Swanson durchaus ambivalente Gefühle für seinen Vorgesetzen hat, verhält er sich in der Verfilmung betont schwulenfeindlich. Callans Freitod kündigt sich für ihn deutlich an, er hält ihn aber nicht zurück. In der militärischen Gemeinschaft haben Männer wie Callan keinen Platz und keine Überlebenschance.

USA 1968 ⊜ John Flynn ☺ John Flynn, Dennis Murphy nach seinem gleichnamigen Roman ☻ Henri Persin ☽ Michel Magne ☺ Rod Steiger, John Phillip Law, Ludmila Mikael, Frank Latimore, Ronald Rubin, Elliot Sullivan ☺ 108, farbig
Ⓣ ⓂⒻ

Set It off

Vier schwarze Freundinnen haben genug vom Elend ihres Lebens in Los Angeles und beschließen, Banken zu überfallen. Was anfangs gut klappt, wird erwartungsgemäß zum Alptraum, und drei der vier werden brutal erschossen. Immerhin entkommt die einzig Überlebende Stoney (Pinkett) mit der Beute und gibt dem Film, der insgesamt desillusionierend ist, ein einigermaßen versöhnliches Ende. Neben der ungewöhnlichen Darstellung von vier souveränen, witzigen schwarzen Frauen als Heldinnen des Films ist vor allem die lesbische Figur bemerkenswert. Die bekannte Rapsängerin Queen Latifah spielt die Butch Cleo, die in einigen Szenen mit ihrer sexy Freundin in Aktion zu sehen ist und von ihren drei heterosexuellen Kumpaninnen vorbehaltlos akzeptiert wird. Neben aller Sozialkritik und Brutalität im Film gibt es gestochen scharfe Dialoge und einen schmissigen Soundtrack, der das Lebensgefühl der Protagonistinnen ausdrucksvoll untermalt.

USA 1997 ⊜ F. Gary Gray ☺ Takashi Bufford, Kate Lainer ☻ Marc Reshovsky ☽ Christopher Young ☺ Jada Pinkett, Vivica A. Fox, Queen Latifah, Kimberly Elise, Blair Underwood ☺ 120, farbig
Ⓜ Ⓣ

Sex is …

Der Versuch des konservativen Abgeordneten Jesse Helms aus North Carolina, eine Ausstellung des schwulen Fotografen Robert Mapplethorpe zu verhindern, weckte in Marc Huestis die Idee, eine Dokumentation über schwulen Sex zu drehen. Sex is… ist deshalb auch Helms gewidmet und er taucht, neben der Fernsehnachricht von der Entdeckung des HI-Virus und Clips aus Pornos, auch selbst mit kurzen, öffentlichen (anti-schwulen) Statements im Film auf. Im Zentrum stehen allerdings Interviews mit 15 schwulen Männern aus San Francisco, die unterschiedlichen Alters und Hautfarbe sind und über ihre Einstellung zur Sexualität im Zeitalter von Aids sprechen. Zu Wort kommen u.a. ein 70-jähriger Geistlicher, Pornostars, Transvestiten, ein Hippie-Pärchen und ein Historiker.

„Das Projekt hat einen sehr persönlichen Ursprung. Eines der allerwichtigsten Probleme, mit denen ich mich heutzutage – vor allem im Zusammenhang mit HIV – auseinandersetzen muss, ist der Ausdruck von körperlicher und emotionaler Intimität. Wie können wir, vom Tod umgeben, weiterhin eine erfüllte Sexualität leben?" Regisseur Marc Huestis

USA 1993 ⊜ Marc Huestis ☺ Marc Huestis, Lawrence Helman ☻ Fawn Yacker ☽ Donna Viscuso, Pussy Tourette ☺ Larry Brinkin, Danny Castellow, Alex Chee, Wayne Corbitt, Jim Glyer, Bob Hawk, Marc Huestis, Gerard Koskovich, David Perry, Miguel Gutiérrez ☺ 80, farbig
Ⓓ

Sex Monster
THE SEX MONSTER

Der Bauunternehmer Marty (Binder) und seine Frau Laura (Hemingway) führen eine scheinbar glückliche Ehe, doch träumt er davon, ihr beim Sex mit einer anderen Frau zusehen zu können. Laura lässt sich auf das Experiment ein. Erstes Opfer wird die Friseurkollegin Didi. Rasch lernt Laura, die Annehmlichkeiten lesbischer Sexualität zu lieben, und so bleibt es nicht bei dieser einzigen Frau. Ihr Gatte Marty bekommt ein Problem, als ihm Laura gesteht, dass er niemals so gut lecken könnte wie ihre Geliebte. Ihm bleibt nichts weiter übrig, als den moralischen Sittenwächter zu spielen, um noch eine halbwegs gute Figur abzugeben.

Farce mit tragikomischen Momenten, die die Grenzen der politischen Korrektheit hemmungslos überschreitet und auch platte Witze nicht auslässt. Bemerkenswert auch wegen Mariel Hemingways Come-back in ihrer ersten lesbischen Rolle seit *Personal Best* (1982).

USA 1999 ⊙⊙ Mike Binder ⊛ Keith L. Smith ☻ Mariel Hemingway, Missy Crider, Stephen Baldwin, Mike Binder, Renée Humphrey, Christopher Lawford ⊙ 97, farbig

Sex/Life in L.A.

Kevin Kramer war einst ein gefragter Pornodarsteller; nun ist er ein ebenso gut beschäftigter Callboy. Matt Bradshaw hingegen beginnt gerade seine steile Karriere im Pornogeschäft. Innerhalb weniger Monate hat er in einem guten Dutzend schwuler Hardcore-Filme mitgewirkt. Das Lieblingsmotiv des Fotografen Rick Castro sind die Stricher vom Santa Monica Boulevard. Fotomodel Tony Ward spielte in *Hustler White* (1996) einen von ihnen. Ron Athey wiederum ist ein lebendes Kunstwerk: Von Kopf bis Fuß hat er seinen Körper durch Tattoos und Piercings veredelt und stellt ihn in SM-Shows zur Schau.

Hick porträtiert in seinem Dokumentarfilm, acht Männer in Los Angeles, die ihren Körper auf die unterschiedlichste Weise zu Geld machen, die mit Einsatz ihres Körpers nach Ruhm, Reichtum und Bewunderung streben. Sie kamen mit großen Erwartungen in die Stadt, gelebt haben sie ihre Träume nur selten und dann meist nur sehr kurz. Überraschende Einsichten und Erkenntnisse liefert *Sex/Life in L.A.* nicht. Dass Hicks hervorragend fotografierte und geschnittene Blicke hinter die Hochglanzfassaden der schwulen Männerwelt nicht langwei-

len, sondern zum einen unterhalten, zum anderen durchaus spannend sind, ist seinem manchmal fast unbarmherzigen Zugriff auf die Protagonisten zu verdanken. Wenn etwa Tony Ward erzählt, dass er die Lust am Sex verloren hat und sich den Sex lieber für einen „wirklichen Menschen" aufsparen will (und daraufhin zur Entspannung in der Badewanne onaniert), wenn der HIV-positive Immobilienmakler und Teilzeitpornostar sein Tablettenarsenal vorführt, das seinen Körper vor dem Dreh zum Superbody und zur unermüdlichen Fickmaschine werden lässt, offenbart sich vor allem eines: die Leere ihrer Träume und ihres Alltags.

D 1998 ⊙⊙⊛ Jochen Hick ♪ David Hartfield ☻ Matt Bradshaw, Rick Castro, Kevin Kramer, Ron Athey, Tony Ward ⊙ 90, farbig

ⓓ ⓟⓡ ⓢⓜ

Shadow of the Vampire

Als Friedrich Wilhelm Murnau 1922 *Nosferatu – Eine Symphonie des Grauens* fertig stellte, hatte er nicht nur ein Meisterwerk abgeliefert, mit dem er in die Filmgeschichte einging. Sein Werk wurde auch ein Klassiker des Vampirfilms, der zu zahllosen Remakes anregte, nicht zuletzt Werner Herzogs *Nosferatu* (1978). Auch Elias Merhige macht sich an das Thema, allerdings mit einer neuen Variante: Er erzählt die Geschichte der Dreharbeiten. Murnau (Malkovich) präsentiert er als übereifrigen, zielstrebigen Perfektionisten (seine Homosexualität wird nur am Rande erwähnt). Der Plot: Der legendäre Nosferatu-Darsteller Max Schreck (Dafoe) ist auch im wirklichen Leben Vampir und deshalb so überzeugend am Set. Für die Kunst ist Murnau kein Opfer zu groß, selbst das seiner Mitwirkenden nicht. Und so gestattet er Schreck, seine vampiristischen Bedürfnisse an den anderen Mitwirkenden zu stillen. *Shadow of the Vampire* ist – trotz US-Produktion – ein sehr europäischer, atmosphärischer, visuell anspruchsvoller und fast melancholischer Streifen geworden, wenn auch mit viel schwarzem Humor durchsetzt.

USA 2000 ⊕ Elias Merhige ⊚ Steven Katz ⊕ Lou Bogue ⊙ Dan Jones ⊛ John Malkovich, Willem Dafoe, Udo Kier, Cary Elwes, Eddie Izzard ⊙ 95, farbig

Shark Skin Man and Peach Hip Girl
SAMEHADA OTOKO TO MOMOJIRI ONNA

Die unscheinbare Toshiko (Kohinata), ist auf der Flucht vor ihrem tyrannischen Onkel, der sie missbraucht hat. Das Schicksal bringt sie mit dem abtrünnigen und deshalb ebenfalls verfolgten Gangster Kuroh zusammen und macht beide zu einem ungleichen Paar. Auf ihrer Flucht müssen sie sich gegen allerlei Psychopathen, aber auch gegen den minderbemittelten schwulen Auftragskiller Yamada (Gashuin) zur Wehr setzen, der von Toshikos Onkel angeheuert worden ist. Doch als der Killer schließlich mit seinem Gewehr Kuroh auf der Toilette auflauert, schafft er es nicht, ihn zu töten. Stattdessen verliebt er sich Hals über Kopf in den Schönling. Von diesem Zeitpunkt an wacht er wie ein Schutzengel über Kurohs Wege.

Greller, ironischer Actionfilm mit überzeichneten Charakteren auf Basis eines in Japan sehr populären Mangas.

Japan 1998 ⊕ Katsuhito Ishii ⊚ Katsuhito Ishii nach einem Manga von Minetaro Mochizuki ⊕ Hiroshi Machida ⊙ Dr. Strangelove ⊛ Tadanobu Asano, Sie Kohinata, Susumo Terajima, Tatsuya Gashuin, Ittoku Kishibe, Kimie Shingyogi, Shingo Tsurumi ⊙ 108, farbig ⊤

Sheila
THE LAST OF SHEILA

Der Filmproduzent Clinton (Coburn) lädt sechs Freunde aus Hollywood zu einem Wochenende auf seiner Luxusyacht ein. Was die illustre Schar verbindet: Sie alle verdächtigt Clinton, ein Jahr zuvor seine Ehefrau überfahren zu haben. Mit einem ausgeklügelten „Mörderspiel" entlarvt er die intimen Geheimnisse seiner Gäste und kommt dem Täter auf die Spur. Einer ist ein Ladendieb, ein anderer hat Fahrerflucht begangen, und der Drehbuchautor (Benjamin) gesteht, zum Anfang seiner Karriere mit dem Gastgeber Clinton geschlafen zu haben. Bei der Uraufführung in Cannes erntete die Szene Gelächter. Homosexualität erscheint als ein einmaliges peinliches Fehlverhalten.

Der an Agatha-Christie-Krimis angelehnte Plot wurde von zwei – schwulen – Drehbuchneulingen entwickelt: dem Musicalkomponisten Stephen Sondheim und dem Schauspieler Anthony Perkins. Das verwirrende Geflecht aus Lügen und Intrigen war an der Kinokasse jedoch nur wenig erfolgreich. Ganz anders der Titelsong *Friends* von Bette Midler.

USA 1973 ⊕ Herbert Ross ⊚ Stephen Sondheim, Anthony Perkins ⊕ Gerry Turpin ⊙ Billy Goldenberg ⊛ Richard Benjamin, Dyan Cannon, James Coburn, Joan Hackett, James Mason, Ian McShane, Raquel Welch ⊙ 119, farbig

Showgirls

Nur wenige Filme wurden von der Kritik so verrissen wie Paul Verhoevens Pseudo-Erotikfilm – und das größtenteils zu recht. Dennoch hat Gina Gershon mit der Figur der bisexuellen Showtänzerin Cristal noch vor ihrer legendären Rolle in *Bound* (1995) eine unvergessliche Performance geliefert. Ein bisschen wie in *All about Eve* (1950) strippt und stöckelt die tumbe Blondine und Tänzerin Nomi (Berkley) durch das schrille Showleben in Las Vegas, um Show- und Busenstar Cristal von der Rolle über die Karriere bis hin zum Boyfriend alles zu nehmen. Cristal ihrerseits sieht die Sache gelassen, denn sie ist so scharf auf Nomi, dass sie ihr absolut nichts übelnehmen kann – nicht einmal als diese sie auf einer Treppe zu Fall bringt, um, während sie mit gebrochenem Bein im Krankenhaus liegt, ihre Rolle zu übernehmen. Ein eigentlich komplett überflüssiger Film, wenn nicht die lustvollen, billigen und niveaulosen Annäherungsversuche zwischen den Frauen wären, die dem lesbischen Publikum oftmals doch besser gefielen, als man das gerne wahrgehabt hätte. Im bunten Ambiente der Showwelt von Las Vegas tummeln sich im Hintergrund der Geschichte übrigens noch weitere lesbische Tänzerinnen und einige zickige, schwule Sänger.

USA 1995 ⊕ Paul Verhoeven ⊚ Joe Eszterhas ⊕ Jost Vacano ⊙ David A. Stewart ⊛ Elizabeth Berkley, Kyle MacLachlan, Gina Gershon, Glenn Plummers, Gina Ravera, Robert Davi ⊙ 131, farbig ⒝ⓘ

Sieben Frauen
SEVEN WOMEN

Der große US-amerikanische Western- und Epen-Regisseur John Ford hat sich mit seinem letzten Film nicht gerade mit

Ruhm bekleckert. Dennoch zeichnet er ein interessantes Porträt unterschiedlichster, unabhängiger Frauen.

Der „Eastern" spielt 1935 in China, in einer von Frauen geführten, amerikanischen Laienmission. Diese wird von mongolischen Horden überfallen und besetzt. Anne Bancroft (*Die Reifeprüfung*, 1967) spielt die burschikose, freche Ärztin Dr. Cartwright, die versucht, die eingeschüchterten Missionarinnen zu Verhandlungen mit den Kidnappern über ihre Freilassung zu bewegen. Ihre Gegenspielerin ist die klassische „Junggesellin", die Missionsleiterin Agatha Andrews (Leighton), die nichts von unkonventionellen Methoden hält. Sie ist offensichtlich in ihre junge Kollegin Emma (Lyon) verliebt, was ihr den Spott und allerlei zynische Bemerkungen von Dr. Cartwright einbringt. Die butche Dr. Cartwright allerdings würde sich im Grunde selbst gut als Lesbe machen.

Natürlich wird nichts explizit ausgesprochen oder gezeigt und der Film beschäftigt sich eher mit Klischees und Rassismus gegenüber den asiatischen Eindringlingen, die als Monster gezeigt werden, als mit der ungelebten Sexualität der, im Grunde spannenden, weiblichen Charaktere.

USA 1965 ⊕ John Ford ① Janet Green, John McCormick, nach der Erzählung *Chinese Finale* von Norah Lofts ⊛ Joseph LaShelle ② Elmer Bernstein ⊛ Anne Bancroft, Margaret Leighton, Sue Lyon, Flora Robson, Mildred Dunnock ① 87, farbig
(FF)

Signalstörung

Die Kamera tastet in langen Einstellungen, zum Teil durch Filter optisch und farblich, aber auch in der Geschwindigkeit verfremdet, nächtliche Straßen und die kleinen Details in Räumen ab. Es sind triste Blicke auf Vorortidyllen und in hektisches Großstadtgetümmel, verknüpft mit minimalistisch inszenierten Spielszenen. *Signalstörung* ist das Porträt eines schwulen Aidskranken. Die Textpassagen aus dem Off, zum großen Teil auf Interviews basierend, reichen von der Auseinandersetzung mit der Kindheit als Außenseiter bis zu dem Umgang mit Krankheit und (Homo-)Sexualität. Der Film ist jedoch alles andere als eine schlichte Dokumentation. Vielmehr gelingt es ihm, weitab von banaler Bebilderung des Erzählten, Stimmungen, Gefühle und Assoziationen zu erzeugen, die nachhaltig beeindrucken. Regisseur Thomas Mank, der für die Recherche zu dieser, ursprünglich als klassischer Dokumentarfilm geplanten Arbeit einige Zeit ehrenamtlich bei der Frankfurter AIDS-Hilfe gearbeitet hat, wurde für *Störfall* 1998 mit dem Hessischen Filmpreis ausgezeichnet.

„In *Signalstörung* ist Aids weniger Anlass und zentrales Motiv, sondern der vorläufig markanteste Eckpunkt der ebenso außergewöhnlichen wie beeindruckenden Biografie eines Menschen, dessen Leben sich von Anbeginn an am Rand von Zerstörung

und Selbstzerstörung entwickeln musste, und der sich dagegen früh selbst schützend in ein soziales und emotionales Exil zurückgezogen hatte – trotz all der Widersprüche, die sich zwischen der Angst vor dem Anderen und der Angst vor dem Alleinsein ergaben." Regisseur Thomas G.A. Mank

D 1997 ⊛① Thomas G.A. Mank ⊛ Peter Dörfler ② Bernd Schultheis ⊛ Caspar Dietrich, Bernd Eichhorn, Robert Simon, Manfred Callsen (Sprecher) ① 78, farbig
Ⓐ Ⓓ

Silent Pioneers

Dokumentarfilm, der acht Männer und Frauen im fortgeschrittenen Alter – Juden und Katholiken, Weiße und Schwarze, allesamt Aktivisten der frühen US-amerikanischen Homosexuellenbewegung – vom Leben erzählen lässt: von ihren Schwierigkeiten, früher mit dem Anderssein zurecht zu kommen und als Homosexuelle einen Platz in der Gesellschaft zu finden, von Ängsten, Einsamkeit, Zweifeln und auch von ihrem privaten Glück.

USA 1985 ⊕ Lucy Winer, Patricia G. Snyder, Paula de Koenigsberg, Harvey Marks ① 45, farbig
Ⓓ

Silkwood

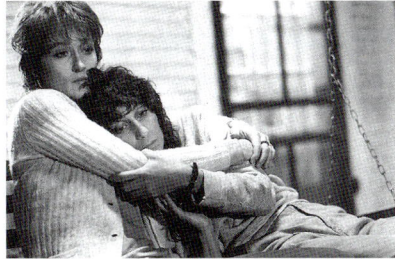

Das ambitionierte Politdrama um Unregelmäßigkeiten in einem US-amerikanischen Atomkraftwerk beruht auf der wahren Geschichte der Karen Silkwood, die auf mysteriöse Weise ums Leben kam, als sie die Vorgänge öffentlich machen wollte. Der Film zeigt Meryl Streep in einer ihrer besten Rollen als Karen, eine junge Frau, die im Atomkraftwerk arbeitet und zunehmend politisiert wird. Mit ihr zusammen leben ihre lesbische Freundin Dolly – überragend gespielt von Cher – und ihr cooler Boyfriend Drew (Kurt Russell, ausnahmsweise mal in einer guten Rolle). Dolly hat eine kurze Affäre mit der witzigen Angela (Scarwid) und wird als sympathische lesbische Frau dargestellt, die samt Freundin von ihrem Umfeld und ihren Heterofreunden akzeptiert wird. Karen und Dolly haben eine typisch enge und vertrauensvolle Frauenfreundschaft, Dollys Lesbischsein ist hierbei keinerlei Hinderungsgrund.

Chers grandiose Verkörperung der Lesbe Dolly brachte ihr im Jahre 1983 eine Oscarnominierung als beste Nebendarstellerin.

USA 1983 ⊚ Mike Nichols ☺ Nora Ephron, Alice Arlen ⊕ Miroslav Ondricek ⊘ Georges Delerue ⊛ Meryl Streep, Cher, Craig T. Nelson, Diana Scarwid, Kurt Russell ⊙ 131, farbig ⒡⒡ ⊚

Silverlake Life: The View from Here

22 Jahre haben die beiden Dokumentarfilmer Tom Joslin und Mark Massi miteinander verbracht. Als sie von ihrer HIV-Infektion erfahren, beschliessen sie, das Leben mit der Krankheit in Form eines Videotagebuchs festzuhalten. Sie filmen sich bei der Strahlenbehandlung, bei einem Ausflug in einen Kakteenpark, aber auch bei psychischen Zusammenbrüchen. Sie zeigen ihr Selbstmitleid, den Zynismus, mit dem sie dem nahen Tod begegnen, das Aufbegehren und vor allem auch ihre innige Liebe zueinander. Quälend für den Zuschauer der Moment des Sterbens Joslins, der Abtransport des Leichensacks; selbst diese Intimität wird nicht ausgespart. Tragisch-komisch und zugleich die Banalität des Sterbens demonstrierend, sind Szenen wie diese: Als er nach Wochen per Post die Asche des Geliebten nach Hause geschickt bekommt, misslingt dem mittlerweile selbst schwer kranken Massi das Umfüllen in die Urne. Er muss mit dem Handfeger die Asche zusammenkehren. Nach Joslins Tod führte Peter Friedman, einer seiner Filmschüler, das Werk zu Ende. Der Film gewann 1990 den Preis der TEDDY-Jury.

„So wichtig Tom für mich auch war, ich habe die traurige und schwierige Aufgabe, Silverlake zu vollenden, nicht als Erfüllung eines persönlichen Vermächtnisses betrachtet. Ich habe es getan, weil ich an das glaubte, was Tom damit versuchen wollte: den Menschen begreiflich zu machen, welchem Ausmaß

des Leidens und des Verlustes Aids-Kranke und die Menschen, die sie lieben, ausgesetzt sind."   Regisseur Peter Friedman

USA 1992 ⊚ Tom Joslin, Peter Friedman ☺ Tom Joslin, Mark Massi, Elaine Mayes, Peter Friedman ⊘ Lucia Hwong, Fred Gilde ⊙ 97, farbig Ⓐ Ⓓ ⒯⒟

Sister, My Sister

Eine weitere, nicht minder düstere Version des Stoffes, der auch die Filme *Die Abgründe* (1962), *Die Zofen* (1974) und *Les Blessures assassins* (2000) inspirierte und seinerseits auf dem Stück *Die Zofen* von Jean Genet nach einer wahren Begebenheit basiert. Zwei obsessiv-inzestuöse Schwestern arbeiten als Dienstmädchen bei der reichen Madame Danzard (Walters) und ihrer Tochter (Thursfield), die ein nicht minder an Wahnsinn grenzendes Verhältnis zueinander haben. Die beiden Schwestern (May, Richardson), deren sexuelles Verhältnis miteinander alles andere als appetitlich dargestellt wird, flippen eines Tages komplett aus und ermorden ihre beiden Herrinnen in bestialischer Weise. Ein unangenehmer Film, der (zwar atmosphärisch dicht) versucht, auf die ungewöhnlichen Frauenbeziehungen einzugehen, am Ende aber doch nur reißerisch um Sex und Mord geht. Wie so oft wird das Motiv des wahnsinnigen, mordenden Lesbenpaares verwendet.

Mehr über die wahre Geschichte des Doppelmords siehe *Die Zofen*.

GB 1994 ⊚ Nancy Meckler ☺ Wendy Kesselman nach ihrem Bühnenstück *My Sister in this House* ⊕ Ashley Rowe ⊘ Steven Warbeek ⊛ Joely Richardson, Julie Walters, Jodhi May, Sophie Thursfield, Kate Gartside ⊙ 95, farbig Ⓜ

Sitcom

So etwas bezeichnet man wohl im sexualwissenschaftlichen Jargon als inzestuös-interfamiliär-polymorph-pervers: Die

Tochter Sophie (Marina de Van) überfordert mit ihren Leder- und Peitschenspielen allmählich ihren Freund. Die Haushälterin, die ohnehin nur bedingt Spaß am Putzen, Bügeln und Kochen hat, legt sich mit der Mutter (Dandry) ins Bett. Der spießige Strebersohn Nicolas (Adrien de Van) schnappt sich den schwarzen Sportlehrer Abdu (Deido), entledigt sich seiner altbackenen Klamotten und tuckt hinfort im modischen Sportswear-Dress durchs Haus, das er nebenbei in einen Treffpunkt für schwule Sexorgien umgestaltet hat. Da werden dann auch mal Mamis eigentlich fürs Abendessen vorgesehene Zucchini für anale Spiele missbraucht.

Auslöser dieser allseitigen Lust an der Grenzüberschreitung scheint eine mysteriöse Laborratte zu sein, die als Haustier Unterschlupf bei der Familie gefunden hat.

François Ozons (*Tropfen auf heiße Steine,* 1999, *8 Frauen,* 2002) Erstling klingt in der gerafften Inhaltsangabe schriller, als die Ausführung dann tatsächlich ist. Denn der Titel *Sitcom* verweist zwar richtig auf die abstrusen Handlungsfäden, doch das Spieltempo und die Pointendichte sind damit leider nicht erfasst. Denn irgendwie traute sich Ozon nicht, einfach mal die Handbremse zu lösen, ordentlich durchzudrehen und die Sau herauszulassen. Die Subversion, die in allen Details tatsächlich steckt, wird kaum ausgereizt, und so verpuffen leider auch die gelungenen Absurditäten dieser Story in einer zwar gewollten Harmlosigkeit, die aber damit auch keine tieferen Abgründe aufzeigen.

„Sobald man von Sexualität außerhalb der Norm spricht, wird einem der Vorwurf der Provokation gemacht. Für mich ist es eine Herausforderung, Grenzsituationen wie sexuelle Umorientierung oder Inzest zu inszenieren." Regisseur François Ozon

F 1988 ⊜⊚ François Ozon ⊕ Yorik Le Saux ♪ Eric Neveux ⊛ Evelyne Dandry, François Marthouret, Marina de Van, Adrien de Van, Jules-Eyoum Deido, Stéphane Rideau, Lucia Sanchez ⊙ 85, farbig
ⒷⒾ ⓈⓂ

Skin Deep

Das komplizierte Drama der asiatischstämmigen Kanadierin Midi Onodera, die zuvor mehrere erfolgreiche schwul-lesbische Kurzfilme machte, ist einer der ersten Filme, die das Thema „Frau-zu-Mann-Transgender" behandelt. Die Filmemacherin Alex (Ohama) versucht mit vielen Schwierigkeiten, einen Film über Tätowierungen zu machen. Neben ihrer Assistentin und Geliebten Montana (Nicholls-King) stösst noch der mysteriöse Chris (Malicki-Sanchez) zum Team, was Montana veranlasst, die Beziehung zu beenden, denn sie meint zu wissen, dass sich Chris in Alex verliebt hat. Was allerdings niemand weiß: Chris ist eigentlich eine Frau, die als Mann lebt, beziehungsweise leben möchte. Mit großer Schwerfälligkeit und nicht gerade glaubwürdigen Performances wird die unglückliche Geschichte aller Beteiligten erzählt. Vieles bleibt in Andeutungen stecken und die Motive der ProtagonistInnen sind unklar. Dennoch ein lobenswerter früher Versuch, das Transgender-Thema auf eine lesbische Ebene zu bringen, der allerdings nicht viel Beachtung fand.

Kanada 1994 ⊜⊚ Midi Onodera ⊕ Robert MacDonald ♪ Katryn Moses ⊛ Natsuko Ohama, Melanie Nicholls-King, Keram Malicki-Sanchez, Geoff McBride, Ken Hori, Dana Brooks ⊙ 88, farbig
ⓉⓇ

Skin Flick

Mit seinen Filmen *Super 8 1/2* (1994) und *Hustler White* (1996) hatte Bruce LaBruce bereits das Thema „schwule Pornografie" in einem Spielfilm umzusetzen versucht. Die Berliner schwule Pornoproduktion Cazzo Film lud den kanadischen Regisseur ein, um das Experiment eines „Porno mit Handlung" zu wagen. Herausgekommen ist dabei in jeder Hinsicht ein harter Brocken. Die Schauspieler sind Laiendarsteller und Pornoprofis. Gedreht wurden zwei Versionen parallel. Die Hardcore-Fassung kam unter dem Titel *Skin Gang* auf den Markt; die Kinoversion verfügt über mehr Dialogszenen, dafür fehlen die Hardcore-Sequenzen. Dennoch ist weitaus mehr Sex zu sehen als im Kino allgemein üblich. Aber nicht dies ist allein provokant, vielmehr der Stoff und seine Darstellung.

Bruce LaBruce greift den schwulen Skinheadfetisch auf. Er lässt in einer Londoner WG rechte Skins es wild und oft miteinander treiben. Um sich ihre Männlichkeit und ihre Herrenmentalität zu beweisen, vergewaltigen sie gemeinsam unter heftigen Anfeuerungen („Fuck the monkey!") einen schwarzen Schwulen. Man wichst auf *Mein Kampf,* stapft mit Hitlergruß durch die Straße und hält sich selbst für absolut hetero. Keine Frage: Bruce LaBruce will provozieren und die neue/alte schwule Faszination für Kerle in Uniform auf die Spitze treiben. Allerdings hat LaBruce bei den Dreharbeiten dann doch die Handlung etwas aus den Augen verloren. In der eigentlich als soft gedachten Spielfilmversion von *Skin Flick* geht's nicht weniger hart und heftig zu als in manchem Porno. So richtig erregend dürfte es für den Zuschauer allerdings auch nicht werden. Denn die ironischen Brüche sind spärlich, die Irritation ist um so größer. Statt sich ernsthaft mit der Verherrlichung und Fetischisierung von rechtsgerichteten Skinhead-Outfits auseinanderzusetzen, muss sich LaBruce vorwerfen lassen, zu leichtfertig mit dem brisanten Thema umgegangen zu sein.

„Mein Film bekäme ganz sicherlich nie Applaus von rechten Skins. Dafür ist er viel zu grotesk, und die Neonazis werden viel zu lächerlich dargestellt. (…) Porno basiert immer auf schwulen Phantasien, die zum Teil sehr extrem sind. Im Pornofilm sind auch filmische Umsetzungen von Sexphantasien möglich,

*die man im eignen Leben als politisch völlig unkorrekt einord-
nen würde." Regisseur Bruce LaBruce*

D 1999 ⊜⊙ Bruce LaBruce ⊕ James Carman ♪ Gavin Brown
⊛ Steve Master, Eden Miller, Tom International, Ralph Steel,
Tim Vinzent, Jens Hammer, Nikki Richardson, Darren James, Terry
Richardson, Patricia Villa ⊙ 70, farbig
Ⓖ

Slaves to the Underground
Deutscher Fernsehtitel: Harte Girls und zarte Bande

Angesiedelt Mitte der neunziger Jahre im angesagten Umfeld
der Grunge-Riot-Grrrl-Bewegung in Seattle versucht der Film
den Spagat zwischen lesbischer Liebesgeschichte und einem
Teenager-Musikfilm. Die Frauenrockband *No Exits* ist kurz
davor, endlich einen Plattenvertrag zu bekommen, als der
Exfreund von Gitarristin Shelly (Gross) aufkreuzt. Shelly ist
inzwischen allerdings mit einer Frau zusammen, der Sängerin der Band, Suzy (Ryan), die gerade in ihrem feministischen
Coming-out steckt. Kurz nachdem ihr Ex Jimmy (Bortz) wieder
da ist, ist Shelly auch wieder mit ihm zusammen und verlässt
Suzy mit fliegenden Fahnen. Schon bald muss sie feststellen,
dass ihr die Männerwelt doch nicht so gut gefällt – zumal der
eigentliche unverarbeitete Trennungsgrund damals die Vergewaltigung durch einen Freund von Jimmy war. Kleinlaut versucht Shelly ihr Comeback bei Suzy, schließlich muss auch der
Bandfrieden wieder hergestellt werden.

Leider strotzt der gutgemeinte Film nur so von unsympathischen und unglaubwürdigen Charakteren. Der Konflikt der
jungen Frau, sich nicht zwischen hetero oder homo entscheiden zu können, ist aufgesetzt und wirkt genauso bemüht wie
die Motivationen der anderen Charaktere. Auch das interessante Umfeld der Riot-Grrrls und der attraktive Soundtrack
können den Film nicht viel schmackhafter machen. Ihr Handwerk hat Regisseurin Peterson in Francis Ford Coppolas „Zoe-
trope"-Studio gelernt und als erste Regisseurin eines Karate-
Films (*Redemption: Kickboxer 5*, 1995) für Aufsehen gesorgt.

USA 1995 ⊜ Kristine Peterson ⊙ Bill Cody ⊕ Zoran Hochstät-
ter ♪ Mike Bartt, Joan Jett ⊛ Molly Gross, Jason Bortz, Bob Neuwirth, Marisa Ryan, Natacha La Ferriere, Claudia Rossi, James Gar-
ver ⊙ 94, farbig
ⒷⒾ ⒽⓅ

Sleepers

Eine Jungenfreundschaft im berüchtigten Stadtteil Hell's Kit-
chen im New York der sechziger Jahre. Die vier Halbwüchsigen bringen durch einen Streich einen Mann beinahe zu Tode,
dafür landen sie in einer Jugendstrafanstalt. Die 18 Monate
dort werden für sie zur Hölle. Der Gefängniswärter quält sie
mit sadistischer Lust und missbraucht sie sexuell. Aus Scham
und Angst wehren sie sich jedoch nicht, sondern schweigen,
auch gegenüber ihrem besten Freund, dem kumpelhaften
Pater ihres Viertels (De Niro). Aus den Jungs werden Männer
– ein Journalist, ein Staatsanwalt, zwei Berufsverbrecher. Männer mit einem Geheimnis und seelischen Wunden, über die sie
nicht einmal miteinander sprechen. Erst elf Jahre später wird
das Schweigen gebrochen, als Tommy (Crudrup) und John
(Eldard) durch Zufall ihrem Hauptpeiniger, dem sadistischen
Wärter Nokes (Bacon), in einer Bar begegnen und ihn kaltblütig erschießen. Der Pater schwört einen Meineid, um seine
Jungs vor dem Schafott zu bewahren. Der Staatsanwalt (Pitt),
verliert absichtlich den Prozess, um seine einstigen Leidensge-
fährten vor der Verurteilung zu bewahren.

Künstlerisch verfremdete Rückblenden zeigen die schmerz-
verzerrten Gesichter der zarten Knaben und das Ausmaß der
Misshandlungen. Weniger zurückhaltend, sondern mit der
bekannten Schonungslosigkeit werden hingegen Mord und
Gewalt der erwachsen gewordenen Freunde gezeigt. Levinson erzählt zwar viel vom Ausgeliefertsein und den psychischen Folgen dieser körperlichen Martern, aber eine wirkliche Auseinandersetzung findet nicht statt, sondern versumpft
im Sozialkitsch.

USA 1996 ⊜ Barry Levinson ⊙ Barry Levinson nach dem gleichnamigem Roman von Lorenzo Carcaterra ⊕ Michael Ballhaus ♪

John Williams ⓑ Kevin Bacon, Robert De Niro, Dustin Hoffman, Jason Patric, Brad Pitt, Minnie Driver, Vittorio Gassman, Billy Crudup, Ron Eldard ⓒ 147, farbig

(WP) (G) (PA)

Ein Sohn aus gutem Hause

Wien um 1900. Preußisch streng wächst der junge Max (Lutz), unter seinem Vater Baron D'Adorno (von Manteuffel), einem hohen k.-u.-k. Beamten, auf. Nach einem familiären Eklat reist Max zu seinem Onkel, General Bardolo (Boysen), nach Prag. Der soll ihm Zucht und Ordnung beibringen. Aber der Junge gerät an einen homosexuellen Mitschüler und dessen Bekannten, Abwehrchef Oberst Redl.

Österreich/BRD 1988 ⓑ Karin Brandauer ⓒ N.N. nach einem Roman des Journalisten Karl Tschuppik ⓟ N.N. ⓑ Alexander Lutz, Thomas Kaan, Felix von Manteuffel, Alexandra Jank, Ewa Blaszcyk, Rolf Boysen, Walter Schmidinger, Karin Kienzer ⓒ 110, farbig

Some of My Best Friends Are
US-amerikanischer Alternativtitel: The Bar

Heilig Abend in Greenwich Village. Zwei Dutzend Gäste in der Schwulenbar Blue Jay entfliehen der Einsamkeit zu Hause und versuchen gemeinsam mit den anderen Stammgästen, ein Gefühl von Familienzusammengehörigkeit zu erleben. Doch sie müssen stattdessen erleben, dass Toleranz und Verständnis, wie man sie von der heterosexuellen Gesellschaft einfordert, innerhalb der Homosexuellenszene keineswegs selbstverständlich sind. Sie alle leiden letztlich unter ihrem Anderssein und ihrer Homosexualität. Privates Glück, so die Botschaft des Films, ist für einen Schwulen nicht zu erlangen.

Die Charakterisierung der Kneipengäste geriet derart klischeehaft und stereotyp, dass dieses Melodram von US-amerikanischen Schwulen nach der Uraufführung heftig kritisiert wurde. Inzwischen gilt *Some of My Best Friends Are* zumindest als ein Meilenstein des unabhängig produzierten schwulen Films in den USA.

USA 1971 ⓑⓒ Mervyn Nelson ⓑ Fannie Flagg, Rue McClanahan, Tom Bade, Alan Dellay, Peg Murray, Jeff David, Candy Darling ⓒ 110, farbig

(DT)

Sommer der Verfluchten
THE SINGER NOT THE SONG

Die mexikanische Kleinstadt Quantano wird von einer Horde Banditen unter dem Anführer Anacleto (Bogarde) tyrannisiert. Der neue irische Pater Keogh (Mills) versucht, diesem Treiben entgegenzutreten, doch es werden weiterhin Morde ver-

übt und von den Geschäftsleuten „Schutzzölle" erpresst. Zwischen dem Priester und dem Banditen entsteht eine wechselhafte Beziehung. Keogh versucht in langen Gesprächen, Anacleto zum Besuch seiner Gottesdienste zu bewegen. Anacleto wiederum hat sich offensichtlich in den Pater verliebt – ebenso die junge Locha (Demongeot). Zwischen den dreien entwickelt sich eine für einen Western unkonventionelle Konstellation des wechselseitigen Begehrens. Der Pater scheint seine unterschwelligen homosexuellen Neigungen mit Erfolg zu verdrängen. Anacleto hingegen, der bereits durch seine Kleidung (überwiegend schwarze, lederbetonte Garderobe) homoerotisch konotiert ist, versucht mehrfach erfolglos, den Priester zu verführen, und bemüht sich schließlich um Locha – jedoch nur, um das Spiel der Begehrlichkeiten weiterzutreiben. Nach einem Schusswechsel sind Priester und Gauner tödlich getroffen. Sie sterben Hände haltend und Anacleto gesteht seine Liebe: „Nicht das Lied, den Sänger habe ich geliebt!"

GB 1960 ⓑ Roy Baker ⓒ Nigel Balchin nach dem Roman *The Singer, Not the Song* von Audrey Erskine Lindop ⓟ Otto Heller ⓙ Philip Green ⓑ Dirk Bogarde, John Mills, Mylène Demongeot, Laurence Naismith, John Bentley ⓒ 116, farbig

(MF) (HC)

Sommer wie Winter
PRESQUE RIEN

Zunächst die klassischen Zutaten des Coming-out-Films: zwei Jungs, die sich erst misstrauisch beäugen, dann zu flirten wagen, sich zaghaft kennen lernen und schließlich ineinander verlieben. Es folgen: erster Sex, unbeschwerte Momente und schließlich Ernüchterung, Heimlichkeit, Angst vor Entdeckung und davor, öffentlich zu sich und zu einander zu stehen. Der 18-jährige Mathieu (Elkaïm) hat während des Urlaubs an der französischen Küste den dort lebenden gleichaltrigen Cédric (Rideau) kennen gelernt, mit dem er seine erste große Liebe erlebt. Regisseur Lifshitz verzichtet auf eine konventionelle Erzählweise und mischt verschiedene Zeitebenen miteinander. Dazwischen bleiben Lücken. Warum die Liebe zwischen den beiden zerbricht, woran ihr gemeinsames Leben gescheitert ist, weshalb sich der mit Familienproblemen geplagte Mathieu das Leben nimmt, wie aus tiefer Liebe verzweifelter Hass werden konnte – die konkreten Antworten bleiben Leerstellen. Die ZuschauerInnen sind aufgefordert, die Geschichte zwischen den Bildern – das sind zum Teil leuchtende Aufnahmen in frischen Farben, lange Porträtsequenzen in Großaufnahmen und psychologisch verknappte Szenen – für sich selbst zu ergänzen. Die angedeutete Depression Mathieus beispielsweise, der unverarbeitete Tod seines Bruders, sind allenfalls Anhaltspunkte, niemals aber ausreichende Erklärung für die vielschichtigen Veränderungen der beiden Hauptfiguren.

Ein Jahr umfasst dieses erotische wie einfühlsame Coming-of-Age-Drama der zwei Jungen zwischen dem Erwachen der Sexualität und dem Sprung in ein selbstbestimmtes, erwachsenes Leben. Dem unbeschwerten Sommer mit seiner Atmosphäre sinnlicher Unschuld und sommerlicher Unbeschwertheit folgen die Schatten des Glücks im darauffolgenden Winter. In den Rausch der ersten sorglosen Liebe brechen der Alltag, verdrängte Obsessionen und Schicksalsschläge, die das junge Paar überfordern. Wenn Mathieu am Ende im tiefsten Winter in das Ferienhaus zurückgekehrt, so ist dies nicht nur ein Ritual, ein Versuch, die Trauer über das mittlerweile Geschehene abzuschütteln und das Alte hinter sich zu lassen. Es ist zugleich auch das Ende der Unschuld. Das Leben geht weiter. Und er wird es – verändert, reifer und erwachsener – neu beginnen müssen.

„Dies ist eigentlich kein Coming-out-Film, sondern vielmehr ein Porträt über das Ende der Kindheit eines Jungen namens Mathieu. Darin ist eine Menge enthalten: Homosexualität, Coming-out, aber auch Familienprobleme, das Entdecken der ersten Liebe und die Suche nach Identität. Ich wollte keinen Film über ein spezielles Thema machen, sondern über eine Person. Nicht die Entwicklung der Geschichte ist das Wesentliche, sondern die Hauptfigur. Mathieu ist in einer Phase, in der er kein Junge mehr ist, aber auch noch kein Mann. Er ist sozusagen noch unvollendet."   Regisseur Sébastien Lifshitz

F 1999 ⊛ Sébastien Lifshitz ☺ Sébatien Lifshitz, Stéphane Bouquet ⊛ Pascal Poucet ♪ Perry Blake ⊛ Jérémie Elkaïm, Sté-

phane Rideau, Marie Matheron, Dominique Reymond, Laetitia Legrix, Nils Ohlund ⊙ 98, farbig
ⓒⓄ

Sommergewitter
LE GARÇON D'ORAGE

Herbst 1960. In einem Dorf im französischen Weinbaugebiet Languedoc hat die Traubenlese begonnen. Der junge, gutaussehende Landstreicher Willi (Lecoeur), der beim Diebstahl ertappt wird, muss zur Strafe einen Tag als Erntehelfer im Betrieb des Winzers Marcellin (Russo) arbeiten. Er erweist sich als so talentiert, dass er fest eingestellt wird. Bei einem Sommergewitter kommt es zum allgemeinen Saufgelage. Als sich Willi im Rausch die Klamotten vom Leib reißt und nackt im Regen tanzt, verliebt sich sein Chef in ihn. Doch Marcellin wagt es nicht, zu seinen Gefühlen zu stehen. Ein offen schwules Leben ist für ihn auf dem Lande nicht vorstellbar. Ihre heimliche Leidenschaft ist bald schon zunehmenden Belastungen ausgesetzt: Im Dorf wird getratscht, und Marcellins Mutter, die die Familienlinie gesichert sehen möchte, setzt durch, dass Marcellin Willi adoptiert. Dieser aber entzieht sich immer mehr und flüchtet sich in die Arme eines Mädchens aus dem Ort. Regisseur Jérôme Foulon macht aus der tragischen Geschichte einen ruhigen Film mit vielen poetischen Momenten. Ausgiebig spielt er mit sehnsuchtsvollen Blicken und schwulem Schönheitskult.

F 1995 ⊛ Jérôme Foulon ☺ Jérôme Foulon, Sophie Deschamps nach dem Roman von Roger Vrigny ⊛ Michele Cagnard ⊛ Daniel Russo, Vincent Lecoeur, Véronique Silver, François Bérléand, Elodie Navarre, Guylaine Londez, Michele Godet ⊙ 85, farbig
ⓒⓄ

Sommerwünsche, Winterträume
SUMMER WISHES, WINTER DREAMS

Das bislang so geordnete Leben der Hausfrau Rita (Woodward) gerät durcheinander, als ihre Mutter (Sidney) stirbt und deren Tod eine schwere Lebenskrise bei ihr auslöst. Mit einem Mal stellt sie ihre Rolle als Mutter und Ehefrau infrage. Insbesondere belastet sie, dass sie die Homosexualität ihres Sohnes Bobby (Rickards) nie akzeptiert hat. In einer kurzen Schwarz-Weiß-Rückblende ist zu sehen, wie sie heimlich die Tür seines Zimmers öffnet und den Jungen mit einem befreundeten Balletttänzer erwischt. Es ist dies die einzige Szene, in der Bobby überhaupt im Film zu sehen ist. Als Rita mit ihrem Mann Harry (Balsam) eine Reise nach Europa unternimmt, möchte sie ihren inzwischen in Amsterdam lebenden Sohn besuchen. Bobby allerdings lehnt ein Wiedersehen ab. Rita ist verzweifelt, beginnt aber, sich mit den gemachten Fehlern auseinander zu setzen.

In Anbetracht dessen, dass diese Hollywood-Produktion Anfang der siebziger Jahre entstand, ist das Thema überraschend ausgewogen und sensibel gestaltet. Nicht der Schwule ist die fragwürdige Figur, sondern die Mutter, die seine Gefühlswelt nicht verstehen will.

USA 1973 ⊕ Gilbert Cates ⊛ Joanne Woodward, Sylvia Sidney, Martin Balsam, Ron Rickards, Dennis Wayne, Win Forman, Tresa Hughes, Dori Brenner ⊙ 95, s/w und farbig

Southern Comfort

Die einfühlsame Dokumentation beschreibt die letzten Stationen im Leben des Robert Eads, bevor er an Krebs stirbt. Was zunächst nicht zu ahnen ist: Robert, der provinziell anmutende Cowboy aus dem Süden der USA, ist transsexuell. Er ist als biologische Frau auf die Welt gekommen und stirbt nun zynischerweise an Gebärmutterkrebs. Seine Freundin Lola Cola ist Mann-zu-Frau transsexuell, und die Freundesclique um sie herum besteht aus unauffälligen anderen Transsexuellen. Der Höhepunkt des Films und zugleich in Roberts und Lolas Leben ist der Besuch der Transsexuellenkonferenz „Southern Comfort", wo sie mit anderen transidentischen Menschen offen über ihre Erfahrungen und ihr Leben reden und sich und ihr Anderssein endlich auch einmal feiern können.

Trotz seiner Tragik, ein optimistisch stimmender Film, der ungewöhnliche Menschen abseits der schwul-lesbischen und Transgender Bewegung in den Metropolen und ohne jeden Glamour im ganz normalen Leben zeigt.

USA 2001 ⊕⊛ Kate Davis ⊙ Joel Harrison ⊛ Robert Eads, Lola Cola, Maxwell Scott Anderson, Cas Piotrowski, Corissa Anderson ⊙ 90, farbig
ⓓ ⓣⓡ

Southpark – Der Film
SOUTH PARK: BIGGER, LONGER & UNCUT

Langfilm der satirischen Fernseh-Zeichentrickreihe, deren grobe Animation sich bewusst von der Perfektion der Mainstream-Cartoons absetzt und, wie die Serie, von analfixierten, derben Späßen getragen wird. Stan, Kyle, Kenny und Cartman schleichen sich in einen kanadischen Film „ab 18 Jahren". Ihre Schulkameraden machen es ihnen nach – und kommen völlig verstört aus dem Kino. Die Eltern sind wütend. Es entwickelt sich eine Spirale aus Hass, Zensur und schließlich Krieg gegen Kanada – zu verstehen als ein Kommentar der South-Park-Erfinder zur Dämonisierung der Unterhaltungsindustrie und der Filmzensur. In einer Parallelhandlung ist Saddam Hussein in der Hölle zu sehen, wo er mit dem Teufel eine idyllische schwule Beziehung eingegangen ist. Gemeinsam schmieden sie Pläne, die Weltherrschaft zu übernehmen.

Mit 399 Flüchen und 128 obszönen Gesten gilt Southpark als der bis dahin fluchintensivste Zeichentrickfilm aller Zeiten.

USA 1999 ⊕ Trey Parker ⊙ Trey Parker, Matt Stone, Pam Prady ⊙ Marc Shaiman ⊙ 80, farbig

Der spanische Gärtner
THE SPANISH GARDENER

Beruflich kaltgestellt und von seiner Frau verlassen, wird Konsul Brande (Hordern) immer schroffer. Besonders sein Sohn Nicholas (Whiteley) leidet darunter und sucht daraufhin die Freundschaft des spanischen Gärtners José (Bogarde), der zum Hauspersonal gehört. Der eifersüchtige Konsul verbietet jedoch dem Jungen den Umgang mit José. Auch dem Chauffeur Garcia widerstrebt diese intensive Freundschaft, die einer Vater-Sohn-Beziehung gleichkommt. Bei passender Gelegenheit schiebt er José einen Diebstahl unter, woraufhin es zu einem Prozess kommt. Auch der Junge muss zum Verhör. Dabei soll eine vermutete sexuelle Beziehung zwischen Gärtner und dem Jungen enttarnt werden – ohne Erfolg.

Die Romanvorlage erklärt die Eifersucht des Konsuls: Er fühlt sich vom Gärtner sexuell angezogen. Die Verfilmung spart dieses Moment jedoch aus.

GB 1956 ⊕ Philip Leacock ⊙ Philip Leacock nach dem gleichnamigen Roman von A. J. Cronin ⊛ Christopher Challis ⊙ John Veale ⊛ Dirk Bogarde, Maureen Swanson, Jon Whiteley, Michael Hordern, Cyril Cusack, Lyndon Brook, Josephine Griffin, Bernard Lee, Rosalie Crutchley, Ina de La Haye, Geoffrey Keen, Harold Scott ⊙ 92, farbig
ⓟⓐ

Spartacus

Spartacus ist Kubricks einzige Auftragsarbeit. Produzent und Hauptdarsteller Kirk Douglas hatte sich eine Woche nach Beginn der Dreharbeiten mit Regisseur Anthony Mann überworfen und daraufhin Stanley Kubrick gebeten, die Regie zu übernehmen.

Der Film erzählt die Geschichte des historisch verbürgten römischen Sklavenaufstands anno 73 v. Chr., der als „Spartacus-Aufstand" in die Geschichte einging. Der Sklave Spartacus (Douglas) wird Gladiator in der Gladiatorenschule des Batiatus. Als der machthungrige, reiche Feldherr Crassus (Olivier) dort erscheint, verlangt er einen Schaukampf auf Leben und Tod. Als nun auch noch Spartacus' große Liebe Varinia, eine Sklavin, die er in der Gladiatorenschule kennen gelernt hat, an Crassus verkauft wird, initiiert er den Aufstand.

Weil man die erste Fassung mit 196 Minuten Länge dem Publikum aufgrund „explizit blutiger Gewaltdarstellungen" nicht zumuten wollte und zudem einige Szenen als anstößig empfunden wurden (darunter auch eine Badewannen-Szene), wurde der Film zum ersten Kinostart um zwölf Minuten gekürzt. *Spartacus* war einer der letzten kommerziellen Filme vor der Änderung des sogenannten Hayes-Code, wegen dem homosexuelle Stellen aus dem Drehbuch entfernt wurden. 1992 gelangte eine restaurierte Fassung ins Kino.

Drehbuchautor Dalton Trumbo (der lange Jahre in Hollywood wegen seiner vermuteten Sympathie für die Linke nicht arbeiten konnte) hatte sich damals nicht gescheut, auch das Sexualleben der Römer zu thematisieren. Und zwar nicht nur das heterosexuelle. In der legendär gewordenen „Schnecken und Austern"-Szene muss Tony Curtis als Sklave Antonius den Feldherrn Crassus einseifen und bekommt danach bei einem Austernessen von ihm erklärt, dass Liebe durchaus auch zwischen Männern stattfinden könne. Während dieses intimen Bades vergleicht Crassus seine Bisexualität mit dem Appetit auf Schnecken und Austern und beendet seinen, einer Anmache gleichkommenden Dialog mit der rhetorischen Frage „Appetit hat nichts mit Moral zu tun, oder?" Antonius verneint höflich, ist aber seinem Herrn sexuell nicht zu Diensten. Stattdessen schließt er sich dem Sklavenaufstand an. In diesem homoerotischen Kontext bekommen auch die Worte „Ich liebe dich" eine völlig andere Bedeutung. Sklavenführer Spartacus spricht sie zu seinem Freund Antonius, als er ihn erwürgt, um ihm die Kreuzigung zu ersparen. Weil die Tonspur dieser Szene bereits schwer beschädigt war, wurde sie bei der Restaurierung von Anthony Hopkins nachsynchronisiert.

USA 1960 🎬 Stanley Kubrick 📝 Dalton Trumbo nach dem gleichnamigen Roman von Howard Fast 📷 Russell Metty, Clifford Stine 🎵 Alex North 🎭 Kirk Douglas, Laurence Olivier, Jean Simmons, Charles Laughton, Peter Ustinov, John Gavin, Tony Curtis, Nina Foch, Herbert Lom, John Ireland, John Dall ⏱ 197 (gekürzte Fassung 185), farbig
(BI) (HC) (MF)

Spetters – Knallhart und romantisch
SPETTERS

Im Zentrum dieses Coming-of-Age-Dramas stehen drei Freunde aus dem Arbeitermilieu, in deren Lebens sich alles um ihre Moto-Cross-Räder und das bevorstehende Rennen dreht, was aber ihre eigentlichen Probleme im Leben nicht verdecken kann. Als Fientje (Soutendijk) mit ihrem schwulen Bruder in die Stadt kommt, bemühen sich alle drei um die Frau.

Als der Schwulenticker Evelyn (Agterberg) von Fientjes Bruder und dessen Freunden vergewaltigt wird, entdeckt er, dass er eigentlich selbst schwul ist. Gleich in der nächsten Szene konfrontiert Evelyn seinen fanatisch religiösen Vater mit dieser Erkenntnis. „Du kannst das Haus in Grund und Boden beten, aber ich bin, was ich bin." Während sich der Film zunächst ganz auf das durchtriebene Biest Fientje und ihre Verführungskünste konzentriert – sie verkauft von einem Fastfoodwagen herab vieldeutig Würste, tauscht am Ende die Lederjacke gegen einen Pelzmantel und zieht mit einem Bourgeois ab –, bekommt *Spetters* überraschend mit der Coming-out-Geschichte einen völlig neuen Kern. Weil Verhoeven sehr deutlich die Vergewaltigung zeigt, wurde der Film in den Niederlande der Pornografie bezichtigt und löste einen heftigen öffentlichen Streit aus.

> *„Wenn der eine Vergewaltiger seinem Opfer auf den Arsch spuckt oder wenn der zweite seinen erigierten Penis aus der Hose holt – hieß es: ‚Aber so was dreht doch niemand.' Ich dachte mir: ‚Na, wenn das niemand dreht, dann drehe ich es eben.' Auf vielen Filmplakaten sieht man einen Mann mit einer Waffe in der Hand. Die Leute mögen es, Waffen zu zeigen. Und in Spetters ist der Penis die Waffe. Mit seinem Penis attackiert der Vergewaltiger sein Opfer. Also sollte man ihn auch zeigen."*
> *Regisseur Paul Verhoeven*

NL 1980 🎬 Paul Verhoeven 📝 Gérard Soeteman, Jan Wolkers 📷 Jost Vacano 🎵 Ton Scherpenzeel 🎭 Hans van Tongeren, Renée Soutendijk, Toon Agterberg, Maarten Spanjer, Rutger Hauer, Peter Tuinman, Marianne Boyer ⏱ 122, farbig
(CO) (G)

Spiegelbild im goldnen Auge
REFLECTIONS IN A GOLDEN EYE

In Carson McCullers' symbolbeladenem Roman, den sie der lesbischen Schriftstellerkollegin Annemarie Schwarzenbach gewidmet hat, kämpfen sechs Personen mit ihren sexuellen Frustrationen und unerfüllten Liebesbedürfnissen. Die Handlung spielt in einem US-amerikanischen Militärcamp unter den dort lebenden Offizieren und ihren Ehefrauen. Major Weldon Penderton (Brando), ein Paradebeispiel für Männlichkeit und militärische Disziplin, ist in eine unerfüllte und unterdrückte Leidenschaft zu dem jungen, zurückhaltenden Soldaten Williams (Forster) verstrickt. Dieser jedoch empfindet erotische Befriedigung, wenn er nachts nackt auf dem Pferd von Pendersons Frau durch die Wälder reitet. Leonora Penderson (Taylor), vulgär und oberflächlich, pflegt eine kaum verhehlte Affäre mit einem Kollegen ihres Mannes. Dessen Frau ist nach einer Fehlgeburt psychisch erkrankt und hat sich als Folge davon ihre Brustwarzen mit einer Schere abgeschnitten. Ihr Houseboy ist ein tuntiger Filipino – für den als homophob bekannten Regisseur John Huston ist dieser ein Paradebeispiel des Homosexuellen, nämlich übertrieben feminin. Auch Major Penderton, so zumindest vermittelt es Huston, hat diese femininen Anteile, die damit im grundsätzlichen Widerspruch zu dem harten Machismo des Militärs stehen. In einer Szene trägt Penderton sich vor dem Spiegel Rouge auf. Seine homosexuellen Begierden befriedigt Penderson, in dem er heimlich seine Sammlung mit Postkarten griechischer Jünglingsstatuen betrachtet. Als er den geliebten Williams dabei beobachtet, wie er achtlos Bonbonpapiere wegwirft, sammelt Penderson sie auf und legt sie als Reliquien einer unerfüllten Liebe zu seiner Bilderkollektion. Doch er muss feststellen, dass sich Williams viel mehr für seine Ehefrau als für ihn interessiert. Penderson fühlt sich zum einen verraten, zum anderen entlarvt und tötet ihn deshalb.

Hustons Verfilmung besticht durch brillante darstellerische Leistungen, weniger aber durch dramaturgisch-psychologische Überzeugungskraft. Initiatorin des Projektes war Elizabeth Taylor, die für die männliche Hauptrolle ihren Freund Montgomery Clift vorgesehen hatte. Der galt aber wegen seines Alkoholismus als nicht sicher genug. Taylor stellte daraufhin ihre eigene Gage, eine Million Dollar als Pfand. Noch in der Vorbereitensphase aber starb Clift unerwartet und nach langer Suche wurde Brando für die Rolle verpflichtet. Huston hatte für die Produktion eine spezielle Filtracolor-Technik gewählt, bei der die Bilder wie durch einen Schleier gefilmt und die Farben stark zurückgenommen und in einem goldenen Schimmer erscheinen. Nachdem der Film aber gefloppt war, wurde ein neuer Kinostart mit gewöhnlichen Farbkopien versucht.

USA 1967 Ⓡ John Huston Ⓑ Chapman Mortimer, Gladys Hill, John Huston nach dem gleichnamigen Roman von Carson McCullers Ⓚ Aldo Tonti Ⓜ Toshiro Mayuzumi Ⓓ Elizabeth Taylor, Marlon Brando, Brian Keith, Julie Harris, Zorro David, Gordon Mitchell, Robert Forster Ⓛ 109, farbig
ⓂⒻ Ⓣ ⒽⓅ

Das Spinnenetz

Der junge Leutnant Lohse (Mühe) wird im Kampf gegen den Kieler Matrosenaufstand 1918 schwer verwundet. Nach Kriegsende verdingt sich der ehrgeizige Gesinnungsopportunist als Hauslehrer bei dem jüdischen Bankier Efrussi (Henni-

ger). Dort lernt er Baron von Rastschuk (Mueller-Stahl), Kopf eines erz-nationalistischen Geheimbundes, kennen, von dem er sich einen Karrieresprung erhofft. In dessen Kreis wird Lohse allerdings erst aufgenommen, nachdem er eine für ihn demütigende Bedingung erfüllt hat: Er muss eine Nacht mit dem homosexuellen Prinzen Heinrich (Roggisch) verbringen. Dies ist der erste Akt einer langen Reihe von Demütigungen, die der Mitläufer auf dem Weg nach oben erdulden muss. Bernhard Wicki inszeniert die Szene als Schlüsselstelle: Es wird Lohses Trauma, das durch den Spott der Mutter immer wieder neu belebt wird und ihn schleßlich für die Propaganda der Nationalsozialisten empfänglich macht. Unter falschem Namen spioniert Lohse bald darauf eine Anarchistengruppe aus, in der er dem Doppelagenten Lenz (Brandauer) begegnet. Zu spät erkennt Lohse das Spiel des Verräters.

Monumental inszeniertes, überlanges und überdeutliches Spätwerk Wickis, das keine werkgetreue Literaturverfilmung darstellt, sondern eigene Akzente setzt, einzelne Figuren und Situationen im Vergleich zur Vorlage detailversessen breit ausmalt und auch auf überdeutliche Gewalt- und Actionszenen nicht verzichtet. Die Kinofassung wurde gegenüber der, bei der Uraufführung beim Filmfestival in Cannes gezeigten Version um rund 20 Minuten gekürzt.

D/Österreich 1989 Ⓡ Bernhard Wicki Ⓑ Bernhard Wicki, Wolfgang Kirschner nach dem gleichnamigen Roman von Joseph Roth Ⓚ Gerard Vandenberg Ⓜ Günther Fischer Ⓓ Klaus Maria Brandauer, Ulrich Mühe, Armin Mueller-Stahl, Rolf Henniger, Andrea Jonasson, András Friscay, Peter Roggisch, Hans Korte, Corinna Kirchhoff, Elisabeth Endriss, Anges Fink Ⓛ 196, farbig
Ⓖ

Der Sprinter

Wieland ist schwul, und das erträgt seine Mutter nicht. Also bemüht sich der schmächtige, blondgelockte Jüngling, ein richtiger heterosexueller Mann zu werden. Als Mittel dazu wählt er den Sport und macht tatsächlich Karriere als Läufer im heimischen Sportverein. Um seine Leistungen zu optimieren, soll ihn die stämmige Kugelstoßerin Brigitte (Muhri) anstacheln. Wieland lässt sich tatsächlich auf die ersten unbeholfenen Schritte in Richtung Heterosexualität ein, doch beim ersten Kuss fällt Brigitte die Kugel prompt auf seinen Fuß und beendet damit sein Dasein als Sprinter.

Dem Debüt Christoph Bölls, Neffe des Schriftstellers Heinrich Böll, liegt eine gute Idee für eine düstere, schwarzhumorige Provinzposse zugrunde, doch reichen die Qualität des Drehbuchs sowie die schauspielerischen Leistungen des Co-Autors und Hauptdarstellers Wieland Samolak nicht aus, um daraus eine überzeugende Farce werden zu lassen. Insbesondere die Konflikte mit dem spießbürgerlichen Elternhaus um Wielands Homosexualität sind sehr platt geraten.

BRD 1983 🎬 Christoph Böll 📖 Christoph Böll, Nicole Schürmann, Wieland Samolak 🎥 Peter Gauhe 🎵 Paul Vincent 🎭 Wieland Samolak, Gerhard Olschewski, Renate Muhri, Miriam Spoerri, Dieter Eppler, Jürgen Mikol ⏱ 87, farbig

Spur der Gewalt
BUSTING

Keneely (Gould) und Farrell (Blake), Detektive des Sittendezernats der Polizei von Los Angeles, verfolgen gegen Widerstand und Verbot der Vorgesetzten den Gangsterboss Carl Rizzo. Auf Befehl ihres Vorgesetzten müssen sie deshalb Dienst auf öffentlichen Toiletten schieben, um dort cruisenden Schwulen aufzulauern. Als sie eine Razzia in einer Schwulenbar durchführen, zetteln dort Drag Queens (darunter Antonio Fargas aus *Car Wash*, 1976) eine an Stonewall erinnernde Kneipenschlacht an.

Regisseur Hymans wurde dafür kritisiert, Homosexuelle und deren (Kneipen-)Leben diffamierend dargestellt zu haben. Er rechtfertigte sich mit der Aussage, dass in einer realen Schwulenbar mit Stammgästen als Statisten gedreht worden und deren Outfit und Verhalten dementsprechend authentisch sei. Was er allerdings verschwieg, war die Tatsache, dass die agierenden Figuren eindimensional und auf ihre sexuelle Orientierung beschränkt sind und ihre optische Erscheinung über die Typisierung als Ledermann, Tunte oder Transvestit nicht hinausgeht.

USA 1973 🎬🎬 Peter Hyams 🎥 Earl Rath 🎵 Billy Goldenberg 🎭 Elliott Gould, Robert Blake, Allen Garfield, John Lawrence, Antonio Fargas, Cornelia Sharpe, Erin O'Reilly, Margo Winkler, William Sylvester, Logan Ramsey ⏱ 91, farbig

Die Spur des Falken
THE MALTESE FALCON

Die *Spur des Falken* ist ein Klassiker der Schwarzen Serie und markiert den Höhepunkt in Humphrey Bogarts Karriere. Zwei Detektive, Sam Spade (Bogart) und Archer (George) sind auf der Suche nach einer verschwundenen Frau. Die Auftraggeberin ist jedoch weniger an der vermissten Schwester, sondern vielmehr an einer ebenfalls verschwundenen, wertvollen Falkenstatue interessiert. Peter Lorre spielt den brutalen Gangster Joel Cairo. John Huston zeichnet seine Figur, anders als in der Romanvorlage, verschwommen, aber mit den zu seiner Zeit typischen Mitteln als homosexuell. Die Begleitmusik, mit der Cairo auftritt, nutzt orientalische Klänge um das Fremde zu signalisieren. Er ist parfümiert und wirkt mit seinen Spitzentaschentüchern weichlich und dandyhaft. Ähnlich konstruiert sind auch die Rollen von Martin Landau in Hitchcocks *North by Northwest* (1959) oder von Clifton Webb in Otto Premingers *Laura* (1944).

USA 1941 🎬 John Huston 📖 John Huston nach dem gleichnamigen Kriminalroman von Dashiell Hammett 🎥 Arthur Edeson 🎵 Adolph Deutsch 🎭 Humphrey Bogart, Mary Astor, Gladys George, Barton MacLane, Lee Patrick, Peter Lorre, Sydney Greenstreet ⏱ 96, s/w
Ⓗ©

Squeeze
US-amerikanischer Alternativtitel: Night Moves

Neuseelands erster Schwulenfilm. Der Teenager Paul (Eady) hält es bei seinen vorurteilsbeladenen Eltern nicht mehr aus. In einer Bar lernt er den Mitzwanziger Grant (Shannon), einen ehrgeizigen, aufstrebenden Manager kennen, der sich aus Karrieregründen verlobt hat. Als die zukünftige Ehefrau unerwartet auftaucht, muss sich Paul schnell auf die Gästecouch verziehen. Aus Frust und Ärger über dieses Doppelspiel sucht der Junge andere Sexpartner. Als Grant mit Arbeitskollegen und deren Gattinnen zur Belustigung eine Schwulenbar besucht, kommt es unerwartet zu seinem vehement vorgetragenen Coming-out.

Nicht sonderlich aufregender, sich an Klischees klammernder Spielfilm, der den didaktischen Ansatz nie aus den Augen verliert und auch eine Menge verkitsche Naturaufnahmen zu bieten hat.

Neuseeland 1980 🎦🄳 Richard Turner ✏ Ian Paul 🎥 Robert Shannon, Donna Akersten, Paul Eady, Don Farr, Faye Flegg, Martyn Sanderson, David Herkt, Peter Heperi ⏱ 79, farbig BI PA CO

St. Pauli Nacht

Eine Nacht lang kreuzen sich immer wieder die Wege eines Dutzend Menschen in Hamburg St. Pauli. Einige sind am nächsten Morgen tot, wie etwa der Ex-Knacki Johnny (Führmann) oder der Postbote Manfred (Rohde). Der läuft erst Amok, erschreckt die schwule Transen-Prostituierte Roberta (Zapata) mit seinem langen Schwanz („Gott je, ist der Mann bestückt!") und muss alsbald auch schon das Zeitliche segnen. Regisseur Sönke Wortmanns Problem: Er weiß sich nicht zwischen Sozialdrama, Parodie und Krimikomödie zu entscheiden. Er erzählt oft langwierig und seine Charaktere sterben ihm darüber weg. Das Lesbenpaar etwa – die eine Ex-Hure und nunmehr erfolgreiche Geschäftsfrau, die andere ihre junge, aber farblose Geliebte – hat kaum die Chance, überhaupt Kontur oder gar den Ansatz einer Biografie zu entfalten.

D 1999 🎦 Sönke Wortmann 🄳 Frank Göhre nach seinem gleichnamigen Roman ✏ Tom Fährmann 🄳 Peter Wolf 🎥 Axel Milberg, Florian Lukas, Benno Führmann, Oliver Stokowski, Armin Rohde, Kathleen Gallego Zapata, Peter Sattmann ⏱ 95, farbig TR

Stadt der verlorenen Seelen

Musicalhafter Dokumentarspielfilm, in dem Rosa von Praunheim einer Gruppe von US-amerikanischen Schwulen, Tunten, Transsexuellen und Transvestiten, die in Berlin als Rockmusiker, Akrobaten, Nachtclubtänzerinnen und Entertainer

ihre Wahlheimat gefunden haben, Raum zur Selbstdarstellung gibt. Gedreht wurde überwiegend in der zur Glitzerbühne umfunktionierten Wohnung des Regisseurs.

Die Stars der Subkultur präsentieren sich mit ihren Eitelkeiten, greller Selbstbespiegelung und Eifersüchtelein untereinander. Praunheim lässt sich jedoch nicht tiefer auf die verschiedenen Charaktere ein, sondern begnügt sich mit der Zurschaustellung von Exoten und deren Problemen mit Silikonbrüsten, Hormonspritzen und seelischen Befindlichkeiten.

BRD 1983 🎦🄳 Rosa von Praunheim ✏ Stephan Köster 🄳 Holger Münzer, Alexander Kraut, Jayne County, Angie Stardust 🎥 Jayne County, Angie Stardust, Joaquin La Habana, Tara O'Hara, Tron von Hollywood, Alamsi, Judith Flex, Lorrain Muthke, Helga Goetze, Manfred Finger, Rainer Götz Otto, Gary Miller ⏱ 94, farbig DT TR D

Stadt Land Kuss
TOWN & COUNTRY
Deutscher Video-Alternativtitel: City, Sex & Country

Im Gegensatz zu Peter Chelsoms ersten liebevollen wie originellen Filmen *Hear My Song* (1992) und *Funny Bones* (1995) ist *Stadt Land Kuss* bestenfalls routinierte Komödienware, bei der Gags und Slapsticks zwar aufs Stichwort, aber ohne sonderlichen Erkenntniswert abgeliefert werden.

Ehekrisen in der New Yorker Oberschicht: Architekt Porter Stoddard (Beatty) betrügt seine Ehefrau (Keaton) mit einer Cellistin (Kinski). Die Ehe ihrer engsten Freunde, Mona (Hawn) und Antiquitätenhändler Griffin (Shandling), steht vor dem Aus, seit Mona von einem Verhältnis ihres Mannes erfahren hat. Bei der vermeintlichen Geliebten handelt es sich allerdings um einen Liebhaber. Griffins Coming-out dient lediglich als dramaturgischer Kniff und Schlusspointe, ohne dass dies in der Rolle glaubwürdig angelegt wäre.

USA 2001 🎦 Peter Chelsom 🄳 Michael Laughlin, Buck Henry ✏ William A. Fraker 🄳 Rolfe Kent 🎥 Warren Beatty, Diane Keaton, Garry Shandling, Andie MacDowell, Nastassja Kinski, Jenna Elfman, Goldie Hawn ⏱ 104, farbig

Stadtgespräch

Rund 1,72 Millionen Besucher machten *Stadtgespräch* 1995 zum erfolgreichsten deutschen Kinofilm, der gemeinsam mit Produktionen wie *Der bewegte Mann* (1994) und Katja von Garniers *Abgeschminkt* (1992) eine ganze Reihe weiterer deutscher Kinokomödien nach ähnlichem Strickmuster und mit vergleichbar antiquierter Dramaturgie nach sich zog: narzisstische Großstadtmenschen in verfrühter Midlife-Crisis mit glatter, nett anzuschauender Oberfläche, aber wenig Charaktertiefe.

Die Radiomoderation Monika (Riemann) gibt in ihrer morgendlichen Show Anrufern schnoddrige Beziehungstipps, bei denen insbesondere die Männer sehr schlecht wegkommen, denn die selbstbewusste Singlefrau hatte bislang wenig Glück und Erfolg beim anderen Geschlecht. Ihr schwuler Bruder René (Wiesinger), der mit dem hübschen, aber tumben Karl (Bleibtreu) liiert ist, überredet sie, eine Kontaktanzeige aufzugeben. Auf diese Weise lernt sie den Zahnarzt Erik (Zirner) kennen, mit dem sie eine leidenschaftliche Affäre beginnt. Wenig später freundet sie sich im Fitness-Studio mit Sabine (Gedeck) an und muss zu ihrer Überraschung feststellen: Erik ist Sabines Ehemann. Die plakative, stereotype Figurenzeichnung macht auch bei dem schwulen Paar nicht halt: Kai Wiesinger und besonders Moritz J. Bleibtreu spielen derart überzeichnet klischeehaft, dass es peinlich, aber selten komisch wird.

D 1995 ⊛ Rainer Kaufmann ☺ Ben Taylor ⊕ Klaus Eichhammer ♫ Stefan Traub ⊛ Katja Riemann, August Zirner, Martina Gedeck, Kai Wiesinger, Moritz J. Bleibtreu, Karin Rasenacker ⊙ 89, farbig
ⅅⓚ

Ein Stall voll süsser Bubis
THE GAY DECEIVERS

Während der Zeit des Vietnamkrieges versuchen die heterosexuellen jungen Männer Danny (Coughlin) und Elliot (Casey), sich dem Wehrdienst zu entziehen, in dem sie sich als schwul ausgeben. Weil sie dadurch aber unter Armeeaufsicht gestellt sind, ziehen sie in eine ausschließlich von Schwulen bewohnte Wohnsiedlung von Los Angeles und geben vor, ein Paar zu sein. Das in Pastellfarben gehaltene Häuschen ist vollgestellt mit griechischen Statuen und anderem Nippes. Schon bald umgarnt vom schrill-tuntigen Hausbesitzer Malcolm (Greer) finden sich die beiden schneller in das Viertel integriert als ihnen lieb sein kann. Das Verwirrspiel nimmt seinen Lauf und die Schlusspointe sei verraten: die beiden Militärkontrolleure entpuppen sich als Schwule, die bemüht sind, Heteros aus der Armee fernzuhalten, um die Camps auf diese Weise zu homosexuellen Oasen zu machen.

Die plumpe Komödie lässt kein schwules Klischee unbeachtet und versteckt auch nicht ihren homophoben Unterton. Als der Film 1969 in den USA in die Kinos kam, wurde zudem kritisiert, dass er die antimilitaristische Bewegung gegen den Krieg in Vietnam lächerlich mache. In Deutschland kam der Film erst 1980 in den Verleih, schlecht synchronisiert und mit einem entsprechend peinlichen Titel.

> „Es war einer der wenigen Filme, in denen die Schwulen nicht durch Selbstmord oder im Wahnsinn enden."
> *Darsteller Michael Greer*

USA 1969 ⊛ Bruce Kessler ☺ Jerome Wish nach einer Idee von Abe Polsky ⊕ Dick Glouner ♫ Stu Philipps ⊛ Kevin Couglin, Larry Casey, Michael Greer, Brooke Bundy, Jo Ann Harris, Sebastian Brook, Jack Starrett ⊙ 91, farbig
ⒽⓅ ⅅⓉ

Die Stille nach dem Schuss

Rita Vogt (Beglau) ist als ehemaliges Mitglied der RAF des Kampfes und der Verfolgung müde geworden. Sie ist in der DDR mit neuer Identität untergetaucht, wo sie mit Duldung und Kenntnis der Staatssicherheit ein graues Arbeiterinnenleben führt. Eine Liebesbeziehung mit ihrer Kollegin Tatjana (Uhl), erweist sich als zu gefährlich und erneut muss Rita eine andere Identität annehmen. Sie führt eine Beziehung mit einem Mann, will sogar eine Familie gründen, doch auch dies scheitert schließlich an ihrer Vergangenheit. Denn als die Mauer fällt, muss Rita um ihre Enttarnung fürchten und wird bei einem Fluchtversuch an der deutsch/deutschen Grenze schließlich erschossen.

Volker Schlöndorff bastelte viele Jahre an der Verfilmung dieses überaus pikanten, auf wahren Tatsachen beruhenden Stückchens deutsch/deutscher Nachkriegsgeschichte. Die Figur der Rita ist stark an die des lesbischen Mitglieds der Bewegung 2. Juni, Inge Viett, angelehnt, die tatsächlich nach zwei Gefängnisausbrüchen in den achtziger Jahren mit Hilfe der Stasi mit anderer Identität in der DDR lebte und nach Mauerfall verhaftet wurde. Die vielen Parallelen zu Vietts Biografie wurden ohne deren Einwilligung und gegen ihren Willen verwendet.

Die beiden Hauptdarstellerinnen erhielten auf der Berlinale 2000 den Silbernen Bären als beste Schauspielerinnen. Obwohl der Film mit gemischten Gefühlen von der Kritik aufgenommen wurde, war man sich über die gelungene, wenn auch nicht sehr intensive Darstellung der lesbischen Beziehung einig.

> „Die Charaktere bleiben oberflächlich, plakativ, ihre Dialoge und Parolen oftmals lächerlich. Den Film durchzieht eine Entpolitisierung der Geschichte und der Personen."
> *Inge Viett in einem Interview über das Werk.*

D 1999 ⊕ Volker Schlöndorff ⊕ Volker Schlöndorff, Wolfgang Kohlhaase ⊕ Andreas Höfer ⊕ Bibiana Beglau, Nadja Uhl, Richard Kropf, Martin Wuttke, Harald Schrott, Alexander Beyer, Jenny Schilly, Mario Irek ⊕ 103, farbig
(BI)

Stonewall

Stonewall – das ist die Homo-Legende schlechthin. Eine dunkle, schmierige, von der Mafia kontrollierten Kaschemme in New York wird zur Geburtsstätte der neuen Schwulenbewegung. Der 28. Juni 1969 ist nicht nur der Tag von Judy Garlands Beisetzung, sondern auch der, des Erwachens schwulenpolitischen Selbstbewusstseins. Der US-Historiker Martin Duberman hatte pünktlich zum 25. Jahrestag die letzten überlebenden Zeitzeugen befragt und musste während seiner Arbeit sehr bald erkennen: *DIE* Stonewall-Legende gibt es nicht. Jeder hat eine eigene. Und so lässt uns die Hispano-Drag-Queen La Miranda (Diaz) unmissverständlich wissen: „This is *my* Stonewall legend".

Das *Stonewall Inn* ist Dreh- und Angelpunkt einer Vielzahl kleiner Geschichten. La Miranda lernt bei einer der routinemäßigen Polizeirazzien das frisch nach New York gezogene Landei Matty Dean (Weller) kennen. Der erhofft sich im Dschungel der Großstadt Freiheit, Sex und den Mann fürs Leben. Aber was er stattdessen erlebt, schockiert ihn: Die Schwulen, Tunten und Transvestiten in der *Stonewall Inn*-Bar lassen sich nicht nur von der Mafia, sondern auch von der Polizei wie den letzten Dreck behandeln. Wer als Drag Queen nicht mindestens drei eindeutig männliche Kleidungsstücke am Leib trägt, verbringt die Nacht im Knast. Auch ein Ausflug in das schwule Badeparadies Fire Island ist nur ein eingeschränktes Vergnügen. Beim nachmittäglichen T-Dance darf Mann erst dann zum Takt der Musik wippen, wenn mindestens eine Alibifrau sich auf der Tanzfläche befindet, die dann imaginär angetanzt wird. Und dann auch nur Schulter an Schulter, den Blick immer auf die Frau gerichtet.

Manche immerhin engagieren sich politisch, z.B. in der Mattachine-Society. In Anzug und Krawatte demonstrieren sie schweigend mit Plakaten vor der „Independence Hall" für ihre Bürgerrechte in Philadelphia. Das Ziel: als „krank" akzeptiert zu werden, um so das Mitleid des „anderen" Amerika zu erwecken. Matty ist entsetzt. Er selbst aber, der rebellisch-romantische Jüngling vom Lande, ist gegen das kleinbürgerliche Idyll nicht gefeit. Seine Liebe, La Miranda, den selbstbewussten und doch auch sehr verletzlichen Transvestiten, tauscht er ein gegen einen seriöseren, „vorzeigbaren" *all American guy*.

Dem 1995 nach Abschluss der Dreharbeiten an Aids verstorbenen Regisseur Nigel Finch (*Die verlorene Sprache der Kräne*, 1992) gelingt es durch die vielen kleinen Details der Lebensumstände dieses Dutzend Figuren, ein unaufdringliches und spannendes Bild der schwulen Lebensrealität Ende der sechziger Jahre lebendig werden zu lassen. Fern der üblichen Idealisierungen und ohne politischen Zeigefinger weist er auf die Front-

linien innerhalb der schwulen Subkultur. Und doch ist dieses humorvolle und spannende Melodram kein dröges Manifest, sondern wird von den symphatisch und glaubhaft gezeichneten Figuren bestimmt. Unterbrochen wird die Handlung immer wieder von Playbacknummern eines Drag-Queen-Trios, die mit Songs der *Supremes* und der *Shangri-La's* wie ein griechischer Chor das Geschehen kommentieren.

GB 1995 ⊕ Nigel Finch ⊕ Rikki Beadle Blair nach dem gleichnamigen Buch von Martin Duberman ⊕ Chris Seager ⊕ Michael Kamen ⊕ Guillermo Diaz, Frederick Weller, Brendan Corbalis, Duan Boutte, Bruce MacVitie, Peter Ratray, Dwight Ewell ⊕ 98, farbig
(CO) (G)

The Story of a Bad Boy

Pauly (Hollingworth) ist 17 und steckt in der Phase der Selbstfindung. Seine Eltern verstehen ihn nicht, mit den Freunden hat er auch Probleme. Pauly will alles ausprobieren, was das Leben so bietet, aber er scheint nirgendwo sein Glück zu finden. Mit seiner Freundin Ludmilla (Ward) übt er Zungenküsse, in den Pausen steigt er schwärmerisch dem Austauschschüler Dobbs nach. Das ändert sich, als der neue Tutor Noel (Camargo) in sein Leben tritt. Bei der der Aufführung einer avantdistischen Musicaladaption von *Der scharlachrote Buchstabe* wird aus dem verhaltenen Lehrer-Schüler-Verhältnis die große Liebe, die nun geheimgehalten werden muss. Leichter gesagt als getan, denn die Lust hält allerlei Fallstricke bereit, die den beiden zum Verhängnis werden könnten, was das anfängliche Coming-out-Drama nun in eine Teenie-Sex- und Pubertätsposse im Stile von *American Pie* (1990) abdrehen lässt.

Tom Donaghy beschreibt zwar die Gefühlsschwankungen zwischen der Euphorie des Verliebtseins und den Abgründen der Missverständnisse, die sich zwischen Jugendlichen und Erwachsenen auftun. Allerdings gelingt es ihm nicht, das Lebensgefühl zu verdichten. Seinem Film fehlt die kulturelle Bodenhaftung; so fällt beispielsweise eine örtliche oder zeitliche Zuordnung etwa anhand der Musik oder Ausstattung schwer.

USA 1999 ⊕⊕ Tom Donaghy ⊕ Garrett Fisher ⊕ Angelo Badalamenti, Chris Hajian ⊕ Jeremy Hollingworth, Christian Camargo, Stephen Lang, Julie Kavner, Lauren Ward, Howie Ravikoff ⊕ 85, farbig

Studio 54
54

Die New Yorker Disco „Studio 54" war für ein knappes Jahrzehnt ein Ort, an dem nur die Reichen, Schönen und Schwulen verkehrten. Ein Tempel der Lüste: Saturday-Night-Fever mit multisexuellem Darkroom, Drogen und Menschen, die entweder superschön oder superprominent waren. Mark Christopher, der mit seinem schwulen Kurzfilm *Alkali, Iowa* (1995) diverse Festivalpreise erhielt, bedient sich der Geschichte des – fiktiven – naiven und hübschen Barkeepers Shane O'Shea (Phillippe), der aus der Kleinstadt in dieses Sodom und Gomorrha gerät, um die Geschichte des „Studio 54" und seines schwulen Besitzers und spiritus rector Steve Rubell (Myers) zu erzählen.

Shane lernt schnell: dass ihm die Frauen zu Füßen liegen, dass man die Beziehungen zu den Gästen vielseitig nutzen kann und dass sich mit Drogen leichtes Geld verdienen lässt. Er lernt auch, sich den sexuellen Avancen seines Chefs zu entziehen. Christophers Porträt des „Studio 54" ist ebenso beschönigend wie banalisierend. Rubell schafft säckeweise das Geld aus der Disco und kommt schließlich auch wegen Steuerhinterziehung in den Knast, der Keller und die Empore der Disco sind nichts anderes als große Orgienräume für

hetero- wie homosexuelle Gelüste und ein generalstabsmäßig organisierter Drogenumschlagplatz – dies alles erscheint im Film jedoch genauso beiläufig, wie sich auch die echte Prominenz (von Cindy Crawford bis Art Garfunkel) in ihren Cameos unbemerkt an der Kamera vorbeischleichen.

Der Grund für diese familienfreundliche Darstellung mag in den Folgen der Testvorführungen zu finden sein. Weil angeblich zu langweilig, wurde der Film um rund eine halbe Stunde gekürzt. Auch ein Kuss zwischen Shane und Rybell hat diese „Rettungsaktion" nicht überlebt. So verpufft „Studio 54" in Andeutungen und bietet kaum mehr als nette, belanglose Unterhaltung.

USA 1998 ⊚☺ Mark Christopher ✦ Alexander Gruszynski ☻ Ryan Phillippe, Mike Myers, Salma Hayek, Breckin Meyer, Sela Ward, Neve Campbell, Michael York, Heather Matarazzo ☺ 93, farbig

Die Stunde, wenn Dracula kommt
LA MASCHERA DEL DEMONIO

Ein gruseliges, kleines Meisterwerk des Genres, das, ganz auf Stummfilmeffekte setzend auch mit vielen SM-artigen Szenen das Grauen heraufbeschwört. Zu Beginn sieht man die grausame Hinrichtung der „Hexe" Asa im Jahre 1700. Über hundert Jahre später übernachten ein Professor und sein Assistent in der Nähe der Krypta und werden neugierig von der geheimnisumwobenen Gruft angezogen. Sie bestaunen den Sarg der Hexe, als beim Anblick der immer noch schönen Frau versehentlich ein Tropfen Blut auf das Gesicht der vermeintlich Toten fällt. Damit wird sie wieder zum Leben erweckt und kann auch ihren Freund Dracula aus dem Sarg befreien. Sie beginnt, sich blutig an den Nachfahren ihrer einstigen Richter zu rächen, und hat – genretypisch – natürlich auch ein Auge auf diverse Damen geworfen, die etliches an Blut an die lüsterne Vampirin und den Graf der Finsternis entrichten müssen. In einer interessanten Doppelrolle als die vampirische Rächerin und zugleich ihre Nachfahrin, die Prinzessin Katja, ist Barbara Steele, die „Queen of Horror", zu sehen. Sie sollte später als eine vermeintlich lesbische Gefängnisdirektorin in dem „Women in Prison"-Klassiker *Das Zuchthaus der verlorenen Mädchen* (1974) zu sehen sein. Ihr Versuch, schauspielerisch vom Horrorimage wegzukommen, war nicht so erfolgreich wie erhofft.

Der Sohn des Regisseurs Lamberto Bava machte 1989 ein unbedeutendes TV-Remake des Films unter dem gleichen Titel.

I 1960 ⊛ Mario Bava ☺ Ennio de Concini, Mario Serandrei nach einer Geschichte von Nicolai Gogol ✦ Mario Bava ♪ Roberto Nicolosi ☻ Barbara Steele, Andrea Checchi, John Richardson, Ivo Garrani, Arturo Dominici ☺ 85, s/w
Ⓥ

Sturm über Washington
ADVISE AND CONSENT

Der Präsident der Vereinigten Staaten (Tone) schlägt Robert Leffingwell (Fonda), einen politischen Außenseiter, als Außenminister vor. Ein Teil der Senatoren sperrt sich jedoch gegen diese Entscheidung. Man wirft dem Kandidaten Kontakte zur kommunistischen Partei vor und löst damit eine Kettenreaktion von Intrigen, parteipolitischen Winkelzügen und verfassungsrechtlichen Debatten aus. Die Anhänger Leffingwells versuchen in einer Nebenhandlung, den jungen, unentschiedenen Senator Brig Anderson (Murray) auf ihre Seite zu ziehen. Als Druckmittel benutzen sie einen vermeintlichen „Fehltritt" Andersons während seiner Militärzeit auf Hawaii. Dort soll er ein sexuelles Verhältnis mit dem Soldaten Ray Shaff (Granger) gehabt haben. Um die Beschuldigung aus dem Weg zu räumen, macht sich Anderson auf die Suche nach Ray. Erst trifft er auf einen dicken Mann, der offenkundig der Zuhälter des Gesuchten ist. In einer schwulen Bar spürt er Ray schließlich auf und stellt ihn zu Rede. „Ich war betrunken und brauchte das Geld", begründet dieser seine Mitwirkung an der Erpressung.

Die Zensur verbot Preminger zwar, das Wort „homosexuell" zu benutzen, dafür ging er in dem, was er an schwuler Lebenswelt zeigte, weiter als jeder andere US-Film zuvor. Eine schwule Bar war bis dahin noch nie Schauplatz eines Hollywoodfilms gewesen. Anderson ist von der Szenerie dort schockiert. Auch der Zuschauer soll die Atmosphäre mit all den wartenden, neugierig-geifernd auf das neue Gesicht blickenden Homosexuellen als beängstigend, zumindest aber befremdlich empfinden.

Anderson und Ray werden als zwei Möglichkeiten gezeigt, wie homosexuelle Empfindungen das weitere Leben bestimmen. Anderson ist mit einer – wissenden – Frau verheiratet und wurde Senator. Ray hingegen ist ein schmutziger Stricher, der in einer anrüchigen Bar anschaffen geht. Für die sechziger Jahre geradezu folgerichtig, muss sich Anderson aus Verzweiflung das Leben nehmen. Die Geschichte von Premingers Politthriller ist zwar fiktiv, lässt aber sehr deutlich die Stimmung und Funktionsweise der McCarthy-Ära erkennen.

USA 1962 ⊛ Otto Preminger ⊚ Wendell Mayes nach dem Roman *Macht und Recht* von Allen Drury ⊛ Sam Leavitt ⊙ Jerry Fielding ⊛ Henry Fonda, Charles Laughton, Don Murray, Walter Pidgeon, John Granger, Peter Lawford, Gene Tierney, Franchot Tone, Lew Ayres, Burgess Meredith ⊙ 143, s/w
Ⓖ ⒽⒸ Ⓣ

Die Summe der Gefühle
THE SUM OF US
Deutscher Fernsehtitel: Immer Ärger mit der Liebe

Der humorvolle, lebensfrohe und optimistische Witwer Jack Thompson (Thompson) und sein schüchterner, 24-jähriger schwuler Sohn Jeff (Crowe), mit dem er in einem kleinen Haus in Sydney in liebevoll-freundschaftlichem Verhältnis zusammenlebt, sind auf der Suche nach einem bzw. einer PartnerIn fürs Leben. Während der Vater in einer Ehevermittlungsagentur die passende Frau zu finden hofft, sucht der Sohn in den Schwulenlokalen nach seinem Traumprinzen. Jack hat das Schwulsein seines Sohnes akzeptiert, macht sogar deftige Witze darüber und wünscht sich nichts mehr, als dass Jeff einen liebevollen Partner findet. Mit Greg (Polson) scheint Jeff dies tatsächlich geglückt zu sein. Tragische und komische Momente wechseln in diesem durchweg sympathischen Film streckenweise mit Pathos und einem leichten Hang zum Schulmeisterlichen. Bemerkenswert: die Rolle des schwulen Jeff spielt der zu diesem Zeitpunkt noch ziemlich unbekannte Russell Crowe (*Gladiator,* 2000).

AUS 1994 ⊛ Kewin Donling, Geoff Burton ⊚ David Stevens nach seinem Theaterstück *The Sum of Us* ⊛ Geoff Burton ⊙ Dave Faulkner ⊛ Jack Thompson, Russell Crowe, John Polson, Deborah Kennedy, Mitch Matthews ⊙ 100, farbig

Sunday, Bloody Sunday

John Schlesingers dialoglastiges Drama erhielt zwar einen British Academy Award und wurde für fünf Oscars nominiert, an der Kinokasse floppte die Dreiecksgeschichte jedoch. Grund hierfür war allein die Tatsache, dass er das Thema Homosexualität bzw. Bisexualität so deutlich und zudem verständnisvoll thematisiert.

Der schwule Arzt Dr. Daniel Hirsh (Finch) und die geschiedene Karrierefrau Alex Greville (Jackson) haben beide ein Verhältnis mit demselben Mann. Sie wissen, dass sie sich den Geliebten teilen müssen, und haben sich damit abgefunden. Der junge bisexuelle Bildhauer Bob Eikin (Head) pendelt zwischen ihnen hin und her, doch er kann sich am wenigsten mit dieser Situation arrangieren, weil sie keine Perspektive bietet. Zuletzt verlässt er beide und zum ersten Mal begegnen sich bei dieser Gelegenheit die Rivalen.

Besonderes Aufsehen erregte bei Publikum wie Kritik die Kussszene zwischen Peter Finch und Murray Head. Zum ersten Mal wurde ein Kuss zweier Schwuler als Moment der Liebesbezeugung und nicht als Schockmittel eingesetzt. Insbesondere in den USA sorgte sie für großen Wirbel. Dass Männer Sex miteinander hatten, war offenbar leichter zu ertragen, als sie beim Austausch von Zärtlichkeiten zu beobachten. Shirley Bassey, eine Freundin Peter Finchs, gab der britischen Presse zu Protokoll, ihr sei es bei der Kinovorführung nach dieser Szene übel geworden.

> *„Ich schloss die Augen und dachte an England."*
> *Peter Finch über die Kussszene mit Murray Head*

GB 1971 ⦾ John Schlesinger ⦿ Penelope Gilliatt ⦿ Billy Williams ⦿ Ron Geesin ⦿ Glenda Jackson, Peter Finch, Murray Head, Peggy Ashcroft, Tony Britton, Maurice Denham, Bessie Love ⦿ 110, farbig
Ⓑ

Super 8 1/2

In seinem fiktionalen Dokumentarfilm spielt der ehemalige Pornodarsteller Bruce LaBruce den ehemaligen Pornodarsteller Bruce, der sich – wie LaBruce – inzwischen mit schwulen Experimentalfilmen beschäftigt. Von der lesbischen Avantgarde-Filmemacherin Googie (LaMoncia), die angeblich eine Dokumentation über ihn und sein Werk drehen möchte, erhofft er sich ein Comeback – ganz wie in *Boulevard der Dämmerung* von 1950. (Reminiszenzen an diesen Film gibt es auch in LaBruces späterem Film *Hustler White*, 1996). In Wirklichkeit aber benutzt Googie Bruces Namen nur, um Geld für ein ganz anderes Projekt zu bekommen, einen Film über den (realen) Underground-Pornofilmer Richard Kern. Als Bruce das falsche Spiel erkennt, gibt er sich dem Alkohol hin.

LaBruce versucht, wie auch schon in *No Skin off My Ass* (1990), Porno- und Experimentalfilm zu vereinen – jedoch mit bescheidenem künstlerischen Erfolg. Die Sexszenen wirken, gemessen am Standard des Pornofilms, zum Teil dilettantisch und eher komisch denn erregend. Die wackelige Kameraführung mindert zudem die Lust am Zuschauen. Die Grundidee der konsequent durchgehaltenen Doppeldeutigkeit und langsamen Verschmelzung des echten Bruce und des Filmcharakters gleichen Namens ist zwar originell, trägt aber durch die schlichte Dramaturgie nicht die ganzen 100 Minuten lang. Mit *Skin Flick* drehte LaBruce 1999 noch einmal einen pornografischen Spielfilm.

D/Kanada 1994 ⦾⦿ Bruce LaBruce ⦿ Donna Mobbs ⦿ Bruce LaBruce, Liza LaMonica, Mikey Mike, Chris Teen, Klaus von Brücker, Kate Ashley, Dirty Pillows, Buddy Cole, Ben Weasel, Vaginal Creme Davis, Richard Kern ⦿ 100, s/w
Ⓠⓒ

Ein Superesel auf dem Ku'damm
DELITTO AL BLUE GAY

Der römische Inspektor Nico Maroni (Milian) muss den Mord am Trasvestiedarsteller Leo aufklären. Um sich ins Milieu einzuschleusen, schlüpft er selbst in den Fummel. In einem Nachtclub lernt er Leos Exfreund Alfredo kennen, der sich Hals über Kopf in ihn verliebt. Aus Berlin taucht ein schwuler Filmregisseur auf, der kurz vor Leos Tod dessen Vater, einen bekannten Kernphysiker, im Auftrag des KGB entführt hat.

Billige, schlampig produzierte Gangsterklamotte, die sich der hinlänglich bekannten Schwulenklischees und -witze bedient.

I/BRD 1984 ⦾ Bruno Corbucci ⦿ Mario Amendola ⦿ Fabio Frizzi ⦿ Tomas Milian, Bombolo (Franco Lechner), Anita Kupsch, Monika Gruber, Olimpia Di Nardo, Paco Fabrini, Marina Hedman, Holger Münzer ⦿ 83, farbig

Supermarkt
Deutscher Alternativtitel: Supermarket

Ein realitätsnaher deutscher Großstadtthriller, der sich allerdings durch sein Tempo und die geradlinige, genretypische Inszenierung bewusst vom deutschen Autorenfilm der siebziger Jahre abgrenzt. Kameramann Jost Vacano machte nach Petersens *Das Boot* (1981) auch in Hollywood Karriere (*Starship Troopers*, 1997).

Der achtzehnjährige Fürsorgezögling Willi (Wierzejewski) schlägt sich durch den Großstadt-Dschungel Hamburgs. Seine Versuche, ein eigenes Leben aufzubauen, sich der Gesellschaft anzupassen, scheitern. Immer wieder gerät er in gewalttätige Konflikte oder an Menschen, die sein Vertrauen letztlich nur für ihre eigene Zwecke missbrauchen. So freundet er sich unter anderem mit dem schmierigen Kleinganoven Frank (Kohut) an, der ihn als Köder auf den Bahnhofsstrich schickt. Doch weil er sich weigert, den Freier zusammenzuschlagen, wird Willi selbst von seinem Zuhälter verprügelt. Willis potentieller Kunde, ein reicher, kultivierter Mann (Rehberg), nimmt ihn daraufhin mit in seine Luxusvilla mit Elbblick und verlangt als Dank sexuelle Dienstleistungen. Als Willi am nächsten Morgen heimlich das Haus verlassen will, versucht die Mutter des Freiers vergeblich, ihn zum Bleiben zu animieren. Willi rutscht vollends in die Kriminalität ab, begeht verzweifelt und unter Tränen einen Mord und will durch einen Raubüberfall auf einen Supermarkt das große Geld machen.

BRD 1973 ⦾ Roland Klick ⦿ Roland Klick, Georg Althammer, Jane Sperr ⦿ Jost Vacano ⦿ Peter Hesslein, Titellied *Celebration* (Musik Peter Hesslein, Text Roland Klick, gesungen von Marius West = Marius Müller-Westernhagen) ⦿ Charly Wierzejewski, Eva Mattes, Michael Degen, Walter Kohut, Michael Rehberg, Eva Schukardt,

Rudolf Brand, Witta Pohl, Ferdinand Henning, Thilo Weber, Alfred Edel ⊙ 84, farbig
(PR) (G)

Switch – Die Frau im Manne
SWITCH

Weil Steve Frauen immer mies behandelte, muss er sterben. Im Fegefeuer bekommt er noch eine letzte Chance: Sollte es ihm gelingen, auch nur ein einziges weibliches Wesen zu finden, das ihn wirklich liebt, bleibt ihm die Hölle erspart. Der Haken dabei: Er wird im Körper einer Frau wieder auf die Erde geschickt. Dramatische Verwicklungen lassen da natürlich nicht lange auf sich warten. Steve nennt sich nun Amanda (Barkin), und unter dem Vorwand, die Schwester des Verstorbenen zu sein, kehrt „sie" in ihr altes Leben zurück und muss nun nicht nur lernen, mit Busen und hochhackigen Schuhen umzugehen, sondern auch buchstäblich am eigenen Leib erfahren, was es heißt, als Frau unter Männern zu leben. Im Dienste ihrer Firma lässt sich Amanda sogar auf die lesbische Managerin Sheila Faxton (Bracco) ein. Andererseits verguckt sich Steves ehemals bester Freund Walter (Smits) in Amanda, dessen Zuneigung auch dann nicht schwindet, als er über den Geschlechtertausch aufgeklärt wird. Vorhersehbare Komödie mit spärlichen Gags, was bald zur Langeweile des Publikums führt. Ellen Barkin wurde für ihre herbe „Männerrolle" 1992 für den Golden Globe nominiert.

> „Ich bin hier kein Mann in Frauenkleidern wie etwa bei Tootsie (1982). Es ist mein Busen, ich trage enge Kleider, ich bin offensichtlich eine Frau. In meinem Kopf jedoch steckt die Psyche eines Mannes, der mit einem Körper umgehen muss, den er nicht im Griff hat. Frauen, vor allem auf der Leinwand, werden so konditioniert, dass sie unaufdringlich, hübsch anzuschauen und unterwürfig sind. Männer dagegen treten aggressiver, herausfordernder auf."　Schauspielerin Ellen Barkin

USA 1991 ⊛⊙ Blake Edwards ⊛ Dick Bush ♪ Henry Mancini ⊛ Ellen Barkin, JoBeth Williams, Jimmy Smits, Perry King, Lysette Anthony, Lorraine Bracco, Victoria Mahoney ⊙ 95, farbig

Swoon

1924 ermorden die Chicagoer Elitestudenten Nathan Leopold (Chester) und Richard Loeb (Schlachet) den halbwüchsigen Bobby Franks. Ihre Tat dient weder der Erfüllung dunkler Triebe noch hat sie andere bekannte Motive: Sie wollten einfach nur ein perfektes Verbrechen begehen und sich, inspiriert von missverstandener Nietzsche-Lektüre, arrogant über die Welt und ihre Moral erheben. Der eiskalt und mit Präzision geplante Mord an diesem Zufallsopfer regte Alfred Hitch-

cock zu *Cocktail für eine Leiche* (1948) und Richard Fleischer zu *Zwang zum Bösen* (1959) an.

Tom Kalin hingegen bemüht sich, den Fall möglichst authentisch nachzuerzählen und dabei auch die zeithistorischen Hintergründe deutlich werden zu lassen. Leopold und Loeb waren schwul und jüdisch. Daraus formuliert Kalin eine spekulativ bleibende, provokante Herleitung der Beweggründe der beiden Täter. Sein durch exzellente Kameraarbeit herausstechender Film rekonstruiert den Ablauf des Mordes, den spektakulären Prozess und die anschließende Zeit im Gefängnis.

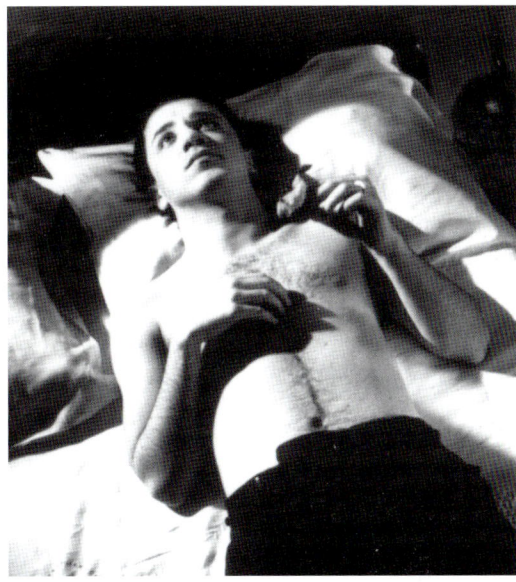

USA 1991 ⊛⊙ Tom Kalin ⊛ Ellen Kuras ♪ James Bennett ⊛ Craig Chester, Daniel Schlachet, Ron Vawter, Michael Stumm, Michael Kirby ⊙ 95, s/w
(QC)

T

Der Tag, an dem die Fische kamen
THE DAY THE FISH CAME OUT

Ein Spezialkommando sucht, als Touristengruppe getarnt, auf einer griechischen Insel nach zwei verloren gegangenen Atombomben und einer geheimnisvollen Box mit radioaktivem Material, die ein NATO-Kampfflugzeug versehentlich abgeworfen hat. Damit verursacht es eine Hysterie unter der einheimischen Bevölkerung, die um den Fremdenverkehr bangt. Die schwerfällige, nur wenig komische Weltuntergangskomödie wurde angeregt durch einen tatsächlichen Vorfall vor der spanischen Küste bei Palomares im Jahr 1966 und ist zudem angereichert mit Seitenhieben auf kulturellen Imperialismus, griechische Rückständigkeit und naive Fortschrittsgläubigkeit. Die aufdringliche Parabel über den sorglosen Umgang mit Nuklearwaffen schafft allerdings weder Spannung noch gelungene satirische Überspitzung. Reichlich merkwürdig erscheint die Tatsache, dass die meisten Touristen auf der griechischen Insel wie die Mitglieder des militärischen Suchtrupps homosexuell zu sein scheinen. Diesen hat Drehbuchautor Cacoyannis zudem noch selbstentworfene, etwas zu bunt geratene Schwimmanzüge verpasst.

GB/Griechenland 1967 ⊜☺ Michael Cacoyannis ⊕ Walter Lassally ♪ Mikis Theodorakis ⊛ Tom Courtenay, Colin Blakely, Sam Wanamaker, Demetris Loakimides, Candice Bergen, Ian Ogilvy, Paris Alexander ⊙ 109, farbig

Der talentierte Mr. Ripley
THE TALENTED MR. RIPLEY

Nach René Clements *Nur die Sonne war Zeuge* (1959) die zweite Adaption der Romanvorlage von Patricia Highsmith.

Tom Ripley (Damon) ist ein schüchterner, pickliger Junge, der sich vom Leben ungerecht behandelt fühlt. Einer, der leicht übersehen wird. Aber auch einer, der nur das Jackett wechseln muss, um eine neue Identität anzunehmen. Ein US-amerikanischer Industrieller, schickt ihn nach Italien, um dort seinen Sohn Dickie (Law) zu überzeugen, wieder in die Heimat zurückzukehren. Der hat wenig Lust dazu, schließlich lebt er mit seiner Verlobten Marge (Paltrow) im eigenem Haus in einem idyllischen Küstenort das Leben eines Playboys und Bohemiens. Bei einem Bootsausflug kommt Dickie ums Leben und Ripley zeigt fortan sein bemerkenswertes Talent zu einem Doppelleben: als Tom und als Dickie. So lange, bis er morden muss, um das Spiel nicht auffliegen zu lassen.

Anthony Minghella ist in einem Punkt näher an der Romanvorlage als Clement: Tom Ripleys Homosexualität bleibt nicht nur ein Gerücht, sondern offenbart sich in vielen Handlungen, Blicken und zuletzt sogar in einem Liebesgeständnis. Dickies Tod geschieht nicht aus dem Vorsatz eines skrupellosen Mörders heraus, sondern ist ein Unfall. Eine tödliche Rangelei des verliebten Tom mit „seinem" unerreichbaren Dickie. In Tom schlummern zwar kriminelle Energien, aber er ist letztlich ein Verzweifelter, ein verklemmter, liebeshungriger Psychopath. Je mehr er an Wohlstand und Luxus teilhaben darf, um so enger wird sein Spielraum. Zuletzt findet er in Peter (Davenport) – bei Highsmith lediglich eine Randfigur – jemanden, der seine Liebe erwidert. Gemeinsam könnte er mit ihm ins Lebensglück fahren, aber die Lage zwingt ihn, auch ihn unter Tränen zu erdrosseln. 1999 u.a. mit Oscars für Minghella (bestes adaptiertes Drehbuch) und Law (bester Nebendarsteller) nominiert.

USA 1999 ⊛ Anthony Minghella ⊙ Anthony Minghella nach dem Roman von Patricia Highsmith ⊕ John Seale ♪ Gabriel Yared ⊛ Matt Damon, Gwyneth Paltrow, Jude Law, Cate Blanchett, Jack Davenport ⊙ 139, farbig
Ⓜ ⊙

Tally Brown New York

Dokumentarfilm über das Leben der New Yorker Undergroundsängerin Tally Brown und ihren subkulturellen Freundeskreis, zu dem u.a. Andy Warhol-Muse Holly Woodlawn, Divine und Grace Jones gehörten. Auf den ersten Blick wirkt die dickleibige, verlebte, aufgedunsene und schlecht geschminkte Brown schockierend und monströs. Im Laufe des

Porträts, das sie u.a. bei Auftritten in New York und Las Vegas zeigt, erscheint sie mehr und mehr als eine ebenso herzliche wie menschliche Künstlerin.

BRD 1980 Ⓢ◎ Rosa von Praunheim Ⓚ Lloyd Williams, Michael Oblowitz, Juliana Wang, Edvard Lieber, Rosa von Praunheim Ⓜ Tally Brown, Holly Woodlawn Ⓓ Tally Brown, Divine, Holly Woodlawn, Taylor Mead, Robert & Elizabeth Kashy, Edward Caton, Andy Warhol ◎ 110, farbig
Ⓓ ⒹⓉ ⓉⓇ

Tanz der Vampire
DANCE OF VAMPIRES
Internationaler Alternativtitel: The Fearless Vampire Killers

Mit seiner freien Adaption von Bram Stokers Klassiker *Dracula* gelingt es Roman Polanski, dem Vampirfilm neue Seiten abzugewinnen, in dem er das Genre einfallsreich und phantasievoll variiert bzw. mit hintergründigem Humor, Augenzwinkern und Slapstick-Elementen durchsetzt und so eine der unterhaltsamsten Gruselkomödien der Filmgeschichte schafft. Der schrullige Professor Abronsius (MacGowran) reist mit seinem Adlatus Alfred (Polanski) in die Karpaten, um Vampire zu jagen. Im Grafen Krolock (Mayne) haben sie einen ausfindig gemacht. In dessen Schloss werden sie Zeugen eines großen Mitternachtsballs der Vampire. Nur unter Schwierigkeiten entkommen der Professor, sein Gehilfe und die gerettete Wirtshaustochter Sarah (Tate) den Blutsaugern. Und Alfred musste sich zudem noch den bissigen Avancen des jungen Herrn Krolock (Quarrier) erwehren, der sich als schwul herausstellt. Es gelingt ihm, indem er den Biss ausgerechnet mit einem Büchlein über die Verhaltensregeln für Verliebte verhindern kann.

GB 1966 Ⓡ Roman Polanski Ⓚ Roman Polanksi, Gérard Brach Ⓚ Douglas Slocombe ♪ Krzysztaf Komeda Ⓓ Roman Polanski, Jack MacGowran, Sharon Tate, Ferdy Mayne, Ian Quarrier ◎ 108, farbig
Ⓥ

Taxi nach Kairo

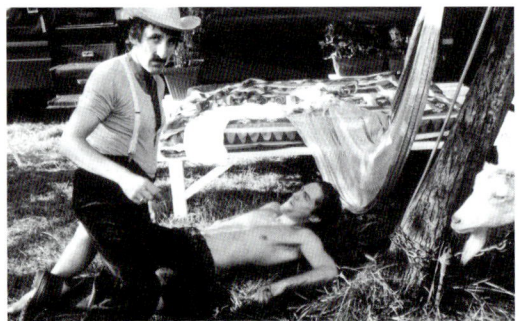

In seinem dritten Spielfilm versucht Frank Ripploh wenigstens im Titel an den Erfolg des Erstlings *Taxi zum Klo* von 1980 anzuknüpfen. Frank (Ripploh), ein erfolgloser Autor, wird von einem Callboy ausgeraubt, kommt wegen Drogenbesitzes mit der Polizei in Konflikt und ist nicht zuletzt wegen seines Schwulseins für seine Eltern ein auf Abwege geratenes Familienmitglied. Die Mutter (Schühly) entschließt sich zu einem radikalen Druckmittel: Entweder Frank heiratet und wahrt damit nach außen die bürgerliche Ordnung oder er verzichtet auf das sechsstellige Erbe und den elterlichen Landsitz in der Lüneburger Heide. Seine Idee: Er engagiert Klara (Neubauer), ein erfolgloses Model, als Scheinbraut. Im Gegenzug verspricht er, ihre Karriere als Schauspielerin zu finanzieren. Doch die platonische Freundschaft der beiden gerät aus dem Lot, als der spießbürgerliche Yuppie-Nachbar und Computerfreak (Schenk) das erotische Interesse sowohl von Frank als auch von Klara erregt – und dieser sich zudem für beide interessiert. Schließlich erhofft Frank sich sogar Hilfe durch eine Therapie bei einer Sextherapeutin (die medienprominente Hamburger Hure Domenica Niehoff)

Regisseur Ripploh schwebte wohl eine Screwball-Comedy vor, doch die schauspielerischen Leistungen weisen deutliche Qualitätsunterschiede auf, die Inszenierung ist fahrig, die Dialoge und Witze haben bisweilen das Niveau von Altherrenhumor und die Figuren bedienen recht ungebrochen abgestandene Klischees.

BRD 1987 Ⓡ Frank Ripploh Ⓚ Tamara Kafka, Frank Ripploh Ⓚ Dodo Simoncic ♪ Peter Breiner Ⓓ Frank Ripploh, Christine Neubauer, Udo Schenk, Nina Schühly, Jan Prochazka, Domenica Niehoff, Burkhard Driest ◎ 90, farbig

Taxi zum Klo

Für seine autobiographische Komödie erhielt Frank Ripploh nicht nur 1981 den Max-Ophüls-Preis beim Saarbrücker Filmfestival, sein mit einem Etat von knapp 100.000 DM produzierter Film wurde außerdem ein Publikumserfolg und machte vor allem in den USA beträchtlich Kasse. Etwa vier Millionen ZuschauerInnen hatte *Taxi zum Klo* nach Angaben des Regisseurs dort, in Deutschland waren es rund 500.000. Ripploh, der sich auch Peggy von Schnottgenberg nannte, hatte sich 1978 im Rahmen einer Titelgeschichte des *Stern* („Ich bin schwul") zusammen mit anderen zu seiner Homosexualität bekannt und damit seine Verbeamtung als Lehrer gefährdet. In *Taxi zum Klo* erzählt er in ironisch-satirischer Szenenfolge aus dem schwulen Großstadtalltag die Geschichte des Berliners Frank (Ripploh) und dessen Beziehung zu Bernd (Broaderup). Sie sind ein gegensätzliches Paar: Frank, der überdrehte, promiske Lehrer, der auf der Klappe Schulhefte korrigiert, sich zur Befriedigung dringender sexueller Bedürfnisse mit dem Taxi zur Klappe unter der Siegessäule fahren lässt und die schwule Subkultur zwischen Sauna und Tuntenball in ihrer ganzen Bandbreite auskostet. Bernd hingegen ist häuslich, spießig, treu und eifersüchtig und träumt von einem gemeinsamen Idyll auf dem Lande. *Taxi zum Klo* avancierte nicht zuletzt durch seine eindeutigen Sexszenen zum Klassiker des schwulen deutschen Films. Pornografie und Komödie in einem gab es bis dahin noch nie.

Der kommerzielle Erfolg auch beim nichtschwulen Publikum war sicherlich darin begründet, dass der Grundkonflikt dieses ungleichen Paares auch für Heterosexuelle nicht ganz fremd und deshalb interessant war. Gleichzeitig geriet die Darstellung der schwulen Szene ausreichend exotisch, um auch voyeuristische Bedürfnisse zu befriedigen. Ripploh wirbt nicht offensichtlich und offensiv um Toleranz, sondern liefert mit seinen komischen wie liebenswerten Protagonisten sichere Identifikationsfiguren und zugleich durch die zum Teil zur Karikatur neigenden Überzeichnung auch genügend Abstand, um den Hetero-Zuschauer ausreichend Chancen für eine distanzierte Haltung zu ermöglichen.

2002 erschien posthum eine als „director's cut" bezeichnete Version des Films auf DVD, die um einige wenige Szenen länger istals die Kinoversion.

> „Die Schwulen sind überwiegend sauer, sogar entrüstet. Einmal kommt das Diskriminierungsthema nicht, höchstens indirekt, zum anderen werden Intimitäten gezeigt, die sie entweder nicht für charakteristisch halten, oder deren öffentliche Ausbreitung sie nicht für sinnvoll halten. Im Schwulsein liegt Freisein, Schönsein, Ästhetik sagen sie. In Wirklichkeit und in dem Film ist auch viel Dreck und Bürgerlichkeit dabei."
> *Regisseur Frank Ripploh*

BRD 1980 ⊜◯ Frank Ripploh ⊕ Horst Schlier ⊙ Hans Wittstatt ⊟ Frank Ripploh, Bernd Broaderup, Orpha Termin, Peter Fahrni, Dieter Godde, Klaus Schnee, Bernd Kroger, Markus Voigtlander, Irmgard Lademacher ⊙ 95, farbig

Tee im Harem des Archimedes
LE THÉ AU HAREM D'ARCHIMÈDE

Der Algerier Madjid (Boukhanef) und der Franzose Pat (Martin) sind Freunde. Die beiden Jugendlichen leben in La Courneuve, einer Trabantenstadt im Pariser Umland, und schlagen sich mit Diebstählen, Drogenhandel und als Stricher durch. Eindringliche authentische Milieustudie.

F 1985 ⊜◯ Medhi Charef nach seinem gleichnamigen, autobiografischen Roman ⊕ Dominique Chapuls ⊙ Karim Kacel ⊟ Kader Boukhanef, Rémi Martin, Laure Duhilleul, Saïda Bekkouche, Frédéric Ayivi, Brahim Ghenaim, Jean-Pierre Sobeaux, Nicole Hiss ⊙ 110, farbig ℗ℝ

Tender Fictions

Autobiographische Untersuchung und persönliches Porträt der homosexuellen Gemeinschaft in der US-Gesellschaft. Die Experimentalfilmerin Barbara Hammer (*Nitrate Kisses*, 1992) kleidet ihre Erinnerung an die in Los Angeles verbrachte Kindheit und Jugend – ihre Großmutter stammte aus der Ukraine und arbeitete bei Lilian Gish als Köchin – in Bilder des verblassten Ruhms von Hollywood. Eine komplexe Collage aus knallharten Fakten, erfundenen Anekdoten, witzigem Bildmaterial und einer geballten Ladung Theorie. Hammer wirft dabei einen bewegenden und provokativen Blick auf die Rolle der Gesellschaft im Leben einer Künstlerin und die Rolle der Künstlerin in der Gesellschaft.

2000 wurde Barbara Hammer für ihr Lebenswerk mit dem „Frameline Award" für „herausragende Leistungen in lesbischer und schwuler Medienkunst" des schwul-lesbischen Filmfestivals in San Francisco ausgezeichnet. Seit 1972 hat sie über 75 experimentelle Filme und Videos realisiert.

USA 1995 ⊜◯ Barbara Hammer ⊕ Amy Halpern, Barbara Hammer ⊙ Pamela Z. Monika, Catherine Jauniaux ⊙ 58, farbig

Teorema – Geometrie der Liebe
TEOREMA

Im Haus einer großbürgerlichen Familie in Mailand taucht unerwartet ein seltsamer Gast auf. Dieser Mann (Stamp) ist schön wie ein junger Gott und die gesamte Familie, inklusive Vater, Sohn und Dienstmädchen, erliegt seinem Charme und seiner sexuellen Anziehungskraft. Als der unbekannte Gast plötzlich wieder abreist, klafft eine gefährliche Lücke in der Hausgemeinschaft und es tritt große Konfusion ein. Das Dienstmädchen (Betti) kehrt in ihr Heimatdorf zurück, um sich als Heilige verehren zu lassen. Der Vater (Girotti) verschenkt seine Fabrik an die Arbeiter und geht in die Wüste, die Tochter (Wiazemsky) fällt in den Wahnsinn und der Sohn (Cruz) fühlt sich zum Künstler berufen und versucht damit seine innere Leere zu betäuben, während die Mutter (Mangano) sich wildfremden Männern im Straßengraben hingibt.

Pasolini erklärte in einem Interview, dass der geheimnisvolle Fremde, der hier als Verkörperung der Sexualität in die Familie bricht, auch als Sendbote Gottes im Sinne des Alten Testaments zu verstehen sei. Die Interpretationsmöglichkeiten dieses nicht gerade leicht zugänglichen Films werden dadurch noch einmal erweitert. Trotz allen religions- und sozialphilosophischen Unterbaus verzichtet Pasolini jedoch auf entsprechende Erörterungen in den Dialogen und überträgt die Auseinadersetzung direkt in eine einfallsreiche, poetische Bildsprache.

I 1968 ⊕◯ Pier Paolo Pasolini nach seinen gleichnamigen Roman ⊕ Giuseppe Ruzzolini ♪ Ennio Morricone ◉ Terence Stamp, Silvana Mangano, Massimo Girotti, Anne Wiazemsky, Andres José Cruz ⊙ 97, farbig
Ⓑ🄸

Der Teufelskreis
VICTIM

Der Teufelskreis hat in mehrfacher Hinsicht Filmgeschichte geschrieben: Es ist – nach *Anders als die Anderen* (1919) – der erste kommerzielle Spielfilm, der ein schwules Thema behandelt und dabei für Toleranz gegenüber Homosexuellen plädiert. Zugleich zeigt der Film einen schwulen Mann, der sich bewusst für sein Coming-out entscheidet. Entstanden ist der Film in einer Zeit, während frt männliche Homosexualität in England noch unter Strafe stand und Homosexuelle gesellschaftlich weder Lobby noch Rechte hatten. Regisseur Basil Dearden musste folgerichtig aufgrund seiner liberalen und für eine Verbesserung der Rechtslage plädierenden Haltung

öffentliche Anfeindungen erdulden. In den USA erwog die Zensurbehörde sogar, den Film ganz zu verbieten. Die Reaktionen der Presse waren vernichtend. Die „stillschweigende Billigung der Homosexualität", so beispielsweise das *Time Magazin*, sei anstößig.

Hintergrund dieses engagierten Thrillers ist die Tatsache, dass Schwule aufgrund der englischen Strafgesetzgebung in den sechziger Jahren, ständig Erpressungsversuchen ausgesetzt waren. Der angesehene, mit der verständnisvollen Laura verheiratete Londoner Rechtsanwalt Melville Farr (Bogarde), hat ein platonisches Verhältnis mit einem Bauarbeiter (McEnery). Ein Foto zeigt beide gemeinsam in einem Auto, als Farr seinem Geliebten gerade die Trennung offenbart. Als Erpresser die Affäre ans Licht der Öffentlichkeit zu zerren drohen, nimmt sich der junge Arbeiter das Leben, um damit Farrs Ehe und Karriere zu schützen. Farr befindet sich nun in einer Zwickmühle: Soll er die Erpresser vor den Richter bringen, damit aber seine persönliche wie berufliche Zukunft aufs Spiel setzen? Als er versucht, die Bande zu entlarven, tun sich andere schwule Opfer der Erpresser zusammen, um Farr von seinem Unternehmen abzuhalten.

„Es war der erste Film, in dem ein Mann zu einem anderen Mann ‚Ich liebe dich' sagte. Ich fügte diese Szene ein. Ich sagte: ‚Halbe Sachen sind sinnlos. Entweder machen wir einen Film über Schwule oder nicht.'" Schauspieler Dirk Bogarde

GB 1961 ⊕ Basil Dearden ◯ Janet Green, John McCormick ⊛ Otto Heller ♪ Phil Green ◉ Dirk Bogarde, Sylvia Syms, Dennis Price, Anthony Nicholls, Peter McEnery, John Barrie, Norman Bird ⊙ 99, s/w
Ⓖ Ⓑ🄸 🄲🄾 Ⓣ

Die Teuflischen
LES DIABOLIQUES

Der Krimiklassiker nach der Vorlage des französischen Starkrimiautorenpaars Boileau und Narcejac mit dem nervenzerfetzenden Ende, das in keinem Buch verraten werden darf. Die Geschichte um den gemeinsamen Mord an dem sadistischen Ehemann und Geliebten durch seine beiden Frauen besticht durch die enorme Spannung und düstere Thrilleratmosphäre. Das Mörderinnenduo, die eher passive Ehefrau Christina (Clouzot) und die dominante Geliebte des Ehemanns Nicole (Signoret) sind im Roman noch ein lesbisches Paar, was den eigentlichen Grund für den gemeinsamen Mord deutlicher erklären würde. Im Film sind sie einander nur noch innig zugetan. Hier ist es mehr der Mord und die Angst als die Liebe, die die Frauen verbindet. Dennoch gibt es einige leichte Untertöne, die entsprechend interpretiert werden könnten.

Auch im US-amerikanischen Remake *Diabolisch* (1996) ist der lesbische Subplot nicht deutlicher in Szene gesetzt, auch wenn die Frauen und der weibliche Detektiv emanzipierter erscheinen.

F 1954 ⊕ Henri-Georges Clouzot ⊕ Henri-Georges Clouzot, Jérôme Géronimi, René Masson, Frédéric Grendel nach dem Kriminalroman *Celle qui n'était plus* von Pierre Boileau u. T. Narcejac ⊕ Armand Thirard ⊕ Georges van Parys ⊕ Simone Signoret, Vera Clouzot, Paul Meurisse, Charles Vanel, Pierre Larquey ⊕ 110, s/w ⊕

Therapie zwecklos
BEYOND THERAPY

Zwei Menschen haben sich über eine Kontaktanzeige kennen gelernt. Ein französisches Spezialitätenrestaurant in New York ist der Ort des Rendevouz. Man bemüht sich, einander zu gefallen, doch eine beiläufige Bemerkung von Bruce (Goldblum) lässt die Stimmung kippen. Als er erwähnt, dass er bisexuell ist und mit seinem Freund Bob (Guest) zusammenlebt, kippt ihm Prudence (Hagerty) ihr Wasserglas ins Gesicht und verlässt entsetzt das Lokal. Dieser Schrecken muss verarbeitet werden. In der nächsten Szene sehen wir die beiden bei ihrem jeweiligen Psychiater. Die arbeiten zufällig Tür an Tür. Die Wege der Figuren überkreuzen sich forthin immer wieder. Wohnungen, Psychiaterpraxen und das besagte Restaurant sind die Schauplätze einer Boulevardkomödie, die sich über Beziehungsunfähigkeit und die Neurosen der New Yoker *upper middle class* lustig macht. Die Figur des Bruce bleibt dabei das Zentrum des Geschehens. Er, der sich dazu entschlossen hat, doch lieber mit einer Frau zu leben und sich deshalb von seinem Lebensgefährten zu trennen, hat sich nicht nur mit diesem auseinander zu setzen. Denn auch Bobs hysterische Mutter Zizi (Page) fühlt sich von der angekündigten Trennung persönlich verletzt.

Altman bemüht sich nicht um Ausgewogenheit oder eine differenzierte Auslotung der psychotherapeutischen Lebensbewältigung. Er nimmt die Neurosen und skurrilen Charaktere als Spielmaterial für eine pointenreiche, mit rasanten Parallelmontagen perfekt choreografierte, überdrehte Großstadtsatire.

USA 1987 ⊕ Robert Altman ⊕ Robert Altman, Christopher Durang nach seinem gleichnamigen Theaterstück ⊕ Pierre Mignot ⊕ Gabriel Yared ⊕ Jeff Goldblum, Julie Hagerty, Glenda Jackson, Tom Conti, Christopher Guest, Geneviève Page ⊕ 93, farbig ⊕

Therese und Isabelle
THERESE AND ISABELLE

Für seine Zeit ungewöhnlich offene und neutrale Darstellung einer lesbischen Beziehung. Wie so oft, bietet ein streng geführtes Mädcheninternat den Hintergrund für eine schwärmerische Liebe zwischen zwei pubertierenden Schülerinnen, die allerdings auch explizit sexuell wird. Erzählt wird die leicht verklärte Story als Rückblick von Therese (Persson), die ihre alte Schule nach Jahren besucht und sich an ihre stürmische Beziehung zu der rebellischen Isabelle (Gael) erinnert. Vor allem die leicht obsessive Sexualität der beiden ist bemerkenswert und wird in relativ freizügigen Szenen gezeigt – wenn auch teils im Weichzeichnerstil etwas schwer zu ertragen. Stellen aus dem autobiografischen Roman von Violette Leduc werden teilweise als Voiceover eingesprochen.

F/USA 1968 ⊕ Radley Metzger ⊕ Jesse Vogel nach der gleichnamigen Geschichte von Violette Leduc ⊕ Hans Jura ⊕ Georges Auric ⊕ Essy Persson, Anna Gael, Barbara Laage, Anne Vernon, Simone Paris, Maurice Teynac ⊕ 102, s/w ⊕ ⊕

Thin Ice

Die etwas bemühte Coming-out-Story sollte eigentlich ein Dokumentarfilm über die Gay Games in New York 1994 werden. Nun machte Fiona Cunningham Reid eine lesbische Liebesgeschichte daraus, mit etwas zu viel ihres Dokumaterials von den Games durchwoben. Die Fotografin und Hobbyeiskunstläuferin Steffi (Williams) trennt sich kurz vor den Gay Games von ihrer Geliebten und Eiskunstlaufpartnerin Liza (March). Da Steffi trotzdem darauf brennt, in New York teilzunehmen, muss schnell Ersatz gefunden werden. Dieser kommt in Form der heterosexuellen Nathalie (Avery), die sich – wir ahnen es bereits – in die hübsche Sabra verliebt. Kurz vor dem Start bei den Gay Games wird es Nathalie dann doch zu viel und alles droht auseinanderzubrechen. Doch schließlich kulminiert das Chaos in einem für alle befriedigenden Happy End.

Die eigentlich gute Idee, ein großes schwul-lesbisches Ereignis einmal als Hintergrund für einen Spielfilm zu wählen, ist leider nicht in den großen Erfolg umgeschlagen. Das hat vornehmlich mit den schlechten schauspielerischen Leistungen, dem dürftigen Drehbuch und der allzu billigen Machart des Films zu tun. Peinlich sind vor allem die Szenen auf dem Eis, denn das sportliche Vermögen der Protagonistinnen ist selbst für Gay-Games-Niveau zu tief und macht die Geschichte noch unglaubwürdiger. Da die Geschichte komplett in der schwul-lesbischen Community spielt, gibt es viele schwule Nebencharaktere, sowie einen Kurzauftritt von Ian McKellen.

GB 1994 ⊕ Fiona Cunningham Reid ☺ Fiona Cunningham Reid, Geraldine Sherman ⊛ Belinda Parsons ♪ Claire Van Kampen ⊕ Charlotte Avery, Sabra Williams, James Dreyfus, Clare Higgins, Cathryn Harrison, Ninny March, Gwyneth Strong, Suzanne Bertish, Guy Williams, Ian McKellen ⏱ 92, farbig
CO BC

Three Bewildered People in the Night
Deutscher Alternativtitel: Drei Verirrte in der Nacht

Drei junge Erwachsene, zwei Männer und eine Frau, in einer komplizierten Dreiecksbeziehung. Alicias (Marta) und Craigs (Lacques) Zusammenleben funktioniert mehr schlecht als recht: Die jeweils eigenen Identitätsschwierigkeiten übertragen sie wechselseitig auf ihr Gegenüber. Alicias Exfreund David (Howell) ist inzwischen offen schwul, doch weil er immer noch Single ist, zweifelt auch er an sich selbst. Als sich David in Craig verliebt, bricht die labile Konstellation zusammen. Sprachlos und verwirrt taumeln die drei durch die Nacht. Mit grobkörnigen, expressionistischen Bildern führt Regisseur Araki (*Totally F***ed up*, 1993) seine drei Protagonisten durch ein nächtliches Los Angeles der düsteren Parkhäuser, schäbigen Bars und entvölkerten Strassen.

USA 1987 ⊕⊚⊛ Gregg Araki ⊕ Darcy Marta, Mark Howell, John Laques ⏱ 92, s/w

Thundercrack!

Als hätte John Waters ein Drehbuch vom Tennessee Williams als klassischen Gruselstreifen verfilmt: In Curt McDowells

legendär gewordenem Undergroundstreifen suchen sechs Reisende im einsam in der Landschaft liegenden Haus der Witwe Hammond (Eaton) Zuflucht vor einem Unwetter. Während sich die Gäste in ihrer reich mit Dildos und Luftballons ausgestatteten Zimmern des großen Anwesens vergnügen, werden sie heimlich von der Gastgeberin bei ihren sexuellen Aktivitäten beobachtet. Lady Hammond ihrerseits begnügt sich mit einer frischen Gurke, um zur sexuellen Befriedigung zu kommen. Wie auch ihre Gäste, offenbart sie in einem großen Monolog ihre persönlichen Geheimnisse. Unter schwulem Aspekt betrachtet, fällt dem Dandy Chandler (Blodgett) besondere Beachtung zu. Er ist auf dem Weg nach Texas, um eine Hüfthalterfabrik abzubrennen, da seine Gattin in einem BH jener Firma ums Leben kam. Das tragische Ende der Frau hatte eine traumatische Wirkung auf ihn. Chandler interessiert sich seitdem sexuell nur noch für Männer, da er den Anblick femininer Wäsche nicht mehr ertragen kann. Während der erste Teil des Dramas seine besondere, skurrile Melodramatik durch trashige Dialoge wie aus dem Groschenroman erhält, reihen sich in der zweiten Hälfte homo- und heterosexuelle Sexszenen aneinander. Lediglich für Bing (Kuchar), der gerade sein schwules Coming-out erlebt hat, weiß der Film keine Erfüllung. Ein mannstoller Gorilla, der aus einem verunglückten Transporter eines Zirkus entlaufen ist, wird zu seinem Schicksal.

Nur die permanente sexuelle Bestätigung hilft den zusammengeführten Personen über ihre persönlichen Probleme hinwegzukommen.

USA 1975 ⊕⊛ Curt McDowell ☺ George Kuchar ♪ Mark Ellinger ⊕ Marion Eaton, George Kuchar, Melinda McDowell, Mookie Blodgett, Moira Benson, Rick Johnson, Maggie Pyle, Ken Scudder, Bernie Boyle, Mark Ellinger ⏱ 122, s/w
CO

Time Code

Mike Figgis konfrontiert den Zuschauer mit einer Leinwand, die in vier Quadranten aufgeteilt ist. Jeder davon zeigt das Bild einer jeweils anderen Digitalkamera, die ohne Schnitt einer kleinen Gruppe von Menschen durch Los Angeles folgt. Die Zuschauer müssen also parallel vier verschiedenen Handlungen folgen, wobei es ihnen Figgis nicht allzu schwer macht. Die Wege der Charaktere kreuzen sich (ein Meisterwerk des Timings!) und die Geschichte ist nicht allzu kompliziert. Rose (Hayek) ist eine ehrgeizige Schauspielerin, deren Freundin Laureen (Tripplehorn) sie der Untreue verdächtigt und deshalb eine Wanze in ihrem Portemonnaie versteckt hat. Ihr Argwohn scheint berechtigt: Rose tröstet mit körperlichem Einsatz den alkoholkranken Filmproduzenten Alex (Skarsgard), der gerade von seiner Ehefrau (Burrows) verlassen worden ist. Des Weiteren tummeln sich jede Menge Gestalten der

Filmbranche in der Geschichte: mütterliche Aufnahmeleiter, Schauspielagenten, Filmproduzenten und selbst ein Masseur. Trennt man den ehrgeizigen Versuch, mit der Digitalkamera experimentelle Erzählweisen zu wagen, vom erzählten Plot, bleibt lediglich eine erstaunlich banale Eifersuchtsgeschichte übrig. Diese immerhin bietet zur Entspannung der Zuschauer ein bisschen Selbstironie.

USA 2000 ⊖☺ Mike Figgis ⊕ Tony Cucchiari, Mike Figgis, James Wharton, O'Keefe Patrick, Alexander Stewart ☺ Arlen Figgis, Mike Figgis, Anthony Marinelli ⊛ Holly Hunter, Salma Hayek, Jeanne Tripplehorn, Danny Huston, Saffron Burrows, Xander Berkeley, Golden Brooks, Stellan Skarsgard ☺ 90, farbig

The Times of Harvey Milk

Harvey Milk war der erste offen schwule Stadtrat San Franciscos. Er war genau elf Monate im Amt, als er und Bürgermeister George Moscone am 27. November 1978 von dem homophoben Stadtrat Dan White in ihren Büros im Rathaus erschossen wurden. Epsteins und Schmiechens 1985 mit dem Oscar als bester Dokumentarfilm ausgezeichneter Film verbindet auf komplexe Weise Nachrichtenmaterial und persönliche, teilweise sehr bewegende Interviews zu einem eindringlichen Porträt. Darüber hinaus zeichnet der Film ein genaues Bild der siebziger Jahre, die durch Aufbruchstimmung und den Glauben an die Möglichkeit basisnaher Politik gekennzeichnet waren. Der Film verfolgt Milks Aufstieg vom Navy-Offizier, Börsenmakler, Hippie und Anti-Vietnam-Demonstranten zur lokalen politischen Größe im lesbisch-schwulen Castro-Viertel von San Francisco, seinem Kampf für die Rechte der Homosexuellen und seinem Auftreten gegen bigotte Politiker bis zur Ermordung und schließlich zum Prozess gegen White, der mit einem unverständlich milden Urteil öffentlichen Aufruhr auslöste. Whites Verteidiger argumentierten, ihr Mandant sei durch übermäßigen Genuss von Junkfood zur Tatzeit nur eingeschränkt zurechnungsfähig gewesen. Er wurde für den Doppelmord zu siebeneinhalb Jahren Haft verurteilt, von denen er

fünf Jahre im Gefängnis absaß. 2000 wurde der Film restauriert und auf eine 35mm-Kopie gezogen.

USA 1984 ⊖ Rob Epstein, Richard Schmiechen ☺ Judith Coburn, Carter Wilson ⊕ Frances Reid ☺ Mark Isham ☺ 87, farbig Ⓓ Ⓖ ☺

Times Square – Ihr könnt uns alle mal
TIMES SQUARE

Diese wunderschöne Teenage-Rock-'n'-Roll-Liebesgeschichte wurde leider ein totaler Kinoflop und blieb weitgehend unbekannt. Produziert von *Saturday-Night-Fever*-Erfinder Robert Stigwood, sollte der Film mit seinem überragenden Soundtrack wohl ein ähnlicher zeitgeistiger Erfolg werden. Tatsächlich werden die jugendliche Wut und Verzweiflung der ausgehenden siebziger und beginnenden achtziger Jahre, die Energie des Punkrock, und die allgemeine Aufbruchstimmung realistisch und gut transportiert. Durch ein Umschneiden des Films in letzter Minute scheint allerdings so viel von der tatsächlichen Dramatik der Geschichte verloren gegangen zu sein, dass *Times Square* – wenn auch zu unrecht – beim Publikum durchfiel. Trotz allem handelt es sich um einen kleinen lesbischen Geheimtipp und einen Leckerbissen für Fans des Genres.

Im damals noch unveredelten und schmuddeligen, pittoresken New York treffen das wilde Straßenkind Nicky (Johnson) und die wohlbehütete Politikertochter Pamela (Alvarado) in einer Nervenklinik aufeinander. Sie beschließen, zusammen abzuhauen. Eine aufregende Zeit in Abbruchhäusern und auf den schmutzigen Straßen New Yorks beginnt. Als ein Radiosender und sein prestigesüchtiger DJ Johnny La Guardia (wunderbar fies und durchtrieben von Tim Curry aus *The Rocky Horror Picture Show* gespielt) von den Mädchen und ihrer Flucht vor Pamelas einflussreichem Spießervater erfahren, gibt es eine mediale Kampagne zur Unterstützung der beiden. In der ganzen Stadt wollen bald junge Mädchen so sein wie die schnell zu Berühmtheit gelangten „Sleaze Sisters", die „Müllschwestern", die sich nichts mehr von blöden Eltern und unterdrückerischen Strukturen gefallen lassen. Natürlich gründen die beiden Mädchen auch eine Rock-'n'-Roll-Band, die ihre Botschaft in rauen Klängen verbreitet. Das große illegale Konzert der „Sleaze Sisters" am Times Square markiert sowohl den Durchbruch von Nicky als kleinem Rock-'n'-Roll-Star, als auch die Trennung der beiden. Die brave Pamela geht schließlich doch zurück in ihr behütetes, spießiges Leben.

Die Liebe der beiden Mädchen zueinander wird nur angedeutet, ist aber für Kennerinnen und Kenner klar ersichtlich und erzeugt eine erotische Spannung im Film. Das Spiel der beiden jungen Schauspielerinnen (beeindruckend Robin Johnson als Nicky) ist überzeugend und ihre Freundschaft und Leidenschaft füreinander sind mit den emotionalen Höhen und Tiefen von Pubertierenden realistisch und unter die Haut gehend inszeniert. Explizit lesbische Szenen, die sehr wohl im Skript enthalten waren, sind leider entfernt worden, und auch bereits gedrehte Szenen wurden herausgeschnitten und kamen nie zur Aufführung. Sehr zum Ärger von Regisseur Allan Moyle, der mit dem Ergebnis unzufrieden war. Seine sensiblen Darstellungen homosexueller Charaktere wurden in seinen anderen Filmen *Rubber Gun* (1977) und *Hart auf Sendung – Pump up the Volume* (1990) vom lesbisch-schwulen Publikum wohlwollend bemerkt.

Übrigens: Der Soundtrack des Films bietet das Beste an alternativer Musik, Frauenpower und Avantgarde, was die Zeit zu bieten hatte.

USA 1981 ⊕ Allan Moyle ☺ Jacob Brackmann, Allan Moyle, Leanne Unger ⊛ James A. Contner ♪ Pretenders, Ramones, Roxy Music, Patti Smith, Suzie Quatro u.a. ⊕ Robin Johnson, Trini Alvarado, Tim Curry, Peter Coffield, David Marguilies ☺ 110, farbig (FF)

To Die For

Für ihre Karriere macht die gutaussehende Suzanne Stone alles. Notfalls geht sie sogar über Leichen. Sie will Fernsehansagerin werden und das um jeden Preis. Von der Redaktionsassistentin steigt sie zur Wetteransagerin auf und geht auch mal mit ihrem Chef ins Bett, wenn's der Beförderung dient.

Als ihr Ehemann Larry (Dillon) sich zu beschweren beginnt, verführt sie drei Highschoolkids, ihn für sie aus dem Weg zu räumen. Unter ihnen ist die lesbische Lydia (Allison Folland, die 1996 im Coming-out-Film *All over Me* noch einmal einen lesbischen Teenager spielte), die sich auch prompt in Suzanne verliebt.

Grelle, spannende und vor allem bitterböse Mediensatire des schwulen Regisseurs u. a. von *My Private Idaho* (1990) und *Mala Noche* (1985). Nicole Kidman bekam für ihre glaubhafte Darstellung einer skrupellos-karrieresüchtigen Frau einen Golden Globe.

USA 1995 ⊕ Gus Van Sant ☺ Buck Henry ⊛ Eric Alan Edwards ♪ Danny Elfman ⊕ Nicole Kidman, Matt Dillon, Joaquin Phoenix, Casey Affleck, Illeana Douglas, Alison Folland, Dan Hedaya ☺ 106, farbig

To Wong Foo, Thanks for Everything, Julie Newmar

Beim jährlichen Drag Queen-Wettbewerb in New York (in der Jury ist für einen kurzen Moment Quentin Crisp und als Vorjahressiegerin RuPaul zu sehen) gehen die schwarze Miss Noxeema Jackson (Snipes), Miss Vida Boheme (Swayze) und die naive Miss Chi-Chi Rodriguez (Leguizamo) als Siegerinnen hervor. Gemeinsam machen sie sich in einem altersschwachen Cadillac auf den Weg zum Finale in Hollywood. Ihr Glücksbringer ist ein altes Starfoto der *Catwoman*-Darstellerin Julie Newmar. Die Widmung auf dem Bild liefert den Titel für diesen Film. Das Auto allerdings hat eine Panne, und so muss das Trio einen ungeplanten Zwischenstop in dem gottverlassenen Nest Snydersville machen. Dort bringen die Drag Queens das ruhige Leben der Einheimischen durcheinander. Die Niederungen der Provinz prallen mit dem Glamour der Tunten aufeinander. Sie bringen einen prügelnden Ehemann zur Vernunft, verpassen den Dorfdamen einen Schnellkursus in Styling, brechen das eine oder andere Herz und verlassen auch schon wieder die Land-Idylle.

Deutlich an *Priscilla – Königin der Wüste* (1993) angelehnt, ohne ein offizielles Remake zu sein, kommt der Film nicht im mindesten an den Charme des Originals heran. Die Figuren sind zwar liebenswürdig, bleiben im Vergleich aber blass und auch unrealistisch und die Story ist vorhersehbar.

„Ich dachte zunächst, ein Film in Frauenkleidern würde ein großer Spaß. Doch bei den Proben wurde mir schnell klar, dass die Rolle nicht funktioniert, wenn ich meine Figur als Karikatur spiele. Die einzige Lösung war, mein eigenes Bild als Mann völlig zu vergessen – und das erfordert einigen Mut. Was als Gaudi begann, endete so als die größte emotionale Erfahrung und Herausforderung meines Lebens."

Schauspieler Patrick Swayze

USA 1995 Ⓔ Beeban Kidron Ⓒ Douglas Carter Bean Ⓕ Steve Mason Ⓙ Rachel Portman Ⓑ Wesley Snipes, Patrick Swayze, Stockard Channing, John Leguizamo, Christopher Penn, Arliss Howard, Beth Grant, RuPaul, Quentin Crisp, Marceline Hugot, Mike Hodge, Jennifer Milmore Ⓓ 108, farbig
ⓓⓣ

Der Tod des Miguel
LA MUERTE DE MIKEL
Internationaler Alternativtitel: Michael's Death

Ausgehend von der Totenfeier für den jungen Apotheker Miguel (Arias) wird dessen Geschichte im Spanien der Nach-Franco-Ära in Rückblenden als kühl kalkuliertes Puzzle erzählt. Seine Ehe zu Begoña (Lasa) ist Miguel, der sich an exponierter Stelle in der Widerstandsgruppe ETA engagiert, allein aufgrund der gesellschaftlichen Zwänge eingegangen. Als er in betrunkenem Zustand seine Frau durch einen Biss im Genitalbereich verletzt, verlässt sie ihn. Auf Anraten eines Freundes sucht er in Bilbao einen Psychiater auf. Am Abend gerät er in eine Bar, in der der Transvestit Fama (der spanische Travestiestar Fama höchstpersönlich) auftritt. Am nächsten Morgen findet er sich in dessen Bett wieder. Das Erlebnis lässt ihn nicht los. Er kann seine lang verdrängten, homosexuellen Gefühle nicht weiter verleugnen. Schon bald bekennt sich Miguel in seinem Dorf offen zu seiner neuen Liebe und es schlägt ihm unverhohlene Ablehnung entgegen – bis hin zur Folterung durch Polizeibeamte. Selbst sein bester Freund Martin (Adjemián) ist in die tödliche Intrige gegen ihn verwickelt.

Spanien 1983 ⒺⒸ Imanol Uribe Bilbao nach einer Vorlage von Angel Rebolledo Ⓕ Javier Aguirresarobe Ⓙ Alberto Iglesias Ⓑ Imanol Arias, Fama, Amaia Lasa, Xabier Elorriaga, Ramon Barea, Martín Adjemián, Daniel Dicenta, Nati Ortíz de Zárate, Juan María Segues Ⓓ 90, farbig
Ⓖ Ⓣ

Tod in Hollywood
THE LOVED ONE

Der junge Brite Dennis Barlow (Morse) wird in Hollywood Angestellter eines großen Bestattungsinstitutes, das sich auf extravagante, außergewöhnliche und zum Teil bizarre Beisetzungen für die Toten der Filmindustrie spezialisiert hat. Als sein Onkel (Gielgud) nach 31 Jahren als Filmausstatter von seinem Studio entlassen wird, nimmt er sich das Leben, und der Neffe muss die Beerdigung vorbereiten. Dabei trifft er auf einen alten Freund des Onkels, einen schwulen Handelsvertreter, gespielt vom Glamour-Entertainer Liberace. Makabre, unterhaltsame Satire auf den American Way of Life (bzw. Death) und auf die Filmmetropole.

USA 1964 Ⓔ Tony Richardson Ⓒ Terry Southern, Christopher Isherwood nach einem Roman von Evelyn Waugh Ⓕ Haskell Wexler Ⓙ John Addison Ⓑ Robert Morse, Jonathan Winters, Anjanette Comer, Rod Steiger, Dana Andrews, John Gielgud, Liberace, Tab Hunter, James Coburn, Milton Berle Ⓓ 123, s/w

Der Tod in Venedig
MORTE A VENEZIA

Der deutsche Komponist Gustav von Aschenbach (Bogarde) verbringt seinen Urlaub in einem Luxushotel in Venedig. Dort begegnet er dem polnischen Jüngling Tadzio (Andresen), dessen rätselhafter Schönheit er verfällt. Von Leidenschaft verzehrt, belauert und beobachtet er ihn, folgt ihm heimlich durch die Stadt, ohne dass es je zu einem Gespräch kommt. Mittlerweile ist in Venedig eine Cholera-Epidemie ausgebrochen. Entgegen allen Warnungen verlässt von Aschenbach die Stadt nicht. Ein Friseur überredet ihn dazu, sich das Haar zu färben und die Wangen pudern zu lassen, um jünger zu erscheinen. Von Aschenbach aber erkennt bald, dass er sich damit nur lächerlich macht. Er stirbt einsam in einem Strandstuhl liegend, während die künstliche Haarfarbe ihm über das Gesicht tropft. Tadzio steht währenddessen im Wasser und scheint ihm, wie der Todesbote Charon, zu winken.

Visconti hat die literarische Vorlage, Thomas Manns gleichnamige Novelle von 1913, in einigen entscheidenden Details stark verändert. Aus dem selbstbewussten Schriftsteller macht er einen sich in einer Schaffenskrise befindenden Komponisten. Viscontis Figur des von Aschenbach trägt deutliche Züge Gustav Mahlers, dessen 3. und 5. Symphonie er als Soundtrack für den Film verwendet. Ansonsten aber gelingt Visconti eine sehr anschauliche, subtile Umsetzung. Er zelebriert die Charakterstudie in betörend schönen Bildern bereits ab der Anfangssequenz, der Ankunft von Aschenbachs in Venedig, als morbide Vision des Untergangs. In perfekt rekonstruierten Dekors und üppiger Ausstattung präsentiert er mit Liebe zum Detail die großbourgeoise Dekadenz des Fin de Siècle.

Die Uraufführung des Films fand 1971 in Anwesenheit der königlichen Familie in London statt. Der Erlös der Vorführung kam einem Komitee zum Erhalt der Stadt Venedigs zugute. 1971 wurde Visconti für *Der Tod in Venedig* sowie für sein gesamtes Schaffen als Regisseur mit dem Sonderpreis der Filmfestspiele von Cannes ausgezeichnet.

In Viscontis Filmografie wird sein Kurzfilm *Alla Ricerca di Tadzio* (1970) selten erwähnt. Er zeigt die Suche des Regisseurs nach einem Darsteller für die Rolle des Tadzio – und sein offensichtlich himmlisches Vergnügen bei der Begutachtung hunderter von Schülern. Abgelehnt hatte es Visconti bei dieser Castingreise durch Polen den „wahren" Tadzio zu treffen. Die Novelle nämlich basiert detailliert auf Thomas Manns Erlebnissen während einer Venedigreise im Jahr 1910, auf der er dem polnischen Jungen Wladyslaw Moes (1900-1986), genannt Adzio, begegnet war.

> *„Das wirkliche Thema der Geschichte ist die Suche des Künstlers nach Vollendung und die Unmöglichkeit, je Vollendung zu finden; in dem Augenblick, in dem der Künstler zur Vollendung findet, erlischt er."* Regisseur Luchino Visconti

I 1970 ⊕ Luchino Visconti ⓒ Luchino Visconti, Nicola Badalucco nach der gleichnamigen Novelle von Thomas Mann ⊛ Pasquale De Santis ⓓ Gustav Mahler ⊛ Dirk Bogarde, Silvana Mangano, Björn Andresen, Mark Burns, Romolo Valli, Carol André, Nora Ricci ⓒ 130, farbig

ⓟⓐ

Todsichere Geschäfte
THE SETTLEMENT

Pat (Reilly) und Jerry (Fichtner), zwei Freunde aus alten Highschool-Tagen, haben ein gemeinsames lukratives Geschäft aufgezogen: Sie kaufen die Lebensversicherungen von unheilbar Kranken zu günstigen Konditionen auf und kassieren nach dem Tod die volle Versicherungssumme der meist an den Folgen von Aids Verstorbenen. Aber nach wenigen Jahren und mit zunehmend erfolgreicher medizinischer Behandlung laufen die Geschäfte mit dem Tod immer schlechter, bis die Agentur pleite zu gehen droht. Schließlich treffen Pat und Jerry auf Barbara, die unheilbar an Krebs erkrankt ist. Sie bietet den beiden an, ihre Zwei-Millionen-Dollar-Lebensversicherung für 500.000 Dollar zu kaufen. Pat und Jerry hoffen auf ein lohnendes Geschäft. Flach geratene satirische Komödie, deren makabrer Inhalt sich sehr an der Wirklichkeit orientiert.

USA 1999 ⊕ Mark Steilen ⓒ Mark Steilen, Lawrence H. Toffler nach seinem Theaterstück *Death Benefits* ⊛ Judy Irola ⓓ Brian Tyler ⊛ John C. Reilly, William Fichtner, David Rasche, Monica Staggs, Kelly McGillis, Dan Castelllaneta ⓒ 89, farbig

Ⓐ

Tödliche Fragen
Q & A

Der junge Staatsanwalt Al Reilly (Hutton) muss sich mit dem Fall des New Yorker Polizisten Mike Brennan (Nolte) beschäftigen, der bei einem Einsatz einen portugiesischen Kriminellen erschossen hat, angeblich aus Notwehr. Im Laufe der Ermittlungen kommt nicht nur das rassistische Mordmotiv, sondern ein weitreichendes Netz aus polizeiinterner Korruption zu Tage. Recht und Gerechtigkeit haben bei Regisseur Sidney Lumet keine Chance mehr. Brennan ist ein selbstgefälliger und selbstgerechter Cop, der schnell dabei ist, einen Penner, Schwulen oder Junkie niederzuschießen, wenn sich die Gelegenheit ergibt. Eine Tunte unterstellt ihm, schwul zu sein und aus Selbsthass zu handeln. Indem Lumet die Ermordung zweier Transvestiten als erotischen Akt stilisiert, unterläuft er unfreiwillig den zuvor im Film etablierten Realismus.

USA 1989 ⊕ⓒ Sidney Lumet nach dem Roman von Edwin Torres ⊛ Andrzej Bartkowiak ⓓ Ruben Blades ⊛ Nick Nolte, Timothy Hutton, Patrick O'Neal, Jenny Lumet, Armand Assante ⓒ 132, farbig

Töte, Django
SE SEI VIVO SPARA

Der kommunistische Regisseur Questi benutzte die Form des Western, um die zu dieser Zeit im Vietnamkrieg befindlichen US-Amerikaner für ihre kapitalistisch-imperialistische Haltung anzuprangern. Eine von Geldgier und Hass getriebene Horde verbrecherischer (US-amerikanischer) Cowboys sorgt mit sadistischen Aktionen für Angst und Schrecken. Die Massenerschießung von Mexikanern weckt bewusst Erinnerungen an Naziverbrechen. Ein Junge wird von den offensichtlich homosexuellen Cowboys brutal vergewaltigt. Danach begeht er aus Scham Selbstmord. Die Mörderbande wird zuletzt mit aus Gold gegossenen Patronen von Django (Milian) zur Strecke gebracht, denn „mit Gold kann man besser töten als mit Blei." Nicht weniger symbolisch der Tod eines anderen Bandenmitglieds, der mit flüssigem Gold übergossen wird. Wegen der brutalen Szenen wurde der Film in Deutschland erst ab 18 Jahren freigegeben und zudem um rund eine halbe Stunde gekürzt. Unter anderem fiel die Vergewaltigungsszene komplett weg.

I/Spanien 1966 ⊕ Giulio Questi ⓒ Franco Arcalli, Benedetto Benedetti, María del Carmen, Martínez Román, Giulio Questi ⊛ Franco Delli Colli ⓓ Ivan Vandor ⊛ Tomas Milian, Marulu Tolo, Ray Lovelock, Piero Lulli, Milo Quesada, Roberto Camardiel, Ángel Silva, Miguel Serrano ⓒ 112 (deutsche Fassung), farbig

Ⓣ

Tokio Dekadenz
TOKYO DECADENCE TOPAZ

Der etwas zu künstlerisch ambitioniert geratene Softporno begleitet die Prostituierte Ai (Miho Nikaido) auf ihrem Weg durch das sexuell pervertierte Tokio. Dekadente Geschäftsmänner zwingen sie zu immer absurderen SM-Spielen, die sie aber zunehmend auch in ihren Bann ziehen. Immer mehr wird SM-Sexualität auch Teil ihrer eigenen Begierde. Sie lässt sich schließlich auf eine leidenschaftliche Episode mit einer Domina ein, die gleichberechtigt neben den heterosexuellen Vorlieben Ais steht. Besseres schauspielerisches Vermögen, gelungene Ausstattung sowie die Musik von Japans Superstar Ryuichi Sakamoto unterscheiden den gar sehr maniriert geratenen Streifen vom gewöhnlichen Softporno.

Japan 1991 ⊛☺ Ryu Murakami nach seinen Erzählungen ⊛ Tadash Aoki ⊙ Ryuichi Sakamoto ⊛ Miho Nikaido, Sayoko Amano, Tenmei Kanou, Masahiko Shimada ⊙ 89, farbig
ⓈⓂ Ⓢ ⒷⒾ

Tom of Finland – Daddy and the Muscle Academy
DADDY AND THE MUSCLE ACADEMY

Der erste Dokumentarfilm über den legendären schwulen Zeichner wurde unerwartet zu seinem Testament. Ilppo Pohjola interviewt ihn zu Arbeit und Privatleben und zeigt ihn bei der Arbeit an seinen letzten Zeichnungen. Kurz nach Abschluss der Dreharbeiten verstarb Tom of Finland (eigentlich Touko Laaksonen) 71-jährig. Skizziert wird seine Entwicklung von der Ausbildung in der Werbebranche über die ersten Kopien US-amerikanischer Bodybuilding-Magazine, bis er schließlich mit seinen comicartigen Männerphantasien von Lederkerlen, Bikern und Uniformträgern weltweiten Erfolg erlangt und damit Generationen von Schwulen beeinflusst. Etwas unglück-

lich wirkt der Versuch, lebende Exemplare dieser Supermänner zu Rockmusik mit ölglänzenden Körpern vor der Kamera posieren zu lassen. Das wirkt, im Gegensatz zu den Comicvorlagen, eher unfreiwillig komisch denn erotisch.

„Ich wollte zeigen, dass auch sehr maskuline Männer Gefühle haben." Tom of Finland

USA 1990 ⊛☺ Ilppo Pohjola ⊛ Kjell Lageroos ⊙ Elliot Sharp ⊙ 55, farbig
Ⓓ ⓈⓂ

Too Much Flesh

Mit seiner „Freetrilogy" (*Lovers*, 1999; *Too Much Flesh*, 2000; *Being Light*, 2001) verwirklicht der Schauspieler Jean-Marc Barr gemeinsam mit dem Kameramann Pascal Arnold ein Regieprojekt ganz im Zeichen des Dogma-Films. Eine US-amerikanische Kleinstadt in der Provinz: Die Ehe zwischen Farmer Lyle (Barr) und Amy (Arquette) ist im Bett nie vollzogen worden. Amy lebt ganz im Andenken an ihren verstorbenen ersten Mann. Lyle wiederum scheut Kontakt zu Frauen, weil er „da unten zu viel Fleisch" hat und ihnen keinen Schmerz zufügen möchte. Ihre kinderlose fünfjährige Ehe ist Dorfgespräch. Lyle wird von seinem Jugendfreund Vernon (Vogt) besucht, der die junge Französin Juliette (Bouchez) mitbringt. In einem Maisfeld haben Lyle und Juliette Sex miteinander. Ihr angeblicher Verlobter Vernon entpuppt sich als Homosexueller, den Juliette nur zur Tarnung mit sich herumschleppt. Symbolisch aufgeladenes, in einer tödlichen Hetzjagd durch die Dorfbewohner endendes Drama, das sich recht bemüht um die sexuelle Verklemmtheit US-amerikanischer Provinzler sorgt.

F 2000 ⊛☺ Jean-Marc Barr, Pascal Arnold ⊛ Pascal Arnold ⊙ Irina Decermic, Misko Plavi ⊛ Roseanna Arquette, Elodie Bouchez, Jean-Marc Barr, Ian Vogt, Ian Brennan, Hutton Cobb ⊙ 109, farbig

Too Much Sun – Ein Stich zuviel
TOO MUCH SUN

Sonny (Idle) ist schwul, seine Schwester Bitsy (Martin) lesbisch. Der letzte Wille ihres Vaters, des Multimillionärs O. M. Rivers (Duff), verspricht jenem Kind das Vermögen zu vererben, das den ersten Enkel zeugt. Beide bemühen sich nach Kräften, doch werden sie tatkräftig durch den Priester Kelly behindert, der nicht nur die Erträge des Klingelbeutels für sich verwendet, sondern gerne ebenfalls an das Rivers-Erbe gelangen möchte. Alberne, hysterische und geistlose Komödie ohne sonderlichen Witz oder andere künstlerische Qualitäten. Die Homosexualität der beiden Hauptfiguren dient lediglich als Vorlage für billige, klischeehafte Standardwitze über Schwule und Lesben.

USA 1990 ⊕ Robert Downey jr. ○ Robert Downey sr., Laura Ernst, Al Schwartz ⊛ Robert D. Yeoman ♪ David Robbins ⊕ Robert Downey jr., Laura Ernst, Al Schwartz, Eric Idle, Ralph Macchio, Jim Haynie, Howard Duff, Andrea Martin, Leo Rossi, Jennifer Rubin ⊙ 97, farbig
(HP)

Total Eclipse – Die Affäre von Rimbaud und Verlaine
TOTAL ECLIPSE

Paris 1871. Der angesehene Dichter Paul Verlaine (Thewlis) hat von dem 16-jährigen Arthur Rimbaud einige Verse geschickt bekommen, woraufhin er ihn zu sich einlädt. Rimbaud (DiCaprio) gibt sich provozierend und flegelhaft, was den zehn Jahre älteren Verlaine fasziniert. Bereits am ersten Abend ihrer Begegnung verliebt er sich Hals über Kopf in den Jungen. Verlaines schwangere Frau (Bohringer) sieht dem wachsenden Einfluss Rimbauds auf ihren Mann mit Besorgnis zu. Verlaine, Alkoholiker und in einer Schaffenskrise, bricht mit dem Geliebten aus seinem bisherigen Leben aus.

Zwei Jahre reisen sie ohne festes Ziel durch Europa. „Das einzig Unerträgliche ist, dass nichts unerträglich ist", sagt Rimbaud und rammt Verlaine ein Messer in die Hand. Der Schmerz als Liebesbeweis. Auf die gleiche Weise erträgt Verlaine den Schmerz, als Rimbaud ihn zum ersten Mal vögelt. Ihre Amor fou wird zunehmend bösartiger und leidenschaftlicher und bringt die beiden Männer in eine selbstzerstörerische, gegenseitige Abhängigkeit. Als sich Rimbaud, geschwächt von Alkoholexzessen und Haschisch, der grundlegenden Verschiedenheit ihrer Persönlichkeiten bewusst wird und Verlaine zu verlassen droht, kommt es zu dramatischen Auseinandersetzungen.

Der Film erzählt diese tragische Beziehung ohne voyeuristische Freude, aber leider uninspiriert und ohne sonderlich bemerkenswerte Bildgestaltung oder dramaturgische Verdichtung, unentschieden zwischen Künstlerporträt und Liebesdrama schwankend.

Nach seinem Erfolg in *Titanic* (1997) versuchte DiCaprio *Total Eclipse* soweit wie möglich aus seiner Werkbiografie zu streichen. „Im Interesse der weiteren Karriere von Leonardo DiCaprio ist es am besten, wenn es diesen Film nie gegeben hat", wurde ein Sprecher der Filmindustrie in den US-amerikanischen Medien zitiert. DiCaprios Angst wurde durch die homosexuellen Szenen geschürt, die seinem Image als Mädchenschwarm schaden könnten. Tatsächlich wurden die US-Rechte am Film von anonymer Seite aufgekauft und die Kopien verschwanden aus Videotheken und Filmarchiven.

„Total Eclipse ist eine Geschichte über die Liebe. Verlaine liebt Rimbaud, den er als vollkommen außergewöhnlich empfindet. Rimbaud liebt Verlaine, weil er einen Augenblick lang glaubt, in ihm einen Weggefährten für die Suche nach dem Absoluten gefunden zu haben." Regisseurin Agnieszka Holland

„Ich mag es eigentlich nicht, Männer zu küssen. Das war eine etwas komische Situation. Wir haben unsere Lippen trockengerieben. Ich wollte das hygienisch haben und keinen Speichel austauschen. Danach haben wir beide noch Alkohol getrunken." Schauspieler Leonardo DiCaprio

GB/F 1995 ⊕ Agnieszka Holland ○ Christopher Hampton ⊛ Yorgos Arvanitis ♪ Jan A. P. Kaczmarek ⊕ Leonardo DiCaprio, David Thewlis, Romane Bohringer, Dominique Blanc, Felice Pasotti Cabarbaye, Nita Klein, Denise Chalem, Emmanuelle Oppo, Christopher Chaplin ⊙ 110, farbig
(BI)

Totally F***ed up
Alternativtitel: Totally Fucked Up

15 Episoden um Liebe und Trennungsschmerz, Aids, Homophobie und Selbstmordgefährdung, die alle in einem lesbisch-schwulen Teenager-Freundeskreis in Los Angeles in den neunziger Jahren spielen. Steven (Luna) möchte gerne Filmemacher werden und filmt deshalb mit seiner Videokamera unentwegt die Erlebnisse innerhalb der Clique, zu der u.a. sein Lover Deric (May), der Skateboarder Tommy (Belic) und die beiden Lesben Michele (Behsid) und Patricia (Gill) gehören. Sie alle leben zwischen unbändiger Abenteuerlust, Orientierungslosigkeit und Zukunftsangst.

Größtenteils in Zimmern mit kargem Interieur und in schnellen, assoziativen Bildfolgen gedreht, erinnert Arakis radikaler Ansatz in den stilistische Mitteln an Experimentalfilme der siebziger Jahre und an die Ästhetik von Videoclips.

USA 1993 ⊕○⊛ Gregg Araki ⊕ James Duval, Roko Belic, Jenee Gill, Gilbert Luna, Susan Behsid, Lance May, Alan Boyce, Craig Gilmore, Nicole Dillenberg ⊙ 85, farbig
(QC) (A) (T) (G)

Der Totmacher

Ulli Lommel hatte den Fall des legendären homosexuellen Serienmörders Fritz Haarmann bereits in *Die Zärtlichkeit der Wölfe* (1973) als Stoff für einen Spielfilm verwendet, sich aber Freiheiten gegenüber den historischen Fakten erlaubt und die Handlung in die Zeit nach 1945 verlegt. Romuald Karmakar hingegen bemüht sich um größtmögliche Genauigkeit und benutzt die Protokolle der gerichtspsychiatrischen Untersuchung im August 1924, die Haarmanns Zurechnungsfähigkeit klären sollte, als Material für sein Drehbuch. Die Handlung reduziert sich weitestgehend auf die Verhörsituation. Der wegen Mordes an 24 Männern angeklagte Fritz Haarmann (George) antwortet den Fragen des Gutachters Professor Dr. Ernst Schultze (Hentsch), und ein Stenograph (Franckh) protokolliert die Aussagen. Die anfängliche Abscheu des Professors gegenüber Haarmann wandelt sich mit der Zeit in menschliches Interesse an der Person des Mörders. Der Professor, und die Zuschauer mit ihm, möchte verstehen, warum Haarmann so handelte. Mal redet der sich heraus, er habe die Morde nicht begangen, dann wieder war seine Libido schuld, wenn er den „hübschen Jungen" nach dem Geschlechtsverkehr die Kehle durchbiss und anschließend die Leichen zerstückelte. Auch dies berichtet Haarmann in allen Einzelheiten, mit einer Mischung aus technischer Nüchternheit und wissenschaftlicher Akribie. Die Motive des Fritz Haarmann sind nicht zu durchschauen. Eine gewisse Bauernschläue rettet ihn vor den Fallstricken, die der Professor legt, aber nicht vor dem Todesurteil. Haarmann gibt sich naiv und bis zum Schluss bleibt unklar, ob er diese kindliche Naivität nur spielt oder ob sie echt ist. Die Zuschauer schwanken im Verlauf der Gespräche zwischen Mörder und Gutachter zwischen Abscheu und Faszination. Romuald Karmakar inszeniert den Stoff als dichtes Kammerspiel, das nicht auf Emotionalisierung angelegt ist, sondern sich als nüchterne Fallstudie präsentiert.

Bei den Filmfestspielen in Venedig 1995 wurde Götz George mit dem „Goldenen Löwen" als bester Hauptdarsteller ausgezeichnet. *Der Totmacher* wurde 1995 als deutscher Beitrag für den Oscar als „Bester Auslandsfilm" nominiert.

D 1995 ⊛ Romuald Karmakar ⊚ Romuald Karmakar, Michael Farin nach den Originalprotokollen der gerichtspsychiatrischen Untersuchung ⊛ Fred Schuler ⊛ Götz George, Jürgen Hentsch, Pierre Franckh, Hans-Michael Rehberg, Matthias Fuchs, Marek Harloff, Christian Honhold, Joachim Król ⊙ 114, farbig Ⓣ ⊚

Der Traum ist aus – Die Erben der Scherben

Ihre Songs lieferten den Soundtrack zum Jugendprotest und zu den Hausbesetzungen. *Macht kaputt, was Euch kaputt macht*, das war nicht nur ein kämpferischer Song, bei dem ordentlich in die Gitarrensaiten gehauen wurde, es war eine Parole, ein Schlachtruf, der zuletzt sogar als Spruch für Autoaufkleber taugte. Aber auch für die Schwulen lieferte Rio Reiser beherzte Hymnen in Form von Songs für die erste deutsche Schwulentheatertruppe *Brühwarm* um Ernie Reinhardt und Corny Littmann. Die Berliner Band *Ton Steine Scherben* waren das gute linke Gewissen der deutschen Rockmusik. Der revolutionäre Geist war nicht Attitüde, sondern gelebter Idealismus. In Christoph Schuchs Skizzen zur Geschichte der Band ist denn auch von harten Zeiten zu hören und zu sehen. Jahre der Erfolglosigkeit, in denen die Musiker wahre Hungerkünstler waren, weil kaum Geld fürs Nötigste, nicht einmal für Lebensmittel, vorhanden war. Entnervt von der Erwartungshaltung der linken Szene, von der nie abreißenden Serie von Pleiten, Pech und Pannen zog Rio Reiser mit seiner Truppe ins Exil – auf einen Bauernhof im nordfriesischen Fresenhagen. Dort befindet sich auch sein Grab. Die Geschichte von *Ton Steine Scherben* war eigentlich schon ein paar Jahre früher zu Ende. Christoph Schuch geht in seinem Dokumentarfilm aber weiter. Was ist geblieben vom sozialen Engagement, von der politischen Verantwortung der Pop- und Rockmusiker in Deutschland? Der Reihe nach treten all jene vor die Kamera, die derzeit für neue deutsche Songs jenseits des Banalen stehen und geben bereitwillig Auskunft: *Tocotronic, Die Sterne, Element of Crime*, Tilman Rossmy, Nina Hagen. Die Antworten ähneln sich überraschend. Aus allen spricht die Ehrfurcht, alle beteuern, wie wichtig Reiser und die Scherben für ihre persönliche, musikalische Entwicklung war. Aber so radikal will keiner mehr schreiben und singen. Der Traum von der klassenlosen Gesellschaft, wie ihn der schwule Reiser, der auch Songs für kämpferische Schwule schrieb, noch hatte, ist ohnehin verflogen. *Ton Steine Scherben*, so zeigt uns Schuch, bleiben zwar in bester Erinnerung, aber ohne Folgen.

D 2001 ⊜⊜⊕ Christoph Schuch ⊕ Thomas Schuch ☺ Rio Reiser, Ton Steine Scherben, Element of Crime, Die Sterne, Tocotronic ⊛ *Element of Crime*, *Britta*, Tilman Rossmy, *Neues Glas aus alten Scherben*, Nina Hagen, *Die Sterne*, *Tocotronic*, Claudia Roth, Gert Möbius ☺ 92, s/w und farbig
ⓓ

Trembling Before G-D

Mark, Sohn eines britischen Rabbis, wurde wegen seiner Homosexualität von verschiedenen Thoraschulen abgelehnt, doch sein Weg führt immer wieder zurück in die Orthodoxie. David aus Chicago, der sich vor 20 Jahren gegenüber seinem Rabbi zu seiner Homosexualität bekannte und damals von ihm – erfolglos – zur Therapie geschickt wurde, sucht den Rabbi nun erneut auf. Doch auch heute erklärt der ihm wieder, dass seine Neigung gegen die Thora verstoße. Seine Empfehlung nun: viele Feigen essen und Psalmen aufsagen, damit werde sich die Lust auf Männer schon verziehen.

Sandi Simcha DuBowski hat während der fünfjährigen Produktionszeit schwule und lesbische orthodoxe Juden und Jüdinnen in London, Jerusalem und verschiedenen Städten der USA porträtiert, die sich nicht damit abfinden wollen, dass sie wegen ihrer Homosexualität aus ihrer Glaubensgemeinschaft ausgeschlossen werden. Der Dokumentarfilm erzählt von ihrem zerrissenen Leben, den Brüchen zwischen Eltern und Kindern, Lehrern und Schülern, aber auch von ihrer eigenen inneren Ambivalenz zwischen Glauben und homosexuellem Empfinden. Die meisten Porträtierten wollen ihr Gesicht nicht zeigen, erzählen aber mit zum Teil großer Offenheit von ihrer persönlichen Tragik. Um so bemerkenswerter, dass sich

mit Steve Greenberg der erste offen schwule Rabbi der USA zu Wort meldet.

Trembling Before G-D wurde 2001 mit dem TEDDY als bester Dokumentarfilm der Internationalen Filmfestspiele Berlin ausgezeichnet.

> *„Meine Arbeit als Regisseur verschmolz oftmals mit meiner Rolle als Bewegungsförderer, sei es, dass ich den Boten spielte oder als Organisator, Auskunftsdienst, Berater – ja selbst als Kuppler tätig war. Ich half mit, eine Selbsthilfegruppe für orthodoxe Lesben und Schwule in Los Angeles zu gründen. Ich brachte den offen schwulen, orthodoxen Rabbi mit seinem späteren Partner zusammen. Jeder tapferen Seele, die bereit war, sich filmen zu lassen, entsprachen weltweit mehr als hundert unbekannt bleibende Helfer, die das Projekt Gestalt annehmen ließen."* Regisseur Sandi Simcha DuBowski

USA/Israel 2001 ⊜⊜ Sandi Simcha DuBowski ⊕ David Leitner ☺ John Zorn ☺ 94, farbig
ⓓ Ⓣⓓ

Tribute to the New York Lesbian and Gay Experimental Film Festival, A

Kurzfilmprogramm mit experimentellen Arbeiten, zusammengestellt vom Festivalleiter Jim Hubbard und dem deutschen Verleiher Manfred Salzgeber u.a. mit *1970 Gay Pride March* von Marguerite Paris, *Final Solutions* und *Remembrance* von Jerry Tartaglia, *Elegy in the Streets* von Jim Hubbard, *Exposure* von Isabelle Mohabeer, *Eye to Eye* von Isabelle Hegner, *Via Eu!* von Tania Cybriano.

USA 1990 ☺ 85, s/w und farbig

Trick
Deutscher Fernsehtitel: Trick – Eine heiße Nacht

Gabriel (Campbell) ist ein smarter Student und angehender Musicalkomponist, schüchtern und noch ein wenig unerfahren. Dass ihn ausgerechnet der muskelbepackte Table-Dancer Mark (Pitoc) in der U-Bahn anbaggert, verwirrt ihn zutiefst und er mag sein Glück kaum fassen. Aber Mark lebt noch bei seiner Mutter und Gabriel hat Pech: Erst will seine Busenfreundin Katherine (Spelling) gemächlich 150 Exemplare ihres Lebenslaufs von seinem Computer ausdrucken, dann beansprucht unerwartet sein Mitbewohner Rich (Beyer) mit seiner Freundin Judy (Bagley) das Zimmer für ein sexuelles Rendezvous. Aber auch sonst scheint sich die ganze Stadt gegen den geplanten One-Night-Stand („Trick") verschworen zu haben.

Das Drehbuch liefert Pointen am Fließband und jede Menge Ideen, wie man zwei Menschen am Beischlaf hindern kann. Ein lockerer Szenenreigen mit theatertauglichen Dialogen, die auf charmante Art und Weise unterhalten und sich unverkrampft mit den Befindlichkeiten von Heteros gegenüber Schwulen, wie dem Sexalltag von One-Night-Stand-Profis auseinandersetzen. Jim Falls Filmdebüt zwischen Kitsch und Komödie ist charmant, witzig, hoffnungslos romantisch und das alles von der ersten Minute an. *Trick* will nicht mehr sein als pure, wenn auch recht intelligente Unterhaltung, und das gelingt ihm ziemlich gut..

USA 1998 ⊕ Jim Fall ⊙ Jason Schafer ⊕ Terry Stacey ⊙ David Friedman ⊛ Christian Campbell, Brad Beyer, Lacey Kohl, Tori Spelling, John Paul Pitoc, Lorri Bagley, Steve Hayes, Clinton Leupp ⊙ 87, farbig ⊚

Trilogie eines Lebens
A FILM TRILOGY
Alternativtitel: The Terence Davies Trilogy

In drei in sich geschlossenen und unabhängig voneinander entstandenen Kurzfilmen (*Children*, *Madonna and Child*, *Death and Transfiguration*) wird die beklemmende, von schwulem Selbsthass und religiösen Schuldgefühlen dominierte Lebensgeschichte des Alter Egos von Regisseur Terence Davies, Robert Tucker (O'Sullivan), von seiner Kindheit bis zum Tode erzählt. Das Kind einer katholischen Arbeiterfamilie wächst in einer tristen englischen Industriestadt auf. Als Erwachsener arbeitet Tucker als Angestellter in einem Büro. Seine verdrängte Homosexualität lebt er nachts in Stiefeln und Lederjacke bekleidet mit schnellen sexuellen Begegnungen auf Klappen aus. Im letzten Teil liegt er als gebrochener Mann (Brambell) sterbend im Krankenhaus und lässt sein Leben Revue passieren – ein nicht gelebtes Lebens.

Das Debüt des britischen Regisseurs ist stark autobiografisch inspiriert und wurde unter großen finanziellen Schwierigkeiten als Low-Budget-Produktion realisiert. Auf verschiedenen Festivals ausgezeichnet ebnete er Davies' weiterer Karriere den Weg und ermöglichte auch die Finanzierung seines zweiten Films *Entfernte Stimmen – Stilleben* (1988)

GB 1976/80/84 ⊛⊙ Terence Davies ⊕ William Diver ⊛ Philipp Maudsley, Terry O'Sullivan, Ian Munro, Sheila Raynor, Wilfrid Brambell ⊙ 90, s/w

Das Trio

Ein schäbiges Wohnmobil ist die Heimstatt des schwulen Paares Karl (Redl) und Zobel (George) sowie dessen Tochter Lizzi (Hain). Gemeinsam verdienen sie sich ihren Lebensunterhalt mit kleinen Diebstählen und Trickbetrügereien. Als der notorisch schlecht gelaunte, leicht tuntige Karl bei einem Unfall verletzt wird und bald darauf stirbt, findet Lizzi in dem bisexuellen Automechaniker Rudolf (Eitner) einen Ersatz für das diebische Trio. Sie verliebt sich auch gleich in ihn. Aber auch ihr Vater Zobel hat auf den jungen Mann ein Auge geworfen.

Hermine Huntgeburths Film verfügt über überzeugende Darsteller, insbesondere Götz George nimmt man den raubeinigen Schwulen ab, der recht forsch das neue Teammitglied anbaggert. Als kammerspielartige Charakterstudie funktioniert die Liebestragödie gut, doch beschränkt sie sich auf die Erkundung der Dreiecksbeziehung. Was fehlt, sind Humor und ein bisschen mehr Tempo. Trotz großen Promotionaufwands des Darstellerteams wurde *Das Trio* ein Flop an der Kinokasse.

„Es ist ungeheuer schwer, so eine Mann/Mann-Beziehung dar-zustellen, aber auch reizvoll. Du musst neue Dinge als Schau-spieler in dir entdecken, neue Töne. In dir passiert etwas, du gehst anders, bewegst dich anders. Manchmal kann das auch furchtbar in die Hose gehen, dann sieht das viel zu tuntig aus."
Schauspieler Götz George

D 1997 ⊕ Hermine Huntgeburth ⊕ Horst Sczerba, Volker Ein-rauch, Hermine Huntgeburth ⊕ Martin Kukula ⊕ Niki Reiser ⊕ Götz George, Christian Redl, Felix Eitner, Jeanette Hain, Angelika Bartsch, Uwe Rohde ⊕ 96, farbig
(BI)

Tropfen auf heiße Steine
GOUTTES D'EAU SUR PIERRES BRULANTES

Rainer Werner Fassbinder ist den Franzosen heilig. Vielleicht kann deshalb auch nur ein junger französischer Regisseur auf die Idee kommen, ein Jugendstück des deutschen Filmema-chers und Dramatikers zu verfilmen. *Tropfen auf heiße Steine* schrieb Fassbinder als 19-jähriger, uraufgeführt wurde es erst nach seinem Tod.

Die Liebe als Versuchanordnung: Der Mittfünfziger Leo-pold (Giraudeau), Typ Handelsvertreter, hat sich den naiven, ihm treu ergebenen Franz (Zidi) als Liebhaber ins Haus geholt. Das traute Glück währt jedoch nur kurz. Dann tauchen Franz' Ex-Geliebte Anna (Sagnier) und auch noch Leopolds früherer Lustknabe auf. Der heißt nun Véra (Thomson), schließlich hat er sich aus Hörigkeit einer Geschlechtsumwandlung unterzo-gen. Bahnfrei für eine tödlich endende Zimmerschlacht.

François Ozon ist der wunderbare Spagat gelungen, weder das von ihm inhaltlich leicht veränderte Frühwerk Fassbin-ders zu denunzieren noch das krude Kammerspiel allzu ernst zu nehmen. Erbarmungslos kühl und präzise in der Ausfüh-rung lässt er die vier Charaktere aufeinander losstürzen, um sie schließlich im Eifer des Gefechts in einer Playbacknummer zu Tony Holidays *Tanze Samba mit mir* ausbrechen zu las-sen. Der Psychoterror wird schonungslos realistisch und virtu-os ausgespielt. Zum Ausgleich hat Ozon die Handlung kom-plett im Studio gedreht und verleugnet durch diese Stilisierung trotz aller Ironie niemals den künstlichen Theatercharakter der Vorlage. Leopolds Wohnung, ein Aufschrei in schauderlichs-tem Siebziger-Jahre-Orange samt Flokati-Teppich und braun gemusterten Vorhängen, bleibt der einzige Spielort. Eine kleinbürgerliche Idylle, die sich als Hölle auf Erden erweist. 2000 gewann *Tropfen auf heiße Steine* einen TEDDY für bes-ten Spielfilm.

„Mir erschien es für die Figuren schlüssiger, die Handlung von den fünfziger Jahren in die Siebziger zu verlegen, da Fassbin-der die Beziehung der beiden Männer als etwas Selbstver-ständliches schildert. Das passte für mich am besten in die Zeit zwischen sexueller Revolution und Emanzipation und den Veränderungen durch Aids in den achtziger Jahren." Regisseur François Ozon

F 1999 ⊕⊕ François Ozon nach dem gleichnamigen Theaterstück von Rainer Werner Fassbinder ⊕ Jeanne Lapoirie ⊕ Bernard Giraudeau, Malik Zidi, Ludivine Sagnier, Anna Thomson ⊕ 90, far-big
(BI) (TD)

Der Trost von Fremden
THE COMFORT OF STRANGERS

In dieser Romanverfilmung lässt Paul Schrader Venedig mor-bide und mit einem byzantinisch-orientalischen Einschlag erscheinen. Das Paar Mary (Richardson) und Colin (Everett) sind in die Lagunenstadt gereist, um ihre abgekühlte Liebe aufzufrischen. Doch sie öden sich nur an und langweilen sich, bis sie den vornehmen Venezianer Robert (Walken) kennen lernen, der sie in sein nobles Domizil einlädt. Robert und sei-ne Ehefrau Caroline (Mirren) bemühen sich nicht einmal, ihr erotisches Interesse zu verbergen, sondern schildern ausführ-lich ihre Vorliebe für SM-Spiele. Mary und Colin geraten mehr und mehr in diesen Strudel aus Sex, Drogen und Exzess. Colin wird dabei auch zu Roberts Bettpartner.

Der Regisseur schwelgt in *Der Trost von Fremden* im Detail und vergißt darüber, das opulente Gehäuse seines Thriller mit Innenleben zu füllen. Immerhin, Everett sich nackt auf dem Bett räkelnd kokettiert sehr ansehnlich mit der Kamera. Mit ähnlich plumper Berechnung zeigt Schrader am Ende, wie Robert sein Rasiermesser durch Colins Hals zieht. Mary bleibt verstört zurück und hat einige Schwierigkeiten, der Polizei nachvollziehbar zu erklären, was da eigentlich vorgefallen ist.

I/USA 1990 ⊛ Paul Schrader ⊙ Harold Pinter nach dem gleichnamigen Roman von Ian McEwan ⊛ Dante Spinotti ⊙ Angelo Badalamenti ⊛ Christopher Walken, Rupert Everett, Natasha Richardson, Helen Mirren, Manfredo Aliquo ⊙ 104, farbig (BI) (SM) (M) (T)

Tschaikowsky – Genie und Wahnsinn
THE MUSIC LOVERS

Ken Russell zeigt in seiner schwülstig-opulenten Spielfilmbiografie den russischen Komponisten Pjot Tschaikowsky (Chamberlain) als einen durch seine Sexualneurosen manisch kreativen, zwischen Homosexualität und gesellschaftlichen Konventionen hin- und hergerissenen Künstler. Weil er seine immer wieder verdrängte Liebe zu Männern nicht auszuleben vermag, geht er eine Vernunftehe mit der nymphomanischen Nina Miljukowa (Jackson) ein und pflegt eine platonische Beziehung zur Mäzenatin von Meck (Telezynska).

Russell schwebte von vornherein keine gediegene Künstlerbiografie vor. Er stellte der klassizistischen eine Ausstattung der Pop-Art-Ästhetik gegenüber und benutzte bewusst grelle, bombastische, bisweilen sogar geschmacklos-blutrünstige Bilder, um die Zuschauer zu schockieren. In einem Tagtraum stellt sich Tschaikowsky beispielsweise vor, wie zu den Klängen seiner Ouvertüre *Das Jahr 1812* seinen Widersachern die Köpfe weggesprengt werden. Die Debatte um den Film verhalf ihm in Großbritannien zu einem Kassenrekord.

GB 1970 ⊛ Ken Russell ⊙ Melvyn Bragg nach dem Roman *Beloved Friend* von Catherine Drinken Bowen und Barbara von Meck ⊙ Pjotr Iljitsch Tschaikowsky ⊛ Douglas Slocombe ⊛ Richard Chamberlain, Glenda Jackson, Max Adrian, Christopher Gable, Kenneth Colley, Izabella Telezynska ⊙ 123, farbig

Eine Tunte zum Dessert

Eine lockere, bemüht komische Fortsetzung von Dagmar Beiersdorfs Film *Die Wolfsbraut* (1985) über die kurze, heftige Liebesbeziehung zweier Frauen. Es sind zwar weitgehend dieselben (Laien-)Darsteller, die allerdings nicht mehr mit dem Bonus des Undergroundfilms trumpfen können. Im Mittelpunkt stehen die mit dem marokkanischen Automechaniker Rajab (Iskadarani) verheiratete, ehemalige Filmemacherin Mascha (Barnstedt) und deren zehnjährige Tochter Nina (Gautier). Dem Freizeit-Transvestiten Julchen (Lambert) fällt die Aufgabe zu, sich einige Zeit um Nina zu kümmern. Er geht hingebungsvoll in dieser neuen Mutterrolle auf. Zum weiteren multikulturellen und multisexuellen, lesbisch-schwulen Freundeskreis gehört auch Maschas Ex-Geliebte und „Wolfsbraut" Dennis (Felton). Doch weder wird dieser Charakter wirklich weiterentwickelt noch kommt der in kleinere Episoden zerfallende Film über das Niveau einer Seifenoper hinaus.

D 1992 ⊛⊙ Dagmar Beiersdorf ⊛ Christopher Gies ⊙ Pete Wyoming-Bender ⊛ Lothar Lambert, Susanne Gautier, Mustafa Iskandarani, Imke Barnstedt, Martine Felton, Nigül Gautier ⊙ 90, farbig (DT)

Tunten lügen nicht

Porträt von vier Tunten, die seit Mitte der achtziger Jahre miteinander befreundet und in der (West)-Berliner Schwulenszene aktiv sind: Tima die Göttliche, die in Praunheims biografischem Spielfilm über den Sexualforscher Magnus Hirschfeld (*Der Einstein des Sex*, 1999) ihre erste große Filmrolle hatte. Ovo Maltine, die sich bei den Berliner Senatswahlen als offensive Polittunte zur Kandidatin aufstellen ließ. BeV StroganoV, die erst selbst auf der Bühne stand und sich schließlich als kreative Modedesignerin einen Namen machte. Und Ichgola Androgyn, die es geschafft hat, sich nach einem halben Leben als Trashtunte in schwulen Undergroundproduktionen in Walter Bockmayers Kölner „Theater in der Filmdose" einige Jahre lang fernab der Spree als respektabler Schauspieler zu etablieren.

Rosa von Praunheims Porträt dieser vier, eine TV-Produktion für den NDR, hebt sich von vielen anderen seiner Dokumentationen ab: Dieser Film ist handwerklich solide, dramaturgisch schlüssig und im Zentrum stehen wirklich die titelgebenden Tunten, nicht der Regisseur selbst. Aus alten Fotos, Videomitschnitten und Sequenzen aus den Shows u.a. mit der legendären Westberliner Tuntentruppe *Ladies Neid* entstand zum einen ein fast nostalgischer Rückblick auf die bewegten achtziger und neunziger Jahre mit einer politisch engagierten und in jeder Hinsicht kreativen Schwulenszene. Losgelöst von jeder kleinbürgerlichen Ordnung richteten sie sich ihr Leben nach den eigenen Bedürfnissen und Eigenheiten ein. Die Sehnsucht nach Glamour wird konterkariert durch einen selbstironischen Umgang damit, die Liebe für Kreischend-Buntes und Hübsch-Hässliches steht bisweilen völlig im Gegensatz zu der ganz banalen Sehnsucht nach dem kleinen bisschen privaten Glück. Erst in den Erzählungen der vier zeigen sich allmählich hinter der ewig gut gelaunten Fassade die Risse darin: Der Aids-Tod vieler Freunde. Der eigene Umgang mit der HIV-Infektion, der lediglich Tima die Göttliche entgehen konnte. Der immerwährende Kampf ums finanzielle Überleben. In diesen Momenten zeigen sich hinter dem schrillen Fummel sehr menschliche Züge. Da sind BeV, Ovo & Co. männlicher als ihre Alter Egos in den Shows und verletzlicher, als sie sich in der Öffentlichkeit sonst präsentieren.

D 2001 ⊛◎ Rosa von Praunheim ⊕ Lorenz Haarmann ⊛ BeV StroganoV, Ovo Maltine, Ichgola Androgyn, Tima die Göttliche ⊙ 90, farbig
⊙⊤ ⊙

Die Tuntenrolle

Kompilation aus acht sehr unterschiedlichen, schwulen Kurzfilmen aus den Jahren 1984 bis 1991, darunter Michael Brynntrups prätentiöser, von Tunten gespielter *Rätselfilm* über *Narziss und Echo*. In David Weissmans *Beauties without a Cause* erleben Tunten im Sixties Design in San Francisco ein nächtliches Abenteuer. Christoph Eichhorn karikiert in *Freia und Ferry* als Regisseur und Hauptdarsteller liebevoll den deutschen Stummfilm der zwanziger Jahre. Björn Koll verfilmt mit *Bambi* einen Bühnensketch der Berliner Tuntenlegende Pepsi Boston. Den Trailer zu dieser Kompilation zeichnete Ralf König.

D 1992 ⊛ Gerd Mölling, Christoph Eichhorn, David Weissman, Björn Koll, Sonja Roth, Stephen Cummins, Michael Brynntrup, Thomas Bader ⊙ 84, s/w und farbig
⊙⊤

Twisted

Charles Dickens' Klassiker, zeitgemäß hipp adaptiert: Oliver Twist gerät unter Tunten, Stricher, Dealer und Zuhälter. In den nächtlichen Straßen von New York hängt blauschimmernder Nebel; die zwielichtigen Spelunken, in denen Donskys Filmdebüt weitgehend spielt, sind mal in lila, mal in orangefarbenes Licht getaucht. Und auch um tiefste soziale Problematik ist er bemüht: Es geht um den Missbrauch und die Verschleppung von Kindern, um schwule Prostitution und Drogen.

Oliver Twist heißt hier Lee (Grayes), ist schwarz und seiner brutalen Pflegefamilie entflohen. Bei einem Stadtstreicher findet er Unterschlupf, doch dann wird dieser erschlagen. Der Kuppler Arthur liest ihn auf und liefert ihn bei dem Bordellbetreiber Andre ab. Dort schließt der zehnjährige Lee Freundschaft mit dem Ex-Stricher und Drogendealer Angel (Norona), der in einer schäbigen Abschleppkneipe arbeitet und auf eine Karriere als Musiker hofft. Diesen Traum teilt er mit Shiniqua (Porter), einer Drag Queen, der Kellnerin in diesem Etablissement. An Stoff mangelt es nicht, aber *Twisted* kommt trotz actionreicher Verwicklungen nicht in Fahrt. Vor allem kann sich Donsky nicht entscheiden, ob dies eine Märchenballade oder ein sozialkritisches Epos sein will.

USA 1996 ⊛◎ Seth Michael Donsky ⊕ Hernan Toro ⊙ Q Lazzarus, Danny Z ⊛ William Hickey, Anthony Crivello, David Norona, Billy Porter, Kevyn McNeil Grayes ⊙ 100, farbig
⊙⊙ ⊙⊙

Two Girls in Love
THE INCREDIBLE TRUE ADVENTURES OF TWO GIRLS IN LOVE

Einer der ersten und wenigen wirklich gelungenen Filme des „New Queer Cinema", der kein schwuler, sondern ein lesbischer „Feel good"-Film war und begeistert vom Publikum aufgenommen wurde. Regisseurin Maria Maggenti erzählt in spritziger Art eine lesbische Teenagerliebesgeschichte. Die lesbische Randy (Holloman) lebt bei ihrer ebenfalls offen lesbischen Tante und deren Freundin. Zur Schule geht sie nur ungern, da arbeitet sie schon lieber an der Tankstelle, wo die Junglesbe ganz klischeegemäß jede Menge Ahnung von Autos vorweisen kann. Auf der Toilette der Tankstelle bereitet sie ihrer heimlichen Affäre Wendy (Moore) so manches Vergnügen, während deren Ehemann entnervt vor der Tür wartet. Als Randy sich mit der reichen Mitschülerin Evie (Parker) anfreundet, scheint Ernsthaftigkeit in ihr Liebesleben zu kommen. Nach einigem Zögern begibt sich Evie auf den Weg zum Coming-out. In einer überaus turbulenten Szene werden die beiden ausgerechnet beim ersten Mal erwischt, was ein nachhaltiges Coming-out und hysterische Familienkräche auf beiden Seiten zur Folge hat.

Einige Details, wie beispielsweise die bewusst verkehrte Welt „schöne, reiche Schwarze trifft sozial schwache, weiße Tankwärterin", wirken zu aufgesetzt. Doch insgesamt ist die Komödie gelungen und funktioniert vor allem für ein junges Publikum als erfrischende Coming-out-Geschichte mit sympathischen und glaubwürdigen Mädchen als Protagonistinnen.

USA 1995 ◉◉ Maria Maggenti ✛ Tami Reiker ♪ Terry Dame ◉ Laurel Holloman, Nicole Parker, Maggie Moore, Kate Stafford, Sabrina Artel, Toby Poser ⊙ 90, farbig
CO QC

Two of Us
Alternativtitel: Mates

Zwei britische Jungs, Kinder aus Arbeiterfamilien, entdecken ihre Liebe zueinander. Während sich Matthew (Rush) bereits sicher ist, schwul zu sein, ist Phil (Whitlock) zwischen ihm und seiner Freundin hin- und hergerissen. Als in der Schule bekannt wird, dass die beiden Schüler eine Beziehung miteinander haben, kommt es zum Eklat. Sie reißen aus und fahren gemeinsam ans Meer.

Roger Tonges sensibles Coming-out-Drama wurde für das Schulfernsehen des BBC produziert und erregte die Gemüter von Lehrern und Eltern gleichermaßen. Es existieren zwei verschiedene Fassungen des Films. In der kürzeren, zensierten Version verlässt Phil den Geliebten Matthew zugunsten seiner Freundin. In der ursprünglichen Fassung gibt es ein Happy End für das schwule Paar.

GB 1986 ◉ Roger Tonge ☉ Leslie Stewart ✛ Andrew Dunn ♪ David Chilton, Nicholas Russell-Pavier ◉ Jason Rush, Lee Whitlock, Kathy Burke, Martha Constantinou, Abbie Dabner, Jimmy Demetriou, Ivor Dore, Judy Gridley, John Judd ⊙ 75 (gekürzte Fassung 60), farbig
BC BI CO

U

Überleben in New York

Porträtfilm über drei deutsche Frauen, die in den achtziger Jahren aus unterschiedlichen Gründen nach New York zogen, und ihre Kämpfe sowohl ums Überleben in einer Stadt voller Widersprüche als auch mit den eigenen Widersprüchen und Wünschen. Anna ist Strip-Tänzerin in einer Bar. Bei Uli wird während der Dreharbeiten eingebrochen und ihr Lebensgefährte ersticht dabei den Eindringling. Claudia war Sekretärin des jüdischen, deutschen Schriftstellers Hans Sahl und hatte in New York ihr lesbisches Coming-out. Seit 1985 lebt sie mit ihrer Freundin Ryan in einem Apartment an der Lower East Side. Ein Trickdieb hatte sich Zutritt zu ihrer Wohnung verschafft, Claudia vergewaltigt und beinahe getötet. Praunheim dokumentiert im Film, wie sie im Polizeirevier den Täter identifizieren muss. *Überleben in New York* wurde der finanziell erfolgreichste Film Rosa von Praunheims.

BRD 1989 ◉◎☺ Rosa von Praunheim ⊕ Jeff Preiss ♪ Roy Campbell ⦿ Claudia Steinberg, Anna Steegmann, Uli Buschbacher ⏱ 90, farbig
Ⓓ ⒸⓄ

Un©ut

Was haben die Geschichte der Beschneidung, das Urheberrecht und der kanadische Premierminister Pierre Trudeau miteinander zu tun? Neunzig Filmminuten später weiß man dies eigentlich auch nicht unbedingt, aber John Greyson hat diese Themen dennoch derart überzeugend mit seiner überbordenden filmischen Phantasie verwoben, dass es da irgendeinen Zusammenhang schon geben wird. *Un©ut* ist ein riesiges Spiel: „Cut" heißt schneiden und kann die Vorhaut eines Man-

nes ebenso betreffen wie ein Kunstwerk, das zensiert wird – oder das aus alten Bestandteilen neu zusammengesetzt wird. Greyson hat diesen Film wie viele seiner vorangegangenen Arbeiten (*Urinal*, 1988; *Lilies*, 1996) von einem dezidiert schwulen Standpunkt heraus gedreht. Ein visuelles, musikalisches wie ästhetisches Chaos, das den Zuschauer immer wieder ins Erstaunen setzt. Neben Interviews mit Künstlern zum Themenkomplex Plagiat/Persönlichkeitsschutz und Copyright (mit zum Teil sehr spannenden Geschichten) stehen im Mittelpunkt von *Un©ut* drei Männer namens Peter (Ferguson, Achtman, D'Oliveira), die sich ineinander verlieben, trotz oder gerade wegen ihrer jeweiligen Obsessionen. Der eine hat seine Wohnung mit Kleenex-Schachteln dekoriert, der andere flirtet mit anderen Männern, indem er seine Liebesbotschaften auf imaginäre Schreibmaschinentasten tippt – die Vielzahl dieser überzeugend und aufwändig umgesetzten optischen Überraschungen wie der skurrilen Einfälle lassen gern darüber hinwegtrösten, dass dem Film zum Ende hin der Schwung verloren geht.

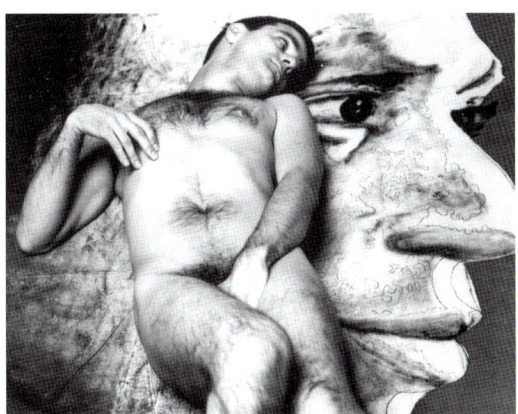

„In meinen Filmen mag ich weder auf Spielfilmelemente noch auf das Dokumentarische verzichten. Diese Mischung lässt mir die Freiheit, absolut unterschiedliche Dinge nebeneinander zu stellen. Wie eben im richtigen Leben auch. Und ich freue mich, dass das Publikum daran ebenso viel Spaß findet wie ich selbst." Regisseur John Greyson

Kanada 1997 ◉◎ John Greyson ⊕ Kim Derko ♪ Andrew Zealley ⦿ Matthew Ferguson, Michael Achtmann, Damon D'Oliveira, Maria Reidstra, Daniel MacIvor ⏱ 92, farbig

Un Chant d'Amour

Der einzige, inzwischen zum Klassiker gewordene Film des Schriftstellers Jean Genet, ein Stummfilm, wurde nach seiner Uraufführung in Frankreich sofort verboten und blieb deshalb lange Zeit unbekannt. Ähnlich kühn wie in seinen Romanen, thematisiert Genet die Homosexualität und liefert eine eigene Bildadaption seines gleichnamigen Gedichts. *Un Chant d'amour* zeigt die von ihm lyrisch verklärte, dunkle Welt der Gewalt, der Verleumdungen und der Männerliebe. Ein Gefängnis, bevölkert von kerligen Männern, bildet den Hintergrund für ein Panoptikum der sexuellen Begierden und der explosiven Kraft frustrierter Sexualität. Die Wunschträume eines voyeuristischen Wärters und der Zelleninsassen verschaffen sich in poetischen wie symbolischen Bildern Ausdruck. Ein durch die Zellenwand gesteckter Strohhalm, durch den zwei Gefangene wechselseitig Zigarettenrauch blasen und dabei onanieren, ist nur ein symbolischer Ersatz für tatsächlichen Geschlechtsverkehr, aber nicht minder erotisch. Masturbationsphantasien prallen auf die sadomasochistischen Visionen der Gefängniswärter. Einsame Häftlinge umarmen aus aus realer, physischer Einsamkeit die Zellenwand und küssen den eigenen Körper.

F 1950 Ⓢ◯ Jean Genet ⊕ N.N. Ⓜ Lucien Sénémaud, André Reybaz, Java ⊙ 25, s/w (stumm) Ⓦ🅟

... und das Leben geht weiter
AND THE BAND PLAYED ON

Aus der Perspektive einer Handvoll Forscher wird der Versuch unternommen in Form eines dokumentarischen Spielfilms, der sehr bald die Gestalt eines Polit- und Wissenschaftsthrillers annimmt, die Geschichte der Krankheit Aids und insbesondere die Versäumnisse der US-amerikanischen Gesundheitsbehörden in den ersten Jahren der Epidemie zu rekonstruieren. Statt die Katastrophe in den Griff zu bekommen, behindern Profitgier und Karriereinteressen die Erforschung der Seuche. So versucht der US-amerikanische Wissenschaftler Dr. Robert

Gallo (Alda), die Erkenntnisse seines französischen Kollegen Dr. Luc Montagnier (Bauchau) für sich zu reklamieren. In der schwulen Metropole San Francisco wiederum streiten Saunabesitzer (Collins) und Aids-Aktivisten darüber, ob die Saunen zur Verhinderung weiterer möglicher Infektionen geschlossen werden sollen.

Dem Journalisten und Buchautoren Randy Shilts, dessen Bestseller als Vorlage für den Film diente, ging es nicht nur um die Geschichte des HI-Virus, sondern vor allem um die Diskriminierung Schwuler gerade im Zusammenhang mit Aids.

Für die Verfilmung waren zunächst Joel Schumacher und später Richard Pearce vorgesehen. Der produzierende TV-Sender HBO entschied sich schließlich für Roger Spottiswood, der sich „Freiheiten in den Details" statt historischer Exaktheit herausnahm, um dem Stoff die Spannung eines Dramas statt die Nüchternheit einer Dokumentation verleihen zu können. Dennoch müssen die Darsteller, darunter einige Stars wie Angelica Huston und Lily Tomlin als Aids-Aktivistin oder Richard Gere als schwuler Choreograf in Kurzauftritten mit hölzernen und didaktischen Dialogen kämpfen. Fragwürdig ist die im Sudan 1976 spielende Eingangssequenz des Films. Der junge Forscher Dr. Don Francis am Center for Disease Control in Atlanta (Modine) untersucht Einheimische, die von einer mysteriösen Krankheit hingerafft werden. Während seiner Forschung am HI-Virus erinnert er sich immer wieder an diese Erlebnisse, was dem Zuschauer suggerieren soll, dass der Ursprung von Aids im afrikanischen Dschungel liege.

Bei den Filmfestspielen in Cannes wurde zunächst eine gekürzte und umgeschnittene Fassung gezeigt, gegen die der Regisseur und sein Hauptdarsteller Modine protestierten. Kritische Äußerungen von Schwulengruppen in San Francisco, die sich gegen die Schließung der Saunen wandten, wurde herausgeschnitten und durch Szenen mit monogamen Homosexuellenpaaren ersetzt. HBO begründete diese Änderungen mit Wünschen des Buchautors Shilts. Im US-amerikanischen Fernsehen wie auch in den europäischen Kinos war später jedoch die vom Regisseur genehmigte Fassung zu sehen.

USA 1993 Ⓢ Roger Spottiswood Ⓒ Arnold Schulman nach dem Buch von Randy Shilts ⊕ Paul Elliott Ⓙ Carter Burwell Ⓜ Matthew Modine, Alan Alda, Patrick Bauchau, Lily Tomlin, Phil Collins, Richard Gere, Angelica Huston, Nathalie Baye, Steve Martin ⊙ 141, farbig Ⓐ

Und Gott erschuf das Make-Up

Psychotherapeut Dr. Prinz (Lambert) betreut eine therapeutische Wohngruppe obdachloser Transsexueller, Transvestiten, Drag Kings und Tunten. Der kindliche und übergewichtige Manfred (Sittner) – Diagnose „infantiler Bettnässer mit Identitätsproblemen" – mausert sich durch die Unterstützung der WG-Genossen zu einer souveränen, Divine-ähnlichen Miss Molly. Gelegenheitsprostituierte Heike (Behrens) kann ihre unbändige Libido nicht zügeln. Außerdem gehören zu dieser Ansammlung skurriler Typen noch das verträumte Möchtegern-Model Ella (Marquardt), die putzsüchtige Türkin Selmina, das selbstmordgefährdete Vergewaltigungsopfer Klausine (Redlich) und die verstörten Drag Kings Horst (Buczma) und Pelé (Rabau). Pelé läuft mit Schuhcreme im Gesicht herum, singt lateinamerikanische Lieder und hält sich für den großen Fußballstar. Wie fast alle Filme Lothar Lamberts lebt auch dieser vom Charme der Laiendarsteller und -darstellerinnen und der Konfrontation billigen Glamours mit gemütlicher, deutscher Spießigkeit.

D 1998 ⬤◎ Lothar Lambert ⬤ Albert Kittler ◉ Lothar Lambert ⬤ Michael Sittner, Heike Behrens, Anatili Jalnin, Erika Rabau, Hans Marquardt, Dennis Buczma, Lothar Lambert, Dorothea Moritz, Klaus Redlich ◎ 70, farbig
Ⓓ Ⓣ Ⓡ

... und jeder sucht sein Kätzchen
CHACUN CHERCHE SON CHAT

Die Maskenbildnerin Cloe (Clavel) teilt sich mit ihrem schwuler Mitbewohner Michel (Py) eine Wohnung inmitten des lebendigen elften Arrondissement nahe der Bastille-Oper in Paris. Als Cloe in Urlaub fährt, weigert sich der frisch verliebte Michel auf ihre Katze Gris-Gris aufzupassen. Die quartierbekannte Tierfreundin Madame Renée (Le Calm) beherbergt das Tier, doch Gris-Gris entwischt. Als Cloe wieder nach Hause kommt, ist die Katze weg und ein Stadtviertel in heller Aufregung. Gemeinsam mit Freunden und Nachbarn durchstreift sie Gassen und Winkel auf Katzen- und Männerfang. Plötzlich redet jeder mit jedem: die Machos, die Nachtschwärmer, die Schwulen und die Alteingesessenen. Charmanter, humorvoller Erstlingsfilm, der der Metropole das Flair eines Dorfes verleiht.

F 1995 ⬤◎ Cédric Klapisch ⬤ Benoîr Delhomme ⬤ Garance Clavel, Zinedine Soualem, Renée Le Calm, Olivier Py ◎ 95, farbig

Und vor Lust zu sterben
ET MOURIR DE PLAISIR/IL SANGUE E LA ROSA
Englischer Titel: Blood and Roses

Eine der besten und poetischsten Verfilmungen der berühmten Geschichte „Carmilla" um die lesbische Vampirin von Sheridan Le Fanu, die wohl an die zwanzigmal filmisch adaptiert wurde und den Grundstein für das Genre des lesbischen Vampirfilms legte.

Hier erzählt Kultregisseur Roger Vadim (*Barbarella*, 1967) mit prominenter Besetzung die Geschichte um die blutrünstige Gräfin mit viel Farbe, tiefen Dekolletés, Softpornoelemen-

... und jeder sucht sein Kätzchen

ten sowie dem Vermischen von Fantasie und Realität in der Vorstellungswelt der Protagonistinnen.

Gräfin Carmilla von Karnstein (gespielt von der damaligen Ehefrau des Regisseurs, Anette Vadim) wird von ihrer Vorfahrin, dem Familienvampir, besessen und macht sich nun an Georgia (Elsa Martinelli), die Verlobte ihres Vetters, heran. Diese kann sich der Faszination nicht entziehen und gibt sich und ihr Blut der schönen Gräfin hin. Die Blutsaugeszenen sind bewusst und durchaus gekonnt wie Sexszenen inszeniert und machen dem deutschen Verleihtitel alle Ehre.

I/F 1960 ⊚ Roger Vadim Ⓤ Claude Brule, Claude Martin, Roger Vadim, Roger Vailland nach der Erzählung „Carmilla" von Sheridan Le Fanu ⊕ Claude Renoir ⊘ Jean Prodromides ⊛ Anette Vadim, Elsa Martinelli, Mel Ferrer, Jacques-René Chauffard, Marc Allégret, Alberto Bonucci ⊙ 85, farbig
Ⓥ Ⓢ

Und zu leicht befunden
MORTE DI UN AMICO

Zwei junge römische Männer (Garko, Focás), zwischen denen eine permanente erotische Spannung existiert, leben in den Tag hinein, hängen mit ihren beiden Freundinnen herum, um schließlich einen Banküberfall zu wagen. Hier wird jedoch der jüngere von beiden durch seinen Freund erschossen. Im Todeskampf küsst ihn sein Mörder.

I 1959 ⊚ Franco Rossi Ⓤ Franco Riganti, Ugo Guerra, Franco Rossi nach einer Vorlage von Pier Paolo Pasolini ⊕ Toni Secchi ⊘ Mario Nascimbene ⊛ Gianni Garko, Spiros Focás, Didi Perego, Anna Mazzucchelli, Ilde Mazzucco ⊙ 86, s/w
Ⓜ Ⓣ

Uneasy Rider
NATIONALE 7
Deutscher Fernsehtitel: Straße der Freuden

Rabah (Taghmaoui) ist vom Leben gebeutelt: Er ist behindert, schwul, gnadenlos dem Popsänger Johnny Hallyday verfallen und dann auch noch ein Muslim, der zum Katholizismus konvertieren will, weil der Gruppenausflug nach Lourdes so schön war. Immerhin hat Rabah einen Geliebten an seiner Seite, der mit ihm im Behindertenheim lebt. Der Mitbewohner René (Gourmet) wiederum, an fortschreitender Muskelschwäche erkrankt und an den Rollstuhl gefesselt, denkt tagaus tagein an Sex, hat sein Zimmer mit Pornos und weiblichen Pin-Ups vollgestopft. Die aufgestaute Gier hat ein unausstehliches Ekelpaket aus ihm gemacht. Doch Sex ist in einem Behindertenheim nun mal nicht vorgesehen und das Thema wird in der Gesellschaft tabuisiert. *Uneasy Rider* basiert auf einer wahren Geschichte und Regisseur Sinapi hat seine schwarze,

lebenspralle Komödie mit Digitalkamera gedreht. Das gibt seinem Film einen noch authentischeren Touch und ermöglicht ungewöhnliche Blickwinkel. Ganz nah kommt er damit seinen Figuren, die allesamt – ob PflegerInnen oder PatientInnen – an ihrem Glück vorbeischrammen. Mit diesem Handicap haben alle zu leben. 2000 erhielt der Film den Panorama-Publikumspreis auf der Berlinale.

F 1999 ⊚Ⓤ Jean-Pierre Sinapi ⊕ Jean-Paul Meurisse ⊛ Nadia Kaci, Olivier Gourmet, Lionel Abelanski, Said Taghmaoui, Gerald Thomassin, Chantal Neuwirth, Isabelle Mazin ⊙ 90, farbig

Ein ungleiches Paar
THE DRESSER
Deutscher Alternativtitel: The Dresser – Ein ungleiches Paar

Eine auf Shakespeare-Produktionen spezialisierte Theatertruppe tingelt während des Zweiten Weltkrieges im Bombenhagel durch England. Das Ensemble verfügt kriegsbedingt nur über frontuntaugliche Schauspieler: Gebrechliche, Gehbehinderte und geistig Verwirrte. Auch der alternde Bühnenstar und Leiter der Truppe (Finney) ist gesundheitlich angeschlagen. Damit die 227. King-Lear-Vorstellung reibungslos über die Bühne geht, sorgt Norman, der Ankleider (Courtenay, der diese Rolle auch schon in der Bühnenfassung spielte). Er ist Mädchen für alles, aber auch der Lebensgefährte des nur „Sir" genannten Theaterchefs. Die Rollen sind klar verteilt: „Sir" ist der wortgewaltige Despot und Ausbeuter, Norman eine Art treusorgende Ehefrau, unterwürfig, immer Diener. Als „Sir" in der Garderobe tot zusammenbricht, muss Norman feststellen, dass er im Testament nicht einmal genannt wird. Für seine Rolle in diesem Drama über die Abgründe menschlicher Unzulänglichkeit erhielt Finney 1984 bei den Internationalen Filmfestspielen Berlin einen Silbernen Bären.

GB 1983 ⊚ Peter Yates Ⓤ Ronald Harwood nach seinem gleichnamigen Bühnenstück ⊕ Kevin Pike ⊘ James Horner ⊛ Albert Finney, Tom Courtenay, Zena Walker, Edward Fox, Eileen Atkins ⊙ 116, farbig

Der Unhold
THE OGRE/LE ROI DES AULNES

Der französische Automechaniker Abel Tiffauges (Malkovich) ist ein Dämon. Seine Mitmenschen nennen ihn Unhold. Einer jenseits von Gut und Böse. Verführter und Verführer. Er liebt die Kinder und so kommt es, dass man ihm Schändliches nachsagt und ihn ins Gefängnis stecken will. Dann aber bricht der Zweite Weltkrieg aus und statt hinter Gitter geht er in den Krieg. Wie ein zu groß geratenes Kind zieht er in die Schlacht und wird, eh' er sich's versieht, Gefangener der Nazi-Deutschen. Aber kaum steckt er im Lager, beginnt sein Weg nach oben. Zunächst Gehilfe im Jagdschloss von Göring, wird er schließlich Handlanger in einer Eliteschule der Deutschen. Abel, der Unhold, wird seinem Ruf gerecht: Er durchkämmt die Landstriche auf der Suche nach blonden Knaben: Zucht- und Kanonenfutter für den Krieg.

Michel Tournier hat in seinen Roman Der Erlkönig, für den er 1970 den Prix Goncourt erhielt, so ziemlich alles gepackt, was ihm am deutschen Wesen gefiel: das Mythische des Waldes und den Stolz der Germanen. Schon einmal ging der offen schwule Schriftsteller einer knabenliebenden (und mordenden) Gestalt nach. In Gilles & Jeanne erzählt er die Geschichte der Jeanne d'Arc und des Marschall Gilles de Rais. Der Name seines Schlosses ist auch Abels Nachname: Tiffauges. Im Erlkönig zitiert Tournier diese päderastische Kultgestalt als eine Art Mythos, Symbol und Verklärung zugleich. Der erotische Höhepunkt: 400 nackte Jungen im Schlafsaal.

Schlöndorffs Verfilmung ist befremdlich und unentschlossen in seiner Intention. Während überall im Film eine latente Bedrohung zu lauern scheint, zeigt Schlöndorff dann im Endeffekt aber doch nur eine Mischung aus Natur- und Nazi-Mystik, die dem Kitsch nicht fernliegt. Die Jungen auf dem Exerzierplatz filmt er ein bisschen à la Leni Riefenstahl, das Baden im Waldsee schaut dann mehr wie ein päderastischer Softporno aus. Faschistoide Bilder, wehrt sich Schlöndorff, habe er keineswegs produzieren wollen. Nun sind sie bedeutungsschwanger und langweilig geworden. Und keinen Deut erotisch. Im Gegensatz zur Romanvorlage wird die sexuelle Anziehung Abels zu den Jungen nicht direkt behauptet. In sei-

nen Blicken allerdings lässt Malkovich durchaus das Begehren erkennen.

D/GB/F 1996 🎬 Volker Schlöndorff 🖊 Volker Schlöndorff, Jean-Claude Carrière nach dem Roman Der Erlkönig von Michel Tournier 📷 Bruno de Keyzer 🎵 Michael Nyman 🎭 John Malkovich, Marianne Sägebrecht, Volker Spengler, Dieter Laser, Heino Ferch, Gottfried John, Armin Mueller-Stahl ⏱ 118, s/w und farbig Ⓟ🅐 Ⓚ

United Trash

Brenner (Kier), schwuler deutscher UNO-General in Afrika, treibt es mit seinem Gehilfen Lund, dessen Ehefrau Martha (der ehemalige Russ Meyer-Busenstar Kitten Natividad) und einem exkommuniziertem Wiener Bischof. Martha gebiert ein schwarzes Kind (Chibwe), das vom Bodybuilder des Generals vergewaltigt und kurzerhand zum neuen Messias erklärt wird. Ein schwarzer Diktator benötigt jedoch das Baby als menschlichen Düsenantrieb für eine alte deutsche V 2-Rakete aus dem Zweiten Weltkrieg, mit der er den Vatikan in die Luft jagen will. Schlingensiefs Low-Budget-Freakshow ist gewollter Trash. Er bemüht sich leidlich blasphemisch, unappetitlich und skandalös zu sein, im Ergebnis wirkt dies allerdings bestenfalls kindisch. Von Lüsten und polymorph-perverser Entspanntheit keine Spur.

D 1995 🎬🖊📷 Christoph Schlingensief 🎭 Udo Kier, Kitten Nativadad, Thomas Chibwe, Dietrich Kuhlbrodt, Kalle Mews, Jones Muguse, Thomas Chibwe, Joachim Tomanschewsky ⏱ 75, farbig

Unser Weg ist der Beste
LA MEILLEURE FAÇON DE MARCHER

Philippe und Marc sind Lagerleiter in einem französischen Feriencamp für Jugendliche. Der überlegene Marc zieht mit seiner Gruppe ein hartes Programm durch: Fußball spielen, Marschlieder singen, im Takt marschieren. Der sensiblere und introvertierte Philippe hingegen lässt seinen Jungen mehr Freiheiten und zwingt sie nicht zur unreflektierten Anpassung.

Als Marc seinen femininen Kollegen zufällig dabei erwischt, wie dieser Frauenkleider anprobiert, und ihn beobachtet, wie er auf der Straße einen anderen Mann küsst, entzündet dies seinen Hass auf Homosexuelle. „Ich rede nicht mit Leuten, die sich von hinten bumsen lassen." Die Entdeckung verschafft Marc ein Druckmittel, mit dem er Philipp künftig drangsalieren kann. Dieser erkennt, dass er sich aus dieser unterlegenen Position nur befreien kann, wenn er offen zu seinem Schwulsein steht. Er nutzt das Abschlussfest des Ferienlagers zu einem Auftritt im Fummel.

Das Ende des Films zeigt die beiden lange Zeit später. Marc, inzwischen Immobilienmakler geworden, führt Philippe, der inzwischen gelernt hat, sein Schwulsein zu verstecken, mit seiner zukünftigen Ehefrau durch eine Wohnung. Sein Grinsen und seine Blicke signalisieren, dass er diese Entwicklung billigt.

„Es ging hier um Toleranz. Der Respekt vor der Differenz. Abgehandelt auf der Ebene der Sexualität, genau, und für mich ist das die allgemeinste Ebene. Es ging um eine Metapher für Intoleranz." Regisseur Claude Miller

F 1975 ⊚ Claude Miller ⊞ Claude Miller, Luc Béraud ⊕ Bruno Nuytten ♪ Alain Jomy ⊛ Patrick Dewaere, Patrick Bouchitey, Christine Pascal, Claude Piéplu, Michel Blanc ⊙ 85, farbig

Der unsichtbare Dritte
NORTH BY NORTHWEST

Der Werbekaufmann Roger Thornhill (Grant) wird fälschlicherweise von einem Spionagering für einen feindlichen Agenten gehalten und gerät so als Opfer einer haarsträubenden Treibjagd in eine Kette sich steigernder Katastrophen. Zwischen den beiden Agenten Leonard (Landau) und Philipp (Mason), die Thornhill beseitigen sollen, besteht eine latent homoerotische Beziehung.

USA 1959 ⊚ Alfred Hitchcock ⊞ Ernest Lehmann ⊕ Robert Burks ♪ Bernard Herrmann ⊛ Cary Grant, Eva Marie Saint, James Mason, Jessie Royce Landis, Martin Landau, Philip Ober, Josephine Huttchinson ⊙ 136, s/w
ⒽⒸ

Unter der Milchstraße

Der junger Student Torsten (Busch) arbeitet als Schlafwagenschaffner und fährt mit Nachtzügen quer durch Europa. Durch seinen halbseidenen, schwulen Kollegen Lucas (Paradiso) wird er in kriminelle Machenschaften verwickelt. Düstere Initiationskomödie, die Krimi und (heterosexuelle) Liebes-

geschichte miteinander zu verbinden versucht. Die Figur des Lucas bleibt vage und etwas geheimnisvoll. Ein schmieriger Papagallo, dem Torsten alle Bösartigkeiten nachsichtig verzeiht und dessen Dickbauch die Kamera von unten beängstigend in Szene setzt

D 1995 ⊚⊞ Matthias X. Oberg ⊕ Roger Heeremann ♪ Astor Piazolla ⊛ Fabian Busch, Antonio Paradiso, Sophie Rois, Christiane Paul, Detlev Buck, Vitus Zeplichal ⊙ 84, farbig

Unter der Treppe
STAIRCASE

Charles Dyers Kammertheaterstück hat zwar reichlich Staub angesetzt, findet sich aber dennoch immer wieder auf den Spielplänen von Boulevardtheatern. Charlie (Harrison) und Harry (Burton), zwei in die Jahre gekommene, mitleiderregende Schwule, die seit über zwanzig Jahren zusammenleben und in London gemeinsam einen armseligen Friseursalon betreiben, liefern sich einen unentwegten Zweikampf. Sie sticheln, streiten, zanken sich und können doch ohne den anderen nicht leben. Was sie zusammenhält, ist nicht Liebe, sondern die Angst vor der Einsamkeit. Im gleichen Haus lebt mit ihnen Harrys kranke, ständig nörgelnde Mutter (Nesbitt), die zusätzlich für Zündstoff im Alltag sorgt. Charlie, der früher verheiratet war, hat zudem Probleme mit der Polizei bekommen. Er ist in einer Kneipe im Fummel aufgetreten, was ihm eine Anzeige eingebracht hat. Nun steht sein öffentlicher Gerichtstermin bevor.

Die Tatsache, dass ein großes Studio wie 20th Century Fox mit zwei Stars einen solchen Stoff verfilmt, war Ende der sechziger Jahre tatsächlich noch etwas Besonderes. Mutig war es allerdings nicht. Burton und Harrison denunzieren die beiden

Hauptfiguren nämlich konsequent als weinerliche, selbstmitleidig nölende Schwuchteln, ganz dem gängigen Klischee entsprechend. Im Innern leiden sie unter ihrer Homosexualität, weil sie sie als Schwäche begreifen. Wie die gelebte Realität von Schwulen im Großbritannien jener Jahre aussah, wird aus dem Film nicht ersichtlich. Die Gerichtsvorladung ist der einzige, nur vage formulierte Hinweis auf antihomosexuelle Gesetze und ein schwulenfeindliches Lebensumfeld.

Unter der Treppe wurde ein enormes Verlustgeschäft für die Produzenten. Burton kassierte die größte Gage seines Lebens (1,25 Millionen Dollar), den Drehort verlegte man aus Steuergründen eigens für ihn nach Paris. Die Kritiken allerdings waren vernichtend, das Ergebnis an den Kinokassen miserabel.

GB 1968 ⊚ Stanley Donen ① Stanley Donen nach dem gleichnamigen Theaterstück und Roman von Charles Dyer ⊛ Richard Burton, Rex Harrison, Beatrix Lehmann, Cathleen Nesbitt, Avril Angers, Stephen Lewis ⊙ 97, farbig
ⓖ

Unter Männern

Zusammenstellung von fünf kurzen Spielfilmen, die in den Jahren 1980 bis 1991 entstanden sind: *David, Montgomery und ich* (1980); *Bei uns zuhaus* (1981); *Das Geräusch rascher Erlösung* (1981); *November* (1989), *Zimmer 303 (1991)*

BRD 1980-1991 ⊚① Wieland Speck ① Eschi Rehm, Mania D., Deutsch-Amerikanische Freundschaft ⊛ Andreas Bernhardt, Jim Oseland, Zazie de Paris, Erich Brogger, Daniel Bier, Dorothea Moritz, Andreas Richert, Reiner Hirsekorn, Uwe Wenzel ⊙ 80, farbig

Unzipped

Isaac Mizrahi gehört zum Zeitpunkt des Entstehens dieser Dokumentation, die auch das Filmdebüt des Fotografen Douglas Keeve ist, zur ersten Liga der US-Modemacher. Ein knappes Jahr im Leben des 35-jährigen jüdischen schwulen Fashiondesigners: Zu erleben gibt es die Entstehung einer neuen Kollektion (Herbst 1994). Kamerafrau Ellen Kuras liefert dazu die Bilder – inspiriert von MTV und *In Bed with Madonna* (1991) – kunstvolles Schwarz-weiß, mal verwaschen, mal grobkörnig. Ihre Kamera ist immer ganz zufällig mit dabei: bei Konferenzen, Telefonaten, Anproben mit Models, bei der Astrologin, beim Schwätzchen mit Mutter (*„He is so talented! He's changing fashion history!"*), beim Spaziergang mit Freundin Sandra Bernhard oder Smalltalk mit Eartha Kitt samt Pudelchen. Mizrahi weiß sich in Szene zu setzen: In seinem Apartment am Flügel mit Bach-Improvisationen, als kreischende Tunte im Atelier oder am Zeichentisch mal schnell eine neue *création* entwerfend. Solange Mizrahi letztlich nicht nur sein Modeimperium, sondern auch die Kamera als Mittel der Selbstdarstellung befehligt, schleppt sich der Film dahin. Dann aber platzt die Bombe: Nicht nur Mizrahi hat sich von den Inuit inspirieren lassen, sondern auch Jean-Paul Gaultier. Da wird Mizrahi ein kleines Biest und die Aufregung auf und hinter dem Laufsteg entwickelt sich zu einem spannenden Mini-Drama.

USA 1994 ⊚ Douglas Keeve ⊕ Ellen Kuras ⊛ Sandra Bernhard, Naomi Campbell, Cindy Crawford, Linda Evangelista, Eartha Kitt, Kate Moss ⊙ 73, s/w und farbig
ⓓ

Urinal

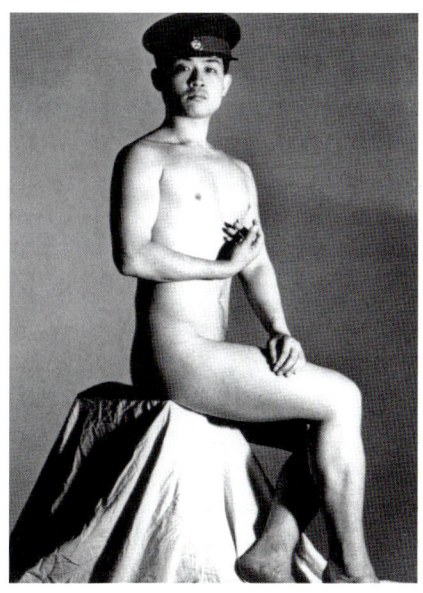

Im Haus zweier lesbischer Bildhauerinnen in Kanada versammeln sich längst verstorbene, homosexuelle Persönlichkeiten, die durch anonyme Briefe an diesen Ort bestellt worden sind. Durch eine Tonbandnachricht erfahren sie den Grund: Sie sollen sich mit den Zuständen auf Kanadas Klappen beschäftigen. Die Polizei observiert die Örtlichkeiten und nimmt dort Männer fest. Sergej Eisenstein (Bettis) dreht daher einen Dokumentarfilm über die antihomosexuellen Schikanen, Yukio Mishima (Gonzales) sammelt Klosprüche, um sie literarisch weiterzuverarbeiten, Frida Kahlo (Rojas) porträtiert Dorian Gray (Eng), der sich wiederum als V-Mann bei der Polizei einschleust. Aufklärerische Multimedia-Komödie. Regisseur John Greyson versucht, Video, Überwachungskameras und Computer als künstlerisches Medium einzubauen, was aber nur halbwegs überzeugend und stringent gelingt. 1989 erhielt *Urinal* einen TEDDY für den besten Dokumentar-/Essayfilm.

Kanada 1988 🎬🎥 John Greyson 🎞 Adam Swica, Almerinda Travasos 🎵 Glenn Schellenberg 🎭 Pauline Carey, Paul Bettis, George Spelvin, Keltie Creed, Olivia Rojas, David Gonzales, Lance Eng 🕐 100, farbig
Ⓖ ⓉⒹ

V

Valentino

Fünfzig Jahre nach seinem Tod, der in New York bei seinen, vornehmlich weiblichen Fans eine wahre Massenhysterie auslöste, erlebte der Stummfilmstar Rudolph Valentino in der Person des (im wahren Leben ebenfalls schwulen) russischen Balletttänzers Rudolf Nurejew eine glanzvolle Wiederauferstehung. Die *Roaring Twenties* wurden in einer protzenden Ausstattungsorgie für die Leinwand detailgenau rekonstruiert, die biografischen Hintergründe Valentinos hingegen wenig authentisch wiedergegeben. Seine Homosexualität wird nicht thematisiert, stattdessen wird er männlich-herber dargestellt, als er tatsächlich war. Mehr Raum widmet Ken Russell hingegen Valentinos Beziehungen zu zwei lesbischen Frauen, darunter Natasha Rambova (Phillips), die mit der Stummfilmschauspielerin Alla Nazimova (Caron) liiert ist. Deren wie auch Valentinos homosexuelle Neigungen werden lediglich angedeutet. Dass diese Bindungen ihm zu Lebzeiten vor allem ein heterosexuelles Image in der Öffentlichkeit vermitteln sollten, lässt Russel in seinem Film außer Acht.

GB 1977 ⊙ Ken Russell ⊙ Ken Russell, Mardik Martin nach dem Buch *Valentino, An Intimate Exposé of the Sheik* von Brad Steiger und Chaw Mank ⊕ Peter Suschitzky ⊙ Ferde Grofe, Stanley Black ⊚ Rudolf Nurejew, Leslie Caron, Michelle Phillips, Carol Kane, Felicity Kendal, Seymour Cassel, Peter Vaughan, Huntz Hall ⊙ 132, farbig

Vampyros Lesbos – Erbin des Dracula
VAMPYROS LESBOS/EL SIGNO DEL VAMPIRO

Ein nachträglich zu Ruhm gekommenes Werk von Trash-Kultregisseur Jess Franco (*99 Frauen*). Die junge Amerikanerin

Lucy (Strömberg) hat erotische Träume von einer Frau. Als sie der geheimnisvollen Schönen dann tatsächlich begegnet, findet sie heraus, dass diese die Gräfin Nadine (Korda), eine Nachfahrin von Dracula ist. Trotz der erotischen Annäherung zwischen Opfer und Vampir wird die Gräfin schließlich doch von Lucy zur Strecke gebracht.

Im Rahmen des Sechziger-Jahre-Revivals wurde vor allem der „Easy-Listening"-Soundtrack des Films sowie der allgemeine überbordene Kitschstil wieder modern, und es gab sogar „Vampyros Lesbos Partys". Das lesbische Element war leider kein Teil des Revivals.

D/Spanien 1970/71 ⊙⊙ Jesus Franco Manera (Jess Franco) ⊕ Manuel Merino ⊙ Manfred Hübner, Sigi Schwab ⊚ Ewa Strömberg, Susann Korda (Soledad Miranda), Dennis Price, Heidrun Kussin, Paul Müller ⊙ 89, farbig Ⓥ Ⓜ

Velvet Goldmine

Mit *Poison* (1991) und *Safe* (1995) hatte Todd Haynes nicht nur eine eigene Handschrift, sondern auch außerordentliches künstlerisches Gespür bewiesen. Für ein großes Publikum eigneten sich die Filme des Aids- und Schwulenaktivisten allerdings weniger. *Velvet Goldmine* ist seine erste Großproduktion, bei der er zwar seine verschachtelte Erzählweise beibehält, die eigentliche Story allerdings zugunsten der

Musik und der Ausstattung letztlich in den Hintergrund treten läßt. Haynes führt hinein ins London der siebziger Jahre. Die Flower-Power-Generation hat abgedankt, der Glam Rock beginnt seinen Siegeszug und damit die Ära der geschminkten Rockstars in Glitter und Glamour wie David Bowie, T. Rex, *Roxy Music* oder *Velvet Underground*. Ein bombastisches Farbspektakel, eine Kostümorgie aus Pailletten, Schlaghosen, Science-Fiction-Designs und Boas. Haynes Erkenntnis: Was in den neunziger Jahren unter den Stichworten sex and gender heftig diskutiert wurde, ist 20 Jahre zuvor ganz einfach gelebt worden.

Die Geschichte setzt im Jahr 1984 ein. Der Journalist Arthur Stuart (Bale) recherchiert das Verschwinden des (fiktiven) Glam-Rock-Stars Brian Slade, der mit lackierten Fingernägeln, Glittergewändern und glitzernden Bühnenshows zum Idol einer Generation wurde und sich nach einem fingierten Bühnentod aus der Öffentlichkeit zurückgezogen hat. Für Stuart hat der Rockstar auch eine ganz persönliche Bedeutung, war Slade doch in seiner Jugend eine Identifikationsfigur gerade auch in der eigenen (homo-) sexuellen Selbstfindung, die durch ein flüchtiges erotisches Erlebnis mit dem Idol gekrönt wurde.

Mit der allmählichen Entdeckung der wahren Hintergründe um Slades Bühnenabschied entschlüsselt sich für das Publikum auch dessen Karriere. Stuart trifft den ehemaligen Manager des bisexuellen Slade, die geschiedene Ehefrau Mandy (Colette) und den Ex-Geliebten Curt Wild (McGregor). Mit ihm verband Slade eine intensive sexuelle Beziehung, die schließlich in Drogenexzessen endete. Haynes hat das Paar Wild/Slade sehr deutlich an David Bowie bzw. seiner Kunstfigur Ziggy Stardust und Iggy Pop angelehnt. Bowie hat nach der Lektüre des Drehbuchs die Rechte an seinen Songs für die Verwendung in *Velvet Goldmine* untersagt der offen schwule. *R.E.M.*-Sänger Michael Stipe, der als Co-Produzent am Film beteiligt ist, hat für den Soundtrack aus originalen Songs der Stars jener Ära zusätzliche Songs im Glamrock-Stil produziert.

„Ich wollte diesen Zeitabschnitt unter die Lupe nehmen, weil ich die Siebziger als einzigartige Ära erachte. Nicht weil sie kitschig war, sondern wegen einer radikalen Geisteshaltung, die seither wie weggewischt erscheinen. Das Verkleiden und Performen in direktem Zusammenhang mit Sexualität und Identität zu sehen. Es war eine progressive Zeit, aber gleichzeitig war auch alles so spielerisch, ohne das politische Dogma der sechziger." Regisseur Todd Haynes

GB 1998 ⊚ Todd Haynes ☺ Todd Haynes nach einer Idee von Todd Haynes und James Lyons ✆ Maryse Alberti ♪ Carter Burwell ⊛ Ewan McGregor, Jonathan Rhys-Meyers, Toni Colette, Christian Bale, Eddie Izzard, Emily Woof, Michael Feast ☺ 123, farbig
ⒷⒾ ⓆⒸ

Venus Boyz

Farbenprächtige Dokumentation über diverse Drag Kings in New York und London. Mit dabei auch die Berliner Performerin Bridge Markland. Es werden Einblicke in die Welt dieses speziellen Showbusiness gegeben, und die Protagonisten und Protagonistinnen erzählen abseits der Bühne über ihr Leben zwischen den Geschlechtern. Allerdings erfährt man nicht allzuviel über die tatsächlichen Personen hinter den Performern. Themen wie sexuelle Orientierung oder ganz Persönliches werden kaum zur Sprache gebracht. Der Film ist eine große Performance seiner Hauptfiguren und hat eher Showcharakter, dieser ist allerdings in wunderbaren Filmbildern umgesetzt. Als Dokument der „Drag King-Welle" und Abbildung des Zeitgeistes Ende der neunziger Jahre allerdings für viele, sich mit der Transgender-Thematik beschäftigende Junglesben wegweisend.

CH 2002 ⊚ Gabriel Baur ✆ Sophie Maintigneux ♪ David Shiller ⊛ Bridge Markland, Mo Fisher, Diane Torr, Dréd Gerestant, Del LaGrace Volcano, Shelley Mars, Stormé Webber ☺ 104, farbig
Ⓓ ⓉⓇ

Venus im Pelz
VENUS IN FURS

Eine thematisch werkgetreue Adaption von Leopold von Sacher-Masochs gleichnamigen Roman von 1869 über die masochistische Initiation des jungen Adeligen Severin von Kusiemski, der seine Geliebte Wanda (van de Ven) zur Domina erzieht. Durch einen Vertrag will er das sado-masochistische Verhältnis intensivieren. Sie soll ihn nunmehr nicht nur privat sondern auch öffentlich demütigen. Die beiden niederländischen Regisseure finden für ihren Film einen von der Romanvorlage abweichenden Schluss. Da Wanda auf den Kontrakt weniger aus Neigung denn aus Liebe eingeht und Severins Rituale sie als Domina zugleich einengen, findet sie für sich eine unerwartete Lösung: Severin bleibt ihr Sklave, während sie sich einer lesbischen Affäre hingibt.

Den Regisseuren gelingt auf diese Weise eine interessante neue Sichtweise auf den alten Stoff – fern ideologischer Deutungen, wie sie noch 1969 in Massimo Dallamanos Verfilmung mit Laura Antonelli eine Rolle spielten. Was damals antipatriarchalisch und sexualliberal gemeint war, ist hier der reinen Phantasie mit Extremwerten gewichen. Überzeugend ist zudem die streng durchkomponierte Schwarzweiß-Bildgestaltung, die sich an der Ästhetik von Fotografen wie Helmut Newton und Robert Mapplethorpe orientiert.

NL 1994 Ⓞ Victor Nieuwenhuijs, Maartje Seyferth Ⓟ Ian Kerkhof, Victor Nieuwenhuijs, Maartje Seyferth nach dem gleichnamigen Roman von Leopold von Sacher-Masoch Ⓓ Victor Nieuwenhuijs Ⓜ Anne van de Ven, André Arend van Noord Ⓢ 71, s/w ⓈⓂ Ⓑ̄Ⓘ̄

Vera

Der ungewöhnliche Film aus Brasilien war sicher einer der allerersten Geschichten um eine Frau-zu-Mann-Transidentität. Die Geschichte beginnt im gewohnten Setting eines Mädchenwaisenhauses mit rauen Sitten und vielen lesbischen Figuren. Vera (Nogueira), eines der Heimkinder, sondert sich ab, denn sie sieht sich, obwohl zu Frauen hingezogen, eher als Mann. Als sie mit 18 das Heim verlassen darf, legt sie sich eine vollständige Identität als Mann zu. Sie verliebt sich in ihre Kollegin Clara (Almeida), die ihre Gefühle durchaus, wenn auch verwirrt, erwidert. Allerdings ist alles von Veras Identitätsproblemen überschattet und als sich ihr weiblicher Körper schließlich in Form der ersten Menstruation manifestiert, bricht die Welt für sie zusammen.

Ein trauriger und verzweifelter Film, der keine Hoffnung erkennen lässt. Mitte der achtziger Jahre war ein lesbisches Publikum mit einer Figur, die eigentlich eine Lesbe hätte sein sollen, sich aber als Mann fühlt, noch überfordert. Auch wird sich um eine klare Position zu Lesbischsein beziehungsweise Transidentität gedrückt und keine Perspektive aufgezeigt. Das Drama ist aber trotzdem sehenswert und vor allem vor dem Hintergrund der Transgender-Debatte der letzten 15 Jahre in einem mittlerweile ganz anderen Kontext zu sehen.

Brasilien 1986 ⓄⓅ Sergio Toledo Ⓓ Rodolfo Sanchez Ⓙ Arrigo Barnabé Ⓜ Ana Beatriz Nogueira, Raul Cortez, Aida Leiner, Alcida Almeida, Carlos Kroeber, Adriana Abujamra Ⓢ 92, farbig Ⓣ̄Ⓡ̄

Verbieten verboten

Episodenfilm mit acht kleinen, schmutzigen laienhaft-authentischen Szenen zum sexuellen Leben in der Großstadt. In *Vorfreude ist immer am schönsten* verabreden sich zwei Männer zu einem Rendezvous, beide erscheinen sich unabhän-

gig von einander – zur Überraschung des anderen – als Frau verkleidet. In *Noch vorführbar?* wird eine Cutterin von ihrer weiblichen Auszubildenden am Schneidetisch verführt. In *Der Kuß der schwarzen Muse* trifft ein Maler und masochistischer Uniformfetischist auf sein schwarzes Traummodel. Die letzte Sequenz, *Die Peep-Show ist tot, es lebe die Peep-Show*, ist ein halbdokumentarisches Gespräch zwischen dem Schauspieler und Produzenten Dieter Schidor und der Schauspielerin Ingrid Caven über Männer, Sex, Aids und Peep-Show, währenddessen sie mit dem gleichen Mann flirten und im Hintergrund ein Bulldozer gerade eine ehemalige Peep-Show platt macht.

BRD 1987 Ⓞ̄Ⓟ Lothar Lambert Ⓓ Albert Kittler Ⓜ Dagmar Beiersdorf, Dorothea Moritz, Ingrid Caven, Lothar Lambert, Doreen Heins, Stefan Menche, Dieter Schidor, Dennis Buczma, Slavko Hitrov Ⓢ 60, s/w

Verdammt in alle Eitelkeit

Sie alle träumen vom Scheinwerferlicht und einem Leben auf der Leinwand: die Transsexuelle Juwelia (Stricker), Star der eigenen Wohnzimmerbühne „La Belle Etage", ihre exhibitionistischen, dilletierenden Künstlerfreunde, darunter eine unausgefüllte türkische Ehefrau und die Garbo-Verehrerin Sylvia Heidemann (Ebner). Jeder fällt auf die Versprechungen des windigen, österreichischen Underground-Filmers Andersch (Andersen) herein, der vorgibt, einen Dokumentarfilm über die Berliner Kleinkunst-Szene zu drehen. Sie alle glauben daran, auf diese Weise entdeckt zu werden, und merken zu spät, dass sie nur finanziell ausgenommen wurden. Dem Schwindler wird schließlich das Handwerk durch einen frustrierten TV-Regisseur (Lambert) der Daily Soap *Gute Zeiten, schlechte Zeiten* gelegt – wie vieles in diesem und den meisten Lambert-Filmen ein semibiografisches Detail. Auch die Laiendarsteller – Tunten, Egozentriker und Diven verschiedenster Preisklassen – sind in dieser alle festen Geschlechterrollen hinter sich lassenden trashigen Soap Opera über weite Strecken vor allem authentische SelbstdarstellerInnen.

D 2001 Ⓞ̄Ⓟ Lothar Lambert Ⓓ Albert Kittler, George Zukidis Ⓜ Eva Ebner, Carl Andersen, Stefan Stricker, Hilka Neuhoff, Heike Hanold, Lothar Lambert Ⓢ 80, farbig Ⓓ̄Ⓣ̄

Die Verdammten
LA CADUTA DEGLI DEI

Viscontis erster Teil seiner sogenannten „Deutschen Trilogie" (zu der auch *Tod in Venedig*, 1970 und *Ludwig II*, 1972 gehören) ist ein opernhaftes, mit überladenen Dekorationen ausstaffiertes Melodram über eine deutsche Industriellenfamilie der späten zwanziger und frühen dreißiger Jahren, das

Aufkommen der nationalsozialistischen Herrschaft und das Arrangement mit der, vom Verfall bedrohten Dynastie der Herrschenden. Wenn auch nicht genannt, so ist hinter dieser Familie Essenbeck unschwer die Schwermetall-Dynastie Krupp erkennbar.

Am Geburtstag des greisen Oberhaupts Joachim von Essenbeck (Schoenhals) am 27. Februar 1932 versammelt sich die ganze Familie auf dem Familienschloss. Intrigen um die künftige Vormacht innerhalb des Konzerns werden gesponnen, auch vor Denunziation und Heuchelei wird nicht zurückgeschreckt. Joachim wird mit dem Revolver des liberalen Herbert Thallmann (Orsini) erschossen. Er flieht, doch er wird mit seiner Familie ins KZ verschleppt. SA-Führer Konstantin (Kolldehoff) kommt beim Röhm-Putsch ums Leben. Visconti zeigt ein rauschendes Fest des SA-Führers, das in eine schwule Orgie mündet. Konstantin wird schließlich von Hitlers Schergen ein blutiges Ende gesetzt. Hitler erscheint höchst persönlich, um Ernst Röhms Gefährten zu erschießen bzw. zu verhaften.

Sieger der familiären Auseinandersetzungen wird überraschend der polmorph-perverse Sohn Martin (Helmut Bergers Filmdebüt) – ein Sadist, der bei der Geburtstagsfeier des Großvaters, als lasziver Marlene-Dietrich-Double verkleidet, einen schockierenden Auftritt absolviert, später die Mutter vergewaltigt und exekutiert.

I/BRD 1968 ⊜ Luchino Visconti ☺ Nicola Badalucco, Enrico Medioli, Luchino Visconti nach einer Originalstory von Nicola Badalucco ⊛ Armando Nannuzzi, Pasquale De Santis ☺ Maurice Jarre ⊛ Dirk Bogarde, Ingrid Thulin, Helmut Berger, Helmut Griem, Renaud Verley, Umberto Orsini, Albrecht Schoenhals, René Kolldehoff, Charlotte Rampling ☺ 155, farbig
(DT)

Der verführte Mann
L'HOMME BLESSÉ

Der 18-jährige Henri (Anglade), der noch bei seinen Eltern lebt, wird auf dem Herrenklo im Bahnhof von Lyon Zeuge einer Gewalttat: Ein Mann tritt erbarmungslos auf einen am Boden liegenden Rentner ein. Dann packt er auch Henri, drückt ihn fest gegen die Wand und küsst ihn brutal. Daraufhin verlangt er von von dem Jungen, ebenfalls auf den Alten einzutreten. Um dem Fremden zu imponieren, folgt Henri der Aufforderung. Auf irritierende Weise fühlt sich Henri von dem Zuhälter Jean (Mezzogiorno) mit seinem rohen Charme und groben Sexappeal angezogen und durch die gewaltsame Berührung erregt. Immer wieder sucht er nun dessen Nähe, wird von ihm betrogen, hintergangen und sogar verraten. Doch in seiner obsessiven Liebe nimmt er jegliche Schmerzen auf sich. Jean lässt sich in der letztmöglichen Steigerung von Henri zu Tode ficken.

Ursprünglich hatte Chéreau Jean Genets *Tagebuch eines Diebes* verfilmen wollen, geblieben sind in dem gemeinsam mit dem Schriftsteller Hervé Guibert (u.a. *Dem Freund, der mir das Leben nicht gerettet hat*) geschriebenen Drehbuch leidglich die Motive von Verrat, Liebe, Macht und Verbrechen.

„Es ist die Geschichte einer Leidenschaft und die Chronik einer Lehrzeit." Regisseur Patrice Chéreau

F 1983 ⊜ Patrice Chéreau ☺ Hervé Guibert, Patrice Chéreau ⊛ Renato Berta ⊛ Jean-Hugues Anglade, Vittorio Mezzogiorno, Roland Bertin, Lisa Kreuzer, Annick Alane, Claude Berri, Gerard Desarthe, Armin Mueller-Stahl ☺ 106, farbig
(T) (SM)

Verführung – Die grausame Frau
Englischer Titel: Seduction: The Cruel Woman

Für diesen frühen Klassiker eines Genres, das dann doch nie entstehen sollte – lesbische SM-Filme – taten sich zwei der wichtigsten Figuren des deutschen schwul-lesbischen Filmgeschehens zusammen: Die Hamburgerin Monika Treut (*Die Jungfrauenmaschine*, 1988, *My Father Is Coming*, 1991) und die mehr als Kamerafrau bekannte Elfi Mikesch. Gemeinsam brachten sie eine so nie gesehene sadistische Lesbe auf die Leinwand (Mechthild Grossmann als Wanda), die in einem SM-Studio ihre zwei Geliebten (gespielt von Sheila McLaughlin und Carola Regnier) sowie den Sklaven Gregor (Udo Kier in einer beeindruckend-faszinierend-ekligen Rolle) in die hohen Künste des Sadomasochismus einführt. Viel Handlung gibt es nicht, doch jede Menge ungewöhnlicher Bilder und natürlich ungewöhnlicher Sexszenen. Beinahe unnötig zu erwähnen, was für einen Aufruhr der Film, vor allem beim lesbischen Publikum, bewirkte. Politische Hintergründe, emanzipatorische Ansätze, Romantik gar – all das wurde vermisst. Der Purismus des Films wurde verdammt und das Werk in die verpönte Pornoecke abgeschoben. Doch bis heute hat er viele Fans in aller Welt und war ein großes Aha-Erlebnis für an SM interessierte Frauen, die bis dahin keinerlei Berücksichtigung auf der Leinwand gefunden hatten.

D 1985 Ⓢ☺➌ Monika Treut, Elfi Mikesch Ⓑ Mechthild Grossmann, Sheila McLaughlin, Udo Kier, Carola Regnier, Peter Weibel ☺ 84, farbig
ⓈⓂ

Vergiß Venedig
DIMENTICARE VENEZIA/OUBLIER VENISE

Tante Marta (Petri) war einst ein gefeierter Opernstar, jetzt lebt sie mit ihrer Pflegetochter Anna (Melato) und deren Geliebter Claudia (Giorgi), einer Lehrerin, zurückgezogen in einer alten Villa unweit von Venedig. Martas jüngerer Bruder Nicky (Josephson) kommt mit seinem Geschäftspartner und Lebensgefährten Picchio (Pontremoli) aus Mailand zu Besuch. Trotz ihrer Herzkrankheit will Marta das Wiedersehen ausgelassen feiern. Bei einem gemeinsamen Ausflug an die Stätten ihrer Jugend erleidet sie einen Infarkt und stirbt. Durch Martas Tod kommt das harmonische Gleichgewicht der Gruppe ins Wanken. Picchio landet unerwartet mit Anna im Bett. Für eine kurze Zeit ist die Beziehung zu Nicky in Gefahr. Während die drei anderen nach Mailand zurückkehren, bleibt Nicky in Venedig, um künftig die Villa zu bewohnen.

Brusatis poetischer und melodramatischer Film über Menschen, die von ihren nostalgisch verklärten Erinnerungen Abschied nehmen müssen, um ihre Vergangenheit wirklich verarbeiten zu können, hat durch seine feine Psychologisierung viele Kritiker an Ingmar Bergman erinnert. 1980 wurde *Vergiß Venedig* für den Oscar für den besten ausländischen Film nominiert. Für die damalige Zeit eher ungewöhnlich ist die Selbstverständlichkeit, mit der Brusati die Homosexualität der beiden Paare darstellt.

„*Neben rein persönlichen Motiven, die ich in meinem Film verarbeite, ist das Thema Homosexualität das wichtigste Element. Ich wollte dieses schwierige Thema auf natürliche Weise behandeln, ohne Vorurteile, ohne Sensationslüsternheit. Ich zeige Menschen, die sich lieben und Probleme haben wie alle Liebenden – das ist alles.*" Regisseur Franco Brusati

I/F 1979 Ⓢ Franco Brusati ☺ Franco Brusati, Jaja Flasti ➌ Romano Albani ♪ Benedetto Ghiglia Ⓑ Erland Josephson, Mariangela Melato, Eleonora Giorgi, David Pontremoli, Hella Petri ☺ 108, farbig
Ⓞ ⒸⓄ

Der verlorene Soldat
VOR EEN VERLOREN SOLDAAT
Englischer Titel: For a Lost Soldier

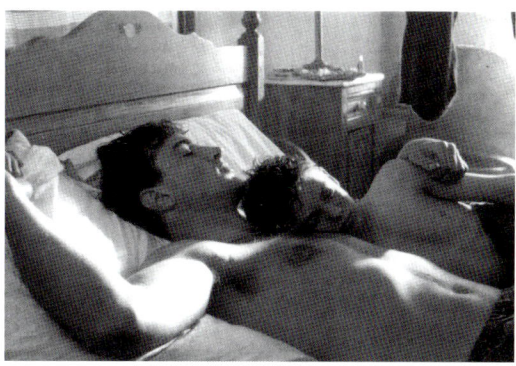

Amsterdam während der deutschen Besatzung 1944. Der zwölfjährige Jeroen (Smit) wird mit anderen Kindern zur Sicherheit in ein Fischerdorf im Norden des Landes verfrachtet. Dort lebt er in einer sich liebevoll um ihn kümmernden Gastfamilie. Das Kriegsende naht und kanadische Soldaten ziehen als Befreier ins Dorf ein. Jeroen ist vom Gesicht des Soldaten Walt (Kelley) fasziniert. Dieser ist wie Jeroen ein stiller, in sich gekehrter Mensch. Sie freunden sich miteinander an und zwischen ihnen entwickelt sich eine zarte Liebe. Die Beziehung der beiden wird von der Gastfamilie geduldet und nicht kommentiert. Doch das Glück endet abrupt: Eines Morgens sind die Soldaten abgezogen und Walt ist verschwunden. Als einzige Erinnerung bleibt Jeroen ein Foto, das versehentlich in die Wäsche gerät und danach kaum mehr erkennbar ist. In den achtziger Jahren – Jeroen (Krabbé) ist inzwischen ein erfolgreicher Choreograf und Tänzer – erinnert er sich während einer sich erfolglos dahinschleppenden Probe an seine erste Liebe.

Kerboschs Adaption des vielgelesenen autobiografischen Romans des niederländischen Choreographen Rudi van Dantzig ist konsequent aus der Sicht von Jeroen erzählt. Behutsam und sensibel zeichnet er mit ruhigen Bildern in zum Teil diffusem Winterlicht dessen naive und eingeschränkte Sicht auf die Ereignisse. Der Krieg mit seinem Grauen bleibt im Hintergrund, die magische Ausstrahlung Walts auf ihn, das Abenteuer der sexuellen Initiation bleiben bei aller Deutlichkeit unspektakulär. Weil diese erste Liebeserfahrung so jäh endete und keine Entmystifizierung des bewunderten Liebhabers folgen konnte, behält sie für Jeroen die Aura des perfekten Glücks.

NL 1992 ⊛ Roeland Kerbosch ☺ Roeland Kerbosch nach einer Adaption des gleichnamigen Romans von Rudi van Dantzig durch Don Bloch ✦ Nils Post ☺ Joop Stokkermans ⊕ Jeroén Krabbé, Maarten Smit, Andrew Kelley, Freark Smink, Elsje de Wijn, Valerie Valentine, Derk-Jan Kroon ☺ 90, farbig
(PA)

Die verlorene Sprache der Kräne
THE LOST LANGUAGE OF CRANES
Deutscher Fernsehtitel: Schwul

Rose (Atkins) und Owen Benjamin (Cox) führen scheinbar eine vorbildliche Ehe. Als sich ihr Sohn Philip (MacFayden) nach langem Zweifeln entschließt, seinen Eltern zu sagen, dass er schwul ist, löst er damit unerwartet im Hause Benjamin eine Familienkatastrophe aus. Denn der Vater hat seit vielen Jahren sein eigenes Schwulsein verheimlicht und immer wieder flüchtige Männerbekanntschaften gehabt. Durch die Offenheit seines Sohnes fühlt er sich genötigt, sein Leben drastisch zu ändern.

Nigel Finchs Filmmelodram basiert auf dem erfolgreichen Roman *Die verlorene Sprache der Kräne* von David Leavitt. Die Verfilmung ließ lange auf sich warten, schließlich entschloss sich die BBC dazu, verlegte aber aus Kostengründen die Handlung von Manhattan nach London. Regisseur John Schlesinger (*Ein Freund zum Verlieben*, 2000) hat einen Gastauftritt.

GB 1992 ⊛ Nigel Finch ☺ Sean Mathias nach dem Roman von David Leavitt ✦ Remi Adefarasin ☺ Julian Wastall ⊕ Brian Cox, Eileen Atkins, Angus McFayden, Corey Parker, René Auberjonois, John Schlesinger, Cathy Tyson, Richard Warwick ☺ 90, farbig
(CO) (BI) (BC)

Die Verrohung des Franz Blum

Der Versicherungsangestellte Franz Blum (Prochnow) beteiligt sich an einem Banküberfall, wird gefasst und verurteilt. Im Gefängnis muss er am eigenen Leibe erfahren, dass hier andere Regeln herrschen als in Freiheit. Es regiert das Recht des Stärkeren. Die raue Gefängniswelt basiert auf dem System gegenseitiger Ausbeutung und Unterdrückung. Blum lernt schnell, verliert Skrupel und betreibt bald einen blühenden illegalen Handel mit Zigaretten und Schnaps, beteiligt sich aber auch an Vergewaltigungen des schwulen Mitgefangenen, genannt Marie (Mackensy). Um zu überleben, ist Marie den Zellengenossen sexuell zu Diensten und lässt sich auch als Putzsklave schikanieren.

Burkhard Driest saß von 1966 bis 1968 wegen schweren Diebstahls hinter Gittern. Seine Knasterfahrungen verarbeitete er zu einem erfolgreichen, autobiografischen Roman. Mit der Verfilmung legte er den Grundstein zu seiner Karriere als Drehbuchautor und Schauspieler.

BRD 1974 ⊛ Reinhard Hauff ☺ Burkhard Driest ✦ Wolfgang-Peter Hassenstein ☺ Mike Lewis ⊕ Jürgen Prochnow, Eike Gallwitz, Tilo Prückner, Karlheinz Merz, Burkhard Driest, Kurt Raab, Claus-Dieter Reents, Lutz Mackensy, Charles Brauer ☺ 104, farbig
(WP)

Verrückt nach ihr
FOLLE D'ELLE

Der Fotoreporter Marc (Barr) fühlt sich elend: Mitbewohner Fred hat ihm die Geliebte ausgespannt, sein Chef hat ihn gefeuert. Marc zieht aus und kriecht bei seinem schwulen Freund Victor (Duquesne) unter, einem Restaurantbesitzer. Victors Lebensgefährte Alex (Bouraly) ist bald genervt, hat aber eine neue Wohnidee: Seine beste Freundin Lisa (Winter) hat gerade ihren Mann zum Teufel gejagt und sucht einen neuen Mitbewohner. Da Lisa aber nichts mehr von Heteromännern wissen will, muss Marc den Schwulen mimen. Jede Menge Möglichkeiten für Jean-Marc Barr, sämtliche Klischees vom sensiblen, tuntigen Schwulen, abzuliefern.

F 1998 ⊛ Jérôme Cornuau ☺ Guy-Pierre Bennet, Franc Caggiano ✦ Jean-Claude Thibaut ⊕ Jean-Marc Barr, Raquel Welch, Dominic Keating, Philippe Duquesne, Frédérique Bouraly, Ophélie Winter ☺ 80, farbig

Das verrückte California-Hotel
CALIFORNIA SUITE

Nach dem Erfolg von *Hotelgeflüster* (1970), ebenfalls eine Adaption einer Komödie des Dramatikers Neil Simons, ist diese Verfilmung von vier Einaktern eine Variation des Themas. Fünf Paare, die aus unterschiedlichen Gründen zur Oscar-Verleihung nach Los Angeles angereist sind, übernachten im gleichen mondänen Beverly-Hills-Hotel. So streitet eine New Yorker Karrierefrau (Fonda) mit ihrem Ex-Ehemann, einem Drehbuchautoren (Alda), um den künftigen Wohnort der gemeinsamen Tochter. Ein Familienvater (Matthau) wird von der Ehefrau mit einer Prostituierten im Bett erwischt. Die Schauspielerin Diana Barrie (Smith), die für eine Oscar nominiert ist, wartet nervös gemeinsam mit ihrem bisexuellen, provokativ gelassenen Ehemann (Caine) auf die Verleihung – und verpasst sie.

USA 1978 Ⓢ Herbert Ross Ⓓ Neil Simon nach seinem Bühnenstück Ⓚ David M. Walsh Ⓜ Claude Bolling Ⓐ Alan Alda, Michael Caine, Bill Cosby, Maggie Smith, Richard Pryor, Gloria Gifford, Walter Matthau, Jane Fonda Ⓣ 102, farbig
ⒷⒾ

The Versace Murder
THE VERSACE MURDER
Deutscher Alternativtitel: Gianni Versace – Der Mord

Kaum war die Leiche des ermordeten Modemachers Gianni Versace unter der Erde, war das Drehbuch für die Verfilmung des Falles schon fertig und die erste Klappe gefallen. Erzählt wird in Rückblenden die Geschichte eines promisken Aufschneiders auf der Suche nach Geld, Ruhm, Verehrung und Anerkennung, also die Geschichte von Andrew Cunanan (Perdue), der sich am Ende mit seinen Schüssen auf Versace (Nero) dafür rächt, dass er nicht im Rampenlicht stehen durfte. Seinen aufwändigen Lebensstil verdient er sich als Prostituierter bei reicher, männlicher Kundschaft. Die Frage, ob sich Täter und Opfer kannten, löst Regisseur und Drehbuchautor Golan auf galante Weise: Cunanan wird von Versace als Model abgelehnt. Cunanan entlädt seine Enttäuschung bei seinem Ex-Freund und bringt ihn schließlich außer sich vor Wut samt dessen neuem Geliebten um. Sie sind die ersten beiden Opfer einer Mordserie, an deren Ende der Tod Versaces steht. Das spekulative, auf die Sensationsgier der Zuschauer bauende Drama ist leidlich spannend inszeniert, handwerklich schlampig, mit ziemlich doofen Cops, einem von Todesahnungen geplagten Versace und einem hyperaktiven Cunanan. Ein Schnellschuss eben.

USA 1997 ⒮⒟ Menahem Golan Ⓜ Claudio Simonetti Ⓚ William G. Randall Ⓐ Franco Nero, Steven Bauer, Shane Perdue, Oscar Torres, Matt Servito, David Anthony Pizzuto, David Wolfson Ⓣ 85, farbig

Die Verurteilten
THE SHAWSHANK REDEMPTION

Der Bankdirektor Andy Dufresne (Robbins) wird unschuldig wegen eines Doppelmordes zu einer lebenslangen Haftstrafen verurteilt. Gemeinsam mit dem Mitgefangenen Ellis Boyd

„Red" Redding (Freeman) setzt er der Gewalt und Korruption in der Haftanstalt Kameradschaft und Hoffnung entgegen. Er widersetzt sich auch den Einschüchterungsversuchen der Mitgefangenen. Vergewaltigung nämlich ist eines der Mittel, mit denen widerspenstige Häftlinge gefügig gemacht werden. In der Wäscherei wie im Vorführraum des Knastkinos will man Dufresne vergewaltigen. Er wehrt sich verzweifelt, indem er die Widersacher mit Bleichmittel und mit Filmrollen traktiert. „Ich wünschte", sagt die Erzählerstimme des Red aus dem Off, „ich könnte Ihnen berichten, dass Andy den Kampf gewonnen hat. Doch der Knast ist keine Märchenwelt". Tim Robbins und Morgan Freeman spielen eine sensibel inszenierte Variation über den Gefängnisalltag und über das Thema Männerfreundschaft. 1995 Oscar-Nominierung als bester Film.

USA 1994 Ⓢ Frank Darabont Ⓓ Frank Darabont nach der Erzählung *Rita Hayworth and the Shawshank Redemption* von Stephen King Ⓚ Roger Deakins Ⓜ Thomas Newman Ⓐ Tim Robbins, Morgan Freeman, Bob Gunton, William Sadler, Clancy Brown, Gill Bellows Ⓣ 142, farbig
ⓌⓅ Ⓞ

Verwirrung der Gefühle
LA CONFUSION DES SENTIMENTS

Der Berliner Student Roland (Malet) setzt sein Studium in einer Kleinstadt fort. Sein Professor (Piccoli) erscheint ihm zunächst sehr farb- und konturlos. Als er ihn näher kennen lernt, beginnt eine fruchtbare Bekanntschaft und Zusammenarbeit. Roland bemerkt bei seinen häufigen Besuchen im Hause des Professors, dass dessen Ehe wohl sehr offen geführt wird. Immer wieder ist der Professor für einige Tage verschwunden, ohne dass sich die Gattin Anna (von Weitershausen) deshalb sorgt oder wundert. Bei einer solchen Gelegenheit verführt sie Roland. Weil er dies als Verrat an seinem Freund empfindet, will Roland die Universität verlassen. Als er seinen Entschluß dem Professor danach mitteilt, glaubt der, Roland habe von seiner Homosexualität erfahren und wolle deshalb den Kontakt abbrechen. Das Missverständnis klärt sich auf, der Professor ist erleichtert. Doch Rolands Abreise steht fest. Die heimliche Liebe des Professors zu seinem Studenten bleibt unerfüllt. Werkgetreue Verfilmung der 1927 erschienen Novelle von Stefan Zweig, welche die bis zur Dekadenz ästhethisch-tragische Kunstfigur Zweigs nachzuzeichnen versucht, ohne jedoch dessen künstlerische und vor allem psychologische Feinheit zu erreichen.

D/F 1981 Ⓢ Etienne Périer Ⓓ Etienne Périer, Dominque Fabre nach dem gleichnamigen Novelle von Stefan Zweig Ⓐ Michel Piccoli, Pierre Malet, Gila von Weitershausen, Heinz Weiss, Käthe Jaenicke, Richard Lauffen, Emily Reuer Ⓣ 90, farbig
ⒷⒾ

A Very Natural Thing
US-amerikanischer Alternativtitel:
For as Long as Possible

Der erste US-amerikanische, nichtpornografische Schwulen-film. Christopher Larkin zeigt im ersten Teil sehr romantisiert und bewusst an Arthur Hillers *Love Story* (1970) angelehnt das monogame Beziehungsleben des 26-jährigen Ex-Priesters und nun als Lehrer tätigen David (Joel) und des Versicherungs-kaufmanns Mark (Gareth). Larkin zeigt sie beim Opernbesuch, beim Spaziergang im Central Park. Die bürgerlich-konventio-nelle Partnerschaft hält allerdings nicht. Nach der Trennung erlebt David die Möglichkeiten promisken Lebens in Saunen und auf Fire Island. Bei einer Homosexuellendemonstration, gedreht in der Kulisse einer realen Demo 1973 im Washington Square Garden, lernt er den geschiedenen David (White) ken-nen. Mit ihm lebt er nun eine andere, offenere Variante einer schwulen Beziehung.

Larkins Film hatte in den USA Schwierigkeiten, überhaupt in die Kinos zu kommen. Für ein breites Publikum war er zu wenig kommerziell ausgerichtet. Von der Schwulenbewegung wurde der Film wiederum für seine romantischen Bilder kri-tisiert, konservative Schwule stießen sich an seiner Kritik an heteroähnlichen Beziehungen.

> *„Die Idee zu einem Film über schwule Beziehungen und The-men der Schwulenbewegung ist meine persönliche Reakti-on – einerseits auf die gedankenlosen sexbesessenen Bilder des Homosexuellen in schwulen Pornos, und andererseits auf die erniedrigenden Karikaturen und Diffamierungen schwulen Lebens in der großen Mehrheit kommerzieller Filme."*
> *Regisseur Christopher Larkin*

USA 1974 ⊙ Christopher Larkin ⊙ Christopher Larkin, Joseph Coencas ⊙ C. H. Douglass ⊙ Gordon Gottlieb, Bert Lucarelli ⊙ Robert Joel, Curt Gareth, Bo White, Anthony McKay, Marilyn Meyers, Jay Pierce ⊙ 80, farbig

Verzaubert

Dokumentarfilm über lesbisches und schwules Leben wäh-rend des Dritten Reichs und in den fünfziger Jahren der Bun-desrepublik. 13 Hamburger Zeitzeugen berichten über Verfol-gung und Tarnung, Subkultur und Alltag.

D 1993 ⊙ Dorothee von Diepenbroick, Jörg Fockele ⊙ Dorothee von Diepenbroick, Jörg Fockele, Jens Golombek, Dirk Hauska, Syl-ke Jehna, Claudia Kaltenbach, Ulrich Prehn, Johanna Reuttner, Katrin Schmersahl ⊙ Vera von Wilcken ⊙ 89, farbig
Ⓓ

Via Appia

Der Lufthansa-Steward Frank (Senner) hat sich bei einem One-Night-Stand in Rio de Janeiro mit dem HI-Virus infiziert. Gemeinsam mit einem befreundeten Filmemacher kehrt der inzwischen Erkrankte nach Brasilien zurück. Frank will versu-chen, den Gelegenheitsstricher Mario zu finden, jenen Mann, der ihn wissentlich angesteckt hat. Am Morgen nach ihrer gemeinsamen Nacht war Mario verschwunden und hatte ihm auf dem Badezimmerspiegel die Nachricht „Welcome to the Aids-Club" hinterlassen. Franks genaue Beweggründe bleiben vage, Rache ist zumindest nicht das Motiv für seine Suche. Außerdem wollen er und der ihn begleitende Regis-seur, der als Filmfigur konturlos bleibt, mit der Kamera durch die Schwulenszene streifen, um Franks Aufenthalte in Rio zu rekonstruieren.

Regisseur Jochen Hick (*Sex/Life in LA*, 1998) drehte die-se sehr konstruierte Geschichte im Auftrag des ZDF. Die Erst-ausstrahlung wurde kurzfristig abgesetzt, was den Film skan-dalöser erscheinen ließ, als er trotz seiner drastischen Bilder aus der schwulen Sex- und Prostitutionsszene Rios tatsäch-lich ist. Ausgezeichnet mit dem Max-Ophüls-Preis Saarbrü-cken 1989.

> *„Via Appia ist ein Spielfilm, der von den Dreharbeiten zu einem Dokumentarfilm handelt und selbst dokumentarische Aufnah-men, zum Beispiel von der Via Appia und von Polizeirazzi-en, verwendet. Da Frank sich und seine Vergangenheit vor der Kamera inszeniert, kommt eine weitere Ebene ins Spiel. Die Weigerung, eine simple Krankheitsgeschichte zu erzählen, führt uns auch vor Augen, dass es imgrunde unmöglich ist, das komplizierte Phänomen ‚Aids' auf einen einfachen Nenner zu bringen."* *Regisseur Jochen Hick*

BRD 1989 ⊙⊙ Jochen Hick ⊙ Peter-Christian Neumann ⊙ Charly Schöppner ⊙ Peter Senner, Guilherme de Padua, Yves Jansen, Margarita Schmidt, José Carlos Berenguer, Gustavo Motta, Luiz Kleber ⊙ 90, farbig
Ⓐ

Victor/Victoria

Paris 1934. Die junge erfolglose Sängerin Victoria Grant (Andrews) lernt bei ihrem abenteuerlichen Versuch, sich auch ohne Geld einmal im Restaurant satt essen zu können, den charmanten, schwulen Carroll Todd (Preston) kennen. Der alternde Entertainer kennt sich nicht nur im Pariser Nachtleben aus, sondern weiß auch, wie er Victoria zu einer Karriere verhelfen kann. Er überredet sie, sich in den polnischen Grafen Victor Grazinski zu verwandeln und als dieser zum Travestiedarsteller zu reüssieren. Der Plan geht auf. Als Mann, der vorgibt, eine Frau zu sein, wird Victoria zum umjubelten Star der Pariser Nachtclubs. Der Chicagoer Gentlemen-Gangster King Marchon (Garner), der mit seinem Leibwächter Squash Bernstein (Karras) in die Stadt gekommen ist, spürt seine Faszination für den androgynen Bühnenstar, will aber nicht glauben, dass dies wirklich keine Frau ist.

Blake Edwards schwungvolle, glamouröse Komödie im Stil des alten Hollywood, die vor allem vom schnellen Dialogwitz zwischen Slapstick und zahmer Vulgarität und den Revueszenen lebt, ist ein Remake von Reinhold Schünzels UFA-Produktion *Viktor und Viktoria* (1933) mit Renate Müller und Adolf Wohlbrück in den Hauptrollen. 1935 drehte der britische Regisseur Victor Saville mit *First a Girl* das erste Remake, 1957 folgte ein weiteres in Deutschland (*Viktor/Viktoria*, Regie Karl Anton mit Johanna von Koczian und Georg Thomalla). Den homosexuellen Hintergrund der Geschichte gibt es in diesen beiden frühen Versionen allerdings nicht, sie beschränken sich allenfalls auf Andeutungen bei den Verkleidungsgags. Erst Blake Edwards hat die Geschichte mit eindeutig schwulen Charakteren versehen. So gesteht der bullige Squash, ermutigt durch die vermeintliche Liebe zu dem Grafen, sein eigenes Schwulsein und verliebt sich schließlich selbst: in Toddy. Edwards kreierte ein Jahrzehnt nach dem Kinoerfolg aus seinem Film ein Broadway-Musical, bei dem erneut seine Ehefrau Julie Andrews die Titelrolle übernahm. Für den Original-Score von Henry Mancini gab es einen Oscar, für sechs weitere war *Victor/Victoria* nominiert.

GB 1982 ⬛ Blake Edwards ⬚ Blake Edwards, Hans Hoemburg basierend auf dem Drehbuch von Reinhold Schünzel und Hans Hoemburg für *Viktor und Viktoria* (1933) ⬛ Dick Bush ♪ Leslie Bricusse, Henry Mancini ⬛ Julie Andrews, James Garner, Robert Preston, Lesley Ann Warren, Alex Karras, John Rhys-Davies ⬚ 132, farbig
ⅅⅉ ⬚

Vier Hochzeiten und ein Todesfall
FOUR WEDDINGS AND A FUNERAL

Mike Nevells romantische Episodenkomödie war einer der großen Überraschungserfolge des Jahres 1994. Scharfsinnig, mit beißendem Witz, britischer Selbstironie und virtuos komponiert entlarvt er in diesen mit einander verwobenen Beziehungsgeschichten von acht Freunden die Rituale und Konventionen der sogenannten besseren, zumindest besserverdienenden Gesellschaftsschicht Englands rund um die titelgebenden vier Hochzeiten bzw. einer Beisetzungsfeier. Letztere ist jene des lebenslustigen und trinkfesten Gareth (Callow), der während einer Hochzeit beim Tanz einer Herzattacke erliegt. In seiner Trauerrede zitiert sein jüngerer Lebensgefährte Matthew (Hannah) das Gedicht *Funeral Blues* von W. H. Auden: „He was my North, my South, my East and West./ My working week and my Sunday rest". Dieser bewegende Moment der Liebeserklärung und des gleichzeitigen Abschieds rührt zu Tränen und hatte zur Folge, dass sowohl in Großbritannien als auch in Deutschland eiligst ein Bändchen mit Auden-Gedichten aufgelegt wurde. Die britische Ausgabe wurde allein innerhalb der ersten beiden Monate über 50.000 Mal verkauft.

GB 1994 ⬛ Mike Nevell ⬚ Richard Curtis ⬛ Michael Coulter ♪ Richard Rodney Bennett ⬛ Hugh Grant, Andie McDowell, Kristin Scott Thomas, Simon Callow, James Fleet, John Hannah, Rowan Atkinson, David Bower ⬚ 108, farbig
ⒷⒸ

Der vierte Mann
DE VIERDE MAN

Mit dieser Verfilmung eines Roman des in den Niederlanden zum heimischen Klassiker avancierten, offen schwulen Schriftstellers Gérard Reve erregte Regisseur Paul Verhoeven in doppelter Hinsicht Aufsehen. Einerseits wurde Hollywood auf ihn aufmerksam und seinen nächsten Film *Flesh & Blood* (1985) konnte er bereits mit US-amerikanischer Beteiligung produzieren. Andererseits sorgte *Der vierte Mann* für Unmut und Entsetzen in kirchlichen Kreisen der Niederlande. Grund dafür waren Traumsequenzen, in denen es zu Sex zwischen zwei Männern in einer Kapelle kommt bzw. ein Mann am Kreuz baumelt, während ein anderer ihm den Slip hinunterzieht.

Der bisexuelle, finanziell abgebrannte Schriftsteller Gérard (Krabbé) lernt auf einer Autorenlesung die kühl-distanzierte Christine (Soutendijk) kennen. Er verbringt mit ihr die Nacht und bleibt schließlich gleich mehrere Wochen. Während dieser Zeit erfährt er, dass Christine bereits dreimal verheiratet war und ihre Gatten stets durch merkwürdige Unfälle ihr Leben verloren. Ihr nächstes Opfer, so vermutet Gérard, wird ihr Verlobter Herman (Hoffman) werden. Gérard ist von dem jungen, attraktiven Mann fasziniert, und er warnt ihn vor der vermuteten Gefahr. Bei einem gemeinsamen Ausflug werden sie von einem Gewitter überrascht und finden in einer Friedhofsgruft Unterschlupf und auch einen Ort, um erstmals leidenschaftlich übereinander herzufallen. Ihr Tête-à-tête endet jäh, als sie bemerken, dass sie sich ausgerechnet zwischen den Gebeinen von Christines Ex-Ehemännern ihrer Leidenschaft hingegeben haben.

Ein mystisch angehauchter Thriller mit einer skandalträchtigen Mixtur aus blasphemischen Motiven und morbider Erotik. Als Kameramann fungierte der spätere Actionregisseur Jan de Bont (*Speed*, 1994).

NL 1983 ⊚ Paul Verhoeven Ⓦ Gérard Soeteman nach dem gleichnamigen Roman von Gérard Reve ⊛ Jan de Bont Ⓙ Loek Dikker Ⓜ Jeroeén Krabbé, Renée Soutendijk, Thom Hoffman, Dolf de Vries, Geert de Jong, Hans Veerman, Hero Mueller Ⓞ 102, farbig.
Ⓑ Ⓣ

Vierzig Jahre nach Granada
A UN DIOS DESCONOCIDO
Internationaler Verleihtitel: To an Unknown God

Der homosexuelle José (Alterio), ein eleganter, in Madrid lebender Mann um die fünfzig, ist seit seiner Kindheit von dem Dichter Garcia Lorca fasziniert. Seinen „unbekannten Gott" nennt er ihn. Als er seinen Geliebten an eine Frau verliert, geht der alternde Mann zurück in seine Heimatstadt Granada, wo er vierzig Jahre zuvor Zeuge der Ermordung Lorcas wurde. Auf den Spuren seiner Vergangenheit wird ihm klar, das die Einsamkeit sein Schicksal ist. Sensibles Porträt eines homosexuellen Außenseiters im Spanien nach Franco.

Spanien 1977 ⊚ Jaime Chavarri Ⓦ Elias Querejeta, Jaime Chavarri ⊛ Teo Escamilla Ⓙ Luis de Pablo Ⓜ Héctor Alterio, Margarita Mas, Angela Molina, Xabier Elorriaga, Maria Rosa Salgano, Rosa Valenty, Mercedes San Pietro Ⓞ 110, farbig

Vingarne

Die erste Verfilmung des erfolgreichen Künstlerromans *Michael* des Dänen Herman Bang ist auch der erste Film der Filmgeschichte mit homosexuellem bzw. homoerotischem Thema. (siehe auch *Michael*, 1924 von Carl Theodor Dreyer). Sowohl Drehbuchautor Axel Esbensen als auch Regisseur Mauritz Stiller (er entdeckte später Greta Garbo für den Film) waren homo- bzw. bisexuell und orientierten sich in ihrer Adaption recht eng an der Romanvorlage.

Der kinderlose, unverheiratete Maler Claude Zoret nimmt sich eines jungen schönen Mannes mit künstlerischer Begabung an und adoptiert ihn schließlich, verliert ihn allerdings an eine russische Fürstin. Ihr extravaganter Lebensstil führt ihn jedoch an den Rande des Ruins. In dieser Notlage verkauft er ein Porträt von sich, das der Meister gemalt und ihm geschenkt hat. Als Zoret davon erfährt, fühlt er sich zutiefst verletzt. Das verkaufte Kunstwerk steht symbolhaft für den Verlust, den der Maler erleidet, nachdem ihn Michael verlassen hat. Im Roman ist das Kunstwerk ein Gemälde, in Stillers Film wurde daraus die titelgebende Skulptur. Das Original stammt von dem schwulen Bildhauer Carl Milles und stellt einen Adler dar, der einen Jüngling davonträgt – klassisches Motiv des Ganymed-Mythos: Zeus hat sich in den schönen Mundschenk verliebt und lässt ihn zu sich in den Olymp entführen. Bei der deutschen Erstaufführung wurde die Statue als „Ikarus" ausgegeben, um die Zensur hinters Licht zu führen. Die Heterosexualität Michaels bzw. Zorets Homosexualität illustriert Stiller dadurch, dass es dem Meister nicht gelingt, in seinem Porträt der Gräfin den Glanz in ihren Augen wiederzugeben. Michael hingegen gelingt dies mit wenigen Pinselstrichen. Ursprünglich hatte der Film noch einen Prolog und eine kontrastierende Rahmenhandlung, von der allerdings nur noch Szenenfotos existieren. Der Prolog zeigt, wie Stiller und sein Kameramann die „Vingarne" (Flügel)-Statue finden und die Idee zu ihrem Film bekommen. Die anschließende Rahmenhandlung zeigt die Entstehung des eigentlichen Spielfilms vom Casting bis zur Premiere und stellt der tragischen Männerliebe die vernarrte Liebe eines mittelmäßigen Schauspielers zu einer Frau gegenüber.

Schweden 1916 Ⓔ Mauritz Stiller Ⓒ Mauritz Stiller, Axel Esbensen nach dem Roman *Michael* von Herman Bang Ⓐ Julius Jaenzon Ⓑ Nils Asther, Lili Bech, Egil Eide, Julius Hälsig, Lars Hanson, Julius Jaenzon Ⓒ 40 (restaurierte Fassung), ca. 80 (Originalfassung) s/w

Virus kennt keine Moral, Ein

Ein reaktionärer Saunabesitzer (Praunheim), der mit einem Theologiestudenten zusammenlebt, will in seinem Etablissement keine Kondome verteilen. Eine Therapeutin bietet Todesmeditationen für Aids-Kranke an. Eine Skandalreporterin verkleidet sich als Mann, um so inkognito die Schwulenszene ausspionieren zu können – und begegnet dabei auf einer Klappe ihrem heimlich schwulen Sohn. Die Forscherin Professor Dr. Blut wird in Afrika von einem Grünen Meerkatzen-Affen gebissen und mit dem Virus infiziert. Am Ende haben alle Aids, die Schwestern auf der Krankenstation würfeln, wer als erster sterben wird, und die Regierung verfrachtet alle Infizierten ins Exil nach Hell-Gay-Land.

Stilistisch ist diese Kollektivproduktion Praunheims mit seinen Protagonisten, vornehmlich aus der Berliner Tunten- und Schwulenszene, als Revue zu fassen. Die bitterböse Rundum-Attacke gegen schwule Dummköpfe, rücksichtslose Geschäftemacher in den eigenen schwulen Reihen, zynische Mediziner, die Spekulationspresse, falsche Frömmler überzeichnet schamlos und war damit im Entstehungsjahr 1985 der Zeit weit voraus. Praunheims Film mit seinem Spott und seinem schwarzem Humor klagt an, aber keineswegs so selbstherrlich richtend, wie einige Jahre später seine Aids-Dokumentar-Trilogie. Er nervt und kalauert oft in tiefstem Pennäler-Humor, aber viele Pointen sitzen zielgenau.

„Ich hoffe, dass mein Film auch einen Beitrag leisten kann, um Ängste abzubauen, und dass die Form der Komödie, der Groteske, des Tuntenhumors ein Weg ist, sich lustvoll zu engagieren, zu helfen ohne Druck und falsche Moral." Regisseur Rosa von Praunheim

BRD 1985 Ⓔ Rosa von Praunheim Ⓒ Rosa von Praunheim unter Mitarbeit der Darsteller Ⓐ Elfi Mikesch Ⓓ Maran Gosov, Die Bermudaas Ⓑ Dieter Dicken, Maria Hasenäcker, Christian Kesten, Ega Kurz, Rosa von Praunheim, Regina Rudnick, Thilo von Trotha, Craig Russell Ⓒ 82, farbig
Ⓐ

Visiting Desire

Zwölf Fremde, ein Hotelzimmer und kein Drehbuch – das ist das Konzept dieses New Yorker Undergroundfilms. Die zwölf Protagonisten und Protagonistinnen wurden von Filmemacherin Beth B. ausgewählt, um vor ihrer laufenden Kamera über Sex zu reden, Sex zu haben oder auch schnell wieder zu gehen – je nach Lust und gegenseitiger Sympathie. Heraus kam ein wirklicher Undergroundfilm, mit einigen sehr schönen Sexszenen – vor allem auch zwischen Frauen (mit dabei die Sängerin und Performancekünstlerin Lydia Lunch) – und witzigen Dialogen. Diese sind mal oberflächlich, mal persönlich gehalten, aber, bedenkt man die Situation der laufenden Kamera, erstaunlich intim geraten. Die Sexszenen sind trotz ihrer Nicht-Inszeniertheit überraschend geschmackvoll und, obwohl der Film sicher ein Fest für Voyeure ist, an keiner Stelle wirklich pornografisch. Ein Plädoyer für absolut freien Sex, unkonventionell und über den Zwängen sexueller Orientierung stehend.

USA 1996 ⒺⒶ Beth B. (Beth Billingsly) Ⓓ Jim Filer Coleman Ⓑ Lydia Lunch, Shannon O'Kelley, Chloe Dzubilo, Kembra Pfahler, Cyrus Khambatta, Ned Ambler, Lysa Cooper, Eric Danville, Annie Ok, Doug Charles Ⓒ 70, farbig (OF)
Ⓢⓜ Ⓣⓡ Ⓢ Ⓓ

Viva la Muerte – Es lebe der Tod
VIVA LA MUERTE

Der spanische Bürgerkrieg ist zu Ende. Zwölfjährig erfährt der Schuljunge Fando, dass seine Mutter den kommunistenfreundlichen Vater an die Truppen Francos verraten und damit seine Verhaftung ausgelöst hat. Realität und (Alp)traum gehen bei Fando nun durcheinander. Er erlebt vor seinem inneren Auge die Folterung des Vaters. Surreale Bilder und Szenen von blutiger Gewalt, monströsem Schrecken und makabre wie blasphemische Episoden wechseln einander ab. So wird der Junge von einem Priester sexuell verführt und muss mit ansehen, wie ein Soldat in den Hintern geschossen wird. Ähnlich wie Augustí Villaronga in *El Mar* (1999) versucht Fernando Arrabal mit wilder Fantasie und wagemutiger Traumakrobatik, das kollektive Unterbewusste Spaniens zu beschwören. Starke Nerven und ein guter Magen sind für den Zuschauer von Vorteil. Die Freiwillige Selbstkontrolle FSK gab den autobiografisch getönten Film aus gutem Grund erst ab 18 Jahren frei.

F/Tunesien 1970 ⊛ Fernando Arrabal ☺ Claudine Lagrive, Fernando Arrabal nach seinem Roman *Baal Babylone* ⊛ Jean-Marc Ripert ☺ Jean-Yves Bosseur ⊛ Mahdi Chaouch, Anouk Ferjac, Nuria Espert, Ivan Henriques, Jazia Kilbi, Mohamed Bellasoued ⊙ 93, farbig

Vive l'amour – Es lebe die Liebe
AIQUING WANSUI

In einer leerstehenden Wohnung kreuzen sich die Wege dreier junger Menschen. Der Vertreter Hsiao-kang (Kang-sheng) verkauft Nischen für Urnen in eigens dafür gebauten „Memorial Homes", denn Taipeis Friedhöfe sind hoffnungslos überfüllt. Als er eines Tages in einem Mietshaus zufällig eine leerstehende Wohnung entdeckt, nutzt er diese immer wieder, um hier seine Homosexualität auszuleben.

Die alleinstehende Immobilienmaklerin May (Kuei-mei), die vergeblich diese Wohnung zu vermitteln versucht, gabelt sich manchmal einen Liebhaber für einen One-Night-Stand auf. Wie zum Beispiel den Straßenhändler Ah-jung (Chaojung), der sich mit sexuellen Dienstleistungen Geld dazu verdient und an einem Winterabend zum Sex mit in die unbewohnte Wohnung genommen wird.

Tsai Ming-liangs Figuren leiden unter der emotionalen Leere in ihrem Leben. Die einsame May sehnt sich verzweifelt nach Liebe, doch es reicht nur für Sex für eine Nacht. Hsiao-kang ist schwul und befriedigt seine Sehnsüchte lediglich als Voyeur. Nur dem heimatlosen Ah-jung scheinen solche Bedürfnisse fremd. So vage und unbestimmt diese Geschichte von drei jungen Leuten ist, die sich treiben lassen, so präzise ist die Bildsprache von Regisseur Tsai Ming-liang, die er 1996 mit *Der Fluss* noch weiter reduziert. 1994 wurde er bei den Filmfestspielen in Venedig mit dem Goldenen Löwen ausgezeichnet.

Taiwan 1994 ⊛ Tsai Ming-liang ☺ Tsai Ming-liang, Yang Pi-yang, Tsai Yi-jun ⊛ Liao Pen-jung ⊛ Yang Kuei-mei, Chen Chao-jung, Lee Kang-sheng ⊙ 112, farbig

Vivre avec / Leben mit

Dokumentarfilm über vier HIV-positive Männer und Frauen, die davon erzählen, wie sie das Testergebnis verkraftet und in der Folge ihr Leben verändert haben. Nicht die Ursachen der Infektion, die gesellschaftliche Stigmatisierung, sondern der eigene Umgang mit der Krankheit steht dabei im Vordergrund. Alle vier Porträtierten begreifen ihre Infektion auch als Chance und haben sich zu AktivistInnen in eigener Sache entwickelt. Der ehemalige Stepptanzlehrer Alexander lebt nun asketisch und meditiert. Die junge Mutter Sylvie hält Vorträge an Schulen über Aids. Iris betreibt Trauerarbeit, in dem sie mit Freunden und Angehörigen an einem Quilt-Gedenkteppich arbeitet. Philippe engagiert sich bei einer Aids-Hilfegruppe in Genf.

CH 1993 ⊛ Daniel Schweizer ⊛ Andrzeji Jaroszewicz ☺ Arié Dzierlatka ⊙ 56, farbig
Ⓐ Ⓓ

Voices from the Front

Pointiert geschnittene, politisch engagierte Dokumentation des New Yorker Filmkollektivs „Testing the Limits" über das Leben mit Aids. Persönliche Schicksale stehen neben Äußerungen von Politikern und Bildern von Protestaktionen der Aids-Aktivisten. Auf der Berlinale 1992 mit dem TEDDY für den besten lesbisch-schwulen Dokumentarfilm ausgezeichnet.

USA 1991 ⊛☺⊛ Testing the Limits (David Meieran, Robyn Hutt, Sandra Elegar) ☺ Michael Callen, Jimmy Somerville, Tony Malliaris ⊙ 91, farbig
Ⓐ Ⓓ ⓉⒹ

Vulkan, Der

Den 1939 veröffentlichten, autobiografisch gefärbten „Roman unter Emigranten", so der Untertitel, hielt Klaus Mann für seinen besten. Er ist getränkt von eigenen bitteren Erfahrungen und stellt die Schicksalhaftigkeit, die Schwere wie die vielen Widersprüche eines Leben in der Emigrantion dar. Stefan Zweig bescheinigte dem Roman, dass sich darin keine Menschen „wie Marionetten hölzern … in ihren Scharnieren bewegen", sondern „die Verwandlung der Charaktere durch die Emigration das eigentliche Thema wird".

In der gediegenen, kunstgewerblichen Verfilmung Ottokar Runzes, werden die Irrfahrten einer Gruppe von Exilanten von Berlin über Paris nach Prag zwar mit großer historischer Sorgfalt, aber sehr blutleer in Szene gesetzt. Die meisten Figuren geraten dabei dann leider doch zu Marionetten, die sich entsprechend ihrer Gesinnung vorhersehbar verhalten. Ihnen wird kaum Zeit oder Raum gegeben, sich zu entfalten und dramaturgische Spannung zu entwickeln.

Zentrale Figuren sind die Schauspielerin und Sängerin Marion von Kammer (Hoss) und der junge Dichter Martin Korel-

la (Nickel), Klaus Manns Alter Ego, der an der Emigration zerbricht. Mit Drogen versucht er, der Hölle der Realität zu entkommen, und geht dabei zugrunde. Korella verliert nicht nur die Sprache und damit sein Werkzeug des Ausdrucks, sondern auch die Liebe zu dem brasilianischen Tänzer Kikjou (Terral). Besonders diese Figur – im Roman durchlebt sie eine entscheidende Wandlung – bleibt bei Runze blass und eindimensional. Die Gründe für das Auseinanderleben des Paares, im Roman breit ausgeführt, deutet der Film allenfalls an.

D/F 1999 ⊚ Ottokar Runze ⊙ Rebecca Hughes, Ursula Grützmacher-Tabori, Ottokar Runze nach dem gleichnamigen Roman von Klaus Mann ⊕ Michael Epp ⊙ Friedrich Hollaender, Hanns Eisler, Bob Lenox ⊛ Nina Hoss, Meret Becker, Christian Nickel, Udo Samel, Sylvester Groth, Katharina Thalbach, Boris Terral, Stefan Kurt. ⊙ 103, farbig ⊙

W

Die Waldläufer
LE PASSE-MONTAGNE

An einer Autoraststätte treffen zwei Männer aufeinander: Georges (Stévenin) aus Paris, der eigentlich weiter muss, wegen einer Autopanne aber nicht kann, und der Mechaniker Serge (Villeret), der Georges hilft und wortlos dessen Wagen untersucht. Serge nimmt den Großstädter mit zu seiner Werkstatt inmitten der Wälder des Jura. Er bereitet ihm ein Omelett und richtet Georges ein Schlaflager. Vom Auto redet er nicht mehr und Georges traut sich nicht zu fragen. Es folgt ein dreitägiges Hin und Her, währenddessen sich die beiden Männer näherkommen. Wie von Zauberhand ist das Auto schließlich repariert – aber Georges hat keine Lust mehr, diesen Ort zu verlassen.

F 1978 ⊙⊙ Jean-François Stévenin ⊕ Jean-François Stévenin, Jacques Villeret, Yves Le Moign, Christine Paris, André Riva, Texandre Barberat ⊙ 108, farbig

War Requiem

Derek Jarman bebildert die von Benjamin Britten zur Einweihung von Coventry Cathedral komponierte Totenmesse (als Soundtrack wird die von Britten selbst dirigierte Aufnahme von 1963 verwendet.) Britten hatte für das Libretto Gedichte des homosexuellen Soldaten und Lyrikers Wilfried Owen zur Grundlage genommen. Jarman verbindet in seinem assozia-tiven Bilderstrom die grausame Realität des Ersten Weltkriegs mit der Lebensgeschichte Owens (Parker) zu einer zeitlosen Anklage gegen den Krieg. Kinder beerdigen einen verbrannten Teddybär, eine Krankenschwester (Swinton) schreit verzweifelt, Soldaten bewerfen sich in einer Gefechtspause mit Schneebällen und töten sich anschließend gegenseitig. Diesen ästhetisierenden, zum Teil symbolisch aufgeladenen Szenen, die auf dem Gelände eines ehemaligen Sanatoriums für Geisteskranke gedreht wurden, setzt Jarman Dokumentaraufnahmen aus verschiedenen Kriegen des 20. Jahrhunderts entgegen.

GB 1989 ⊙⊙ Derek Jarman ⊕ Richard Greatrex ♪ Benjamin Britten ⊕ Alex Jennings, Nigel Terry, Sean Bean, Nathaniel Parker, Tilda Swinton, Laurence Olivier ⊙ 92, farbig

Warten auf den Mond
WAITING FOR THE MOON

Die amüsant inszenierte und bewusst minimalistisch gehaltene Geschichte zeigt eine Momentaufnahme aus der Beziehung der berühmten lesbischen Dichterin Gertrude Stein (1874-1946) und ihrer Lebensgefährtin, Köchin, Ratgeberin und Muse Alice B. Toklas (1877-1967). Die beiden Frauen leben, emigriert aus den USA, im Paris der dreißiger Jahre und unterhalten vielfältige Freundschaften zu literarischen Größen ihrer Zeit wie beispielsweise Ernest Hemingway. Im Mittelpunkt steht allerdings einmal nicht der „Star" Gertrude Stein, sondern die „Heilige", wie Hemingway sie nannte, Alice B. Toklas, die grandios von Linda Hunt dargestellt wird. An ihrer Seite spielt ebenso souverän Linda Bassett die zynische, arrogante und doch liebenswerte Despotin, Stein.

Am literarischen Stil Steins angelehnt, erzählt der Film seine Geschichte in einer Aneinanderreihung von scheinbar zusammenhanglosen Anekdoten und überaus pointierten Dialogen zwischen Gertrude und Alice. Ihre Liebe und Leidenschaft füreinander werden auch ohne jede erotische Szene durchaus intensiv dargestellt. Sanfter, intelligenter Humor und gute schauspielerische Leistungen machen den intellektuell anspruchsvollen Film auch für Literaturunkundige sehenswert.

USA 1987 ⊕ Jill Godmilow ⊙ Mark Magill ⊕ André Neau ♪ Michael Sahl ⊕ Linda Hunt, Linda Bassett, Andrew McCarthy, Bruce McGill, Bernadette Lafont ⊙ 88, farbig

Warum nicht!
POURQUOI PAS?

In einer alten Vorortvilla leben Alexa (Murillo), Fernand (Frey) und Louis (Gonzales) in einer harmonischen Dreiecksbeziehung zusammen. Diese in sich gefestigte Konstellation gerät aus den Fugen, als Fernand ein Mädchen kennen lernt und auszieht, um mit dieser Sylvie (Jamet) ein bürgerliches Leben zu beginnen. Schließlich versucht man ein Zusammenleben zu viert. Eine intelligente, humorvolle und poetisch-melancholische Komödie, die in der Tendenz zwar offen bleibt, aber alle Werte des gesellschaftlichen Zusammenlebens und der überlieferten Moral in Frage stellt.

F 1977 ⊚◐ Coline Serreau ⊕ Jean-François Robin ♪ Jean-Pierre Mas ⊛ Sami Frey, Christine Murillo, Mario Gonzales, Nicole Jamet, Michel Aumont ⊙ 96, farbig
Ⓑ①

The Watermelon Woman

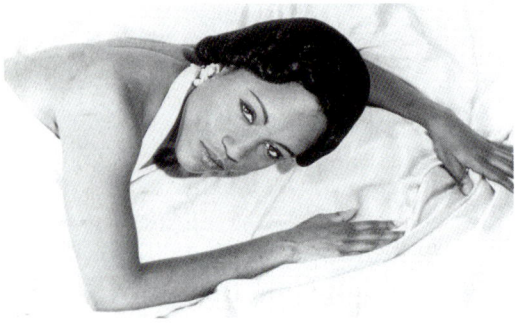

Hier wird eine der heiligsten aller lesbischen Kühe, die Rassismus-Debatte, auf die Schippe genommen.

Die Filmemacherin spielt sich selbst als ehrgeizige schwarze, junge Filmemacherin auf der Suche nach der verschütteten Geschichte einer schwarzen Schauspielerin und Sängerin, der „Watermelon Woman". Im Laufe ihrer Recherche findet sie vieles über deren, bis dahin unbekanntes lesbisches Leben heraus und muß feststellen, dass dieses zum größten Teil mit ihrer weißen Geliebten stattfand. Währenddessen gerät Cheryl sehr zum Unwillen ihrer Freundinnen auch noch selbst in eine Liebesaffäre mit der weißen Diana (Guinevere Turner aus *Go Fish*) und ist darüber hinaus mit allen Schwierigkeiten des Überlebenskampfes sowohl der Durchschnittslesbe als auch der ambitionierten, aber ahnungslosen Jungfilmerin konfrontiert.

Cheryl Dunye schafft es mit ihrem kleinen Low-Budget Film (dem dies leider an vielen Stellen allzu deutlich anzumerken ist), die fehlende Geschichte von schwarzen Lesben in den USA zu beklagen sowie den tatsächlichen Rassismus der Les-

benszene zu entlarven. Die Lächerlichkeit und der Dogmatismus der „politisch korrekten" Fraktion werden mit leichter Hand und unverkniffen zum Abschuss freigegeben. Als verlogene, politisch-korrekte Bewegungsschwestern sehen wir in grandiosen Nebenrollen Sarah Schulman und Camille Paglia.

Der Film entstand in einer Hochphase lesbischen Filmschaffens im Fahrwasser der wenigen US-amerikanischen lesbischen „Feel good"-Filme *Go Fish* (1993/94) und *Bar Girls* (1995). Außerdem greift er die Dauerthematik jener Zeit um schwarz/weiße Lesbenpärchen sehr viel witziger auf, als es in den Filmen, *When Night Is Falling* (1995), *Thin Ice* (1994) oder *Two Girls in Love* (1995) geschieht. Ausgezeichnet mit dem TEDDY 1996 als bester Spielfilm, gilt *The Watermelon Woman* als eine der wenigen wirklich gelungenen lesbischen Komödien.

USA 1995 ⊚①⊕ Cheryl Dunye ⊛ Cheryl Dunye, Guinevere Turner, Valerie Walker, Lisa Marie Bronson, Sarah Schulman, Camille Paglia ⊙ 90, farbig
Ⓠ© Ⓣ①

The Way We Are

„Das ist keine miese Szene aus einem drittklassigen Film, das ist das wahre Leben." Dieser Satz aus dem Munde eines Nebendarstellers klingt wie das Credo des deutschen Regisseurs für sein US-Debüt. Die Schicksale von einem Dutzend Figuren verknüpfen sich im Laufe einer Nacht in Los Angeles nach dem Reigenprinzip.

Lolita (Swank) ist eine minderjährige Girlie-Hure auf der Jagd nach Freiern und Schnappschüssen von Prominenten am Hollywood Boulevard. Ihr Opfer und privates Idol, der Filmstar Peter Blaine (Dobson), ist auf dem Weg zur Premiere seines neuen Werkes. Während er sich feiern lässt, gabelt Lolita einen Kriminellen auf, der wiederum eine gewisse Julie (Golding) trifft und es mit ihr in der Autowaschanlage treibt. Julie vergnügt sich dann mit Richard, Richard treibt es mit Kathy. Und zu guter Letzt vergnügt sich Lolita in einem heruntergekommenen Hotelzimmer erneut mit dem inzwischen völlig zugedröhnten Peter Blaine, der von seinem Glück kaum etwas mitbekommt. Leider erkennt Lolita weder die Gunst der Stunde noch ihren Star. Dass Peter keine fünf Filmminuten zuvor noch stockschwul war und um die Liebe seines Lebensgefährten Patrick (Mailer) kämpfte – was soll's, so sind die Neunziger und die Wege in Hollywood. Peters drogenabhängiger Liebhaber treibt am Morgen nach der Filmpremiere kopfunter im Pool. Zuvor hatte es Streit um das Leben im goldenen Käfig hinter den dicken marmorverkleideten Wänden einer Zehn-Millionen-Dollar-Villa gegeben. Nur dort darf Peters Schwulsein existieren, nicht draußen, wo die Fans und die Filmindustrie auf ihn lauern – nicht einmal am Telefon, wenn Mami anruft, ihn ermahnt, wieder mal zum Friseur zu gehen und doch auch bald zu heiraten.

The Way We Are, bildtechnisch ganz der Videoclipästhetik verpflichtet, bietet lediglich Seifenblasen-Menschen in schicken Designer-Wohnungen; Yuppie-Gestalten, die, kaum ist ihre Episode abgespielt, Dank ihrer platten Dialoge auch schon wieder vergessen sind, mag es noch so dramatisch und tödlich zugegangen sein.

USA/D 1997 ☺☺ Josef Rusnak ⊕ Dietrich Lohmann ♪ Harald Kloser ⊛ Bill Cusack, Hilary Swank, Chad Lowe, Stephen Mailer, Peter Dobson, Darry Mitchell, Meta Golding ⊙ 90, farbig

Weggehen um Anzukommen
Englischer Titel: Depart to Arrive

In die Untiefen lesbischer Beziehungen führte Alexandra von Grotes (*Novembermond,* 1984) Debütfilm Anfang der achtziger Jahre das erstaunte Publikum. Mit unbarmherziger Offenheit wurden das Scheitern einer Liebe und die Unfähigkeit zweier Frauen, miteinander zu leben, aufgezeigt – nicht nur zur Freude des lesbischen Publikums, das in *Weggehen um Anzukommen* eine Art Nestbeschmutzung sah.

Die in West-Berlin lebende Anna (Osburg) trennt sich nach einem Jahr von ihrer Freundin Regine (Cremer), die eine Romanze mit der gemeinsamen Freundin Gabi (Stanek) hatte. Anna, die eine beinahe symbiotische Beziehung einfordert, fühlt sich zu kurz gekommen und unverstanden und bricht nun alles hinter sich ab, um in Südfrankreich zu neuer Selbsterkenntnis zu gelangen. Dort reflektiert sie über Vergangenes und sinniert in Rückblicken und fantasievollen Tagträumen über ihre verkorkste Beziehung. Die überaus langsame und schleppende Erzählweise wird durch eine ungewöhnlich ausgedehnte, zwanzigminütige Sexszene unterbrochen, die Anna rückblickend an sich vorbeiziehen lässt. Es war wohl das erste Mal, das lesbischer Sex so offen und in allen Einzelheiten – vor allem in dieser Länge –, abseits vom Porno, im Kino gezeigt wurde. Der Skandal war natürlich perfekt. Witzigerweise liefen vor allem Lesben Sturm, konnten sie es doch nicht ertragen, dass eventuell auch ein männlich-heterosexuelles Publikum das „bestgehütete Geheimnis" nun einfach auf der Leinwand

mitverfolgen durfte. Tatsächlich machte der Lesbensex ungewöhnlich viele, ansonsten weniger an der Problematik lesbischer Beziehungen interessierte Kinogänger neugierig.

Dadurch, dass der Film in einem sehr persönlichen Stil gehalten ist, fanden sich viele Lesben, die hier nun die ultimative Darstellung lesbischer Liebe erwarteten, nicht wieder. Aus heutiger Sicht wirkt die Geschichte natürlich etwas veraltet und zu sehr in Siebziger-Jahre-Selbsterfahrungsgruppenmanier gehalten, die traurig, depressiv und unfähig wirkt. Dennoch ein im lesbischen Sinne historisches Werk im deutschen Film, das nicht zuletzt durch einige Fernsehausstrahlungen – natürlich mit gekürzter Sexszene – zur Sichtbarkeit von Lesben beitrug.

BRD 1981 ☺☺ Alexandra von Grote ⊕ Hille Sagel ♪ Fem Session ⊛ Gabriele Osburg, Ute Cremer, Barbara Stanek, Geneviève Martin, Catherine Verseils ⊙ 89, farbig

Weil ich ein Mädchen bin
BUT I'M A CHEERLEADER

Im Trend des lesbischen „Feel good"-Films der neunziger Jahre steht *Weil ich ein Mädchen bin* in einer Reihe mit *Better than Chocolate* (1998) und *Chutney Popcorn* (1999). Regisseurin Jamie Babbit erzählt in ihrem Debütfilm die Geschichte des perfekten und spießigen Teenagers Megan (Lyonne), die eine leidenschaftliche Cheerleaderin und gute Schülerin ist. Wären da nur nicht gewisse Auffälligkeiten wie eine mangelnde Leidenschaft beim Küssen von Jungs, Fotos von nackten Frauen im Spind oder das Melissa-Etheridge-Poster im Kinderzimmer. Während Megan noch gar nichts von ihrem Coming-out ahnt, haben ihre Eltern (die aus vielen John-Waters-Filmen bekannte Mink Stole glänzt als homophobe Mutter) bereits einen Aufenthalt in einem Umerziehungscamp organisiert. Im „True Directions"-Heim soll die ahnungslose Megan auf den rechten Pfad der Heterosexualität geführt werden. Die beiden „Umerzieher" Mrs. Brown und Mike – wunderbar gespielt von Cathy Moriarty und RuPaul – sorgen in strenger Erziehungsheim-Manier für die Durchführung eines Stufenprogramms. Doch erst hier beginnt Megans Coming-out so richtig, als sie sich in die burschikose Mitinsassin Graham (DuVall) verliebt. Eine zarte Liebesgeschichte entwickelt sich, und während die zunächst widerspenstige Graham krampfhaft versucht, hetero zu werden, geht Megan schließlich den Weg der hartgesottenen Lesbe.

Vor allem die kitschig-trashige in Bonbonfarben gehaltene Ausstattung fasziniert. Ansonsten ist die Komödie an einigen Stellen etwas zu oberflächlich, kritisiert aber dennoch homophobe Dummheit und Bigotterie.

USA 1999 ⊕ Jamie Babbit ⊕ Brian Wayne Peterson ⊕ Jules Labarthe ⊕ Pat Irwin ⊕ Natasha Lyonne, Cathy Moriarty, RuPaul, Clea DuVall, Mink Stole, Bud Cort, Eddie Cibrian ⊕ 92, farbig ⓒⓄ ⓆⒸ

Weinigers Nacht

Biografischer Spielfilm über den berühmt-berüchtigten Wiener Philosophen, Frauenhasser, Zeitgenossen Sigmund Freuds und Antisemiten Otto Weiniger (Manker), der sich 1903 im Sterbezimmer Beethovens das Leben nahm. Basierend auf seiner Theaterinszenierung des gleichnamigen Theaterstücks von Joshua Sobol am Wiener Volkstheater zeigt Paulus Mankers Film einen grotesken, wilden Reigen aus Alpträumen und Erinnerungen Weinigers. Als mögliche Ursache seiner Menschenfeindlichkeit und seines Ekel vor Sexualität jeglicher Art werden dabei seine latente Homosexualität und seine jüdische Abstammung angeführt, die Weiniger nicht akzeptieren mochte.

BRD/Österreich 1989 ⊕ Paulus Manker ⊕ Paulus Manker nach dem gleichnamigen Bühnenstück von Joshua Sobol ⊕ Walter Kindler ⊕ Hansgeorg Koch ⊕ Paulus Manker, Josefin Platt, Sieghardt Rupp, Otmar Klein, Hermann Schmid, Hilde Sochor ⊕ 108, farbig

Wendel

Angesiedelt in der Aufbruchsstimmung der späten siebziger Jahre, nimmt die Liebesbeziehung zwischen David (Buser) und Wendel (Kalaitzides) ein abruptes Ende als letzterer überstürzt in die USA flieht. Vier Jahre später kommt er als verheirateter, etablierter Geschäftsmann zurück. Sein ehemaliger Geliebter hat die Trennung niemals verwunden. Für David schieben sich Erinnerungen und Gegenwart immer wieder ineinander. Alte Fotos lassen für Momente vergangene Glückserlebnisse erneut lebendig werden. In leisen Andeutungen und feinen Regungen der Gesichter zeigt Regisseur Christoph Schaub Liebe und Zuneigung, sowie Schmerz und Enttäuschung. Das gegenseitige Vertrauen ist der Fremdheit gewichen. Die Lebensmodelle passen nicht mehr zueinander und noch weniger zu den Ansprüchen des Sponti-Lebens der siebziger Jahre. Damals galt es noch, die Trennung zwischen Politik und Privatleben aufzuheben und auch die Eifersucht abzuschaffen. Doch schon in den Siebzigern hatte es David nicht ertragen können, dass Wendel auch sexuelle Erfahrungen mit Frauen machen wollte.

Schaub vertraut zu Recht auf die atmosphärische Wirkung seiner grobkörnigen Schwarz-Weiß-Bilder und eröffnet in seiner Inszenierung der Außenwelt intime, sensible Einblicke in das Innenleben seiner beiden Hauptfiguren.

Beim Max-Ophüls-Filmfest Saarbrücken 1998 ausgezeichnet mit dem Großen Preis der Jury.

CH 1986 ⊕⊕ Christoph Schaub ⊕ Patrick Lindenmaier ⊕ Tomas Bächli ⊕ Daniel Buser, Kriton Kalaitzides, Lilo Wicki, Andreas Löffel, Tiziana Jeimini ⊕ 60, s/w

Wer die Wahrheit sagt, muss sterben
WIE DE WAARHEID SEGT MOED DOED

Dokumentarfilm über den schwulen, italienischen Schriftsteller und Filmemacher Pier Paolo Pasolini. Der niederländische Regisseur skizziert die wichtigsten Lebensabschnitte, zeigt Ausschnitte aus Filmen wie *Accattone* (1961) und *Teorema* (1968) und lässt Freunde und Weggefährten zu Wort kommen. Besondere Bedeutung kommt dabei dem gewaltsamen Tod Pasolinis zu. Bregstein filmt den Tatort, zeigt Fotos des Leichnams und stellt verschiedene Erklärungsversuche über mögliche Hintergründe von Pasolinis Tod einander gegenüber.

NL ⊖◍ Philo Bregstein ✳ Michel Pensato ☺ Bernardo Bertolucci, Laura Betti, Maria Antonietta Macciocci, Nino Marazzita, Alberto Moravia, Michele Garlati, Silvano Agosti ☺ 60, s/w und farbig Ⓓ

Wer mich liebt, nimmt den Zug
CEUX QUI M'AIMENT PRENDRONT LE TRAIN

Hektisch geht es in den ersten Filmminuten zu: schnelle Schnitte, die Handkamera immer in Bewegung. Menschen am Pariser Bahnhof Gare d'Austerlitz, die den Weg zum Zug suchen. Aus dem Off tönt eine sonore Stimme. Das letzte Interview des 70-jährigen schwulen Malers Jean-Baptiste Emmerich (Trintignant). Die hier auf dem Bahnhof umherirren, sind seine engsten Angehörigen. Sein letzter Wunsch: *Wer mich liebt, nimmt den Zug*. Beigesetzt wird er auf dem größten europäischen Friedhof, in Limoges. Zwei Tage dauert für das gute Dutzend Verwandte, Freunde und Geliebte die Fahrt dorthin. Ein obskurer und doch spannender Familienzoo aus Nihilisten, Transsexuellen, jeder Menge Schwuler und Misanthropen.

Sehr langsam entschlüsseln sich die Personen. François (Greggory), der am meisten am Tode Jean-Baptistes zu leiden scheint. Ein selbstbewusster Mann in mittleren Jahren und

in seiner inneren Sicherheit seinem jungen Lebensgefährten Louis (Todeschini) weit überlegen. Im Zug trifft Louis auf den geheimnisvollen Bruno (Jacques). Ein knabenhafter Sonderling, auch er ein ehemaliger Geliebter des Toten. Wie vom Blitzschlag getroffen fallen der HIV-positive Louis und Bruno auf der Zugtoilette übereinander her. Währenddessen kriegen sich der drogensüchtige Neffe des Malers und seine hysterische Frau in die Haare und zanken sich beim Zwischenstop theatralisch auf dem Bahnsteig. Am Friedhof angekommen, erwarten uns allerdings noch die Transsexuelle Viviane (Perez) und Jean-Baptistes Zwillingsbruder (in dessen Stöckelschuhfabrik sich Viviane gleich unsterblich verliebt). Keine Frage, dass die eigentliche Trauerfeier in einem Eklat endet.

Das kunstvoll inszenierte Chaos und das Ensemblespiel verdienen zwar viel Respekt, allerdings fehlt den vielen parallel erzählten Geschichten der Fokus und sie drohen, sich gegenseitig zu erschlagen. So kommt es, dass der Film trotz all der Intensität über weite Strecken geradezu kühl wirkt. Besondere Beachtung verdient die musikalische Struktur des Films. Die Musik von Jim Morrison über James Brown bis Gustav Mahler illustriert nicht bloß die Szenen, sondern hat einen kommentierenden, rhythmusbestimmenden Charakter.

> „Ich glaube, dass mein Film *Der verführte Mann* den Menschen helfen konnte. Er zeigt den Homosexuellen nicht als Fall, es gibt nichts zu erklären, er liebt Männer, Schluss. In *Wer mich liebt, nimmt den Zug* gibt es Aids. Bruno ist HIV-positiv und ich denke, es ist wichtig zu sehen, dass er jemanden trifft, mit dem er leben kann, ohne große Dramen, einfach weil auch das trotz allem zum Leben dazugehört." Regisseur Patrice Chéreau

F 1998 ⊖◍ Patrice Chéreau ✳ Eric Gautier ♪ Guilaume Sciama ☺ Pascal Greggory, Valéria Bruni-Tedeschi, Jean-Louis Trintignant, Bruno Todeschnini, Thierry de Peretti, Sylvain Jacques, Charles Berling, Vincent Pérez ☺ 120, farbig Ⓣⓡ

West fickt Ost

Erik (Schneider) ist Börsenmakler, Cyrus (Qazi) jobbt als Kellner, Tim (Bätscher) verkauft Gummifetisch-Klamotten. In unzusammenhängenden Episoden begleitet die Kamera das Trio durch die Stadt und durch den Alltag. Mal liest der eine dem anderen aus der Biografie der Ex-Terroristin Inge Viett vor, dann wird gemeinsam ein Freier in der Wohnung bedient, im Bus werden schwule Skinheads angemacht und am Ende an einer Autotankstelle ein schwules Pärchen aus Leipzig aufgegabelt.

Jürgen Brüning, Mitbegründer des Berliner Pornolabels Cazzo Film, hat versucht, mit Pornodarstellern einen Spielfilm zu improvisieren. Statt dichter Porträts (eine Handlung gibt es nicht) ist allerdings nur Langatmigkeit und Langeweile entstanden. Die Figuren bleiben blass und nichtssagend, die schauspielerische Leistung dürftig, die Dialoge uninteressant. Die Figuren befriedigen ihren sinnentleerten Hedonismus, der Film versucht immer wieder verrucht zu sein, ohne es wirklich zu schaffen. Der spekulative Filmtitel bleibt leeres Versprechen.

> *„West fickt Ost entstand aus der Notwendigkeit heraus, dem zeitgenössischen schwulen Film Charaktere entgegenzusetzen, die nicht unter einer abgebrochenen Beziehung leiden und auf der Suche nach einem Freund sind oder an den Qualen des Coming-outs … kränkeln.“* Regisseur Jürgen Brüning

D 2001 ⊜☺ Jürgen Brüning ⊛ Ralph Schreckenberg, Kristian Petersen (Digitalkamera) ♪ Thomas Meyer ⊛ Daniel Bätscher, Hendrik Schneider, Tarik Qazi, Jörn Hartmann, Pünktchen, Jürgen Steinhoff, Bridge Markland, Bernd Rüffer, Stephan Reichmann ⊙ 60, farbig

Westler

Felix (Rachmann), soeben von einer Reise aus den USA nach West-Berlin zurückgekehrt, arbeitet in einem schwulen Travestietheater und lebt inmitten der hippen Schwulenszene der Stadt. Während eines Tagesausflugs mit seinem US-amerikanischen Lover Bruce (Lucas) in den Ostteil der Stadt, lernt er Thomas (Strecker) kennen. Ein Unangepasster, der sich mit Gelegenheitsarbeit über Wasser hält und wegen seiner Homosexualität ständigen Diskriminierungen ausgesetzt ist. Thomas und Felix verlieben sich, doch ihr gemeinsames Glück wird von der Mauer getrennt. Felix kann nur einmal die Woche vom Westen in den Osten reisen und dann auch nur wenige Stunden bleiben. Thomas entschließt sich, über Prag aus der DDR in den Westen zu fliehen. Ob die Flucht gelingt und ihre Beziehung eine Chance haben wird, bleibt offen.

Wieland Specks Debütfilm, als Kleines Fernsehspiel des ZDF produziert und größtenteils mit Laiendarstellern gedreht, wurde zu einem Meilenstein des deutschen Schwulenfilms. Ausgezeichnet u.a. mit dem Hauptpreis beim Max-Ophüls-Preis Saarbrücken 1986 und dem Publikumspreis beim San Francisco Gay & Lesbian Film Festival, erlebte die behutsam erzählte, deutsch-deutsche Liebesgeschichte eine erfolgreiche Festivalkarriere. Weil Speck für Ost-Berlin keine Drehgenehmigung erhalte hatte, wurden die Szenen dort heimlich mit versteckter Kamera auf 8 mm aufgenommen. Nicht zuletzt wegen dieser Sequenzen ist *Westler* auch ein Zeitdokument der Teilung Berlins wie der schwulen Szene West-Berlins der achtziger Jahre.

BRD 1985 ⊛ Wieland Speck ☺ Wieland Speck, Egbert Hörmann ⊛ Klemens Becker ♪ Eschi Rehm ⊛ Sigurd Rachmann, Rainer Strecker, Andy Lucas, Hans Jürgen Punte, Sasha Kogo, Harry Baer, Christoph Eichhorn, Zazie de Paris, Frank Redieß ⊙ 95, farbig

When Night Is Falling

Mit dem Tod des geliebten Terriers fängt alles an: Das bis dahin in so geregelten Bahnen verlaufende Leben von Camille (Bussières) löst sich in seine Bestandteile auf. War sie eben noch die brave Verlobte ihres Kollegen Martin (Czerny) und Dozentin an einer christlichen Hochschule, so weckt die Begegnung mit der schönen und unkonventionellen Petra (Crawford) in einem Waschsalon ungeahnte abenteuerliche Seiten an ihr. Die Zirkusartistin Petra wirbt offen um Camille, die schließlich nachgibt und sich zwischen ihrem bisherigen, nicht gerade schillernden Leben und der bunten Welt des Zirkus an der Seite der aufregenden Petra entscheidet. Beinahe wird der Konflikt lebensbedrohlich, endet dann aber doch in einem sehr unrealistischen Happy End.

Die kanadische Regisseurin Patricia Rozema erzählt hier nicht annähernd so heiter und unverkrampft wie in ihrem *Der Gesang der Meerjungfrauen* (1987). Zwar stellt der Film ein lesbisches Coming-out und eine Liebe zwischen zwei Frauen stärker in den Vordergrund, krankt aber an den üblichen Schwierigkeiten dieser Art Filme über heterosexuell liierte Frauen, die von Lesben verführt werden: Erst will sie überhaupt nicht, dann ein bisschen, nach der ersten Nacht ist für einen Moment alles toll, bis das schlechte Gewissen alles in Frage stellt, und es vergehen endlose Filmminuten mit einem nervigen „Komm-her-geh-weg-Spiel". Die hölzerne Darstellung der Charaktere steht in krassem Gegensatz zu der wunderbaren, bunten und träumerischen Welt des Zirkus, die als Kulisse für das „andere Leben" abseits der drögen Heterobeziehung steht. Die Botschaft des Films ist zwar positiv, allerdings oft etwas zu dick aufgetragen – weniger wäre mehr gewesen. An der Qualität der gewiss aufregend inszenierten Verführungsszene scheiden sich die Geister: Während sie für viele als eine der erotischsten Darstellungen lesbischer Leidenschaft gilt, ist der gleichzeitig über dem Paar stattfindende Trapezakt etwas gar zu kitschig und symbolträchtig ausgefallen. Sicherlich exemplarisch für den ganzen Film.

Kanada 1995 ⊜◌ Patricia Rozema ⊕ Douglas Koch ☺ Lesley Barber ⊕ Pascale Bussières, Rachael Crawford, Henry Czerny, Tracy Wright ◌ 95, farbig

ⓒⓄ ⓆⒸ

Whity

Der in einer spanischen Kulissenstadt in der Nähe von Almeria entstandene Western, mit 680.000 DM Produktionskosten bis dahin Fassbinders teuerster und schließlich kommerziell erfolgslosester Film, wurde bei der Uraufführung auf der Berlinale 1971 ausgebuht und fand danach keinen Verleih. Auch ARD und ZDF hatten kein Interesse. Erst zehn Jahre später zeigte Pro7 erstmals dieses in Cinemascope gedrehte exaltierte Western-Melodram im deutschen Fernsehen. Angesiedelt ist die Geschichte, in der Fassbinder Versatzstücke des klassischen Western in seinem sehr eigenwilligen Stil mit dem Motiv zerrütteter Familienstrukturen vermischt, im US-amerikanischen Süden in der zweiten Hälfte des 19. Jahrhunderts. Der Großgrundbesitzer Ben Nicholson (Randell) lebt mit seiner Ehefrau (Schaake) und seinen beiden Söhnen, der eine schwachsinnig (Harry Baer als Davy), der andere schwul (Ulli Lommel als Frank) in einem düsteren Herrenhaus. Die von Habgier und Missgunst zerrüttete, dekadente Familie wird ergänzt durch den unehelichen, schwarzen Sohn Whity (Kaufmann), der als Butler, Lustobjekt und Prügelknabe sein Leben fristet. Nach und nach beauftragen ihn die Familienmitglieder unabhängig von einander, die anderen Verwandten umzubringen. Kurzerhand erschießt er sie alle und zieht mit der Prostituierten Hanna (Schygulla), die als einzige zu ihm gehalten hat, durch die Wüste gen Osten.

Die Dreharbeiten waren offensichtlich für alle Beteiligten die Hölle: Es kam nicht nur zu psychischen Zusammenbrüchen, sondern auch zu Gewalttätigkeiten innerhalb des Teams. Grund dafür war nicht nur die enorme Überlastung vor allem Fassbinders – er drehte 1970 nicht weniger als sieben Filme –, es zeigte sich auch, dass sich das „Antitheater", Fassbinders Münchner Theatergruppe und Keimzelle für die frühen Filme, in Auflösung befand. In *Warnung vor einer heiligen Nutte* (1971) beschreibt Fassbinder die Erfahrungen während der Dreharbeiten zu *Whity*.
Ⓣ

BRD 1970 ⊜◌ Rainer Werner Fassbinder ⊕ Michael Ballhaus ☺ Peer Raben ⊕ Günther Kaufmann, Hanna Schygulla, Ulli Lommel, Harry Baer, Katrin Schaake, Ron Randell ◌ 102, farbig

Wie die Karnickel

Ob in *Kondom des Grauens* (1996) oder *Der bewegte Mann* (1994) – Ralf König konnte über die Filmadaptionen seiner Comicgeschichten nie so ganz glücklich sein. Die Umsetzungen entsprachen nie ganz nach seinen Vorstellungen. Diesmal sollte alles ganz anders werden. Er lieferte deshalb zunächst das Drehbuch und nach Abschluss der Filmarbeiten erst eine (leicht variierte) gezeichnete Version der Geschichte vom Orchestermusiker Horst Bömmelmann (Lott) und seinem schwulen Nachbarn Siggi (Walser).

Im Vergleich schneidet auch diesmal der Comic besser ab was Timing und Lacherdichte angeht. Regisseur Sven Unterwaldt jr. hat mit TV-Comedyserien wie *Switch* (1997), *Anke* (2000) und *Berlin Berlin* (2002) zwar bewiesen, dass er zu den Besten in Sachen TV-Comedy gehört. Bei seinem Debüt als Kinoregisseur allerdings hat er nicht nur Probleme, das richtige Tempo zu finden. So ganz ist ihm auch nicht klar, wie er die schrulligen Figuren, die Ralf König sich da ausgedacht hat, zum Leben erwecken soll. Die spröde Kindergärtnerin Vera (Böttcher) etwa, die ihren Horst nur deshalb verlässt, weil der sich heimlich mit Kelly-Trump-Videos vergnügt. Oder Siggis neues Bettverhältnis Benno, ein etwas zu schick gestylter Möbelpacker (*Marienhof*-Mädchenschwarm Alfonso Losa) aus der Abteilung „Dumm fickt gut". Nur selten hat Unterwaldt zwischen all dem Klamauk, wie er auch einer deutschen Filmkomödie der fünfziger Jahre entnommen sein könnte, den Mut, diesen fleischgewordenen Klischees das wenig überzeugende Realistisch-Menschelnde zu nehmen und ihnen groteskere Züge zu verleihen

Im Falle der sexgeilen und auch sonst recht überkandidelten Operndiva Kriemhild Nastrowa (alias Andreja Schneider von den *Geschwister Pfister*) klappt das allerdings prima. Richtig in Fahrt gerät die Komödie schließlich, wenn sie ihr ureigenes Thema frech und dreist auszuspielen beginnt: die schnöde Verklemmtheit der Heteros, die die Schwulen um ihr reueloses Vergnügen zwischen Quickie im Park und One-Night-Stand ohne Verpflichtungen nur beneiden können. In dieser Hinsicht reiht sich *Wie die Karnickel* ein ins klassische, schwule Filmgenre des Aufklärungsfilms – mit dem Unterschied, dass hier den Heteros nicht mehr Toleranz gegenüber den Homos beigebracht werden soll, sondern sie für sich einiges über Coolness in Sachen freiem Sex und lockerem Umgang mit Pornokonsum lernen sollen.

„Nach Jahrhunderten, in denen Schwule lächerlich dargestellt wurden, ist es an der Zeit, das mal umzudrehen. Ich habe, anders als im Film Der bewegte Mann, *Wert darauf gelegt, dass in dieser Geschichte alle Figuren lächerlich sind." Drehbuchautor Ralf König*

D 2002 ⊜ Sven Unterwaldt jr. ⊙ Ralf König ⊕ Klaus Liebertz ♪ Marius Ruhland ⊛ Michael Lott, Sven Walser, Heinrich Schmieder, Heinrich Schafmeister, Andreja Schneider, Alfonso Losa, Anna Böttcher, Elke Czischek, Kelly Trump, Niels Ruf ⊙ 84, farbig ⒹⓀ

Wie man sein Leben lebt
THE NAKED CIVIL SERVANT

Quentin Crisp gilt als der erste offenlebende Schwule Großbritanniens. In seinem ersten autobiografischen Buch skizziert der Autor, Selbstdarsteller und Schauspieler Crisp seinen Lebensweg von der Kindheit in den zwanziger Jahren bis zum mittleren Alter in den siebziger Jahren. Konsequent, mit Beharrlichkeit und Mut ertrotzt und erkämpft sich Crisp (Hurt) das Recht auf seinen eigenen, anderen Lebendweg. Mit lackierten Fingernägeln und wehendem lila Schal flaniert er als selbstbewusste, damenhafte Tunte durch London, flirtet mit Matrosen, lässt sich verprügeln, aber niemals unterkriegen, selbst von der Polizei nicht. Die Gegner auf seinem privaten Feldzug gegen die Intoleranz sind pöbelnde Rowdies ebenso wie angepasste, spießige Schwule.

John Hurt wurde für seine überzeugende schauspielerische Leistung in dieser sich zwischen Ernst und Komik bewegenden Tragikomödie mit dem British Academy Award ausgezeichnet. Der echte Quentin Crisp ist im Film nicht zu sehen, er spricht jedoch zu Beginn aus dem Off.

GB 1975 ⊜ Jack Gold ⊙ Philip Mackie nach der Autobiografie *The Naked Civil Servant* von Quentin Crisp ⊕ Mike Fash ♪ Carl Davis ⊛ John Hurt, Liz Gebhardt, John Rhys-Davies, Colin Higgins, Stanley Labor ⊙ 80, farbig ⓉⓇ

Die wiedergefundene Zeit
LE TEMPS RETROUVÉ

Wer sich daranmacht, die vielschichtige Prosa Marcel Prousts verfilmen zu wollen, hat sich keine leichte Aufgabe gestellt. Luchino Visconti hat den Plan zeitlebens vor sich hergeschoben und ihn letztlich nicht mehr erfüllen können. Volker Schlöndorff wiederum ist mit *Eine Liebe von Swann* (1984) auf hohem Niveau gescheitert. Der in Paris lebende Chilene Raoul Ruiz hat sich mutig an den fünften Band des Romanzyklus *Auf der Suche nach der verlorenen Zeit* gemacht und die 500 Seiten auf zweieinhalb Kinostunden komprimiert. Wie in Prousts Romanwerk

überlagern sich auch in diesem ironisch-kritischen Gesellschaftspanorama die Zeitebenen, lösen kleine Details am Rande Erinnerungsschübe des Erzählers Marcel aus, schieben sich surreale Traumsequenzen in die breit gefächerte Handlung. Leicht wird es den Zuschauer nicht gemacht, bis er das große Personal, ihre heimlichen und offenen Liebesverstrickungen durchschaut und die verschiedenen Erzählstränge erkannt hat. Dann aber kann man eine Adaption genießen, die sowie bei der brillanten Besetzung als auch in der opulenten Ausstattung unermüdlich und verschwenderisch aus dem Vollen schöpft.

Drei zeitlich getrennte Hauptstränge der Erzählung verflechten sich miteinander. In der Rahmenhandlung zeigt Ruiz den sterbenskranken Marcel Proust (Engel). Vom letzten Teil des Romanzyklus ausgehend, reist der Ich-Erzähler Marcel (Mazzarella) zurück in seine Kindheit und Jugend. Wie im Roman, sind in Ruiz' Adaption immer wieder sinnliche Wahrnehmungen – der Klang eines Löffels in der Tasse, optische Eindrücke, Gerüche – Auslöser für Erinnerungen und damit auch Szenenwechsel. Auf seiner Zeitreise passiert Marcel einen imaginären, geheimnisvollen Raum mit schwarzen Zylindern und abgelegten Handschuhen – symbolische Versprechen auf spätere Vergnügungen in einer homoerotischen Männergesellschaft. Das Leben des erwachsenen Marcel spielt sich weitgehend bei Empfängen, auf Soireen und in Salons statt. Sein Asthmaleiden verbannt ihn immer wieder in Sanatorien. Die große Anzahl der Figuren vermag der Zuschauer kaum näher kennen zu lernen. Deshalb verzichtet Ruiz auch größtenteils auf tiefergehende Psychologisierung und ist bemüht, stattdessen die Suche Marcels und damit Prousts Prosatext in Filmsprache und -struktur zu übersetzen. Während die Frauenfiguren auffallend schemenhaft bleiben, werden die drei Männer Robert de Saint-Loup (Greggory), Charlie Morel (Pérez) und Baron de Charlus (Malkovich) zu zentralen Figuren des Films. Saint-Loup, verheiratet mit Gilberte Swann (Béart), sucht mit zunehmendem Alter sexuelle Vergnügungen bei seinen Besuchen im Männerbordell und beginnt eine Affäre mit dem Musiker Morel, der zuvor mit Baron de Charlus eine sexuelle Beziehung pflegte. Der Baron konnte seine Homosexualität jahrzehntelang verbergen, bis er durch Madame Verdurin (Pisier) deshalb öffentlich bloßgestellt und fortan gesellschaftlich geächtet wird.

„Die Homosexualität kehrt häufig wieder oder, wie man auch sagen könnte, sie ist beharrlich, so wie das Unbewusste beharrlich ist. Die Frage danach, ob diese oder jene Figur „es ist oder nicht", geht weit über das bloße Aussprechen dieser Frage hinaus. Die ist eine schlecht angebrachte Neugier. Was den Erzähler interessiert, ist nicht so sehr die Antwort, er möchte vielmehr wissen, wie diese flüchtigen Wesen funktionieren, die ihre Zeit damit zubringen, Verwirrung zu stiften, die die Kunst der Verkleidung pflegen, der sexuellen Verkleidung in diesem Fall, eine Kunst der Konversation oder der Inszenierung."

Drehbuchautor Gilles Taurand

F/I 1999 ⊛ Raoul Ruiz ⊙ Gilles Taurand, Raoul Ruiz nach dem Roman von Marcel Proust aus seinem Zyklus *Auf der Suche nach der verlorenen Zeit* ⊛ Ricardo Aronovich ⊙ Jorge Arriagada ⊛ Catherine Deneuve, Emmanuelle Béart, John Malkovich, Marcello Mazzarella, Pascal Greggory, Vincent Pérez, Chiara Mastroianni, André Engel, Mathilde Seigner, Edith Scob, Marie-France Pisier, Arielle Dombasle, Christian Vadim ⊙ 155, farbig

Wiener Brut

Hilde, eine junge Bewährungshelferin, lernt in einem besetzten Haus die Welt „sozial gefährdeter" Jugendlicher kennen, darunter der Schwule Lyn, der sich erfolgreich um die Stelle als Butler bei Prinzessin Maria Carolina, der Nichte von Ex-Kaiserin Zita, bewirbt. Die Prinzessin beschließt, selbst die Macht im Staat zu übernehmen. Es werden nur noch Terroristen gesucht, die Parlament und Fernsehen besetzen sollen. Butler Lyn gibt seine Hausbesetzer-Freunde als Organisation „Schwarzer Freitag" aus. Aber die Allianz von Monarchisten und Anarchisten scheitert an deren Forderung, nach gelungener Revolution, die Oper in einen Rockpalast zu verwandeln. Eine Mischung aus österreichischer K.U.K.-Parodie und Underground-Gaunerkomödie.

Österreich 1984 ⊛⊙⊙ Hans Fädler ⊛ Arthur Singer, Wendy Singer, Martin Wich, Johannes Weidinger ⊙ 97, farbig

Die Wiese der Sachen

Letzter Teil einer Experimentalfilm-Trilogie über die siebziger Jahre (nach *Normalsatz*, 1981, und *Die Basis des Make-Up*, 1984), der die Fäden und den Subtext der ersten Teile aufgreift und neu interpretiert. Emigholz' Filme haben keine klassische Handlung, sondern sind essayistische, rein assoziative Bildfolgen. Der Ex-Terrorist Charon (Rhode) sitzt am Ufer der Vergessenheit und kommentiert die bevorstehende Verwesung eines entführten Autohändlers. In seiner Erinnerung ziehen sein zweites und drittes Ich herauf: das eines Künstlers und das eines sadomasochistischen, schwulen Teppichhändlers. In den Bäuchen gestrandeter Schiffe haben Matrosen miteinander Sex.

BRD 1987 ⊛⊙⊛ Heinz Emigholz ⊛ Eckhard Rhode, Wolfgang Müller, Andreas Coerper, Hilka Norhausen, Claus-Wilhelm Klinker, Holger Wobker, John Erdman, Klaus Dufke ⊙ 88, s/w und farbig

Wigstock – Der Film
WIGSTOCK: THE MOVIE

Für die Initiatorin ist das Festival wie „Woodstock ohne schlechte Haarkultur". 1984 traf sich erstmals eine kleine Gruppe perücketragender Underground-Musiker, größten-

teils Drag Queens, im New Yorker East Village Park, Tompkins Square. Zehn Jahre später ist daraus ein großes Open-Air-Spektakel mit über 30.000 Zuschauern geworden. Der Film zeigt die Vorbereitungen und Höhepunkte des Jubiläumsfestivals und wirft einen ehrlichen und humorvollen Blick auf das Leben der Künstler und ihre ausgeflippten musikalischen Shows, darunter auch Hollywood-Schauspieler und Freizeit-Drag Queen Alexis Arquette, RuPaul und Joey Arias.

USA/D 1994 ⊛ Barry Shils ⊛ Wolfgang Held ⊛ RuPaul, Deee-Lite, Lypsinka, Crystal Waters, Alexis Arquette, The „Lady" Bunny, Jackie Beat, Joey Arias ⊙ 85, farbig ⒹⓉ ⓉⓇ Ⓓ

Wild Boy

Facettenreiches, um Poesie bemühtes Dokumentarporträt eines Zürcher Ex-Strichers. Philip ist nicht nur heroinsüchtig, sondern auch süchtig nach Schreiben. Der Schreibmaschine vertraut er seine innersten Wünsche, seine Einsamkeit, Hoffnungen und Träume an. In Gesprächen öffnet er sich, erzählt von seiner Sehnsucht nach Liebe, spricht über seine Beziehung zu Heroin, zur Prostitution und zu seinem literarischen Vorbild Jean Genet. Dazwischen geschnitten sind deshalb auch Ausschnitte aus Genets einzigem Film *Un Chant d'amour* (1950).

CH 1994 ⊛⊙ Josy Meier, Stefan Jung ⊛ Stefan Jung ⊙ Marcel Ackerknecht, Dieter Lengacher ⊛ Philipp Fedier ⊙ 45, farbig ⒫Ⓡ

Wilde Herzen
LES ROSEAUX SAVAGES

1993 drehte André Techiné im Auftrag des Fernsehsenders *arte* für eine Reihe zum Thema „Junge Liebe" das 60-minütige, autobiografisch angelegte Jugenddrama *Der Neue* (*Le Chêne et la roseau*). Im Jahr darauf stellte er mit *Wilde Herzen* die Kinoversion fertig, die als bester französischer Film für den Oscar nominiert wurde. Um den Darstellern viel Raum zu lassen, arbeitete Techiné zeitgleich mit zwei Kameras.

Im Sommer 1962 feiert Pierre seine Hochzeit, doch gleich nach dem Fest muss er seine südfranzösische Heimat verlassen und als Soldat nach Algerien abrücken. Vor diesem Hintergrund wird das Drama von vier Teenagern erzählt, die noch lernen müssen, sich politisch, sexuell und gesellschaftlich zu orientieren. Pierres Bruder Serge (Rideau), ein kräftiger, sportlicher Bauernbursche, lernt im Internat den großbürgerlichen, herzkranken und deshalb körperlich geschwächten Bücherwurm François (Morel) kennen. Zusammen machen sie erste sexuelle Erfahrungen. Für Serge ist dies jedoch nur ein pubertäres Experimentieren. Er hat sich in Maitê (Bouchez), die

Tochter der sozialistischen Internatslehrerin Alvarez, verliebt. Der schwule François hingegen macht sich Hoffungen. Kurz vor dem Schulende kommt ein neuer Schüler in die Klasse, der 17-jährige algerisch-französische Henri (Gorny). Er ist der einzige, der sich politisch artikuliert, allerdings als Gegner der algerischen Separationsbestrebungen mit stark rechtsradikalem Gedankengut.

Die Gefühle dieser vier Jungen sind noch im Fluss; mit wachsender Heiterkeit schildert Techiné in diesem komplexen, einfühlsamen Generationenporträt Liebesleid und Melancholie. Das Drama des Erwachsenwerdens haben alle zu bewältigen, gleich ob schwul oder hetero.

F 1994 ⊕⊙ André Techiné ⊕ Jeanne Lapoirie ⊙ The Beach Boys ⊕ Gaël Morel, Elodie Bouchez, Frédéric Gorny, Stéphane Rideau, Michelle Moretti, Laurent Groulet, Nathalie Vigne ⊙ 110, farbig
ⒸⓄ Ⓚ

Wilde Körper
FREE LOVE CONFIDENTIAL

Zwei junge, abenteuerlustige Frauen (Miller, Corday) genießen ihr Cabrio, die Unbekümmertheit ihrer Jugend und manchmal auch eine Tüte Marihuana. Um an Geld zu kommen, nehmen sie ein Angebot für schlüpfrige Fotos an, werden dann aber von der butchen, Männerkleidung tragenden Lesbe Mickey erpresst. Erst will sie sexuelle Dienstleistungen und, nachdem sie diese bekommen hat, auch noch Geld. Die Übergabe findet in einem Oben-Ohne-Tanzlokal statt, in der Mickey im Lederdress und als Julius Cäsar kostümiert die Hüften kreisen lässt. Die Moral dieses den Zeitgeist der sechziger Jahre atmenden B-Pictures: Lesben sind hinterhältige Wesen, Hippies hingegen richtig klasse.

USA 1967 ⊕ Gordon Heller ⊙ Sanford White ⊕ Manuel Conde ⊙ Miklos Robag (Miklós Gábor) ⊕ Karen Miller, Yvette Corday, John Warren, Rick Stevens, Mia Parks ⊙ 62, s/w

Wilde Nächte
LES NUITS FAUVES

Der 30-jährige, erfolgreiche Dokumentarfilmer Jean (Collard) ist bisexuell und HIV-positiv. Was dies in seiner ganzen Tragweite bedeutet, wird ihm erst so richtig bewusst, als er die 17-jährige Laura (Bohringer) kennen lernt. Nach dem ersten gemeinsamen Sex gesteht er ihr seine Infektion. Darüber kommt es zum Streit, doch Laura verzeiht ihm und arrangiert sich auch mit seiner Bisexualität, weiß jedoch nichts von seinen sexuellen Erlebnissen beim nächtlichen Cruisen am Ufer der Seine. Als schließlich der junge Rugbyspieler Samy (Lopez) auftaucht, ist die Beziehung erstmals wirklich gefähr-

det. Doch Laura ist nicht bereit, ihre erste große Liebe zu teilen Die Dreierbeziehung wird für alle Beteiligten zur Hölle und endet schließlich in Eifersucht und gewalttätigem Streit.

Collards Filmdebüt zeichnet sich durch einen rasanten Rhythmus und eine bewusste Ruppigkeit der Kameraführung aus, mit dem er die bis in die Zerstörungslust getriebene Leidenschaft seiner Protagonisten in eine direkte, packende Bildsprache umzusetzen versuchte.

Collard wurde 1993 posthum mit vier Césars ausgezeichnet, u.a. für das beste Debüt und den besten französischen Film des Jahres. Drei Tage vor der Preisverleihung war er an den Folgen seiner Aids-Erkrankung verstorben.

„Mir erscheint die Bisexualität nicht ein wirkliches Thema des Films zu sein. Es ist einfach eine feststehende Tatsache: Jean ist bisexuell. Was mich vielmehr interessiert ist, wie diese Bisexualität sich auf die Beziehungen zwischen den Figuren auswirkt. Samys Hereinbrechen zwischen Jean und Laura löst eine Krise aus – wie in den klassischen Dreiecksbeziehungen, nur dass in diesem Fall die beiden Männer eine Liebesbeziehung haben."
Regisseur und Hauptdarsteller Cyrill Collard

F 1992 ⊕⊙ Cyrill Collard nach seinem gleichnamigen Roman ⊕ Manuel Terán ⊕ Cyrill Collard, Romane Bohringer, Carlos Lopez, Corine Blue, Claude Winter, René-Marc Bini, Maria Schneider ⊙ 126, farbig
Ⓑ Ⓐ

Windhunde
STREAMERS

Vietnamkrieg 1965. Eine Gruppe von Fallschirmspringern wartet auf ihre Versetzung an die Front. Die Rekruten Billy (Modine), Roger (Grier) und Ritchie (Lichtenstein) sind nicht nur mit der Grausamkeit des Krieges konfrontiert, sondern müssen auch lernen, ihre Persönlichkeit aufzugeben und sich ganz dem Gruppenzwang und der soldatischen Disziplin unterzuordnen. Richie erweist sich zunächst als blasierter Junge aus reichem Hause und zudem als schwul, doch die drei Männer raufen sich zusammen. Als jedoch der schwarze Rekrut Carlyle (Wright) hinzustößt, kommt durch sein rebellisches und unangepasstes Verhalten Unfrieden und Unruhe in die Gruppe. Völlig aus dem Ruder gerät die Situation, als Carlye und Billy sich sexuell miteinander einlassen. Billy rastet aus, weil er sich seiner eigenen, unterdrückten homoerotischen Neigungen gewahr wird. Die Situation eskaliert und fordert am Ende zwei Tote.

Anders als in der Dramenvorlage angelegt, ist Richie im Film ein relativ selbstbewusster Schwuler. Im Theaterstück bleibt offen, wie manifest die homosexuellen Neigungen jeweils sind, dadurch wird die heterosexuell-machistische Angst vor der vermeintlich überall lauernden Homosexualität greifbarer. Das beklemmende, aufwühlende, sich nach und nach zuspitzende Kammerspiel bekam überraschenderweise in Deutschland zunächst keinen reguläreren Kinoeinsatz, sondern wurde erstmals im Programm des ZDF gezeigt.

USA 1983 ⊜ Robert Altman ☺ David Rabe nach seinem gleichnamigen Bühnenstück ☻ Pierre Mignot ⓦ Matthew Modine, Michael Wright, Mitchell Lichtenstein, David Allen Grier, George Dzundza ☺ 118 (dt. Fassung 112), farbig
Ⓜ︎Ⓕ Ⓖ Ⓜ

Wittgenstein

Die Biografie des Wiener Philosophen Ludwig Wittgenstein (Johson), der in Cambridge zu Weltruhm gelangte, ist Ausgangspunkt für einen frei assoziierten, biographischen Spielfilm. In einer theaterhaften, farbenprächtigen Kulisse zeigt Jarman Szenen aus Wittgensteins Leben: zaghafte schwule Affären mit Studenten und Strichjungen, Fluchtversuche in die Einsamkeit Norwegens und Irlands. Jarman reflektiert damit zugleich wie schon in anderen Filmen die Situation von Homosexuellen im Großbritannien der Thatcher-Ära. Gleichzeitig gelingt Jarman und seinem Drehbuchautoren, dem Literaturwissenschaftler Terry Eagleton, die Farb- und Sprachphilosophie Wittgensteins spielerisch und originell in den Film zu verpacken und auf unterhaltsame, komödiantische Weise komplexe Ideen zu vermitteln. Da werden die Grundsätze der Logik mit Hilfe von grünen Marsmenschen erklärt und während einer Auseinandersetzung zwischen Wittgenstein und Bertrand Russell (Gough) taucht ein, logisch betrachtet, nicht vorhandenes Nashorn von beiden unbemerkt unter einem Tisch hervor.

„Ich habe viel von Ludwig in mir, nicht in meiner Arbeit, aber in meinem Leben. Dem Film gegenüber habe ich dieselben Gefühle, wie sie Ludwig gegenüber der Philosophie hatte: Es gibt Wichtigeres." Regisseur Derek Jarman

GB 1993 ⊜ Derek Jarman ☺ Derek Jarman, Terry Eagleton, Ken Butler ☻ James Welland ☺ Jan Latham-Koenig ⓦ Karl Johnson, Michael Gough, Tilda Swinton, John Quentin, Kevin Collins, Clancy Chassay, Nabil Shaban ☺ 71, farbig

Die Wolfsbraut

Der ambitionierte Low-Budget-Film aus dem Berliner Untergrund erzählt die Geschichte der arbeitslosen Filmemacherin Mascha (Barnstedt), die sich auf der Suche nach Halt und neuem Sinn in die sehr viel jüngere, unkonventionelle Dennis verliebt. Dennis, dargestellt von der afrodeutschen Sängerin Martine Felton, ist Putzfrau in einem Kino und träumt von der großen Karriere. Die leidenschaftliche Affäre der beiden unterschiedlichen Frauen leidet allerdings unter Maschas zu großem Bedürfnis nach Nähe und Zusammengehörigkeit und Dennis' Drang nach Freiheit.

Ein witziges Zeitporträt aus dem sorgenlosen West-Berlin Mitte der achtziger Jahre, wo alles ging und einzig die persönliche Selbstverwirklichung im Vordergrund stand. Sicher kein großer Lesbenfilm, aber ein schönes Szenewerk. In einer Glanzrolle ist Underground-Filmemacher Lothar Lambert als Transe Marilyn alias Kurtchen zu sehen. Außerdem gab es die talentierte Sängerin Martine Felton zu entdecken, die auch musikalisch im Film präsent ist. 1992 drehte Beiersdorf mit *Eine Tunte zum Dessert* eine weniger gelungene Fortsetzung.

BRD 1984/85 ⊜☺ Dagmar Beiersdorf ☻ Christoph Gies ☺ Pete Wyoming-Bender, Albert Kittler, A. M. Hildebrand ⓦ Imke Barnstedt, Martine Felton, Lothar Lambert, Albert Heins, Mustafa Iskandarani ☺ 85, farbig
Ⓑ︎Ⓘ Ⓓ︎Ⓣ

The Wolves of Kromer

Klein und beschaulich sei die Stadt Kromer, hören wir eine Stimme aus dem Off sagen, aber dennoch habe sich hier eine nicht ganz gewöhnliche Geschichte zugetragen. Der da mit betulichem Märchenton in die Geschichte einführt, ist niemand anders als die einstige Popikone Boy George. Damals in den Achtzigern war er berühmt. Auch wenn *Wolves of Kromer* erst 1999 entstand, was seine Intention betrifft, so würde man den Film wohl auch eher zwei Jahrzehnte älter schätzen.

„Steh zu dir selbst, sonst bist du verloren." So ähnlich läßt sich wohl die Botschaft zusammenfassen. Im Wald von Kromer, irgendwo in England, leben die beiden Wölfe Seth (Williams) und Gabriel (Layton). Zwei verstoßene junge Männer in zerfetzen Jeans und mit schmutzigen langen Fingernägeln. Einzig mit einem Kunstpelzmantel bedeckt, an dem auch noch ein niedlicher langer Schwanz baumelt. Ein Liebespaar zudem und eigentlich gar nicht unheimlich.

Diese Wölfe können Motorrad fahren, klauen einsamen Spaziergängerinnen die Handtasche und verprassen die Beute am nächstgelegenen Flipper-Automaten. Weil sie anders sind,

werden sie als Sündenböcke missbraucht. Zwei alte Schachteln morden ihre Herrin und dichten deren Tod den Wölfen an. Der schießwütige Dorfpriester (Moore) kann endlich die Hetzjagd anführen. Und als wäre dies nicht schon genug, müssen sich die beiden Gejagten auch noch mit ihrer Selbstfindung herumschlagen. Seth lässt sich nämlich von einer ganz und gar menschlichen Frau verführen. Doch seine wahre Liebe, das lehrt ihn dieser One-Night-Stand, gehört Gabriel. Aber wie in allen aufklärerischen Streifen eben jener achtziger Jahre ist dieser Liebe jenseits der allgemeinen Norm kein Glück auf Erden beschert. Mit Kugeln im Herzen verbluten die beiden in der Umarmung und finden ihren Frieden und ihre Seligkeit nur im Himmel. Trotz respektabler Besetzung geht die Mischung aus Fantasy-Krimi und Sozialdrama nicht auf. Die Ideen verpuffen, weil sich der Regisseur nicht so recht zwischen allegorischem Werwolfmärchen und romantischer Lovestory zu entscheiden wusste.

GB 1999 ⊕ Will Gould ○ Matthew Read, Charles Lambert nach seinem Theaterstück ⊕ Laura Remacha ♪ Basil Moore-Asfouri ⊛ Lee Williams, James Layton, Rita Davies, Matthew Dean, Rosemarie Dunham, Kevin Moore, David Prescott, Angharad Rees ⊕ 82, farbig
ⓒⓞ Ⓥ Ⓣ

Womit hab' ich das verdient?
¿QUE HE HECHO YO PARA MENECER ESTO?

Mit seiner Tragikomödie über den tristen Alltag einer Hausfrau in einer Madrider Trabantenstadt zeigt Almodóvar seine Verbundenheit zum italienischen Neorealismus, aber auch zu seinem Vorbild Rainer Werner Fassbinder. Der besondere Almodóvar'sche Tonfall ergibt sich allerdings dadurch, dass die sozialkritischen und melodramatischen Elemente ständig komisch gebrochen werden.

Gloria (Maura) kann ihr Leben ohne ihre Tranquilizer kaum ertragen. Um die Haushaltskasse aufzubessern, arbeitet sie als Putzhilfe. Zu ihren wenigen Freundinnen gehört ihre Nachbarin Cristal Scott (Forqué), eine Hure. Glorias Söhne dealen Drogen und gehen auf den Strich. Ihr Ehemann Antonio (López), ein Taxifahrer, ist ein ungehobelter Klotz, der sei-

ner großer Jugendliebe nachtrauert: dem einstigen deutschen Schlagerstar Ingrid Müller, deren Chauffeur und Geliebter er vor Jahren war. Glorias Nachbar Lucas, ein gescheiterter und bankrotter Schriftsteller, der Antonio zunächst überreden wollte, Hitlers Autobiografie zu fälschen, erfährt von dieser frühen Verbindung und reist nach Berlin, um die depressive Müller nach Madrid zu holen. Der vergessene Star begeht jedoch Selbstmord. Währenddessen erschlägt Gloria in ihrer Wut den Gatten mit einer Hammelkeule. Der Mord bleibt unentdeckt. Der älteste Sohn Toni (Martínez) ist mit der Großmutter (Lampreave) in deren Heimatdorf gezogen. Den jüngeren, frühreifen und schwulen Miguel, ist Gloria anderweitig losgeworden: Sie hat ihn einem pädophilen Zahnarzt zur „Adoption" überlassen.

„In Womit hab' ich das verdient? *habe ich mehr als sonst persönliche Familienerinnerungen verarbeitet. Die Figur der Großmutter geht auf meine eigene Mutter zurück; sie gebraucht Redewendungen, die typisch für sie sind. Die Kleider, die Carmen Maura trägt und die für mich sehr wichtig sind, gehörten meiner Schwester oder Freundinnen meiner Schwester, von denen ich sie mir geholt habe. Carmens Kostüme mußten unbedingt häßlich sein, von der gewohnlichen Häßlichkeit abgetragener Kleidung."* Regisseur Pedro Almodóvar

Spanien 1984 ⊛○ Pedro Almodóvar ⊕ Ángel Luis Fernández, José Luis Martínez ♪ Bernardo Bonezzi ⊛ Carmen Maura, Ángel de Andrés López, Chus Lampreave, Verónica Forqué, Kiti Manver, Juan Martínez, Miguel Ángel Herranz, Cecilia Roth, Fanny McNamara ⊕ 102, farbig
ⓅⒶ

Working Girls

Die feministische Regisseurin Lizzie Borden (*In Flammen geboren*, 1983) porträtiert in ihrem provozierenden Doku-Drama einen Tag im Leben von vier Prostituierten in einem Bordell in Manhattan. Erzählt wird die nüchterne Betrachtung über käuflichen Sex, über die Frauen, die aus diversen Gründen davon leben müssen, und die Männer, die diese Dienstleistung kaufen, aus der Sicht der lesbischen Fotografin Molly (Smith). Sie arbeitet ebenfalls als Prostituierte und genau wie bei ihren Kolleginnen, weiß der Partner oder in diesem Falle die Partnerin nichts davon. Die weiße Molly lebt mit ihrer schwarzen Freundin und deren Tochter zusammen. Obwohl die lesbische Figur einer der Hauptcharaktere ist, liegt der Schwerpunkt des Films eher darin, die Normalität des Berufs der Prostituierten vorurteilsfrei und fernab von Klischees zu zeigen.

„Wenn eine Frau sich dafür entscheidet, lieber dreimal in der Woche Sex gegen Geld zu haben, statt 40 Stunden im Copy-

*Shop zu arbeiten (…), dann glaube ich, sollten wir alle die-
se Wahl haben."   Regisseurin Lizzie Borden, die mittlerweile
Hardcore-Pornos dreht.*

USA 1986 ⊕ Lizzie Borden ◎ Lizzie Borden, Sandra Kay (Marusia Zach) ⊕ Judy Irola ♪ David van Tieghem ⊛ Louise Smith,
Ellen McElduff, Amanda Goodwin, Marusia Zach, Richard Davidson
⊙ 93, farbig
ⓅⓇ

Der Würger von Boston
THE BOSTON STRANGLER

Ein Frauenmörder versetzt Boston in Angst und Schrecken.
Obgleich alle Opfer weiblich sind, sucht die Polizei gezielt
auch innerhalb der Schwulenszene. Logisch im Verständnis
der Kriminalisten der sechziger Jahre: Derart perverse Verbrechen können nur von Perversen verübt werden. In diesem
Zusammenhang gibt es eine bemerkenswerte, weil zu dieser Zeit seltene Innenansicht einer Schwulenbar. Jedoch werden die Lesben und Schwulen konsequent als negatives Klischee gezeigt. Hurd Hatfield spielt einen reichen Homosexuellen, der unter besonderen Verdacht gerät. Seine Vermieterin
ist eine unangenehme Lesbe. In der Summe dürfte *Der Wür-
ger von Boston* neben *Der Detektiv* (1967) einer der homo-
sexuellenfeindlichsten US-amerikanischen Filme dieser Deka-
de sein.

USA 1968 ⊕ Richard Fleischer ◎ Edward Anhalt nach einem
Buch von Gerold Frank ⊕ Richard Kline ♪ Lionel Newman
⊛ Tony Curtis, Henry Fonda, George Kennedy, Mike Kellin, Murray
Hamilton, Sally Kellerman, Jeff Corey, William Marshall, Hurd Hat-
field ⊙ 116, farbig
Ⓣ ⒽⓅ

Wunderland der Liebe – Der große deutsche Sexreport (1969)

Aus der Welle sogenannter Sexreports Ende der sechziger und
Anfang der siebziger Jahre fällt diese Produktion ein wenig
heraus. Sie ist zwar genauso schlecht und humorlos produziert, verfolgt aber tatsächlich einen halbwegs aufklärerischen
Anspruch und verströmt mit ihrer Themenauswahl geradezu linksintellektuellen Zeitgeist: Zwei Frauen bekennen sich
zu ihrer Liebe. Ein Stricher berichtet über seine Arbeit. Joachim Driessen, Gründer der „Deutschen Sex Partei" kommt zu
Wort, ebenso der Herausgeber des schwulen Magazins *him*.

Ein Kuriosum stellen auch die Autoren und Produzenten
des Films dar: Joe Hembus etablierte sich in den siebziger
Jahren als Autor mit profundem Wissen über das deutsche
Kino, Peter Hajek machte Karriere als Regisseur, Dieter Geissler wurde Co-Produzent von Viscontis *Ludwig II.* (1972). Und
noch einer machte Karriere: Darsteller Jürgen Drews hatte als
Schlagersänger doch mehr Erfolg.

BRD 1969 ⊕ Dieter Geissler ◎ Joe Hembus, Peter Hajek, Karlheinz Freynik, Günter Rupp ⊕ Hubertus Hagen ♪ The Apocalyp-
sis ⊛ Jürgen Drews, Sabine Clemens ⊙ 87, farbig
Ⓓ ⓅⓇ

Y

Y Tu Mamá, Tambien – Lust For Life
Y TU MAMÁ TAMBÍEN

Auf einer Familienparty wird Luisa (Verdú) von ihrem 17-jährigen Neffen Tenoch (Luna) und dessen Freund Julio (Bernal) angebaggert. Amüsiert geht die elf Jahre ältere Luisa auf die beiden Jungs ein, die ihr eine Reise zu einem geheimen Traumstrand versprechen. Als Luisa unerwartet zusagt, müssen sie improvisieren und so beginnt ein Road-Movie quer durch Mexiko. Natürlich träumen beide Jungen vom Sex mit der älteren Schönheit, geraten aber zunehmend aneinander, um sich bei Luisa in eine bessere Position zu bringen. Dem heftigen Werben der beiden Teenager steht Luisa erstaunlich offenherzig gegenüber, die Freundschaft der beiden Jungen wird durch Konkurrenzverhalten, Neid und Eifersucht jedoch auf eine harte Probe gestellt. Zwischen den Tete-a-tetes in diversen Hotelzimmern führt sie die Reise zum vermeintlichen Traumstand durch ein unterentwickeltes Land, dessen desolate Lebensverhältnisse im krassen Gegensatz zu den üppigen Partys der Großstadt stehen, mit denen die Geschichte begonnen hat. Wenn die beiden zu Beginn noch nebeneinander liegend um die Wette wichsen und sich durch schwulenfeindliche Sprüche zu profilieren versuchen, so findet die schwelende homoerotische Anziehung zuletzt bei einem gemeinsamen Dreier mit Luisa ihre Erfüllung. Luisa hatte dies im pubertären Zwist der beiden längst erkannt: „Was ihr wirklich wollt, ist doch miteinander zu ficken!"

„Es geht um sexuelle Identität, um eine Ideologie, um einen Standort im Leben, gesehen aus dem Blickwinkel zweier Typen, die bei all dem erkennen, dass es Dinge im Leben gibt, die man einfach nicht kontrollieren kann." Darsteller Diego Luna

Mexiko 2001 ⊕ Alfonso Cuarón Ⓦ Alfonso Cuarón, Carlos Cuarón ⊕ Emanuel Lubezki ⊛ Gael Garciá Bernal, Maribel Verdú, Diego Luna ⊙ 105, farbig
ⓑⓘ ⓒⓞ

Young Soul Rebels

London, Sommer 1977. Die Stadt steht ganz im Zeichen der Feierlichkeiten zum Silbernen Jubiläum von Queen Elisabeth II. Die Afrobriten Chris (Nonyela) und Caz (Sesay), der eine schwul, der andere hetero, betreiben in einer Garage gemeinsam einen Piratensender. Mit ihm verbreiten sie ihre „soul message" quer durch London, um die Feierlichkeiten zu sprengen und damit auch die Existenz einer anderen Kultur als der herrschenden, weißen zu postulieren. Ihr Erfolg und ihre Freundschaft werden jedoch durch die Umstände eines unaufgeklärten Mordfalls im nahegelegenen Park bedroht. Dort wurde ihr Freund T. J. (Chung) tot aufgefunden. Chris gelangt an den Kassettenrecorder T. J.s, der im Gebüsch gefunden wurde, und auf dem die Stimmen von T.J. und seinem Mörder aufgenommen sind. Bei einem Soulkonzert, das von Skinheads gesprengt wird, kann der Täter gefasst werden.

Isaac Juliens Milieustudie aus der Subkultur der Emigranten Londons bewegt sich zwischen Krimi und schwuler Lovestory und leidet unter der thematischen Überfrachtung: Rassismus, schwules Liebesdrama, Männerfreundschaft, weiße versus schwarze Pop- und Jugendkultur. Der politische Hintergrund von Skins und Punks, die als gegenläufige Protestbewegungen den Hintergrund für das Drama abgeben, bleibt überraschenderweise völlig außen vor.

GB 1991 ⊕ Isaac Julien Ⓦ Isaac Julien, Paul Hallam ⊕ Nina Kellgren ⊙ Simon Boswell, Bootsy Collins ⊛ Valentine Nonyela, Mo Sesay, Dorian Healy, Frances Barber, Shyro Chung, Jason Durr, Debra Gillett, Nigel Harrison, Sophie Okonedo ⊙ 103, farbig
ⓑⓒ ⓣ

Z

Z

Die Ermordung eines pazifistisch engagierten Universitätsprofessors, während einer Demonstration, ausgeführt von höchsten Regierungskreisen, soll vertuscht werden. Dies führt zu einem politischen Komplott. Ohne die Namen direkt zu nennen, stellt *Z* eine Verfilmung des Attentats auf den griechischen Politiker Grigoris Lambrakis im Jahre 1963 dar.

Einer der bösartigsten und übelsten Handlanger des Geheimdienstes, der Attentäter Vago (Bozzufi), wird explizit als schwul dargestellt, während die Sexualität der anderen Verschwörer nicht thematisiert wird. Vorbestraft wegen Vergewaltigung von Jungen in einem Pfadfinderlager, wird Vago nicht nur als Spanner gezeigt, der einen halbnackten Mann auf einem Balkon beobachtet, sondern auch, als einer der einen anderen beim Spielen am Flipperautomaten betatscht. *Z* wurde mit dem Oscar für den besten Ausländischen Film ausgezeichnet.

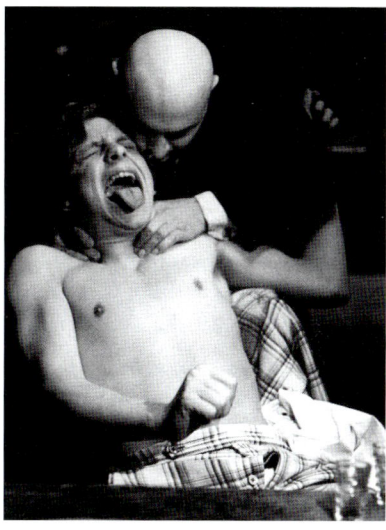

F/Algerien 1968 ◉ Costa-Gavras ⓒ Costa-Gavras, Jorge Semprun nach einem Roman von Vassili Vasdorakis ⓦ Yves Montand, Irene Papas, Jean-Louis Trintignant, Magali Noël, Marcel Bozzufi, Clotilde Joanno ⓣ 126, farbig
◎ Ⓗ̲ⓟ̲

Die Zärtlichkeit der Wölfe

Rainer Werner Fassbinder verhalf mit diesem Film Ulli Lommel, der zum engeren Kreis der künstlerischen Fassbinder-Familie gehörte, zu einer eigenen Regiearbeit. Auch Kurt Raab (Buch und Hauptrolle), der in fast allen Fassbinder-Filmen als Ausstatter oder Darsteller mitwirkte, bekam die Gelegenheit, sich deutlicher zu profilieren. Sein Drehbuch mit dem ursprünglichen Titel *Fuchs und Wolf* hatte Raab vor Fassbinder lange geheim gehalten, da er Angst hatte, dieser würde das Skript als unbrauchbar abtun.

Die Geschichte basiert auf dem authentischen Fall des homosexuellen Massenmörders Fritz Haarmann (siehe auch *Der Totmacher*, 1995), der in den zwanziger Jahren in Hannover rund 40 junge Männer im sexuellen Rausch ermordet hat.

Drehbuchautor Raab verlegt den Fall ins Ruhrgebiet nach dem Zweiten Weltkrieg. Auch sein Haarmann, ein kahlköpfiger, ganz seinen sexuellen Trieben gehorchender Einzelgänger, freundet sich mit herumstreunenden Jugendlichen an, die er in seine Wohnung einlädt, welche sie nicht mehr lebend verlassen. Stattdessen werden sie von Haarmann fachgerecht zerlegt.

Lommel inszeniert seinen eigenwilligen, teilweise etwas langatmigen Film nicht als blutrünstiges Mörderspektakel, sondern als böses, poetisches Kinomärchen. Haarmann gerät durch das intensive Spiel Raabs zu einem bemitleidenswerten Monster in Menschengestalt und erinnert nicht zuletzt auch durch seine Erscheinung an Max Schreck als dämonischer Vampir in Murnaus *Nosferatu – Eine Symphonie des Grauens* (1922). Die Premiere des Films 1973 in Berlin wurde von demonstrierenden Schwulenaktivisten gestört. Sie warfen dem schwulen Regisseur vor, einmal mehr Homosexuelle lediglich in Zusammenhang mit Perversion zu zeigen.

„Es ging uns nicht darum, einen historischen oder einen dokumentarischen Film über Haarmann zu machen, eine soziologische Studie darüber, wie Haarmann zum Massenmörder geworden ist, sowieso nicht. Es sollte ein Kriminalfilm, ein Thriller über einen Massenmörder sein in einer Zeit, die ihm den Nährboden bot. Das war in den zwanziger Jahren gegeben, aber in den Jahren nach dem zweiten Weltkrieg war die Situation ähnlich." Drehbuchautor und Hauptdarsteller Kurt Raab

BRD 1973 ◉ Ulli Lommel ⓒ Kurt Raab ⓦ Jürgen Jürges ⓙ Peer Raben ⓦ Kurt Raab, Jeff Roden. Margit Carstensen, Wolfgang Schenck, Rainer Hauser, Rainer Werner Fassbinder, Ingrid Caven, Barbara Schrein ⓣ 95, farbig
Ⓣ Ⓟ̲Ⓐ̲

Der Zauberer von Oz
THE WIZARD OF OZ
Deutscher Alternativtitel: Das zauberhafte Land

Ein Wirbelsturm bringt die Farmertochter Dorothy (Garland) mit ihrem Hund Toto in ein Märchenreich und damit beginnt nicht nur ihre gefahrvolle Reise zum Zauberer von Oz, auf der sie eine Vogelscheue ohne Verstand (Bolger), einen Blechmann ohne Herzen (Haley) und einen Löwen ohne Mut (Lahr) kennen lernt. Mit dieser Rahmengeschichte in Kansas beginnt auch einer der (US-amerikanischen) schwulen Kultfilme schlechthin. *Der Zauberer von Oz* ist aus vielen Gründen ein bemerkenswerter Film. Der Löwe, vermutlich eine Selbstparodie auf das MGM-Maskottchen, ist sehr deutlich als schwul charakterisiert. „Oh, es ist traurig, ...wenn man als Weichling (sissy) geboren ist", jammert er an einer Stelle. Das Pendant zu *Alice im Wunderland* und *Peter Pan* ist geradlinig strukturiert und schwelgt in einer perfekten Ausstattung samt aufwändiger Tanzszenen und märchenhafter Hintergrundmalereien, die, in dem zu der Zeit gerade neu entwickelten Technicolor-Verfahren produziert wurden und besonders beeindruckend erscheinen. Nicht weniger als sechszehn Drehbuchautoren und vier Regisseure wurden während der Dreharbeiten verschlissen. Victor Fleming verließ die Dreharbeiten frühzeitig, um *Vom Winde verweht* (1939) beginnen zu können. Danach arbeiteten u.a. George Cukor und King Vidor am Film. Letzterem werden die beiden berühmtesten Szenen zugesprochen, in denen Judy Garland als Vertreterin der reinen Unschuld ihre Lieder *We're Off To See the Wizard* und die Homo-Hymne *Somewhere over the Rainbow* singt. Ausgerechnet dieses Lied war nach einer Preview von den Produzenten zunächst gestrichen worden. 1939 gab es dafür einen Oscar (Bester Song), sowie einen für die beste Filmmusik und einem Ehrenpreis für den damaligen Teenagerstar Judy Garland. Viele Textzeilen bekamen gerade in der US-amerikanischen homosexuellen Subkultur im Laufe der Jahrzehnte ein Eigenleben. Dorothys Bemerkung „We are not in Kansas anymore" gehört dazu. Andererseits wurde die Frage „Are you a friend of Dorothy?" zu einem sprachlichen Code, um von Unbekannten diskret zu erfahren, ob sie homosexuell sind.

2000 wurden mehre Objekte aus dem Filmfundus zu *Der Zauberer von Oz* versteigert. Die roten Schuhe von Dorothy gingen für 1,4 Millionen DM an einen Sammler. Das Kostüm des Löwen fand hingegen keinen kaufkräftigen Liebhaber.

USA 1939 ☻ Victor Fleming sowie – nicht im Vorspann genannt – King Vidor, George Cukor, Richard Thorpe ☺ Noel Langley, Florence Ryerson, Edgar Allen Woolf, Herman Mankiewicz nach dem Roman von Lyman Frank Baum, sowie – nicht im Vorspann genannt – Irving Brecher, William H. Cannon, Herbert Fields, Arthur Freed, Jack Haley, E. Y. Harburg, Samuel Hoffenstein, Bert Lahr, John Lee Mahin, Jack Mintz, Ogden Nash, Sid Silvers ⊕ Harold Rosson, ♪ Herbert Stothart ☻ Judy Garland, Frank Morgan, Ray Bolger, Bert Lahr, Jack Haley, Margaret Hamilton ⊙ 107 s/w und farbig ◎

Zeit nach Mitternacht
AFTER HOURS

Computerfachmann Paul (Dunne) verlässt eines Nachts sein überschaubares Dasein und streift durch die urbane Subkultur von Soho, wo er Künstlern, Kriminellen, Selbstdarstellern und Ausgeflippten begegnet. Unter anderem kreuzen in einer Bar zwei Lederschwule seinen Weg. Der schwule Drehbuchautor Victor Bumbalo hat selbst eine kleine Rolle als schwuler Mieter eines Hauses übernommen, in das Paul eingebrochen sein soll. Der schwule Schriftsteller Robert Plunket spielt in dieser Großstadtkomödie den schwulen Mark, mit dem Paul auf der Straße ins Gespräch kommt.

USA 1985 ☻ Martin Scorsese ☺ Joseph Minion ⊕ Michael Ballhaus ♪ Howard Shore ☻ Griffin Dunne, Roseanna Arquette, Linda Fiorentino, John Heard, Robert Plunket, Victor Bumbalo, Joel Jason, Rand Carr ⊙ 100, farbig

Zero Patience

Der Filmtitel ist ein Wortspiel und bedeutet einerseits „Null Geduld", welche HIV- und Aids-Erkrankte haben, wenn es um ihr vom Tod bedrohtes Leben und die vagen Heilungsaussichten geht. Der Titel ist aber auch als „Patient Null" zu lesen. Gemeint ist damit jener schwule, franko-kanadische Flugbegleiter, der als erster den HI-Virus in die USA eingeschleppt und durch seine zahlreichen Sexkontakte verbreitet haben soll. Er wurde für Wissenschaftler, Presse und auch Betroffene durch seinen lockeren Lebenswandel zum Sündenbock. In John Greysons Musical wurde er nun zum Filmhelden. Als unsichtbarer Geist wandelt Zero (Fauteux) durch die Gegenwart, besucht frühere Lover und trifft bei seinen Zeitreisen auch auf den viktorianischen Anthropologen Sir Richard Francis Burton (Robinson), der infolge eines Laborexperiments unsterblich geworden ist. Nun arbeitet der prüde Sexualwissenschaftler in einem naturgeschichtlichen Museum von Toronto an einem Schaukasten über eben jenen „Patient Zero", mit dem der Zusammenhang zwischen Aids und Homosexualität den Besuchern erklärt werden soll.

Die abstruse Handlung von Greysons Revue wird zusammengehalten durch absurde Tanz- und Shownummern. Eine Lederlesbe erscheint als wehrhafte Meerkatze (die auch mal als Ausgangspunkt des HI-Virus verdächtig wurde), zwei Arschlöcher singen im Duett über Machtbeziehungen, der US-amerikanische Aids-Aktivist und Popmusiker Michael Callen spielt Miss HIV und streitet sich mit anderen Viren um die tatsächliche Herkunft von Aids.

Die Musik ist eingängig und manchmal etwas einfältig, die Bild- und Szenenideen jedoch sind trotz geringen Budgets originell. Greyson rückt dem Thema und insbesondere den Fragen nach Schuldzuweisung und fehlgerichteter medizinischer Forschung ohne Scham und Mitleid zu Leibe und demontiert durch seine Schrillheit den, in der Öffentlichkeit durch die Medien erzeugten Mythos Aids.

Kanada 1993 ⊖⊙ John Greyson ⊛ Miroslaw Baszak ♪ Ienn Schellenberg ⓦ John Robinson, Dianne Heatherington, Richardo Keens-Douglas, Maria Lukofsky, Michael Callen, Charlotte Boisjoli, Norman Fauteux ⊙ 100, farbig
Ⓐ

Der Zimmerspringbrunnen

Melancholisches, im Vergleich zur erfolgreichen Romanvorlage nur wenig witziges Porträt des arbeitslosen, von der Ehefrau verlassenen Ostberliners Lobek, der sich im neuen, wiedervereinten Deutschland nicht zurecht findet und schließlich als Vertreter für Zimmerspringbrunnen eine neue Chance bekommt. Während Lobek Karriere macht, wird sein schwuler Westkollege und neuer Freund Uwe Strüver (Wöhler) degradiert und zum tragischen Verlierer. Er offenbart sich Lobek („Es ist Zeit, dass wir zu unseren Gefühlen füreinander stehen") und muss eine wortlose Ablehnung aushalten.

D 2001 ⊕ Peter Timm ⊙ Kathrin Richter, Ralf Hertwig nach dem gleichnamigen Roman von Jens Sparschuh ⊛ Achim Poulheim ♪ Rainer Oleak ⓦ Götz Schubert, Simone Solga, Gustav Peter Wöhler, Hermann Lause, Bastian Pastewka, Christof Wackernagel ⊙ 99, farbig

Die Zofen
THE MAIDS

Das britische Remake von *Die Abgründe* (1962, *Les Abysses*) nach dem Bühnenstück *Les Bonnes* von Jean Genet. Der stark an der Theatervorlage orientierte Film lebt vor allem vom Spiel seiner beiden Hauptdarstellerinnen. Susannah York (bekannt als „Childie" in *Das Doppelleben der Schwester George*, 1969) spielt die Rolle der Claire. Ihre Schwester Solange wird dargestellt von Glenda Jackson, die übrigens später eine politische Laufbahn für die Labour-Partei einschlug und das einzige britische Parlamentsmitglied ist, das je einen Oscar gewann – Jackson gewann sogar zwei. Das von ihnen dargestellte Schwesternpaar ist in ein obsessives, sexuelles Verhältnis miteinander verstrickt. Zusätzliche Spannung entsteht durch das nicht minder erotisch aufgeladene, vor allem von SM geprägte Verhältnis zu ihrer Arbeitgeberin, einer dominanten, reichen Madame, in deren Dienst sie als Zofen arbeiten. Die beiden Schwestern geraten zunehmend in eine Art Wahn, die im brutalen und überaus blutrünstigen Mord an der Herrin endet.

Jean Genets Geschichte von 1947 basiert auf einer wahren Begebenheit, die lange Zeit für Schlagzeilen in Frankreich sorgte. Im Jahr 1933 ermordeten die Schwestern Christine und Lea Papin tatsächlich ihre Herrin und deren Tochter auf brutalste Weise. Die beiden, offenbar geistesgestörten Schwestern sorgten auch noch im Gefängnis für Schlagzeilen und machten ihr inzestuöses Verhältnis zueinander öffentlich, indem sie immer wieder darauf bestanden, im Gefängnis nicht in verschiedenen Zellen untergebracht zu sein. Der Stoff inspirierte nicht nur Genet, sondern auch Jean-Paul Sartre und Simone de Beauvoir. Außerdem entstanden noch mehrere Filme, die die Geschichte behandeln, wie beispielsweise der dänische TV-Film *Stuepigene* (1962), die Kinofilme *Sister, My Sister* (1994), *Les Blessures assassins* (2000) und der Dokumentarfilm *En quete des soers Papin* (2000).

GB 1974 ⊜ Christopher Miles ◎ Christopher Miles, Robert Enders nach dem Stück *Les Bonnes* von Jean Genet ⊕ Douglas Slocombe ♪ Laurie Johnson ⊛ Glenda Jackson, Susannah York, Vivien Merchant, Mark Burns ⊙ 90, farbig Ⓜ ⓈⓂ

Zorro mit der heißen Klinge
ZORRO AND THE GAY BLADE

Versuch einer Parodie auf die legendäre Gestalt des Zorro und die großen Hollywood-Klassiker mit Tyrone Power. Der spanische Edelmann Don Diego (Hamilton) erhält die Nachricht vom Tod seines Vaters, der in der Gestalt von Zorro in Kalifornien für Recht und Ordnung sorgte. Gemeinsam mit seinem Zwillingsbruder Ramon (ebenfalls George Hamilton) macht er sich auf, um den Platz des Vaters einzunehmen und mit Peitsche und Degen gegen das Böse anzugehen. Während Diego im klassischen schwarzen Umgang daherkommt, kleidet sich der schwuchtelige Ramon mit überdimensionierten Sombrero, in schrillen Farben und hat stets ein Chiffontüchelchen zur Hand, um sich den Schweiß abzutupfen. Eine weitgehend verunglückte und belanglose Persiflage, bei der den Insignien der Männlichkeit und des Heldentums solche der Weichlichkeit entgegengesetzt werden, um damit die Klischees zu überprüfen.

USA 1981 ⊜ Peter Medak ◎ Hal Dresner nach einer Vorlage von Greg Alt, Don Moriarty und Hal Dresner ⊕ John O. Alonzo ♪ Ian Fraser ⊛ George Hamilton, Lauren Hutton, Brenda Vaccaro, Ron Leibman, John Carradine, Donovan Scott, James Booth, Helen Burns ⊙ 94, farbig

Das Zuchthaus der verlorenen Mädchen
CAGED HEAT
Alternativtitel: Renegade Girls, Caged Female

Der nicht allzu bekannt gewordene Erstlingsfilm von Jonathan Demme, der mit *Das Schweigen der Lämmer* zu Weltruhm gelangen sollte, gilt als einer der besseren Filme des Genres „WiP"-Film. Zwei Ausbrecherinnen wollen ihre Freundin Jacqueline (Erica Gavin, bekannt aus den Russ-Meyer-Filmen *Keine Gnade, Schätzchen*, 1968, und *Blumen ohne Duft*, 1970) befreien, die immer noch im grausamen Knast sitzt. Sie lassen sich mit einer Lieferung einschleusen und nehmen die Direktorin als Geisel. Zunächst droht alles schief zu gehen, doch es kommt – wie beinahe immer in diesem Genre – zu einem Häftlingsaufstand und die drei Frauen können dank der Solidarität der anderen Häftlinge entkommen.

Die üblichen Zutaten sind sadistische Aufseherinnen, ein psychopatischer Gefängnisarzt und eine nicht offen lesbische, schrecklich verklemmte Direktorin, die zu allem Überfluss im Rollstuhl sitzt. Interessanterweise wird die Direktorin von Barbara Steele, der „Queen of Horrors", dargestellt. Nach unzähligen Vampirfilmen wollte sie endlich andere Rollen spielen und verschwand zunächst jahrelang von der Leindwand, um ein etwas unglückliches Comeback in diesem Film zu feiern.

Wenn auch von der Machart gut, so ist der Film als einer der „unlesbischsten" Frauengefängnis-Filme einzuordnen.

„Ich möchte nie mehr aus einem verfluchten Sarg steigen müssen!" Horrorfilmstar Barbara Steele in einem Interview über ihre zahlreichen Rollen in Vampirfilmen und ihren Neuanfang als seriöse Schauspielerin – in der Rolle der lesbischen Gefängnisdirektorin.

USA 1974 ⊜◎ Jonathan Demme ⊕ Tak Fujimoto ♪ John Cale ⊛ Barbara Steele, Erica Gavin, Roberta Collins, Juanita Brown, Warren Miller ⊙ 70 (original 84), farbig ⓌⓅ

Zurück auf los!

Eine Freundesclique wird vom Leben hart gebeutelt. Sam, ein schwarzer, in Ostdeutschland aufgewachsener Lebenskünstler (Sanoussi-Bliss), lebt im Berliner Bezirk Prenzlauer Berg und versucht vergeblich, mit aufpolierten, alten DDR-Schlagern einen Erfolg zu landen. Er ist zwar selbstbewusst schwul und offenbar eine rundum starke Figur, doch das positive HIV-Testergebnis verkraftet er keineswegs so leicht. Und dann stirbt auch noch sein Ex-Freund Manne (Klein) an den Folgen von Aids und das Glück mit dem neuen Lover ist nur von kurzer Dauer: Bei einem Autounfall erblindet dieser Schönling (Bach). Auch eine alte Freundschaft mit Bastl (Matthias Freihoff in seiner ersten großen – schwulen – Kinorolle nach *Coming Out*, 1989), die sonst allen Erschütterungen des Lebens trotzte, bekommt Risse. Viel harter Tobak und schwere schwule Schicksale sind da auf 90 Minuten geballt zusammengedrängt. Aber Hauptdarsteller, Drehbuchautor und Regisseur Pierre Sanoussi-Bliss erzählt das mit schwulem Witz, leichter Hand, nötiger Ironie und leichten Brüchen, dass es geradezu eine Wonne ist. Sein Fazit: Das Leben ist keine Baustelle, sondern eine „alte Sau" (Sanoussi-Bliss).

Kein Techno und kein Fernsehturm, keine U-Bahn und auch die schicken neuen Kaufhäuser in der Friedrichstrasse waren beim Dreh tabu. Pierre Sanoussi-Bliss zeigt in seinem sympathischen Film ein Berlin-Bild, wie es bislang gefehlt hat: Es ist der alte Ost-Berliner Kiez mit heruntergekommen, aber überaus lebendigen Mietsäusern. Hier sind auch seine Lebenskünstler und Tagträumer zu Hause. Sie jagen nach der Liebe und hoffen auf ein bisschen Ruhm. Sie streiten sich, trösten sich, verlassen sich, plagen sich mit HIV, Rassismus und Liebesleid. Sanoussi-Bliss hat sich einen ganz persönlichen Film geleistet und das merkt man ihm an. Er liebt seine überaus sympathischen Figuren und hält die Balance zwischen Spott und Tragik, Tief- und Leichtsinn; er ist zwar sentimental, aber niemals larmoyant. Fast so echt wie das wirkliche Leben.

Ausgangspunkt für dieses Debüt als Drehbuchautor und Regisseur war für Sanoussi-Bliss seine Rolle als schwuler Orpheo in Doris Dörries Kinofilm *Keiner liebt mich* (1994). Dörrie hat dafür als Reminiszenz einen kurzen Gastauftritt in *Zurück auf Los* übernommen und damit ihr Leinwanddebüt geliefert: als Zahnärztin.

„Ich habe die Figur des Sam aus ‚Keiner liebt mich' in ein Milieu verfrachtet, in dem ich mich ganz gut auskenne, der ‚Rumkünstlerei'. Orfeo ist schwarz, schwul und positiv. Sam ebenso. Hier enden allerdings schon die Gemeinsamkeiten. Sam hat keine Todessehnsucht, sondern gehört eher der lebenslustigen Gattung Mensch an. Die Homosexualität spielt für ihn und sei-

ne Freunde keine Rolle. Er ist halt so und in dem Umfeld, in dem sie sich bewegen, müssen sie keine Diskriminierung fürchten. Und das ist es auch, was ich zeigen will: Normale Menschen im normalen Alltag, zu dessen Normalität auch gehört, dass sich die Ereignisse überstürzen."

Autor, Regisseur und Hauptdarsteller Pierre Sanoussi-Bliss

D 2000 ⊛ ⊙ Pierre Sanoussi-Bliss ⊛ Thomas Plenert ⊙ Pascal von Wroblewsky ⊛ Pierre Sanoussi-Bliss, Matthias Freihof, Dieter Bach, Bart Klein, Doris Dörrie ⊙ 92, farbig
Ⓐ

Zusammen
TILLSAMMANS

Lukas Moodyson (*Raus aus Åmål*, 1998) lässt das Kommunenleben der siebziger Jahre in einer schwedischen Stadt mit ernsthafter Sensibilität und Gespür für die zwischenmenschlichen Besonderheiten wieder auferstehen. Komisch ist das allemal. Geschirrspülen gilt als bourgeois, Pippi Langstrumpf als Kapitalistin, Weihnachten findet nicht statt und freie Liebe ist Pflicht. Anna (Liedberg) ist lesbisch „aber aus politischen Gründen", Göran (Hammarsten) ein überrieben optimistischer konfliktscheuer Pazifist und Klas (Roney) der hoffnungslos in seinen Mitbewohner verliebte Schwule. Mit Prinz-Eisenherz-Frisur ackert er am Webstuhl für den Weltfrieden und wünscht sich nichts mehr, als Lasse (Norell) ins Bett zu kriegen. Bis der tatsächlich nachgibt. „Du hast eine Minute Zeit. Mach, was du willst. Wenn er steif wird, hast du gewonnen." (Es gelingt ihm nicht.)

Zusammen ist rotzfrech wie diese Ära, aber auch warmherzig, was die Figurenzeichnung betrifft. Auch wenn Moodyson mit satirischem Blick auf das gescheiterte Experiment „Kommune" schaut, stellt er glücklicherweise weder seine Figuren noch ihre bisweilen naiven Ideale der Lächerlichkeit bloß.

Schweden/D 2000 ⊛⊙ Lukas Moodyson ⊛ Ulf Brantas ⊛ Lisa Lindgren, Michael Nyquist, Gustaf Hammarsten, Jessica Liedberg, Shanti Roney, Ola Norell ⊙ 106, farbig

Der Zwang zum Bösen
COMPULSION

Chicago 1924: zwei hochintelligente Studenten (Stockwell, Dillman) aus bürgerlichem Elternhaus haben planvoll einen 14-jährigen Jungen kaltblütig getötet, um das „perfekte Verbrechen" zu begehen. Dramaturgisch und formal überzeugend gestaltete Mischung aus Krimi und Gerichtsdrama, in der Orson Welles in einer Glanzrolle Strafrecht und Todesstrafe kritisch unter die Lupe nimmt. Als Verteidiger plädiert er eindrucksvoll nicht für die Angeklagten, sondern gegen ihre Hinrichtung.

Die Story ist an einen tatsächlichen Fall angelehnt, der auch Hitchcocks *Cocktail für eine Leiche* (1948) und Tom Kalins authentischeren *Swoon* (1991) inspiriert hat. Allerdings wird bei Fleischer die Homosexualität der beiden Mörder lediglich einmal kurz als mögliches Motiv ihrer Tat erwähnt und als absurd wieder fallengelassen. Dean Stockwell erzielt gemeinsam mit den Filmpartnern Bradford Dillman und Orson Welles, bei den Filmfestspielen in Cannes 1959 einen Preis für die beste darstellerische Gesamtleistung.

USA 1959 ⊛ Richard Fleischer ⊙ Richard Murphy, nach einem Roman von Meyer Levin ⊛ William Mellor ⊙ Lionel Newman ⊛ Orson Welles, Dean Stockwell, Bradford Dillman, Diane Varsi ⊙ 105, s/w
Ⓣ

Zwei dreckige Halunken
THERE WAS A CROOKED MAN

Der Bandit Pitman (Douglas) landet im Gefängnis, konnte aber noch rechtzeitig die Beute aus einem Überfall in einer Schlangengrube verstecken. Der Gefängnisdirektor (Fonda) ist bereit, ihm bei der Flucht zu helfen, aber nur gegen einen Teil des Diebesguts. Pitman lehnt ab und versucht auf eigene Faust, seine Freiheit zu erlangen. Ein offensichtlich schwuler Gefängnisaufseher (Freed) lässt einen Mithäftling auspeitschen, als dieser deutliche sexuelle Avancen ausschlägt. Parodistischer, von Ironie und Zynismus geprägter Western.

USA 1969 ⊛ Joseph L. Mankiewicz ⊙ Robert Benton, David Newman ⊛ Harry Stradling jr. ⊙ Charles Strouse ⊛ Kirk Douglas, Henry Fonda, Hume Cronyn, Warren Oates, Burgess Meredith, Alan Hale, Bert Freed, Lee Grant ⊙ 125, farbig
ⓌⓅ

Zwei Freundinnen
LES BICHES

In dieser klassischen bisexuellen Dreiecksgeschichte im typischen unterkühlten Chabrol-Stil sehen wir die atemberaubende, dekadent-elegant wirkende Stéphane Audran. Sie spielt die reiche, etwas in die Jahre gekommene und vom Leben gelangweilte Frédérique, die eines Tages in Paris die junge Studentin Why (Sassard) aufliest. Sie bietet ihr Quartier an, und die beiden unterschiedlichen Frauen beginnen eine Liebesbeziehung, die klar von Frédérique dominiert wird. Als Langeweile aufkommt, macht sich das Paar auf den Weg in Frédériques Villa nach St. Tropez. Auf dem Weg dorthin lernen sie Paul (Trintignant) kennen, der der jungen Why sofort Avancen macht. Why lässt sich auf den Flirt ein, doch schon bald konzentriert sich Paul zunehmend auf die ältere Frédérique, die ebenfalls auf sein Werben eingeht. Die ansonsten devote und passive Why läuft, angetrieben von Eifersucht, zu nie gekannter Höchstform auf, und wie so oft endet die Geschichte der schwierigen Konstellation tragisch.

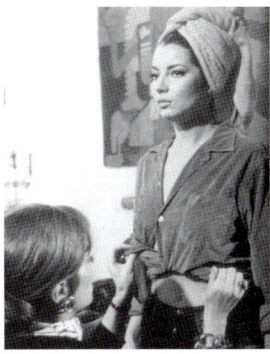

F/I 1967 ⊜ Claude Chabrol ◎ Claude Chabrol, Paul Gégauff ⊕ ♪ Jean Rabnier ⊛ Stéphane Audran, Jacqueline Sassard, Jean-Louis Trintignant, Nane Germon, Serge Bento ⊙ 104, farbig ⊞ⒷⒾ ⓉT

Zwei irre Typen auf heißer Spur
PARTNERS

In dem Thriller *Cruising* (1979) schleust sich ein heterosexueller Polizist als Geheimagent in die schwule New Yorker Leder- und SM-Szene ein, um nach einem Mörder zu ermitteln. Drehbuchautor Francis Veber (*Ein Käfig voller Narren*, 1978; *Ein Mann sieht rosarot*, 2000) versuchte eine komödiantische Version dieser Grundidee zu produzieren- und lieferte eine denunzierende, seichte Klamotte.

Einer Mordserie in Los Angeles fallen vor allem schwule Models zum Opfer. Detective Sergeant Benson (O'Neal), knackig, sportlich und heterosexuell, soll gemeinsam mit seinen schwulem Kollegen Kerwin (Hurt), tuntig, ängstlich und schüchtern, den Täter aufspüren. Um in der Schwulenszene ermitteln zu können, geben sie sich als Paar aus. Kerwin verliebt sich in den Heterokollegen, was das Unternehmen erschwert und Gelegenheit für jede Menge derber Zoten und billiger, schwulenfeindlicher Witze gibt. Schwule sind grundsätzlich lüstern, mitleiderregend einsam und lediglich an Oberflächlichkeiten interessiert.

USA 1982 ⊜ James Burrows ◎ Francis Veber ⊕ Victor J. Kemper ♪ Georges Delerue ⊛ Ryan O'Neal, John Hurt, Kenneth McMillan, Robyn Douglass, Jay Robinson, Denise Galik ⊙ 93, farbig ⓉT ⒽⓅ

Zwei Löwen in der Sonne
DEUX LIONS AU SOLEIL

Zwei schwule Fabrikarbeiter Paul (Stévenin) und René (Sentier), beide um die 40 und früher einmal verheiratet, haben genug von ihrer langweiligen Existenz. Als sie bei einem verpatzen Urlaub das Auto zu Schrott fahren, wird der Unfall zum Wendepunkt in ihrem bisher so ereignislosen Leben und sie steigen aus: Sie wollen nicht mehr zurück in ihr kleinbürgerliches Dasein, sondern als Gauner die große Welt erobern. Mit kleineren und größeren Verbrechen kommen sie zu Geld, versuchen sich als Drogenhändler und sogar als Entführer – und stellen sich dabei reichlich dämlich an. Ihre Reise endet in der Provence und ihre Zeit des Glücks hat ein Ende, als einer der beiden ums Leben kommt. Eine einfühlsame und humorvolle Tragikomödie über die Verweigerung der Leistungsgesellschaft und ihre Prinzipien, über eine Auseinandersetzung mit Liebe und Freundschaft und die Suche nach dem eigenen Platz in der Gesellschaft.

„Interessant an Paul und René ist nicht ihre Homosexualität, sondern, dass sie ihre Misere gemeinsam meistern. Meine Helden befinden sich weder besonders im Recht noch besonders im Unrecht. Allein oder zu zweit suchen sie ihre Wahrheit."
Regisseur Claude Faraldo

F 1980 ⊜◎ Claude Faraldo ⊕ Bernard Lutic ♪ Albert Marcoeur ⊛ Jean-Pierre Sentier, Jean-François Stévenin, Catherine Lachens, Jean-Pierre Tailhade, Martine Sarcey, Michel Robin ⊙ 102, farbig

Zwei unter Volldampf
ARMED AND DANGEROUS

Zwei Verlierer, Expolizist Frank (Candy) und Anwalt Frank (Levy), fristen ihr Dasein als Wachmänner eines Sicherheitsunternehmens. Doch ausgerechnet all jene Objekte, die sie bewachen sollen, werden ständig ausgeraubt. Flache Krimiklamotte, bei der die beiden Helden sich zu Ermittlungszwecken auch in Schwule verwandeln: als tuntiger Ledermann mit nacktem Hintern in Chaps der eine, als wohlbeleibte Luxustunte in rotem Abendkleid der andere.

USA 1986 ⊚ Mark L. Lester ☺ Harold Ramis, Peter Torokvei
☻ Fred Schuler ♪ Bill Meyers ☺ John Candy, Meg Ryan, Robert Loggia, Eugene Levy, Kenneth McMillan ☺ 87, farbig
(HP)

Zwei Welten

Der 1939 von Gustaf Gründgens mit Nachwuchsschauspielern inszenierte Film erzählt mit deutlich didaktisch-propagandistischer Ausrichtung vom Ernteeinsatz zweier engstens befreundeter Jungen aus der Stadt. Dies sind der Handwerkersohn Hans und sein adliger Freund Werner, der auf einem Gut in Altstrehlow aufgewachsen ist, wo sich nahezu wilhelminische Sitten erhalten haben. Bei der Anreise tauschen sie ihre Quartierscheine, um damit den dünkelhaften Eltern Werners einen Streich zu spielen. Tatsächlich wird bei der Gastfamilie nun Werner zum Gesinde abgeschoben, während Hans als bessere Person behandelt wird. Das Verwirrspiel aus der „herrlichen Jugend unserer Tage" (Produktionsmitteilung) stieß bei hohen Hitlerjugendführern auf Kritik, da die beiden Hauptdarsteller mit ihrer lockeren Lebensart und ihrem „völlig unmilitärischen Haarschnitt" zu wenig dem Leitbild der HJ entsprachen. Die Nazipropaganda im Film versuchte Gründgens zudem durch ironische Brechungen zu unterlaufen. Gleichwohl erhielt er das NS-Prädikat „künstlerisch wertvoll" und wurde deshalb von den Alliierten Militärregierungen auch verboten. Der Rollentausch zumal in der Erweiterung mit zwei Mädchen zum Quartett hat homoerotische Zwischentöne.

D 1940 ⊚ Gustaf Gründgens ☺ Felix Lützkendorf ☻ Walter Pindter ♪ Michael Jary ☺ Max Eckhard, Joachim Brennecke, Ida Wüst, Marianne Simson, Friedel Hanses, Paul Bildt, Antje Weißgerber ☺ 91, s/w
(MF)

Zwischen allen Fronten
LES ÉTRANGERS

Der 19-jährige Algerier Sélim (Ben Sadia) wohnt bei seinen Eltern in einem Vorort von Marseille. Seine strenggläubige und konservative Familie akzeptiert seine Homosexualität nicht.

Die Brüder und der Vater verstoßen ihn, lediglich seine Mutter steht zu ihm. Um aus dem intoleranten Milieu zu entfliehen, tritt er seinen Militärdienst in Paris an und meldet sich als Freiwilliger zu den Blauhelmen nach Bosnien-Herzegowina. Aber auch beim Militär stößt er auf Ablehnung. Wegen seines Glaubens ist der junge Algerier ein Außenseiter. Als zudem bekannt wird, dass er schwul ist, wird Sélim von allen Kameraden ausgestoßen. Nach der Blauhelm-Mission kehrt er wieder nach Marseille zurück und nimmt an der Hochzeit seiner Schwester Yasmina teil. Seine Eltern können sich jedoch immer noch nicht mit Sélims Art zu leben abfinden.

F 1999 ⊚☺ Philippe Faucon ☺ Karim Ben Sadia, Yamina Amri, Lakdar Smadi, Assia Madi, Mohamed Chaour, Pierre Baux, Stéphane Ferrara, Fatima Itim ☺ 70, farbig
(WP)

Der zynische Körper

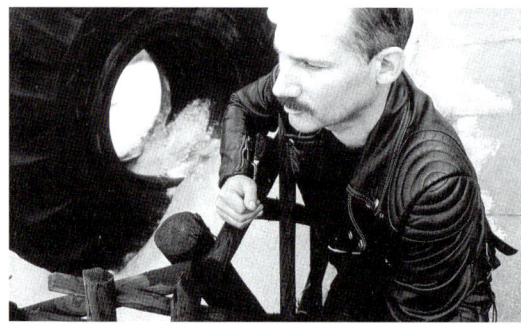

Nach dem Tod des durch eine schwere Krankheit verstorbenen Lektors Roy (Behnken) blättern fünf seiner Freunde in seinem literarischen Nachlass und reflektieren dabei ihr eigenes Leben sowie ihre Beziehungen untereinander: der Schriftsteller Carl (Rhode), seine Mitbewohnerin Liza (deCamp), eine Fotografin, der Architekt Jon (Erdman), der Zeichner Fred und die Übersetzerin Bela, die Freud'sche Versprecher sammelt. Carl hat Probleme mit seinem neuen Roman und spielt mit Fred immer wieder Situationen daraus durch. Aus seiner Romanfigur Rob entwickelt sich allmählich eine reale Figur, die immer bedrohlicher in sein Leben eingreift.

Emigholz' Film ist ganz und gar enigmatisch. Ein komplexer, philosophischer Filmessay über die Beständigkeit von Architektur im Gegensatz zur Endlichkeit des Menschen, über homosexuelle Beziehungen, das Träumen und Sammeln. Ein bedeutungsschwangerer Rätselfilm voll mysteriöser Dialoge und loser Handlungsfragmente. Bemerkenswert sind insbesondere die meist aus ungewöhnlichen, schrägen Kameraperspektiven gedrehten Bilder.

BRD 1986-90 Ⓔ⊙Ⓦ Heinz Emigholz ♪ Nikolaus Utermöhlen Ⓜ Klaus Behnken, Eckhard Rhode, Wolfgang Müller, Kyle deCamp, Carola Reigner, Bernd Broaderup, John Erdman, Klaus Dufke, Ueli Etter, Etsouko Okazaki, Thorsten Poggensee ⊙ 98, s/w und farbig Ⓐ

Verwendete und weiterführende Literatur

Pedro Almodóvar: *Filmen am Rande des Nervenzusammenbruchs. Gespräche mit Fréderic Strauss* (Frankfurt/Main 1998)

Alison Darren: *Lesbian Film Guide* (London 2000)

Ralf Giesen/Ronald M. Hahn: *Die schlechtesten Filme aller Zeiten* (Berlin 2002)

Christoph Haas: *Almodóvar. Kino der Leidenschaften* (Hamburg 2001)

Boze Hadleigh: *The Lavender Screen. The Gay and Lesbian Films: Their Stars, Makers, Characters, and Critics* (New York 1993)

Ronald M. Hahn: *Heyne Lexikon des erotischen Films* (München 1993)

Ronald M. Hahn/Volker Jansen: *Lexikon des Science Fiction Films* (München 1992)

James Hoberman/Jonathan Rosenbaum: *Midnight Movies* (St. Andrä-Wördern 1998)

Lothar R. Just: *Filmjahrbuch 1997-2001* (München 1998-2000)

Peter Kordt: *Ich seh dir in die Augen Kleines. Das große Buch der Filmzitate* (Berlin 2002)

Dieter Krusche (Mitarbeit Jürgen Labenski): *Reclams Filmführer* (Stuttgart 1993)

Lexikon des Internationalen Films (Frankfurt/Main 2002)

Raymond Murray: *Images in the Dark. An Encyclopedia of Gay and Lesbian Film and Video* (New York 1996)

James Robert Parish: *Gays and Lesbians in Mainstream Cinema* (London 1993)

Rosa von Praunheim: *Sex und Karriere* (Hamburg 1991)

Vito Russo: *Die schwule Traumfabrik. Homosexualität im Film* (Berlin 1990)

Walter Schobert/Horst Schäfer (Hg.): Fischer Film Almanach 1989-1996 (Frankfurt 1990-1997)

Daniela Sobek: *Lexikon lesbischer Frauen im Film* (München 2000)

Steve Stewart: *Gay Hollywood Film & Video Guide* (Laguna Hills 1993)

Amos Vogel: *Film als subjektive Kunst. Kino wider die Tabus – von Eisenstein bis Kubrik* (St. Andrä-Wördern 1997)

Internet

International Movie Data Base
www.imdb. com

Deutschsprachiges Archiv für Fans von B-Filmen
www.badmovies.de

US-amerikanische Filmseite vom lesbisch-schwulen Internet-Portal „Planet Out"
www.popcornq.com

Webseite der größten deutschen Filmzeitschrift
www.cinema.msn.de

US-amerikanische Homepage zum Thema schwul-lesbisch-bisexuelle-transgender Horrorfilme
www.queerhorror.com

Allgemeine US-amerikanische Site mit zahlreichen Filmkritiken
www.rottentomatoes.com

Bildnachweise

20th Century Fox, Advanced Film, AFM Filmverleih, Alamode Film, Alma-Filmproduktion, Archiv der Redaktion „Hinnerk", Hamburg, Archiv der Redaktion „Siegessäule", Berlin, Arsenal Filmverleih, Arte, Ascot Film, Atlas-Film, Basis-Film, BR, Buena Vista International, Concorde Film, Constantin Film, Delphi Filmverleih, Delta Film, Deutsche Kinemathek, Fassbinder Foundation, Filmverlag der Autoren, Filmverleih Die Lupe, Filmwelt, Freunde der deutschen Kinematik, Galeria Alaska Produktion, GMfilms, Helkon, Highlight Film, Internationale Berliner Filmfestspiele, Jugendfilm, Kabel 1, Kairos Filmverleih, Kinowelt, Knipp Film, Koolfilm, Lothar Lambert, MDR, Mfa-Film, MOP Distribution, Movienet Film, NDR, Neue Visionen Filmverleih, New Line Cinema USA, Nighthawks Pictures, ottfilm GmbH, Paramount USA, Pegasos Filmverleih, Peripher, Phoenix, Piffl Medien, Pro7, Pro-Fun, Progress Filmverleih, Rapid Eye Movies, Rosa von Praunheim, RTL, Salzgeber Medien, Sammlung Axel Schock, Sammlung Raymond Murray, Sat1, Schwarz-weiß-Filmverleih, Sputnik Filmverleih, Tele 5, TiMe Filmverleih, Tobis Filmkunst, UIP, Unidoc Film, Ventura Film, Warner Bros., WDR, Wieland Speck, ZDF

Trotz größer Sorgfalt konnten die UrheberInnen des Bildmaterials nicht in allen Fällen ermittelt bzw. ausfindig gemacht werden. Es wird gegebenenfalls um Mitteilung an den Verlag gebeten.

Die AutorInnen

Die Autorin

Manuela Kay ist Berlinerin, freie Journalistin und Autorin, Redakteurin von Berlins schwul-lesbischem Stadtmagazin *Siegessäule*, Mitarbeiterin der Internationalen Filmfestspiele Berlin und des schwul-lesbischen-transidentischen Filmpreises TEDDY. Bisher im Querverlag erschienen: *Schöner Kommen* (mit Anja Müller, 2000). Weitere Veröffentlichugnen: *Diese Liebe nehm ich mir* (Rowohlt, 2001).

Der Autor

Axel Schock arbeitet in Berlin und Braunschweig als freier Kulturjournalist mit besonderem Schwerpunkt im Bereich Film für verschiedene Zeitschriften und Tageszeitungen, u.a. für *Cinema, Hinnerk, Berliner Zeitung, Kulturnews*. Bisher im Querverlag erschienen: *Das Queer-Quiz-Buch* (1996); *Die Cazzo-Story* (2000); *Out! 600 berühmte Lesben, Schwule und Bisexuelle* (mit Karen-Susan Fessel, 4. Auflage 2002). Weitere Veröffentlichungen (Auswahl): *Der schwule Sprachführer* (mit Ulf Meyer, 1996); *Die Bibliothek von Sodom* (1998); *Die acapickels drücken sich aus* (2000) und *Der schöne Mann ist tot* (Hg., 2003).

Namensregister

Honhold, Christian 341
Honisch, Alexander 199
Hooker, Evelyn 79
Hoover, J. Edgar 260
Hope, Leslie 134
Hope, Tamara 91
Hopkins, Anthony 221, 260, 318
Hopkins, Bo 137
Hopkins, Miriam 178, 307
Hopper, Dennis 304
Hopper, William 92
Hörberg, Stefan 292
Hordern, Michael 317
Hori, Ken 313
Höring, Klaus 228
Hörmann, Egbert 376
Horn, Christiane B. 124
Horner, James 71, 240, 352
Horton, Edward Everett 307
Horton, Russell 205
Hoskins, Bob 254, 260
Hoss, Nina 121, 369
Hötter, Heinz 172
Hough, John 99
House, Dorthea 224
Houssiau, Michel 78
Hoven, Adrian 117
Howard, Alan 220
Howard, Arliss 337
Howard, James Newton 161, 164
Howard, Jon T. 91
Howard, Trevor 227
Howell, Mark 334
Howells, Peter 211
Hsiao-ling, Lu 126
Huar, Xu Re 186
Hubbard, Jim 342
Huber, Charly Muhammed 242
Huber, Lotti 25, 26, 37, 166, 203, 258
Hübner, Manfred 357
Hudson, Ernie 251
Hudson, Rochelle 92
Hudson, Rock 294
Huestis, Marc 80, 247, 308
Hughes, Barnard 40
Hughes, Christopher 137, 207
Hughes, David 217
Hughes, Glenn 76
Hughes, Ken 239
Hughes, Langston 223
Hughes, Mary Beth 239
Hughes, Rebecca 369
Hughes, Tresa 317
Hugo, Michel 92
Hugo, Victor 226
Hugot, Marceline 337
Hulme, Juliet 159
Hulsey, Lauren 276
Humbert, Humphrey 109

Humfrees, Paul 306
Humphrey, Renée 134, 309
Humphry, Humert 109
Hunold, Günther 197
Hunt, Helen 54
Hunt, Linda 183, 371
Hunt, Rod 280
Hunter, Bill 287
Hunter, Holly 115, 335
Hunter, Kim 108
Hunter, Tab 337
Huntgeburth, Hermine 344
Huppert, Isabelle 21, 109, 303
Hurd, Michael 63
Hurt, John 18, 113, 225, 378, 393
Hurt, Mary Beth 209
Hurt, William 28, 203
Hussein, Saddam 317
Huston, Angelica 350
Huston, Danny 335
Huston, John 256, 257, 319, 320
Hutchinson, Brenda I. 220
Hutt, Robyn 368
Huttchinson, Josephine 354
Hutton, Joan 271
Hutton, Lauren 105, 239, 390
Hutton, Timothy 338
Hwang, David Henry 231
Hwong, Lucia 312
Hyams, Peter 320
Hyde, Chris 78
Hyde, Jonathan 107
Hyde, Montgomery 239
Hyde, R. 174
Hytner, Nicholas 213

Ibarra, Mirta 111
Ibis 176
Iborra, Juan Luis 195
Ichaso, Leon 281
Idle, Eric 340
Iglesias, Alberto 31, 337
Illsley, Mark 156
Imboden, Markus 128
Imi, Tony 28
Imperioli, Michael 284
Incandela, Gerald 177
Indiana, Gary 54, 98, 296
Indigo Girls 190
Infanti, Angelo 62
Ingolf, Roland 121
Ingram, Kate 63
Interlenghi, Antonella 262
Interlenghi, Franco 134
Irby, Michael 281
Irek, Mario 323
Ireland, Dan 302
Ireland, Jill 190
Ireland, John 318

Irle, Hans 200
Irmas, Matthew 83
Irola, Judy 338, 383
Irons, Jeremy 141, 231, 260
Irving, John 167
Irwin, Bill 173
Irwin, Pat 374
Isfält, Björn 116
Isham, Mark 115, 335
Isherwood, Christopher 39, 75, 337
Ishii, Isao 244
Ishii, Katsuhito 310
Ishii, Takashi 149
Iskandarani, Mustafa 133, 215, 258, 275, 345, 381
Isoda, Keichiro 226
Isono, Akira 211
Itim, Fatima 394
Ivanchev, Alexander 181
Ivanek, Zeljko 42
Ives, Burl 192
Ivory, James 90, 246
Izzard, Eddie 235, 310, 358

J

Jaaferi, Jaaved 122
Jäckel, Carmen 23
Jackson, Glenda 217, 298, 326, 333, 345, 390
Jackson, Joe 139
Jackson, Joshua 107
Jackson, Kate 236
Jackson, Peter 159
Jackson, Shirley 59, 142
Jacob, Irene 28
Jacobi, Lou 153
Jacobi, Sir Derek 85, 226
Jacobsen, Ulla 117
Jacobson, Peter 185
Jacono, Salvatore 109
Jacques, Sylvain 375
Jacquot, Benôit 303
Jaeger, Denny 50
Jaenicke, Anja 127
Jaenicke, Käthe 363
Jaenke, Aranke 151
Jaenzon, Julius 367
Jaffe, Stanley R. 34
Jaffrey, Madhur 81
Jaffrey, Saeed 247
Jaffrey, Sakina 81
Jäger, Stefan 59
Jagger, Mick 53, 277
Jahnberg, Hakan 304
Jahns, Wolfgang 138
Jahoda, Wieczyslaw 279
Jalnin, Anatili 351
James, Barney 306
James, Darren 314

Themenregister

Männerfreundschaften/Buddy-Filme (MF)

Coming-out (CO)

Neue Deutsche Komödie (DK)

Dokumentationen (D)

Drag/Travestie (DT)

Sadomasochismus (SM)

Lesbischer Softporno (S)

Mord und Freitod (T)

TEDDY-Gewinner (TD)

Transgender (TR)

Lesbische Vampirfilme (V)

Titelregister